Das politische System der Bundesrepublik Deutschland

Tom Mannewitz · Wolfgang Rudzio

Das politische System der Bundesrepublik Deutschland

11., aktualisierte Auflage

Tom Mannewitz
Hochschule des Bundes für öffentliche Verwaltung
Berlin, Deutschland

Wolfgang Rudzio
Carl von Ossietzky Universität Oldenburg
Oldenburg, Deutschland

ISBN 978-3-658-39077-8   ISBN 978-3-658-39078-5   (eBook)
https://doi.org/10.1007/978-3-658-39078-5

Die Deutsche Nationalbibliothek verzeichnet diese Publikation in der Deutschen Nationalbibliografie; detaillierte bibliografische Daten sind im Internet über http://dnb.d-nb.de abrufbar.

© Der/die Herausgeber bzw. der/die Autor(en), exklusiv lizenziert an Springer Fachmedien Wiesbaden GmbH, ein Teil von Springer Nature 1983, 1987, 1991, 1996, 2000, 2003, 2006, 2011, 2015, 2019, 2022

Das Werk einschließlich aller seiner Teile ist urheberrechtlich geschützt. Jede Verwertung, die nicht ausdrücklich vom Urheberrechtsgesetz zugelassen ist, bedarf der vorherigen Zustimmung des Verlags. Das gilt insbesondere für Vervielfältigungen, Bearbeitungen, Übersetzungen, Mikroverfilmungen und die Einspeicherung und Verarbeitung in elektronischen Systemen.

Die Wiedergabe von allgemein beschreibenden Bezeichnungen, Marken, Unternehmensnamen etc. in diesem Werk bedeutet nicht, dass diese frei durch jedermann benutzt werden dürfen. Die Berechtigung zur Benutzung unterliegt, auch ohne gesonderten Hinweis hierzu, den Regeln des Markenrechts. Die Rechte des jeweiligen Zeicheninhabers sind zu beachten.

Der Verlag, die Autoren und die Herausgeber gehen davon aus, dass die Angaben und Informationen in diesem Werk zum Zeitpunkt der Veröffentlichung vollständig und korrekt sind. Weder der Verlag, noch die Autoren oder die Herausgeber übernehmen, ausdrücklich oder implizit, Gewähr für den Inhalt des Werkes, etwaige Fehler oder Äußerungen. Der Verlag bleibt im Hinblick auf geografische Zuordnungen und Gebietsbezeichnungen in veröffentlichten Karten und Institutionsadressen neutral.

Planung/Lektorat: Jan Treibel
Springer VS ist ein Imprint der eingetragenen Gesellschaft Springer Fachmedien Wiesbaden GmbH und ist ein Teil von Springer Nature.
Die Anschrift der Gesellschaft ist: Abraham-Lincoln-Str. 46, 65189 Wiesbaden, Germany

Vorwort

Der Titel dieses Buches lautet nicht der „Staat", sondern das „politische System" der Bundesrepublik Deutschland. Ein „System" lässt sich verstehen als eine Anzahl von Elementen, die miteinander enger interagieren als mit der übrigen Umwelt, mit dem Ziel der Selbsterhaltung des Systems, gegebenenfalls auch der Erfüllung einer Funktion. So kann man bei modernen, ausdifferenzierten Gesellschaften u.a. ein wirtschaftliches, ein kulturelles und ein politisches Subsystem unterscheiden, mit jeweils spezifischen Rollen, Regeln und Aufgaben.

Welcher Funktion dient das politische System? Gesellschaften, so die Sicht der Systemtheorie, sehen sich vor Problemen, die weder individuell noch durch gänzlich unkoordinierte Subsysteme bearbeitet werden können, sondern *gesamtgesellschaftlich verbindlicher Entscheidungen* bedürfen. Es ist die Funktion des politischen Systems: derartige Entscheidungen zu treffen und durchzusetzen. Das zentrale Medium hierzu, vergleichbar mit Geld im wirtschaftlichen Subsystem, ist Macht in dieser oder jener Form – sei es Legitimität (etwa durch Wahlen, bisherigen Erfolg), sei es Sanktionsmacht bis hin zu Gewalt.

Im Einzelnen lassen sich bei der Umwandlung von Problemen zu Entscheidungen folgende Einzelschritte unterscheiden:

- Interessenartikulation (insbesondere durch Verbände)
- Interessenaggregierung (insbes. durch Parteien)
- Regelsetzung (durch Regierung und Parlament)
- Regelanwendung (insbes. durch Verwaltung)
- Korrektur von Regelanwendungen im Einzelfall (insbes. durch Justiz)
- Kommunikation mit der Systemumwelt (insbes. durch Medien)

Der Systemerhaltung dienen politische Sozialisation, Beschaffung von Finanzen, Militär (Almond und Powell 1966, S. 28 f.).

Was gehört zum politischen System, welches sind seine Grenzen? Es umfasst einerseits mehr als den Staat und seine Institutionen, andererseits weniger als die gesamte Gesellschaft: nämlich alle *Aktivitäten und Rollenzusammenhänge, mittels deren gesamtgesellschaftlich verbindliche Entscheidungen bewusst beeinflusst, legitim herbeigeführt und in der Gesellschaft durchgesetzt werden.* So verstanden gehört der Einzelne dem politischen System nicht als ganze Person, sondern in den Rollen als Staatsbürger, Wähler und Nichtwähler, Verbands- und Parteimitglied, Demonstrant, Abgeordneter, Beamter u. a. m. an; analog eine organisierte Gruppe, soweit sie auf jene Entscheidungen Einfluss zu nehmen sucht.

Eine Systemdarstellung hat sich nicht auf Einzelvorgänge und das Aktuelle vom Tage, sondern auf das typisch Wiederkehrende, auf dauerhafte Strukturen und Verhaltensmuster zu konzentrieren. Sie kann sich auch nicht auf die nackte Gegenwart beschränken, sondern muss historische Aspekte einbeziehen, die sozusagen den Film liefern, der mit der Gegenwart endet. Erst so lässt sich ein politisches System besser verstehen. Außerdem enthält die Darstellung kurze Seitenblicke auf Verhältnisse in vergleichbaren Ländern – das ermöglicht, deutsche Verhältnisse realistisch einzuordnen und nicht nur an der Latte idealer Vorstellungen zu messen.

Neu an der vorliegenden Auflage ist nicht nur die ausgewechselte Nachweistechnik. Eine Veränderung bedeutet auch, dass der bisherige Alleinautor Wolfgang Rudzio, inzwischen 87 Jahre alt, die Neubearbeitung des Buches dem jüngeren Kollegen Tom Mannewitz übergab. Dieser hat neue Fachliteratur, neueste Daten (auch aus neuerdings digitalisierten Datensammlungen) und neue Akzente eingearbeitet, um die Darstellung auf den neuesten Stand zu bringen. Die älteren Textteile hingegen stammen vom bisherigen Autor. Wir hoffen, mit diesem Übergang dem Buch einen Weg in die Zukunft zu öffnen. Später wird Tom Mannewitz allein das Buch gestalten. Wir danken dem Verlag, einen solchen Übergang angeregt zu haben.

Tom Mannewitz
Wolfgang Rudzio

Literatur

Gabriel A. Almond/G. Bingham Powell, Comparative Politics, Boston

Inhaltsverzeichnis

Teil I Grundlagen des politischen Systems

1 Die äußeren Bedingungen der Bundesrepublik 3
   1.1   Westbindung als außenpolitische Grundentscheidung. 3
   1.2   Rollensuche: Deutschland in der veränderten Welt seit 1990 ... 8
   1.3   Von der Spaltung zur deutschen Einheit 13
   1.4   Die Zielrichtung der europäischen Integration 16
   Literatur. 22

2 Die antitotalitäre Demokratie des Grundgesetzes 27
   2.1   Entstehungsgeschichte des Grundgesetzes 27
   2.2   Die zentralen Verfassungsprinzipien 32
   2.3   Legitimität und Wandel des Grundgesetzes. 41
   Literatur. 45

Teil II Das politische Kräftefeld

3 Organisierte Interessen: Zwischen Pluralismus und Korporatismus. 51
   3.1   Der Interessenpluralismus in Deutschland. 51
   3.2   Binnensoziologie der Interessenorganisationen. 63
   3.3   Verbandseinfluss: Herrschaft der Verbände? 66
   3.4   Verzahnung mit dem Staat: Züge von Korporatismus 73
   3.5   Bürgerinitiativen und Bewegungen: Ergänzung oder Alternative? 78
   Literatur. 87

4 Mehrparteiensystem mit eingeschränkten Koalitionsmöglichkeiten 93
- 4.1 Deutschland – ein Parteienstaat? 93
- 4.2 Wandlungen des Parteiensystems 98
- 4.3 Zweidimensionales Mehrparteiensystem mit ungewollten Regierungen 107
- 4.4 Die Programmatik der Parteien 114
- Literatur. 134

5 Innerparteiliche Demokratie oder Gesetz der Oligarchie? 141
- 5.1 Der organisatorische Aufbau der Parteien 141
- 5.2 Innerparteiliche Demokratie in der Praxis 147
- 5.3 Die Parteimitglieder – Schlagseiten der Partizipation 152
- 5.4 Probleme einer fairen Parteienfinanzierung 157
- Literatur. 168

6 Wahlverhalten: Soziale Merkmale und aktuelle Orientierungen 173
- 6.1 Personalisiertes Verhältniswahlrecht und Wahlbeteiligung 173
- 6.2 Soziale Merkmale: Schicht-, Konfessions- und Altersgruppenwahl 182
- 6.3 Sozialpsychologische Motivationen und Themenkonjunkturen 193
- 6.4 Die Ökonomie des Wahlkampfes 201
- Literatur. 205

Teil III Politische Institutionen: ein komplexes Mehrebenensystem

7 Der Bundestag: Parlamentarische Mehrheitsdemokratie 215
- 7.1 Der Dualismus von Mehrheit und Opposition 215
- 7.2 Die Organisation des Fraktionenparlaments 222
- 7.3 Die Wahlfunktion: Legitimierende Mehrheitsbildung 232
- 7.4 Kontrollfunktion und Mitregierung 236
- 7.5 Legislative Funktion: Zwischen Rede- und Arbeitsparlament 241
- Literatur. 250

8 Die Bundesregierung: Probleme politischer Steuerung 255
- 8.1 Kanzlerdemokratie, Kabinetts- und Ressortprinzip 255
- 8.2 Entscheidungszentrum: Kabinett oder Koalitionsausschuss? ... 266

8.3 Politische Führung und Ministerialbürokratie 277
Literatur. 281

9 Institutionelle Gegengewichte: Züge von Verhandlungsdemokratie 285
9.1 Der Bundesrat: Vetomacht der Landesregierungen 285
9.2 Bundesverfassungsgericht: Hüter und Ausgestalter der Verfassung 296
9.3 Der Bundespräsident: Potenziell mehr als nur Repräsentant?. 308
9.4 Schranken parlamentarischer Mehrheitsherrschaft 316
Literatur. 318

10 Der deutsche Verbundföderalismus 325
10.1 Bundesländer und Landesparlamentarismus 325
10.2 Die Politikverflechtung zwischen Bund und Ländern 339
10.3 Die Dauerprobleme des Verbundföderalismus. 348
Literatur. 352

11 Die Kommunen: Zwischen Verwaltung und Politik 357
11.1 Die Janusköpfigkeit der deutschen Kommunen. 357
11.2 Direktgewählte Bürgermeister, aber zwei Demokratiemodelle 365
Literatur. 381

12 Öffentliche Verwaltung und Implementation. 385
12.1 Von der Verwaltung zum Öffentlichen Management 385
12.2 Durchsetzung im Innern, Schutz nach außen. 398
Literatur. 406

13 Deutschland in der Europäischen Union 411
13.1 Deutsche Interessen in der europäischen Politik 411
13.2 Die Europäisierung des politischen Systems. 427
13.3 Die reduzierte Demokratie der Deutschen im Rahmen der EU 436
Literatur. 444

Teil IV Soziologische Aspekte deutscher Politik

14 Die Medien als Mittler und Akteure 455
14.1 Demokratie und Massenkommunikation. 455
14.2 Die duale Medienlandschaft 462

14.3 Das Mediensystem – Funktionen und Probleme 470
14.4 Willkommenskultur: Krise pluraler Politikvermittlung? 480
Literatur. 483

15 Politische Elite in der Demokratie 491
15.1 Politische Führungsschicht – kein Spiegelbild der Gesellschaft 491
15.2 Einstellungen: Karriereprägungen und Inkongruenz mit Wählern 507
Literatur. 515

16 Politische Kultur der gelockerten Bindungen 519
16.1 Entwicklungsphasen der politischen Kultur 519
16.2 Dimensionen politischer Kultur der Gegenwart 526
16.3 Der schwierige Umgang mit politischem Extremismus 542
Literatur. 548

17 Gesellschaftliche Probleme und Handlungsfelder der Politik 559
17.1 Demographie und Wirtschaft: Zurückfallendes Land? 559
17.2 Verteilungsstrukturen einer Mittelschichtgesellschaft 574
17.3 Politikfelder: Verschiedenartige Arenen 579
17.4 Perspektiven der Bundesrepublik. 600
Literatur. 604

Teil I
Grundlagen des politischen Systems

Die äußeren Bedingungen der Bundesrepublik

1.1 Westbindung als außenpolitische Grundentscheidung

a. Staatsgründung im Kalten Krieg
Am Anfang der Bundesrepublik Deutschland stand ein Zusammenbruch, wie er unter modernen Industrienationen seinesgleichen sucht. Nach totalitärer Hybris und gewaltsamer Expansion hatte der Zweite Weltkrieg in Europa mit der totalen Niederlage Deutschlands geendet, besiegelt in der bedingungslosen Kapitulation vom 7. Mai 1945. Es existierte keine deutsche Regierung mehr, auch Behörden und administrative Strukturen waren – bis auf Reste auf der kommunalen Ebene – zerfallen; ähnlich zahlreiche, im Sinne des NS-Regimes umfunktionierte gesellschaftliche Organisationen.

Die großen Siegermächte – die USA, die Sowjetunion und Großbritannien, zu denen Frankreich hinzutrat – *unterwarfen das ganze Land ihrem unumschränkten Besatzungsregime mit einem Viermächte-Kontrollrat als oberster Instanz.* Sie unterstellten die deutschen Gebiete östlich von Oder und Neiße polnischer bzw. das nördliche Ostpreußen sowjetischer Verwaltung und ließen aus ihnen die Bevölkerung in das restliche Deutschland vertreiben. Das gleiche Schicksal traf die Sudetendeutschen sowie die in Polen, Jugoslawien und Ungarn ansässigen Deutschen (Potsdamer Konferenz vom 17. Juli bis zum 2. August 1945 – Deuerlein 1963, S. 361 ff.), insgesamt 16 Mio. Menschen (Theisen 1995, S. 20 ff.)[1]. Außerdem trennte im Westen Frankreich das Saargebiet ab, um es sich zu assoziieren.

---

[1] Mehr als zwei Millionen von ihnen kamen dabei zu Tode (Theisen 1995, S. 20 ff.).

© Der/die Autor(en), exklusiv lizenziert an Springer Fachmedien Wiesbaden GmbH, ein Teil von Springer Nature 2022
T. Mannewitz und W. Rudzio, *Das politische System der Bundesrepublik Deutschland*, https://doi.org/10.1007/978-3-658-39078-5_1

Das restliche Deutschland, in eine US-Amerikanische, Britische, Sowjetische und Französische Besatzungszone (entsprechend Berlin in vier Sektoren) gegliedert, wurde im Zuge der weltweiten Konfrontation zwischen westlichen Demokratien und sowjetischem Totalitarismus bald in Westzonen einerseits und Sowjetische Zone andererseits zerrissen. Sowjetvetos legten den Viermächte-Kontrollrat weitgehend lahm, während die Sowjetische Militäradministration in ihrer Zone durch rigorose Enteignungen die Errichtung eines sozialistischen Wirtschaftssystems vorantrieb.

Entscheidend war, dass die westlichen Mächte und die Sowjetunion gänzlich unvereinbare politische Vorstellungen vertraten und sich dementsprechend die Verhältnisse in den westlichen Zonen zu westlicher Demokratie, in der Sowjetischen Zone hingegen zu einer kommunistischen Diktatur auseinander entwickelten. Meilensteine der sowjetzonalen Entwicklung waren: die erzwungene Verschmelzung der dortigen SPD mit der KPD im April 1946; die Festlegung der so gebildeten „Sozialistischen Einheitspartei Deutschlands" (SED) auf den Marxismus-Leninismus 1948; die Bildung einer „Nationalen Front" aller Parteien mit den von der SED beherrschten Massenorganisationen. Ab 1949 durfte sich allein diese „antifaschistische" Einheitsfront zu Wahlen stellen, um – unabhängig von deren Ausgang – alle Parlamentsmandate im Sinne gesicherter kommunistischer Dominanz unter sich zu verteilen. Begleitet wurde diese Entwicklung von Verhaftungen und langjährigen Haftstrafen für Widerstrebende. Entsprechendes vollzog sich in den osteuropäischen Staaten, wo die Errichtung kommunistischer Diktaturen mit dem Prager Staatsstreich vom Februar 1948 abgeschlossen wurde.

Die westlichen Demokratien haben sich dem mit langsam zunehmender Entschiedenheit entgegengestellt. Zeichen hierfür waren die Containment-Politik Präsident Trumans ab 1947 sowie die Gründung der NATO im Jahre 1949. Nachdem 1947 Außenministerkonferenzen mit der Sowjetunion keinerlei Aussicht auf eine Einigung über Deutschland eröffnet hatten, kamen die drei Westmächte und die Benelux-Staaten im Frühjahr 1948 überein, den Weg zur Staats- und Demokratiegründung in Westdeutschland allein zu beschreiten. Die Währungsreform vom 21. Juni 1948 in den Westzonen – Ersetzung der wertlosen Reichsmark durch die „Deutsche Mark" – und die Aufforderung der westlichen Militärgouverneure an die westdeutschen Länderministerpräsidenten vom 1. Juli 1948, die Ausarbeitung einer deutschen Verfassung einzuleiten, waren erste Konsequenzen dieser Entscheidung.

Von sowjetischer Seite wurden diese Schritte mit zunehmenden Protesten, dem Vorwurf der „Spaltung" und brutalem Druck begleitet. Am 20. März 1948

1.1 Westbindung als außenpolitische Grundentscheidung

verließen die Sowjets den Viermächte-Kontrollrat, sodass auch der letzte Schleier einer gemeinsamen Verwaltung Deutschlands zerriss. Vom 24. Juni an verhängten sie eine fast einjährige Blockade der westlichen Land- und Wasserwege nach Berlin. Die Folge war die politische Spaltung Berlins. Von großer psychologischer Bedeutung für die Zukunft wurde, dass Amerikaner und Briten mit einer Luftbrücke die Freiheit und Lebensfähigkeit des westlichen Berlins verteidigten und sich damit erstmals in einer gemeinsamen Frontstellung mit der Mehrheit der Deutschen fanden (Lilge 1967, S. 3 ff.; Vogelsang 1966; Eschenburg 1983).

Nicht Ursache, sondern Konsequenz und Ausdruck der Spaltung Deutschlands im Ost-West-Konflikt ist daher 1949 die Gründung der Bundesrepublik Deutschland gewesen. Ihr folgte nahezu zeitgleich die Bildung der „Deutschen Demokratischen Republik" in der Sowjetischen Zone.

b. Die sicherheitspolitische Anlehnungsbedürftigkeit
Die zentrale Rahmenbedingung für die Bundesrepublik bildete dann für vier Jahrzehnte ihre geographische Lage am Rande der westlichen Welt. Sie war gegenüber dem sowjetischen Machtbereich besonders exponiert und als schmaler, für sich nicht verteidigungsfähiger Gürtel mit großer Bevölkerungsdichte militärisch „extrem verletzbar" (von Schubert 1978, S. 475). Angesichts der konventionellen militärischen Überlegenheit des Warschauer Pakts hat sie daher bis 1990 ein ständiges, in der Stärke wechselndes Gefühl des Bedrohtseins durch den Sowjetblock begleitet (Schweigler 1985, S. 183).

Vor allem ihr Sicherheitsbedürfnis bestimmte daher ihre Außenpolitik (Grosser 1990, S. 437). Zwei Wege, diesem zu entsprechen, standen der Bundesrepublik zur Verfügung: sich einerseits durch militärische *Abschreckungspolitik* zu schützen und andererseits durch *Entspannungspolitik* die Wahrscheinlichkeit von Druck oder Angriff herabzusetzen. Auch wenn hier von „zwei Säulen der Sicherheit" gesprochen worden ist (Haftendorn 1983, S. 719) – primär stützte man sich doch auf Abschreckung. Auf sie in erster Linie führten 79,2 % der Angehörigen der westdeutschen Führungsschichten noch 1980/81 den Friedenszustand zurück[2].

---

[2] Elitenbefragung, n = 615 (Schössler 1983, S. 170).

Man kann diese beiden Linien zwei theoretischen Ansätzen zuordnen, die in der Lehre von den internationalen Beziehungen miteinander konkurrieren: die Entspannungspolitik einem „Idealismus", die Abschreckungspolitik einem „Realismus". Paradigmatisch werden für diese Denkschulen auch Politiker genannt, nämlich Woodrow Wilson (US-Präsident 1913–21) und Otto von Bismarck (deutscher Reichskanzler 1871–90). Ist in der einen Sicht die Menschheit eine Brüdergemeinde (oder könnte es sein), geht die andere vom „homo homini lupus"-Prinzip aus (Schwarzenberger 1955, S. 3). Hebt der Idealismus wechselseitige Abhängigkeiten hervor, so betont der Realismus die Anarchie zwischen den Staaten und entsprechend unterscheiden sich die Konzepte zur Friedenssicherung (s. Tab. 1.1). Worauf soll man sich eher stützen, was bewegt die internationalen Akteure bzw. was sollte sie bewegen? Von idealistischer Seite ist kritisch auf Zeiten europäischer Macht- und Gleichgewichtspolitik hingewiesen worden, die in kriegerische Auseinandersetzungen mündeten, von realistischer auf den Völkerbund und Friedenspakte nach 1918, die den Zweiten Weltkrieg nicht verhinderten.

Dabei stand außer Frage, dass die Bundesrepublik für sich allein keine hinreichende Abschreckung herzustellen vermag. Schon das Fehlen eigener Atomwaffen, festgeschrieben durch einen Verzicht auf ABC-Waffen 1954 (wiederholt 1990) und den Beitritt zum Atomwaffensperrvertrag 1969 (verlängert 1995), schließt dies aus. Nur im Rahmen eines Bündnisses, vor allem mit den USA, konnte daher ein ausreichender, auch atomarer Schutzschirm gewährleistet werden. Daraus ergab sich eine „fundamental dependence" von den Westmächten (Johnson 1973, S. IX). Es war daher die Bundesrepublik, die auf einer Vorne-Verteidigung der NATO und der Stationierung verbündeter Streitkräfte auf ihrem Gebiet bestand (Hanrieder 1971, S. 37; Czempiel 1974, S. 573). Nicht

Tab. 1.1 Theorien internationaler Beziehungen

	Idealismus	Realismus
Struktur internationaler Politik	Interdependenz	Anarchie
Akteure	Staaten, internat. Organisationen, „Weltgemeinschaft"	Staaten
Motivationen	Globales Gemeinwohl (Interessenkoinzidenz)	Interessen, Macht
Friedenssicherung	Förderung von Demokratie und Interdependenz	Gleichgewicht, Stärke

Nach: Gareis (2006, S. 29)

1.1 Westbindung als außenpolitische Grundentscheidung

zufällig wies ab 1977 gerade der deutsche Bundeskanzler auf die mit den neuen sowjetischen SS20-Raketen entstehende westliche Abschreckungslücke hin. Die sowjetische Invasion Afghanistans 1979 unterstrich solche Sorgen. Trotz heftiger Proteste von Friedensbewegungen kam es daraufhin zu einer Raketen-Nachrüstung des Westens.

Mit ihrer weltweiten Konfrontationspolitik überspannte jedoch die Sowjetunion zunehmend ihre wirtschaftlichen Kräfte und technologischen Fähigkeiten (Kennedy 1989, S. 721 ff.). Zugleich verlor der Kommunismus an ideologischer Attraktivität, auch gelang ihm nicht die militärische Befriedung Afghanistans. So gab der sowjetische Riese, dem die Puste ausging, ab Mitte der achtziger Jahre schrittweise seine ausgreifende Konfrontationspolitik gegenüber dem Westen auf. 1989/90 kollabierten die kommunistischen Regime in Osteuropa. Die Sowjetunion bzw. ihr hauptsächlicher Nachfolgestaat Russland zog nicht nur ihre Streitkräfte aus der ehemaligen DDR und den osteuropäischen Staaten zurück, sondern fand sich auch im Vertrag über konventionelle Streitkräfte in Europa von 1990 erstmals zu einer gleichgewichtigen und kontrollierten Beschränkung bei konventionellen Waffen bereit. *Die jahrzehntelange Bedrohungskonstellation für die Bundesrepublik Deutschland war geschwunden.*

Der Rückblick wäre jedoch unvollständig, bliebe das wirtschaftliche Gewicht der Bundesrepublik außer Acht. Nach längerer Erholung nach dem Kriege rückte sie ab Ende der sechziger Jahre in die Gruppe der führenden Wirtschaftsmächte auf. Ihr Bruttoinlandsprodukt rangierte vorübergehend an zweiter Stelle in der westlichen Welt (nach den USA), bald allerdings von Japan auf den dritten Platz verwiesen. Man sprach daher – ähnlich wie im Falle Japans – vom „ökonomischen Riesen und politischen Zwerg" (Rittberger 1992).

Zu berücksichtigen ist allerdings die Achillesferse der deutschen Wirtschaftskraft. Nur indem ein großer Teil ihres Bruttoinlandprodukts in den Export ging, vermochte das rohstoffarme und mit nur engem Binnenmarkt ausgestattete Land seinen Wohlstand zu erarbeiten. Diese extreme Exportabhängigkeit bedeutet zugleich Abhängigkeit von offenen Märkten und störungsfreien Rohstoffimporten – gibt mithin nachdrücklichsten Anlass zu außenpolitischer Vorsicht und Zurückhaltung (Hacke 1988, S. 451). Das deutsche Interesse an freiem Handel ist daher stets zentral gewesen.

Vor diesem Hintergrund hat man das außenpolitische Verhalten der Bundesrepublik dahingehend charakterisiert, dass sie ein „Handelsstaat" ähnlich Japan oder Saudi-Arabien sei, der Außenpolitik vor allem „in der Rolle und im Stil eines ‚Kaufmanns'" zu betreiben suche (Rittberger 1990a, S. 17; Rittberger 1990b, S. 112). Tatsächlich waren die wichtigsten Einflussmittel deutscher Außenpolitik wirtschaftliche und finanzielle Leistungen („Scheckbuchdiplomatie"). Ihre

Entwicklungshilfe diente dazu, Staaten der Dritten Welt von einer Anerkennung der DDR abzuhalten, ihr finanzielles Entgegenkommen suchte mehrfach die USA und Großbritannien von Truppenabzügen aus Deutschland abzuhalten (Hanrieder 1971, S. 37; Czempiel 1974, S. 573), ihre Kredite sollten die finanzschwache DDR zu Liberalisierungen im innerdeutschen Reiseverkehr bewegen, ihr Beitrag zur Befreiung Kuwaits 1990/91 erschöpfte sich in Schecks und Logistikhilfen (Hellmann 2006, S. 196).

Die außenpolitische Grundbefindlichkeit der Bundesrepublik bis 1990 lässt sich folgendermaßen zusammenfassen: *Für sie, ein militärisch höchst verletzliches Land ohne Atomwaffen, zugleich eine Gesellschaft, deren Wohlstand entscheidend vom Export abhing, bildeten in der vom Ost-West-Konflikt geprägten Welt der militärische Schutzschirm der NATO und der freie Zugang zu internationalen Märkten existentielle Gewährleistungen.*

1.2 Rollensuche: Deutschland in der veränderten Welt seit 1990

a. Mittellage und Lasten der Vergangenheit
Seit den Umwälzungen von 1989/90 ist die Bundesrepublik Deutschland aus ihrer bedrohlichen Lage befreit. Sie bedeuten aber kein „Ende der Geschichte", wie Fukuyama (1992) gemeint hat.

Erstens: Im Unterschied zur alten Bundesrepublik ist das vereinte Deutschland wieder in die alte – ebenso interessante wie schwierige – geopolitische Mittellage in Europa zurückgekehrt, zwischen den Westmächten und Russland, dessen Machtbereich allerdings weit nach Osten zurückgewichen ist. Deutschland war infolge dieser Mittellage in der Geschichte „Schlachtfeld mehr für fremde Heere denn für eigene" (Carlo Schmid 1964 zit. nach Schwarz 1994a, S. 87) und potenziell stets gefährdet, „zerrieben zu werden" (Konrad Adenauer 1965 zit. nach Schwarz 1994a, S. 87)[3]. Dazu kommt die „kritische, unglückliche Größe" des Landes – zu klein für eine wirkliche Großmacht, zu groß für eine normale europäische Mittelmacht –, an der deutsche Außenpolitik in der Vergangenheit auch gescheitert ist (Baring 1988, S. 48).

Das Problem ist nicht mit dem beruhigenden Hinweis erledigt, Deutschland sei heute von Freunden umgeben. Vielmehr drängten sich, nachdem die Fluten des Ost-West-Konflikts abgelaufen waren, auch Schatten der Vergangenheit

---

[3] Zit. nach Schwarz (1994a, S. 87).

wieder in den Vordergrund. Seit der Finanzkrise ab 2008 konstatiert man in Europa verbreitet eine „German Power", die sich einer Schuldenvergemeinschaftung „widersetzte" und anderen Staaten eine Austeritätspolitik „verordnete" und so – nicht allein in Griechenland – Erinnerungen an die Deutschen des Zweiten Weltkrieges wachgerufen habe. Kritik an deutschen Wirtschaftsbeziehungen zu China, deutscher Mäßigung gegenüber dem Iran und die Männerfreundschaft Schröder-Putin führen zuweilen nicht nur zur These, der Holocaust habe die Bedeutung für die deutsche Außenpolitik verloren, sondern auch zur „Frage, ob Deutschland auch in strategischer Hinsicht Teil des Westens bleiben wird" (Kundnani 2016, S. 9 f., 121 f., 125, 169). So *begleitet also in Teilen Europas auch gegenwärtig ein latentes, auch mal virulentes Misstrauen die deutsche Politik.* Dem mag man den Wandel der politischen Kultur Deutschlands, seinen Bevölkerungsrückgang und sein geringeres wirtschaftliches Gewicht als einst entgegenhalten. Ein Faktum bleibt jene Stimmung dennoch. Sie erklärt manche außenpolitische Selbstbeschränkung Deutschlands.

b. Sicherheit und Handel im „global village"
Zweitens schrumpft die Welt zu einem „global village" zusammen, in dem Entfernungen an Bedeutung verlieren. Terroristische Anschläge aus der Ferne werden leichter durchführbar, Fernangriffe möglich, ebenso wie ferne Vorgänge gerade auch auf Deutschland mit seinen weitgespannten Handelsbeziehungen zurückwirken.

Angesichts dessen sieht Deutschland seine Sicherheitsinteressen durch die „globalen Herausforderungen" des Terrorismus und die „Weiterverbreitung von Massenvernichtungswaffen" berührt. Dementsprechend will es zur „Stärkung der internationalen Ordnung" beitragen, idealistisch auch „zur Achtung der Menschenrechte" (Bundesministerium der Verteidigung 2006, S. 28; Bundesministerium der Verteidigung 2016, S. 27). Regionalen Kriegen, Weiterverbreitung von Massenvernichtungswaffen und Gefährdungen von Handelswegen müsse präventiv und multinational entgegen getreten werden (Böckenförde 2009, S. 37).

Den Weg zu dementsprechenden Interventionen außerhalb des NATO-Bündnisgebiets öffnete 1994 ein Urteil des Bundesverfassungsgerichts, wenn auch mit dem Vorbehalt vorheriger parlamentarischer Zustimmung. In diesem Rahmen hat Deutschland militärische Kräfte im Rahmen internationaler Engagements an zahlreichen Plätzen der Welt stationiert (insbesondere in Bosnien, Kosovo, Mali). Es versteht sich dabei gerne als „Zivilmacht", die im Sinne des außenpolitischen Idealismus für Menschenrechte, supranationale Institutionen und friedliche Konfliktregelung eintritt (Raith 2006, S. 40 f.). Tatsächlich aber musste man

1999 die Schwelle zur gewaltsamen internationalen Militärintervention gegen Serbien überschreiten (Hacke 2003, S. 468 ff.). Und in Afghanistan wurde ein deutsches Kontingent ebenso wie seine Verbündeten in einen schier endlosen Partisanenkrieg (politologisch: „asymmetrischen Krieg") verwickelt, in dem man nicht dem Dilemma des militärisch Überlegenen entging, der auf keinen offen kämpfenden Gegner trifft: entweder „Barbarei" gegen die Bevölkerung auszuüben oder in eine politisch schwer tragbare Auseinandersetzung ohne Ende zu geraten (von Krshiwoblozki 2015, S. 70, 291, 639). Als Illusion erwies sich, man könne per Intervention in kulturell ganz anders geprägte, zudem ethnisch und religiös gespaltene Länder mal schnell Demokratien und Gesellschaftsstrukturen westlichen Stils einpflanzen. Entsprechend hastig spielte sich etwa auch der Abzug deutscher Truppen aus Afghanistan im Sommer 2021 ab, nachdem die US-Amerikaner sich zurückgezogen hatten – ein Ende mit Schrecken nach dem Schrecken ohne Ende.

Wegen der Entwicklung zu einer Global-village-Situation ist es der deutschen Außenpolitik auch nicht gleichgültig, wenn sich Atomwaffen in der Welt ausbreiten – und mit ihnen die Aussicht, dass eine Katastrophe wahrscheinlicher wird oder atomare Habenichtse von jedermann herumgeschubst werden könnten. Man sucht daher jene Ausbreitung zu verhindern. Multilaterale Verträge gegen biologische und chemische Waffen (in Kraft seit 1975 bzw. 1997) sind freilich nicht allgemein unterzeichnet worden und kaum kontrollierbar. Als Atommächte anerkannt sind nach dem Atomwaffensperrvertrag nur die großen Siegermächte des Zweiten Weltkrieges: die USA, Russland, Frankreich, China und Großbritannien. De-facto-Atomwaffenstaaten sind außerdem Israel, Indien und Pakistan. Im Verdacht, Atomwaffen zu entwickeln, stehen Iran und Nordkorea. Besonders der islamistische Iran ist für die westlichen Staaten einschließlich Deutschlands zum Konfliktfall geworden, Handelsbeschränkungen sind bereits verhängt, einst gute Beziehungen zum Iran abgekühlt.

Interventionen und diplomatische Bemühungen wurden und werden nicht nur idealistisch, sondern auch realistisch begründet. Die Sicherheit des Landes, so Verteidigungsminister Peter Struck (SPD) angesichts des 11. September 2001 in New York, werde auch „am Hindukusch" verteidigt. Selbst bei Zweifeln gegenüber mancher Aktion und ihren Erfolgschancen darf man ein unausgesprochenes Motiv nicht außer Acht lassen: Für die Deutschen, weiterhin auf den amerikanischen Schutzschirm angewiesen, spielt wohl eine entscheidende Rolle, *in Fragen der Sicherheit „nicht als Schmarotzer zu gelten und alleine gelassen zu werden, wenn sie selber Hilfe brauchen"* (Münkler 2006).

Deutsche Interessen sind darüber hinaus handelspolitischer Natur. Während Deutschland nach seiner Bevölkerungszahl inzwischen an der 17. Stelle in der Welt rangiert, gehört es wirtschaftlich immer noch zu den Spitzenländern. Allerdings muss es sich, gemessen am Bruttonationaleinkommen 2020, mit dem vierten Platz hinter den USA (20.933 Mrd. US-$), China (14.723 Mrd.) und Japan (5049 Mrd.) begnügen (Deutschland: 3803 Mrd.). Wirtschaftlich stellt sich die Global-village-Situation als Globalisierung dar. Wie soll diese gestaltet werden?

Deutschland als Exportnation (an dritter Stelle hinter China und den USA) hat ein starkes Interesse an freiem Welthandel. Doch bei weitem nicht alle Handelshemmnisse sind bisher gefallen, und was heißt „fairer Handel"? Während Industrieländer gleichzeitig zur Freigabe von Industriemärkten und zum Schutz ihrer Agrarmärkte und von geistigem Eigentum (Patenten) neigen, fordern weniger entwickelte Länder einen „erweiterten Marktzugang" in der ersten Welt, reduzierten Patentschutz und „den vollen Gegenwert ihrer Rohstoffe"; nicht zuletzt auch ein Ende des „Demokratiedefizits" in Internationalem Währungsfonds und Weltbank (Stiglitz 2006, S. 102 ff., 144 ff., 114, 205, 343, 91, 97). Die Wahl Donald Trumps (und sodann Joe Bidens) zum US-Präsidenten hat zudem protektionistischen Kräften in den USA zum Durchbruch verholfen, sodass nun Exportüberschussländer wie China und Deutschland mit vielen anderen den Nutzen des freien Welthandels gegenüber den USA beschwören müssen. Als *deutsches Interesse gilt realistisch, „den freien und ungehinderten Welthandel als Grundlage unseres Wohlstandes zu fördern", aber auch idealistisch, „dabei die Kluft zwischen armen und reichen Weltregionen überwinden zu helfen"* – letzteres neuerdings weniger betont (Bundesministerium der Verteidigung 2006, S. 28; Bundesministerium der Verteidigung 2016).

c. Geschwächte Bündniskohäsion der NATO
Das dritte Element der Situation nach 1990 besteht darin, dass Deutschland ein richtungsweisendes außenpolitisches Konzept abhandengekommen (Klages 2017, S. 137) und die NATO nun zu einer „Allianz ohne Gegner" (Gareis 2006, S. 131) geworden war. Ihre „Bündniskohäsion" schwächte sich ab (Magenheimer 1991, S. 21, 29). Militärisch mangelt es ihr zunehmend an einheitlichen, gemeinsame Handlungsfähigkeit gewährleistenden Standards, weitet sich die Fähigkeitslücke zwischen amerikanischen und europäischen Militärverbänden, wie der Afghanistanabzug unter Beweis stellte (Grams 2007, S. 58). Ob ein Selbstverständnis als „Wertegemeinschaft" hinreicht, wird nicht selten als „allzu idealistisches Bild" (Franke 2010, S. 28) bezweifelt.

Vor diesem Hintergrund neigt die amerikanische Führungsmacht bereits seit Präsident Clinton zur Abwendung von multilateralen Kooperationen (Knapp 1999, S. 302). Diese Tendenz trat dann krass im Irak-Konflikt 2002/03 hervor, als die USA den Irak angriffen, begründet mit dessen angeblicher Atomrüstung und dessen Diktatur. Dies spaltete die NATO. Deutschland fand sich im UN-Sicherheitsrat in einer „Gegenkoalition" gemeinsam mit Russland, Frankreich und China gegen die kriegsentschlossenen USA und Großbritannien (Schwarz 2005, S. 23, 26). Weniger dramatisch, aber im Kern ähnlich nahm man Stellung im Sicherheitsrat 2011, als es um Libyen ging: Im Unterschied zu den drei Westmächten enthielt sich Deutschland der Stimme, ebenso wie China, Indien und Russland. In beiden Fällen gab es gute Gründe für die deutsche Position – aber Außenpolitik-Experten vermerken, die deutschen Beziehungen zu den USA dünnten sich aus, Deutschland verhalte sich bei internationalen Interventionen zögerlich (Hacke 2012, S. 88 f., 98) bzw. betreibe einen zweifelhaften „Flirt" (Maull 2012, S. 134 f., 147) mit anderen Mächten als den Verbündeten. Auch beim Ukrainekrieg tauchte dieser Vorwurf wieder auf, ließ es Deutschland an beherztem Handeln zugunsten des Angegriffenen missen (Friederichs 2022).

Letztlich wurde der Konflikt im Sicherheitsrat von keiner Seite fortgesetzt. Aber: *Der NATO-Schutzschirm wirkte lange Zeit fadenscheinig.* Frankreichs Präsident Emmanuel Macron nannte das Bündnis darum 2019 „hirntot", forderte stattdessen eine stärkere europäische Zusammenarbeit (Tagesschau 2019). Nebstdem schien Deutschland militärisch als Bündnispartner wenig wert: Für militärische Zwecke gab es bis in die jüngste Vergangenheit hinein einen deutlich geringeren Prozentsatz (1,4 %) seines Bruttoinlandsprodukts für Verteidigung aus als die USA (3,7 %), Großbritannien (2,2 %), Polen (2,2 %) oder Frankreich (2,1 %) (SIPRI 2021).

Das russische Vordringen in die Ukraine weckte das Bündnis aus seinem Dornröschenschlaf: Einerseits rüttelten die Konflikte um die Krim und das Donezk-Becken ab 2014 die NATO auf: Das 2-%-Ziel wurde für alle Mitgliedsstaaten einmütig als Ziel bekräftigt. Angesichts der russischen „Herausforderung" (Bundesministerium der Verteidigung 2016, S. 4, 13) seien zudem die Prioritäten „neu zu definieren" und der Schutz des eigenen Landes und der Verbündeten mehr zu berücksichtigen. Schließlich hat die 2021 geschaffene Ampel-Koalition sogar ein 3-%-Ziel ausgegeben, allerdings für Militär, Diplomatie sowie Entwicklungshilfe zusammen und „langfristig".

Andererseits aber hat die Ukraine-Invasion Russlands im Jahr 2022 die mangelnde Einsatzbereitschaft vieler Waffensysteme der Bundeswehr aufs Deutlichste freigelegt. Dass Fähigkeiten, einer militärischen Herausforderung in Osteuropa zu begegnen, weitgehend verloren gingen, führte 2022 zu einem 100-Mrd.-Paket. Ob die Invasion langfristig etwas an der Reserve der deutschen Politik gegenüber einem abwehrbereiten Militär ändern und so die von

Bundeskanzler Olaf Scholz in einer Bundestagssondersitzung im Februar 2022 versprochene „Zeitenwende" in der Außen- und Sicherheitspolitik einläuten wird, muss sich noch zeigen, aber von einer hirntoten NATO spricht zumindest heute wohl kaum einer mehr. *Ein Riss durch die Mitte deutscher Politik ist sichtbar. Deutschland droht bei ausbleibendem außen- und sicherheitspolitischen Kurswechsel innerhalb der NATO ein Trittbrettfahrer mit Ansprüchen auf kollektiven Schutz bei unzureichendem eigenen Beitrag zu bleiben. Unklar ist die Prioritätensetzung zwischen überseeischer Interventions- und mitteleuropäischer Verteidigungsfähigkeit.*

1.3 Von der Spaltung zur deutschen Einheit

a. Der Weg zur deutschen Wiedervereinigung

Zum Verständnis der Bundesrepublik muss noch ein weiterer Aspekt in die Betrachtung einbezogen werden: ihr nationalstaatlicher Charakter. In diesen Zusammenhang gehört die Tatsache, dass sich die alte Bundesrepublik nicht als abgeschlossener, neuer Staat verstand, sondern als räumlich beschränkte Fortsetzung des früheren Deutschen Reiches. Dementsprechend hieß es bis 1990 in der Präambel ihres Grundgesetzes, das ganze deutsche Volk bleibe aufgefordert, „in freier Selbstbestimmung die Einheit und Freiheit Deutschlands zu vollenden".

Diesem Selbstverständnis entsprechend hatte die alte Bundesrepublik auch Pflichten und Folgelasten des alten Deutschland übernommen: Wiedergutmachungsleistungen an Israel, alte deutsche Auslandsschulden und Pensionszahlungen an ehemalige Beamte, später Zahlungen an ehemalige Zwangsarbeiter. Hierher gehört auch die „offene Tür" (Ulrich Scheuner zit. nach Frowein 1987, S. 209) ihres Staatsbürgerrechts, das allen Staatsangehörigen des ehemaligen Deutschen Reiches und allen deutschen Volksangehörigen aus Osteuropa die deutsche Staatsangehörigkeit anbietet. Aus dem gleichen Grunde war die Geschichte der deutschen Teilung und der deutschen Ostgrenzen von Revisionsbestrebungen und Rechtsvorbehalten der Bundesrepublik begleitet. Adenauer wie Schumacher bauten dabei auf die Anziehungskraft wirtschaftlich prosperierender und freiheitlicher Verhältnisse in der Bundesrepublik, die wie ein „Magnet" auf den Osten wirken würden (Rupp 2009, S. 58).

Allerdings, eine Revision des Status quo schien je länger, desto weniger durchsetzbar. So kam es seit Mitte der sechziger Jahre zu ersten Auflockerungen gegenüber dem Osten (Meissner 1970). Der eigentliche Absprung von bisherigen Positionen erfolgte unter dem Stichwort „Ostpolitik" aber erst ab 1969 in der Ära der sozialliberalen Koalition. In den „Ostverträgen" verpflichtete sich die Bundesrepublik zur Achtung der „territorialen Integrität aller Staaten in Europa in ihren heutigen Grenzen" (Moskauer Vertrag mit der Sowjetunion von 1970). Sie vereinbarte mit der DDR im Grundlagenvertrag von 1972 „normale gutnachbarliche Beziehungen". Jedoch gab die Bundesrepublik das Ziel der Wiedervereinigung nicht preis, behielt die völkerrechtliche Anerkennung deutscher Grenzen einem künftigen Gesamtdeutschland vor (Entschließung des Bundestages vom 17. Mai 1972; BVerfGE 36, S. 1 ff.). *Für eine solchermaßen eingeschränkte Anerkennung des Status quo erhielt sie (formell die Westmächte) die Zusicherung eines Transitverkehrs nach Berlin „ohne Behinderungen" (Viermächte-Abkommen von 1972).*

Entgegen weitergehenden Erwartungen eines „Wandels durch Annäherung" (Egon Bahr) hat die Ostpolitik zwar den modus vivendi erleichtert, die kommunistische Herrschaft aber nicht aufgeweicht. Die späte Bundesrepublik schien „sich als postnationales Gemeinwesen" zu begreifen, mancher jedenfalls sah im „Ja zur Zweistaatlichkeit ein Stück Friedenspolitik" (Winkler 2015, S. 32 f.). Dennoch: Ende der achtziger Jahre, als die sowjetische Führung ihre Konfrontationspolitik und die mit ihr verbundene Überspannung des äußeren Engagements aufgab, eröffnete sich die Perspektive zu tiefgreifenden Veränderungen. Die Aufgabe der beschränkten Souveränität sozialistischer Staaten (die Interventionen zur Erhaltung des Sozialismus rechtfertigt hatte) durch den Warschauer Pakt im Juli 1989 sowie freiheitliche Entwicklungen in Ungarn und Polen ließen 1989 erkennen, dass kommunistische Herrschaftssysteme nicht mehr auf Rückendeckung durch sowjetische Panzer rechnen konnten.

Vor diesem Hintergrund führten dramatische Fluchtwellen aus der DDR als auch anhaltende und sich steigernde Massendemonstrationen in der DDR zum Kollaps der SED-Herrschaft Ende 1989. Begleitet wurde diese Entwicklung vom Herausbilden oppositioneller Bürgergruppen und einer neuen Sozialdemokratie in der DDR, während innerhalb der Blockparteien ein innerer Umsturz erfolgte. Entscheidende Schritte zur deutschen Einheit bildeten die Öffnung der Berliner Mauer am 9. November 1989 (von der SED verwirrt und „ratlos" vollzogen – Neubert 2008, S. 229), der Massenslogan „Wir sind ein Volk", die erste freie Wahl zur DDR-Volkskammer am 18. März 1990 und der Wille der daraufhin gebildeten nichtkommunistischen DDR-Regierung zur Vereinigung. Diese wurde am 3. Oktober 1990 durch den Beitritt der DDR zur Bundesrepublik Deutschland vollzogen. Eine große Mehrheit der Deutschen in der DDR strebte, wie Umfragen belegen, die Einheit an (Gibowski 1990, S. 18; Noelle-Neumann und Koecher 1993, S. 437).

Für die Bürger der bisherigen Bundesrepublik, die noch im Dezember 1989 zwischen Konföderation und staatlicher Einheit schwankten, letztere dann aber

1.3 Von der Spaltung zur deutschen Einheit

mit großer Mehrheit begrüßten[4], kam der Wandel rasch und vielfach überraschend. Im politischen Raum war es Bundeskanzler Kohl, der angesichts einer noch zurückhaltenden Öffentlichkeit als erster Spitzenpolitiker Ende November 1989 die Signale über konföderative Strukturen hinweg zur staatlichen Einheit stellte.

b. Die Neuordnung des nationalstaatlichen Hauses
Mit der Wiedervereinigung haben sich die außenpolitischen Rahmenbedingungen der Bundesrepublik grundlegend verändert. Im Zwei-plus-Vier-Vertrag vom 12. September 1990 zwischen den beiden deutschen Staaten und den vier großen Siegermächten von 1945 sind die Bedingungen niedergelegt, unter denen die Mächte die deutsche Einheit akzeptierten. Das war für sie, abgesehen von den USA, keineswegs selbstverständlich (Ritter 2006, S. 24 f., 46). Der Vertrag zog zugleich einen Schlussstrich unter die Nachkriegsgeschichte und ersetzte damit auch einen Friedensvertrag mit Deutschland. In ihm

- versprach Deutschland, die Oder-Neiße-Linie als Grenze zu Polen verbindlich anzuerkennen (was dann im Grenzvertrag mit Polen geschah);
- bekräftigte die deutsche Seite ihren Verzicht auf ABC-Waffen und verpflichtete sich, Streitkräfte von nicht mehr als 370.000 Mann zu unterhalten;
- sicherte Deutschland zu, in seiner Verfassung Handlungen für strafbar zu erklären, welche den Frieden stören oder einen Angriffskrieg vorbereiten sollen.

In einem begleitenden Brief der beiden deutschen Außenminister wurde darüber hinaus zugesichert, dass Enteignungen der Jahre 1945–49 auf besatzungsrechtlicher Grundlage unantastbar seien und Parteien, welche die freiheitlich-demokratische Grundordnung bekämpften, verboten werden können.

Sicherlich hat der Zeitabstand zum Vorgang der Enteignungen bzw. Vertreibungen die Hinnahme dieser Regelungen erleichtert. Wollten sich 1951 massive 80 % der Deutschen in der Bundesrepublik nicht mit der Oder-Neiße-Linie abfinden, 1969 noch 38, so waren dies im Mai/Juni 1990 lediglich 19 % der Bundesbürger (in der DDR 9 %). Bei eigener Herkunft aus dem alten Ostdeutschland betrug die Ablehnungsrate allerdings 43 % (Noelle/Neumann 1974, S. 525; ipos 1990, S. 87; Glaab 1999, S. 84).

---

[4] Noch im Dezember 1989 sprachen sich nur 37 % für die staatliche Einheit (Unions-Anhänger: 47 %), 31 % für eine Konföderation mit der DDR und 19 % für zwei getrennte deutsche Staaten aus (Noelle-Neumann/Köcher 1993, S. 439; ipos 1990, S. 68).

Die einseitigen Rüstungsbeschränkungen für Deutschland sind inzwischen durch den multilateralen KSE-Vertrag samt Folgeabkommen überholt. Die im dritten Spiegelstrich genannten Zusicherungen fanden sich bereits zuvor im Grundgesetz. Als eindeutigen Gewinn konnte die deutsche Seite verbuchen, dass die vier Mächte dem wiedervereinten deutschen Staatsvolk uneingeschränkte Souveränität zugestanden, Deutschland *in seiner künftigen Bündnispolitik nicht beschränkt* wurde (mithin Mitglied der NATO sein kann) und die *sowjetischen Truppen bis Ende 1994 Deutschland verließen*.

Im Ergebnis ist damit die Bundesrepublik Deutschland zu einem definitiv begrenzten Nationalstaat (mit europäischer Perspektive) geworden. Sie steht in der Nachfolge des alten Deutschland – aber ihre internationale demographische, wirtschaftliche und militärische Position schließt nicht mehr an dessen Rolle an. Für eine Wiederaufnahme autonomer Großmachtpolitik fehlt es an allen Voraussetzungen.

1.4 Die Zielrichtung der europäischen Integration

a. Geschichte und Motive der Integration

Noch eine weitere Zielrichtung bestimmt die Außenpolitik der Bundesrepublik Deutschland: ihre Integration in die Europäische Union. Anders als das Deutsche Reich, das sich als autonome Macht verstand und wechselnde Allianzen schloss, ist die Bundesrepublik Deutschland umfassend in die westliche Welt eingebettet. Ihre „Grundentscheidung für die westliche Demokratie" (Schwarz 1975, S. 310) wie ihre Integration in die Europäische Union gehören in diesen Zusammenhang. Neben dem Interesse an politischer Freiheit sprachen auch alle wirtschaftlichen Interessen für eine Anlehnung an den Westen, insbesondere an die USA. Diese waren es, die 1948–52 auch den besiegten Deutschen Marshall-Plan-Hilfe in Höhe von insgesamt 1,6 Mrd. Dollar (etwa die Hälfte wie für Großbritannien oder Frankreich) zukommen ließen (Knapp 1978, S. 185).

Von Anbeginn an konnte der Bund nach Art. 24 GG Hoheitsrechte auf übernationale Organisationen übertragen. Insofern kann die Förderung internationaler Zusammenarbeit, insbesondere die europäische Integration, als ein Staatsziel der Bundesrepublik gelten. Eine Wiedererlangung völliger nationaler Souveränität wurde nicht angestrebt.

Drei Beweggründe haben in diese Richtung geführt:

1. Die europäische Integration war eine friedenssichernde Konsequenz aus den Erfahrungen der ersten Hälfte des 20. Jahrhunderts, die eine Rückkehr in eine Welt der europäischen, voneinander isolierten Nationalstaaten als fatal erscheinen ließen. Die deutsche „Bereitschaft zum Autonomieverzicht"

1.4 Die Zielrichtung der europäischen Integration

(Staack 1998, S. 17 f.) ist als Reaktion auf Deutschlands heikle Lage in der Mitte Europas zu interpretieren; sie sei bei nationaler Eigenständigkeit kaum zu meistern (Schwarz 1994b, S. 47 ff.). Für die europäischen Partner ging es nicht zuletzt um eine „Einbindung" Deutschlands.

2. Zum zweiten spielte das Motiv eine Rolle, sich und Westeuropa gegenüber der kommunistischen Herausforderung zu stabilisieren. Dies konnte nicht allein militärisch geschehen, sondern erforderte auch politisches und wirtschaftliches Zusammenrücken. Auf französischer Seite spielte zusätzlich die Vorstellung einer dritten Kraft neben der Sowjetunion und den USA eine Rolle (Pfetsch 2005, S. 19, 61).
3. Schließlich wollte man die Vorteile wirtschaftlicher Zusammenarbeit in einem Großraum für alle Beteiligten erschließen. Dies geschah zunächst im gemeinsamen Zugang zu Kohle und Stahl (die vor allem in Deutschland erzeugt wurden) in der Montan-Union, die später zum gemeinsamen Markt ausgeweitet wurde.

Ihren Anfängen entsprechend hat sich die Bundesrepublik in den Westen eingegliedert und dabei schrittweise höhere Souveränitätsstufen erreicht: mit dem Eintritt in die Montan-Union 1951 (Lockerung des Besatzungsstatuts) und dem Beitritt zur NATO 1955 (Souveränität bei fortdauernden alliierten Vorbehaltsrechten). Dass das Saarland nach einer Volksabstimmung 1956 zu Deutschland zurückkehren durfte, erleichterte diesen Integrations- und Versöhnungsprozess.

Über den Kreis der ursprünglichen Vertragspartner (Frankreich, Italien, Bundesrepublik Deutschland, Niederlande, Belgien, Luxemburg) hat die Europäische Gemeinschaft (dann „Union") fortlaufend, überwiegend in Schüben, zunächst in Westeuropa, dann 2004 in Mittelosteuropa („Osterweiterung") weitere Mitgliedsstaaten aufgenommen, ein Prozess, der bis heute nicht abgeschlossen ist. Die Kompetenzabgrenzungen zwischen EU und ihren Mitgliedsstaaten sind nach dem Vertrag von Lissabon 2009 wie folgt umrissen:

- Eine „ausschließliche Zuständigkeit" der EU bestehe für Zollunion, Wettbewerbsregeln des Binnenmarktes, gemeinsame Handelspolitik, Währungspolitik (für den Euro) und Erhaltung der Meeresschätze.
- Eine „geteilte" zwischen Mitgliedsstaaten und EU gelte für sonstige Binnenmarkt-Angelegenheiten, Aspekte der Sozialpolitik, wirtschaftlich-soziale Zusammenarbeit, Landwirtschaft und Fischerei, Umwelt, Verbraucherschutz, Verkehr und transeuropäische Netze, Raum der Freiheit/Sicherheit/Recht, gemeinsame Gesundheitssicherung.
- Darüber hinaus hat die EU für Forschung, technologische Entwicklung und Raumfahrt Programme zu erstellen und durchzuführen (Hartmann 2009, S. 28).

Entsprechend ist der Haushalt der Europäischen Union bis 2021 auf 164,3 Mrd. Euro angewachsen. Er speist sich zu etwa 70 % aus Beiträgen der Mitgliedsstaaten entsprechend ihrem Brutto-Nationaleinkommen, daneben aus den EU-Außenzöllen und -Abgaben (10 %) und Mehrwertsteueranteilen der Mitgliedsstaaten (ebenfalls ca. 10 %). Die EU bleibt also überwiegend Kostgänger der Mitgliedsstaaten. Ihre Ausgaben bestehen überwiegend in Subventionen und Fördermitteln. So sind 2021 vorgesehen für: „Natürliche Ressourcen und Umwelt" (= Nachhaltigkeitsziele) 35,7 %, „Zusammenhalt, Resilienz und Werte" (= Kohäsionsziele) 32,2 % der Ausgaben, „Binnenmarkt, Innovation und Digitales" (= Forschung und Entwicklung, digitaler Wandel, strategische Infrastruktur und Binnenmarkt) 12,7 % sowie „Nachbarschaft und die Welt" (= auswärtige und Entwicklungspolitik) 10,0 % (Rat der Europäischen Union 2021).

Trotz ihrer weiten und ausgreifenden Zuständigkeiten unterscheidet sich die EU von einem souveränen Staat dadurch, dass sie

- keine Kompetenz-Kompetenz besitzt;
- ihre Endadressaten nicht erreicht, vielmehr nur „Steuerung von Steuerungsakteuren" betreibt und Entscheidungen nicht selbst implementieren kann (Tömmel 2008, S. 22).
- Ausdrücklich sieht Art. 50 des Vertrages auch die Möglichkeit eines Austritts aus der EU vor.

b. Die EU – Verhandlungsdemokratie oder Verhandlungssystem?
Für Deutschland wichtige politische Entscheidungen fallen somit nicht mehr allein auf nationaler, sondern auch auf übernationaler Ebene. Von Interesse sind daher die institutionellen Strukturen der Europäischen Union. Ihre Organe sind:

- das seit 1979 direkt gewählte *„Europäische Parlament" (Dreischer* 2006, *S. 113, 119, 127)* mit nunmehr 705 Abgeordneten. Es wird auf jeweils fünf Jahre gewählt, wobei jedem Mitgliedsland eine bestimmte Zahl von Sitzen zusteht (gestuft nach Bevölkerungszahl bei relativ stärkerer Repräsentanz kleinerer Staaten). Innerhalb des Parlaments ist nicht die Fraktion, sondern faktisch die nationale Delegation in ihr die eigentliche politische Einheit innerhalb des Parlaments (Thiem 2009, S. 96 f., 169).
- der Rat der EU als Vertretung der nationalen Regierungen (Ministerrat). Anstelle eines abgestuften Stimmgewichts der einzelnen Regierungen gilt seit 2014 schrittweise, seit 2017 verbindlich eine sogenannte „doppelte Mehrheit" für Beschlüsse des Rates: Erreicht werden müssen mindestens 55 % der Mitgliedsstaaten, die mindestens 65 % der EU-Bevölkerung umfassen.

1.4 Die Zielrichtung der europäischen Integration

Eine blockierende Sperrminorität benötigt mindestens vier Mitgliedsstaaten und mindestens 35 % der Bevölkerung (Wessels 2008b, 664; Schmidt und Schünemann 2009, 92; Große Hüttmann, 2020). Dem Ministerrat übergeordnet ist der Europäische Rat der Staats- bzw. Regierungschefs der Mitgliedsstaaten.

- die regierungsähnliche „*Europäische Kommission*", die allein das Vorschlagsrecht für EU-Rechtsakte besitzt und als „Exekutive" die Ausführung des EU-Vertragsrechts überwacht (Wessels 2008b, S. 92). Sie setzt sich aus einem Präsidenten und den Kommissaren – je einer aus jedem Mitgliedsstaat – zusammen. Der Präsident wird vom Europäischen Rat vorgeschlagen und vom EU-Parlament gewählt, die Kommissare, zuständig für bestimmte Sachgebiete, werden von den nationalen Regierungen im Einvernehmen auf fünf Jahre ernannt und vom Europäischen Parlament bestätigt. Es handelt sich überwiegend um bisherige Politiker, die gewöhnlich entsprechend dem Vorschlag ihrer Regierung ernannt werden.
- ein *Europäischer Gerichtshof,* in den im Einvernehmen jeder Mitgliedsstaat ein Mitglied auf sechs Jahre entsendet. Dieser Gerichtshof entscheidet abschließend über Streitigkeiten zum EU-Recht. Um Urteile zu konterkarieren, müssten sich die Mitgliedsstaaten einstimmig auf entgegengesetzte Vertragsänderungen einigen – ein ganz unwahrscheinlicher Vorgang. Gegenüber nationalem Recht hat der Europäische Gerichtshof den Vorrang des europäischen Rechts durchgesetzt (Hartmann 2009, S. 165).
- Hinzugekommen ist 1999 die „*Europäische Zentralbank*". Sie dient, ohne Weisungen zu unterliegen, dem „vorrangigen Ziel" der Preisstabilität, daneben auch der allgemeinen Wirtschaftspolitik. Ihr oberstes Organ ist der „Rat der Europäischen Zentralbank", bestehend aus sechs Direktoriumsmitgliedern, die von den EU-Staats- und Regierungschefs „einvernehmlich" aus erfahrenen Persönlichkeiten für eine Amtszeit von acht Jahren bestimmt werden. Dazu kommen die 17 Zentralbankpräsidenten der Mitgliedsstaaten der Euro-Zone.

Nach offiziellen Angaben arbeiten beim Europäischen Parlament insgesamt rund 7500, beim Rat der EU 3500, bei der Kommission 32.000 und bei der EZB 3500 Beschäftigte. Insgesamt sind bei der Europäischen Union damit etwa 46.500 Personen tätig (Stand 2021).

Das Zusammenspiel der Institutionen entspricht keinem klassischen Modell politischer Systeme: Die Mitgliedsstaaten entscheiden in zwischenstaatlichen Verträgen über Struktur und Aufgaben der EU (setzen quasi Verfassungsrecht), die EU-Kommission hat das Monopol für Vorschläge zu gesetzesförmigen Regelungen (Initiativmonopol). Beschlossen wird EU-Recht teils vom Europäischen Rat allein (insbesondere zu Finanzeinnahmen), in der Regel aber vom Rat der EU („Ministerrat") gemeinsam mit dem Europäischen Parlament („Mitentscheidung" - Schmidt und Schünemann 2009, S. 195; Wessels 2008a, S. 344 ff.). Verbindliche Rechtsakte erfolgen in Form von (überwiegend)

- Richtlinien (legen Zielsetzungen fest, die durch nationale Gesetze umzusetzen sind),
- Verordnungen (unmittelbar wirksam für das Gesamtgebiet der EU),
- Entscheidungen (unmittelbar wirksam, doch enges Themenfeld bzw. Einzelfall betreffend).

Somit weist das politische System der Europäischen Union zwar einige Züge einer parlamentarischen Demokratie (Misstrauensvotum gegen die Kommission und Ausgabenrechte des Parlaments [Pfetsch 2005, S. 145, 153, 171, 179], Wahl des Kommissionspräsidenten und Bestätigung der Kommission, Klage- und Kontrollrechte), andererseits aber auch solche eines Staatenbundes auf. Die verfassungspolitische Einordnung wird zusätzlich dadurch erschwert, dass sich Parlament und Rat weder rein nach demokratischen (Bevölkerungszahl), noch nach rein föderalen Prinzipien (gleiches Gewicht jeden Staates wie in Kommission und Gerichtshof) zusammensetzen.

Da bei relevanten Fragen Europäische Kommission, Europäischer Rat und Europäisches Parlament übereinstimmen, im Rat zudem nationale Regierungen zusammenfinden müssen, gelten *„Verhandlungen als Entscheidungsmodus" der EU (Kohler-Koch et al. 2004, S. 172).* Mehrheitsentscheid spielt nur innerhalb eines Organs eine Rolle. Im Parlament führt dies immer wieder zu einer „Art großer Koalition", im Rat zu Verhandlungen, bei denen Verhandlungspakete geschnürt werden. *Obwohl im üblichen Sinne sicherlich „keine Demokratie" (Schmidt und Schünemann 2009, S. 73 f., 56, 96), könnte man die EU wohlwollend auch als „Verhandlungsdemokratie"* (Fritz W. Scharpf zit. nach Pfetsch 2007, S. 63; Benz 2009, S. 134) *bezeichnen.*

Ihr Demokratiedefizit ist auch nicht einfach durch einen Umbau der Institutionen zu beheben. Denn angesichts von Nationen mit eigener Sprache und Geschichte gibt es keine „politisch belastbare Identität der Europäer als Europäer", vielmehr besteht eine „Pluralität der Kommunikations-, Erinnerungs- und Erfahrungsgemeinschaften" (Kielmansegg 2003, S. 57, 60). Tatsächlich fühlen sich nach Umfragen die Europäer primär als Angehörige ihrer Nation. Die „Legitimität der Mehrheitsregel" stoße daher auf Grenzen, und infolgedessen könne in der Europäischen Union, so die These des Politikwissenschaftlers Graf

1.4 Die Zielrichtung der europäischen Integration

Kielmansegg (1995; 2009), *keine Demokratie, sondern nur „ein auf Konsens ausgerichtetes Verhandlungssystem"* bestehen.

Wie sollen demokratisches und föderales Prinzip in der Europäischen Union eines Tages miteinander verbunden sein? Die Frage nach der Finalität der Europäischen Union, auf wie viel Integration und welche politische Struktur sie im Endergebnis hinzielt, ist allerdings „bis heute nicht beantwortet" (Thalmeier 2005, S. 200). Sie gleicht einem Zug, der einer Endstation entgegenfährt, die weder der Lokführer noch die Passagiere kennen; man einigt sich jeweils nur über das nächste Zwischenziel.

Insofern setzt sich das Indefinite, Unabgeschlossene des politischen Systems der Bundesrepublik auch in die Zukunft hinein fort, das seine bisherige Geschichte gekennzeichnet hat:

- Nicht mehr die Grenzen der Bundesrepublik als solche, wohl aber deren Bedeutung und die Grenzen der Europäischen Union bleiben künftigen Veränderungen ausgesetzt;
- ebenso, infolge möglicher weiterer Kompetenzübertragungen auf die EU, der Souveränitätsgrad der Bundesrepublik;
- desgleichen die Art der Demokratie, unter denen die Deutschen in der Europäischen Union und – aufgrund von deren Rückwirkungen – auch im eigenen Land leben werden.

Alles in allem: Das heutige Deutschland befindet sich wieder in der schwierigen Mittellage in Europa. Trotz seiner Vereinigung fehlen ihm weiterhin Voraussetzungen für eine selbständige Großmachtpolitik, trotz seiner Einbettung in die nunmehr kompetenzstärkere, aber außenpolitisch kaum handlungsfähige Europäische Union muss es eigene Außenpolitik betreiben.

Die äußere Konstellation ist gekennzeichnet durch den schwächelnden Zusammenhalt innerhalb der NATO sowie die schwindende Dominanz der USA. Multipolare Züge und zugleich Globalisierungstendenzen bestimmen zunehmend die Lage. *Demgegenüber sind die wichtigsten Interessen Deutschlands gleich geblieben: äußere Sicherheit in der Mitte Europas und Freiheit des Handels. Auch seine Möglichkeiten sind unverändert durch eine Diskrepanz zwischen wirtschaftlichem Gewicht und militärischer Schwäche gekennzeichnet.* Der Weg, den Deutschland geht, besteht im Kern darin, in Pfadabhängigkeit zur erfolgreichen *Westbindung* vor 1990 sich weiterhin im westlich-demokratischen Spektrum zu halten – bei Differenzen unsicher lavierend zwischen den fernen, aber zu einem Schutzschirm fähigen USA und dem nahen Frankreich mitsamt der EU. Darüber hinaus sucht Deutschland als militärisch schwacher Akteur Kooperationen mit der Tendenz, „von der Verteidigungs- zur Weltordnungspolitik" überzugehen und sich an kollektiven, möglichst friedlichen Interventionen mit Geld, Ausrüstung und notfalls Militär zu beteiligen. Im Ganzen scheint aber neuerdings eine „ernüchterte deutsche Außenpolitik verstärkt auf realistische Konzepte" zurückzugreifen (Roos 2010, S. 316, 329, 331, 314).

Literatur

Baring, Arnulf (1988): Unser neuer Größenwahn, Stuttgart.
Benz, Arthur (2009): Politik in Mehrebenensystemen, Wiesbaden.
Böckenförde, Stephan (2009): Die Veränderung des Sicherheitsverständnisses, in: ders./ Gareis, Sven Bernhard (Hrsg.): Deutsche Sicherheitspolitik, Opladen, S. 11 ff.
Bundesministerium der Verteidigung (Hrsg.) (2006): Weißbuch 2006 zur Sicherheitspolitik Deutschlands und zur Zukunft der Bundeswehr, Berlin.
Bundesministerium der Verteidigung (Hrsg.) (2016): Weißbuch 2016 zur Sicherheitspolitik und zur Zukunft der Bundeswehr, Berlin.
Czempiel, Ernst-Otto (1974): Die Bundesrepublik und Amerika, in: Löwenthal, Richard/ Schwarz, Hans-Peter (Hrsg.), Die zweite Republik, Stuttgart, S. 554 ff.
Deuerlein, Ernst (Hrsg.) (1963), Potsdam 1945, München.
Dreischer, Stephan (2006): Das Europäische Parlament und seine Funktionen, Baden-Baden.
Eschenburg, Theodor (1983): Jahre der Besatzung 1945–1949, Stuttgart.
Franke, Ulrich (2010): Die Nato nach 1989, Wiesbaden.
Friederichs, Hauke (2022): Ein deutscher Sonderweg – wirklich?, unter: https://www.zeit.de/politik/deutschland/2022-06/ukraine-krieg-waffenlieferung-kritik-faktencheck (zuletzt geprüft am 17. Juni 2022).
Frowein, Jochen (1987): Die Deutschlandfrage zwischen Recht und Rechtspolitik, in: Jeismann, Karl-Ernst (Hrsg.): Einheit – Freiheit – Selbstbestimmung, Bonn.
Fukuyama, Francis (1992): Das Ende der Geschichte, München.
Gareis, Sven Bernhard (2006): Deutschlands Außen- und Sicherheitspolitik, 2. Aufl., Opladen.
Gibowski, Wolfgang G. (1990): Demokratischer (Neu-)Beginn in der DDR, in: Zeitschrift für Parlamentsfragen 21 (1), S. 5 ff.
Glaab, Manuela (1999): Deutschlandpolitik in der öffentlichen Meinung, Opladen.
Grams, Christoph (2007): Die NATO als Motor der Fähigkeits- und Technologieentwicklung?, in: Riecke, Henning (Hrsg.): Die Transformation der NATO, Baden-Baden, S. 51 ff.
Große Hüttmann, Martin (2020): Qualifizierte Mehrheit, in: Ders./Wehling, Hans-Georg (Hrsg.): Das Europalexikon, Bonn.
Grosser, Alfred (1990): Geschichte Deutschlands seit 1945, 8. Aufl., München.
Hacke, Christian (1988): Weltmacht wider Willen, Stuttgart.
Hacke, Christian (2003): Die Außenpolitik der Bundesrepublik Deutschland, Frankfurt a. M.

Literatur

Hacke, Christian (2012): Deutschland in der Weltpolitik. Zivilmacht ohne Zivilcourage?, in: Meier-Walser, Reinhard/Wolf, Alexander (Hrsg.): Die Außenpolitik der Bundesrepublik Deutschland, München, S. 87 ff.
Haftendorn, Helga (1983): Sicherheit und Entspannung, Baden-Baden.
Hanrieder, Wolfram F. (1971): Die stabile Krise, Düsseldorf.
Hartmann, Jürgen (2009): Das politische System der Europäischen Union, 2. Aufl., Frankfurt a. M.
Hellmann, Gunther (2006): Deutsche Außenpolitik, Wiesbaden.
Ipos (1990): Einstellungen zu aktuellen Fragen der Innenpolitik 1990, Mannheim.
Johnson, Nevil (1973): Government in the Federal Republic of Germany, Oxford.
Kennedy, Paul (1989): Aufstieg und Fall der großen Mächte, Frankfurt a. M.
Kielmansegg, Peter Graf (1995): Wie tragfähig sind Europas Fundamente?, in: Frankfurter Allgemeine Zeitung vom 17. Februar.
Kielmansegg, Peter Graf (2003): Integration und Demokratie, in: Jachtenfuchs, Markus/ Kohler-Koch, Beate (Hrsg.): Europäische Integration, 2. Aufl., Opladen, S. 49 ff.
Kielmansegg, Peter Graf (2009): Läßt sich die Europäische Union demokratisch verfassen?, in: Decker, Frank/Höreth, Marcus (Hrsg.): Die Verfassung Europas, Wiesbaden, S. 219 ff.
Klages, Wolfgang (2017): Zeitwende. Strategie und Ziele deutscher Außenpolitik im 21. Jahrhundert, Baden-Baden.
Knapp, Manfred (1978): Politische und wirtschaftliche Interdependenzen im Verhältnis USA-Bundesrepublik Deutschland 1945–1975, in: ders. et al. (Hrsg.): Die USA und Deutschland 1918–1975, München, S. 153 ff.
Knapp, Manfred (1999): Die Macht der USA und die Moral der Staatengemeinschaft, in: Berg, Manfred et al. (Hrsg.): Macht und Moral, Münster, S. 295 ff.
Kohler-Koch, Beate et al. (2004): Europäische Integration – Europäisches Regieren, Wiesbaden.
von Krshiwoblozki, Lukas (2015): Asymmetrische Kriege, Marburg.
Kundnani, Hans (2016): German Power, München.
Lilge, Herbert (Hrsg.) (1976): Deutschland 1945–1963, Hannover.
Magenheimer, Heinz (1991): Zur Neukonstellation der Mächte in Europa, in: Aus Politik und Zeitgeschichte 18, S. 21 ff.
Maull, Hanns W. (2012): Abkehr von vertrauten Pfaden, in: Meier-Walser, Reinhard/Wolf, Alexander (Hrsg.): Die Außenpolitik der Bundesrepublik Deutschland, München, S. 133 ff.
Mehr Fortschritt wagen (2021): Bündnis für Freiheit, Gerechtigkeit und Nachhaltigkeit, Berlin.
Meissner, Boris (1970): Die deutsche Ostpolitik 1961–1970, Köln.
Münkler, Herfried (2006): Militärinterventionen in aller Welt, in: Frankfurter Allgemeine Zeitung vom 9. Oktober.
Neubert, Ehrhart (2008): Unsere Revolution, München.
Noelle-Neumann, Elisabeth/Köcher, Renate (Hrsg.) (1993): Allensbacher Jahrbuch der Demoskopie 1984–1992, München.
Noelle, Elisabeth/Neumann, Erich Peter (Hrsg.) (1974): Jahrbuch der öffentlichen Meinung 1968–73, Allensbach.
Pfetsch, Frank R. (2005): Die Europäische Union, 3. Aufl., München.

Pfetsch, Frank R. (2007): Das neue Europa, Wiesbaden.
Raith, Michael (2006): Der rot-grüne Beitrag zur Konfliktregulierung in Südosteuropa, Baden-Baden.
Rat der Europäischen Union (2021): Infografik – EU-Haushalt 2021: Hauptbereiche, unter: https://www.consilium.europa.eu/de/infographics/2021-eu-budget-areas/ (zuletzt geprüft am 13. Januar 2022).
Rittberger, Volker (1990a): Die Bundesrepublik – eine Weltmacht?, in: Aus Politik und Zeitgeschichte B4–5, S. 3 ff.
Rittberger, Volker (1990b): Wie friedensverträglich ist ein geeintes Deutschland?, in: Der Bürger im Staat 40 (2), S. 110 ff.
Rittberger, Volker (1992): Nach der Vereinigung – Deutschlands Stellung in der Welt, in: Leviathan 1992/2, S. 207 ff.
Ritter, Gerhard A. (2006): Der Preis der deutschen Einheit, München.
Roos, Ulrich (Hrsg.) (2010): Deutsche Außenpolitik, Wiesbaden.
Rupp, Hans Karl (2009): Politische Geschichte der Bundesrepublik Deutschland, 4. Aufl., München.
Schmidt, Siegmar/Schünemann, Wolf J. (2009): Europäische Union, Baden-Baden.
Schössler, Dietmar (1983): Militär und Politik, Koblenz.
von Schubert, Klaus (1978): Die Sicherheitspolitik der Bundesrepublik Deutschland zwischen Systemwandel und Systemkonservierung, in: Schwarz, Klaus-Dieter (Hrsg.): Sicherheitspolitik, 3. Aufl., Bad Honnef, S. 469 ff.
Schwarzenberger, Georg (1955): Machtpolitik, Tübingen.
Schwarz, Hans-Peter (1975): Die Politik der Westbindung oder die Staatsräson der Bundesrepublik, in: Zeitschrift für Politik 22 (4), S. 307 ff.
Schwarz, Hans-Peter (1994a): Das deutsche Dilemma, in: Kaiser, Karl/Maull, Hanns W. (Hrsg.): Deutschlands neue Außenpolitik, Bd. 1, München, S. 81 ff.
Schwarz, Hans-Peter (1994b): Die Zentralmacht Europas, Berlin.
Schwarz, Hans-Peter (2005): Republik ohne Kompass, Berlin.
Schweigler, Gebhard (1985): Grundlagen der außenpolitischen Orientierung der Bundesrepublik Deutschland, Baden-Baden.
SIPRI (2021): Military expenditure by country as percentage of gross domestic product, 1988–2020, Stockholm.
Staack, Michael (1998): Großmacht oder Handelsstaat? Deutschlands außenpolitische Grundorientierungen in einem neuen internationalen System, in: Aus Politik und Zeitgeschichte B 12/13, S. 14 ff.
Stiglitz, Joseph (2006): Die Chancen der Globalisierung, München.
Tagesschau (2019): Macron nennt NATO „hirntot", unter: https://www.tagesschau.de/ausland/macron-nato-101.html (zuletzt geprüft am 17. Juni 2022).
Thalmaier, Bettina (2005): Die zukünftige Gestalt der Europäischen Union, Baden-Baden.
Theisen, Alfred (1995): Die Vertreibung der Deutschen, in: Aus Politik und Zeitgeschichte B 7–8, S. 20 ff.
Thiem, Janina (2009): Nationale Parteien im Europäischen Parlament, Wiesbaden.
Tömmel, Ingeborg (2008): Governance und Policy-Making im Mehrebenensystem der EU, in: dies. (Hrsg.): Die Europäische Union, Wiesbaden, S. 13 ff.
Vogelsang, Thilo (1966): Das geteilte Deutschland, München.

Wessels, Wolfgang (2008a): Gesetzgebung in der Europäischen Union, in: Ismayr, Wolfgang (Hrsg.): Gesetzgebung in Westeuropa, Wiesbaden, S. 653 ff.

Wessels, Wolfgang (2008b): Das politische System der Europäischen Union, in: Weidenfeld, Werner (Hrsg.): Die Europäische Union, Bonn, S. 83 ff.

Winkler, Heinrich August (2015): Zerreissproben: Deutschland, Europa und der Westen, München.

Die antitotalitäre Demokratie des Grundgesetzes

2.1 Entstehungsgeschichte des Grundgesetzes

a. Die historische Konstellation der Verfassungsgebung
Es erleichtert das Verständnis eines politischen Systems, wenn man nach den historischen Umständen fragt, unter denen es entstand, und nach den Einflüssen, die es prägten. Diesem Zweck soll der Blick auf die Entstehungsgeschichte des Grundgesetzes dienen.

Mit der späteren Bundesrepublik besetzten 1945 die westlichen Alliierten ein Land, dessen Städte weitgehend zerstört, dessen Verkehrsverbindungen lahmgelegt und dessen Industrie infolge Zerstörungen, fehlendem Personal und fehlenden Rohstoffen weithin stillstand; 1946 erreichte die Industrieproduktion in den drei Westzonen nur ein knappes Drittel der von 1938 (Abelshauser 1975, S. 15). Ein großer Teil der arbeitsfähigen Männer befand sich in Kriegsgefangenschaft, 4,1 Mio. Menschen waren durch den Krieg zu Invaliden, Waisen und Hinterbliebenen geworden, 3,4 Mio. hatten ihre Wohnungen durch Bombardierungen verloren, Millionen von Flüchtlingen und Vertriebenen drängten in das Gebiet (Schmidt 1988, S. 67). Nach den Schrecken des Krieges breitete sich nun Hunger aus. Das tägliche Mühen um Lebensmittel, Heizung, Wohnraum und Kleidung beherrschte das Leben der Besiegten. Ein Rückfall in primitivere Wirtschafts- und Lebensformen für lange Zeit schien bevorzustehen.

Darüber hinaus war die Situation durch einen geistig-moralischen Zusammenbruch gekennzeichnet. Nicht allein der Nationalsozialismus, sondern auch deutsche Traditionen, die ihn ermöglicht oder zumindest nicht verhindert hatten, schienen fragwürdig oder diskreditiert. Zugleich ließ die Diskussion der Schuldfrage – selbst wenn man keine Kollektivschuld des deutschen Volkes, sondern nur eine kollektive „politische Haftung" akzeptierte – vielfältige Schattierungen persönlicher Verstrickung im Dritten Reich hervortreten (Jaspers 1946, S. 47 ff.). Gewiss: Weithin verdrängte auch materielle Not eine geistige Aufarbeitung der Vergangenheit.

Aus westlicher Sicht stellte sich nach zwei Weltkriegen, nach nationalsozialistischer Massenbewegung und Vernichtungslagern des planmäßigen Massenmords vor allem die Frage, wie eine Wiederholung all dessen ausgeschlossen werden könnte. Man baute dabei zunächst nicht auf das deutsche Volk. Ausdrücklich formulierte US-Präsident Truman in seiner Direktive für die Besetzung Deutschlands: „Germany will not be occupied for the purpose of liberation but as a defeated enemy nation." (Direktive JCS 1067 vom 26. April 1945 zit. nach Greven 2007, S. 21).

Die Antwort bestand daher zum einen darin, den Deutschen alle Möglichkeiten zu erneuter Kriegsführung zu nehmen. Diese Linie trat in den zeitweiligen Absichten zur Zerstückelung und Reagrarisierung Deutschlands zutage, im Verbot einer Armee, in Demontagen potenzieller Rüstungsindustrien, in Produktionsbeschränkungen und Absichten zu einer Internationalisierung der Ruhrindustrie. Auf der anderen Seite steuerte man aber den Aufbau einer lebensfähigeren Demokratie in Deutschland an. Letztgenanntem sollten zunächst Entnazifizierung (183.000 Inhaftierungen bis Anfang 1947 – Wunder 1986, S. 151[1]), Umerziehung („Reeducation") und eine schrittweise Einübung der Deutschen in demokratische Praxis dienen. Diese positive Perspektive der Besatzungsherrschaft kam bereits in der Erklärung der Potsdamer Konferenz vom August 1945 zum Ausdruck, man wolle „dem deutschen Volk die Möglichkeit geben, sich darauf vorzubereiten, sein Leben auf einer demokratischen und friedlichen Grundlage von neuem aufzubauen". Konkret wurden die Zulassung politischer Parteien, die Bildung von Kommunal- und Landesverwaltungen sowie Wahlen auf diesen Ebenen angekündigt (Deuerlein 1963, S. 353 ff.).

Da sich der Viermächte-Kontrollrat infolge der Meinungsverschiedenheiten zwischen den Siegermächten bald als handlungsunfähig erwies, ein Wiederaufbau bei voneinander abgeschnürten Zonen aber kaum möglich erschien, bildeten Amerikaner und Briten zum 1. Januar 1947 wenigstens aus ihren Zonen ein „Vereinigtes Wirtschaftsgebiet", kurz: die „Bizone". Zu ihr kam 1949 noch die Französische Besatzungszone hinzu („Trizone"). Unter Leitung der Militärregierungen arbeiteten hier auch Deutsche mit. *Dieser Vorläufer der*

---

[1] Dazu kamen 148.000 politisch Inhaftierte in der Sowjetischen Zone (nicht nur Nationalsozialisten), von denen ein großer Teil in den Lagern umkam (Knabe 2005, S. 297).

2.1 Entstehungsgeschichte des Grundgesetzes

Bundesrepublik, obwohl kein Staat, besaß bereits ab 1947 politische Institutionen oberhalb der Länder- und Zonenebene (Sitz: Frankfurt am Main):

- einen „Wirtschaftsrat" (ab 1948 „Länderrat") aus Vertretern der 1946/47 gewählten Landtage als parlamentarisches Gremium,
- einen „Exekutivrat" aus Vertretern der Landesregierungen (welchem etwa der heutige Bundesrat entspricht) sowie
- einen regierungsähnlichen „Verwaltungsrat", bestehend aus „Direktoren" für verschiedene Sachgebiete (Stammen 1965, S. 134 ff.).

Als Direktor für Wirtschaft wagte Ludwig Erhard im Zusammenhang mit der Währungsreform vom Juni 1948, unterstützt von einer aus CDU/CSU, FDP und DP bestehenden Mehrheit des Wirtschaftsrats, den Sprung von der Bewirtschaftungspolitik zur Marktwirtschaft. Hilfreich für den folgenden wirtschaftlichen Wiederaufstieg waren zudem der doch begrenzte Zerstörungsgrad der Industrie und der schrittweise abgesenkte Umfang der Demontagen in Westdeutschland (Abelshauser 2005, S. 71, 76).

Den Prozess der Staatsgründung leiteten die westlichen Militärgouverneure am 1. Juli 1948 mit der Übergabe der sogenannten „Frankfurter Dokumente" an die westdeutschen Landesministerpräsidenten ein. Darin forderten sie diese auf, eine verfassunggebende Versammlung einzuberufen, und sie machten für die Verfassung allgemein gehaltene Auflagen: die eines demokratischen und föderalistischen Staatsaufbaues sowie Gewährleistung individueller Rechte und Freiheiten (Bonner Kommentar zum Grundgesetz). Die Ministerpräsidenten reagierten hierauf zwar positiv, schreckten jedoch vor einer definitiven Staatsbildung zurück. So wurde ein provisorischer Charakter der neuen Bundesrepublik dadurch angedeutet, dass nur ein „Grundgesetz" (nicht eine „Verfassung") durch einen „Parlamentarischen Rat" aus Vertretern der Landtage (CDU/CSU und SPD je 27, FDP 5, KPD, Zentrum und DP je 2 Sitze; Vorsitzender: Konrad Adenauer/CDU) statt durch eine unmittelbar gewählte Nationalversammlung erarbeitet wurde. Gleichzeitig hob aber – offenbar im Sinne der Mehrheit – Theodor Heuß (FDP), der spätere Bundespräsident, hervor, dass es nur um ein Provisorium im räumlichen Sinne gehe; hinsichtlich der Inhalte strebe man Dauerhaftes an (Feldkamp 2008).

Die Gründung der Bundesrepublik erfolgte 1948/49 auch nicht mehr von einem Nullpunkt aus. Vielmehr wirkten auf das Grundgesetz bereits etablierte Kräfte ein:

- Dies waren die 1945–47 von den Besatzungsmächten gebildeten „Länder", deren Regierungschefs als höchste Repräsentanten der deutschen Bevölkerung fungierten. Sie setzten ein Expertenkomitee ein, das den Entwurf für die neue Verfassung erarbeitete (Herrenchiemsee-Konvent vom 10. bis zum 23. August 1948).
- Einen einflussreichen Faktor stellten die politischen Parteien dar, die – ab Herbst 1945 von den Besatzungsmächten zugelassen – schon bei den Kommunal- und Landtagswahlen 1946/47 ihre Kräfte gemessen hatten. Wenn sie auch in den Ländern zunächst Allparteien- oder weitgespannte Koalitionen bildeten, kristallisierte sich bald eine Links-Rechts-Konfrontation im Wirtschaftsrat heraus.
- Von Bedeutung waren ferner die Kirchen und die neugegründeten parteiunabhängigen Gewerkschaften. Das Interesse der Kirchen konzentrierte sich auf Unverletzlichkeit des Lebens, Sicherung von Ehe und Familie sowie des elterlichen Erziehungsrechts, das Interesse der Gewerkschaften auf das Koalitionsrecht, ein oberstes Arbeits-/Sozialgericht und einen rechtlichen Vorrang der Arbeit vor dem Eigentum (Lange 1993, S. 56 f.; Scholz 2016, S. 391 ff., 449 ff.). Alle anderen gesellschaftlichen Kräfte standen demgegenüber zurück, die anfänglich nicht zugelassenen Unternehmerorganisationen (Thränhardt 1986, S. 37) befanden sich noch im Aufbau.

Im Übrigen handelte es sich nicht um einen Schritt in unbekanntes Neuland. Vielmehr besaßen die Deutschen weit zurückreichende Erfahrungen mit Prinzipien, Verhaltens- und Verfahrensweisen der Demokratie. Hierzu gehörten nicht nur Rechtsstaatlichkeit und föderale Machtverteilung, sondern auch frühes allgemeines und gleiches Männerwahlrecht zum Reichstag[2], vergleichsweise hohe Wahlbeteiligungen und Massenparteien bereits im Kaiserreich. Die tragenden Parteien von 1948/49 blickten auf eine – durch die NS-Ära unterbrochene – 80-jährige Geschichte zurück. Das Einzige, wobei man bis 1918 zurückblieb, nämlich die parlamentarische Abhängigkeit der Regierung, hatte immerhin in Ansätzen schon vor 1914 bestanden, da Reichskanzler zur Gesetzgebung parlamentarische Mehrheiten benötigten und sie in Form eines „Blocks" oder „Kartells" auch hinter sich sammelten (Norpoth 1999, S. 87 ff.).

---

[2] Unter den 22 entwickelten OECD-Demokratien erreichte Deutschland als drittes Land das allgemeine gleiche Männerwahlrecht (Lange 2005, S. 41).

b. Verfassungsberatungen: Konsensus und Kontroversen
Bei den Verfassungsberatungen des Parlamentarischen Rats vom 1. September 1948 bis zum 8. Mai 1949 entzündeten sich wesentliche Kontroversen lediglich an zwei Punkten. Zum ersten ging es um den Bereich der *Erziehung,* wo die Kirchen die Festschreibung eines Elternrechts (freie Schulwahl) und eines im Sinne der jeweiligen Kirche zu erteilenden Religionsunterrichts erreichten. Zum zweiten rang man um die *Reichweite des Föderalismus.* Entgegen den Intentionen der Besatzungsmächte und engagierten Föderalisten, die auf dezentralisierte Finanzzuständigkeiten zielten, erreichte die SPD mit der Drohung, andernfalls das ganze Grundgesetz abzulehnen, eine Kompromisslösung in der Finanzverfassung[3]. Zudem setzte sich bei der Zweiten Kammer die den Ländern näher liegende „Bundesrats"-Lösung (Zusammensetzung aus Vertretern der Landesregierungen) anstatt des anfänglich von den Sozialdemokraten favorisierten „Senats"-Modells (Vertreter der Landesparlamente) durch (Merkl 1965, S. 79 ff., 91 f., 153 ff.; Kilper/Lhotta 1996, S. 79 ff., 93, 98; Niclauß 1998, S. 226 ff., 326).

Bei der strittigen Frage der *Wirtschaftsordnung* bestand die Übereinstimmung darin, dass man sie verfassungsrechtlich offen hielt und der Disposition künftiger Mehrheiten überließ.

Im Übrigen aber bestand – von wenigen Ausnahmen abgesehen – ein prinzipieller *Konsens zugunsten von Demokratie.* Vorherrschend war die Auffassung, dass es darum gehe, einerseits verfassungspolitische Konsequenzen aus dem Scheitern der Weimarer Republik zu ziehen und andererseits der 1948/49 aktuellen totalitären Bedrohung (Berliner Blockade) zu begegnen: „Das Grundgesetz entstand also aus einer doppelten Konfrontation mit dem Nationalsozialismus der Vergangenheit und dem Kommunismus der Gegenwart" (Kriele 1979).

Am 8. Mai 1949 nahm der Parlamentarische Rat das Grundgesetz in dritter Lesung mit 53 zu 12 Stimmen an. Mit Ausnahme der Kommunisten unterzeichneten es aber beim Schlussakt am 23. Mai auch diejenigen, die aus Dissens in Sachen Föderalismus (CSU, DP) bzw. Erziehung (Zentrum) negativ votiert hatten (Merkl 1965, S. 74). Zuvor hatten auch die Landtage, mit Ausnahme des Bayerischen, dem Text zugestimmt.

Die Geltung des Grundgesetzes war aber zunächst durch das Besatzungsstatut vom 10. April 1949 eingeschränkt. Demnach blieben auswärtige Beziehungen

---

[3] Dabei war die SPD über die Konzessionsbereitschaft der Militärgouverneure im Vorhinein informiert (Dörr 2007, S. 82 ff.).

und Überwachung des Außenhandels, die Sicherheit der Besatzungsstreitkräfte, Entmilitarisierung u. a. Sache der Militärregierungen (Feldkamp 1999, S. 164 ff.). Räumlich beschränkte sich das Grundgesetz auf die westlichen Besatzungszonen. Mit Rücksicht auf die prekäre Lage West-Berlins als Insel im kommunistischen Machtbereich blieb dessen Zugehörigkeit zur Bundesrepublik Einschränkungen unterworfen.

2.2 Die zentralen Verfassungsprinzipien

a. Verfassungskern und wehrhafte Demokratie

Besonders deutlich werden Konsequenzen aus dem Scheitern der Weimarer Republik in dem *Festschreiben unabänderlicher, d. h. durch keine Mehrheit aufhebbarer Verfassungsgrundsätze:* des Prinzips der Menschen- und Grundrechte, der Demokratie, des Rechts-, des Bundes- und des Sozialstaates (Art. 79 Abs. 3 in Verbindung mit Art. 1 und Art. 20 GG). Die demokratischen und rechtsstaatlichen Komponenten dieses unantastbaren Verfassungskerns werden unter dem Begriff der „freiheitlichen demokratischen Grundordnung" zusammengefasst. Zu dieser zählte das Bundesverfassungsgericht im SRP-Verbotsurteil vom 23. Oktober 1952:

▶ **„Die Achtung vor den im Grundgesetz konkretisierten Menschenrechten, vor allem vor dem Recht der Persönlichkeit auf Leben und freie Entfaltung, die Volkssouveränität, die Gewaltenteilung, die Verantwortlichkeit der Regierung, die Gesetzmäßigkeit der Verwaltung, die Unabhängigkeit der Gerichte, das Mehrparteienprinzip und die Chancengleichheit für alle politischen Parteien mit dem Recht auf verfassungsmäßige Bildung und Ausübung einer Opposition".** (BVerfG 1952)

In ihrem Urteil zum „Nicht-Verbot" der NPD aus dem Jahr 2017 subsumierte „Karlsruhe" diesen Kern unter drei Grundprinzipien (BVerfG 2017): die Würde des Menschen, das Demokratie- und das Rechtsstaatsprinzip.

Die freiheitliche demokratische Grundordnung ist damit unvereinbar mit autoritären und insbesondere totalitären Herrschaftssystemen, aber auch mit einer radikal identitären Demokratie ohne ausdifferenzierte Organe und Befugnisse. Allerdings heißt dies nicht, damit wären alle institutionellen Regelungen des Grundgesetzes festgeschrieben. Freiheitliche demokratische Grundordnung kann sich vielmehr in unterschiedlicher Gestalt verwirklichen. So ist diskutiert

2.2 Die zentralen Verfassungsprinzipien

worden, ob mit ihr nicht – bei aufrecht erhaltener Unabhängigkeit der Gerichte und ungeachtet seiner Unpraktikabilität – „im Prinzip" auch ein Rätesystem anstelle der parlamentarischen Demokratie vereinbar sein könnte (Oertzen 1973, S. 184; demgegenüber Matz 1978, S. 44). Derartige Grenzen der Verfassungsänderung kennen die meisten anderen europäischen Demokratien nicht (Jesse 2008, S. 344).

Mit jenem Verfassungskern setzt sich das Grundgesetz auch vom vorherrschenden Rechtspositivismus der Weimarer Zeit ab, dem als Recht galt, das auf verfassungsgemäße Weise beschlossen worden ist, und dem daher kaum Argumente gegen die „legale" Revolution von 1933 zur Verfügung standen (Kelsen 1989, S. 53 f.). Anders formuliert: Aus der traumatischen Erfahrung mit antidemokratischen Massenbewegungen der Weimarer Republik hat das Grundgesetz zwei prinzipielle Konsequenzen gezogen: eine *Berufung auf Naturrecht und ein mehrdimensionales Demokratieverständnis*. Das erstere bedeutet, das Grundgesetz beruhe auf einer nicht explizit ausgeführten Werteordnung (Detjen 2009, S. 43, 54). Nach letztgenanntem definiert sich Demokratie keineswegs durch Volkssouveränität und Mehrheitsentscheid allein, sondern auch durch machtbeschränkende, liberal-rechtsstaatliche und menschenrechtliche Komponenten. Dies bedingt Grenzen des Mehrheitsentscheids um eines Optimums aller Komponenten willen.

In der Konsequenz dieses Denkens liegt es, dass das Grundgesetz den Feinden der freiheitlichen demokratischen Grundordnung nicht die Freiheit einräumt, diese zu zerstören. Ihnen gegenüber bietet es vielmehr eine Reihe rechtlich-administrativer Handhaben:

- die mögliche Verwirkung von Grundrechten (Presse- und Versammlungsfreiheit, Freiheit der Meinungsäußerung etc.), wenn diese zum Kampf gegen die freiheitliche demokratische Grundordnung missbraucht werden (Art. 18 GG).
- den Einsatz der Polizei mehrerer Bundesländer sowie der Bundeswehr im Falle der Gefahr (Art. 91 und 87a Abs. 4 GG).
- das mögliche Verbot verfassungswidriger Parteien durch das Bundesverfassungsgericht (Art. 21 Abs. 2 GG) und das Verbot sonstiger verfassungswidriger Vereinigungen durch die Innenminister/-innen (Art. 9 Abs. 2 GG).
- die von Angehörigen des öffentlichen Dienstes geforderte Verfassungstreue (Art. 33 GG).
- das Recht zum „Widerstand" gegen jeden, der es unternimmt, die verfassungsmäßige Ordnung zu beseitigen – vorausgesetzt, dass Abhilfe anders nicht mehr möglich ist (Art. 20 Abs. 4 GG).

Dieses für demokratische Verfassungen ungewöhnliche Arsenal einer „wehrhaften Demokratie" (Jesse 2006; Jesse 2018, S. 44 ff.) hat seine Wirksamkeit in der Stunde akuter Gefahr bisher nicht erweisen müssen. Ungewiss bleibt, wie viel jene Regelungen gegenüber einer breiten antidemokratischen Massenbewegung bzw. einem Staatsstreich vermöchten. Was sie aber in Verbindung mit der Festschreibung des Verfassungskerns leisten könnten, wäre, einer antidemokratischen Revolution „die Maske der Legalität zu nehmen" (Thomas Dehler zit. nach Bryde 1982, S. 240).

Dem steht allerdings das Legitimationsproblem wehrhafter Demokratie gegenüber: *Stellt eine „wehrhafte" Demokratie nicht einen „Versuch der im Grunde prinzipienwidrigen Verfestigung der Demokratie auch gegen den Volkswillen" (Fromme 1960, S. 180) dar?* Zwar geht es bei Partei- und Vereinsverbot sowie Grundrechteverwirkung nur um Möglichkeiten, da die Antragstellung nach freiem politischen Ermessen erfolgt – nicht jede antidemokratische Gruppierung muss damit belegt werden, der Bürger soll nicht wie unter einer Käseglocke von allen antidemokratischen Einflüssen abgeschottet werden. Stets gab es daher in der Bundesrepublik auch legale verfassungsfeindliche Parteien. Dennoch empfinden heute, nach Jahrzehnten ungefährdeter Demokratie, viele Menschen die wehrhafte Demokratie als bedenklich oder überflüssig (Leggewie und Meier 1995). Nicht übersehen werden sollte aber, dass Verfassungen nicht für den Tag gemacht sind. Auch andere westliche Demokratien beschneiden antidemokratischen Kräften den Handlungsspielraum, wenn jene gefährlich scheinen (Klamt 2012). Wenn nicht das Ende, so doch zumindest eine „Krise" des Konzepts der wehrhaften Demokratie ist aber seit den neunziger Jahren dadurch eingetreten, dass es zunehmend *nur gegen Rechtsextremismus* oder gegen „Rechts" eingesetzt wird und damit an Glaubwürdigkeit verliert. Anstelle von Anti-Extremismus tritt einäugiger Antifaschismus (Altenhof 1999, S. 176, 179; Gerlach 2012).

b. Durchbruch zu konsequent parlamentarischer Demokratie
Der Parlamentarische Rat suchte auch verfassungspolitische Konsequenzen aus dem Scheitern der Weimarer Republik zu ziehen. Dies wird sichtbar beim Blick auf Konkretisierung der zentralen Prinzipien des Grundgesetzes – Demokratie, Föderalismus, Rechts- und Sozialstaat.

Die Weimarer Reichsverfassung von 1919 vollzog zwar den Übergang zur parlamentarischen Regierung[4], blieb hierbei jedoch inkonsequent: Sie stellte

---

[4] Formell war dieser Übergang bereits mit der Verfassungsänderung vom 28. Oktober 1918 erfolgt.

2.2 Die zentralen Verfassungsprinzipien

neben den Reichstag einen direkt gewählten Reichspräsidenten, führte darüber hinaus den Volksentscheid ein und schuf damit drei konkurrierende demokratische Legitimationen. Auch wurde dem Reichstage (infolge des nur negativen Misstrauensvotums, der präsidialen Kanzlerernennung und der präsidialen Notstandsrechte nach Art. 48 WRV) die Flucht aus der Verantwortung ermöglicht – Regelungen, die 1930 die Selbstabdankung des Parlaments und einen scheinbar „legalen" Übergang in die Diktatur erleichtern sollten. *Im Sinne moderner Staatsformenlehre war die Weimarer Republik eine semipräsidentielle Demokratie – wie heute Frankreich oder Russland –, keine parlamentarische Demokratie.*

Das Grundgesetz hat daraus drei Folgerungen gezogen (Oberreuter 1980, S. 98):

1. *„Zuweisung des Legitimationsmonopols an das Parlament"*: Das Grundgesetz sieht nur eine einzige unmittelbar demokratische Legitimation vor: die der Wahl des Parlaments. Alle anderen Staatsorgane leiten sich vom Bundestag bzw. den Landtagen ab und sind entsprechend minder legitimiert. Zudem kennt das Grundgesetz – außer bei der Revision von Ländergrenzen – keine plebiszitären Entscheidungen. Diese antiplebiszitäre Haltung wurde mit emotionalisierenden Kampagnen bei Volksentscheiden bzw. -begehren der Weimarer Zeit und mit der Wahl des ehemaligen Generalfeldmarschalls von Hindenburg zum Reichspräsidenten begründet. Charakteristisch war die Äußerung des späteren ersten Bundespräsidenten Theodor Heuß (FDP) im Parlamentarischen Rat, Plebiszite seien „in der großräumigen Demokratie die Prämie für jeden Demagogen" (Zit. nach Fromme 1970, S. 107)[5]. Die Tatsache, dass die Landesverfassungen überwiegend durch Volksentscheide bestätigt wurden und die Möglichkeit von Volksentscheiden enthalten, zeigt jedoch, dass diese Folgerung des Grundgesetzes aus den Erfahrungen der Vergangenheit keineswegs allgemein als zwingend betrachtet worden ist (Troitzsch 1979, S. 86 ff., 93 f.; Niclauß 1992, S. 3 ff.).
2. *„Konsequente Einführung des parlamentarischen Regierungssystems"*: Das Grundgesetz sucht allein von parlamentarischen Mehrheiten getragene Regierungen zu ermöglichen und diese zu stabilisieren. Dem dient, dass der Bundeskanzler sein Amt einer Wahl durch das Parlament verdankt; er es nur durch ein „konstruktives Misstrauensvotum", d. h. Wahl eines neuen

---

[5] Otmar Jung (1994, S. 336 f.) hingegen sieht hinter der Ablehnung des Plebiszits nur „antikommunistische" Motivationen.

Amtsinhabers verlieren kann[336]; ein Verordnungsrecht des Präsidenten gänzlich entfallen und das der Bundesregierung eng begrenzt worden ist; selbst im Notstandsfalle parlamentarische Entscheidungsrechte und Kontrollen bestehen bleiben.

3. *„Anerkennung der verfassungspolitischen Funktion der Parteien":* Während die Weimarer Verfassung die Parteien ignorierte, sie lediglich einmal abwehrend mit der Formulierung, die Beamten seien „Diener der Gesamtheit, nicht einer Partei" (Art. 130 WRV), erwähnte und darin anderen älteren demokratischen Verfassungen ähnelte, hat das Grundgesetz der zentralen Rolle politischer Parteien durch ihre Einbeziehung in die Verfassung (Art. 21 GG) Rechnung getragen. Sie sind damit nicht mehr bloß gesellschaftliche Organisationen. Ihre Ziele, Organisation und Finanzierung sind verfassungsrechtlich nicht mehr gleichgültig. Zur Begründung eines Parteienstaates reichen die Formulierungen des Grundgesetzes allerdings nicht.

Zusammenfassend ist daher das heutige Deutschland als föderale, parlamentarische Demokratie mit parteienstaatlichen Zügen zu bezeichnen.

c. Verbund-, nicht Trennföderalismus
Der Föderalismus der Bundesrepublik bedeutete zwar – nach dem Zwischenspiel des Einheitsstaates während der nationalsozialistischen Herrschaft – eine Rückkehr zu deutschen Verfassungstraditionen. Seine eigentliche Rechtfertigung findet er aber nach 1945 weniger in historischen Traditionen als vielmehr darin, durch Machtverteilung die freiheitliche Demokratie zu stützen und den Sicherheitsbedürfnissen der Nachbarn Deutschlands zu entsprechen (Laufer und Münch 1997, S. 23 ff.). Auch interpretierte man im katholischen Raum Föderalismus als Verwirklichung des Subsidiaritätsprinzips, demzufolge Aufgaben der untersten sozialen Einheit zuzuordnen sind, die sie bewältigen kann (Greven 2007, S. 135). Der Föderalismus Deutschlands ist durch zwei Merkmale geprägt:

- Das Schwergewicht der den Bundesländern allein vorbehaltenen Kompetenzen liegt weniger in entsprechenden Gesetzgebungszuständigkeiten (unter denen lediglich Bildungs-, Kultur- und Verwaltungsangelegenheiten relevant sind) als in der *Funktion der Bundesländer als allgemeiner Exekutive bei der Ausführung von Bundesrecht.* Insofern kann man auch von einem „Exekutivföderalismus" sprechen.

---

[6] Diese Regelung geht primär auf Carlo Schmid zurück (Pfetsch 1986, S. 10).

- Durch den Bundesrat *wirken die Bundesländer an den zentralstaatlichen Entscheidungsprozessen mit* und können dabei jeder Aushöhlung von Länderrechten entgegentreten.

Im Unterschied zum Trennföderalismus wie in den USA, wo Bundesstaat und Einzelstaaten getrennte Zuständigkeiten, Steuerrechte und einen jeweils eigenen Verwaltungsunterbau besitzen, ist im Falle der Bundesrepublik Deutschland von einem Verbundföderalismus zu sprechen.

d. Weiter entwickelter Rechtsstaat: der Grundrechtestaat
Nach seiner Auflösung im Dritten Reich ist der Rechtsstaat in der Bundesrepublik wiederhergestellt worden. Er ist gekennzeichnet durch die Unabhängigkeit der Gerichte, die Gleichheit vor dem Gesetz, den Grundsatz des gesetzlichen Richters, das Verbot rückwirkenden Strafrechts und die richterliche Überprüfung von Festnahmen. Zudem darf die staatliche Exekutive nur aufgrund und im Rahmen von Gesetzen handeln und die Rechtskontrolle staatlichen Handelns war in Deutschland durch Verwaltungsgerichte besonders gesichert worden[7].

Die Bundesrepublik Deutschland will jedoch mehr als nur traditioneller Rechtsstaat sein. Das Neuartige der Rechtsstaatskonstruktion des Grundgesetzes besteht in der *herausgehobenen Rolle von Grundrechten und in der Errichtung eines Bundesverfassungsgerichts*. In Abwendung vom positivistischen Rechtsverständnis vor 1933, das Recht lediglich an der formellen Korrektheit des Rechtsetzungsverfahrens maß, sucht nämlich das Grundgesetz durch Grundrechte „Recht" bis zu einem gewissen Grade auch inhaltlich festzuschreiben und Mehrheitsentscheiden zu entziehen. Als unabänderlich gelten die Menschenwürdegarantie des Art. 1 GG und ein „Mindeststandard an Menschenrechten" – im Übrigen sind Änderungen zulässig (Merten und Papier 2006, S. 169, 182). Damit nahm man Naturrechtsdenken auf, wie es dem Menschenrechtsverständnis der amerikanischen Republik, aber auch deutschen Überzeugungen entsprach. So heißt es in Schillers „Wilhelm Tell" von 1804:

„Nein, eine Grenze hat Tyrannenmacht,
Wenn der Gedrückte nirgends Recht kann finden,
Wenn unerträglich wird die Last – greift er.
Hinauf getrosten Mutes in den Himmel.

---

[7] Zuerst eingeführt 1863 in Baden, 1875 in Preußen und Hessen-Darmstadt (Enzmann 2009, S. 451).

Und holt herunter seine ewgen Rechte,
Die droben hangen unveräußerlich.
Und unzerbrechlich wie die Sterne selbst..."[8]

Zwar hat schon die Weimarer Reichsverfassung Grundrechte und einen Staatsgerichtshof gekannt. Deren andersartiger Stellenwert in der Bundesrepublik wird jedoch darin deutlich, dass

- die Grundrechte mit verfassungsändernder Zwei-Drittel-Mehrheit zwar verändert werden können, als menschenrechtliches Prinzip aber unantastbar sind (Art. 19 GG);
- die Grundrechte „unmittelbar geltendes Recht" sind, d. h. über die Gerichte einklagbar bis hin zum Bundesverfassungsgericht (Art. 1 GG);
- das Bundesverfassungsgericht verbindlich auch über die Verfassungsmäßigkeit von Gesetzen und nicht nur über Rechtsstreitigkeiten zwischen Verfassungsorganen entscheidet (Art. 93 GG).

Materiell hingegen stellen die Grundrechte nichts Neues dar. Sie gehören in die westliche, liberal-demokratische Tradition und lassen sich im Wesentlichen in drei Gruppen gliedern:

- liberale „Abwehrrechte" gegenüber dem Staat: Persönlichkeitsschutz und Menschenwürde, Glaubensfreiheit, Freizügigkeit, Freiheit der Meinungsäußerung, Berufsfreiheit, Wehrdienstverweigerung, Unverletzlichkeit der Wohnung, Eigentum, Staatsangehörigkeit, Postgeheimnis, Gleichheit vor dem Gesetz;
- demokratische „Mitwirkungsrechte" am öffentlichen Leben: Meinungs-, Versammlungs- und Vereinigungsfreiheit, Petitions- und Wahlrecht;
- institutionelle Garantien: die Pressefreiheit, der Schutz der Familie und das Elternrecht.

e. Sozialstaat – aber keine bestimmte Sozialordnung
Auf den ersten Blick scheint das vierte Verfassungsprinzip, das des „sozialen" Staates (Art. 20 Abs. 1 GG), in keinem Zusammenhang mit den politischen Katastrophen der deutschen Vergangenheit zu stehen. Die nähere Betrachtung zeigt jedoch, dass die Weimarer Reichsverfassung mit ihren unverbindlichen

---

[8] So Werner Stauffacher in Friedrich Schillers „Wilhelm Tell" (2. Aufzug, 2. Szene).

2.2 Die zentralen Verfassungsprinzipien

sozialen Programmsätzen, nicht zuletzt der Ankündigung von Wirtschaftsräten, dazu prädestiniert gewesen ist, bei der politischen Linken hochgespannte Erwartungen zu erzeugen, die dann enttäuscht wurden, bei der Rechten aber von vornherein Abwehr gegen sich zu mobilisieren. Vor diesem Hintergrund hat man 1948/49 eine andersartige Sozialstaatskonzeption entwickelt.

Die Sozialstaatlichkeit im Grundgesetz ist nun kaum ausgeführt. Soziale Anspruchsrechte wie ein Recht auf Arbeit, Bildung oder Wohnung kennt es nicht. Ohne weiteres nennen ließe sich hier allein die Formel „Eigentum verpflichtet. Sein Gebrauch soll zugleich dem Wohle der Allgemeinheit dienen" (Art. 14 GG), die dem Eigentum eine Sozialpflichtigkeit auferlegt. Potenziell bedeutsam könnte eine sozialstaatliche Interpretation von Grundrechten im Sinne auch sozial zu gewährleistender Chancen sein. In diese Richtung wies 1972 das Numerus-Clausus-Urteil (zur Berufsfreiheit) des Bundesverfassungsgerichts. Indem dabei jedoch Ansprüche an den Staat unter „Vorbehalt des Möglichen im Sinne dessen, was der einzelne vernünftigerweise von der Gesellschaft beanspruchen kann", gestellt und primär der freien Entscheidung des Gesetzgebers überantwortet wurden (Zit. nach Ridder 1975, S. 126), zeichnen sich einklagbare Rechtsansprüche auf diesem Wege nicht ab. Eine weitere, gelegentlich propagierte Konsequenz aus dem Sozialstaatsprinzip: Grundrechte auch als Schutzrechte gegenüber gesellschaftlichen Dritten, gegenüber gesellschaftlicher Übermacht zu interpretieren, war vom Parlamentarischen Rat nicht beabsichtigt.

Was tatsächlich aus dem Sozialstaatsprinzip abzuleiten ist, scheint daher begrenzt: die Unzulässigkeit einer Gesetzgebung, die den Einzelnen ohne ein Minimum an sozialer Sicherung seinem individuellen Schicksal überließe, darüber hinaus die allgemeine Forderung an den Gesetzgeber, sozialen Ausgleich zu fördern. Dies bedeutet, dass kein grundgesetzlicher Auftrag besteht, den Sozialstaat weiter auszubauen oder überhaupt erst noch zu verwirklichen. Vielmehr war und ist ihm mit dem bisherigen Stand sozialer Gesetzgebung in der Bundesrepublik entsprochen worden. Ein Weniger wäre ebenso wie ein Mehr mit ihm vereinbar.

Im Zusammenhang mit dem Sozialstaatsprinzip wird auch Art. 15 GG diskutiert:

▶ **„Grund und Boden, Naturschätze und Produktionsmittel können zum Zwecke der Vergesellschaftung durch ein Gesetz, das Art und Ausmaß der Entschädigung regelt, in Gemeineigentum oder in andere Formen der Gemeinwirtschaft überführt werden..."**

Dieser Sozialisierungsartikel zusammen mit dem Fehlen sonstiger Aussagen zur Wirtschaftsordnung im Grundgesetz belegt eine *wirtschaftsordnungspolitische Neutralität:* „Ein bestimmtes Wirtschaftssystem", urteilte das Bundesverfassungsgericht, „ist durch das Grundgesetz nicht gewährleistet"; auch die „soziale Marktwirtschaft" sei „zwar eine nach dem Grundgesetz mögliche Ordnung, keineswegs aber die allein mögliche" (BVerfG 1954). Dem steht auch nicht die Entschädigungspflicht bei Enteignungen entgegen, da Entschädigungen nicht unbedingt den Verkehrswert erreichen müssen und zeitlich gestreckt werden können.

Gegen diese Sicht werden allerdings Einwände erhoben. Roman Herzog (1974) meint, die Eigentumsgarantie, das Recht der Persönlichkeitsentfaltung, die Berufs- und Vereinigungsfreiheit stellten eine „Sperre für den Sozialismus" dar und ließen gemeinwirtschaftliche Organisationsformen zumindest „in weiten Bereichen des Wirtschaftslebens" mit der Verfassung kollidieren. Diese Argumentation weist zu Recht auf das Erfordernis, Wirtschaftsordnungen unter Beachtung dieser Grundrechte zu betrachten. Insgesamt überlässt so das Grundgesetz der jeweiligen politischen Mehrheit einen weiten Gestaltungsspielraum, schließt lediglich auf der einen Seite einen Manchesterliberalismus, auf der anderen extrem kollektivistische Wirtschafts- und Sozialformen aus. Eine aktuelle Relevanz der Sozialpflichtigkeit des Eigentums zeigt sich darin, dass angesichts der Finanzkrise 2009 die gesetzliche Möglichkeit zur Enteignung einzelner Banken eingeführt und im Zuge steigender Wohnungsmieten (Deutsche Wohnen) Enteignung auch in anderen Bereichen wieder verstärkt diskutiert wurde. Allerdings stehen die Verträge zum gemeinsamen europäischen Markt klassischen Sozialisierungen sperrig im Wege.

Weshalb diese gesellschaftspolitische Offenheit des Grundgesetzes? Auf derartige soziale Grundrechte hat seinerzeit zwar die KPD, nicht aber die SPD gedrängt. Die Sozialdemokraten waren sich klar, dass der konkrete Zustand der Gesellschaft nicht durch die Verfassung, sondern durch die jeweiligen politischen Mehrheiten zu bestimmen ist (Hirscher 1986, S. 228 f.). Insofern scheint es nahezuliegen, die Offenheit des Grundgesetzes als „Kompromiss" unterschiedlicher politisch-sozialer Kräfte zu interpretieren (Abendroth 1976, S. 88, 92; Seifert 1976, S. 22). Tatsächlich trifft aber auch Letztgenanntes nicht ganz zu, da gar nicht der Versuch gemacht wurde, einseitig die eigene Position als einzig zulässige festzuschreiben. Es handelt sich somit um eine auf Dauer gewollte offene Verfassungsordnung, die auch dem demokratischen Gegenspieler legitimen Spielraum belässt und so ihre integrativen Wirkungen entfaltet.

Im Ganzen haben die Zeitumstände seiner Entstehung Spuren im Grundgesetz hinterlassen. Deutlich ist, wie die Sorge um die Sicherung der Demokratie nicht nur dazu geführt hat, das Prinzip der „wehrhaften Demokratie" einzuführen und plebiszitäre Elemente abzuweisen. *Als noch folgenreicher muss die betonte Machtaufteilung gelten, wie sie sich aus starker Verfassungsgerichtsbarkeit, starkem Bikameralismus, Föderalismus und Grundrechten ergibt. Das deutsche Verfassungssystem enthält somit „eine im internationalen Vergleich ungewöhnlich hohe Anzahl von checks and balances" (Helms 1999, S. 149) ähnlich den USA.*

Auf der anderen Seite ist Deutschland mit dem Grundgesetz zu einem konsequent parlamentarischen Regierungssystem übergegangen, ergänzt durch eine „Kanzlerdemokratie", eine starke Regierung, wie sie mit dem parlamentarischen Regierungssystem einschließlich des „Prime Ministerial Government"[9] *charakteristisch für Großbritannien ist.* Beide Linien durchziehen die Verfassungskonstruktion des Grundgesetzes und verleihen ihr einen einmaligen Charakter. Zugleich schloss man dabei auch an deutsche Traditionen an – den Föderalismus, den herausgehobenen Kanzler und die zweite Kammer mit absoluten Vetorechten kannte schon das Bismarcksche Reich.

Das Grundgesetz ist also *vom Gesichtspunkt machtverteilender Demokratie geprägt, auch zulasten politischer Handlungsfähigkeit. Erreicht werden kann letztere immer wieder nur durch Kooperation und konsensuale Politik.* So führt ein Vergleich zwischen englischem Westminster-Modell (Mehrheitsdemokratie) und Konsensmodell der Demokratie zur Verwirklichung eines konsensualen Demokratietyps hierzulande (Lijphart 1999, S. 10 ff.). Anders formuliert: Der politische Entscheidungsmodus ist vielfach nicht der Mehrheitsentscheid, sondern das Verhandeln, bei dem man eine konsensuale Lösung finden muss.

2.3 Legitimität und Wandel des Grundgesetzes

a. Verfassungsrevision im vereinten Deutschland

Das Grundgesetz von heute ist nicht mehr dasselbe wie das von 1949. Über 60 Mal wurde es in seiner über 70-jährigen Geschichte geändert – und in seinem Textumfang dadurch in etwa verdoppelt. Im Wesentlichen ging es dabei um Ergänzungen (Wehrverfassung 1954/56, Notstandsregelungen 1968), um Veränderungen der Finanzverfassung (18 Änderungen), Gesetzgebungskompetenzen (18 Änderungen), Justiz (7 Änderungen) und Wahlrechtsfragen (5 Änderungen) sowie Anpassungen an den europäischen Integrationsprozess (Hönnige 2011;

---

[9] Nur die FDP plädierte für ein präsidentielles Regierungssystem (Lange 1978, S. 647). Auf Bemühungen um eine „starke" Regierung bei fehlenden Mehrheiten verweist Galka (2014, S. 312).

Lorenz 2011, S. 211). Die Grundstrukturen des Verfassungssystems blieben jedoch unberührt, denn Eingriffe, „durch welche die Gliederung des Bundes in Länder, die grundsätzliche Mitwirkung der Länder bei der Gesetzgebung oder die in Artikel 1 und 20 niedergelegten Grundsätze berührt werden" (Art. Artikel 79 Abs. Absatz 3 Grundgesetz – sog. „Ewigkeitsklausel"), sind nicht gestattet. Lediglich die Verschiebung zu einem „kooperativen Föderalismus" könnte als strukturelle Veränderung gelten.

Eine grundsätzliche Verfassungsdiskussion setzte 1990 im Zusammenhang mit der deutschen Vereinigung ein. Bei der Linken Westdeutschlands gab es Bestrebungen, die deutsche Einheit mit einer neuen Verfassung zu verbinden, die auch Volksentscheide und soziale Grundrechte (bzw. Staatsziele) auf Arbeit, Wohnung und Bildung enthalten sollte (Guggenberger et al. 1991, S. 99 ff.; SPD 1989). Ein weiterer Anstoß zu Verfassungsänderungen rührte von der forcierten europäischen Integration, genauer: dem Maastricht-Vertrag 1992, her. Die Linie von Bundesregierung und Bundestagsmehrheit, keine Totalrevision, sondern nur notwendige Anpassungen am Grundgesetz vorzunehmen, hat sich schon bei den Verfahrensregeln des Einigungsvertrages durchgesetzt. Darin war nämlich vorgesehen, Änderungen nach bisherigem Verfahren mit Zwei-Drittel-Mehrheiten von Bundestag und Bundesrat, faktisch also nur mit Zustimmung beider großer Parteien vorzunehmen (Münch 1990, S. 45 f.).

Dementsprechend wurden 1992 bis 1994 im Wesentlichen Anpassungen des Grundgesetzes beschlossen. Betroffen waren einigungsbedingt die Präambel und die Stimmenverteilung im Bundesrat. Allerdings blieb auf Verlangen der SPD die einst für die Vereinigung gedachte Aussage des Artikels 146 im Grundgesetz stehen, es verliere „seine Gültigkeit an dem Tage, an dem eine Verfassung in Kraft tritt, die von dem deutschen Volke in freier Entscheidung beschlossen worden ist." Während manche Staatsrechtler geradezu „eine Sprengladung unter dem Fundament des Grundgesetzes" (Kriele 1990, S. 5) sehen, suchen dem andere eine harmlosere Interpretation im Rahmen der bisherigen Regeln der Verfassungsänderung zu geben. Erfolglos blieben oppositionelle Revisionsbestrebungen. Aus Volksentscheiden im Bund wie aus sozialen Grundrechten oder Staatszielen wurde nichts (Konegen 1997). Auch bei den ins Grundgesetz aufgenommenen Themen Frauen und Umwelt hat man es sorgsam vermieden, einklagbare Rechte entstehen zu lassen.

Das wesentliche Ergebnis war, dass das Grundgesetz 1992 europakonform gestaltet wurde. In Anpassung an den Maastricht-Vertrag konnten nunmehr die Rechte der Bundesbank auf eine Europäische Bank übertragen werden (Art. 88 GG), besitzen EU-Ausländer das kommunale Wahlrecht (Art. 28 GG). Zentral ist der neue Europa-Artikel 23 GG, der nicht nur die mögliche Übertragung von

2.3 Legitimität und Wandel des Grundgesetzes

Hoheitsrechten vorsieht (wie bereits zuvor), sondern auch die deutsche Mitwirkung in der Europäischen Union regelt. *In dem Maße, in dem europäische Entscheidungen die Rechte der Bundesländer berühren, haben diese abgestufte Mitwirkungsrechte bei der Vertretung des deutschen Standpunktes.* Die Länder suchen sich auf diese Weise für die Abwanderung von Kompetenzen nach Europa zu entschädigen.

b. Legitimatorische Hypotheken?

Das Grundgesetz hat in den Augen vieler von Anfang an unter Legitimationsmängeln gelitten. Am wenigsten fällt dabei noch ins Gewicht, dass es *unter Besatzungsherrschaft entstand* und der Genehmigung der drei westlichen Militärgouverneure bedurfte. Auf seinen Inhalt hatte dies nur begrenzte Auswirkungen, da sich die Besatzungsmächte in den Grundlinien mit deutschen Intentionen trafen. Bei dem Konflikt um den Grad der Zentralisierung (insbesondere Finanzverfassung) fanden sich der französische und der amerikanische Gouverneur, Koenig und Clay, zusammen mit bürgerlichen deutschen Föderalisten auf einer Seite, der britische Gouverneur Robertson mit den Sozialdemokraten auf der anderen (Weber 1997, S. 73 ff.). So hat zum ersten der Besatzungsaspekt fast nur für rechtsextreme Agitation Bedeutung, ebenso wie auch die DKP-nahe Kritik von einer „nach dem Diktat [der Besatzungsmächte] gebastelten Verfassung" gesprochen hat (Stuby 1975, S. 55).

Zum zweiten ist der Einwand gemacht geworden, die westlichen Besatzungsmächte hätten – entgegen einem auf radikale gesellschaftliche Veränderungen gerichteten Volkswillen – *restaurative Weichenstellungen* für die Bundesrepublik bereits vor deren Gründung vorgenommen und so deren gesellschaftliche Entwicklung vorentschieden. „Der erzwungene Kapitalismus" und „die verhinderte Neuordnung" sind hier Stichworte, die mit Hinweisen auf Besatzungsvetos gegen Sozialisierungsbeschlüsse der Landtage von Nordrhein-Westfalen und Schleswig–Holstein begründet werden; dazu kommt noch ein angebliches Sozialisierungsverbot in Hessen (Schmidt und Fichter 1971; Schmidt 1970).

Übersehen wird dabei, dass in Wirklichkeit das deutsche Meinungsbild zur Sozialisierung höchst gespalten war und es in den Westzonen insgesamt an einer parlamentarischen Mehrheit für Sozialisierungen fehlte. Dies zeigte sich im bizonalen Wirtschaftsrat, wo stattdessen die Wendung zur Marktwirtschaft eine Mehrheit fand. Wenn Amerikaner und Briten vor diesem Hintergrund ein Sozialisierungsrecht einzelner Länder mit der Begründung zurückwiesen, solche Fragen seien gesamtstaatlicher Natur, so war dies eine gewiss bestreitbare, aber doch vertretbare und auch von manchen Sozialdemokraten geteilte Auffassung – umso mehr, als zum Zeitpunkt des nordrhein-westfälischen Sozialisierungs-

Tab. 2.1 Das Grundgesetz – Folgerungen aus Weimar

	Weimarer Reichsverfassung 1919	Grundgesetz 1949
Demokratieverständnis	• rechtspositivistisch (verfassungsgemäßer Mehrheitsentscheid) • repräsentativ-plebiszitär	• naturrechtlich (Eingrenzungen von Mehrheitsentscheid) • repräsentativ
Regierungssystem	• Semipräsidentielle Demokratie • Individuelle Ministerverantwortlichkeit • Verhältniswahlrecht • Parteien extrakonstitutionell	• Parlamentarische Demokratie • „Kanzlerdemokratie" • (personalis. Verhältniswahl, 5 %-Klausel) • Parteien in Verfassung einbezogen
Bundesstaat	• Reichsrat mit suspensivem Einspruchsrecht	• Bundesrat auch mit absoluten Vetorechten
Rechtsstaat	• Nur Staatsgerichtsbarkeit • Grundrechte mit Appellcharakter	• Verfassungsgerichtsbarkeit • Grundrechte unmittelbar geltend
Sozialstaat	• Liberale, soziale und Mitwirkungsrechte	• Nur liberale und Mitwirkungsrechte

Quelle: Eigene Darstellung

beschlusses im August 1948 bereits der Gründungsprozess der Bundesrepublik eingesetzt hatte (Rudzio 1981).

Als dritte, noch bis in die Gegenwart hinein beklagte (z. B. Arnim 2008, S. 16) legitimatorische Hypothek des Grundgesetzes gilt der Umstand, dass es weder von einer eigens gewählten verfassunggebenden Versammlung erarbeitet, noch durch eine Volksabstimmung bestätigt worden ist *(plebiszitäres Defizit)*. Der Parlamentarische Rat setzte sich vielmehr aus Vertretern der bereits 1946/47 gewählten Landtage zusammen, und diese Landesparlamente bestätigten sein Werk. Der Grund, weshalb man dem Grundgesetz nicht die Weihen einer klassischen Verfassungsgebung zukommen ließ, lag vor allem darin, dass die deutschen Politiker so den Eindruck einer abschließenden Staatsgründung vermeiden wollten. Zugleich: Die Bevölkerung, von drängenden materiellen Sorgen in Anspruch genommen, nahm wenig Notiz von der Erarbeitung des Grundgesetzes. Noch im Dezember 1949 wussten in der Amerikanischen Zone nur 39 % der Befragten überhaupt etwas davon (Merritt und Merritt 1970, S. 307, 315; Merkl 1965, S. 143).

Für die Deutschen der DDR schließlich bekannte sich die frei gewählte Volkskammer des Jahres 1990 zu den Prinzipien des Grundgesetzes. Diese akzeptierte mit dem Beitritt zur Bundesrepublik dessen Geltung. Da die Wahl der Volkskammer bereits im Zeichen der Vereinigung stand, kann an ihrer Legitimation zu diesen Schritten kaum gezweifelt werden.

Somit ist die Verfassungsgebung im Wesentlichen Sache der politischen Führungsgruppen gewesen, begleitet von passiver Akzeptanz seitens der Massen der Bevölkerung – ohne dass es deswegen zutreffend wäre, das Grundgesetz als „oktroyiert" (Beyme 1970, S. 349) zu bezeichnen. *Tatsächlich hat es seine eigentliche Legitimierung erst in der Folgezeit, durch ständige Wahl verfassungstragender Parteien, durch jahrzehntelange Bewährung und durch allseitige positive Berufung auf seine Inhalte erfahren.* Hierzu beigetragen hat auch, dass sich das Bundesverfassungsgericht auf breites Vertrauen und damit Deutungsmacht bei seiner Verfassungsinterpretation stützen kann (Vorländer und Schaal 2002, S. 345, 368). Das Grundgesetz hat so mehr an Legitimität gewonnen, als sie ihm eine einmalige Volksabstimmung hätte verschaffen können. Im 60. Jahr seiner Geltung empfanden 74 % der Deutschen Stolz (sehr/ziemlich stolz) auf das Grundgesetz, am meisten Unionsanhänger und Sozialdemokraten, zu nur 66 % Anhänger der FDP (Vorländer 2009, S. 16).

Dieser Erfolg hat einerseits dazu geführt, dass das Grundgesetz inzwischen eine der weltweit beachteten Verfassungen ist, von der man manches übernimmt. Anleihen aus ihm finden sich nicht nur in Übersee, in Brasilien, Südkorea und Namibia, sondern auch in den neuen bzw. wieder hergestellten Demokratien Süd- (Griechenland, Spanien, Portugal) und Osteuropas (Ungarn, Polen, Tschechien) (Altenhof 2000, S. 322). Andererseits gibt es neuerdings auch Zweifel. Die Kritik ist verbreitet, im Grundgesetz sei der „Gesichtspunkt der Kontrolle gegenüber dem der Handlungsfähigkeit überbewertet." (Sieg 2004, S. 369) Verschlechtert ist es sicherlich durch manche „Kompromisse" und „Detailregelungen", die ihm im Laufe der Zeit eingefügt wurden und es „zu einem immer schwieriger zu lesenden Dokument" machen (Sturm 2013, S. 364 f.).

Literatur

Abelshauser, Werner (1975): Wirtschaft in Westdeutschland 1945–1948, Stuttgart.
Abelshauser, Werner (2005): Deutsche Wirtschaftsgeschichte seit 1945, Bonn.
Abendroth, Wolfgang (1976): Zum Begriff des demokratischen und sozialen Rechtsstaates im Grundgesetz der Bundesrepublik Deutschland, in: Kempen, Otto Ernst (Hrsg.): Sozialstaatsprinzip und Wirtschaftsordnung, Frankfurt a. M., S. 70 ff.

Altenhof, Ralf (1999): Die Entwicklung der streitbaren Demokratie, in: Jesse, Eckhard/ Löw, Konrad (Hrsg.): 50 Jahre Bundesrepublik Deutschland, Berlin, S. 165 ff.
Altenhof, Ralf (2000): Herzensdemokratie statt Vernunftrepublik, in: Zeitschrift für Politik 47 (3), S. 318 ff.
von Arnim, Hans Herbert (2008): Die Deutschlandakte. Was Politiker und Wirtschaftsbosse unserem Land antun, München.
von Beyme, Klaus (1970): Die parlamentarischen Regierungssysteme in Europa, München.
Bryde, Brun-Otto (1982): Verfassungsentwicklung, Baden-Baden.
BVerfG (1952): Urteil des Ersten Senats vom 23. Oktober 1952, 1 BvB 1/51.
BVerfG (1954): Urteil des Ersten Senats vom 20. Juli 1954, 1 BvR 459, 484, 548, 555, 623, 651, 748, 783, 801/52, 5, 9/53, 96, 114/54.
BVerfG (2017): Urteil des Zweiten Senats vom 17. Januar 2017, 2 BvB 1/13.
Dörr, Nikolas (2007): Die Sozialdemokratische Partei Deutschlands im Parlamentarischen Rat 1948/1949, Berlin.
Detjen, Joachim (2009): Die Werteordnung des Grundgesetzes, Wiesbaden.
Deuerlein, Ernst (Hrsg.) (1963): Potsdam 1945, München.
Enzmann, Birgit (2009): Der demokratische Verfassungsstaat, Wiesbaden.
Feldkamp, Michael F. (Hrsg.) (1999): Die Entstehung des Grundgesetzes für die Bundesrepublik Deutschland 1949, Stuttgart.
Feldkamp, Michael F. (2008): Der Parlamentarische Rat 1948–1949, Göttingen.
Fromme, Friedrich Karl (1960): Von der Weimarer Verfassung zum Bonner Grundgesetz, Tübingen.
Fromme, Friedrich Karl (1970): „Totalrevision" des Grundgesetzes, in: Zeitschrift für Politik 17 (2), S. 87 ff.
Galka, Sebastian (2014): Parlamentarismuskritik und Grundgesetz, Baden-Baden.
Gerlach, Julia (2012): Die Vereinsverbotspraxis der streitbaren Demokratie. Verbieten oder Nicht-Verbieten?, Baden-Baden.
Greven, Michael Th. (2007): Politisches Denken in Deutschland nach 1945, Opladen.
Guggenberger, Bernd et al. (Hrsg.) (1991): Eine Verfassung für Deutschland, München.
Helms, Ludger (1999): 50 Jahre Bundesrepublik Deutschland – Kontinuität und Wandel des politischen Institutionensystems, in: Zeitschrift für Politik 46 (2), S. 144 ff.
Herzog, Roman (1974): Sperre für den Sozialismus, in: Die Zeit vom 29. März 1974.
Hirscher, Gerhard (1986): Carlo Schmid und die Gründung der Bundesrepublik, Bochum.
Hönnige, Christoph et al. (2011): Formen, Ebenen, Interaktionen, in: ders. et al. (Hrsg.): Verfassungswandel im Mehrebenensystem, Wiesbaden, S. 8 ff.
Jaspers, Karl (1946): Die Schuldfrage, Heidelberg.
Jesse, Eckhard (2006): Grenzen des Demokratieschutzes in der offenen Gesellschaft – Das Gebot der Äquidistanz gegenüber politischen Extremismen, in: ders./Backes, Uwe (Hrsg.): Gefährdungen der Freiheit. Extremistische Ideologien im Vergleich, Göttingen, S. 493 ff.
Jesse, Eckhard (2008): Demokratie in Deutschland. Diagnosen und Analysen, Köln.
Jesse, Eckhard (2018): Grundlagen, in: ders./Mannewitz, Tom (Hrsg.): Extremismusforschung. Handbuch für Wissenschaft und Praxis, Baden-Baden, S. 23 ff.
Jung, Otmar (1994): Grundgesetz und Volksentscheid, Opladen.
Kelsen, Hans (1989): Verteidigung der Demokratie, in: Der Bundesminister des Innern (Hrsg.): Abwehrbereite Demokratie und Verfassungsschutz, Bonn, S. 47 ff.

Literatur

Kilper, Heiderose/Lhotta, Roland (1996): Föderalismus in der Bundesrepublik Deutschland, Opladen.

Klamt, Martin (2012): Die Europäische Union als Streitbare Demokratie. Rechtsvergleichende und europarechtliche Dimension einer Idee, München.

Knabe, Hubertus (2005): Tag der Befreiung? Das Kriegsende in Ostdeutschland, Berlin.

Konegen, Norbert (Hrsg.) (1997): Revision des Grundgesetzes? Opladen.

Kriele, Martin (1979): Die Lektion von Weimar, in: Die Zeit vom 25. Mai.

Kriele, Martin (1990): Eine Sprengladung unter dem Fundament des Grundgesetzes, in: Die Welt vom 16. August.

Lange, Erhard H. M. (1978): Die Diskussion um die Stellung des Staatsoberhauptes 1945–1949, in: Vierteljahreshefte für Zeitgeschichte 26 (4), S. 601 ff.

Lange, Erhard H. M. (1993): Die Würde des Menschen ist unantastbar, Heidelberg.

Lange, Thorsten (2005): Zur Wahlgeschichte, in: Falter, Jürgen W./Schoen, Harald (Hrsg.): Handbuch Wahlforschung, Wiesbaden, S. 31 ff.

Laufer, Heinz/Münch, Ursula (1997): Das föderative System der Bundesrepublik Deutschland, Bonn.

Leggewie, Claus/Meier, Horst (1995): Republikschutz. Maßstäbe für die Verteidigung der Demokratie, Reinbek bei Hamburg.

Lijphart, Arend (1999): Patterns of Democracy, New Haven.

Lorenz, Astrid (2011): Substanzbezogenes und alternatives Nutzenmaximierungsverhalten von Akteuren und die Auswirkungen auf das Grundgesetz, in: Hönnige, Christoph et al. (Hrsg.), Verfassungswandel im Mehrebenensystem, Wiesbaden, S. 76 ff.

Matz, Ulrich (1978): Zur Legitimität der westlichen Demokratie, in: Kielmansegg, Peter Graf/ders. (Hrsg.): Die Rechtfertigung politischer Herrschaft, Freiburg, S. 27 ff.

Merkl, Peter H. (1965): Die Entstehung der Bundesrepublik Deutschland, Stuttgart.

Merritt, Anna J./Merritt, Richard L. (Hrsg.) (1970): Public Opinion in Occupied Germany, Urbana.

Merten, Detlef/Papier, Hans-Jürgen (Hrsg.) (2006): Handbuch der Grundrechte in Deutschland und Europa, Bd. II, Heidelberg.

von Münch, Ingo (Hrsg.) (1990): Die Verträge zur Einheit Deutschlands, München.

Niclauß, Karlheinz (1992): Der Parlamentarische Rat und die plebiszitären Elemente, in: Aus Politik und Zeitgeschichte 45, S. 3 ff.

Niclauß, Karlheinz (1998): Der Weg zum Grundgesetz, Paderborn.

Norpoth, Helmut (1999): Elections and Political Change: a German Sonderweg?, in: Merkl, Peter H. (Hrsg.): The Federal Republic of Germany at Fifty, Basingstoke, S. 87 ff.

Oberreuter, Heinrich (1980): Parlamentarisches System – Stärken und Schwächen, in: Jesse, Eckhard (Hrsg.): Bundesrepublik Deutschland und Deutsche Demokratische Republik, Berlin, S. 97 ff.

von Oertzen, Peter (1973): Freiheitliche demokratische Grundordnung und Rätesystem, in: Bermbach, Udo (Hrsg.): Theorie und Praxis der direkten Demokratie, Opladen, S. 173 ff.

Pfetsch, Frank R. (1986): Verfassungspolitische Innovationen 1945–1949, in: Zeitschrift für Parlamentsfragen 17 (1), S. 5 ff.

Ridder, Helmut (1975): Die soziale Ordnung des Grundgesetzes, Opladen.

Rudzio, Wolfgang (1981): Großbritannien als sozialistische Besatzungsmacht in Deutschland, in: Kettenacker, Lothar et al. (Hrsg.): Studien zur Geschichte Englands und der deutsch-britischen Beziehungen, München, S. 341 ff.

Schmidt, Eberhard (1970): Die verhinderte Neuordnung 1945–1952, Frankfurt a. M.

Schmidt, Manfred G. (1988): Sozialpolitik, Opladen.

Schmidt, Ute/Fichter, Tilman (1971): Der erzwungene Kapitalismus, Berlin.

Scholz, Bastian (2016): Die Kirchen und der deutsche Nationalstaat. Konfessionelle Beiträge zum Systembestand und Systemwechsel, Wiesbaden.

Seifert, Jürgen (1976): Grundgesetz und Restauration, Darmstadt.

Sieg, Hans Martin (2004): Weltmacht – Weltordnung, Münster.

SPD (1989): Grundsatzprogramm der Sozialdemokratischen Partei Deutschlands. Beschlossen vom Programm-Parteitag der Sozialdemokratischen Partei Deutschlands am 20. Dezember 1989 in Berlin, Berlin.

Stammen, Theo (Hrsg.) (1965): Einigkeit und Recht und Freiheit, München.

Stuby, Gerhard (1976): Der Eigentumsbegriff des Grundgesetzes, in: Mayer, Udo/ders. (Hrsg.): Die Entstehung des Grundgesetzes, Köln, S. 145 ff.

Sturm, Roland (2013): Regierungssystem, in: Hradil, Stefan (Hrsg.): Deutsche Verhältnisse, Frankfurt a. M., S. 360 ff.

Thränhardt, Dietrich (1986): Geschichte der Bundesrepublik Deutschland, Frankfurt a. M.

Troitzsch, Klaus G. (1979): Volksbegehren und Volksentscheid, Meisenheim.

Vorländer, Hans (2009): Die Deutschen und ihre Verfassung, in: Aus Politik und Zeitgeschichte 18–19, S. 8 ff.

Vorländer, Hans/Schaal, Gary S. (2002): Interpretation durch Institutionenvertrauen?, in: Vorländer, Hans (Hrsg.): Integration durch Verfassung, Wiesbaden, S. 343 ff.

Weber, Jürgen (Hrsg.) (1997): Das Jahr 1949 in der deutschen Geschichte, Landsberg.

Wunder, Bernd (1986): Geschichte der Bürokratie in Deutschland, Frankfurt a. M.

Teil II
Das politische Kräftefeld

Organisierte Interessen: Zwischen Pluralismus und Korporatismus 3

3.1 Der Interessenpluralismus in Deutschland

a. Entwicklung organisierter Interessen in Deutschland
Aus gesellschaftlichen Verhältnissen und Problemen ergeben sich kollektive Interessen, d. h. subjektiv empfundene und „verhaltensorientierende Ziele und Bedürfnisse von einzelnen und Gruppen in einem sozialen Umfeld" (Weber 1977, S. 31). Sie bilden gewissermaßen den Rohstoff, der in den politischen Prozess eingeht, umgeformt wird und zu Entscheidungen führt.

Bis zur Französischen Revolution haben Interessen ihren Ausdruck in ständisch-zünftlerischen Institutionen gefunden. In Deutschland überlebten solche älteren Formen der Interessenrepräsentanz teilweise, und erst mit der Gewerbefreiheit 1869 im Norddeutschen Bund sowie der Koalitionsfreiheit 1867 in Preußen fielen die Schranken gegen eine freie Bildung von Interessenverbänden. Im Zuge der Industrialisierung entstand daraufhin in der zweiten Hälfte des 19. Jahrhunderts ein ausgefächertes System organisierter Interessen (Varain 1973; Rudzio 1982, S. 11 ff.).

Die weitere Geschichte ist von einer *Ausdifferenzierung der Interessenvertretung* geprägt. Bezeichnend für zahlreiche Verbände und Vereinigungen war bis 1933 ihre enge Verflechtung mit bestimmten politischen Parteien bzw. Kirchen. Zu den politisch-sozialen Milieus, welche die größeren Parteien trugen, gehörten eben auch Interessenorganisationen. Die Sozialdemokratie suchte geradezu die „ganze(n) Person" zu erreichen, indem sie durch einen Kranz von Nebenorganisationen „den Menschen von der Wiege bis zum Grabe begleitete, von der proletarischen Säuglingsfürsorge (Arbeiterwohlfahrt) bis zum (freidenkerischen) Feuerbestattungs-Verein" (Neumann 1973, S. 105 f.).

Eine derart politisch-weltanschaulich geprägte Interessenrepräsentanz hat sich nach 1945 – unter dem Einfluss gesellschaftlicher Entwicklungen und der angloamerikanischen Besatzungsmächte – nicht wieder hergestellt. Wenn auch weiterhin eine unterschiedliche Nähe bzw. Distanz zwischen bestimmten Interessenorganisationen und Parteien besteht, ist die Entwicklung zu pragmatisch-kühler Interessenvertretung deutlich. Nicht zuletzt zeigt sich dies im gewerkschaftlichen Bereich, wo anstelle der früheren politischen Richtungsgewerkschaften parteipolitisch unabhängige Gewerkschaften getreten sind.

Da in der Bundesrepublik der Einfluss einer Vielfalt frei organisierter Gruppen auf die staatliche Willensbildung als legitim gilt, kann man von einer *pluralistischen Demokratie* sprechen. In ihr gilt Gemeinwohl nicht als vorgegeben und durch eine Staats- bzw. Parteiführung erkannt, sondern pragmatisch als „Resultante" von Gruppenauseinandersetzungen, sofern diese nur sozial- und rechtsstaatlichen Mindestanforderungen gerecht werden (Fraenkel 1964, S. 21). Die Aktivität organisierter Interessen ist in einem solchen politischen System geradezu notwendig und stabilisierend:

- Die freie Artikulation von Interessen stärkt die demokratische Legitimität der politischen Entscheidungen. Sie erleichtert es, gesellschaftliche Bedürfnisse wahrzunehmen und auf sie einzugehen. Während die Vielfalt gesellschaftlicher Interessen sich in einer Vielzahl von Interessenorganisationen widerspiegeln kann, wäre dies in wenigen politischen Parteien kaum möglich.
- Die Aggregierung von Interessen, d. h. die Bündelung spezieller Interessen durch größere Interessenorganisationen, soll zwar deren Durchsetzungsfähigkeit stärken, bedeutet aber für das politische System eine Komplexitätsreduktion, welche die Interessen überschaubar und damit verarbeitbar macht. Verbunden ist damit eine Entlastung von Einzelkonflikten, die zuvor innerhalb von oder zwischen Interessenverbänden ausgetragen werden.
- Indem Interessenorganisationen an Entscheidungen beteiligt sind, veranlasst sie dies – wollen sie künftig wieder als Verhandlungspartner berücksichtigt werden – zu einem integrativ-befriedenden Verhalten, nämlich zu der Verpflichtung, „dass sie erzielte Verhandlungsergebnisse ihren Mitgliedern erläutern und ihnen vor allen Dingen klarmachen, daß nicht mehr zu erreichen war" (Streeck 1972, S. 131).

Dem stehen kritische Fragen zum Interessenpluralismus gegenüber: wieweit ihn nicht Ungleichheit der Organisier- und Durchsetzbarkeit von Interessen entwerte, wieweit eine Mediatisierung der Bürger durch verselbständigte Organisationen stattfinde, ob nicht die Macht von Interessenverbänden den parlamentarisch-demokratischen Prozess dominiere?

b. Das Spektrum der organisierten Interessen
Nicht jede Vereinigung ist eine Interessenorganisation. Sport-, Gesangs-, Wandervereine, Kegelklubs oder wissenschaftliche Vereinigungen dienen etwa primär gemeinsamer Betätigung ihrer Mitglieder und treten nur ausnahmsweise, wenn es um öffentliche Zuschüsse, Zuweisung von Gelände für Sportanlagen etc. geht, als Interessengruppe nach außen in Erscheinung. Als *„Verbände"* hingegen *lassen sich frei gebildete, primär dem Zweck der Interessenvertretung nach außen dienende Organisationen verstehen.* Daneben sind öffentliche Institutionen wie Industrie- und Handelskammern sowie lockere örtliche Gruppierungen (Bürgerinitiativen) und soziale Bewegungen den Interessenorganisationen zuzurechnen.

Während Schätzungen zu Bürgerinitiativen besonders schwanken (Guggenberger 2020), ist die Gesamtzahl der eigentlichen Interessenverbände in der Bundesrepublik auf 3500–4000 taxiert worden (Bethusy-Huc 1990, S. 150); ebenso könnte man auch alle 6800 Berufsverbände dazu zählen (Triesch und Ockenfels 1995, S. 13). Mit der deutschen Vereinigung 1990 hat sich die Zahl der Verbände nicht nennenswert vergrößert, da sich das gesamtdeutsche Verbändesystem fast ausnahmslos durch individuellen oder korporativen Beitritt von ostdeutscher Seite zu den entsprechenden westdeutschen Verbänden hergestellt hat.

Für einen Überblick über die Interessenorganisationen erweisen sich Typologien, die nach der Art des vertretenen Interesses gliedern, als besonders geeignet; hier sei im Wesentlichen der von Ellwein (1974) gefolgt. Ein dementsprechendes Gesamttableau gibt die Übersicht „Interessenorganisationen in Deutschland 2017".

Dem großen Raum, den *Interessenorganisationen des Wirtschafts- und Arbeitsbereiches* in der Übersicht einnehmen, entspricht ihre Zahl und Bedeutung in der Wirklichkeit (Oehmer 2014). Eine ältere Auszählung der beim Bundestag offiziell gemeldeten Interessenorganisationen ergab, dass 49,9 % wirtschaftliche Interessen vertraten, 12,4 medizinische bzw. pharmazeutische und 8,2 dezidiert politische[1].

---

[1] Stand 2010 (Oehmer 2014, S. 59).

a. Unternehmen und Selbständige sind grundsätzlich in dreifacher Weise organisiert. Zunächst bilden sie *freie Branchenverbände*, die auf wirtschafts-, steuer- und sozialpolitische Entscheidungen Einfluss nehmen. Vitale Interessen in der Politik haben auch die Freiberufler, denen es um Gebührenordnungen, steuerrechtliche Fragen und Berufszugangsregelungen geht.
b. Die Aufgabe, Unternehmen und Selbständige gegenüber den Gewerkschaften zu vertreten, wird getrennt durch besondere *Arbeitgeberverbände* wahrgenommen. Dabei führen branchenbezogene und regionale Arbeitgeberverbände die tarifpolitische Auseinandersetzung um Löhne, Gehälter und Arbeitsbedingungen, während sich die „Bundesvereinigung der Deutschen Arbeitgeberverbände" auf allgemeine tarifrechtliche Fragen konzentriert. Diese Scheidung zwischen Branchen- und Arbeitgeberverband ist eher eine „deutsche Spezialität", die in Europa nur noch in der Schweiz und partiell in Dänemark existiert. Zudem finden sich auch in Deutschland teilweise „Mischverbände", die Funktionen sowohl von Branchen- als auch Arbeitgeberverbänden ausüben; elf Mitgliedsverbände des BDI gehören zu diesem Typus (Behrens 2010, S. 154, 164).
c. Eine dritte Säule der Vertretung von Unternehmen und Selbständigen bilden die *öffentlich-rechtlichen Kammern*. Ihnen gehört man kraft Gesetz an, doch besteht in ihnen Selbstverwaltung. Als öffentliche Institutionen haben sie gesetzlich vorgegebene Aufgaben: Stellungnahmen zur Lage ihrer Wirtschaftszweige bzw. Berufsgruppen, Kontrolle der Berufsausbildung, Abnahme berufsqualifizierender Prüfungen. Indem sie sich zu lokalen oder regionalen Fragen – zu Gewerbesteuerhebesätzen und Bauleitplanungen ebenso wie zu regionalen Raumplanungen, Verkehrs- und Wirtschaftsförderungsmaßnahmen – äußern, bilden sie arbeitsteilig zu Branchen- und Arbeitgeberverbänden eine dritte Interessenrepräsentation der Unternehmen bzw. Berufsgruppen. Zu diesem Sektor sind auch die „Kassenärztlichen Vereinigungen" zu zählen, denen alle Ärzte mit Zulassung zu gesetzlichen Krankenkassen angehören müssen und die über die Verteilung der von den Kassen gezahlten Geldmittel entscheiden.

Interessenorganisationen in Deutschland 2021

I. Interessenorganisationen im Wirtschafts- und Arbeitsbereich

1 Unternehmens- und Selbstständigenorganisationen

a) Branchenverbände:
- „Bundesverband der Dt. Industrie" (BDI) mit 35 Branchenv., u. a. „V. Dt. Maschinen- u. Anlagenbau" mit 3200 M., „V. der Chemischen Industrie" mit 1600 M., „V. der Elektrotechnik Elektronik Informationstechnik" mit 36 000 M. u. „V. der Automobilindustrie" mit 640 M.
- „Zentralv. der Dt. Elektro- u. Informationstechnischen Handwerke" mit 19 673 M., „Zentralv. des Kraftfahrzeughandwerks" mit 36 600 M. u. a. Handwerkerverbänden bzw. -innungen
- „Dt. Bauernverband" mit 285 000 M.
- Ärzteverbände wie der „Hartmannbund" (34 000 M.), der „Marburger Bund" der angestellten u. beamteten Ärztinnen und Ärzte mit 128 000 M.; daneben „Verein Dt. Ingenieure" mit 150 000 M., der Anwälte u. a. m.
- „Handelsverband Deutschland" (Einzelhandel) mit 100 000 M.; „Börsenverein des dt. Buchhandels" mit 4500 M.
- Verbände der Banken, der Reeder (180 M.), Digitalpublisher und Zeitungsverleger (286 M.) u. a. m.
- „Bundesv. Solarwirtschaft" mit 600 M., „Bundesv. Windenergie" mit 20 000 M.

b) Kammern:
Regionale Industrie- u. Handelskammern, Handwerks- und Landwirtschaftskammern, Berufskammern der Ärzte, Zahnärzte (98 604 M.), Architekten, Apotheker, Notare.

c) Arbeitgeberverbände:
„Bundesvereinigung der Dt. Arbeitgeberverbände" mit 62 Mitgliedsv. u. 6250 Unterorganisationen

2. *Arbeitnehmerverbände*

a) „Dt. Gewerkschaftsbund" (DGB) mit acht Einzelgewerkschaften u. insges. 5 995 437 M., darunter in den Gewerkschaften: IG Bergbau, Chemie, Energie mit 607 491 M.; Erziehung u. Wissenschaft mit 280 350 M.; Vereinte Dienstleistungsgewerkschaft (ver.di) mit 1 987 336 M.; IG Metall mit 2 192 115 M.; Nahrung, Genuss, Gaststätten mit 200 000 M.; Polizei mit 190 000 M.

b) Sonstige Gewerkschaften und Arbeitnehmerverbände:
- „Dt. Beamtenbund u. Tarifunion" mit zahlreichen Unterv. (wie „Dt. Polizeigewerkschaft" mit 10 000 M., „Dt. Philologenv. " mit 90 000 M., „Gewerkschaft der Dt. Lokomotivführer" mit 35 520 M.) u. insg. 1 300 000 M.
- „Christlicher Gewerkschaftsbund" mit 13 angeschlossenen V. u. insges. 270 215 M.
- „Katholische Arbeitnehmer-Bewegung" (90 000 M.)
- „Bundespolizeigewerkschaft" (10 015 M.)
- „Dt. Bundeswehr-Verband" (200 000 M.)
- „Vereinigung Cockpit" (9600 M.), „Gewerkschaft der Flugsicherung" (3200 M.)

3. *Verbraucher- und Kundenorganisationen*

- „Verbraucherzentrale Bundesv. " mit 44 M.
- „Allgemeiner Patienten-Verband" mit 1211 M.
- „Pro Bahn" mit 4000 M.
- „Interessenverband Deutsches Internet" (18 946 M.)

4. *Berufsverbände*
Zahllose Verbände wie u. a. „Dt. Lehrerverband" (165 000 M.), „Dt. Hochschulverband" (30 800 M.), „Dt. Journalisten-Verband" (32 000 M.), „V. Dt. Realschullehrer" (15 500 M.).

II. Verbände im sozialen Bereich

1. Kriegsfolgenverbände

- „Sozialverband VdK" (2 Mio. M.)
- „Volksbund Dt. Kriegsgräberfürsorge" (104 000 M.)
- „Bund der Vertriebenen" mit 37 Unterv. (dar. „Landsmannschaften" Ostpreußen mit 200 000 M. u. Schlesien mit 200 000 M..) mit insges. 1,3 Mio. M.

2. Wohlfahrtsverbände

- „Dt. Rotes Kreuz" mit 3 Mio. M. u. 180 309 (Teilzeit-)Beschäftigten (Stand: 2019)
- „Arbeiterwohlfahrt" mit 312 625 M. u. rd. 238 000 (Teilzeit-) Beschäftigten (Stand: 2019)
- „Dt. Caritasverband" mit 500 000 M. u rd. 693 082 (Teilzeit-) Beschäftigten (Stand: 2018)
- „Verband diakonischer Dienstgeber in Deutschland" mit 179 M.
- „Volkssolidarität" (180 000 M.)

3. Sonstige Sozialverbände

- „Bund der Steuerzahler" mit 200 000 M.
- „Dt. Mieterbund" (1,25 Mio. M.)
- „V. der Privaten Hochschulen" (84 M.)
- „Dt. Krebsgesellschaft" (7890 M.)
- „Eigenheimerverband" (120 000 M.)
- „Dt. Alzheimer Gesellschaft" (15 000 M.)
- „Dt. Gesellschaft für Humanes Sterben" (23 000 M.)
- „V. alleinerziehender Mütter u. Väter" (9000 M.)
- „Bundesverband Deutscher Gartenfreunde" (910 000 M.)
- „Lesben- u. Schwulenv. in D. " (4403 M.)

III. Bürgerinitiativen
Überwiegend örtl. Gruppen, meist raumbezogene Interessen vertretend.

- „Bundesverband Bürgerinitiativen Umweltschutz" (BBU) mit 120 Org.
- „Arbeitskreis Verkehr u. Umwelt" (mit 900 Bürgerinitiativen)

IV. Vereinigungen im Freizeitbereich

- „Dt. Olympischer Sportbund" mit 99 Org. (dar. „Dt. Schützenbund" mit 1 35 870 M., Fußballbund mit 7 090 107 M., Turnerbund) sowie insges. 27 Mio. aktiven u. passiven M.
- •„Allgemeiner Dt. Automobil-Club" (ADAC) mit 21 Mio. M.
- „Automobilclub von Deutschland" (1,4 Mio. M.)
- Studentische Verbindungen wie „Cartellverband der Kathol. Dt. Studentenverbindungen" (26 721 M.)
- „Dt. Alpenverein" (1 351 247 M.)
- „Dt. Imkerbund" (132 500 M.)

V. Politische u. ideelle Vereinigungen

- „Bund für Umwelt u. Naturschutz Dtld. " (440 000 M.)
- „Naturschutzbund Dtld. " (750 000 M.)
- „Greenpeace" (590 000 M.)
- „Peta" (65 000 M.)
- „Dt. Tierschutzbund" (800 000 M.)
- „Union der Opferverbände kommunistischer Gewaltherrschaft e.V." (2,2 Mio. M.)
- „Europa-Union" (17 000 M.)
- „Gesellschaft für dt. Sprache" (3000 M.)
- „Dt. Vereinigung für Politikwissenschaft" (1750 M.)
- „Mehr Demokratie" (10 000 M.)

VI. Verbände öffentlicher Gebietskörperschaften

- „Dt. Städte- u. Gemeindebund" (kreisangehörige Kommunen)
- „Dt. Städtetag" (Mitgl. kreisfreie u. a. Städte)
- „Dt. Landkreistag" (294 Landkreise als M.)

> M. = Einzelmitglieder; Dt. = Deutsche(r); Org. = Organisationen; v. = verband/verein; rd. = rund
> *Quelle:* Ständig aktualisierte Fassung der öffentlichen Liste über die Registrierung von Verbänden und deren Vertretern, Stand: 8. Juni 2021, in: https://www.bundestag.de/parlament/lobbyliste.

Den größten Block unter den Verbänden abhängig Beschäftigter bilden die im DGB zusammengeschlossenen *Gewerkschaften.* Wie auf der Arbeitgeberseite liegen auch hier organisatorisches Gewicht und Tarifpolitik bei den Einzelgewerkschaften. Vorsitzende großer Gewerkschaften wie der IG Metall (Jörg Hofmann) oder der Ver.di (Frank Werneke) spielen daher eine bedeutendere Rolle als der DGB-Vorsitzende (Reiner Hoffmann). Im Unterschied zu den Verhältnissen vor 1933 suchen die DGB-Gewerkschaften jeweils alle Arbeitnehmer eines Wirtschaftszweigs zu vereinigen, unabhängig von Beruf (Prinzip der Industriegewerkschaft), parteipolitischer Orientierung und arbeitsrechtlichem Status als Arbeiter, Angestellte oder Beamte (Prinzip der Einheitsgewerkschaft). Seit den Fusionen zu größeren Gewerkschaften kann man darüber hinaus von „Multibranchengewerkschaften" sprechen (Müller und Wilke 2003, S. 132). Ob damit ein „Erfolgsmodell" (Keller 2004) oder eine Überdehnung entstanden ist, lässt sich angesichts neuer Kleingewerkschaften und sinkender Mitgliederzahlen unterschiedlich beurteilen.

Die Organisationsprinzipien des DGB sind jedoch nicht allgemein akzeptiert. So haben die besonderen Interessenlagen von Beamten (Beamtenbund) und die einer Berufsgruppe (etwa die Lokomotivführergewerkschaft) verbandsbegründenden Charakter. Dazu kommt Unbehagen am politischen Klima im DGB-Bereich; für den „Christlichen Gewerkschaftsbund" scheint dies der ausschlaggebende Grund für seine Existenz.

Nur schwach hingegen sind *Verbraucherverbände* entwickelt, obwohl oder gerade weil sie allgemeine Interessen repräsentieren. Unter dem Dach der „Arbeitsgemeinschaft der Verbraucherverbände" sammeln sich regionale „Verbraucher-Zentralen", zusammengesetzt aus anderen Verbänden. Die Arbeitsgemeinschaft ist also ein bloßer „Verband von Verbänden", großenteils finanziert aus öffentlichen Mitteln.

Als *Verbände im sozialen Bereich* lassen sich diejenigen zusammenfassen, die außerhalb der Arbeitswelt angesiedelte materielle Interessen vertreten. Auf eine längere Geschichte blicken hier Hausbesitzerverband sowie Wohlfahrtsverbände zurück. Die letztgenannten nehmen nicht nur „advokatorische

Interessenvertretung" (Strünck 2000, S. 185) war, sondern fungieren vor allem als soziale Dienstleistungsanbieter für Kranke, Behinderte und Alte – eine im internationalen Vergleich ungewöhnliche Doppelrolle. Von Bedeutung in Deutschland waren darüber hinaus Verbände, die Kriegsfolgeinteressen vertreten: so die Kriegsopfer- und die Vertriebenenverbände. Mit wachsendem Abstand zum Zweiten Weltkrieg freilich haben diese Interessen an Bedeutung verloren. Dies hatte zur Folge, dass sich ursprüngliche Kriegsopferverbände allgemeiner Rentnerinteressen angenommen haben.

Der Deutsche Frauenrat mit 59 Mitgliedsorganisationen setzt sich überwiegend aus Frauensparten anderer Verbände zusammen. Spezifische Frauenorganisationen hingegen sind traditionelle Frauenverbände als auch feministische Gruppen, doch mit niedrigen Mitgliederzahlen (Biegler 2000). Ähnliches gilt für Jugendverbände.

Bei *Freizeitvereinigungen* handelt es sich um primär nach innen gerichtete Vereine, nur sekundär mit Interessen nach außen. Immerhin werden ihre Sport-Dachverbände sehr beachtet, wenn sie für Sportförderung oder für die steuerliche Begünstigung nebenberuflicher Übungsleiter eintreten, der ADAC, wenn er sich gegen hohe Mineralölsteuern oder ein generelles Tempolimit auf Autobahnen wendet.

Ebenso tragen *ideelle Vereinigungen* nur partiell den Charakter von Interessenverbänden. An Bedeutung zugenommen haben hier vor allem Klima- und Umweltschutzverbände, deren Vorläufer in Gestalt der Naturschutzverbände sich bis ins 19. Jahrhundert zurückverfolgen lassen. Ideelle Vereinigungen finden als „public interest-groups" besondere Medienresonanz und können auch bei niedrigeren Mitgliederzahlen beachtliche Aufmerksamkeit erringen.

Eine besondere Stellung nehmen die Religionsgemeinschaften ein. Unter ihnen ragen die die Katholische Kirche mit 22,2 Mio., die Evangelische Kirche mit 20,2 Mio. und der Islam mit 5,3 bis 5,6 Mio. Mitgliedern (Deutsche Bischofskonferenz 2021, S. 70 f.) durch Größe und – bei den beiden christlichen Kirchen – besonderen öffentlich-rechtlichen Status heraus. Die orthodoxen Kirchen (1,5 Mio. Mitglieder), die Neuapostolische Kirche (ca. 360 000 Mitglieder) und das Judentum (ca. 94 000 Mitglieder) wären weiterhin zu nennen.

Obwohl nicht primär Interessenorganisationen, vertreten sie Wertvorstellungen, die sie bei familien-, sozial- und schulpolitischen Fragen sowie bei der Legalisierung von Abtreibungen zu engagierten Stellungnahmen veranlassen können. Ausweislich der Denkschriften der Evangelischen Kirche in Deutschland von 1990 bis 2010 erscheint diese politisch klar „profiliert": in wirtschafts-, sozial- und außenpolitischen Fragen „deutlich links", in der Umwelt- und Bildungspolitik „moderat links", nur gesellschaftspolitisch „rechts der

Skalenmitte" – „Nähe zur SPD und B90/Grünen" ist somit nachweisbar (Thieme und Liedhegener 2015). Was nahezu alle größeren Religionsgemeinschaften insgesamt und seit geraumer Zeit schwächt, ist der Rückgang der religiösen Bindungen.

c. Probleme der Organisierung

Im internationalen Vergleich der Verbände- und Vereinsmitgliedschaften zählt Deutschland zu den relativ partizipationsstarken Gesellschaften (Nordeuropa, Spanien und Italien), hinter denen die östliche EU abfällt (World Values Survey 2020).[2]

Die Verbandsmitgliedschaften verändern sich im Rahmen dynamischer Entwicklungen. Für den Zeitraum 1991 bis 2009 ergibt sich für Deutschland folgendes Bild: Die Mitgliederzahlen von Umweltorganisationen sind laufend angestiegen, insgesamt um 60 %, auch die von Sportverbänden kontinuierlich um insgesamt knapp 20 %. Die Mitgliedschaft von Sozialverbänden stieg bis 2001 noch um 10 %, um dann kontinuierlich auf den Stand von 1991 zurückzugehen. Durchgehend massive Rückgänge hingegen haben in diesem Zeitraum Kirchen (um insgesamt ca. 9 Mio.) und Gewerkschaften (um 25 %) zu verzeichnen (Merkel und Petring 2012, S. 111). Die Ursachen hierfür sind in gesellschaftlicher Säkularisierung einerseits und Veränderungen der Arbeitswelt (mehr Teilzeit- und Leiharbeitskräfte) anderseits zu sehen. Der Rückgang des gewerkschaftlichen Organisationsgrades in Deutschland entspricht dem Trend in anderen entwickelten Staaten (Streeck 2013, S. 67).

Dabei täuschen manche Mitgliederzahlen noch mehr Macht vor, als da ist. Denn den Gewerkschaften gehören auch nicht berufsaktive Mitglieder, Rentner und Arbeitslose an. Nach dem Stand von 2011 machen Rentner bei den DGB-Gewerkschaften insgesamt 21 % der Mitgliedschaft aus. Gewerkschaften wirken wie tönerne Riesen, wenn in ihren Mitgliederlisten von 2009 – neben Arbeitslosen – bei der IG Metall 23 %, bei Bau- und Chemiegewerkschaft je 28 % oder bei der Eisenbahnergewerkschaft gar 43,8 % Rentner/-innen geführt werden (Ebbinghaus und Göbel 2013, S. 216; Schroeder und Munimus 2012, S. 122).

---

[2] Der Fragetext lautet: „Now I'd like you to look at this card. I'm going to read out some different forms of political action that people can take, and I'd like you to tell me, for each one, whether you have actually done any of these things, whether you might do it or would never, under any circumstances, do it."

Beim Organisationsgrad, d. h. dem Anteil der Mitglieder von Interessenorganisationen an denjenigen, deren Interessen vertreten werden sollen, zeigen sich generell erhebliche Unterschiede: Ärzte- und Handwerkerorganisationen umfassen die große Mehrheit der jeweiligen Gruppe, ähnlich der Deutsche Bauernverband die Mehrheit der Haupterwerbslandwirte, Unternehmensverbände der Industrie 70–85 % der Produktion (Mann 1994, S. 41; Rieger 2007, S. 294), während Arbeitnehmer nur einen weit geringeren Organisationsgrad erreichen. Im internationalen Vergleich entwickelter Industrieländer rangiert Deutschland mit einem gewerkschaftlichen Organisationsgrad von 18,3 % der Beschäftigten auf etwa gleicher Höhe mit Japan, Australien und den Niederlanden. Eine Reihe von Staaten liegt dahinter (u. a. Frankreich mit 7,6, die USA mit 11,3, Polen mit 15,6 und Spanien mit 15,9 %). In Italien, Großbritannien und skandinavischen Ländern etwa sind die Arbeitnehmer weit stärker organisiert[3].

Organisationsschwächen und Repräsentationslücken können nicht überraschen. Denn der Einzelne hat Interessen in zahlreichen Lebenszusammenhängen, die ihn in ebenso viele Interessenorganisationen führen könnten. Dies aber stößt auf Zeit- und Kostengrenzen. Zudem sind Verbesserungen, die ein Verband erringen mag (etwa Lohnerhöhungen, Steuererleichterungen, günstigere Verkehrsverbindungen), ein „Kollektivgut", das Trittbrettfahrer belohnt. Sie kommen vielfach auch Nichtmitgliedern zugute. Als weiteres Hindernis für Mitgliederwerbung wirkt auch der vorübergehende Charakter mancher Interessenlagen.

Die Verbände kämpfen daher stets gegen eine Mitgliedererosion an. Gegen sie stehen ihnen vier Strategien zur Verfügung:

- eine moralische Verpflichtung oder ein Gemeinschaftsbewusstsein zu pflegen.
- eine gesetzliche Beitrittsverpflichtung zu erreichen: Interessen der Handwerker und freien Berufe werden auf diese Weise durch die Kammern gestützt, ebenso die der Studierenden durch meist öffentlich-rechtliche Studentenschaften.
- Dienstleistungsangebote exklusiv für Mitglieder: Unternehmens- und Selbstständigenverbände bieten ihren Mitgliedern Informationen über Märkte, Steuerrecht, technische Entwicklungen sowie Finanzfragen; Gewerkschaften bieten Streikgelder, Rechtsschutz und berufliche Bildungsmöglichkeiten an; Sozialverbände locken mit Rechtsberatung, eigenen Erholungs- und Kur-

---

[3] Stand 2011 (Greef 2014, S. 752).

zentren, Pflegeheimen, Begegnungsstätten und Mahlzeitendiensten (Schroeder et al. 2010, S. 209 ff., 230, 277).

- potenziell Benachteiligungen von Nichtorganisierten: Closed-Shop-Vereinbarungen (dass nur Gewerkschaftsmitglieder im Betrieb arbeiten dürfen) sind zwar mit negativer Koalitionsfreiheit (dass niemand in eine Vereinigung hineingezwungen werden darf) unvereinbar. Faktisch aber üben Großverbände durch ihre Rolle in Kammern, Betriebs- und Personalräten, Sozial- und Arbeitsgerichten derartigen Einfluss aus, dass sich mancher abhängig fühlen kann und eine „gewisse Furcht vor dem Austritt" (Niemann 2003, S. 202 f.) aufkommt.

Bemerkenswert ist darüber hinaus, wie sich die Mitgliedschaft politisch relevanter Verbände zusammensetzt. Ausweislich einer ALLBUS-Umfrage von 2008 kommen bei einer Reihe von Verbandstypen (darunter Gewerkschaften, Naturschutzverbänden) überdurchschnittlich viele Mitglieder aus dem obersten Einkommensfünftel der Bevölkerung. Beim freiwilligen Engagement zeigen sich analoge Schlagseiten: Die Akademiker (einschließlich Fachhochschule) dominieren: nicht nur bei Erwachsenenbildung und bei Politik mit 71 bzw. 72 %, sondern auch in Organisationen der Feuerwehr mit 48, der Freizeit mit 52 und des Sports mit 62 % (Schäfer 2015, S. 169, 173).

3.2 Binnensoziologie der Interessenorganisationen

a. Innere Strukturen von Interessenverbänden

Wenn Interessenorganisationen ihre Mitglieder vertreten sollen, scheint innerorganisatorische Demokratie wie selbstverständlich. Dementsprechend weisen die Verbandssatzungen den Mitgliederversammlungen bzw. von diesen gewählten Delegiertenversammlungen die oberste Entscheidungskompetenz zu. Alle anderen Organe – Vorstände, Beiräte, Ausschüsse – sind ihnen untergeordnet und führen sich in ihrer personellen Zusammensetzung auf jene zurück.

Tatsächlich sind aber die wirklichen Entscheidungsprozesse durch drei Phänomene gekennzeichnet: *eine Verlagerung der Entscheidungen in kleinere Gremien (Präsidien, Vorstände, Ausschüsse), ein Eigengewicht der Verbandsbürokratien (Geschäftsführungen, hauptberufliche Funktionäre) und ein verbreitetes Proporzprinzip anstelle des Mehrheitsentscheids.*

So ist in industriellen Branchenverbänden das Stimmrecht verschieden ausgestaltet: jedem Mitglied eine Stimme (so bei 64,4 % der Verbände), nach der Höhe der Beitragssumme oder des Umsatzes (bei 28,9 % der Dachverbände) oder nach Beschäftigtenzahl (bei 5,1 % der Verbände) (Behrens 2010, S. 159). Die Mitgliederversammlungen finden meist seltener als einmal jährlich statt. Auch hat manche Mitgliederversammlung nur etwa die Hälfte der Vorstandsmitglieder zu wählen, während die übrigen von fachlichen und regionalen Unterorganisationen gestellt werden (Berger 2004, S. 52). Auch die Vorstände sind häufig zahlenmäßig zu groß und treten zu selten zusammen, um die laufende Verbandspolitik gestalten zu können. Diese Funktion fällt daher kleineren „Präsidien" oder „Geschäftsführenden Vorständen" zu, ebenso Ausschüssen, in denen Spezialisten und interessierte Mitglieder Vorstandsentscheidungen zu speziellen Sachfragen vorbereiten. Das Präsidium des BDI etwa, das die gesamte Tätigkeit des Bundesverbandes leitet, umfasst neben dem Präsidenten je eine(n) Vertreter/-in von neun Mitgliedsverbänden (= Vizepräsident/-innen) sowie 44 weitere Mitglieder (Stand 2021). Allgemein ist man aber um Konsens bemüht (Berger 2004, S. 54 f., 60 f., 65). Hinzu kommt das Eigengewicht der Verbandsgeschäftsführungen, hinter denen zuweilen ein beachtlicher Apparat steht. Das sollte allerdings nicht darüber hinwegtäuschen, dass Verbände in ihrer zentralen Geschäftsstelle im Durchschnitt nur vier hauptberufliche Mitarbeiter beschäftigen (Sebaldt 1996, S. 669 f.).

Ähnliche Erscheinungen zeigen sich bei den *Gewerkschaften*. Mitgliederversammlungen können bei ihnen naturgemäß nur dezentral stattfinden und beschränken sich im Wesentlichen auf Wahlen. Die örtlichen Vorstände haben nur geringe Kompetenzen. Neben Ehrenamtlichen gehören ihnen Gewerkschaftsangestellte an, die, obwohl von der Basis gewählt, zur Amtsübernahme einer Bestätigung bzw. Ernennung durch den Hauptvorstand der Gewerkschaft bedürfen. Ausschlaggebend ist die oberste Organisationsebene. Hier tritt der Gewerkschaftstag, die Vertretung der Mitglieder, nur in Abständen von drei bis vier Jahren jeweils für einige Tage zusammen. Er vermag als Versammlung von hunderten Delegierten nur zwischen anderswo formulierten Anträgen zu entscheiden. Hinzu kommt, dass die zur Vorstandswahl vorgelegten Kandidatenlisten längst „ausgeklügelten Proportionen" zwischen Regionen, Branchen, Parteirichtungen und Geschlechtern entsprechen müssen – wer Gegenvorschläge macht, bedroht sorgfältig austarierte Gleichgewichte. Gewerkschaftstage gelten daher eher als bestätigende Organe. Dies schließt nicht aus, dass auf ihnen auch kritische Stimmen laut werden und Gewerkschaftsvorstände auf sie Rücksicht nehmen müssen. Der Ort, wo normalerweise die Entscheidungen fallen, ist der Hauptvorstand einer Gewerkschaft. Er bestätigt die Einstellung der hauptamtlichen Funktionäre, entscheidet über Tarifkündigungen, Urabstimmungen und Arbeitskämpfe. *Die engere Führungsgruppe bilden dabei diejenigen Vorstandsmitglieder, die ihre Funktionen hauptberuflich als „geschäftsführender Vorstand" ausüben und in täglichem Kontakt mit dem ausführenden Apparat stehen* (Witjes 1976, S. 270, 363 f.). Im Wesentlichen setzt sich die gewerkschaftliche Führungsschicht aus hauptberuflichen Gewerkschaftsfunktionären und freigestellten Betriebsräten zusammen. Beim DGB waren jüngst 800 Personen beschäftigt, bei der IG Metall etwa 2600, der IG Bergbau, Chemie und Energie 900, bei ver.di 3000 – Zahlen, die eher zurückgehen (Prott 2013, S. 287, 299).

Grundsätzlich abweichend von binnendemokratischen Verbänden ist der Typ der Mobilisierungsagentur, prägnant verkörpert in „Greenpeace". Er stellt eine „höchst professionalisierte, hierarchisch organisierte und expertenorientierte Agentur zur Mobilisierung von Protest und finanziellen Ressourcen" dar (Willems 2000, S. 62). Seine Basis besteht aus fördernden Mitgliedern, die keine partizipativen Rechte besitzen (Sebaldt und Straßner 2004, S. 298 f.). Diese Art von Interessenvertretung beruht auf professionellen Lobbyisten mit medialen Kampagnenfähigkeiten, Mitgliedern kommt nur eine legitimatorische Rolle für das vertretene Interesse zu. Angesichts sinkender Mitgliederzahlen scheint dieser Agentur- oder NGO-Typ häufiger zu werden (Speth und Zimmer 2015, S. 40 ff.).

b. Grenzen innerverbandlicher Partizipation
Entscheidend für die Praxis innerorganisatorischer Demokratie ist eines: die geringe Aktivität der Mitglieder, ihre *Apathie*. Geringe Beteiligung an Mitgliederversammlungen wird allgemein beobachtet. Gewerkschaftsversammlungen scheinen regelmäßig nur von Minderheiten besucht, nur an Streik-Urabstimmungen sind große Mehrheiten beteiligt. Auch in Unternehmensverbänden beteiligen sich keineswegs alle – so waren jedenfalls in der Vergangenheit bei den Mitgliederversammlungen der Maschinenbauer nur rund 40 % der Mitgliedsfirmen vertreten (Alemann 1987, S. 111).

Apathie ist durchaus verständlich. Beteiligung wird meist als Belastung empfunden. Mehr aktive Mitglieder finden sich in Organisationen, die nur am Rande als Interessenverbände gelten können: bei Sport-, kulturellen, Freizeit- und kirchlichen Organisationen (van Deth 2004, S. 299). Dem Mitglied bleibt zudem das „voting by feet", der Austritt aus dem Verband. Daher bemühen sich Verbandsführungen darum, von sich aus die Interessen möglichst aller Mitglieder zu berücksichtigen. Umso mehr wäre infolgedessen Beteiligung nur „unrentable Vereinsmeierei" (Ilse Gahings zit. nach von Beyme 1974, S. 201). Der zweite Faktor, der die Binnensoziologie von Interessenverbänden prägt, besteht in der Notwendigkeit hinreichender *Handlungs- und Durchsetzungsfähigkeit*. Diese erfordert einen hohen Informationsstand, ständige Kommunikation mit politischen Adressaten, Geldmittel und glaubhafte Unterstützung durch möglichst viele Mitglieder. Machtkonzentration scheint daher schwer vermeidbar. Vor diesem Hintergrund zielte die ältere Diskussion einerseits darauf, innerverbandliche Demokratie durch gesetzliche Regelungen zu stärken (Göhner 1981, S. 59 f.). Andererseits aber wurde die These vertreten, sie sei „ohne allgemeines Interesse", sofern nur die Möglichkeit des Austritts und konkurrierender Verbände bestehe und der einzelne Verband nur eine begrenzte Bedeutung für den Einzelnen habe (Ellwein 1974, S. 480).

3.3 Verbandseinfluss: Herrschaft der Verbände?

a. Verbandseinfluss im Parlament

Das Bemühen um Einfluss wird in Berlin sichtbar in hunderten Büros von Verbänden. Offiziell waren im Sommer 2021 beim Deutschen Bundestag 2297 Verbände registriert mit der Folge, dass sie bei Bundestagsanhörungen berücksichtigt werden und Hausausweise zu Parlament und Ministerien erhalten können[4]. Anfang 2019 hatten 778 Lobbyisten einen solchen Ausweis (Winter 2019). Diese Verbände lassen ihre Interessen durch eigene Angestellte vertreten (auch 140 einzelne Firmen unterhalten ständige Büros in Berlin), teilweise aber auch durch etwa 30 selbstständige Agenturen, die sich auf Beratung, Veranstaltungen und Kontaktvermittlungen verstehen; relativ häufig trifft man dort auf Anwälte und ehemalige Politiker. Insgesamt wird die Zahl der Lobbyisten, Berater etc. in Berlin auf rund 6000 Personen geschätzt (Dausend und Knaup 2020, S. 262).

Wie der Begriff „*Lobby*" (= Vorhalle des Parlaments, bis zu der Nichtparlamentarier Zugang haben) andeutet, haben diese Lobbyisten zunächst die Aufgabe, Abgeordnete zu beeinflussen. „Sie spenden, sie organisieren oder sponsern Veranstaltungen, sie finanzieren Stände bei Parteitagen, sie berufen Politiker in Aufsichts- und Beiräte. Doch nichts ist so erfolgreich wie der persönliche Kontakt" (Dausend und Knaup 2020, S. 262). Man versorgt „nahestehende" Parlamentarier mit Unterlagen und Argumenten und wird umgekehrt von ihnen über parlamentarische Entwicklungen informiert. Für 1987–90 lieferte eine Umfrageuntersuchung einen Durchschnitt von 176,8 Kontakten

---

[4] Ständig aktualisierte Fassung der öffentlichen Liste über die Registrierung von Verbänden und deren Vertretern, Stand vom 8. Juni 2021, in: https://www.bundestag.de/parlament/lobbyliste.

mit Interessenvertretern je Abgeordneten und Jahr (Hirner 1993). Dausend und Knaup (2020, S. 262) kamen exemplarisch beim SPD-Bundestagsabgeordneten Marco Bülow über zwei Wochen im Jahr 2009 auf nicht weniger als 400 Briefe, Mails, Faxe und Telefonanrufe; mehrheitlich von gewinnorientierten Unternehmen. Allerdings: Eher Ausnahmen sind Fälle, in denen Parlamentarier sich durch Firmen, Verbände oder gar ausländische Regierungen instrumentalisieren lassen (z. B. „Aserbaidschan-Affäre" um Karin Strenz und Eduard Lintner, Philipp Amthors Verstrickungen um ein US-amerikanisches Start-up).

Einen Indikator für Interesseneinfluss stellt ferner die *Verbandsfärbung* der Parlamente dar. Sie lag in der 19. Wahlperiode beispielsweise bei 22,8 % – der niedrigste Wert seit 1990 (Deutscher Bundestag 2021). Es handelt sich jedoch um ein wenig zuverlässiges Merkmal: Einerseits sind Verbandsmitgliedschaften für Bundestagsmitglieder nicht anzeigepflichtig, andererseits geht die Verbandsfärbung des Bundestages ohnehin seit Jahren zurück: „Die Karrierewege von Politikern verlaufen heute anders, auch weil die Parteien weniger stark in der Gesellschaft verankert sind. " (Speth 2021, S. 6) Nicht zuletzt: Bloße Mitgliedschaft bedeutet keineswegs auch Gefolgschaft gegenüber dem Verband (Gerstenhauer 2014). Beispielsweise betrug der gewerkschaftliche Organisationsgrad der SPD-Bundestagsabgeordneten 1990 bis 2021 zwischen 61,7 und 84,2 %, der des gesamten Bundestages zwischen 2002 und 2005 46,8 %, was – entgegen ablehnender DGB-Positionen – keineswegs die Annahme der Agenda-10-Gesetze durch die SPD-Fraktion verhinderte[5]. Bei gewerkschaftlich organisierten Bundestagsabgeordneten „dominiert […] die Loyalität gegenüber der eigenen Partei die Loyalität gegenüber den Gewerkschaften. " (Hönigsberger und Osterberg 2014, S. 106).

Sichtbar wird zugleich, dass ein einzelner Interessenverband keine Chance hat, eine Mehrheit der Abgeordneten auf sich einzuschwören. Hier hilft die arbeitsteilige Struktur des parlamentarischen Betriebs weiter: Die parlamentarische Willensbildung erfolgt in spezialisierten Parlamentsausschüssen und Fraktionsarbeitsgruppen, deren Vorschlägen die übrigen Abgeordneten meist folgen. *Dementsprechend konzentriert sich Verbandseinfluss auf diese parlamentarischen Schaltstellen.* Dort sammeln sich überproportional in bestimmten Ausschüssen Mitglieder interessierter Verbände, DGB-Gewerkschafter etwa in dem für Arbeit

---

[5] Zum Vergleich: Der Anteil von DGB-Gewerkschaftlern betrug zwischen 2017 und 2021 in der Linken-Fraktion 62,3 %, bei der Grünen-Fraktion 16,4 %, bei der Union 1,6 %, bei FDP und AfD 0,0 % (DGB 2019).

und Soziales. Interessen haben daher Chancen, sich an solchen Knotenpunkten des Entscheidungsprozesses durchzusetzen.

b. Verbandseinfluss im Regierungsbereich
Entgegen Erwartungen, Interesseneinfluss würde sich hauptsächlich auf das Parlament als entscheidendes Legislativorgan richten, enthüllten Untersuchungen schon früh ein anderes Bild; beispielsweise 1985/86, als von 232 BDI-Eingaben 67,2 % an Bundesministerien und -ämter, 8,2 % an die EG-Kommission, aber nur 15,5 % an den Bundestag samt seinen Ausschüssen und Fraktionen gerichtet waren (Brodach und von Wolff-Metternich 1987, S. 122 ff.).

Dies kann nicht überraschen. *Denn Gesetzesvorlagen entstehen meist nicht im Bundestag, sondern im Schoße von Regierung und Ministerien. Dort suchen daher Interessengruppen auf den Inhalt künftiger Gesetze und Verordnungen bereits im Entstehungsstadium, dem „Referentenstadium", einzuwirken,* wenn diese noch relativ leicht veränderbar sind. Hierzu werden die Interessengruppen üblicherweise auch eingeladen. Die Grundlage hierfür liefert die Gemeinsame Geschäftsordnung der Bundesministerien, in der es heißt:

▶ **„Bei der Vorbereitung von Gesetzen können die Vertretungen der beteiligten Fachkreise oder Verbände unterrichtet und um Überlassung von Unterlagen gebeten werden sowie Gelegenheit zur Stellungnahme erhalten. Zeitpunkt, Umfang und Auswahl bleiben, wenn nicht Sondervorschriften bestehen, dem Ermessen überlassen. Soll der Entwurf vertraulich behandelt werden, ist es zu vermerken."**

Während die Verbände dabei ihre Interessen einbringen, gewinnen die Ministerien Informationen über Auswirkungen beabsichtigter Maßnahmen und hören sie Einwände, die sie berücksichtigen können. Häufig wird so in internen Verhandlungen ein Entwurf „verbandsfest" gemacht, d. h. als Kompromiss formuliert, den alle Beteiligten tragen. Immerhin sind heute gleichzeitig mit den Verbänden auch die Bundestagsfraktionen zu unterrichten.

Geld in vielfältiger Form dient wirtschaftlichen Interessenten dazu, politische „Landschaftspflege" zu betreiben und Nähe zu politisch Einflussreichen zu erhalten: Da gibt es Einladungen zu großen Essen, Geschenke an Abgeordnete, unverhältnismäßige Rednerhonorare, Reisen, im Einzelfall „Freundschaften" und Spenden. Verbandseinfluss wirkt dabei nicht ausgeübt von Fall zu Fall. Er ist durch *Querverbindungen zwischen bestimmten Verbänden und Ministerien* vielmehr auch immanent etabliert. Derartige Konnektionen bestehen teilweise

3.3 Verbandseinfluss: Herrschaft der Verbände?

- durch gleiche Herkunft und Ausbildung von Ministerialbeamten und Verbandsvertretern;
- durch Mitgliedschaft von Ministerialbeamten in Verbänden, wie für 1949–84 bei der Mehrheit der Staatssekretäre und Abteilungsleiter nachgewiesen (Benzner 1989, S. 176);
- durch ständigen engen Kontakt zwischen Ministerialbeamten und ihrer Klientel, sodass man „regelrechte ‚Fachbrüderschaften'" zwischen Abgeordneten, Ministerialen, Interessenvertretern und Wissenschaftlern beobachtet (Patzelt 2014, S. 33).

Mehr noch: Einfluss auf den Regierungsbereich ist sogar in Mitarbeit von Interessenvertretern in Ministerien sowie in Seitenwechseln (die rot-grüne Koalition hatte hierfür gar ein eigenes, gleichnamiges Programm aufgesetzt, das jedoch nach Kritik wieder beendet wurde) von Politikern erkennbar bzw. wahrscheinlich. Zwischen 2017 und 2021 gab die Bundesregierung mehr als 1 Mrd. Euro für Beraterfirmen und Anwaltskanzleien aus (Jeske 2021); seit 2010 bewegt sich die Anzahl externer Mitarbeiter in den Bundesbehörden im mittleren zweistelligen Bereich (Bundesministerium des Innern, für Bau und Heimat 2020, S. 5). Aufsehen schließlich erregt es, wenn einzelne Regierungsmitglieder bzw. Staatsminister die Seiten wechseln, um in Vorständen großer Unternehmen, Gewerkschaftsleitungen, als Chef eines Verbandes oder einer Beraterfirma bestimmte Wirtschaftsinteressen zu vertreten. Fälle wie Fahimi, Fischer, Gabriel, Kampeter, von Klaeden, Mosdorf, Pofalla, Schröder, Wend u. a. fielen auf. Gewiss, nicht alle wechselten direkt, doch der zeitliche Abstand scheint meist zu kurz, um nicht Fragen nach unbefangener Amtsführung nahe zu legen. „Der Prominenteste war wohl Matthias Berninger, Ex-Staatssekretär und Landesvorsitzender [der Grünen] in Hessen, der 2007 im Alter von 36 Jahren [...] sein Mandat abgab und zum US-Nahrungsmittelriesen Mars wechselte. Anfang 2019 heuerte er beim Chemie-Multi Bayer an. " (Dausend und Knaup 2020, S. 412) Auch Journalisten, darunter eine Partei- und ein Regierungssprecher/-in, heuerten als Lobbyisten bei der Wirtschaft an. Seitenwechsler bringen ihre politischen Kontakte und Möglichkeiten ein (Tillack 2015, S. 8 f., 60 ff., 78, 122). Hinzu kommen Tätigkeiten neben dem Bundestagsmandat: Im Jahr 2019 beispielsweise zeigten 202 von 707 Abgeordneten Nebeneinkünfte an – und zwar in Höhe von bis zu 1,4 Mio. Euro seit Beginn der Legislaturperiode; am weitesten verbreitet war diese Praxis in der FDP-Fraktion (Reyher 2019).

Ist Deutschland damit eine „Lobby-Republik"? Dafür spricht die Kritik der GRECO (Staatengruppe gegen Korruption) gegenüber Deutschland im Jahr 2019 wegen versäumter Reformen zur Korruptionsbekämpfung; dafür spricht das

Fehlen eines „exekutiven Fußabdrucks" im Sinne eines Registers von Lobbyisten, die auf einen konkreten Gesetzentwurf Einfluss genommen haben; dafür sprechen aber auch Aufsehen erregende Zitate wie das folgende von Gerhard Schick (B'90/ Die Grünen): „Es gibt sicher eine Handvoll Beispiele, bei denen ich nachweisen könnte, dass das Gesamtwerk – von der Regelungsidee bis zur Formulierung – von Lobbyisten kam" (zit. nach Dausend und Knaup 2020, S. 270). Doch wie viel sagt das aus bei zuletzt rund 550 verabschiedeten Gesetzen pro Legislaturperiode? Die Fälle, auf die das Scheinwerferlicht der Öffentlichkeit fiel, sollten nicht die Sicht auf Normalität verstellen. Die genannten Praktiken sind nicht allgemein üblich. Zudem: In Sachen Transparenz tut sich etwas – die Pflicht zur Nebentätigkeitsanzeige wurde 2013 auf zehn Stufen präzisiert; seit 2015 gibt es ein „Karenzzeit-Gesetz", demzufolge Minister/-innen und Staatssekretär/-innen einen Wechsel in die Privatwirtschaft anzeigen müssen und auf eine Karenzzeit von maximal 18 Monaten verpflichtet werden können; die Anzahl Externer in den Ministerien sinkt tendenziell seit einigen Jahren; und schließlich hat 2022 das Lobbytransparenzregister die freiwillige Lobbyliste (eingeführt 1972) abgelöst. Seither sind Kontakte gegenüber Ministerien bis zur Ebene der Unterabteilungsleiter registrierungspflichtig. Schließlich ist eines festzuhalten: *Politische Entscheider benötigen Informationen aus verschiedensten Bereichen, um gute Gesetzgebung zu produzieren.* Solche Informationen liefern ihnen auch Interessenverbände – sicherlich interessengeleitet und kritisch zu hinterfragen, aber dennoch Gesichtspunkte und Fakten in den politischen Entscheidungsprozess einführend, die der Qualität der Entscheidungen zugutekommen. Folglich müssen politische Entscheider ein Ohr auch für Interessenvertreter haben. Lobbyismus hat insofern auch eine positive Seite.

c. Das Ringen um Parteien und öffentliche Meinung
Eine erste Methode der Einflussnahme besteht im Einsatz von Geldmitteln oder geldwerten Leistungen. Zu unterscheiden hat man dabei zwischen der Unterstützung ganzer Parteien und der gezielten Förderung einzelner Politiker, Teilorganisationen und Publikationen. Großspenden können günstiges Klima erzeugen, aber angesichts staatlicher Parteienfinanzierung und Parteimitgliedsbeiträgen eine größere Partei kaum abhängig machen. Bei individuell gezielter Förderung scheint dies eher denkbar.

Ein zweites Mittel besteht in der personellen Durchdringung von Parteien. Dem kommt entgegen, dass zuweilen auch bei Parteien ein Interesse an Verbandsvertretern besteht, um durch sie die Unterstützung eines Verbandes und Expertise

3.3 Verbandseinfluss: Herrschaft der Verbände?

für wichtige Sachthemen zu gewinnen. Wer verbandspolitisch interessante Parteipositionen erreichen will, muss allerdings auch in der Partei verankert sein. Die Betreffenden entwickeln daher nicht selten eine doppelte Loyalität. Sie werden ebenso zum Einfallstor für Parteieinfluss in den Verband hinein wie umgekehrt. Verbandseinfluss kann also mit „einem reziproken Effekt" (Wambach 1971, S. 158 ff.) verbunden sein.

Mitgliederstarke Verbände versuchen schließlich, das Wahlverhalten ihrer Mitglieder einzusetzen. Zwar wird kaum je explizit zu Wahl oder Nichtwahl einer bestimmten Partei aufgerufen. Aber man kehrt in Mitgliederversammlungen und Verbandspublikationen Übereinstimmungen bzw. Kontroversen mit einer Partei hervor. Obwohl man hier am empfindlichsten Punkt der Parteien ansetzt, bleibt der Druck doch begrenzt. Denn zu viele verschiedenartige Interessen bestimmen die Entscheidung des einzelnen Wählers bzw. der Wählerin, zu sehr hat die Bindungskraft von Gewerkschaften wie Kirchen nachgelassen, sichere Stimmenpakete verheißen zu können.

Die Durchsetzbarkeit von Interessen hängt schließlich von der öffentlichen Meinung ab. Auf sie zielt Öffentlichkeitsarbeit der Interessenorganisationen durch Kontaktpflege zu Journalisten, Presseerklärungen, eigene Publikationen und Demonstrationen. Als entscheidend gilt eine allgemeine, langfristig angelegte „Meinungspflege", dichte Kontaktnetzwerke, womit der Boden für erfolgreiche Interessendurchsetzung im Einzelfall bereitet wird. Um dies zu erreichen, heuern seit neuerem vor allem Wirtschaftsverbände auch Öffentlichkeitsberater-Firmen an, die ihnen die gezielte Medienbeeinflussung erleichtern und Zugänge zu wichtigen Personen in Medien und Politik erschließen sollen. Solche Berater-Agenturen sind ihrerseits ein interessantes Berufsfeld für ehemalige Politiker (Strässer und Meerkamp 2015, S. 223 f.).

Ein Argumentationsmuster besteht bei der Öffentlichkeitsarbeit darin, die eigenen Interessen am Gemeinwohl und an allgemein akzeptierten Werten zu legitimieren. Ärzteverbände sorgen sich um das Wohl der Patienten, Industrieverbände sprechen vom gefährdeten Standort Deutschland und von Arbeitsplatzverlusten, der DGB beschwört „soziale Gerechtigkeit". Verhüllend schickt man journalistische „Strohmänner" vor bzw. gibt sich mit Instituten (auf BDI- wie DGB-Seite) ein wissenschaftliches Flair. So sehr Gemeinwohl hier instrumentalisiert wird, müssen jedoch derartige Rechtfertigungen, um wirksam zu sein, zutreffende Gesichtspunkte enthalten.

Interesseneinfluss setzt also an allen Stationen des politischen Entscheidungsprozesses an. Die Intensität der Bemühungen, die sich auf einen bestimmten Adressaten richtet, kann geradezu als Indikator für dessen Relevanz gelten.

d. Durchsetzungsfähigkeit organisierter Interessen
Allerdings stehen nicht jeder Interessenorganisation alle Einflussmittel gleichermaßen zur Verfügung. Eine solche Chancengleichheit ist von Pluralismustheoretikern auch nie behauptet worden. Interessengruppen unterscheiden sich hinsichtlich Finanzkraft, Mitgliederzahl, Stellung im System der Interessenorganisationen (je nachdem, ob Gegenverbände bestehen oder nicht) sowie institutionellen Regelungen, indem öffentlich-rechtliche Kammern auf Zwangsmitgliedschaft fußen, Beamtenvertretungen nicht über das Mittel des Streiks verfügen.

Ausschlaggebend scheint vor allem die unterschiedliche Fähigkeit der Verbandsmitglieder, durch ihr Verhalten die Allgemeinheit bzw. Kontrahenten unter Druck zu setzen. So sind die Investitionsbereitschaft von Unternehmen und Kapitaleignern, die Streikfähigkeit von Arbeitnehmern, das Konfliktpotenzial bestimmter Berufsgruppen (etwa Müllabfuhr, Fluglotsen; Lokomotivführer) Faktoren, die den entsprechenden Verbänden Macht verleihen. Sozialklientelgruppen verfügen über nichts Vergleichbares (von Winter 1997, S. 138). Das entspricht etwa der älteren „Disparitätenthese", die eine „strukturelle Privilegierung" derjenigen Interessen behauptete, die relevante ökonomische Risiken provozieren können, d. h. der im Wirtschafts- und Arbeitsbereich angesiedelten Interessen (Offe 1969). Einiges allerdings von diesem Vorteil haben viele Arbeitnehmer/innen und Gewerkschaften infolge der Globalisierung verloren (Kädtler 2006, S. 19 f., 307).

Die Konfliktfähigkeit von Interessengruppen führt zu einer weiteren Problematik: der Frage nach den *Handlungsgrenzen parlamentarischer Politik*. Mit zunehmender Interdependenz in modernen Industriegesellschaften nämlich scheint deren Druckempfindlichkeit bis zur Erpressbarkeit gesteigert. Dieses allgemeine Problem westlicher Demokratie hat zwei extreme Lösungsmöglichkeiten: entweder Konfliktaustrag mit der Folge schwerer wirtschaftlicher Schädigungen oder Einschränkungen der Handlungsfreiheit von Interessengruppen. Gemildert wird das Problem in Deutschland nur durch verbreiteten Wohlstand, vorherrschendes Mittelschicht-Bewusstsein und geregelten Konfliktaustrag. Auch „unterscheidet sich das Verbandswesen der Bundesrepublik von dem vieler westlicher Länder durch sein hohes Maß an Konzentration und Integration" (Groser 1992, S. 23), was die Verbände mit Auswirkungen ihres Verhaltens eher konfrontiert und daher eher zu verantwortlichem Handeln veranlasst als kleinere Organisationen.

3.4 Verzahnung mit dem Staat: Züge von Korporatismus

a. Öffentliche Funktionen von Verbänden
Interessenorganisationen sind in Deutschland teilweise nicht rein gesellschaftliche Organisationen, sondern mit dem staatlichen Bereich verflochten: Die Kammern als öffentlich-rechtliche Einrichtungen, die Kirchen mit ihrem besonderen öffentlichen Status (samt Steuereinzug durch den Staat), zahlreiche Vereinigungen im sozialen Bereich, in Bildung und Forschung (Zimmer 2007, S. 115) ebenso wie Verbraucherorganisationen sind hierfür Beispiele. Darüber hinaus genießen zahllose, als „gemeinnützig" erklärte Interessenorganisationen das Privileg der steuerlichen Absetzbarkeit der ihnen gezahlten Mitgliedsbeiträge.

Mehr noch: Interessenverbände nehmen nicht nur als gesellschaftliche Organisationen von außen her Einfluss auf den Staat, sondern sind auch teilweise an der förmlichen Setzung, Ausführung und verbindlichen Auslegung von staatlichem Recht (Richterbenennungen zu Arbeits- und Sozialgerichten durch Arbeitgeberverbände und Gewerkschaften bzw. Sozialverbände) beteiligt. Großverbänden ist so „Einlass auch in den ‚Staat' gewährt"; sie erscheinen in den öffentlichen Bereich inkorporiert, also einbezogen, um öffentlichen Entscheidungen zusätzlich Legitimation zu verschaffen und sie erfolgreicher durchzusetzen (Weber 1968, S. 541 ff.). *Der diese Phänomene bezeichnende Begriff „Korporatismus" stellt in der heutigen politikwissenschaftlichen Diskussion geradezu ein Gegenmodell zum Pluralismus dar* (Schütt-Wetschky 1997, S. 46 ff.; Lösche 2007, S. 107 ff.). In Tab. 3.1 sind die zentralen Charakteristika von Pluralismus und Korporatismus gegenüber gestellt.

Im Einzelnen: Spektakulär wirkten in der Bundesrepublik korporatistische Phänomene, als Regierung, Arbeitgeberverbände und Gewerkschaften in der „Konzertierten Aktion" bzw. im „Bündnis für Arbeit" gemeinsam Leitlinien für die Tarif- und Konjunkturpolitik bzw. Lösungen für die Probleme des Landes zu finden und verwirklichen suchten; ähnlich auch in großen „Kanzlerrunden" der Ära Kohl (1988–92) und Kommissionen zur Zeit von Bundeskanzler Schröder (Mann 1994, S. 185 ff.) zu bestimmten Themen (siehe 8.2.d). Ein konsensuales, alle wichtigen Kräfte vereinigendes Entscheidungsverfahren sollte zum Erfolg führen (Streeck 2000, S. 57) – meist freilich hinter den Erwartungen zurückbleibend. Auch die organisierte Einbeziehung von Lobbyisten in die Arbeit an Gesetzentwürfen der Regierung u. a. ist hier zu nennen.

Tab. 3.1 Pluralismus und Korporatismus

	Pluralismus	Korporatismus
Merkmale der Interessen-organisationen	Vielfalt, Freiwilligkeit, konkurrierend	Begrenzte Anzahl, Mitgliedszwang oder -üblichkeit, umfassende Spitzenorganisationen
Verhältnis Staat-Interessen-organisationen	Keine staatliche Begünstigung, Einflussnahme von außen auf Staat	Staatliche Anerkennung, z. T. Förderung, Einbeziehung in Politikbestimmung u. -implementation

Quellen: Philippe C. Schmitter nach: Czada (1994, S. 45); Lijphart und Crepaz (1991, S. 235).

Ähnlich bei der Ausführung von Gesetzen. Verbandsvertreter sitzen u. a. in den Verwaltungsräten der Kreditanstalt für Wiederaufbau sowie in den Rundfunkräten. Paradigmatisch ist ein drittelparitätisches Beteiligungsmodell Regierung/Gewerkschaften/Arbeitgeberverbände wie in der Bundesagentur für Arbeit. Bei der Anwendung von Sozialhilfe- und Jugendwohlfahrtsgesetz ist die Mitwirkung der freien Wohlfahrtsverbände gesetzlich vorgesehen. Wohlfahrtsverbände und Kirchen unterhalten mithilfe öffentlicher Zuschüsse die Mehrheit der Kindergärten, Jugend- und Erziehungsheime, zahlreiche Krankenhäuser – alles in allem über 100 000 Sozialeinrichtungen mit 1,5 Mio. hauptberuflichen Mitarbeitern (Schmid 2020). Erst seit neuerem hat sich hier mit dem EU-Binnenmarkt Konkurrenz durch gewerbliche Sozialunternehmen entwickelt.

Indirekt üben Interessenverbände darüber hinaus öffentliche Funktionen aus, indem sie *in zahlreichen öffentlichen Institutionen mit Selbstverwaltung als erfolgreich kandidierende Gruppen* auftreten. In Landwirtschaftskammern dominiert der Einfluss des Bauernverbandes, in Industrie- und Handelskammern der von Unternehmensverbänden, in Studentenschaften der politischer Studentengruppen, in Personal- und Betriebsräten der von Gewerkschaften, in Ärztekammern und Kassenärztlichen Vereinigungen der von Ärzteverbänden.

Von besonderer Bedeutung sind die innerbetrieblichen Arbeitnehmer-Vertretungen. Deren Rechte schränken in einer ungewöhnlich weitreichenden Weise die private Verfügungsgewalt bzw. gouvernementale Befugnisse ein. Es handelt sich um

3.4 Verzahnung mit dem Staat: Züge von Korporatismus

- die Personalräte im öffentlichen Dienst, die bei Personalfragen und der Regelung von Arbeitsbedingungen Mitspracherechte innehaben.
- die Betriebsräte, die es in 9 % der Betriebe in Deutschland gibt und die bei Personalfragen wie Arbeitsbedingungen mitentscheiden und bei wirtschaftlichen Fragen teilweise beratend mitwirken. – Der Anteil der Beschäftigten mit Betriebsrat fällt seit längerem und liegt 2018 bei 42 % im Westen und 35 % im Osten (Ellguth 2019). Vor allem in Großbetrieben vorhanden (Dribbusch und Birke 2016, S. 107), sind 8325 Betriebsratsmitglieder gesetzlich von der Arbeit freigestellt, weitere 1412 teilweise. Von den im Jahr 2018 rund 156 000 gewählten Betriebsratsmitgliedern (Wahlbeteiligung 76 %) sind mindestens 59 % Mitglieder von DGB-Gewerkschaften, 3 % Mitglieder anderer Gewerkschaften und 32 % gewerkschaftlich nicht organisiert (Demir et al. 2019, S. 7). In der Praxis herrscht Kooperation mit der Betriebsleitung vor, bei gelegentlichen Konflikten und Fingerhakeln im Einzelnen.
- die Arbeitnehmervertreter in Aufsichtsräten, wo sie nach dem Mitbestimmungsgesetz von 1976 und dem Montanmitbestimmungsgesetz von 1951 in Kapitalgesellschaften mit über 2000 Beschäftigten die Hälfte der Mitglieder stellen. Der Mitbestimmung unterlagen im Jahr 2020 insgesamt 651 Unternehmen (Institut für Mitbestimmung und Unternehmensführung 2020).

Zu einem Feld der Verbändekonkurrenz haben sich zeitweilig die Vertreterversammlungen bei einigen Sozialversicherungsträgern (Gesetzliche Alters-, Unfall- und Krankenversicherungen) entwickelt. Es dominiert bei deren Wahl die sogenannte „Friedenswahl", d. h. die vorschlagsberechtigten Organisationen einigen sich und eine Wahl entfällt daraufhin. Bei Sozialwahlen setzte sich häufig ein Trend fort von Gewerkschaften durch. Grenzen der Willigkeit, sich durch Verbände repräsentieren zu lassen, traten hervor.

b. Das staatlich geregelte Tarifvertragssystem
Tarifverträge, d. h. Vereinbarungen zwischen Arbeitgeber/-innen und Gewerkschaften über Arbeitsbedingungen und Arbeitsentgelte, haben sich auf breiter Front erst nach dem Ersten Weltkrieg durchgesetzt. Ohne staatliche Schlichtungen lebt Deutschland aber erst seit den Anfängen der Bundesrepublik. Das Tarifvertragssystem, wie es die Arbeitsrechtsprechung entwickelt hat, enthält die Tendenz, Gewerkschaften und Arbeitgeberverbände in eine quasi-öffentliche Rolle zu versetzen.

In diesem System sind Streiks erst nach Ablauf der jeweiligen – gewöhnlich ein Jahr währenden – Tarifvertragsperiode sowie im folgenden Ablaufrahmen zulässig (Wilke 1994):

- Verhandlungsphase
- Bei Nichteinigung Ende der „Friedenspflicht"; bei Interesse beider Seiten: Schlichtungsphase
- Bei Nichteinigung: Arbeitskampfphase (mit Urabstimmung, Streik, möglicher Aussperrung)
- Erneute Verhandlungsphase und, bei fehlender Einigung, erneuter bzw. fortgesetzter Arbeitskampf.

Streiks dürfen sich nur gegen Tarifkontrahenten richten. Unzulässig sind Sympathie- und politische Streiks. Bei regulären Tarifstreiks sind Gewerkschaften vor Schadensersatzforderungen, Streikende vor Entlassungen geschützt. Gegenüber gezielten Schwerpunktstreiks, durch die eine Gewerkschaft übermächtig würde, dürfen die Arbeitgeber angemessene Aussperrungen verhängen (BVerfG 1991). Allgemein aber suchen sich Gewerkschaften den günstigsten Punkt, im Falle der IG Metall die Tarifgebiete von Baden-Württemberg oder Nordrhein-Westfalen, um dort einen Durchbruch zu erzielen, der dann leichter auf andere Gebiete übertragen werden kann.

Träger regulärer Streiks und Tarifvertragspartner können nach der Rechtsprechung nur *tariffähige Verbände sein, die „frei gebildet, gegnerfrei, unabhängig und auf überbetrieblicher Grundlage organisiert"* sowie *streikfähig*, wenn auch nicht unbedingt streikbereit sein müssen (BVerfG 1964). Dies privilegiert die Organisationsform der Branchengewerkschaft. Eine Konkurrenz von Gewerkschaften scheint „faktisch unmöglich" (Pauly 2005, S. 166). Aber: Das Grundrecht auf Koalitionsbildung umfasst auch Berufsgewerkschaften (Art. 9 GG), und seit einiger Zeit treten auch kleine Berufsgewerkschaften wie der Lokomotivführer und der Flugpiloten zu Streiks an. Das bisherige Modell der privilegierten Branchengewerkschaft ist damit im Kern getroffen, einer Konkurrenz zwischen Gewerkschaften Tür und Tor geöffnet. Das „Tarifeinheitsgesetz" der Großen Koalition von 2015 suchte das Branchenmodell im Falle konkurrierender Gewerkschaften in einem Betrieb zu stabilisieren – durch einen Vorrang des Tarifvertrags der mitgliederstärksten Gewerkschaft. Dies wurde 2017 in einem Urteil des Bundesverfassungsgerichts mit der Maßgabe akzeptiert, dass im Tarifvertrag auch die Belange der Minderheit „ernsthaft und wirksam" berücksichtigt sind und das Streikrecht „auch bei unsicheren Mehrheitsverhältnissen" kein „Haftungsrisiko einer Gewerkschaft bei Arbeitskampfmaßnahmen"

3.4 Verzahnung mit dem Staat: Züge von Korporatismus

begründet (BVerfG 2017) – vage Kautelen, welche im Einzelfall die Arbeitsgerichte konkretisieren müssen.

Unter den Tarifverträgen befinden sich Firmen- und Flächenverbandstarife, daneben langfristige Manteltarifverträge zu Arbeitsbedingungen (Arbeitszeiten, Urlaub, vermögenswirksamen Leistungen). Ein Teil der Tarifverträge ist durch einen von Gewerkschaften und Arbeitgeberverbänden beschickten Tarifausschuss beim Bundesminister bzw. bei der -ministerin (bzw. den Landesminister/-innen) für Arbeit für allgemein verbindlich erklärt. Solche Verträge gelten verbindlich auch für nichtorganisierte Arbeitnehmer und Arbeitgeber, sodass hier Entscheidungen der Tarifpartner einen öffentlichen Charakter annehmen.

Insgesamt *verpflichtet das Tarifvertragssystem die Tarifkontrahenten, gibt ihnen aber auch ein faktisches Verhandlungs- und Streikmonopol (mit den Einschränkungen von 2017) und es stabilisiert damit ihre Organisation und Kompromissfähigkeit* (Streeck 1979, S. 246 ff.) – in weit höherem Maße als in den USA, in Großbritannien und Frankreich, allerdings weniger als in Skandinavien. Zusammen mit der Finanzstärke der deutschen Gewerkschaften hat das bisherige System zu einer relativ niedrigen Streikhäufigkeit in der Bundesrepublik beigetragen. Während des Zeitraumes 2007–16 gingen in Deutschland nur sieben Arbeitstage je 1000 Arbeitnehmer durch Streiks und Aussperrungen verloren. Weniger waren es u. a. in Japan und der Slowakei (je 0) sowie der Schweiz (1), mehr demgegenüber in Frankreich (123), Dänemark (118) und Kanada (87). In der Nähe deutscher Streiktage lagen die Niederlande und die USA (Lesch 2017).

Seit 1998 ist allerdings in Deutschland eine Erosion der flächendeckenden Verbandstarife zu beobachten. Viele Unternehmen fühlen sich durch die Verbandstarifverträge finanziell überfordert. Firmentarife mit der eigenen Belegschaft, die auch Folgen einer Schrumpfung der Firma zu tragen hätte, erfahren demgegenüber wachsenden Zuspruch. So hat eine „Tarifflucht" von Firmen aus den Arbeitgeberverbänden eingesetzt, insbesondere in den neuen Bundesländern. Insgesamt befinden sich (Stand 2020) 43 % der Arbeitnehmer/-innen unter Branchentarifverträgen – mehr im Bereich der öffentlichen Verwaltung und Sozialversicherung, weniger im Sektor Information und Kommunikation (Institut für Arbeitsmarkt- und Berufsforschung 2021). Begleitet wird diese Entwicklung von einer „OT-Mitgliedschaft" in Arbeitgeberverbänden, d. h. ohne Flächentarifvertragsbindungen, aber mit dem sonstigen Service des jeweiligen Verbandes. Bei den westdeutschen Metallarbeitgeberverbänden sind fast 40 % der Mitgliedsunternehmen solche OT-Mitglieder, freilich mit nur 9,1 % der Arbeitnehmer/-innen des Sektors (Stand 2008). Attraktiv ist dieser Status offenbar besonders für mittelständische Unternehmen (Silvia 2010, S. 177). Ist damit die tarifvertragliche Deckung in Deutschland extrem gering? Dies lässt sich im internationalen Vergleich nicht sagen: In angelsächsischen und osteuropäischen EU-Ländern ist sie deutlich geringer als in Deutschland, allerdings in west- und nordeuropäischen Staaten deutlich höher[6].

Die Veränderungen im Streikrecht wie das Schrumpfen der Flächentarifverträge deuten auf tiefgreifenden Wandel: mehr Durchsetzung konfliktfähiger Sonderinteressen, Schwächung der großen Branchengewerkschaften. Der Korporatismus scheint somit leicht geschwächt. Auf der einen Seite umfasst er Mitbestimmung von Betroffenen bzw. spezifisch Interessierten, Demokratisierung, Entlastung politischer Parteien und Regierungen – auf der anderen aber birgt er Gefahren einer Mediatisierung und einer Einschränkung individueller Freiheit durch das Gewicht verselbstständigter, privilegierter und womöglich übermächtiger Interessenorganisationen.

Deutschland ist folglich weniger pluralistisch geprägt als Großbritannien, Frankreich, die USA oder Irland. Es gehört zu den nord- und mitteleuropäischen Staaten mit stärkeren korporatistischen Zügen, wenn auch weniger ausgeprägt als etwa in Österreich oder Schweden (Arend Lijphart nach Reutter 2012, S. 33).

3.5 Bürgerinitiativen und Bewegungen: Ergänzung oder Alternative?

a. Bürgerinitiativen als lokale Ein-Ziel-Gruppen

Mit dem Aufkommen von Bürgerinitiativen ab Ende der sechziger Jahre erweiterten sich die Formen der Interessenvertretung in Deutschland. Idealtypisch lassen sich Bürgerinitiativen charakterisieren durch:

- ihre Konzentration auf eine einzige Frage, etwa der Stadtentwicklung, des Umweltschutzes, der Erziehung (Kindergärten, Spielplätze, Schulen) oder des Verkehrs;
- Vertretung *ortsbezogener Interessen außerhalb des Arbeitsbereichs;*
- eine kleine, *überschaubare Zahl Beteiligter in einer informalen Organisationsstruktur.*

---

[6] Stand 2009/10 (Greef 2014, S. 753).

3.5 Bürgerinitiativen und Bewegungen: Ergänzung oder Alternative?

Die Ausbreitung solcher Bürgerinitiativen schien Anfang der siebziger Jahre immens zu werden, doch alle Zahlenangaben schwanken stark infolge des raschen Entstehens und Verschwindens solcher Gruppen. Bürgerinitiativen versprachen – anders als verfestigte und hierarchische Verbände – den Ausdruck des unverfälschten, unmittelbaren Bürgerwillens.

Im Ganzen *ergänzen Bürgerinitiativen die Interessenverbände, erfüllen lokal Funktionen spezifisch kommunalpolitischer Interessengruppen.* Erwartungen von linker Seite, Bürgerinitiativen würden durch illegale Vorgehensweisen (Besetzungen, Blockaden, Sabotage) und eine am „Reproduktionsbereich" ansetzende Kapitalismuskritik zu einer systemfeindlichen Organisationsform werden (Offe 1971), haben sich nicht erfüllt. Ohne ganz erfolglos zu sein, gelingt es Initiativen anscheinend kaum, eine „kontinuierliche überregionale massenmediale Öffentlichkeit" zu erreichen. Im Ganzen haben damit wohl amerikanische Partizipationsformen auf Deutschland übergegriffen, *Ausdruck der Tatsache, dass die gesteigerte Beteiligungsfähigkeit von Mittelschichten auch ohne hauptberufliche Verbandsapparate* auskommt – häufig aber mit dem Ergebnis steigender Distanz zur Politik (Marg 2017, S. 215 ff.).

Seit etwa 2006 scheinen einige regionale, jahrelange Massenproteste ein neues Kapitel der Entwicklung einzuleiten: nicht auf „linke" Ziele gerichtet, nicht mehr jugendlich zusammengesetzt, in ihrer Region von breiter Unterstützung getragen. Der Impuls kam von der Energiewende (Hoeft et al. 2017) – Widerstände gegen Windräder und oberirdische Stromleitungen, daneben auch gegen neue Bahn- und Autobahntrassen im dichtbesiedelten Land (Bräuer 2017, S. 24, 293, 301). Sie und einige andere sind zusammenfassend charakterisiert worden als Aktivitäten „älterer, gut ausgebildeter, wohlsituierter und arrivierter Bürger" mit „Unwillen, einmal gewonnene Privilegien auf den Prüfstand zu stellen" (Butzlaff 2016, S. 89).

Drei Beispiele jüngerer Vergangenheit, die zu einiger Prominenz gelangt sind, belegen dieses Bild nur zum Teil: In Berlin bestanden die ab 2006 sich hinziehenden *Proteste gegen den Berliner Flughafenbau* nur zu 6 % aus Menschen unter 35, zu 70 % aber aus Leuten über 45 Jahren (Butzlaff 2016, S. 89). Bemerkenswerterweise initiierte 2017 die FDP einen Volksentscheid, der (bei hoher Beteiligung) 56,1 % zugunsten des alten Flughafens Tegel ergab, eine Ohrfeige für die Stadtspitze mit Bürgermeister Michael Müller (SPD). Allerdings bleibt bei bezirksbezogener Analyse unklar, inwieweit man von verteidigten „Privilegien" sprechen kann, wenn etwa im wohlhabenden Steglitz-Zehlendorf 69,2 % für Tegel stimmten: Ist Flughafennähe wirklich ein Vorteil, wenn man unter dessen naher Flugschneise wohnt?

In Hamburg war es eine *Elterninitiative,* die 2010 einen Volksentscheid gegen die Einführung einer sechsjährigen Primarschule (anstelle der vierjährigen Grundschule) erreichte. Offen ist, wieweit sich dabei eine Bewegung bildete. Ob der Erhalt des 9-jährigen Gymnasiums „Privilegien" sichert oder eine bewährte Bildungsinstitution, sollte zumindest als Frage zulässig bleiben. Der Volksentscheid lehnte 2010 mit 56,2 % die Primarschule ab (Stimmbeteiligung 39,3 %), obwohl die Vorlage des schwarz-grünen Senats von allen Bürgerschaftsparteien unterstützt wurde. Unübersehbar ist die politische Erschütterung: Am Abstimmungstag trat Bürgermeister von Beust zurück, bei der Bürgerschaftswahl 2011 stürzte die CDU von 46,3 (2008) auf 21,9 % ab.

Das dritte Beispiel betrifft die Initiative „Deutsche Wohnen & Co. enteignen". Sie hat 2021 einen Beschlussvolksentscheid über die Enteignung und Vergesellschaftung privater Unternehmen mit insgesamt 243 000 Wohnungen in Berlin erreicht. Anlass war der Unmut in der Bevölkerung über steigende Mieten und ausbleibende Renovierungen. Am Tag der Bundestagswahl stimmten 59,1 % dafür – lediglich in Steglitz-Zehlendorf und in Reinickendorf gab es keine Mehrheit. Damit haben die Berliner den – am selben Tag gewählten – Senat unter einigen Zugzwang gesetzt. Dieser hat zunächst eine Expertenkommission ins Leben gerufen, welche die rechtliche und praktische Möglichkeit von Enteignungen prüfen soll.

b. Soziale Bewegungen: Verändernde Aktionsform?
Eine alternative Handlungsform stellen „soziale Bewegungen" dar – nur scheinbar neu, tatsächlich als Begriff wie als Phänomen durch Arbeiterbewegung oder Landvolkbewegung vor 1933 altbekannt. In der Öffentlichkeit erlebte der Begriff ab den Tagen der 68er-Studentenbewegung eine Renaissance im Sinne „neuer soziale Bewegungen" (Roth und Rucht 1991). Sie …

- „bestehen aus einem breiteren Netzwerk von Organisationen und nicht-formalisierten Gruppierungen sowie aus einer Vielzahl von mobilisierten, aber nicht notwendigerweise organisierten Menschen".
- sind „ein relativ strukturiertes und dauerhaftes Handlungsgeflecht, das […] strukturell und durch kollektive Identitätsmerkmale symbolisch stabilisiert wird".
- „üben […] Kritik an Gesellschaft, Politik und Kultur und sind darin programmatisch auf gesellschaftlichen Wandel ausgerichtet".
- zeichnen sich aus durch „kollektive Aktionen des öffentlichen Protests", bei denen „ein breites Repertoire von Aktionsformen zur Anwendung kommt", teilweise bis hin zu „demonstrative[n], konfrontative[n] und gewalttätige[n] Aktivitäten" (Lahusen 2013, S. 717 f.).

3.5 Bürgerinitiativen und Bewegungen: Ergänzung oder Alternative?

Mit der betonten Selbstbezeichnung als „Bewegung" ist seit 1968 in der Bundesrepublik häufig die Meinung verbunden, Bewegungen böten sich neben oder anstelle von Parteien, Verbänden etc. als bessere, demokratischere Form für politisches Handeln an. Allerdings spielen in ihnen vielfach auch formale Organisationen eine Rolle – so in der Friedensbewegung die in deren „Koordinierungsausschuss" vertretenen Organisationen (Rudzio 1988, S. 153 ff.). Die Binnenstruktur der Bewegungen wird durch konzentrische Kreise gebildet: einen *Kern der „Eliten bzw. Kader"*, die aus Vertretern tragender Organisationen und Prominenten bestehen; ferner einen *Kreis von Aktivisten,* die in einem „Geflecht" aus lokalen Gruppen und tragenden Organisationen arbeiten; schließlich eine *äußere unabgegrenzte Menge von „Unterstützern"* bis hin zu gelegentlich Mitmachenden oder sich nur zugehörig Fühlenden (Rucht 1984). Die Kommunikation des Kerns mit dem äußeren Kreis erfolgt über die Medien und in der Aktion selbst. Ein Einfluss der Unterstützer auf den Kurs der Bewegung ist nur durch Wegbleiben möglich, ein Mehr an innerer Demokratie nicht ersichtlich.

Die Frage nach der sozialen Basis der Bewegungen führte in der Vergangenheit stets auf die gleiche Schicht: eine *„Partizipationselite" von Jüngeren mit höherem Bildungsgrad.* Nicht allein bei der Studentenbewegung, sondern auch bei Friedens-, Antikernkraft- und Frauenbewegung stellte diese Gruppe weit mehr als die Hälfte der Aktiven (Küchler 1984, S. 335; Zwick 1990, S. 169). Daneben gab es weitreichende Übereinstimmungen in der politischen Orientierung, ebenso personelle Überlappungen (Zwick 1990, S. 175; Pappi 1990, S. 174). Als Organisatoren fungierten Gewerkschaften, Verbände und Kirchen, seit der Studentenbewegung auch Initiativen, Gruppen und „Netzwerke". Blockaden und Besetzungen sowie Gewalttätigkeiten nahmen relativ zu; ab Anfang der achtziger Jahre war „eine Tendenz zu militanteren Protestformen" (Neidhardt und Rucht 2001, S. 36, 46, 54 f.) festzustellen.

Nach einer gewissen „Bewegungsflaute" (Raschke 1999, S. 64) erleben soziale Bewegungen seit einigen Jahren eine Renaissance – zuerst wohl repräsentiert vom Protest gegen *„Stuttgart 21".* An ihm zeigt sich, wie monothematische, lokal begrenzte Bürgerinitiativen zur sozialen Bewegung, ihrerseits überregional in Netzwerken organisiert und auf einen größeren gesellschaftlichen Wandel zielend, übergehen können.

Gegenstand war der Umbau von Bahnhof und Bahnanlagen im Raum Stuttgart. Gegen die Planungen von Deutscher Bahn und Land, unterstützt von allen Parteien außer Grünen und Linken, wurden seit 2003 Stimmen laut (Bebnowski 2013, S. 135). Was das aktive Engagement provozierte, waren vor allem die Ablehnung eines Bürgerentscheids und dann der Abriss eines Seitenflügels des Bahnhofs. Demonstrationen von bis zu 10–20 000 Teilnehmern, begleitet von einzelnen Zwischenfällen sowie medialer Öffentlichkeit (einschließlich Facebook-Aktivitäten beider Seiten) waren Arenen des Konflikts, der 2010–11 seinen Höhepunkt und sein Ende fand.

Handelte es sich um einen eher konservativen Bürgerprotest, wie Medien meinten? Getrennte Befragungen der Demonstrant/-innen durch das Wissenschaftszentrum Berlin für Sozialforschung (mit 858 nach Zufallsprinzip am 18. Oktober 2010 verteilten und beantworteten Fragebögen) und des Göttinger Instituts für Demokratieforschung liefern im Kern übereinstimmende Antworten: Es handelte sich ganz überwiegend um Personen im erwerbstätigen Alter („überwiegend nicht mehr jung"), auch 14 % Über-65-jährige, insgesamt nur 3,8 % Arbeitslose, auch lediglich 7,8 % Studierende und Schüler/-innen. Etwa die Hälfte hatte einen Hochschulabschluss (Göttinger Institut: „Protest der Hochgebildeten"). Sich selbst stuften die Antwortenden zu 54,4 % als links/eher links, 36,5 als in der Mitte ein, nur ein geringer Teil als konservativ. Bemerkenswert war ferner die lockere Allianz von zehn tragenden Organisationen, unter denen BUND, der Kundenverband Pro Bahn und die Grünen herausragen. 2010 vom Göttinger Institut befragt, hätten 80,1 % der Demonstranten ihre Stimme den Grünen gegeben.

Selbst wenn die Daten durch überdurchschnittlich hohe Auskunftsbereitschaft Gebildeter und politisch Aktiver verzerrt sein dürften, spricht alles für das Fazit: Die Stuttgarter Bewegung erweist sich als grün und eher links orientiert, getragen von älter und bürgerlicher gewordenem grün-linkem Potenzial. Nicht weniger als 85 % der Befragten bekannten, bereits früher an Friedens- oder Umweltdemonstrationen beteiligt gewesen zu sein. Konfliktlösung durch Schlichtung blieb ohne Erfolg, die Bewegung auf den Raum Stuttgart beschränkt, sodass in landesweiter Volksabstimmung 58,7 % die Finanzbeteiligung des Landes unterstützten (Bebnowski 2013, S. 128 ff., 142 f.; Baumgarten und Rucht 2013). Aber bei der Landtagswahl 2011 gewannen die Grünen hinzu; sie erzielten in Stuttgart einen mehr als verdoppelten Stimmenanteil, nämlich 34,5 %, dort nun stärkste Partei. Zu Ende war die jahrzehntelange CDU-Vorherrschaft in Baden-Württemberg (Brettschneider und Schwarz 2013, S. 263, 295).

Mit der Empörung über „Glaubenskriege auf unseren Straßen" (zwischen muslimischen Flüchtlingen und Immigrant/-innen) hatte der Anstoß für die *Dresdner Protestbewegung Pegida*[7] von Anfang an eine bundesweite Thematik, die ihr überregionale Aufmerksamkeit und zunächst „große Sympathie" (Hans

---

[7] Abkürzung für „Patriotische Europäer gegen die Islamisierung des Abendlandes".

Vorländer u. a.) in der Bevölkerung verschaffte. Auch bildeten sich in einigen anderen Großstädten Pegida-Ableger, allerdings kleiner und radikaler, sodass doch von einer regionalen Protestbewegung zu sprechen ist. Ihr Ausgangspunkt war eine Facebook-Gruppe aus Dresden und Umgebung, ihr Initiator der Werbeunternehmer Lutz Bachmann (früher wegen Einbrüchen verurteilt). Das Organisationsteam von Pegida bestand aus zwölf Personen, darunter neun Kleinunternehmer aus dem Dienstleistungsbereich sowie je ein zuvor in AfD, CDU und FDP aktives Mitglied. In Erscheinung trat Pegida im Internet, vor allem aber durch rasant anschwellende „Montagsdemonstrationen" in Dresden, beginnend mit 350 Demonstrant/-innen am 20. Oktober 2014, nach vier Wochen schon mit 3200, schließlich Höhepunkten am 15. Dezember mit 15 000 und am 12. Januar 2015 mit 25 000 Teilnehmer/-innen (bei 9000 Gegendemonstrant/-innen). Die Bewegung kulminierte Januar/Februar 2015, als ihr regelmäßiger Rhythmus durch ein polizeiliches Demonstrationsverbot wegen eines „geplanten Anschlags" unterbrochen wurde und die Pegida-Organisationsgruppe zerfiel. Danach umfassten die Demonstrationen (Ausnahme: der niederländische Politiker Wilders zog 10 000 Teilnehmer an), nur noch 2–3000 Demonstranten, um schließlich zu versanden.

Was wollte Pegida? Äußerungen einzelner Redner/-innen oder Demonstrant/-innen reichen hierfür nicht aus, zumal es sich um unterschiedliche Gastredner/-innen handelte. Einen besseren Anhaltspunkt liefern veröffentlichte Orientierungspapiere des Pegida-Organisationskomitees. Ihm ging es um

- eine andere Zuwanderungspolitik nach „schweizerischem oder kanadischem Vorbild", für Abschiebungen nicht anerkannter Asylbewerber und die „Pflicht zur Integration" (gegen Islamisierung);
- Bürgerentscheide und eine Ablehnung des Stellenabbaus bei der Polizei;
- eine Normalisierung der Beziehungen zu Russland;
- eine EU als Verbund „starker souveräner Nationalstaaten in freier politischer und wirtschaftlicher Selbstbestimmung" sowie eine Ablehnung des TTIP-Handelsabkommens.

Annäherungen von NPD-Seite stießen bei Pegida „auf wenig Gegenliebe", das Verhältnis zur AfD blieb trotz „inhaltlicher Schnittmengen" (so Frauke Petry seinerzeit) durch persönliche Antipathien belastet. Das hielt bekannte AfD-Politiker (etwa Andreas Kalbitz und Björn Höcke) nicht davon ab, Reden bei Pegida zu halten; von personellen Überschneidungen ganz zu schweigen. Bis heute (Stand 2021) steht Pegida, vom sächsischen Verfassungsschutz als rechtsextrem eingestuft, nicht auf der Unvereinbarkeitsliste der AfD.

Wo standen die Pegida-Demonstranten? Hierzu gibt es getrennte Untersuchungen von Dieter Rucht, Franz Walter, Werner Patzelt und Hans Vorländer mit Mitarbeitern, teilweise mit Befragungen mehrerer Demonstrationen, aber jeweils niedrigen Befragtenzahlen. Mit Handzetteln, die zu Online-Befragungen einluden, erreichte das Walter-Team mit insgesamt 727 Befragten die höchste Zahl. Fragen und Ergebnisse differieren, liefern aber im Groben ein plausibles Gesamtbild (Vorländer et al. 2016, S. 5–10, 16,18, 34 ff., 41 ff., 54 ff.; Geiges et al. 2015, S. 11–16). Walter sieht einen Altersdurchschnitt von 44 Jahren, sozial eine solide Mitte mit Realschulabschluss bei beachtlichem Anteil von Universitäts- und Fachhochschulabsolventen, das Gros vollbeschäftigt als Angestellte, mit Kindern und zufrieden mit ihrer persönlichen Lage. Politisch erklärten sich 78 % der befragten Demonstranten sehr/eher zufrieden mit der Demokratie, allerdings nur 5 % mit deren Praxis in Deutschland. Vor allem trat man für mehr Recht und Ordnung, nationale Interessen, Gewaltfreiheit und Volksentscheide ein. Bei der Bundestagswahl 2013 hatten 47,3 % die AfD gewählt, 24,8 die CDU, 8,6 die Linke und 6 % die SPD (Geiges et al. 2015, S. 63 ff.). Selbst verorteten sich nach Patzelt (ähnlich Rucht) als ganz/eher links 7,9 %, Mitte 65,2, eher rechts 22,5 und ganz rechts 4,4 %. Damit ordneten sie sich nicht eklatant weiter rechts ein als die Deutschen insgesamt (2014: 61,1 % Mitte, 15,5 eher und 1,9 % ganz rechts) (Patzelt 2018, S. 116). Auch mancher, der bei Pegida-Teilnehmern nur eine „Kombination von nationalistischen und ausländerfeindlichen Einstellungen" feststellt, sieht „kaum" einen Unterschied zur Gesamtbevölkerung (Herold und Schäller 2016, S. 266 ff.).

Sehr bald schaukelte sich das Verhältnis zwischen Pegida einerseits und Journalisten sowie etablierten Politikern andererseits zu gegenseitiger Verachtung auf. Vor diesem Hintergrund nannten die Pegida-Demonstrant/-innen, befragt nach ihrer zentralen Motivation, vor allem Asylpolitik und Distanz zwischen Volk und Politikern, gefolgt von Medienberichterstattung und politischem System der Bundesrepublik, erst dahinter den Islam. Alles in allem: Pegida war „keine einheitliche Bewegung", in ihrer Hochphase am ehesten als „rechtspopulistische Empörungsbewegung" zu bezeichnen (Vorländer et al. 2016, S. 18 ff., 34 ff., 65, 67, 139, 145). Auch ihr folgte bei der Bundestagswahl 2017 mit dem Absturz der sächsischen CDU und dem Aufstieg der AfD zur wählerstärksten Landespartei eine politische Erschütterung.

Von mutmaßlich höherer Intensität, aber kürzerer Halbwertszeit zeugten Proteste im Zuge der sogenannten „Flüchtlingskrise", die ihren Höhepunkt 2015 und 2016 hatte. Die Demonstrationen fanden an vielen Orten statt – zumeist dort, wo der politische Wille, Geflüchtete unterzubringen, auf Widerstand in der Bevölkerung stieß. Der Unmut richtete sich gegen Lokalpolitiker, gegen

3.5 Bürgerinitiativen und Bewegungen: Ergänzung oder Alternative? 85

die (Politik der) Bundesregierung, gegen geplante Flüchtlingsunterkünfte und die Geflüchteten selbst. Bundesweite Aufmerksamkeit erregten u. a. die Ausschreitungen in Freital, Heidenau und Dresden sowie die Proteste in Clausnitz – allesamt Orte in Sachsen (Kleffner und Meisner 2017). Dass sich in diesem Zuge die flüchtlingsfeindlichen Gewalttaten vervielfachten, unterstreicht zweierlei: dass soziale Bewegungen nicht per se gewaltfrei sind; und dass die Proteste in Teilen von der rechtsextremen Szene angeheizt und instrumentalisiert wurden (Mannewitz 2020). Indes: Nach einem Abflauen der Flüchtlingszahlen gingen auch Protest- und Gewaltgeschehen zurück. Das Ereignis, vom ehemaligen AfD-Vorsitzenden Alexander Gauland als „Geschenk des Himmels" für seine Partei bezeichnet, war ein politisches Erdbeben, das der neuen Partei am rechten Rand Zulauf bescherte.

Das gilt weniger für die Klimaproteste der Jahre 2018 ff., die maßgeblich getragen wurde von der jugendlichen Graswurzelbewegung Fridays for Future (FFF). Die soziale Bewegung von Schüler/-innen und Student/-innen, initiiert von der schwedischen Schülerin Greta Thunberg und mit Ablegern in vielen Ländern, setzte sich auf ihren Demonstrationen, die stets freitags stattfanden, für Maßnahmen zur Einhaltung des 1,5-Grad-Ziels ein, das bei der Weltklimakonferenz 2015 in Paris beschlossen worden war. Zur Polarisierung trugen von Beginn an die Person Thunbergs, das linksliberal-grüne Motiv der Bewegung, schließlich das „Schuleschwänzen" bzw. der „Schulstreik" (je nach Lesart) bei. Die Proteste, zu etwa 59 % weiblich, zu etwa 50 % schulpflichtig und zu 52 % jünger als 20 Jahre, sind ein Kind der bildungsbürgerlichen oberen Mittelschicht, darüber hinaus dem Selbstverständnis nach weiter links stehend als die Gesamtbevölkerung (aber weiter rechts als etwa die G20-Proteste) und mit ausgeprägten Sympathien für die Grünen (35,9 %) bzw. die Partei Die Linke (12 %) (Sommer et al. 2019).

Die FFF-Proteste hatten kaum ihren Zenit überschritten, da bereitete ihnen die Covid-19-Pandemie ein jähes Ende. Die notwendigen Kontaktbeschränkungen machten Großdemonstrationen zu einer Infektionsgefahr. Indes: Sie befeuerten auch die sogenannten „Anti-Corona-Proteste", die sich ab etwa März 2020 gegen die Beschränkung individueller Freiheitsrechte durch die staatlichen Corona-Schutzmaßnahmen wendeten. In mehreren Großstädten formierte sich ein überaus heterogenes Protestgeschehen, zu dessen führender Gruppe sich die in Stuttgart gegründete Gruppe „Querdenken" unter Andreas Ballweg aufschwang. Inhaltlich amalgamierte dabei höchst Unterschiedliches: Moderate Forderungen nach einer Lockerung der Maßnahmen, Impfgegnerschaft, Grundsatzkritik am politischen System („Corona-Diktatur"), aber auch antisemitische Verschwörungserzählungen und Falschinformationen über das Virus kursierten hier (Kleffner und Meisner 2021). Zu ihren Höhepunkten zählte die Bewegung Demonstrationen in Berlin (1. und 29. August 2020 mit 30 000 bzw. 38 000 Personen lt. Polizeiangaben), die auch von Rechtsextremen beworben wurden (etwa vom III. Weg und Teilen der AfD) sowie am 7. November 2020 in Leipzig (mit 20 000 Teilnehmer/-innen lt. Polizei) und die Störaktion am und im Bundestag am 18. November 2020.

Wer demonstrierte? Das Protestgeschehen war vielfältiger als zu früheren Anlässen. „Reichs- und Regenbogenfahnen" (Speit 2021) wurden zum Teil auf ein und derselben Veranstaltung geschwungen. Die Berliner Innenverwaltung sah „ideologische Anknüpfungspunkte für Rechtsextremisten, insbesondere für rechtsextremistische Reichsbürger", nicht zuletzt, weil „vereinzelte Rechtsextremisten, NPD-Mitglieder, Verschwörungstheoretiker, Impfgegner und Esoteriker" zugegen waren (Peter 2020). Die Verbindungen zumal der Führungsriege von „Querdenken" zu Reichsbürger/-innen und Rechtsextremen bewogen den Verfassungsschutz, sie zu beobachten. Einer ersten Erhebung zufolge (Nachtwey et al. 2020) betrug der Altersdurchschnitt des allgemeinen Teilnehmerkreises bei den „Anti-Corona-Protesten" 47 Jahre, 34 % hatten einen Studienabschluss, es gab mehr Selbstständige als in der Gesamtbevölkerung, die Mehrheit fühlte sich der Mittelschicht zugehörig. Besonders augenfällig: Bei der Parteienpräferenz kamen die „Sonstigen" (die also bei einer Wahl weniger als 5 % der Stimmen erhalten) auf 61 %, gefolgt von der AfD mit 27 %. Weit verbreitet waren – nicht nur auf Corona bezogene – Verschwörungsmythen und anthroposophische Gedanken; weniger weit verbreitet hingegen Fremdenfeindlichkeit, Autoritarismus, NS-Relativierung.

Vergleichend lässt sich feststellen: Erstens, anders als in Stuttgart ging es in Dresden nicht um einen lokalen Vorgang, sondern um Fragen bundesweiter Bedeutung. Das gilt gleichfalls für die Anti-Asyl-, die Klima- und die Querdenken-Bewegung. Zweitens gab es bei Pegida keine Trägerorganisationen, im Gegensatz zu Stuttgart, während die beiden anderen Fälle wohl im Zwischenbereich zu sehen sind (FFF und Querdenken gründeten sich erst, während Rechtsextreme die Flüchtlingsproteste zu kapern versuchten). Drittens: Positiv sind das rechtskonforme Verhalten der Bewegungen und die friedenstiftende Wirkung von Bürgerentscheiden bzw. Volksabstimmungen zu verbuchen – zumindest in Stuttgart. Bei den anderen Bewegungen spielten Rechtsbrüche, zum Teil auch Gewalt nicht nur eine Nebenrolle. Schließlich: Politisch kann man die Stuttgarter Bewegung wie auch die Klimaproteste eher als „links", Pegida und die Anti-Asyl-Proteste als eher „rechts" einordnen, in Teilen auch als rechtsextrem (bei Pegida gegen Ende, bei den Anti-Asyl-Protesten strukturell eine Minderheit). Obwohl rechtsoffen (und in der Führung mit Kontakten zu

Rechtsextremen), entzieht sich die Querdenken-Bewegung als Ganze einer klaren Einordnung. Was blieb, ist eine grundlegende Spaltung und ein Misstrauen gegenüber der Politik in Teilen der Gesellschaft: „Die Zeiten, in denen sich Spitzenpolitiker im Wahlkampf auf einen Marktplatz stellen und einfach loslegen konnten, sind vorbei. Niemand tritt mehr ohne Personenschutz auf." (Lau 2022).

Literatur

von Alemann, Ulrich (1987): Organisierte Interessen in der Bundesrepublik, Opladen.
Baumgarten, Britta/Rucht, Dieter (2013): Die Protestierenden gegen „Stuttgart 21" – einzigartig oder typisch? (basierend auf einer Studie des Wissenschaftszentrums Berlin für Sozialforschung), in: Brettschneider, Frank/Schuster, Wolfgang (Hrsg.): Stuttgart 21, Wiesbaden, S. 97 ff.
Bebnowski, David (2013): Der trügerische Glanz des Neuen (fußend auf empirischen Studien 2010/11 des Göttinger Instituts für Demokratieforschung), in: Brettschneider, Frank/Schuster, Wolfgang (Hrsg.): Stuttgart 21, Wiesbaden, S. 127 ff.
Behrens, Martin (2010): Strukturen der Interessenvertretung in den Verbänden der Wirtschaft, in: Schroeder, Wolfgang/Weßels, Bernhard (Hrsg.): Handbuch Arbeitgeber- und Wirtschaftsverbände in Deutschland, Wiesbaden, S. 148 ff.
Benzner, Bodo (1989): Ministerialbürokratie und Interessengruppen, Baden-Baden.
Berger, Ulrike (2004): Organisierte Interessen im Gespräch, Frankfurt a. M.
Bethusy-Huc, Viola Gräfin (1990): Verbände, in: Gerlach, Irene/Robert, Rüdiger (Hrsg.): Innenpolitik der Bundesrepublik Deutschland, Münster, S. 141 ff.
von Beyme, Klaus (1974): Interessengruppen in der Demokratie, 4. Aufl., München.
Biegler, Dagmar (2000): Kontinuität und Wandel in der Landschaft der Frauenverbände und Faktoren ihrer politischen Schwäche, in: Willems, Ulrich/von Winter, Thomas (Hrsg.): Politische Repräsentation schwacher Interessen, Opladen, S. 221 ff.
Bräuer, Marco (2017): Energiewende und Bürgerproteste: eine Untersuchung der Kommunikation von Bürgerinitiativen im Themenfeld Netzausbau, Ilmenau.
Brettschneider, Frank/Schwarz, Thomas (2013): „Stuttgart 21", die baden-württembergische Landtagswahl und die Volksabstimmung 2011, in: Brettschneider, Frank/Schuster, Wolfgang (Hrsg.): Stuttgart 21, Wiesbaden, S. 261 ff.
Brodach, Georg/Frhr. von Wolff-Metternich, Hermann (1987): Der Bundesverband der Deutschen Industrie, Düsseldorf.
Bundesministerium des Innern, für Bau und Heimat (2020): Neunzehnter Bericht über den Einsatz externer Personen in der Bundesverwaltung, Berlin.
Butzlaff, Felix (2016): Die neuen Bürgerproteste in Deutschland. Organisatoren – Erwartungen – Demokratiebilder, Bielefeld.
BVerfG (1964): Urteil vom 6. Mai 1964, 1 BvR 79/62.
BVerfG (1991): Beschluss vom 26. Juni 1991, 1 BvR 779/85.
BVerfG (2017): Urteil vom 11. Juli 2017, 1 BvR 1571/15, 1 BvR 1477/16, 1 BvR 1043/16, 1 BvR 2883/15, 1 BvR 1588/15.
Czada, Roland (1994): Konjunkturen des Korporatismus, in: Streeck, Wolfgang (Hrsg.): Staat und Verbände, Opladen, S. 37 ff.

Dausend, Peter/Knaup, Horand (2020): „Alleiner kannst Du gar nicht sein". Unsere Volksvertreter zwischen Machst, Sucht und Angst, München.
van Deth, Jan W. (2004): Soziale Partizipation, in: ders. (Hrsg.), Deutschland in Europa. Ergebnisse des European Social Survey 2002–2003, Wiesbaden, S. 295 ff.
Demir, Nur et al. (2019): Trendreport Betriebsratswahlen 2018. Entwicklungstrends der betrieblichen Mitbestimmung, Marburg.
Deutsche Bischofskonferenz (2021): Katholische Kirche in Deutschland. Zahlen und Fakten 2020/21, Bonn.
DGB (2019): Datenanalyse: Gewerkschaftsmitgliedschaft im Deutschen Bundestag, in: Einblick 4/2019, S. 6.
Dribbusch, Heiner/Birke, Heiner (2016): Trade Unions in Germany, in: Artus, Ingrid et al. (Hrsg.): Developments in German Industrial Relations, Cambridge 2016, S. 93 ff.
Deutscher Bundestag (2021): Datenhandbuch zur Geschichte des Deutschen Bundestages, Berlin, unter: https://www.bundestag.de/datenhandbuch (zuletzt geprüft am 28. Februar 2022).
Ebbinghaus, Bernhard/Göbel, Claudia (2013): Mitgliederrückgang und Organisationsstrategien deutscher Gewerkschaften, in: Schroeder, Wolfgang (Hrsg.): Handbuch Gewerkschaften in Deutschland, 2. Aufl., Wiesbaden, S. 207 ff.
Ellgut, Peter (2019): Ist die Erosion der betrieblichen Mitbestimmung gestoppt?, unter: https://www.iab-forum.de/ist-die-erosion-der-betrieblichen-mitbestimmung-gestoppt/ (zuletzt geprüft am 25. Oktober 2021).
Ellwein, Thomas (1974): Die großen Interessenverbände und ihr Einfluß, in: Löwenthal, Richard/Schwarz, Hans-Peter (Hrsg.): Die zweite Republik, Stuttgart, S. 470 ff.
Fraenkel, Ernst (1964): Deutschland und die westlichen Demokratien, Stuttgart.
Geiges, Lars/Marg, Stine/Walter, Franz (2015): Pegida. Die schmutzige Seite der Zivilgesellschaft? Bielefeld.
Gerstenhauer, Daniel (2014): Parlamentarier und Interessenverbände – Lobbying im Bundestag?, in: von Winter, Thomas/von Blumenthal, Julia (Hrsg.): Interessengruppen und Parlamente, Wiesbaden, S. 71 ff.
Göhner, Reinhard (1981): Demokratie in Verbänden, München.
Greef, Samuel (2014): Gewerkschaften im Spiegel von Zahlen, Daten und Fakten, in: Schroeder, Wolfgang (Hrsg.): Handbuch Gewerkschaften in Deutschland, 2. Aufl., Wiesbaden, S. 659 ff.
Groser, Manfred (1992): Verbände im vereinigten Deutschland, in: Sonde 25 (1), S. 15 ff.
Guggenberger, Bernd (2020): Bürgerinitiativen, in: Andersen, Uwe et al. (Hrsg.): Handwörterbuch des politischen Systems der Bundesrepublik Deutschland, 8. Aufl., Heidelberg, S. 149 ff.
Herold, Maik/Schäller, Steven (2016): Der neue Rechtspopulismus auf der Straße, in: Korte, Karl-Rudolf (Hrsg.): Politik in unsicheren Zeiten, Baden-Baden, S. 261 ff.
Hirner, Manfred (1993): Der Deutsche Bundestag im Netzwerk organisierter Interessen, in: Herzog, Dietrich et al. (Hrsg.): Parlament und Gesellschaft, Opladen, S. 138 ff.
Hoeft, Christoph et al. (Hrsg.) (2017): Bürgerproteste in Zeiten der Energiewende, Bielefeld.
Hönigsberger, Herbert/Osterberg, Sven (2014): Gewerkschafter im Bundestag, in: von Winter, Thomas/von Blumenthal, Julia (Hrsg.): Interessengruppen und Parlamente, Wiesbaden, S. 93 ff.

Institut für Arbeitsmarkt- und Berufsforschung (2021): Tarifbindung nimmt in Deutschland weiter ab, unter: https://www.iab.de/de/informationsservice/presse/presseinformationen/tarifbindungabnahme.aspx (zuletzt geprüft am 25. Oktober 2021).

Institut für Mitbestimmung und Unternehmensführung (2020): Mitbestimmte Unternehmen in Deutschland, unter: https://www.imu-boeckler.de/de/mitbestimmte-unternehmen-in-deutschland-19328.htm (zuletzt geprüft am 25. Oktober 2021).

Jeske, Ann-Kathrin (2021): Ausgaben für externe Berater drastisch gestiegen, unter: https://www.deutschlandfunk.de/bundesregierung-ausgaben-fuer-externe-berater-drastisch.1766.de.html?dram:article_id=493990 (zuletzt geprüft am 25. Oktober 2021).

Kädtler, Jürgen (2006): Sozialpartnerschaft im Umbruch. Industrielle Beziehungen unter den Bedingungen von Globalisierung und Finanzmarktkapitalismus, Hamburg.

Keller, Berndt (2004): Multibranchengewerkschaft als Erfolgsmodell, Hamburg.

Kleffner, Heike/Meisner, Matthias (Hrsg.) (2017): Unter Sachsen. Zwischen Wut und Willkommen, Berlin.

Kleffner, Heike/Meisner, Matthias (Hrsg.) (2021): Fehlender Mindestabstand. Die Coronakrise und die Netzwerke der Demokratiefeinde, Freiburg.

Küchler, Manfred (1984): Die Friedensbewegung in der BRD, in: Falter, Jürgen W. et al. (Hrsg.): Politische Willensbildung und Interessenvermittlung, Opladen, S. 328 ff.

Lahusen, Christian (2013): Soziale Bewegungen, in: Mau, Steffen/Schöneck, Nadine (Hrsg.), Handwörterbuch zu Gesellschaft Deutschlands, 3. Aufl., Wiesbaden, S. 717 ff.

Lau, Mariam (2022): Die Alleshasser, in: Die Zeit Nr. 20 vom 12. Mai.

Lesch, Hagen (2017): Internationaler Arbeitskampfvergleich, IW-Kurzberichte 71. 2017, Köln.

Lijphart, Arend/Crepaz, Markus M . (1991): Corporatism and Consensus Democracy in Eighteen Countries, in: British Journal of Political Science 21 (2), S . 235 ff .

Lösche, Peter (2007): Verbände und Lobbyismus in Deutschland, Stuttgart.

Mann, Siegfried (1994): Macht und Ohnmacht der Verbände, Baden-Baden.

Mannewitz, Tom (2020): Anti-Asyl-Proteste während der „Flüchtlingskrise" 2015/16. Sachsen im interregionalen Vergleich, in: Backes, Uwe/Kailitz, Steffen (Hrsg.): Sachsen – Eine Hochburg des Rechtsextremismus? Göttingen, S. 255 ff.

Marg, Stine (2017): „Ich kann einfach nicht mehr vertrauen", in: Hoeft, Christoph et al. (Hrsg.): Bürgerproteste in Zeiten der Energiewende, Bielefeld, S. 207 ff.

Merkel, Wolfgang/Petring, Alexander (2012): Politische Partizipation und demokratische Inklusion, in: Mörschel, Tobias/Krell, Christian (Hrsg.): Demokratie in Deutschland. Zustand – Herausforderungen – Perspektiven, Wiesbaden, S. 93 ff.

Müller, Hans-Peter/Wilke, Manfred (2003): Gewerkschaftsfusionen, in: Schroeder, Wolfgang/Weßels Bernhard (Hrsg.): Die Gewerkschaften in Politik und Gesellschaft der Bundesrepublik Deutschland, Wiesbaden, S. 102 ff.

Nachtwey, Oliver et al. (2020): Politische Soziologie der Corona-Proteste. Grundauswertung, Basel, unter: https://edoc.unibas.ch/80835/1/20210118133822_6005813e51e0a.pdf (zuletzt geprüft am 26. Oktober 2021).

Neidhardt, Friedhelm/Rucht, Dieter (2001): Protestgeschichte der Bundesrepublik Deutschland 1950–1994, in: Rucht, Dieter (Hrsg.): Protest in der Bundesrepublik, Frankfurt a. M., S. 27 ff.

Neumann, Sigmund (1973 [urspr. 1932]): Die Parteien der Weimarer Republik, 3. Aufl., Stuttgart.

Niemann, Eckehard (2003): Das Interessengeflecht des Agrobusiness, in: Leif, Thomas/ Speth, Rudolf (Hrsg.): Die stille Macht. Lobbyismus in Deutschland, Wiesbaden, S. 186 ff.
Oehmer, Franziska (2014): Ausmaß und Muster der inneren Lobby. Eine Analyse der Interessenbindungen zwischen Verbänden und Abgeordneten der 17. Wahlperiode des Deutschen Bundestages, in: von Winter, Thomas/von Blumenthal, Julia (Hrsg.): Interessengruppen und Parlamente, Wiesbaden, S. 47 ff.
Offe, Claus (1969): Politische Herrschaft und Klassenstrukturen, in: Kress, Gisela/ Senghaas, Dieter (Hrsg.): Politikwissenschaft, Frankfurt a. M., S. 155 ff.
Claus Offe (1971): Bürgerinitiativen und Reproduktion der Arbeitskraft im Spätkapitalismus, in: Grossmann, Heinz (Hrsg.): Bürgerinitiativen – Schritte zur Veränderung? Frankfurt a. M., S. 152 ff.
Pappi, Franz Urban (1990): Neue soziale Bewegungen und Wahlverhalten in der Bundesrepublik, in: Kaase, Max/Klingemann, Hans-Dieter (Hrsg.): Wahlen und Wähler. Analysen aus Anlaß der Bundestagswahl 1990, Opladen, S. 143 ff.
Patzelt, Werner J. (2014): Interessengruppen und Parlamente, in: von Winter, Thomas/von Blumenthal, Julia (Hrsg.): Interessengruppen und Parlamente, Wiesbaden, S. 15 ff.
Patzelt, Werner J. (2018): Pegida-Demonstrationen und Deutschlands Demokratie, in: Zeitschrift für Parlamentsfragen 48 (1), S. 111 ff.
Peter, Erik (2020): Alu mit Bürgerrechtsfassade. Köpfe der Corona-Relativierer, unter: https://taz.de/Koepfe-der-Corona-Relativierer/!5681132/ (zuletzt geprüft am 26. Oktober 2021).
Prott, Jürgen (2013): Funktionäre in den Gewerkschaften, in: Schroeder, Wolfgang (Hrsg.): Handbuch Gewerkschaften in Deutschland, 2. Aufl., Wiesbaden, S. 283 ff.
Pauly, Uwe (2005): Der Flächentarifvertrag als Kartellierungsinstrument, Frankfurt a. M.
Raschke, Joachim (1999): Machtwechsel und soziale Bewegungen, in: Klein, Ansgar et al. (Hrsg.): Neue soziale Bewegungen, Opladen, S. 64 ff.
Reutter, Werner (2012): Einleitung, in: ders. (Hrsg.): Verbände und Interessengruppen in den Ländern der Europäischen Union, 2. Aufl., Wiesbaden, S. 11 ff.
Reyher, Martin (2019): Das sind die Nebeneinkünfte der Bundestagsabgeordneten, unter: https://www.abgeordnetenwatch.de/blog/nebentaetigkeiten/das-sind-die-nebeneinkuenfte-der-bundestagsabgeordneten-1 (zuletzt geprüft am 18. Oktober 2021).
Rieger, Elmar (2007): Bauernverbände, in: von Winter, Thomas/Willems, Ulrich (Hrsg.): Interessenverbände in Deutschland, Wiesbaden, S. 294 ff.
Roth, Roland/Rucht, Dieter (Hrsg.) (1991): Neue soziale Bewegungen in der Bundesrepublik Deutschland, 2. Aufl., Bonn.
Rucht, Dieter (1984): Zur Organisation der neuen sozialen Bewegungen, in: Falter, Jürgen W. et al. (Hrsg.): Politische Willensbildung und Interessenvermittlung, Opladen, S. 609 ff.
Rudzio, Wolfgang (1982): Die organisierte Demokratie, 2. Aufl., Stuttgart.
Rudzio, Wolfgang (1988): Die Erosion der Abgrenzung. Zum Verhältnis zwischen der demokratischen Linken und Kommunisten in der Bundesrepublik Deutschland, Opladen.
Schäfer, Armin (2015): Der Verlust politischer Gleichheit. Warum die sinkende Wahlbeteiligung der Demokratie schadet, Frankfurt a. M.

Schmid, Josef (2020): Wohlfahrtsverbände, in: Andersen, Uwe et al. (Hrsg.): Handwörterbuch des politischen Systems der Bundesrepublik Deutschland, 8., aktual. Aufl., Heidelberg, S. 1025 ff.

Schroeder, Wolfgang et al. (2010): Seniorenpolitik im Wandel, Frankfurt a. M.

Schroeder, Wolfgang/Munimus, Bettina (2012): Alternde Mitgliedschaften als Herausforderung und Auftrag für Gewerkschaften, in: Kohler, Harald/Schmid, Josef (Hrsg.): Der demografische Wandel als europäische Herausforderung, Baden-Baden, S. 115 ff.

Schütt-Wetschky, Eberhard (1997): Interessenverbände und Staat, Darmstadt.

Sebaldt, Martin (1996): Interessengruppen und ihre bundespolitische Präsenz in Deutschland. Verbandsarbeit vor Ort, in: Zeitschrift für Parlamentsfragen 27 (4), S. 658 ff.

Sebaldt, Martin/Straßner, Alexander (2004): Verbände in der Bundesrepublik Deutschland, Wiesbaden.

Silvia, Stephen J. (2010): Mitgliederentwicklung und Organisationsstärke der Arbeitgeber-, Wirtschaftsverbände und Industrie- und Handelskammern, in: Schroeder, Wolfgang/ Weßels, Bernhard (Hrsg.): Handbuch Arbeitgeber- und Wirtschaftsverbände in Deutschland, Wiesbaden, S. 169 ff.

Sommer, Moritz et al. (2019): Fridays for Future. Profil, Entstehung und Perspektiven der Protestbewegung in Deutschland, ipb working paper 2/2019, Berlin.

Speit, Andreas (2021): Reichs- und Regenbogenfahnen, in: Kleffner, Heike/Meisner, Matthias (Hrsg.) (2021): Fehlender Mindestabstand. Die Coronakrise und die Netzwerke der Demokratiefeinde, Freiburg, S. 192 ff.

Speth, Rudolf (2021): Ziele und Notwendigkeit von Public Affairs aus Sicht von Interessengruppen, in: Röttger, Ulrike et al. (Hrsg.): Handbuch Public Affairs. Politische Kommunikation für Unternehmen und Organisationen, Wiesbaden, i.E.

Speth, Rudolf/Zimmer, Annette (2015): Von der Hierarchie zum Markt, in: dies. (Hrsg.): Lobby Work, Wiesbaden, S. 31 ff.

Strässer, Christoph/Meerkamp, Frank (2015): Lobbying im parlamentarischen Bereich – Politiker im Lobbyfokus, in: Speth, Rudolf/Zimmer, Annette (Hrsg.): Lobby Work, Wiesbaden, S. 217 ff.

Streeck, Wolfgang (1972): Das Dilemma der Organisation, in: Meißner, Werner/Unterseher, Lutz (Hrsg.): Verteilungskampf und Stabilitätspolitik, Stuttgart, S. 130 ff.

Wolfgang Streeck (1979): Gewerkschaftsorganisation und industrielle Beziehungen, in: Politische Vierteljahresschrift 20, S. 241 ff.

Streeck, Wolfgang (2000): Von Nutzen und Nutzung des Korporatismus in einer Gesellschaft im Wandel, in: Bührer, Werner/Grande, Edgar (Hrsg.): Unternehmerverbände und Staat in Deutschland, Baden-Baden, S. 53 ff.

Streeck, Wolfgang (2013): Gekaufte Zeit. Die vertagte Krise des demokratischen Kapitalismus, Berlin.

Strünck, Christoph (2000): Das Honorar der Advokaten, in: Willems, Ulrich/von Winter, Thomas (Hrsg.): Politische Repräsentation schwacher Interessen, Opladen, S. 185 ff.

Thieme, Daniel/Liedhegener, Antonius (2015): „Linksaußen", politische Mitte oder doch ganz anders? Die Positionierung der Evangelischen Kirche in Deutschland (EKD) im parteipolitischen Spektrum der postsäkularen Gesellschaft, in: Politische Vierteljahresschrift 56 (2), S. 240 ff.

Tillack, Hans-Martin (2015): Die Lobby-Republik. Wer in Deutschland die Strippen zieht, Bonn.

Triesch, Günter/Ockenfels, Wolfgang (1995): Interessenverbände in Deutschland, München.
Varain, Heinz Josef (Hrsg.) (1973): Interessenverbände in Deutschland, Köln.
Vorländer, Hans/Herold, Maik/Schäller, Steven (2016): PEGIDA. Entwicklung, Zusammensetzung und Deutung einer Empörungsbewegung, Wiesbaden.
Wambach, Max (1971): Verbändestaat und Parteienoligopol, Stuttgart.
Weber, Jürgen (1977): Die Interessengruppen im politischen System der Bundesrepublik Deutschland, Stuttgart.
Weber, Werner (1968): Die Sozialpartner in der Verfassungsordnung, in: Forsthoff, Ernst (Hrsg.): Rechtsstaatlichkeit und Sozialstaatlichkeit, Darmstadt, S. 526 ff.
Wilke, Manfred (1994): Tarifpolitik und Wirtschaftsverbände, in: Rüther, Günther (Hrsg.): Politik und Gesellschaft in Deutschland, Köln, S. 206 ff.
Willems, Ulrich (2000): Probleme, Bedingungen und Strategien der Organisation moralischer Forderungen, in: ders./von Winter, Thomas (Hrsg.): Politische Repräsentation schwacher Interessen, Opladen, S. 61 ff.
Winter, Sabrina (2019): Neue Hausausweisliste: Diese Lobbyisten können jederzeit in den Bundestag, unter: https://www.abgeordnetenwatch.de/recherchen/lobbyismus/neue-hausausweisliste-diese-lobbyisten-koennen-jederzeit-in-den-bundestag (zuletzt geprüft am 24. März 2022).
von Winter, Thomas (1997): Sozialpolitische Interessen. Konstituierung, politische Repräsentation und Beteiligung an Entscheidungsprozessen, Baden-Baden.
Witjes, Cl. Winfried (1976): Gewerkschaftliche Führungsgruppen, Berlin.
World Values Survey (2020): World Values Survey Wave 7: 2017–2020, Madrid und Wien.
Zimmer, Annette (2007): Vereine – Zivilgesellschaft konkret, 2. Aufl., Wiesbaden.
Zwick, Michael (1990): Neue soziale Bewegungen als politische Subkultur, Frankfurt a. M.

Mehrparteiensystem mit eingeschränkten Koalitionsmöglichkeiten

4.1 Deutschland – ein Parteienstaat?

a. Reichweite und Grenzen der Parteien

Eine Partei (lat. pars = Teil) ist nach Max Weber eine auf freiwilliger Zugehörigkeit beruhende Gruppe, die innerhalb eines größeren Verbandes Macht erstrebt, um „ihren Leitern innerhalb des Verbandes Macht und ihren aktiven Teilnehmern dadurch […] Chancen (der Durchsetzung von sachlichen Zielen oder der Erlangung von persönlichen Vorteilen oder beides) zuzuwenden" (Weber 1956, S. 167). Ihre Aufgaben bestehen in der Repräsentation der in der Gesellschaft vorliegenden Konfliktlinien, in der Steuerung der Politik durch staatliche Willensbildung und Entscheidungsfindung, in der Legitimation des demokratischen Partizipationsprinzips und in der Rekrutierung bzw. Sozialisation der politischen Eliten (Decker 2018a, S. 37). Demokratie lässt sich dann, so die „realistische" Theorie Schumpeters, dadurch definieren, „daß die Zügel der Regierung jenen übergeben werden sollen, die über mehr Unterstützung verfügen als die andern, in Konkurrenz stehenden Individuen oder Teams" (Schumpeter 1950, S. 433). Diese „Teams" sind die bei Wahlen konkurrierenden Parteien.

Selbst wer Parteien als „political evil" (Henry Bolingbroke zit. nach Sartori 1976, S. 6) empfindet, wird ihre strukturierende Funktion in modernen Massendemokratien kaum bestreiten können. Wie ließe sich ohne sie die unüberschaubare Vielfalt von Meinungen und Interessen zu einer begrenzten Zahl abstimmungsfähiger Positionen bündeln? Wie sonst wäre eine Wahl als politische Richtungsentscheidung möglich? Angesichts dieser Bedeutung der Parteien hat man sich gerade in der Bundesrepublik Deutschland bemüht, hieraus auch rechtliche (Grundgesetz, Parteiengesetz) und demokratietheoretische Konsequenzen zu ziehen. Das Parteiengesetz von 1967 weist den Parteien die Aufgaben zu,

- sich durch Kandidatenaufstellung an den Wahlen zu beteiligen *(Rekrutierung von politischem Personal);*
- Ziele in Form von Programmen zu entwickeln *(Politikformulierung);*
- Einfluss auf die öffentliche Meinung und die Willensbildung der Bürger zu nehmen *(Meinungsbildung);*
- Einfluss auf die Politik in Parlament und Regierung auszuüben *(Einflussnahme).*

Die Mindestfunktion, von der die rechtliche Anerkennung als Partei abhängt, ist dabei die Beteiligung an Wahlen[1].

Allerdings bestehen Meinungsverschiedenheiten darüber, was „Einfluss" bedeuten und wie weit die Macht von Parteien reichen soll. Einerseits gehen Politikwissenschaftler wie Wilhelm Hennis und Dolf Sternberger von einem *strikt repräsentativen Demokratieverständnis* aus. *Danach sind Wahlen ein „Akt der Anvertrauung"* an Personen, die dann Herrschaft auf Zeit ausüben (Sternberger 1962, S. 185)[2]. Parteien stellen nach dieser Sicht lediglich „Organisationen zur Beschaffung von Regierungspersonal" und zur Organisierung von Wahlen dar (Sternberger 1970). Ganz anders die – von dem Staatsrechtler und Verfassungsrichter Leibholz entwickelte – *Parteienstaatstheorie: Sie sieht in Wahlen inhaltliche Richtungsentscheidungen und in den Parteien die eigentlichen „politischen Handlungseinheiten"* mit dem Ergebnis, dass sich im Parlament nur noch „gebundene Parteibeauftragte treffen" (Leibholz 1958, S. 20, 76, 90 ff., 104).

Auch wenn der Parteienstaatstheorie manches entgegengehalten werden kann, so hat Leibholz doch mit der Konstruktion zweier alternativer Idealtypen die Diskussion nachhaltig beeinflusst und ihr Orientierungspunkte gegeben. Allerdings, der bei ihm positiv konnotierte „Parteienstaat" ist seit Neuerem pejorativ eingefärbt, zumal wenn ihn Kritiker mit einem überdehnten Einfluss der Parteien, einer parteipolitischen Durchdringung des öffentlichen Dienstes („Der Staat als Beute") und einer wuchernden Parteienfinanzierung durch den Staat („Selbstbedienung") verbinden (von Arnim 1993, 2017).

Ist die Bundesrepublik ein Parteienstaat? Mit der Beantwortung dieser Frage lässt sich auch die Rolle der Parteien in Deutschland umreißen. Im Einzelnen:

---

[1] „Eine Vereinigung verliert ihre Rechtsstellung als Partei, wenn sie sechs Jahre weder an einer Bundestagswahl noch an einer Landtagswahl mit eigenen Vorschlägen teilgenommen hat." Parteiengesetz i. d. F. vom 28. 1. 1994, in: BGBl. I – 1994, S. 142 ff.
[2] Ähnlich Hennis (1968, S. 52).

1. Inkorporierung in die Verfassung: Parteien sind schon vor geraumer Zeit „zu integrierenden Bestandteilen des Verfassungsaufbaus und des verfassungsrechtlich geordneten politischen Lebens geworden" (BVerfG 1952a). Art. 21 GG bezieht dabei zwar die Parteien *in die Verfassung ein, erhebt sie aber nicht zu Staatsorganen im eigentlichen Sinne*. Abwehr von Parteienprüderie, Sicherung des demokratischen Charakters der Parteien, nicht die Etablierung eines Parteienstaates ist die Absicht des Grundgesetzes.

2. Wahl von Parteien: *Gewählt werden in der Bundesrepublik primär Parteien, auch mal ein bekannter Spitzenpolitiker, kaum aber die einzelnen Abgeordneten als solche.* Dies wird in den geringen Differenzen zwischen Erst- und Zweitstimmen (Personen- und Listenstimmen) bei Bundestagswahlen sichtbar, die zudem überwiegend als Äußerungen von Koalitionspräferenzen gedeutet werden müssen. Dem entsprechen das deutsche Verhältniswahlrecht und die geringe Kenntnis der Wähler/-innen von örtlichen Kandidat/-innen.

Die Parteienwahl ist eine politische Richtungsentscheidung, trägt aber auch Züge einer Anvertrauung. Tatsächlich sind Weichenstellungen in der Geschichte der Bundesrepublik – die Wendung zur sozialen Marktwirtschaft 1948, die Beschlüsse zur Wiederbewaffnung 1952, für die Ostpolitik von 1970 bis 1972, die „Wende" von 1982, die deutsche Vereinigung 1989/90, nicht zuletzt der Umgang mit zahlreichen jüngeren Krisen (Corona, Energiekrise) – durch parlamentarische Mehrheiten vorgenommen worden, ohne zuvor Gegenstand eines Wahlkampfs gewesen zu sein. Erst im Nachhinein, bei der jeweils folgenden Bundestagswahl, erfolgte dann eine quasi-plebiszitäre Akklamation durch das Volk.

3. Parteien als Handlungseinheiten: Die politische Willensbildung verläuft zwar zumeist entlang Parteifronten, doch *beeinflussen die Parteien nur als ein, wenngleich zentraler Faktor neben anderen die Meinungsbildung der Bürger.* Medien, Interessenorganisationen, politische Bewegungen u. a. wirken mit.

4. Bindung an Parteibeschlüsse: Art. 21 GG, nach dem die Parteien an der politischen Willensbildung mitwirken, steht in einem „Spannungsverhältnis" (BVerfG 1952b) zu Art. 38 GG, nach dem die Abgeordneten „an Aufträge und Weisungen nicht gebunden" sind (freies Mandat). Dem entsprechend liegt einerseits der Mandatsverlust bei Parteiverboten in der Linie parteienstaatlichen Denkens. Andererseits werden radikale Konsequenzen des Parteienstaats wie eine Rückberuf- oder Verklagbarkeit abweichender Mandatsträger durch das freie Mandat abgewehrt.

Selbst die faktische Verbindlichkeit von Parteibeschlüssen, nicht selten vertreten oder hingenommen, bleibt von begrenzter Relevanz. Imperative Bindungen treten auf, eher bei Parteien der Linken, wo Mitglieder- bzw. Delegiertenversammlungen das Recht zur verbindlichen Entscheidung in Anspruch nahmen.

Doch zugleich hat die grüne Bundestagsfraktion 1996 zur Bosnien-Intervention Parteitagsbeschlüssen zuwidergehandelt. Entgegen der SPD-Beschlusslage leitete Bundeskanzler Schröder 2002/03 den Kurswechsel zur „Agenda 2010" ein (Holtmann 2017, S. 233 f.). Allgemein setzt die Tatsache, dass ein Parteiwille aus Gründen begrenzter Kapazität von Parteigremien nur zu wenigen Problemen durchdacht artikuliert werden kann und sich daher insbesondere komplexe Gesetzgebungsmaterien deren Zugriff entziehen, allen Träumen von einer Steuerung durch Parteigremien eine Grenze (Rudzio 1976, S. 123). Parteien gelten wegen „unzureichender Problemverarbeitungs- und operativer Leistungskapazitäten" als defizitär (Wiesendahl 1980, S. 23).

5. **Rekrutierung des politischen Personals:** Anders als in Ländern wie den USA durchläuft man in Deutschland meist innerparteiliche Karrieren, die sogenannte „Ochsentour", bevor man politische Mandate und Ämter erreicht. *Die Parteien sind der alleinige Aufstiegskanal für das politische Personal.* Im Ergebnis führt dies dazu, dass bei ihrer Amtsübernahme von allen 141 Bundesministern der Jahre 1949–92 nur drei parteilos waren, die Hälfte Bundesvorstandsmitglieder ihrer Parteien (Helms 1993, S. 640).

6. **Durchdringung des Öffentlichen Dienstes:** *Schwer übersehbar ist, wieweit die Parteien den Öffentlichen Dienst durchdringen.* Nicht nur bei der Ernennung „politischer Beamter", sondern auch höherer Richter, Behörden- und Schulleiter sowie leitender Journalisten in öffentlich-rechtlichen Medien spielen parteipolitische Gesichtspunkte eine Rolle. Neigungen zu einer solchen „Parteibuchwirtschaft" (von Arnim 2008, S. 92) lassen alle Parteien erkennen. Eine gewisse Barriere bildet demgegenüber das Prinzip des Berufsbeamtentums.

7. **Staatliche Parteienfinanzierung:** Wegen der „relativen Obergrenze" finanzieren sich die deutschen Parteien zu weniger als 50 % aus Staatsmitteln (diese dürfen maximal so viel ergeben wie die Eigenmittel der Parteien), doch bei Mitberücksichtigung der Steuerbegünstigungen von Spenden und Mitgliedsbeiträgen könnte man über diese Grenze kommen. Dabei richtet sich die Verteilung staatlicher Zuwendungen nach der Wählerzahl (und allerdings dem Umfang eingeworbener Spenden und Beiträge). Seit 2017 dürfen verfassungsfeindliche Parteien von der staatlichen Finanzierung ausgeschlossen werden.

Damit entspricht die Bundesrepublik Deutschland weder dem Modell eines rein repräsentativen Parlamentarismus noch dem eines Parteienstaates. *Sie trägt zwar parteienstaatliche Züge, ohne doch im vollen Sinne Parteienstaat zu sein.* Es gibt Demokratien, in denen die Parteien eine geringere Rolle spielen (wie in den USA oder Frankreich), und solche mit stärker ausgeprägten parteienstaatlichen Zügen (wie in Italien oder Österreich).

b. Parteienrecht: Demokratie und Chancengleichheit

Die Bedeutung der Parteien in der modernen Demokratie, vor allem die Erfahrung von Weimar, legte es nahe, ein *System demokratischer, chancengleich konkurrierender Parteien auch rechtlich abzusichern.* Gleiche Wettbewerbschancen sollen durch Regelungen zur Parteienfinanzierung und zur Gleichbehandlung aller Parteien durch die Träger öffentlicher Gewalt (Parteiengesetz) gewährleistet werden. Letztgenanntes bedeutet, die Parteien sind bei der Benutzung öffentlicher Räumlichkeiten, Straßen und Plätze, bei der Zuteilung öffentlicher Plakatflächen und kostenloser Sendezeiten zur Wahlwerbung gleich zu behandeln. Zulässig bleiben Differenzierungen nach Wählerzahlen (BVerfG 1957, 1977).

Ein Demokratiegebot für Parteien enthält Art. 21 GG: „Ihre innere Ordnung muss demokratischen Grundsätzen entsprechen". Das Parteiengesetz präzisiert: Mitgliederversammlungen, Vorstände und Schiedsgerichte müssen als eigenständige Parteiorgane mit bestimmten Rechten bestehen. Außerdem schreibt es eine angemessene territoriale Untergliederung und geheime innerparteiliche Wahlen für maximal zwei Jahre vor. Ein „Führerprinzip" wie in der NSDAP wäre unzulässig.

Auf ein positives Verhältnis zur Demokratie hebt darüber hinaus Art. 21 Abs. 2 GG ab, der im Sinne der „wehrhaften Demokratie" die *Möglichkeit des Parteiverbots* enthält:

▶ „Parteien, die nach ihren Zielen oder nach dem Verhalten ihrer Mitglieder darauf ausgehen, die freiheitliche demokratische Grundordnung zu beeinträchtigen oder zu beseitigen oder den Bestand der Bundesrepublik Deutschland zu gefährden, sind verfassungswidrig. Über die Frage der Verfassungswidrigkeit entscheidet das Bundesverfassungsgericht. "

Entsprechende Parteiverbotsverfahren sind bisher viermal durchgeführt worden: gegen die rechtsextremistische Sozialistische Reichspartei (1952), gegen die Kommunistische Partei Deutschlands (1956) und zweimal gegen die Nationaldemokratische Partei Deutschlands (2001–2003 und 2013–2017). Die beiden ersten führten zum Parteiverbot, während die letzten beiden scheiterten, weil selbst in Führungsgremien der Partei Verfassungsschutzagenten mitwirkten bzw. weil sie, obwohl verfassungsfeindlich, wegen ihrer Schwäche keine Gefahr darstelle. Der Prüfstein, an dem eine Partei gemessen wird, ist allein ihr Verhältnis zur freiheitlichen demokratischen Grundordnung. Unbenommen hingegen bleibt es, in deren Rahmen Änderungen des Grundgesetzes oder der gesellschaftlichen Ordnung anzustreben.

Um seine Schutzfunktion zu erfüllen, muss ein Parteiverbot als „Präventivmaßnahme" verhängt werden. Als solche setzt sie keinen konkreten Umsturzversuch voraus, auch keine Gewaltanwendung, vielmehr genügt die Absicht, „grundsätzlich und dauernd tendenziell" die freiheitliche demokratische Grundordnung zu bekämpfen[3]. Die Entscheidung über die Verfassungswidrigkeit und das Verbot einer Partei liegt allein beim Bundesverfassungsgericht. Bundestag, Bundesrat oder Bundesregierung haben lediglich das Recht, den Antrag auf Einleitung eines Verfahrens zu stellen. Ob sie dies tun, bleibt ihrem freien, politischen Ermessen überlassen, selbst wenn sie von der Verfassungswidrigkeit einer Partei überzeugt sind. Auf diese Weise kann die Auseinandersetzung mit antidemokratischen Positionen primär politisch-argumentativ geführt werden und ein Verbot ultima ratio bleiben.

Mit der Stabilisierung der Demokratie trat der Gedanke, antidemokratische Parteien zu verbieten, in den Hintergrund. Eine Abweichung hiervon bildeten nur die Verbotsanträge gegen die NPD seit 2000 (Meier 2015). Kritik hieran stieß sich zum Teil an dem Alles-oder-Nichts-Prinzip beim Parteiverbot; man plädierte für Flexibilität, etwa im Sinne eines Ausschlusses von der Parteienfinanzierung ohne Parteienverbot (Weckenbrock 2009, S. 73, 172). Auf diese Linie, von manchen als „Zeichen mangelnder gesellschaftlicher Offenheit und daher wenig überzeugend" (Jesse 2012, S. 311) bezeichnet, sind Bundesverfassungsgericht und Gesetzgeber eingeschwenkt.

4.2 Wandlungen des Parteiensystems

a. 1945–51 Kontinuität und Neubeginn
In der Politikwissenschaft umfasst der Begriff „Parteiensystem"

- *die Gesamtheit der Parteien eines Landes,*
- *ihre Beziehungen untereinander*
- *und ihre Funktion im politischen System.*

Im einfachsten Zugriff werden dabei Parteiensysteme nach der Zahl der Parteien – Ein-, Zwei- und Mehrparteiensysteme – unterschieden. Um nicht alle

---

[3]Andererseits ist eine Partei nicht schon verfassungswidrig, wenn sie Prinzipien freiheitlicher Demokratie lediglich nicht anerkennt, „es muß vielmehr eine aktiv kämpferische, aggressive Haltung" gegen sie hinzukommen (BVerfG 1956).

4.2 Wandlungen des Parteiensystems

Parteien ohne Rücksicht auf ihre Größe zu berücksichtigen, beschränkt man sich auf parlamentarisch vertretene Parteien, auf Parteien mit einem Mindeststimmenanteil oder auf sogenannte „effektive" Parteien. Letztgenannte werden mithilfe eines Indexes berechnet, der die Fragmentierung des Parteiensystems in unterschiedlich große Wählersegmente angibt.[4]

Selbst dann fehlt noch Wesentliches: die inhaltlich-programmatischen Unterschiede zwischen den Parteien, ihre Beziehungen zueinander. Insbesondere benötigen Koalitionen, um arbeitsfähig zu sein, nicht nur eine quantitative Mehrheit, sondern auch eine relative politische Nähe der Partner zueinander. Um die programmatischen Positionen darzustellen, wird häufig eine Links-Rechts-Skala verwendet, auf der jeder Partei ein bestimmter Platz zugeordnet wird. Mithilfe eines sogenannten Polarisierungsindexes lässt sich dann die ideologische Distanz messen (Lane und Ersson 1991, S. 178). Auch dies bedeutet immer noch Vereinfachung, können doch Unterschiede in mehreren, voneinander unabhängigen Sachdimensionen bestehen.

Angemessener ist es daher, Parteiprogramme hinsichtlich mehrerer Dimensionen (z. B. „Modernisierung – Traditionalisierung" und „Sozialstaatlichkeit – Marktliberalität" oder „progressive vs. konservative gesellschaftspolitische Haltung" und „wirtschaftspolitische linke oder rechte Haltung") zu vergleichen. Eine so festgestellte *ideologische Distanz* zwischen zwei Parteien besteht dann im n-dimensionalen Raum als euklidische Distanz = Quadratwurzel aus der Summe der quadrierten Produkte aus relativem Gewicht einer Politikdimension und der in dieser Dimension bestehenden Differenz zwischen zwei Parteien (Linhart 2014). Zwei Schwierigkeiten sind dabei zu bewältigen: zum einen die programmatischen Aussagen mittels angemessener Codierung in Zahlenwerte zu überführen, zum anderen das Gewicht einer Politikdimension für eine bestimmte Partei in einer Zahl zu fassen. Anschaulich darstellbar ist eine Distanz zweidimensional als Entfernung zwischen Standorten der Parteien in der Ebene oder dreidimensional als Entfernung im Raum (für ein empirisches Beispiel Thomeczek et al. 2019).

Unter diesen Einschränkungen und unter Berücksichtigung der unterschiedlichen Parteigrößen kann man von einer ideologischen Spannweite von Parteiensystemen sprechen. Diese ging in 15 westlichen Demokratien von den fünfziger zu den achtziger Jahren des 20. Jahrhunderts zurück, in der Bundesrepublik Deutschland erreichte sie nach Saalfeld 1957 ihr Maximum. Demgegenüber

---

[4] Verwendet wird der sogenannte „Laakso-Taagepera-Index" der effektiven Parteienzahl. Er entspricht der tatsächlichen Parteienanzahl, wenn alle Parteien gleich groß sind, nähert sich aber 1 an, wenn eine einzelne Partei dominiert (z. B. mehr als 90 %).

stieg in westlichen Demokratien die Anzahl effektiver Parteien bis zu den 1990er Jahren an (Detterbeck 2011, S. 126, 160).

Zentral *hat ein Parteiensystem in der parlamentarischen Demokratie die Aufgabe, die Bildung von Regierung und Opposition und dabei langfristig Repräsentation zu ermöglichen.* Das gelingt nachhaltig nur, „wenn tatsächlich der allergrößte Teil des gesellschaftlichen Meinungs- und Präferenzspektrums vom Parteiensystem insgesamt – doch natürlich nicht von jeder einzelnen Partei – abgedeckt wird." (Patzelt 2018a, S. 33) In dieser Hinsicht befand sich die Weimarer Republik mit ihrem zerklüfteten Vielparteiensystem, das zumeist nur Minderheitsregierungen hervorbrachte (Alemann 2018, S. 37), bereits lange vor dem Durchbruch des Nationalsozialismus in einem prekären Zustand. Endogen scheiterte die Republik weniger an ihrer Verfassung als an ihrem Parteiensystem.

Insofern war es von großer Bedeutung, welche Parteienlandschaft sich nach dem Zweiten Weltkrieg unter der Lizenzierungspolitik der Besatzungsmächte und unmittelbar danach bis 1951 herausbilden würde. Züge eines Neubeginns standen neben Kontinuitäten. Auf der einen Seite entstand 1945 eine Gruppe von vier überregionalen Parteien, die dem deutschen Bürger bzw. der Bürgerin auch noch Anfang des 21. Jahrhunderts vertraut sind:

Die „Sozialdemokratische Partei Deutschlands" (SPD) führte die Weimarer SPD fort. Überregionaler Motor der Neugründung wurde der erste Nachkriegsvorsitzende (1946–52), der ehemalige Reichstagsabgeordnete Kurt Schumacher.

Ebenso setzte die „Kommunistische Partei Deutschlands" (KPD) die Weimarer Partei gleichen Namens fort. Ihre Identifikation mit der Sowjetunion und der SED-Herrschaft isolierte sie von allen übrigen Parteien.

Die „Freie Demokratische Partei" (FDP) fasste die Traditionen der früheren liberalen Parteien zusammen. Ihr erster Bundesvorsitzender war der ehemalige DDP-Reichstagsabgeordnete Theodor Heuß.

Die wichtigste Neuerung des deutschen Parteiensystems bildete die „Christlich Demokratische Union" (CDU), in Bayern „Christlich-Soziale Union" (CSU). Im Unterschied zur katholischen Zentrumspartei verstanden sie sich als interkonfessionelle christliche Parteien („Union"). Sie umfassten auch liberale und konservativ-protestantische Strömungen. Darüber hinaus verlieh ein von der katholischen Arbeiterbewegung herkommender linker Flügel den Unionsparteien den Charakter von Volksparteien. Vorsitzender der CDU wurde der ehemalige Kölner Oberbürgermeister und Zentrumspolitiker der spätwilhelminischen und Weimarer Zeit Konrad Adenauer.

Daneben standen andere Parteien. Teile des alten Zentrums blieben der CDU fern. Auch die Existenz weiterer Parteien machte deutlich, dass zahlreiche politisch-gesellschaftliche Konfliktlinien, sogenannte „cleavages" (Lipset

4.2 Wandlungen des Parteiensystems

und Rokkan 1967), nach Weltwirtschaftskrise und Drittem Reich ihre parteibegründende Kraft behalten hatten (Grotz und Schroeder 2021, S. 157):

Der Konflikt *Klerikalismus/Laizismus* fand seinen Ausdruck in der Gründung christdemokratisch geprägter Parteien im frühen 19. Jahrhundert, deren Erbe heute CDU und CSU weitertragen. Der Konflikt zwischen *Arbeit und Kapital* im späten 19. Jahrhundert rief eine Reihe sozialistischer bzw. sozialdemokratischer Parteien ins Leben; der zwischen *Reform und Revolution* innerhalb dieses Lagers gebar im ausgehenden 19. bzw. im frühen 20. Jahrhundert eine Reihe dezidiert kommunistischer Parteien. Der Konflikt zwischen *Materialismus und Postmaterialismus* (Inglehart 1977) in der zweiten Hälfte des 20. Jahrhunderts rief grüne Parteien ins Leben, der zwischen *offener und geschlossener Gesellschaft* Anfang des 21. Jahrhunderts wiederum vor allem rechtspopulistische Formationen. Weitere Konflikte, etwa der von *zentralstaatlicher und regionaler Orientierung,* der die Existenz regionaler Parteien begründete (Bayernpartei und Niedersächsische Landespartei, ab 1947 „Deutsche Partei") (Flechtheim 1963, S. 238 f., 374 f.; Meyn 1965, S. 136 ff., 149), oder der Interessengegensatz zwischen *Einheimischen und Vertriebenen,* parteibildend für den „Block der Heimatvertriebenen und Entrechteten" (BHE) – er strebte eine „friedliche Revision" der Grenzen und eine „gerechte Verteilung der Kriegsschäden" an (Programm von 1952 zit. nach Mommsen 1960, S. 726 ff.) – verloren indes rasch an Bedeutung.

Insgesamt erzeugten die Konfliktdimensionen zunächst ein noch an die Weimarer Republik gemahnendes Vielparteiensystem. Ein Vergleich der Reichstagswahl 1928 als der letzten „Normalwahl" vor der Weltwirtschaftskrise mit der Wahl zum 1. Bundestag 1949, legt – bei Zusammenfassung zu Hauptströmungen – eine frappierende Kontinuität des Wählerverhaltens frei. Zusammen mit gebietsspezifischen Kontinuitäten (Urwin 1974, S. 130; Schmid 1990, S. 44) deuten diese Ergebnisse auf eine massenhafte Rückkehr der Wähler/-innen in ihre politischen Traditionslager.

Es bestand bald – im Unterschied zu Weimar – eine *klare Polarität zwischen Regierungsmehrheit (CDU/CSU, FDP, DP) und demokratischer Opposition (SPD, Z),* eine Konfrontation, die sich 1950 mit dem Streit um einen deutschen Verteidigungsbeitrag verstärkte und in den Parteivorsitzenden Adenauer und Schumacher verkörperte. Anders als ihre Parteien lehnten beide eine Große Koalition ab, wollten „glasklare Fronten" (Görtemaker 1999, S. 86 ff.). Man könnte sie als Väter des gemäßigt polarisierten Parteiensystems der Bundesrepublik sehen. Allerdings geriet dieses zunächst in eine Krise: Die Regierungsmehrheit verlor bei den Landtagswahlen 1949–51 deutlich an Stimmen, ohne dass die Oppositionsparteien zugewannen – Erfolge verbuchten vielmehr der zuvor als Vertriebenenpartei nicht zugelassene BHE und die rechtsextremistische

Sozialistische Reichspartei (SRP). Es schien daher 1950/51, als wolle das Parteiensystem der Bundesrepublik „Fahrt in Richtung Weimar" (Ferdinand A. Hermens zit. nach Kaltefleiter 1975, S. 3) aufnehmen (Jesse 2001; Kaack 1971, S. 155 ff.).

b. Die Konzentration des Parteiensystems 1952–61
Drei Wandlungsprozesse haben dann jedoch den Übergang zu einem alternativen Parteiensystem bewirkt: Dies war zunächst die *Aufsaugung kleinerer Parteien durch die CDU/CSU* bis Mitte der sechziger Jahre. KPD und SRP wurden verboten, befanden sich aber – wie andere kleinere Parteien – im weit gediehenen bzw. im voraussehbaren Abstieg. Am Ende dieses Trends stand die erstaunliche parlamentarische Konzentration auf CDU/CSU, SPD und FDP. Dafür waren aktuelle Faktoren mitverantwortlich: die polarisierende Dynamik von Kanzlerpartei und sozialdemokratischer Opposition, das „Wirtschaftswunder" und die Einführung der bundesweiten Fünf-Prozent-Klausel. Bisher parteibegründende Konfliktlinien verblassten zudem, was der Konzentration einen irreversiblen Charakter verlieh:

- Die *fortschreitende Säkularisierung* ließ katholisch-protestantische Differenzen als zweitrangig erscheinen und entzog dem Zentrum die Grundlage.
- *Regionales Sonderbewusstsein* erodierte, verursacht wohl durch unitarisierende Wirkungen von Krieg, gesteigerter Mobilität und überregionalen Massenmedien.
- *Funktionstüchtigkeit und wirtschaftlicher Erfolg* der neuen Demokratie entzogen systemfeindlichen Parteien wie KPD, SRP und DRP Protestwähler/-innen. In der Sonne des „Wirtschaftswunders" schmolz radikale Unzufriedenheit.
- Die *Scheidelinie Einheimische/Vertriebene* verlor infolge des wirtschaftlichen Aufstiegs an Bedeutung.

Der zweite, das Parteiensystem transformierende Vorgang vollzog sich unspektakulär: das nahezu *kontinuierliche Anwachsen der SPD* auf 45,8 % der Stimmen 1972 und damit zur auch quantitativen Alternative zu CDU/CSU. Zugunsten der SPD wirkten sich der Rückgang des Selbstständigenanteils, des Kirchgangs (Pappi 1977, S. 220) sowie der Abbau sozialpsychologischer Schranken zwischen Angestellten und Beamt/-innen sowie Arbeiter/-innen aus (Conradt 1972, S. 41). Erleichtert wurde dieses Anwachsen durch einen programmatischen Wandel der SPD, die sich 1959 als wertbezogene, alle Bürgerinnen und Bürger adressierende Volkspartei vorstellte. Auch die Betonung außenpolitischer „Gemeinsamkeit" und innenpolitischer „Gemeinschaftsauf-

4.2 Wandlungen des Parteiensystems

gaben", durch welche die SPD „nicht mehr die große Alternative, sondern die ‚bessere' Partei" darzustellen suchte (Klotzbach 1982, S. 495 ff.), mögen ihr gegenüber Hemmschwellen abgebaut haben. Sie verlor ihren Charakter als milieugestützte Klassenpartei, erschien nun als zweite Volkspartei – von Otto Kirchheimer kritisch als „catch all party" bezeichnet (Bernauer et al. 2009, S. 250).
Der dritte die Parteienszenerie verändernde Faktor bestand in einem *Positionswechsel der FDP.* Die Partei, sozial- und wirtschaftspolitisch rechts der CDU/CSU verortet, war auf Bundesebene lange Zeit deren natürlicher Koalitionspartner. Ein Wandel setzte während der FDP-Opposition 1966–69 ein und fand seinen Ausdruck in einem „sozialen Liberalismus". Statt des schrumpfenden selbstständigen Mittelstandes wurden nun die unselbstständigen Mittelschichten zur vorrangigen Zielgruppe der Partei. 1972 gelang weitgehend der Umstieg auf neue Wählerschichten (Conradt und Lambert 1974, S. 68, 77 f.) (Tab. 4.1).

c. Das gemäßigt bipolare Parteiensystem 1961–83

Infolge der Konzentration der Wähler/-innen auf die ständig im Bundestag vertretenen Parteien ist die Politik jener Jahre von diesen allein gestaltet worden. Sie interagierten im Wesentlichen untereinander und bildeten mithin ein geschlossenes System, das alle Funktionen eines Parteiensystems in der parlamentarischen Demokratie erfüllte:

- Zugespitzt lässt sich von einem *Zweieinhalb-Parteisystem* sprechen, wenn man die Unionsparteien als eine einzige politische Kraft wertet und das geringere Gewicht der FDP zum Ausdruck bringen will.
- Hinzu kam: Dieses Parteiensystem war nun nur noch durch *zwei Konfliktdimensionen* bestimmt: den sozial-ökonomischen Konflikt (CDU/CSU und FDP versus SPD) sowie den zwischen traditionell-religiösen und individuell-säkularen Wertorientierungen (CDU/CSU versus SPD und FDP) (Pappi 1977, S. 195).
- Der Abstand zwischen beiden großen Formationen wurde dadurch verringert, dass sich sowohl CDU/CSU als auch SPD als seither als *„Volksparteien"* verstehen. Ihre Programme tendierten daher zu pragmatischen Aussagen, ohne Züge sozialer und weltanschaulicher Tendenzorganisationen ganz zu verlieren (Mintzel und Oberreuter 1990, S. 370).
- Mit dem Anwachsen unselbstständiger Mittelschichten und dem Zerfall politisch-sozialer Milieus korrespondiert eine ausgeprägte Selbstzuordnung der Bürger zur politischen Mitte. Diese Drift lässt die Politik der größeren Parteien um die Mitte des Meinungsspektrums gravitieren. Man konnte daher von einem *gemäßigt bipolaren Parteiensystem mit zentripetaler Tendenz* sprechen (Sartori 1966, S. 138).

Tab. 4.1 Die Bundestagswahlen. In Prozent der gültigen Stimmen (Zweitstimmen), bei Wahlbeteiligung in Prozent der Wahlberechtigten. Jeweiliges Bundesgebiet

Wahlen	Wahlbeteiligung	KPD, DKP, PDS, Linke(a)	B90/GR	SPD	Zentrum	FDP	CDU/CSU	BHE, GDP/2013 AfD	Bayern-Partei	DP	DRP, NPD, DVU, REP	Sonstige
LTW 1946–49	70,5	9,4	–	35,0	3,4	9,3	37,7	–	–	2,6	0,2	2,5
BTW 1949	78,5	5,7	–	29,2	3,1	11,9	31,0	–	4,2	4,0	1,8	9,1
BTW 1953	86,0	2,2	–	28,8	0,8	9,5	45,2	5,9	1,7	3,3	1,1	1,5
BTW 1957	87,8	0,2	–	31,8	0,3	7,7	50,2	4,6	0,5	3,4	1,0	0,3
BTW 1961	87,7	1,9	–	36,2	–	12,8	45,4	2,8	–		0,8	0,1
BTW 1965	86,8	1,3	–	39,3	–	9,5	47,6	–	0,2	–	2,0	0,3
BTW 1969	86,7	0,6	–	42,7	0,0	5,8	46,1	0,1	0,2	–	4,3	0,2
BTW 1972	91,1	0,3	–	45,8	–	8,4	44,9	–	–	–	0,6	0,0
BTW 1976	90,7	0,3	–	42,6	–	7,9	48,6	–	–	–	0,3	0,3
BTW 1980	88,6	0,2	1,5	42,9	–	10,6	44,5	–	–	–	0,2	0,1
BTW 1983	89,1	0,2	5,6	38,2	–	7,0	48,8	–	–	–	0,2	0,0
BTW 1987	84,4	–	8,3	37,0	0,1	9,1	44,3	–	0,1	–	0,6	0,6
BTW 1990	77,8	2,4	5,1	33,5	–	11,0	43,8	–	–	–	2,4	1,4
BTW 1994	79,0	4,4	7,3	36,4	–	6,9	41,5	–	0,1	–	1,9	1,5
BTW 1998	82,2	5,1	6,7	40,9	–	6,2	35,1	–	0,1	–	3,3	2,6
BTW 2002	79,1	4,0	8,6	38,5	–	7,4	38,5	–	0,0	–	1,0	2,0
BTW 2005	77,7	8,7	8,1	34,2	0,0	9,8	35,2	–	0,1	–	2,2	1,7

(Fortsetzung)

Tab. 4.1 (Fortsetzung)

Wahlen	Wahlbe-teiligung	KPD, DKP, PDS, Linkea)	B90/GR	SPD	Zentrum	FDP	CDU/CSU	BHE, GDP/2013 AfD	Bayern-Partei	DP	DRP, NPD, DVU, REP	Sonstige
BTW 2009	70,8	11,9	10,7	23,0	0,0	14,6	33,8	–	0,1	–	1,9	3,9
BTW 2013	71,5	8,6	8,4	25,7		4,8	41,5	4,7	0,1	–	1,3	5,0
BTW 2017	76,2	9,2	8,9	20,5		10,7	32,9	12,6	0,1		0,4	5,0
BTW 2021	76,6	4,9	14,8	25,7		11,5	24,1	10,3	0,1		0,1	8,6

a) 1957–60 Bund der Deutschen (BdD), 1961–69 Deutsche Friedens-Union (DFU), 1969 Aktionsgemeinschaft Demokratischer Fortschritt, ab 1990 PDS, 2005 Linkspartei/PDS, 2009 Die Linke. *Quelle*: www.wahlrecht.de.

Obwohl die SPD in den sechziger Jahren zahlenmäßig an CDU/CSU heranrückte, sie 1972 sogar übertraf, haben doch bis 1998 nicht Wahlen, sondern Koalitionswechsel der FDP die Regierungswechsel im Bund bewirkt. Hierzu erschien sie aus zwei Gründen prädestiniert: einmal aufgrund ihrer Mitteposition im Parteienspektrum, zum anderen weil sie damit lebte, jeweils etwa die Hälfte und mehr ihrer Wähler anhand aktueller Entscheidungsfragen neu für sich gewinnen und daher „eine besondere Sensibilität für neue Strömungen und Denkrichtungen" an den Tag legen zu müssen. Die *FDP war so das bewegliche und bewegende Element im Parteiensystem.* In diesem Rahmen übte sie zwei Funktionen aus: die eines „Mediums für Machtwechsel" und die eines „Korrektivs" innerhalb der Regierungen, mit der Folge, dass politische Kurswechsel in der Bundesrepublik nicht radikal, nicht ungefiltert ausfielen (Dittberner 1987, S. 145, 152).

Bei der Integration weitgespannter Wählerschichten lief eine Volkspartei allerdings immer wieder Gefahr, Anhänger an profiliertere kleinere Konkurrenten zu verlieren. Ihre Integrationsfähigkeit erschien dann überfordert, wenn sie über einen längeren Zeitraum hinweg die Bundesregierung geführt und dabei unpopuläre Entscheidungen bzw. ärgerliche Koalitionskompromisse zu vertreten hatte. Wählerpotenzial fühlte sich dann frustriert und wurde zum Mitträger einer aufsteigenden Herausfordererpartei: so der rechtsextremen Nationaldemokratischen Partei Deutschlands (NPD) 1966–68 nach langjähriger Unionsdominanz im Bund, so der links außen angesiedelten Grünen 1979–83 nach längerer SPD-Vorherrschaft, so auch der Republikaner 1989 in Zeiten einer unionsgeführten Bundesregierung und der AfD ab 2013.

d. 1983–2005: Zwei-Parteigruppensystem mit Regionalsystem Ost

Drei Faktoren veränderten ab 1983 das Parteiensystem:

Mit dem Einzug der Grünen in den Bundestag 1983 entwickelte sich, erstens, das Parteiensystem hin zu einem Zwei-Parteigruppensystem, bei dem CDU/CSU und FDP einerseits sowie SPD und Grüne andererseits einander als alternative Regierungskoalitionen gegenüberstanden. Das Parteiensystem erweiterte sich damit um eine ökologisch-ökonomische Konfliktdimension. Trotz anfänglich platzender Landeskoalitionen in Hessen und Berlin haben sich die beiden Linksparteien langsam aufeinander eingestellt.

Mit der deutschen Einheit erfuhr das Parteiensystem eine Ergänzung durch ein regionales Dreiparteiensystem in den neuen Bundesländern. Der zur „Partei des Demokratischen Sozialismus" (PDS) umgetauften SED gelang es, im Osten mit neuer Führung zu überleben. Indem sie sich dort als dritte große Partei durchsetzte, ist von einem besonderen, regionalen Parteiensystem zu sprechen. 1998 gelang es ihr erstmals, in Mecklenburg-Vorpommern eine Regierungskoalition mit der SPD zu bilden, 2001 dann in Berlin.

Drittens war das Parteiensystem durch eine gelockerte Bindung der Bürger an die Parteien charakterisiert. Auch dominierten die großen Volksparteien nicht mehr wie zuvor. Eine Bindungsschwäche der Parteien kam in der sinkenden Beteiligung an Bundestagswahlen seit 1980 zum Ausdruck, ebenso am schwindenden Anteil der großen Parteien an den gültigen Stimmen. Wechselwahl nahm zu, die Identifikation mit einer Partei im langfristigen Trend ab (Schoen und Weins 2014, S. 275). In diesen Zusammenhang gehört auch, dass Protest- und populistische Parteien hin und wieder überraschende Wahlerfolge erzielen konnten (Schill-Partei in Hamburg), ebenso extremistische (wie REP, DVU und NPD) (Pfahl-Traughber 2018, S. 313 ff.). Beispielhaft für letzteres war 2004 der NPD-Landtagswahlerfolg in Sachsen, wo die Partei mit Anti-Hartz IV- und Anti-EU-Osterweiterungsagitation vor allem bei Jüngeren mit niedrigeren Bildungsabschlüssen sowie in Gebieten mit größerer Arbeitslosigkeit bzw. Nähe zu den Außengrenzen Anklang fand (Steglich 2005, S. 31, 42, 53).

4.3 Zweidimensionales Mehrparteiensystem mit ungewollten Regierungen

Der Stoß, der das Zwei-Parteigruppensystem in die Krise stürzen sollte, war nach der Wahl von 2002 die abrupte Wendung Bundeskanzler Schröders hin zur „Agenda 2010". Angesichts hoher Arbeitslosigkeit sah sie arbeitsmarktpolitische Reformen und soziale Einschnitte vor. Das rief nicht nur Murren innerhalb der SPD hervor (wo der Vorsitzende für Arbeitnehmerfragen eine „Entsozialdemokratisierung der SPD" geißelte) (Schreiner 2007), sondern auch Proteste bei DGB-Gewerkschaften. Aufgebrachte Gewerkschaftsfunktionäre sammelten Anhänger für eine neue Wählergruppierung. Zur Bundestagswahl 2005 schloss sich ihre „Wahlinitiative Arbeit und soziale Gerechtigkeit" mit der PDS zu einem Wahlbündnis zusammen, dem sich auch der frühere SPD-Vorsitzende Lafontaine zugesellte (Vollmer 2013).

2005: Man erreichte statt der vier Prozent der PDS von 2002 nun 8,7 % der Stimmen, während die SPD über 4 Prozentpunkte verlor. *Der PDS war es damit gelungen, ihre regionale Beschränkung zu durchbrechen. Mehr noch: Weder SPD und Grüne noch CDU/CSU und FDP hatten eine Parlamentsmehrheit erreicht. Das bisherige Zwei-Parteigruppensystem war ausgehebelt.* Konnte man mit der PDS bzw. Linken koalieren? Trennend wirken Erinnerungen an die SED-Herrschaft, ihre NATO-Ablehnung, fragwürdige Demokratievorstellungen und maßlose Sozialforderungen. Als Ausweg blieb nur die Große Koalition zwischen Unionsparteien und SPD. Diese konnte auf sinkende Arbeitslosenziffern verweisen und 2008/09 die Finanzkrise mit dem Einsatz öffentlicher Mittel soweit abfedern, dass ihre Auswirkungen auf den Arbeitsmarkt gering blieben. Selbst ihre Endphase erlebte sie als „Sanierungsbündnis" (Probst 2006). Dennoch: Bei der Bundestagswahl 2009 erlitten beide Koalitionspartner Verluste, die SPD geradezu katastrophale – hingegen gewannen FDP und Linke. Darin konnte man Folgen einer Großen Koalition der „Mitte" sehen (Schmitt und Franzmann 2017, S. 89, 111), bei der SPD zusätzlich Effekte der Agenda 2010.

2009: Aber: Das Wahlergebnis 2009 ermöglichte eine von CDU/CSU und FDP getragene Regierungsmehrheit. *Die Probleme der neuen Konstellation wurden dadurch vorübergehend verdeckt.* Die schwarz-gelbe Regierung arbeitete mit schwacher Kooperation, hatte bald Mehrheitsprobleme im Bundesrat und stand unter dem fortdauernden Druck der Euro-Krise. Wichtiger für die Entwicklung des Parteiensystems aber wurde, dass innerhalb der CDU „Linksverschiebungen" andauerten (Korte und Switek 2013, S. 5 f.). Bei Krisenentscheidungen verließ die CDU-Spitze den früheren Parteikurs: Das galt für den abrupten Ausstieg aus der Atomenergie und den, wenn auch zögernden Einstieg in eine Schuldenvergemeinschaftung in der Eurozone. Dies waren starke Signale, um eine *schwarz-grüne Koalition* in den Bereich des Möglichen zu rücken – d. h. weiter vom Zwei-Parteigruppensystem abzugehen. Interessiert hatte man in der CDU eine gewisse Verbürgerlichung der Grünen-Wähler wahrgenommen. Diese bilden inzwischen eine einkommensstarke Wählerschaft, die 2009 mit ihren Einstellungen zu sozialer Sicherung und Einkommensunterschieden zwischen den Anhängern der FDP und der CDU/CSU rangierte – weitab von denen der SPD und der Linken (Neu 2009, S. 17 f.). Auch bei der Frage nach dem Vorrang von Freiheit oder Gleichheit befanden sich 2008 die Grünen-Anhänger zusammen mit Unions- und FDP-Anhängern bei denen, die mehrheitlich für Freiheit optieren, während bei SPD und Linken die Präferenz der Gleichheit galt (Petersen 2011, S. 115). Die Partei allerdings war programmatisch noch nicht so weit (Spier 2013, S. 381), und 2015 zeigte sich wieder eine deutliche Gleichheitstendenz der Grünen-Anhänger (Petersen 2016, S. 82). Immerhin – die Grünen, nur noch „kulturell zum linken Lager" gehörend (Korte 2009, S. 4), schienen als CDU-Koalitionspartner denkbar.

2013: Die Bundestagswahl 2013 bescherte der Union fast die Hälfte der Sitze im Bundestag – erklärbar angesichts der florierenden deutschen Wirtschaft im Kontrast zum Großteil der Eurozone. Die FDP aber hatte bei Steuererleichterungen nicht liefern können, war durch Atomausstieg (der den Koalitionsverhandlungen widersprach) und Euro-Rettungspolitik (an der sich die FDP-Mitgliedschaft fast in der Mitte spaltete) der Kanzlerin düpiert (Jun 2015, S. 119; Saalfeld 2015, S. 204) – sie fiel unter fünf Prozent und damit aus dem Bundestag, während die AfD, zuvor von allen Bundestagsparteien ohnehin ins koalitionspolitische Abseits gestellt, knapp scheiterte. Anstoß der neuen Partei waren die Kreditbürgschaften für Griechenland gewesen. Das Thema spielte 2013 hinter Arbeitslosigkeit eine beachtliche Rolle (Niedermayer 2015, S. 841). Daneben nahm die neue Partei auch zur Energieversorgung, zu Familie und Zuwanderung Positionen rechts der CDU ein. Sie besetzte geräumte, von niemandem mehr vertretene Positionen, mithin eine „Repräsentationslücke" (Patzelt 2018b). Die Union bekam damit Konkurrenz von rechts, analog wie sie die SPD bereits links hatte. Weil die Parteineugründung dennoch (knapp) den Einzug verpasste, sahen sich CDU und CSU im Bundestag allein einer linken Mehrheit gegenüber. Doch auch diese blieb hypothetisch, da der SPD der Graben zur Linken zu tief schien, eine Zusammenarbeit zuvor wieder ausgeschlossen wurde. Die Lösung war somit erneut eine Große Koalition. Sachlich fiel dies nicht allzu schwer, war man doch voneinander nicht so weit entfernt.

Die SPD suchte in der Regierung mit Mindestlohn, Rente ab 63 und Korrekturen an der „Agenda 2010" der Linkspartei das Wasser abzugraben. Doch die weitere Entwicklung wurde durch einen dramatischen Umsturz der Themenrelevanzen bestimmt: Während Arbeitslosigkeit fortlaufend weniger als zentrales Problem gesehen wurde, die Eurokrise wechselnd zwischen 10 und 20 % der Befragten nannten, avancierte das Thema Flüchtlinge/Asyl von 2013 bis 2015 flugs zum wichtigsten Thema mit 50 % im Frühjahr und 85 % im Herbst 2015 (Niedermayer 2015, S. 841). Die Entscheidung der Bundeskanzlerin zur Willkommenskultur mit offenen Grenzen („Wir schaffen das"), unterstützt von allen Bundestagsparteien, vorherrschendem Medientenor, Kirchen und zahlreichen Verbänden, bedeutete eine Vertiefung des Grabens gegenüber der AfD. Diese erzielte trotz innerer Parteikrise ab 2016 Durchbruchserfolge bei allen Landtagswahlen, geringere nur dort, wo es eine Konfrontation zwischen CDU und SPD im Lande gab.

2017: Bei der Bundestagswahl 2017 erlitten beide Partner der Großen Koalition Verluste, die oppositionellen Grünen und Linken nahmen leicht zu, aber als wirkliche Gewinner erwiesen sich die in den Bundestag zurückkehrende FDP und die AfD. Die Umstände begünstigten letztgenannte:

- eine Große Koalition, die Profilschwächungen für die großen Parteien bedeutete (Schmitt und Franzmann 2017),
- ein dominierendes, inhaltlich nützendes Thema, bei dem die geschlossene Front aller Bundestagsparteien die eigene Position zum heraushebenden Alleinstellungsmerkmal machte (Decker 2017a; Debus 2017),
- und eine breite, empörte Öffentlichkeit, die der Neugründung Protestwähler zutrieb.

Koalitionsbildungen wurden nun deutlich schwieriger als bisher: Weder die linke noch die rechte alte Parteigruppierung erreichte eine Mehrheit, selbst „Rot-Rot-Grün" nicht. Zahlenmäßig möglich, aber politisch von CDU/CSU ausgeschlossen blieb eine Koalition von CDU/CSU, FDP und AfD. Der Versuch einer Jamaika-Koalition aus CDU/CSU, FDP und Grünen scheiterte, der ungeliebte Ausweg war, einmal mehr, eine Große Koalition.

2021: Wie auch schon 2017 blieb das deutsche Parteiensystem nach der Bundestagswahl 2021 zwischen moderatem und polarisiertem Pluralismus angesiedelt (Jesse 2021, S. 369). Dabei war die Wahl von besonderer Dynamik: Es war die erste, bei der es keinen Kanzler/-innen-Bonus zu verteilen gab – nach 16 Jahren trat Angela Merkel nicht erneut an. Zum ersten Mal seit 70 Jahren hat es der Südschleswigsche Wählerverband in den Bundestag geschafft (mit einem Sitz). Und zum ersten Mal seit 70 Jahren gab es wieder ein Dreierbündnis auf Bundesebene, das erste Mal überhaupt ein lagerübergreifendes – nämlich zwischen SPD, Grünen und FDP. Zurückzuführen war dies vor allem auf den Wahlkampf der Union, deren Spitzenkandidaten Armin Laschet mehrere Patzer unterliefen (schwächstes Ergebnis von CDU/CSU), und auf die wenig überzeugende Kandidatin der Grünen, Annalena Baerbock (jedoch: Verdopplung des Wahlergebnisses von 2017). Schienen im Frühjahr 2021 noch Union und Grüne das Rennen unter sich auszumachen (im Mai lagen letztgenannte mit 25,9 % noch über zwei Prozentpunkte vor erstgenannter – Pollytix 2021), hatten beide anschließend das Nachsehen: Die Stärke der von Olaf Scholz repräsentierten[5] SPD war die Schwäche der anderen beiden. Die Menschen schrieben mit weitem Abstand ihm die entscheidenden Kanzlerqualitäten zu, und der SPD die größte Kompetenz beim wichtigsten Thema: Sozialpolitik (Jesse 2021, S. 371; Tagesschau 2021). Beim zweitwichtigsten Thema, Umwelt und Klima, lagen die Grünen vorn. Beide im Bundestag bisher vertretenen Flügelparteien mussten Rückschläge hinnehmen: Die Linke zog zwar in Fraktionsstärke wieder in den Bundestag, aber nur wegen dreier Direktmandate (Grundmandatsklausel), sie lag bei 4,9 %. Und die AfD, die nach dem Abflauen der Migrationsdebatte kein eigenes Thema hatte, verkaufte ihre Einbußen von etwa zwei Prozentpunkten als Anzeichen ihrer Etablierung. Zustande gekommen ist der bislang größte Bundestag mit 736 Abgeordneten (598 sind eigentlich vorgesehen), vor allem aufgrund der CSU-Überhangmandate. Die „kleine" Wahlrechtsreform von 2020 muss nachgebessert werden.

Zusammengefasst: Immer deutlicher hat sich ab 2005 ein *Parteiensystem herausgebildet, das durch drei Merkmale charakterisiert ist:*

---

[5] Nicht: „angeführten" – die unpopulären Vorsitzenden Saskia Esken und Norbert Walter-Borjans blieben im Hintergrund.

1. In quantitativer Hinsicht kann man von einem „fluiden" Mehrparteiensystem im Sinne Oskar Niedermayers (2006, S. 130) sprechen. Die Konstellation ist „fluid", insofern die Wählerschaft beweglich ist, beachtliche Verschiebungen stattfinden bis dahin, dass kleinere Parteien an der Fünfprozenthürde scheitern. Die Zahl der zum Parteiensystem Gehörenden ist variabel.
2. *Nach wie vor ist es durch zwei Politikdimensionen, eine sozio-ökonomische und eine sozio-kulturelle, geprägt. Dabei sind die beiden großen Parteien voneinander nur graduell entfernt, doch umringt von vier kleineren Parteien, die in beiden Dimensionen alle Extrempositionen besetzen. Der längst totgesagte Stadt-Land-Gegensatz, der beide Dimensionen aufnimmt, scheint ein Revival zu erleben* (Haffert 2022).

Das bedeutet sachlich relative Nähe der großen Parteien, während die kleineren Parteien äußere „Pol"-Positionen in den beiden zentralen Politikdimensionen innehaben:

- sozio-ökonomisch nimmt die FDP mit konsequenter Marktwirtschaft die eine, die Linke mit Staatsinterventionismus samt egalisierender Sozialpolitik die andere Extremposition ein;
- sozio-kulturell besetzen die Grünen mit libertärem Universalismus die eine, die AfD mit traditionellen Werten und Nationalismus die andere Extremposition (Jun 2017, S. 103).

3. *Ausgegrenzt, d. h. für Koalitionen im Bund in der Sicht aller anderen Bundestags-parteien und einer Bürgermehrheit keinesfalls in Frage kommend*[6], *sind mit AfD und Linkspartei zwei der kleineren Parteien, die zusammen 15 % der Wähler repräsentieren. Diese Ausgrenzung, wenngleich demokratietheoretisch zu rechtfertigen, hat eine Beschränkung der Koalitionsmöglichkeiten zur Folge, sodass die Wahrscheinlichkeit ungewollter und inhomogener Koalitionen hoch ist.* Gemeint sind insbesondere lagerübergreifende, mehr als zwei Partner benötigende Bündnisse, wie Schwarz-Grün (Weckenbrock 2017) oder die seit 2021 amtierende Ampelkoalition. Dadurch könnten regierende Parteien Konturen und Glaubwürdigkeit verlieren und sich verschleißen, Wähler nur bei Oppositionsparteien klare Alternativen sehen und ihre Stimme

---

[6]Zugleich: SPD und Grüne schlossen ein Bündnis mit der Linken im Wahlkampf 2021 nicht aus.

nicht umgesetzt (im Sinne des Programms der gewählten Regierungspartei) empfinden. Statt der Wahl entscheiden die unvorhersehbaren Ergebnisse einer „Koalitionslotterie" (Korte 2009, S. 3). Über längere Zeit verliert sich der Charme liberaler Demokratie: eine mehrheitsfähige Opposition und eine mehrheitsgetragene, handlungsfähige Regierung. Auch der gesetzgeberische Output verliert infolge gequält-überdehnter Kompromisse an Qualität. *Die latente Krise des Parteiensystems droht in wirtschaftlich schlechten Zeiten in eine akute Krise des politischen Systems überzugehen.*
Die Risiken einer Ausgrenzungspolitik sind somit beträchtlich. Die Polarisierung von Debatten, beiderseits betrieben, hat man wohl dazu zu zählen – mit bedenklichen Folgen[7]. Was also tun? Für den Fall unmöglicher Mehrheitsbildung ist die Anregung vorgetragen worden, anstelle Großer Koalitionen Minderheitsregierungen zu bilden (z. B. Koß 2021, S. 175 ff.), auch von Volksentscheiden war die Rede (Decker 2017b, S. 37). Beide Lösungen wurden schon in der Weimarer Republik praktiziert, die am gleichen Gebrechen litt – letztlich ohne Erfolg, jedenfalls sobald die Wirtschaftskrise kam.

Was die bundespolitische Ausgrenzung der Linken betrifft, scheint sie langsam zu erodieren. Nicht von der Hand zu weisen ist das Argument, die heutige Linke sei nicht mehr die SED von vor 30 Jahren und die politische Umwelt heute eine andere. Was die AfD betrifft, ist sie heute radikaler als zu ihrer Entstehungszeit – vor allem wegen der gestiegenen Bedeutung des vor allem im Osten starken, nationalistischen Flügels um Björn Höcke und dem Rückzug moderater Kräfte (etwa Jörg Meuthens). Da führende Politiker/-innen durch rassistische Bemerkungen, eine Delegitimierung der gewählten Regierung, die Ethnisierung des Volksbegriffs, Antisemitismus, NS-Relativierung, ein gestörtes Verhältnis zu Religions- und Pressefreiheit sowie Verbindungen zu einschlägigen Rechtsextremist/-innen auffallen (Pfahl-Traughber 2019), ist ein Ende der Ausgrenzung durch andere Parteien hier aus guten Gründen nicht absehbar.

Stellt sich wegen des Mehrheitswahlrechts die Ausgrenzungsfrage in Großbritannien und Frankreich anders als in Deutschland, so bietet das Verhältniswahlrecht in anderen Ländern bessere Vergleichsmöglichkeiten: Da gibt es

---

[7] Unter anderem finden diese Spannungen ihren Ausdruck in nachgewiesenen Stimmenfälschungen bei der Bremer Bürgerschaftswahl 2015 und der nordrhein-westfälischen Landtagswahl 2017 zulasten der AfD. Zur Bundestagswahl 2017 legt eine statistische Analyse des Politikwissenschaftlers Wagschal (2018) begründeten Verdacht auf Manipulationen zulasten der AfD in zwölf genannten Wahlkreisen und 321 weiteren Stimmbezirken nahe.

4.3 Zweidimensionales Mehrparteiensystem mit ungewollten Regierungen

die Ausgrenzung, zeitweilig oder auf Dauer praktiziert (so in Schweden), da lässt sich eine bürgerliche Minderheitsregierung von den Rechtspopulisten stützen (Beispiel Dänemark) oder konservative Regierungsparteien nehmen Rechtspopulisten zum Koalitionspartner (so in Norwegen, Finnland und Österreich); auch eine sozialistische Partei hat Letztgenanntes praktiziert (Mannewitz 2018). Einerseits: Die Erfolgsbilanz der unterschiedlichen Strategien mit Blick auf die Eindämmung der kleineren Konkurrenten variiert, hängt auch vom Timing ab (Heinze 2020, S. 135); und die Demokratie ist in keinem der Länder zusammengebrochen. Andererseits wird beständig vor einem „Mainstreaming", d. h. einer Legitimierung der Randparteien und der Übernahme ihrer Positionen, mithin einer gemächlichen Erosion der Demokratie gewarnt (Mudde 2019). So oder so: „Überreaktionen" und „Hysterie" sind Wasser auf den Mühlen einer Partei, die erst provoziert, um sich sodann als Paria zu inszenieren (Nölke 2018).

Wieweit bestimmen verschiedene Dimensionen das Parteiensystem? Es zeigte sich schon in der Vergangenheit, dass viele Befragte nicht in einfachen Links-Rechts-Kategorien denken. Dies kann nicht überraschen, weil Links/Rechts kein eindeutig definiertes Begriffspaar darstellt, sondern ebenso als Gegensatz sozioökonomischer Gleichheit/Ungleichheit (Seymour M. Lipset) wie individueller Emanzipation/„natürlicher Gemeinschaften" (Helga Grebing) verstanden werden kann[8]. Beide Aspekte korrelieren nicht zwangsläufig, sodass es sinnvoll erscheint, eine sozioökonomische und eine soziokulturelle Dimension zu unterscheiden. Beide stellen eine Vereinfachung der weiter oben genannten „cleavages" dar. Entsprechend reihen sich die Parteien von „links" nach „rechts" wie folgt auf (Decker 2018b, S. 24):

- zum sozioökonomischen Konflikt: Linke, Grüne, SPD, AfD, CSU, CDU, FDP;
- zum soziokulturellen Konflikt: Grüne, Linke, SPD, FDP, CDU, CSU, AfD.

Beide Dimensionen zusammen ergeben das Bild von zwei Parteilagern: Linke, Grüne, SPD einerseits, CDU, FDP, CSU andererseits[9]. Sichtbar wird dies in zweidimensionalen politischen Koordinatensystemen für 2013 und 2017 – die

---

[8] Als natürliche Gemeinschaften gelten Familie, Nachbarschaft und Volk (Klingemann und Pappi 1972, S. 10, 18).
[9] Da der sozioökonomische Konflikt durch die AfD hindurch verläuft (Thomeczek et al. 2019, S. 275), ist sie dem rechten Lager nur mit Blick auf die soziokulturelle Konfliktlinie einwandfrei zuzuordnen.

Angehörigen des gleichen Lagers stehen einander näher als anderen (Thomeczek et al. 2019, S. 274). Ebenso werden bei der Rangordnung von bestimmten Werten bezeichnende Unterschiede zwischen den Parteianhängerschaften sichtbar: Während Anhänger der drei linken Parteien „Solidarität" höher bewerten als „Leistung", gelten sie bei Union und FDP etwa gleichviel. „Regelgehorsam" rangiert für Unions-, SPD- und FDP-Anhänger deutlich (knapp auch bei denen der Linken) vor „Autonomie"/Selbstverwirklichung – nur bei den Grünen ist es umgekehrt (Roßteutscher und Scherer 2011, S. 139).

In dem Maße, wie Arbeitslosigkeit in Deutschland zurückging und Zuwanderung zunahm, hat nach Umfragen die Bedeutung der soziokulturellen Dimension zugenommen. Aber beide Konfliktdimensionen bleiben zum Verständnis der Parteiziele wichtig. Schwierig kann die Einordnung einer neuen Partei ohne Vergangenheit und mit anfänglich nur einem tragenden Thema sein – so der „Piraten" mit dem Thema Urheberrecht, sozio-kulturell nicht weit von den Grünen entfernt (Niedermayer 2013, S. 65; Debus und Faas 2013, S. 195).

4.4 Die Programmatik der Parteien

Parteiensysteme sind nicht zuletzt durch inhaltliche Distanzen zwischen den Parteien bestimmt. Ein Blick auf deren Programmatik und Selbstverständnis sei daher hinzugefügt. Trotz aller Skepsis gegenüber der Programmtreue von Parteien liefern Wahlprogramme doch Hinweise nicht nur zum Selbstverständnis, sondern auch zum Handeln einer Partei. So ergab sich bei einer Untersuchung, die zahlreiche Demokratien über vier Jahrzehnte erfasste, dass Regierungspolitik durchaus Wahlprogrammen entspricht – bei Koalitionen selbstverständlich nicht dem Programm einer Partei allein (Klingemann et al. 1994). „Die Frage ‚Do Programs Matter?' ist mit einem klaren ‚Ja' zu beantworten" (Rölle 2001, S. 43, 90).

Die Synopse der Wahlprogramme (siehe unten) bestätigt im Ganzen die oben genannten Reihungen in Wirtschafts- und Sozialfragen (Wirtschafts-, Verteilungs-, Energiepolitik, Reichweite des Staates) wie auch in soziokulturellen Wertfragen (Familien-, Zuwanderungspolitik, individuelle Emanzipation/natürliche Gemeinschaften)[10].

---

[10] Mit sozialstaatlichen Leistungen/Steuern bzw. Zuwanderungspolitik als Kriterien.

4.4 Die Programmatik der Parteien

a. CDU und CSU: Christliche Werte und soziale Marktwirtschaft
Entsprechend dem Charakter von CDU und CSU als Sammlungsparteien verschiedener politischer Richtungen haben katholische, liberale und konservativ-protestantische Vorstellungen auf ihre Programmatik eingewirkt:

- Die *katholische Soziallehre:* Entwickelt in den Sozialenzykliken der Päpste (beginnend mit „Rerum Novarum" von 1891), sucht sie die freie Entfaltung des Einzelnen mit sozialer Verpflichtung, Eigentum mit dessen Sozialbindung zu verbinden. Zentral ist ferner das Prinzip der „Subsidiarität", wonach Aufgaben bei der kleinsten sozialen Gemeinschaft liegen sollten, die zur Problembewältigung fähig ist. Betont werden die Erziehungsrolle der Familie, soziale Hilfe durch freie Träger, ein „Vorrang der Privatinitiative" und des kleinen Eigentums (Gundlach 1933; Welty 1961).
- Der *Neo- oder Ordoliberalismus:* Eine Reihe liberaler Ökonomen (Wilhelm Röpke, Walter Eucken u. a.) hat die Weltwirtschaftskrise nicht als Folge kapitalistischer Marktwirtschaft, sondern politischer Interventionen und wirtschaftlicher Machtballungen gedeutet. Sie ordnen daher dem Staat die Aufgabe einer aktiven Sicherung der marktwirtschaftlichen Ordnung zu. Diesem Zweck sollen Kartellgesetze dienen. Hieran anknüpfend wurde der Begriff der „sozialen Marktwirtschaft" geprägt; in ihr gilt es zusätzlich als Aufgabe des Staates, unsoziale Folgen des Marktes durch sozialpolitische Maßnahmen aufzufangen (Wenzel 1979, S. 300 ff.; Buchhaas 1981).
- *Konservativ-protestantische Strömungen:* Diese wirken besonders im norddeutsch-protestantischen Raum, allerdings mehr durch traditionale Einstellungen (wie Wertschätzung natürlicher Gemeinschaften) als durch Programmatik.

Mit der Führung der Bundesregierung ab 1949 prägte dann die Regierungspraxis das Bild von CDU und CSU: marktwirtschaftliches Wirtschaftswunder, Sozialgesetze und Westintegration wurden ihre Markenzeichen. Erst nach dem Machtverlust von 1969 unternahmen sie wieder programmatische Anstrengungen.

Nach der Wiedergewinnung der deutschen Einheit haben sich CSU 1993 und CDU 1994 neue Grundsatzprogramme gegeben. Das der CDU vertrat eine Balancierung zwischen Markt und Leistung einerseits und sozialem Ausgleich andererseits. In diesem Rahmen nahm man neuere Entwicklungen auf: im Selbstverständnis als Partei von „Christen und Nichtchristen", im Streben nach tatsächlicher Gleichberechtigung der Frau bei Erhaltung der Familie, im Bekenntnis zur europäischen Einigung bei bewahrter nationaler Identität, in der Sicherung des Wirtschaftsstandorts Deutschland in einer freien Weltwirtschaft. Ähnlich sah die

CSU in „christlichem Menschenbild, Selbstverantwortung in Solidarität und Subsidiarität" ihre Ordnungsprinzipien (CDU 1994; CSU 1993). Auf ihrem Leipziger Parteitag von 2003 propagierte die CDU einen Wirtschaftsliberalismus (Schlieben 2007, S. 186, 194 f.), verfocht ihn dann aber kaum. Tatsächlich hat sie seit 2005 eine „programmatische Neuausrichtung" durch sozialpolitische „Linksverschiebungen", durch einen „handstreichartigen Kurswechsel" weg von der Atomenergie und durch ihr Abrücken vom konservativen Familienbild (Kleinkinderbetreuung, homosexuelle Lebenspartnerschaften) vollzogen (Korte und Switek 2013, S. 5 f.) – ungeachtet des 2007 verabschiedeten Grundsatzprogramms. Dem folgte die Willkommenskultur für Zuwanderung. „Erklärungsarmer Pragmatismus" ist es, was Korte (2015, S. 19) der CDU als jahrzehntelanger Regierungspartei attestiert. An ihrer Seite befindet sich die CSU, die sich als „Landespartei mit bundespolitischem Anspruch" darzustellen sucht (Deininger 2020, S. 102) (mit eigenem Profil in EU-, Mütterrenten- und Zuwanderungspolitik), ohne einen Bruch mit der größeren Schwesterpartei zu wagen (Tab. 4.2).

b. SPD: Soziale und ökologische Umgestaltung
Die alte Sozialdemokratie hat sich zum Marxismus bekannt. Sie verstand die Gesellschaft als kapitalistische Klassengesellschaft und erwartete im Gefolge von wirtschaftlichen, sich unvermeidlich verschärfenden Krisen den Übergang zu einer sozialistischen Gesellschaft mit Gemeineigentum an Produktionsmitteln, Wirtschaftsplanung und Gleichheit sozialer Chancen (Walter 2018, S. 7 ff.).

Die Entwicklung der westlichen Industriegesellschaften, auch die Erfahrung des Nationalsozialismus haben dann das Vertrauen in einen „wissenschaftlichen Sozialismus" nachhaltig erschüttert. Forderungen nach Sozialisierungen der Großindustrie, wie von der Partei noch in der Nachkriegszeit erhoben, verloren angesichts des wirtschaftlichen Wiederaufstiegs an Resonanz. Stattdessen verstand sich die SPD (1959) im Godesberger Programm als eine Gemeinschaft von Menschen, „die aus verschiedenen Glaubens- und Denkrichtungen kommen". Man betonte den Vorrang des Marktes vor Planung und sah Gemeineigentum nur als letztes Mittel zur „Bändigung der Macht der Großwirtschaft" vor.

Ein linker Parteiflügel, wie er sich seit der Linkswendung der Jungsozialisten 1969 herausbildete, neigte zwar dazu, vieles in Frage zu stellen. Zu einem neuen, dem Berliner Grundsatzprogramm kam es jedoch erst 1989 (SPD 1989). In ihm bezeichnete sich die SPD als „Reformbündnis der alten und neuen sozialen Bewegungen". Neben Forderungen nach mehr gesellschaftlicher Gleichheit stand nun gleichrangig das Ziel eines „ökologischen Umbaus" der Gesellschaft. Im Übrigen verblieb man eher in den Denktraditionen von Keynes. So nahm die

4.4 Die Programmatik der Parteien

Partei Züge einer umverteilenden „Konjunkturpartei" (Lösche und Walter 1992, S. 102 f.) für gute Zeiten an.

Nach der Regierungsübernahme 1998 ist, von Bundeskanzler Schröder und ihm Nahestehenden ausgehend, eine neue Linie im Sinne einer „neuen" Sozialdemokratie eingebracht worden. Der Akzent wird von bloßen Wohlfahrtsleistungen auf eine „Steigerung der Beschäftigungsfähigkeit" (Vorländer 2001, S. 16 ff.) verlagert – wenn man so will, auf eine Angebotspolitik für den Faktor Arbeit. Allerdings: Mehr als eine Tendenz innerhalb der SPD ist daraus nicht geworden. Traditionelle und ökologische Strömungen sind einflussreich geblieben.

Von der „Fragmentierung" der SPD zeugt die hohe Fluktuation an der Parteispitze, die allerdings schon nach Willy Brandt einsetzte (Grunden 2017, S. 57–59). Vielen erschienen die arbeitsmarktpolitischen Reformen der eigenen Regierung „nicht anschlussfähig" (Grunden 2017, S. 42) und langfristig mit einer Orientierungskrise verbunden, die man in der Großen Koalition nach 2013, nun auch in der Ampelkoalition („Bürgergeld") teilweise zurückzunehmen suchte. Dennoch: Viele „Zurückgelassene" des alten SPD-Arbeitermilieus sind auch nach der Korrektur der „Agenda 2010" entfremdet geblieben (Walter 2018, S. 271 ff.) (Tab 4.2).

c. Der Liberalismus der FDP
Der deutsche Liberalismus, wie er sich im 19. Jahrhundert als große bewegende Kraft formierte, hat die Prinzipien der freien Wirtschaft, des liberalen Rechtsstaates und – mit unterschiedlichem Nachdruck – der parlamentarischen Regierung auf seine Fahnen geschrieben.

Insgesamt neigte die FDP bis Ende der 1960er Jahre dazu, konsequenter als CDU und CSU die Prinzipien der Marktwirtschaft auf der Grundlage des Privateigentums zu vertreten. Geschlossen lehnte die FDP auch Klerikalismus ab. Großenteils betrachtete sie die Außenpolitik Adenauers – jedenfalls in Sachen Wiedervereinigung – mit Skepsis (Dittberner 2014, S. 55 f.). Als die Partei in der Opposition und dann in der sozialliberalen Koalition ihren Standort revidierte, kam dies im Begriff eines „Sozialen Liberalismus" zum Ausdruck. Diesem komme es „nicht nur auf Freiheiten und Recht als bloß formale Garantien des Bürgers gegenüber dem Staat, sondern als soziale Chancen in der alltäglichen Wirklichkeit der Gesellschaft" (Flach et al. 1972, S. 58) an.

Generell begnügt sich die FDP mit Teilprogrammen zu jeweils relevanten Themenfeldern. Während neuere Grundsatzäußerungen teilweise allzu abstrakt-allgemein blieben („Wiesbadener Grundsätze" 1997) (Dittberner 2010, S. 83 ff.), sind die Positionen der Partei in ihren neueren Bundestagswahlprogrammen klar formuliert. *Gegenüber sozialstaatlichen Vorstellungen betont die FDP die Selbstverantwortung und Vorsorge des Einzelnen, gegenüber Verboten beharrt*

Tab. 4.2 Die Wahlprogramme der Parteien 2021 im Vergleich

Themenfeld	CDU/CSU	SPD
Selbstverständnis/zentrale Ziele	„kraftvollen Neustart nach der Krise", „Wachstum", „christl. Menschenbild und gesellsch. Vielfalt"; „wirtschaftl. Wettbewerbsfähigkeit", Schutz der natürl. Lebensgrundlagen, „Zusammenhalt"	Ziele: „Zukunft, Respekt und ein solidarisches Europa", „eine Gesellschaft, die inklusiv und solidarisch ist und allen Bürger*innen die Teilhabe am gesellschaftlichen Leben möglich macht", SPD ist „Friedenspartei"
Staat/Zuwanderung	„Deutschland als Kulturnation", man will „gesteuerte und gezielte Zuwanderung", „geordnet" und „an klaren Regeln orientiert", lehnt „illegale Migration" ab, setzt sich für die Bekämpfung von Fluchtursachen ein, inkl. Ausweitung sicherer Herkunftsstaaten, Ablehnung der Ausweitung von Familiennachzug; Reform der EU-Asyl- und Flüchtlingspolitik, für „Fachkräftezuzug"	Ziel: „das Allgemeine Gleichbehandlungsgesetz modernisieren", akzeptierte „Mehrstaatigkeit", Angleichung Familiennachzug von subsidiär Schutzberechtigten an Flüchtlinge, Verkürzung der Regelaufenthaltsdauer für Einbürgerung, Wahlrecht ab 16 J., Fluchtursachen bekämpfen, bessere Integration; Ziel: Paritätsgesetze für die Parlamente
Innere Sicherheit	Für Videotechnik an öff. Gefahrenorten, Ausweitung Mindeststrafe bei tätlichen Angriffen gg. Polizisten auf 6 Monate, „Null-Toleranz-Strategie gegen Clans", Ausweitung Vorratsdatenspeicherung, Bekämpfung „jeder Form von Extremismus"	Fortführung des „Pakts für den Rechtsstaat", Verfassungsschutz als „Frühwarnsystem", Bekämpfung von Rechtsextremismus in Sicherheitsbehörden, Ablehnung von „Extremismus, politischem Hass und gesellschaftlicher Hetze"
Wirtschaftspolitik	Soziale Marktwirtschaft; „nachhaltiges Wachstum", Ziel: Vollbeschäftigung, „mehr Flexibilität bei den Arbeitszeiten", Erhöhung Minijob-Grenze auf 550 €, gesteuerter Fachkräftezuzug, mehr Anerkennung ausländischer Abschlüsse	Ziele: „Wettbewerbsfähigkeit und die nachhaltige Beschäftigung", Staat als „strategischer Investor" des „sozial-ökologischen Wandels" v. a. mithilfe der KfW, Verbandsklagerecht der Gewerkschaften, keine „sachgrundlose Befristung" von Arbeitsverträgen, Leiharbeiter wie Stammbelegschaft bezahlen, Tarifbindung im Handwerk

(Fortsetzung)

4.4 Die Programmatik der Parteien

Tab. 4.2 (Fortsetzung)

Themenfeld	CDU/CSU	SPD
Steuer- und Sozialpolitik	Mit „soliden Finanzen in die Zukunft", Schuldenbremse, „Leistung muss sich lohnen", gg. Vermögenssteuer und gg. höhere Erbschaftssteuer, Abschaffung Solidaritätszuschlag, „wettbewerbsfähige Unternehmensbesteuerung" (Deckelung Unternehmenssteuer 25 %), Digitalisierung Steuererklärung und Anträge, Renteneintritt mit 67 bis 2030	Ziel: „Steuergerechtigkeit" u. a. durch Reichensteuer 3 % ab 250 000 € und Soli für Spitzenverdiener, Vermögens- und Finanztransaktionssteuer, kein Ehegattensplitting mehr für neu geschlossene Ehen, Anhebung der Gleitzone von Midi-Jobs auf 1600 €, dazu Renten: „eine Anhebung der Regelaltersgrenze, mind. 48 % Rentenniveau, bei Arbeitslosen Schonvermögen erhöhen
Klima- und Energiepolitik	„Klimaneutralität bis 2045", Abschaffung EEG-Umlage, Förderung Photovoltaik, europäischer Emissionshandel, Ausbau der Erneuerbaren, technologische Weiterentwicklung und Innovationen, „Deutschland zum Wasserstoff-Land Nr. 1 machen", Ausbau Schnellladesäulen im Fernverkehr, Förderung von CCS	Klimaneutralität bis 2045, Strom ab 2040 ausschließlich aus Regenerativen, Einsatz für Wasserstoff, wo grüne Elektrifizierung nicht möglich (Dtl. bis 2030 Leitmarkt für Wasserstofftechnologie), Ziel: „eine Solaranlage auf jedem Supermarkt, jeder Schule und jedem Rathaus", Abschaffung EEG-Umlage bis 2025, Elektrifizierung von 75 % des Schienennetzes und mind. 15 Mio. E-Autos bis 2030
Gesundheitspolitik	Für freie Arzt- und Therapiewahl u. Zusammenspiel gesetzlicher und privater Krankenkassen, gg. „Einheitsversicherung", keine Kommerzialisierung von Sterbehilfe; keine „Legalisierung illegaler Drogen", Stärkung der WHO	Für Einführung einer Bürgerversicherung (auch in Pflege), regulierte Abgabe von Cannabis an Erwachsene in Modellprojekten
Bildungspolitik	„Jedes Kind soll seinen Möglichkeiten entsprechend von Anfang an gefördert werden." Für duale Berufsausbildung, Stärkung digitaler Kompetenzen, Flexibilisierung des Bafögs, Aufbau einer nationalen Bildungsplattform	Rechtsanspruch für Freiwilligendienst für uner 27 J. und Ganztagsangebot im Grundschulalter, mehr Bafög

(Fortsetzung)

Tab. 4.2 (Fortsetzung)

Themenfeld	CDU/CSU	SPD
Familie/Gleichstellung	Ausweitung der Partnermonate beim Elterngeld von 14 auf 16 Monate; finanzielle Entlastung von Familien/Alleinerziehenden mit Kindern u. a. beim Erwerb von Wohneigentum; Streben nach Kindersplitting	„Vier-Säulen-Modell für mehr Familienzeit" (u. a. zwei Wochen Elternschaftszeit nach Geburt, Kindergrundsicherung bestehend aus Infrastruktur (u. a. beitragsfreie Kitas und Ganztagesbetreuung in der Schule) und nach Einkommen gestaffeltem Kindergeld (<250 €), Gleichstellung von Männern und Frauen bis 2030 (u. a. Entgelttransparenzgesetz), parität. Besetzung von wirtsch. Führungspositionen bei allen börsennotierten Unternehmen, Schwerpunktstaatsanwaltschaften für Femizide, Abschaffung § 219a StGB, Einsatz für „Verantwortungsgemeinschaft", „auf allen Ebenen der Anti-Gender-Bewegung" entgegentreten
Außen- Europa- und Sicherheitspolitik	Bundeswehr soll langsam auf 203 000 Personen und auf Ausgaben von 2 % des BIP wachsen, Entwicklungshilfe auf 0,7 %. Für Europäische „Verteidigungsunion", für NATO. Unterstützung der von Corona besonders betroffenen EU-Staaten, doch gg. „Schuldenunion"	0,7 % des BIP für Entwicklungshilfe; „Fluchtursachen bekämpfen, nicht Geflüchtete" (u. a. Globalen Pakt für Migration umsetzen), Stärkung WTO, Einsatz für Initiative für Staateninsolvenzverfahren, für unbemannte bewaffnete Drohnen, Ziel: atomwaffenfreie Welt, für stärkere Rüstungskontrolle außerhalb EU/NATO

SPD, Aus Respekt vor Deiner Zukunft. Das Zukunftsprogramm der SPD; CDU/CSU, Das Programm für Stabilität und Erneuerung. Gemeinsam für ein modernes Deutschland

4.4 Die Programmatik der Parteien

sie auf marktwirtschaftlichen In-strumenten im Umweltschutz, gegenüber der traditionellen Familie betont sie das In-dividuum und akzeptiert alternative Lebensformen. Das nationalliberale Erbe trat zeitweilig in Nordrhein-Westfalen hervor (Lösche und Walter 1996, S. 31 ff.). Gegenwärtig könnte man die eurokritischen Parteimitglieder einer solchen Traditionslinie zuordnen. Sie lehnten 2010 das Rettungspaket für Griechenland ab und konnten bei einer Urabstimmung 44,2 % der Abstimmenden für ihre Position gewinnen – eine echte Zerreißprobe. Entgegen EU-Tendenzen setzte sich die FDP für den Meisterbrief als Voraussetzung für Selbstständigkeit ein (Treibel 2013, S. 57, 117, 119, 182 f., 210, 227). Im Übrigen ist die Partei mehrfach bei Koalitionswechseln in existentielle Krisen geraten und hat erstmals eine Abwahl aus dem Bundestag durch eine nahezu triumphale Rückkehr beenden (und 2021 gar fast gänzlich vergessen machen) können – eine bewegliche, risikobereite liberale Kraft (Tab 4.4).

d. Ökologische Linkspartei: Die Grünen
Mit Kandidaturen bei Kommunal- und Landtagswahlen ab 1977/78 haben die Grünen die Bühne der Politik betreten. Ihrer Organisierung als Partei lief eine Bewegung von Bürgerinitiativen für Umweltschutz voraus. Ausgreifend ließ sich von grünen Lebensorientierungen sprechen, fassbar in Begriffen wie Selbstverwirklichung und Teilhabe, Partizipation und Anerkennung. Neben „grünen Wurzeln" besitzen die Grünen jedoch auch eine „rote Wurzel" in Gestalt von Linken, die sich mit antikapitalistischer Motivation bei ihnen beteiligen – von ehemaligen Sozialdemokraten bis zu Kadern aus linksextremistischen Splitterparteien (van Hüllen 1990, S. 155 ff., 255, 316). Darüber hinaus sind Vorstellungen aus der Friedens-, der Frauen- und der Dritte-Welt-Bewegung bei den Grünen beheimatet. Ebenso nahm die aus der DDR stammende Bürgerbewegung in Gestalt von Bündnis 90 „bei der Assoziation mit den westdeutschen Grünen […] eine Schlüsselstellung ein" (Probst 2017, S. 202) (Tab. 4.3).

Vor diesem Hintergrund steht die Entwicklung grüner Programmatik, wie sie mit dem Bundesprogramm des Jahres 1980 einsetzte. *Sie enthielt neben ökologischen Zielsetzungen auch sozial-egalitäre, pazifistisch-neutralistische und auf alternative Lebensformen gerichtete Positionen.* Ältere Vorbehalte gegenüber der repräsentativen Demokratie sind geschwunden, allerdings Neigungen geblieben, Widerständen von „Betroffenen" und Umweltschützern einen hohen Stellenwert einzuräumen.

Mit dem Einzug in die Parlamente wurde die Frage einer Koalition mit der SPD zum Hauptstreitpunkt der innerparteilichen Auseinandersetzung zwischen „Realos" (Realpolitiker um Joschka Fischer) und koalitionsfeindliche

Tab. 4.3 Die Wahlprogramme der Parteien 2021 im Vergleich (Fortsetzung)

Themenfeld	Die Linke	B 90/Die Grünen
Selbstverständnis/zentrale Ziele	„Unser Ziel: eine Gesellschaft des guten Lebens für alle. ", „Wir lassen niemanden zurück", „Deutschland demokratischer und sozial gerechter machen"	„Wir haben ein klares Ziel für dieses Jahrzehnt vor Augen: klimagerechten Wohlstand." Ziel: ins „Zeitalter der Klimaneutralität"
Staat/Zuwanderung	Bleiberecht für Opfer rechter Gewalt, Wahlrecht für alle hier dauerhaft Lebenden, dezentrale Unterbringung von Geflüchteten, keine Abschiebungen, dt. Staatsangehörigkeit für alle hier Geborenen, Recht auf Mehrstaatlichkeit, nach 5 Jahren „Rechtsanspruch auf Einbürgerung"	Behördendigitalisierung, Transparenz beim Lobbyismus und parl. Nebeneinkünften, „Bürger*innenräte für mehr Beteiligung", Wahlrecht ab 16, komm. Wahlrecht für Drittstaatsangehörige, Staatsbürgerschaft für alle hier Geborene, „neue Zugangswege für Bildungs- und Arbeitsmigration", „Recht auf einen kostenfreien Zugang zu passgenauen, gut erreichbaren und bundesfinanzierten Sprach- und Integrationskursen", dezentrale Unterbringung, sicheres Bleiberecht für Geduldete nach 5 Jahren, „sichere und legale Fluchtwege"
Innere Sicherheit	„gegen Rassismus, Antisemitismus, Antiziganismus und Neonazis", für „Antifaschismus", Auflösung des Verfassungsschutzes, „Ermittlungsschwerpunkte für rechten Terror", „Demokratisierung der Sicherheitsbehörden", Verbot neonazistischer Organisationen, mehr kritische Polizeiforschung	„Offensive bei der Besetzung offener Stellen" bei BPol und BKA, Kennzeichnung von Bundespolizisten (anonymisiert), Schaffung eines/r Bundespolizeibeauftragten, „unabhängige wissenschaftliche Studien zu Rechtsextremismus, Antisemitismus und Rassismus in den Sicherheits- und Strafverfolgungsbehörden", Schaffung europ. Kriminalamt, Reform Verfassungsschutz, „Rechtsextremismus bekämpfen", „Vor Terrorismus schützen", Verfügbarkeit von tödl. Schusswaffen minimieren, Einführung Gruppenklagen

(Fortsetzung)

Tab. 4.3 (Fortsetzung)

Themenfeld	Die Linke	B 90/Die Grünen
Wirtschaftspolitik	„bis 2025 eine Million gut bezahlte Arbeitsplätze" schaffen, Überführung von Leiharbeit, Mini- und Midi-Jobs in reguläre Arbeitsverhältnisse, 30h-Woche, Tarifbindung in allen Branchen, Verbandsklagerecht, Deckelung von Manager- und Vorstandsgehältern, Stopp sachgrundloser Befristungen, Rechtsanspruch 36 Tage Urlaub, Abschaffung Schuldenbremse	„Jahrzehnt der Zukunftsinvestitionen", Investitionsabschreibungen mind. 25 %, Einführung Recht auf Reparatur, Förderung nachhaltiger Start-Ups mit Startkapital i.H.v. 25 000 €, Rückzug des Staates aus nichtnachhaltigen Investments, Umbau Schuldenbremse zugunsten von 50 Mrd. Euro/Jahr für Digitalisierung, Klimaschutz und Forschung
Steuer- und Sozialpolitik	Mindestlohn 13 Euro/Stunde, Rentenniveau 53 % (1200 € Mindestrente) in O. und W., Renteneintritt mit 60/65 J., „Mietendeckel im gesamten Bundesgebiet", Bau v. 250 000 Wohnungen/Jahr, Wiedereinführung Vermögenssteuer bis zu 5 %, Einkommen bis 1200 Euro/Monat steuerfrei, staatl. Rentenvers. für alle, steuerfreies Existenzminimum 14 400 Euro/Jahr, Reichensteuer ab 260 000 € 60 %, ab 1 Mio. 75 %; Individualbesteuerung statt Ehegattensplitting	Mindestlohn 12 Euro/Stunde, Erhöhung Grundfreibetrag bei Einkommenssteuer, Spitzensteuersatz i.H. v. 45 % ab 100 000 und 48 % ab 200 000 €, Vermögenssteuer i.H. v. 3 %/Jahr ab 2 Mio. Euro, „Garantiesicherung statt Hartz IV" ohne Sanktionen, Ergänzung Umlage- durch kapitalgedeckte Altersvorsorge, Rentenniveau 48 % (bei Bedarf Steuerzuschüsse), „Garantierente", die mehr Menschen als die „Grundrente" nützt, bundesweiter Mietendeckel
Klima- und Energiepolitik	Ziele: „für einen sozialökologischen Systemwechsel"; Wirtschaft und Infrastruktur bis 2035 klimaneutral, staatlicher Industrie-Transformationsfonds i.H.v. 20 Mrd. Euro/Jahr für ökol. Umbau der Industrie, kostenloser Nahverkehr, Umbau zu ökol. Landwirtschaft, „Bahn für alle!", Tempolimit 120 km/h, 25 % der Agrarflächen für Ökolandwirtschaft bis 2030, Senkung MWSt. für Reparaturen	Bis 2030 Kohleausstieg und CO2-Reduktion um 70 %, Reform EU-Emissionshandelssystem, „ab 2030 nur noch emissionsfreie Autos neu zulassen", CO2-Preis i.H.v 60 Euro/Tonne ab 2023, Energiegeld, Klimabonus für Geringverdiener, 1,5 Mio. neue Solaranlagen in vier Jahren, 2 % der Fläche für Windkraftanlagen, Bahnausbau soll Inlandsflüge überflüssig machen, 130 km/h Autobahn

(Fortsetzung)

Tab. 4.3 (Fortsetzung)

Themenfeld	Die Linke	B 90/Die Grünen
Gesundheitspolitik	„100 000 Pflegekräfte mehr in den Krankenhäusern und 100 000 Pflegekräfte mehr in den Pflegeheimen und 500 € mehr Grundgehalt", „Solidarische Gesundheitsvollversicherung", ggf. Beitragsbemessungsgrenze und Zuzahlungen, Entkriminalisierung von Drogen	„Klimaschutz ist Gesundheitsschutz", 1 % der Gesundheitsausgaben für öff. Gesundheitsdienst, „Büger*innenversicherung", Digitalisierung des Gesundheitssystems, Legalisierung Cannabis
Bildungspolitik	„200 000 zusätzliche Erzieher*innen", „flächendeckende Ganztagsbetreuung", „100 000 neue Stellen für Lehrer*innen und Sozialpädagogen*innen", „inklusive Bildung", mehr Kitas, gebührenfrei mit Essen, „Gemeinschaftsschule" mit längerem gemeinsamem Lernen	„diverse und inklusive Schulen", „geschlechtliche und sexuelle Vielfalt und Diversität in den Lehr- und Bildungsplänen", Recht auf Ganztagsplatz an Grundschulen, Umbau BAföG in Grundsicherung für Studierende und Azubis, mehr unbefristete Stellen im akad. Mittelbau, Weiterentwicklung Tenure-Track-Verfahren
Familie/Gleichstellung	„Kindergrundsicherung": 328 € Kindergeld+Zuschlag von max. 302 €, beitragsfreies Ganztags-Betreuungsangebot für Kinder, Verlängerung Elterngeld auf 24 Monate und Erhöhung des Mindestbetrags auf 400 €, keine Anrechnung Elterngeld auf Transferleistungen, mehr Kinderkrankentage, Einführung Wahlverwandtschaftsrecht, Frauenquote in Führungspositionen i.H.v. 50 %, „(Sorge-)Arbeit und Zeit umverteilen", „Offensiv und sozial für LSBTIQA*"	„Kindergrundsicherung", das bisherige Leistungen bündelt, Kinderkrankengeld 15 Tage/Jahr, Frauenquote börsennotierter Vorstände i.H.v. 1/3, Aufsichtsräte 40 %, Aufhebung Transsexuellengesetz, 50 % Frauen in internat. Verhandlungen

(Fortsetzung)

Tab. 4.3 (Fortsetzung)

Themenfeld	Die Linke	B 90/Die Grünen
Außen-, Europa- und Sicherheitspolitik	Verbot von Waffen(fabriks)exporten, gg. Auslandseinsätze d. Bundeswehr, Auflösung KSK, Nein zu Kampfdrohnen und Atomwaffen, Unterstützung von Flüchtenden aus Kriegsgebieten, für Abrüstung, für Seenotrettung und „für die vollständige Wiederherstellung des Rechts auf Asyl", „für eine andere Europäische Union, die Grundrechte ernstnimmt und verteidigt"	„fest entschlossen, Europa als Wertegemeinschaft demokratisch zu stärken", Ablehnung Zwei-Prozent-Ziel, bewaffnete Drohnen zum Schutz von Soldaten, Stärkung der WHO, 0,7 % des BNE für Entwicklungszusammenarbeit

Die Linke, Zeit zu handeln! Für soziale Sicherheit, Frieden und Klimagerechtigkeit. Wahlprogramm zur Bundestagswahl 2021; B90/Die Grünen, Deutschland. Alles ist drin. Bundestagswahlprogramm 2021

Tab. 4.4 Die Wahlprogramme der Parteien 2021 im Vergleich (Fortsetzung)

Themenfeld	FDP	AfD
Selbstverständnis/zentrale Ziele	„Entfesseln wir die Kräfte der Sozialen Marktwirtschaft und weltbester Bildung für Wohlstand, Freiheit und Aufstiegschancen"	„kulturelle Identität Deutschlands wahren", „Deutsche Leitkultur statt ,Multikulturalismus'"
Staat/Zuwanderung	Klare Trennung von Flucht und Einwanderung, Grundgesetz als integrationspolitisches Leitbild, Staatsbürgerschaft nach 4 Jahren (Einbürgerungstests, Bekenntnis zum Grundgesetz und Einbürgerungsfeiern), doppelte Staatsbürgerschaft bei Entscheidungszwang ab Enkelgeneration, Punktesystem bei Einwanderung, stärkere Digitalisierung (inkl. eigenes Ministerium, finanziert durch Verkauf staatl. Post- und Telekom-Anteile), Reform des öff. Rundfunks, Amtszeitbegrenzung Bundeskanzler auf zwei Legislaturperioden, Ausdehnung Legislaturperiode auf 5 Jahre	Staatsangehörigkeit nach Abstammungsprinzip, für „unmittelbare Demokratie inkl. „Volksabstimmungen anch Schweizer Modell", für freie Listenwahl Trennung von Amt und Mandat, Amtszeitbegrenzung, gg. Politikerpensionen, Beamtenstatus für originär hoheitliche Aufgaben, Reform der Parteienfinanzierung (v. a. Stiftungen), Asylanträge nur „bei nachgewiesener Identität und Staatsangehörigkeit", für „Abschiebeoffensive", Ausweitung der Zahl sicherer Herkunftsstaaten, gg. Familiennachzug, humanitäre Hilfe in Krisenregionen statt Flucht, ausschl. qualifizierte Einreise nach japan. Vorbild, Reform des öff. Rundfunks
Innere Sicherheit	gg. „jede Form von Extremismus", „Quick Freeze statt Vorratsdatenspeicherung", gg. automatisierte Gesichtserkennung im öff. Raum, gg. NetzDG, für Auskunftsanspruch von Opfern von Internet-Straftaten, verbesserte Kontrolle der Nachrichtendienste, Stärkung Recht auf Privatsphäre im digitalen Raum	„Linke Gewalt entschieden bekämpfen" und „Wirksame Bekämpfung der Ausländerkriminalität", „Schutz der persönlichen Freiheit vor digitalen Übergriffen", Reform Verfassungsschutz, Ausrichtung BPol auf Grenzschutz, gg. NetzDG

(Fortsetzung)

4.4 Die Programmatik der Parteien

Tab. 4.4 (Fortsetzung)

Themenfeld	FDP	AfD
Wirtschaftspolitik	Flexibilisierung der Arbeitszeit, Stärkung mobiles Arbeiten durch Rechtsanspruch auf Erörterung, staatl. Schuldenquote unter 60 %, für Reform der WTO, Gründungszuschuss i.H.v. 300 € für 15 Monate, Zukunftsfonds für Start-Ups, Kopplung von Mini- und Midijob-Grenzen an Mindestlohn	„Wir wollen die Wirtschaft von politisch herbeigeführten Belastungen komplett befreien." („Blue Deal"), Flexibilisierung des Arbeitsrechts, Subventionsabbau, Mittelstand entlasten, für Mindestlohn, Stärkung MINT-Fächer, nationales pharmazeutisch-medizinisches Kompetenz-Cluster, Entwicklung von Technologien und Geschäftsmodellen zur Weltraumnutzung
Steuer- und Sozialpolitik	Senkung Unternehmensteuer auf 25 %, Abschaffung Gewerbesteuer, Senkung Abgabequote (=Steuern und Sozialbeiträge) auf unter 40 % und der Steuerlast kleiner und mittlerer Einkommen, Höchststeuersatz erst ab 90 000 € Einkommen, gg. Erhöhung Spitzensteuersatz und Erbschaftssteuer, Abschaffung Soli, Deckelung Sozialausgaben des Bundes auf 50 % des Haushaltes, Flexibilisierung Renteneintrittsalter, für gesetzl. Aktienrente, Abschaffung Schaumwein-/Bier-/Kaffee-/Zwischenerzeugnissteuer, Einführung „Easy Tax" (vorausgefüllte Steuererklärung)	Ziel: Senkung der Steuer- und Abgabenlast, Konzentration auf Umsatz- und Einkommensteuer bei Abschaffung von Grund-, Vermögens-, Erbschafts-, Schenkungs, Gewerbe- und kleineren Verbrauchsteuern, Einführung einer umsatzbasierten Digitalsteuer, Familiensplitting, AL-Geld I-Bezugsdauer nach Vorbeschäftigungsdauer, „aktivierende Grundsicherung", Erhöhung Selbstbehalt bei ALG-II-Berechnung, „Freiheit beim Renteneintritt", für umlagefinanzierte Rente
Klima- und Energiepolitik	Ausweitung Emissionshandel i.V.m. staatl. vorgegebenen CO2-Kontingent, Rückzahlung an Bürger über „Klimadividende", gg. Tempolimit auf Autobahnen und Dieselfahrverbote, Beibehaltung Verbrennungsmotoren (mit E-Fuels), Streichung E-Auto-Subventionen, Ausbau Schnellladesäulen, weitere Privatisierung der Bahn	gg. Ziel der Klimaneutralität und Ausbau der Erneuerbaren, Kündigung Pariser Klimaabkommen, Abschaffung CO2-Besteuerung, gg. „Green Deal" der EU, für „ Bewahrung des heimatlichen Landschaftsbildes" zuungunsten von Windkraftwerken, Wiedereinrichtung von Kernforschungszentren, Stärkung Flugverkehr, gg. Tempolimit auf Autobahnen

(Fortsetzung)

Tab. 4.4 (Fortsetzung)

Themenfeld	FDP	AfD
Gesundheitspolitik	Für Wettbewerb unter den Krankenkassen, Digitalisierung des Gesundheitswesens, für Legalisierung Cannabis, Streichung § 219a StGB, für „Selbstbestimmung auch am Lebensende", „Drei-Säulen-Modell für Pflege"	Zusammenlegung von sozialer Pflegeversicherung und gesetzlicher Krankenversicherung, Individualbudget für Krankenhäuser, gg. Kopfpauschalen, Flächentarifvertrag für Pflegekräfte, med. Versorgung auf Land stärken, gg. Impfzwang, Reform WHO
Bildungspolitik	„Aufstieg unabhängig von der Herkunft", jährlich 2,5 Mrd. Euro für Bildung (finanziert durch 1 % der MWSt.), Zentralisierung Abschlussprüfungen bei steigender Autonomie für die Schulen, Deutschtests für alle Kinder 1 Jahr vor Einschulung, für elternunabhängiges BAföG (200 € für alle + 200 € bei Ehrenamt + zinsfreie Darlehen)	„differenziertes Schulsystem", Diplom u. Magister wieder einführen, Abschaffung islamtheologischer Lehrstühle, gg. „Frühsexualisierung" und für Deutsch in Kitas, gg. „immer höhere Abiturientenquoten", Förderu. Sonderschulen erhalten, „berufliche Bildung stärken", digitalfreie erste vier Schuljahre, gg. Inklusionsunterricht, gg. bekenntnisgebundenen Islamunterricht, „kein Geld für ‚Gender Studies'"
Familie/Gleichstellung	Familie ist dort, „wo Menschen dauerhaft und verbindlich füreinander Verantwortung übernehmen", Anerkennung von Mehrelternschaft und Elternschaftsvereinbarungen, Adoptionsrecht für alle, Bekenntnis zu liberalem Feminismus, Erhöhung Elterngeld-Partnermonate auf 3 Monate, gg. Quoten und für unternehmerische Selbstverpflichtung, Stärkung der Rechte von LSBTI-Personen, für „Partnerschutz" (analog zu Mutterschutz) 10 Tage nach Geburt, für öff. Auswertung Gender Pay Gap ab 500 Beschäftigten	Familie „besteht aus Vater, Mutter und Kindern", Anhebung Kinderfreibetrag, „vollständige steuerliche Absetzbarkeit von kinderbezogenen Ausgaben' und Absenkung MWSt. für Artikel des Kinderbedarfs, gg. Antidiskriminierungsgesetze und „jede Art von Quoten", Freistellung von 20 000 Euro/Kind bei Rentenbeiträgen, Betreuungsgeld für die ersten 3 Jahre, „Ehe-Start-Kredit" für Familiengründungen, Bauland vergünstigt an Familien, „kinderfreundliche Gesellschaft" als Staatsziel

(Fortsetzung)

Tab. 4.4 (Fortsetzung)

Themenfeld	FDP	AfD
Außen-, Sicherheits- und Europapolitik	Für „eine rechtsverbindliche Verfassung mit einem Grund-Rechtekatalog und starken Institutionen" und einer Stärkung der stratege. Souveränität der EU (u. a. EU-Armee, EU-Außenministerin und Prinzip der Mehrstimmigkeit), für Aufwertung EU-Parlament u. übernat. Parteilistenwahl; Ende der Beitrittsverhandlungen mit Türkei, Europäischer Währungsfonds statt ESM, „Gemeinschaft der Demokratien stärken", für internat. Abrüstung und Rüstungskontrolle, für EU-Sanktionen ggü. Russland	Austritt aus EU und Gründung einer „europäischen Wirtschafts- und Interessengemeinschaft", Rückkehr zu Grenzkontrollen und „physischen Barrieren" an den Grenzen, Austritt aus „Transferunion", gg. EU-Schulden und Euro, gg. „Vergemeinschaftung der europäischen Außen- und Sicherheitspolitik (GASP) und den europäischen Auswärtigen Dienst", Mitgliedschaft in NATO und aktive Rolle Deutschlands in OSZE „zentral", gg. Russland-Sanktionen, gg. EU-Beitritt der Türkei, Beteiligung von mind. 51 % der Partnerländer bei Entwicklungsprojekten, Wiedereinführung Wehrpflicht

FDP, Nie gab es mehr zu tun. Wahlprogramm der Freien Demokraten; AfD, Deutschland. Aber normal. Programm der Alternative für Deutschland für die Wahl zum 20. Deutschen Bundestag

„Fundamentalisten" (Raschke 1993, S. 460 f.). Eine weitere Phase ihrer Entwicklung brach für die Grünen mit der deutschen Einheit an. Zwar setzt sich auf ihren Parteitagen weiterhin häufig die Linke durch, doch wurde der tatsächliche Kurs der Partei in eine gemäßigtere Richtung gedrückt (Kleinert 1992, Veen und Hoffmann 1992). Eine neue Untersuchung ortet die heutigen Grünen durch drei Positionen (Stifel 2018, S. 47 f., 53, 62, 65, 71, 106, 114, 119 ff., 154, 174 f., 178 f., 281):

- Erstens ihr Eintreten für Nachhaltigkeit und Ökologie („bestimmender Leitgedanke"), was bei der Bevölkerung überragende Kompetenzzuweisungen in der Umweltpolitik und konkurrierend hohe in der Energiepolitik verschaffe.
- Zweitens seien sie weder für Kapitalismus noch Sozialismus. Bei Umverteilungsfragen stünden sie zwischen Union und SPD. Die ihnen zugeschriebenen Kompetenzen für Wirtschaftspolitik und soziale Gerechtigkeit sind gering.
- Basisdemokratie versus repräsentative Demokratie war „die dritte ideologische Säule". Inzwischen aber habe man basisdemokratische Strukturen, da unpraktikabel, faktisch aufgegeben, ebenso wie man als regierende Partei nach außen „Gewaltfreiheit" mit dem Kosovo-Konflikt (und später mit der Forderung nach Waffenlieferungen in die Ukraine 2022) aufgegeben habe und innere Sicherheit faktisch über Bürgerrechte stelle.

Man mag streiten, ob hier nicht der Wandel partiell überzeichnet ist. Sicherlich aber haben die Grünen eine „Anpassung" vollzogen, die sie „von einer grundlegenden Alternative zu einem komplementären Bestandteil des etablierten Parteiensystems" werden ließ. Ihr Wählerpotenzial ist nicht getragen von einer Generation allein, sondern von höherer Bildung und Postmaterialismus-Orientierungen.

e. Die Linke: Vom realen zum demokratischen Sozialismus?
Die „Partei des Demokratischen Sozialismus" (PDS) war die 1989/90 umbenannte, stark geschrumpfte, mit einer neuen Führung versehene und programmatisch veränderte Fortsetzung der einstigen Staatspartei der ehemaligen DDR, der SED. Über diese lässt sich ihre Geschichte bis zur 1918/19 gegründeten KPD zurückverfolgen. Nach dem Kollaps des realen Sozialismus in Europa erschien die PDS im Osten als eine „anachronistische Kader- und Milieupartei", in Westdeutschland hingegen als „Sektiererpartei" (Neu 2003, S. 260). Nachdem schon Meinungsdifferenzen die PDS durchzogen (Schnirch 2008, S. 223 ff.), sind mit der Fusion von PDS und WASG zur „Linken" verschieden-

artige Linksströmungen zusammengekommen. Obwohl die Herkunft der westdeutschen Partner aus SPD, Gewerkschaften und linksextremistischen Gruppen das politische Spektrum der Linken erheblich erweitert hat, scheint Beobachtern dadurch eher die radikale Linke in der Partei verstärkt (Prinz 2010, S. 342, 346 ff.).

In ihrem Erfurter Programm von 2011 stellt sich die Linkspartei als demokratisch-sozialistische Partei dar, die mit einer „Unterordnung der Wirtschaft unter die solidarische Entwicklung", durch Vergesellschaftungen und demokratische Kontrolle beabsichtigt, eine andere, menschenwürdige Gesellschafts- und „demokratische Wirtschaftsordnung" zu erreichen.

Die Gretchenfrage, wie die Partei es mit der Demokratie hält (Pfahl-Traughber 2020, S. 119 ff.), naheliegend angesichts ihrer Herkunft, ist damit noch nicht beantwortet. Irritierend wirkt hier die Aussage, dass die Revolution in Deutschland nach 1918 „mit Hilfe der sozialdemokratischen Führung niedergeschlagen" worden sei – kein Wort dazu, dass sich der von Luxemburg, Liebknecht und ihrer KPD eröffnete Bürgerkrieg gegen die Wahl der Nationalversammlung und gegen die Weimarer Demokratie richtete (Knabe 2009, S. 19 ff.). Zur DDR wird die These von der angeblich beiderseits gewollten Vereinigung von SPD und KPD vertreten, über soziale Fortschritte und Chancengleichheit, zugleich auch über „Erfahrungen staatlicher Willkür und eingeschränkter Freiheiten". Solch einen „Stalinismus" wolle man nicht wieder – unklar lassend, wie man zu Leninismus steht.

Angesichts solch halber Vergangenheitsbewältigung und einiger vom Verfassungsschutz beobachteter Teilorganisationen machen auch manche Programmziele der Linken misstrauisch (Die Linke 2011, S. 4 ff., 33, 46 ff.): Wie lassen sich die geforderten Möglichkeiten zum politischen Streik mit gleichen politischen Rechten aller Bürger vereinbaren? Heißt das nicht alle Macht für die in wirtschaftlichen Schlüsselpositionen Tätigen? Was bedeutet und wie wirkt sich die geforderte „Demokratisierung aller Gesellschaftsbereiche" auf deren Funktionserfüllung aus (etwa in Wirtschaft, Wissenschaft oder Kulturbereich)? – verbirgt sich dahinter womöglich politische Gleichschaltung? Welche Legitimation sollen „Wirtschafts- und Sozialräte" haben? Was genau meint die Partei mit „demokratischem Sozialismus"? Und wie weit soll der von ihr geforderte „Systemwechsel" gehen?

Konzentriert man sich hingegen auf die Tagespolitik der Linken, erscheint sie auf zwei Themen konzentriert: soziale Gerechtigkeit und Vertretung von Ost-Interessen, im Ergebnis „eher eine Regional- als eine extremistische Partei" (Koß 2007, S. 132, 152). So wirkt auch ihre Praxis in Kommunen und Landesregierungen. Seit einiger Zeit ringen als innerparteiliche Strömungen sogenannte

Reformer und Orthodoxe um die Linie der Partei, insbesondere bei möglichen Regierungsbeteiligungen in Bundesländern (Oppelland und Träger 2014, S. 115 ff., 132, 223; von Lucke 2015, S. 86).

Obwohl inzwischen Jahrzehnte seit der Wende vergangen sind und praktische lokale wie regionale Politik sicherlich Pragmatismus gefördert haben, sind politikwissenschaftliche Beurteilungen skeptisch-kritisch geblieben. Insbesondere beim Blick zurück sieht man *„keine wirkliche Auseinandersetzung mit dem Verständnis von politischer Freiheit und ebenso keinen konsequenten Bruch mit der SED-Geschichte"* (Neugebauer und Stöss 2008, S. 189). Es bleibt der Eindruck eines „smarten Extremismus", der nicht ausgegrenzt ist, sich zu benehmen weiß und nicht gefährlich wirkt (Jesse und Lang 2012, S. 20 f.) (Tab 4.3).

f. Die AfD als rechtspopulistischer Außenseiter
Die „Alternative für Deutschland" wurde am 6. Februar 2013 gegründet, im Kern von früheren eurokritischen CDU- und FDP-Mitgliedern. Sie wurde groß in einer Zeit der Großen Koalitionen, wie so viele Parteien dieses Spektrums vor ihr (Nölke 2018, S. 332). Zu den ehemaligen CDU-Mitgliedern in der AfD zähl(t)en Alexander Gauland und Konrad Adam, als nationalliberal galt Jörg Meuthen. Andere kommen aus oder sympathisieren mit kleineren Zirkeln wie

- dem fundamental-christlichen Netzwerk „Zivile Koalition", das für die Erhaltung der Familie und gegen die Gleichstellung der Homosexuellen wirbt (Beatrix von Storch);
- der national-neurechten „Sezession" aus dem Institut für Staatspolitik. Zwar lehnte deren führender Kopf eine Parteibildung ab (bevor er 2014 einen Mitgliedsantrag stellte), aber andere wie Björn Höcke gingen zur AfD.
- der „Identitären Bewegung", die für die Erhaltung Europas und gegen muslimische Einwanderung auftritt. 2016 erfolgte jedoch ein Unvereinbarkeitsbeschluss gegen die Identitären (Weiß 2017, S. 83 f., 86 f., 91 ff.).

Von den Abgeordneten der ersten zehn AfD-Landtagsfraktionen hatten rund 60 % zuvor kein Parteibuch. Unter jenen, die vorher in einer anderen Partei waren, stellen ehemalige Unionspolitiker 46,3 %, FDPler 12,2 % und Sozialdemokraten 9,8 % (Schroeder et al. 2017, S. 20 f.).

Die AfD begann bei der Eurokrise mit ihrer Ablehnung der Kreditgewährungen für Griechenland. Auch bei anderen zentralen Themen, insbesondere bei Asyl/Zuwanderung und Familie, bezog sie Gegenpositionen zu den übrigen Parteien. Dabei hallte ihr aus Politik, Medien, Kirchen und Gewerkschaften nahezu geschlossen Empörung und Kritik entgegen, die sich zumeist an

4.4 Die Programmatik der Parteien

Äußerungen Einzelner entzündete. Ungeachtet dessen konnte die AfD ab 2014 bei allen Landtagswahlen die Fünf-Prozent-Hürde überspringen, vor allem, als sie 2015 das aktuelle Thema Asyl/Zuwanderung in den Vordergrund rückte und Front gegen die Willkommenspolitik der Kanzlerin machte. Gleichzeitig kam es zu Streitigkeiten innerhalb der Partei, bei denen persönliche Animositäten, Machtfragen und politische Meinungsverschiedenheiten kaum entwirrbar eine Rolle spielten. Sie endeten mit steckengebliebenen Parteiverfahren und einer Reihe von Parteiaustritten (darunter die ehemaligen Parteivorsitzenden Bernd Lucke und Frauke Petry). Deutlich bleibt eine in der Öffentlichkeit als völkischnationalistische gebrandmarkte Parteigruppe in Ostdeutschland, besonders Sachsen und Thüringen, unter dem mittlerweile formal aufgelösten „Flügel" (Lewandowsky 2018).

Eine Einordnung der Partei steht aufgrund ihres steten Wandels vor einigen Herausforderungen, gleichwohl ist eine Richtung unverkennbar: Die Abgrenzung zum Rechtsextremismus erodiert immer stärker, der nationalistisch-völkische Flügel der Partei gewinnt an Stärke, während moderatere Kräfte weiter ins Hintertreffen geraten. Grenzen der AfD zum Extremismus waren anfangs deutlicher erkennbar – hatte doch ihr Parteitag 2016 den Landesverband Saarland wegen Kontakten zur rechtsextremen Szene aufgelöst, wurde ein wegen antisemitischer Äußerungen kritisierter Landtagsabgeordneter kaltgestellt. Grundsatz- und Wahlprogramme weisen zudem keine Anzeichen des Rechtsextremismus auf, eher schon des Rechtspopulismus. Die Partei bezieht hier Gegenpositionen zu den anderen Parteien: so zur Euro-Rettungspolitik (wo nur ein Teil der FDP ähnlich dachte), zur Klimaschutzpolitik, zur Asyl-/Zuwanderungs- und zur Familienpolitik. Insgesamt ist das Programm eher konservativ-national grundiert, liberal-zustimmend zur Marktwirtschaft, kaum ausformuliert zur Sozialpolitik. Zählt man zu Rechtspopulismus identitätsstiftende „Gemeinschaften", ist dies hier das deutsche Volk, zudem werden Eliten und Medien als Gegner empfunden (Bender 2017, S. 182). Allerdings fehlen „charismatische Führerfiguren" ebenso wie ein „bewegungsförmiger Organisationscharakter" (Spier 2010, S. 21 f.). Was das Verhältnis zum Rechtsextremismus angeht, sind neben der Programmatik Äußerungen einzelner Politiker (keine „Hinterbänkler", sondern an führender Stelle) wie in internen Chats in Rechnung zu stellen, in denen eine problematische Haltung zum Nationalsozialismus, zur Presse-, Religions- und Meinungsfreiheit, und Rassismus zum Ausdruck kommen, wie auch die Verbindungen in die rechtsextreme Szene (etwa zum vom Verfassungsschutz beobachteten Institut für Staatspolitik, zur Identitären Bewegung) und die Vergangenheit einiger Politiker/-innen (Pfahl-Traughber 2019) (Tab 4.4).

Literatur

von Alemann, Ulrich (2018): Das Parteiensystem der Bundesrepublik Deutschland, 5. Aufl., Wiesbaden.
von Arnim, Hans Herbert (1993): Der Staat als Beute: Wie Politiker in eigener Sache Gesetze machen, München.
von Arnim, Hans Herbert (2008): Die Deutschlandakte. Was Politiker und Wirtschaftsbosse unserem Land antun, München.
von Arnim, Hans Herbert (2017): Selbstbedienung in Südwest-Manier. Die Diätencoups in Baden-Württemberg und Rheinland-Pfalz. Eine Streitschrift, Berlin.
Bender, Justus (2017): Was will die AfD?, München.
Bernauer, Thomas et al. (2009): Einführung in die Politikwissenschaft, Baden-Baden.
Buchhaas, Dorothee (1981): Die Volkspartei. Programmatische Entwicklung der CDU 1950–1973, Düsseldorf.
BVerfG (1952a): Urteil vom 23. Oktober 1952, 1 BvB 1/51.
BVerfG (1952b): Urteil vom 5. April 1952, 2 BvH 1/52.
BVerfG (1956): Urteil vom 17. August 1956, 1 BvB 2/51.
BVerfG (1957): Beschluß vom 3. September 1957, 2 BvR 7/57.
BVerfG (1977): Urteil vom 2. März 1977, BvE 1/76.
CSU (1993): Grundsatzprogramm der CSU in Bayern, München.
CDU (1994): Grundsatzprogramm der CDU vom 20. – 23. 2. 1994.
Conradt, David P. (1972): The West German Party System, Beverly Hills.
Conradt, David P./Lambert, Dwight (1974): Party System, Social Structure and Competitive Politics in West Germany, in: Comparative Politics 7 (1), S. 61 ff.
Debus, Marc (2017): Die Thematisierung der Flüchtlingskrise im Vorfeld der Landtagswahlen 2016, in: Bieber, Christoph et al. (Hrsg.): Regieren in der Einwanderungsgesellschaft, Wiesbaden, 91 ff.
Debus, Marc/Faas, Thorsten (2013): Die Piratenpartei in der ideologisch-programmatischen Parteienkonstellation, in: Niedermayer, Oskar (Hrsg.): Die Piratenpartei, Wiesbaden, S. 189 ff.
Decker, Frank (2017): Die Ankunft des neuen Rechtspopulismus im Parteiensystem der Bundesrepublik, in: Bieber, Christoph et al. (Hrsg.): Regieren in der Einwanderungsgesellschaft, Wiesbaden, S. 55 ff.
Decker, Frank (2017): Parteiendemokratie im Wandel, in: ders./Neu, Viola (Hrsg.): Handbuch der deutschen Parteien, 3. Aufl., Wiesbaden, S. 3 ff.
Decker, Frank (2018a): Parteiendemokratie im Wandel, 2. Aufl., Baden-Baden.
Decker, Frank (2018b): Jenseits von Links und Rechts. Lassen sich Parteien noch klassifizieren?, in: Aus Politik und Zeitgeschichte 46/47, S. 21 ff.
Deininger, Roman (2020): Die CSU. Bildnis einer speziellen Partei, München.
Detterbeck, Klaus (2011): Parteien und Parteiensystem, Konstanz.
Die Linke (2011): Programm der Partei Die Linke. Beschluss des Parteitages der Partei Die Linke vom 21. bis 23. Oktober 2011 in Erfurt, bestätigt durch einen Mitgliederentscheid im Dezember 2011, Erfurt.
Dittberner, Jürgen (1987): FDP – Partei der zweiten Wahl, Opladen.
Dittberner, Jürgen (2010): FDP – Geschichte, Personen, Organisation, Perspektiven, 2. Aufl., Wiesbaden.

Dittberner, Jürgen (2014): Die FDP. Von der Regierung in die außerparlamentarische Opposition. Und zurück?, Berlin.
Flach, Karl Hermann et al. (1972): Die Freiburger Thesen der Liberalen, Reinbek.
Flechtheim, Ossip K. (Hrsg.) (1963): Dokumente zur parteipolitischen Entwicklung in Deutschland seit 1945, Bd. II/1, Berlin.
Görtemaker, Manfred (1999): Geschichte der Bundesrepublik Deutschland, München.
Grotz, Florian/Schroeder, Wolfgang (2021): Das politische System der Bundesrepublik Deutschland. Eine Einführung, Wiesbaden.
Grunden, Timo (2017): Historische Wurzeln und programmatische Entwicklung, in: ders. et al. (Hrsg.): Die SPD, Baden-Baden, S. 25 ff.
Gundlach, Gustav (1933): Die sozialen Rundschreiben Leos XIII. und Pius' XI., Paderborn.
Haffert, Lukas (2022): Stadt, Land, Frust. Eine politische Vermessung, München.
Heinze, Anna-Sophie (2020): Zum schwierigen Umgang mit der AfD in den Parlamenten: Arbeitsweise, Reaktionen, Effekte, in: Zeitschrift für Politikwissenschaft 31, S. 133 ff.
Helms, Ludger (1993): Parteienregierung im Parteienstaat. Strukturelle Voraussetzungen und Charakteristika der Parteienregierung in der Bundesrepublik Deutschland und in Österreich (1949 bis 1992), in: Zeitschrift für Parlamentsfragen 24 (4), S. 635 ff.
Hennis, Wilhelm (1968): Politik als praktische Wissenschaft, München.
Holtmann, Everhard (2017): Der Parteienstaat in Deutschland. Erklärungen, Entwicklungen, Erscheinungsbilder, 2. Aufl., Bonn.
van Hüllen, Rudolf (1990): Ideologie und Machtkampf bei den Grünen, Bonn.
Inglehart, Ronald (1977): The silent revolution: Changing values and political styles among western publics, Princeton.
Jesse, Eckhard (2001): Die Parteien im westlichen Deutschland von 1945 bis zur deutschen Einheit 1990, in: Gabriel, Oscar W. et al. (Hrsg.): Parteiendemokratie in Deutschland, 2. Aufl., Bonn.
Jesse, Eckhard (2012): Die Diskussion um ein neuerliches NPD-Verbotsverfahren – Verbot: kein Gebot, Gebot: kein Verbot, in: Zeitschrift für Politik 59 (3), S. 296 ff.
Jesse, Eckhard (2021): Die Bundestagswahl 2021 mit vielen Neuheiten. Kein Kanzlerbonus, erstes Dreier-Bündnis nach 70 Jahren, Isolation der geschwächten Union, in: Zeitschrift für Parlamentsfragen 68 (4), S. 353 ff.
Jesse, Eckhard/Lang, Jürgen P. (2012): Die Linke – eine gescheiterte Partei?, München.
Jun, Uwe (2015): Der elektorale Verlierer der Regierung Merkel II, in: Zohlnhöfer, Reimut/ Saalfeld, Thomas (Hrsg.): Politik im Schatten der Krise. Eine Bilanz der Regierung Merkel 2009–2013, Wiesbaden, S. 113 ff.
Jun, Uwe (2017): Repräsentation durch Parteien, in: Koschmieder, Carsten (Hrsg.): Parteien, Parteiensysteme und politische Orientierungen, Wiesbaden, S. 87 ff.
Kaack, Heino (1971): Geschichte und Struktur des deutschen Parteiensystems, Opladen.
Kaltefleiter, Werner (1975): Wandlungen des deutschen Parteiensystems 1949–1974, in: Aus Politik und Zeitgeschichte 14, S. 3 ff.
Klingemann, Hans D./Pappi, Franz U. (1972): Politischer Radikalismus. Theoretische und methodische Probleme der Radikalismusforschung, dargestellt am Beispiel einer Studie anläßlich der Landtagswahl 1970 in Hessen, München.
Klingemann, Hans D. et al. (1994): Parties, Policies, and Democracy, Boulder.
Kleinert, Hubert (1992): Aufstieg und Fall der Grünen, Bonn.
Knabe, Hubertus (2009): Honeckers Erben. Die Wahrheit über Die Linke, Berlin.

Klotzbach, Kurt (1982): Der Weg zur Staatspartei. Programmatik, praktische Politik und Organisation der deutschen Sozialdemokratie 1945–1965, Berlin.

Koß, Michael (2007): Durch die Krise zum Erfolg? Die PDS und ihr langer Weg nach Westen, in: Spier, Tim et al. (Hrsg.): Die Linkspartei. Zeitgemäße Idee oder Bündnis ohne Zukunft?, Wiesbaden, S. 117 ff.

Koß, Michael (2021): Demokratie ohne Mehrheit? Die Volksparteien von gestern und der Parlamentarismus von morgen, München.

Korte, Karl-Rudolf (2009): Neue Qualität des Parteienwettbewerbs im „Superwahljahr", in: Aus Politik und Zeitgeschichte 38, S. 3 ff.

Korte, Karl-Rudolf (2015): Die Bundestagswahl 2013 – ein halber Machtwechsel, in: ders. (Hrsg.): Die Bundestagswahl 2013. Analysen der Wahl-, Parteien-, Kommunikations- und Regierungsforschung, Wiesbaden, S. 9 ff.

Korte, Karl-Rudolf/Switek, Niko (2013): Regierungsbilanz: Politikwechsel und Krisenentscheidungen, in: Aus Politik und Zeitgeschichte 48, S. 3 ff.

Leibholz, Gerhard (1958): Strukturprobleme der modernen Demokratie, Karlsruhe.

Lewandowsky, Marcel (2018): Alternative für Deutschland (AfD), in: Decker, Frank/Neu, Viola (Hrsg.): Handbuch der deutschen Parteien, 3. Aufl., Wiesbaden, S. 161 ff.

Lane, Jan-Erik/Ersson, Svante O. (1991): Politics and Society in Western Europe, 2. Aufl., London.

Linhart, Eric (2014): Räumliche Modelle der Politik: Einführung und Überblick, in: ders. et al. (Hrsg.) Jahrbuch für Handlungs- und Entscheidungstheorie, Bd. 8, Wiesbaden, S. 3 ff.

Lipset, Seymour Martin/Rokkan, Stein (1967): Cleavage structures, party systems, and voter alignments: An introduction, in: dies. (Hrsg.): Party systems and voter alignments, New York, S. 1 ff.

Lösche, Peter/Walter, Franz (1992): Die SPD: Klassenpartei – Volkspartei – Quotenpartei, Darmstadt.

Lösche, Peter/Walter, Franz (1996): Die FDP. Richtungsstreit und Zukunftszweifel, Darmstadt.

von Lucke, Albrecht (2015): Die schwarze Republik und das Versagen der deutschen Linken, München.

Mannewitz, Tom (2018): Der Paria unter uns. Wettbewerbsstrategien gegenüber Rechtsextremisten und -populisten, in: Liebold, Sebastian et al. (Hrsg.): Demokratie in unruhigen Zeiten. Festschrift für Eckhard Jesse, Baden-Baden, S. 275 ff.

Meier, Horst (2015): Verbot der NPD – ein deutsches Staatstheater in zwei Akten. Analysen und Kritik 2001–2014, Berlin.

Meyn, Hermann (1965): Die Deutsche Partei, Düsseldorf.

Mintzel, Alf/Oberreuter, Heinrich (1990): Zukunftsperspektiven des Parteiensystems, in: dies. (Hrsg.): Parteien in der Bundesrepublik Deutschland, Bonn, S. 365 ff.

Mommsen, Wilhelm (Hrsg.) (1960): Deutsche Parteiprogramme, München.

Mudde, Cas (2019). The far right today, Cambridge.

Neu, Viola (2003): Das Janusgesicht der PDS. Wähler und Partei zwischen Demokratie und Extremismus, Baden-Baden.

Neu, Viola (2009): Demokratieverständnis in Deutschland. Auswertung einer repräsentativen Umfrage, Sankt Augustin.

Neugebauer, Gero/Stöss, Richard (2008): Die Partei DIE LINKE, in: Niedermayer, Oskar (Hrsg.): Die Parteien nach der Bundestagswahl 2005, Wiesbaden, S. 151 ff.

Niedermayer, Oskar (2006): Das Parteiensystem Deutschlands, in: ders. et al. (Hrsg.): Die Parteiensysteme Westeuropas, Wiesbaden, S. 109 ff.

Niedermayer, Oskar (2013): Die Wähler der Piratenpartei, in: ders. (Hrsg.): Die Piratenpartei, Wiesbaden, S. 63 ff.

Niedermayer, Oskar (2015): Halbzeit. Die Entwicklung des Parteiensystems nach der Bundestagswahl 2013, in: Zeitschrift für Parlamentsfragen 46 (4), S. 830 ff.

Nölke, Andreas (2018): Politische Irrwege beim Umgang mit dem Rechtspopulismus, in: Becker, Karina et al. (Hrsg.): Arbeiterbewegung von rechts? Frankfurt a.M., S. 325 ff.

Oppelland, Torsten/Träger, Hendrik (2014): Die Linke. Willensbildung in einer ideologisch zerstrittenen Partei, Baden-Baden.

Pappi, Franz U. (1977): Sozialstruktur, gesellschaftliche Wertorientierungen und Wahlabsicht, in: Kaase, Max (Hrsg.): Wahlsoziologie heute. Analysen aus Anlass der Bundestagswahl 1976, Opladen, S. 195 ff.

Patzelt, Werner J. (2018a): Parteien und Bürger – erreichen die Parteien noch die Bürger?, in: Morlok, Martin (Hrsg.): Parteienstaat – Parteiendemokratie, Baden-Baden, S. 25 ff.

Patzelt, Werner J. (2018b): Mängel in der Responsivität oder Störungen in der Kommunikation? Deutschlands Repräsentationslücke und die AfD, in: Zeitschrift für Parlamentsfragen 49 (4), S. 885 ff.

Petersen, Thomas (2011): Das Trennende ist geblieben, in: Kronenberg, Volker/Weckenbrock, Christoph (Hrsg.): Schwarz-Grün. Die Debatte, Wiesbaden, S. 108 ff.

Petersen, Thomas (2016): Zusammenwachsen oder Auseinanderdriften?, in: Kronenberg, Volker (Hrsg.): Schwarz-Grün. Erfahrungen und Perspektiven, Wiesbaden, S. 73 ff.

Pfahl-Traughber, Armin (2018): Rechtsextremismus in der Bundesrepublik Deutschland, in: Jesse, Eckhard/Mannewitz, Tom (Hrsg.): Extremismusforschung. Handbuch für Wissenschaft und Praxis, Baden-Baden, S. 303 ff.

Pfahl-Traughber, Armin (2019): Die AfD und der Rechtsextremismus. Eine Analyse aus politikwissenschaftlicher Perspektive, Wiesbaden.

Pfahl-Traughber, Armin (2020): Linksextremismus in Deutschland. Eine kritische Bestandsaufnahe, 2. Aufl., Wiesbaden.

Pollytix (2021): Pollytix-Wahltrend, unter: https://pollytix.de/wahltrend/ (zuletzt geprüft am 28. Oktober 2021).

Prinz, Sebastian (2010): Die programmatische Entwicklung der PDS, Wiesbaden.

Probst, Lothar (2006): Große Koalitionen als Sanierungsmodell? Erfahrungen aus Bremen, in: Zeitschrift für Parlamentsfragen 37 (3), S. 627 ff.

Probst, Lothar (2017): Bündnis 90, in: Decker, Frank/Neu, Viola (Hrsg.): Handbuch der deutschen Parteien, 3. Aufl., Wiesbaden, S. 200 ff.

Raschke, Joachim (1993): Die Grünen. Wie sie wurden, was sie sind, Köln.

Rölle, Daniel (2001): Wahlprogramme und parlamentarisches Handeln, in: ders. et al. (Hrsg.): Politik und Fernsehen, Wiesbaden, S. 5 ff.

Roßteutscher, Sigrid/Scherer, Philipp (2011): Ideologie und Wertorientierungen, in: Rattinger, Hans et al. (Hrsg.): Zwischen Langeweile und Extremen. Die Bundestagswahl 2009, Baden-Baden, S. 131 ff.

Rudzio, Wolfgang (1976): Parlamentarische Parteiendemokratie – oder was sonst?, in: Guggenberger, Bernd et al. (Hrsg.): Parteienstaat und Abgeordnetenfreiheit, München, S. 117 ff.

Saalfeld, Thomas (2015): Koalitionsmanagement der christlich-liberalen Koalition Merkel II, in: Zohlnhöfer, Reimut/ders. (Hrsg.): Politik im Schatten der Krise. Eine Bilanz der Regierung Merkel 2009–2013, Wiesbaden, S. 191 ff.

Sartori, Giovanni (1966): European Political Parties, in: LaPalombara, Joseph/Weiner, Myron (Hrsg.): Political Parties and Political Development, Princeton, S. 137 ff.

Sartori, Giovanni (1976): Parties and party systems, Cambridge.

Schlieben, Michael (2007): Politische Führung in der Opposition. Die CDU nach dem Machtverlust 1997, Wiesbaden.

Schmid, Josef (1990): Die CDU. Organisationsstrukturen, Politiken und Funktionsweisen einer Partei im Föderalismus, Opladen.

Schmitt, Johannes/Franzmann, Simon T. (2017): Wie schädlich sind große Koalitionen?, in: Bukow, Sebastian/Jun, Uwe (Hrsg.): Parteien unter Wettbewerbsdruck, Wiesbaden, S. 89 ff.

Schnirch, Carina (2008): Die PDS als Kommunalpartei, Marburg.

Schoen, Harald/Weins, Cornelia (2014): Der sozialpsychologische Ansatz zur Erklärung von Wahlverhalten, in: Falter, Jürgen W./Schoen, Harald (Hrsg.): Handbuch Wahlforschung, 2. Aufl., Wiesbaden, S. 241 ff.

Schreiner, Ottmar (2007): Gegen die Entsozialdemokratisierung, in: Frankfurter Allgemeine Zeitung vom 10. September.

Schroeder, Wolfgang et al. (2017): Parlamentarische Praxis der AfD in den deutschen Landesparlamenten, WZB Discussion Paper SP V 2017–102, Berlin.

Schumpeter, Joseph A. (1950 [urspr. 1942]): Kapitalismus, Sozialismus und Demokratie, Bern.

SPD (1959): Grundsatzprogramm der Sozialdemokratischen Partei Deutschlands. Beschlossen vom Außerordentlichen Parteitag der Sozialdemokratischen Partei Deutschlands in Bad Godesberg vom 13. bis 15. November 1959.

SPD (1989): Grundsatzprogramm der Sozialdemokratischen Partei Deutschlands. Beschlossen vom Programm-Parteitag der Sozialdemokratischen Partei Deutschlands am 20. Dezember 1989 in Berlin geändert auf dem Parteitag in Leipzig am 17.04.1998.

Spier, Tim (2010): Modernisierungsverlierer? Die Wählerschaft rechtspopulistischer Parteien in Westeuropa, Wiesbaden.

Spier, Tim (2013): Realisierbare Koalitionsoption im Zeithorizont 2013/2017?, in: Decker, Frank/Jesse, Eckhard (Hrsg.): Die deutsche Koalitionsdemokratie vor der Bundestagswahl 2013, Baden-Baden, S. 369 ff.

Steglich, Henrik (2005): Die NPD in Sachsen. Organisatorische Voraussetzungen ihres Wahlerfolgs 2004, Göttingen.

Sternberger, Dolf (1962): Grund und Abgrund der Macht, Frankfurt a. M.

Sternberger, Dolf (1970): Stadtregierung und Stadtnebenregierung, in: Frankfurter Allgemeine Zeitung vom 21. Februar.

Stifel, Andreas (2018): Vom erfolgreichen Scheitern einer Bewegung. Bündnis 90/Die Grünen als politische Partei und soziokulturelles Phänomen, Wiesbaden.

Tagesschau (2021): Welche Themen entschieden die Wahl?, unter: https://www.tagesschau.de/wahl/archiv/2021-09-26-BT-DE/umfrage-wahlentscheidend.shtml (zuletzt geprüft am 28. Oktober 2021).

Thomeczek, Jan Philipp et al. (2019): Die politische Landschaft zur Bundestagswahl 2017. Befunde aus zwei Voting Advice Applications und dem Chapel Hill Expert Survey, in: Korte, Karl-Rudolf/Schoofs, Jan (Hrsg.): Die Bundestagswahl 2017. Analysen der Wahl-, Parteien-, Kommunikations- und Regierungsforschung, Wiesbaden, S. 267 ff.

Treibel, Jan (2013): Die FDP. Prozesse innerparteilicher Führung 2000–2012, Baden-Baden.

Urwin, Derek W. (1974): Germany, in: Rose, Richard (Hrsg.): Electoral Behavior, New York, S. 109 ff.

Veen, Hans-Joachim/Hoffmann, Jürgen (1992): Die Grünen zu Beginn der neunziger Jahre, Bonn.

Vollmer, Andreas M. (2013): Arbeit und Gerechtigkeit – Die Wahlalternative (WASG). Entstehung, Geschichte und Bilanz, Baden-Baden.

Vorländer, Hans (2001): Dritter Weg und Kommunitarismus, in: Hirscher, Gerhard/Sturm, Roland (Hrsg.): Die Strategie des „Dritten Weges", München, S. 14 ff.

Wagschal, Uwe (2018): Unregelmäßigkeiten bei der Bundestagswahl?, in: Frankfurter Allgemeine Zeitung vom 26. April.

Walter, Franz (2018): Die SPD. Biographie einer Partei von Ferdinand Lassalle bis Andrea Nahles, Reinbek.

Weber, Max (1956): Wirtschaft und Gesellschaft, 4. Aufl., Tübingen.

Weckenbrock, Christoph (2009): Die streitbare Demokratie auf dem Prüfstand. Die neue NPD als Herausforderung, Bonn.

Weckenbrock, Christoph (2017): Schwarz-Grün für Deutschland?, Bielefeld.

Weiß, Volker (2017): Die autoritäre Revolte. Die Neue Rechte und der Untergang des Abendlandes, Bonn.

Wenzel, Rolf (1979): Wirtschafts- und Sozialordnung, in: Becker, Josef et al. (Hrsg.): Vorgeschichte der Bundesrepublik Deutschland, München, S. 293 ff.

Welty, Eberhard (1961): Die Sozialenzyklika Papst Johannes' XXIII. „Mater et Magistra", Freiburg.

Wiesendahl, Elmar (1980): Parteien und Demokratie, Opladen.

Innerparteiliche Demokratie oder Gesetz der Oligarchie?

5.1 Der organisatorische Aufbau der Parteien

a. Die Organisationsebenen

Satzungen und Organisationsstatute der Parteien sehen eine von den Mitgliedern ausgehende Willensbildung vor. Sie folgen damit einer demokratisch-partizipativen Norm, deren Realisierbarkeit aber bezweifelt wurde. Bereits 1911 kam Robert Michels (1957) in einer weltbekannten Untersuchung von drei sozialistischen Parteien, die ja mehr als alle anderen auf jene Norm eingeschworen waren, darunter der SPD, zu einem niederschmetternden Ergebnis: Selbst in diesen Parteien wurden die Mitglieder von oben geführt. Michels' Erklärungen: Größe der Organisation, Vorsprünge Professioneller, Führerorientierung der Massen wirkten so eindrucksvoll, dass man bis heute von seinem „iron law of oligarchy" (Hague et al. 2016, S. 258) spricht. Ist innerparteiliche Demokratie also unmöglich? Muss sie anders definiert werden? Welche Bedingungen sind für sie günstig? Diese Fragen beschäftigen bis heute die Forschung. Sie leiten auch die folgenden Ausführungen.

Schon die formelle Organisation der Parteien erzeugt unterschiedliche Einflusschancen. So gliedern sich Parteien, um trotz flächenmäßiger Ausdehnung ihre Einheit und Handlungsfähigkeit sowohl zentral als auch vor Ort zu gewährleisten, in mehrere Organisationsebenen. In Deutschland sind dies in Anlehnung an den Aufbau der öffentlichen Gebietskörperschaften die folgenden:

- *Ortsverbände* (bzw. „Stadt- und Gemeindeverbände" bei der CDU, „Ortsvereine" bei der SPD): Sie umfassen jeweils die Parteimitglieder einer politischen Gemeinde. So existieren lt. Eigenangaben bei der SPD rund 9 000, bei der CSU 3 000, der CDU ca. 10.000, bei der FDP etwa 2200 und bei den Grünen

rund 1800 Ortsverbände. Selbst mitgliederstarken Parteien gelingt es nicht, in jeder Gemeinde genügend Mitglieder für einen Ortsverband aufzubieten; andererseits bilden Parteien in größeren Städten auch mehrere Ortsverbände.
- *Kreisverbände* entsprechen den Stadt- und Landkreisen und umfassen damit jeweils mehrere Ortsverbände. Bei der SPD sind es „Unterbezirke", identisch mit Kreisen oder mehrere zusammenfassend. In kleineren Parteien bilden Kreisverbände häufig die unterste Organisationsstufe.
- *Landesverbände* korrespondieren mit den Bundesländern. In Niedersachsen kennt die CDU-Gliederung dabei noch die Landesverbände Hannover, Oldenburg und Braunschweig (folgend der Ländergliederung von 1946). „Bezirke" – kleiner als Bundesländer, aber größer als Kreise – bestehen bei CDU und FDP mit geringer Bedeutung, während sie bei CSU und SPD (in Niedersachsen und Hessen) eine bedeutende Rolle spielen (Bukow 2013a, S. 119).
- *Bundesverband:* Er ist die oberste Organisationsebene (bei der CSU: Landesverband) mit den Landesverbänden (bzw. Bezirken) als Untereinheiten. Oberhalb der Bundesebene existieren faktisch nur Parteienbünde auf europäischer Ebene.

b. Parteiorgane und mehrheitsbegünstigende Wahlverfahren
Man erhält einen zweiten Schnitt durch die Parteiorganisationen, wenn man die Organe der einzelnen Gebietsgliederungen betrachtet. Ihre jeweiligen Befugnisse implizieren bei konkreten Entscheidungen unterschiedliche Einflussmöglichkeiten. Im Einzelnen:

- Die *Mitglieder- bzw. Vertreterversammlung* (Hauptversammlung, Parteitag bzw. „Bundesdelegiertenkonferenz"), bestehend aus den Mitgliedern bzw. von diesen gewählten Vertretern (Delegierten), ist „das oberste Organ des jeweiligen Gebietsverbandes" (§ 9 Parteiengesetz). Sie entscheidet über Satzungsfragen, Programm und politische Linie. Darüber hinaus wählt sie die Mitglieder der anderen Organe des gleichen Gebietsverbandes sowie Delegierte für die nächsthöhere Organisationsebene.
- Der *Vorstand* leitet die Parteigliederung im Rahmen der Beschlüsse der Mitgliederversammlung bzw. des Parteitages. Dies heißt, notwendige Einzelentscheidungen zu treffen, Geldmittel zu verwalten, Wahlkämpfe und andere Aktivitäten zu organisieren und den Gebietsverband nach außen zu vertreten. Um rasch handeln zu können und laufende Geschäfte zu erledigen, bilden größere Vorstände vielfach noch einen *engeren geschäftsführenden Vorstand*.
- Ein *allgemeiner Parteiausschuss* variiert in seiner Bezeichnung erheblich. Auf Bundesebene erscheint er als „Bundesausschuss" (CDU), „Parteiausschuss"

(CSU), „Bundeshauptausschuss" (FDP), „Länderrat" (Grüne) oder „Parteirat" (SPD, Linke). Er ist ein Organ, das die jeweiligen regionalen Untergliederungen repräsentiert, bei CDU, CSU und Linke zusätzlich auch Partei-Nebenorganisationen. Seine Funktionen sind teils nur beratender Art, teils auch die eines Ersatz-Parteitages mit Beschlussrechten.

- Ein *Parteischiedsgericht* hat bei Satzungsstreitigkeiten und Wahlanfechtungen zu entscheiden sowie „Ordnungsmaßnahmen" – Rügen, befristete Funktionsverbote, Parteiausschlüsse – gegen einzelne Mitglieder oder Parteigliederungen zu verhängen. Rechtsstaatlichen Grundsätzen sucht man dadurch zu entsprechen, dass Schiedsgerichtmitglieder nicht zugleich Vorständen angehören oder regelmäßige Einkünfte von ihrer Partei beziehen dürfen. Daneben bestehen Berufungsmöglichkeiten an Schiedsgerichte höherer Ebenen. Zudem setzt § 10 Parteiengesetz für den Parteiausschluss hohe Schranken: „Ein Mitglied kann nur dann aus der Partei ausgeschlossen werden, wenn es vorsätzlich gegen die Satzungen oder erheblich gegen Grundsätze der Ordnung der Partei verstößt und ihr damit schweren Schaden zufügt"[1].

Stellung und Bedeutung eines Parteiorgans hängen ferner davon ab, wie und von wem seine Mitglieder gewählt werden. Für innerparteiliche Wahlverfahren gilt,

- dass sie geheim erfolgen und der Wähler üblicherweise so viele Kandidaten ankreuzen darf, wie jeweils Positionen zu besetzen sind, mindestens aber halb so viele (bei den Beisitzerwahlen zum CDU-Bundesvorstand sogar drei Viertel) ankreuzen muss, wenn seine Stimmabgabe gültig sein soll. Dieses *Mehrheitswahlrecht* (abgemildert nur bei den Grünen) ermöglicht es einer geschlossen agierenden Mehrheit, sämtliche Delegierten- bzw. Vorstandsmandate alleine zu besetzen.
- dass die Delegierten zu den Bundesparteitagen verschieden gewählt werden: bei den Grünen durchweg auf Kreisebene, bei der Linkspartei in Delegiertenwahlkreisen, bei CDU, CSU und SPD teilweise auch auf Bezirks-, Unterbezirks- und Kreisparteitagen. Nur bei der FDP wählen allein Landesparteitage diese Delegierten (Bukow 2013a, S. 142 f.). Direkterer Einfluss von unten wird so ermöglicht, der politische Aussiebungseffekt einer stufenweisen Wahl abgeschwächt.

---

[1] Auf Bundesebene gab es bei den im Bundestag vertretenen Parteien 1990–2000 insgesamt 730 Verfahren, darunter 81 Parteiausschlussverfahren (Büdding 2003, S. 247, 249).

- Die Zahl der Delegierten, die eine Untergliederung zu einem Parteitag entsendet *(Delegiertenschlüssel),* richtet sich primär nach dem Verhältnis der Mitgliederzahlen. Zusätzlich können auch die bei öffentlichen Wahlen erreichten Stimmen zugrunde gelegt werden. Nach dem letzteren Prinzip werden bei der CDU ein Fünftel, bei der FDP die Hälfte und bei der SPD ein Fünftel der Delegiertensitze zum Bundesparteitag zugeteilt. Bei der Linken berücksichtigt der Delegiertenschlüssel nur Mitgliederzahlen, doch innerparteiliche „Zusammenschlüsse" entsenden weitere Delegierte.
- Zudem sitzen in Parteigremien neben gewählten auch *„Ex-officio"-Mitglieder,* d. h. solche, die automatisch kraft eines anderen öffentlichen oder Parteiamtes eine Position besetzen. Das Parteiengesetz lässt bis zu einem Fünftel Ex-officio-Mitglieder für Parteitage und Parteivorstände sowie bis zu einem Drittel für Parteiausschüsse zu. So gehören bei der SPD sämtliche Parteivorstandsmitglieder automatisch dem Bundesparteitag an, bei der CDU nur Ehrenvorsitzende der Partei, bei der CSU die Parteivorstandsmitglieder, Vorsitzenden der Arbeitsgemeinschaften und der Bezirke, CSU-Regierungsmitglieder und Fraktionsspitzen. Die Linke, Grüne und FDP kennen keine Ex-officio-Mitgliedschaften.
- Schließlich gelten bei Vorstandswahlen Frauenquoten: Bei der CSU sollen, bei der SPD müssen 40 % der Gewählten Frauen sein, bei der CDU muss es ab 2023 ein Drittel sein (ab 2025, befristet bis 2029, gar 50 %), bei Grünen und Linken jeweils 50. In den Bundesvorstand der Grünen sind mindestens ein Drittel einfache Abgeordnete zu wählen (Bukow 2013a, S. 142 f., 145). Ähnliche Quoten gelten verbreitet für Kandidatenlisten. Das verhilft mehr Frauen zu Funktionen, schränkt aber die Wahlfreiheit ein.

Neben dem allgemeinen Organisationsaufbau, der alle Mitglieder nach Wohnsitz erfasst und die Grundlage der innerparteilichen Willensbildung bildet, kennen größere Parteien auch *Nebenorganisationen*. Mit deren Hilfe sucht man bestimmte Mitgliederkategorien besonders anzusprechen. So bestehen bei den Unionsparteien als „Vereinigungen" (CSU: „Arbeitsgemeinschaften") u. a. Junge Union, Frauen Union, Christlich-Demokratische Arbeitnehmerschaft (CDA) und Mittelstandsvereinigung. Innerhalb der SPD entsprechen dem die „Arbeitsgemeinschaften", so die der Jungsozialisten, der Frauen, 60 plus (Senioren), der JuristInnen, der Selbständigen, für Arbeitnehmerfragen u. a. m. Bei den kleineren Parteien besteht nur in der Linken eine vergleichbare Anzahl von Nebenorganisationen (Oppelland und Träger 2014, S. 111–123).

Aufgabe der Nebenorganisationen ist es nach den Parteisatzungen, bei bestimmten Zielgruppen für die Partei zu werben, umgekehrt aber auch – ausdrücklich bei der CDU – „die besonderen Anliegen der von ihnen repräsentierten Gruppen in der Politik der CDU zu wahren" (CDU zit. nach Trefs 2007, S. 208). Tatsächlich beteiligt sich nur eine Minderheit der angesprochenen Parteimitglieder bei den jeweiligen Nebenorganisationen. Bei der CDU umfasst z. B. die Arbeitnehmergruppe CDA nur circa 18.000 Mitglieder, die Mittelstandsvereinigung rund 30.000, die Junge Union 125.000, die Frauen-Union 150.000 und die Gruppe der Vertriebenen und Flüchtlinge 25.000 (Lepszy 2013)[2]. Zugleich haben Parteilose so die Möglichkeit, in Nebenorganisationen mitzuwirken. Ein Vorfeldcharakter von Nebenorganisationen verstärkt sich noch, wenn sie formal außerhalb ihrer Partei stehen – so der „Wirtschaftsrat" der CDU.

Zum Vorfeld, rechtlich völlig getrennt, gehören auch die parteinahen Stiftungen: Konrad-Adenauer- (CDU) und Friedrich-Ebert- (SPD), Hanns-Seidel- (CSU), Friedrich-Naumann- (FDP), Heinrich-Böll- (Bündnis 90/Die Grünen), Rosa-Luxemburg- (Die Linke) und Desiderius-Erasmus-Stiftung (AfD). Staatsfinanziert[3] beschäftigen sie eigenen Angaben zufolge mittlerweile mehr als 3200 Mitarbeiter[4]. Man kann sie als „Think Tanks" bezeichnen, mit der Aufgabe, ihrer Partei wichtige Ideen und Information zu produzieren und zu verbreiten, außerdem Nachwuchseliten zu fördern (Stipendien für Studierende), auch „Vorschläge auf politisches Handeln hin" zu entwickeln (Gerhard Hirscher/Seidel-Stiftung). Ihre Vertretungen im Ausland sollen, kooperierend mit nahestehenden politischen Strömungen, wirtschaftlicher und demokratischer Entwicklung dienen. Als solche stellen die Stiftungen „weltweit einzigartige Organisationen" (Heisterkamp 2014, S. 118) dar.

Der *satzungsrechtliche Aufbau der Parteien ist insofern demokratisch, als sich alle Parteiorgane vom Mitgliederwillen ableiten, Mitgliederversammlungen bzw. Parteitage jeweils den anderen Organen übergeordnet und judikative Funktionen von anderen getrennt sind.* Mit der notwendigen Handlungsfähigkeit lassen sich das freie Delegiertenmandat, das innerparteiliche Mehrheitswahlrecht und die Exofficio-Mitgliedschaften rechtfertigen.

Abweichungen von diesem Grundmodell zeigt vor allem das Satzungsrecht der Grünen. Ungewöhnlich ist die bei ihnen vorgesehene Inkompatibilität (Unvereinbarkeit) von Abgeordnetenmandat und Vorstandsamt auf Bundes- und Landesebene, wobei das Gebot zuletzt immer weiter aufgeweicht wurde. Gleiches gilt für das Verbot einer Wiederwahl nach zwei zweijährigen Amtszeiten

---

[2] Teilweise sind Zusatzbeiträge zu zahlen, was manche Mitgliederzahlen erklärt.
[3] Ausnahme: die Erasmus-Stiftung (Stand: 19. Januar 2022).
[4] Nur die Mitarbeiterzahl der Erasmus-Stiftung ist (noch) nicht öffentlich.

im Bundesvorstand (Rotation). Schließlich sind bei den Grünen ein mit Richtlinienkompetenz ausgestatteter Frauenrat, eine Bundesfrauenkonferenz sowie eine geschlechterparitätische Besetzung aller Ämter vorgesehen (Probst 2013, S. 520). Hinter diesen Regelungen steht die *Absicht, der Machtballung und der Unterrepräsentation der Frauen entgegenzuwirken. Demokratie von unten, nicht Oligarchie – das ist die Zielsetzung. Allerdings büßt man dabei Professionalität, Handlungsfähigkeit und Legitimation ein.* So bestehen inzwischen von der (Einarbeitung und Kontinuität behindernden) Rotation satzungsrechtlich nur noch „Reste", sind Mandatsrotation und besoldete Landessprecher verbreitet, wird die Unvereinbarkeit von Parteiamt und öffentlichem Mandat unterschiedlich eingehalten. Überwiegend sind die basisdemokratischen Regelungen „dem Zwang des Erfolges gewichen" (Stern 2004, S. 72). Und wo Basisdemokratie praktiziert wird, bei Landesmitgliederversammlungen der Grünen, erscheinen zuweilen nur kleine Minderheiten. Auch die Mitgliederparteitage bei der frühen AfD sind nur von Minderheiten besucht, sodass die tatsächliche Rolle der Mitglieder damit nicht gestärkt scheint (Koschmieder 2017, S. 183, 194).

Bei den Grünen wie bei anderen Parteien ist es verbreitete Praxis, gewählten Vorsitzenden auf Landes- oder Bundesebene ein Gehalt zu zahlen, wenn der oder die Betreffende kein politisches Mandat mit Diäten innehat. Diese, einer innerparteilichen Demokratie durchaus dienliche Praxis weitet sich unauffällig in der Richtung aus, dass Inhaber zeitfressender Parteiführungsämter auch im Falle von Diäteneinnahmen ein gewisses Zusatzeinkommen erhalten. Die Grenze zwischen ehrenamtlicher Parteifunktion und bezahlten Parteiangestellten verwischt, der gewählte und besoldete Parteisekretär von einst scheint ein Comeback zu erleben.

Im Übrigen hat die Missstimmung innerhalb und über die Parteien dazu geführt, dass man überall dem Gedanken an mehr Möglichkeiten für Nichtmitglieder („Schnuppermitgliedschaft"), an innerparteiliche Direktwahlen und Mitgliederabstimmungen nähertrat. So verdankte der SPD-Parteivorsitzende Scharping (1993–95) als erster Bundesvorsitzender einer großen Partei seine Funktion einer Mitgliederabstimmung, ebenso mehrere Spitzenkandidaten der SPD zu Landtagswahlen und ein CDU-Spitzenkandidat in NRW. Bei der FDP fanden Mitgliederentscheide zum sogenannten „Großen Lauschangriff" und zur Euro-Politik statt, bei den Grünen zur Trennung von Parteiamt und Mandat. Die Beteiligung der Mitglieder bewegte sich dabei um 50 %. Nach den Satzungen von CDU und CSU sind Mitgliederbefragungen zu Sach- und Personalfragen möglich (jüngst etwa bei der Wahl Friedrich Merz' zum CDU- und Saskia Eskens sowie Norbert Walter-Borjans' zu den SPD-Bundesvorsitzenden), bei übrigen Bundestagsparteien Mitgliederentscheide zu Sach- und bei SPD und Grünen auch zu Personalfragen (Bukow und Poguntke 2013, S. 199). Die Voraussetzungen und auslösenden Instanzen unterscheiden sich dabei von Partei zu Partei (Decker 2018, S. 286). Auf Landesebene fanden 1994 bis 2012 bei der SPD 16 und der CDU fünf Mitgliederentscheide über Parteivorsitze bzw. Spitzenkandidaten statt, durchschnittlich mit 45 % Beteiligung. Ein Trend zu mehr unmittelbarer Mitgliederentscheidung ist nicht zu erkennen (Detterbeck 2014, S. 121, 128). Gegen Entscheidungsrechte von Nicht-Mitgliedern jedenfalls herrscht Widerwille bei Parteiaktiven (Bukow 2013b, S. 240). Zugleich sprechen sich aber klare Mitgliedermehrheiten für die Urwahl von Bundestagskandidaten und Urabstimmungen zu Sachfragen aus (Alemann und Laux 2012, S. 253) – man will gewählten Vertretern nicht alles überlassen.

5.2 Innerparteiliche Demokratie in der Praxis

a. Das empirische Bild innerparteilicher Prozesse
Nachdem sich frühere Unterschiede zwischen der Massen- und Integrationspartei SPD einerseits und dem Charakter von CDU, CSU und FDP als eher lockeren, von Regierungschefs, Fraktionen und Interessenverbänden bestimmten Gruppierungen (Wildenmann 1974, S. 356) andererseits eingeebnet haben (ein massiver Mitgliederzuwachs in den 70er Jahren erlaubt es, bei den Unionsparteien von einer „nachgeholten Parteibildung" zu sprechen) (Scheer 1977), können relativ allgemeingültige Aussagen zur innerparteilichen Praxis gemacht werden.

Wenn man nach innerparteilicher Demokratie fragt, ist zunächst festzustellen, dass nur 45 % der Parteimitglieder überhaupt den politischen Kurs ihrer Partei beeinflussen wollen – sei es, dass die übrigen mit deren Linie einverstanden sind oder die Mühen aktiver Partizipation scheuen. Ein Interesse an einem öffentlichen Mandat bekunden 14 % (bis 35-Jährige: gut 30 %, ähnlich an Parteiamt) (Klein und Spier 2011, S. 38 f.). Ein Parteimitglied hat es zunächst mit seinem Ortsverband bzw. der Basisgliederung einer Nebenorganisation zu tun. Im Verhältnis der verschiedenen Parteiebenen zueinander ist es üblich, dass höhere Instanzen unteren zwar Richtlinien und Programmbeschlüsse vorgeben, bei ortsbezogenen Entscheidungen jedoch der einzelne Ortsverband, bei landespolitischen Fragen der einzelne Landesverband selbstständig entscheidet. Generell wird auf den verschiedenen Parteiebenen mehr nebeneinander und „relativ isoliert gearbeitet" (Kaack 1971, S. 692 f.). Dementsprechend konzentrieren sich die Aktivitäten eines Ortsverbandes auf die lokale Politik. Insgesamt scheint selbst in einer Partei wie der SPD über die Hälfte der Ortsvereine pro Jahr nur maximal zwei politische Veranstaltungen durchzuführen (Totz 2012, S. 77 f.).

Parteiversammlungen vor Ort werden lediglich von einer mehr oder minder starken Minderheit der Mitglieder besucht. Untersuchungen sehen nur 10 % regelmäßig aktive Mitglieder (Florack et al. 2005, S. 100). Bei einer Befragung von 2009, also einem Bundestagswahljahr, bezeichneten sich 27 % der Parteimitglieder als „sehr aktiv"/„ziemlich aktiv". Ein überdurchschnittliches Aktivitätsniveau weisen die Mitglieder der Linkspartei (36 %), der FDP (34 %), dann noch der Grünen und der SPD (jeweils 30 %) auf, im Durchschnitt liegt die CDU (27 %), unterdurchschnittlich schneidet die CSU mit ihrer hohen Mitgliederdichte ab (24 %) (Spier 2011a, S. 99). Dabei schwankt der Versammlungsbesuch: am höchsten scheint er bei innerparteilichen Konflikten und in kleineren Ortsverbänden (Niedermayer 1989, S. 20; Vorländer 1992, S. 310), hoch auch in den neuen Bundesländern (bei allerdings niedrigen Mitgliederzahlen) (Hallermann 2003, S. 61).

Nach Feststellungen der SPD hatten schon im Jahre 2000 bei ihr 70–100.000 Aktive insgesamt 50.000 innerparteiliche Funktionen und parlamentarische Mandate zu besetzen (Bartels und Machnig 2001, S. 221). *Das bedeutet wenig Auswahl.* Im ländlichen Raum werden daher Gemeinderatskandidaten auch außerhalb der Parteimitgliedschaft rekrutiert, v. a. in den neuen Bundesländern, wo kleine Gemeindegrößen auf eine dünne Mitgliederdichte der Parteien treffen. Die dort relativ „hohe Zahl von Parteilosen" auf den Kandidatenlisten der Parteien ist als „Zeichen des Mangels" zu werten (Werz 2000, S. 9; Hallermann 2003, S. 63).

Die Realität wird noch durch einen zweiten Faktor bestimmt: In größeren Ortsverbänden sind Mitgliederversammlungen zu groß für Resolutionen oder Kandidatenlisten aus ihrer Mitte. Üblich sind daher Vorberatungen im kleineren Kreise, im Vorstand oder bei informellen Treffen aktiver Mitglieder. Dort abgesprochene Vorentscheidungen werden von den Beteiligten dann in der Mitgliederversammlung vertreten und – sofern nicht konkurrierende Zirkel existieren – durchgesetzt. Die Mitgliederversammlung bleibt zwar das oberste Organ des Ortsverbandes, doch *verlagert sich der Ort der tatsächlichen Entscheidung vielfach in kleinere Führungszirkel.*

Was an der Basis zu beobachten ist, setzt sich ähnlich auf höheren Parteiebenen fort: dass die tatsächlichen Entscheidungen in kleineren Gremien getroffen werden, während demokratisch besonders legitimierte Parteitage nur akklamierend in Erscheinung treten. Hierauf deuten nicht nur einige Untersuchungen der mittleren Parteistufen, sondern vor allem Analysen des Ablaufs älterer Bundesparteitage. Für diese wurde nachgewiesen, dass

5.2 Innerparteiliche Demokratie in der Praxis

- Mitglieder der Parteiführungen unverhältnismäßig häufig zu Wort kommen – so jedenfalls ausgezählte Fälle von Bundesparteitagen der SPD und der Grünen[5];
- Anträge von Parteivorständen weitaus größere Chancen haben, angenommen zu werden, als solche von Gebietsverbänden oder Delegierten. Allerdings werden Anträge von „unten" vielfach in zusammenfassenden Vorstandsanträgen berücksichtigt und mit deren Annahme als „erledigt" erklärt;
- die Kandidatenvorschläge, welche Parteiführungen vorlegen, normalerweise bei nur wenigen Änderungen angenommen werden.

Zusammenfassend ist daher für die Parteitage früh *„ein politisches Übergewicht der Parteiführungen gegenüber den Delegierten"* konstatiert worden (Dittberner 1973).

Auch bei der Kandidatennominierung zu Bundestagswahlen gibt es wenige Änderungen an den Vorschlagslisten der Landesvorstände, in den Wahlkreisen kaum Gegenkandidaturen gegen kandidierende Mandatsinhaber. Listenvorschläge sind von Proporzregeln geprägt, die freien Wettbewerb einschränken und „schlimmstenfalls innerparteiliche Demokratie zur Farce" werden lassen (Höhne 2017, S. 245). Immerhin: „Neben Bündnis 90/Die Grünen, die ihre Mitglieder nach wie vor in den Stadtstaaten und in Hessen sowie die Linke in Bremen und im Saarland über die Listen entscheiden ließen, veranstalteten nun auch die AfD (außer in Nordrhein-Westfalen und Sachsen) sowie die FDP in Hamburg Landesmitgliederversammlungen", wobei durchschnittlich 1,8 % der Mitglieder beteiligt waren (Schüttemeyer und Pyschny 2020, S. 202). Und auch in den Wahlkreisen änderte sich die Praxis in den letzten Jahren: 2017 etwa wurden bei der CDU zwei Drittel, bei der SPD ein Drittel, bei Grünen und AfD alle und bei FDP wie Linke nahezu alle Wahlkreiskandidaten in Mitgliederversammlungen nominiert – und zwar von durchschnittlich 7,8 % der Mitglieder (Höhne 2017, S. 235 ff.).

Im Ganzen erscheint die Kandidatenauswahl basisnäher und streitiger als einst, was den Einfluss von Orts- und Kreisvorständen nicht ausschließt, aber doch einschränkt. Diesem Trend stellen sich in Baden-Württemberg Grüne und CDU entgegen, die – statt der bisherigen Wahl aller Landtagsabgeordneten aus den Direktkandidaten – auch Landeslisten (wie in den anderen Ländern) einführen wollten (Soldt 2018). Dies würde zwar Frauenchancen verbessern, aber auch den Einfluss mittlerer und höherer Parteifunktionäre auf die Kandidatenauswahl stärken.

---

[5] Protokolle SPD-Parteitage 1986 und 1988 (Raschke 1993, S. 538).

b. Gesetz der Oligarchie oder antizipierte Reaktion?

Woher rührt die generelle Machtverlagerung auf Führungsspitzen? Eine erste Ursache hierfür ist in *Kapazitätsgrenzen großer Gremien* zu sehen: Je mehr Mitglieder ein Gremium umfasst, desto schwieriger wird es, in kurzer Zeit aus seiner Mitte heraus mehrheitsfähige Beschlussvorlagen und Kandidatenlisten zu entwickeln. Hinzu kommt die Regel: Je größer ein Gremium, desto seltener kann es zusammentreten.

Das trifft besonders für die satzungsrechtlich mächtigen Bundesparteitage zu. An ihnen nehmen laut Eigenangaben bei der CDU 1001 Delegierte teil, bei der SPD 600, der FDP 662, den Grünen 820 und der Linken 580; hinzu kommen beratende Mitglieder und Gäste. Aus diesem Grund sind die großen Parteitage von Union und SPD auch meist weitgehend überraschungsfrei (Korte et al. 2018, S. 96 f.). Auch andere Parteigremien können an diesem Problem leiden, etwa die Bundesvorstände (CDU über 60, CSU 52, SPD maximal 34, FDP mindestens 45, Linke 44, Grüne 6, AfD 14 bzw. 15); dazu kommen noch einige Teilnehmer ohne Stimmrecht. Die großen Präsidien sind eher „Forum für Aushandlungsprozesse" (Uwe Jun zit. nach Korte et al. 2018, S. 79). Als handlungsfähige Führungsorgane können allein die kleinen Präsidien gelten (Stand Januar 2022: 23 Mitglieder bei der CDU, 14 bei SPD, je 12 bei FDP und Linke).

Zum zweiten besteht ein innerparteiliches *Informations- und Kommunikationsgefälle:* Während einfache Delegierte Personalkenntnisse nur zu ihrem eigenen Gebietsverband mitbringen, gibt es andere, die überregionale Kontakte pflegen, weit reichende Personenkenntnisse besitzen und daher Vorabsprachen treffen können; so Mitglieder der Vorstände und Fraktionen, aber auch die „Delegierten-Aristokratie", die schon mehrfach Parteitage besucht hat (Raschke 1993, S. 551).

Nur Spitzenrepräsentanten einer Partei verfügen schließlich über *Zugang zu den Massenmedien* und damit über die Chance, durch medial verbreitete Äußerungen die Masse der Delegierten und Wähler zu erreichen. Möglich wird so der „plebiszitäre Schulterschluss der Parteispitzen" (Wiesendahl 1997, S. 375) mit der Wählerschaft an der Delegierten- und Gremienpartei vorbei. Das gilt auch für die von der CDU eingeführten Regionalkonferenzen. Generell hat die Relevanz medialer Vermittlung den Typus des mediengewandten „Star-Politikers" (Schmid 2010, S. 84) hervorgebracht, dessen Selbstdarstellungstalent allerdings wenig über seine Problemlösungskompetenz aussagt.

Vollzieht sich also die Willensbildung in Parteien einseitig von oben nach unten? Geht es auf Parteitagen nur ums „Absegnen" anderswo getroffener Vorentscheidungen (Christine Hohmann-Dennhardt zit. nach Weigl 2013, S. 141)? Gegen eine derartige Sicht sprechen *innerparteiliche Konflikte*, Kampfabstimmungen und gelegentlich auch Niederlagen von Parteiführungen – und

5.2 Innerparteiliche Demokratie in der Praxis

zwar auch in der Frühphase der Bundesrepublik, die rückblickend oft als konfliktscheu eingeschätzt wird. Tatsächlich stehen nicht immer einander eine geschlossene Führung und lauter einzelne Delegierte gegenüber. Häufig treten innerparteiliche Gruppierungen auf: so Vereinigungen der CDU, Arbeitsgemeinschaften der SPD, regionale Parteigliederungen, innerparteiliche oder Richtungsgruppen. So war der Linken-Parteitag 2011 durch „Strömungskompromisse" (Oppelland und Träger 2014, S. 115 ff.) geprägt, während bei den Grünen ein „Burgfrieden" (Switek 2012, S. 209) durch informelle Quotierungen wichtiger Positionen gewährleistet wurde. Bei den sich ab 1970 lang hinziehenden Auseinandersetzungen in der SPD spielten Richtungsgruppen der Linken und der „Seeheimer Kreis" der Rechteren eine zentrale Rolle (Müller-Rommel 1982; Gebauer 2005, S. 248); bei der CDU stützen sich innerparteiliche Strömungen auf Vereinigungen, besonders CDA und Mittelstandsvereinigung melden sich gern mit „eigensinnigen politischen Stellungnahmen" (Bösch 2005, S. 174; Trefs 2007, S. 213 f., 219). In einer etablierten Landespartei wie der CSU konkurrieren „Machtzentren" wie die Staatsregierung, Parteispitze, Landtagsfraktion und „Landesgruppe" im Bundestag; auch die Bezirksvorsitzenden spielen eine zentrale Rolle (Kießling 2004, S. 342; Hopp und Zeitler 2020, S. 218 ff.). In der Summe ist es nicht übertrieben, angesichts der internen Gegensätze bei Parteien von „Allianzen fragmentierter Untergruppen" (Korte et al. 2018, S. 109) zu sprechen.

Eine zweite Einschränkung der Oligarchiethese ergibt sich aus der Frage, ob aus den hohen Erfolgschancen von Vorstandsvorschlägen notwendigerweise folgt, dass Mitglieder bzw. Delegierte von oligarchischen Führungen dominiert werden. Jene Erfolgschancen, jene fehlenden offenen Konflikte lassen sich ja auch anders erklären: dass sorgsam um ihre Basis bemühte und sich rückkoppelnde Führungsgruppen eben den Willen der Mehrheit (bzw. das ihr noch Zumutbare) formulieren, gewissermaßen im Voraus den Wünschen von Mitgliedern und Delegierten entsprechen (*Prinzip der antizipierten Reaktion*[6]).

Das Ergebnis: *Weder existiert eine innerparteiliche Demokratie der Gleichen, deren Willensbildung sich von unten nach oben vollzieht, noch herrscht eine innerparteiliche Oligarchie. Vielmehr besteht eine dezentralisierte, repräsentativ-demokratische Struktur, die sich in der Führung durch professionelle und kommunikative Vorsprünge, aber auch durch antizipierende Reaktion verwirklicht. Dies ist Ausdruck der Anpassungen der Demokratie an das Erfordernis*

---

[6] Diese „rule of anticipated reactions" hat schon Friedrich (1970, S. 71) herausgestellt.

von Handlungsfähigkeit. Insgesamt aber verlieren innerparteiliche Verhältnisse und Vorgänge an Bedeutung angesichts weiter zunehmender (sozialer) Medienkommunikation.

5.3 Die Parteimitglieder – Schlagseiten der Partizipation

Die Qualität innerparteilicher Demokratie und die Rolle der Parteien hängen darüber hinaus davon ab, wie viele und welche Bürger Parteien angehören. Die Gesamtzahl der Parteimitglieder in Deutschland beträgt heute etwa 1,2 Mio. 1945 bis 1948 zunächst rapide ansteigend, sank diese Zahl bis Mitte der fünfziger Jahre, stagnierte und erhöhte sich bei den großen Parteien ab Mitte der sechziger Jahre. Seit der Wiedervereinigung halbierte sich die Zahl dann noch einmal.

Dabei ist, wie Tab. 5.1 zeigt, der zuvor große Mitgliedervorsprung der SPD vor den Unionsparteien während der sozial-liberalen Koalition (1969–82) fast bis zum Gleichstand geschrumpft. Seit 1983 lässt sich ein allgemeiner Abwärtstrend beobachten, der auch durch das Hinzukommen der Grünen und der (noch) mitgliederschwachen AfD nicht aufgefangen wird (Schulze-Fielitz 2015).

Die Mitgliederentwicklung ist zwar in bestimmten Phasen unterschiedlich für Regierungs- und Oppositionsparteien verlaufen, häufiger (wie seit 1983) aber unterliegen alle Parteien dem gleichen Trend. In den neuen Bundesländern kommt eine Reaktion auf jahrzehntelange totalitäre Überorganisierung hinzu; die einstige SED, die bei ihrer Umfirmierung zur PDS im Dezember 1989 noch 1.464.000 Mitglieder zählte, stellt hier einen zwar besonders eklatanten, aber in der Tendenz durchaus typischen Fall dar. Im Ergebnis existiert in den neuen Bundesländern eine besonders dünne Mitgliederdecke.

Im Vergleich erscheint der Organisationsgrad der deutschen Parteien, d. h. die Parteimitgliederzahl im Verhältnis zur wahlberechtigten Bevölkerung, nicht außergewöhnlich: Er ist deutlich höher als in angelsächsischen Demokratien, Frankreich und den Niederlanden, andererseits niedriger als in Italien, Spanien und kleineren europäischen Staaten. Auch der Abwärtstrend erscheint nicht ungewöhnlich. Sehr viel steiler ging es mit den Parteien in Großbritannien, Italien und anderen Ländern bergab (Detterbeck 2011, S. 135; Florack et al. 2005, S. 97). Vielfach gilt dies als Zeichen einer „Parteienverdrossenheit" (Alemann et al. 1998, S. 31). Ob der jüngere Zuwachs bei Liberalen und Grünen eine Trendwende einleitet, muss die Zeit zeigen.

5.3 Die Parteimitglieder – Schlagseiten der Partizipation

Tab. 5.1 Die Mitgliederentwicklung der Parteien (in tausend)

Jahr	AfD	CDU	CSU	FDP	SPD	B90/Grüne	DKP/ab 1990 PDS/ ab 2007 Die Linke
1947[a]		400	82	55	875	–	–
1952		200	52	83	627	–	–
1960		255	53	80	650	–	–
1970		329,0	93,0	57,0	820,0	–	30
1980		693,0	172,0	85,0	987,0	15,0	40
1989		663,0	186,0	65,0	921,0	41,0	18,7
1990		789,6	186,2	168,2	943,4	41,3	280,9
2000		616,7	181,0	62,7	734,7	46,6	83,5
2010		505,3	153,9	68,5	502,1	53,0	73,7
2015	16,4	444,4	144,4	53,2	442,8	59,4	59,0
2016	25,0	431,9	142,4	53,9	432,7	61,6	58,9
2017	27,6	425,9	141,0	63,1	443,2	65,0	62,3
2018	33,5	414,9	138,4	63,9	437,8	75,3	62,0
2019	34,8	405,8	139,1	65,5	419,3	96,5	60,9
2020	31,9	399,1	136,0	66,0	404,3	107,3	60,4
dar. Frauen (in %)	18,1	26,6	21,5	21,1	33,0	41,7	36,6

[a] Die Angaben für die Zeit vor 1970 sind meist nur als Schätzungen zu werten. Sonstige differierende Angaben gehen auf unterschiedliche Erhebungszeitpunkte bzw. nachträgliche Korrekturen zurück.
Quellen: Hübner und Rohlfs (1990, S. 312 f.); Niedermayer (2021).

Die Mitglieder politischer Parteien, eine kleine Minderheit der Bevölkerung von 1,7 % (Stand: 2020), spiegeln diese nicht repräsentativ wider. Dies gilt bereits für demographische Merkmale:

- *Geschlecht: Die deutliche Unterrepräsentierung der Frauen baut sich nur langsam ab. Wie Tab. 5.1 erkennen lässt, ist der Frauenanteil bei den linken Parteien deutlich höher als in anderen.*
- *Alter: Mittlere Jahrgänge zwischen 30 und 60 Lebensjahren stellen zwar einen großen Block der Parteimitglieder dar, stehen inzwischen aber hohen*

Anteilen Älterer gegenüber. 2020 liegt das Durchschnittsalter in CDU und SPD bei 61 Jahren, in der CSU bei 60, in der Linken bei 54, in der FDP bei 51 und unter den Grünen bei 48 Jahren. Dabei ist bei FDP, Grünen und Linken rund jeder Fünfte unter 30 Jahre alt (Tendenz jüngst leicht steigend), bei den anderen Parteien ist es nicht einmal jeder Zehnte. Innerhalb der AfD liegt der Anteil der bis 35-Jährigen bei 12 %. Beobachter konstatieren eine „Überalterung" der Parteimitgliedschaften (Wiesendahl 2006, S. 53). Droht da eine „Altenrepublik"? Die Deutsche Parteimitgliederstudie 2009 zeigt, dass die über Siebzigjährigen bei CDU wie SPD, 31 bzw. 23 % der Parteimitglieder, unter Orts- und Kreisvorstandsmitgliedern einen weit niedrigeren Anteil ausmachten. Und die 60- bis 69-Jährigen waren unter den Orts- und Kreisvorstandsmitgliedern bei der CDU nur leicht über-, bei der SPD deutlich unterrepräsentiert (d'Antonio und Munimus 2017, S. 319). Die Alten, obwohl sehr zahlreich, dominieren nicht.

Unter den Kriterien sozialer Schichtung erscheinen Parteimitglieder ebenfalls nicht repräsentativ.

1. *Berufsgruppen: In den Parteien sind Angestellte und wohl Hausfrauen massiv unter-, der öffentliche Dienst sowie Akademiker/Freiberufler hingegen stark überrepräsentiert.* Tab. 5.2 zeigt, dass die Ungleichgewichte ansonsten recht parteispezifisch sind: Unter den „Sozialstaatsparteien" haben die Arbeiter einen Überhang, unter den „Marktwirtschaftsparteien" eher die Selbstständigen.

Tab. 5.2 Die Berufsstruktur der Parteimitglieder 2017 in Prozent der Mitglieder

	SPD	CDU	FDP	CSU	Grüne	Linke	Bevölkerung
Arbeiter	16	7	3	9	5	17	9
Angestellte	29	33	32	28	28	32	68
Beamte/öffentl. Angestellte	44	30	27	29	44	35	11
Selbstständige	7	25	23	28	13	10	9
Akademiker u. Freiberufler	4	6	15	6	9	6	2

Quelle: Deutsche Parteimitgliederstudie 2017 (Befragung), nach: Klein, Markus et al. (2019): Die Sozialstruktur der deutschen Parteimitgliedschaften. Empirische Befunde der Deutschen Parteimitgliederstudien 1998, 2009 und 2017, in: Zeitschrift für Parlamentsfragen 50 (2019) H. 1, S. 81 ff.

2. Der Bildungsgrad der Parteimitglieder liegt über dem der Gesamtbevölkerung. Während bei letzterer von einem Anteil derer mit Hochschul- oder Fachhochschulabschluss von unter 18 % auszugehen ist, beträgt er unter Parteimitgliedern 44 % (und ist damit im Laufe der Zeit sogar noch gestiegen). Dabei liegt er bei den kleinen Parteien deutlich über diesem Durchschnitt (Grüne 72, FDP 63 und Linke 51 %), bei der CDU hingegen mit 43, bei der CSU mit 34 und der SPD mit 41 % darunter (Klein et al. 2019, S. 88 f.). *Wie bei den Wählerschaften, nur auf erhöhtem Niveau, stehen die „gebildeten" kleineren Parteien den weniger gebildeten Volksparteien gegenüber.*
3. Ältere Untersuchungen über die Einkommen von Parteimitgliedern weisen auf eine markante Trennlinie zwischen FDP- und CDU/CSU-Mitgliedern mit höheren Einkommen und denen der Linksparteien mit niedrigeren hin (Gabriel und Niedermayer 2001, S. 290). An neueren Befragungen mangelt es, zumal die Auskünfte hierzu als unzuverlässig gelten. Einen gewissen Ersatz bieten Selbstzuordnungen zu sozialen Schichten. „So rechneten sich 2017 21 % der befragten Bürger der Unterschicht oder der unteren Mittelschicht zu. Unter den Parteimitgliedern taten dies nur zwölf Prozent. Gleichzeitig gruppierte sich ein Drittel der Parteimitglieder in der oberen Mittelschicht oder der Oberschicht ein, während der entsprechende Anteil in der Bevölkerung nur 21 % betrug." (Klein et al. 2019, S. 93). Am stärksten nach oben wich die FDP ab (obere Mittelschicht und Oberschicht 51 %), am stärksten nach unten die Linke (unter Mittelschicht und Unterschicht 34 %). Zugleich stellt sich auch hier die Frage nach der Aussagekraft – die Debatte um Friedrich Merz' Selbsteinstufung als Angehöriger der Mittelschicht (mit Millionenvermögen) im Jahr 2018 (Bemmer 2018) unterstreicht dies exemplarisch.

Markante, fortdauernde Unterschiede bestehen bei der Konfessionszugehörigkeit der Mitglieder. Dies macht Tab. 5.3 deutlich. Der Anteil von Konfessionslosen steigt im Parteienspektrum von rechts nach links kontinuierlich, macht aber

Tab. 5.3 Die Konfession der Parteimitglieder 2017 in Prozent der jeweiligen Parteimitglieder

	CSU	CDU	SPD	FDP	Grüne	Linke
Katholisch	78	52	23	23	21	8
Evangelisch	15	38	47	41	33	12
Sonstige/keine	7	11	30	36	47	80

Quelle: Deutsche Parteimitgliederstudie 2017 (Befragung), nach: Klein et al. (2019).

zur Partei Die Linke einen großen Sprung; die Katholiken dominieren die Union (CSU stärker als CDU), die Protestanten sind (mit Ausnahme der Linken) überall eine große Gruppe. Am nächsten kommt noch die SPD der Gesamtbevölkerung, was die Konfessionszusammensetzung angeht.

Im Kern ähnlich sieht es mit den Parteimitgliedern nach Regionen aus. „Bei der CDU (mit Ausnahme von Thüringen), der SPD und den Grünen bilden die ostdeutschen Bundesländer nach wie vor das Schlusslicht, bei der FDP kommen Bayern und Bremen dazu. Die Linkspartei ist von ihrer Mitgliederentwicklung her immer noch eine ostdeutsche Regionalpartei [...]. Sie erreicht jedoch auch in ihren ostdeutschen Hochburgen nicht annähernd die Rekrutierungsfähigkeit von CDU, CSU und SPD im Westen. Bei der AfD [...] verschieben sich die Werte zugunsten der ostdeutschen Bundesländer [...] In der Summe aller Parteien findet sich der mit Abstand höchste Anteil an Parteimitgliedern im Saarland. [...] Das Schlusslicht bilden Sachsen und Sachsen-Anhalt" (Niedermayer 2021, S. 375).

Spiegelt sich die Bevölkerung, wenn schon nicht demographisch und sozial, so doch hinsichtlich ihrer politischen Grundauffassungen in den Parteimitgliedern wieder? Auch dies ist nicht ganz der Fall. Schon für die 1970er Jahre ließen Befragungen erkennen, dass sich die Mitglieder und Funktionsträger der SPD jeweils häufiger „links", Mitglieder von CDU und CSU jeweils häufiger „rechts" einordneten als die Wähler ihrer Parteien (Feist et al. 1977, S. 266, 277; Schmitt 1992, S. 142). Dieses Bild hat sich unlängst bestätigt (Spier 2011b, S. 129; Neu 2017, S. 12): *Die Parteimitglieder drängen nach außen, die Wähler gravitieren stärker zur Mitte.*

Bei alldem ist die innerparteilich *führende Rolle professioneller oder halbprofessioneller Politiker* zu beachten. Bereits auf kommunaler Ebene – als Bürgermeister oder als Dezernenten – treten hauptberufliche politische Akteure auf, daneben halbprofessionelle, die Verbandsfunktionen oder Karrieren im öffentlichen Dienst mit lokaler politischer Tätigkeit verbinden. Stärker ausgeprägt ist diese Professionalisierungstendenz auf Landes- und Bundesebene durch Inhaber von Mandaten, Regierungsämtern, politischen Beamtenstellen und besoldeten Verbandsfunktionen[7]. Soll man, um die innerparteiliche Partizipation zu stärken, der „Berufspolitikerherrschaft" Grenzen auferlegen? Wiesendahl (2012, S. 151) plädiert hier für „strikte Ämterbefristung", erwägt die Trennung von Amt und Mandat und spricht sich für innerparteiliche Urwahlen aus, um

---

[7] Der hauptberufliche Parteiapparat (1992 bis zu etwa 1200 Personen bei der CDU und 1008 bei der SPD – Niclauß 2002, S. 165 ff.), bleibt, da ohne politische Macht, hier außer Acht.

Politiker einem „verstärkten Risiko des Scheiterns" auszusetzen – Vorschläge, wie sie vor allem bei den Grünen längst erprobt worden und weitgehend wieder fallen gelassen sind. Im Ergebnis reduziert die Professionalisierung die Relevanz der sozialen und politischen Schlagseiten der Parteimitgliedschaften auf zweierlei Weise:

- Sie geht einher mit einer *stärkeren Wählerorientierung bei den politisch ausschlaggebenden Berufspolitiker/-innen,* geht es doch für diese bei öffentlichen Wahlen nicht allein um Sieg oder Niederlage ihrer Partei, sondern auch um ihr persönliches Fortkommen.
- Die Politiker/-innen *lösen sich von der sozialen Gruppe, der sie entstammen:* Das Interesse an der eigenen politischen Karriere führt dazu, sich aller Interessen anzunehmen, die Stimmen und Unterstützung erwarten lassen.

Zusammenfassend hat Lösche (2000) der SPD angesichts ihrer Mitgliedschaft die Diagnose „Verkalkt-verbürgerlicht-professionalisiert" gestellt. Ähnliches ließe sich für die Unionsparteien sagen. Wer die junge Generation als „Seismograph gesellschaftlicher Veränderung" heranzieht und ihre größere Distanz zu Parteien berücksichtigt (Glaab 2003, S. 133) mit der Folge, dass wenig neue Mitglieder zu den Parteien finden, dem eröffnet sich die *Zukunftsperspektive einer allgemein dünnen Mitgliederdecke wie in den neuen Ländern und einer „professionalisierten Medienkommunikationspartei"* (Jun 2013, S. 137f.).

5.4 Probleme einer fairen Parteienfinanzierung

a. Die wechselvolle Geschichte der Parteienfinanzierung

Politische Parteien finanzierten sich vor 1933 im Wesentlichen durch Mitgliedsbeiträge und Spenden. Erst in der Bundesrepublik ist die Parteienfinanzierung gesetzlichen Regelungen unterworfen und durch staatliche Mittel ergänzt worden. Dies wirkt innerhalb der Parteien zentralisierend und schwächt den Einfluss von Spendern. Die Regelungen zur Parteienfinanzierung haben eine lange und umkämpfte Geschichte. Sie lässt sich in vier Abschnitten zusammenfassen:
Erstens: Der Einstieg in die Spendenbegünstigung 1949–58. Am Anfang stand die Erinnerung an das Scheitern der Weimarer Republik, an die Finanzierung auch der Nationalsozialisten durch Kreise der Schwerindustrie (Kulitz 1983, S. 21 ff.). Sie veranlasste den Parlamentarischen Rat zu der Vorschrift des Art. 21 GG, die Parteien „müssen über die Herkunft ihrer Mittel öffentlich Rechenschaft geben". Dies blieb zunächst bloßes Postulat, da erst die

Große Koalition 1967 mit dem Parteiengesetz das notwendige Ausführungsgesetz durchbrachte. Stattdessen spielten wieder Gelder aus der Wirtschaft eine beachtliche Rolle. Fördergesellschaften sammelten steuerlich abzugsfähige Spenden, um sie nach einem Schlüssel an bestimmte Parteien zu verteilen und deren Politik zu beeinflussen (Dübber 1962, S. 41 ff.; Breitling 1961; Braunthal 1965, S. 139, 201).

Zweitens: Die Ära der „wilden" Staatsfinanzierung 1958–67. Ein Wandel setzte ein, als 1958 das Bundesverfassungsgericht die unbegrenzte steuerliche Abzugsfähigkeit von Parteispenden für verfassungswidrig erklärte (denn dadurch werde eine „schon bestehende faktische Ungleichheit der Wettbewerbschancen verschärft" – BVerfG 1958). Als daraufhin das Spendenaufkommen zurückging, griffen die Parteien nach einer staatlichen Finanzierung. Die Schleusen zu einer ungeregelten Selbstbedienung aus den Staatskassen waren geöffnet.

Drittens: Die Dominanz der Wahlkampfkostenerstattung 1967–83. Auch jene Praxis wurde durch das Bundesverfassungsgericht abgebrochen:

- 1966 schob es ihr einen Riegel vor, indem es nur eine staatliche Erstattung von Wahlkampfkosten zuließ.
- 1968 senkte das Gericht den Mindeststimmenanteil, von dem an Wahlkostenerstattung beansprucht werden kann, von 2,5 auf 0,5 % der gültigen Stimmen. Bedrohlich schien eher eine Zementierung des Status quo als eine Parteienzersplitterung.

Im Parteiengesetz von 1967 wurden nun eine jährliche Rechenschaftslegung der Parteien über die Herkunft ihrer Mittel sowie eine Wahlkampfkostenerstattung eingeführt. Beiträge und Spenden konnten nur bis zu einer Höhe von 600 DM (ab 1980: 1800 DM) vom zu versteuernden Einkommen abgezogen werden. Auch diese Regelungen gerieten in eine Krise. Die Parteien bemühten sich, Spenden über zwischengeschaltete „Geldwaschanlagen" (gemeinnützige Organisationen, Berufsverbände) zu leiten, um sie in unzulässiger Weise steuerabzugsfähig und damit attraktiv zu machen (Ebbighausen et al. 1996, S. 266 f.). Doch zahllose Gerichtsverfahren gegen diese Praktiken Anfang der achtziger Jahre hatten zur Folge, dass das Spendenaufkommen drastisch abzustürzen drohte (Wewer 1990). Die FDP, bei der wegen ihrer Koalition mit der SPD ab 1969 Spenden ausblieben, befand sich zudem in hoher Verschuldung gegenüber einer Tochter der gewerkschaftseigenen Bank für Gemeinwirtschaft (Lösche und Walter 1996, S. 148).

Viertens: Erhöhte Spendenabzugsfähigkeit 1983–93. Angesichts dieser Lage wählte der Bundestag 1983 mit breiter Mehrheit den Ausweg, zusätzlich Sockel- und Chancenausgleichsbeträge einzuführen, die Steuerfreiheit von Spenden und Mitgliedsbeiträgen bis zu einer Höhe von 60.000 DM je Person und Jahr auszuweiten und die Spendernennung erst ab 40.000 DM im Jahr vorzuschreiben. Ein Steuerabzug von 50 % für Kleinspenden und -beiträge sollte die Benachteiligung von Kleinverdienern ausgleichen (Parteiengesetz 1989).

Eine Klage der Grünen führte jedoch 1992 zu einer „völligen Kehrtwendung" (Naßmacher 1993, S. 81) des Bundesverfassungsgerichts, das Spendenbegünstigungsgrenze, Sockelbetrag, Chancenausgleich und Publizitätsgrenze für verfassungswidrig erklärte. Ein Überblick über die Rechtsprechung im Laufe der Jahrzehnte macht vier tragende, miteinander abzuwägende Grundsätze deutlich, auf die Karlsruhe die Parteienfinanzierung zu verpflichten suchte: die *Sicherung der*

- *Funktionsfähigkeit der Parteien,*
- *Chancengleichheit der Parteien und gleiche Teilhabechancen der Bürger,*
- *Staatsunabhängigkeit und*
- *finanziellen Transparenz der Parteien.*

b. Das neue System der Parteienfinanzierung und die Parteifinanzen
Jenem Urteil folgte 1993 eine gesetzliche Neuregelung der öffentlichen Parteienfinanzierung mit den Stimmen von CDU/CSU, SPD und FDP. Die wichtigsten Punkte (in der Fassung vom 28. Juni 2002) bestehen in:

1) der Einführung *einer „absoluten Obergrenze" für den Gesamtumfang der staatlichen Zuwendungen* an die Parteien: Ihre Höhe wurde auf 230 Mio. DM jährlich festgesetzt und darf nur der Preisentwicklung angepasst werden[8]. Überschreiten die Ansprüche der Parteien die Obergrenze, werden sie proportional gekappt.
2) einer *Senkung der Publizitätsgrenze für Spenden auf 10000 €* pro Jahr, d. h. bei höheren Beträgen sind die Spender in den Rechenschaftsberichten namentlich anzugeben.
3) einer *Senkung der steuerlichen Begünstigungsgrenze für Spenden und Mitgliedsbeiträge auf 1650 € je Person und Jahr* im Interesse der Chancengleichheit. Körperschaftsspenden (d. h. von Unternehmen) sind voll zu versteuern.

---

[8] Im Jahr 2020 betrug die absolute Obergrenze beispielsweise bereits 197,5 Mio. Euro (Deutscher Bundestag 2021a, Anlage 2).

Unzulässig sind Spenden von öffentlich-rechtlichen oder gemeinnützigen Körperschaften, von anonymer Seite oder aus dem Ausland; ebenso Spenden, die „erkennbar in Erwartung oder als Gegenleistung eines bestimmten wirtschaftlichen oder politischen Vorteils gewährt werden" („Einflussspenden").

4) einer *Bindung der staatlichen Zuwendungen sowohl an die Wählerzahl als auch an die Spenden- und Beitragseinnahmen* der Parteien: Parteien erhalten für jede Listenstimme bei Bundes-, Europa- und Landtagswahlen jährlich 0,70 € (für erste vier Mio. Stimmen 0,85 €). Außerdem erhält eine Partei für jeden Euro, den sie als Spende, Mitgliedsbeitrag oder Mandatsträgerabgabe eingenommen hat, 0,38 € dazu (bis 3300 € je Person), um ihre gesellschaftliche „Verwurzelung" zu stärken.

5) Wer im Rechenschaftsbericht *absichtlich unrichtige Angaben* macht, eine Spende in Teilbeträge zerlegt oder unzulässige Spenden annimmt, macht sich strafbar[9]. Für eine unrichtige Angabe hat eine Partei das Doppelte des Betrages zu zahlen. Dementsprechend erwarteten 2009 die FDP 3,46 Mio. Euro (FAZ 2009), 2011 die NPD 1,27 Mio. Euro (RP Online 2019), 2020 die AfD 572.000 Euro Strafe (Röbel und Wassermann 2020).

Eine Beurteilung dieses Systems verlangt zunächst einen Blick auf die tatsächlichen Finanzierungsverhältnisse bei den Parteien. Deren Rechenschaftsberichte lassen *drei Haupteinnahmequellen erkennen: Mitgliedsbeiträge, staatliche Zuschüsse und Spenden* (Tab. 5.4). Auch fallen relative Einnahmen- und Spendenmaxima in Wahljahren ins Auge, sodass sich sinnvolle Aussagen nur für ganze Wahlperioden machen lassen.

Insgesamt gilt der Anteil der deutschen Mitgliedsbeiträge im westeuropäischen Vergleich als durchaus hoch (Adams 2005, S. 252). Im Einzelnen fällt auf, dass relativ hohe Beitragsanteile bei SPD und CDU (inzwischen auch Linke) relativ hohen Spendenanteilen bei FDP und CSU gegenüberstehen. Als Großspender treten zwar Unternehmen und Wirtschaftsverbände in Erscheinung (manche zugunsten aller größeren Parteien), doch zeigen die Einzelangaben, dass Spenden juristischer Personen über 10.000 € auch bei den bürgerlichen Parteien nur einen unbedeutenden Anteil an ihren Gesamteinnahmen ausmachen. Die große Mehrheit der angabepflichtigen Spenden stammt bei allen Parteien von natürlichen Personen, vielfach Mandatsträgern.

---

[9] BGBl. I 1994, S. 142 ff. und 2002, S. 2268 ff.

5.4 Probleme einer fairen Parteienfinanzierung

Tab. 5.4 Parteienfinanzierung 2010–2019. Gesamteinnahmen und -ausgaben sowie Vermögen in Mio. Euro, sonst in Prozent der jeweiligen Gesamteinnahmen

Jahr	Gesamt (Mio. Euro)			Einnahmen aus (in Prozent)[b]				Spenden			Staatl. Mitteln
	Einnahmen[a]	Ausgaben[a]	Reinver-mögen	Mitglieds-beiträgen	Mandats-abgaben	Vermögen/ Unter-nehmen	Veranstal-tungen/ Publikat		naturl. Pers	jurist. Pers	
SPD:											
2010	147,2	127,2	174,8	31,1	15,2	11,1	8,8		5,3	1,2	26,5
2015	156,8	133,7	202,1	31,6	16,2	5,7	7,9		5,1	1,2	31,9
2016	156,8	141,3	217,6	31,4	16,3	5,6	6,9		5,7	1,3	32,4
2017	166,1	181,2	201,9	31,1	15,8	7,3	7,0		6,9	1,9	29,6
2018	172,4	141,5	233,0	31,2	15,3	8,6	5,8		4,6	0,9	32,9
2019	169,2	159,3	242,7	31,4	15,5	5,8	6,2		6,6	1,3	32,9
CDU:											
2010	138,1	120,1	111,9	29,7	13,0	3,3	9,1		8,3	4,4	31,1
2015	143,4	121,5	149,2	26,7	13,0	2,9	8,6		9,3	4,5	34,4
2016	144,8	129,3	164,8	26,0	13,4	1,6	8,8		10,4	4,9	34,2
2017	156,7	163,9	157,6	24,0	12,8	1,3	8,2		14,4	8,1	30,9
2018	147,3	119,4	185,6	25,6	14,1	1,2	9,2		8,2	3,4	38,1
2019	152,6	149,2	189,0	24,6	13,8	1,4	8,8		10,7	4,8	35,4

(Fortsetzung)

Tab. 5.4 (Fortsetzung)

Jahr	Gesamt (Mio. Euro)			Einnahmen aus (in Prozent)[b]					Spenden		Staatl. Mitteln
	Einnahmen[a]	Ausgaben[a]	Reinvermögen	Mitgliedsbeiträgen	Mandatsabgaben	Vermögen/ Unternehmen	Veranstaltungen/ Publikat		natürl. Pers	jurist. Pers	
CSU:											
2010	35,0	30,5	28,5	26,2	8,9	1,0	20,7		9,8	5,8	27,5
2015	59,1	44,6	36,9	16,6	6,1	31,6	10,9		6,4	3,7	22,7
2016	38,9	36,0	39,8	25,2	9,4	0,8	16,3		10,2	6,6	31,1
2017	43,4	45,2	38,0	23,8	8,5	2,8	14,4		12,6	10,2	27,2
2018	45,4	44,9	38,4	22,8	8,1	1,9	13,6		12,7	10,1	30,3
2019	48,0	43,1	43,3	21,5	7,6	1,4	12,5		17,1	8,4	30,6
FDP:											
2010	34,4	27,5	5,9	23,3	10,1	2,9	6,5		12,2	5,2	39,0
2015	25,8	22,5	6,8	25,1	6,0	1,9	4,5		20,5	7,3	34,4
2016	27,2	26,1	7,8	25,3	6,4	1,7	4,6		20,4	7,0	33,9
2017	38,7	39,4	7,2	20,3	5,4	1,3	3,5		27,0	11,9	30,3
2018	35,7	27,6	15,4	25,3	7,6	4,1	3,8		12,0	4,7	42,1
2019	38,0	35,0	18,4	25,5	7,7	1,0	4,0		15,5	5,5	40,6

(Fortsetzung)

5.4 Probleme einer fairen Parteienfinanzierung

Tab. 5.4 (Fortsetzung)

Jahr	Gesamt (Mio. Euro)		Einnahmen aus (in Prozent)[b]							Staatl. Mitteln
	Einnahmen[a]	Ausgaben[a]	Reinvermögen	Mitgliedsbeiträgen	Mandatsabgaben	Vermögen/ Unternehmen	Veranstaltungen/ Publikat	Spenden		
								naturl. Pers	jurist. Pers	
B90/Grünen:										
2010	31,2	25,6	26,0	21,1	22,3	0,6	3,2	11,2	1,7	36,5
2015	40,0	31,0	42,8	22,2	24,1	0,3	1,6	9,0	1,5	37,8
2016	42,3	39,7	45,4	21,5	23,0	0,3	2,1	10,5	1,7	37,5
2017	43,5	47,3	41,6	22,5	22,4	0,4	1,6	11,3	2,2	36,4
2018	48,4	38,8	51,2	23,4	20,5	1,5	1,8	8,7	1,4	39,7
2019	59,7	50,3	60,6	25,5	18,5	0,2	1,7	9,8	1,2	40,2
Linke:										
2010	27,9	23,0	23,6	35,9	14,1	0,7	0,7	7,4	0,1	38,9
2015	27,9	22,4	29,1	33,5	15,2	0,4	0,9	6,8	0,0	39,2
2016	29,7	25,8	33,0	32,5	15,6	0,3	0,9	7,4	0,0	38,8
2017	31,6	33,3	31,3	31,8	15,3	0,4	0,8	8,5	0,0	38,6
2018	33,1	25,9	38,6	31,6	15,3	0,1	0,6	5,9	0,0	43,5
2019	34,2	34,2	38,6	30,5	15,3	0,2	0,5	8,1	0,0	42,1

(Fortsetzung)

Tab. 5.4 (Fortsetzung)

Jahr	Gesamt (Mio. Euro)		Einnahmen aus (in Prozent)[b]					Spenden			Staatl. Mitteln
	Einnahmen[a]	Ausgaben[a]	Reinvermögen	Mitgliedsbeiträgen	Mandatsabgaben	Vermögen/ Unternehmen	Veranstaltungen/ Publikat				
								naturl. Pers	jurist. Pers		
AfD											
2013	7,7	5,4	2,3	19,9	0,0	0,0	0,1	53,7	2,2		24,0
2014	12,6	10,7	4,2	19,1	0,4	20,6	0,3	16,0	0,4		43,0
2015	14,8	8,9	10,0	14,9	1,2	16,3	0,2	30,7	0,9		35,2
2016	15,6	11,1	14,6	14,9	2,4	3,5	0,8	37,2	1,2		39,3
2017	18,4	21,9	11,0	16,3	3,6	1,2	0,2	35,9	0,9		41,1
2018	28,5	16,0	23,5	12,9	5,1	0,4	0,5	18,0	0,3		35,5
2019	26,3	23,8	26,0	15,3	7,7	0,1	0,4	24,3	0,5		38,8

[a] Einnahmen und Ausgaben ohne innerparteiliche Transfers
[b] Reste zu 100 % = sonstige Einnahmen
Quellen: Deutscher Bundestag (2021b, S. 56 ff.).

Unter dem Blickwinkel der vom Bundesverfassungsgericht herausgearbeiteten Prinzipien ergibt sich folgendes Bild:

Erstens: Die Funktionsfähigkeit der Parteien erscheint unter der absoluten Obergrenze gewährleistet. Denn diese schrieb nur den tatsächlichen Umfang staatlicher Zuwendungen aus den Jahren vor der Neuregelung fest. Wegen der Inflationsbindung der Obergrenze dürfte das Kleid für die Parteien nicht knapper werden. Andererseits wird so gesichert, dass die Staatszuwendungen an die Parteien nicht rascher wachsen als deren Kosten.[10] Das alles scheint allerdings Vergangenheit zu werden. Denn die Regierungsmehrheit sucht in überraschendem Schnellverfahren ohne einsichtige Begründungen die Obergrenze zu erhöhen und damit eine zentrale Legitimation der deutschen Parteienfinanzierung zu zerstören. Willkürliche Selbstbedienung, dieser Vorwurf wird wohl in Zukunft die einschlägige Diskussion begleiten.

Anlass regelmäßiger Kritik ist bis heute die offene Flanke des Gesetzes: Unter die Obergrenze fallen nur die Parteien selbst, nicht aber mit ihnen Verbundene. Es geht um die zur Parlamentsfinanzierung zählenden öffentlichen Zuwendungen an die Fraktionen, die im Jahr 2020 120 Mio. Euro betrugen (Bundesrechnungshof 2021), um hohe Diäten und Kostenpauschalen für Mandatsträger, welche ihnen beachtliche Abführungen an ihre Parteien (sog. „Parteisteuer") ermöglichen. Dazu kommen öffentlich finanzierte Mitarbeiter der Bundestagsabgeordneten (großteils im Wahlkreis eingesetzt) in Höhe von 261 Mio. Euro im Jahr 2021 (Haas und Eckstein 2021). Auch die parteinahen Stiftungen werden in diesem Zusammenhang genannt: 2021 erhielten diese aus öffentlicher Hand 660 Mio. Euro (Ogorek 2021) – und damit rund dreimal so viel wie die Parteien. Von Arnim (2015, S. 11 f. 91) spricht von einer „verdeckten Parteienfinanzierung" und beziffert diese auf fast 900 Mio. Euro jährlich. Kritisch ist von einer „Selbstprivilegierung der politischen Klasse" (Decker 2007, S. 42) die Rede. Andere Kritikpunkte – etwa die Möglichkeit, Spenden zu stückeln (9999 € sind nicht zu nennen) oder die Sanktionierung durch ein Gremium (Bundestagspräsidium), in dem die Parteien selbst vertreten sind – werden ebenfalls hin und wieder laut (Decker 2021, S. 89).

Zweitens: Die Senkung der Publizitätsgrenze und die Verfeinerung der vorgeschriebenen Einnahmekategorien sowie Vermögensangaben verbessern die vom Grundgesetz geforderte Transparenz der Parteieinnahmen. Dieser Grad an

---

[10] In der Vergangenheit waren ihre Einnahmen rascher als jedenfalls die Lebenshaltungskosten gewachsen (Landfried 1994, S. 92).

Transparenz wird „von keiner anderen westlichen Demokratie auch nur ansatzweise erreicht" (Naßmacher 2001, S. 165). Nicht erfasst bleiben allerdings verdeckte Finanzierungshilfen von privater Seite, etwa Aktionen zugunsten einer Partei, Sponsoring, Anzeigenkampagnen oder Inserate in Parteipublikationen. Auch Parallelwerbung Privater, die im Dunkeln bleiben, kommen zuweilen politischen Richtungen zugute. Man stößt hier auf Grenzen, wie sie einer freien Gesellschaft eigen sind, in der jeder seine Meinung auch öffentlich zum Ausdruck bringen darf. Machen ohnehin nicht Gesetzesverstöße alle Transparenz zur Makulatur? Gewiss gab es die schwarze Kasse Helmut Kohls mit 2 Mio. DM Spendeneinnahmen mehrerer Jahre, das versteckte Vermögen der hessischen CDU (18 Mio.), die Spendensammlung des SPD-Schatzmeisters Nau ohne Herkunftsangabe (7,6 Mio.). Jedoch: Die beiden CDU-Fälle führten zu Skandalen, mit den Bloßgestellten als politisch und finanziell Leidtragenden. Die Einführung einer persönlichen Strafbarkeit dürfte einen Abschreckungseffekt haben. Im Übrigen wird, wer die Größenordnungen in Tab. 5.3 berücksichtigt, bei den skandalisierten Fällen nur begrenzte Transparenzmängel erkennen können. Größere Intransparenz bestand eher bei Vermögensangaben der SPD. Sie nannte für ihre Presseholding lediglich deren Buchwert von 12,8 Mio. DM, während der Verkehrswert auf hunderte Millionen geschätzt wurde. Inzwischen ist eine Korrektur erfolgt, 2003 wurden Beteiligungen im Wert von 165 Mio. Euro angegeben (Deutscher Bundestag 2005, S. 63).

Drittens: Die reduzierte Steuerbegünstigung von Spenden stärkt die Chancengleichheit. Aus Sicht des Verfassungsgerichts geht es nur darum, ohnehin bestehende gesellschaftliche Ungleichheiten nicht durch staatliche Regelungen noch zu verstärken. Zahlungen bis zu 1650 € im Jahr scheinen für den Durchschnittsbürger zwar unwahrscheinlich, aber möglich.

Eine verbesserte Chancengleichheit zwischen den Parteien ist darin zu sehen, dass nun Spenden von öffentlichen Einrichtungen und Unternehmen mit öffentlicher Beteiligung unzulässig geworden sind und sonstige Körperschaftsspenden voll der Steuer unterworfen bleiben. Spenden gänzlich zu verbieten, wäre denkbar, ist aber nicht zwingend. Ihre Masse besteht aus Kleinspenden, die Großspenden machen nur einen geringen Anteil an den Parteieinnahmen aus. Chancengleichheit wird zwischen den Parteien durch die „Degression" gefördert, d. h. eine höhere Bewertung der ersten vier Millionen Stimmen einer Partei bei der Verteilung staatlicher Mittel. Damit wird berücksichtigt, dass abnehmende Grenzkosten bei Anzeigen, Versand, Entwicklung von Werbestrategien und anderen typischen Parteiaktivitäten sich zum Vorteil großer Parteien auswirken.

Viertens: Die Einführung öffentlicher Zuwendungen nach dem Umfang der Wählerzahlen und der selbst erwirtschafteten Mittel (Spenden und Beiträge)

5.4 Probleme einer fairen Parteienfinanzierung

sucht die Parteien zum Einwerben eigener Einnahmen anzuregen; insofern wird ihre Staatsunabhängigkeit gefördert. Diese ist in Verfassungsgerichtsurteilen dahingehend konkretisiert, dass direkte öffentliche Zuwendungen nicht die selbst erwirtschafteten Einnahmen der Parteien übersteigen dürfen („relative Obergrenze").

Im Ganzen haben die Bemühungen um eine faire und breit akzeptierte Parteienfinanzierung im Laufe der Zeit zu einem umfänglichen Regelsystem geführt. Es reibt sich inzwischen mit der Ehrenamtlichkeit innerparteilicher Tätigkeit: „Unsere Kassierer" in den tausenden Parteigliederungen, so die damalige SPD-Schatzmeisterin Inge Wettig-Danielmeier (2001, S. 533) wohl im Sinne aller Parteien, „können ein hochkompliziertes System nicht anwenden". Dies ist ein Argument dafür, die persönliche Strafbarkeit auf absichtliche Verstöße beschränkt zu lassen.

Auch die Notwendigkeit, nicht einen Zielwert absolut zu erreichen, sondern ein *Optimum zwischen Transparenz, Chancengleichheit, Funktionsfähigkeit, innerparteilicher Demokratie und freier Gesellschaft anzusteuern, macht eine abschließende, ideale Lösung unwahrscheinlich.* Zu Recht hat das Bundesverfassungsgericht betont, eine Offenlegung der Parteifinanzen sei „stets nur annäherungsweise zu erreichen." Man wird also mit Unvollkommenheiten leben müssen. Immerhin hat aber das System der Parteienfinanzierung dazu beigetragen, dass Parteien unterschiedlichen Typs existieren können und Finanzstärken der einzelnen Parteien in etwa ihren Wählerstärken entsprechen (Bundesverfassungsgericht zit. nach Rudzio 2000, S. 436).

Ob die Gesamtheit der öffentlichen Zuwendungen zu hoch ist, lässt sich schwer beantworten. *Trotz der staatlichen Förderung sind die deutschen Parteien aber nicht die kostenträchtigsten. Sie bewegen sich vielmehr mit ihren Ausgaben im Mittelfeld von 18 Demokratien* – gemessen an der Zahl der Wahlberechtigten unter Berücksichtigung des jeweiligen Bruttosozialprodukts. Länder wie Israel, Mexiko, Österreich, Italien und Japan liegen weit, drei weitere Staaten (Schweden, Polen, Spanien) immer noch deutlich höher als Deutschland, während insbesondere die angelsächsisch geprägten Demokratien wesentlich geringere Parteiausgaben aufweisen (Naßmacher 2009, S. 344 f., 115).

Wie kann man die zur Parteienstaatlichkeit (Abschn. 4.1) und zu den Binnenstrukturen der heutigen Parteien genannten Phänomene zusammenfassen? Die Politikwissenschaft bietet an, sie mit dem Begriff „Kartellparteien" (Tab. 5.5) zu bezeichnen. Lockerungen der Verbindungen mit Kirchen, Gewerkschaften, Arbeitgeberverbänden, das Gewicht staatlicher Parteifinanzierung, abgeschwächte programmatische Unterschiede, schrumpfende Parteimitgliederzahlen, die für ihre Ebene jeweils vorhandene Autonomie der kommunalen,

Tab. 5.5 Dimensionen von Kartellparteien

Systemrolle	Hinwendung zur staatlichen Sphäre; Erosion gesellschaftlicher Bindungen
Wettbewerb	Kartellierung von Privilegien; Begrenzung von sachpolitischen Alternativen
Organisation	Vorherrschaft öffentlicher Mandatsträger; Stratarchie im Verhältnis der Parteigliederungen

Quelle: Richard S. Katz und Peter Mair nach: Detterbeck (2016, S. 114).

Landes- und Bundesebene der Parteien (Stratarchie), die Dominanz der Berufspolitiker – dies alles lässt sich unter diesem Begriff unterbringen.

Literatur

Adams, Karl-Heinz (2005): Parteienfinanzierung in Deutschland, Marburg.
von Alemann, Ulrich et al. (1998): Parteien im Modernisierungsprozeß, in: Aus Politik und Zeitgeschichte 1–2, S. 29 ff.
von Alemann, Ulrich/Laux, Annika (2012): Die Mitglieder als Faktor innerparteilicher Willensbildung und Entscheidungsfindung, in: Korte, Karl-Rudolf/Treibel, Jan (Hrsg.): Wie entscheiden Parteien? Prozesse innerparteilicher Willensbildung in Deutschland, Baden-Baden, S. 249 ff.
d'Antonio, Oliver/Munimus, Bettina (2017): Parteien und die Altenrepublik Deutschland, in: Wiesendahl, Elmar (Hrsg.): Parteien und soziale Ungleichheit, Wiesbaden, S. 303 ff.
von Arnim, Hans Herbert (2015): Die Angst der Richter vor der Macht, Köln.
Bartels, Hans-Peter/Machnig, Matthias (2001): Der rasende Tanker. Analysen und Konzepte zur Modernisierung der sozialdemokratischen Organisation, Göttingen.
Bemmer, Ariane (2018): Der Millionär aus der „gehobenen Mittelschicht", unter: https://www.tagesspiegel.de/politik/friedrich-merz-der-millionaer-aus-der-gehobenen-mittelschicht/23634396.html (zuletzt geprüft am 1. Februar 2022).
Bösch, Frank (2005): Oppositionszeiten als Motor der Parteireform?, in: Schmid, Josef/Zolleis, Udo (Hrsg.): Zwischen Anarchie und Strategie. Der Erfolg von Parteiorganisationen, Wiesbaden, S. 172 ff.
Braunthal, Gerard (1965): The Federation of German Industry in Politics, Ithaca.
Breitling, Rupert (1961): Das Geld in der deutschen Parteipolitik, in: Politische Vierteljahresschrift 4 (2), S. 348 ff.
Büdding, Meike (2003): Parteischiedsgerichtsbarkeit auf Bundes- und Landesparteiebene, Bocholt.
Bukow, Sebastian (2013a): Die professionalisierte Mitgliederpartei, Wiesbaden.
Bukow, Sebastian (2013b): Die Wiederentdeckung der mitgliedsbasierten Parteiorganisation. Ziele, Prozess und Ergebnisse der SPD-Parteireform 2009–2011, in:

Niedermayer, Oskar et al. (Hrsg.): Abkehr von den Parteien? Parteiendemokratie und Bürgerprotest, Wiesbaden, S. 231 ff.

Bukow, Sebastian/Poguntke, Thomas (2013): Innerparteiliche Organisation und Willensbildung, in: Niedermayer, Oskar (Hrsg.): Handbuch Parteienforschung, Wiesbaden, S. 179 ff.

Bundesrechnungshof (2021): Fraktionsfinanzierung: lückenhafte Regeln, fehlende Sanktionen, unter: https://www.bundesrechnungshof.de/de/veroeffentlichungen/produkte/sonderberichte/2021/finanzen-der-fraktionen-lueckenhafte-regeln-fehlende-sanktionen (zuletzt geprüft am 2. Februar 2022).

BVerfG (1958): Urteil vom 24. Juni 1958, 2 BvF 1/57.

Decker, Frank (2007): Parteiendemokratie im Wandel, in: ders./Neu, Viola (Hrsg.): Handbuch der deutschen Parteien, Wiesbaden, S. 19 ff.

Decker, Frank (2018): Parteiendemokratie im Wandel, 2. Aufl., Baden-Baden.

Decker, Frank (2021): Baustellen der Demokratie. Von Stuttgart 21 bis zur Corona-Krise, Bonn.

Detterbeck, Klaus (2011): Parteien und Parteiensystem, Konstanz.

Detterbeck, Klaus (2014): Urwahlen in den deutschen Landesparteien, in: Münch, Ursula et al. (Hrsg.): Parteien und Demokratie. Innerparteiliche Demokratie im Wandel, Baden-Baden, S. 113 ff.

Detterbeck, Klaus (2016): Kartellparteien in Mehrebenensystemen, in: Bukow, Sebastian et al. (Hrsg.): Parteien in Staat und Gesellschaft, Wiesbaden, S. 111 ff.

Deutscher Bundestag (2005): Drucksache 15/5550, Berlin.

Deutscher Bundestag (2021a): Festsetzung der staatlichen Mittel für das Jahr 2020, unter: https://www.bundestag.de/resource/blob/835922/0853db22122a388008ce071e287d8441/finanz_20-data.pdf (zuletzt geprüft am 1. Februar 2022).

Deutscher Bundestag (2021b): Bericht über die Rechenschaftsberichte 2015 bis 2019 der Parteien sowie über die Entwicklung der Parteienfinanzen gemäß § 23 Absatz 4 des Parteiengesetzes (Drucksache 19/30520), Berlin.

Dittberner, Jürgen (1973): Die Parteitage von CDU und SPD, in: ders./Ebbighausen, Rolf (Hrsg.): Parteiensystem in der Legitimationskrise, Opladen, S. 82 ff.

Dübber, Ulrich (1962): Parteifinanzierung in Deutschland, Köln.

Ebbighausen, Rolf et al. (1996): Die Kosten der Parteiendemokratie, Opladen.

FAZ (2009): Gericht bestätigt Millionenstrafe für die FDP, unter: https://www.faz.net/aktuell/politik/inland/rechtswidrige-spenden-gericht-bestaetigt-millionenstrafe-fuer-die-fdp-1893685.html (zuletzt geprüft am 1. Februar 2022).

Feist, Ursula et al. (1977): Strukturelle Angleichung und ideologische Polarisierung. Die Mitgliedschaft von SPD und CDU/CSU zwischen den sechziger und siebziger Jahren, in: Politische Vierteljahresschrift 18 (2/3), S. 257 ff.

Florack, Martin et al. (2005): Strategien erfolgreicher Mitgliederrekrutierung der politischen Parteien, in: Schmid, Josef/Zolleis, Udo (Hrsg.): Zwischen Anarchie und Strategie. Der Erfolg von Parteiorganisationen, Wiesbaden, S. 96 ff.

Friedrich, Carl Joachim (1970): Politik als Prozeß der Gemeinschaftsbildung, Köln.

Gabriel, Oscar W./Niedermayer, Oskar (2001): Parteimitgliedschaften: Entwicklung und Sozialstruktur, in: dies./Stöss, Richard (Hrsg.): Parteiendemokratie in Deutschland, 2. Aufl., Bonn, S. 274 ff.

Gebauer, Annekatrin (2005): Der Richtungsstreit in der SPD. „Seeheimer Kreis" und „Neue Linke" im innerparteilichen Machtkampf, Wiesbaden.

Glaab, Manuela (2003): Mehr Partizipation wagen?, in: dies. (Hrsg.): Impulse für eine neue Parteiendemokratie, München, S. 117 ff.

Haas, Simone/Eckstein, Charlotte (2021): Der Deutsche Bundestag könnte bald eine Milliarde Euro kosten – und damit doppelt so viel wie im Jahr 2005, unter: https://www.nzz.ch/visuals/bundestag-kosten-vergleich-ld.1649264 (zuletzt geprüft am 2. Februar 2022).

Hague, Rod et al. (2016): Comparative Government and Politics, 10. Aufl., Basingstoke/New York.

Hallermann, Andreas (2003): Partizipation in politischen Parteien, Baden-Baden.

Heisterkamp, Ulrich (2014): Think Tanks der Parteien? Eine vergleichende Analyse der deutschen politischen Stiftungen, Wiesbaden.

Höhne, Benjamin (2017): Wie stellen Parteien ihre Parlamentsbewerber auf?, in: Koschmieder, Carsten (Hrsg.): Parteien, Parteiensysteme und politische Orientierungen. Aktuelle Beiträge der Parteienforschung, Wiesbaden, S. 227 ff.

Hopp, Gerhard/Zeitler, Benjamin (2020): Das Kapital der Realpräsenz: Die CSU als lebendige Parteiorganisation, in: Sebaldt, Martin et al. (Hrsg.): Christlich-Soziale Union. Politisches Kapital und zentrale Herausforderungen der CSU im 21. Jahrhundert, Wiesbaden, S. 205 ff.

Hübner, Emil/Rohlfs, Horst-Hennek (1990): Jahrbuch der Bundesrepublik Deutschland 1990/91, München.

Jun, Uwe (2013): Typen und Funktionen von Parteien, in: Niedermayer, Oskar (Hrsg.): Handbuch Parteienforschung, Wiesbaden, S. 119 ff.

Kaack, Heino (1971): Geschichte und Struktur des deutschen Parteiensystems, Opladen.

Kießling, Andreas (2004): Die CSU. Machterhalt und Machterneuerung, Wiesbaden.

Klein, Markus/Spier, Tim (2011): Parteibeitritt und Mitgliedschaft im Wandel, in: Aus Politik und Zeitgeschichte 44/45, S. 33 ff.

Klein, Markus et al. (2019): Die Sozialstruktur der deutschen Parteimitgliedschaften. Empirische Befunde der Deutschen Parteimitgliederstudien 1998, 2009 und 2017, in: Zeitschrift für Parlamentsfragen 50 (1), S. 81 ff.

Korte, Karl-Rudolf et al. (2018): Parteiendemokratie in Bewegung. Organisations- und Entscheidungsmuster der deutschen Parteien im Vergleich, Baden-Baden.

Koschnmieder, Carsten (2017): Eine demokratische Alternative?, in: ders. (Hrsg.): Parteien, Parteiensysteme und politische Orientierungen. Aktuelle Beiträge der Parteienforschung, Wiesbaden, S. 179 ff.

Kulitz, Peter (1983): Unternehmerspenden an politische Parteien, Berlin.

Landfried, Christine (1994): Parteifinanzen und politische Macht, 2. Aufl., Baden-Baden.

Lepszy, Norbert (2013): Sonderorganisationen der Parteien, unter: https://www.bpb.de/nachschlagen/lexika/handwoerterbuch-politisches-system/202104/sonderorganisationen-der-parteien (zuletzt geprüft am 19. Januar 2022).

Lösche, Peter (2000): Verkalkt – verbürgerlicht – professionalisiert. Der bittere Abschied der SPD von der Mitglieder- und Funktionärspartei, in: Universitas 55 (2), S. 779 ff.

Lösche, Peter/Walter, Franz (1996): Die FDP. Richtungsstreit und Zukunftszweifel, Darmstadt.

Michels, Robert (1957 [1911]): Zur Soziologie des Parteiwesens in der modernen Demokratie, Nachdruck der 2. Aufl., Stuttgart.

Müller-Rommel, Ferdinand (1982): Innerparteiliche Gruppierungen in der SPD, Opladen.

Naßmacher, Karl-Heinz (1993): Perspektiven der Parteienfinanzierung nach dem Urteil des Bundesverfassungsgerichts, in: Politische Studien Sonderheft 4, S. 81 ff.

Naßmacher, Karl-Heinz (2001): Parteienfinanzierung in Deutschland, in: Gabriel, Oscar W. et al. (Hrsg.): Parteiendemokratie in Deutschland, 2. Aufl., Bonn, S. 159 ff.

Naßmacher, Karl-Heinz (2009): The Funding of Party Competition, Baden-Baden.

Neu, Viola (2017): „Ich wollte etwas bewegen." Die Mitglieder der CDU, Berlin.

Niclauß, Karlheinz (2002): Das Parteiensystem der Bundesrepublik Deutschland, 2. Aufl., Paderborn.

Niedermayer, Oskar (1989): Innerparteiliche Partizipation, in: Aus Politik und Zeitgeschichte 11, S. 15 ff.

Niedermayer, Oskar (2021): Parteimitgliedschaften im Jahre 2020, in: Zeitschrift für Parlamentsfragen 52 (2), S. 373 ff.

Ogorek, Markus (2021): Mut zur Rechtssicherheit, unter: https://www.lto.de/recht/hintergruende/h/desiderius-erasmus-stiftung-afd-parteinah-staatliche-foerderung-finanzierung-verfassungstreue/ (zuletzt geprüft am 2. Februar 2022).

Oppelland, Torsten/Träger, Hendrik (2014): Die Linke. Willensbildung in einer ideologisch zerstrittenen Partei, Baden-Baden.

Parteiengesetz i. d. F. vom 1. 1. 1989 in: BGBl. I 1989, S. 327 ff.

Probst, Lothar (2013): Bündnis 90/Die Grünen, in: Niedermayer, Oskar (Hrsg.): Handbuch Parteienforschung, Wiesbaden, S. 509 ff.

Raschke, Joachim (1993): Die Grünen, Köln.

Röbel, Swen/Wassermann, Andreas (2020): Weitere Strafzahlung für die AfD – diesmal über 72.000 €, unter: https://www.spiegel.de/politik/deutschland/afd-72-000-euro-strafe-wegen-verschwiegener-wahlkampfunterstuetzung-a-42f7a64d-0104-4c79-9c53-d55ace2cda53 (zuletzt geprüft am 1. Februar 2020).

RP Online (2019): NPD muss 1,27 Millionen Euro Strafe wegen Rechenschaftsbericht zahlen, unter: https://rp-online.de/politik/deutschland/npd-muss-1-27-millionen-euro-strafe-wegen-rechenschaftsbericht-zahlen_aid-44852443 (zuletzt geprüft am 1. Februar 2022).

Rudzio, Wolfgang (2000): Die Parteifinanzen und die Zukunft des deutschen Parteiensystems, in: Zeitschrift für Parlamentsfragen 31 (2), S. 428 ff.

Scheer, Hermann (1977): Die nachgeholte Parteibildung und die politische Säkularisierung der CDU, in: Narr, Wolf-Dieter (Hrsg.): Auf dem Weg zum Einparteienstaat, Opladen, S. 149 ff.

Schmid, Josef (2010): Führung und Parteien, in: Gehne, David/Spier, Tim (Hrsg.): Krise oder Wandel der Parteiendemokratie? Festschrift für Ulrich von Alemann, Wiesbaden, S. 80 ff.

Schmitt, Hermann (1992): Die Sozialdemokratische Partei Deutschlands, in: Mintzel, Alf/Oberreuter, Heinrich (Hrsg.): Parteien in der Bundesrepublik Deutschland, 2. Aufl., Bonn, S. 133 ff.

Schulze-Fielitz, Helmuth (2015): Die Integrationskraft politischer Parteien im Wandel, in: Krüper, Julian et al. (Hrsg.): Parteienwissenschaften, Baden-Baden, S. 105 ff.

Schüttemeyer, Suzanne/Pyschny, Anastasia (2020): Kandidatenaufstellung zur Bundestagswahl 2017. Untersuchungen zu personellen und partizipatorischen Grundlagen demokratischer Ordnung, in: Zeitschrift für Parlamentsfragen 51 (1), S. 189 ff.

Soldt, Rüdiger (2018): Die ungeliebte Wahlrechtsreform, in: Frankfurter Allgemeine Zeitung vom 4. Januar.

Spier, Tim (2011a): Wie aktiv sind die Mitglieder der Parteien?, in: ders. et al. (Hrsg.): Parteimitglieder in Deutschland, Wiesbaden, S. 97 ff.

Spier, Tim (2011b): Welche politischen Einstellungen haben die Mitglieder der Parteien? in: ders. et al. (Hrsg.): Parteimitglieder in Deutschland, Wiesbaden, S. 121 ff.

Stern, Jürgen (2004): Grüne Spitzen. Elitenbildung in einer egalitären Partei, Stuttgart.

Switek, Niko (2012): Bündnis 90/Die Grünen, in: Korte, Karl-Rudolf/Treibel, Jan (Hrsg.): Wie entscheiden Parteien? Prozesse innerparteilicher Willensbildung in Deutschland, Baden-Baden, S. 121 ff.

Totz, Daniel (2012): Mitglieder gesucht: Die Reform der SPD-Parteiorganisation, in: Poguntke, Thomas/Morlok, Martin (Hrsg.): Mitteilungen des Instituts für deutsches und internationales Parteienrecht und Parteienforschung, Düsseldorf, S. 72 ff.

Trefs, Matthias (2007): Faktionen in westeuropäischen Parteien, Baden-Baden.

Vorländer, Hans (1992): Die Freie Demokratische Partei, in: Mintzel, Alf/Oberreuter, Heinrich (Hrsg.): Parteien in der Bundesrepublik Deutschland, 2. Aufl., Bonn, S. 266 ff.

Weigl, Michael (2013): Die CSU. Akteure, Entscheidungsprozesse und Inhalte einer Partei am Scheideweg, Baden-Baden.

Wettig-Danielmeier, Inge (2001): Die Stellungnahme der SPD zur Reform der Parteienfinanzierung, in: Zeitschrift für Parlamentsfragen 32 (3), S. 528 ff.

Wewer, Göttrik (1990): Eine neue Phase der Parteienfinanzierung in der Bundesrepublik Deutschland hat begonnen, in: ders. (Hrsg.): Parteienfinanzierung und politischer Wettbewerb, Opladen, S. 12 ff.

Werz, Nikolaus (2000): Einleitung, in: ders./Hennecke, Hans Jörg (Hrsg.): Parteien und Politik in Mecklenburg-Vorpommern, München, S. 5 ff.

Wiesendahl, Elmar (1997): Noch Zukunft für die Mitgliederparteien?, in: Klein, Ansgar/Schmalz-Bruns, Rainer (Hrsg.): Politische Beteiligung und Bürgerengagement in Deutschland, Bonn, S. 349 ff.

Wiesendahl, Elmar (2006): Mitgliederparteien am Ende? Eine Kritik der Niedergangsdiskussion. Wiesbaden.

Wiesendahl, Elmar (2012): Partizipation und Engagementbereitschaft in Parteien, in: Mörschel, Tobias Krell, Christian (Hrsg.): Demokratie in Deutschland. Zustand – Herausforderungen – Perspektiven, Wiesbaden, S. 121 ff.

Wildenmann, Rudolf (1974): CDU/CSU: Regierungspartei von morgen – oder was sonst?, in: Löwenthal, Richard/Schwarz, Hans-Peter (Hrsg.): Die zweite Republik, Stuttgart, S. 345 ff.

Wahlverhalten: Soziale Merkmale und aktuelle Orientierungen

6.1 Personalisiertes Verhältniswahlrecht und Wahlbeteiligung

a) Das Wahlrecht und seine Varianten in Deutschland
In Demokratien spielt das Wahlrecht eine zentrale Rolle. Es regelt, wie Politiker/-innen an die Macht kommen, um für begrenzte Zeit anstelle des Volkes zu entscheiden. Dafür muss es den Gewählten Legitimation verschaffen. Das Grundgesetz umreißt diese Legitimitätsbedingungen mit den Worten, dass die Parlamente aus „allgemeiner, unmittelbarer, freier, gleicher und geheimer Wahl" hervorgehen müssen (Art. 38 Abs. 1 und 28 Abs. 1 GG). In diesem Rahmen, solange nur jede Stimme den gleichen Erfolgswert hat, kann alles andere unterschiedlich geregelt werden.

Grundsätzlich unterscheidet man zwischen Mehrheits- und Verhältniswahlrecht, doch existieren neben diesen beiden Grundmodellen zahlreiche Varianten und Mischungen. In nicht wenigen Demokratien besteht ein Verhältniswahlrecht innerhalb von Mehrmandate-Wahlkreisen (also nicht auf gesamtstaatlicher Ebene, Beispiel: Spanien), anderswo wird ein Teil der Sitze nach Verhältniswahlrecht, ein anderer nach Mehrheitswahlrecht besetzt (sogenanntes Grabenwahlsystem, Beispiel: Italien seit 2017), auch gibt es Wahlrechtssysteme, bei denen Ersatzpräferenzen der Wähler berücksichtigt werden (so in Irland). Mehr für dieses oder jenes Wahlrecht spricht, je nachdem, was Vorrang haben soll (Nohlen 2014):

- die Wahl von Personen oder die von Parteien;
- ob sich primär die Wählermeinungen im Parlament möglichst widerspiegeln oder ob mit der Wahl eine Regierung bestimmt werden soll;
- ob man das ganze Land, die Region oder den Wahlkreis als wichtigste Einheit versteht.

In Deutschland galt zum Reichstag bis 1918 ein Mehrheitswahlrecht mit zweitem Wahlgang, falls im ersten kein Kandidat die absolute Mehrheit erreicht hatte (so wie heute in Frankreich). Aber dieses Wahlrecht wirkte, da die Wahlkreise (auch infolge industrialisierungsbedingter Bevölkerungsverschiebungen) ungleich groß waren, unfair und passte schlecht zur faktischen Parteienwahl. So wurde es 1919 durch ein Verhältniswahlrecht ersetzt (ähnlich wie zuvor in mehreren nordeuropäischen Ländern), das im heutigen Deutschland tiefe Wurzeln geschlagen hat. Es wurde dennoch wiederholt zum Gegenstand heftiger Auseinandersetzungen. 1955 strebte die CDU/CSU ein „Grabenwahlsystem", 1966 die Große Koalition ein „mehrheitsbildendes" Wahlrecht an[1]. Den Hintergrund bildete dabei die von einer Richtung der Politikwissenschaft vehement vertretene These, das Verhältniswahlrecht habe entscheidend zur Parteienzersplitterung und zum Scheitern der Weimarer Republik beigetragen; es sei unvereinbar mit einer handlungsfähigen Demokratie (Hermens 1951; Sternberger 1964). Letztlich blieben aber alle Vorstöße ergebnislos, von ihm wegzukommen.

Das Wahlrecht zum Bundestag, wie es seit 1956 im Wesentlichen unverändert gilt, lässt sich als *personalisiertes Verhältniswahlrecht* bezeichnen. Nach ihm wird die eine Hälfte der Abgeordneten in 299 (ab 2024: 280) Einzelwahlkreisen mit einfacher Mehrheit gewählt, die andere Hälfte über Landeslisten der Parteien. Jeder Wähler und jede Wählerin verfügt über zwei Stimmen: Mit der Erststimme (Personenstimme) entscheidet er/sie über den oder die Wahlkreisabgeordnete(n), mit der Zweitstimme (Parteienstimme) über die Verteilung der Mandate zwischen den Parteien. Entsprechend ihrem Zweitstimmenanteil nämlich wird jeder Partei ein Verhältnisanteil an Mandaten zugeteilt, die dann – nach Abzug der direkt erzielten Wahlkreismandate – aus ihren Landeslisten in der dort gegebenen Reihenfolge besetzt werden. Mit diesem Wahlrecht ist Deutschland ein Unikat in der Welt (Decker 2011, S. 140).

Bei diesem Wahlrecht kann der Fall eintreten, dass eine Partei bereits in den Wahlkreisen mehr Mandate erreicht, als ihr in einem Bundesland insgesamt zustehen. Diese „Überhangmandate" blieben bis 2013 ohne Ausgleich, und insofern bestand ein Knick im Verhältniswahlrecht. Beispielsweise fielen 2009 den Unionsparteien 24 derartige Überhangmandate zu. Ein weiteres Ärgernis: Die Listensitzverteilung konnte unter Beachtung der Ländergrenzen zu dem paradoxen Effekt führen, dass mehr Stimmen für eine Partei am falschen Ort zu einem

---

[1] „Grabenwahlsystem" heißt, errungene Direktmandate bei der Verteilung der Listenmandate nach dem Verhältnis der Zweitstimmen nicht zu berücksichtigen.

Sitzverlust führen konnte bzw. umgekehrt – so 2005 in Dresden und Hamburg („negatives Stimmgewicht"). Solche paradoxen Ergebnisse mussten, so das Bundesverfassungsgericht, ausgeschlossen werden. Als mögliche Lösungen des Problems boten sich an:

- zusätzlich Ausgleichsmandate (wie bei Landtagswahlen) einzuführen, bis das Verhältnis wiederhergestellt ist;
- stattdessen bei den profitierenden Parteien anderswo Listenmandate abzuziehen, bis dem Verhältnisprinzip Geltung verschafft ist (was das Landesprinzip verletzte);
- den Gesamtanteil der Direktmandate zu senken, sodass Überhangmandate unwahrscheinlicher würden (Grotz 2009, S. 173 ff.; Behnke 2007, S. 196 ff.);
- durchgängig Zwei-Mandate-Wahlkreise einzuführen, was die Wahrscheinlichkeit von Überhangmandaten reduzieren würde.

Gegen die letzten beiden Vorschläge sprach, dass sie jene anstößigen Effekte nicht grundsätzlich ausschlossen, und so hat sich der Bundestag 2013 zugunsten der bequemsten Lösung entschieden: zusätzliche Ausgleichsmandate einzuführen. Geblieben ist die doppelte Aufgabe der Zuteilung der Mandate auf die Länder nach deren Bevölkerungszahlen einerseits und der Mandatszuteilung an die Parteien nach Zweitstimmenanteilen im Bund andererseits, was bei niedrigerer Wahlbeteiligung und höherem Stimmenanteil durchgefallener Parteien in einem Bundesland zu erheblichen Problemen führt. Gilt dies, wie 2013, für Bayern mit der Regionalpartei CSU, so fallen unabhängig von Überhangmandaten weitere Ausgleichsmandate für die Austarierung zwischen den Ländern an. Die groteske Folge: Eine Austarierung von vier Überhangmandaten brachte nicht weniger als 29 Ausgleichsmandate in die Welt. Neben seiner Unübersichtlichkeit krankt das Wahlrecht an dieser Aufblähungstendenz. Es bleibt daher weiterhin „Aufgabe politischer Gestaltung" (Grotz 2016, S. 89) – wie die Bundestagswahlen 2017 (709 statt 598 vorgesehene Parlamentarier) und 2021 (736 statt 598 vorgesehene Parlamentarier) mit ihrer Aufblähung bestätigten. Daran dürfte die kleine Wahlrechtsreform von 2020 wenig ändern (Weinmann und Grotz 2020), die einer Vergrößerung des Bundestags dadurch einen Riegel vorzuschieben sucht, dass sie Ausgleichsmandate erst ab dem vierten Überhangmandat vorsieht, Direktmandate teilweise auf Listenmandate der gleichen Partei in anderen Bundesländern anrechnet und (aber erst ab 2024) die Wahlkreiszahl von 299 auf 280 reduziert.

Stellten früher die nicht ausgeglichenen Überhangmandate eine Prämie für die stärkste Partei dar, was die Chance für eine Regierungsmehrheit erhöhte, so entfällt dieser Effekt infolge des Ausgleichs. Angesichts großer und anderer ungewollter Koalitionsbildungen hat die Suche nach einem mehrheitsfördernden Wahlrecht zu verschiedenen Überlegungen geführt (Behnke et al. 2017). Am provokantesten wirkt der Vorschlag von Volker Best (2016, S. 217 f.), nach italienischem Vorbild der stärksten Partei eine „Mehrheitsprämie", d. h. zusätzliche Mandate über das Verhältnisprinzip hinaus, einzuräumen.

Das Problem des Verhältniswahlrechts, infolge Parteienzersplitterung Mehrheitsbildungen zu erschweren, ist eigentlich durch die Fünf-Prozent-Sperrklausel entschärft. Nach ihr werden Landeslisten nur solcher Parteien bei der Mandatszuteilung berücksichtigt, die mindestens fünf Prozent der gültigen Zweitstimmen im Bundesgebiet erreicht oder mindestens drei Wahlkreismandate direkt gewonnen haben („Grundmandate"). Nachdem jedoch 2013 über 15 % der gültigen Stimmen aufgrund der Fünf-Prozent-Klausel keine Vertretung im Bundestag fanden, mehren sich politikwissenschaftliche Äußerungen, die für nur eine Bundestagstimme plädieren, ergänzt durch eine „Ersatzstimme" für den Fall, dass die gewählte Partei unter fünf Prozent bleibt (Jesse 2016; Decker 2016, S. 464 f.; Sacksofsky 2016, S. 114).

Bei der *Wahl der Landesparlamente* gelten die gleichen Grundprinzipien: Verhältniswahlrecht und Fünf-Prozent-Klausel (siehe Tab. 6.1). Im Übrigen jedoch bestehen Unterschiede. So verfügen Wähler/-innen in einigen Ländern nur über eine Stimme. Während sonst „geschlossene" Landeslisten angeboten werden, die man nur pauschal ankreuzen kann, ermöglicht das Wahlrecht in Süddeutschland und den Hansestädten auch eine gezielte Personenwahl. Wahlberechtigt ist man im Allgemeinen vom vollendeten 18. Lebensjahr an, nur in Brandenburg, Bremen, Hamburg und Schleswig–Holstein bereits ab einem Alter von 16 Jahren. Von Land zu Land verschieden fallen die Anteile von Direkt- und Listenmandaten aus: Sie reichen von der Parität – so in Brandenburg, Hessen, Sachsen und Thüringen – über eine Mehrzahl von Direktmandaten (Baden-Württemberg, Berlin, Hamburg, Niedersachsen, NRW) bis hin zu lediglich über Liste vergebenen Mandaten in Bremen und dem Saarland. Die Wahlperiode umfasst im Allgemeinen fünf, nur in Bremen vier Jahre.

Ähnlich variieren die Regelungen der *Kommunalwahlgesetze* von Bundesland zu Bundesland. Auch sie folgen zwar dem Prinzip des Verhältniswahlrechts, reichen jedoch von starren Listenwahlverfahren wie in NRW, Saarland und Schleswig–Holstein über Personenwahlen mit drei Stimmen (so in Niedersachsen, den neuen Ländern u. a.) bis zu einer Personenwahl, die dem Wähler so viele Personenstimmen gibt, wie Sitze zu vergeben sind (Schleswig–Holstein und vier süddeutsche Länder). Personenstimmen können in unterschiedlichem Maße auch kumuliert (d. h. auf einen Kandidaten gehäuft) als auch panaschiert (d. h. auf Kandidaten verschiedener Listen verteilt) werden. Die Wahlperiode reicht im Allgemeinen über fünf, lediglich in Bayern über sechs und in Bremen über vier

6.1 Personalisiertes Verhältniswahlrecht und Wahlbeteiligung

Tab. 6.1 Bundes- und Landtagswahlrecht 2022

Land	Wahl-periode	Wahlsystem/ Stimmenzahl	Listenform	Verhältnis nach	Mandate direkt/Liste	5 %-Hürde/ Grundmandate	Aus-gleich
Bund	4 Jahre	Pers. VW/2	Landeslisten, geschlossen	Sainte-Lague	299/299	ja (Bund)/3	ja
Baden-Württemberg	5	Pers. VW/1	Unterlegene WK-Kandidaten	Sainte-Lague	70/50	ja/nein	in RB
Bayern	5	Pers. VW/2	offen	Hare-N	91/89	ja/nein	in RB
Berlin	5	Pers. VW/2	geschlossen	Hare-N	78/52	ja/1	ja
Brandenburg	5	Pers. VW/2	geschlossen	Hare-N	44/44	ja, außer Sorben/1	ja
Bremen	4	VW/5	offen	Sainte-Lague	0/84	ja, getrennt: Bremen, BHV/nein	nein
Hamburg	5	Pers. VW/10	offen	Sainte-Lague	71/50	ja/nein	ja
Hessen	5	Pers. VW/2	geschlossen	Hare-N	55/55	ja/nein	ja
Mecklenbg.-Vorpommern	5	Pers. VW/2	geschlossen	Hare-N	36/35	ja/nein	ja
Niedersachsen	5	Pers. VW/2	geschlossen	d'Hondt	87/48	ja/nein	ja
NRW	5	Pers. VW/2	geschlossen	Sainte-Lague	128/53	ja/nein	ja
Rheinld.-Pfalz	5	Pers. VW/2	geschlossen	Sainte-Lague	51/50	ja/nein	ja
Saarland	5	VW/1	geschlossen	d'Hondt	0/51	ja/nein	nein
Sachsen	5	Pers. VW/2	geschlossen	d'Hondt	60/60	ja/2	ja
Sachsen-Anhalt	5	Pers. VW/2	geschlossen	Hare-N	41/42	ja/nein	ja
Schleswig-Holstein	5	Pers. VW/2	geschlossen	Sainte-Lague	35/34	ja, außer SSW/1	ja
Thüringen	5	Pers. VW/2	geschlossen	Hare-N	44/44	ja/nein	ja

Abkürzungen: Hare-N. = Hare-Niemeyer; kumulier. = kumulieren; Pers. = Personalisierte(s); RB = Regierungsbezirke; VW = Verhältniswahl; WK = Wahlkreis; BHV = Bremerhaven.
Quelle: Zicht, Wilko (2021a): Übersicht über die Wahlsysteme bei Landtagswahlen, unter: www.wahlrecht.de (zuletzt geprüft am 2. Februar 2022).

Jahre. Für Kommunalwahlen durchweg abgeschafft ist inzwischen die Fünf-Prozent-Sperrklausel (Zicht 2021b). *Insgesamt ist deutlich, dass Personenwahl und Zersplitterung (sowie Volksentscheide) umso mehr möglich sind, je mehr man von der Bundesebene hinabsteigt.*

b) Wahlrecht und seine taktische Nutzung
Jedes Wahlsystem wirkt in zwei Richtungen: Es bestimmt nicht nur bei gegebener Stimmenabgabe über die Mandatsverteilung, sondern beeinflusst umgekehrt auch die Entscheidungen des Elektorats. Wie reagieren die deutschen Wähler/-innen, wie nutzen sie die Möglichkeiten des Wahlrechts? Bekannt und viel diskutiert sind die Wirkungen der Fünf-Prozent-Klausel, auch die taktische, teilweise wohl auch wenig informierte Nutzung von Erst- und Zweitstimme.

Soweit kommunale Wahlsysteme eine Personenwahl zulassen, wird von ihr intensiv Gebrauch gemacht. Hingegen zeigt Tab. 6.2 deutlich, dass bei Bundestagswahlen die Zweitstimmenwähler der großen Parteien ganz überwiegend auch ihre Erststimme bei der gleichen Partei platzieren. Bei kleineren Parteien hingegen tritt zunehmend ein beachtliches Stimmensplitting auf (Förtsch 2019, S. 27). Auch dieses deutet zumeist nicht auf Persönlichkeitswahl, sondern erklärt sich aus der Sorge um die andernfalls „verlorene" Erststimme. *Deren Abgabe für den Kandidaten einer großen Partei signalisiert daher eher die zweite Parteipräferenz und eine Art Koalitionswahl (*Hilmer et al. 2000, *S. 194).* Allerdings treten auch taktische „Leihstimmen" von Anhängern einer großen Partei auf, die mit ihrer Zweitstimme einem gewünschten kleineren Koalitionspartner über die Fünf-Prozent-Hürde helfen sollen (Herrmann 2015, S. 90).

Beachtlich unterscheiden sich schließlich die Wahlergebnisse auf den verschiedenen Politikebenen – Bund, Land, Gemeinde – voneinander. Dies ist „vorwiegend eine Folge unterschiedlicher Grade politischer Mobilisierung« (Wahlbeteiligung), nur zum geringeren Teil auch „auf ein nach Systemebene differenzierendes Wahlverhalten" zurückzuführen (Kevenhörster 1976, S. 280).

Unterschiede zwischen Stimmenanteilen bei Landtagswahlen und denen bei vorangegangenen Bundestagswahlen lassen sich auf verschiedene Faktoren zurückführen: u. a. auf strukturelle und konjunkturelle Einflüsse (Kontexteffekte), auf zeitliche Abstände zur Bundestagswahl (Wahlzyklus), auf variierende Policy-Präferenzen, auf die geringere Popularität der Kandidaten auf Landesebene (Coattail-Effekt) oder auf Versuche, der regierenden Bundespartei Gegengewichte auf Landesebene entgegenzusetzen (Balancing-Effekt) (Völkl und Heyme 2019). Der so provozierte *„midterm-Verlust der Regierungsparteien",* wie man ihn auch in den USA kennt, macht eine politische Diskrepanz zwischen Bundestags-und Bundesratsmehrheit geradezu wahrscheinlich (Dinkel 1977, S. 358).

6.1 Personalisiertes Verhältniswahlrecht und Wahlbeteiligung

Tab. 6.2 Stimmensplitting als Indikator für Parteidistanzen

Von je 100 Zweitstimmenwählern der:	erhielt untenstehende Partei Erststimmen:	bei den Bundestagswahlen (in % der gült. Stimmen):				
		2005	2009	2013[b]	2017[b]	2021
SPD	SPD	86,7	85,8	84,1	82,4	78,0
	CDU/CSU[a]	3,3	4,5	4,6/0,8	5,3/1,1	5,9/1,3
	FDP	1	1,1	0,5	1,4	2,0
	GRÜNE	5,3	5,2	5,1	4,4	7,1
	PDS/Linke	2,5	2,4	2,7	2,9	2,3
	AfD	–	–	0,3	1,2	0,9
CDU/CSU [a]	SPD	2,9	4,1	4,4/2,4	5,6/3,5	3,7/2,7
	CDU/CSU[a]	90,9	87,6	89,8/92,3	85,2/87,3	88,7/89,6
	FDP	3,5	4,8	1,5/1,3	3,3/2,6	3,2/2,2
	GRÜNE	0,9	1,7	1,6/1,1	3,1/2,6	1,5/1,2
	PDS/Linke	0,5	0,7	1,1/0,2	1,1/0,4	0,3/0,1
	AfD	–	–	0,3/0,3	0,7/0,7	1,3/0,8
FDP	SPD	7,1	4,8	5,4	8,4	8,2
	CDU/CSU[a]	60,2	45,8	53,8/9,3	33,0/6,1	21,6/
	FDP	29,0	44,8	27,4	43,6	55,3
	GRÜNE	0,4	2,1	1,2	2,7	3,1
	PDS/Linke	1,4	1,1	0,6	1,3	0,8
	AfD	–	–	0,5	2,1	2,6
B90/Die Grünen	SPD	56,7	33,3	34,4	26,1	17,0
	CDU/CSU[a]	4,6	6,1	6,5/1,3	11,1/2,4	4,3/1,0
	FDP	1,1	2,1	0,6	1,8	1,5
	GRÜNE	34,7	53,6	51,4	51,7	69,3
	PDS/Linke	2,0	3,6	3,2	4,3	3,9
	AfD	–	–	0,2	0,4	0,1
PDS bzw. Die Linke	SPD	17,3	12,8	15,7	15,8	14,5
	CDU/CSU[a]	3,9	2,7	5,5/0,5	4,2/0,6	2,0/0,2
	FDP	1,5	1,7	0,4	1,3	1,4
	GRÜNE	2,8	4,8	4,7	6,7	11,8

(Fortsetzung)

Tab. 6.2 (Fortsetzung)

Von je 100 Zweitstimmenwählern der:	erhielt untenstehende Partei Erststimmen:	bei den Bundestagswahlen (in % der gült. Stimmen):				
		2005	2009	2013[b]	2017[b]	2021
	PDS/Linke	72,1	75,7	69,2	66,5	63,8
	AfD	–	–	0,5	1,9	1,4
AfD	SPD	–	–	13,9	4,7	2,8
	CDU/CSU	–	–	19,5/3,0	5,7/1,8	4,2/0,9
	FDP	–	–	2,6	3,0	2,8
	GRÜNE	–	–	2,9	0,5	0,2
	PDS/Linke	–	–	9,0	2,6	0,7
	AfD	–	–	30,0	78,5	83,7

[a] Seit 2013 für CDU und CSU durch Schrägstrich getrennt angegeben.
[b] Aussagewert zur AfD 2013 gering, da die Partei in nur 158 Wahlkreisen kandidierte.
Quelle: Der Bundeswahlleiter (2021, S. 27).

Tatsächlich nur in recht begrenztem Umfang lässt sich eine nach Systemebenen unterscheidende Parteienwahl nachweisen – so bei zeitlicher Koinzidenz von Wahlen (z. B. der Landtags- und Gemeindewahl 1975 in Nordrhein-Westfalen oder der Bundestags- und Kommunalwahl 1976 in Niedersachsen) und nahezu gleich hoher Wahlbeteiligung (Kevenhörster 1976, S. 243). Örtlich unterschiedliche Problemprioritäten und unterschiedliche Wahltrends bleiben aber durchaus erkennbar (Bovermann 2002, S. 138). Das Wahlrecht spielt hierbei eine nur periphere Rolle, obwohl personelle Auswahlmöglichkeiten und fehlende Fünf-Prozent-Klauseln bei Kommunalwahlen die Ergebnisse beeinflussen könnten (Reiser et al. 2008, S. 143).

Unabhängig von institutionellen Regelungen treten *beachtliche Unterschiede der Wahlbeteiligung nach Altersgruppen* auf. Die Kurve der Wahlbeteiligung für die verschiedenen Altersgruppen hat die Form eines umgekehrten großen U – allerdings schief insofern, als eine durchschnittliche Wahlbeteiligung erst mit 40 Jahren und der Höhepunkt erst mit 60–69 Jahren erreicht wird, erst dann der Rückgang einsetzt (Der Bundeswahlleiter 2021, S. 10 ff.).

c) Die sozial ungleiche Wahlbeteiligung

Dominierend aber erscheint der allgemeine, jahrzehntelange Rückgang der Wahlbeteiligung in Deutschland, den man auch in anderen westlichen Demokratien

6.1 Personalisiertes Verhältniswahlrecht und Wahlbeteiligung

beobachtet (Detterbeck 2011, S. 46). Ob 2017 und 2021 eine Trendwende darstellen, müssen weitere Wahlen zeigen. Bei der Bundestagswahl 2013 kam jedenfalls noch hinzu, dass aufgrund der Fünf-Prozent-Klausel nicht weniger als 15,7 % der gültigen Stimmen unberücksichtigt blieben – maßgeblich wegen der knapp gescheiterten AfD und FDP. Der 18. Bundestag repräsentierte darum nur 59,5 % der Wahlberechtigten. Die Legitimationsfunktion von Wahlen geriet in die Debatte (Siegmund und Münch 2015, S. 38, 54 f.).

Dabei wurde die geringe Wahlbeteiligung von Arbeitern und bei niedriger Schulbildung bei der Bundestagswahl 2013 konstatiert, verbunden mit geringem politischem Interesse und niedriger Demokratiezufriedenheit (Abendschön und Roßteutscher 2016, S. 82). Der Rückgang der Wahlbeteiligung steht, so die These des Politikwissenschaftlers Armin Schäfer, in Zusammenhang mit wachsender Einkommensungleichheit 1987–2005 in den OECD-Staaten, wo (in Ländern ohne Wahlpflicht) die Wahlbeteiligung mit dem Gini-Ungleichheitskoeffizienten mit $r = -0{,}49$ korreliere – d. h. je größer soziale Ungleichheit, desto niedriger die Wahlbeteiligung. Überdurchschnittlich unter den Nichtwählern seien die wirtschaftlich Schwächeren vertreten, was sich in Deutschland darin zeige,

- wie sich bei der Bundestagswahl 2013 die Nichtwähler auf die Einkommensfünftel verteilten: nur 7 % gehörten zum obersten Fünftel, 12 % zum zweiten, 19 % zum dritten, 23 % zum vierten und 39 % zum untersten.
- Betrachtete man die Bundestagswahlkreise und Stadtteile von Großstädten, so zeige sich, dass mit höherer Arbeitslosigkeit und niedrigerem Abiturientenanteil die Wahlbeteiligung sank.

Der Autor führt diesen „asymmetrischen Rückgang der Wahlbeteiligung" einerseits auf mangelndes Zutrauen in eigene Kompetenzen und „fehlenden Glauben" an politische Wirkungsmöglichkeiten zurück, andererseits auf das Parteienangebot – bei Arbeitern habe bei den Landtagswahlen 1978–2011 dem Anstieg der Nichtwahl dem Abstieg der SPD entsprochen (Schäfer 2015, S. 67 ff., 79, 87, 94, 98, 104, 120 f., 140, 152 ff.; Petersen et al. 2013). Erkennbar wird: *Ein beachtlicher Teil der unteren Schichten in Deutschland hat sich vom Wählen verabschiedet, eine Distanz zur Politik hat sich aufgetan.* Dass neuerdings die Wahlbeteiligung doch wieder etwas zugenommen hat, ist nicht zuletzt auf die AfD zurückzuführen, die überdurchschnittlich Arbeiter, Arbeitslose und bisherige Nichtwähler für sich mobilisieren konnte (s. Tab. 6.3).

Nach Schäfer ist damit die „politische Gleichheit" verloren gegangen. Auch sei der Trend zu geringerer politischer Beteiligung „kurzfristig nicht

Tab. 6.3 Wahlentscheidung nach Berufsgruppen Bundestagswahl-Zweitstimmen in Prozent der Berufsgruppen, ohne Briefwähler

	CDU/CSU		SPD		FDP		Grüne		Linke		AfD	
	2017	2021	2017	2021	2017	2021	2017	2021	2017	2021	2017	2021
Insgesamt	32,9	24,1	20,5	25,7	10,7	11,5	8,9	14,8	9,2	4,9	12,6	10,3
Arbeiter	29	23	23	28	8	9	5	8	10	5	18	16
Angestellte	33	22	21	26	11	13	10	17	9	5	11	9
Beamte	35	28	21	24	12	9	12	23	6	4	9	6
Selbstständige	34	29	12	17	18	18	12	17	9	4	12	9
Rentner	40	34	25	35	9	7	5	8	9	4	10	8
Arbeitslose	17	14	22	28	7	9	12	13	15	7	17	18

Eigener Beruf bzw. der des Haushaltsvorstands. Reste: Sonstige.
Quelle: Deutscher Bundestag (2021).

zu durchbrechen". Im Kern empfiehlt er daher nicht etwa mehr direkte Demokratie (mit ihrer „sozialen Schieflage der Beteiligung"), sondern die Einführung einer Wahlpflicht, um „gleichmäßige Wahlbeteiligung zu garantieren" (Schäfer 2015, S. 188, 237, 239). Viel ist damit, wie Erfahrungen zeigen und auch der Autor sieht, nicht zu erreichen. Entscheidend bleibt, dass in Demokratien auch außerhalb Deutschlands *mit höherem Bildungsabschluss und höherem beruflichen Status eine überdurchschnittliche Wahlbeteiligung verbunden ist, desgleichen mit größerem politischem Interesse und höherer Demokratiezufriedenheit* (Niedermayer 2005, S. 206 ff.).

6.2 Soziale Merkmale: Schicht-, Konfessions- und Altersgruppenwahl

a) Soziale Schicht und Parteipräferenz
Die Wahlforschung unterscheidet drei theoretische Ansätze (Falter und Schoen 2014), die das Wahlverhalten zu erklären suchen.[2] Dies sind:

---

[2] Ergänzend wäre noch der wahlgeografische Ansatz (Falter und Winkler 2014) zu nennen.

6.2 Soziale Merkmale: Schicht-, Konfessions- und Altersgruppenwahl

- der *soziologische Ansatz*, wie er pointiert von Paul Lazarsfeld et al. (1968, S. 27) formuliert worden ist: „A person thinks, politically, as he is socially. Social characteristics determine political preference". Dem entsprechend untersucht der Abschn. 6.2 Zusammenhänge zwischen sozialen Merkmalen und Parteienwahl in Deutschland.
- der *sozialpsychologische Ansatz* von Angus Campbell et al. (1960), wonach primär Variablen wie Parteiidentifikation, Themenorientierungen und Kandidatenbewertungen die Wahlentscheidung bestimmen. In einem Kausalitätstrichter („funnel of causality") werden dabei Faktoren des Wählers/der Wählerin umso stärker berücksichtigt, desto näher zum Wahltermin sie auftreten. Diesem Ansatz folgt die Darstellung in 6.3.
- die *These von der rationalen Wahl* („rational choice") im Sinne der Ökonomie, dass nämlich Wähler/-innen unter Kosten-Nutzen-Abwägungen die für sie günstigste Alternative zu wählen suchen. Als bekanntester Vertreter dieser Sicht gilt Anthony Downs (1968). Von ihr ist die Darstellung in 6.4 getragen.

Die Frage nach Motiven und Faktoren des Wahlverhaltens, nach der Transformierung gesellschaftlicher Probleme und Interessenlagen in Parteipräferenzen führt zu keiner abschließenden Antwort. Trotz Wahlgeheimnis kommt man jedoch Klärungen mithilfe zweier Methoden näher: erstens durch Umfragen auf der Grundlage repräsentativer Stichproben und zweitens durch Korrelationen zwischen ortsbezogenen Volkszählungsdaten und Wahlergebnissen.

Die ältere Sprechweise von Arbeiter- und bürgerlichen Parteien deutet zunächst auf unterschiedliches Wahlverhalten nach sozialer Schicht, wie durch die Kriterien Berufsgruppe, Einkommen und Bildungsgrad definiert. Die im Folgenden hierzu exemplarisch vorgelegten Bundestagswahldaten ergeben ein Bild, das sich ähnlich auch bei anderen Bundestags-, Landtags- und Europawahlen ergibt. Betrachtet man die Berufsgruppen, so lässt Tab. 6.3 erkennen[3]: Die Union schneidet überdurchschnittlich bei Beamt/-innen, Selbstständigen und Rentner/-innen ab; die SPD bei Arbeiter/-innen und Rentner/-innen; die FDP bei Selbstständigen; Bündnis 90/Die Grünen bei Beamt/-innen; die Linke bei Arbeiter/-innen und Angestellten; die AfD bei Arbeiter/-innen und Arbeitslosen. Ältere Daten, die Berufsgruppen weiter aufschlüsseln, deuten zusätzlich auf schichtspezifisches

---

[3] Zu beachten ist hier und bei einigen folgenden Tabellen, dass die Daten auf Wahltagsbefragungen beruhen, d. h. der gestiegene Anteil der Briefwähler nicht berücksichtigt ist. Verzerrungen sind daher möglich (Lichteblau und Wagner 2019, S. 171). Anders sieht es bei der repräsentativen Wahlstatistik aus, die seit 2002 auch Briefwähler umfasst.

Wahlverhalten, d. h. bei höherer Position eher zugunsten der bürgerlichen, bei unterer eher zur SPD[4]. Dennoch darf man nicht aus den Augen verlieren, dass sämtliche Parteien in allen Berufsgruppen Wähler/-innen finden. Vor allem die Arbeiterwählerschaft der Union und die breite Streuung der Angestellten über alle Parteien verwischen die Konturen. *Somit zeigen die greifbaren Daten zwar unterschiedliche gesellschaftliche Schwerpunkte, aber mittlerweile keine scharfen Klassen- oder Schichtgrenzen mehr* (Elff und Roßteutscher 2022).

Die NPD der sechziger Jahre konnte als „Volkspartei en miniature" (Kevenhörster 1969, S. 328) gelten. Was die späteren Parteien der extremen Rechten angeht, etwa die nationalpopulistischen Republikaner, die DVU und die NPD, so dominierten hier lange Zeit Wähler/-innen mit mittlerer Bildung, Arbeiter/-innen und Arbeitslose (Arzheimer 2008, S. 386). Markanter erscheinen Unterschiede bei Gruppen außerhalb des Erwerbslebens: Bei den Rentner/-innen schneiden die beiden großen Parteien überdurchschnittlich ab, während Arbeitslose lange Zeit überproportional der politischen Linken zuneigten, unlängst auch der AfD.

Auf Schwierigkeiten stößt man bei der Frage nach den Einkommen der Parteianhängerschaften. Die Auskunftsbereitschaft hierzu ist zurückhaltend, sodass die Wahlforschung auf Fragen verzichtet. Wissenschaftliche Erhebungen beziehen sich teils nur auf Haushaltseinkommen bzw. unterscheiden nur grobe Einkommensklassen. Hier sei auf eine ALLBUS-Untersuchung zurückgegriffen, die für 2012 die Durchschnitte der individuellen Netto-Monatseinkommen der Befragten erhoben hat. Das Ergebnis: Bei den Anhänger/-innen der Linken 1 426 €, SPD 1 537, Grünen 1 711, CDU/CSU 1 751 und FDP 1 762 (Stifel 2018, S. 168). Hierin spiegelt sich wider, dass die Grünenanhänger nach ihren finanziellen Verhältnissen eher zum rechten Lager gehören als zu den Linksparteien.

Signifikant heben sich regelmäßig die Anhänger der Grünen durch ihren höheren Bildungsgrad von denen der großen Parteien ab. Grüne, FDP und Linke verdanken ihr Wahlergebnis überproportional Wähler/-innen mit höherem Bildungsgrad, während die beiden Großen und die AfD eher unter niedrigeren Bildungsabschlüssen reüssieren, wobei letztgenannte ihren höchsten Anteil bei Menschen mit mittlerer Reife erreicht (siehe Tab. 6.4). Ähnliches war schon bei früheren Bundestagswahlen zu beobachten (Eith und Schlipphak 2020, S. 83). Das hat die Wahlforschung zu einer neuen Konfliktlinie geführt, über deren

---

[4] Neben älteren: IfD-Umfragen 6065–67 vom September 1998.

6.2 Soziale Merkmale: Schicht-, Konfessions- und Altersgruppenwahl

Tab. 6.4 Bildungsgrad und Wahlverhalten 2021 in Prozent der Bildungsschichten, ohne Briefwähler

	CDU/CSU	SPD	Grüne	FDP	Linke	AfD
Gesamt (% der Wähler)	24,1	25,7	14,8	11,5	4,9	10,3
Hauptschule	31	35	5	8	2	12
Mittlere Reife	26	26	10	11	4	14
Hochschulreife/Abitur	20	23	19	14	6	8
Hochschulabschluss	20	20	27	14	6	5

Quelle: Forschungsgruppe Wahlen (2021a).

Benennung und Bedeutung aber noch Unklarheit herrscht (Decker 2019). „Sie ist beschrieben worden als Gegensatz zwischen postmaterialistischen, libertären, globalisierungsfreundlichen beziehungsweise kosmopolitischen Haltungen auf der einen Seite und materialistischen, autoritären, globalisierungsfeindlichen beziehungsweise kommunitaristischen Positionen am Gegenpol" (Schmitt-Beck 2021, S. 12; Merkel 2017; Goodhart 2017; Hooghe und Marks 2018). Die beiden Extrempositionen nehmen im deutschen Parteiensystem AfD und Grüne ein – just auch jene Parteien, die eher auf dem Land bzw. in den urbanen Zentren gewählt werden, weswegen etwa Lukas Haffert (2022, S. 42 ff.) von einer neuen Stadt-Land-Konfliktlinie im Parteiensystem spricht., die es in ähnlicher Form etwa auch in Frankreich gibt, wo Emmanuel Macron den bloc bourgeois repräsentiert (Pausch 2022). „Ihre Wirksamkeit bei der Bundestagswahl 2021 zeigt sich vor allem daran, dass geringer Gebildete eher für die AfD stimmten, hoch gebildete, aber auch jüngere Wähler:innen hingegen eher für die Grünen" (Schmitt-Beck 2021, S. 12).

Unter den Kriterien Berufsgruppe, Einkommen und Bildung könnte man die *Wählerschaft von CDU, CSU und AfD sozialökonomisch zwischen SPD einerseits und FDP sowie Grünen andererseits einordnen.* Schwieriger fällt die Verortung der Linken, die bildungsbezogen eher „oben", doch nach Berufsgruppen und Einkommen eher unten stehen. Ergänzend führen Unterscheidungen zwischen Dienstleisterberufen weiter, insofern die administrative Dienstleisterklasse eher zur Union neigt, während soziale/kulturelle Dienste eher die Grünen präferieren (Müller und Klein 2012, S. 89, 97).

Zusammengefasst: *Die Parteiwählerschaften differieren sozial voneinander, allerdings nicht scharf genug, um die Parteipräferenzen in Deutschland allein auf den Faktor „soziale Schicht" zurückzuführen.* Klassenwahl hat in Deutschland, wie auch in den USA, in Großbritannien und Frankreich und anderen Ländern, nach dem Zweiten Weltkrieg fortlaufend bis zur Gegenwart an Bedeutung verloren, die sie einst hatte (Dalton 2014, S. 161).[5]

b) Konfession als eigenständige Determinante
Gegen die Vorstellung, allein Schichtmerkmale determinierten das Wählerverhalten, sprechen schon die konfessionell unterschiedlichen Parteipräferenzen. Katholiken sind in der Wählerschaft von CDU/CSU, Nicht-Katholiken in der aller anderen Parteien ständig überrepräsentiert[6]. Erstaunlicherweise differiert auch in den neuen Bundesländern das Wahlverhalten nach Konfessionen – mit dem Unterschied, dass hier die CDU bei Katholiken (44 %), bei Protestanten (37 %) und bei Konfessionslosen (24 %) vorn liegt. Aber einerseits: Bei der letzten Gruppe sind AfD (23 %) und Linke (21 %) ihr dicht auf den Fersen. Andererseits machen Katholiken im Osten nur vier, Protestanten nur 19 % der Wähler aus (Neu 2021, S. 7 f.) (Tab. 6.5).

Mehr noch: Wie am Beispiel der Bundestagswahl von 1990 deutlich nachweisbar, erreichten die Parteien auch innerhalb der einzelnen Berufsgruppen je nach Konfession höchst unterschiedliche Stimmenanteile. Dieses Phänomen ließ sich in der ganzen Geschichte der alten Bundesrepublik beobachten (Gibowski und Kaase 1991, S. 16 ff.; Pappi 1973). Die Konfessionszugehörigkeit, mehr noch die kirchliche Bindung, gemessen an der Häufigkeit des Kirchgangs, wirkt also als eigenständiger Faktor neben dem der gesellschaftlichen Schicht. Sie signalisiert bestimmte Wertvorstellungen bei immateriellen Fragen (Familie, Volk, Erziehung, Abtreibung). Unter solchen Werteaspekten standen CDU und CSU als mehr traditional-religiöse Parteien der eher laizistischen Parteiengruppe SPD, Grüne, FDP und Linken gegenüber. Solche konfessionellen Unterschiede im Wahlverhalten sind keine deutsche Besonderheit, sondern bestanden bzw. bestehen auch in anderen Demokratien (Dalton 2014, S. 167 ff.).

Alles in allem schien (vor dem Auftreten der Grünen) das Wahlverhalten primär durch eine *„sozio-ökonomische Schichtwahl"* einerseits *und eine wertbezogene „Konfessionswahl"* andererseits *bestimmt, durch eine Zweidimensionalität*, wie sie auch der Parteienprogrammatik entspricht: „Das deutsche Parteiensystem", formulierte Franz U. Pappi (1977, S. 196, 198), „ist asymmetrisch, weil einer Partei der gewerkschaftlichen Wirtschaftsideologie nicht eine primär ökonomisch

---

[5] Klassenwahl gemessen nach dem Alford-Index = Differenz zwischen Arbeiter- und Mittelklassestimmenanteil, der eine Linkspartei wählt.
[6] Daten für 1949–2002 aus Schoen (2014a, b, S. 215).

6.2 Soziale Merkmale: Schicht-, Konfessions- und Altersgruppenwahl

Tab. 6.5 Konfession und Wahlorientierung 2017/2021 in Prozent der gültigen Stimmen (ohne Briefwähler)

	CDU/CSU		SPD		FDP		Grüne		Linke		AfD	
	2017	2021	2017	2021	2017	2021	2017	2021	2017	2021	2017	2021
insgesamt	32,9	24,1	20,5	25,7	10,3	11,5	8,9	14,8	9,2	4,9	12,6	10,3
katholisch	44	35	18	23	11	11	8	13	5	3	9	8
evangelisch	33	24	24	30	11	11	10	15	7	4	11	9
keine Konfession	24	15	17	23	11	12	9	18	15	8	17	14

Quellen: Forschungsgruppe Wahlen (2017a).

konservative Partei gegenübersteht, sondern eine religiös traditionelle Partei". Die Parteipräferenzen innerhalb der sozialen Schichten, Berufsgruppen und Konfessionen blieben über Jahrzehnte hinweg bemerkenswert stabil (Schoen 2014a). Nicht übersehen darf man allerdings, dass die konfessionellen Unterschiede bei den Parteipräferenzen seit den 1960er Jahren in Deutschland deutlich zurückgegangen sind, ähnlich wie in den USA (Elff und Roßteutscher 2022; Detterbeck 2011, S. 77). Der konfessionelle Faktor, zwar vorhanden, hat viel von seiner Bedeutung eingebüßt – auf Makroebene wegen der zurückgehenden gesellschaftlichen Kirchenbindung noch mehr als auf Mikroebene. Indes: Noch 2017 lag etwa der Katholikenanteil in Westdeutschland ganze 10 Prozentpunkte unter dem innerhalb der westdeutschen CDU-Wählerschaft, der Protestantenanteil in Ostdeutschland 7 Prozentpunkte unter dem innerhalb der Gruppe ostdeutscher Grünen- und FDP-Wähler/-innen (Neu 2021, S. 6 f.).

c) Demographische Merkmale und Postmaterialismus

Demographische Faktoren sind nicht durchgängig relevant. Beispielsweise lässt sich ein zahlenmäßiger Zusammenhang zwischen Bevölkerungsdichte und Wahlverhalten feststellen. Im Allgemeinen schneiden die Unionsparteien und die AfD in dünn besiedelten Landstrichen, Sozialdemokraten und Grüne eher in urbanen Räumen ab (Der Bundeswahlleiter 2022, S. 7). Tatsächlich verbergen sich dahinter andere Faktoren, insbesondere höhere Selbstständigenanteile, landwirtschaftlicher Nebenerwerb und stärkere kirchliche Bindungen in kleineren Gemeinden.

In der frühen Bundesrepublik wiesen die Wählerschaften der Parteien beachtliche *geschlechtsspezifische Unterschiede* auf. CDU und CSU wurden in höherem Grade von Frauen, SPD und FDP mehr von Männern gewählt. Diese Unterschiede ebneten sich jedoch soweit ein, dass sie seit 1972 eher marginal erscheinen. Großenteils lassen sie sich auf eine gouvernementale Orientierung der Frauen zurückführen. Je weniger eine Partei in der Öffentlichkeit akzeptiert ist (Oppositionsparteien, extreme Parteien), desto mehr hängt sie bei den Frauen zurück. Eine Ausnahme bilden die Grünen, deren frühe Attraktivität für jüngere, gebildetere Frauen früher so nicht zu erklären war. In dieses Bild fügt sich die bei der Bundestagswahl 2021 zu beobachtende, größere Popularität von Union, SPD und Grünen unter Frauen, während AfD und FDP bei den Männern deutlich vorn lagen (Der Bundeswahlleiter 2022, S. 5).

Demgegenüber sprach man schon früh von einer *„Vertiefung der generationsbedingten Unterschiede"* (Liepelt und Riemenschnitter 1973, S. 572) im deutschen Wahlverhalten. Üblicherweise, so auch 2017 und 2021 (vgl. Tab. 6.6), schneiden CDU und CSU bei Jüngeren schwächer ab, können aber mit

6.2 Soziale Merkmale: Schicht-, Konfessions- und Altersgruppenwahl

Tab. 6.6 Die Parteiwählerschaften nach Altersgruppen in Prozent der Zweitstimmen der jeweiligen Partei. Insgesamt = Anteil der Altersgruppe in der Gesamtbevölkerung

Alter	18–24 Jahre		25–34 Jahre		35–44 Jahre		45–59 Jahre		60–69 Jahre		≥ 70 Jahre	
BT-Wahl	**2017**	**2021**	**2017**	**2021**	**2017**	**2021**	**2017**	**2021**	**2017**	**2021**	**2017**	**2021**
Insgesamt	7,2	7,5	12,9	12,8	13,3	13,8	29,6	27,0	16,4	18,0	20,7	20,8
SPD	6,5	4,6	10,7	8,7	10,1	10,3	28,8	26,6	18,6	22,1	25,3	27,7
CDU	5,3	3,3	10,3	7,0	12,2	10,6	27,5	25,8	16,6	19,4	28,0	34,0
CSU	6,0	3,7	11,2	8,2	12,7	11,2	27,0	25,7	16,1	20,5	27,0	30,6
FDP	8,8	13,5	13,7	16,7	14,1	15,0	28,5	26,6	15,7	14,2	19,2	14,0
Grüne	11,7	12,3	16,0	19,9	16,3	17,5	34,8	26,7	12,5	14,3	8,6	9,3
Die Linke	8,1	12,0	15,3	17,4	13,1	13,6	29,8	22,7	18,6	17,8	15,1	16,5
AfD	4,5	4,7	13,1	12,4	16,2	18,8	35,6	33,4	17,1	18,6	13,5	12,1

Quelle: Der Bundeswahlleiter (2021).

zunehmendem Alter der Wähler überdurchschnittliche Stimmanteile verbuchen. Eher umgekehrt setzt sich die Wählerschaft der Grünen und der FDP zusammen – und zwar 2021 noch einmal stärker als die Jahre zuvor. Die SPD-Wählerschaft, einst ziemlich altersrepräsentativ, hat sich langsam ebenfalls hin zu einer Alterslastigkeit verändert. Die AfD scheint eher bei den mittleren Jahrgängen zu punkten.

Wesentlich zum Bedeutungszuwachs der Altersunterschiede beigetragen hat der Aufstieg der Grünen. Mit ihnen entwickelte sich eine Partei, die *ökologische Ziele, Pazifismus und Selbstverwirklichung propagierte. Sie entsprachen damit einem „Postmaterialismus"*, wie er in der politischen Soziologie (Inglehart 1977; Inglehart 1989) diagnostiziert wird: dass nämlich für Teile der Bevölkerung wohlhabender Länder ein ökonomischer Sättigungsgrad erreicht sei, der für sie nicht mehr materielle Interessen und Sicherheit, sondern postmaterielle Bedürfnisse nach mehr persönlicher Selbstbestimmung, Freiheit der Rede, schönen Städten und Natur an die Spitze ihrer Bedürfnisse rücken lasse. Die Postmaterialismusthese basiert zum einen auf der Maslow'schen Bedürfnispyramide (nach der befriedigte Bedürfnisse als weniger wichtig empfunden werden), zum anderen auf der Generationenthese der Sozialisationsforschung, nach der sich Grundeinstellungen im jüngeren Lebensalter entfalten und in der Folgezeit relativ stabil bleiben.

Es wären demnach gerade in Deutschland viele der jüngeren und mittleren Generation – im Wohlstand aufgewachsen und postmateriellen Wertvorstellungen geöffnet – von ganz anderen Erfahrungen als die ältere Generation der Kriegs- und Nachkriegszeit geprägt. Inzwischen hat sich aber gezeigt, dass postmaterialistische Orientierungen keineswegs ständig anwachsen. Von 1980 bis 1991 stiegen sie an, beharrten dann auf niedrigerem Niveau, um von 2009 bis 2016 wieder anzusteigen (Stifel 2018, S. 189). *Mit dem Aufkommen der Grünen ist das Parteiensystem um eine weitere Konfliktdimension erweitert worden: den Gegensatz zwischen Postmaterialismus und traditionellen Politikzielen.* In der Gegenwart finden die Grünen, auch Linke und SPD, überproportional Anhang bei Postmaterialist/-innen – zugleich neigen 38 % von diesen zu Union und FDP (Dalton 2014, S. 176 f.). Eine scharfe Trennlinie liefert Postmaterialismus nicht.

Die soziokulturellen und -demografischen Faktoren zusammennehmend, erklären sich mannigfaltige (und anhaltende) Unterschiede im Wahlverhalten zwischen Ost und West: „Die Sozialdemokraten sind im Osten tendenziell schwächer als im Westen und während die Grünen im Westen kontinuierlich ihre Stimmenanteile ausbauten, konnten sie im Osten kaum Fuß fassen. Andererseits konnte sich die Linkspartei im Osten als dritt- oder gar zweitstärkste Kraft etablieren, während ihre Erfolge im Westen sehr beschränkt geblieben sind.

Schließlich waren rechtsradikale und -populistische Parteien in Ostdeutschland, zuletzt die AfD, stets erfolgreicher als im Westen." (Elff et al. 2022, S. IX; Elff 2022).

d) Das Schrumpfen der politischen Milieus
Verhaltensbestimmend werden Schicht- und Konfessionszugehörigkeit besonders dann, wenn sie mit entsprechenden Organisationsbindungen – an Gewerkschaften bzw. Kirchen – gekoppelt auftreten. Regelmäßige Kirchgänger/-innen neigen mehr als andere den Unionsparteien, Gewerkschaftsmitglieder und ihre Angehörigen mehr als andere Arbeitnehmer/-innen der SPD zu. Dementsprechend entschieden sich auch bei der Bundestagswahl 2021 von den gewerkschaftlich Organisierten 32,1 % für die SPD – über 6 Prozentpunkte mehr als in der Gesamtwählerschaft (DGB 2021). Allerdings: „Insgesamt sind die Effekte eher klein. […] So machen Selbstständige lediglich etwa 6–7 % der Wählerschaft aus, katholische Kirchgänger stellen etwa 7 % der Bevölkerung, gewerkschaftlich organisierte Arbeiter etwas mehr als 4 %, jüngere gut Gebildete etwa 10 %. Sozialdemographie kann vor diesem Hintergrund nur einen sehr begrenzten Einfluss auf die Wahlergebnisse ausüben" (Weßels und Schoen 2019, S. 8 ff.).

Daneben wirken Primärgruppen wie Familie, Freund/-innen, Kolleg/-innen, Vereinsbrüder und -schwestern sowie Nachbarn auf das individuelle Wahlverhalten. Konformität gegenüber der engsten Umgebung fördert, so eine Studie 1990, eine Anpassung an dort vorherrschende Meinungen (Schmitt-Beck 1994, S. 206). In Übereinstimmung sieht man sich im alten Bundesgebiet zu 69,6 % mit seinem Ehe- oder Lebenspartner (in den neuen Bundesländern: 64,7 %) und zu 51,8 % mit Freunden (48,3 %). Divergenz wird nur von rund der Hälfte der Übrigen wahrgenommen. Auch 2009 scheint dies ähnlich geblieben (Westle 2012, S. 206).

Wo Organisationsbindungen, lokale Medien und Primärgruppen ein bestimmtes politisches Meinungsklima stützen, konnte man lange Zeit von einem *politisch-sozialen Milieu* sprechen, gekennzeichnet durch besondere Wertvorstellungen, Verhaltensmuster und Kommunikationsnetze (Pappi und Brandenburg 2010). Die Bedeutung des klassischen gewerkschaftlich-sozialdemokratischen und des katholischen Milieus schwand allerdings zuletzt. Darum setzt die Wahlforschung heute in Teilen auf die empirische Analyse politischer Präferenzen in einzelnen sozialen Milieus (Neugebauer 2007). Dementsprechend punktet die Union am ehesten unter den Konservativ-Etablierten, die SPD bei den jungen Adaptiv-Pragmatischen, die FDP vor allem bei der liberal-intellektuellen Bildungselite, die Linke bei der erlebnisorientierten unteren Mittelschicht, Bündnis 90/Die Grünen im kosmopolitischen, expeditiven Milieu und die AfD vor allem im prekären und im bürgerlichen Milieu (Vehrkamp und Wegschaider

2017). Auch spricht man von „gesellschaftspolitischen Lagern" wie einem radikaldemokratischen, einem sozialintegrativen, einem skeptisch-distanzierten, einem enttäuscht-autoritären und einem traditionell-konservativen (Geiling und Vester 2007, S. 471). Diese Ansätze spielen in der empirischen Wahlforschung jedoch insgesamt betrachtet kaum eine Rolle – teils aus praktischen Gründen, teils weil ihren Unterscheidungen der Geruch wissenschaftlicher Konstrukte anhaftet.

Insgesamt geht die Bedeutung von Organisations- und Milieubindungen zurück. In den neuen Bundesländern waren politische Traditionsgebiete aus der Zeit vor 1933 zwar noch 1946 erkennbar, hingegen nicht mehr 1990 nach generationenlangem Realsozialismus (Schmitt 1993). Generell werden sie geschwächt durch überregionale Medien und überörtlichen Verkehr, auch lockert die Entwicklung zur postindustriellen Gesellschaft Gewerkschafts-, der Säkularisierungsprozess Kirchenbindungen. Als wöchentliche Kirchgänger/-innen bekannten sich 2017 von allen Wähler/-innen in Westdeutschland nur noch 5 % (Neu 2021, S. 6). In Zukunft werden daher Unionsparteien und Sozialdemokratie immer weniger auf derart vermittelte Bindungen zurückgreifen können (Weßels und Schoen 2019, S. 10).

Zunehmende Bedeutung gewinnen schließlich die Wahlpräferenzen eingebürgerter Zuwanderer/-innen (Abb. 6.1). Ist da ein neuer Milieutypus entstanden, der sich auf Herkunft und überörtliche Kommunikation gründet? Infolge ihrer beachtlichen Zahl untersuchbar und *ausgeprägt waren schon vor einigen Jahren die Neigungen der Spätaussiedler/-innen zu den Unionsparteien und die der übrigen Eingebürgerten, insbesondere der Muslime, zu Rot-Grün* (2002 63 % Unionswähler/-innen bzw. 80 % rot-grüne Wähler/-innen – Wüst 2005, S. 143). Diese Orientierungen entsprechen dem Offenhalten des Zuzugs Volksdeutscher durch CDU/CSU einerseits, der immigrationsfreundlichen Grundhaltung von Grünen und SPD andererseits. Die Bindungen nahmen indes ab: Zwar dominierte 2017 unter Deutschen mit türkischem Migrationshintergrund nach wie vor die SPD (35 %); aber vor der Partei Die Linke (16 %) und den Grünen (13 %) landete nun die Union (20 %). Und unter Russlanddeutschen musste die Union (27 %) abgeben – auf Platz 2 landete Die Linke (21 %), danach die AfD (15 %). Die russlanddeutsche Stimmenstreuung deutet kaum noch auf eine Milieuwahl hin (Mayer et al. 2019, S. 84). Dass die Wahlbeteiligung von Migrant/-innen rund 15 bis 20 Prozentpunkte unter der von Nicht-Migranten liegt, habe indes nicht mit migrationsspezifischen Faktoren zu tun, sondern mit denselben, die auch sonst zur Nicht-Wahl führen: geringe Bildung, fehlende Parteiidentifikation, ausbleibende politische Gespräche.

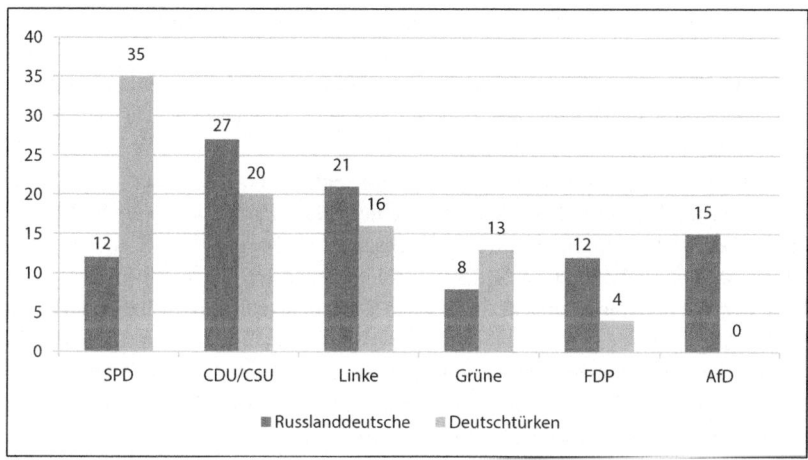

n = 500 je Gruppe. Achim Goerres u. a., Immigrant German Election Study, nach: Der Spiegel, 3.3.2018

Abb. 6.1 Wählen in Zuwanderermilieus 2017 in Prozent der Wähler der Herkunftsgruppen. (Quelle: Mayer et al., 2019, S. 84).

6.3 Sozialpsychologische Motivationen und Themenkonjunkturen

a) **Zunahme von situationsbestimmtem Wahlverhalten**
Wahlanalysen langfristig-struktureller Art stoßen zunehmend auf Grenzen. Ein steigender Anteil des Wählerverhaltens lässt sich durch Sozialmerkmale nicht mehr erklären. Soweit Faktoren weiter mit der Wahl bestimmter Parteien korrelieren, verlieren sie an Gewicht: so der Kirchgang, so der Arbeiteranteil. In der Wahlforschung wurde daher schon vor Jahrzehnten von einer „*fortschreitenden Entkopplung von Sozialstruktur und Wahlverhalten*" (Veen und Gluchowski 1988, S. 245) gesprochen.

Kommt die große Zeit des sozialpsychologischen Ansatzes, der Wahlverhalten aus Parteiidentifikation, Kandidaten- und Sachfragenorientierungen zu erklären sucht? Dessen erster Erklärungsfaktor schwächelt allerdings ebenfalls. Denn deutlich zeigt sich ein *Rückgang der Parteiidentifikation* (Parteianhängerschaft), die sich von 80 (70er Jahre) auf rund 60 % (90er Jahre) in den alten Bundesländern verringerte. Sie verharrt seither auf diesem Niveau, während sie im Osten heute nurmehr etwa fünf Prozentpunkte darunter liegt (Arzheimer 2017,

S. 51 ff.). Dass sich in den neuen Bundesländern anfangs weit weniger Menschen mit einer Partei identifizierten, versetzte der gesamtgesellschaftlichen Entwicklung einen zusätzlichen Kick (Schmitt 2001, S. 105). Deutschland befindet sich dabei in Gesellschaft mit anderen großen Demokratien wie den USA, Großbritannien und Frankreich (Dalton 2014, S. 195).

Dem Rückgang der Parteiidentifikation entspricht, dass der Anteil der Befragten, die bei einer Bundestagswahl eine andere Partei als das letzte Mal zu wählen beabsichtigten, im Trend angewachsen ist (Schoen 2014b, S. 498) – 2017 waren es 46 % (Schoen 2019, S. 158). 2021 schienen sich nach Umfragen knapp 40 % der Wähler/-innen erst in den letzten Tagen entschieden zu haben (Hallam 2021). Man erhält aber leicht einen übertriebenen Eindruck von der Offenheit infolge des zwischen Bundestagswahlen hohen Anteils „Unentschiedener" bzw. Nichtwähler/-innen, der großenteils auf den „Popularitätszyklus" von Regierungsparteien (Durchhängen zwischen den Hauptwahlen) zurückgeht (Erhardt 1998, S. 78 ff. – vgl. 6.1 b). Fazit: *Das Abschmelzen von Parteibindungen lässt die Wechselrate und den Anteil der Kurzentschlossenen im Laufe der Zeit anwachsen. Dabei sind „erhebliche Verschiebungen"* (Neundorf 2012, *S. 247) eher innerhalb der ideologischen Lager wahrscheinlich (*Schoen et al. 2017, S. 213). *Für die kurzfristige, auf eine Wahlperiode bezogene Analyse deutet dies auf eine höhere Erklärungskraft des sozialpsychologischen als des soziologischen Ansatzes der Wahlforschung.*

Auch Protestwahl ist in diesen Zusammenhang zu erwähnen. Die starken, situationsbestimmten Schwankungen bei der Wahl extrem rechter Parteien sind ein eklatantes Beispiel. Schon früher die Wahl extremistischer Parteien von Protest *und* einer gewissen inhaltlichen Nähe gespeist (Arzheimer 2014, S. 555). Das heißt, es genügt keine diffuse politische Unzufriedenheit mit der Politik bzw. dem System, um eine derartige Partei zu wählen („reine Protestwahl") – es kommt immer auch eine gewisse inhaltliche Nähe hinzu. Und so ist es auch bei der AfD, die das Protestsentiment nicht weniger zu brauchen scheint als eine fundierte asyl-, migrations- und eurokritische Grundhaltung bei einem Teil des Elektorats (Bieber et al. 2018, S. 456; Pickel 2019). Das freilich heißt nicht, diese Wähler/-innen wiesen zwingend auch ein rechtsextremes Einstellungsmuster auf.

b) Entscheidet Problemlösungskompetenz?
Wendet man sich Sachproblemen zu, so stellen sich zwei Fragen: Welche Probleme halten Wählerinnen und Wähler für wichtig (Problemrelevanz) und von welcher Partei nehmen sie an, dass sie diese am ehesten lösen kann (Problemlösungskompetenz)? Die Antwort hierauf müsste die Entscheidung beweglicher, rationaler Wähler bestimmen.

6.3 Sozialpsychologische Motivationen und Themenkonjunkturen

Antworten auf diese Fragen verändern sich im Laufe der Zeit. Umfragen zeigen seit 1961 einen permanent hohen Stellenwert von Preisstabilität und Alterssicherung, einen mittleren und wechselnden von Ausbildung sowie einen sinkenden Rang der Außenpolitik bis Ende der siebziger Jahre. Das Thema Arbeitsplatzsicherheit avancierte ab der Rezession von 1974 zu einem Spitzenproblem. Veränderlich sind auch Kompetenzzuweisungen an Parteien. Neben Themen, bei denen stets einer bestimmten Partei am meisten zugetraut wird, stehen Fragen, bei denen das Zutrauen wechselt: so bei der Preisstabilität, ähnlich der Alterssicherung und der äußeren Sicherheit (Klingemann und Taylor 1977, S. 343 ff.).

Erfolge populistischer Parteien scheinen deutlicher als die anderer Parteien im Zusammenhang mit Problemgewichtungen und -kompetenzen zu stehen. Bei der Bürgerschaftswahl 2001 in Hamburg galt die Kriminalität als weitaus wichtigstes Thema. Der neuen Partei Ronald Schills wurde dabei von 19 % die höchste Kompetenz zugeordnet, was präzise ihrem Wahlergebnis entsprach (Horst 2002, S. 50, 55). Deutlich korrelierte für längere Zeit auch die Republikaner-Wahlbereitschaft mit der Relevanz des Themas Immigration/Asyl; es galt Frühjahr bis Herbst 1989 sowie 1992 bis 1993 als wichtigstes Thema (Bürklin und Klein 1998, S. 176). Die AfD verdankte ihren Erfolg 2017 der Dominanz des Zuwandererthemas.

Wie aber steht es um Erfolg und Misserfolg anderer Parteien mit größerer Themenbreite und langer Regierungspraxis? Beim Mehrheitswechsel von 1998 führte die SPD bei sozialen Fragen und der Bekämpfung der Arbeitslosigkeit, die Union bei Kriminalitätsbekämpfung und Staatsschuldenbegrenzung. Bei der wichtigen Wirtschaftskompetenz jedoch konnten CDU/CSU ihre Führung bewahren (Noelle-Neumann 1998). 2002 wie 2005 rangierte „Arbeitslosigkeit" ganz oben, sodass die Unionsparteien ihren Wahlkampf fast monothematisch auf Wirtschaft konzentrierten. Obwohl sie ihren Kompetenzvorsprung bei diesem Thema behaupteten, verloren sie im Wahlkampf. Wie erklärt sich dies?

- *Dominierende Problemrelevanz ist nicht im Sinne alleiniger Wahldeterminierung zu interpretieren:* Es wäre schon erstaunlich, wenn die vielen, die Arbeitslosigkeit als wichtigstes Problem bezeichnen, selbst aber nicht betroffen sind, ihre Wahlentscheidung vorrangig unter diesem Gesichtspunkt treffen würden. Das Elektorat unterscheidet sehr wohl zwischen den wichtigsten Problemen für Deutschland einerseits und den Themen, welche die eigene Wahl entscheiden, andererseits.
- Andere Themen bleiben durchaus relevant und können zusammen entscheidend sein. So schien es im Wahlkampf 2002 gelaufen zu sein.

- Von großer Bedeutung dafür, dass 2005 die günstigen Umfragewerte für CDU/CSU am Ende des Wahlkampfes verfielen (umgekehrt für die SPD), scheint ein bereits erwähntes Phänomen: die *Rückkehrneigung zwischenzeitlich enttäuschter und entfremdeter Regierungswähler*. Die „Unentschlossenen" vor der Wahl waren „zu einem wesentlichen Anteil nicht wirklich ungebundene Wähler", sondern brachten von ihren Einstellungen her eine „Rückkehrneigung" zu ihren bisherigen Parteien mit (Erhardt 1998, S. 77).

Traditionell werden in Deutschland wichtige Problemkompetenzen bestimmten Parteien vornehmlich zugeordnet (Tab. 6.7): Wirtschaftlicher Aufschwung, Verbrechensbekämpfung, Arbeitsplätze und Abbau von Staatsschulden CDU/CSU, soziale Gerechtigkeit der SPD und Umweltschutz den Grünen; in Ost-

Tab. 6.7 Problemkompetenz der Parteien 2021 in Prozent der Befragten, kurz vor der Bundestagswahl (ohne Angabe – keine Werte)

Problem	Wichtigste Probleme	Problemkompetenz						
	Hier Prozent aller Befragten	CDU/CSU	SPD	Die Linke	B90/Die Grünen	FDP	AfD	Keine Partei
Umwelt, Klima, Energiewende	47	11	12	3	43	4	5	18
Coronavirus	28	27	24	2	5	5	9	29
Ausländer, Integration, Flüchtlinge	13	19	19	6	10	5	13	24
Soziales Gefälle	12	–	–	–	–	–	–	–
Renten	10	18	32	6	4	6	7	23
Bildung	7	–	–	–	–	–	–	–
Kosten, Preise, Löhne	5	11	25	9	5	5	7	16
Wirtschaftslage	6	34	22	1	4	13	7	15

Quelle: Wichtigste Probleme: Forschungsgruppe Wahlen zit. nach: Neu (2022).

6.3 Sozialpsychologische Motivationen und Themenkonjunkturen

deutschland mit dem Unterschied, dass dort am häufigsten von der Linken soziale Gerechtigkeit erwartet wird (Gabriel 2013, S. 331 f.).

Wodurch zeichneten sich die jüngsten Bundestagswahlkämpfe aus? Dem Wahlkampf 2013 fehlte es an Spannung. Die SPD, eine massive Ablehnung der Bürger gegen eine rot-rot-grüne Koalition (nur 7 % wünschten sie einige Tage vor der Wahl) vor Augen (Forschungsgruppe Wahlen 2013), konnte keine glaubhafte Machtalternative anbieten. Was aber sprach für CDU/CSU? Es war die wirtschaftliche Situation, die sich eindrucksvoll von der in der übrigen Eurozone abhob. Hatten 2009 nur 12 % die allgemeine wirtschaftliche Lage in Deutschland für (sehr) gut befunden, 87 % aber für weniger gut/schlecht, so beurteilten 2013 sie 74 % als (sehr) gut und nur 26 % als weniger gut/schlecht (Infratest dimap 2013). Üblicherweise korreliert wirtschaftliches Wachstum positiv mit Gewinnen regierender Parteien (Steiner und Steinbrecher 2012, S. 322). Darüber hinaus führte die Union klar bei den als wichtig empfundenen Problemen. Das für sie gefährliche „soziale Gefälle" hingegen galt nur noch für zehn Prozent der Befragten als wichtigstes Problem (Forschungsgruppe Wahlen zit. nach Neu 2022). Die mitregierende FDP profitierte nicht, sodass die bisherige Regierungsmehrheit verloren ging. Die Ursachen für den Fall der FDP scheinen vielfältig: Enttäuschungen über Regierungspolitik entgegen FDP-Vorstellungen (Atomausstieg, fehlende Steuererleichterungen, Griechenland-Kredite), Ablehnung taktischer Leihstimmen durch die Union (Faas und Huber 2015, S. 757 ff.), zusätzliche Konkurrenz vonseiten der AfD.

Das Bundestagswahlergebnis von 2017 war bestimmt durch eine Themenrevolution. Statt der in Umfragen noch 2009 als drei wichtigsten genannten Probleme Arbeitsmarkt-, Wirtschafts- und Sozialpolitik (bei innerer Sicherheit unter einem Prozent und einer gar nicht erhobenen Zuwanderungspolitik – GLES 2009 zit. nach Rudi 2011, S. 182) sahen die Bürger 2017 die Problemlage ganz anders: Nun dominierte „Flüchtlinge/Asyl" bei weitem, während Arbeitsplätze und Wirtschaft (weil in bester Form) abgeschlagen dahinter rangierten. „Soziale Gerechtigkeit": weit abgeschlagen. Alles in allem: Die thematischen Renner der großen Parteien waren abgeschlafft, während oppositionelle Kritik an Merkels Zuwanderungspolitik AfD und – begrenzter – FDP Wähler zutrieb.

2021 folgte die zweite Revolution – denn ein zweites Mal stand keines der klassischen Wahlkampfthemen im Vordergrund. Vielmehr wurde gewählt im Schatten der Corona-Pandemie und der Klimakrise (Forschungsgruppe Wahlen zit. nach Neu 2022). – beide waren, obwohl noch wenige Jahre zuvor als nachrangig angesehen oder gar gänzlich inexistent, die ausschlaggebenden Themen: Vor der Wahl hielten 28 % erstgenanntes Thema für das wichtigste, 47 % das zweitgenannte. Wenig überraschend galten die Grünen den meisten als kompetenteste Partei in Sachen Umweltschutz. Sie landeten dann auch in der Bundesregierung. Indes: Dass die Union bei der Pandemiebekämpfung knapp vor den Sozialdemokraten rangierte, half nichts. Sie wurde abgestraft. Der SPD wiederum wurde in Sachen Rente die größte Kompetenz zugeschrieben – ob ihr das schlussendlich half? Dass die FDP nirgendwo Kompetenzsieger war und dennoch in die Regierung zog (mit einem Stimmenplus vor allem bei Jüngeren), zeigt, wie viel Aussagekraft die wichtigsten Probleme in Kombination mit der Kompetenzzuschreibung haben. *Insgesamt wird dadurch deutlich: Jede Wahl findet in einer einmaligen Konstellation statt, auch führende Problemkompetenz im relevantesten Bereich führt nicht ohne weiteres zum Sieg.*

c) Persönlichkeit oder Amtsbonus?

Es bleibt die Frage: Welche Bedeutung hat demgegenüber das Bild der Kandidaten, das „Image", das sich die Wähler/-innen von ihnen machen? Gewiss – der durchschnittliche Wahlkreis- oder Listenkandidat/die -kandidatin dringt kaum ins Wählerbewusstsein, doch Spitzenpersonal wird sehr wohl wahrgenommen. Einstellungen zu ihm sind bei Landtagswahlen anscheinend wichtiger als zu Sachfragen (Völkl 2009, S. 263).

Bei ihrer Beurteilung fließen allerdings Einschätzungen ihrer Politik und ihrer Person unentwirrbar zusammen. Aufseiten der Wahlsieger/-innen fallen Problemkompetenz mit Kandidatenvorsprüngen vielfach zusammen – so bei der Bundestagswahl 1998 zugunsten der SPD, so bei zahlreichen Landtagswahlen. Eindeutig konnte man nur bei der Hessen-Wahl 1999 die ausschlaggebende Rolle eines Sachthemas (Staatsangehörigkeitsrecht) feststellen (Schmitt-Beck 2000).

Schwierig zu beantworten bleibt auch, ob der/die sachkompetentere dem/der sympathischeren bzw. bürgernäheren Kandidaten/-in vorgezogen wird: Bei Landtagswahlen gewannen sachkompetenter erscheinende Ministerpräsidenten wie Stoiber (1998) und Teufel (2001) gegen zwei als sympathischer empfundene Gegenkandidatinnen (Gabriel 2002, S. 20), doch bei der Bundestagswahl 2002 der sympathischer/bürgernähere Bundeskanzler Schröder gegen seinen – bei Wirtschaft und Arbeitsplätzen – kompetenter erscheinenden Herausforderer (Roth und Jung 2002, S. 13). Es spricht für die Befragten, dass sie bei Spitzenkandidat/-innen in erster Linie Wert auf Führungsqualitäten, Integrität und Themenkompetenz, nicht auf politisch irrelevante Eigenschaften Wert legen (Brettschneider 2002, S. 132, 204). Bei den Bundestagswahlen 2013 und 17 stellte sich das Problem nicht, da die amtierende Kanzlerin ihre SPD-Herausforderer hinsichtlich beider Aspekte deutlich übertraf (Wagner 2014, S. 271; Glinitzer und Jungmann 2019, S. 252). Und 2021 – ungewöhnlich insofern, als erstmals kein Amtsinhaber kandidierte, während es nun drei Kandidat/-innen gab,

6.3 Sozialpsychologische Motivationen und Themenkonjunkturen

die sich im Laufe des Wahljahres Hoffnung auf das Bundeskanzleramt machen durften – deutete einiges darauf hin, dass der Unionskandidat Armin Laschet seiner Partei sogar Wählerinnen und Wähler abspenstig gemacht haben dürfte, während die SPD von Olaf Scholz' Kandidatur profitierte – und zwar, weil er in die Fußstapfen der Altkanzlerin trat, deren Sympathisant/-innen nun nennenswert der SPD zuliefen (Schmitt-Beck 2021, S. 12 ff.).

Zahlreiche Fälle lassen sich auch anders erklären: mit einer Präferenz für Politiker/-innen in Regierungspositionen (Amtsbonus). Auf lokaler Ebene erscheinen Bürgermeister/-innen und Landräte/-innen, auf regionaler Ministerpräsident/-innen und Minister/-innen, im Bund der/die Bundeskanzler/-in und bekannte Regierungsmitglieder von der Aura ihres Amtes umstrahlt und treten häufiger medial in Erscheinung. Normalerweise erreichen sie einen Popularitätsvorsprung. Tab. 6.8 zeigt dies für den/die Bundeskanzler/-in, der/die bei der Frage, wen man als Kanzler/-in vorziehe, gewöhnlich vor seinem/ihrem Herausforderer führt und meist über der Attraktivität seiner Partei liegt. Besonders deutlich wurde dieser Amtseffekt im Falle Brandts, der 1969 als Kanzlerkandidat nur 28 % erreichte, nach seiner Amtsübernahme aber bereits bei Jahresende von 45 % der Befragten vorgezogen wurde (Kaltefleiter 1973, S. 6). Diese gouvernementale Orientierung der Wählerschaft, die sich auch in anderen Demokratien findet, fördert die Neigung, als Kanzlerkandidaten/-in Nur-Parlamentarier/-innen durch Landesministerpräsident/-innen zu ersetzen: so 1960 Ollenhauer durch Brandt, 1976 Barzel durch Kohl, 1980 Kohl durch Strauß und 1987 Vogel durch Rau, gefolgt von den Landesministerpräsidenten Lafontaine, Scharping und Schröder. Die Kandidatin Merkel, die 2005 ohne Regierungsflair in den Wahlkampf zog, fällt auffällig aus der Reihe. Ihr folgte mit Olaf Scholz ein Hamburger Bürgermeister und Bundesfinanzminister.

Entgegen medialen Eindrücken ist aufgrund von Umfragen seit den sechziger Jahren festgestellt worden, dass die Personenorientierung der Wähler nicht zugenommen hat.

Die Wähler/-innen selbst geben zwar regelmäßig an, der entscheidende Wahlgrund für sie seien Sachfragen, gefolgt von Interessen bzw. Gruppenbezug und Parteibindungen, während Kandidat/-innen kaum genannt werden (für 2009 Blumenstiel und Rattinger 2012, S. 261). Tatsächlich aber wirkte bislang am stärksten stets die Identifikation mit einer Partei, gefolgt von der allgemeinen inhaltlich-ideologischen Nähe, der wahrgenommenen Regierungsbilanz und der Kandidatenpräferenz – erst dann kamen konkrete Sachthemen (Scherer 2019). Viel deutet darauf hin, dass es 2021 nicht anders war – im Gegenteil: Der Trend zur Personalisierung hat zugenommen (Schmitt-Beck 2021, S. 16). Darauf deutet der Erfolg der SPD, der weniger ihrem Kompetenzprofil als vielmehr ihrem Spitzenkandidaten geschuldet war, der von einem Amtsbonus profitierte.

Tab. 6.8 Der Amtsbonus des Bundeskanzlers in Prozent der Befragten bzw. der Zweitstimmen der Parteien

	1990	1994	1998	2002	2005	2009	2013	2017	20.211
Kanzler	Kohl	Kohl	Kohl	Schröder	Schröder	Merkel	Merkel	Merkel	Laschet
	47	42	36	58	54	51	58	56	22
Partei	43,8	41,5	35,1	38,5	34,2	33,8	41,5	32,9	24,1
Kandidat	Lafontaine	Scharping	Schröder	Stoiber	Merkel	Steinmeier	Steinbrück	Schulz	Scholz/Baerbock
	32	31	57	34	35	36	32	32	48/15
Partei	33,5	36,4	40,9	38,5	35,2	23	25,7	20,5	25,7/14,8

Quellen: Gibowski und Kaase (1991, S. 14); Noelle-Neumann (1994); Gabriel/Brettschneider (1998, S. 23); Forschungsgruppe Wahlen (2002; 2013; 2017b; 2021b); infratest-dimap (2009).

Auch wenn sich diese Ergebnisse nicht ohne weiteres auf jede Wahl übertragen lassen, kann man gegenwärtig für die nationale Ebene in Deutschland konstatieren: *Die Wahlentscheidung hängt maßgeblich von der Parteibindung des Elektorats ab, von der wahrgenommenen Kompetenz der Parteien sowie der Spitzenkandidaten und erst dann von ganz konkreten Sachfragen.*

6.4 Die Ökonomie des Wahlkampfes

Effektiver Wahlkampf in Massendemokratien unterliegt mehreren Anforderungen. Zunächst: Stimme zählt gleich Stimme. Dies macht es rentabler, mehr Menschen oberflächlich als wenige intensiv anzusprechen. Man erwartet nicht, im Wahlkampf grundsätzliche Konversionen zu bewirken, sondern *sucht bei seiner Konzipierung möglichst an schon vorhandene Einstellungen anzuknüpfen.*

So ziehen die Parteien seit langem die Meinungsforschung zu Rate – CDU/CSU früher gern das Institut für Demoskopie Allensbach, die SPD eher Infratest dimap –, um die Popularität von Personen, die Relevanz von Problemen und die Problemkompetenz von Parteien zu erkunden. Unter den Meinungsforschungsinstituten ist „Infratest" (Tochtergesellschaft „Infratest dimap") ein Großunternehmen, EMNID ein mittleres, während sich die übrigen relativ klein ausnehmen: Forschungsgruppe Wahlen (Mannheim), Institut für Demoskopie (Allensbach) und Forsa (Berlin). Neben Angestellten werden an Wahltagen bis zu 2 000 nebenberufliche Interviewer von den einzelnen Instituten beschäftigt. Das primäre Arbeitsfeld ist zumeist Marktforschung (außer bei Forschungsgruppe Wahlen und Infratest dimap). Die Wahlforschung gilt aber für Methodenentwicklung, öffentliche Reputation und damit Auftragschancen als immens wichtig (Gellner 1996, S. 174; Gallus 2004, S. 125).

Umfrageveröffentlichungen beeinflussen das Wahlverhalten kaum. Vielmehr scheinen sie „weitgehend spurlos an den Menschen vorbeigegangen", nur Koalitionserwartungen zu beeinflussen (Hoffmann und Klein 2013, S. 240). Unter Berücksichtigung der Umfrageergebnisse wird aber der Wahlkampf angelegt und geführt. Man zieht auch *„Spin Doctors" als Gurus für erfolgreichen Wahlkampf* heran – so den ehemaligen „BamS"-Chefredakteur Michael Spreng bei Stoiber (2002), den Chef der SPD-„Kampa"-Wahlkampfleitung (1998 und 2002) Matthias Machnig bei der SPD (Falter 1998; Esser 1999). Der Trend hält an: 2021 hat Raphael Brinkert, ehemaliger Berater bei Jung von Matt, Olaf Scholz beraten; Tanit Koch, frühere Bild-Chefredakteurin, die CDU; und Michael Scharfschwerdt, von der Unternehmensberatung Kearney, Annalena Baerbock. Probleme, bei denen eine Partei in den Augen der Bürger/-innen gut abschneidet, werden von dieser in den Vordergrund gerückt. Die jeweilige Kanzlerpartei sucht den Amtsbonus des Regierungschefs/der Regierungschefin durch dessen/deren Herausstellen („Auf den Kanzler kommt es an", 1969; „Kanzler des Vertrauens", 1972; „Wir wählen die Kanzlerin" 2009; „Kanzlerin des Vertrauens" 2013) zu nutzen. Demgegenüber gilt es für oppositionelle Kanzlerkandidaten als günstig, durch eine achtunggebietende Regierungsmannschaft eingerahmt zu werden.

Zweitens muss, wer viele Stimmen erhalten will, *Wähler/-innen mit unterschiedlichen Interessen und Auffassungen für sich einnehmen – die sogenannten „Medianwähler/-innen".* Dies hat zur Folge, dass Parteien gerne in allgemeine Aussagen flüchten bzw. ihren Wahlkampf auf ein einigendes Thema oder Personen konzentrieren. Sie tun dies, indem sie die Komplexität der Politik auf knappe Wahlslogans wie „Keine Experimente" (CDU 1957), „Wir schaffen das moderne Deutschland" (SPD 1969) oder „Freiheit oder Sozialismus" (CSU 1976) reduzieren (Toman-Banke 1996). Die Wahlkampfstrategie der Merkel' schen Union beruhte ab 2009 im Kern auf einer „asymmetrischen Demobilisierung" (Jung 2019), indem lange vor der Wahl umstrittene Themen wie Kernenergie, Lohnuntergrenzen, Renteneintrittsalter oder Kinderbetreuung, die Ehe für alle und eine Willkommenskultur gegenüber Flüchtlingen aus der Debatte genommen wurden – und zwar durch sozialpolitische Maßnahmen oder Ankündigungen, die von der SPD hätten stammen können (Schmidt 2014, S. 568). Umso mehr konnten dann die eigenen Stärken glänzen: die Europapolitik Merkels im Vergleich zur sozialdemokratischen/grünen und die günstige Wirtschaftslage im Vergleich zu anderen EU-Ländern (Tils und Raschke 2013, S. 21, 24). Drittens hat der Wahlkampf dem Umstand Rechnung zu tragen, dass für Durchschnittsbürger/-innen der Wahlakt nur am Rande seiner Lebensinteressen steht, nicht wert, seinetwillen intensiv Information aufzunehmen. Gerade rationale Wähler/-innen werden sich so verhalten. *Die wahlwerbenden Parteien müssen daher um Aufmerksamkeit ringen.* Vor allem *sollen Emotionalisierungen, generell Unterhaltungselemente bis hin zur Darstellung von Politik als dramatischem Theater, den Zugang zum Wähler/zur Wählerin verschaffen.* Talkshows im Fernsehen, aber auch Illustriertenberichte bieten zudem die Möglichkeit für Spitzenkandidat/-innen, persönliche Sympathiewerbung ohne explizite politische Botschaften zu betreiben. Wenn in den Wahlwerbespots der Parteien die Sequenzen ohne sachpolitisches Thema in den neunziger Jahren gut 30 % ausmachten, mehr denn je zuvor (Ausnahme 1961), so deutet dies ebenfalls auf emotionales Ansprechen eines breiten Publikums hin (Holtz-Bacha 2000, S. 175).

Schließlich weiß man, dass Parteiwerbung als solche kaum gelesen wird, Wahlversammlungen eher kleine, meist ohnehin überzeugte Minderheiten erreichen und Wahlstände kaum Besuch erhalten. Wichtiger erscheinen vielmehr allgemeine Medien. *Die Wahlwerbung muss daher über parteiunabhängige Medien in die Wohnungen getragen werden, und zwar in Form von Meldungen, Berichten und Kommentaren über die Parteien.* Da Fernsehen immer noch die größte Reichweite hat, gelten Fernsehkampagnen als „Herzstück" (Schulz 1998, S. 383 ff.) des Wahlkampfes – auch heute noch. Dass Fernsehduelle der Spitzenkandidat/-innen durchaus eine Wahl mitentscheiden können, ist indes nur bei knappen Rennen zu erwarten (Maurer und Reinemann 2003, S. 207, 221 f.; Maier und Faas 2019, S. 87 ff.). Wahlversammlungen, Pressekonferenzen, öffentliche Auftritte aller Art finden vielfach nur statt, um Anlässe für Medienberichte zu schaffen („Pseudoereignisse").

Somit bilden die Massenmedien einen Filter, der nach seinen Regeln Informationen selektiert und darstellt, um seinerseits Zuschauer/-innen, Hörer/-innen und Leser/-innen zu erreichen. Wie in anderen westlichen Demokratien, so bedeutet dies auch in Deutschland, dass Medien zu Personalisierung, Emotionalisierung und Dramatisierung neigen. Je näher der Wahltag rückt, desto mehr schieben sich insbesondere im Fernsehen Horse-race-Aspekte in den Vordergrund (Schulz und Zeh 2010, S. 317). Wahlkampf erscheint dann unterhaltsam wie ein Pferderennen, Sachthemen treten in den Hintergrund. Auch im Online-Wahlkampf 2013 dominierten der Ablauf des Wahlkampfes und die Wahlen als solche mit 59 %, während die stärksten Sachthemen Außen- und Sozialpolitik jeweils nur 6 %, Steuern 3, Bildungspolitik 2 und Energie/Umweltpolitik 1 % des Raumes einnahmen (Stärk 2015, S. 60).

Wahlkämpfe in der Bundesrepublik sind somit – ähnlich wie in anderen westlichen Demokratien – gekennzeichnet durch

- begrenzte Informationsaufnahme und emotional beeinflusste Entscheidungen der Wähler, was aus deren Sicht aber durchaus als rational gelten kann;
- Medien, die sich zwischen werbende Parteien (bzw. Kandidat/-innen) und Bürger/-innen schieben.
- eine zunehmende Nutzung sozialer Medien durch Politiker und Wähler (Staudt und Schmitt-Beck 2019; Stier et al. 2019), die diesen Filtereffekt umgehen und Filterblasen schaffen (Gärtner und Wuttke 2019).

Eine Dramatik der Wahlkämpfe ergibt sich aus Stimmungsveränderungen, wie sie in Umfragen sichtbar werden. Häufig neigen Anhänger/-innen der jeweiligen Regierung enttäuscht zu Unentschiedenheit oder Protest, „hängen" Regierungsparteien und Kanzler in Umfragen „durch", während die Opposition zu triumphieren beginnt. Nicht zuletzt geht es daher im Wahlkampf um die Mobilisierung dieses Wählerpotenzials – häufig mit dem Ergebnis, dass die

Tab. 6.9 Wählerwanderungsbilanz Bundestagswahl 2021/17 Salden, in tausend Stimmen

	CDU/CSU	SPD	Grüne	Linke	FDP	AfD	Nichtwähler
CDU/CSU	(11 060)	−1 530	−920	20	-490	80	-50
SPD	1 530	(11 910)	−260	640	180	260	520
B90/Die Grünen	920	260	(6 820)	480	240	60	300
Die Linke	−20	−640	−480	(2 260)	−110	−90	−320
FDP	490	−180	−240	110	(5 300)	210	40
AfD	−80	−260	−60	90	−210	(4 770)	−180
Nichtwähler	50	−520	−300	320	−40	180	(14 740)

Leseanleitung: In der jeweiligen Zeile die Salden der Zeilenpartei gegenüber den in den Spalten stehenden Parteien oder Nichtwählern. Die Werte ober- und unterhalb der Diagonalen sind darum identisch. In Klammern: Wählerzahl der Partei 2021. Z.B. hat die Union an die SPD 1 530 000 Wählerinnen und Wähler von 2017 zu 2021 verloren.
Quelle: Infratest-Dimap, nach: Tagesschau (2021): Wie die Wähler wanderten, unter: https://www.tagesschau.de/inland/btw21/waehlerwanderung-bundestagswahl-103.html (zuletzt geprüft am 11. Februar 2022).

Kanzlerpartei am Schluss aufholt oder überholt. 1994, 1998, 2002 und 2005 ist ein derartiger Effekt zu beobachten gewesen (Feist und Hoffmann 1999, S. 219, 227; Brunner 1998, S. 273, 276; Schultze 2004, S. 75). Nicht anders war es 2021 – freilich mit dem Unterschied, dass von einer Art Kanzlerbonus wegen des Fehlens eines Verteidigers/einer Verteidigerin der Vizekanzler Olaf Scholz profitierte. Indessen ist eine Mobilisierung zuvor Unentschiedener während des Wahlkampfs für die Bundestagswahlen 2009 und 2013 nachgewiesen (Schoen 2017, S. 130 f., 208). Als Erklärungen für diese „Aufholjagd" (Harald Schoen) werden genannt: die Rückkehr von Wähler/-innen zu ihren langfristigen Parteipräferenzen, eine zunehmende Bedeutung von Kandidatenorientierungen am Ende des Wahlkampfes, gelegentlich ein Themenwechsel während des Wahlkampfes (bezogen auf 2002 Schoen 2004, S. 23 f.).

Wenngleich Wählerwanderungsbilanzen nicht als präzise gelten können, lässt doch die für 2021/17 (Tab. 6.9) erkennen, dass wahlrelevante Wechsel stattfinden. Nicht berücksichtigt sind Neuwähler/-innen und der Abgang durch Tod oder Abwanderung. Bemerkenswert bei der Wahl 2017 sind die massiven Verluste der Union zugunsten von SPD, Grünen und FDP. Diese profitierten auch weit überdurchschnittlich von Zugängen bisheriger Nichtwähler/-innen. Wenngleich Wahlkämpfe eher bereits vorhandene Grundeinstellungen mobilisieren, deuten die Wechsel doch auf ihre Relevanz für Parteien und Mehrheitsgewinn.

Literatur

Abendschön, Simone/Roßteutscher, Sigrid (2016): Wahlbeteiligung junger Erwachsener, in: Roßteutscher, Sigrid et al. (Hrsg.): Bürgerinnen und Bürger im Wandel der Zeit, Wiesbaden, S. 67 ff.

Arzheimer, Kai (2008): Die Wähler der extremen Rechten 1980–2002, Wiesbaden.

Arzheimer, Kai (2014): Die Wahl extremistischer Parteien, in: Falter, Jürgen W./ders. (Hrsg.): Handbuch Wahlforschung, 2. Aufl., Wiesbaden, S. 523 ff.

Arzheimer, Kai (2017): Another Dog that didn't Bark? Less Dealignment and more Partisanship in the 2013 Bundestag Election, German Politics 26 (1), S. 49 ff.

Behnke, Joachim (2007): Das Wahlsystem der Bundesrepublik Deutschland, Baden-Baden.

Behnke, Joachim et al. (Hrsg.) (2017): Reform des Bundestagswahlsystems, Gütersloh.

Best, Volker (2016): Warum das deutsche Wahlsystem eine Mehrheitsprämie braucht. Eine Entgegnung auf Joachim Behnkes Replik in Heft 2/2015 der ZParl, in: Zeitschrift für Parlamentsfragen 47 (1), S. 212 ff.

Bieber, Ina et al. (2018): Die Metamorphosen der AfD-Wählerschaft: Von einer euroskeptischen Protestpartei zu einer (r)echten Alternative?, in: Politische Vierteljahresschrift 59, S. 434 ff.

Blumenstiel, Jan Eric/Rattinger, Hans (2012): Warum haben Sie das getan?, in: Schmitt-Beck, Rüdiger (Hrsg.): Wählen in Deutschland, Baden-Baden, S. 251 ff..

Bovermann, Rainer (2002): Kommunales Wahlverhalten zwischen Partei-, Themen- und Kandidatenorientierung, in: Andersen, Uwe et al. (Hrsg.): Im Westen was Neues, Opladen, S. 115 ff.

Brettschneider, Frank (2002): Spitzenkandidaten und Wahlerfolg, Wiesbaden.

Brunner, Wolfram (1998): Bundestagswahlkämpfe und ihre Effekte, in: Zeitschrift für Parlamentsfragen 30 (2), S. 268 ff.

Bürklin, Wilhelm/Klein, Markus (1998): Wahlen und Wählerverhalten. Eine Einführung, 2. Aufl., Opladen.

Campbell, Angus et al. (1960): The American Voter, Chicago.

Dalton, Russell J. (2014): Citizen Politics, 6. Aufl., Los Angeles.

Decker, Frank (2011): Regieren im »Parteienbundesstaat«. Zur Architektur der deutschen Politik, Wiesbaden.

Decker, Frank (2016): Ist die Fünf-Prozent-Sperrklausel noch zeitgemäß?, in: Zeitschrift für Parlamentsfragen 47 (2), S. 460 ff.

Decker, Frank (2019): Kosmopolitismus versus Kommunitarismus. Eine neue Konfliktlinie in den Parteiensystemen?, in: Zeitschrift für Politik 66 (4), S. 445 ff.

Der Bundeswahlleiter (2021): Wahl zum 20. Deutschen Bundestag am 26. September 2021, H. 4, Wiesbaden.

Der Bundeswahlleiter (2022): Kurzbericht über die Ergebnisse der repräsentativen Wahlstatistik zur Bundestagswahl 2021, Wiesbaden.

Detterbeck, Klaus (2011): Parteien und Parteiensystem, Konstanz.

Deutscher Bundestag (2021): Datenhandbuch zur Geschichte des Deutschen Bundestages, Berlin, unter: https://www.bundestag.de/datenhandbuch (zuletzt geprüft am 28. Februar 2022).

DGB (2021): Bundestagswahl 2021: So haben Gewerkschafter*innen gewählt, unter: https://www.dgb.de/themen/++co++79fb7b60-1f79-11ec-88c8-001a4a160123 (zuletzt geprüft am 4. Februar 2022).

Dinkel, Rainer (1977): Der Zusammenhang zwischen Bundes- und Landtagswahlergebnissen, in: Kaase, Max (Hrsg.): Wahlsoziologie heute, Opladen, S. 348 ff.

Downs, Anthony (1968): Ökonomische Theorie der Demokratie, Tübingen.

Eith, Ulrich/Schlipphak, Bernd (2010): Politische Lagerbildung versus fluider Wettbewerb, in: Glaab, Manuela et al. (Hrsg.): Deutsche Kontraste 1990–2010, Frankfurt a. M., S. 75 ff.

Elff, Martin (2022): Sozialstruktur und Wahlverhalten in Ost- und Westdeutschland: Konvergenz oder Persistenz der Unterschiede?, in: ders. et al. (Hrsg.): Wahlen und politische Einstellungen in Ost- und Westdeutschland. Persistenz, Konvergenz oder Divergenz?, Wiesbaden, S. 277 ff.

Elff, Martin et al. (2022): Vorwort, in: ders. et al. (Hrsg.): Wahlen und politische Einstellungen in Ost- und Westdeutschland. Persistenz, Konvergenz oder Divergenz?, Wiesbaden, S. V ff.

Elff, Martin/Roßteutscher, Sigrid (2022): All Gone? Change and Persistence in the Impact of Social Cleavages on Voting Behavior in Germany Since 1949, in: Schmitt-Beck, Rüdiger et al. (Hrsg.): The Changing German Voter, Oxford, i. E.

Erhardt, Klaudia (1998): Die unentschlossenen Wähler als Motor zyklischer Wahlabsichtsverläufe, in: Dörner, Christine/dies. (Hrsg.): Politische Meinungsbildung und Wahlverhalten, Opladen, S. 15 ff.

Esser, Frank et al. (1999): „Mit Zuckerbrot und Peitsche", in: Holtz-Bacha, Christina (Hrsg.): Wahlkampf in den Medien – Wahlkampf mit den Medien, Opladen, S. 40 ff.

Faas, Thorsten/Huber, Sascha (2015): Haben die Demoskopen die FDP aus dem Bundestag vertrieben?, in: Zeitschrift für Parlamentsfragen 46 (4), S. 746 ff.

Falter, Jürgen W. (1998): Alle Macht dem Spin Doctor, in: Frankfurter Allgemeine Zeitung vom 27. April.

Falter, Jürgen W./Schoen, Harald (Hrsg.) (2014): Handbuch Wahlforschung, 2. Aufl., Wiesbaden.

Falter, Jürgen W./Winkler, Jürgen R. (2014): Wahlgeographie und Politische Ökologie, in: Falter, Jürgen W./Schoen, Harald (Hrsg.): Handbuch Wahlforschung, 2. Aufl., Wiesbaden, S. 135 ff.

Feist, Ursula/Hoffmann, Hans-Jürgen (1999): Die Bundestagswahlanalyse 1998, in: Zeitschrift für Parlamentsfragen 30 (2), S. 215 ff.

Forschungsgruppe Wahlen (2002): Bundestagswahl, Mannheim.

Forschungsgruppe Wahlen (2013): Politbarometer 19. September 2013, Mannheim.

Forschungsgruppe Wahlen (2017a): Eine Analyse der Wahl vom 24. September 2017, Mannheim.

Forschungsgruppe Wahlen (2017b): Politbarometer 15. September 2017, Mannheim.

Forschungsgruppe Wahlen (2021a): Wahlanalyse Bundestagswahl 2021, unter: https://www.forschungsgruppe.de/Aktuelles/Wahlanalyse_Bundestagswahl/ (zuletzt geprüft am 3. Februar 2022).

Forschungsgruppe Wahlen (2021b): Politbarometer 17. September 2021, Mannheim.

Förtsch, Mona (2019): Ein Kreuz rechts, ein Kreuz links: Jeder zehnte Wähler splittet bei Bundestagswahlen inzwischen lagerübergreifend, in: ifo Dresden berichtet 26 (5), S. 26 ff.

Gabriel, Oscar W. (2002): Die baden-württembergische Landtagswahl vom 25. März 2001, in: Zeitschrift für Parlamentsfragen 33 (1), S. 10 ff.

Gabriel, Oscar W. (2013): Einstellungen der Bürger zu den politischen Parteien, in: Niedermayer, Oskar (Hrsg.): Handbuch Parteienforschung, Wiesbaden, S. 319 ff.

Gabriel, Oscar W./Brettschneider, Frank (1998): Die Bundestagswahl 1998, in: Aus Politik und Zeitgeschichte B 52, S. 20 ff.

Gallus, Alexander (2004): Wahl als „Demoskopiedemokratie"?, in: Jesse, Eckhard (Hrsg.): Bilanz der Bundestagswahl 2002, Wiesbaden, S. 123 ff.

Gärtner, Lea/Wuttke, Alexander (2019): Eingeschlossen in der Filter Bubble? Politische Kommunikationsnetzwerke im Wahlkampf, in: Roßteutscher, Sigrid et al. (Hrsg.): Zwischen Polarisierung und Beharrung: Die Bundestagswahl 2017, Baden-Baden, S. 97 ff.

Geiling, Heiko/Vester, Michael (2007): Das soziale Kapital der politischen Parteien, in: Brettschneider, Frank et al. (Hrsg.): Die Bundestagswahl 2005, Wiesbaden, S. 457 ff.

Gellner, Winand (1996): Demoskopie, Politik, Medien, in: Jarren, Otfried et al. (Hrsg.): Medien und politischer Prozeß, Opladen u. a., S. 169 ff.

Gibowski, Wolfgang G./Kaase, Max (1991): Auf dem Weg zum politischen Alltag, in: Aus Politik und Zeitgeschichte B 11/12, S. 3 ff.

Glinitzer, Konstantin/Jungmann, Nils (2019): Spitzenkandidaten, in: Roßteutscher, Sigrid et al. (Hrsg.): Zwischen Polarisierung und Beharrung: Die Bundestagswahl 2017, Baden-Baden, S. 247 ff.

Goodhart, David (2017): The Road to Somewhere: The Populist Revolt and the Future of Politics, London.

Grotz, Florian (2009): Verhältniswahl und Regierbarkeit, in: Strohmeier, Gerd (Hrsg.): Wahlsystemreform, Baden-Baden, S. 155 ff.

Grotz, Florian (2016): Reform der Reform?, in: Mörschel, Tobias (Hrsg.): Wahlen und Demokratie. Reformoptionen des deutschen Wahlrechts, Baden-Baden, S. 77 ff.

Haffert, Lukas (2022): Stadt, Land, Frust. Eine politische Vermessung, München.

Hallam, Mark (2021): Bundestagswahl: Zahl der Unentschlossenen so hoch wie nie, unter: https://www.dw.com/de/bundestagswahl-zahl-der-unentschlossenen-so-hoch-wie-nie/a-59263357 (zuletzt geprüft am 8. Februar 2022).

Hermens, Ferdinand A. (1951): Demokratie oder Anarchie? Untersuchung über die Verhältniswahl, Frankfurt a. M.

Herrmann, Michael (2015): Strategisches Wählen in Deutschland. Logik und politische Konsequenzen, Wiesbaden.

Hilmer, Richard et al. (2000): Stimmensplitting bei der Bundestagswahl 1998, in: van Deth, Jan et al. (Hrsg.): Die Republik auf dem Weg zur Normalität?, Opladen, S. 173 ff.

Hoffmann, Hanna/Klein, Markus (2013): Wirkungen von veröffentlichten Wahlumfragen auf die Koalitionserwartung, die Wahlbeteiligung und die Wahlentscheidung bei der Bundestagswahl 2009: Eine Mehrebenenanalyse auf der Grundlage der Rolling Cross-Section-Befragung der German Longitudinal Election Study (GLES), in: Faas, Thorsten et al. (Hrsg.): Koalitionen, Kandidaten, Kommunikation, Wiesbaden, S. 221 ff.

Holtz-Bacha, Christina (2000): Wahlwerbung als politische Kultur, Wiesbaden.

Hooghe, Lisbeth/Marks, Gary (2018): Cleavage Theory Meets Europe's Crises: Lipset, Rokkan, and the Transnational Cleavage, in: Journal of European Public Policy 25 (1), S. 109 ff.
Horst, Patrick (2002): Die Hamburger Bürgerschaftswahl vom 23. September 2001, in: Zeitschrift für Parlamentsfragen 33 (1), S. 43 ff.
Infratest dimap (2013): ARD-Deutschlandtrend Dezember 2013, unter: https://www.tagesschau.de/inland/deutschlandtrend2114.pdf (zuletzt geprüft am 8. Februar 2021).
Inglehart, Ronald (1977): The Silent Revolution. Changing Values and Political Styles Among Western Publics, Princeton.
Inglehart, Ronald (1989): Kultureller Umbruch, Frankfurt a. M.
Jesse, Eckhard (2016): Plädoyer für ein Einstimmensystem bei der Bundestagswahl, ergänzt um eine Ersatzstimme, in: Zeitschrift für Parlamentsfragen 47 (4), S. 893 ff.
Jung Matthias (2019): Modernisierung und asymmetrische Demobilisierung. Zur Strategie der Union seit 2005, in: Korte, Karl-Rudolf/Schoofs, Jan (Hrsg.): Die Bundestagswahl 2017. Analysen der Wahl-, Parteien-, Kommunikations- und Regierungsforschung, Wiesbaden, S. 323 ff.
Kaltefleiter, Werner (1973): Zwischen Konsens und Krise, Köln.
Kevenhörster, Paul (1969): Die Wähler der NPD, in: Die neue Ordnung 1969, S. 321 ff.
Kevenhörster, Paul (1976): Parallelen und Divergenzen zwischen gesamtsystemarem und kommunalem Wahlverhalten, in: ders. et al. (Hrsg.): Kommunales Wahlverhalten, Bonn, S. 241 ff.
Klingemann, Hans D./Taylor, Charles (1977): Affektive Parteiorientierung, Kanzlerkandidaten und Issues, in: Kaase, Max (Hrsg.): Wahlsoziologie heute, Opladen, S. 301 ff.
Lazarsfeld, Paul et al. (1968): The People's Choice. How the Voter Makes Up His Mind in a Presidential Campaign, New York.
Lichteblau, Josephine/Wagner, Aiko (2019): Die Briefwähler, in: Roßteutscher, Sigrid et al. (Hrsg.): Zwischen Polarisierung und Beharrung: Die Bundestagswahl 2017, Baden-Baden, S. 169 ff.
Liepelt, Klaus/Riemenschnitter, Hela (1973): Wider die These vom besonderen Wahlverhalten der Frau, in: Politische Vierteljahresschrift 14 (4), S. 567 ff.
Maier, Jürgen/Faas, Thorsten (2019): TV-Duelle, Wiesbaden.
Maurer, Marcus/Reinemann, Carsten (2003): Schröder gegen Stoiber, Wiesbaden.
Mayer, Sabrina J. et al. (2019): Die Wahlbeteiligung der Deutschen mit Migrationshintergrund – Befunde der Immigrant German Election Study (IMGES), in: Weßels, Bernhard/Schoen, Harald (Hrsg.): Wahlen und Wähler. Analysen aus Anlass der Bundestagswahl 2017, Wiesbaden, S. 81 ff.
Merkel, Wolfgang (2017): Kosmopolitismus versus Kommunitarismus: Ein neuer Konflikt in der Demokratie, in: Harfst, Philipp et al. (Hrsg.): Parties, Governments and Elites. The Comparative Study of Democracy, Wiesbaden, S. 9 ff.
Müller, Walter/Klein, Markus (2012): Die Klassenbasis in der Parteipräferenz des deutschen Wählers, in: Schmitt-Beck, Rüdiger (Hrsg.): Wählen in Deutschland, Baden-Baden, S. 85 ff.
Nohlen, Dieter (2014): Wahlrecht und Parteiensystem, 7. Aufl., Opladen.
Neu, Viola (2021): Tabellen und Grafiken Religion und Wahlverhalten. Monitor Wahl- und Sozialforschung, Berlin.

Neu, Viola (2022): Wichtigkeit politischer Probleme, unter: https://downloads.kas.de/ wahlen/meinungsklima/FGW/Politische_Probleme_fgw.pdf (zuletzt geprüft am 8. Februar 2022).

Neugebauer, Gero (2007): Politische Milieus in Deutschland, Bonn.

Neundorf, Anja (2012): Die Links-Rechts-Dimension auf dem Prüfstand, in: Schmitt-Beck, Rüdiger (Hrsg.): Wählen in Deutschland, Baden-Baden, S. 227 ff.

Niedermayer, Oskar (2005): Bürger und Politik, 2. Aufl., Wiesbaden.

Noelle-Neumann, Elisabeth (1994): Das Kräftemessen mehrt das Ansehen, in: Frankfurter Allgemeine Zeitung vom 19. Oktober.

Noelle-Neumann, Elisabeth (1998): Wahlkampf seit November 1995, in: Frankfurter Allgemeine Zeitung vom 30. September.

Pappi, Franz U. (1973): Parteiensystem und Sozialstruktur in der Bundesrepublik, in: Politische Vierteljahresschrift 14 (2), S. 191 ff.

Pappi, Franz U. (1977): Sozialstruktur, gesellschaftliche Wertorientierung und Wahlabsicht, in: Politische Vierteljahresschrift 18 (2/3), S. 195 ff.

Pappi, Franz U./Brandenburg, Jens (2010): Sozialstrukturelle Interessenlage und Parteipräferenzin Deutschland, in: Kölner Zeitschrift für Soziologie und Sozialpsychologie 62 (3), S. 459 ff.

Pausch, Robert (2022): Von oben herab, in: Die Zeit Nr. 20 vom 12. Mai.

Petersen, Thomas et al. (2013): Gespaltene Demokratie. Politische Partizipation und Demokratiezufriedenheit vor der Bundestagswahl 2013, Gütersloh.

Pickel, Susanne (2019): Die Wahl der AfD. Frustration, Deprivation, Angst oder Wertekonflikt?, in: Korte, Karl-Rudolf/Schoofs, Jan (Hrsg.): Die Bundestagswahl 2017. Analysen der Wahl-, Parteien-, Kommunikations- und Regierungsforschung, Wiesbaden, S. 145 ff.

Reiser, Marion et al. (2008): Präsenz und Erfolg kommunaler Wählergemeinschaften im Bundesländervergleich, in: Vetter, Angelika (Hrsg.): Erfolgsbedingungen lokaler Bürgerbeteiligung, Wiesbaden, S. 123 ff.

Roth, Dieter/Jung, Matthias (2002): Ablösung der Regierung vertagt: Eine Analyse der Bundestagswahl 2002, in: Aus Politik und Zeitgeschichte B 49–50, S. 3 ff.

Rudi, Tatjana (2011): Sachthemen und politische Streifragen, in: Rattinger, Hans et al. (Hrsg.): Zwischen Langeweile und Extremen. Die Bundestagswahl 2009, Baden-Baden, S. 179 ff.

Sacksofsky, Ute (2016): Reform des Wahlrechts zum Deutschen Bundestag, in: Mörschel, Tobias (Hrsg.): Wahlen und Demokratie. Reformoptionen des deutschen Wahlrechts, Baden-Baden, S. 101 ff.

Schäfer, Armin (2015): Der Verlust politischer Gleichheit, Frankfurt a. M.

Scherer, Philipp (2019): Die Wahlentscheidung in der Gesamtschau, in: Roßteutscher, Sigrid et al. (Hrsg.): Zwischen Polarisierung und Beharrung: Die Bundestagswahl 2017, Baden-Baden, S. 345 ff.

Schmidt, Manfred G. (2014): Erfolg der „asymmetrischen Demobilisierung"? Deutschlands Sozialstaat, die schwarz-gelbe Sozialpolitik und die Bundestagswahl 2013, in: Jesse, Eckhard/Sturm, Roland (Hrsg.): Bilanz der Bundestagswahl 2013. Voraussetzungen, Ergebnisse, Folgen, Baden-Baden, S. 549 ff.

Schmitt, Karl (1993): Politische Landschaften im Umbruch, in: Gabriel, Oscar W./ Troitzsch, Klaus G. (Hrsg.): Wahlen in Zeiten des Umbruchs, Frankfurt a. M., S. 403 ff.

Schmitt, Karl (2001): Wählt der Osten anders?, in: Eith, Ulrich et al. (Hrsg.): Gesellschaftliche Konflikte und Parteiensysteme, Wiesbaden, S. 96 ff.

Schmitt-Beck, Rüdiger (1994): Vermittlungsumwelten westdeutscher und ostdeutscher Wähler, in: Rattinger, Hans et al. (Hrsg.): Wahlen und politische Einstellungen im vereinigten Deutschland, Frankfurt a. M., S. 189 ff.

Schmitt-Beck, Rüdiger (2000): Die hessische Landtagswahl vom 7. Februar 1999, in: Zeitschrift für Parlamentsfragen 31 (3), S. 3 ff.

Schmitt-Beck, Rüdiger (2021): Wahlpolitische Achterbahnfahrt. Wer wählte wen zur Bundestagswahl 2021?, in: Aus Politik und Zeitgeschichte 47–49, S. 10 ff.

Schoen, Harald (2004): Der Kanzler, zwei Sommerthemen und ein Foto-Finish, in: Brettschneider, Frank et al. (Hrsg.): Die Bundestagswahl 2002, Wiesbaden, S. 23 ff.

Schoen, Harald (2014a): Soziologische Ansätze in der empirischen Wahlforschung, in: Falter, Jürgen W./ders. (Hrsg.): Handbuch Wahlforschung, 2. Aufl., Wiesbaden, S. 169 ff.

Schoen, Harald (2014b): Wechselwahl, in: Falter, Jürgen W./ders. (Hrsg.): Handbuch Wahlforschung, 2. Aufl., Wiesbaden, S. 489 ff.

Schoen, Harald et al. (2017): Election Campaigns and Voter Decision-Making in a Multi-Party System, Baden-Baden.

Schoen, Harald (2019): Wechselwähler, in: Roßteutscher, Sigrid et al. (Hrsg.): Zwischen Polarisierung und Beharrung: Die Bundestagswahl 2017, Baden-Baden, S. 157 ff.

Schultze, Rainer-Olaf (2004): Strukturierte Vielfalt als Wählerentscheidung heute?, in: Jesse, Eckhard (Hrsg.): Bilanz der Bundestagswahl 2002, Wiesbaden, S. 71 ff.

Schulz, Winfried (1998): Wahlkampf unter Vielkanalbedingungen, in: MP 1998, S. 378 ff.

Schulz, Winfried/Zeh, Reimar (2010): Die Protagonisten in der Fernseharena. Merkel und Steinmeier in der Berichterstattung über den Wahlkampf 2009, in: Holtz-Bacha, Christina (Hrsg.): Die Massenmedien im Wahlkampf. Das Wahljahr 2009, Wiesbaden, S. 313 ff.

Siegmund, Jörg/Münch, Ursula (2015): Kritische Anmerkungen zur Schlüsselinstitution unserer Demokratie, in: Münch, Ursula/Oberreuter, Heinrich (Hrsg.): Die neue Offenheit, Frankfurt a. M., S. 29 ff.

Stärk, Marie-Therese (2015): Der Wahlkampf im Internet, in: Holtz-Bacha, Christina (Hrsg.): Die Massenmedien im Wahlkampf, Wiesbaden, S. 41 ff.

Staudt, Alexander/Schmitt-Beck, Rüdiger (2019): Nutzung traditioneller und neuer politischer Informationsquellen im Bundestagswahlkampf 2017, in: Roßteutscher, Sigrid et al. (Hrsg.): Zwischen Polarisierung und Beharrung: Die Bundestagswahl 2017, Baden-Baden, S. 63 ff.

Steiner, Nil/Steinbrecher, Markus (2012): Wirtschaft und Wahlverhalten in Westdeutschland zwischen 1977 und 2007, in: Schmitt-Beck, Rüdiger (Hrsg.): Wählen in Deutschland, Baden-Baden, S. 321 ff.

Sternberger, Dolf (1964): Die große Wahlreform. Zeugnisse einer Bemühung, Köln.

Stier, Sebastian et al. (2019): Die Nutzung sozialer Medien durch Kandidaten im Bundestagswahlkampf 2017, in: Weßels, Bernhard/Schoen, Harald (Hrsg.): Wahlen und Wähler. Analysen aus Anlass der Bundestagswahl 2017, Wiesbaden, S. 415 ff.

Stifel, Andreas (2018): Vom erfolgreichen Scheitern einer Bewegung. Bündnis 90/Die Grünen als politische Partei und soziokulturelles Phänomen, Wiesbaden.

Tagesschau (2021): Wie die Wähler wanderten, unter: https://www.tagesschau.de/inland/btw21/waehlerwanderung-bundestagswahl-103.html (zuletzt geprüft am 11. Februar 2022).

Tils, Ralf/Raschke, Joachim (2013): Strategie zählt, in: Aus Politik und Zeitgeschichte 48–49, S. 20 ff.

Toman-Banke, Monika (1996): Die Wahlslogans der Bundestagswahlen 1949–1994, Wiesbaden.

Veen, Hans-Joachim/Gluchowski, Peter (1988): Sozialstrukturelle Nivellierung bei politischer Polarisierung, in: Zeitschrift für Parlamentsfragen 19 (2), S. 225 ff.

Vehrkamp, Robert/Wegschaider, Klaudia (2017): Populäre Wahlen. Mobilisierung und Gegenmobilisierung der sozialen Milieus bei der Bundestagswahl 2017, Gütersloh.

Völkl, Kerstin (2009): Reine Landtagswahl oder regionale Bundestagswahl?, Baden-Baden.

Völkl, Kerstin/Heyme, Rebekka (2019): Nebenwahlen, in: Faas, Thorsten et al. (Hrsg.): Politikwissenschaftliche Einstellungs- und Verhaltensforschung, Baden-Baden, S. 572 ff.

Wagner, Aiko (2014): Spitzenkandidaten, in: Schmitt-Beck, Rüdiger et al. (Hrsg.): Zwischen Fragmentierung und Konzentration. Die Bundestagswahl 2013, Baden-Baden, S. 267 ff.

Weinmann, Philipp/Grotz, Florian (2020): Reconciling parliamentary size with personalized proportional representation? Frontiers of electoral reform for the German Bundestag, in: German Politics (online first), https://doi.org/10.1080/09644008.2020.1790531.

Weßels, Bernhard/Schoen, Harald (2019): Die Bundestagswahl 2017. Mehr vom Selben? in: dies. (Hrsg.): Wahlen und Wähler. Analysen aus Anlass der Bundestagswahl 2017, Wiesbaden, S. 3 ff.

Westle, Bettina G (2012): Geschlecht und Stimmverhalten bei Bundestagswahlen, in: Gabriel, Oscar W./dies. (Hrsg.): Wählerverhalten in der Demokratie, Baden-Baden, S. 183 ff.

Wüst, Andreas M. (2005): Einstellungen von Parlamentskandidaten gegenüber Einwandererminoritäten in Deutschland und den Niederlanden, in: Zeitschrift für Parlamentsfragen 36 (1), S. 142 ff.

Zicht, Wilko (2021a): Übersicht über die Wahlsysteme bei Landtagswahlen, unter: https://www.wahlrecht.de/landtage/ (zuletzt geprüft am 3. Februar 2021).

Zicht, Wilko (2021b): Übersicht über die Wahlsysteme bei Kommunalwahlen, unter: https://www.wahlrecht.de/kommunal/ (zuletzt geprüft am 3. Februar 2021).

Teil III
Politische Institutionen: ein komplexes Mehrebenensystem

Der Bundestag: Parlamentarische Mehrheitsdemokratie

7.1 Der Dualismus von Mehrheit und Opposition

a) Funktionswandel des Parlamentarismus
Demokratie, verstanden als unmittelbare Volksherrschaft wie im antiken Athen, galt in Flächenstaaten über viele Jahrhunderte als unmöglich: Da könne das Volk ja nicht zusammentreten. Erst neue Vorstellungen, wie sie sich mit dem Anspruch des englischen Unterhauses entwickelten, für das ganze Land zu sprechen, brachen den Bann. Es waren dies

- das Prinzip einer „Repräsentation", bei der das Handeln von Vertretern einer größeren Gesamtheit zugerechnet und von dieser als legitim akzeptiert wird (Weber 1922, S. 171)[1] – Repräsentanten können vollgültig anstelle der Repräsentierten entscheiden (Marschall 2018, S. 23 ff.).
- zum zweiten das freie Mandat der Abgeordneten, das sie von zuvor üblichen Instruktionen ihrer örtlichen Basis entband und damit die Voraussetzung für ein handlungsfähiges und dem Ganzen verpflichtetes Parlament schuf.
- Drittens setzte sich seit der Opposition Bolingbrokes im England des frühen 18. Jahrhunderts die Vorstellung einer legitimen Opposition mit dem akzeptierten Ziel der Regierungsübernahme durch – weder Rebellion (in den Augen der Regierenden) noch Widerstand gegen illegitime Herrschaft (im Selbstverständnis der Oppositionellen) (Kluxen 1956, S. 1 ff., 158 ff.).

---

[1] Hingegen Rousseau (1959, S. 81): „Jedes Gesetz, das das Volk nicht in Person ratifiziert hat, ist nichtig; es ist kein Gesetz."

Gemeinsam machten es diese drei Erfindungen möglich, politische Differenzen in zivilisierten Formen auszutragen und eine parlamentarische (= von der Parlamentsmehrheit abhängige) Regierung zu etablieren. Das bedeutete viel – allerdings noch nicht Demokratie. Denn das Wahlrecht zum britischen Unterhaus blieb noch lange auf Minderheiten beschränkt. *Parlamentarische Repräsentation stellte somit ein institutionelles Gehäuse dar, das erst später durch die englischen Wahlrechtserweiterungen demokratisiert wurde* – ähnlich wie in den USA und Frankreich, die sich schon 1787/88 bzw. 1791 Repräsentativverfassungen[2] gegeben hatten, aber erst viel später von Zensuswahlrecht und Sklaverei Abschied nahmen. Demokratie im Flächenstaat wurde somit Wirklichkeit in Form der repräsentativen Demokratie. Wo sie heute besteht, da überall in dieser Form. Das repräsentative Prinzip dominiert auch dort, wo Volksentscheide eine ergänzende Rolle spielen – die Schweiz mag als Sonderfall gelten.

Je mehr repräsentative Legitimation von Wahl abhängt, desto mehr wird auch Responsivität eingefordert, d. h. Aufnahmefähigkeit und -bereitschaft gegenüber den Fragen und Problemen der Wählerschaft. In diesem Zusammenhang mutieren die Abgeordneten zu „Politikvermittlern" (Knaut 2011, S. 61, 103), die Forderungen entgegennehmen, Entscheidungen erklären und deren Kommunikationsnetze in die ganze Gesellschaft reichen sollten.

Dementsprechend steht im heutigen Deutschland das Parlament, der Bundestag (in den Bundesländern die Landtage), im Zentrum der politischen Institutionen. Er ist als einziges Bundesorgan direkt vom Volke gewählt, verfügt damit über die entscheidende demokratische Legitimation und erfüllt folgende Funktionen (in Anlehnung an Thaysen 1976, S. 12 f.):

- Er ist es, der die personelle Besetzung aller anderen zentralstaatlichen Organe direkt oder indirekt vornimmt, teilweise gemeinsam mit Vertreter/-innen anderer Organe *(Wahlfunktion)*.
- Seiner Kontrolle unterliegt das Regierungshandeln *(Kontrollfunktion)*.
- Ihm obliegt, bei Mitwirkung des Bundesrats, die Gesetzgebung *(Legislative Funktion)*.
- Er soll den im Volke vorhandenen Meinungen Ausdruck geben *(Artikulationsfunktion)*.

---

[2] Die Französische Verfassung von 1791 formulierte: „Die Nation, von der alle Gewalten ausgehen, kann sie nur durch Übertragung ausüben. Die französische Verfassung ist eine Repräsentativverfassung." Zit. nach Kempf (1986, S. 441 ff.).

7.1 Der Dualismus von Mehrheit und Opposition

Entscheidend dafür, in welcher Weise diese Aufgaben tatsächlich erfüllt werden, ist jedoch die veränderte Rolle des Parlaments im parlamentarischen Regierungssystem. Einst primär Volksrepräsentation gegenüber einer obrigkeitlichen Regierung, stellt nun das Parlament selbst, genauer: die Parlamentsmehrheit, durch Personen ihres Vertrauens, die Regierung. Diese wirkt im Sinne des Principal-Agent-Modells als „agent of the assembly majority" (Matthew Shugart zit. nach Blumenthal 2009, S. 14). Anstelle klassischer Gewaltenteilung existiert, wie schon Bagehot konstatierte, eine „nearly complete fusion, of the executive and legislative powers" (Bagehot 1963, S. 65). *Anstelle eines Dualismus von Gesamtparlament und Regierung („alter Dualismus") ist damit ein „neuer Dualismus" von Parlamentsmehrheit (einschließlich Regierung) und parlamentarischer Opposition getreten.* In dessen Rahmen stehen für die Parlamentsmehrheit die Wahl- und Gesetzgebungsfunktion im Vordergrund, für die Opposition hingegen Kontrolle und Artikulation.

Eine solche Dualität hat sich in der Weimarer Republik nicht entfalten können. Sie war infolge der Stärke antidemokratischer Parteien ausgeschlossen, welche auch die demokratischen Kräfte außerhalb der Regierung immer wieder zwang, diese zumindest „tolerierend" zu stützen; anders als in der Bundesrepublik. Günstige Bedingungen hierfür bildeten die seit 1947 deutliche Konfrontation zwischen den beiden großen Parteien sowie die Schwäche extremistischer Parteien. Zwar blieb die sozialdemokratische Opposition angesichts des „Wirtschaftswunders" zahlenmäßig abgeschlagen (1949–60), schlug dann aber den Weg zur Regierungsmacht über eine Politik der Gemeinsamkeiten und einer Großen Koalition ein (1960–69) und erreichte 1969 erstmals den Regierungswechsel (Friedrich 1962). Auch 1982 und 1998 konnte eine der beiden großen Parteien mit kleineren Koalitionspartnern die andere in der Regierung ablösen. *Das Modell alternativer Regierung und Opposition hatte sich eingespielt* (vgl. Tab. 7.1).

Mit einer koalitionsunfähigen Partei, der PDS bzw. der Linken, ist das alternative Modell seit einigen Jahren infrage gestellt. Nachdem man 1994 an einer parlamentarischen Schlüsselstellung dieser Partei knapp vorbeigeschrammt war, trat dieser Fall 2005 und 2013 tatsächlich ein. 2017 ist mit der AfD eine weitere, von keiner Seite als möglicher Koalitionspartner angesehene Partei in den Bundestag eingezogen. Die Folge: Hinreichend homogene Koalitionsbildungen zwischen den übrigen Parteien sind unwahrscheinlich geworden, große und inhomogene Koalitionen sowie Minderheitsregierungen wahrscheinlicher. Überdehnte Kompromisszwänge zehren an regierenden Parteien, die Opposition ist inkohärent und ohne Mehrheitschancen. Dies bewog die Mehrheit, der schwachen Opposition im Bundestag 2013–17 durch Ausnahmeregelungen zu mehr

Tab. 7.1 Regierungskoalition und Opposition Zahl der Bundestagsmandate (bis 1990 ohne Berlin) bzw. der Regierungsmitglieder der Parteien

Regierung	Koalition	Opposition
1. Bundestag (1949–53): BK Adenauer (CDU): 6 CDU, 3 CSU, 3 FDP, 2 DP	CDU/CSU 139, FDP 52, DP 17	SPD 131, BP 17, KPD 15, WAV 12, Z 10, DReP 5, SSW 1, Unabhängige 3
2. Bundestag (1953–57): BK Adenauer (CDU): 1953–56: 8 CDU, 2 CSU, 4 FDP, 2 BHE, 2 DP, 1 ptl.; 1956–57: 10 CDU, 3 CSU, 2 FVP, 2 DP	CDU/CSU 243, FDP 48, DP 15, BHE 27	SPD 151, Z 3 (ab 1956 auch FDP und BHE)
3. Bundestag (1957–61): BK Adenauer (CDU): 12 CDU, 4 CSU, 2 DP CDU/CSU 270, DP 17	SPD 169, FDP 41	
4. Bundestag (1961–65): BK Adenauer (CDU) 1961–63: 12 CDU, 4 CSU, 5 FDP; BK Erhard (CDU) 1963–65: 13 CDU, 4 CSU, 5 FDP	CDU/CSU 242, FDP 67	SPD 190
5. Bundestag (1965–69): BK Erhard (CDU) 1965–66: 13 CDU, 5 CSU, 4 FDP; BK Kiesinger (CDU) 1966–69: 8 CDU, 3 CSU, 9 SPD	CDU/CSU 245, FDP 49; ab 1966: CDU/CSU, SPD	SPD 202; ab 1966: FDP
6. Bundestag (1969–72): BK Brandt (SPD): 12 SPD, 3 FDP, 1 ptl	SPD 224, FDP 30	CDU/CSU 242
7. Bundestag (1972–76): BK Brandt (SPD) 1972–74: 13 SPD, 5 FDP; BK Schmidt (SPD) 1974–76: 12 SPD, 4 FDP	SPD 230, FDP 41	CDU/CSU 225
8. Bundestag (1976–80): BK Schmidt (SPD): 12 SPD, 4 FDP	SPD 213, FDP 39	CDU/CSU 244
9. Bundestag (1980–83): BK Schmidt (SPD) 1980–82: 13 SPD, 4 FDP; BK Kohl (CDU): 9 CDU, 4 CSU, 4 FDP SPD 218, FDP 53; ab 1982: CDU/CSU, FDP	CDU/CSU 226; ab 1982: SPD	
10. Bundestag (1983–87): BK Kohl (CDU): 9 CDU, 5 CSU, 3 FDP	CDU/CSU 244, FDP 34	SPD 193, Grüne 27

(Fortsetzung)

7.1 Der Dualismus von Mehrheit und Opposition 219

Tab. 7.1 (Fortsetzung)

Regierung	Koalition	Opposition
11. Bundestag (1987–90): BK Kohl (CDU): 10 CDU, 5 CSU, 4 FDP; Okt.–Dez.90: 13 CDU, 5 CSU, 5 FDP	CDU/CSU 223, FDP 46; ab Okt. 90: CDU/CSU 305, FDP 57	SPD 186, Grüne 42; ab Okt .90: SPD 226, B90/ Grü- ne 48, PDS 24, U. 3
12. Bundestag (1990–94): BK Kohl (CDU): 10 CDU, 5 FDP, 4 CSU	CDU/CSU 319, FDP 79	SPD 239, PDS 17, B90/Grüne 8
13. Bundestag (1994–98): BK Kohl (CDU): 11 CDU, 4 CSU, 3 FDP	CDU/CSU 294, FDP 47	SPD 252, B90/ Grüne 49, PDS 30
14. Bundestag (1998–02): BK Schröder (SPD): 12 SPD, 3 B90/Grüne, 1 parteilos	SPD 298, B90/Grüne 47	CDU/CSU 245, FDP 43, PDS 36
15. Bundestag (2002–05): BK Schröder (SPD): 11 SPD, 3 B90/Grüne	SPD 251, B90/Grüne 55	CDU/CSU 248, FDP 47, PDS 2
16. Bundestag (2005–09): BK Merkel (CDU): 8 SPD, 6 CDU, 2 CSU	CDU 180, CSU 46, SPD 222	FDP 61, Linke/ PDS 54, B90/ Grüne 51
17. Bundestag (2009–13): BK Merkel (CDU): 8 CDU, 5 FDP, 3 CSU	CDU 194, CSU 45, FDP 93	SPD 146, Grüne 68, Linke 76
18. Bundestag (2013–17): BK Merkel (CDU): 6 CDU, 6 SPD, 3 CSU	CDU 255, CSU 56, SPD 193	Linke 64, Grüne 63
19. Bundestag (2017–21): BK Merkel (CDU): 6 CDU, 6 SPD, 3 CSU	CDU/CSU 246, SPD 153	AfD 92, FDP 80, Linke 69, Grüne 67, Unabhängige 2
20. Bundestag (2021–): BK Scholz (SPD): 7 SPD, 5 B90/Grüne, 4 FDP	SPD 206, B90/Grüne 118, FDP 92	CDU/CSU 197, AfD 80, Linke 39, Unabhängige 4 (davon 1 Zentrum, 1 SSW)

Quellen: Statistische Jahrbücher für die Bundesrepublik Deutschland; Jesse (1989, S. 492); diverse Presseberichte

Effektivität zu verhelfen, indem bereits 120 Abgeordnete hinreichten, um einen Untersuchungsausschuss oder eine Subsidiaritätsklage vor dem Europäischen Gerichtshof u. a. durchzusetzen (Cancik 2017, S. 534). Angesichts großer Koalitionen machte die Rede von einer „Auflösung des Dualismus" Regierungsmehrheit/Opposition die Runde (Niclauß 2015, S. 417, 426). Ob die Koalition von 2021 die Schwalbe ist, die noch keinen Sommer macht?

b) Parlamentarische Verhaltensmuster von Mehrheit und Opposition
Allgemein, nicht allein in Deutschland, bilden *Regierung, Regierungsfraktionen und Spitzen der Ministerialbürokratie eine politische Handlungseinheit.* Regierungsfraktionen leben von Vorlagen der Regierung und Informationen aus Ministerien, ihre Mitglieder decken in Plenum und Ausschüssen des Bundestages die Regierung. Selbst die Unterscheidung zwischen Regierungs- und Fraktionsvorlagen im Bundestag ist zuweilen nur formaler Natur:

> „Es wurden Fälle beobachtet", berichtet Domes schon über die Praxis der Jahre 1953– 61 (wie sie auch heute noch geübt wird), „in denen Regierungsentwürfe tatsächlich aus den Kreisen der Abgeordneten der Mehrheitsfraktion angeregt und recht weitgehend vorberaten werden konnten, andererseits gibt es im Untersuchungszeitraum Initiativentwürfe der Mehrheitsfraktion, zu denen die bedeutsamsten Anregungen aus den Verwaltungsapparaten bestimmter Ministerien kamen" (Domes 1964, S. 135).

Die Opposition steht grundsätzlich vor der Frage, sich primär auf den Austrag öffentlicher Kontroversen oder mehr auf Beeinflussung der Regierungspolitik zu konzentrieren. Die Antwort bestand meist in einer gemischten Strategie der großen Oppositionsparteien. *Der Konfliktaustrag bei hochrangigen Fragen blieb dabei stets erhalten.* So hat selbst die kompetitive SPD-Opposition im 1. Deutschen Bundestag nur 14,1 % aller Gesetzesvorlagen abgelehnt, im Übrigen durch Mitarbeit Gesetzesinhalte auch beeinflussen können (Kralewski und Neunreither 1963, S. 84 ff., 168 ff.). Während der kooperativen Opposition Anfang der sechziger Jahre erhöhte sich der Anteil der Gesetzesvorlagen, die auch die Zustimmung der SPD fanden, auf über 90 % (Loewenberg 1969, S. 465). Die SPD-Fraktion konzentrierte sich auf „eine Modifikation der Politik in den Ausschüssen" des Bundestages (Hereth 1969, S. 16).

Ähnlich die CDU/CSU-Opposition 1969–82: Sie stimmte anfänglich – bei Auseinandersetzungen um die Ostpolitik – etwa 93 % aller Gesetzesvorlagen im Bundestag zu. In der Rolle einer „Opposition als Gesetzgeber und Mitregent" scheiterte sie allerdings insofern, als die eigenen Gesetzentwürfe erfolglos

7.1 Der Dualismus von Mehrheit und Opposition

blieben und ihre Mitarbeit in den Bundestagsausschüssen kaum Einfluss eröffnete (Veen 1976, S. 48, 65, 76 f., 187, 191, 202). Mehr Berücksichtigung fand sie erst, als eine Mehrheit unionsgeführter Länder im Bundesrat bestand. Dies bedeutete allerdings auch Mitverantwortung für ungeliebte Gesetze: Wie hätte man eine Steuerreform scheitern lassen können, wenn sie neben Ungewünschtem zugleich Steuersenkungen für breite Schichten enthielt?

Eine andere, auf totale Konfrontation abzielende Oppositionsstrategie haben dann ab 1983 die neu in den Bundestag eingezogenen Grünen verfolgt. Wenn 1983–90 nur noch 15–17 % der verabschiedeten Gesetze einstimmig beschlossen wurden (Schindler 1994, S. 845 f.), war das eine der Auswirkungen ihrer Opposition. Für die Sozialdemokraten in der Ära Kohl hingegen hat sich mit zunehmendem Gewicht SPD-geführter Regierungen im Bundesrat langsam eine Konstellation entwickelt, die sie aus der völligen Machtlosigkeit erlöste, ab Mitte der neunziger Jahre aber vor die Alternative Blockade oder Mitverantwortung stellte; einiges ließ man nun scheitern. Gegenüber der rot-grünen Regierung Schröder 1998–2005 praktizierte die CDU/CSU zunächst eine konfrontative Opposition, wenngleich es in Sachen Kosovo-Politik auch oppositionelle Stützungen der Regierung gegenüber grüner Kritik gab. Ab Februar 1999 wuchs aber die Anzahl christdemokratisch geführter Landesregierungen und dementsprechender Stimmen im Bundesrat mit der Folge, dass sich die beiden großen Parteien Verhandlungen zu manchen Sachfragen nicht verschließen konnten (Helms 2000, S. 529 ff.). Das ist bis heute so.

Zusammenfassend lässt sich feststellen, dass *die Befugnisse des Bundesrates und die Rolle des Bundestages als Ausschussparlament rein konfliktorientierten Oppositionsstrategien entgegenwirken. Bei oppositionsgeführter Mehrheit im Bundesrat entsteht Kooperationsdruck, der eine Opposition um klare Konturen bringen kann.*

Tatsächlich kann die Bundesrepublik angesichts von Verhältniswahlrecht und Mehrparteiensystem keine Mehrheitsdemokratie à la Großbritannien sein. Aber in diesen Grenzen trug man der neuen Dualität Rechnung:

- Konnten im Bundestag einst Regierungsmitglieder jederzeit zu Worte kommen, *ohne dass ihre Redezeit auf die der Regierungsfraktionen verrechnet wurde* (was der alten Dualität Regierung/Parlament entsprach), so ist letzteres seit 1972 nicht mehr der Fall (Blischke 1984, S. 62).
- Seit 1969 sieht die Geschäftsordnung des Bundestages vor, dass die Rednerfolge auch dem Grundsatz aufeinander folgender *„Rede und Gegenrede"*

entsprechen und nach Regierungsmitgliedern eine „abweichende Meinung" zu Wort kommen soll[3].
- Handhabbarer für die oppositionelle Minderheit sind auch die Kontrollrechte des Bundestages gestaltet worden.

Inkonsequent blieb die verbreitete Sprechweise von „Legislative" und „Exekutive", die dem alten Dualismus entspricht. Irritierend blieb, dass *in den Köpfen der Abgeordneten der Dualismus von Regierungsmehrheit und Opposition nur wenig Anklang fand.* Wohl sahen, so eine Umfrageuntersuchung von 1988/89, 85 % der Bundestagsabgeordneten, dass der Dualismus die Wirklichkeit bestimme – doch nur 34 % wünschten ihn auch (Herzog et al. 1990, S. 103 ff.)[4]. Ein ähnliches Parlamentsverständnis trat 1994 bei befragten Bundestags-, Landtags- und Europaabgeordneten zutage (Patzelt 1996, S. 471)[5]. Derzeit relevant ist dies alles nicht, da infolge des veränderten Parteiensystems seit 2005 auch die parlamentarische Wirklichkeit eine andere geworden ist.

7.2 Die Organisation des Fraktionenparlaments

a) Aufgaben und Kapazitätsgrenzen der Abgeordneten

Prüft man, wie und wieweit der Bundestag seine Funktionen erfüllt, so muss man seine vor allem zeitlichen Kapazitätsgrenzen berücksichtigen (Bergner 2018, S. 127). Auszugehen ist hier von der Arbeitssituation seiner Mitglieder, der einzelnen Abgeordneten. Sie sind, ähnlich wie die Mitglieder von Landes- und Kommunalparlamenten, in zwei, teilweise drei verschiedene Handlungsfelder eingespannt:

- einerseits in die *Arbeit im Parlament:* Dort sieht sich der/die Abgeordnete einer Flut von Drucksachen des Deutschen Bundestages (Gesetzentwürfen, Anträgen, Berichten etc.) gegenüber, je vierjähriger Wahlperiode etwa 12 000 Stück unterschiedlichster Größe (z. B. Bundeshaushaltsplan mit über 3 000 Seiten), die das Parlament zu verarbeiten hat. In der 19. Legislaturperiode waren es gar über 31 000 Drucksachen.

---

[3] § 28 Geschäftsordnung des Deutschen Bundestages i. d. F. vom 16. Dezember 2021, unter: www.bundestag.de (zuletzt geprüft am 28. Februar 2022).
[4] N = 325.
[5] N = 856.

7.2 Die Organisation des Fraktionenparlaments

- andererseits in die *außerparlamentarische politische Öffentlichkeit*, d. h. vor allem im Wahlkreis (auch die große Mehrheit der Landeslistenabgeordneten kandidiert in einem Wahlkreis oder hat einen solchen zu „betreuen"). Kontakte mit örtlichen Parteifreunden, Bürgern und Journalist/-innen sind Routine. Dazu gehören, wie ein Abgeordneter berichtete, die „abendlichen Versammlungen und sonntäglichen Frühschoppen im Wahlkreis. Dort muß man über alle Fragen der Politik reden [...]. Emsiges Studium der Lokalpresse gehört zur Alltagsexistenz, trotz regionaler Pressekonzentration sind dies in meinem Wahlkreis 10 Zeitungen pro Tag." (Sperling 1976, S. 18)

Für einen Teil der Abgeordneten kommt noch in einem Beruf ausgeübte Tätigkeit hinzu. Das gilt vor allem für Freiberufler und Selbstständige (wie Rechtsanwälte/-innen und Landwirte/-innen), aber auch für manche Angestellte in Wirtschaft und Organisationen. Unabhängig davon fungieren gewöhnlich hunderte Abgeordnete als Vorstandsmitglieder oder Ähnliches. Arbeitszeiten wie in Tab. 7.2 wurden bei Befragungen von Bundestags-, Landtags- und Europaabgeordneten 2005 und 2011 genannt (Pontzen 2013, S. 180 ff., 293): Danach kommt man im Bundestag auf 65,7 Wochenstunden (außerhalb der Sitzungswochen 52,8), in Landtagen auf 60,6 h (bzw. 51,1) und im Europäischen Parlament auf 58,6 h (bzw. 50,6).[6] Nach einer weiteren Abgeordnetenbefragung beträgt die mandatsbezogene Arbeitszeit bei Bundestagsabgeordneten 59–67, bei Landtagsabgeordneten 47–58 Wochenstunden (Best und Jahr 2006, S. 67)[7]. Eine erhebliche Beanspruchung wird sichtbar. Vor allem fällt ins Auge, wie wenig Zeit für informative und innovative Tätigkeiten verbleibt. Vor dem Hintergrund dieser Zeitknappheit sind auch die Informationsbeschaffung mithilfe von Mitarbeiter/-innen, wissenschaftlichen Diensten und Interessenvertreter/-innen sowie die fraktionsinterne Arbeitsteilung zu sehen (Bergner 2018, S. 230, 239, 257, 280, 339). *Der/Die Abgeordnete erscheint primär als Sitzungs- und Veranstaltungsteilnehmer/-in, als Kontaktpfleger/-in und Konsensbeschaffer/-in.* Er/Sie ist im Parlamentsalltag in einen „Diskussionsmarathon" der immer wieder die gleichen Themen behandelnden Gremien eingebunden, während von ihm/ihr im Wahlkreis das „Wunder der Allgegenwart" erwartet wird (Blüm 1976, S. 24).

Zerrissen zwischen der Rolle als lokaler Zaunkönig, Akteur im parlamentarischen Prozess und teilweise privat Nebentätige/-r kann ein

---

[6] N = 901 (2011) bzw. 429 (2005) „im wesentlichen" repräsentativ.
[7] 2003/04.

Tab. 7.2 Das Zeitbudget der Bundestagsabgeordneten (in Stunden je Woche)

	Sitzungswoche	Sitzungsfreie Woche
Sitzungen	*28,1*	*4,9*
Bundestagsplenum	5,5	–
Bundestagsausschüsse, -arbeitskreise einschl. Vorbesprechungen	9,3	–
Bundestagsfraktion, Fraktionsgremien	9,6	–
Parteigremien u. sonstige Sitzungen	3,7	4,9
Informations- und Kontakttätigkeiten	*19,1*	*33,2*
Informations-, Presse- und Kontaktgespräche, Arbeitsessen	7,1	2,8
Betreuung von Besuchergruppen, Wählersprechstunden	1,5	4,8
Repräsentative Verpflichtungen	2,1	6,5
Referate und Diskussion	1,8	4,1
Parteiveranstaltungen	–	6,5
Telefonate, Sonstiges	6,6	8,5
Administrative und Routinetätigkeiten	*15,7*	*11,4*
Sichtung und Bearbeitung der Post	8,1	6,1
Besprechung mit persönlichen Mitarbeitern	3,7	–
Lesen	3,9	5,3
Innovative Tätigkeiten	*6,6*	*11,9*
Ausarbeiten von Reden und Artikeln	2,7	4,1
Fachliche und politische Vorbereitung, Kongress-/ Seminarteilnahmen	3,9	7,8
Gesamtarbeitszeit	*69,5*	*61,4*

Umfrage 1988/89 mit 167 (Sitzungswochen) bzw. 155 (sitzungsfreie Wochen) Bundestagsabgeordneten.
Quelle: Herzog et al. (1990, S. 85–91) (teilweise zusammengefasst).

Abgeordneter/eine Abgeordnete also nur einen Teil seiner/ihrer Arbeitskraft auf die Arbeit im Parlament verwenden. Hinzu kommt, dass die Qualifikationen, die ihn/sie zu Nominierung und Wahl verhelfen, keineswegs zu parlamentarischer Arbeit prädestinieren. Erst durch „training on the job" arbeitet er bzw. sie sich in die Abgeordnetenrolle ein (Patzelt 1997, S. 72).

b) Entlastung durch Arbeitsteilung und Hilfsdienste

Immerhin entlastet Arbeitsteilung die Abgeordneten. Zunächst: Der Bundestag ist in *Ständige Bundestagsausschüsse* gegliedert, die zumeist dem Zuständigkeitsbereich eines Bundesministeriums entsprechen. Nach der Zahl seiner Ausschüsse gehört der Bundestag im Kreise der 21 OECD-Länder zum obersten Viertel der Parlamente – ein Indiz für seine Rolle als Ausschussparlament (Schnapp 2004, S. 279)[8]. Die Ständigen Ausschüsse bearbeiten alle einschlägigen Vorgänge, um dem Bundestagsplenum fertige Entwürfe zur abschließenden Entscheidung vorzulegen. Jede/-r Abgeordnete gehört nur einem bis zwei Ausschüssen an, möglichst solchen, an deren Aufgaben er/sie aufgrund beruflichen Hintergrunds oder politischer Neigung besonders interessiert und versiert ist. Als bedeutend und attraktiv gelten der Auswärtige und der Haushaltsausschuss – letztgenannter vor allem wegen seiner Karriereoption und seiner Macht: „Die Kanzlerin kann beschließen, was sie will. Die Ministerien können Gesetzesvorlagen ausarbeiten. Die Parteien können sich einig sein. Aber sobald es um Zahlen und Ausgaben geht, kommt am Haushaltsausschuss niemand vorbei. Dort werden die großen Richtungen beschlossen, es wird beschleunigt und abgebremst, es wird wenig gestritten und viel gedealt, es gibt Gewinner und Verlierer; kein Minister und nicht einmal die Kanzlerin ist befugt, hier steuernd einzugreifen. […] Und er darf, auch das eine Besonderheit, sämtliche Minister vorladen. Die wiederum tun gut daran, den Einladungen Folge zu leisten. […] Kein Ausschuss trägt deshalb auch so viel Selbstbewusstsein vor sich her" (Dausend und Knaup 2020, S. 70 f.). Gering geschätzt ist dagegen etwa der Petitionsausschuss; in erstgenannten sammeln sich alte Hasen, im letztgenannten abgedrängte Neulinge (Münzing und Pilz 2001, S. 67 f.; Pilz 2007, S. 17).

Außerdem setzt der Bundestag Sonderausschüsse für bestimmte Fragen ein, auch *Enquetekommissionen* (bestehend aus Abgeordneten und bis zu neun von den Fraktionen ausgewählten Sachverständigen) zur Klärung komplexer Themen wie digitaler Gesellschaft, nachhaltigem Wirtschaften und künstlicher Intelligenz. Obwohl die politische Auswahl der Sachverständigen deren Unabhängigkeit relativiert und die kommissionsinternen Scheidelinien politische sind, verschaffen diese Kommissionen die Chance, wissenschaftliche Expertise aufzunehmen (Altenhof 2002, S. 336 ff.). Auch Anhörungen von Expert/-innen durch Bundestagsausschüsse können dem dienen. Allerdings, dies gilt nur eingeschränkt, wird doch zwischen politisch gewünschtem „Beratungswissen" und „akademischem

---

[8] 1970–98.

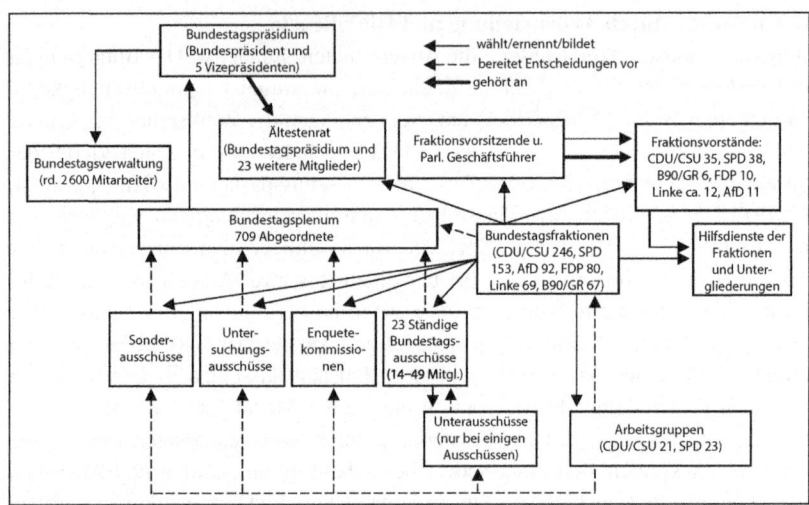

Abb. 7.1 Das arbeitsteilige Fraktionenparlament 2018. (Quelle: www.bundestag.de [Abruf: 17. Februar 2018])

Wissen" unterschieden – das eine wird „ausgehandelt" (Korinek und Veit 2014, S. 265; Buzogány und Kropp 2014) und soll politischer Entscheidung dienen, das andere der Wahrheitsfindung. Parlamentarische Kontrollinstrumente stellen die *Untersuchungsausschüsse* dar, die mediale Aufmerksamkeit auf sich ziehen – etwa zur Endlagerung Gorleben oder zur rechtsextremistischen Terror-Untergrundgruppe NSU.

Welche Stellung die Ausschüsse in der Arbeitsorganisation des Bundestages einnehmen, wird aus Abb. 7.1 und Tab. 7.3 deutlich.

Innerhalb der Fraktionen bestehen für die verschiedenen Sachgebiete der Politik „*Arbeitsgruppen*" bzw. „*Arbeitskreise*". Während erstgenannte bei den großen Fraktionen nahezu spiegelbildlich dem Zuschnitt der Ständigen Bundestagsausschüsse entsprechen, umspannen die Arbeitskreise größere Politikfelder. In diesen Gremien klärt man die eigene Position ab, insbesondere für Sitzungen der Bundestagsausschüsse, und entwickelt Vorlagen für die Fraktion.

Trotz solcher Arbeitsteilung wären die einzelnen Abgeordneten inhaltlich kaum hinreichend gerüstet. Zwar kann man im Bundestagsausschuss Ministerialbeamte befragen. Aber darf man erwarten, von ihnen Informationen zu erhalten, die der Linie ihres Ministers/ihrer Ministerin entgegenstehen? Der Bundestag hat sich daher von gouvernementaler Information unabhängig zu machen gesucht.

7.2 Die Organisation des Fraktionenparlaments

Tab. 7.3 Der Bundestag – Organe und Tätigkeit

Anzahl	1998–02	2002–05	2005–09	2009–13	2013–17	2017–21
Plenarsitzungen	253	187	233	253	245	./.
Durchschnittliche Dauer (Stunden:Minuten)	7:46	7:01	7:36	7:46	7:27	./.
Ältestenratssitzungen	88	59	78	82	75	81
Ständige Ausschüsse	23	21	22	22	24	24
Sitzungen (mit Unterausschüssen)	2 848	1 841	2 678	3 106	./.	./.
Untersuchungsausschüsse	1	2	2	2	5	3
Enquetekommissionen	5	2	1	2	2	2
Öffentliche Anhörungen	336	240	403	574	./.	./.
Fraktionen	5	4	5	5	4	6
Sitzungen (einschl. von Vorständen)	1 098	665	945	986	774	1 138

Quelle: Deutscher Bundestag (2021).

Ein großer Schritt in dieser Richtung wurde während der Großen Koalition 1966–69 unternommen, als sich die Mehrheit in einem distanzierteren Verhältnis zur Regierung als üblich befand:

- Seither kann jede/-r Abgeordnete die Hilfe der *Wissenschaftlichen Dienste des Bundestages,* etwa 100 der insgesamt ca. 3 000 in der Bundestagsverwaltung Beschäftigten (Wissenschaftliche Dienste 2018, S. 5)[9], in Anspruch nehmen, um sich Informationen zu beschaffen; in diesem Rahmen stehen auch eine Bibliothek, eine Pressedokumentation und ein Parlamentsarchiv zur Verfügung (Schöler und Winter 2015).

---

[9] Stand: 2018.

- Darüber hinaus verfügen die einzelnen Fraktionen des Bundestages über öffentlich besoldete Fraktionsangestellte, die von den Fraktionsführungen selbst ausgesucht werden und über deren Einsatz sie entscheiden. Diese *Fraktionsassistenten* arbeiten den Fraktionsvorständen, -arbeitskreisen und -arbeitsgruppen zu. In der 19. Wahlperiode waren beispielsweise insgesamt 1 159 Fraktionsmitarbeiter/-innen tätig, darunter 549 im höheren Dienst (Deutscher Bundestag 2021). Insgesamt verfügten die Bundestagsfraktionen 2020 über fast 120 Mio. Euro (Deutscher Bundestag 2021) – Tendenz steigend.
- Nicht zuletzt können auch einzelne Abgeordnete öffentlich besoldete *eigene Mitarbeiter*/-innen einstellen (insgesamt bis zu 23 205 € je Monat)[10]. Zu dieser Kategorie zählten unlängst 5 430 Beschäftigte, von denen knapp die Hälfte im Wahlkreis beschäftigt war, 2 308 arbeiteten als wissenschaftliche Mitarbeiter/-innen; zumeist sind sie Mitglieder politischer Parteien, häufig Politikwissenschaftler/-innen. Sie sehen ihre Stellung als Durchgangsstation bzw. „Karrieresprungbrett" (Barthelmes 2007, S. 66, 76, 97 ff.; Bergner 2018, S. 215).

Die Mehrgleisigkeit parlamentarischer Hilfsdienste erklärt sich daher, dass zwar fachliche Spezialisierung für eine Anbindung beim Bundestag als Ganzem spräche, aber häufig ein politisches Vertrauensverhältnis erforderlich scheint. Insgesamt zählt der parlamentarische Hilfsdienst in der Bundesrepublik zu den am weitesten ausgebauten Institutionen seiner Art.

c) Politische Komplexitätsreduktion – das Fraktionenparlament

Eine Belastung stellt die Größe des Bundestages mit seinen derzeit 736 Mitgliedern dar. Das ist im internationalen Vergleich, auch unter Berücksichtigung der Bevölkerungszahlen, zwar beträchtlich, aber – gemessen an der Bevölkerungszahl – auch nicht überbordend (Zeh 2018, S. 748 f.). Der Bundestag wäre kaum entscheidungsfähig, wollten die Abgeordneten als Einzelakteure handeln. *Ausschlaggebend für die Handlungsfähigkeit des Parlaments ist daher dessen Gliederung in Fraktionen als parlamentarische Handlungseinheiten – sichtbar darin, dass diese zumeist geschlossen abstimmen.* In die Fraktionsdisziplin (nicht: „-zwang") fügen sich die Abgeordneten aus der Einsicht, nur im Kompromiss mit anderen bei den ihnen wichtigen Fragen Mehrheiten bilden zu können. Nur bei Großen Koalitionen kommt es häufiger zu abweichendem Stimmverhalten. Die Konformität des Abstimmungsverhaltens lässt sich aus inner-

---

[10] Stand: 2022.

7.2 Die Organisation des Fraktionenparlaments

parteilicher Sozialisation erklären – und dem Druck von oben: „Normalerweise müssen Abgeordnete, die von der Fraktionslinie abweichen wollen, sich vorab beim Fraktionsvorsitzenden oder Parlamentarischen Geschäftsführer melden, wo sie jenes Einzelgespräch erhalten, auf das sie gerne verzichten würden. Denn die Abgeordneten müssen sich erklären, und die Führungskräfte sind dabei in der Regel nicht in Plauderlaune" (Dausend und Knaup 2020, S. 398). Häufig abweichende Abgeordnete haben zudem weniger Chancen, ein Fraktions- oder Regierungsamt zu erhalten (Saalfeld 1995, S. 356 ff.; Dausend und Knaup 2020, S. 399). Die *Durchfraktionierung des Bundestages* wird ferner deutlich in:

- *fraktionsinternen Entscheidungsprozessen:* Offene Diskussion und Entscheidungssuche verlagern sich hinter die geschlossenen Türen der Fraktionssäle. Im Bundestagsplenum werden dann gewöhnlich nur noch festliegende Standpunkte dargestellt, steht bereits vor der Debatte das Abstimmungsergebnis fest. Der Plenardebatte kommt daher die „Funktion einer notariellen Öffentlichkeit" (Lohmar 1975, S. 91) zu, die förmliche Beschlüsse fasst und Begründungen für die Bürgerinnen und Bürger liefert.
- der *Leere des Plenums:* Dementsprechend gering ist die Attraktivität des Plenums für die Abgeordneten. Solange sich bei Abstimmungen die Mehrheitsverhältnisse nicht verschieben bzw. niemand die Beschlussfähigkeit anzweifelt (sie besteht stets, solange nicht angezweifelt, im Übrigen bei über 50-prozentiger Anwesenheit)[11], ist es zudem gleichgültig, ob man fehlt. Gesetze und andere Beschlüsse kommen zustande, wenn ihnen die Mehrheit der Anwesenden zustimmt. Nur dann, wenn sich die Mehrheitsverhältnisse verschieben, entsteht Interesse, die Beschlussfähigkeit anzuzweifeln und außerhalb des Plenarsaales befindliche Fraktionsfreunde herbeizurufen. Ausgenommen davon: die systematische Obstruktion durch sog. „Anti –Parteien" (Koß 2021, S. 6), welche die Funktionsfähigkeit des Parlaments insgesamt infrage stellt.
- der (wegen stets drängender „Zeitnot") *„kontingentierten Debatte"* (Lipphardt 1976, S. 9), bei der jeder Fraktion bestimmte Redezeiten zugeteilt sind. Die Fraktion entscheidet, wer für sie sprechen darf, wobei Hauptsprecher/-innen längere Zeit (bis 45 min), anderen normalerweise 15 min zugestanden werden. Dem entspricht, dass Gesetzentwürfe und Anträge die Unterstützung einer Fraktion oder von mindestens 5 % der Abgeordneten (derzeit: 36

---

[11] § 45 der Geschäftsordnung des Deutschen Bundestages i. d. F. vom 16. Dezember 2021, unter: www.bundestag.de (zuletzt geprüft am 28. Februar 2022).

Parlamentarier) benötigen. Dies soll verhindern, dass aussichtslose Anträge von Einzelgänger/-innen oder kleinen Gruppen den Bundestag lahmlegen.
- der *personellen Besetzung von Organen des Bundestages durch die Fraktionen:* Nach Geschäftsordnung bzw. Absprache benennen die Fraktionen die Mitglieder der Bundestagsausschüsse, des Ältestenrats und des Bundestagspräsidiums. Dies erübrigt langwierige Wahlgänge und unfruchtbare Konflikte – jedenfalls bis die AfD in den Bundestag einzog. Die Partei hat in der 19. Wahlperiode nicht weniger als sechs Kandidaten für den Bundestagsvizepräsidenten verschlissen und blieb bis zur nächsten Bundestagswahl ohne Amt; in der aktuellen Legislatur ist keiner der Fraktion als Ausschussvorsitzender gewählt worden.[12] Dass im November 2019 mit Stephan Brandner ein Ausschussvorsitzender (hier: Rechtsausschuss) abgewählt wurde, gab es in 70 Jahren Bundestag auch noch nicht. Die Anteile der Fraktionen bemessen sich ansonsten eigentlich nach ihrem Größenverhältnis. So werden üblicherweise nach Absprache der Bundestagspräsident (der nach Konvention von der stärksten Fraktion gestellt wird) und die Vizepräsidenten des Bundestages gewählt. Diese bilden gemeinsam mit weiteren 23, von den Fraktionen nach Proporz benannten Mitgliedern den „Ältestenrat", der „eine Verständigung zwischen den Fraktionen über die Stellen der Ausschussvorsitzenden und ihrer Stellvertreter sowie über den Arbeitsplan des Bundestages" herbeiführt[13]. Eine wichtige Rolle in ihm spielen die Parlamentarischen Geschäftsführer der Fraktionen, für das Management ihrer Fraktionen gewählte und dafür zusätzlich besoldete Abgeordnete (Petersen 2000; Schüttemeyer 1997; Heer 2015).

Die Größe des Bundestages erschwert allerdings auch für seine Ausschüsse, zumindest die wichtigeren, die sachlich-intensive Erörterung. So sympathisch die Rechte des/der Einzelnen erscheinen mögen – *nur als Fraktionenparlament vermag ein vielköpfiges Gremium wie der Bundestag Entscheidungsfähigkeit zu erreichen. Unvermeidlich wird diese mit einer Mediatisierung der Abgeordneten durch ihre Fraktionen erkauft.*

Umso größere Bedeutung kommt innerfraktionellen Entscheidungsprozessen zu. Doch auch die Fraktionen haben meist zu viele Mitglieder, um ohne Organe auszukommen. So wählen die Fraktionsvollversammlungen aus ihrer Mitte

---

[12] Stand: Oktober 2022.
[13] § 6 der Geschäftsordnung des Deutschen Bundestages i. d. F. vom 16. Dezember 2021, unter: www.bundestag.de (zuletzt geprüft am 28. Februar 2022).

7.2 Die Organisation des Fraktionenparlaments

Fraktionsvorstände, zusammengesetzt aus Vorsitzendem/-r und Stellvertreter/-innen, Parlamentarischen Geschäftsführer/-innen, Justitiar/-innen und weiteren Beisitzer/-innen. Die Vorstände haben vor allem zwei Aufgaben zu erfüllen:

- Sie sichern die Geschlossenheit ihrer Fraktionen nach außen, indem sie zu anstehenden Entscheidungen des Bundestages eine Willensbildung der Fraktion herbeiführen und eine Marschroute für das Vorgehen im Bundestag entwickeln.
- Sie planen und verteilen die Arbeit der Fraktion, indem sie fraktionsinterne Arbeitskreise bzw. -gruppen bilden und Vorschläge für die personelle Besetzung dieser Gremien wie auch der Ausschüsse des Bundestages machen.

Ihre fraktionelle Führungsrolle sehen zumal die Fraktionsvorsitzenden zwischen Moderator/-in und Gestalter/-in, am ehesten dominiert ein integrierendes Amtsverständnis, das auf die Außenwirkung der Fraktion bedacht ist (Schindler 2019, S. 167). Dabei bleibt das Problem, dass einige Fraktionsvorstände auch ihrerseits zu groß sind, um diese Aufgaben tatsächlich erfüllen zu können. Der Entscheidungsprozess verlagert sich in diesen Fällen auf kleinere Zirkel: in „geschäftsführende Vorstände" (= Fraktionsvorsitzende, deren Stellvertreter/-innen, Parlamentarische Geschäftsführer/-innen und Mitglieder des Bundestagspräsidiums), gelegentlich auch in informelle Gremien. Somit besteht eine *Fraktionshierarchie.* Die Obleute einer Fraktion in den Bundestagsausschüssen, Berichterstatter/-innen der Bundestagsausschüsse im Plenum sowie generell Spezialist/-innen und Engagierte können dann bei „ihren" Themen durchaus die Fraktion führen – solange es nicht um hochrangige, strittige Fragen geht (Schüttemeyer 1998, S. 301 f., 328). Der Spielraum der Fraktionsspitzen wird jedoch durch die Existenz *innerfraktioneller Gruppierungen* begrenzt. So bestehen in der CDU/CSU-Fraktion neben der CSU-Landesgruppe mehrere Gruppen in Anlehnung an innerparteiliche „Vereinigungen" der beiden Parteien. Die SPD-Fraktion kennt Richtungsgruppen wie den rechten „Seeheimer Kreis" und die „Parlamentarische Linke" (Ismayr 2013, S. 98 ff.).

Nicht unverständlich, dass es in den 1980er Jahren eine Abgeordneteninitiative gab, die gegen die „Ohnmacht des einzelnen" anzugehen und einzelnen Abgeordneten Rede- und Antragsrecht zurückzuerobern suchte (Werner 1990). Tatsächlich war die Fraktionsdisziplin in untersuchten 16 westlichen Demokratien allgemein hoch, dabei in der Bundesrepublik keineswegs besonders ausgeprägt (Detterbeck 2011, S. 174). Durch Urteil des Bundesverfassungsgerichts erhielten einzelne fraktionslose Abgeordnete das Recht, im Bundestagsausschuss mit Antrags-, aber ohne Stimmrecht mitzuarbeiten sowie im Plenum zu sprechen. Mehr als eine Marginalie kann das nicht sein.

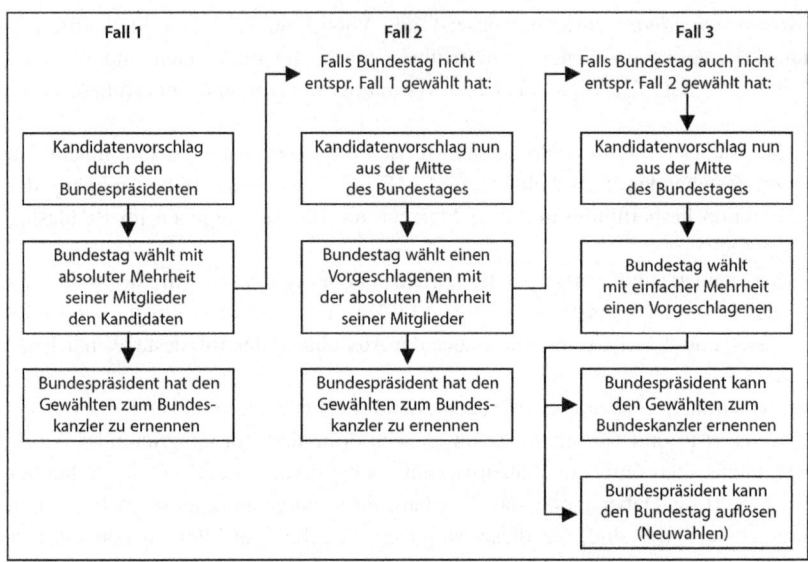

Abb. 7.2 Das Kanzlerwahlverfahren nach dem Grundgesetz. (Quelle: eigene Darstellung)

7.3 Die Wahlfunktion: Legitimierende Mehrheitsbildung

a) **Die zentrale Kanzlerwahl**

Denkbar wäre, dass eine Repräsentation des Volkes auch die Regierungsfunktionen übernehmen würde. Vorübergehend hat es in Phasen der Französischen und der Englischen Revolution Ansätze zu einer solchen „Versammlungs-Regierung" (Loewenstein 1959, S. 75 ff.) gegeben. Als praktikabler und konstitutionell-gewaltenteiligem Denken adäquater setzte sich aber die Regierung als eigenes Organ durch.

Somit ist die Regierungsbildung, wie sie in der Bundesrepublik mit der *Wahl des Bundeskanzlers bzw. der Bundeskanzlerin erfolgt, eine zentrale Funktion des Bundestages*. Während nach der Weimarer Reichsverfassung die Ernennung des Kanzlers allein beim Reichspräsidenten oblag und der Reichstag auf das Misstrauensvotum beschränkt blieb, stärkte das Grundgesetz das Parlament. Auch im Kreise der Demokratien gehört der Bundestag zu den wenigen Parlamenten mit dem Recht, den Regierungschef bzw. die -chefin zu wählen, bevor er/sie formell ernannt wird[14]. Darüber hinaus hat er weitere Organe personell zu besetzen, durch

- die Wahl des/der Bundespräsidenten/-in, gemeinsam mit der gleichen Zahl von Vertreter/-innen der Landtage (= „Bundesversammlung");
- die Wahl der Hälfte der Bundesverfassungsrichter/-innen und der Richter/-innen an obersten Bundesgerichten, vorgenommen durch ein Wahlgremium des Bundestages bzw. den Richterwahlausschuss (aus 16 Bundestagsabgeordneten und 16 Landesminister/-innen);

- die Besetzung von zwei Dritteln der Sitze im „Gemeinsamen Ausschuss" (Notstandsparlament), wobei die Vertreter/-innen des Bundestages „entsprechend dem Stärkeverhältnis der Fraktionen bestimmt" werden (Art. 53 a GG);
- die Besetzung der Hälfte der Sitze im „Vermittlungsausschuss";
- auf Vorschlag der Bundesregierung die Wahl des/der Präsidenten/-in des Bundesrechnungshofes (gemeinsam mit dem Bundesrat), des/der Beauftragten für Stasi-Unterlagen (bis 2021) und des/der Datenschutzbeauftragten;
- die Wahl des/der Wehrbeauftragten;
- ferner von Mitgliedern der Aufsichtsgremien von Deutscher Welle, Erinnerungs-Stiftungen u. a. m. (Feldkamp 2011, S. 1133 ff.).

Das Verfahren bei Vakanz des Bundeskanzleramtes regelt Art. 63 GG. Abb. 7.2 verdeutlicht die hier nacheinander möglichen drei Fälle. Demnach hat bei einem Scheitern des/der vom Bundespräsidenten zunächst vorgeschlagenen Kandidaten/-in der Bundestag 14 Tage Zeit zur freien Kanzlerwahl gemäß Fall 2. Falls dabei kein Kandidat oder keine Kandidatin gewählt wird, findet ein Wahlgang entsprechend Fall 3 statt, wobei dem Bundespräsidenten bzw. der -präsidentin für die dann bei ihm/ihr liegende Entscheidung: Ernennen des/der Gewählten oder Auflösung des Bundestages, sieben Tage Zeit bleiben. In der bisherigen Verfassungspraxis der Bundesrepublik ist jedoch stets ein aussichtsreicher Kandidat bzw. eine -kandidatin vorgeschlagen worden, also allein Fall 1 aufgetreten.

Wie die Kanzlerwahlergebnisse zeigen, ist man jedoch mehrfach dem Fall 2 nur knapp entgangen. So erhielt Adenauer 1949 gerade die erforderliche

---

[14] So auch die Parlamente in Irland, Spanien und Finnland. Kennzeichnend für parlamentarische Demokratien ist nur, dass ein Parlament die Regierung zu Fall bringen kann (Ismayr 2009, S. 101).

Mindeststimmenzahl, nämlich die der Mehrheit der Mitglieder des Bundestages (nicht der Anwesenden!), Brandt 1969 zwei Stimmen, Schmidt 1976 eine Stimme, Kohl 1987 vier Stimmen mehr als erforderlich. Immer wieder zeigt sich, dass bei der geheimen Kanzlerwahl auch Koalitionsabgeordnete dem Kandidaten bzw. der -kandidatin ihre Stimme versagt haben müssen (Schindler 1999a, S. 1018 ff.). 2013 fehlten Frau Merkel mindestens 39 Stimmen aus den Koalitionsfraktionen. Die Wahl gilt daher zuweilen als „Zitterpartie". Manchmal geht es ums Durchkommen, manchmal um mehr Reputation.

Ein verfassungsrechtliches Novum auch im internationalen Vergleich sieht das Grundgesetz für die Ablösung eines/einer amtierenden Kanzlers/Kanzlerin vor: das *„konstruktive Misstrauensvotum"* (Pfetsch 1990, S. 400). Danach kann der Sturz eines Kanzlers/einer Kanzlerin (der Regierung) allein durch Wahl eines neuen Bundeskanzlers/einer neuen Kanzlerin erfolgen. Eine bloß negative Mehrheit, einig nur in der Ablehnung des Amtsinhabers/der Amtsinhaberin, reicht also nicht zum Sturz. Erfolgreich wurde das konstruktive Misstrauensvotum bisher zur Regierungsablösung bei Koalitionswechseln eingesetzt: in den Bundesländern, einmal im Bund, nämlich 1982 bei der Ablösung der Regierung Schmidt. Erfolglos hingegen blieb 1972 ein konstruktives Misstrauensvotum gegen Bundeskanzler Brandt.

Diese Regelung, gedacht als Schutz gegen eine Destruktion von Regierungen durch bloß negative Mehrheiten, stabilisiert freilich den Bundeskanzler/ die -kanzlerin auch gegenüber einer potenziellen positiven Mehrheit. Denn die Hürde, die sie setzt, liegt hoch: eine Art Verschwörung zugunsten eines bestimmten Nachfolgers bzw. einer Nachfolgerin. Ein Personenwechsel durch die eigene Partei, wie er bei Adenauer ab 1961 und bei Erhard 1966 anstand (Beyme 1970, S. 623 f.), ist zumindest erschwert. Darüber hinaus hat das konstruktive Misstrauensvotum auch prinzipielle Kritik erfahren. Mit ihm, so Karl Loewenstein (1959, S. 92 ff.), sei die Bundesrepublik ein „demiautoritäres" System mit „kontrolliertem Parlamentarismus". Dieses Urteil, aus der Ferne gefällt, hat im Laufe der Zeit immer weniger Zustimmung gefunden. Inzwischen gilt das konstruktive Misstrauensvotum eher als attraktive Regelung und ist von Demokratien wie Spanien und Belgien übernommen worden.

b) Vertrauensfrage und vorzeitige Bundestagsauflösung
Fühlt sich ein Bundeskanzler/eine -kanzlerin seiner bzw. ihrer Mehrheit nicht sicher, so kann er/sie nach Art. 68 GG seiner-/ihrerseits die Initiative ergreifen und dem Bundestag die Vertrauensfrage stellen. Wird das Vertrauen ohne anschließende Wahl eines neuen Kanzlers/einer neuen Kanzlerin verweigert, so kann der Bundespräsident bzw. die -präsidentin auf Vorschlag des Kanzlers/der Kanzlerin binnen 21 Tagen den Bundestag auflösen und Neuwahlen ausschreiben.

7.3 Die Wahlfunktion: Legitimierende Mehrheitsbildung

Der Bundespräsident bzw. die -präsidentin muss dies aber nicht tun. Die Vertrauensfrage mag so in einer unsicher gewordenen Lage Klärung schaffen, eine drohende Neuwahl Abgeordnete an die Seite des amtierenden Kanzlers/der Kanzlerin treiben.

In der Geschichte der Bundesrepublik Deutschland ist sie bisher sechsmal virulent geworden:

Im Herbst 1966, als Bundeskanzler Erhard durch den Abfall der FDP seine Mehrheit verloren hatte, beantragte die SPD, ihn zur Vertrauensfrage aufzufordern. Ein Antrag von CDU/CSU, dies für unzulässig zu erklären, unterlag mit 246 zu 255 Stimmen. Faktisch war Erhard das Misstrauen ausgesprochen (Knorr 1975, S. 60 ff.).

Als 1972 die Regierung Brandt (SPD/FDP) keine Mehrheit mehr besaß, andererseits das konstruktive Misstrauensvotum zugunsten Barzels (CDU) gescheitert war, wurde die Vertrauensfrage als Ausweg aus dem Patt eingesetzt. Die Stimmenthaltung der Regierung führte ihre Niederlage herbei und öffnete den Weg zur vorzeitigen Neuwahl des Bundestages (Busch 1973).

Anfang 1982 stellte Bundeskanzler Schmidt (SPD) angesichts schwindender Übereinstimmungen mit der FDP die Vertrauensfrage, die ihm positiv beantwortet wurde. Der Auflösungsprozess der Koalition setzte sich jedoch fort.

Ende 1982 führte Bundeskanzler Kohl (CDU) durch eine Vertrauensfrage, bei der die Regierungsmehrheit Enthaltung übte, seine formelle Niederlage herbei, um die vorzeitige Bundestagsneuwahl auszulösen.

Im Jahre 2001 verband Bundeskanzler Schröder (SPD) mit der Truppenentsendung nach Afghanistan die Vertrauensfrage; er erreichte, dass die Zahl der Abweichler aus der rot-grünen Koalition gering blieb.

Als 2005 mit der Landtagswahl in NRW eine massive Oppositionsmehrheit im Bundesrat entstanden war, erreichte Schröder mit einer gezielt herbeigeführten Vertrauensverweigerung die Entscheidung des Bundespräsidenten zugunsten vorzeitiger Neuwahl.

Somit hat die Vertrauensfrage bisher kaum im intendierten Sinne einer Stabilisierung der Mehrheit oder einer Klärung der Mehrheitsverhältnisse gewirkt, sondern primär den Weg zu vorgezogenen Neuwahlen eröffnet. In diesem Sinne sind die Präzedenzfälle von 1972, 1982 und 2005 zu verstehen. Das bedeutet mehr Macht für den Kanzler bzw. die Kanzlerin (bei Zustimmung des Bundespräsidenten/der -präsidentin), eröffnet aber auch einen Weg aus der Handlungsunfähigkeit.

Im Vergleich zur Weimarer Republik und zu anderen parlamentarischen Demokratien hat der Bundestag seine Wahlfunktion bisher erfolgreich ausgeübt, d. h. mehrheitsgetragene Regierungen hervorgebracht. Entbehrten die Kabinette der Weimarer Republik während 58 % ihrer Zeit einer parlamentarischen Mehrheit und erreichten sie eine durchschnittliche Amtsdauer von nur 287 Tagen (Erdmann 1959), so erlebte die Bundesrepublik nur in Übergangsphasen Regierungen ohne Mehrheit. Erst mit dem Wandel des Parteiensystems ist seit 2005 die Mehrheitsbildung zum Problem geworden.

7.4 Kontrollfunktion und Mitregierung

a) Parlamentarische Kontrollinstrumente und ihr Einsatz

Kontrolle obrigkeitlicher Regierungen hat in der Geschichte des Parlamentarismus eine wichtige Rolle gespielt, und die Erfahrungen mit totalitären und autoritären Systemen des 20. Jahrhunderts haben das Bewusstsein dafür geschärft (Höpfner 2004). Dabei ist „Kontrolle" nicht mit Handeln gleichzusetzen, sondern bedeutet laufendes Überprüfen eines/-r Handelnden mit der Möglichkeit von Sanktionen seitens des Kontrollierenden[15]. Sie bedeutet also das Recht, der handelnden Regierung prüfend über die Schultern zu schauen und eingreifen zu können (Krause 1999). Der Bundestag, seine Ausschüsse und Gremien verfügen hierzu über investigative Rechte, so zum Herbeizitieren von Regierungsmitgliedern, Befragen der Regierung, Vorladen von Zeugen, auf Herausgabe von Beweismitteln (wie Akten), bis hin zu Einsichts- und Fragerechten der sogenannten G 10-Kommission und des Parlamentarischen Kontrollgremiums gegenüber Nachrichtendiensten (Bräcklein 2006, S. 56, 86, 95).

Parlamentarische Kontrolle erfolgt in drei Richtungen:

- als *politische Richtungskontrolle,* bei der Mehrheit und Opposition politisch urteilen;
- als *Effizienzkontrolle* unter der Frage, ob die Regierung zielentsprechende und wirksame Mittel ökonomisch einsetzt;
- als *Rechtskontrolle,* bei der geprüft wird, ob sich das Regierungshandeln im Rahmen des Rechts bewegt.

Selbstverständlich nehmen Regierungsmehrheit und Opposition diese Kontrollaufgaben in unterschiedlicher Weise wahr. Es überrascht auch nicht, dass *Kontrollinstrumente überdurchschnittlich vonseiten der Opposition eingesetzt* werden.

---

[15] „Kontrolle" = „contrarotulus" (lat.) = Gegenrolle, d. h. Gegenaufzeichnung für Überprüfungszwecke (Gehrig 1969, S. 3 ff.).

7.4 Kontrollfunktion und Mitregierung

Klagen vor dem Bundesverfassungsgericht gegen Regierungshandeln sind bisher nur von Oppositionsfraktionen eingereicht worden (Stüwe 2001), von einzelnen Kritikern aus Reihen der Regierungsparteien abgesehen.

Die „Große Anfrage", die von mindestens fünf Prozent der Abgeordneten schriftlich einzubringen ist, wird ganz überwiegend von der Opposition genutzt (siehe Tab. 7.4). Oppositionelle „Große Anfragen" dienen der politischen Richtungskontrolle.

„Kleine Anfragen" von ebenfalls mindestens fünf Prozent der Abgeordneten, ebenso wie „Aktuelle Stunden" tragen zwar vielfach den Charakter einer Effizienzkontrolle bzw. bringen Gravamina vor und haben insofern politische Bedeutung. Mündliche oder schriftliche Anfragen einzelner Abgeordneter hingegen dienen als „Instrument regionaler und lokaler Schrebergartenarbeit", vielfach nur der „Profilierung" vor Ort (Thaysen 1976, S. 58; Witte-Wegmann 1972, S. 201 f.). Die Auszählungen lassen auch hier eine überdurchschnittliche Nutzung von oppositioneller Seite erkennen.

Viele zahlenmäßige Veränderungen lassen sich vor dem Hintergrund der jeweiligen Situation erklären. So wirken sich Große Koalitionen aus, geht der ab 1983 inflationäre Anstieg der Anfragen auf die Grünen zurück, die sich hier als neue parlamentarische Opposition besonders intensiv betätigten. Von ihrer Seite kamen 1983–90 nicht weniger als 48,4 % aller Großen und 83,5 % aller Kleinen Anfragen (Schindler 1999a, S. 2640 ff.). Allgemein stellt sich angesichts der Anfragenflut die Frage, ob deren Ergebnisse noch verarbeitet werden und in einem angemessenen Verhältnis zum Aufwand stehen; ganz abgesehen von den beträchtlichen Ressourcen, die sie in den Ministerien binden. Teilweise scheinen es auch angeschwollene Arbeitsstäbe der Fraktionen und Abgeordneten, die hier ein Betätigungsfeld suchen.

Ein zuweilen spektakuläres Kontrollinstrument stellt schließlich der parlamentarische Untersuchungsausschuss dar. Er ist auf Verlangen bereits eines Viertels der Mitglieder des Bundestages einzusetzen (in der 18. Wahlperiode genügte auf Forderung von Grünen und Linken hin wegen der kleinen Opposition bereits ein Quorum von 120 Abgeordneten). Dieses faktische „Oppositionsrecht", vorgeschlagen von Max Weber, gilt als „eine deutsche Erfindung", die eine Reihe europäischer Staaten „übernommen" hat. Von insgesamt 39 Untersuchungsausschüssen des Bundestages 1949–2013 verdanken 33 einem solchen „zwingenden Minderheitsantrag" ihr Entstehen[16]. Mit einem Untersuchungsausschuss -bis

---

[16] In der Nationalversammlung von 1919 konnte bereits ein Fünftel der Abgeordneten einen Untersuchungsausschuss durchsetzen (Szabo 2015, S. 328 f.).

Tab. 7.4 Der Einsatz parlamentarischer Kontrollinstrumente. Anzahl je Legislaturperiode, darunter allein von oppositioneller Seite in Prozent der jeweiligen Instrumente

	Große Anfragen	dar. von Opposition	Kleine Anfragen	dar. von Opposition	Fragen von Abgeordneten	dar. von Opposition[b]	Aktuelle Stunden[a]
1980–83	32	75,0	295	85,4	14 384	61,1	12
1983–87	175	84,6	1 006	95,9	22 864	65,9	117
1987–90	145	86,2	1 419	98,5	20 251	70,1	126
1990–94	98	85,7	1 382	98,1	20 880	66,1	103
1994–98	156	89,7	2 070	89,1	18 480	80,9	103
1998–2002	101	95,1	1 813	99,1	15 147	96,3	141
2002–05	65	100,0	797	99,7	13 623	98,9	71
2005–09	63	98,4	3 299	100,0	15 603	94,1	113
2009–13	54	96,3	3 629	98,9	26 305	94,7	131
2013–17	15	100,0	3 953	98,9	17 131	91,2	91
2017–21	35	100,0	11 677	100,0	30 821	96,8	139

[a] Darunter allein von oppositioneller Seite beantragt 1998–2002 81,6 %, 2002–05 69 %.
[b] Bis 2009 nur mündliche Anfragen Einzelner berücksichtigt.
Quellen: Schindler (1999, S. 2644, 2639, 2706, 2759, 4378 f.); Deutscher Bundestag (2021)

7.4 Kontrollfunktion und Mitregierung

2021 gab es derer 48 -zieht der Bundestag die Informationsbeschaffung an sich, da er wie ein Gericht Zeugenaussagen erzwingen und Auskünfte von Behörden verlangen kann. Untersuchungsgegenstand sind meist Skandale, Korruptionsverdächtigungen bei der Rüstungsbeschaffung oder bei der Abstimmung zum konstruktiven Misstrauensvotum 1972; skandalbezogen waren auch der Flick-, der Parteispenden- und der Wirecard-Ausschuss. Allerdings stößt Aufklärung auf Schranken, wenn parallel die Strafjustiz untersucht, da dann potenziell Beschuldigte als Zeugen die Aussage verweigern können (Wolf 2005).

Auch Untersuchungsausschüsse werden ganz überwiegend von Oppositionsseite beantragt (Deutscher Bundestag 2021). Ihr Problem besteht freilich darin, dass sie zwar deren Einsetzung erreichen kann, die Mehrheit dort jedoch bei Gefolgsleuten der Regierung liegt: „Wir werden doch kein Eigentor schießen", war die einprägsame Formel, auf die einst der Vorsitzende des Fibag-Ausschusses die Interessenlage der Mehrheit gebracht hat (Matthias Hoogen zit. nach Rausch 1976, S. 295). *Insofern kann es – trotz zwischenzeitlich verstärkter Minderheitsrechte bei Beweiserhebung und Berichterstattung (Minderheitsbericht) – nicht überraschen, dass das Instrument des Untersuchungsausschusses bisweilen als „schärfstes Holzschwert des Parlamentarismus" gilt* (Chacón et al. 2019). Doch erzeugt er öffentliche Aufmerksamkeit für den Untersuchungsgegenstand – ein wichtiger Effekt.

b) Mischung von Kontrolle und Mitsteuerung

Besondere Kontrollprobleme zeigen sich auf bestimmten Sachgebieten. So *überfordert der Vollzug eines Haushaltsplans mit seinen zahllosen Einzeltiteln die Kapazität von Kontrollinstanzen.* Selbst das hierfür geschaffene Organ, der Bundesrechnungshof, vermag nur stichprobenartige Überprüfungen durchzuführen (Heuer 1989, S. 120). Dabei tendiert er seit neuerem dazu, nicht allein die Ordnungsmäßigkeit (Übereinstimmung mit dem Haushaltsplan), sondern auch die Wirtschaftlichkeit der Ausgaben zu prüfen. Letzteres empfinden Kritiker aber als „schillernden Prüfungsmaßstab", der zu einer „Politisierung" der Prüfungen führe (Holtmann 2000). Außerdem haben das zeitliche Hinterherhinken der Prüfberichte und die Überlastung des Haushaltsausschusses zur Folge, dass die Berichte zwar Presseartikel für einen Tag hervorrufen, im Übrigen aber wenig geschieht (Diederich et al. 1990, S. 23, 254).

Der Haushaltsausschuss des Bundestages kontrolliert aber nicht bloß im Nachhinein. Vielmehr ist er an Haushaltsvorbereitung und -ausführung beteiligt, bemerkenswerterweise dabei eher in einer „Ausgabenbremserfunktion" gegenüber Regierung und Fachausschüssen, die „Wohltaten zu verteilen" suchen (Sturm 1988, S. 43, 66). Ohnehin führen unerwartete Einnahme- und Ausgabentwicklungen zur „permanenten Revision des Plans im Vollzug". Der Haushaltsausschuss sichert sich durch „Sperrvermerke" bei bestimmten Haushaltsmitteln eine

Mitwirkung bei deren Ausgabe. Eine derart *„begleitende Haushaltskontrolle"* (Sturm 1997, S. 654) ist eingespielte Praxis (Mandelartz 1980, S. 30 ff.).

Nicht weniger ausgeprägt ist die *Vermischung von Kontrolle und Mitwirkung* im Verteidigungs- und Sicherheitsbereich. Kontrollbemühungen veranlassen den Verteidigungsausschuss dazu, schon wichtigen Beschaffungsaufträgen des Verteidigungsministeriums eine faktische Zustimmung zu erteilen (formell sie „zur Kenntnis" zu nehmen) und sich somit in den Entscheidungsprozess einzuschalten (Mandelartz 1980, S. 28 f.)[17].

Eine sich aus der Geheimhaltung ergebende Kontrollproblematik besteht bei der Überwachung der Geheimdienste. Hierfür hat man ein aktuell (seit 2021) 13-köpfiges (inkl. Stellvertreter/-innen) *Parlamentarisches Kontrollgremium* geschaffen, das seinerseits auch geheim arbeitet. Eingriffe in das Brief-, Post- und Fernmeldegeheimnis sind fortlaufend zudem der achtköpfigen „G 10-Kommission" (weil Art. 10 GG betreffend) (wobei eine Bundestagsmitgliedschaft nicht erforderlich ist) zu berichten, die über deren Zulässigkeit und Notwendigkeit „entscheidet", wie das einschlägige Gesetz formuliert (Deutscher Bundestag 2021). Deutlich wird auch hier ein Mitwirken, das über nachträgliche Kontrolle hinausreicht.

Demgegenüber verbleibt der *Wehrbeauftragte* des Deutschen Bundestages, der 1956 nach dem Vorbild des schwedischen Militie-Ombudmans eingeführt wurde und dem Kontrollaufgaben hinsichtlich der Inneren Führung der Bundeswehr obliegen, in einer beobachtenden Position gegenüber der Bundeswehr.

Das Ergebnis lautet erstens: *Angesichts der ausschlaggebenden Dualität Regierungsmehrheit – Opposition überrascht es nicht, dass die parlamentarischen Kontrollrechte überwiegend von der Opposition genutzt werden.*

Zweitens: Die *Mischung von Kontrolle und Mitsteuerung*, wie sie bei Finanz-, Sicherheits- und Verteidigungsfragen sichtbar wird, durchlöchert zwar die Distanz zwischen Parlament und Regierung, die als Vorbedingung für Kontrolle gilt. Geht man hingegen davon aus, dass Parlamente soweit selbst entscheiden sollten, wie ihre Arbeitskapazität reicht, und berücksichtigt man, dass nachträgliche Kontrolle angesichts vollendeter Tatsachen vielfach ohne Effekt bliebe, so scheint jene Praxis vertretbar.

Drittens: *Regierungshandeln wird keineswegs allein durch das Parlament kontrolliert,* sondern auch durch recherchierende Medien wie „Der Spiegel", einschlägige investigative TV-Formate wie „Monitor" und „Frontal" oder Interessenverbände wie den „Bund der Steuerzahler". Auch liegt die eigentliche Sanktionsdrohung bei der Wählerschaft.

---

[17] Faktische Zustimmung bestreitend: Berg (1982, S. 175 ff.).

7.5 Legislative Funktion: Zwischen Rede- und Arbeitsparlament

a) Das formelle Gesetzgebungsverfahren

Den Ausgangspunkt des formellen Gesetzgebungsverfahrens im Bund bezeichnet Art. 76 GG: Nach ihm haben allein Bundesregierung, Bundesrat und Bundestagsabgeordnete das Recht, Gesetzesvorlagen beim Bundestag einzubringen *(Initiativrecht)*. Vorlagen der Bundesregierung müssen jedoch, bevor sie den Bundestag erreichen, zuvor dem Bundesrat, solche des Bundesrats der Bundesregierung zur Stellungnahme zugeleitet werden (Abb. 7.3).

Rationalisierungsbedürfnisse haben dazu geführt, dass der Bundestag dann nicht mehr die klassischen drei Lesungen (Plenardebatten mit Abstimmungen) praktiziert. In der Bezeichnung haben sich zwar diese Stationen erhalten, ihre Funktion ist jedoch seit 1969 verändert:

- Allgemeine Aussprachen finden nur auf Empfehlung des Ältestenrates oder auf Verlangen einer Fraktion bzw. von fünf Prozent der Abgeordneten statt. Aussprache und Abstimmungen zu den Einzelpunkten einer Vorlage erfolgen in der 2. Lesung. Eine Einzelberatung in der 3. Lesung ist nur zu den in 2. Lesung vorgenommenen Änderungen und auf Empfehlung oder Verlangen möglich.
- Eine Einzelberatung in den Ausschüssen findet also nur zwischen der 1. und 2. Lesung statt.
- Darüber hinaus kann mit 2/3-Mehrheit beschlossen werden, die 2. und 3. Lesung sofort an die vorangegangene anzuschließen, d. h. auf erneute Ausschussberatungen zu verzichten. Für die 3. Lesung ist dies bei dringlich erklärten Vorlagen der Bundesregierung bereits mit der Mehrheit der Abgeordneten möglich[18].

Hat der Bundestag die Vorlage in 3. Lesung angenommen, geht sie an den Bundesrat. Stimmt dieser ihr zu oder nimmt sie ohne Einspruch hin, bedarf die beschlossene Vorlage nur noch der Unterzeichnung durch den/die Bundeskanzler/-in, den zuständigen Bundesminister bzw. die -ministerin und anschließend den Bundespräsidenten bzw. die -präsidentin. Nach dieser Bestätigung ihrer Korrektheit wird sie im Bundesgesetzblatt veröffentlicht und tritt in Kraft.

---

[18] § 80, 81 und 84 Geschäftsordnung des Deutschen Bundestages i. d. F. vom 16. Dezember 2021, unter: www.bundestag.de (zuletzt geprüft am 28. Februar 2022).

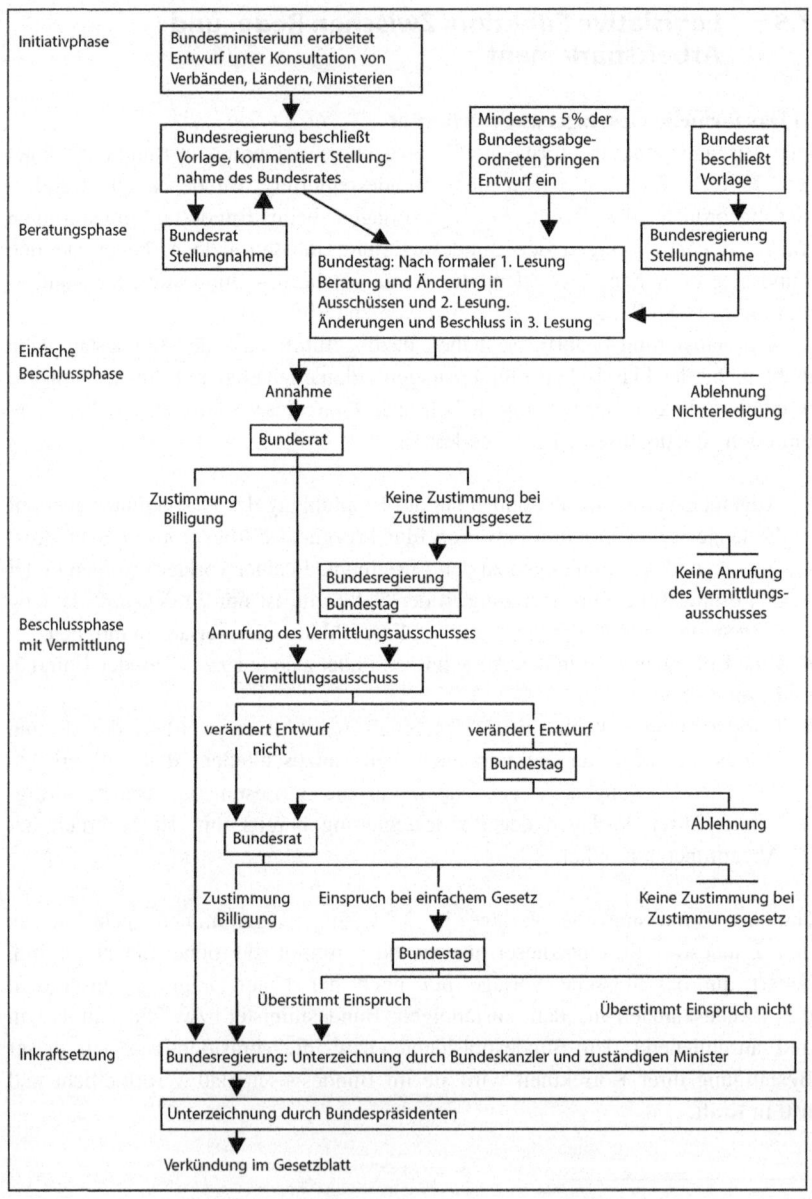

Abb. 7.3 Der Gesetzgebungsprozess im Bund. (Quelle: eigene Darstellung)

7.5 Legislative Funktion: Zwischen Rede- und Arbeitsparlament

Komplexer gestaltet sich das Verfahren, falls der Bundesrat Einwände erhebt. Zu unterscheiden ist dabei zwischen Materien, zu denen Gesetze der Zustimmung durch den Bundesrat bedürfen (zustimmungsbedürftige Gesetze), und anderen. Im ersteren Fall verfügt der Bundesrat über ein absolutes Veto-, im anderen nur über ein suspensives Einspruchsrecht. In jedem Falle sucht das Grundgesetz eine Einigung zwischen Bundestags- und Bundesratsmehrheit zu fördern, und zwar durch den *Vermittlungsausschuss*. Dieses Gremium, das von jeder der beiden Seiten angerufen werden kann, besteht aus je 16 von Bundestag und Bundesrat für die Dauer einer Wahlperiode entsandten Mitgliedern. Sein Einigungsvorschlag kann – und dies verleiht ihm Gewicht – von Bundesrat bzw. Bundestag nur unverändert akzeptiert oder verworfen werden. Die durchschnittliche Gesamtdauer der Gesetzgebungsverfahren – von der Einbringung bis zur Verkündung – umfasst (1. bis 17. Wahlperiode) 210 Tage (Karow und Bukow 2016, S. 79).

b) Regierungsstadium – das überspielte Parlament?
Jede Gesetzesinitiative, die den Bundestag erreicht, hat bereits eine Vorgeschichte hinter sich. Von Interesse ist hier vor allem das Frühstadium von Regierungsinitiativen, gehen doch auf sie die meisten Gesetze zurück. Die Impulse können dabei, wie eine Durchsicht für ein Drittel der politischen Schlüsselentscheidungen ergab, von außen her, von der EU, der internationalen Politik, dem Verfassungsgericht oder Beiräten stammen (Beyme 1997, S. 185).

Verschiedene Stationen des innergouvernementalen Entscheidungsprozesses sind zu durchlaufen:

- Zunächst arbeitet die zuständige Referatsleitung innerhalb eines Ministeriums auf Weisung von Vorgesetzten oder nach Rücksprache mit ihnen einen Gesetzentwurf aus („Referentenentwurf"). Dabei nimmt sie Kontakt mit anderen thematisch berührten Referaten, Ministerien und Interessenverbänden auf.
- Sie holt dann formelle Stellungnahmen zum Entwurf vonseiten anderer betroffener Referate und von Interessenverbänden ein.
- Aufgrund dessen kommt es zu veränderten Entwürfen, von denen der letzte den jeweils aktuellen Stand der Absichten enthält. In diese Entwürfe gehen auch Anregungen und Vorgaben der Vorgesetzten (Abteilungsleiter/-innen etc.) ein.
- Übernimmt der Minister/die Ministerin schließlich den Entwurf, so geht dieser – nach Prüfung seiner Rechtsförmigkeit durch das Justizministerium – als Vorlage an das Kabinett.
- Beschließt das Kabinett die Vorlage, wird sie zur Regierungsvorlage. Meist handelt es sich im Kabinett nur noch um einen förmlichen Beschluss, da bei umstrittenen Fragen Vorklärungen, notfalls Gespräche von Spitzenvertreter/-innen der Koalitionspartner stattfinden (Ismayr 2013, S. 227 ff.).

In einzelnen Fällen sind es Ministerialbeamte, die Lösungsalternativen auswählen und sich um öffentlichen Konsens bemühen. Gerade wenn ein Gesetzentwurf auf diese Weise umsichtig abgesichert worden ist, schrecken Minister/-innen und Kabinett davor zurück, ihn durch gravierende Veränderungen noch infrage zu stellen. Zusammenfassend formuliert: *Es setzt sich „die Politik gegenüber der Verwaltung immer dann durch, wenn der Minister, die Regierung, das Parlament, Parteien oder die Öffentlichkeit ihre Aufmerksamkeit auf ein bestimmtes Entscheidungsthema konzentrieren können" (Scharpf 1973, S. 17), während das Gewicht der Ministerialbürokratie und einschlägiger Interessenverbände in dem Maße wächst, wie das Thema im Schatten des öffentlichen Interesses verbleibt.*

c) Die Dominanz der Mehrheitsinitiative

Im Allgemeinen ergreift die Bundesregierung die Gesetzesinitiative. Ihre Vorlagen haben im Bundestag zudem deutlich höhere Erfolgschancen als solche aus dem Bundestag selbst oder solche des Bundesrates. So gingen im Zeitraum von 1949 bis 1998 75,7 % der verabschiedeten Gesetze auf Initiativen der Bundesregierung zurück (Schindler 1999b, S. 963) (zur Folgezeit siehe Tab. 7.5). Dass beschlossene Gesetze mehrheitlich auf Regierungsvorlagen zurückgehen, ist kein deutsches Sonderphänomen, sondern in fast allen westeuropäischen Staaten üblich (Ismayr 2008, S. 20). Vielfach wird hieraus auf eine Dominanz der Exekutive und einen entsprechenden Funktionsverlust des Bundestages bzw. dessen bloß akklamierende Rolle geschlossen. Eine derartige Interpretation geht jedoch fehl, weil es nach der Funktionslogik des parlamentarischen Regierungssystems zweitrangig ist, ob eine Initiative dem Bundestag oder der Bundesregierung entstammt.

Unterscheidet man dementsprechend danach, ob Initiativen aus dem Mehrheits- oder vom Oppositionslager kommen, ergibt sich für die erste Gruppe Folgendes. Ein Teil der parlamentarischen Mehrheitsinitiativen sind in Wirklichkeit solche der Bundesregierung, die sie nur aus Zeitgründen – um den für Regierungsvorlagen vorgeschriebenen Vorlauf beim Bundesrat einzusparen – in die Form parlamentarischer Initiativen kleidet. Umgekehrt entspringen zahlreiche Regierungsvorlagen politischen Anstößen aus den Mehrheitsfraktionen, die der Regierung nur die gesetzestechnische Ausarbeitung überlassen haben. Bei Initiativen, die sowohl tatsächlich aus den Mehrheitsfraktionen stammen als auch formell von ihnen eingebracht werden, arbeiten häufig nahestehende Ministerialbeamte beratend mit. Regierung und Mehrheitsfraktionen operieren als politische Handlungseinheit. Von den 543 in der 19. Wahlperiode verkündeten Gesetzen wurden 17,7 % vom Bundestag initiiert (N = 96). Von diesen 96 Initiativen hatten wiederum 92,7 % beide Regierungsfraktionen (N = 89) gemeinsam eingebracht

7.5 Legislative Funktion: Zwischen Rede- und Arbeitsparlament

Tab. 7.5 Gesetzesinitiativen und ihr Erfolg

	2002–05	2005–09	2009–13	2013–17	2017–21
Beim Bundestag eingebrachte Entwürfe dar. seitens (in %)	643	905	844	788	870
Bundesregierung	49,8	59,3	57,3	67,3	56,0
Bundestag	32,1	29,2	32,9	18,8	36,4
Bundesrat	17,4	11,5	9,7	14,0	7,6
Verkündete Gesetze dar. eingebracht von (in %):	384	611	543	548[a]	543
Bundesregierung	70,9	79,6	78,8	88,0	81,0
Bundestag	20,3	13,9	15,5	9,5	17,7
Bundesrat	5,1	3,1	3,1	1,6	1,3
EU-Vorlagen	2 491	3 950	4 258	3 861	1 863[b]

[a] Sämtlich von den Regierungsfraktionen eingebracht/miteingebracht, in einem Fall außerfraktionell
[b] Berücksichtigt sind nur Vorlagen, die im EU-Ausschuss behandelt wurden.
Prozentuale Reste: Initiativen mehrerer Organe oder sonst nicht zuzuordnen.
Quellen: Deutscher Bundestag (2021); Deutscher Bundestag (2022).

(Tab. 7.5). Zählt man die 440 erfolgreichen Regierungsvorlagen hinzu, beruhen 97,4 % der Gesetze auf Mehrheitsinitiativen.

Die anderen parlamentarischen Gesetzesinitiativen sind solche der Opposition. Ihr Schicksal wirkt für die Opposition frustrierend: Handelt es sich um populäre Vorschläge, so neigt die Mehrheit dazu, sie unauffällig anzuhalten, um attraktive Inhalte durch eigene Initiativen zu übernehmen. Dies bedeutet, dass gestrandete oppositionelle Initiativen in der Sache „indirekt erfolgreich" sein können. Die Show aber ist gestohlen, zum Erfolg der Opposition hat sie nichts beigetragen (Sebaldt 2001, S. 122 f., 145).

Letzten Endes scheitern oppositionelle Initiativen an der Regierungsmehrheit. Die Erfolgsquote der Oppositionsentwürfe im Zeitraum von 1972 bis 1983 lag noch bei 9,9 % (Nienhaus 1985, S. 168). Zur Zeit der christlich-liberalen Koalition 1983–90 wurde von den 262 oppositionellen Gesetzentwürfen nur ein einziges Gesetz (Schindler 1994, S. 823 f.), während der rot-grünen Regierung 1998–2002 und der Großen Koalition 2005–09 von 310 oppositionellen Gesetzesinitiativen keine einzige beschlossen (Deutscher Bundestag 2021). Noch am ehesten eine Chance haben Oppositionsinitiativen, wenn die Opposition den

Bundesrat beherrscht und es um zweitrangige Fragen geht (Sebaldt 1992, S. 251, 259). Langjährige Oppositionen haben hieraus gelernt und sich im Laufe der Zeit auf ausgewählte Initiativen beschränkt: „Wir sehen unsere Aufgabe nicht darin", erklärte Oppositionsführer Barzel 1972 (zit. nach Veen 1976, S. 201), „an jedem Tag und zu jedem Thema den Vorschlägen der Regierung die der Opposition entgegenzusetzen, diesen noch zuvorzukommen.". Bei Sozialdemokraten und Grünen hingegen waren in den achtziger Jahren derartige Verhaltensänderungen nicht erkennbar: Ihr Ausstoß an Vorlagen blieb hoch – sei es aufgrund einer Konkurrenz oppositioneller Parteien, sei es aufgrund vergrößerter Arbeitsstäbe.

Aussagekräftig ist es also nicht, zwischen Regierungs- und Parlamentsinitiativen zu unterscheiden, sondern zwischen Mehrheits- und Oppositionsinitiativen. Deutlich wird dann die Dominanz der Mehrheitsinitiative: Unter den 1990–2017 verkündeten Gesetzen beruhten auf Mehrheitsinitiativen (= alle Mehrheitsfraktionen oder Regierung) 88,8 %, hingegen auf solchen der Opposition nur 0,1 % (N=4); der Rest entstammte Bundesrats- und gemeinsamen Initiativen (Deutscher Bundestag 2021). *Es ist die Mehrheit, welche die legislative Funktion des Parlaments ausübt, und dies ist eine dem parlamentarischen Regierungssystem durchaus angemessene Praxis.*

Bei dieser Dominanz der Mehrheitsinitiative haben es kleinere Fraktionen schwer, sich öffentlich zu behaupten. Die erfolgreichen unter ihnen besetzen konsequent ein oder wenige Themenfelder und profilieren sich auf diese Weise: so die FDP mit Wirtschaft und Steuern, die Grünen mit Ökologie und Pazifismus, der BHE lange mit Vertriebenen- und die PDS mit ostdeutschen Belangen. Solche „Nischen" ermöglichen Überleben (Kranenpohl 1999, S. 180 ff.).

d) Die Ausschussphase – Züge eines Arbeitsparlaments

Nach der – meist nur formalen – 1. Lesung im Plenum wird ein Gesetzentwurf an die zuständigen Bundestagsausschüsse zur Bearbeitung überwiesen:

- Der federführende Bundestagsausschuss holt Stellungnahmen anderer berührter Ausschüsse ein und diskutiert den Entwurf Schritt für Schritt. Er beschließt Änderungen.
- Die so erarbeitete Ausschussfassung der Vorlage bildet die Basis für die 2. (und 3.) Lesung im Plenum. Dort trägt ein/-e Berichterstatter/-in des Ausschusses dessen Entscheidungen und die Begründungen vor. Änderungsanträge und Abstimmungen in der 2. Lesung sind zuvor in Fraktionssitzungen vorberaten, die zwischen dem Abschluss der Ausschussberatungen und 2. Lesung stattfinden.

7.5 Legislative Funktion: Zwischen Rede- und Arbeitsparlament 247

Die Bundestagsausschüsse sind daher der Ort, wo Vorlagen, nicht zuletzt solche, über die innerhalb des Regierungslagers Meinungsverschiedenheiten bestehen oder zuvor keine abschließende Klärung stattgefunden hat, *durchaus noch Änderungen* erfahren können. Gewiss handelt es sich dabei meist um Änderungen in zweitrangigen Fragen. Der „Schwerpunkt der parlamentarischen Arbeit" liegt daher in den Ständigen Ausschüssen des Bundestages, deren Beschlussempfehlungen an das Plenum „faktisch zumeist Entscheidungscharakter haben" (Ismayr 2009, S. 101).

Stellt man den *Typus des „Arbeitsparlaments"*, das die Gesetzesvorlagen im Einzelnen durcharbeitet und formuliert, dem des *„Redeparlaments"* britischen Musters gegenüber, in dem die Regierung ihre Gesetzesvorlagen unverändert durchbringt und deren parlamentarische Behandlung primär in der rhetorischen Auseinandersetzung für die Öffentlichkeit besteht, so ist der *Bundestag als „Mischform"* (Steffani 1967) bezeichnet worden.

e) Bundesrat und Vermittlungsphase

Das Verfahren im Bundesrat ist, schon wegen der gesetzten knappen Behandlungsfristen – sechs bzw. bei eilbedürftigen Gesetzen drei Wochen – geraffter als im Bundestag. Vorlagen gehen sofort in die Ausschüsse und werden dann in einer Plenarsitzung behandelt und entschieden. Dabei prägen *Vorklärungen und Rückkopplungen* den tatsächlichen Ablauf:

- Bereits während der Beratung in den Ausschüssen (wo jedes Land einen Sitz hat) stimmen sich deren Mitglieder mit ihren zuständigen Landesressorts, den Bevollmächtigten ihres Landes beim Bundesrat und der Staatskanzlei ihres Landes ab.
- Die Ausschussempfehlungen werden dann in den Landeskabinetten behandelt, welche die Position des Bundeslandes festlegen.
- Bei politisch brisanten Angelegenheiten haben die Bevollmächtigten gleicher parteipolitischer Couleur bereits zuvor eine gemeinsame Linie gesucht.
- In der abschließenden Plenarsitzung begnügt man sich dann mit der Darstellung und Begründung der eigenen Position; polemische Angriffe sind nicht üblich (Schmedes 2019, S. 45 ff.).

Bei Dissens zwischen Bundestag und Bundesrat, wenn der Bundesrat einem vom Bundestag beschlossenen Gesetz die Zustimmung verweigert, ruft dann häufig der Bundestag den *Vermittlungsausschuss* an. In einzelnen Wahlperioden hat es über 100 solcher Anrufungen gegeben (Kropp 2010, S. 62). Während das Analogon des Vermittlungsausschusses, das US-amerikanische Conference

Committee, von Fall zu Fall neu zusammengesetzt wird, stellt dieser ein allzuständiges Gremium dar. Angesichts seiner Größe sehen Akteure die Notwendigkeit, ihm eine vorbereitende „kleine Verhandlungsrunde" vorzuschalten, um Kompromisse zu finden (Struck 1994, S. 504).

In der Vergangenheit haben Kontinuität, Vertraulichkeit, Weisungsungebundenheit, nicht zuletzt pragmatische Einstellungen den Ausschuss – wenngleich auch dort nach „Parteiblöcken" getrennt vorberaten wird – befähigt, immer wieder in manchmal langen Pokerrunden „durch einen Tauschhandel erzielte(n) Kompromisse" zu finden, die von Bundestag und Bundesrat dann unverändert anzunehmen oder zu verwerfen sind (Hasselsweiler 1981, S. 201, 208, 282 ff.). Generell scheint die Tatsache, dass man für einen Kompromiss die Zustimmung beider Gesetzgebungsorgane benötigt, auch zu argumentativen Diskursen beigetragen zu haben (Spörndli 2004, S. 59, 176 f.). Die Quote erfolgreicher Kompromisse, bis 1972 bei 100 %, sank in den folgenden zwei Legislaturperioden auf 93 bzw. 83 %, um dann wieder die 100 zu erreichen (Lhotta 2001, S. 102 f.). 1990–98 scheiterten allerdings von 43 Gesetzen, denen der Bundesrat seine Zustimmung verweigerte, 19 endgültig (Ziller 1998, S. 14).

f) Grenzen parlamentarischer Entscheidung
Die Entscheidungskompetenz des Bundestages ist nicht uneingeschränkt. Über die Grenzen hinaus, die ihm in einem föderalen Verfassungsstaat mit richterlichem Prüfungsrecht und einer zweiten föderalen Kammer mit häufig absolutem Vetorecht (früher bei gut der Hälfte aller Bundesgesetze – Amm 2005, S. 97) gesetzt sind, ist er als Parlament im EU-Verbund kompetenzrechtlich eingeschränkt. Außerdem bestehen mehrere spezifische Begrenzungen:

Erstens: Der Bundestag stößt im *Bereich des Haushaltswesens* auf das in Art. 113 GG festgehaltene Vetorecht der Bundesregierung gegen Ausgaben erhöhende oder Einnahmen mindernde Parlamentsbeschlüsse. Diese Regelung richtet sich gegen einen allzu spendablen Bundestag.

Zweitens: Wie auch in anderen Staaten üblich, besitzt die Regierung das Recht, internationale Verträge abzuschließen, zu deren Gültigkeit es lediglich einer Ratifizierung bedarf. Bei dieser hat das Parlament nur mit Ja oder Nein abzustimmen. Änderungen sind nicht zulässig, da andernfalls, wenn viele beteiligte Parlamente etwas ändern wollten, ein Abschluss von multilateralen Verträgen faktisch unmöglich würde.

Ferner reduziert sich die legislative Rolle des Bundestages im Falle seiner Handlungsunfähigkeit. Nach Art. 81 GG kann nämlich, sofern es an einer regierungstragenden Mehrheit im Bundestag fehlt, der Bundespräsident/ die -präsidentin auf Antrag der Bundesregierung und mit Zustimmung des

7.5 Legislative Funktion: Zwischen Rede- und Arbeitsparlament 249

Bundesrates den „*Gesetzgebungsnotstand*" für eine dringliche Gesetzesvorlage erklären. Dies hat zur Folge, dass die Vorlage allein durch Zustimmung des Bundesrates Gesetzeskraft erlangen kann. Deutlich ist hier, wie das Grundgesetz einer Machtverlagerung aus dem Parlament hinaus Riegel vorzuschieben, zugleich aber notwendige Entscheidungen zu ermöglichen sucht.

Die gleiche Zielrichtung verfolgt das Grundgesetz für den *Verteidigungsfall*, wenn der Bundestag nicht zusammentreten kann. In diesem Fall übernimmt ein 48-köpfiger „Gemeinsamer Ausschuss" aus je einem weisungsungebundenen Vertreter eines jeden Bundeslandes und der doppelten Anzahl von Mitgliedern des Bundestages (die nach Verhältnis gewählt werden) die Funktionen von Bundestag und Bundesrat (Art. 53a und 115e GG).

Abschließend bleibt festzuhalten:

1. Der Repräsentationsanspruch des Bundestages, für das deutsche Volk zu sprechen, ist unbestritten und legitimiert sich durch freie Wahlen. Umfragen deuten lediglich auf Wünsche nach plebiszitären Ergänzungen, insbesondere bei Kompetenzabtretungen an die EU. Gestärkt wird der Bundestag in seiner Repräsentationsrolle durch einen im Ganzen bisher zufriedenstellenden Gesetzesoutput, hinsichtlich seiner Responsivität durch seine Parteienstrukturierung.
2. Der Dualismus Regierungsmehrheit – Opposition konnte bei der Ausübung der Funktionen des Bundestages (Wahlfunktion, Kontrolle, Gesetzgebung) als empirisch nachweisbare Realität gelten. Seit 2005 ist infolge der eingeschränkten Koalitionsmöglichkeiten (verändertes Parteiensystem!) die Regierungsbildung durch Wahl eines Bundeskanzlers erschwert. Ungewollte Koalitionen mit überdehntem Kompromisszwang implizieren nicht nur für die Regierungsparteien, sondern auch für den Bundestag einen unbefriedigenden Gesetzesoutput. Minderheitsregierungen, auch tolerierte, stellten kaum eine bessere Lösung dar.

Der Deutsche Bundestag ist nach dem Grundgesetz kompetenzrechtlich ein mächtiges Parlament, wie Martin Sebaldt (2009, S. 58, 227, 239 ff.; ders. 2013, S. 223, 226 ff., 235, 248) in einer vergleichenden Untersuchung von 23 etablierten Demokratien (anhand von über 30 Einzelvariablen) gezeigt hat. Er rangiert dabei an neunter Stelle, demgegenüber die Volksvertretungen Japans, Indiens, Kanadas, der USA, Großbritanniens und Frankreichs auf den Plätzen 17 bis 23. Ein Beispiel dafür, dass ein mächtiges Parlament „effektives staatliches Handeln" unnötig beeinträchtigen kann, scheint das italienische, das den 3. Platz unter den mächtigen Parlamenten einnimmt. Im Übrigen dürfte *Übergröße* ein *leistungsmindernder Faktor* sein (die größten Parlamente in Demokratien haben Großbritannien, Deutschland und Italien – größer als die der USA, Indiens oder Japans). Für den Bundestag als Parlament im EU-Verbund kommt hinzu, dass sich seine legislative Macht in dem Maße verringert, wie Gesetzgebungskompetenzen an die Europäische Union abwandern. Berücksichtigt man dies, wäre er wohl – wie andere Parlamente in der EU – in der Machtrangliste zurückzustufen.

Literatur

Altenhof, Ralf (2002): Die Enquete-Kommissionen des Deutschen Bundestages, Wiesbaden.
Amm, Joachim (2005): Die Macht des deutschen Bundesrates, in: Patzelt, Werner J. (Hrsg.): Parlamente und ihre Macht, Baden-Baden, S. 89 ff.
Bagehot, Walter (1963 [1867]): The English Constitution, London.
Barthelmes, Tanja (2007): An der Schnittstelle zwischen Wissenschaft und Politik? Hamburg.
Berg, Hans-Joachim (1982): Der Verteidigungsausschuß des Deutschen Bundestages, München.
Bergner, Ulrike (2018): Das Informationsverhalten von Bundestagsabgeordneten. Eine Analyse der Entscheidungsprozesse im parlamentarischen System, Baden-Baden.
Best, Heinrich/Jahr, Stefan (2006): Politik als prekäres Beschäftigungsverhältnis, in: Zeitschrift für Parlamentsfragen 37 (1), S. 63 ff.
von Beyme, Klaus (1970): Die parlamentarischen Regierungssysteme in Europa, München.
von Beyme, Klaus (1997): Der Gesetzgeber, Opladen.
Blischke, Werner (1984): Ungeschriebene Regeln im Deutschen Bundestag, in: Busch, Eckart (Hrsg.): Parlamentarische Demokratie, Heidelberg, S. 55 ff.
Blüm, Norbert (1976): Anpassung durch Überbeschäftigung, in: Aus Politik und Zeitgeschichte B 38, S. 24 f.
von Blumenthal, Julia (2009): Schach dem Premier!, in: dies./Bröchler, Stephan (Hrsg.): Müssen Parlamentsreformen scheitern? Wiesbaden, S. 11 ff.
Bräcklein, Susann (2006): Investigativer Parlamentarismus, Berlin.
Busch, Eckart (1973): Die Parlamentsauflösung 1972, in: Zeitschrift für Parlamentsfragen 4 (2), S. 213 ff.
Buzogány, Aaron/Kropp, Sabine (2014): Der Deutsche Bundestag im „Tal der Ahnungslosen"?, in: Kropp, Sabine/Kuhlmann, Sabine (Hrsg.): Wissen und Expertise in Politik und Verwaltung, Opladen, S. 161 ff.
Cancik, Pascale (2017): „Effektive Opposition" im Parlament – eine ausgefallene Debatte?, in: Zeitschrift für Parlamentsfragen 48 (3), S. 516 ff.
Chacón, Benedict et al. (Hrsg.) (2019): Untersuchungsausschüsse: Das schärfste Holzschwert des Parlamentarismus?, Berlin.
Dausend, Peter/Knaup, Horand (2020): „Alleiner kannst Du gar nicht sein". Unsere Volksvertreter zwischen Machst, Sucht und Angst, München.

Detterbeck, Klaus (2011): Parteien und Parteiensystem, Konstanz.
Deutscher Bundestag (2021): Datenhandbuch zur Geschichte des Deutschen Bundestages, Berlin, unter: https://www.bundestag.de/datenhandbuch (zuletzt geprüft am 28. Februar 2022).
Deutscher Bundestag (2022): Statistik der Gesetzgebung – 19. Wahlperiode. Parlamentsdokumentation, Berlin, unter: https://www.bundestag.de/resource/blob/533188/e5abf4bcbd952e18b6fa324737a99a65/gesetzgebung_wp19-data.pdf (zuletzt geprüft am 28. Februar 2022).
Diederich, Nils et al. (1990): Die diskreten Kontrolleure, Opladen.
Domes, Jürgen (1964): Mehrheitsfraktion und Bundesregierung, Köln.
Erdmann, Karl Dietrich (1959): Die Zeit der Weltkriege, in: Gebhardt, Bruno (Hrsg.): Handbuch der deutschen Geschichte, Bd. 4, 8. Aufl., Stuttgart, S. 348 ff.
Feldkamp, Michael F. (2011): Datenhandbuch zur Geschichte des Deutschen Bundestages 1990 bis 2010, Baden-Baden.
Friedrich, Manfred (1962): Opposition ohne Alternative? Köln.
Gehrig, Norbert (1969): Parlament – Regierung – Opposition, München.
Hasselsweiler, Ekkehart (1981): Der Vermittlungsausschuß, Berlin.
Heer, Sebastian (2015): Parlamentsmanagement. Herausbildungs- und Funktionsmuster parlamentarischer Steuerungsstrukturen in Deutschland vom Reichstag bis zum Bundestag, Düsseldorf.
Helms, Ludger (2000): Opposition nach dem Machtwechsel, in: Zeitschrift für Politikwissenschaft 10, S. 511 ff.
Hereth, Michael (1969): Die parlamentarische Opposition in der Bundesrepublik Deutschland, München.
Herzog, Dietrich et al. (1990): Abgeordnete und Bürger. Ergebnisse einer Befragung der Mitglieder des 11. Deutschen Bundestages und der Bevölkerung, Opladen.
Heuer, Ernst (1989): Wie kann die Rechnungshofkontrolle intensiviert werden?, in: von Arnim, Hans Herbert (Hrsg.): Finanzkontrolle im Wandel, Berlin, S. 111 ff.
Holtmann, Everhard (2000): Der selbstbestellte Vormund des Parlaments, in: Zeitschrift für Parlamentsfragen 31 (1), S. 116 ff.
Höpfner, Stefanie (2004): Parlamentarische Kontrolle in Deutschland und in der Europäischen Union, Hamburg.
Ismayr, Wolfgang (2008): Gesetzgebung in den Staaten der Europäischen Union im Vergleich, in: ders. (Hrsg.): Gesetzgebung in Westeuropa, Wiesbaden, S. 9 ff.
Ismayr, Wolfgang (2009): Funktionen und Willensbildung des Deutschen Bundestages im Wandel, in: Schöne, Helmar/von Blumenthal, Julia (Hrsg.): Parlamentarismusforschung in Deutschland, Baden-Baden, S. 95 ff.
Ismayr, Wolfgang (2013): Der Deutsche Bundestag, 3. Aufl., Bonn.
Jesse, Eckhard (1989): Der politische Prozess in der Bundesrepublik Deutschland, in: Weidenfeld, Werner/Zimmermann, Hartmut (Hrsg.): Deutschland-Handbuch, Bonn, S. 488 ff.
Karow, Sophie/Bukow, Sebastian (2016): Demokratie unter Zeitdruck? Befunde zur Beschleunigung der deutschen Gesetzgebung, in: Zeitschrift für Parlamentsfragen 47 (1), S. 69 ff.
Kempf, Udo (1986): Repräsentation, in: Mickel, Wolfgang W. (Hrsg.): Handlexikon zur Politikwissenschaft, Bonn, S. 441 ff.

Kluxen, Kurt (1956): Das Problem der politischen Opposition, München.
Knaut, Annette (2011): Abgeordnete als Politikvermittler, Baden-Baden.
Knorr, Heribert (1975): Der parlamentarische Entscheidungsprozeß während der Großen Koalition 1966 bis 1969, Meisenheim.
Korinek, Rebecca-Lea/Veit, Sylvia (2014): Wissenschaftliche Politikberatung als Grenzarbeit, in: Kropp, Sabine/Kuhlmann, Sabine (Hrsg.): Wissen und Expertise in Politik und Verwaltung, Opladen, S. 261 ff.
Koß, Michael (2021): Legislative Democracy in the Bundestag After Reunification, in: German Politics (online first), https://doi.org/10.1080/09644008.2021.2019712 (zuletzt geprüft am 3. Mai 2022).
Kralewski, Wolfgang/Neunreither, Karlheinz (1963): Oppositionelles Verhalten im Ersten Deutschen Bundestag 1949–1953, Köln.
Kranenpohl, Uwe (1999): Mächtig oder machtlos? Wiesbaden.
Krause, Joachim (1999): Der Bedeutungswandel parlamentarischer Kontrolle, in: Zeitschrift für Parlamentsfragen 30 (2), S. 534 ff.
Kropp, Sabine (2010): Kooperativer Föderalismus und Politikverflechtung, Wiesbaden.
Lhotta, Roland (2001): Konsens und Konkurrenz in der konstitutionellen Ökonomie bikameraler Verhandlungsdemokratie, in: Oberreuter, Heinrich et al. (Hrsg.): Der Deutsche Bundestag im Wandel, Wiesbaden, S. 93 ff.
Lipphardt, Hanns-Rudolph (1976): Die kontingentierte Debatte, Berlin.
Loewenberg, Gerhard (1969): Parlamentarismus im politischen System der Bundesrepublik Deutschland, Tübingen.
Loewenstein, Karl (1959): Verfassungslehre, Tübingen.
Lohmar, Ulrich (1975): Das Hohe Haus. Der Bundestag und die Verfassungswirklichkeit, Stuttgart.
Mandelartz, Herbert (1980): Das Zusammenwirken von Parlament und Regierung im Haushaltsvollzug, Frankfurt a. M.
Marschall, Stefan (2018): Parlamentarismus. Eine Einführung, 3. Aufl., Baden-Baden.
Münzing, Ekkehard/Pilz, Volker (2001): Aufgaben, Organisation und Arbeitsweise des Auswärtigen Ausschusses des Deutschen Bundestages, in: Oberreuter, Heinrich et al. (Hrsg.): Der Deutsche Bundestag im Wandel, Wiesbaden, S. 63 ff.
Niclauß, Karlheinz (2015): Kanzlerdemokratie. Regierungsführung von Konrad Adenauer bis Angela Merkel, 3. Aufl., Wiesbaden.
Nienhaus, Volker (1985): Konsensuale Gesetzgebung im Deutschen Bundestag. Zahlen und Anmerkungen zur 7. bis 9. Wahlperiode, in: Zeitschrift für Parlamentsfragen 16 (2), S. 163 ff.
Patzelt, Werner J. (1996): Deutschlands Abgeordnete. Profil eines Berufsstandes, der weit besser ist als sein Ruf, in: Zeitschrift für Parlamentsfragen 27, S. 462 ff.
Patzelt, Werner J. (1997): German MPs and Their Roles, in: The Journal of Legislative Studies 3 (1), S. 55 ff.
Petersen, Sönke (2000): Manager des Parlaments, Opladen.
Pfetsch, Frank R. (1990): Ursprünge der Zweiten Republik, Opladen.
Pilz, Volker (2007): Der Auswärtige Ausschuß des Deutschen Bundestages und die Mitwirkung des Parlaments an der auswärtigen und internationalen Politik, Berlin.
Pontzen, Daniel (2013): Politiker in der Medialisierungsspirale? Eine Abgeordnetenbefragung auf Landes-, Bundes- und EU-Ebene, Marburg.

Rausch, Heinz (1976): Bundestag und Bundesregierung, 4. Aufl., München.

Rousseau, Jean-Jacques (1959 [1762]): Staat und Gesellschaft – „Contrat Social", München.

Saalfeld, Thomas (1995): Parteisoldaten und Rebellen. Fraktionen im Deutschen Bundestag 1949–1990, Opladen.

Scharpf, Fritz W. (1973): Planung als politischer Prozeß, Frankfurt a. M.

Schindler, Danny (2019): Politische Führung im Fraktionenparlament. Rolle und Steuerungsmöglichkeiten der Fraktionsvorsitzenden im Deutschen Bundestag, Baden-Baden.

Schindler, Peter (1994): Datenhandbuch zur Geschichte des Deutschen Bundestages 1983 bis 1991, Baden-Baden.

Schindler, Peter (1999a): Datenhandbuch zur Geschichte des Deutschen Bundestages 1949 bis 1999, Baden-Baden.

Schindler, Peter (1999b): Deutscher Bundestag 1980 bis 1998, in: Zeitschrift für Parlamentsfragen 40 (4), S. 956 ff.

Schmedes, Hans-Jörg (2019): Der Bundesrat in der Parteiendemokratie. Aufgabe, Struktur und Wirkung der Länderkammer im föderalen Gefüge, Baden-Baden.

Schnapp, Kai Uwe (2004): Ministerialbürokratien in westlichen Demokratien, Opladen.

Schöler, Uli/von Winter, Thomas (2015): Die Wissenschaftlichen Dienste des Deutschen Bundestages, in: Andersen, Uwe (Hrsg.): Der Deutsche Bundestag, 2. Aufl., Schwalbach/Ts., S. 161 ff.

Schüttemeyer, Suzanne S. (1997): Manager des Parlaments zwischen Effizienz und Offenheit, in: Aus Politik und Zeitgeschichte B 36–37, S. 8 ff.

Schüttemeyer, Suzanne S. (1998): Fraktionen im Deutschen Bundestag 1949–1997, Opladen.

Sebaldt, Martin (1992): Innovation durch Opposition, in: Zeitschrift für Parlamentsfragen 23 (2), S. 238 ff.

Sebaldt, Martin (2001): Oppositionsstrategien im Vergleich, in: Hirscher, Gerhard/Korte, Karl-Rudolf (Hrsg.): Aufstieg und Fall von Regierungen, München, S. 113 ff.

Sebaldt, Martin (2009): Die Macht der Parlamente, Wiesbaden.

Sperling, Dietrich (1976): Die Anpassung der Anpassungsmechanismen, in: Aus Politik und Zeitgeschichte 38, S. 16 ff.

Spörndli, Markus (2004): Diskurs und Entscheidung, Wiesbaden.

Steffani, Winfried (1967): Amerikanischer Kongreß und Deutscher Bundestag – ein Vergleich, in: Kluxen, Kurt (Hrsg.): Parlamentarismus, Köln, S. 230 ff.

Struck, Peter (1994): Diskussionsveranstaltung der Deutschen Vereinigung für Parlamentsfragen, in: Zeitschrift für Parlamentsfragen 25 (3), S. 494 ff.

Sturm, Roland (1988): Der Haushaltsausschuß des Deutschen Bundestages, Opladen.

Sturm, Roland (1997): Aufgabenstrukturen, Kompetenzen und Finanzierung, in: Gabriel, Oscar W./Holtmann, Everhard (Hrsg.): Handbuch Politisches System der Bundesrepublik Deutschland, München, S. 619 ff.

Stüwe, Klaus (2001): Das Bundesverfassungsgericht als verlängerter Arm der Opposition? Eine Bilanz seit 1951, in: Aus Politik und Zeitgeschichte B 37-38, S. 34 ff.

Szabo, Zsolt (2015): Der zwingende Minderheitsantrag eines parlamentarischen Untersuchungsausschusses, in: Zeitschrift für Parlamentsfragen 46 (2), S. 328 ff.

Thaysen, Uwe (1976): Parlamentarisches Regierungssystem in der Bundesrepublik Deutschland, Opladen.
Veen, Hans-Joachim (1976): Opposition im Bundestag, Bonn.
Weber, Max (1922): Wirtschaft und Gesellschaft, Tübingen.
Werner, Camilla (1990): Wo sind die Rebellen im Parlament?, in: Zeitschrift für Parlamentsfragen 21, S. 404 ff.
Wissenschaftliche Dienste (2018): Die wissenschaftlichen Dienste des Deutschen Bundestages. Funktion, Struktur, Arbeitsweise, unter: https://www.bundestag.de/resource/blob/575586/75fcdf8e0ec4a094f3dbcf5a7e120a%20cb/wd-1-026-18-pdf-data.pdf (zuletzt geprüft am 18. Oktober 2022).
Witte-Wegmann, Gertrud (1972): Recht und Kontrollfunktion der Großen, Kleinen und Mündlichen Anfragen im Deutschen Bundestag, Berlin.
Wolf, George A. (2005): Die Optimierung von Auskunftspflichten im parlamentarischen Untersuchungsverfahren, in: Zeitschrift für Parlamentsfragen 36 (4), S. 876 ff.
Zeh, Wolfgang (2018): Abgeordnetenzahl im Parlament – zu groß, zu klein, gerade richtig?, in: Zeitschrift für Parlamentsfragen 49 (4), S. 744 ff.
Ziller, Gebhard (1998): Auch bei unterschiedlichen Konstellationen funktioniert alles ziemlich reibungslos, in: Das Parlament vom 18. September.

Die Bundesregierung: Probleme politischer Steuerung

8.1 Kanzlerdemokratie, Kabinetts- und Ressortprinzip

a) Probleme des Regierens
Der politische Regelungs- und Entscheidungsbedarf, den komplexe Gesellschaften haben, ist kaum durch große Versammlungen (wie Parlamente) zu befriedigen. Diese Tatsache begründet funktional die Ausdifferenzierung eines politischen Steuerungsorgans, der Regierung. Historisch freilich ist diese nichts anderes als die Fortsetzung des Kabinetts aus den Zeiten der Monarchie.

Parlamentarische Regierungen haben zwei Grundfunktionen zu erfüllen. Erstens eine *Steuerungsfunktion:* Regierung soll die politischen Absichten einer parlamentarischen Mehrheit in die Form konkreter Gesetzesvorschläge bringen und diesen zur Gesetzeskraft verhelfen. Regierungsaufgabe ist es dabei, eine Politik zu betreiben, die sich im Rahmen der Möglichkeiten bewegt und in sich einigermaßen widerspruchsfrei ist.

Zweitens eine *Durchführungsfunktion:* Regierung soll darüber hinaus durch ergänzende Rechtsetzung (Verordnungen) sowie durch organisatorische, personelle und sachliche Maßnahmen die Durchführung jener Gesetze sichern (Gesetzesvollzug). Allerdings fällt nicht jede Einzelfallentscheidung in den Zuständigkeitsbereich der Regierung. Vielmehr sind Entscheidungen von wesentlicher Bedeutung – etwa die Einführung von Sexualkunde im Schulunterricht – nach der Urteilspraxis des Bundesverfassungsgerichts dem parlamentarischen Gesetzgeber vorbehalten („Wesentlichkeitstheorie" – Kloepfer 1989, S. 190).

Politische Entscheidungen müssen drei Bedingungen erfüllen, um erfolgreich zu sein: Sie haben einer „Sachrationalität" (d. h. sachgerechte Problemlösung bieten), einer „Machtrationalität" (d. h. politisch erreichbar sein) und einer *administrativen Rationalität (d. h. implementierbar sein) zu folgen (*Grunden 2009, *S. 19 f.).* Der internationale Vergleich zeigt aber, dass „im Allgemeinen Regierungen an die Macht kommen mit

- inkonsistenten und vage definierten Handlungsprogrammen;
- dass sie geplagt werden von Mangel an Zeit, Information, Fachkenntnis, Energie und anderen Ressourcen;
- dass ihr Entscheidungsspielraum durch Verpflichtungen begrenzt wird, die sie von ihren Vorgängern erben;
- dass ihre Pläne häufig durch Ereignisse gestört werden, die sofortige Krisenbekämpfung erforderlich machen;
- dass, angesichts der Risiken von Neuem, Abwarten und Nichtstun häufig eine vernünftige Alternative scheint".

Infolgedessen sind demokratische Regierungen mit tiefgreifend veränderndem Politikoutput selten. Solche Reformregierungen erscheinen nur bei einer schweren Krise und starkem Wählermandat möglich, und selbst dann benötigen sie ein umfassendes Programm, eine fähige Führung sowie eine längere Amtsdauer (Keeler 1993, S. 434 ff.; Schmidt 2005, S. 52 ff.).

Der Normalfall ist daher ein Inkrementalismus demokratischer Politik mit kleinen, häufig auch wieder korrigierten Schritten statt des großen Wurfs. Dies ist nicht negativ zu bewerten, folgt man Karl Popper, der vor der Illusion einer umfassenden menschlichen Kalkulationskapazität warnt (Popper 1971). Zudem spricht auch ein „restriktive[s] Politikverständnis" angesichts selbstreferentieller gesellschaftlicher Subsysteme dafür, dass politischer Gestaltungswille auf Grenzen stößt: „Politisches Handeln kann ökonomisches, wissenschaftliches, erzieherisches etc. Handeln zwar ‚anstoßen', nicht aber kausal zielsicher determinieren; denn diese Bereiche gehorchen einem anderen operativen Modus, mithin einer anderen Rationalität und Kausalstruktur als politisches Handeln." (Willke 1991, S. 46).

In der Bundesrepublik Deutschland erscheint politische Steuerung besonders schwierig. Gewiss – die Vielfalt und Komplexität der Probleme ist die gleiche, mit der sich Politik auch anderswo in modern-ausdifferenzierten Gesellschaften auseinanderzusetzen hat. Außergewöhnlich aber ist die politische Machtstreuung (Steffani 1997), wie sie im heutigen Deutschland besteht. Zunächst: Das Verhältniswahlrecht führt fast stets zu *Koalitionsregierungen.* Dabei dominieren in der Bundesrepublik die von der ökonomischen Koalitionstheorie prognostizierten minimalen Gewinnkoalitionen: Einparteienregierungen kamen immer nur beim Zusammenbruch einer Koalition zum Tragen (1966 und 1982

8.1 Kanzlerdemokratie, Kabinetts- und Ressortprinzip

– beide Male auf Initiative der FDP) – und das auch nur für wenige Wochen. Und die letzte übergroße Koalition fand 1960 ihr Ende, als die DP die von Adenauer geführte Koalition verließ. All dies erzeugt erheblichen innergouvernementalen Kompromissbedarf. Dieser kann, wie 2009, bei der Regierungsbildung durch „dilatorische Formelkompromisse" manchmal nur scheinbar überbrückt werden, tatsächlich aber fortbestehen (Saalfeld 2010, S. 200, 206). Zweitens wirken institutionelle *Vetospieler* wie Bundesrat und Bundesverfassungsgericht mit, spielen Interessenorganisationen bei Entscheidungen (u. a. im Gesundheitswesen) eine Rolle bzw. entscheiden im Rahmen der Tarifautonomie selbst (konsttitutionelle und dezisive Gewaltenteilung). Drittens schließlich muss die Bundespolitik in einem politischen *Mehrebenensystem* operieren (föderative Gewaltenteilung), in dem sie Zuständigkeiten mit anderen Ebenen (Kommunen und Länder) teilt und insbesondere Entscheidungen der Europäischen Union zu beachten hat (Politikverflechtung – Scharpf et al. 1976). Fazit: Jeder Regierungspolitik drohen Blockaden, Behinderungen und Einschränkungen. Entscheidungen fallen daher häufig durch „Verhandlung" statt durch „Mehrheit", sodass man auch von Verhandlungsdemokratie spricht (Czada 2003, S. 53, 57).

Dass Bundesregierungen eher kleinteilige Politikergebnisse erreichen, kann also nicht überraschen. Die umfassendsten und nachhaltigsten Weichenstellungen hat wohl die Kanzlerschaft Adenauers hinterlassen (mit Westorientierung, Marktwirtschaft, Sozialgesetzgebung). Sie konnte sich auf klare Mehrheiten stützen und operierte in einer Situation des Neuanfangs. Spätere Regierungen haben, auch bei reformerischem Anspruch, derartige Wirkungen nicht gehabt. Es fehlte – glücklicherweise – an schweren Krisen, die radikale Veränderungen hätten anstoßen können.

b) Das Kanzlerprinzip – tatsächlich dominierend?

Organisation und Kompetenzregelungen der Bundesregierung suchen sie für ihre schwierige Aufgabe zu rüsten. Die rechtliche Struktur der Bundesregierung lässt sich anhand von drei, teilweise in Spannung zueinander stehenden Prinzipien darstellen: Kanzler-, Kabinetts- und Ressortprinzip.

Mehrere Kompetenzen verschaffen dem Bundeskanzler bzw. der Bundeskanzlerin eine herausragende Führungsstellung im Kreis der Regierungsmitglieder. Zu ihnen gehören

- die *Bildung der Bundesregierung:* Indem allein der Bundeskanzler/-die kanzlerin vom Bundestag gewählt und durch Wahl eines Nachfolgers/einer Nachfolgerin vom Bundestag abgelöst wird (Art. 63 und 67 GG) – Bundesminister/-innen hingegen auf seinen Vorschlag vom Bundespräsidenten/von der -präsidentin ernannt und entlassen werden (Art. 64 GG) –, verfügt innerhalb der Bundesregierung allein er/sie über eine Legitimation durch Wahl. Der Bundestag kann ihm/ihr bestimmte Minister/-innen nicht aufzwingen oder sie „herausschießen". Schließlich ist es auch der Bundeskanzler bzw. die -kanzlerin allein, der/die nach Art. 68 GG die Vertrauensfrage stellen und damit unter Umständen die Auflösung des Bundestages oder die Erklärung des Gesetzgebungsnotstandes ansteuern kann.

- die *Richtlinienkompetenz* des Bundeskanzlers/der Bundeskanzlerin nach Art. 65 GG: „Der Bundeskanzler bestimmt die Richtlinien der Politik und trägt dafür die Verantwortung". Hieraus folgt, dass dem Kanzler/der Kanzlerin auch nicht durch einen Mehrheitsbeschluss des Kabinetts eine Linie der Bundesregierung aufgedrückt werden kann. Die Richtlinienkompetenz wird gestützt durch das Recht des Kanzlers/der Kanzlerin, Minister/-innen zur Entlassung vorzuschlagen (ein Vorschlag, dem der Bundespräsident bzw. die -präsidentin zu folgen hat), sowie dadurch, dass er/sie nach Art. 65 GG die Geschäfte der Bundesregierung führt und über alle relevanten Maßnahmen und Vorhaben in den Ministerien zu unterrichten ist.
- die *Organisationsgewalt* des Bundeskanzlers/der -kanzlerin: Nach der Geschäftsordnung der Bundesregierung bestimmt der Bundeskanzler/die -kanzlerin Zahl und Geschäftsbereiche der Bundesministerien.

Die Konzentration auf den Kanzler/die Kanzlerin soll der Einheitlichkeit und Handlungsfähigkeit der Bundesregierung dienen. Allerdings, formelle Befugnisse bedeuten nicht auch deren freie, unbeeinflusste Ausübung durch den/die Kanzler/-in.

Über wie viel Spielraum er/sie tatsächlich verfügt, hängt vor allem von Umständen ab: von der Position in der eigenen Partei, der Koalitionskonstellation und von persönlichem Geschick.

Dies gilt bereits für die Auswahl der Minister/-innen. Durchgängige Regierungspraxis ist, den Koalitionspartnern bestimmte Kabinettssitze sowie deren personelle Besetzung zu überlassen. Eine ungewöhnliche Ausnahme war, dass Adenauer sich weigerte, Thomas Dehler (FDP) nach dessen Angriffen auf das Verfassungsgericht wieder zum Justizminister zu machen. Selbst innerhalb der eigenen Partei hat ein/-e Kanzler/-in Gruppierungen zu berücksichtigen, will er/sie nicht Widerstände und Gefährdungen der eigenen Position provozieren. Generell muss er/sie heute einen Parteien-, Regional- und Geschlechterproporz beachten, auch bei der Besetzung der Parlamentarischen Staatssekretärspositionen (Derlien 2001, S. 44 ff.). Von der Möglichkeit, Minister/-innen hinauszuwerfen, haben deutsche Bundeskanzler – im Unterschied zu Ministerschüben in Großbritannien – nur zurückhaltend Gebrauch gemacht. Geht es um politisch starke Minister/-

8.1 Kanzlerdemokratie, Kabinetts- und Ressortprinzip

innen und inhaltliche Differenzen, scheint der normale Ablauf eher: Konflikt des Ministers/der Ministerin mit der Kabinettsmehrheit, Isolierung im Kabinett, schließlich der von sich aus angebotene bzw. vollzogene Rücktritt – so und ähnlich bei Heinemanns Konflikt 1950 um die Wiederbewaffnung, bei Lücke 1968 wegen des Wahlrechts, Schiller 1972 wegen der Wirtschafts- und Lafontaine 1999 wegen der Finanzpolitik.

Auch wie der Bundeskanzler/die -kanzlerin seine/ihre Richtlinienkompetenz ausübt, hängt von der politischen Konstellation ab. Bereits die Offenheit des Begriffs „Richtlinien der Politik" – ausdeutbar als bloße Koordinierung (Eschenburg 1971, S. 365, 369) bis hin zur „gesamten politischen Leitung" (Knöpfle 1965, S. 860) – schließt deren Verständnis als einklagbarem Anspruch aus. Es war lediglich Konrad Adenauers monokratischer Regierungsstil, beruhend auf exzeptionellen Bedingungen (Verbindungsmonopol zur Alliierten Hohen Kommission, geringe Erfahrung der Nachkriegsminister (und einer Ministerin: Elisabeth Schwarzhaupt ab 1961) – Baring 1969, S. 65, 168), der in der Bundesrepublik vielfach zu einem übertriebenen Verständnis der Richtlinienkompetenz geführt hat. Nachdem noch die davon abfallende Wahrnehmung der Kompetenz durch Ludwig Erhard mehr als ein individualpsychologisches Problem begriffen wurde, brach mit der Großen Koalition von 1966 ein reduziertes Verständnis durch. Conrad Ahlers sprach (bezogen auf Kiesinger) vom Kanzler gar als „wandelnder Vermittlungsausschuß" (zit. nach Görtemaker 1999, S. 446). Tatsächlich kann die Bedeutung der Richtlinienkompetenz angesichts von Koalitionen nur in einer Entwicklung der Regierungsziele unter Beteiligung des Bundeskanzlers/der -kanzlerin bestehen, der/die sie dann zu den seinigen/ihrigen erklärt.

Um die mögliche Führung auszuüben, benötigt der Bundeskanzler/die -kanzlerin einen eigenen Apparat, das Bundeskanzleramt. Ohne dieses wäre er/sie „ein bedauernswerter Vollinvalide" im Vergleich zu Kabinettsmitgliedern mit großen Ministerien im Rücken (Hennis 1964, S. 19). Umfasse die Reichskanzlei noch 1932 nur 70 Stellen, darunter 35 Beamte (Knoll 2004, S. 71; Busse 2005, S. 19), so war das Bundeskanzleramt von Anfang an größer und hat im Laufe der Zeit den Umfang eines Ministeriums angenommen (vgl. Tab. 8.1). Seit Adenauer werden Koordination und Kontrolle des Regierungsprozesses dadurch unterstützt, dass

- im Bundeskanzleramt ein Referentensystem mit sachlichen Zuständigkeitsbereichen parallel zu dem in den Ministerien aufgebaut wurde („Spiegelreferate"), was es erleichtert, die innerministeriellen Arbeiten zu verfolgen;
- eine regelmäßige Konferenz der Staatssekretäre bzw. -sekretärinnen (deren Karriere man vom Bundeskanzleramt aus zu steuern sucht) den Informationsfluss fördert und die Staatssekretäre/-sekretärinnen partiell zu Instrumenten zentraler Kontrolle umfunktioniert.

Tab. 8.1 Personal und Ausgaben der Bundesministerien 2021 (besetzte Planstellen)

	Personal[a]		Ausgaben
	unmittelbar	nachgeordnet	(Mrd. Euro)
Bundeskanzleramt	1 707	2 400	3,7
Auswärtiges Amt	7 153	608	6,3
Bundesministerium des Innern	2 166	82 319	18,5
der Justiz und für Verbraucherschutz[b]	1 530	3 953	1,0
der Finanzen	2 102	47 634	8,7
der Verteidigung	1 785	74 157	46,9
für Wirtschaft und Energie	2 185	7 420	10,4
für Ernährung und Landwirtschaft	1 065	3 669	7,7
für Arbeit und Soziales	1 470	1 359	164,9
für Verkehr und digitale Infrastruktur	1 464	24 329	41,2
für Gesundheit	854	2 188	36,3
für Umwelt, Naturschutz, Bau und Reaktorsicherheit	1 215	3 011	2,7
für Familie, Senioren, Frauen und Jugend	803	1 397	13,1
für wirtschaftliche Zusammenarbeit und Entwicklung	1 014	–	12,4
für Bildung und Forschung	1 356	6	20,8
Insgesamt	33 277	254 479	498,6[c]

[a] Nachgeordnet sind Bundesämter, Bundespolizei, Oberfinanzdirektionen etc. Bei Bundesorganen außerhalb der Regierung arbeiten im Bundespräsidialamt 238, beim Bundestag 2 771, Bundesrat 214, Bundesverfassungsgericht 174, Bundesrechnungshof 1 162, Datenschutzbeauftragten 347 Personen. Hinzu kommen 678 Professorinnen und Professoren verschiedener Ressortzugehörigkeit sowie 198 102 Planstellen für Soldatinnen und Soldaten
[b] Hier nicht eingeordnet sind hier nicht die Richter der Bundesebene, insgesamt 638 Stellen.
[c] Nicht einzelnen Ministerien zuzuordnen sind die Bundesschuld (10,8 Mrd. Euro Schuldendienst) und die Allgemeine Finanzverwaltung (92,2 Mrd. Euro). Ausgaben für Bundesorgane außerhalb der Regierung kommen hinzu.
Quelle: Deutscher Bundestag (2020, S. 18, 69–81) (z. T. Umrechnungen).

Spätere Versuche insbesondere unter Bundeskanzler Brandt, das Kanzleramt zu einer beherrschenden Steuerungszentrale auszubauen, scheiterten jedoch am Widerstand selbstbewusster Minister/-innen und eifersüchtiger Ressortbürokratien. In der Gegenwart – kleinere und größere Reorganisationen nach

8.1 Kanzlerdemokratie, Kabinetts- und Ressortprinzip

Regierungswechseln sind üblich – besteht die Spitze des Amtes aus dem Kanzlerbüro (Reden, Eingaben, Pressebetreuung, Medien) und dem Büro für den Kanzleramtschef; jüngst (und nur für fünf Monate im Jahr 2022) noch ergänzt durch einen „Corona-Krisenstab". Der Leitungsebene unterstehen sieben Abteilungen sowie vier „Staatsminister/-innen" (Koordination der Bund-Länder-Beziehungen, Kultur/Medien, Migration/Flüchtlinge/Integration und Ostdeutschland/gleichwertige Lebensverhältnisse – Presse- und Informationsamt der Bundesregierung 2022). Das eigentliche Amt ist dem Bundeskanzleramtsminister bzw. der -ministerin unterstellt, der/die zugleich Beauftragte/-r für die Nachrichtendienste des Bundes ist. Die Abteilungen untergliedern sich derzeit in insgesamt 59 Referate. Die wichtigsten Funktionen des Amtes sind: Information des Kanzlers/der Kanzlerin, Lieferung politischer Impulse, Koordinierung der Ministerien, die eines Kabinettsekretariats, Schnittstelle im Gesetzgebungsprozess, Verteilung parlamentarischer Fragen an die Ressorts (Busse und Hofmann 2017, S. 48 ff.). Wieweit das Bundeskanzleramt selbst größere Problemlösungen entwickeln könnte, bleibt zweifelhaft. Als Zeichen seiner Bedeutung kann man aber werten, dass der Chef/die Chefin des Kanzleramtes – anfänglich ein Staatssekretär – immer wieder auch den Rang eines Ministers/einer Ministerin innehat (so 1964–66, 1969–72, 1984–98, seit 2005). Jenseits der formellen Hierarchie gelten manche Amtsangehörige als enge Zuarbeiter/-innen und Vertraute eines Bundeskanzlers/einer -kanzlerin – bei Merkel die „Morgenlage" aus etwa zwölf Personen, mehrheitlich aus dem Bundeskanzleramt, dazu Vertreter/-innen der Unionsfraktion (Korte 2011, S. 132; Grunden 2011, S. 266). Solch ein „Küchenkabinett" dient als „Beratungszirkel" (Müller und Walter 2004, S. 10, 195), stellt aber kein Machtzentrum dar.

Der dem Bundeskanzler/der -kanzlerin unmittelbar unterstellte Bundesnachrichtendienst (BND) verschafft wenig zusätzliches Gewicht, zumal der Dienst nur für das Ausland zuständig ist. In gewissem Maße könnte das ihm/ihr ebenfalls unterstellte Presse- und Informationsamt der Bundesregierung, kurz „Bundespresseamt" (Borucki 2021), Möglichkeiten zur Darstellung der Regierungspolitik eröffnen. Seit einiger Zeit repräsentiert die Spitze die gesamte Koalition. Die Parteien der seit 2021 regierenden Ampelkoalition einigten sich auf Steffen Hebestreit (Regierungssprecher – SPD), Wolfgang Büchner (stellv. Regierungssprecher – FDP) und Christiane Hoffmann (stellv. Regierungssprecherin – Bündnis 90/Die Grünen).

Der in der deutschen Öffentlichkeit seit den fünfziger Jahren eingeführte und in der Politikwissenschaft übernommene Begriff der Kanzlerdemokratie sucht sowohl die verfassungsrechtliche als auch die faktische Stellung eines starken Kanzlers/einer starken Kanzlerin zu erfassen. Als Kriterien werden hierfür genannt: tatsächliche Ausübung der Kanzlerrechte, Führung der größten

Regierungspartei, Engagement in der Außenpolitik, starke Medienpräsenz des Kanzlers/der Kanzlerin u. a. (Niclauß 2015, S. 64 f.). Mancher Autor begrenzt den Begriff auf die Ära Adenauer (Doering-Manteuffel 1991, S. 4). Für die Zeit danach spricht man auch von einer „Koordinationsdemokratie", in welcher der Kanzler/die Kanzlerin nur eine koordinierende Rolle spiele (Jäger 1988).

Tatsächlich haben die bisherigen Kanzler und die Kanzlerin ihr Amt unterschiedlich ausgeübt. Neben Adenauer und Schmidt, die mit dem administrativen Apparat systematisch arbeiteten, standen Brandt und Kohl mit ihrem eher persönlich-informellem Arbeitsstil (Müller-Rommel 1994, S. 112 ff.). Während Adenauer, Kohl und Brandt starke Vorsitzende der größten Regierungspartei waren, fehlte es Schmidt, Erhard und dem späteren Schröder an derartigem Rückhalt. Waren Kanzler/-innen wie Adenauer ab 1961, Erhard, Schmidt, Kiesinger, Merkel und weithin Kohl in Koalitionsrunden eingebunden, so verfügten der frühe Adenauer, Brandt und zeitweilig Kohl über mehr individuellen Handlungsspielraum (Rudzio 2005, passim). Wichtig ist, ob ein Koalitionspartner über alternative Koalitionsoptionen verfügt oder nicht. Bei Schröder und Brandt stärkte auch mediale Resonanz ihre Position (Korte und Fröhlich 2004, S. 344 f.). Das mediale Bild Brandts war „gespalten": Charisma einerseits, Skepsis hinsichtlich sachlicher Arbeit andererseits (Klecha 2012, S. 101). Schröders Regierungsstil mangelte es, so ein Kenner seiner Politik, vor allem an „Geduld und Beharrlichkeit" (Hennecke 2005, S. 18; Hennecke 2003).

Der Stil von Merkel, nach eigener Darstellung „auf Sicht" arbeitend, im übrigen präsidial und um mediale Selbstdarstellung bemüht (Langguth 2009, S. 32), machte das Beste aus ihrer Lage an der Spitze einer Großen Koalition. Ihr damaliger Stil „effizienter Prinzipienlosigkeit" (Korte 2010, S. 115) setzte sich aber auch während der schwarz-gelben Koalition 2009–13 fort. Bei wichtigen Entscheidungen trat ein weiterer Zug bei ihr hervor: Sie plötzlich zu fällen – auch ohne Gesetz oder Votum des Parlaments. So lief es beim Fukushima-Unglück 2011, als sie 72 h nach dem Unfall den Ausstieg aus der Atomenergie einleitete; bei der Eurokrise Griechenlands 2008 zögernd, dann aber nach Verschiebungen der öffentlichen Meinung schnell Verpflichtungen eingehend; angesichts der Flüchtlingskrise 2015 die Kehrtwende ganz vom Kanzleramt aus vollziehend; aber auch mit Blick auf die Regierungskrise in Thüringen 2020. Stets folgte sie vorherrschendem Medientenor, stets wurde die repräsentative Demokratie „ausgehebelt" (Weidenfeld 2016, S. 123 ff.). Allerdings wich der Stil während der Corona-Pandemie ab, wurde Merkel ein um breite Zustimmung bemühtes und an die Einsicht der Bürger appellierendes, „kuratiertes Regieren" (Korte 2021) attestiert. Nicht auf die Art ihres Vorgehens, sondern auf Folgewirkungen ihrer gesamten Politik hebt Werner Patzelt (2017, S. 27 f.) ab, der ein „Auseinanderdriften Europas", eine „Überforderung" der deutschen Einwanderungsgesellschaft, „Entprofilierung" der CDU und hingenommene Etablierung der AfD negativ auf ihr Konto verbucht.

c) Kabinettsprinzip und Flaschenhalsproblem
Die Kabinettskonstruktion des Grundgesetzes lässt die Bundesregierung dagegen eher als Kollegialorgan erscheinen. Hierfür sprechen:

- kollektive Handlungsbefugnisse nach außen: Nicht der Bundeskanzler/ die -kanzlerin, sondern nur das Kabinett als Ganzes vermag als „Bundesregierung" im Gesetzgebungsprozess durch Gesetzesinitiativen und Stellungnahmen zu Bundestagsvorlagen zu agieren (Art. 76 GG). Ebenso können die Bundesregierung als Kollektiv oder einzelne Minister/-innen zum Erlass von Rechtsverordnungen ermächtigt werden (Art. 80 GG), darf nur sie (mit Zustimmung des Bundesrates) allgemeine Verwaltungsvorschriften erlassen, das Bundesverfassungsgericht anrufen (Art. 93 Abs. 1 GG) und die Zustimmung zu kostenwirksamen Gesetzen erteilen, die ihren Haushaltsplan ändern (Art. 113 GG).
- kollektive regierungsinterne Kompetenzen: „Über Meinungsverschiedenheiten zwischen den Bundesministern entscheidet die Bundesregierung", sagt Art. 65 GG, was eine Schiedsrichterrolle des Bundeskanzlers/-der kanzlerin ausschließt. Auch sind dem Kabinett die Vorschläge zur Ernennung politischer und höherer Beamter/Beamtinnen des Bundes zur Entscheidung vorzulegen.

Das Bundeskabinett besteht aus dem Bundeskanzler bzw. der Bundeskanzlerin und den Bundesminister/-innen. An seinen Sitzungen nehmen darüber hinaus die Chefs bzw. Chefinnen von Bundespräsidialamt und Bundespresseamt, zuweilen auch – auf Einladung des Kanzlers/der Kanzlerin – bestimmte Mitglieder der Koalitionsfraktionen u. a. teil. Es tritt üblicherweise einmal wöchentlich, am Mittwochvormittag, zusammen. Hinzu kommen gelegentlich längere Klausurtagungen zur Beratung größerer Perspektiven. In Routinesitzungen werden zunächst Gesetzes-, Verordnungs-, Berichts- und Antwortvorlagen beschlossen, die keiner mündlichen Aussprache bedürfen. Dann folgen Erörterungen und Entscheidungen zu diskussionsbedürftigen Gesetzentwürfen, zu Personalangelegenheiten, zur internationalen Lage und zur Situation im Bundesrat.
Die Beratungen können je nach Gegenstand und Leitungsstil des Bundeskanzlers/der -kanzlerin ausgreifend und diskursiv – so unter Erhard, Kiesinger und Brandt – oder knapper auf die abschließende Entscheidung gerichtet sein. Die Beschlüsse werden in aller Regel einhellig gefasst; Zustimmung gilt als

gegeben, wenn niemand widerspricht (Busse 2005, S. 81 et passim). Formelle Abstimmungen sind die Ausnahme, die man gerade bei brisanten Fragen aus Rücksicht auf den/die kleineren Koalitionspartner vermeidet. Kommt es zu einem derartigen Vorgang – etwa als im Mai 1969 die geschlossene CDU/CSU-Regierungsriege die SPD-Minister in Fragen DM-Aufwertung niederstimmte –, so deutet dies auf das baldige Ende einer Koalition hin. Auch das unterschiedliche politische Gewicht der Kabinettsmitglieder spricht gegen Entscheidungen per Abstimmung.

Ein weiteres Problem kabinettsinterner Entscheidungspraxis ergibt sich aus der ständigen Zeitnot überlasteter Regierungsmitglieder. Sie schließt eine höhere Sitzungsfrequenz des Kabinetts aus und lässt es leicht zum Flaschenhals werden, vor dem sich Entscheidungen aufstauen. Das Kabinett behandelt jährlich etwa 800 Punkte, d. h. bei 40 Sitzungen durchschnittlich etwa 20 Tagesordnungspunkte pro Sitzung (Müller-Rommel 2000, S. 89). *Im Regierungsapparat hat sich daher ein entlastendes System von interministeriellen Ausschüssen und Kabinettsausschüssen zur Vorklärung und Vorentscheidung entwickelt, innerhalb dessen Meinungsverschiedenheiten möglichst bereits im Vorfeld des Kabinetts ausgeräumt werden.* Auch Gespräche des Bundeskanzlers/der -kanzlerin mit einem/r oder mehreren Minister/-innen können bei Differenzen helfen, werden von Minister/-innen auch zur Unterstützung ihrer Anliegen gesucht. Eine herausragende Rolle spielt, ähnlich wie in anderen Demokratien, der/die Finanzminister/-in mit seiner/ihrer Querschnittskompetenz für den Haushalt. Dieses Ministerium ist bei der Vorbereitung aller finanzwirksamen Gesetzentwürfe hinzuzuziehen, und nicht selten gilt er als „Reserve-Kanzler/-in" in der Regierung – so z. B. Schäffer, Stoltenberg, Lafontaine und Schäuble.

Dass bei gutem Koalitionsklima die meisten Vorlagen schließlich im Kabinett unstrittig sind, großenteils gar im schriftlichen Umlaufverfahren erledigt werden können, scheint Folge solcher Vorklärungen vor den Türen des Kabinettssaales. Eine Rolle spielen auch ständige Kabinettsausschüsse. Sie setzen sich jeweils aus mehreren Regierungsmitgliedern zusammen – mit benachbarten Zuständigkeiten, daneben die verschiedenen Koalitionsparteien repräsentierend. Während zeitweise zwölf Kabinettsausschüsse bestanden, ist deren Zahl seit längerem zurückgegangen. Der Bundessicherheitsrat mit eigener Geschäftsordnung genehmigt u. a. Deutschlands Rüstungsexporte. Zu den jüngeren Kabinettsausschüssen zählen das „Klimakabinett" (2019) unter Angela Merkel, ihr (kleines und großes) „Corona-Kabinett" (2020) und der Kabinettsausschuss „zur Bekämpfung von Rechtsextremismus und Rassismus" (2020). Derartige Entlastungen werden mit einer gewissen Verlagerung von Entscheidungen auf die Ministerialbürokratie erkauft. Ministerialbeamt/-innen sind nicht nur in den interministeriellen Ausschüssen unter sich, sondern spielen auch in Sitzungen der Kabinettsausschüsse eine beachtliche Rolle (Brauswetter 1976, S. 157 f.; Lepper 1976, S. 437.). Im Ganzen aber spielen Kabinettsausschüsse in Deutschland eine weit geringere Rolle als etwa in Großbritannien oder Kanada.

d) Ressortprinzip und Ministerien
Das Ressortprinzip als drittes Prinzip der Regierungsstruktur besagt, dass Minister/-innen in ihrem Zuständigkeitsbereich eigenständig arbeiten: „Innerhalb dieser Richtlinien [des Bundeskanzlers] leitet jeder Bundesminister seinen Geschäftsbereich selbständig und unter eigener Verantwortung" (Art. 65 GG). Der Bundeskanzler/Die Bundeskanzlerin kann also nicht über den Kopf von Minister/-innen hinweg in ein Ministerium hineinregieren.

Somit stellen die Ministerien klar voneinander unterscheidbare Einheiten dar. In ihnen spiegeln sich die Handlungsfelder des Staates wider. Zu den älteren klassischen Ressorts, die primär Ordnungs- und Sicherheitsfunktionen dienen – Inneres, Äußeres, Justiz, Finanzen, Verteidigung –, traten später Wirtschafts-, Arbeits- und Landwirtschaftsministerium hinzu, während andere wie die für Bildung/Forschung, für wirtschaftliche Zusammenarbeit, für Umwelt, für Familie oder für Verkehr erst in jüngerer Vergangenheit entstanden.

Ressortzuschnitt und Abgrenzung der Zuständigkeiten zwischen den Ministerien sind stets auch von politischen Erwägungen bestimmt. So sollte in der Ära Kohl mit der Errichtung des Umweltministeriums signalisiert werden, welche Bedeutung man dem Thema zumesse. Die Bildung von Ministerien für Frauen und Jugend, Familien und Senioren geht von einer klientelistischen Zuständigkeitsdefinition aus. Auch die Inflationierung von „Beauftragten" – für Datenschutz, für Integration u. a. – dient offensichtlich der „symbolischen Repräsentation von Problemgruppen" und fördert „eine weitere Aufweichung" des Ressortprinzips (Derlien 1990, S. 97 ff.). Bei der Regierungsbildung 2021 änderte sich – per Organisationserlass des Bundeskanzlers vom 8. Dezember 2021 – ein weiteres Mal der Zuschnitt der Ressorts: Die Verantwortung für „Wohnen, Stadtentwicklung und Bauwesen" wurde dem Innenministerium genommen und einem eigenen Ressort überantwortet; der Klimaschutz wechselte vom Umwelt- zum Wirtschaftsministerium. Das Thema „Heimat" blieb beim Innenministerium.

Die Zahl der Beschäftigten in den einzelnen Ministerien bemisst sich wesentlich danach, wieweit ein Ressort neben Rechtsetzungsaufgaben selbst auch exekutive Aufgaben erfüllt. Reine Gesetzgebungsministerien zu schaffen, wird mit dem Argument abgelehnt, Implementationserfahrungen gäben wichtige Anregungen zu Rechtskorrekturen.

8.2 Entscheidungszentrum: Kabinett oder Koalitionsausschuss?

a) Strukturelle Schwächen des Kabinetts
Im Rahmen der Funktionslogik des parlamentarischen Regierungssystems wäre vom Kabinett eine Funktion als politisches Entscheidungszentrum zu erwarten, mithin ein Gremium, das Entscheidungen trifft und bis zur formellen Verbindlichkeit durchsetzt. Erfüllt das Kabinett in der Bundesrepublik tatsächlich diese Funktion? Was die zahllosen Angelegenheiten betrifft, die nicht im Rampenlicht des politischen Interesses stehen, ist bereits dargestellt, dass sich Entscheidungsprozesse teilweise auf die Ministerialbürokratie, interministerielle und Kabinettsausschüsse verlagern (Abb. 8.1). Um der Entlastung des Kabinetts willen kann man dies akzeptieren.

Die Frage lässt sich also einengen: Welche Rolle spielt das Kabinett bei politisch relevanten und brisanten, d. h. für den Fortbestand der Regierung wichtigen Themen? Auch auf diesem Feld ist das Kabinett infolge struktureller Schwächen nicht in der Lage, die Rolle eines Entscheidungszentrums zu spielen. Vielmehr ist seine Funktion dahingehend charakterisiert worden, dass in ihm Entscheidungen „are approved rather than made" und lediglich einem „final political check" unterworfen werden (Müller-Rommel 1988, S. 181); es sei „mehr Akklamationsorgan als Entscheidungsstätte" (Helms 1996, S. 704). Eine erste Ursache hierfür liegt in seiner Konstruktion als politischem Führungsorgan und zugleich „Versammlung selbständiger Behördenleiter" (Hüttl 1967, S. 10; Rudzio 2005, passim). Letzteres führt unter Fachgesichtspunkten etc. auch politisch weniger Einflussreiche ins Kabinett. Minister/-innen von außerhalb des Bundestages zu berufen, erklärt sich aus Schwächen des parlamentarischen Personalangebots und zuweilen aus einer geringeren Bedeutung der Fraktionen, solange ein/-e Kanzler/-in in Partei und Öffentlichkeit gut ankommt. So waren seit 1949 insgesamt nicht weniger als 59 Kabinettsmitglieder ohne Bundestagsmandat (Deutscher Bundestag 2021). Folgenreich ist ferner, dass Regierungsmitglieder auch mit Ressortarbeiten marginaler politischer Bedeutung zu tun haben. Die Zeit für politisches Kontakthalten wird knapper.

Zum zweiten müssen die Bedingungen für Entscheidungsfindung als suboptimal bezeichnet werden, da die Größe des Kabinetts mit 15 bis 20 Mitgliedern den nach Erkenntnissen der Organisationssoziologie für Entscheidungsgremien günstigsten Umfang von sechs bis acht Mitgliedern deutlich überschreitet. Zusätzlich belasten untergeordnete Fragen die Sitzungen. Das Kabinett wird so zu einem Gremium, das kaum ohne Vorentscheidungen auskommen kann.

Schließlich eine dritte Ursache: Eine Entscheidung muss auch durchgesetzt werden. Das soll nicht heißen, dass politisches Entscheiden mit dem Auffinden der Resultante eines politischen Kräfteparallelogramms gleichzusetzen wäre. Dem stünde nicht nur bewusster Gestaltungswille politischer Akteure entgegen, sondern auch die unvermeidliche Unvollkommenheit politischer Information. Durchsetzungschancen hängen daher auch vom Machtgewicht des entscheidenden Gremiums selbst ab, d. h. dass man seiner Entscheidung, weil es eben seine ist, eine Folgebereitschaft entgegenbringt. In dieser Hinsicht besteht eine Strukturschwäche des Kabinetts insofern, als ihm politische Schwergewichte der Regierungsparteien nicht angehören. Zu diesen zählen a priori die Vorsitzenden der Regierungsfraktionen, außerdem immer wieder auch Vorsitzende von Regierungsparteien – so zeitweilig Mende/FDP, Strauß/CSU, Brandt/SPD, Gerhardt/FDP, Müntefering u. a./SPD, Stoiber/CSU sowie bis 2017 Seehofer/CSU.

Das Problem scheint kaum abschließend lösbar. Denn während die Entscheidungsfähigkeit eines Gremiums mit dessen Verkleinerung und politischer Homogenität anwächst, erfordert starkes Durchsetzungspotenzial genau gegenläufig die Einbeziehung möglichst vieler Politiker/-innen und unterschiedlicher politischer Kräfte.

In der Geschichte der bundesdeutschen Regierungspraxis finden sich durchaus Bemühungen, das Kabinett institutionell zu stärken. Sie setzten ein mit Adenauers Versuchen, die Dualität Regierung – Fraktionsführung zu überwinden: einmal durch Teilnahme der Vorsitzenden der Regierungsfraktionen an wichtigen Kabinettssitzungen, wie auch später von der sozialliberalen Koalition praktiziert (Brauswetter 1976, S. 141), zum anderen 1953 durch die Einführung von Sonderministern ohne Geschäftsbereich, die jeweils eine Koalitionsfraktion repräsentierten und diese mit dem Kabinett verklammern sollten (Friesenhahn 1971, S. 139). Indem diese aber als Minister ohne Ressort einer Minderbewertung unterlagen, war das enttäuschende Ergebnis, „dass sobald ein Mitglied einer Fraktion […] Sonderminister geworden war, sein Einfluss und sein Ansehen in seiner Fraktion bedenklich sanken", so Konrad Adenauer am 19. Januar 1956. Das Durchsetzungspotenzial des Kabinetts wurde kaum gesteigert. Spätere Bundesminister ohne Ressort blieben eine vorübergehende, mit der deutschen Vereinigung verbundene Erscheinung.

In anderer Form wurde die Linie, das Kabinett zu stärken, mit der Einführung Parlamentarischer Staatssekretäre/-sekretärinnen nach britischem Vorbild wieder aufgenommen. Das sie institutionalisierende Gesetz umriss 1967 ihre Rolle folgendermaßen: „Mitgliedern der Bundesregierung können zu ihrer Unterstützung Parlamentarische Staatssekretäre beigegeben werden;

sie müssen Mitglieder des Deutschen Bundestages sein"[1]. Als Bundeskanzler Schröder den Nicht-Parlamentarier Naumann zum „Staatsminister" für Kulturfragen berufen wollte, strich man die Parlamentarier-Bedingung für Bundeskanzler- und Auswärtiges Amt aus dem Gesetz (Hefty 2005, S. 124). Die Anzahl Parlamentarischer Staatssekretäre und -sekretärinnen stieg fortlaufend von sieben im Jahre 1967 auf 33 im Jahre 1991, ging zeitweilig zurück, um dann wieder anzuwachsen (2022: 37).

Prinzipiell entlasten Parlamentarische Staatssekretäre und -sekretärinnen (im Bundeskanzler- und im Auswärtigen Amt mit dem Titel „Staatsminister/-in") ihre Minister/-innen in zweierlei Hinsicht: durch Übernahme von Aufgaben im Ministerium und durch Vertretung des Ministers/der Ministerin im politischen, insbesondere parlamentarischen Bereich. Rasch beantworteten die Parlamentarischen Staatssekretäre/-sekretärinnen fast die Hälfte der mündlichen Anfragen. Die Beantwortung Kleiner Anfragen behielten sich die Minister/-innen überwiegend und die Großer Anfragen gänzlich vor (Laufer 1969, S. 112). Die Übernahme von Aufgaben im Ministerium hingegen stieß auf Widerstände vor allem der beamteten Staatssekretäre/-sekretärinnen. Überwiegend haben die Parlamentarischen Staatssekretäre/-sekretärinnen keine festen Zuständigkeiten erringen können. Stattdessen ist zeitweilig eine dritte Funktion des Amtes, Ministernachwuchs anzulernen, wirksam geworden – besonders unter der Kanzlerschaft Helmut Schmidts, als sich neue Minister/-innen mehrheitlich aus dem Kreis der Parlamentarischen Staatssekretäre rekrutierten. Unter Merkel kamen Altmaier, Braun, Gröhe, Hendricks, Lambrecht, Müller, Scheuer, Schmidt, Steinmeier, Zypries (die jedoch zuvor schon Ministerin gewesen war), unter Scholz nur Lambrecht (die aber schon zuvor Ministerin war) aus dieser Gruppe. Eine vierte Funktion, die gegenseitiger Kontrolle der Koalitionspartner, indem ein/-e Parlamentarische/-r Staatssekretär/-in mit einem Minister/einer Ministerin einer anderen Partei zusammengekoppelt wird, ist in der deutschen Regierungspraxis nur zeitweilig und teilweise erkennbar. Während der 19. Wahlperiode von 2017 bis 2021 gab es eine solche Konstellation nicht (Deutscher Bundestag 2021), in der Legislatur zuvor bestand sie nur im Bundeskanzler- und im Auswärtigen Amt (Saalfeld et al. 2019, S. 275 f.).

In welchem Umfang und ob man überhaupt Parlamentarische Staatssekretäre/-sekretärinnen benötigt, bleibt umstritten. Nach einer neueren Untersuchung hat sich die Institution „nicht bewährt" (Hefty 2005, S. 289). Zumindest für eine

---

[1] Sie werden auf Vorschlag des Bundeskanzlers im Einvernehmen mit dem zuständigen Bundesminister durch den Bundespräsidenten ernannt und entlassen (Laufer 1969, S. 105 f.).

8.2 Entscheidungszentrum: Kabinett oder Koalitionsausschuss? 269

Stabilisierung von Regierungen scheint sie aber nicht uninteressant, kann man doch mit der Vergabe gut dotierter Positionen an Abgeordnete Regierungen stärken und Verhältnisse zwischen Koalitionspartnern austarieren. Im Ganzen aber: Das zentrale Problem mangelnder Durchsetzungskraft des Kabinetts fand keine institutionelle Lösung.

b) Koalitionsausschuss als informales Entscheidungszentrum
Die Lücke füllte stattdessen ein informales Gremium, meist Koalitionsausschuss genannt (Abb. 8.1). Es fungiert, in wechselnder Zusammensetzung und mit wechselndem Erfolg, als bundespolitisches Entscheidungszentrum – eine Art Überregierung ohne Rechtsgrundlage und Rechtsbefugnisse. Im Grundgesetz nicht erwähnt, ist es eines der wichtigsten Organe der Realverfassung.

Bereits für die Jahre 1953–61 führte die Frage, wo denn das „bedeutsamste politische Entscheidungszentrum" zu suchen sei, auf ein informelles Gremium: einen Kreis von 6–7 Kabinettsmitgliedern sowie 7–10 weiteren führenden Mitgliedern der CDU/CSU-Bundestagsfraktion, ferner dem Staatssekretär im Bundeskanzleramt. Insgesamt 118 Sitzungen dieses Entscheidungszentrums, in dem politisch als besonders brisant empfundene Fragen entschieden wurden, ließen sich nachweisen (Domes 1964, S. 162 ff.). Der dann zunächst eingeführte „Koalitionsausschuss", der nur Fraktions-, aber nicht Regierungsmitglieder (wie Adenauer, Strauß, Erhard) umfasste, erwies sich rasch als Totgeburt. Die Rolle als Entscheidungszentrum übernahmen stattdessen 1962–66 „Koalitionsgespräche", an denen sowohl Kabinettsmitglieder als auch Fraktionsspitzen beteiligt waren. Nach einem erfolglosen Zwischenspiel mit dem Kabinett als Entscheidungszentrum übte diese Funktion dann der „Kreßbronner Kreis" 1967–69 aus, bestehend aus vier bis sechs einflussreichen Regierungsmitgliedern und den Vorsitzenden der Koalitionsfraktionen (Marx 2013). Im Überblick zeigt Tab. 8.2, wie sich dieses Steuerungszentrum der Bundesrepublik weiterentwickelt hat. Erkennbar wird dabei,

- wie sich die Zusammensetzung mehrfach in Lernprozessen ausweitete, um schließlich Regierung, Regierungsfraktionen und Regierungsparteien miteinander zu verklammern. Dabei wuchs das Gremium über die optimale Größe hinaus, kollabierte hinsichtlich seiner Entscheidungsfähigkeit und musste verkleinert werden.
- Auch unabhängig von ihrer Zusammensetzung und vereinbarten Bedeutung können Koalitionsausschüsse in relativer Bedeutungslosigkeit dahindämmern – so etwa in der Ära Schröder, als der grüne Koalitionspartner über kein „Erpressungspotential" in Gestalt einer Koalitionsalternative verfügte und seine Parteisprecher wenig politisches Gewicht besaßen (Helms 2001, S. 1505 ff.; Kropp 2003).

Tab. 8.2 Koalitionsmanagement in der Bundesrepublik Deutschland

Zeitraum	Koalitionsvereinbarungen (Zahl der Worte, ab 2009 der Seiten)	Teilnehmer an Koalitions-Gesprächen/ Koalitionsausschuss	Entscheidungszentrum = Koalitionsausschuss	Interparteiliche Treffen	Interfraktionelle Kooperation
1949–57	Briefwechsel	Zuständige Kabinettsmitglieder u. Fraktionsspitzen	teilweise	nein	Ja, und erweitertes Kabinett
1957–61	Unveröffentlichte Absprache	Kabinetts- und Fraktionsspitzen von	CDU/CSU	ja	nein
1961–62	Abkommen mit Koalitionsausschuss (2 500)	Nur Fraktionsspitzen	vereinbart, nicht real	nein	ja
1962–66	ergänzt (600); 1965 unveröffentlichte Absprachen	Kabinetts- und Fraktionsspitzen	ja, begrenzt effizient	nein	ja
1966–67	Regierungserklärung	Kabinett	ineffizient	nein	ja
1967–69	weiter geltend	Kabinetts- und Fraktionsspitzen (darin Partei-Vors.)	ja	nein	ja
1969–	Detaillierte Vereinbarungen	Kabinett (darin Parteivorsitzende)	?	?	ja

(Fortsetzung)

Tab. 8.2 (Fortsetzung)

Zeit-raum	Koalitions-vereinbarungen (Zahl der Worte, ab 2009 der Seiten)	Teilnehmer an Koalitions-Gesprächen/ Koalitions-ausschuss	Entscheidungs-zentrum = Koalitions-ausschuss	Inter-parteiliche Treffen	Inter-fraktionelle Kooperation
Ca. 1974–82	Vereinbarungen (1 980) Abkommen (1 200)	Kabinetts-, Fraktions- und Parteispitzen	ja	ja	ja
1982–88	Abkommen (3 900, 2 700); Einzelvereinbarungen (7 500)	Kabinetts- und Fraktionsspitzen (ab 1983)	ja	„Koalitionsgipfel"[a]	
1988–98	Abkommen (16 800, 13 900)	Kabinetts-, Fraktions- und Parteispitzen	ja?	?	
1998–2005	Abkommen (13 200, 26 700) mit Koalitionsausschuss	Kabinetts-, Fraktions- und Parteispitzen	Vertraglich ja, nicht real (eher Kanzler-Fischer)	nein	ja
2005–09	Abkommen mit Anlagen (52 800)	Kabinetts-, Fraktions- und Parteispitzen	Ja, in verkleinertem Kreis	ja	ja
2009–13	Abkommen (134 S.)	Kabinetts-, Fraktions- und Parteispitzen	Ja, wöchentlich (!), ineffizient	Koalitionsgipfel	ja
2013–17	Abkommen (185 S.)	Kabinetts-, Fraktions- und Parteispitzen	1 Jahr ohne, dann wenige Sitzungen	Koalitionsgipfel	ja

(Fortsetzung)

Tab. 8.2 (Fortsetzung)

Zeit-raum	Koalitions-vereinbarungen (Zahl der Worte, ab 2009 der Seiten)	Teilnehmer an Koalitions-Gesprächen/ Koalitions-ausschuss	Entscheidungszentrum = Koalitionsausschuss	Interparteiliche Treffen	Interfraktionelle Kooperation
2018–2021	Abkommen (179 S.)	wohl Kabinetts-, Fraktions- und Parteispitzen	Ja, nach Bedarf	Koalitionsgipfel	ja
2021–	Abkommen (177 S.)	Kabinetts-, Fraktions- und Parteispitzen	Ja, mindestens monatlich	Koalitionsgipfel	ja

a) Koalitionsgipfel = Treffen der Parteivorsitzenden
Quellen: Domes (1964, S. 162 f.); Hennecke (2017, S. 239 ff.); Marx (2017, S. 135 ff.); Horst (2015, S. 257); Rudzio (2005, S. 78–247); Rudzio (2008); Koalitionsabkommen von 2009, 2013, 2018, 2021; Saalfeld (1997, S. 74 ff.); Saalfeld (2015); Schindler (1999, S. 1167 ff.).

- Sichtbar wird auch der Trend, in immer ausführlicheren Koalitionsabkommen das Handeln der Koalitionspartner festzuschreiben. Infolgedessen bedürfen Koalitionen in ihren Anfängen immer weniger eines Entscheidungszentrums. So kam die Regierung Merkel III zunächst ein Jahr lang ohne eine Sitzung des Koalitionsausschusses aus. Unvorhergesehenes und veränderte Problemlagen erfordern dann doch neue Entscheidungen eines Koalitionsausschusses.

Auch die Koalitionsvereinbarung der neugebildeten Ampelkoalition ab 2021 regelt das Koalitionsmanagement: „Die Koalitionspartner treffen sich monatlich zu Koalitionsgesprächen im Koalitionsausschuss, um grundsätzliche und aktuelle politische Fragen miteinander zu diskutieren und die weitere Arbeitsplanung miteinander abzustimmen. Darüber hinaus treffen sie sich zu allen Angelegenheiten von grundsätzlicher Bedeutung, die zwischen den Koalitionspartnern abgestimmt werden sowie zu Angelegenheiten, deren Beratung einer der Koalitionspartner wünscht. Der Koalitionsausschuss bereitet die Leitlinien der Arbeit der Koalition vor." Zudem ist im Bundestag einheitliches Abstimmen festgehalten; im Kabinett

8.2 Entscheidungszentrum: Kabinett oder Koalitionsausschuss?

darf kein Koalitionspartner überstimmt werden (Mehr Fortschritt wagen – Koalitionsvertrag, S. 174 f.). Der Text erinnert in dieser Hinsicht an den von 2017 und 2013. Auch wenn von Entscheidung oder Entscheiden nicht explizit die Rede ist, handelt es sich um die faktische Entscheidung durch den Koalitionsausschuss. Bei der personellen Besetzung des Ausschusses will man offenbar flexibel sein, was auch möglich ist, da es dort ohnehin kein Überstimmen eines Partners geben kann.

Zusammenfassend formuliert:

1. *In der Geschichte der Bundesrepublik treten immer wieder informale Koalitionsausschüsse in Erscheinung, die wiederum koalitionsinterne Einigungen herbeiführen.* Derartige Gremien finden sich analog bei Koalitionen in Bundesländern und auch in anderen westeuropäischen Demokratien (Heinrich 2022; Kropp 2001, S. 289 ff.; Saalfeld 1997, S. 74; Müller und Ström 2000, S. 574, 583). Es handelt sich also nicht um zufällig-vereinzelte Phänomene.
2. In Deutschland besitzen *die Entscheidungen derartiger Koalitionsausschüsse einen hohen Grad faktischer Verbindlichkeit. Kabinett und Koalitionsfraktionen folgen ihnen, setzen sie in Gestalt von Gesetzen etc. um.* Obwohl nur informelle Übereinkunft ohne Rechtskraft, stellt die Einigung im Koalitionsausschuss de facto jene Entscheidung dar, die dann durch anschließende rechtlich verbindliche Beschlüsse umgesetzt wird. Nicht Parlament oder Regierung, sondern das Koalitionsgremium ist der wirkliche Ort der Entscheidung.

Wie erklärt sich diese Verlagerung auf ein informales Gremium? Als eigentliche Ursache muss man die Aufsplitterung der Macht nennen, wie sie gerade das politische System des nachtotalitären Deutschlands kennzeichnet. Infolgedessen ist es außerordentlich schwierig, durchsetzbare Entscheidungen zu treffen. Indem an *Koalitionsausschüssen die wichtigsten Koalitionspolitiker/-innen aus Regierung, Koalitionsfraktionen und -parteien teilnehmen* (Bundeskanzler/-in und politisch herausragende Minister/-innen, die Vorsitzenden der Regierungsfraktionen und ihre ersten Parlamentarischen Geschäftsführer/-innen, die Vorsitzenden der Koalitionsparteien und zeitweise deren Generalsekretäre/-sekretärinnen), sind getrennte Machtfaktoren repräsentiert – die Bundesländer gelegentlich bei glücklichen Personalunionen. Dieser Kombination verdanken die Entscheidungen ihre faktische Verbindlichkeit.

Weshalb aber Informalität, weshalb keine formale Institution anstelle solcher Koalitionsgremien? Die zentralen Ursachen hierfür bestehen offensichtlich darin,

- dass die politische und *personelle Machtkonstellation von Regierung zu Regierung wechselt,* man also den Kreis der Beteiligten nicht abschließend festschreiben sollte;
- Zweitens erleichtert *Informalität, Kompromisse zu schmieden.* Sie ermöglicht ungezwungeneres Verhandeln in kleinerem Kreis, auch mit sachfremden Junktimierungen. Flexibel kann man für den Einzelfall jemanden hinzuziehen, auch vorbereitende Expertengruppen einsetzen, um sachliche Komplexität zu bewältigen. Tatsächlich wird so auch praktiziert. Dieses ähnelt informellen Beziehungen in Unternehmen, die als „Ergänzung formaler Strukturen" gelten und deren Funktionen positiv unterstützen (Lang 2004, S. 498 ff.). Informalität ist die Schmiere im Getriebe (Bröchler und Grunden 2014) (Abb. 8.1).

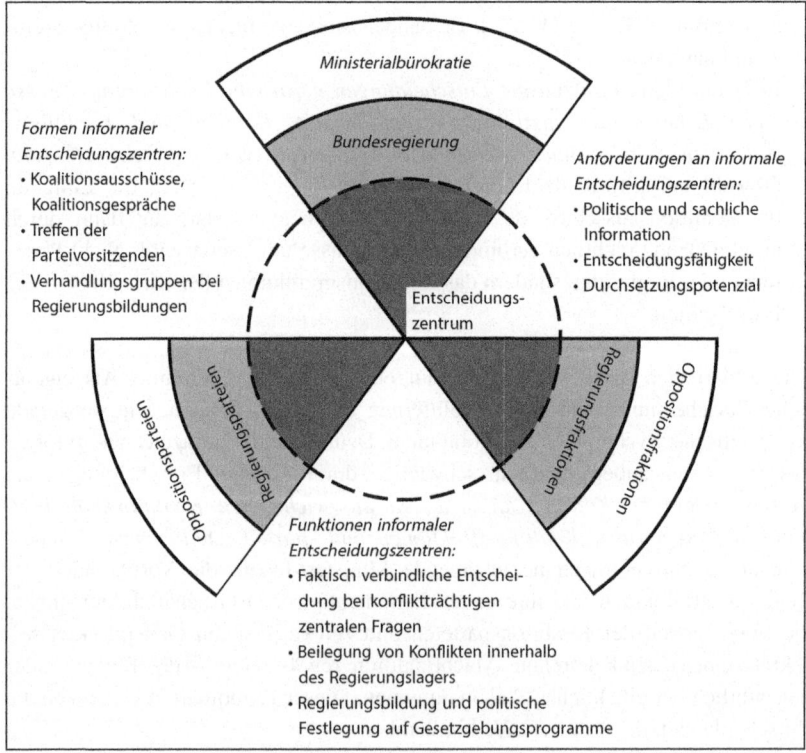

Abb. 8.1 Informelle Entscheidungszentren. (Quelle: eigene Darstellung)

8.2 Entscheidungszentrum: Kabinett oder Koalitionsausschuss?

Ist damit ein Koalitionsausschuss nicht eine Überregierung außerhalb des Grundgesetzes, verstößt die dargestellte Entscheidungspraxis nicht gegen die Verfassung? Tatsächlich wurde vorgetragen, die von Koalitionsgremien ausgehende Außensteuerung von Verfassungsorganen (Bundeskanzler/-in, Bundesregierung und Bundestag) stelle einen „Rechtsverstoß" dar, da Grundgesetz und Geschäftsordnung der Bundesregierung das Gesetzgebungsverfahren „rechtlich erschöpfend" regelten (Schüle 1964, S. 124 ff.); zumindest aber werde „die Entscheidungstätigkeit in ein der Verfassung unbekanntes und unverantwortliches Kollegium" verlagert (Junker 1965, S. 63). Bis heute stoßen sich Staatsrechtler/-innen an einer parlamentarischen „Selbstentmachtung" (Hans-Jürgen Papier zit. nach Miller 2009, S. 131). Dem ist entgegenzuhalten, dass eine Integration zumindest zwischen führenden Kabinettsmitgliedern und Spitzen der Koalitionsfraktionen durchaus in der Logik des parlamentarischen Regierungssystems liegt. Im Übrigen kennt das Grundgesetz keine Vorschriften zum „inneren Willensbildungsprozess der einzelnen Funktionsträger", schirmt sie nicht vor politischer Einflussnahme ab. Gleichgültig also, ob Entscheidungen tatsächlich anderswo getroffen sind – sofern sie nur von (nicht unzulässig genötigten) Verfassungsorganen als die ihren übernommen werden, ist der Verfassung Genüge getan (Kewenig 1965, S. 183, 198). Gerade in Demokratien, deren Entscheidungszentren ein labiles Optimum zwischen weiter Konsenssicherung bei gleichzeitig hoher Entscheidungsfähigkeit finden müssen, wird politische Führung unvermeidlich ein hochgradig informaler Prozess.

Es handelt sich dabei ja auch nicht um von außen oktroyierte Entscheidungen, da sie im Koalitionsausschuss von den führenden Vertreter/-innen der Regierung, Koalitionsfraktionen und -parteien getroffen werden. Gewiss, anschließend stehen dann Koalitionsabgeordnete bzw. Minister/-innen vor einer Art Ratifikationsentscheidung, bei der eine Ablehnung auch die eigenen Führungsleute desavouieren würde, ganz abgesehen von möglichen Folgen für die Koalition. Zwänge solcher Art bestimmen aber politische Entscheidungen generell. Auch gegenüber Vorlagen der eigenen Fraktion befindet sich der/die Abgeordnete in ähnlicher Lage.

Trotz aller Funktionentrennung: *Politisch bilden in modernen parlamentarischen Systemen eben Regierung, Parlamentsmehrheit und die sie tragenden Parteien eine Einheit, die in der Tätigkeit eines Koalitionsausschusses ihren Ausdruck findet.*

Auf diese Weise kann in Koalitionen eher Entscheidungsfähigkeit erreicht werden, und mit ihr ein zwar in Verfassungen nicht explizit verankerter, faktisch aber hochrangiger Wert.

c) Regieren mit Kommissionen

Es bleibt noch der Blick auf eine zuweilen geübte Praxis gouvernementaler Steuerung. Ausgangspunkt ist die Frage, wie eine Bundesregierung erfolgreich steuern kann, wenn Gewerkschaften und Unternehmensverbände über Löhne entscheiden und damit Preise wie Investitionen beeinflussen?

Während der ersten wirtschaftlichen Rezession ist Wirtschaftsminister Karl Schiller das Problem umfassend angegangen. Er rief eine „Konzertierte Aktion" (1967–77) aus Regierung, Gewerkschaften und Unternehmensverbänden ins Leben, um durch Informationsaustausch und Verhandeln zu abgestimmtem Vorgehen in der Konjunktur- und Tarifpolitik zu gelangen. Nach der Rezession verlor die Konzertierte Aktion allerdings rasch an Bedeutung. Einen weiteren Anlauf nahm ab 1977 eine „Konzertierte Aktion im Gesundheitswesen" (mit Verbänden der Ärzte, Apotheker, Pharma-Industrie, Krankenversicherungen und den Tarifparteien), um die steigenden Gesundheitskosten in den Griff zu bekommen (Weßels 2000, S. 18).

Später nahm Bundeskanzler Schröder mit dem „Bündnis für Arbeit, Ausbildung und Wettbewerbsfähigkeit" diese Linie wieder auf. Wie die Konzertierte Aktion tripartistisch zusammengesetzt, haben unter dem Zeichen des Bündnisses 1998–2003 neun Spitzengespräche stattgefunden, bei denen aber die Gewerkschaften die Behandlung der Tarifpolitik ablehnten, während „Rente mit 60" (DGB-Forderung) und Altersteilzeit (Arbeitgeber) unentschieden ihrem tarifpolitischen Schicksal überlassen wurden. Das Bündnis blieb ohne konstruktives Ergebnis (Behrends 2002, S. 29 f.; Fickinger 2005, S. 133, 167, 177).

Darüber hinaus gab es zahlreiche andere, von Kanzler/-in bzw. Minister/-innen eingesetzte *Kommissionen* – so zur Wehrstruktur, zur Arbeitslosenverwaltung (Hartz-Kommission), zur Zuwanderung, Gesundheitspolitik, Renten und Biotechnologie („Nationaler Ethikrat"). Als Kommissionsmitglieder fungierten Interessenvertreter/-innen gemischt mit Expert/-innen. Auf diese Weise mehr Sachverstand in den politischen Prozess einzuführen, wäre wohl auch anders möglich gewesen; gegenwärtig bestehen 300 Beiräte bei den Bundesministerien, zudem bieten zahlreiche „think tanks" ihre Politikberatung an (Husted et al. 2010, S. 18 f.). Die Aufgabe der hier angesprochenen Kommissionen reichte aber weiter: *Sie sollten zu brisanten Fragen eine Lösung, eine Entscheidung vorlegen.* Der Vorschlag aber war mit der Weihe wissenschaftlichen Expertentums bzw. Konsenses (durch Berücksichtigung unterschiedlicher Interessen) versehen. Er erhielt dadurch beachtliche öffentliche Durchschlagskraft.

Blieb dem Bundestag „nur noch abnicken" (Leggewie 1999, S. 20 f.)? Kritisch war von einer „Auswanderung aus den Verfassungsinstitutionen" die Rede (Blumenthal 2003). Der Sinn der Kommissionen schien aber in einer Entlastung der Regierung zu liegen: Sie selbst konnte in Deckung bleiben, die Reaktionen auf Kommissionslösungen beobachten. Die Regierung behielt durchaus Einfluss, indem sie die teilnehmenden Verbände und Expert/-innen aussuchte. Man weiß dann schon, wohin der Hase laufen wird. Bei der Wehrstruktur repräsentierte von Weizsäcker, bei der Zuwanderung Süssmuth scheinbar die CDU, in der Hartz-Kommission (mit ihren fünf Managern) ein „Abweichler" und Arbeitsdirektor scheinbar die IG Metall (Hassel und Schiller 2010, S. 219 ff.). Im Ganzen zeichnete sich eine Regierungstechnik ab, die dazu dienen sollte, unpopuläre Reformen durchzubringen.

Auch die Ampelkoalition setzt auf Kommissionen: Sie setzt die Wahlrechts-, die Baukostensenkungs- und die Kinderschutz-/Aufarbeitungskommission (S. 11, 89, 99) der Großen Koalition fort und baut auf eine Mindestlohn-, eine Sozialleistungs-, eine Pflegeversicherungs-, eine Krankenhaus-, eine Freiheitskommission, eine für reproduktive Selbstbestimmung, eine für Antiziganismus, eine „Zukunftskommission Fischerei" und eine „Beschleunigungskommission Schiene" (Mehr Fortschritt wagen 2021 – Koalitionsvertrag, S. 77, 81, 86, 109, 116, 120, 47, 49). Wachsen da kleine Koalitionsausschüsse heran oder Vorlagenlieferer wie zu Zeiten Schröders?

8.3 Politische Führung und Ministerialbürokratie

a) Organisationsprinzipien und -praxis in Ministerien

Die Bundesregierung steht an der Spitze eines ausgedehnten Regierungsapparats, der Regierungsentscheidungen vorbereiten und ihre Ausführung gewährleisten soll. Die einzelnen Bundesministerien und das Bundeskanzleramt gliedern sich in Abteilungen, Unterabteilungen und Referate (Tab. 8.3). Außerhalb dieser Linienorganisation werden Minister/-innen und Staatssekretäre/-sekretärinnen durch direkt zugeordnete Büros und Stäbe unterstützt. Das Zusammenspiel zwischen den Organisationseinheiten wird traditionell durch zwei Prinzipien bestimmt:

- Jeder Einheit ist ein bestimmter sachlicher Zuständigkeitsbereich zugeordnet, übergeordneten Instanzen jeweils ein zusammenfassendes Aufgabenfeld.
- Im Verkehr zwischen den Organisationseinheiten ist der Dienstweg einzuhalten, wonach die Kommunikation grundsätzlich über die vorgesetzte Instanz stattfindet.

Da die Zahl der Referate schrittweise und damit auch der Koordinierungsbedarf zwischen den Zuständigkeitssegmenten angewachsen ist, würde jene

Formalstruktur langwierig-umständliche Bearbeitungswege erzeugen. Tatsächlich arbeiten die Referate vielfach selbstständiger und aktiver als vorgesehen, während steuernde Leitungsebenen sich auf koordinierende und kontrollierende Funktionen beschränken. Richtungsweisende Äußerungen der politischen Spitze des Ministeriums gehören manchmal „zu den besonders knappen Gütern" (Mayntz und Scharpf 1973, S. 203).

b) Personelle Strukturen und politische Funktion
Wie motiviert ein nur vorübergehend amtierender Minister bzw. eine Ministerin einen großen, permanenten Apparat dazu, in seinem/ihrem Sinne zu arbeiten? Die negativen Sanktionsmittel, die zur Verfügung stehen, wirken schwach. Die Masse des Personals besteht aus Karrierebeamt/-innen bzw. langjährigen Angestellten, die man weder degradieren noch entlassen kann. Es bleibt infolgedessen nur der positive Anreiz mittels Beförderungen. Die darin liegende Personalmacht (beschränkt durch Beamtenrecht und Mitwirkung der Personalräte) reicht aber nur soweit, wie Aufstiegsstellen freistehen. Der Aufstieg einer hochrangigen Person aus dem Hause ist es, der eine Kette von Nachrücker-Beförderungen nach sich zieht.

Über mehr Sanktionsmacht verfügt der Minister/die Ministerin gegenüber Staatssekretär/-innen und Abteilungsleiter/-innen sowie Presse- und persönlichen Referent/-innen: Er/Sie kann diese „politischen Beamten" jederzeit ohne Angabe von Gründen in den einstweiligen Ruhestand versetzen. *Es liegt daher nahe, dass vor allem bei Regierungswechseln Personalschübe bei politischen Beamt/-innen auftreten.* Hoch erweist sich die Fluktuationsrate in den obersten Etagen der Ministerialverwaltung, wenn man vorzeitigen Altersruhestand und Umsetzungen miteinbezieht: Bei Staatssekretär/-innen und Ministerialdirektor/-innen umfasste sie 1969/70 zunächst 33 %, 1982/83 schon 37,5 % und 1998/99 sogar 52,2 % aller Positionsinhaber/-innen. Überraschend war, dass die Fluktuation beim Regierungswechsel 2005/06 nur 15,6 % erfasste. Bezieht man aber die gesamte Wahlperiode 2005–09 mit ein, war mit dann 63,8 % der Austausch weitreichend. Dabei kommt aber – so 1998/99 – die Hälfte der Nachfolger/-innen aus den Ministerien selbst, ein Drittel aus der Verwaltung der Bundesländer, nur der Rest von außerhalb des öffentlichen Dienstes, was besonders für Fraktionsmitarbeiter/-innen und Abgeordnete gilt (Derlien 2001, S. 50 ff.; Ebinger und Jochheim 2009, S. 333 f.). Ein totaler Bruch der Verwaltungskontinuität scheint also mit Regierungswechseln nicht verbunden. Selbstverständlich stößt aber dieses Steuerungsmittel auf den Vorwurf der Säuberung von Missliebigen und die Klage von Opposition und Bund der Steuerzahler, wie teuer hochbezahlte Frühruheständler die Bürger/-innen zu stehen kommen.

8.3 Politische Führung und Ministerialbürokratie

Die Fluktuationsunterschiede erklären sich teils aus der Vollständigkeit bzw. Unvollständigkeit des Wechsels der Regierungsparteien, teils aus einem Trend zur „wachsenden Parteipolitisierung" der Ministerialspitzen. Tatsächlich belegen Untersuchungen eine seit längerem zunehmende Parteizugehörigkeit der leitenden Ministerialen. Oberhalb der Referatsleiter/-innen ging der Anteil der Parteilosen 1970–95 kontinuierlich von 72 auf 40,4 % zurück. Dann stieg er überraschenderweise bis 2009 wieder bis auf 73,5 % an. Erklärungen für diesen Knick mögen in der Konstellation einer Großen Koalition (Ebinger und Jochheim 2009, S. 334 ff.) zu suchen sein. Zugleich ist in der administrativen Elite (Staatssekretäre/-sekretärinnen und Abteilungsleiter/-innen) der Anteil der Laufbahnbeamten mit ununterbrochener Beamtenkarriere zurückgegangen; schon 1999 zählten nur noch 41,1 % hierzu (Derlien 2003, S. 405).

Ähnlich wandelte sich das Selbstverständnis. Bereits seit dem Regierungswechsel von 1969 scheint unter den Führungskräften der Ministerien der Typus des sich unpolitisch-neutral verstehenden „klassischen Bürokraten" in den Hintergrund getreten und weithin durch einen Typus ersetzt zu sein, der politische Imperative für die eigene Tätigkeit akzeptiert und nicht mehr am Selbstverständnis eigener Überparteilichkeit festhält (Putnam 1973, S. 281 ff.; Steinkemper 1974). Bei aller Angleichung bleiben dennoch Unterschiede zu gewählten Politiker/-innen: Immer noch sind Spitzenbeamt/-innen der Ministerien weniger macht- und mehr policy-orientiert als Politiker/-innen, arbeiten sie primär in Sitzungen, Aktenstudium und konzeptioneller Arbeit, während bei Politiker/-innen die beiden letzten Tätigkeiten nur bei einzelnen eine große Rolle spielen. Obwohl großenteils Parteimitglieder, sind nur wenige Spitzenbeamte politisch aktiv, nach wie vor unterscheiden sie sich in Ausbildung und Karrieremustern von Politiker/-innen (Derlien 2003, S. 405) (Tab. 8.3)[2].

Unter Staatssekretär/-innen und Abteilungsleiter/-innen des Bundes befinden sich 52,6 % Jurist/-innen, gefolgt von 17,2 % Ökonom/-innen, 12,9 % Politik- und Sozialwissenschaftler/-innen sowie 7,8 % Naturwissenschaftler/-innen (Stand 2009). Man betont „eine weberianische Verwaltungskultur" (Ebinger und Jochheim 2009, S. 331 f.). *Was sich somit erkennen lässt, ist eine kompetente, politiknahe, in ihrer Karriere mit Parteien verbundene Führungsschicht in den Ministerien, die für Konkretisierung und Umsetzung parteipolitischer Vorstellungen eine bedeutende Rolle spielt, aber nicht zum Politikertypus mutiert ist.*

---

[2] Im Zeitraum 1949–99 betrug der Anteil der Parteilosen unter den Staatssekretären des Bundes 55,5 %, unter den Abteilungsleitern 86,9 % (Derlien 2008, S. 318).

Tab. 8.3 Die personelle Hierarchie in der Bundesverwaltung 2021. Bundeskanzleramt, Bundesministerien und andere oberste Bundesbehörden (Beamtenstellen)

Funktion	Dienstgruppe	Dienstrang	Anzahl
Staatssekretär	Politische Beamte	Staatssekretär	37
Abteilungsleiter	Politische Beamte	Ministerialdirektor	171
Unterabteilungsleiter	B-Beamte	Ministerialdirigent	460
Referatsleiter	B-Beamte	Ministerialrat/Ltd. Reg.-Dir	1 547
Referent	Höherer Dienst	Regierungsdirektor bis Reg.-Rat	9 340
Sachbearbeiter	Gehobener Dienst	Oberamtsrat bis Reg.-Inspektor	7 745
Büro- und Schreibkraft	Mittlerer Dienst	Amtsinspektor bis Reg.-Assistent	4 097
Bote, Pförtner, Kraftfahrer etc.	Einfacher Dienst	Oberamtsmeister bis Amtsgehilfe	823

Als Arbeitnehmer kommen hinzu 9 056 Mitarbeiter. Im nachgeordneten Bereich bestehen: 1 140 Beamtenstellen der B-Besoldung, 19 727 Stellen des höheren, 65 895 des gehobenen, 70 187 des mittleren und 1 359 Stellen des einfachen Dienstes; außerdem 96 173 Arbeitnehmerstellen, darunter 74 außertarifliche.
Quelle: Bundeshaushaltsplan (2021, S. 18, 69–81) (z. T. Umrechnungen).

Erst mit ihrer Hilfe vermag die schmale politische Spitze des Regierungsapparats ihre Funktionen auszuüben. Reicht die gesetzliche Personalmacht deutscher Minister/-innen hin? Anders als in den USA mit stärkeren personellen Austauschmöglichkeiten beim Präsidentenwechsel oder in Frankreich, wo ein Minister/eine Ministerin einen zeitweiligen Stab um sich sammelt („cabinet"), der mit ihm/ihr auch wieder verschwindet, stehen in Deutschland (wie in drei weiteren von insgesamt 21 Ländern) Minister/-innen und Parlamentarische Staatssekretäre/-sekretärinnen verhältnismäßig weit mehr leitenden Ministerialbeamt/-innen gegenüber als anderswo (Schnapp 2004, S. 244 f.). *Die Figur des „politischen Beamten" eröffnet aber den Ausweg, eine Politisierung unter der Hand und politische Wechsel in den Ministeriumsspitzen durchzusetzen* – auch wenn dies öffentliche Kosten und bei übrigen Ministerialen böses Blut erzeugt.

c) Politische Planung und Informationsbeschaffung
Von Regierungen erwartet man häufig neben Einzelentscheidungen auch politische Planung, d. h. längerfristig orientiertes, koordiniertes Handeln. Verstärkt hatten sich derartige Vorstellungen per se in der Bundesrepublik der

sechziger Jahre. Eine Spur, die Planungs- und Informationsbedürfnisse im Regierungsbereich hinterlassen haben, sind wissenschaftliche Beiräte und Planungsräte. Ihre Tätigkeit, die der Information und der Ausarbeitung von Empfehlungen dient (Murswieck 1994, S. 110), bleibt allerdings überwiegend ohne große Relevanz für politische Entscheidungen.

In neuerer Zeit sucht man sich seitens Regierungen (und Parteien) in anderer Weise auswärtigen Sachverstandes zu bedienen: durch Aufträge an betriebswirtschaftlich ausgelegte Beratungsfirmen wie Roland Berger oder McKinsey & Co, die Vorschläge beispielsweise für Outsourcing im Bereich der Bundeswehr oder Einsparpotenziale in einem Landeshaushalt entwickeln.

Literatur

Baring, Arnulf (1969): Außenpolitik in Adenauers Kanzlerdemokratie, München.
Behrends, Sylke (2002): Niederschmetternde Erfahrungen mit der korporativistischen Wirtschaftspolitik, in: Orientierungen zur Wirtschafts- und Gesellschaftspolitik (3), S. 25 ff.
von Blumenthal, Julia (2003): Auswanderung aus den Verfassungsinstitutionen, in: Aus Politik und Zeitgeschichte 43, S. 9 ff.
Borucki, Isabelle (2021): Staatliche Öffentlichkeitsarbeit/Presse- und Informationsamt der Bundesregierung, in: Andersen, Uwe et al. (Hrsg.): Handwörterbuch des politischen Systems der Bundesrepublik Deutschland, 8. Aufl., Wiesbaden, S. 853 ff.
Brauswetter, Hartmut H. (1976): Kanzlerprinzip, Ressortprinzip und Kabinettsprinzip in der ersten Regierung Brandt 1969–1972, Bonn.
Bröchler, Stephan/Grunden, Timo (Hrsg.) (2014): Informelle Politik, Wiesbaden.
Busse, Volker (2005): Bundeskanzleramt und Bundesregierung, 4. Aufl., Heidelberg.
Busse, Volker/Hofmann, Hans (2017): Bundeskanzleramt und Bundesregierung. Aufgaben, Organisation, Arbeitsweise, 6. Aufl., Bonn.
Czada, Roland (2003): Konzertierung in verhandlungsdemokratischen Politikstrukturen, in: Jochem, Sven/Siegel, Nico A. (Hrsg.): Konzertierung, Verhandlungsdemokratie und Reformpolitik im Wohlfahrtsstaat, Opladen, S. 35 ff.
Derlien, Hans-Ulrich (1990): Regierungsorganisation – institutionelle Restriktion des Regierens? in: Hartwich, Hans-Hermann/Wewer, Göttrik (Hrsg.): Regieren in der Bundesrepublik, Opladen, S. 91 ff.
Derlien, Hans-Ulrich (2001): Personalpolitik nach Regierungswechseln, in: ders./Murswieck, Axel (Hrsg.): Regieren nach Wahlen, Opladen, S. 39 ff.
Derlien, Hans-Ulrich (2003): Mandarins or Managers?, in: Governance 2003/3, S. 401 ff.
Derlien, Hans-Ulrich (2008): Die politische und administrative Elite der Bundesrepublik, in: Jann, Werner/König, Klaus (Hrsg.): Regieren zu Beginn des 21. Jahrhunderts, Tübingen, S. 291 ff.
Deutscher Bundestag (2020): Gesetz über die Feststellung des Bundeshaushaltsplans für das Haushaltsjahr 2021 (Haushaltsgesetz 2021), unter: https://www.bundeshaushalt.de/static/daten/2021/soll/BHH%202021%20gesamt.pdf (zuletzt geprüft am 13. Dezember 2022).

Deutscher Bundestag (2021): Datenhandbuch zur Geschichte des Deutschen Bundestages, Berlin, unter: https://www.bundestag.de/datenhandbuch (zuletzt geprüft am 28. Februar 2022).
Doering-Manteuffel, Anselm (1991): Strukturmerkmale der Kanzlerdemokratie, in: Der Staat 1, S. 1 ff.
Domes, Jürgen (1964): Bundesregierung und Mehrheitsfraktion, Köln.
Ebinger, Falk/Jochheim, Linda (2009): Wessen loyale Diener?, in: der moderne staat, S. 327 ff.
Eschenburg, Theodor (1971): Die Richtlinien der Politik im Verfassungsrecht und in der Verfassungswirklichkeit, in: Stammen, Theo (Hrsg.): Strukturwandel der modernen Regierung, Darmstadt, S. 361 ff.
Fickinger, Nico (2005): Der verschenkte Konsens, Wiesbaden.
Friesenhahn, Ernst (1971): Parlament und Regierung im modernen Staat, in: Stammen, Theo (Hrsg.): Strukturwandel der modernen Regierung, Darmstadt, S. 109 ff.
Görtemaker, Manfred (1999): Geschichte der Bundesrepublik Deutschland, München.
Grunden, Timo (2009): Politikberatung im Innenhof der Macht, Wiesbaden.
Grunden, Timo (2011): Das informelle Politmanagement der Regierungszentrale, in: Florack, Martin/ders. (Hrsg.): Regierungszentralen, Wiesbaden, S. 249 ff.
Hassel, Anke/Schiller, Christof (2010): Der Fall Hartz IV, Frankfurt a. M.
Hefty, Julia (2005): Die Parlamentarischen Staatssekretäre im Bund, Düsseldorf.
Heinrich, Gudrun (2002): Kleine Koalitionspartner in Landesregierungen, Opladen.
Helms, Ludger (1996): Das Amt des deutschen Bundeskanzlers in historisch und international vergleichender Perspektive, in: Zeitschrift für Parlamentsfragen 27 (4), S. 697 ff.
Helms, Ludger (2001): Gerhard Schröder und die Entwicklung der deutschen Kanzlerschaft, in: Zeitschrift für Politikwissenschaft 11 (4), S. 1497 ff.
Hennecke, Hans Jörg (2003): Die dritte Republik, München.
Hennecke, Hans Jörg (2005): Von der „Agenda 2010" zu „Agenda Merkel"?, in: Aus Politik und Zeitgeschichte 32–33, S. 16 ff.
Hennecke, Hans Jörg (2017): Koalitionsmanagement der Regierung Schröder 1998–2005, in: Gassert, Philipp/ders. (Hrsg.): Koalitionen in der Bundesrepublik, Paderborn, S. 203 ff.
Hennis, Wilhelm (1964): Richtlinienkompetenz und Regierungstechnik, Tübingen.
Horst, Patrick (2015): Das Management der dritten Großen Koalition 2013 bis 2015, in: Zeitschrift für Parlamentsfragen 46 (4), S. 852 ff.
Husted, Thurid et al. (2010): Wissen ist Macht?, in: Aus Politik und Zeitgeschichte 19, S. 15 ff.
Hüttl, Adolf (1967): Koordinationsprobleme der Bundesregierung, in: Der Staat, S. 1 ff.
Jäger, Wolfgang (1988): Von der Kanzlerdemokratie zur Koordinationsdemokratie. Für Wilhelm Hennis zum 65. Geburtstag, in: Zeitschrift für Politik 35 (1), S. 15 ff.
Junker, Ernst Ulrich (1965): Die Richtlinienkompetenz des Bundeskanzlers, Tübingen.
Keeler, John T. S. (1993): Opening the Window for Reform, in: Comparative Political Studies (January 1993), S. 433 ff.
Kewenig, Wilhelm (1965): Zur Rechtsproblematik der Koalitionsvereinbarungen, in: Archiv des öffentlichen Rechts, S. 183 ff.
Klecha, Stephan (2012): Bundeskanzler in Deutschland, Opladen.

Kloepfer, Michael (1989): Wesentlichkeitstheorie als Begründung oder Grenze des Gesetzesvorbehalts?, in: Hill, Hermann (Hrsg.): Zustand und Perspektiven der Gesetzgebung, Berlin, S. 187 ff.

Knoll, Thomas (2004): Das Bonner Bundeskanzleramt, Wiesbaden.

Knöpfle, Franz (1965): Inhalt und Grenzen der „Richtlinien der Politik" des Regierungschefs, in: Deutsches Verwaltungsblatt, S. 857 ff.

Korte, Karl-Rudolf (2010): Präsidentielles Zaudern, in: Bukow, Sebastian/Seemann, Wenke (Hrsg.): Die Große Koalition, Wiesbaden, S. 102 ff.

Korte, Karl-Rudolf (2011): Machtmakler im Bundeskanzleramt, in: Florack, Martin/Grunden, Timo (Hrsg.): Regierungszentralen, Wiesbaden, S. 123 ff.

Korte, Karl-Rudolf (2021): Kuratiertes Regieren: Bausteine der Resilienz, in: Florack, Martin et al. (Hrsg.): Coronakratie. Demokratisches Regieren in Ausnahmezeiten, Frankfurt a. M./New York, S. 25 ff.

Korte, Karl-Rudolf/Fröhlich, Manuel (2004): Politik und Regieren in Deutschland, Paderborn.

Kropp, Sabine (2001): Regieren in Koalitionen, Wiesbaden.

Kropp, Sabine (2003): Regieren als informaler Prozeß, in: Aus Politik und Zeitgeschichte 43, S. 23 ff.

Lang, Rainhart (2004): Informelle Organisation, in: Schreyögg, Georg/von Werder, Axel (Hrsg.): Handwörterbuch Unternehmensführung und Organisation, 4. Aufl., Stuttgart, S. 497 ff.

Langguth, Gerd (2009): Das Machtprinzip der Angela Merkel, in: Machnig, Matthias/Raschke, Joachim (Hrsg.): Wohin steuert Deutschland? Hamburg, S. 29 ff.

Laufer, Heinz (1969): Der Parlamentarische Staatssekretär, München.

Leggewie, Claus (1999): Böcke zu Gärtnern?, in: Arlt, Hans-Jürgen/Nehls, Sabine (Hrsg.): Bündnis für Arbeit, Opladen, S. 13 ff.

Lepper, Manfred (1976): Die Rolle und Effektivität der interministeriellen Ausschüsse für Koordination und Regierungspolitik, in: Siedentopf, Heinrich (Hrsg.): Regierungspolitik und Koordination, Berlin, S. 433 ff.

Marx, Stefan (2013): Der Kreßbronner Kreis, Düsseldorf.

Marx, Stefan (2017): Bildung und Management der Großen Koalition unter Kurt Georg Kiesinger 1966–1969, in: Gassert, Philipp/Hennecke, Hans Jörg (Hrsg.): Koalitionen in der Bundesrepublik, Paderborn, S. 113 ff.

Mayntz, Renate/Scharpf, Fritz (1973): Vorschläge zur Reform der Ministerialorganisation, in: dies. (Hrsg.): Planungsorganisation, München, S. 201 ff.

Mehr Fortschritt wagen (2021). Bündnis für Freiheit, Gerechtigkeit und Nachhaltigkeit – Koalitionsvertrag 2021–2025 zwischen SPD, Bündnis 90/Die Grünen und FDP, unter: https://www.spd.de/fileadmin/Dokumente/Koalitionsvertrag/Koalitionsvertrag_2021-2025.pdf (zuletzt geprüft am 4. März 2022).

Miller, Bernhard (2009): Informelle Einflußnahme?, in: Schöne, Helmar/von Blumenthal, Julia (Hrsg.): Parlamentarismusforschung in Deutschland, Baden-Baden, S. 129 ff.

Müller, Kay/Walter, Franz (2004): Graue Eminenzen der Macht, Wiesbaden.

Müller, Wolfgang C./Ström, Kaare (Hrsg.) (2000): Coalition Governments in Western Europe, Oxford.

Müller-Rommel, Ferdinand (1988): The centre of government in West Germany, in: European Journal of Political Research 16 (29), S. 171 ff.

Müller-Rommel, Ferdinand (1994): The Chancellor and his Staff, in: Padgett, Stephen (Hrsg.): Adenauer to Kohl, London, S. 106 ff.
Murswieck, Axel (1994): Wissenschaftliche Beratung im Regierungsprozeß, in: ders. (Hrsg.): Regieren und Politikberatung, Opladen, S. 103 ff.
Niclauß, Karlheinz (2015): Kanzlerdemokratie, 3. Aufl., Wiesbaden.
Patzelt, Werner J. (2017): Wohin steuert die Union?, in: Plickert, Philip (Hrsg.): Merkel, 6. Aufl., München, S. 27 ff.
Popper, Karl R. (1971): Das Elend des Historizismus, 3. Aufl., Tübingen.
Presse- und Informationsamt der Bundesregierung (2022): Organisationplan des Bundeskanzleramts, unter: https://www.bundesregierung.de/resource/blob/974430/773044/d31524b73a0e0e04a5d59e37e40d1b56/druckversion-organigramm-bkamt-data.pdf?download=1 (zuletzt geprüft am 3. März 2022).
Putnam, Robert D. (1973): The Political Attitudes of Senior Civil Servants in Western Europe, in: British Journal of Political Science, S. 257 ff.
Rudzio, Wolfgang (2005): Informelles Regieren, Wiesbaden.
Rudzio, Wolfgang (2008): Das Koalitionsmanagement der Regierung Merkel, in: Aus Politik und Zeitgeschichte 16, S. 11 ff.
Saalfeld, Thomas (1997): Deutschland: Auswanderung der Politik aus der Verfassung?, in: Müller, Wolfgang C./Ström, Kaare (Hrsg.): Koalitionsregierungen in Westeuropa, Wien, S. 47 ff.
Saalfeld, Thomas (2010): Regierungsbildung 2009, in: Zeitschrift für Parlamentsfragen 41 (1), S. 181 ff.
Saalfeld, Thomas (2015): Koalitionsmanagement der christlich-liberalen Koalition Merkel II, in: Zohlnhöfer, Reimut/ders. (Hrsg.): Politik im Schatten der Krise, Wiesbaden, S. 151 ff.
Saalfeld, Thomas et al. (2019): Koalitionsmanagement der Regierung Merkel III, in: Zohlnhöfer, Reimut/ders. (Hrsg.): Zwischen Stillstand, Politikwandel und Krisenmanagement: Eine Bilanz der Regierung Merkel 2013–2017, Wiesbaden, S. 257 ff.
Scharpf, Fritz W. et al. (Hrsg.) (1976): Politikverflechtung. Theorie und Empirie des kooperativen Föderalismus in der Bundesrepublik, Kronberg/Ts.
Schindler, Peter (1999): Datenhandbuch zur Geschichte des Deutschen Bundestages 1949 bis 1999, Bd. I, Baden-Baden.
Schmidt, Manfred G. (2005): Politische Reformen und Demokratie, in: Vorländer, Hans (Hrsg.): Politische Reform in der Demokratie, Baden-Baden, S. 45 ff.
Schnapp, Kai-Uwe (2004): Ministerialbürokratien in westlichen Demokratien, Opladen.
Schüle, Adolf (1964): Koalitionsvereinbarungen im Lichte des Verfassungsrechts, Tübingen.
Steinkemper, Bärbel (1974): Klassische und politische Bürokraten in der Ministerialverwaltung der Bundesrepublik Deutschland, Köln.
Steffani, Wilfried (1997): Gewaltenteilung und Parteien im Wandel, Opladen.
Weidenfeld, Ursula (2016): Nur in der Krise kommt das Land voran, in: Korte, Karl-Rudolf (Hrsg.): Politik in unsicheren Zeiten, Baden-Baden, S. 117 ff.
Weßels, Bernhard (2000): Die Entwicklung des deutschen Korporatismus, in: Aus Politik und Zeitgeschichte 26–27, S. 16 ff.
Willke, Helmut (1991): Regieren als Kunst systemischer Intervention, in: Hartwich, Hans-Hermann/Wewer, Göttrik (Hrsg.): Regieren in der Bundesrepublik, Opladen, S. 35 ff.

Institutionelle Gegengewichte: Züge von Verhandlungsdemokratie

9.1 Der Bundesrat: Vetomacht der Landesregierungen

a. Machtteilungen und Vorgeschichte des Bundesrates
Die Entwicklung zum liberaldemokratischen Verfassungsstaat ist nicht nur vom Ringen um eine legitime Repräsentation und deren Stellung bestimmt worden, sondern auch von der Sorge um den Schutz der Minderheit und die Freiheit des Bürgers. Angesichts einschlägiger Schwächen der antiken Athener Demokratie haben die amerikanischen Verfassungsväter, die 1787/88 die „Federalist Papers" veröffentlicht (Alexander Hamilton, James Madison u. a.), die Gefahr einer tyrannischen Mehrheit gesehen: „Wenn Engel über die Menschen herrschten, dann wäre weder eine innere noch eine äußere Kontrolle der Regierungen notwendig" (Federalist Papers No. 51 zit. nach Wasser 1991, S. 27). Der Erkenntnis Montesquieus folgend, „que le pouvoir arrete le pouvoir" (zit. nach Schwan 1993, S. 217), suchten sie Macht vor allem durch Gewaltenteilung, Föderalismus und starken Bikameralismus zu teilen. Auch die judikative Überprüfung von Gesetzen im Hinblick auf ihre Verfassungskonformität („judicial review"), bereits seit 1787 von Gerichten praktiziert, wurde ab 1803 vom Supreme Court in Anspruch genommen. Schließlich fügte man der US-Verfassung durch Amendements Grundrechte hinzu, d. h. setzte der Gesetzgebung auch inhaltliche Schranken (Shell 1975, S. 22 ff.).

Neben dem britischen Prinzip der parlamentarischen Regierung hat dieses amerikanische Modell einer Demokratie mit checks and balances, d. h. eingeschränktem Mehrheitsentscheid, auf das deutsche Grundgesetz eingewirkt. Nicht zuletzt hierin zeigt sich dessen antitotalitärer Grundzug. Zugleich schloss man damit auch an föderale, bikamerale und rechtsstaatliche Traditionen Deutschlands an. Wichtige Entscheidungskompetenzen im Bund liegen nicht allein bei Parlamentsmehrheit und Regierung. Deren Macht wird vielmehr durch mehrere Institutionen begrenzt:

- den Bundesrat, der als Repräsentant des föderativen Prinzips und allgemeiner Mitregent bei der Gesetzgebung im Bund mitwirkt;
- das Bundesverfassungsgericht, das als Interpret der Verfassung Gesetze und sonstige Entscheidungen auf ihre Verfassungskonformität prüft und außer Kraft setzen kann;
- der Bundespräsident mit der Aufgabe, als formelle Kontroll- und als Reserveinstanz bei aussetzender parlamentarischer Mehrheitsbildung tätig zu werden.

In diese Reihe gehörte noch die Bundesbank, bis sie ihre wesentlichen Aufgaben an die Europäische Zentralbank verlor. Wenn auch in ihrer personellen Zusammensetzung von Bundestag, Bundesregierung und Landtagen kreiert und damit durchaus politisch geprägt, bilden diese Institutionen doch Gegengewichte, auf die jede Regierung Rücksicht nehmen muss.

Dies gilt vor allem für den Bundesrat. Er, der als Bundesorgan nach Art. 50 und Art. 80 GG bei Gesetzgebung, Verordnungstätigkeit und Verwaltung des Bundes mitwirkt, nach Art. 94 Abs. 1 GG die Hälfte der Bundesverfassungsrichter/-innen wählt und gemäß Art. 93 GG das Bundesverfassungsgericht anrufen kann, stellt eine wichtige bundesstaatliche Modifikation des parlamentarischen Regierungssystems dar. Seine Befugnisse machen ihn zu einer im internationalen Vergleich relativ starken zweiten Kammer, die der föderativen Gewaltenteilung in Deutschland Ausdruck verleiht (Steffani 1997, S. 44 f.)

Neu ist eine derartige Institution in der deutschen Verfassungsgeschichte nicht. Seinen Vorläufer kann man schon 1663–1806 im Gesandtenkongress des immerwährenden Reichstages des Alten Reiches sehen, dann im „Bundestag" des Deutschen Bundes, schließlich im „Bundesrat" des Kaiserreichs ab 1871 (Amm 2005, S. 90; Rührmair 2001, S. 18 ff.) – stets eine Vertretung der Territorialherren (Boldt 1990, S. 65) bzw. der obrigkeitlichen Regierungen der Einzelstaaten. Ohne Zustimmung des Bundesrates wurde im Bismarck' schen Reich kein Gesetz möglich, sodass er auch zur Blockierung unerwünschter, vom demokratisch gewählten Reichstag beschlossener Gesetze dienen konnte. Als „Vetomacht des ancien regime" (Peter Graf Kielmansegg zit. nach Eith 2000, S. 78) ist er bezeichnet worden. Sein Nachfolger, der „Reichsrat" der Weimarer Republik, war demgegenüber auf ein überstimmbares Einspruchsrecht zurückgestutzt. Auch die frühere Dominanz Preußens im Bundesrat war abgeschwächt

(„lex antiborussica"), indem nur die Hälfte der preußischen Vertreter von der preußischen Staatsregierung, die andere von den einzelnen Provinzialverwaltungen entsandt wurden (Eschenburg 1974, S. 41, 46 ff.). In der Verfassungsdiskussion der Jahre 1948/49 konkurrierten dann zwei Alternativen miteinander: das Modell des Bundesrates als Vertretung der Landesregierungen und das eines „Senats" nach amerikanischem Vorbild, dessen Mitglieder in den einzelnen Bundesländern vom Volke oder von den Landtagen zu wählen gewesen wären. Man einigte sich auf einen Bundesrat, wenn auch nicht als gänzlich gleichberechtigte zweite Kammer neben dem Bundestag. Im Ergebnis ist der heutige Bundesrat ein besonderes deutsches, „einzigartiges Organ in der Welt" (Theodor Eschenburg zit. nach Morsey 1974, S. 67 ff.; Laufer und Münch 1997, S. 63 ff.). Er ist die *einzige zweite Kammer, die allein aus weisungsgebundenen Vertretern der Gliedstaaten-Regierungen besteht (Bußjäger 2003, S. 19 ff.).* Nur in Russland und Südafrika wird die zweite Kammer bis zur Hälfte ebenso beschickt, anderswo zumeist durch Wahl der Bürger/-innen oder Landesparlamente (Watts 2010, S. 36).

b. Das Innenleben des Bundesrates
Der Bundesrat besteht „aus Mitgliedern der Regierungen der Länder, die sie bestellen und abberufen". Sie unterliegen Kabinettsweisungen (imperatives Mandat) und haben für ihr Bundesland einheitlich abzustimmen. Es handelt sich somit um eine föderale zweite Kammer, nicht um eine aus persönlich „respected revisors" (Bagehot 1963, S. 137), die eine unbedachte Volksvertretung korrigieren soll. Da sich Bundesratsmitglieder vertreten lassen können, stimmt häufig ein/-e Stimmführer/-in mit dem Stimmenpaket seines/ihres Landes allein ab; „manchmal" ist er/sie der einzige anwesende Vertreter des Landes (Laufer und Münch 1997, S. 113). Bei uneinheitlicher Stimmabgabe sind die Stimmen eines Bundeslandes ungültig. Ein Versuch des Bundesratspräsidenten Wowereit, bei der Abstimmung über das Zuwanderungsgesetz im Jahre 2002 (Brandenburg hatte uneinheitlich abgestimmt) anders zu verfahren, war verfassungswidrig.

Die Stimmenverteilung im Bundesrat ist Ausdruck eines Kompromisses zwischen dem föderativen Gesichtspunkt prinzipiell gleichberechtigter Länder und dem demokratischen einer gleichen Repräsentanz der Bürger/-innen. So ist weder jedem Land die gleiche Stimmenzahl (wie im amerikanischen Senat) zugeordnet noch eine Stimmenzahl, die proportional der Einwohnerzahl entspräche. Nachdem bei der deutschen Vereinigung eine „Stimmenspreizung" (Bohley 1991) zugunsten der bevölkerungsstarken Bundesländer vorgenommen wurde, stehen nun jedem Bundesland mindestens drei Stimmen zu, bei über zwei Millionen Einwohnern vier, bei über sechs Millionen fünf und bei mehr als sieben Millionen

Tab. 9.1 Die Stimmenverteilung im Bundesrat

Bundesland	Einwohnerzahl (Mio., 31. 12. 2020)	Stimmenzahl im Bundesrat	Regierungsparteien Ende 2022
Nordrhein-Westfalen	17,9	6	CDU, Grüne
Bayern	13,1	6	CSU, Freie Wähler
Baden-Württemberg	11,1	6	Grüne, CDU
Niedersachsen	8,0	6	SPD, CDU
Hessen	6,3	5	CDU, Grüne
Sachsen	4,1	4	CDU, Grüne, SPD
Rheinland-Pfalz	4,1	4	SPD, Grüne, FDP
Berlin	3,7	4	SPD, Grüne, Linke
Schleswig–Holstein	2,9	4	CDU, Grüne
Brandenburg	2,5	4	SPD, CDU, Grüne
Sachsen-Anhalt	2,2	4	CDU, SPD, FDP
Thüringen	2,1	4	Linke, SPD, Grüne
Hamburg	1,8	3	SPD, Grüne
Mecklenburg-Vorpommern	1,6	3	SPD, Linke
Saarland	1,0	3	SPD
Bremen	0,7	3	SPD, Grüne, Linke
Insgesamt	81,2	69	SPD, Grüne, FDP

Quelle: Statistisches Bundesamt (2022).

sechs Stimmen (vgl. Tab. 9.1). Trotzdem ist die Bevölkerung der neuen Bundesländer überrepräsentiert. Misst man die Disproportionalität des Bundesrates mit dem Gini-Index, so liegt er mit dem Wert 0,32 zwischen höherer Ungleichheit der zweiten Kammern in den USA oder der Schweiz (0,49 bzw. 0,46) und weit niedrigerer wie in Indien oder Österreich (bei 0,1) (Decker 2011, S. 248).

Der Präsident/Die Präsidentin des Bundesrates, zugleich Stellvertreter/-in des/der Bundespräsidenten/-präsidentin, wird vom Bundesrat für ein Jahr gewählt. Allerdings gilt die Vereinbarung, das Präsidentenamt zwischen den Regierungschefs/-chefinnen in der Reihenfolge der Bevölkerungsstärke der Länder rotieren zu lassen. An der laufenden Arbeit im Bundesrat sind in erheblichem Maße *Beamte und Beamtinnen beteiligt.* Ursache hierfür ist die Überlastung der Bundesratsmitglieder, wollten sich diese – neben ihrer Tätigkeit als

Mitglied einer Landesregierung – mit sämtlichen im Bundesrat zu behandelnden Vorlagen selbst beschäftigen. Während der Wahlperiode 2017–21 hat der Bundesrat 546 Gesetzesvorlagen beraten sowie zahlreiche Rechtsverordnungen und Verwaltungsvorschriften der Bundesregierung behandelt (Bundesrat 2021a). Eingespielte Praxis ist es daher, dass man bei den im drei- bis vierwöchigen Turnus stattfindenden Plenarsitzungen des Bundesrats nur noch förmlich beschließt, während sich die Entscheidungsfindung in die häufiger tagenden 16 Bundesratsausschüsse verlagert hat, an denen anstelle der Kabinettsmitglieder großenteils Ministerialbeamte und -beamtinnen teilnehmen. Vorentscheidungen, dort getroffen, lassen sich wegen Termindrucks kaum noch von einem Landeskabinett umwerfen (Kilper und Lhotta 1996, S. 118 ff.). Die parteipolitischen Fronten kamen lange darin zum Ausdruck, dass sich Unions- bzw. SPD-geführte Länder zu getrennten Vorab-Gesprächen trafen und ihre Marschroute im Bundesrat zu koordinieren suchten (Renzsch 1989). In den Plenarsitzungen aber herrscht eine kühle, „ruhige Tonart" (Bundesrat 2022a).

c. Grenzen für den ausgreifenden Bundesrat?
Aufgrund seiner Kompetenzen kann man dem Bundesrat folgende Aufgaben zuordnen:

- *administrative Gesichtspunkte* in den Entscheidungsprozess des Bundes einzubringen;
- *den Föderalismus gegen eine Aushöhlung* durch den Bundesgesetzgeber *abzuschirmen*.
- *allgemeine Mitwirkung einer zweiten Kammer auszuüben.*

Den beiden ersten Aufgaben entspricht, dass nur mit ausdrücklicher Zustimmung des Bundesrates solche Gesetze und Rechtsverordnungen verabschiedet werden können *(Zustimmungsbedürftige Gesetze),* welche die Verfassung verändern (Art. 79 Abs. 2 GG) oder das Bund-Länder-Verhältnis berühren. Hierzu gehören Bundesgesetze, die

- im Auftrag durch die Bundesländer auszuführen sind und Regelungen zur Behördenorganisation, zum öffentlichen Dienst sowie zum Verwaltungsverfahren enthalten (Art. 85, 87, 104a, 108, 120a GG);
- Steuern mit Länderanteilen, den Finanzausgleich, die Finanzverwaltung oder sonst die Finanzen der Länder betreffen, auch die für Bund und Länder gemeinsamen Haushaltsgrundsätze (Art. 104a–109, 134–135 GG);
- die Ausübung von Bundesgerichtsbarkeit durch Gerichte der Länder regeln (Art. 96 GG);

- die Gebietsstände verändern, Hoheitsrechte übertragen oder die Ländermitwirkung in der EU berühren (Art. 29 Abs. 7 bzw. 23 GG);
- Regelungen für den Verteidigungsfall oder den Gesetzgebungsnotstand vorsehen (Art. 115a, c und 81 GG).

Zustimmungsbedürftig sind ferner die Liste der als verfolgungsfrei betrachteten Staaten im Sinne des Asylartikels und die Ausübung des Bundeszwanges gegen ein Land. Generell muss jede zustimmungsbedürftige Gesetzgebungsmaterie als solche im Grundgesetz genannt werden (Enumerationsprinzip). Bei allen anderen vom Bundestag beschlossenen Gesetzen verfügt der Bundesrat nur über das Recht zum Einspruch *(Einspruchsgesetze)*. Ist der Einspruch mit der Mehrheit der Stimmen im Bundesrat beschlossen, kann ihn der Bundestag mit der Mehrheit seiner Mitglieder zurückweisen; ein Einspruch mit einer Zwei-Drittel-Mehrheit bedarf vonseiten des Bundestages ebenfalls einer Zwei-Drittel-Mehrheit der Mitglieder, um zurückgewiesen zu werden (Art. 77 GG).

Ein absolutes Vetorecht für die zweite Kammer, der deutschen Zustimmungsbedürftigkeit entsprechend, gilt durchgehend in den USA, der Schweiz, den Niederlanden, Italien und Indien (dort außer bei Finanzgesetzen), eingeschränkt für bestimmte Politikfelder bzw. nur für Verfassungsfragen in Deutschland, Tschechien, Österreich, Frankreich, Spanien und Belgien. Sonst ist die zweite Kammer auf ein suspensives Veto beschränkt (Sturm 2015, S. 82, 174). Formell gehört Deutschland also zur mittleren Gruppe. Was die realen Verhältnisse jedoch erheblich prägt, ist die Frage, ob und wieweit Verwaltungen der Gliedstaaten bundesstaatliche Gesetze auszuführen haben – eine besonders im föderalen Deutschland ausgeprägte Verzahnung.

Ganz wesentlich für die Rolle des Bundesrates ist sein – über den Schutz der Länderinteressen hinausweisendes – allgemeines politisches Mitwirkungsrecht. Dafür sprechen sein allgemeines Initiativ- und Einspruchsrecht, seine Mitwirkung im Notstandsparlament (Gemeinsamer Ausschuss) und seine Rolle als Reservegesetzgeber im Falle des Gesetzgebungsnotstandes (Art. 81 GG). Das „Einfallstor", über das sich der allgemeine Mitwirkungsanspruch verwirklichte, bildete Art. 84 Abs. 1 GG, wonach Gesetze, die von den Bundesländern auszuführen waren und die Regelungen zu Behördenorganisation und Verwaltungsverfahren enthielten, der Zustimmung des Bundesrates bedurften. Hieraus nämlich leitete man eine „Gesamtverantwortung" für diese Gesetze, d. h. eine Zustimmungsbedürftigkeit ihres gesamten Inhalts ab (Fromme 1976, S. 154 ff.). Ein Urteil des Bundesverfassungsgerichts von 1974 entschied zugunsten des Bundesrates: Er könne seine Zustimmung zu einem Gesetz auch dann verweigern, wenn „er nur mit der materiellen Regelung nicht einverstanden ist". Einer Bundesregierung

9.1 Der Bundesrat: Vetomacht der Landesregierungen

blieb nur zu versuchen, durch Aufspaltung in materiale und verfahrenstechnische Gesetze die Bundesratsklippe zu umschiffen – wie die Regierung Schmidt beim Haushaltsstrukturgesetz 1975 und beim Eherecht 1975/76, ebenso die Regierung Brandt 1971 beim Mietrechtsgesetz (Auszüge aus dem „Bundesrats-Urteil" und den „Abweichenden Meinungen" des Bundesverfassungsgerichts vom 25. 6. 1974; Fromme 1976, S. 160 f.). „Kunst der Teilung der Gesetze" hat man dies genannt (Fromme 1990). Die Grenzen der Zustimmungsbedürftigkeit sind bis heute gelegentlich zwischen Bundestag und Bundesrat umstritten. Im Ergebnis galten nach Auffassung des Bundesrates 49 % aller 1949–2021 ausgefertigten Gesetze als zustimmungsbedürftig (Bundesrat 2022b). Zumeist leitete sich die Zustimmungsbedürftigkeit aus der Verwaltungsrolle der Länder ab, ein weiterer großer Teil aus der Finanzverflechtung zwischen Bund und Ländern (Dästner 2001, S. 293, 296).

Auch bei den Einspruchsgesetzen ist die Stellung des Bundesrats nicht unbedeutend. Denn häufig fällt es einer Regierungsmehrheit nicht leicht, die Mehrheit der Mitglieder des Bundestages (nicht nur der Anwesenden!) zu mobilisieren, die erforderlich ist, um den Einspruch zurückzuweisen. Noch schwieriger wird es, die hohe Hürde der Zwei-Drittel-Mehrheit seiner Mitglieder zu überspringen. Nicht jeder Einspruch des Bundesrates wird zurückgewiesen (vgl. Tab. 9.2).

Alles in allem: Die Vetomacht des Bundesrats reichte so weit, dass gegen ihn die Bundesrepublik kaum regierbar schien. Ist ein Staat reform- und entscheidungsfähig, wenn derartige Situationen immer wieder auftreten? Angesichts dessen hat die Große Koalition 2006 jene Vetomacht beschnitten. Günstig dafür war, dass beide, Union wie SPD, sich Hoffnungen auf eine künftige von ihnen allein geführte Mehrheit machen konnten. Rawls' (1979) „Schleier des Nichtwissens" vor der Zukunft erleichterte den Schritt – generell eine günstige Voraussetzung für faire Lösungen. Gemeinsam brachte man die *Föderalismusreform I durch, die für Bundesgesetze, die von den Ländern als eigene Angelegenheit auszuführen sind, die Zustimmungsbedürftigkeit aufhob. Das musste der Bund allerdings damit bezahlen, dass in diesen Fällen die Länder nun „die Einrichtung der Behörden und das Verwaltungsverfahren" regeln – d. h. der Bund hat sich von Zustimmungsbedürftigkeiten freigekauft, indem er auf die Kontrolle der Gesetzesausführung verzichtet.* Sofern ein solches Bundesgesetz Ausführungsregelungen vorsieht, können die Länder „abweichende Regelungen treffen"; hierauf antwortende neue bundesgesetzliche Regelungen treten frühestens sechs Monate nach ihrer Verkündung in Kraft usw. Die jeweils spätere Regelung gilt. In Ausnahmefällen kann der Bund das Verwaltungsverfahren ohne Abweichungsmöglichkeit regeln – benötigt dann aber wieder die Zustimmung des Bundesrates

Tab. 9.2 Der Bundesrat – ein Blockadeinstrument? In Zahl der Gesetze bzw. Verordnungen

	1998–2002	2002–05	2005–09	2009–13	2013–17	2017–2021
a) Gesetzgebung:						
Anrufungen des Vermittlungsausschusses	75	100	18	43	3	7
dar. durch Bundesrat	66	90	17	34	2	4
dar. nicht Gesetz	12	12	0	9	1	0
Zustimmungsversagungen	19	21	1	14	2	4
dar. nicht Gesetz	7	5	0	4	2	1
Einsprüche des Bundesrats	5	22	3	1	0	0
dar. nicht zurückgewiesen	3	0	0	0	–	–
b) Verordnungen:	504	436	468	454	400	365
dar. Zustimmung versagt	3	4	3	1	1	2
Allg. Verwaltungsvorschriften	58	30	44	29	31	26
dar. Zustimmung versagt	1	2	0	0	0	0

Quelle: Bundesrat (2021b).

(Art. 84 Abs. 1 GG.). *Für den Fall, dass der Bund die Ausführung nicht ganz aus der Hand geben will, ist ein Hin und Her zwischen unterschiedlichen administrativen Regelungen getreten, am Ende mit dem Ausweg eines Bundesgesetzes mit Zustimmung des Bundesrates* (sogenanntes Ping-Pong-Verfahren).

Dennoch hat die Reform für den Bund einen gewissen Charme. Sie drückte den Anteil zustimmungsbedürftiger Gesetze zwar weniger als erhofft, aber doch von 50,6 % (2002–2005) auf 37,8 % herunter (2017–2021)[1]. Mehr noch: Bei Streit um die Kontrolle der Ausführung hat das Abweichungsmodell den Vorteil, dass Bund und abweichendes Land ihre administrativen Konzepte darstellen und damit der öffentlichen Diskussion aussetzen müssen.

---

[1] So in der Sicht des Bundestages (Deutscher Bundestag 2006; Deutscher Bundestag 2022). Leichte Abweichungen in der Literatur sind wohl auf unterschiedliche Zahlen von Bundestag und Bundesrat sowie Nachzählungen etc. zurückzuführen.

d. Verhandlungsdemokratische Konsequenzen der Bundesratsmacht

Die Macht des Bundesrates hat in der politischen Praxis drei weitreichende Konsequenzen.

Erstens: Der Bundesrat wirkt paradoxerweise als *„Transmissionsriemen für die Unitarisierung der Bundesrepublik"* *(Fabritius 1976)*. Gerade weil er den Handlungsspielraum der parlamentarischen Mehrheit im Bund beträchtlich einschränken kann, ist die Bundesregierung an einer gleichgerichteten Bundesratsmehrheit höchst interessiert.

Landtagswahlkämpfe und Koalitionsbildungen in den Ländern haben daher häufig bundespolitische Bedeutung. Im Bundesrat kann man drei Ländergruppen unterscheiden: diejenigen mit einer Regierung nur aus Parteien, die auch an der Bundeskoalition (sog. R-Länder) beteiligt sind (es müssen aber nicht alle sein), zweitens die nur von oppositionellen Parteien regierten (sog. O-Länder) sowie drittens die gemischt, d. h. von im Bund regierenden und opponierenden Parteien geführten Länder (sog. M-Länder). Zumeist geben „gemischte" Länder den Ausschlag. Mehrheiten der Regierungsländer bestanden zusammenhängend nur 1962–66, 1967–69, 1983–89 sowie kurze Phasen u. a. bei Beginn der rot-grünen und überwiegend während der ersten Großen Koalition unter Merkel. Andererseits war die sozialliberale Koalition ab 1972 gehandikapt durch eindeutig oppositionelle Bundesratsmehrheiten, die Regierung Kohl in ihrer Endphase, ebenso die rot-grüne Regierung Schröder in ihrer zweiten Hälfte (Kropp 2010, S. 60; Jun 2011, S. 120 ff.; Busch 2008, S. 114). In den entsprechenden Jahren 1976–82, 1997/98 und 2003–05 knirschte es denn auch bei der Gesetzgebung, der Anteil endgültig am Bundesrat scheiternder Gesetze stieg auf über 2 % an (Kropp 2010, S. 63). Das traf gerade politisch brisante Vorhaben. Doch auch die seit einigen Jahren zu beobachtende Häufung von M-Länder-Mehrheiten im Bundesrat hat es in sich, weil jene Länder sich bei strittigen Zustimmungsgesetzen häufig enthalten – und dann wie Nein-Stimmen gezählt werden, wodurch eine Art negativer Blockade entstehen kann.

Nach dem Stand vom Herbst/Winter 2022 gibt es nur drei Landesregierungen (die rheinland-pfälzische mit 4, die saarländische und die hamburgische mit je 3 Sitzen im Bundesrat), an denen nur Parteien der aktuellen Ampelkoalition beteiligt sind. Die große Mehrheit der Bundesratssitze ist in der Hand „gemischter" Landesregierungen (vgl. Tab. 9.1). Koalieren Parteien, die sich im Bund gegenüberstehen, vereinbart man meist eine Bundesratsklausel, wonach die Bundesratsstimmen des Landes nur im Konsens abgegeben werden sollen, andernfalls Enthaltung geübt wird. In Einzelfällen haben sich jedoch Regierungschefs (Diepgen 1992, Teufel 1995) darüber hinweggesetzt und sind das Risiko eines Koalitionsbruchs eingegangen (König 1998, S. 486). Eine ungewöhnliche

Lösung, bei Divergenz das Los über die Stimmabgabe entscheiden zu lassen, fand man in Rheinland-Pfalz.

Als zweite Folge der Schlüsselstellung des Bundesrates ist zu werten, dass *im Bundesrat stets parteipolitische Gesichtspunkte neben Landesinteressen eine Rolle spielen.* Obwohl in seinem Selbstverständnis „nicht Arena parteipolitischer Kampfspiele" (Bundesratspräsident von Hassell zit. nach Rummel 1974, S. 27, 35), wird der Bundesrat auch Schauplatz parteipolitischer Auseinandersetzungen. Dies zeigte sich 1969 zu Beginn der CDU/CSU-Opposition in der Ankündigung des bisherigen Bundeskanzlers (zit. nach Lehmbruch 2000, S. 133), der Bundesrat werde „ein wichtiges Instrument für die Opposition" sein. Tatsächlich mehrten sich Einwendungen des Bundesrates gegen vom Bundestag beschlossene Gesetze, kam es zu parteipolitisch geprägten Plenarsitzungen (Fehlentwicklungen im Verhältnis von Bundesrat und Bundestag 1976, S. 295, 305, 315). Bei den regierenden Sozialdemokraten empörte man sich über eine „Reform-Verhinderungsbilanz der Opposition" mittels Bundesrat, dem es doch an Legitimation ermangele, Mehrheitsentscheidungen des Bundestages zu blockieren (zit. nach Schindler 1974, S. 157, 165).

Nach Regierungswechsel im Bund zeichneten sich ab 1990 – nur bei vertauschten Rollen – ganz ähnliche Tendenzen ab. Die sozialdemokratische Bundesratsgruppierung agierte mit konfrontativen Gesetzentwürfen, und als 1994 die Kohl-Regierung die Kontrolle auch über den Vermittlungsausschuss verloren hatte, kündigte der SPD-Vorsitzende an, die SPD werde ihre „starke Stellung" im Bundesrat und ihre „Stimmenmehrheit" im Vermittlungsausschuss nutzen (Scharping 1994). In der Endphase der Regierung Kohl blockierte der Bundesrat das Steuerreformgesetz (Renzsch 2000, S. 69 ff.). Was überwiegt: landespolitische Sachpolitik oder Partei? Eine Untersuchung von 42 kontroversen Abstimmungen im Bundesrat 1990–2005 kommt zu dem Ergebnis, es habe zwar einige Fälle gegeben, bei denen das Abstimmungsverhalten im Bundesrat „nur schlecht mit den sachpolitischen Interessen der Länder" erklärbar war, nicht aber bei der Mehrzahl. Offenbar dominieren doch Landesinteressen (Bräuninger et al. 2010, S. 245 f.).

Ein solcher Gegensatz zwischen Bundestag und Bundesrat – und damit die Möglichkeit einer Blockierung – ist wegen des Durchhängens der jeweiligen Kanzlerpartei bei Landtagswahlen immer wieder zu erwarten. Gerade aber diese Blockadegefahr hat bisher zumeist – so die dritte Folge der Bundesratsmacht – *eher konsensdemokratische Praktiken im politischen System der Bundesrepublik verstärkt.*

Zwar mehren sich bei politischer Diskrepanz Zustimmungsversagungen ebenso wie Anrufungen des Vermittlungsausschusses durch den Bundesrat. In der großen Mehrheit der Fälle konnten aber die betreffenden Gesetze schließlich doch noch verkündet werden. Nur bei wenigen – allerdings politisch hochrangigen – fand man zu keinem Kompromiss, sie scheiterten (Ziller et al. 1998, S. 138 ff.; Lhotta 2001, S. 108). Blockierungen erfolgten, blieben aber auf wenige eklatante Fälle beschränkt.

Wie erklärt sich diese – zahlenmäßig – bescheidene „Blockadebilanz" (Stüwe 2004, S. 29 f.)? Auf der einen Seite aus manchem Einlenken der Regierungsmehrheit gegenüber dem Bundesrat, auch aus Bemühungen, in Gesetzen auf Regelungen zu verzichten, die eine Zustimmungsbedürftigkeit begründen könnten. Auf der anderen Seite kann es sich eine Bundesratsmehrheit politisch manchmal nicht leisten, einfach zu blockieren. Allzu peinlich wirkte das demokratische Legitimationsdefizit. Auch sind mit Gesetzesteilen, die man eigentlich ablehnen möchte, nicht selten andere, akzeptierbare, populäre oder dringliche Inhalte verkettet.

Zudem gibt es landespolitische Interessen. Die Regierungschefs der Länder verhalten sich nicht einfach wie „Figuren auf dem Schachbrett der Bundesparteien" (Abromeit 1992, S. 64; Kropp 1997, S. 255). Landesinteressen führten während der Regierung Kohl dazu, dass sich Niedersachsens Ministerpräsident Albrecht (CDU) mit SPD-geführten Ländern zusammentat und für seine Zustimmung zur Steuerreform erhöhte Ergänzungszuweisungen zugunsten finanzschwächerer Länder wie Niedersachsen herauspaukte (Renzsch 1989, S. 339 f.). Ähnlich brach die SPD-geführte Regierung Brandenburgs 1991 aus der SPD-Phalanx aus und stimmte dem Steueränderungsgesetz der Regierung Kohl unter der Bedingung zu, dass bestimmte Erträge in den Fonds „Deutsche Einheit" flossen (Renzsch 2000, S. 61). Analog hat sich auch die rot-grüne Regierung Schröder durch Tauschgeschäfte im Bundesrat durchgesetzt oder Kompromisse erreicht (Kropp 2006, S. 247 ff.). Neben der parteipolitischen Frontlinie im Bundesrat lassen sich landespolitische Konfliktlinien ausmachen: neue vs. alte Länder, finanzstarke vs. steuerschwache Länder, Flächen- vs. Stadtstaaten.

Solange die deutsche Politik nicht von radikaler Konfliktorientierung geprägt ist, sondern von einer Mitte-Orientierung in der Wählerschaft, zwingt die Machtstellung des Bundesrates immer wieder zu Kompromissen. Die Institution Bundesrat fördert somit Züge einer Verhandlungsdemokratie (Lehmbruch 2000, S. 24 ff.). Allerdings verwischen sich damit Unterschiede zwischen Regierung und Opposition, desgleichen Verantwortlichkeiten. Auch erscheint politischer Wandel in diesem Rahmen nur in Form inkrementaler Anpassungen, kaum aber konsequenter Reformen möglich.

Im anderen Falle, bei massiver Konfliktorientierung, mutierte der Bundesrat tatsächlich zu einem Blockadeinstrument. Das wäre günstig für eine klare Konfrontation der politischen Positionen, würde aber zu fataler Entscheidungsunfähigkeit des politischen Systems führen. Auch andere föderale Staaten kennen dieses Problem, soweit ihre zweite Kammer ein absolutes Vetorecht innehat, so in den USA und Ländern Lateinamerikas. Auch dort erweist sich eine solche Konstruktion als mehrheitseinschränkend, und statt Blockiereng ist „often enhanced ‚consensus' democracy" die Folge (Watts 2010, S. 45; Leunig 2009, S. 293).

Drei Wege werden immer wieder diskutiert, um die Vetomacht des Bundesrates abzuschwächen:

- Mehrheiten nicht mehr an der Mitgliederzahl des Bundesrates zu messen, sondern relative Mehrheiten als hinreichend zu betrachten[2];
- den Umfang zustimmungsbedürftiger Materien der bisherigen Verfassungslage zu verringern (was mit der Finanzreform von 2006 geschah);
- die Bundesratsmitglieder entsprechend dem Senatsprinzip direkt vom Volke in den Ländern wählen zu lassen und ihnen ein freies Mandat zu geben (Schmidt 2006, S. 327,349).

Alle drei erfordern Änderungen des Grundgesetzes, für die man auch Zwei-Drittel-Mehrheiten des Bundesrats selbst benötigt. Die dritte Lösung würde zudem eine ganz unwahrscheinliche Zustimmung der Landesregierungen zu ihrem eigenen Hinauswurf aus dem Bundesrat voraussetzen.

9.2 Bundesverfassungsgericht: Hüter und Ausgestalter der Verfassung

a. Zur Entwicklung der Verfassungsgerichtsbarkeit

Im Rahmen der klassischen Gewaltenteilungslehre fällt der Rechtsprechung lediglich die Aufgabe zu, Wirklichkeit am vorgegebenen Maßstab des gesetzten Rechts zu prüfen und zu beurteilen. Sie stellt somit eine „Art richterlicher Exekutive" (Robert Leicht) dar. Eine weit darüber hinausgehende Funktion hingegen hat der Supreme Court der USA seit 1803 für sich durchgesetzt, nämlich die richterliche Überprüfung von Gesetzen im Hinblick auf ihre Verfassungskonformität. Peter Graf Kielmansegg (2013, S. 161, 163) spricht angesichts dieser „Praktizierung verfassungsgebender Gewalt in Permanenz" von einer „eigenständige[n] vierte[n] Gewalt".

---

[2] Diese absolute Mehrheitsregel ist in föderalen Staaten mit Bikameralismus ungewöhnlich, innerhalb Europas nur noch in Belgien geltend (Sturm 2015, S. 82).

9.2 Bundesverfassungsgericht: Hüter und Ausgestalter der Verfassung

Seit dem Ersten, in stärkerem Maße seit dem Zweiten Weltkrieg hat sich ein verfassungsorientiertes Prüfungsrecht nach dem Beispiel der USA bzw. eine besondere Verfassungsgerichtsbarkeit nach österreichischem Muster (1920) auch in anderen Staaten ausgebreitet (Brünneck 1988, S. 221 ff.; Brünneck 1992). In der Gegenwart besteht eine Verfassungsgerichtsbarkeit in 174 Staaten, darunter 85 mit besonderem Verfassungsgericht wie in Deutschland, 53 mit richterlichem Prüfungsrecht des Obersten Gerichts wie in den USA, und 36 mit gemischtem System (Bernauer et al. 2015, S. 491). In Europa herrscht das besondere Verfassungsgericht vor (Hönnige 2007, S. 103 f.; Kneip 2008, S. 635 ff.). Es sind unterschiedliche Verfahrensarten zulässig, in Deutschland alle außer einer präventiv-abstrakten Normenkontrolle, d. h. Verfahren gegen ein noch nicht verkündetes Gesetz (Steinsdorff 2010, S. 487). Während der amerikanische Supreme Court nur als allgemeine oberste Berufungsinstanz im Zusammenhang mit konkreten Klagefällen auch Verfassungskonformität prüft, dient das deutsche Bundesverfassungsgericht allein der Verfassungsgerichtsbarkeit (Bryde 1982, S. 100).

Gerade im Verfassungsdenken der Bundesrepublik spielt – nach den traumatischen Erfahrungen mit antidemokratischen Strömungen der Weimarer Zeit – die Vorstellung eine zentrale Rolle, Demokratie erschöpfe sich nicht allein in Mehrheitsherrschaft, sondern vielmehr müssten bestimmte Prinzipien selbst deren Zugriff entzogen bleiben. Dem entspricht die Stellung des Bundesverfassungsgerichts. Es prüft auf Antrag auch unabhängig von Einzelfällen die Verfassungsmäßigkeit von Normen. Insgesamt galten seine Kompetenzen im internationalen Vergleich zeitweilig als „am umfassendsten" (Laufer 1970)[3]. Es wird international „häufig als Modell und Vorbild angesehen" (Schlaich und Korioth 2015, S. 4). Als föderaler Staat kennt Deutschland zusätzlich auch Verfassungsgerichtshöfe für die einzelnen Bundesländer.

b. Institution und personelle Besetzung des Verfassungsgerichts
Das Bundesverfassungsgericht ist als selbstständiges Verfassungsorgan mit verfassungsrechtlich gesicherten Zuständigkeiten (Art. 93–94, 98 ff. GG) und eigener Verwaltung konstituiert.

Die besondere Stellung des Gerichts kommt in der Bestellung der je acht Richter/-innen seiner beiden Senate, des sogenannten Grundrechts- und des

---

[3] Inzwischen haben Spanien und Ungarn nach deutschem Vorbild eine analog starke Verfassungsgerichtsbarkeit eingeführt.

Staatsrechtssenats, zum Ausdruck. Diese werden nämlich je zur Hälfte von Bundestag (vertreten durch einen Wahlausschuss aus zwölf Abgeordneten) und Bundesrat (vertreten durch die Landesjustizminister/-innen) mit jeweils zwei Drittel-Mehrheit gewählt. Wählbar ist laut Gesetz über das Bundesverfassungsgericht (i. d. F. vom 11. August 1993, zuletzt geändert am 20. November 2019), wer mindestens 40 Jahre alt ist und die Befähigung zum Richteramt, d. h. die volle juristische Ausbildung, besitzt[4]. Gewählt wird für die Dauer von zwölf Jahren (maximal bis zum 68. Lebensjahr) unter Ausschluss der Wiederwahl, wobei jeweils drei Richter/-innen in jedem Senat Ehemalige an obersten Gerichtshöfen des Bundes sein müssen. Einer Selbstselektion der Justiz soll durch politische Organe als Wahlkörper, einer politischen Majorisierung durch Wahl je zur Hälfte durch zwei verschiedene politische Organe und das Erfordernis der Zwei-Drittel-Mehrheit, Laienurteilen durch das Erfordernis voller juristischer Ausbildung, opportunistischer Mehrheitsorientierung bei amtierenden Verfassungsrichtern durch das Verbot der Wiederwahl (seit 1971) entgegengewirkt, richterliche Erfahrung und Distanz zur Politik durch einen gesicherten Anteil von Berufsrichter/-innen gefördert werden.

Diese Vorgaben, welche die politische Auswahl einschränken, bilden einen – im europäischen Vergleich – starken „Filter" zugunsten einer Qualitätssicherung (Steinsdorff 2009, S. 287, 291). Sie sind in anderen Ländern keineswegs allgemein verbreitet, „häufig reichen einfache Mehrheiten in der ersten oder zweiten Parlamentskammer für die Wahl" (Kneip 2016, S. 367). Dahinter steht die These, Einschränkungen des Mehrheitsentscheids, auch Eignungsvoraussetzungen widersprächen demokratischen Prinzipien. Wenn auch in Deutschland – wie anderswo – die Wahl der Verfassungsrichter/-innen durch politische Organe erfolgt, so existieren hier doch ungewöhnlich starke Hindernisse gegen ein Durchschlagen rein parteipolitischer Auswahlgesichtspunkte und politischer Mehrheiten. Auf Expertise scheint im deutschen Verfassungsrechtsdenken vergleichsweise großer Wert gelegt (Hailbronner 2015, S. 40).

Dennoch ist auch in Deutschland die Besetzung jeder Richterstelle ein Politikum, bei dem es häufig nicht ohne – meist in informellen und zähen Verhandlungen ausgetragene – Konflikte und Kompromisse abgeht (Helms 1999,

---

[4] Zu Landesverfassungsrichtern sind meist auch Nichtjuristen wählbar, wie dies die SPD ursprünglich für den Bund wünschte (Schlaich und Korioth 2015, S. 28; Wesel 2004, S. 38 ff.).

9.2 Bundesverfassungsgericht: Hüter und Ausgestalter der Verfassung

S. 148). Moniert wird die Praxis eines „wenig demokratischen und völlig intransparenten Verfahrens" bei der Richterauswahl, bei dem anstelle Bundestag bzw. Bundesrat kleine, vertrauliche Gremien die Richter/-innen wählen (Landfried 2015, S. 374 f.). Da bisher niemand gegen eine der beiden Großparteien durchsetzbar war, haben diese die Sitze unter sich hälftig geteilt und damit informelle „Erbhöfe" geschaffen (Schlaich und Korioth 2015, S. 31; Vanberg 2005, S. 83 f.). Dies könnte mit dem Abstieg der großen Parteien bald Vergangenheit sein. Ein öffentliches Wahlverfahren wird in den USA praktiziert. Allerdings spricht manches gegen öffentliche Beurteilungen von Personen, die nicht Politiker/-innen sind und sich nicht zur Kandidatur gemeldet haben. Wichtig ist ferner, dass Art. 94 GG die Wahl von Mitgliedern des Bundestages, des Bundesrates und der Bundesregierung sowie entsprechender Landesorgane ausschließt, aber nach vorherrschender Meinung ein übergangsloser Umstieg möglich ist – so 2011 praktiziert bei der Wahl eines Ministerpräsidenten. Zehn der 16 Richterstellen könnten durch Politiker/-innen besetzt werden. Sie müssten nur am Vortag ihr bisheriges Amt aufgegeben haben.

Über die berufliche Herkunft der auf diese Weise ins Amt gelangten Bundesverfassungsrichter/-innen gibt Tab. 9.3 Auskunft. Für 2022 erhält man ein klares Bild, da von den sieben Richtern und neun Richterinnen zuvor sieben hauptsächlich in Forschung und Lehre tätig waren, sechs an einem Bundesgericht und drei in der Politik: der Präsident des Bundesverfassungsgerichts Stephan Harbarth (zuvor im Fraktionsvorstand der Union im Bundestag), Peter Müller (ehem. saarländischer Ministerpräsident) und Peter Huber (für kurze Zeit Thüringens Innenminister,

Tab. 9.3 Die Herkunft der Bundesverfassungsrichter/-innen. In Prozent der Verfassungsrichter/-innen bzw. Senatsmitglieder

Beruf zum Zeitpunkt der Wahl:	1951–83	2022	Parteizugehörigkeit: 1975–2000		
			Insgesamt	1.Senat	2. Senat
Richter	30,2	37,5	CDU/CSU 31,7	27,4	36,0
Anwalt	15,1	0	SPD 34,3	37,4	31,2
Verwaltungsbeamter	32,1	0	FDP 5,1	6,0	4,3
Professor	13,2	43,8			
Politiker	18,9	18,7			
Verbandstätigkeit	3,8	0			

Quellen: Landfried (1984, S. 44); Wagschal (2001, S. 881); Bundesverfassungsgericht (2022).

eigentlich Hochschulprofessor). Bedauerlich scheint der Ausfall der Verwaltungsbeamten, die am ehesten die administrative Umsetzung von Urteilen im Blick haben – etwa massenhafte Einzelfallprüfungen bei Hartz-IV-Geldern oder Asylanträgen. Die Parteizugehörigkeiten der von 1951 bis 1983 amtierenden Richter spiegeln die politischen Verhältnisse der Zeit wieder. Nach dem Stand von 2022 amtieren im Ersten Senat je drei Richter/-innen auf Vorschlag von SPD bzw. Union sowie ein Richter von FDP bzw. eine Richterin von Grünen, im Zweiten Senat vier Richter/-innen auf Vorschlag von Union, drei auf Vorschlag der SPD und eine auf Vorschlag der Grünen. Die Zusammensetzung erklärt sich daraus, dass die großen Parteien ihrem kleineren Koalitionspartner einen Sitz einräumten (Kneip 2009, S. 195 ff.).

Der Zuständigkeitsbereich des Bundesverfassungsgerichts (Tab. 9.4) umfasst die verbindliche Entscheidung

- bei Streitigkeiten zwischen Verfassungsorganen (etwa zwischen Bundestag und Ländern);
- über die Verfassungskonformität von Gesetzen, sonstigen Rechtsnormen und Einzelentscheidungen (Normenkontrolle, Verfassungsbeschwerde);
- über Maßnahmen zur Sicherung von Demokratie (Prinzip der wehrhaften Demokratie) und Rechtsstaatlichkeit.

Quantitativ überwiegen bei weitem Verfassungsbeschwerden von Bürgerinnen und Bürgern. Bei diesen wird das Gericht häufig wie eine oberste Appellationsinstanz angerufen. Bei den meisten übrigen Verfahren handelt es sich um Normenkontrollverfahren, die ihrerseits überwiegend Fragen des Wirtschafts-, Sozial-, Berufs- und Steuerrechts betreffen.

Angesichts der Zahl von nur 16 Bundesverfassungsrichter/-innen drohen diese in einer Flut von Verfassungsbeschwerden zu ertrinken. Dem wirken als Filter Ausschüsse bzw. Kammern weniger Richter/-innen entgegen, die Beschwerden ohne Begründung abweisen und seit neuerem sogar auch stattgeben können, wenn dies in der Linie der gefestigten Rechtsprechung des Gerichts liegt. Die übergroße Mehrheit der Verfassungsbeschwerden wird durch solche Kammern abgewiesen, nur der Rest wird verhandelt, und erfolgreich sind am Ende nur 2,3 % der eingereichten Beschwerden[5]. Lust an der Verfassungsbeschwerde sucht man zudem durch Gebühren bei „Missbrauch" zu dämpfen. Dennoch hinterlässt die Überlastung Spuren: schwächere Formulierungen und unberücksichtigte

---

[5] Jahresstatistik 2016 des Bundesverfassungsgerichts, in: www.bundesverfassungsgericht.de (Abruf 23. 12. 2017).

9.2 Bundesverfassungsgericht: Hüter und Ausgestalter der Verfassung

Tab. 9.4 Zuständigkeiten und Praxis des Bundesverfassungsgerichts. Entscheidungen von 1951 bis 31. Dezember 2019

Gegenstand	Grundlage	Antragsberechtigte	Zahl der Entscheidungen
Verfassungsstreitigkeiten zwischen Verfassungsorganen (Organstreit, Bund-Länder-Streit)	Art. 93 Abs. 1 Nr. 1 und 3; Art. 84 Abs. 4 Nr. 2 GG	Bundesorgane, Landesregierungen, u. U. Parteien	166
Normenkontrolle			
a) „Abstrakte" Normenkontrolle (Vereinbarkeit von Rechtsnormen mit dem Grundgesetz bzw. Bundesrecht)	Art. 93 Abs. 1 Nr. 2 GG	Bundesregierung, Landesregierungen, 1/4 des Bundestages	120
b) „Konkrete" Normenkontrolle (Am konkreten Fall: Vereinbarkeit von Rechtsnormen mit dem Grundgesetz)	Art. 100 Abs. 1 GG	Alle Gerichte (bei vorliegendem Zweifelsfall)	1361
Verfassungsbeschwerden			
Nach Ausschöpfung des normalen Rechtsweges Überprüfung von Recht und Entscheidungen auf Grundgesetzkonformität	Art. 93 Abs. 1 Nr. 4 a und b GG	Jedermann (betroffene Bürger und Gemeinden)	210 567 (dar 206 450 durch Ausschüsse/Kammern)
Demokratie- und Rechtsstaatssicherung			
a) Parteiverbotsverfahren und (seit 2017) Ausschluss von der Parteienfinanzierung	Art. 21 Abs. 2 und (seit 2017) 3 GG	Bundestag, -rat, -regierung; Landesregierungen	6
b) Verwirkung von Grundrechten	Art. 18 GG	Bundestag, Bundesregierung; Landesregierungen	3
c) Präsidentenanklage	Art. 61 GG	2/3-Mehrheit von Bundestag und Bundesrat	0
d) Anklage gegen Bundes- bzw. Landesrichter	Art. 98 Abs. 2 und 5 GG	Bundestag bzw. Landtag	0

(Fortsetzung)

Tab. 9.4 (Fortsetzung)

Gegenstand	Grundlage	Antragsberechtigte	Zahl der Entscheidungen
e) Wahlprüfungsverfahren	Art. 41 Abs. 2 GG	Betroffene Abgeordnete, Wahlberechtigte, Teile des Bundestages	321
Insgesamt (dar. weitere Verfahren)			215 500
Sonstige Erledigungen (Rücknahme von Beschwerden, Klagen etc.)			24 522

Quelle: Bundesverfassungsgericht (2021). Nicht eingerechnet sind Erledigungen auf sonstige Weise.

Aspekte. Insbesondere auf die „Kammerrechtsprechung" und Vorarbeiten wissenschaftlicher Mitarbeiterschaft scheint dies zurückzuführen[6].

c. Die politische Relevanz der Rechtsprechung
Die Bedeutung des Gerichts wird anhand seiner Aufsehen erregenden Urteile sichtbar:

1. **Zur politischen Ordnung:** Gewöhnlich von oppositioneller Seite angerufen, hat das Gericht wiederholt Urteile auch entgegen den Vorstellungen regierender Mehrheiten gefällt. Nachdem der langjährige Streit um den Verteidigungsbeitrag der Bundesrepublik zu ergebnislosen Klagen der SPD-Opposition und zu erfolgreichen der Bundesregierung gegen Volksbefragungsaktionen zur Atomrüstung geführt hatte (Laufer 1968, S. 379 ff., 435 ff.), provozierte dann eine Klage der hessischen SPD-Regierung das Fernsehurteil von 1961, das eine Bundesfernsehanstalt für verfassungswidrig erklärte und bis heute fortwirkende Grundsätze zur Medienstruktur aufstellte. Bemerkenswert sind seit der deutschen Vereinigung Urteile zugunsten: Änderungen der Parteienfinanzierung (1992), „out of area"-Einsätzen der Bundeswehr bei Zustimmung des Bundestages (1994), einer Wertung von Verkehrsblockaden nicht als Gewalt (1995), der Zulässigkeit von Überhangmandaten ohne Verrechnung (1997), Verfassungswidrigkeit der gemeinsamen Hartz-IV-

---

[6] Hans H. Klein, Das Parlament im Verfassungsstaat, Tübingen 2006, S. 437; FAZ, 24. 8. 1995.

Verwaltung durch Kommunen und Bundesagentur für Arbeit (2007), verstärkter parlamentarischer Beteiligung an der deutschen Vertretung im Rat der EU (2009). 2017 lehnte das Gericht ein Verbot der NPD ab, da diese zwar verfassungsfeindlich, aber erfolglos sei. Eine Klage gegen das Anleihenkaufprogramm der EZB reichte es dem Europäischen Gerichtshof zur „Vorabentscheidung" weiter. Im ersten Fall schwenkt es auf die Linie des Europäischen Gerichtshofs, im zweiten wartet es dessen Meinung ab. Sichtbar wird, dass das Gericht an Autonomie verloren hat[7].

2. **Zur Wirtschafts- und Sozialordnung:** Hier ist das Gericht meist aufgrund von Verfassungsbeschwerden tätig geworden. Es hat dabei auch Grundsatzfragen entschieden. Erwähnenswert scheinen das Investitionshilfeurteil von 1954 (das die wirtschaftsordnungspolitische Neutralität des Grundgesetzes unterstrich), Urteile zur Abwägung zwischen Eigentumsrecht und Gemeininteressen, das Apothekenurteil von 1958 (Niederlassungsfreiheit) sowie Urteile von 1954 und 1964 zur Tarifpolitik, die den Rahmen für das deutsche Tarifvertragssystem setzten (BVerfG 1954; BVerfG 1958; BVerfG 1964).

Seit der deutschen Einheit können hier folgende Urteile als herausragend gelten: Zugunsten gleicher Kündigungsfristen für Arbeiter und Angestellte (BVerfG 1990), einer Fortgeltung der Enteignungen in der Sowjetischen Zone 1945–49 (BVerfG 1991a), der Zulässigkeit verhältnismäßiger Aussperrungen (BVerfG 1991b), „des steuerlich zu verschonenden Existenzminimums" (BVerfG 1992) und damit (Menzel 2000, S. 654 ff.) indirekt auch zugunsten höherer Kinderfreibeträge auch für verheiratete Eltern (1998), Verfassungswidrigkeit einer Vermögensbesteuerung, die ungleich behandelt (1995), eingeschränkter Erbschaftssteuer auf Betriebsvermögen (2014). 2021 erklärte Karlsruhe den Berliner Mietendeckel für unvereinbar mit dem Grundgesetz.

3. **Zum gesellschaftlichen Zusammenleben:** Von Bedeutung sind mehrere Urteile zur Gleichberechtigung von Mann und Frau (Rentenrecht), ein Urteil zur Abtreibung (1975), Urteile zur Abwägung zwischen dem Recht der freien Meinungsäußerung und anderen Rechten. Als relevant dürften Urteile zur Demokratisierung gesellschaftlicher Bereiche gelten, bei denen im Falle der Mitbestimmung das Eigentumsrecht, im Falle der Hochschulverfassung die Wissenschaftsfreiheit als begrenzende Rechtsgüter zu berücksichtigen waren. Auch ein Urteil von 1989 (BVerfG 1989) zum Asylrecht, welches den Begriff der politischen Verfolgung umreißt, gehört hierher. Im vereinten Deutschland kam es zu Urteilen für eine Berücksichtigung von Partnereinkommen beim

---

[7] Zu Urteilen, welche die Ausgestaltung der Demokratie betreffen, vgl. Wöhst (2017).

Bezug von Arbeitslosenhilfe (1992), zur Abtreibung, wonach der Lebensanspruch der Ungeborenen „im allgemeinen Bewusstsein zu erhalten und zu beleben" ist, ohne ihn mit Strafen durchsetzen zu müssen (BVerfG 1993); für einen straflosen Besitz kleiner Haschisch-Mengen (1994), für das Recht zur Aussage „Soldaten sind Mörder" (1994), für Ehegattensplitting auch für homosexuelle Paare (2013), für Kopftuchverbot für Lehrkräfte in Schule nur, wenn andernfalls „konkrete Gefahr" für Schulfrieden besteht (2015). 2017 erging ein Urteil, das die Vergabe von Medizin-Studienplätzen weniger als bisher von der Abitur-Note abhängig machen will – mit möglichen Folgen für andere Fächer. 2020 gar hat das Bundesverfassungsgericht den Suizid als Menschenrecht definiert, demzufolge „das allgemeine Persönlichkeitsrecht als Ausdruck persönlicher Autonomie ein Recht auf selbstbestimmtes Sterben [einschließt]. Dieses Recht schließt die Freiheit ein, sich das Leben zu nehmen, hierfür bei Dritten Hilfe zu suchen und, soweit sie angeboten wird, in Anspruch zu nehmen" (BVerfG 2020). Und 2021 erklärten die Richter die Regelungen des Klimaschutzgesetzes für nicht ausreichend (BVerfG 2021).

Nicht allein von ihrem Gegenstand her gehört Verfassungsgerichtsbarkeit zum Bereich des Politischen. Sie muss vielmehr, da das Grundgesetz – wie andere Verfassungen – „keine komplette Normenordnung" mit fertig-eindeutigen Antworten zu jedem Problem darstellt, immer wieder auch prekäre Verfassungsinterpretationen vornehmen (Kimminich 1979, S. 73 ff.), d. h.

- nach Absicht und Sinn einer Norm fragen (Telos),
- Güterabwägungen zwischen kollidierenden Normen vornehmen (Interdependenz),
- allgemein gehaltene Normen konkretisieren (Interpolation), den Wandel gesellschaftlicher Realität berücksichtigen (Hesse 1976, S. 19, 22 ff.).

Bei der Interpretation allgemeiner Normen entwickelt das Bundesverfassungsgericht nicht selten konkretere „Zwischennormen", beispielsweise einen Grundrechtsschutz auf eigene Daten („informationelle Selbstbestimmung"), auf Suizid oder einen Anspruch auf ein menschenwürdiges Existenzminimum (das am konkreten Bedarf zu ermitteln ist). Unvermeidlich führen Interpretationen, die einzelne Artikel in den Gesamtzusammenhang des Grundgesetzes stellen, das Bundesverfassungsgericht über bloße Verfassungsanwendung hinaus in eine aktiv-gestaltende Rolle. Andererseits „tut [es] sich schwer, Tatsachen zu erheben" (Lepsius 2011, S. 176, 207, 214, 231) – man denke nur an die Urteile zur Fortgeltung der Nachkriegsenteignungen in der Sowjetischen Zone, bei denen die Stellungnahme Gorbatschows nicht geklärt wurde. Hier werden Grenzen des Gerichts sichtbar. Zusammenfassend konstatierte der bekannte Staatsrechtler Rudolf Smend (zit. nach Lembcke 2004, S. 396) daher, das *„Grundgesetz gilt nunmehr praktisch so, wie das Bundesverfassungsgericht es auslegt".*

d. Justizialisierung der Politik?

Die deutsche Verfassungsgerichtsbarkeit öffnet sich ihrer Einbeziehung in den politischen Prozess, da die abstrakte Normenkontrolle es ermöglicht (anders als in den USA), einen politischen Konflikt durch die politisch unterlegene Minderheit unmittelbar in ein verfassungsgerichtliches Verfahren zu transformieren (Kommers 1994, S. 474). So neigt die jeweilige Opposition dazu, ihren Auffassungen durch den Gang nach Karlsruhe – bisweilen genügt schon der „Gedankengang nach Karlsruhe" (Grotz und Schroeder 2021, S. 339) – doch noch zum Siege zu verhelfen. Etwa zwei Drittel der abstrakten Normenkontrollverfahren und Organstreitverfahren gehen auf oppositionelle Klagen zurück, vor allem solchen von Landesregierungen. Die letzteren waren 1951–99 mit 32,3 % obsiegenden Klagen (ferner 30 % Teilerfolge) erfolgreicher als Klagen oppositioneller Parlamentarier (20 bzw. 17 %). Gemessen an der Zahl ihrer Klagen schnitt die CDU/CSU-Opposition besser ab als die SPD, die aber häufiger klagte (Stüwe 2001, S. 162 f.). Auch für die Folgezeit wird eine „Instrumentalisierung" des Bundesverfassungsgerichts durch die Opposition konstatiert (Stüwe 2006, S. 227).

Bei 40 % der politisch hochrangigen Gesetzesbeschlüsse des Bundestages wurde das Gericht angerufen (Beyme 1997, S. 302). Es hat 1951–90 nicht weniger als 198 Bundesgesetze (neben anderen Rechtsnormen) für nichtig oder unvereinbar mit dem Grundgesetz erklärt, weiteren eine verfassungskonforme Auslegung gegeben. Insgesamt gerieten etwa fünf Prozent aller Bundesgesetze unter das Fallbeil des Gerichts (Landfried 1995, S. 308). Auch 1990–2012 annullierte das Gericht pro Jahr durchschnittlich 9,8 Normen (Kneip 2015, S. 277). Unvermeidlich strahlt dieses auf den politischen Prozess aus und führt zum ständigen Seitenblick auf das, wie Karlsruhe wohl reagieren könnte.

Diese „Judizialisierung der Politik" (Loewenstein 1969) führt darüber hinaus zu der *Aussicht auf eine sich im Laufe der Zeit vermehrende Zahl gültiger und immer mehr Themen abdeckender Urteile, sodass im Ergebnis „eine fortschreitende Einschränkung des gesetzgeberischen Handelns folgen" (Laufer 1968, S. 23).* Greife das Bundesverfassungsgericht in Urteilen über die verfassungsrechtliche Prüfung des konkret vorgelegten Sachverhalts hinaus, d. h. äußere es sich zu weiteren Fragen oder skizziere selbst eine verfassungskonforme

Lösung (z. B. Hochschul-, Abtreibungs-, Parteienfinanzierungs- und Kinderfreibeträgeurteil), so forciere es jene einschnürende Entwicklung noch zusätzlich und erhebe sich zum „Ersatz-Gesetzgeber" (Landfried 1990, S. 88). Tatsächlich sind Politikfelder wie das Medien-, Parteienfinanzierungs- und Arbeitsrecht weithin durch Richterrecht geprägt, zu nennen wären auch „Vorgaben" zur künftigen Erbschaftsbesteuerung, zum Asylrecht, zum Kindergeld, zur Terrorbekämpfung und Tragen von Kopftüchern (Weidenfeld 2017, S. 109 f.). Selbst wenn so manche Lösung, die das Gericht formuliert hat, durchdacht und begrüßenswert erscheint, insbesondere bei eigener Betroffenheit des Gesetzgebers (Diätenfragen, Parteienfinanzierung), sprechen die Argumente für eine zurückhaltende Rechtsprechung. Rücksicht auf das Demokratieprinzip verlange vom Gericht „Askese", formulierte auch dessen ehemalige Präsidentin (Limbach 2001, S. 55). Zwar sind dem Gericht Grenzen insofern vorgegeben, als es nur auf eine Klage hin ein Thema aufgreifen kann. Auch hat es nur die Verfassungsmäßigkeit, nicht aber die Zweckmäßigkeit einer Regelung zu prüfen. Von sich aus übt es aber Zurückhaltung, indem es bei Urteilen nur auf partielle Verfassungswidrigkeit einer Regelung erkennt oder ihr eine verfassungskonforme, allerdings verbindliche Interpretation zu geben sucht. Als Selbstbeschränkung (oder Rechtsverweigerung?) kann man werten, wenn das Gericht eine gerichtliche „Nachprüfung" der faktischen Lage nicht immer für möglich gehalten hat – so beim Entführungsfall Schleyer 1977 und bei den Enteignungen 1945–49 in der Sowjetischen Zone (Säcker et al. 1999, S. 23).

Außerdem wird kritisiert, dass sich in der Verfassungsgerichtsbarkeit nur juristisch verkleidete Parteipolitik fortsetze. Politische Voreingenommenheit der Richter, ein „Realitätsdefizit" mit der Folge wirklichkeitsfremder Normenanwendung (Zweigert 1976, S. 74 f.) – so und ähnlich lauten Vorwürfe. Die Parteibindungen der Richter/-innen sollten jedoch nicht überschätzt werden. Sie sind bei denjenigen, die aus Richter- oder Wissenschaftlerkarrieren kommen, im Allgemeinen nicht sehr ausgeprägt. Ändern könnte sich dies bei einer stärkeren Politisierung der Bundesrichterbestellung. Zudem erschwert das Zwei-Drittel-Quorum bei der Wahl fanatischen Parteigängern den Zugang. Im Übrigen verringert die gehobene und feste Stellung als Bundesverfassungsrichter/-in, normalerweise Schlusspunkt der persönlichen Karriere, Versuchungen zu politischer Rücksichtnahme (Bryde 1982, S. 178 f.). Jeder weiß: „Das ist mein letztes Amt", von dem mein Bild geprägt wird.[8]

---

[8] So ein Richter (Kranenpohl 2010, S. 457).

9.2 Bundesverfassungsgericht: Hüter und Ausgestalter der Verfassung

Andererseits trifft es aber zu, dass die personelle Besetzung des Bundesverfassungsgerichts von parteipolitischen Kräften bestimmt wird und sich in Urteilen auch politische Konstellationen widerspiegeln. Wie erwähnt, verfügten lange Zeit die beiden großen Parteien jeweils über eine Hälfte der Sitze. Das damit gegebene 4:4 –Verhältnis in beiden Senaten führte entweder zur Blockade oder zum Kompromiss – letzterem zumindest soweit, wie dies zum Herüberziehen zumindest eines Richters/einer Richterin der Gegenseite notwendig ist. Diese Grundkonstellation erklärt die kompromisshaften, nicht immer eleganten, aber friedensstiftenden Urteile, die das Bundesverfassungsgericht im Laufe seiner Geschichte gefällt hat. Es sucht den Konsens (Kranenpohl 2010, S. 181, 329), bewegt sich gern auf einer Linie der Mitte und fungierte wie ein Vermittlungsausschuss zwischen den großen politischen Kräften.

Koalitionspolitik kann dieses Bild modifizieren. So hat im Ersten Senat (dem Grundrechtesenat) die Mitwirkung eines von der FDP vorgeschlagenen Richters bei soziokulturellen Wertfragen lange eine „linke" Mehrheit (4 SPD- plus 1 FDP-Vorschlag) erzeugt. Dies dürfte dessen Urteilspraxis bei dem Soldaten-sind-Mörder-Urteil und dem Blockade-ist-keine-Gewalt-Urteil erklären (Wewer 1991, S. 333). Über einen Personenwechsel hinaus dauerte diese Konstellation an und führte 2006 zu einer entsprechenden Urteilsmehrheit gegen bayerische Regelungen. Gegenwärtig verdanken sieben Richter ihr Amt der Nominierung durch die Union, sechs der SPD, zwei den Grünen, einer der FDP. Besorgte Stimmen, auch aus dem Verfassungsgericht, meinen, dass ein linkes (oder rechtes) Übergewicht nicht gut für die öffentliche Akzeptanz des Gerichts wäre. Es könnten solche Tendenzen sein, die bisweilen verhindern, dass das Gericht als „public protector of a more comprehensive idea of just society" mit dem Grundgesetz als „roadmap" gesehen wird (Hailbronner 2015, S. 44) – gedeckt durch eine unzutreffende Grundgesetzinterpretation im Sinne eines gesellschaftsverändernden Auftrags.

Politikwissenschaftlich werden der deutschen Verfassungsrechtsprechung Funktionen der Kontrolle, der Fortbildung der Verfassung, der Integration und Legitimation, aber auch einer „Ersatzgesetzgebung" (wenn der Gesetzgeber nicht agiert) zugeordnet (Kranenpohl 2004, S. 44). Alles in allem kann man dabei drei wesentliche Effekte des Bundesverfassungsgerichts für den politischen Prozess feststellen:

1. *Es hat sich als verfassungshütende Institution und machtbegrenzende Schranke bewährt und übt damit eine stabilisierende Funktion für das politische System aus.* Hohe Vertrauenswerte, die es in Umfragen erreicht, kommen der deutschen Demokratie insgesamt zugute.

2. *Allerdings schränkt die ausgreifende Reichweite seiner Judikatur den Spielraum der parlamentarischen Mehrheit gelegentlich bedenklich ein.* Eine problematische Folge besteht in vorauseilendem Gehorsam des Gesetzgebers gegenüber dem verfassungsgerichtlichen Vormund, eine andere in der gelegentlichen Neigung, unangenehme Entscheidungen dem Verfassungsgericht „zuzuschieben" (Schlaich und Korioth 2015, S. 385) – wie einst in Weimar dem Reichspräsidenten.

3. *Das Gericht, bisher quasi paritätisches Gremium der großen politischen Lager, kommt im Allgemeinen zu kompromisshaften Urteilen, bewegt sich gern nahe der politischen Mitte. Insofern stellt es neben dem Bundesrat eine weitere Institution dar, welche die verhandlungsdemokratischen Züge der Bundesrepublik verstärkt. Bei sozio-kulturellen Fragen besteht aber auch eine Tendenz zu Grundrechtsinterpretationen, die kaum der politischen Mitte nahe sein dürften.*

9.3 Der Bundespräsident: Potenziell mehr als nur Repräsentant?

a. Das gestutzte Präsidentenamt

Nach der Weimarer Verfassung von 1919, die nicht allein auf das Parlament setzte, hatte der Reichspräsident die Stellung quasi eines Ersatzkaisers inne: Auf sieben Jahre direkt vom Volke gewählt und dadurch mit einer vom Parlament unabhängigen demokratischen Legitimation versehen, hatte der Reichspräsident den Oberbefehl über die Reichswehr, ernannte und entließ den Reichskanzler und – auf dessen Vorschlag – die Reichsminister. Darüber hinaus standen ihm das Recht zur Auflösung des Reichstages und zum Erlass von Notverordnungen zu (Art. 41 ff. WRV). Auch wenn der Präsident dabei teilweise die Gegenzeichnung durch Mitglieder der Reichsregierung benötigte, ist damit die Weimarer Republik als semipräsidentielle Demokratie (wie die V. Republik Frankreichs) einzuordnen.

Dieses Konzept mit einem starken Präsidenten entstammte keineswegs obrigkeitsstaatlichem Denken und hat sich für die politisch zerrissene und gefährdete Weimarer Demokratie durchaus als stabilisierend bewährt – bis 1932 auch unter der Präsidentschaft Hindenburgs. Dennoch dominierte später die Erinnerung daran, dass 1925 das Volk den ehemaligen Generalfeldmarschall zum Reichspräsidenten gewählt und dieser ab 1932 (angesichts fehlender parlamentarischer Mehrheiten) seine Befugnisse in verhängnisvoller Weise eingesetzt hatte (Rudzio

1999, S. 49 f.)⁹, gipfelnd in der Ernennung Hitlers zum Reichskanzler, in der „Verordnung vom 4. Februar" und in der Reichstagsbrandverordnung vom 28. Februar 1933. Vor diesem Hintergrund bestand bei den Verfassungsberatungen 1948/49 weite Übereinstimmung, dass man eine derartige Präsidentenstellung nicht wieder wolle.

So implizierte die Grundentscheidung für ein konsequent parlamentarisches Regierungssystem zugleich die Schwächung des Staatsoberhauptes. Der Bundespräsident erhielt weder den Oberbefehl noch Notverordnungsrechte. Ebenso wurden die übrigen Präsidentenfunktionen möglichst weit zurückgeschnitten – mit dem Ergebnis, dass der Präsident in der bisherigen Geschichte der Bundesrepublik als Repräsentant des Staates mit nur förmlichen Aufgaben fungiert hat. In politischen Krisen aber könnte seine bzw. künftig wohl auch: ihre Rolle weiter reichen. Der Bundespräsident – „Repräsentant oder Politiker?" (Winkler 1967) Um diesen Punkt: ob er über eigenständige politische Handlungsmöglichkeiten verfüge, kreisen daher Diskussionen über das Präsidentenamt in der Bundesrepublik. Mehrere Politikwissenschaftler/-innen halten es gar für überflüssig (Höreth 2015, S. 307).

Grundlegend für die vergleichsweise schwache Position des Bundespräsidenten/der -präsidentin erscheint seine bzw. ihre reduzierte demokratische Legitimation. Statt direkt vom Volk wird er von den Mitgliedern des Bundestages und einer gleichen, nach Verhältnis gewählten Anzahl von Vertreter/-innen der Landtage (zusammen: der Bundesversammlung) auf die Dauer von fünf Jahren gewählt (Art. 54 GG). Erforderlich für seine Wahl ist die Mehrheit der Mitglieder der Bundesversammlung, im dritten Wahlgang reicht die relative Mehrheit.

Die bisherigen Präsidentenwahlen (Tab. 9.5) zeigen, dass das Amt von der jeweiligen politischen Mehrheit durchaus unter parteipolitischen Gesichtspunkten besetzt worden ist. Alle gewählten Kandidaten – mit Ausnahme Köhlers und Gaucks – waren zuvor aktive Politiker. Die meisten Amtsinhaber verdankten ihre erstmalige Wahl einer Regierungsmehrheit oder einer oppositionellen Mehrheit und setzten sich, häufig nur knapp, gegen konkurrierende Kandidaten und Kandidatinnen durch. Steinmeier, zuvor Außenminister, getragen von der Großen Koalition, hatte bei seiner Wahl vier Gegenkandidaten und erhielt 2017 nur wenig mehr Stimmen als SPD, CDU und CSU zählten. Lediglich für von Weizsäcker und Gauck sowie bei Wiederwahlen gab es größere Mehrheiten. Von seiner Amts-

---

⁹Von Art. 48 WRV (Notverordnungsrecht) machte Ebert 1919–24 immerhin 133-mal Gebrauch, Hindenburg 1930–32 nur 67-mal (Hartmann und Kempf 1988, S. 18 f.).

Tab. 9.5 Die Wahl des Bundespräsidenten

Wahljahr	Gewählter Kandidat (Partei)	Stimmenzahl (Wahlgang)	Mitgliederzahl Bundesversammlung	Hauptgegenkandidat/in
1949	Prof. Theodor Heuß (FDP)	416 (2.WG)	804	Dr. Kurt Schumacher (SPD)
1954	Prof. Theodor Heuß (FDP)	871 (1.WG)	1 018	(Prof. Alfred Weber)
1959	Heinrich Lübke (CDU)	526 (2.WG)	1 038	Prof. Carlo Schmid (SPD)
1964	Heinrich Lübke (CDU)	710 (1.WG)	1 042	Ewald Bucher (FDP)
1969	Dr. Gustav Heinemann (SPD)	512 (3.WG)	1 036	Dr. Gerhard Schröder (CDU)
1974	Walter Scheel (FDP)	530 (1.WG)	1 036	Dr. Richard von Weizsäcker (CDU)
1979	Prof. Karl Carstens (CDU)	528 (1.WG)	1 036	Annemarie Renger (SPD)
1984	Dr. Richard von Weizsäcker (CDU)	832 (1.WG)	1 040	Luise Rinser (für die Grünen)
1989	Dr. Richard von Weizsäcker (CDU)	881 (1.WG)	1 038	–
1994	Prof. Roman Herzog (CDU)	696 (3.WG)	1 324	Johannes Rau (SPD)
1999	Johannes Rau (SPD)	690 (2.WG)	1 338	Prof. Dagmar Schipanski (für CDU/CSU)
2004	Dr. Horst Köhler (CDU)	604 (1.WG)	1 205	Prof. Gesine Schwan (SPD)
2009	Dr. Horst Köhler (CDU)	613 (1.WG)	1 224	Prof. Gesine Schwan (SPD)
2010	Christian Wulff (CDU)	625 (3.WG)	1 244	Joachim Gauck (für SPD, Grüne)
2012	Joachim Gauck	991 (1. WG)	1 240	Beate Klarsfeld (für Linke)
2017	Dr. Frank Walter Steinmeier (SPD)	931 (1. WG)	1 260	Prof. Christoph Butterwegge (für Linke)
2022	Dr. Frank Walter Steinmeier (SPD)	1 045	1 425	Prof. Dr. Gerhard Trabert (für Linke)

Quelle: Scholz und Süskind (2004, S. 37 ff.); Zeitungsberichte.

gewinnung her käme der Bundespräsident also eher selten als Gegengewicht zur parlamentarischen Mehrheit infrage.

b. Präsidiale Kompetenzen: Zwischen Staatsnotar und politischem Akteur
Weniger der Blick auf die Praxis als vielmehr der auf die Verfassung lässt erkennen, über welche Kompetenzen der Bundespräsident/die Bundespräsidentin verfügt. Im Rahmen des parlamentarischen Regierungssystems der Bundesrepublik handelt es sich nämlich primär um „Reservefunktionen" ähnlich denen des englischen Königs/der Königin, d. h. solche, die erst bei Funktionsversagen oder -schwächen anderer Verfassungsorgane virulent werden (Kaltefleiter 1970, S. 33, 48 ff.). So trug Bundespräsident Steinmeier – „Ich erwarte von allen Gesprächsbereitschaft" (Der Bundespräsident 2017) – zu einem Ende der Hängepartie nach der Bundestagswahl 2017 bei, als die Jamaika-Gespräche jäh abgebrochen wurden (Jesse 2018).

So bleibt in Zeiten klarer parlamentarischer Mehrheiten dem Bundespräsidenten/der Bundespräsidentin nur (Schlaich 1987, S. 551 f.) eine „staatsnotarielle" (Roman Herzog) oder „Beurkundungsfunktion" (Klaus Stern). Sichtbar wird dies zunächst in seiner/ihrer Rolle bei der Regierungsbildung. Nach Art. 63 GG wird der Bundeskanzler/die -kanzlerin auf Vorschlag des Bundespräsidenten/der -präsidentin vom Bundestag gewählt. Dies bedeutet, da der Bundestag den Kandidat/-inneen des Bundespräsidenten/der -präsidentin durchfallen lassen und dann eine/-n aus seiner Mitte Vorgeschlagene/-n wählen kann, dass sich der Bundespräsident/die -präsidentin bei seinem/ihrem Vorschlag an der Mehrheit des Bundestages orientieren muss. Entsprechende Vorgespräche mit Vertreter/-innen der Bundestagsfraktionen sind daher üblich, stets verfuhren Bundespräsidenten in jenem Sinne.

Noch deutlicher bloß formellen Charakter trägt dann die Ernennung zum Bundeskanzler/zur Bundeskanzlerin, die der Bundespräsident/die -präsidentin vorzunehmen hat. Sie könnte nur bei nicht verfassungsgemäßer Wahl verweigert werden. Auch bei der Wahl etwa eines verfassungsfeindlichen Kandidaten bzw. Kandidatin dürfte der Bundespräsident/die -präsidentin wohl das Bundesverfassungsgericht anrufen. Entsprechendes gilt, wenn er/sie auf Vorschlag des Bundeskanzlers/der Bundeskanzlerin die Bundesminister/-innen ernennt und entlässt (Art. 64 GG). Unabhängig davon steht es ihm frei, informell politische oder moralische Bedenken vorzutragen.

Ebenso wenig hat der Bundespräsident/die -präsidentin ein politisches Prüfungsrecht bei der Beamtenernennung. Nach Art. 60 GG ernennt und entlässt er/sie zwar Bundesrichter/-innen, Bundesbeamte und -beamte sowie Soldat/-innen (aufgrund Gesetz nur die der höheren Ränge), bedarf dabei jedoch der Gegenzeichnung durch zuständige Regierungsmitglieder und vollzieht, da diese die politische Verantwortung übernehmen, faktisch nur deren Entscheidung. Mehr als eine Verweigerung aus formellen Rechtsgründen bleibt ihm hier nicht, auch wenn die beiden ersten Bundespräsidenten – Heuß und Lübke – in einzelnen Fällen Ernennungen aus politisch-moralischen Gründen erfolgreich abgewehrt haben. Überwiegend ging es dabei um NS-Belastungen (Morsey 1996, S. 236 ff.).[10]

Nicht anders ist die Rolle des Bundespräsidenten/der -präsidentin im Gesetzgebungsprozess. Damit ein beschlossenes Gesetz verkündet werden kann, bedarf es nach Art. 82 GG seiner/ihrer Ausfertigung (Unterzeichnung). Er/Sie kann ein Gesetz nur ausfertigen, wenn zuständige Regierungsmitglieder (Bundeskanzler/-in und zuständiger Ressortminister/-innen) gegenzeichnen. Demgemäß bestimmt sich das präsidentielle Prüfungsrecht bei der Gesetzgebung: Der Bundespräsident/Die Bundespräsidentin darf den Vollzugsakt der Ausfertigung nicht aus politischen, sondern – nach unstrittiger und praktizierter Auffassung – nur aus Rechtsgründen verweigern, die sich auf

- die verfahrensrechtliche Korrektheit des vorangegangenen Gesetzgebungsverfahrens, oder
- die Verfassungskonformität des Gesetzesinhalts beziehen.

In der bisherigen Geschichte der Bundesrepublik haben Bundespräsidenten nur acht Gesetze auf diese Weise kassiert (Rütters 2011, S. 872 f.). So hielt 1976 Bundespräsident Scheel ein Gesetz zur Wehrdienstverweigerung wegen fehlender Zustimmung des Bundesrates an, 1962 Lübke ein Gesetz zum Belegschaftshandel wegen Verstoßes gegen das Grundrecht der freien Berufswahl. Anfang 1991 verweigerte Bundespräsident von Weizsäcker die Unterschrift unter ein Gesetz zur Privatisierung der Flugsicherung, da nach dem Grundgesetz derartige hoheitsrechtliche Aufgaben beim öffentlichen Dienst lägen. Köhler verweigerte einer Neuregelung der Flugsicherung und einem Gesetz zur Verbraucherinformation die Unterschrift (Strohmeier 2018, S. 180 f.). Frank Walter Steinmeier verweigerte 2020 zwar nicht prinzipiell seine Unterschrift unter zwei Gesetze (Bekämpfung von Hasskriminalität und Rechtsextremismus; Neustrukturierung des Zolls), er setzte die Verfahren aber aus – ein Novum in der deutschen Gesetzgebung, über dessen Verfassungskonformität gestritten wurde. Kritiker monierten,

---

[10] Dabei handelte es sich wohl nicht um bloße NSDAP-Mitgliedschaft. Diese besaßen auch die Bundespräsidenten Scheel und Carstens (Winter 2004, S. 163).

9.3 Der Bundespräsident: Potenziell mehr als nur Repräsentant?

der Bundespräsident dürfe verfassungswidrige Gesetze nur endgültig ablehnen, nicht aber das Verfahren aussetzen. Anlass für Steinmeiers Schritt war ein für die Gesetzgebung zu spät gekommenes Urteil aus Karlsruhe – er wollte dem Bundestag eine Blamage ersparen.

Der Bundespräsident/Die Bundespräsidentin rückt dabei nicht in die Rolle eines Ersatz-Verfassungsgerichts. Eine solche würde ihn/sie und seinen/ihren Stab überfordern. Nur wenn ein Gesetz als Ganzes verfassungsrechtlich unzulässig scheint, sollte er/sie es nicht einfach verkünden lassen. Er/Sie vermag als „Filter" nur gröbste, offenbare Verfassungswidrigkeiten abzuwehren und dabei primär als ein „Hüter der Verfahrensregeln" zu fungieren (Kaltefleiter 1970, S. 260 ff.). So mochte Bundespräsident Rau 2002 auch das Zuwanderungsgesetz unterzeichnen, obwohl dessen verfassungswidriges Zustandekommen kaum außer Frage stehen konnte.

Ganz anders in der Krise, da präsidentielle Reservefunktionen große Bedeutung haben. Im Falle eines äußeren Notstandes, wenn das Parlament nicht zusammentreten kann, werden zwar die Befugnisse von Bundestag und Bundesrat auf den Gemeinsamen Ausschuss beider übertragen, während der Präsident/die Präsidentin in seiner/ihrer notariellen Rolle verharrt. Bei der anderen im Grundgesetz angesprochenen Form der Krise – fehlender parlamentarischer Mehrheit – aber mutiert er/sie zum wichtigen politischen Akteur. Wählt nämlich der Bundestag nicht mit absoluter, sondern nur relativer Mehrheit seiner Mitglieder eine/-n Bundeskanzler/-in, steht der Bundespräsident/die Bundespräsidentin vor der Alternative, diese/-n binnen sieben Tagen zu ernennen oder den Bundestag zwecks Neuwahl aufzulösen (Art. 63 Abs. 4 GG). Ähnlich, wenn ein amtierender Bundeskanzler bzw. eine Kanzlerin bei einer Vertrauensfrage im Bundestag keine Mehrheit findet und dem Bundespräsidenten/der -präsidentin dessen Auflösung vorschlägt: Der Bundespräsident/Die Bundespräsidentin kann diesen Vorschlag ablehnen oder ihm binnen 21 Tagen folgen – es sei denn, der Bundestag wählte inzwischen mit der Mehrheit seiner Mitglieder einen neuen Bundeskanzler bzw. eine Bundeskanzlerin. *In beiden Fällen hat also der Bundespräsident/die Bundespräsidentin politisch zu entscheiden, wie der Weg aus der parlamentarischen Krise zu suchen ist: ob Neuwahlen wahrscheinlich zu einer akzeptablen Mehrheitsbildung führen oder man besser bei einer amtierenden Minderheitsregierung bleiben sollte* (vgl. Kap. 7/Abb. 7.2).

Bei politischen Konstellationen wie 1930–33 würde er/sie also wichtige Weichenstellungen vorzunehmen haben. In eine ähnlich kritische Situation wäre 2017/18 erstmals Bundespräsident Steinmeier geraten, hätte er nicht aktiv die Parteiführer/-innen doch noch zur Bildung einer Mehrheitskoalition bewegt. Doch auch schon in der Vergangenheit gab es Situationen, bei denen der Bundespräsident ins Spiel kam und politische Entscheidungen fällte: bei den drei Vertrauensabstimmungen, bei denen der Kanzler seine Niederlage bewusst herbeiführte, um vorzeitige Neuwahlen zu erreichen: 1972 angesichts eines parlamentarischen Patts, 1983, als Kohl keine stabile Mehrheit sah, und 2005, als Bundeskanzler Schröder die Vertrauensfrage stellte (vgl. oben Abschn. 7.3b). In allen Fällen entschied der jeweilige Bundespräsident zugunsten von Neuwahlen.

Er hätte aber auch an einem amtierenden Minderheitskanzler festhalten bzw. einen Kanzlerkandidaten mit nur relativer Mehrheit ernennen und, falls dieser mit einer als dringlich bezeichneten Gesetzesvorlage im Parlament scheitert, auf Antrag der Bundesregierung und mit Zustimmung des Bundesrats den *„Gesetzgebungsnotstand"* nach Art. 81 GG erklären können. Sechs Monate lang ist es dann möglich, vom Bundestag abgelehnte Gesetze allein mit Zustimmung von Bundesregierung und Bundesrat als Gesetz zu beschließen. *Der Bundespräsident/ Die Bundespräsidentin erschiene dann als weichenstellender Akteur, der freilich den Gesetzgebungsnotstand nur in Kooperation mit Bundesregierung und Bundesrat praktizieren könnte.* Ein Präsidialregime Weimarer Art bliebe ausgeschlossen. Aber das Grundgesetz drückt sich auch nicht vor Regelungen für den Grenzfall, da das Parlament handlungsunfähig ist, der Herzschlag der parlamentarischen Demokratie aussetzt, aber gehandelt werden muss. Bei aller Abkehr vom semipräsidentiellen System ist für diesen Fall dem Bundespräsidenten/der Bundespräsidentin „eine große Machtfülle" (Bundespräsident Carstens zit. nach Scholz 1992, S. 446) zugeordnet. Allein schon diese Rolle in der Krise rechtfertigt das Amt.

c. Repräsentative Funktion: Integration oder geistige Führung?

In Normalzeiten verbleibt es bei nur formellen Befugnissen des Präsidenten/der Präsidentin. Immerhin interessant erscheint seine/ihre repräsentative Funktion – das öffentliche Auftreten bei feierlichen Anlässen, die völkerrechtliche Vertretung der Bundesrepublik nach außen, auch Ordensverleihungen[11]. Spielraum geben ihm/ihr dabei seine/ihre öffentlichen Reden und Ansprachen, die keiner Vorprüfung oder Genehmigung unterliegen. Hier ist er/sie frei, kann Populäres oder öffentlich kaum Bestreitbares moralisch anmahnen, empfehlen oder fordern (Rausch 1979, S. 111 f.), ohne für eine Verwirklichung verantwortlich zu sein. Er/Sie vermag auf diese Weise allgemeinen Stimmungen Ausdruck

---

[11] Selbst bei letzteren handelt er nicht autonom, da seine Anordnungen und Verfügungen nach Art. 58 GG der Gegenzeichnung des Bundeskanzlers bzw. zuständiger Minister bedürfen.

9.3 Der Bundespräsident: Potenziell mehr als nur Repräsentant?

zu geben, Popularität zu gewinnen und die öffentliche Meinung zu beeinflussen. Zusammengefasst: An Amtsbefugnissen („potestas") besitzt der Bundespräsident/ die Bundespräsidentin wenig (außer in der Krise), an einflussreicher, persönlicher Autorität („auctoritas") „kann er [bzw. sie] viel erwerben" (Patzelt 2012, S. 155).

Dies reicht allerdings nur soweit, wie er seine/sie ihre Rolle als Integrationssymbol nicht verletzt. Überschreitet ein Bundespräsident/eine -präsidentin diese unsichtbare Grenze, ergreift er/sie in strittigen Fragen Partei, so riskiert er/sie Gegenäußerungen und gefährdet die erwartete Integrationsfunktion. Die Amtsführung bisheriger Bundespräsidenten war daher überwiegend von Distanz zu tagespolitischen Konflikten geprägt. Soweit dies die nüchterne politische Kultur der Bundesrepublik zulässt, haben sich so durchaus integrative Wirkungen des Amtes entfaltet. Stets erreichen die Amtsinhaber einen hohen Beliebtheitsgrad, wird das Amt von Bürgerinnen und Bürgern positiv beurteilt[12]. Eine solche Integration, die es ermöglicht, über politische Grenzen hinweg Ansehen zu erwerben, ist funktional insofern angebracht, als sie seinen/ihren Entscheidungen in der Krise zu Akzeptanz verhelfen kann.

Die Rolle des öffentlichen Redners/der öffentlichen Rednerin kann, wie das Beispiel des Präsidenten von Weizsäcker zeigt, auch weiter reichen. Weizsäcker, obwohl CDU-Mitglied, eher linksliberal orientiert, hat während seiner Präsidentschaft nicht nur zuweilen die Politik der Regierung Kohl kritisiert, sondern sich auch bemüht, die Grundstimmung im Lande zu beeinflussen. Beispielhaft waren seine Rede zur 40. Wiederkehr des Tages der deutschen Kapitulation, in der er den 8. Mai 1945 als „Tag der Befreiung" interpretierte, sowie seine heftige Kritik an den Parteien und Parteipolitikern (Scholz 1992, S. 453–462; Weizsäcker 1992, S. 139, 146 ff.). Zugute kamen ihm geschliffene Rhetorik und medialer Beifall, der dem Linksliberalen galt. Er selbst propagierte schließlich eine Direktwahl des Präsidenten/der Präsidentin, und seine Amtsführung ist einmal auf die Formel „Autorität auch ohne Macht" (Dönhoff 1990) gebracht worden. Präsidentschaft, zwar ohne Kompetenzen in ruhigen Zeiten, aber als geistige Führung zeichnete sich hier als Möglichkeit ab. Eine solche Amtsausübung würde sich jedoch mit der Logik parlamentarischer Demokratie reiben.

Auch Präsident Köhler wollte nicht nur repräsentieren und integrieren, sondern suchte auch zu „motivieren" und dem Land aus seiner Krise helfen (Köhler 2004, S. 127 und 194). Doch er, der Ökonom, wurde als „Gefangener eines engen ökonomischen Denkens" kritisiert, ihm, der seine Motivation als

---

[12] Für die frühe Bundesrepublik siehe Schmidtchen (1977, S. 235).

„Dankbarkeit gegenüber Deutschland und die Sorge um die Zukunft unserer Kinder" beschrieb, wurde ein zu nationales Geschichtsbild vorgehalten (Langguth 2007, S. 227, 299, 307). Integrieren und Bewegen scheinen schwer kombinierbar. Zudem blieb er der politischen Klasse „fremd" (Langguth 2012, S. 281) und zog sich trotz Wiederwahl zurück. Bemerkenswert ist, dass die großen Parteien – nach zwischenzeitlichem Scheitern der Präsidentschaft eines Parteipolitikers – mit der Wahl Gaucks noch einmal auf einen zwar politiknahen, aber nicht aus der professionellen Politikerschicht stammenden Kandidaten zurückkamen – in diesem Sinne einen „Außenseiter" (Schwarz 2012, S. 303).

Die Wahl Steinmeiers bedeutet Rückkehr zur Riege ehemals aktiver Politiker im Präsidentenamt. Seine erste Amtszeit deutete darauf hin, dass er sich als „Streiter der Demokratie" versteht und angesichts der Krise bei der Regierungsbildung aktiv, aber dezent agiert. Dabei stößt er dennoch bisweilen auf Kritik: sei es wegen der Aussetzung zweier Gesetze, sei es wegen seiner Unterstützung eines Konzerts („Wir sind mehr" im September 2018), auf dem auch eine im Verfassungsschutzbericht auftauchende Band spielte.

9.4 Schranken parlamentarischer Mehrheitsherrschaft

Indem der Präsident/die Präsidentin auf ein Kompetenzminimum zurückgestutzt wurde, lässt sich für die Bundesrepublik von einem konsequent parlamentarischen Regierungssystem sprechen. Allerdings sind nun stattdessen andere politische Institutionen (Bundesrat, Bundesverfassungsgericht) derart verstärkt worden, dass diese Feststellung recht formal wirkt. Denn Bundestagsmehrheit und Bundesregierung sehen sich einem tiefgestaffelten System von institutionellen Checks and Balances gegenüber.

Im Ergebnis können Parlament und Gegengewichtsinstitutionen nicht nur aufgrund unterschiedlicher parteipolitischer Mehrheiten divergieren. Vielmehr bleiben auch die Sicht und die Handlungsbedingungen eines Parteimitglieds als Bundesverfassungsrichter/-in oder Bundesratsmitglied nicht deckungsgleich mit denen seines/ihres Parteifreundes in Bundestag und Bundesregierung. In der Politikwissenschaft spricht man daher von Veto-Spielern, wie sie George Tsebelis (2002, S. 19) definiert hat: „Veto players are individual or collective actors whose agreement is necessary for a change of the status quo."

Die Checks and Balances haben eine reduzierte Transparenz der Entscheidungsprozesse und der Verantwortlichkeiten, potenziell auch Gefahren für

9.4 Schranken parlamentarischer Mehrheitsherrschaft

die Handlungsfähigkeit des politischen Systems zur Folge. Bemerkenswerterweise hat jedoch diese Machtverteilung – zusammen mit der Wählerdrift zur Mitte – weniger Blockaden provoziert als vielmehr zu einem politischen System beigetragen, für dessen Entscheidungsoutput nicht radikaler Wechsel, sondern inkrementalistische Veränderung charakteristisch ist.

Angesichts immer wiederkehrender Phasen, in denen der Handlungsspielraum einer politischen Mehrheit sich durch Vetospieler und eingeschränkte Koalitionsmöglichkeiten einengt, ist der Ruf nach institutionellen Veränderungen, die größere und eindeutige Reformschritte ermöglichen sollen, lauter geworden. So führte die Absicht, die Vetomacht des Bundesrates zu reduzieren, zur Föderalismusreform. Was bisher erreicht ist, sind bescheidene Veränderungen. Das System scheint seiner eingebauten Neigung zu inkrementalistischer Veränderung verhaftet zu bleiben.

Letztlich gewährleisten auch nicht allein institutionelle Arrangements eine angemessene Funktionserfüllung der genannten Institutionen. Erforderlich hierzu sind darüber hinaus ein Demokratieverständnis, das sich nicht im Mehrheitsentscheid erschöpft, und eine politische Kultur, in der Parteiorientierungen nicht alleinbestimmend sind. *Notwendig ist eine Konzentration auf ihre Aufgabe, ein spezifisches „Ethos" der Mitglieder der Institutionen (Kennedy 1991, S. 6 ff., 28). Aufgaben wie die Wahrung von Landesinteressen und Verfassungsnormen dürfen einerseits in der Demokratie nicht dem politischen Zugriff entzogen sein, verlangen zu ihrer Erfüllung andererseits aber eine gewisse Distanz zur parteipolitischen Auseinandersetzung. Dies ist der schmale Grat, auf dem machtverteilende Institutionen in der Demokratie ihren funktionalen Sinn erfüllen können.*

Sie tragen dazu bei, dass die Demokratie der Bundesrepublik Deutschland neben mehrheitsdemokratischen auch starke freiheits- und minderheitsschützende Züge aufweist, mit der Folge einer verhandlungsdemokratischen Prägung. *Unter Verhandlungsdemokratie versteht man ein System, „in dem wesentliche Entscheidungen nicht mit Stimmenmehrheit, sondern auf dem Wege von Aushandlungsprozessen getroffen werden"* (Czada 2000, S. 23). Ähnliches besagen die Begriffe Konkordanz- und Konsensdemokratie, auch wenn mit ihnen zusätzliche Konnotationen verbunden sind. Verhandlungsdemokratische Züge beruhen in der Bundesrepublik auf den hier dargestellten institutionellen Gegengewichten, ferner dem deutschen Beteiligungsföderalismus, der Tarifautonomie und dem Verhältniswahlrecht. Im internationalen Vergleich ist Deutschland daher auch als „verkappte Konsensdemokratie" (Abromeit und Stoiber 2006, S. 135) bezeichnet worden.

Literatur

Abromeit, Heidrun (1992): Der verkappte Einheitsstaat, Opladen.
Abromeit, Heidrun/Stoiber, Michael (2006): Demokratien im Vergleich, Wiesbaden.
Amm, Joachim (2005): Die Macht des deutschen Bundesrates, in: Patzelt, Werner J. (Hrsg.): Parlamente und ihre Macht, Baden-Baden, S. 89 ff.
Auszüge aus dem „Bundesrats-Urteil" und den „Abweichenden Meinungen" des Bundesverfassungsgerichts vom 25. 6. 1974, in: Zeitschrift für Parlamentsfragen 5 (4) 1974, S. 475 ff.
Bagehot, Walter (1963 [1867]): The English Constitution, London.
Bernauer, Thomas et al. (2015): Einführung in die Politikwissenschaft, 3. Aufl., Baden-Baden.
von Beyme, Klaus (1997): Der Gesetzgeber. Der Bundestag als Entscheidungszentrum, Opladen.
Bohley, Peter (1991): Neugliederung – Gefahr für die Identität der Länder, in: Frankfurter Allgemeine Zeitung vom 19. Februar.
Boldt, Hans (1990): Deutsche Verfassungsgeschichte, Bd. 1., 2. Aufl., München.
Bräuninger, Thomas et al. (2010): Sachpolitik oder Parteipolitik? Eine Bestimmung des Parteidrucks im Bundesrat mittels bayesianischer Methoden, in: Politische Vierteljahresschrift 51 (2), S. 223 ff.
von Brünneck, Alexander (1988): Constitutional Review and Legislation in Western Democracies, in: Landfried, Christine (Hrsg.): Constitutional Review and Legislation, Baden-Baden, S. 219 ff.
von Brünneck, Alexander (1992): Verfassungsgerichtsbarkeit in den westlichen Demokratien, Baden-Baden.
Bryde, Brun-Otto (1982): Verfassungsentwicklung, Baden-Baden.
Bundesrat (2021a): Statistik der parlamentarischen Arbeit des Bundesrates in der 19. Wahlperiode des Deutschen Bundestages, unter: https://www.bundesrat.de/SharedDocs/downloads/DE/statistik/19wp.pdf;jsessionid=CC70AAED3C53E543CD5AE48065041D5D.2_cid365?__blob=publicationFile&v=53 (zuletzt geprüft am 14. März 2022).
Bundesrat (2021b): Die Arbeit des Bundesrates im Spiegel der Zahlen, unter: https://www.bundesrat.de/SharedDocs/downloads/DE/statistik/gesamtstatistik.pdf?__blob=publicationFile&v=10 (zuletzt geprüft am 14. März 2022).
Bundesrat (2022a): Die Plenarsitzungen, unter: https://www.bundesrat.de/DE/bundesrat/br-plenum/br-plenum-node.html (zuletzt geprüft am 14. März 2022).
Bundesrat (2022b): Statistik, unter: https://www.bundesrat.de/DE/dokumente/statistik/statistik-node.html (zuletzt geprüft am 14. März 2022).
Bundesverfassungsgericht (2021): Jahresstatistik 2019, unter: https://www.bundesverfassungsgericht.de/SharedDocs/Downloads/DE/Statistik/statistik_2019.pdf?__blob=publicationFile&v=4 (zuletzt geprüft am 15. März 2022).
Bundesverfassungsgericht (2022): Die Richterinnen und Richter des Bundesverfassungsgerichts, unter: https://www.bundesverfassungsgericht.de/DE/Richter/richter_node.html (zuletzt geprüft am 20. Oktober 2022).
Busch, Andreas (2008): Warum ist Reformpolitik in der Bundesrepublik so schwierig?, in: Jesse, Eckhard/Sandschneider, Eberhard (Hrsg.): Neues Deutschland, Baden-Baden, S. 107 ff.

Bußjäger, Peter (2003): Föderale und konföderale Systeme im Vergleich, Wien.
BVerfG (1958): Urteil vom 11. Juni 1958, 1 BvR 596/56.
BVerfG (1954): Urteil vom 18. November 1954, 1 BvR 629/52.
BVerfG (1964): Urteil vom 6. Mai 1964, 1 BvR 79/62.
BVerfG (1989): Beschluß vom 10. Juli 1989, 2 BvR 502, 100, 961/86.
BVerfG (1990): Urteil vom 30. Mai 1990, 1 BvL 2/83, 9, 10/84, 3/85, 11, 12, 13/89, 4/90 und 1 BvR 764/86.
BVerfG (1991a): Urteil vom 23. April 1991, 1 BvR 1170, 1174, 1175/90.
BVerfG (1991b): Beschluß vom 26. Juni 1991, 1 BvR 779/85.
BVerfG (1992): Beschluß vom 25. September 1992, 2 BvL 5, 8, 14/91.
BVerfG (1993): Urteil vom 8. und 9. Dezember 1993, 2 BvF 2/90 und 4, 5/92.
BVerfG (2020): Urteil des Zweiten Senats vom 26. Februar 2020, 2 BvR 2347/15.
BVerfG (2021): Beschluss des Ersten Senats vom 24. März 2021, 1 BvR 2656/18.
Czada, Roland (2000): Konkordanz, Korporatismus und Politikverflechtung, in: Holtmann, Everhard et al. (Hrsg.): Zwischen Wettbewerbs- und Verhandlungsdemokratie, Wiesbaden, S. 23 ff.
Dästner, Christian (2001): Zur Entwicklung der Zustimmungsbedürftigkeit von Bundesgesetzen seit 1949, in: Zeitschrift für Parlamentsfragen 32 (2), S. 290 ff.
Decker, Frank (2011): Regieren im „Parteienbundesstaat". Zur Architektur der deutschen Politik, Wiesbaden.
Der Bundespräsident (2017): Erklärung zur Regierungsbildung, unter: https://www.bundespraesident.de/SharedDocs/Reden/DE/Frank-Walter-Steinmeier/Reden/2017/11/171120-Statement-Regierungsbildung.html (zuletzt geprüft am 18. März 2022).
Deutscher Bundestag (2006): Statistik der Gesetzgebung – 15. Wahlperiode, unter: https://www.bundestag.de/resource/blob/873784/95d50fd5f2edf6636dc9c5631476d631/parlamentsstatistik_wp15-data.pdf (zuletzt geprüft am 14. März 2022).
Deutscher Bundestag (2022): Statistik der Gesetzgebung – 19. Wahlperiode, unter: https://www.bundestag.de/resource/blob/533188/e5abf4bcbd952e18b6fa324737a99a65/gesetzgebung_wp19-data.pdf (zuletzt geprüft am 14. März 2022).
Gräfin Dönhoff, Marion (1990): Eine Autorität auch ohne Macht. Zum 70. Geburtstag des Bundespräsidenten, in: Die Zeit vom 13. April.
Grotz, Florian/Schroeder, Wolfgang (2021): Das politische System der Bundesrepublik Deutschland. Eine Einführung, Wiesbaden.
Eith, Ulrich (2000): Der Deutsche Bundesrat zwischen Bundesstaatlichkeit und Parteienwettbewerb, in: Riescher, Gisela et al. (Hrsg.): Zweite Kammern, München, S. 77 ff.
Eschenburg, Theodor (1974): Bundesrat – Reichsrat – Bundesrat, in: Der Bundesrat (Hrsg.): Der Bundesrat als Verfassungsorgan und politische Kraft, Bad Honnef, S. 35 ff.
Fabritius, Georg (1976): Der Bundesrat: Transmissionsriemen für die Unitarisierung der Bundesrepublik?, in: Zeitschrift für Parlamentsfragen 7 (4), S. 448 ff.
Fehlentwicklungen im Verhältnis von Bundesrat und Bundestag?, in: Zeitschrift für Parlamentsfragen 7 (1976) 3, S. 291 ff.
Fromme, Friedrich Karl (1976): Gesetzgebung im Widerstreit, Stuttgart.
Fromme, Friedrich Karl (1990): Der Bundesrat kann nur verhindern, nicht entscheiden, in: Frankfurter Allgemeine Zeitung vom 15. Mai.
Hailbronner, Michaela (2015): Tradition und Transformation, Oxford.

Hartmann, Jürgen/Kempf, Udo (1988): Staatsoberhäupter in westlichen Demokratien, Opladen.

Helms, Ludger (1999): Entwicklungslinien der Verfassungsgerichtsbarkeit in der parlamentarischen Demokratie der Bundesrepublik Deutschland, in: Jesse, Eckhard/Löw, Konrad (Hrsg.): 50 Jahre Bundesrepublik Deutschland, Berlin, S. 141 ff.

Hesse, Konrad (1976): Grundzüge des Verfassungsrechts der Bundesrepublik Deutschland, 9. Aufl., Heidelberg.

Hönnige, Christoph (2007): Verfassungsgericht, Regierung und Opposition, Wiesbaden.

Höreth, Marcus (2015): Vom „Kustos" zurück zum „Gestous", in: Zohlnhöfer, Reimut/Saalfeld, Thomas (Hrsg.): Politik im Schatten der Krise, Wiesbaden, S. 303 ff.

Jesse, Eckhard (2018): Die Bundestagswahl 2017 und die Regierungsbildung. Zäsur im Wahlverhalten, im Parteiensystem und in der Koalitionsbildung, in: Zeitschrift für Politik 65 (2), S. 168 ff.

Jun, Uwe (2011): Der Bundesrat und die politischen Parteien, in: ders./Leunig, Sven (Hrsg.): 60 Jahre Bundesrat, Baden-Baden, S. 106 ff.

Kaltefleiter, Werner (1970): Die Funktionen des Staatsoberhauptes in der parlamentarischen Demokratie, Köln.

Kennedy, Ellen (1991): The Bundesbank, London.

Kielmansegg, Peter Graf (2013): Die Grammatik der Freiheit. Acht Versuche über den demokratischen Verfassungsstaat, Baden-Baden.

Kilper, Heiderose/Lhotta, Roland (1996): Föderalismus in der Bundesrepublik Deutschland, Opladen.

Kimminich, Otto (1979): Verfassungsgerichtsbarkeit und das Prinzip der Gewaltenteilung, in: Kaltenbrunner, Gerd Klaus (Hrsg.): Auf dem Weg zum Richterstaat, Freiburg, S. 62 ff.

Kneip, Sascha (2008): Verfassungsgerichtsbarkeit im Vergleich, in: Gabriel, Oscar W./Kropp, Sabine (Hrsg.): Die EU-Staaten im Vergleich, 3. Aufl., Wiesbaden, S. 631 ff.

Kneip, Sascha (2009): Verfassungsgerichte als demokratische Akteure, Baden-Baden.

Kneip, Sascha (2015): Von rügenden Richtern und richtenden Rügen, in: Zohlnhöfer, Reimut/Saalfeld, Thomas (Hrsg.): Politik im Schatten der Krise, Wiesbaden, S. 273 ff.

Kneip, Sascha (2016): Verfassungsgerichte in der Vergleichenden Politikwissenschaft, in: Lauth, Hans-Joachim et al. (Hrsg.): Handbuch der Vergleichenden Politikwissenschaft, Wiesbaden, S. 361 ff.

Köhler, Horst (2004): „Offen will ich sein und notfalls unbequem", 3. Aufl., Hamburg.

Kommers, Donald P. (1994): The Federal Constitutional Court in the German Political System, in: Comparative Political Studies/January 1994, S. 470 ff.

König, Thomas (1998): Regierungswechsel ohne politischen Wandel?, in: Zeitschrift für Parlamentsfragen 29 (3), S. 478 ff.

Kranenpohl, Uwe (2004): Funktionen des Bundesverfassungsgerichts, in: Aus Politik und Zeitgeschichte 50–51, S. 39 ff.

Kranenpohl, Uwe (2010): Hinter dem Schleier des Beratungsgeheimnisses, Wiesbaden.

Kropp, Sabine (1997): Die Länder in der bundesstaatlichen Ordnung, in: Gabriel, Oscar W./Holtmann, Everhard (Hrsg.): Handbuch Politisches System der Bundesrepublik Deutschland, München, S. 245 ff.

Kropp, Sabine (2006): Rot-Grün im Reformkorsett?, in: Jesse, Eckhard/Sturm, Roland (Hrsg.): Bilanz der Bundestagswahl 2005, Wiesbaden, S. 235 ff.

Kropp, Sabine (2010): Kooperativer Föderalismus und Politikverflechtung, Wiesbaden.
Landfried, Christine (1984): Bundesverfassungsgericht und Gesetzgeber, Baden-Baden.
Landfried, Christine (1990): Rechtspolitik, in: von Beyme, Klaus/Schmidt, Manfred G. (Hrsg.): Politik in der Bundesrepublik Deutschland, Opladen, S. 76 ff.
Landfried, Christine (1995): Germany, in: Tate, C. Neal/Vallinder, Torbjörn (Hrsg.): The Global Expansion of Judicial Power, NY, S. 307 ff.
Landfried, Christine (2015): Die Wahl der Bundesverfassungsrichter und ihre Folgen für die Legitimität der Verfassungsgerichtsbarkeit, in: van Ooyen, Robert Chr./Möllers, Martin H. W. (Hrsg.): Das Bundesverfassungsgericht im politischen System, 2. Aufl., Wiesbaden, S. 369 ff.
Langguth, Gerd (2007): Horst Köhler, München.
Langguth, Gerd (2012): Köhler – der scheue Patriot, in: van Ooyen, Robert Chr./Möllers, Martin H. (Hrsg.): Der Bundespräsident im politischen System, Wiesbaden, S. 275 ff.
Laufer, Heinz (1968): Verfassungsgerichtsbarkeit und politischer Prozeß, Tübingen.
Laufer, Heinz (1970): Verfassungsgerichtsbarkeit als politische Kontrolle, in: Politische Vierteljahresschrift Sonderheft 2/1970, S. 226 ff.
Laufer, Heinz/Münch, Ursula (1997): Das föderative System der Bundesrepublik Deutschland, Bonn.
Lehmbruch, Gerhard (2000): Parteienwettbewerb im Bundesstaat, 3. Aufl., Wiesbaden.
Lembcke, Oliver (2004): Hüter der Verfassung, Diss. Jena.
Lepsius, Oliver (2011): Die maßstabsetzende Gewalt, in: Jestaedt, Matthias et al. (Hrsg.): Das entgrenzte Gericht, Berlin, S. 159 ff.
Leunig, Sven (2009): Fazit: Zweite Kammern in föderalen Systemen, in: ders. (Hrsg.): Handbuch Föderale Zweite Kammern, Opladen, S. 285 ff.
Lhotta, Roland (2001): Konsens und Konkurrenz in der konstitutionellen Ökonomie bikameraler Verhandlungsdemokratie, in: Oberreuter, Heinrich (Hrsg.): Der Deutsche Bundestag im Wandel, Wiesbaden, S. 93 ff.
Limbach, Jutta (2001): Das Bundesverfassungsgericht, München.
Loewenstein, Karl (1969): Verfassungslehre, Tübingen.
Morsey, Rudolf (1974): Die Entstehung des Bundesrates im Parlamentarischen Rat, in: Der Bundesrat (Hrsg.): Der Bundesrat als Verfassungsorgan und politische Kraft, Bad Honnef, S. 63 ff.
Morsey, Rudolf (1996): Heinrich Lübke, Paderborn.
Menzel, Jörg (Hrsg.) (2000): Verfassungsrechtsprechung, Tübingen.
Patzelt, Werner J. (2012): Warum lieben die Deutschen den Bundespräsidenten und verachten ihr Parlament?, in: van Ooyen, Robert Chr./Möllers, Martin H. (Hrsg.): Der Bundespräsident im politischen System, Wiesbaden, S. 143 ff.
Rausch, Heinz (1979): Der Bundespräsident, München.
Rawls, John (1979): Eine Theorie der Gerechtigkeit, Frankfurt a. M.
Renzsch, Wolfgang (1989): Föderale Beziehungen im Parteienstaat. Eine Fallstudie zum Verlust politischer Handlungsmöglichkeiten, in: Zeitschrift für Parlamentsfragen 20 (3), S. 331 ff.
Renzsch, Wolfgang (2000): Bundesstaat oder Parteienstaat, in: Holtmann, Everhard et al. (Hrsg.): Zwischen Wettbewerbs- und Verhandlungsdemokratie, Wiesbaden, S. 53 ff.
Rudzio, Wolfgang (1999): The Federal Presidency, in: Helms, Ludger (Hrsg.): Institutions and Institutional Change in the Federal Republic of Germany, London, S. 48 ff.

Rührmair, Alfred (2001): Der Bundesrat zwischen Verfassungsauftrag, Politik und Länderinteressen, Berlin.
Rummel, Alois (Hrsg.) (1974): Föderalismus in der Bewährung, Stuttgart.
Rütters, Peter (2011): Worüber wir reden, wenn wir über den Bundespräsidenten reden, in: Zeitschrift für Parlamentsfragen 42 (4), S. 863 ff.
Säcker, Horst et al. (1999): Das Bundesverfassungsgericht, 5. Aufl., Bonn.
Scharping, Rudolf (1994): Tutzinger Rede vom 26. November 1994, in: Frankfurter Rundschau vom 2. Dezember.
Schindler, Peter (1974): Mißbrauch des Bundesrates?, in: Zeitschrift für Parlamentsfragen 5 (2), S. 157 ff.
Schlaich, Klaus (1987): Die Funktionen des Bundespräsidenten im Verfassungsgefüge, in: Isensee, Josef et al. (Hrsg.): Handbuch des Staatsrechts der Bundesrepublik Deutschland, Bd. 2, Heidelberg, S. 541 ff.
Schlaich, Klaus/Korioth, Stefan (2015): Das Bundesverfassungsgericht, 10. Aufl., München.
Schmidt, Julia (2006): Die Struktur der Zweiten Kammer im Rechtsvergleich, Baden-Baden.
Schmidtchen, Gerhard (1977): Ist Legitimität meßbar?, in: Zeitschrift für Parlamentsfragen 8 (2), S. 232 ff.
Scholz, Günter (1992): Die Bundespräsidenten, 2. Aufl., Heidelberg.
Scholz, Günter/Süskind, Martin E. (2004): Die Bundespräsidenten, München.
Schwan, Alexander (1993): Politische Theorien des Rationalismus und der Aufklärung, in: Lieber, Hans-Joachim (Hrsg.): Politische Theorien von der Antike bis zur Gegenwart, 2. Aufl., Bonn, S. 157 ff.
Schwarz, Hans-Peter (2012): Von Heuss bis Köhler, in: van Ooyen, Robert Chr./Möllers, Martin H. (Hrsg.): Der Bundespräsident im politischen System, Wiesbaden, S. 285 ff.
Shell, Kurt L. (1975): Das politische System der USA, Stuttgart.
Statistisches Bundesamt (2022): Bevölkerung nach Nationalität und Bundesländern, unter: https://www.destatis.de/DE/Themen/Gesellschaft-Umwelt/Bevoelkerung/Bevoelkerungsstand/Tabellen/bevoelkerung-nichtdeutsch-laender.html (zuletzt geprüft am 14. März 2022).
Steffani, Wilfried (1997): Gewaltenteilung und Parteien im Wandel, Opladen.
von Steinsdorff, Silvia (2009): Das Verfahren zur Rekrutierung der Bundesverfassungsrichter, in: Lorenz, Astrid/Reutter, Werner (Hrsg.): Ordnung und Wandel als Herausforderungen für Staat und Gesellschaft, Opladen, S. 279 ff.
von Steinsdorff, Silvia (2010): Verfassungsgerichte als Demokratie-Versicherung?, in: Schrenk, Klemens H./Soldner, Markus (Hrsg.): Analyse demokratischer Regierungssysteme, Wiesbaden, S. 479 ff.
Strohmeier, Gerd (2018): Der Bundespräsident: Was er kann, darf und muss bzw. könnte, dürfte und müsste, in: Zeitschrift für Politik 55 (2), S. 175 ff.
Sturm, Roland (2015): Der deutsche Föderalismus, Baden-Baden.
Stüwe, Klaus (2001): Das Bundesverfassungsgericht als Vetospieler, in: Oberreuter, Heinrich (Hrsg.): Der Deutsche Bundestag im Wandel, Wiesbaden, S. 145 ff.
Stüwe, Klaus (2004): Konflikt und Konsens im Bundesrat, in: Aus Politik und Zeitgeschichte 50–51, S. 25 ff.

Stüwe, Klaus (2006): Bundesverfassungsgericht und Opposition, in: van Ooyen, Robert/ Möllers, Martin (Hrsg.): Das Bundesverfassungsgericht im politischen System, Wiesbaden, S. 215 ff.

Tsebelis, George (2002): Veto Players, New York.

Vanberg, Georg (2005): The Politics of Constitutional Review in Germany, Cambridge.

Wagschal, Uwe (2001): Der Parteienstaat der Bundesrepublik Deutschland, in: Zeitschrift für Parlamentsfragen 32 (4), S. 861 ff.

Wasser, Hartmut (1991): Von der Unabhängigkeitserklärung zur Verfassung, in: ders. (Hrsg.): USA, Opladen, S. 15 ff.

Watts, Ronald L. (2010): Federal Second Chambers Compared, in: Hrbek, Rudolf (Hrsg.): Legislatures in Federal Systems and Multi-Level Governance, Baden-Baden, S. 33 ff.

Weidenfeld, Ursula (2017): Regierung ohne Volk, Berlin.

von Weizsäcker, Richard (1992): Richard von Weizsäcker im Gespräch mit Günter Hofmann und Werner A. Perger, Frankfurt a. M.

Wesel, Uwe (2004): Der Gang nach Karlsruhe, München.

Wewer, Göttrik (1991): Das Bundesverfassungsgericht – eine Gegenregierung?, in: Blanke, Bernhard/Wollmann, Hellmut (Hrsg.): Die alte Bundesrepublik, Opladen, S. 310 ff.

Winkler, Hans-Joachim (1967): Der Bundespräsident – Repräsentant oder Politiker? Opladen.

Winter, Ingelore M. (2004): Unsere Bundespräsidenten, 5. Aufl., Düsseldorf.

Wöhst, Christian (2017): Hüter der Demokratie, Wiesbaden.

Ziller, Gebhard et al. (Hrsg.) (1998): Der Bundesrat, 10. Aufl., Düsseldorf.

Zweigert, Konrad (1976): Einige rechtsvergleichende und kritische Bemerkungen zur Verfassungsgerichtsbarkeit, in: Starck, Christian (Hrsg.): Bundesverfassungsgericht und Grundgesetz, Tübingen, Bd. I, S. 63 ff.

Der deutsche Verbundföderalismus 10

10.1 Bundesländer und Landesparlamentarismus

a. Der Föderalismus und seine Funktionen

Der Begriff „Föderalismus" leitet sich vom lateinischen „foedus" = Bund ab. Er setzte sich durch, da die „foederati" des Römischen Reiches (dauerhaft Verbundene mit Autonomie und Heeresfolge-Verpflichtungen) als antikes Beispiel des Gemeinten erschienen (Harman 1992, S. 337). In der modernen Politikwissenschaft versteht man unter Föderalismus *„two (or more) levels of government which combine elements of shared- rule through common institutions and regional self-rule for the governments of the constituent units" (Watts 1996, S. 7)*. Dies bedeutet, dass die Souveränität zwischen Bundesstaat und Gliedstaaten geteilt ist – im Unterschied zum Staatenbund, wo sie bei den Gliedstaaten verbleibt (so in der Schweiz bis 1847, im Deutschen Bund vor 1866), und zum dezentralisierten Einheitsstaat, wo sie beim Zentralstaat liegt (Beispiele: Frankreich, Großbritannien).

Als Funktionen des Föderalismus, die er erfüllen soll, gelten:

- eine Integration historisch, ethnisch, kulturell oder wirtschaftlich unterschiedlicher Einheiten,
- eine Aufteilung von Macht, die der Minderheits- und Freiheitssicherung dient, und
- eine bessere Berücksichtigung regional unterschiedlicher Verhältnisse und Präferenzen bzw. Verwirklichung von Subsidiarität.

Die Verfassung eines föderalen Staates muss beantworten, wie sie legislative und exekutive Zuständigkeiten zwischen Bund und Gliedstaaten verteilt, wie sich die politischen Ebenen finanzieren und wie bei Streitigkeiten zu verfahren ist. Diese Fragen werden unterschiedlich beantwortet, doch lassen sich zwei föderale Grundtypen unterscheiden:

- ein Trennföderalismus (oder dualer Föderalismus), bei dem Bund und Gliedstaaten für Gesetzgebung in getrennten Politikfeldern zuständig sind, deren Ausführung sie auch durch eigene Behörden vornehmen (Beispiele: USA, Kanada, Australien);
- ein funktionaler (oder exekutiver, kooperativer) Föderalismus, bei dem die Gesetzgebung überwiegend Sache des Bundes, die Ausführung überwiegend Aufgabe der Gliedstaaten ist (Beispiele: Deutschland, Indien, Österreich, die Schweiz).

Allgemein liegen Steuererhebungsrechte mehrheitlich beim Bund, und vielfach kommt es zu Diskrepanzen zwischen Steuerverteilung und Aufgabenzuordnung – vertikale Finanztransfers sind daher in dieser und jener Form üblich (Watts 1996, S. 32 f. und 37; Krumm 2015). Für Entscheidungsprozesse im kooperativen Föderalismus erweisen sich dabei „informale Netzwerke" und Verhandlungen als wichtig. Ein „co-operative bargaining" wie in Indien (Benz 1995; Hardgrave 1980, S. 89) macht solchen Föderalismus arbeitsfähig.

b. Das politisch-gesellschaftliche Profil der Bundesländer

Die Wurzeln des Föderalismus in Deutschland reichen weit zurück. Dennoch ist seine Restauration nach 1945 weder aus Gründen der historischen Tradition noch der ethnischen oder staatlichen Integration zwingend gewesen. Obwohl der Form nach von den Ländern her gegründet, bildet das Gesamtvolk die eigentliche Legitimationsgrundlage für die Bundesrepublik (Hanebeck 2004, S. 136, 183). *Der Föderalismus wurde nach 1945 primär als machtverteilendes Prinzip, als Mittel zur Demokratiestabilisierung und Friedenssicherung, wiederhergestellt und gestärkt.*

Bezeichnenderweise können die heutigen Bundesländer nur zum geringen Teil an ungebrochene eigenstaatliche Traditionen anschließen. Allein die „Freien Hansestädte" Hamburg und Bremen, der „Freistaat Bayern" (letztgenannter unter Verlust der ehemals bayerischen Pfalz) und der „Freistaat Sachsen" setzen bei nur geringen Grenzkorrekturen deutsche Staaten mit historischer Tradition fort.

Die anderen Bundesländer hingegen sind jüngeren Alters: Thüringen ist ein Produkt der Weimarer Republik (erweitert um Teile der Provinz Sachsen), das Saarland Ergebnis der französischen Abtrennungsversuche seit 1918, Baden-Württemberg

10.1 Bundesländer und Landesparlamentarismus

erst 1952 aus den damaligen Ländern Baden, Württemberg und Württemberg-Hohenzollern zusammengefügt. Die übrigen Länder wurden nach 1945 von den Besatzungsmächten geschaffen. Eine gemeinsame Schöpfung bildete dabei Berlin (1948–90 gespalten). Die Briten bildeten 1946 Schleswig-Holstein (Provinz Schleswig-Holstein, Hansestadt Lübeck, oldenburgische Landesteile), Niedersachsen (Provinz Hannover, Länder Braunschweig, Oldenburg und Schaumburg-Lippe) und Nordrhein-Westfalen (Provinzen Westfalen und Rheinland ohne südliche Rheinprovinz, Land Lippe-Detmold), die Amerikaner das Land Hessen (Hessen-Darmstadt ohne rheinhessische Gebietsteile, Provinz Hessen-Nassau) und die Franzosen Rheinland-Pfalz (bayerische Pfalz, rheinhessischer Teil von Hessen-Darmstadt, Teile von Hessen-Nassau und südliche Rheinprovinz). In der Sowjetischen Zone wurden von der Besatzungsmacht folgende Länder geschaffen:

- aus der Provinz Brandenburg (nach Abzug von Berlin und des Gebiets östlich von Oder und Neiße) das gleichnamige Land,
- aus Mecklenburg-Schwerin, Mecklenburg-Strelitz und dem westlich der Oder gelegenen Teil Pommerns (mit Ausnahme des Gebiets um Stettin) das Land Mecklenburg, heute „Mecklenburg-Vorpommern",
- aus Thüringen und einem kleineren preußischen Gebiet das Land Thüringen,
- sowie aus der Provinz Sachsen, dem Freistaat Anhalt und einer braunschweigischen Enklave das Land „Sachsen-Anhalt" (Stammen 1965, S. 33 ff.; Hartmann 1994; Deutscher Bundestag 1990).

Wie dieser Überblick zeigt, hat sich die innerdeutsche Landkarte im Vergleich zur Weimarer Republik tiefgreifend verändert. Preußen mit seinen Provinzen ist aufgelöst, historische Einheiten und Flickergebiete sind vielerorts im Sinne einer Flurbereinigung zu neuen Einheiten zusammengefasst. Die Größe Nordrhein-Westfalens stellt kein ungewöhnliches Problem dar. Erheblichere Größenunterschiede ihrer Gliedstaaten kennen die USA, Kanada und die Schweiz. Im Ganzen haben sich die Besatzungsmächte bemüht, kulturelle und räumliche Zusammenhänge zu berücksichtigen. Die Tatsache, dass – außer im Südwestraum – die Möglichkeit zur Revision der territorialen Nachkriegsordnung, wie sie Art. 29 GG über Plebiszite eröffnete, nirgendwo erfolgreich genutzt worden ist, spricht für die Nachkriegslösungen (Laufer und Münch 1997).

Hessen	Mecklenburg-V.	Niedersachsen	Nordrhein-Westfalen	Rhld-Pfalz	Saarland	Sachsen	Sachsen-Anhalt	Schleswig-Holstein	Thüringen
6,3	1,6	8,0	17,9	4,1	1,0	4,1	2,2	2,9	2,1
21,2	3,4	16,3	36,3	38,7	54,6	3,7	3,2	5,9	7,5
31,6	14,2	41,1	23,0	25,9	16,8	17,2	11,4	42,2	20
16,9	4,8	9,9	13,8	11,8	11,8	5,3	5,3	8,6	5,4
29,31	20,09	25,03	26,75	25,31	24,34	21,39	20,83	23,71	20,51
5,2	7,6	5,5	7,3	5,0	6,8	5,9	7,3	5,6	5,6
10,1	8,6	8,9	12,4	10,5	17,6	0,9	10,7	12,1	7,9
8,4	8,8	8,6	10,9	6,8	10,0	7,2	9,5	9,1	6,7
47,5	41,1	54,2	43,7	58,0	64,7	34,6	45,1	53,3	45,3
78,7	87,2	77,9	76,2	81,0	83,1	69,0	80,5	84,4	76,2
2018	2021	2017	2022	2021	2022	2019	2021	2022	2019
19,8	39,6	36,9	26,7	35,7	43,5	7,7	8,4	15,6	8,2
27,0	13,3	33,6	35,7	27,7	28,6	32,1	37,1	43,4	21,8
7,5	5,8	7,5	5,9	5,5	4,8	4,5	6,4	6,4	5,0
19,8	6,3	8,7	18,2	9,3	5,0	8,6	5,9	18,3	5,2
6,3	9,9	4,6	2,1	2,5	2,6	10,4	11,0	1,7	31,0
13,1	16,7	6,2	5,4	8,3	5,7	27,5	20,8	4,4	23,4
137	79	137	195	101	51	119	97	69	90

Quellen: Statistisches Bundesamt (2021a, S. 119; 2022a; 2022b; 2022c; 2022d); Bundeszentrale für politische Bildung (2020); Bundesagentur für Arbeit nach Statistisches Landesamt Baden-Württemberg (2022); Mannewitz und Vollmann (2019, S. 41); Zicht (2022).

10.1 Bundesländer und Landesparlamentarismus

Richtig bleibt dennoch: Zuständigkeiten und staatsrechtlicher Aufbau überfordern die Kraft einiger kleinerer Bundesländer. Unter finanziellen Gesichtspunkten wäre daher eine Gebietsreform angebracht. Entsprechende Diskussionen flackern immer wieder auf. Das Schwergewicht des Faktischen, jahrzehntelange Eingewöhnung im Westen, hat aber aus alledem nie etwas werden lassen. Mit dem Vereinigungsprozess und der Wiedererrichtung der Nachkriegsländer im Osten scheint die Gelegenheit zu Veränderungen für's Erste vorbei.

Die heutigen Ländergrenzen scheiden nicht radikal verschiedenartige Gebiete voneinander. Immerhin lassen aber die Daten der Tab. 10.1 Unterschiede der Wirtschafts-, Sozial- und Konfessionsstruktur erkennen, die den Hintergrund für besondere landespolitische Profile abgeben. Betrachtet man Bruttoinlandsprodukt je Einwohner, Arbeitslosen- und Schuldenquote, so wird ein wirtschaftliches West-Ost-Gefälle sowie innerhalb der alten Bundesrepublik und innerhalb der neuen Bundesländer zusätzlich ein Süd-Nord-Gefälle deutlich. Das letztgenannte hat sich im Westen erst von 1950 bis zur Gegenwart entwickelt. Ausschlaggebend hierfür war einerseits ein fortlaufendes, relatives Zurückbleiben des – einst unter den Flächenländern führenden – Nordrhein-Westfalens, andererseits ein kontinuierlicher Aufstieg Bayerns und Hessens. Baden-Württemberg bewahrte eine überdurchschnittliche Position (Ottnad 1997, S. 21). Daneben bestehen beachtliche konfessionelle Unterschiede insofern, als der katholische Anteil im Süden und Westen am stärksten ist, während in den neuen Bundesländern Konfessionslosigkeit dominiert.

Gemessen an der Zahl aller Landeswahlen ging bis 2007 die SPD am häufigsten als stärkste Partei in den Hansestädten, Hessen, Niedersachsen, Brandenburg und Mecklenburg-Vorpommern hervor, die Unionsparteien in den übrigen Bundesländern; in Berlin und Schleswig-Holstein ergibt sich ein Gleichstand der beiden großen Parteien (Reutter 2008, S. 88). Im zeitlichen Ablauf ergibt sich ein anderes Bild. Die einst vielfach unerschütterlich erscheinende hegemoniale Stellung einer großen Partei in bestimmten Bundesländern findet sich kaum noch. Eine im Allgemeinen stärkere Position hatten lange Zeit CDU und CSU in den süddeutschen Ländern und südlicheren neuen Ländern inne, die SPD generell im nördlichen Deutschland. Die Grünen (Baden-Württemberg) bzw. die AfD (Sachsen, Thüringen) rütteln aber an diesen Gewissheiten. Allgemein deuten knappere Mehrheiten und stärkere Ausschläge im Wählerverhalten darauf hin, dass *die Vorstellung von Stammlanden einer Partei an Wirklichkeitsgehalt verloren hat.* Dies schließt nicht aus, dass für die Parteien die von ihnen geführten Bundesländer weiterhin die Rolle von Fluchtburgen spielen, wo man bundespolitische Oppositionszeiten überwintern kann.

Tab. 10.1 Das Profil der Bundesländer 2020/21

	Bundes-republik	Baden-Württemberg	Bayern	Berlin	Brandenburg	Bremen	Hamburg
Einwohner 2020 in Mio	83,2	11,1	13,1	3,7	2,5	0,7	1,9
Katholiken 2018 in %	26,7	31,7	46,9	8,4	3,6	9,5	9,4
Protestanten 2018 in %	24,3	28,3	17,2	14,3	13,9	30,8	23,6
Ausländeranteil 2020 in %	12,7	16,1	13,7	19,6	5,2	19,0	16,8
Bruttostundenverdienste 2020 in EUR.[g]	26,48	28,56	28,31	27,05	21,12	27,20	20,20
Arbeitslosenquote 2021 in %	5,7	3,9	3,5	9,8	5,9	10,7	7,5
Schulden/Einw. 2019 in tsd. EUR.[a]	8,5	4,8	2,0	14,8	7,3	43,9	18,3
Mindestsicherungsquote 2020 in %[e]	8,3	5,3	4,5	16,3	7,7	17,7	13,3
Eigentümerquote 2018 in %	46,5	52,6	51,4	17,4	47,8	37,8	23,9
Verbundenheit mit eigenem Bundesland („ziemlich"/ „sehr") 2017 in %	79,3	82,3	85,2	78,2	68,8	73,3	80,3
Landtagswahlergebnis[b]	2021[d]	2021	2018 f.[)	2021	2019	2019	2020
SPD	25,7	11,0	9,7	21,4	26,2	24,9	39,2
CDU bzw. CSU	24,1	24,1	37,2	18,0	15,6	26,7	11,2

(Fortsetzung)

10.1 Bundesländer und Landesparlamentarismus

Tab. 10.1 (Fortsetzung)

	Bundes-republik	Baden-Württemberg	Bayern	Berlin	Brandenburg	Bremen	Hamburg
FDP	11,5	10,5	5,1	7,1	4,1	5,9	5,0
B90/Grüne	14,8	32,6	17,5	18,9	10,8	17,4	24,2
Linke	4,9	3,6	3,2	14,1	10,7	11,3	9,1
AfD	10,3	9,7	10,2	8,0	23,5	6,1	5,3
Zahl der Abgeordneten	736	154	205	147	88	84	123

a) Länder und Gemeinden
b) In Prozent der gültigen Stimmen
c) Der Südschleswigsche Wählerverband erhielt 3,3 % der gültigen Stimmen
d) Bund: Sonstige 8,6 %
e) Anteil der Bevölkerung, der Mindestsicherung wie Sozialhilfe, Grundsicherung, Hartz IV, Asylbewerbergeld bezieht
f) Freie Wähler 11,6 %, Bayernpartei 1,7 %
g) Verdienste der Arbeitnehmer einschließlich Beamten im produzierenden Gewerbe und Dienstleistungsbereich

c. Das Regierungssystem in den Bundesländern

Nach Art. 28 GG muss die verfassungsmäßige Ordnung in den Bundesländern „den Grundsätzen des republikanischen, demokratischen Rechtsstaates im Sinne dieses Grundgesetzes entsprechen". Damit soll eine grundsätzliche Übereinstimmung der Verfassungen, wie sie bei Entstehung des Grundgesetzes gegeben war, auch für die Zukunft gewährleistet werden.

Dies schließt Verfassungsvarianten nicht aus. So enthalten die Landesverfassungen unterschiedliche Grundrechtskataloge, zum Teil auch soziale Grundrechte oder Staatsziele (Arbeit, Wohnung, Bildung, soziale Sicherung, Gleichstellung der Frauen, Umweltschutz). Große Bedeutung kommt dem jedoch nicht zu – einmal, weil die verheißungsvollen Rechte meist vorsichtig-allgemein formuliert sind, zum anderen, weil Bundesrecht Landesrecht bricht. Man muss daher solche Grundrechte bzw. Staatsziele eher symbolischer Politik zurechnen. Relevante Unterschiede ergeben sich hingegen daraus, dass die Landesverfassungen auch das Verhältnis zwischen Volk, Parlament, Regierung und Regierungschef unterschiedlich bestimmen:

1. **Mitwirkung des Volkes:** Während herkömmlich die Volksvertretung, das Parlament, für eine Dauer von vier Jahren gewählt wird, ist dessen Wahlperiode seit neuerem in fast allen Bundesländern (Ausnahme: Bremen) auf

fünf Jahre verlängert worden. Dieser Schwächung des Wählereinflusses steht eine Ausweitung plebiszitärer Möglichkeiten gegenüber. Volksbegehren und -entscheid, in der Vergangenheit bereits in der Mehrzahl der westdeutschen Flächenstaaten vorgesehen, sind zu Landesangelegenheiten (außer zu Finanzen und Besoldung) nunmehr überall möglich. In sechs Bundesländern kann auch das Landesparlament durch Volksentscheid vorzeitig aufgelöst werden. Allerdings variieren Regelungen und Erfahrungen erheblich (Reutter 2008, S. 252 f.; Kost 2005). So scheitern manche Volksbegehren bereits an den erforderlichen Mindestbeteiligungen. Doch immerhin 17 % der Volksbegehren wurden vom Landesparlament übernommen[1]. Zu den Fällen, dass ein erfolgreiches Volksbegehren die Landespolitik zum Einlenken veranlasste, gehörten ein Begehren 1973 zur Rundfunkautonomie in Bayern und eines 1978 gegen die „Kooperative Schule" in Nordrhein-Westfalen. Zu von „unten" initiierten Volksentscheiden selbst kam es bis 2021 25 Mal, darunter sechs Mal in Bayern und je sieben Mal in Hamburg und Berlin (zuletzt „Deutsche Wohnen & Co. enteignen"). Fragen der Staatsordnung und der Bildung standen im Vordergrund (Schiller 2007, S. 124 f.). Spektakulär war 2010 der erfolgreiche, vom Rücktritt des Bürgermeisters Beust begleitete Bürgerentscheid gegen die sechsjährige Primarschule in Hamburg. Zu spektakulären, die Landespolitik verändernden Fällen sei hier auf Abschn. 3.5 b verwiesen. Generell besteht die legitimatorische Schwäche des Volksentscheides darin, dass die Abstimmungsbeteiligung meist deutlich unter 50 % liegt. Daher gelten Zustimmungsquoren für die Verbindlichkeit eines Entscheides: zumeist mindestens 20 oder 25 % der Wahlberechtigten, die zugestimmt haben müssen. Ausreißer nach unten sind Bayern, Sachsen und Hamburg, die gar kein Quorum kennen (Hamburg aber nur, wenn der Entscheid parallel zu einer Wahl stattfindet), auch NRW und Schleswig-Holstein mit nur 15 %. Höhere Anforderungen gelten u. a. bei Verfassungsänderungen, aber nur in Bayern, Berlin, Bremen und Hessen (sowie Brandenburg bei Annahme einer gänzlich neuen Verfassung) ist jede Verfassungsänderung in einem obligatorischen Verfassungsreferendum dem Volke zur Entscheidung vorzulegen (Weixner 2006, S. 20; Schiller 2007, S. 119; Leunig 2012, S. 236, 241).
2. **Regierungsbildung:** In allen Bundesländern wird der Regierungschef/die -chefin vom Landesparlament gewählt. Die meisten Bundesländer haben das Verfahren bei der Regierungsbildung wie im Bund geregelt: Der Landtag wählt nur den Ministerpräsidenten/die Ministerpräsidentin, diese/-r entscheidet dann allein über die Zusammensetzung seines/ihres Kabinetts. Einige wenige

---

[1] Begehren bis 2002 (Rehmet 2002, S. 112 f.).

10.1 Bundesländer und Landesparlamentarismus

sehen – über die Wahl des Regierungschefs/der -chefin hinaus – für den Amtsantritt der Regierung deren Bestätigung durch das Landesparlament vor. In Bremen wählt die Volksvertretung sogar jedes Regierungsmitglied (Mitglied des „Senats") einzeln. Verbreitet ist ferner, dass ein später berufener einzelner Minister/eine Ministerin eine Bestätigung durch den Landtag benötigt.

3. **Abberufung der Regierung:** Elf Bundesländer kennen das konstruktive Misstrauensvotum wie im Bund: Der Regierungschef/Die Regierungschefin kann nur durch Neuwahl einer/-s anderen aus dem Amt entfernt werden, und mit ihm/ihr fällt die übrige Regierung. Erfolgreich eingesetzt wurde es 1956 gegen Arnold und 1966 gegen Meyers in NRW. In den übrigen Ländern (Bayern, Hessen, Rheinland-Pfalz, Saarland und Berlin) wird die Regierung durch bloß einfache negative Misstrauensvoten gestürzt. Darüber hinaus sind in Baden-Württemberg und Rheinland-Pfalz (früher zudem in Berlin und Hamburg) auch Misstrauensvoten gegen einzelne Regierungsmitglieder möglich, während in Bayern, Niedersachsen, Rheinland-Pfalz, Hessen und Saarland die Entlassung (aber auch die Berufung) eines Ministers/einer Ministerin der Zustimmung des Landtages bedarf (Reutter 2004, S. 21)[2].

4. **Richtlinienkompetenz:** Die Befugnis, verbindliche Richtlinien für die Arbeit der Regierung vorzugeben, liegt in allen Flächenstaaten und Hamburg beim Regierungschef/bei der Regierungschefin – hingegen in Berlin beim Regierenden Bürgermeister nach Billigung durch den Senat und in Bremen beim Senat. Deutlich wird hier – wie bereits bei den Wahl- und Abberufungsmodi –, dass die Bürgermeister/-innen in Berlin und Bremen sich nur wenig über ihre Senatskollegen erheben. Spuren älterer Kollegialregierungen sind im Übrigen darin zu sehen, dass die Organisationsgewalt (das Recht, Zuständigkeitsregelungen im Regierungsbereich vorzunehmen) in Hamburg und Bremen beim gesamten Senat liegt; anderswo (in Berlin und Süddeutschland) übt sie das Landesparlament gemeinsam mit der Regierung oder dem Regierungschef/der -chefin aus (Decker 2004, S. 5).

5. **Staatsoberhaupt-Funktionen:** Da die Landesverfassungen kein gesondertes Staatsoberhaupt neben dem Regierungschef kennen, stellt sich die Frage, wem sie klassische Staatsoberhaupt-Funktionen wie die Vertretung des Landes nach außen, das Begnadigungsrecht, die Ernennung und Entlassung von Beamten zuordnen. Auch hier fällt die Antwort unterschiedlich aus: Während zumindest fünf Verfassungen alle drei Kompetenzen eindeutig dem Regierungschef

---

[2] In Baden-Württemberg können einzelne Kabinettsmitglieder mit einer Zwei-Drittel-Mehrheit zu Fall gebracht werden (Reutter 2008, S. 200; Leunig 2012, S. 194).

zuweisen, liegen sie in Bremen und Hamburg durchweg beim Senat. Andere Länder wie Bayern, Niedersachsen, Nordrhein-Westfalen, das Saarland und Hessen weisen sie teils dem Ministerpräsidenten, teils der Landesregierung zu.

6. **Verfassungsgerichtsbarkeit:** Die Staatlichkeit der Bundesländer wird nicht zuletzt durch eigene Landesverfassungsgerichte unterstrichen. Diese unterscheiden sich hinsichtlich ihrer Zusammensetzung (meist einer Mischung von Berufsrichter/-innen, Volljurist/-innen und Laien, in vier Ländern nur Jurist/-innen), Wahl (mit Zwei-Drittel oder einfacher Mehrheit des Landesparlaments) und Kompetenzen voneinander (Leunig 2012, S. 171, 173 f.). Sie machen zunehmend durch Aufsehen erregende Urteile von sich reden: durch Entscheidungen in Niedersachsen gegen Finanzausgleichsregelungen zwischen Land und Kommunen, in NRW gegen die Fünf-Prozent-Sperrklausel im Kommunalwahlrecht und gegen Neuverschuldungen im Landesetat (zuletzt 2013), in Thüringen zu den Landtagsdiäten, in Mecklenburg-Vorpommern gegen die Bildung von fünf Großkreisen. Im Jahr 2020 kamen noch abschlägige Urteile zur geschlechterparitätischen Besetzung von Landtagswahllisten in Thüringen und Brandenburg hinzu. Die meisten Urteile 1996–2005 erfolgten aufgrund von Verfassungsbeschwerden (ca. 850), gefolgt von ca. 150 Normenkontrollentscheidungen (Flick 2008a, S. 255). Als stärkstes Landesverfassungsgericht kann das bayerische gelten, während Schleswig-Holstein als einziges Land seine Verfassungsstreitigkeiten dem Bundesverfassungsgericht überlässt (Freitag und Vatter 2008, S. 315).

Die Regierungssysteme in den Bundesländern reichen also von Formen der Kanzler-demokratie wie im Bund bis zu einer kollegialen und eng an die Volksvertretung gebundenen Regierung (Pestalozzi 2005).

d. Landesparlamentarismus in der Praxis

Die *Zusammensetzung der Landesparlamente ähnelt der des Bundestages.* Auffällig im Vergleich mit gefestigten Demokratien ist das Ausmaß des personellen Wechsels, der 1990–2010 mit durchschnittlich 39 % im Osten, aber auch mit 35,5 % im Westen bemerkenswert hoch erscheint (Heinsohn 2014, S. 24, 32). Es sind die 40- bis 59-Jährigen, die überall die Masse der Abgeordneten stellen. Zugenommen hat im Laufe der Zeit der Frauenanteil in den Landesparlamenten, der 2007 durchschnittlich 32,7 % erreichte. Beruflich kommen die Abgeordneten weit überdurchschnittlich aus dem öffentlichen Dienst (Flick 2008b, S. 166, 168 f.; Reutter 2008, S. 121, 124, 128). Der Aufstiegskanal, den sie zuvor durchlaufen, sind die Parteien. Auch ihr Zeitbudget ähnelt dem der Bundestagsabgeordneten: In Sitzungswochen braucht man durchschnittlich 31,4 Wochenstunden für die parlamentarische Arbeit (in sitzungsfreien 15,4 h), für Wahlkreispflege

10.1 Bundesländer und Landesparlamentarismus

und sonstige politische Aktivitäten 17 (bzw. 26,7) Stunden, für Kontakte mit Interessengruppen und Medien 7,3 (bzw. 9,2) Stunden in der Woche[3]. Daneben üben 41 % der Landesparlamentarier in den westlichen Bundesländern (22 % in den östlichen) zusätzlich berufliche Tätigkeiten aus, vor allem als Selbständige[4].

Unabhängig von allen verfassungsrechtlichen Varianten ist es in allen Ländern die Regierungsmehrheit, welche die Gesetzgebung beherrscht. Rechtlich steht in den Ländern Parlament, Regierung und Volk die Gesetzesinitiative zu, diese wird aber wie im Bund vor allem von der Regierung ausgeübt. Das ließ schon eine Auszählung von 17 Landtagswahlperioden in fünf Bundesländern für die 50er und 60er Jahre erkennen (Mielke 1971, S. 83). Hieran hat sich seither – trotz vermehrtem Hilfspersonal für die Landtage[5] – nichts geändert. Im zweiten Halbjahr 1996 zeigte eine Untersuchung in 14 Bundesländern, dass 81 % aller Gesetzentwürfe von der Regierungsmehrheit stammten (Kalke und Raschke 2004, S. 91; Eisele 2006, S. 141, 162; Mielke und Reutter 2012, S. 29). Bei den erfolgreichen Gesetzesinitiativen liegt der Anteil der Mehrheitsinitiativen noch höher (Schukraft 2019, S. 242). Die Erklärung liegt in dem bestimmenden Dualismus von Regierungsmehrheit und Opposition, begleitet von hoher Fraktionsgeschlossenheit bei Abstimmungen (Stecker 2011, S. 440 f.).

Auch die *primäre Nutzung der parlamentarischen Kontrollinstrumente durch die Opposition* fügt sich in dieses Muster. Ein jüngerer Überblick zu 4–8 Landesparlamenten der Jahre 1990–2009 zeigt, dass je nach Land 69–87 % der Mündlichen Anfragen, 77–90 % der Kleinen Anfragen, 69–90 % der Großen Anfragen (nur „Ausreißer" Mecklenburg-Vorpommerns mit 40 %) und 68–87 % der Aktuellen Stunden (außer Mecklenburg-Vorpommern mit 43 %) von der Opposition initiiert wurden. Der „neue Dualismus" Mehrheit/Opposition dominiert (Reutter 2013, S. 262; Leunig 2012, S. 238). Das gilt auch hinsichtlich der Untersuchungsausschüsse in NRW, die überwiegend allein von Oppositionsseite durchgesetzt werden[6]. Wie im Bund, so beschäftigen sich Untersuchungsausschüsse der Landtage häufig mit skandalumwitterten Themen wie Telefonüberwachung, Stasi-Tätigkeiten und Pfeiffer/Barschel-Affäre, Umgang mit erhöhten Dioxinwerten oder Korruptionsfällen (Harenberg 1994, S. 467; Plöhn 1991).

---

[3] Umfrage 2008, n = 456 recht repräsentativ (Tenscher 2011, S. 388).

[4] Sechs Länder 1989–92 (Reutter 2008, S. 138, 114).

[5] In den Flächenländern sind 2010 zwischen 88 (Saarland) und 277 (NRW) Mitarbeiter bei den Landtagsverwaltungen, insgesamt 2 064 Personen beschäftigt, von denen ein erheblicher Teil den Abgeordneten zuarbeitet (Mielke und Reutter 2012, S. 26).

[6] So 1985–95. Auskunft der Landtagsverwaltung NRW, 23. August 1995.

Die Lage des Landesparlamentarismus ist darüber hinaus nur zu erfassen, wenn man noch einen zweiten Aspekt berücksichtigt: die *Aushöhlung der legislativen Parlamentsfunktion.* Deren Bedeutung wird nämlich durch zwei Entwicklungen geschmälert:

1) Der Bund hat den weiten Bereich der konkurrierenden Gesetzgebung intensiv beackert und damit das Feld für relevante Landesgesetzgebung auf Verwaltung, Polizei, Rundfunk sowie Bildung/Kultur eingeengt, wobei letztgenannter Kompetenzbereich wegen der Aufweichung des sog. Kooperationsverbots im Zuge des „Digitalpakts Schule" 2018/19 weiter schrumpfte. Diese allein den Ländern zugeordneten Themenkomplexe wiederum sind bereits in der Frühzeit der Bundesrepublik gesetzgeberisch umfassend geregelt worden. Zwar blieb die Zahl der verabschiedeten Gesetze beachtlich, doch stellen nun den „Löwenanteil Ausführungs- und Anpassungsgesetze" (Mielke und Reutter 2004, S. 43). Nur vorübergehend bildeten die neuen Bundesländer, historisch bedingt, hier eine Ausnahme.
2) Bei der ausgedehnten Kooperation zwischen Bund und Ländern geht die Zusammenarbeit auf Regierungsebene unvermeidlich zulasten der Parlamente. Wird nämlich dem einzelnen Parlament eine mit zahlreichen anderen Partnern ausgehandelte Vereinbarung vorgelegt, so findet es sich „in der Regel vor vollendete Tatsachen gestellt", da faktisch nur die Alternative zwischen Ablehnung oder Annahme bleibt. So pflegen die Landesparlamente, um notwendige Regelungen nicht zu torpedieren, Staatsverträgen mit dem Bund und anderen Ländern zuzustimmen (Kilper und Lhotta 1996, S. 198 ff.). Der Konflikt zwischen Sachsen-Anhalt und den anderen Ländern im Jahr 2020 um die Erhöhung des Rundfunkbeitrags (2021 vom Bundesverfassungsgericht zuungunsten des ostdeutschen Bundeslands entschieden) dürfte die Ausnahme darstellen.

Alles in allem: Die Länder befinden sich im Prozess der „Verödung zu regionalen Verwaltungsprovinzen" (Linck 2004, S. 1231). Welche Folgerungen sollte man aus ihrer dürftigen legislativen Rolle ziehen? Zu dieser Frage stehen sich zwei Positionen gegenüber. Die eine schlägt eine Entstaatlichung der Bundesländer vor, d. h. ihren Status dem legislativen Bedeutungsverlust anzupassen. Damit verbinden sich Forderungen nach einer Volkswahl der Ministerpräsident/-innen[7],

---

[7] Früh etwa Wilhelm Hennis und Theodor Eschenburg, jüngst Frank Decker (2021, S. 32 ff.)

10.1 Bundesländer und Landesparlamentarismus

nach politischen Beamt/-innen an der Spitze von Landesämtern (anstelle von Minister/-innen und Ministerien), nach Unvereinbarkeit von Abgeordnetenmandat und Regierungsamt – im Ganzen eine Annäherung an die Bürgermeisterverfassungen in den Kommunen (Backmann 2006). Bedeutet das aber nicht den Übergang zu einem dezentralisierten Einheitsstaat, den das Grundgesetz ausschließt? Die andere Linie zielt darauf hin, im Gegenteil die Landesparlamente zu stärken, und zwar durch:

- ihre frühzeitige Beteiligung an Planungen und Verhandlungen über Staatsverträge,
- ihre Beteiligung an wichtigen, formell exekutiven Entscheidungen (Beispiel: Kernkraftwerkbau),
- ein Zurückdrängen des Bundes bei der Gesetzgebung (Martin 1984).

In der Praxis suchen die Landesparlamente Ersatz, indem sie eine mitwirkende Kontrolle ausüben und somit „als kritische Begleiter von laufenden Exekutiventscheidungen" arbeiten. *Bar großer Aufgaben, galten sie schon früh als auf Exekutivfragen bezogene Arbeitsparlamente (Friedrich 1975, S. 20 ff., 26, 30). Ihre Abgeordneten agieren als Vertreter/-innen ihres Wahlkreises, wo sie häufig als kommunale Ratsmitglieder mitwirken und für den sie Zuschüsse zu ergattern suchen (Patzelt 2006, S. 110 f.; Gunlicks 2003, S. 249). Bemerkenswert ist auch, dass ein erheblicher Teil der Regierungsmitglieder nicht dem Landesparlament entstammt (Reutter 2008, S. 208), wie in parlamentarischen Regierungssystemen zu erwarten – Zeichen nicht nur verfassungsrechtlicher Vorgaben (wie in Bremen und Hamburg), sondern auch politischer und personeller Auszehrung der Parlamente?*

Wendet man sich der Regierungsseite zu, stellt sich zunächst die Frage, ob sich Regelmäßigkeiten finden, nach denen sich Mehrheiten zusammenfinden und Regierungen bilden. Als Hypothesenset bietet sich eine Koalitionstheorie an, die aus der Annahme rational-ökonomischen Handelns minimale Gewinnkoalitionen mit ideologisch kohärenten Koalitionspartnern ableitet.

Was die deutschen Landesregierungen betrifft, kann man dazu zwei politikwissenschaftliche Thesen mit leicht unterschiedlichen Akzenten erkennen. Die eine besagt, dass für Bildung und Stabilität von Koalitionsregierungen in den Ländern nicht allein parteipolitische Interessenlagen, sondern auch persönliche Sympathien, informelle Gremien und Kontakte zwischen den Akteuren eine Rolle spielen (Kropp 2001, S. 290, 295). Gerade da wegen geringerer eigener Kompetenzen die inhaltlich-programmatische Nähe der Partner die Koalitionen in den Ländern weniger determiniert als im Bund (Jun 1994, S. 235), komme es auch auf die hier genannten Aspekte an. Dazu passt, dass 1994–2006 nur 51,6 %

der Koalitionsbildungen in den Ländern dem Modell der minimalen Mehrheitskoalition ideologisch benachbarter Parteien entsprachen (Debus 2008, S. 71, 73). Demgegenüber sieht die andere These die spieltheoretische Koalitionstheorie bei den Landeskoalitionen bei leichten Modifikationen bestätigt: Mit Hilfe logistischer Regressionsanalysen wird für 1990–2007 gezeigt, dass kleine (nicht kleinste) Gewinnkoalitionen unter Einschluss der stärksten Partei (die Modifikationen!) in 66 von 69 Fällen die Regierung bildeten, wobei Policy-Differenzen die Koalitionswahrscheinlichkeit verringerten. Dabei zeige sich anhand der Landeswahlprogramme, dass allein die sozio-ökomische Policy-Dimension wirke. Die sozio-kulturelle bleibe irrelevant (Bräuninger und Debus 2008, S. 330 ff.).

Im Übrigen deuten die Wahlprogramme darauf, dass sich Bundes- und Landesparteien programmatisch bisweilen voneinander unterscheiden. „Im Hinblick auf die Unterschiede zwischen Bundes- und Landesverbänden zeigt sich bei Bündnis 90/Die Grünen – ähnlich wie bei der Union in gesellschaftspolitischen Fragen – eine Trennung im sozioökonomischen Politikfeld: Die Mehrheit der grünen Landtagswahlprogramme liegt inhaltlich leicht rechts von der Position ihrer Bundestagswahlprogramme. [... Zudem] wird deutlich, dass die sozialdemokratischen Landesverbände in wirtschafts- und sozialpolitischen Fragen deutlich moderater auftreten als die Bundespartei." (Bräuninger et al. 2020, S. 74)

Demnach kann man zu Landeskoalitionen feststellen: Die spieltheoretische Koa-litionstheorie bestätigt sich bei einigen Modifikationen. Bemerkenswert erscheint die irrelevante Rolle der sozio-kulturellen Konfliktdimension für die Koalitionsbildungen, obwohl die Länder mit Bildung und Kultur gerade hier über eigenständige Kom-petenzen verfügen.

Wie üben die Regierungschefs/-chefinnen die führende Rolle aus, die ihnen die meisten Landesverfassungen zuschreiben? Ein Regierungschef/ Eine Regierungschefin mit Popularität, zugleich Vorsitzende/-r der größten Regierungspartei, hat selbstverständlich größere Handlungsspielräume als wenn ihm/ihr jenes abgeht. Unterschiedlich kann auch sein/ihr persönliche/-r Regierungsstil sein. Beide Aspekte lassen sich in Nordrhein-Westfalen illustrieren, wo Ministerpräsident Rau mit „präsidialer Aura" und starkem Rückhalt in der Regierungspartei SPD amtierte, während seine Nachfolger Clement und Steinbrück sich als „tatkräftige Managertypen" mit geringerem Parteirückhalt erwiesen (Korte et al. 2006, S. 322). Unterstützung kann jeder Regierungschef, jede Regierungschefin in einer ausgebauten Staatskanzlei finden[8], deren Spitzen,

---

[8] Die Personalstärke der Staatskanzleien betrug 1999 im Westen zwischen 99 (Hamburg) und 400 (Bayern) bzw. 375 Beschäftigten (NRW) (Schneider 2001, S. 297).

vor allem CdS (= Chef der Staatskanzlei), Büroleiter/-in und Regierungssprecher/-in, zum „Beraterzirkel von Ministerpräsidenten" gehören, ohne eigene „Macht", doch „Einfluss" ausübend (Grunden 2009, S. 16, 149 ff., 59).

Letztlich hängt die Art, wie und wieweit ein/-e Regierungschef/-in seine/ihre Richtlinienkompetenz und sein/ihr Recht zur Ministerauswahl einsetzen kann, vor allem von der Koalitionskonstellation ab, wieweit koalitionsstabilisierende Faktoren vorhanden und welche Alternativen denkbar sind. Formen informeller Entscheidung, in die der Regierungschef/die -chefin eingebunden ist, reichen von einem Koalitionsausschuss über „Zweierachsen" zwischen Regierungschef bzw. chefin/Stellvertreter sowie den Vorsitzenden der Koalitionsfraktionen (in Rheinland-Pfalz 1996–2001) bis hin zu einem „Netz" verschiedenartiger Zirkel wie in der rot-grünen Minderheitskoalition von Sachsen-Anhalt 1994–98 (Kropp 2001, S. 266 f.). Koalitionsausschüsse sind inzwischen üblich. Der Einfluss kleinerer Koalitionspartner hängt bei Zweier-Koalitionen anscheinend davon ab, welcher Partner in der Frage Geschlossenheit zeigt, bei Dreier-Koalitionen davon, wer einen der anderen Partner auf seine Seite bringt – so jedenfalls in vier neuen Bundesländern.[9]

Auf gouvernementaler Seite sind für die tatsächliche Stellung der Regierungschefs und -chefinnen wesentlicher als verfassungsrechtliche Befugnisse: die Koalitionskonstellation, seine/ihre Rolle in der führenden Regierungspartei und sein/ihr öffentlicher Amtsbonus.

10.2 Die Politikverflechtung zwischen Bund und Ländern

a. Gesetzgebungszuständigkeiten: Verschiebungen zum Bund
Verbundföderalismus bedeutet sowohl Trennung als auch Zusammenwirken zwischen Zentralstaat und Gliedstaaten. In Deutschland bestimmen beide Aspekte das Verhältnis zwischen Bund und Ländern im legislativen, exekutiven und finanziellen Bereich.

Grundlegend für die Gesetzgebung ist zunächst, dass sich nach dem Grundgesetz die Gesetzgebungsmaterien in mehrere Kategorien gliedern:

- einen Bereich der ausschließlichen Bundesgesetzgebung: Auswärtiges, Verteidigung, Staatsangehörigkeit, Außenhandel, gewerblicher Rechtsschutz, Kernenergie, Bahnen, Postwesen, Telekommunikation und Luftverkehr, Recht

---

[9] 1990–94 (Putz 2008, S. 412 ff., 417).

der Bundesbediensteten, Waffen und Sprengstoff, Regelungen zur Zusammenarbeit beim Verfassungsschutz und der Verbrechensverfolgung u. a. (Art. 71 und 73 GG);
- den Bereich der „konkurrierenden Gesetzgebung", in dem die Länder Gesetzgebungsbefugnisse besitzen, „solange und soweit der Bund von seiner Gesetzgebungszuständigkeit nicht durch Gesetz Gebrauch gemacht hat": Bürgerliches und Strafrecht, Justizwesen, Statusrecht der Beamten von Ländern und Gemeinden (außer Laufbahnen, Besoldung und Versorgung), Wirtschaft, Arbeitsrecht, Soziales, Verkehr, Umwelt, Gesundheit u. a. (Art. 72 und 74 GG).
- die „Gemeinschaftsaufgaben", bei denen der Bund bei der Erfüllung von Aufgaben der Länder mitwirkt: Verbesserung der regionalen Wirtschaftsstruktur, der Agrarstruktur und des Küstenschutzes. Darüber hinaus wirken Bund und Länder bei Bildungsplanung und Forschungsförderung zusammen (Art. 91a und b GG). Seit 2015 kann sich der Bund auch an der Hochschulfinanzierung beteiligen, sofern alle Länder zustimmen (Sturm 2015, S. 14).
- den Bereich der ausschließlichen Landesgesetzgebung: Kultur, Schulwesen, Presse und Rundfunk, Polizei, Kommunalverfassung, Versammlungs-, Heim- und Hochschulrecht, Besoldung und Versorgung der Landes- und Kommunalbeamten sowie alle übrigen, nicht ausdrücklich den anderen Kategorien zugeordneten Gegenstände (Art. 70 GG).

Ein großer Teil innenpolitisch interessanter Sachgebiete gehört also zum Bereich der überlappenden Gesetzgebung von Bund und Ländern
Der Bund vermag allerdings seinen Vorrang bei der konkurrierenden Gesetzgebung nicht mehr voll auszuspielen. Seit neuerem unterliegt er einer Einschränkung durch die sogenannte „Bedürfnisklausel" des Art. 72 GG, wonach der Bund bei einer Reihe von Gesetzgebungsmaterien nur zugunsten „gleichwertiger Lebensverhältnisse" oder der „Rechts- und Wirtschaftseinheit" tätig werden darf. Die Kompromisssuche bei der Föderalismusreform I von 2006 hat darüber hinaus für einige Materien der konkurrierenden Gesetzgebung zu einer originellen Lösung geführt: zum Recht der Länder zu einer vom Bund abweichenden Gesetzgebung, die nach einem halben Jahr durch eine bundesgesetzliche Regelung abgelöst werden kann – und so weiter („Ping-Pong-Gesetzgebung") (Katz 2006, S. 79).

Die Föderalismusreform, abzielend auf eine Entflechtung der Gesetzgebungszuständigkeiten zwischen Bund und Ländern, überführte auch eine Reihe von Materien in die ausschließliche Landesgesetzgebung. Seither sind hier besonders für Altenpflege, Beamtenbesoldung, Gaststätten und Strafvollzug unterschiedliche Regelungen in den Ländern erfolgt (Leunig und Pock 2010, S. 163 ff.; Decker 2011, S. 236). Doch gibt es nun auch aufgesplittete Felder wie das Hochschulrecht, das nun bei den Ländern liegt, aber Hochschulzulassung und -abschlüsse sowie „die Förderung der wissenschaftlichen Forschung" der konkurrierenden Gesetzgebung unterliegen. Ebenso gehört das allgemeine Statusrecht der Landes- und Kommunalbeamten zum Bereich der konkurrierenden Gesetzgebung, doch deren Laufbahnen, Besoldung und Versorgung ist Sache der einzelnen Länder (Art. 74 GG). Sachzusammenhänge werden dabei zerrissen.

Insgesamt wird deutlich, dass Entflechtungen nur teilweise gelungen, vielfach neue potenzielle Reibungsflächen entstanden sind (Bedürfnisklausel, Ping-Pong-Gesetzgebung, Zerschneidung von Sachzusammenhängen).

b. Der Exekutivföderalismus

Was den Ländern an Gesetzgebungskompetenzen abgeht, steht ihnen umso mehr bei der Gesetzesausführung zu. Der Bund verfügt nämlich nur für wenige Aufgabenbereiche über eigene ausführende Behörden: Der Auswärtige Dienst, Bundeswehr und Bundespolizei, Bundeswasserstraßen- und Luftverkehrsverwaltung. Hinzu kommen einige bundesunmittelbare Körperschaften, so die Bundesagentur für Arbeit, die Bundesfinanzverwaltung und das Bundeskriminalamt, wobei die beiden letzteren auf die Zusammenarbeit mit entsprechenden Landesbehörden angewiesen sind.

Den Normalfall bilden daher Bundesgesetze, die von Landesbehörden (und als deren Hilfsorgane: von Kommunalverwaltungen) ausgeführt werden. Dies kann als eigene Angelegenheit der Länder oder im Auftrag des Bundes geschehen. Letztlich sind es die Gemeinden und Kreise, die etwa 80 % aller Bundes- und Landesgesetze ausführen (Ismayr 2009, S. 555). Je nachdem, welche Durchführungsform das Gesetz vorsieht, bemisst sich die Einwirkungsmöglichkeit der Bundesregierung auf die Gesetzesausführung (Tab. 10.2). In Zukunft dürfte die Ausführung von Bundesgesetzen als eigene Angelegenheit des Landes zunehmen, da seit der Föderalismusreform von 2006 in diesem Fall keine Zustimmungsbedürftigkeit entsteht. Das Verwaltungsverfahren ist entsprechend der Ping-Pong-Gesetzgebung geregelt. Einen Sonderfall stellen die Gemeinschaftsaufgaben (neu dabei seit 2009: Informationstechnologie, Verwaltungsevaluation; seit 2010: Ausführung von Bundesgesetzen auf dem Gebiet der Grundsicherung für Arbeitsuchende) dar. Generell gilt das Prinzip: *Je mehr Einwirkungsbefugnisse der Bund behalten will, desto höhere Kostenanteile muss er bei der Gesetzesausführung übernehmen.*

Da Deutschland einen dreistufigen politisch-administrativen Aufbau – Bund, Länder, Kommunen (Kreise und Gemeinden) – besitzt, gestaltet sich in

Tab. 10.2 Die Durchführung von Bundesgesetzen

Als eigene Angelegenheit der Länder (Art. 84 GG)	Im Auftrage des Bundes (Art. 85, 87c und 104a GG)	Durch bundeseigene Verwaltung (Art. 86 ff. GG)	Als Gemeinschaftsaufgabe (Art. 91a GG)
Bundesaufsicht bzgl. Gesetzmäßigkeit	Bundesaufsicht bzgl. Gesetz- und Zweckmäßigkeit	Ausführung durch eigene nachgeordnete Behörden	
Keine Weisungsrechte des Bundes (außer gesetzlich vorgesehen)	Weisungsrecht des Bundes, im Allgemeinen an die obersten Landesbehörden	Umfassende Weisungsrechte des Bundes	Mitwirkung des Bundes durch gemeinsame Rahmenplanung
Verwaltungsverfahren Landessache. Sofern in Bundesgesetz geregelt, Abweichungen durch Land möglich, nach 6 Monaten Bundesregelung usw. Ohne Abweichung nur bei Zustimmung des Bundesrates	Wie bei eigener Angelegenheit, ferner: Ausbildungsvorschriften und Einvernehmen des Bundes bei Bestellung von Leitern der Mittelbehörden	Bund organisiert eigene Behörden und bestellt ausführendes Personal	
Verwaltungskosten beim Land. Ggf. können Geldleistungen an Bürger vom Bund getragen werden (Art. 104a GG)	Bund trägt Verwaltungskosten. Minderanteil an Geldleistungen für Bürger kann beim Land liegen	Bund trägt sämtliche Kosten	Bund trägt mindestens die Hälfte der Kosten, restliche werden zwischen Ländern und Bund geteilt

Wirklichkeit die Gesetzesausführung noch komplexer. Das Zusammenspiel dieser Instanzen ist bei der Ausführung zahlreicher Bundes- und Landesgesetze so geregelt, dass die Ausführung den Kommunen (meist den Kreisen) als eigene oder Auftragsangelegenheit übertragen wird, mit ähnlichen Einwirkungsrechten des Landes wie denen des Bundes im Verhältnis zu den Ländern. Der betroffene Bürger kommt also meist nur mit der ausführenden kommunalen Verwaltung in Berührung. Die jeweils übergeordneten politischen Ebenen leihen sich gewissermaßen die Verwaltungsorgane der unteren aus („Organleihe").

10.2 Die Politikverflechtung zwischen Bund und Ländern

Vor diesem Hintergrund kann man von einem funktionalen oder exekutiven Föderalismus sprechen. Er beinhaltet „*a functional separation under which the federal government is assigned the bulk of legislative power while the states exercise most administrative powers*" *(Heidenheimer 1966, S. 172)*.

c. Der dominierende Finanzverbund

Grundsätzlich geht die Finanzverfassung der Bundesrepublik davon aus, dass Bund und Länder über getrennte Einnahmen verfügen, ihre Aufgaben gesondert finanzieren und in ihrer Haushaltswirtschaft „voneinander unabhängig" sind (Art. 109 Abs. 1 GG). Dies entspricht der getrennten Verantwortlichkeit vor der Wählerschaft.

Allerdings: Eine „Einnahmenautonomie", ein unabhängiges Steuererhebungsrecht, besitzen die Länder kaum (Abromeit 1992, S. 130). Schon eine scharfe Trennung der Steuererträge würde, da sie regional unterschiedlich ausfallen, der „Einheitlichkeit der Lebensverhältnisse im Bundesgebiet" (Art. 106 Abs. 3 GG) widersprechen. Infolgedessen ist das Trennprinzip vielfältig durchbrochen. Bemerkenswert ist, dass ein Finanzausgleich nicht von Beginn der Bundesrepublik an bestand, sondern als horizontaler Ausgleich in den fünfziger Jahren, als vertikaler erst mit der Finanzreform von 1969 eingeführt wurde. Der Übergang vom anfänglichen Trennsystem zum dominierenden Steuerverbund (1955/56 zunächst bei der Einkommens- und Körperschaftsteuer, 1969 zusätzlich bei den Umsatzsteuern) wurde damit begründet, dass man die Abhängigkeit einzelner Systemebenen von besonders konjunkturempfindlichen Steuern, ferner die der Gemeinden von Gewerbesteuern reduzieren und damit stille Gewichtsverschiebungen zwischen den politischen Ebenen ausschließen wollte (Lehmbruch 2002, S. 101; Hidien 1998, S. 264, 304). Herausgebildet hat sich ein zunehmend komplexes System finanzieller Verflechtung zwischen Bund, Ländern und Gemeinden, das in vier Schnittebenen dargestellt werden kann.

Eine erste bildet die *Aufteilung der Steuern auf die politischen Ebenen*. Unterschieden wird zwischen Bundes-, Länder-, Gemeinde- und gemeinschaftlichen Steuern, über deren Aufkommen die jeweilige Systemebene verfügen soll. Einen Überblick liefert hierzu Tab. 10.3. Dem Bund sind demnach die wichtigeren Verbrauchssteuern und Zölle, den Ländern insbesondere die Kraftfahrzeug- und die Vermögenssteuer, den Gemeinden die Besteuerung ihrer Gewerbebetriebe und Grundeigentümer (2019 grundlegend reformiert; ab 2025 in Kraft) zugeordnet.

Was aber vor allem ins Auge fällt, ist *das massive Übergewicht der gemeinschaftlichen Steuern (des „Steuerverbunds")*, deren Aufteilung erst über die tatsächlichen Einnahmen von Bund, Ländern und Gemeinden entscheidet:

Tab. 10.3 Das Steueraufkommen

	1960	1989	2008	2020
Aufkommen insgesamt (Mrd. DM, ab 2008: Mrd. EUR)	66,6	535,5	561,2	739,7
Davon entfielen in Prozent auf:				
1. Gemeinschaftssteuern	*36,7*	*74,1*	*70,6*	*73,0*
Lohn- und Einkommenssteuer	25,6	40,8	31,1	36,3
Kapitalertragssteuer[a]	1,3	2,4	5,4	3,8
Körperschaftssteuer	9,8	6,4	2,8	3,3
Umsatzsteuer[b]	22,3	12,7	23,3	22,8
Einfuhrumsatzsteuer[b]	2,0	11,9	8,1	6,9
2. Bundessteuern	*37,9*	*11,4*	*15,4*	*14,3*
Tabaksteuer	5,3	2,9	2,4	2,0
Alkohol-[f] u. Schaumweinsteuer	1,6	0,9	0,5	0,3
Energiesteuern (Mineralöl, Gas, Strom)[c]	4,0	6,2	8,1	5,1
Versicherungssteuer[b]	0,3	0,8	1,9	2,0
Solidaritätszuschlag[d]	2,7	0,7	2,3	2,5
3. Landessteuern	*6,8*	*4,5*	*3,9*	*3,8*
Vermögens- u. Erbschaftssteuer[e]	2,0	1,5	0,8	1,2
Kraftfahrzeugsteuer (ab 2009 Bundessteuer)	2,2	1,7	1,6	1,3
Biersteuer	1,1	0,2	0,1	0,1
Grunderwerbssteuer (bis 1989: Sonst. Landessteuern)	1,2	1,1	1,0	2,2
4. Gemeindesteuern	*14,5*	*8,6*	*9,3*	*8,3*
Grundsteuern	2,4	1,6	1,9	2,0
Gewerbesteuer	11,2	6,9	7,3	6,1
5. EU-Zölle	*4,2*	*1,3*	*0,7*	*0,7*

[a] 2008 und 2020: Abgeltungssteuer u. nichtveranlagte Steuer auf Ertrag
[b] Umsatz- und Einfuhrumsatzsteuer waren bis 1970 Bundessteuern, die Versicherungssteuer Landessteuer
[c] Bis 1989 nur Mineralölsteuer
[d] Bis 1989 sonstige Bundessteuern
[e] Vermögenssteuer ist abgeschafft
[f] Bis 2017 Branntweinsteuer
Sonstige kleinere Steuern nicht einzeln aufgeführt
Quellen: Statistisches Bundesamt (1962, S. 446); Statistisches Bundesamt (1990, S. 452); Statistisches Bundesamt (2021b).

- Vorweg erhält die Europäische Union das Aufkommen der Zölle, Mehrwertsteueranteile sowie Zuweisungen, die sich nach der Größe des Bruttonationaleinkommens richten (2020: 32,8 Mrd. EUR = 4,4 % des deutschen Steueraufkommens).
- Vom Aufkommen der Lohn- und Einkommenssteuer stehen dann aufgrund Art. 106 GG und bundesgesetzlicher Regelung zu: den Gemeinden 15 %, Bund und Ländern jeweils 42,5 %.
- Beim Zinsabschlag stehen zu: Bund und Ländern je 44, den Gemeinden 12 %.
- Das Körperschafts- und Kapitalertragssteueraufkommen wird zwischen Bund und Ländern hälftig aufgeteilt.
- Die Aufteilung der Gewerbesteuer wechselt nahezu jährlich – 2020 standen dem Bund von 45, 29 Mrd. EUR 3,5 % zu, den Ländern 5,3 %, der Rest in Höhe von 91,2 % den Ländern (Bundesministerium der Finanzen 2021, S. 28).
- Die Erträge der Umsatzsteuer gehen seit 2020 zu 52,8 % an den Bund, 45,2 % an die Länder und 2 % an die Gemeinden (Wissenschaftliche Dienste des Deutschen Bundestages 2021, S. 4).

In einem zweiten Schritt werden die Aufkommen auf die einzelnen Bundesländer verteilt. Hierbei erhält jedes Land die Einkommens- und Körperschaftssteueranteile, die in seinem Gebiet eingenommen wurden.

Eine *dritte Verflechtungsdimension bildete bis 2019 der Länderfinanzausgleich.* In seiner Ausgestaltung war er stets umstritten. Mehrfach haben „arme" Bundesländer Normenkontrollverfahren beim Bundesverfassungsgericht angestrengt, 1998 klagten Bayern, Baden-Württemberg und Hessen als „reiche" Länder. Vor allem kritisierten sie Umverteilungskriterien und den Grad der Angleichung (Arndt 1999, S. 30; Mackenstein und Jeffery 1999, S. 171). Die eine Seite beschwor Solidarität und gleichwertige Lebensverhältnisse, die andere wies auf Nivellierung, die den Anreiz zu effektiver Landeswirtschaftspolitik und Steuereintreibung mindere[10]. Nach einem allgemein gehaltenen Urteil, das in der Tendenz eher den Klägern zuneigte, wurde der Finanzausgleich ab 2005 leicht korrigiert.

Doch 2017 haben sich Bund und Länder geeinigt, den Zankapfel „Länderfinanzausgleich" abzuschaffen und ab 2020 zu einem anderen Ausgleichssystem („Finanzkraftausgleich") überzugehen. Ein Anstoß hierzu dürfte sein, dass 2019 der „Solidarpakt II" ausläuft, in dessen Rahmen die neuen Länder bisher Sonderergänzungszuweisungen vom Bund erhalten. Nach dem neuen Ausgleichssystem wird

---

[10] Im Sinne der letzteren Peffekoven (2013).

1) der Länderanteil an den Erträgen der Umsatzsteuer (45,2 %) zu drei Vierteln zwischen den Ländern nach den gleichen Kriterien aufgeteilt wie bisher. Die Messzahl für die Finanzkraft eines Landes ergibt sich aus seinen Steuereinnahmen plus 75 % der Gemeindeeinnahmen, dividiert durch eine bearbeitete Einwohnerzahl. Bearbeitet ist sie dadurch, dass die Einwohnerzahl der Stadtstaaten mit dem Faktor 1,35 multipliziert wird („Einwohnerveredelung" wegen Arbeitsplätzen und Infrastruktur auch für das Umland), desgleichen die von drei dünnbesiedelten Ländern. Auf dieser Grundlage sollen bei der Umsatzsteuerverteilung durch Ab- und Zuschläge 63 % der über- bzw. unterdurchschnittlichen Finanzkraft ausgeglichen werden.
2) Außerdem zahlt der Bund
   - unbefristet Sanierungshilfen für Bremen und das Saarland (800 Mio. EUR jährlich),
   - Bundesergänzungszuweisungen für kleine Länder mit relativ hohen Kosten von politischer Führung und zentraler Verwaltung (sog. „Kosten der Kleinheit");
   - Zuweisungen an Länder mit unter 95 % des Durchschnitts der Forschungsmittel.

Bemerkenswert ist schließlich eine Kündigungsmöglichkeit ab dem 31. Dezember 2030. Danach können der Bund oder drei Bundesländer Neuverhandlungen verlangen, bei deren Scheitern die Regelungen des neuen Systems außer Kraft treten (Art. 143 f. GG). Drei Bundesländer, dieses Quorum erreichen die neuen Bundesländer, die süddeutschen ehemaligen Geberländer, die Stadtstaaten etc. – wer also das System erhalten will, muss dann auf jede beachtliche Interessengruppe Rücksicht nehmen.

Nach Wolfgang Renzsch (2017, S. 768 ff.) wird mit diesem Ausgleichssystem die „Spanne zwischen finanzstarken und finanzschwachen Ländern [...] vergrößert". Die Verteilung des Umsatzsteueraufkommens sei keine „Frieden stiftende Lösung". Zweitens habe der Bund seinen Einfluss zulasten der Länder ausgeweitet, vor allem durch Mitsprache bei der Verwendung seiner Finanzhilfen (Art. 104 Abs. 2 GG) und durch Beteiligung am Stabilitätsrat zur Überwachung der Haushaltswirtschaft von Bund und Ländern (Art. 109a GG). Im Ganzen: Es seien die Länder, „die sich für mehr Geld selbst entmachteten", herausgekommen eine „verbogene(n) Verfassung". Verfassungspolitisch ebenfalls kritisch, verteilungspolitisch aber entgegengesetzt das Urteil Roland Sturms (2017): Er sieht sich angesichts der Föderalismusreform 2017 in einem „Land ohne Föderalisten", in dem mehr Gleichheit statt föderaler „Vielfalt" Anklang finde. Verluste an Autonomie des einzelnen Landes hätten die Landesparlamente erlitten, nicht die Landesregierungen, die per Bundesrat an der Bundesgesetzgebung mitwirkten. Was bleibe, sei „die ausgehöhlte demokratische Struktur des deutschen Einheitsföderalismus". Das Fazit Hanno Kubes (2019, S. 391): „Intransparenz, Vertikalisierung und Zentralisierung".

Tatsächlich dauert das Problem einer angemessenen Verteilung des Steueraufkommens fort. Abgesehen von unterschiedlicher Sicht, was Föderalismus leisten solle: Nicht von der Hand zu weisen ist der Hinweis, das Verhältnis zwischen primärem Steueraufkommen (Einkommens- und Körperschaftssteuer) und Bruttoinlandsprodukt je Einwohner falle für die einzelnen Bundesländer unterschiedlich aus. Erklären lassen sich diese Diskrepanzen aus Pendlerströmen, Wohnortprinzip bei der Einkommenssteuer, Sitz von Konzernen u. a., was durch die Umverteilungsmechanismen wohl nicht ausgeglichen wird (Renzsch 2013, S. 120 f., 124 f.). Aber wie dies erfassen und korrigieren, ohne andere Probleme zu erzeugen?

Weitere, im Rahmen des Verbundföderalismus unvermeidliche Verflechtungen ergeben sich aus *Mischfinanzierungen bei Gemeinschaftsaufgaben*. Darüber hinaus geht es um Zahlungen des Bundes für die Ausführung von Geldleistungsgesetzen des Bundes. Beispiele sind die Sozialhilfe, das Wohn- und das Erziehungsgeld sowie die Ausbildungsförderung. Immer wieder kommt es da zu einem Gerangel um die Frage, wie viel Ausgleich der Bund dafür zu zahlen habe, zumal die Kosten im Voraus nicht immer zu übersehen sind (Recht auf Kindergartenplatz, Asylunterkünfte).

Schließlich hat die Föderalismusreform II von 2009 mit der sogenannten *„Schuldenbremse"* den finanzpolitischen Spielraum insbesondere der Länder eingeschränkt. So bestimmt der neugefasste Art. 109 GG, Bund und Länder haben „grundsätzlich" ausgeglichene Haushalte (d. h. ohne Kreditaufnahmen) zugrunde zu legen. Rigide gilt dies für die Länder, während für den Bund Hintertüren bleiben:

- Sein Haushalt gilt als ausgeglichen, sofern Kreditaufnahmen 0,35 % des Bruttoinlandsprodukts nicht überschreiten;
- Im Falle schwieriger Konjunkturlagen, von Naturkatastrophen und außergewöhnlichen Notsituationen (etwa während der Corona-Pandemie 2020 ff.) darf er höhere Schulden machen, die er in der Folgezeit zu tilgen hat.

Die 0,35-%-Kreditaufnahme wird wohl ausgeschöpft werden, eine präzise Grenze zwischen konjunktureller und unzulässiger struktureller Verschuldung lässt sich kaum ziehen, sodass Sturm (2013, S. 411) hier „das wichtigste politische Einfallstor" für Neuverschuldungen erblickt.

Eine Analyse kommt für 1995–2006 zu dem Ergebnis, dass die Verschuldung in den Ländern vor allem bei hoher Machtstreuung innerhalb der Regierung (Großen Koalitionen bzw. 3-Parteienkoalitionen) anwächst, weniger selbst bei scharfer Konkurrenz der großen Parteien oder linker Dominanz. Dies deute eher auf den Primat einer „wiederwahlorientierten" als einer „strukturell erzwungenen Verschuldung" (Hildebrandt 2009, S. 104, 118 f., 123, 149, 152). Empfohlen werden obligatorische Referenden für Kreditaufnahmen, außerdem Insolvenzverfahren für Bundesländer (was Kreditwürdigkeit bereits zuvor zerstöre). Das aber hieße, den seit Jahrzehnten beschrittenen Pfad zu verlassen.

Insgesamt plagt den deutschen Föderalismus die verbundföderale Krankheit eines ständig umkämpften und komplexen finanziellen Transfersystems, dessen Aufgabe unterschiedlich gesehen wird.

10.3 Die Dauerprobleme des Verbundföderalismus

Positiv kann man für den Föderalismus in Deutschland verbuchen:

- Die Bedeutung der Bundesstaatlichkeit ist beachtlich geblieben. Nimmt man als Gradmesser den Anteil zentralstaatlicher an den gesamten Staatseinnahmen, so schneidet Deutschland mit 41 % im Vergleich zu ausgeprägten Bundesstaaten wie der Schweiz mit 33 und den USA mit 40 % nicht schlecht ab (Heise 2010, S. 65).
- Die Dezentralität von Entscheidungskompetenzen gewährleistet mehr Ortsbezogenheit staatlicher Entscheidungen, führt auch zu einer räumlich breiteren Streuung öffentlicher Einrichtungen als in zentralistischen Staaten.
- Der Föderalismus erfüllt seit der Vereinigung eine wichtige Integrationsfunktion.
- Er hat in der Bevölkerung an Zustimmung gewonnen. Allerdings – bei konkreten Themen neigen massive Mehrheiten zu bundeseinheitlichen Regelungen, sodass einer Landesautonomie keine Luft mehr bliebe. So fanden 84 % eine unterschiedliche Bildungspolitik der einzelnen Bundesländer nachteilig.[11]

Bundesstaatsreformen haben nicht zu einem zentralistischen System geführt, sondern eine Verschiebung zu einem „kooperativen Föderalismus" bewirkt

---

[11] Ipos-Umfrage 2000 (Bürklin und Jung 2001, S. 691).

(Halstenberg 1974, S. 139). In ihm sind Verluste an legislativen Länderkompetenzen und finanzieller Landesautonomie von einer Intensivierung der bundespolitischen Ländermitwirkung und von zahllosen Kooperationen begleitet. Die Formen dieser Zusammenarbeit sind kaum noch überschaubar:

- Im Bundesrat wirken die Länder bei Bundesgesetzgebung und -verwaltung, bei Finanzhilfeprogrammen und Haushaltskoordinierungen mit.
- Konferenzen der Regierungschefs/-chefinnen (etwa die Bund-Länder-Konferenzen im Zuge der Corona-Bekämpfung 2020 ff.) und Ressortministerkonferenzen von Bund und Ländern bilden eine zweite Kooperationsebene. Obwohl informale Zusammenkünfte, haben ihre Beschlüsse faktische Bindungskraft (Gebauer 2006, S. 131).
- Weit ausgefächert sind Bund-Länder-Ausschüsse unterhalb der Ministerebene.
- Einen besonderen Charakter tragen Planungsräte von Bund und Ländern, denen auch Dritte angehören. Dem „Wissenschaftsrat" für die Wissenschaftsförderung etwa gehören Vertreter/-innen von Bundesregierung, Landesregierungen, Universitäten und Wissenschaftsorganisationen, der Industrie u. a. an.

Dies bedeutet nicht nur *„Politikverflechtung"* (Fritz Scharpf) zwischen Bund und Ländern, sondern auch *„Selbstkoordinierung der Länder"* (Heinz Laufer), die selbst in ihren bundesfreien Aufgabenbereichen für Vereinheitlichung sorgen. Warum dieser Gleichschritt auch in den Reservaten des Föderalismus? Der dahinterstehende Gedanke ist, den populären Druck zugunsten einheitlicher Lösungen durch eine Selbstkoordinierung aufzufangen. Der Föderalismus sucht sich hier zu retten, indem er sich seines eigentlichen Charmes, der Möglichkeit zu unterschiedlichen Lösungen, selbst beraubt.

Die Gremien, über die diese Selbstkoordinierung erfolgt, entsprechen denen der Bund-Länder-Zusammenarbeit; nur ist der Bund ausgeklammert. Die oberste Ebene bilden die Konferenzen der Ministerpräsident/-innen, die Staatsverträge und wichtige Verwaltungsabkommen abschließen, etwa zur Vereinheitlichung des Schulwesens oder zum Rundfunkwesen. Unterhalb dieser Ebene bestehen Fachministerkonferenzen sowie zahlreiche Arbeitsgemeinschaften, Kommissionen etc., in denen Minister/-innen und Ministerialbeamte/-beamtinnen der Bundesländer zusammenarbeiten. Organisatorisch besonders verfestigt hat sich dabei die Kultusministerkonferenz (Laufer 1992, S. 178 ff.; Hepp 2006, S. 248). Die Kooperation findet mithin auf der Exekutivebene statt – die Landesparlamente haben das Nachsehen (Decker 2021, S. 85).

Seit der deutschen Vereinigung warfen die Zahlungen an die neuen Bundesländer alle Bemühungen um finanzielle Entflechtung wieder zurück, und der

Abfluss von Länderkompetenzen nach Europa trieb die Länder dazu, sich im neuen Art. 23 GG durch Mitwirkungsrechte bei der Vertretung Deutschlands in der EU zu entschädigen. Die Folge war ein „weiterer Ausbau des Beteiligungsföderalismus" (Zimmer 2010; Kisker 1991, S. 133, 119).

Unübersehbar leidet dieser Beteiligungsföderalismus an Gebrechen. Er stellt ein in administrativer, finanzieller und politischer Hinsicht vielfältig verzahntes System dar, das auf Kooperation und Koordinierung angewiesen ist:

1) Eine Effizienz der kooperativen Strukturen wird häufig nicht erreicht. Vielmehr führt die Beteiligung divergierender Akteure und Interessen zu mühsamen Verhandlungen. Da Mehrheitsentscheidungen ausgeschlossen sind, kommt es zu kaum weiterführenden, nicht immer sachgerechten Kompromisslösungen (Lehner 1979, S. 7). Die finanzielle Verzahnung erzeugt ständige Auseinandersetzungen um Steueranteile. Manchem Beobachter scheint sogar „die Vermutung begründet, dass Bund und Länder ihre Verschuldung erhöhen, um ihre Positionen im Verteilungskampf um die Steueranteile zu verbessern" (Renzsch 1998, S. 41, 43).
2) Parteipolitische Gegensätze belasten die Ausführung von Bundesgesetzen durch Länder unter Führung der bundespolitischen Opposition. Dies war einst der Fall bei der antizyklischen Haushaltspolitik (Lehmbruch 2000, S. 149). Später knirschte es bei der Ausführung von Bundesgesetzen in Sachen Kernenergie, Asyl und Gentechnik.
3) Mit Kooperationen sind auch Auszehrungen der Länderautonomie verbunden. Das einzelne Bundesland fungiert bei der Koordinierung und Mitwirkung nur als Teil eines Ganzen. Zuschüsse des Bundes haben zudem manchmal die fatale Wirkung, dass ein Land nicht nach eigener Erkenntnis richtige Projekte fördert, sondern Erfolge als cleverer „Zuschussmaximierer" sucht (Grube et al. 1976, S. 101 ff.).
4) Schließlich wirft ein derartiger Föderalismus legitimatorische Probleme auf. Zum einen handelt es sich um ein „Kooperationssystem der Exekutiven", bei dem die Landesparlamente angesichts multilateral ausgehandelter Staatsverträge kaum ihre Zustimmung verweigern können (Lehner 1979, S. 7; Decker 2021, S. 85). Zum zweiten stellt sich die Frage, wer angesichts politischer Verflechtung im Mehrebenensystem tatsächlich für eine Entscheidung verantwortlich zu machen ist.

Als Folge von Verflechtung und Kooperation ergibt sich die Gretchenfrage dieses Föderalismus: Macht es in Bundesländern überhaupt einen Unterschied, ob diese oder jene Partei regiert? Untersuchungen deuten auf unterschiedliche Höhen

10.3 Die Dauerprobleme des Verbundföderalismus

bzw. Anteile bei den arbeitsmarkt-, struktur- und sozialpolitischen Ausgaben hin (Schmid et al. 2007, S. 50), doch vieles könnte sich aus unterschiedlichen Problemlagen der Länder erklären. Etwas weiter trägt ein Vergleich, der Länder mit längeren CDU-Regierungszeiten denen mit längerer SPD-Regierung gegenüberstellt: Erstere weisen höhere Polizeistärken und höhere Aufklärungsquoten auf, ebenso stärkere Krankenhausförderung, letztere bringen mehr Schüler mit Hochschulzugangsberechtigung und stärkere Jugendhilfe auf die Waage. Aber die Höhe der Sozialausgaben hängt primär von sozio-ökonomischen Variablen ab, zudem gibt es eine allgemeine Konvergenz der Länder bei Kommunalverfassung und Schulpolitik (Wolf und Hildebrandt 2008, S. 364, 366). Generell erschwert der Abbau landespolitischer Partei-Hochburgen Zuordnungen zu Parteien. *Unterschiede je nach Regierungspartei gibt es offenbar, aber sie scheinen nicht deutlich und sind beschränkt auf wenige Felder. Angesichts des Schleiers von Kompromissen und Intransparenz drängt sich die Frage auf, ob der staatsrechtlich-politische Status der Bundesländer noch angemessen ist.*

Tendenzen zu einem Wettbewerbs- oder Trennföderalismus stehen Vorstellungen von „bündischer Solidarität" bei den ärmeren Ländern gegenüber. Sie verweisen darauf, dass Lasten und Strukturschwächen ausgeglichen werden müssten, damit nicht Auseinanderentwicklung das Land spalte[12]. Je mehr die letztere Tendenz durchdringt, desto schwerer scheint Föderalismus legitimierbar zu sein.

Die Föderalismusreformen seit 2006 machen zwar Schritte zur Entflechtung und zu finanzieller Eigenverantwortung, garniert aber mit vielen Kautelen. *Im Ergebnis ist es zu keiner weitreichenden Reform gekommen. Man bleibt im Ganzen auf dem bereits lange beschrittenen Pfad eines Verbundföderalismus.* Als Erklärung bewährt sich somit der Ansatz des „historischen Institutionalismus" mit seiner Pfadtheorie (Kropp 2010, S. 239). Abgeschmettert hingegen scheint die ökonomische Föderalismustheorie, die auf Kongruenz zwischen Entscheidern, Nutznießern und Zahlern sowie auf klare Verantwortlichkeiten dringt (Blankart 2006). Doch die Probleme bleiben. Auch wird der Föderalismus durch das Drängen auf direkte Hilfen des Bundes für Gemeinden mit Kontrollen, ebenso wie durch den stillen Druck der EU (wo der deutsche Föderalismus fast als Unikat dasteht) infrage gestellt. Der deutsche Föderalismus, gesichert durch das Grundgesetz und „vested interest" der Landespolitiker, bleibt in latenter Krise.

---

[12] „Wer stark ist, würde noch stärker werden", Papier von neun Ländern zum Finanzausgleich, in: Frankfurter Rundschau vom 24. August 1999.

Literatur

Abromeit, Heidrun (1992): Der verkappte Einheitsstaat, Opladen.
Arndt, Hans-Wolfgang (1999): Aktuelle Probleme, Entwicklungstendenzen und Perspektiven des Föderalismus in der Bundesrepublik Deutschland, in: Meier-Walser, Reinhard C. et al. (Hrsg.): Krise und Reform des Föderalismus, München, S. 27 ff.
Backmann, Jan L. (2006): Direktwahl der Ministerpräsidenten, Berlin.
Benz, Arthur (1995): Verhandlungssystem und Mehrebenen-Verflechtung im kooperativen Staat, in: Seibel, Wolfgang/ders. (Hrsg.): Regierungssystem und Verwaltungspolitik, Opladen, S. 83 ff.
Blankart, Charles B. (2006): Reform des föderalen Systems, in: Wohlgemuth, Michael (Hrsg.): Spielregeln für eine bessere Politik, 2. Aufl., Freiburg, S. 135 ff.
Bräuninger, Thomas/Debus, Marc (2008): Der Einfluss von Koalitionsaussagen, programmatischen Standpunkten und der Bundespolitik auf die Regierungsbildung in den deutschen Ländern, in: Politische Vierteljahresschrift 39 (2), S. 309 ff.
Bräuninger, Thomas et al. (2020): Parteiensysteme und Parteienwettbewerb in den Bundesländern von 1990 bis 2019, in: ders./Debus, Marc (Hrsg.): Parteienwettbewerb in den deutschen Bundesländern, 2. Aufl., Wiesbaden, S. 69 ff.
Bundesministerium der Finanzen (2021): BMF Dokumentation. Die Entwicklung der Gewerbesteuerumlage seit der Gemeindefinanzreform 1969, unter: https://www.bundesfinanzministerium.de/Content/DE/Standardartikel/Themen/Oeffentliche_Finanzen/Foederale_Finanzbeziehungen/Kommunalfinanzen/Dok-Gewerbesteuerumlageseit1969.pdf?__blob=publicationFile&v=6 (zuletzt geprüft am 25. März 2022).
Bundeszentrale für politische Bildung (2020): Kirche nach Bundesländern, unter: https://www.bpb.de/kurz-und-knapp/zahlen-und-fakten/soziale-situation-in-deutschland/61562/kirche-nach-bundeslaendern/ (zuletzt geprüft am 28. März 2022).
Bürklin, Wilhelm/Jung, Christian (2001): Deutschland im Wandel, in: Korte, Karl-Rudolf/Weidenfeld, Werner (Hrsg.): Deutschland-Trend-Buch, Opladen, S. 675 ff.
Debus, Marc (2008): Parteienwettbewerb und Koalitionsbildung in den deutschen Bundesländern, in: Jun, Uwe et al. (Hrsg.): Parteien und Parteiensysteme in den deutschen Ländern, Wiesbaden, S. 57 ff.
Decker, Frank (2004): Das parlamentarische System in den Ländern, in: Aus Politik und Zeitgeschichte 50–51, S. 3 ff.
Decker, Frank (2011): Regieren im „Parteienbundesstaat", Wiesbaden.
Decker, Frank (2021): Baustellen der Demokratie. Von Stuttgart 21 bis zur Corona-Krise, Bonn.
Deutscher Bundestag (1990): Die Länder der DDR, Bonn.
Eisele, Hansjörg (2006): Landesparlamente – (k)ein Auslaufmodell?, Baden-Baden.
Flick, Martina (2008a): Landesverfassungsgerichtsbarkeit, in: Freitag, Markus/Vatter, Adrian (Hrsg.): Die Demokratien der deutschen Bundesländer, Opladen, S. 237 ff.
Flick, Martina (2008b): Parlamente und ihre Beziehungen zu den Regierungen, in: Freitag, Markus/Vatter, Adrian (Hrsg.): Die Demokratien der deutschen Bundesländer, Opladen, S. 161 ff.
Freitag, Markus/Vatter, Adrian (2008): Die Bundesländer zwischen Konsens- und Mehrheitsdemokratie, in: dies. (Hrsg.): Die Demokratien der deutschen Bundesländer, Opladen, S. 309 ff.

Friedrich, Manfred (1975): Landesparlamente in der Bundesrepublik, Opladen.
Gebauer, Klaus-Eckart (2006): Landesregierungen, in: Schneider, Herbert/Wehling, Hans-Georg (Hrsg.): Landespolitik in Deutschland, Wiesbaden, S. 130 ff.
Grube, Frank et al. (1976): Politische Planung in Parteien und Parlamentsfraktionen, Göttingen.
Grunden, Timo (2009): Politikberatung im Innenhof der Macht, Wiesbaden.
Gunlicks, Arthur B. (2003): The Länder and German federalism, Manchester.
Halstenberg, Friedrich (1974): Die Fortentwicklung der bundesstaatlichen Struktur seit 1949 und ihre Auswirkungen auf den Bundesrat, in: Der Bundesrat (Hrsg.): Der Bundesrat als Verfassungsorgan und politische Kraft, Bad Honnef, S. 127 ff.
Hanebeck, Alexander (2004): Der demokratische Bundesstaat des Grundgesetzes, Berlin.
Hardgrave, Robert L. (1980): India, 3. Aufl., New York.
Harenberg, Bodo (Hrsg.) (1994): Aktuell '95, Dortmund.
Harman, Grant (1992): Intergovernmental Relations, in: Hawkesworth, Mary et al. (Hrsg.): Encyclopedia of Government and Politics, London, S. 336 ff.
Hartmann, Jürgen (Hrsg.) (1994): Handbuch der deutschen Bundesländer, 2. Aufl., Bonn.
Heidenheimer, Arnold J. (1966): The Governments of Germany, 2. Aufl., New York.
Heinsohn, Till (2014): Mitgliederfluktuationen in den Parlamenten der deutschen Bundesländer, Berlin.
Heise, Axel (2010): Bündische Solidarität oder föderaler Wettbewerb? Baden-Baden.
Hepp, Gerd F. (2006): Bildungspolitik als Länderpolitik, in: Schneider, Herbert/Wehling, Hans-Georg (Hrsg.): Landespolitik in Deutschland, Wiesbaden, S. 240 ff.
Hidien, Jürgen W. (1998): Der bundesstaatliche Finanzausgleich in Deutschland, Baden-Baden.
Hildebrandt, Achim (2009): Die finanzpolitische Handlungsfähigkeit der Bundesländer, Wiesbaden.
Ismayr, Wolfgang (2009): Das politische System Deutschlands, in: ders. (Hrsg.): Die politischen Systeme Westeuropas, 4. Aufl., Wiesbaden, S. 515 ff.
Jun, Uwe (2004): Koalitionsbildung in den deutschen Bundesländern, Opladen.
Kalke, Jens/Raschke, Peter (2004): Regierungsmehrheit und Opposition in den bundesdeutschen Landtagen, in: Holtmann, Everhard/Patzelt, Werner J. (Hrsg.): Kampf der Gewalten? Wiesbaden, S. 85 ff.
Katz, Alfred (2006): Bundesstaatliche Finanzbeziehungen und Haushaltspolitik der Länder, in: Schneider, Herbert/Wehling, Hans-Georg (Hrsg.): Landespolitik in Deutschland, Wiesbaden, S. 50 ff.
Kilper, Heiderose/Lhotta, Roland (1996): Föderalismus in der Bundesrepublik Deutschland, Opladen.
Kisker, Gunter (1991): Die Bundesländer im Spannungsfeld zwischen deutsch-deutscher Vereinigung und europäischer Integration, in: Hesse, Joachim Jens/Renzsch, Wolfgang (Hrsg.): Föderalstaatliche Entwicklung in Europa, Baden-Baden, S. 117 ff.
Korte, Karl-Rudolf et al. (2006): Regieren in Nordrhein-Westfalen, Wiesbaden.
Kost, Andreas (Hrsg.) (2005): Direkte Demokratie in den deutschen Ländern, Wiesbaden.
Kropp, Sabine (2001): Regieren in Koalitionen, Wiesbaden.
Kropp, Sabine (2010): Kooperativer Föderalismus und Politikverflechtung, Wiesbaden.
Krumm, Thomas (2015): Föderale Staaten im Vergleich, Wiesbaden.

Kube, Hanno (2019): Schleichender Abschied vom Föderalismus?, in: Zohlnhöfer, Reimut/ ders. (Hrsg.): Zwischen Stillstand, Politikwandel und Krisenmanagement: Eine Bilanz der Regierung Merkel 2013–2017, Wiesbaden, S. 373 ff.

Laufer, Heinz (1992): Das föderative System der Bundesrepublik Deutschland, Bonn.

Laufer, Heinz/Münch, Ursula (1997): Das föderative System der Bundesrepublik Deutschland, Bonn.

Lehmbruch, Gerhard (2000): Parteienwettbewerb im Bundesstaat, 3. Aufl., Wiesbaden.

Lehmbruch, Gerhard (2002): Der unitarische Bundesstaat in Deutschland, in: Benz, Arthur et al. (Hrsg.): Föderalismus, Wiesbaden, S. 53 ff.

Lehner, Franz (1979): Politikverflechtung – Föderalismus ohne Transparenz, in: Bürger im Staat, S. 3 ff.

Leunig, Sven (2012): Die Regierungssysteme der deutschen Länder, 2. Aufl., Wiesbaden.

Leunig, Sven/Pock, Martin (2010): Landespolitik nach der Föderalismusreform I, in: von Blumenthal, Julia/Bröchler, Stephan (Hrsg.): Föderalismusreform in Deutschland, Wiesbaden, S. 157 ff.

Linck, Joachim (2004): Haben die deutschen Landesparlamente noch eine Zukunft?, in: Zeitschrift für Politikwissenschaft 14 (4), S. 1215 ff.

Mackenstein, Hans/Jeffery, Charlie (1999): Financial Equalization in the 1990s, in: Jeffery, Charlie (Hrsg.): Recasting German Federalism, London, S. 155 ff.

Mannewitz, Tom/Vollmann, Erik (2019): Muster regionaler Demokratieunterstützung in Deutschland 2017, in: Bertelsmann-Stiftung (Hrsg.): Schwindendes Vertrauen in Politik und Parteien. Eine Gefahr für den gesellschaftlichen Zusammenhalt?, Gütersloh 2019, S. 22–61.

Martin, Albrecht (1984): Möglichkeiten, dem Bedeutungsverlust der Landesparlamente entgegenzuwirken, in: Zeitschrift für Parlamentsfragen 15 (2), S. 278 ff.

Mielke, Siegfried (1971): Länderparlamentarismus, Bonn.

Mielke, Siegfried/Reutter, Werner (2004): Länderparlamentarismus in Deutschland – Eine Bestandsaufnahme, in: dies. (Hrsg.): Länderparlamentarismus in Deutschland, Wiesbaden, S. 19 ff.,

Mielke, Siegfried/Reutter, Werner (2012): Länderparlamentarismus in Deutschland – Eine Bestandsaufnahme, in: dies. (Hrsg.): Landesparlamentarismus, 2. Aufl., Wiesbaden, S. 23 ff.

Ottnad, Adrian (1997): Föderaler Wettbewerb statt Verteilungsstreit, Frankfurt a. M.

Patzelt, Werner J. (2006): Länderparlamentarismus, in: Schneider, Herbert/Wehling, Hans-Georg (Hrsg.): Landespolitik in Deutschland, Wiesbaden, S. 108 ff.

Peffekoven, Rolf (2013): Das angenehme Leben im Steuerkartell, in: Frankfurter Allgemeine Zeitung vom 15. Februar.

Pestalozzi, Christian (2005): Verfassungen der deutschen Bundesländer, 8. Aufl., München.

Plöhn, Jürgen (1991): Untersuchungsausschüsse der Landesparlamente als Instrumente der Politik, Opladen.

Putz, Sebastian (2008): Macht und Ohnmacht kleiner Koalitionspartner, Baden-Baden.

Rehmet, Frank (2002): Direkte Demokratie in den deutschen Bundesländern, in: Schiller, Theo/Mittendorf, Volker (Hrsg.): Direkte Demokratie, Wiesbaden, S. 102 ff.

Renzsch, Wolfgang (1998): Wer beutet wen aus?, in: Politische Bildung 1998/2, S. 39 ff.

Renzsch, Wolfgang (2013): Finanzreform 2019. Irrungen, Wirrungen und tatsächliche Herausforderungen, in: Zeitschrift für Politikwissenschaft 23 (1), S. 117 ff.

Renzsch, Wolfgang (2017): Vom „brüderlichen" zum „väterlichen" Föderalismus: Zur Neuordnung der Bund-Länder-Finanzbeziehungen ab 2020, in: Zeitschrift für Parlamentsfragen 48 (4), S. 764 ff.
Reutter, Werner (2004): Landesparlamente im kooperativen Föderalismus, in: Aus Politik und Zeitgeschichte 50–51, S. 18 ff.
Reutter, Werner (2008): Föderalismus, Parlamentarismus und Demokratie, Opladen.
Reutter, Werner (2013): Transformation des „neuen Dualismus" in Landesparlamenten, in: Eberbach-Born, Birgit et al. (Hrsg.): Parlamentarische Kontrolle und Europäische Union, Baden-Baden, S. 255 ff.
Schiller, Theo (2007): Direkte Demokratie auf Bundesländer- und Kommunalebene, in: Freitag, Markus/Wagschal, Uwe (Hrsg.): Direkte Demokratie, Berlin, S. 115 ff.
Schmid, Josef et al. (2007): Die Bundesländer im Fokus 2007, Gütersloh.
Schneider, Herbert (2001): Ministerpräsidenten, Opladen.
Schukraft, Stefan (2019): Legislativer Konflikt in den deutschen Ländern, Potsdam.
Stammen, Theo (Hrsg.) (1965): Einigkeit und Recht und Freiheit, München.
Statistisches Bundesamt (1962): Statistisches Jahrbuch 1962 für die Bundesrepublik Deutschland, Stuttgart.
Statistisches Bundesamt (1990): Statistisches Jahrbuch 1989 für die Bundesrepublik Deutschland, Stuttgart.
Statistisches Bundesamt (2021a): Verdienste und Arbeitskosten. Arbeitnehmerverdienste. Fachserie 16 Reihe 2.3, unter: https://www.destatis.de/DE/Themen/Arbeit/Verdienste/Verdienste-Verdienstunterschiede/Publikationen/Downloads-Verdienste-und-Verdienstunterschiede/arbeitnehmerverdienste-jahr-2160230207004.pdf?__blob=publicationFile (zuletzt geprüft am 28. März 2022).
Statistisches Bundesamt (2021b): Kassenmäßige Steuereinnahmen des Bundes, der Länder und der Gemeinden nach Steuerarten. Vor der Steuerverteilung, unter: https://www.destatis.de/DE/Themen/Staat/Steuern/Steuereinnahmen/Tabellen/steuerhaushalt-kassenmaessige-steuereinnahmen-vor-steuerverteilung.html (zuletzt geprüft am 25. März 2022).
Statistisches Bundesamt (2022a): Bevölkerung nach Nationalität und Bundesländern, unter: https://www.destatis.de/DE/Themen/Gesellschaft-Umwelt/Bevoelkerung/Bevoelkerungsstand/Tabellen/bevoelkerung-nichtdeutsch-laender.html (zuletzt geprüft am 28. März 2022).
Statistisches Bundesamt (2022b): Schulden der Länder und Gemeinden/Gemeindeverbände je Einwohner/-in, unter: https://www.destatis.de/DE/Themen/Staat/Oeffentliche-Finanzen/_Grafik/_Interaktiv/schulden-laender.html (zuletzt geprüft am 28. März 2022).
Statistisches Bundesamt (2022c): Soziale Mindestsicherungsleistungen nach Bundesländern 2020, unter: https://www.destatis.de/DE/Themen/Gesellschaft-Umwelt/Soziales/Sozialberichterstattung/_inhalt.html (zuletzt geprüft am 28. März 2022).
Statistisches Bundesamt (2022d): Eigentümerquote nach Bundesländern 2020, unter: https://www.destatis.de/DE/Themen/Gesellschaft-Umwelt/Wohnen/Tabellen/eigentuemerquote-nach-bundeslaender.html (zuletzt geprüft am 28. März 2022).
Statistisches Landesamt Baden-Württemberg (2022): Arbeitslosenquote im Bundesvergleich, unter: https://www.statistik-bw.de/Arbeit/Arbeitslose/AL_arbeitslosenQuote.jsp (zuletzt geprüft am 28. März 2022).

Stecker, Christian (2011): Bedingungsfaktoren der Fraktionsgeschlossenheit, in: Politische Vierteljahresschrift 52 (3), S. 424 ff.

Sturm, Roland (2013): Die Entdeckung einer Politik des Unpolitischen. Zur Institutionalisierung der „List der Vernunft" in der Fiskalpolitik, in: Politische Vierteljahresschrift 54 (3), S. 403 ff.

Sturm, Roland (2015): Der deutsche Föderalismus, Baden-Baden.

Sturm, Roland (2017): Der Föderalismus – nur noch ein Schatten, in: Frankfurter Allgemeine Zeitung vom 14. September.

Tenscher, Jens (2011): Salto mediale?, in: Edinger, Michael/Patzelt, Werner J. (Hrsg.): Politik als Beruf, Wiesbaden, S. 375 ff.

Watts, Ronald L. (1996): Comparing Federal systems in the 1990s, Kingston.

Weixner, Bärbel Martina (2006): Direkte Demokratie in den Bundesländern, in: Aus Politik und Zeitgeschichte 10, S. 18 ff.

Wissenschaftliche Dienste des Deutschen Bundestages (2021): Überblick zum Finanzausgleich zwischen Bund und Ländern. Zur Struktur, Entwicklung und Bedeutung des Finanzausgleichs, unter: https://www.bundestag.de/resource/blob/850474/6d276d4e4 406edc5d28b0d0e5f1ca17d/WD-4-056-21-pdf-data.pdf (zuletzt geprüft am 25. März 2022).

Wolf, Frieder/Hildebrandt, Achim (2008): Sechzehn Länder, sechzehn Felder, in: dies. (Hrsg.): Die Politik der Bundesländer, Wiesbaden, S. 363 ff.

Zicht, Wilko (2022): www.wahlrecht.de.

Zimmer, Christina (2010): Politikkoordination im deutschen Bundesstaat, in: Zeitschrift für Parlamentsfragen 41 (3), S. 677 ff.

Die Kommunen: Zwischen Verwaltung und Politik 11

11.1 Die Janusköpfigkeit der deutschen Kommunen

a. Funktionen und Stellung im politischen System
Die Selbstverwaltung der Gemeinden und Kreise, wie sie das Grundgesetz garantiert, kann in Deutschland auf eine beachtliche Tradition zurückblicken. Zwar hat die spätmittelalterliche Städtefreiheit, von wenigen Ausnahmen abgesehen, die Zeit des Absolutismus nicht überlebt, doch reichen die Wurzeln der Gemeinden als eigener politischer Ebene bis zur Preußischen Städteordnung von 1808 zurück, gefolgt 1818 von der Bayerischen Gemeindeordnung u. a. Ähnlich wie beim Föderalismus bildeten sich zwei unterschiedliche Modelle kommunaler Strukturen heraus:

- ein Trennmodell, in dem staatliche und kommunale Verwaltungen getrennt voneinander sind (für das im europäischen Raum Großbritannien und Schweden mit großen Gemeinden stehen);
- zum zweiten *„administrative integrated models", bei denen die Kommunen sowohl staatliche Gesetze ausführen (unter staatlicher Aufsicht) als auch kommu-nale Entscheidungen treffen und umsetzen.* Dieses integrierte Modell, ursprünglich 1790 in Frankreich eingeführt, wurde im deutschen Raum übernommen.

Die deutschen Kommunen sind somit durch eine doppelgesichtige „Janusköpfigkeit" charakterisiert: einerseits als Ausführungsorgan staatlicher Entscheidungen (wobei der/die Hauptverwaltungsbeamte/-beamtin oder ein kleines kollegiales Gremium allein die Leitung innehat), andererseits als Selbstverwaltung der

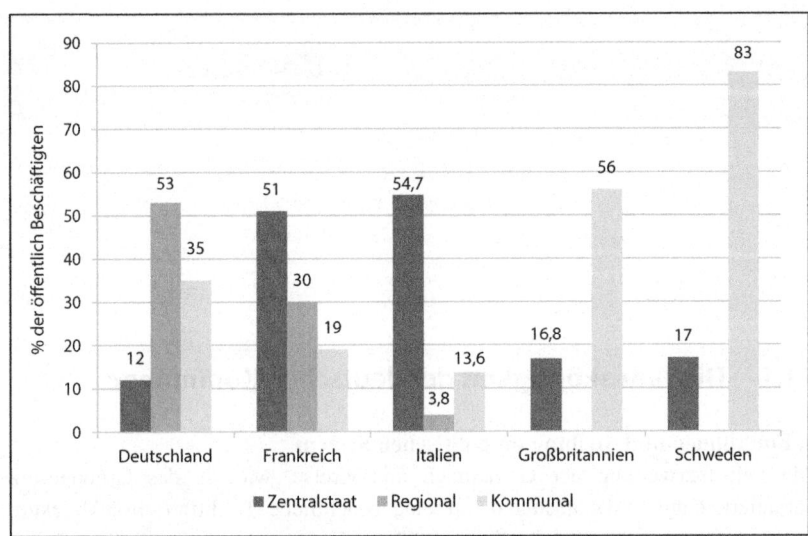

Abb. 11.1 Öffentlich Beschäftigte nach politischen Ebenen 2005
Prozentuale Reste: Öffentliche Wirtschaftssektoren *Quelle:* Bogumil (2010, S. 229).

Kommune, wobei der gewählte Rat oder die Gemeindebürger/-innen das Sagen haben, deren Entscheidungen ebenfalls die kommunale Verwaltung umsetzt.

Für die Größe der kommunalen Verwaltungsapparate spielen daher die Zuordnung von Aufgaben/Zuständigkeiten und der föderale bzw. zentralstaatliche Charakter des Staates eine Rolle. Relativ aufgabenstark sind die Kommunen in Schweden, Großbritannien und Deutschland, begrenzt in Frankreich und Italien (Kuhlmann und Wollmann 2013, S. 31–33). Wie Abb. 11.1 zeigt, ist in Deutschland als föderalem Staat die Masse der öffentlichen Beschäftigten auf der Landesebene tätig, sodass sein kommunaler Beschäftigtenanteil zwischen dem in den zentralisierten romanischen Staaten und dem des kommunal dezentralisierten Schweden bzw. Großbritannien liegt.

Der Anteil eigener Steuereinnahmen an den kommunalen Einnahmen entspricht allerdings nicht den Modellen: Zwar mit 63,6 % hoch in Schweden, liegt er nur bei 12,9 % in Großbritannien, in Deutschland hingegen im europäischen Mittelfeld bei 39,6 % (Stand 2009). Im Übrigen sind die Kommunen von verschiedenartigen Zuweisungen des Staates abhängig, was der kommunalen Autonomie im britischen Trennsystem einiges von ihrem Glanz nimmt.

11.1 Die Janusköpfigkeit der deutschen Kommunen

Als Vorteile kommunaler Autonomie, die sich nicht in Ausführung staatlicher Entscheidungen erschöpft, können gelten:

- Ortsnähere und damit bedarfsgerechtere Entscheidungen,
- Problementlastung höherer Politikebenen,
- Innovationsanstöße durch vorangehende Gemeinden,
- politische Machtstreuung sowie
- mehr politische Partizipationsmöglichkeiten (Naßmacher und Naßmacher 2007, S. 22 f., 53).

Konkret zu Deutschland: Obgleich als Schule der Demokratie gerühmt, sind die Gemeinden und Kreise nur Hintersassen der Bundesländer. Sie haben bei der Gesetzgebung nichts zu sagen, allein die Landesparlamente befinden über Kommunalverfassungen und -grenzen. Unter sich machen Bund und Länder aus, welche Anteile an Gemeinschaftssteuern den Kommunen zustehen. Insofern kennt die Bundesrepublik politisch zwar drei Ebenen mit jeweils eigenen Volksvertretungen, staatsrechtlich aber nur zwei Ebenen.

In diesem Rahmen erfüllen deutsche Gemeinden und Kreise ihre Doppelfunktion: gemäß Art. 28 GG „alle Angelegenheiten der örtlichen Gemeinschaft im Rahmen der Gesetze in eigener Verantwortung zu regeln" und zugleich als untere Verwaltungsinstanz für Bund und Länder zu fungieren („Organleihe"). Im europäischen Vergleich dieser Ebene zeigt sich, dass diese Doppelrolle nur in drei von 13 Staaten (Deutschland, Niederlande und Belgien) existiert, aber nur in Deutschland der/die kommunale Hauptverwaltungsbeamte/-beamtin nicht von einer höheren Instanz ernannt wird (Bertrana und Heinelt 2011, S. 314).

Worüber haben die Kommunen zu entscheiden, wieweit kann der Staat eingreifen? Ungeachtet geringerer Unterschiede und terminologischer Varianten von Bundesland zu Bundesland gilt rechtlich folgende Aufgabengliederung:

1) Selbstverwaltungsangelegenheiten (nur unter staatlicher Rechtsaufsicht):
   - freiwillige Aufgaben (Theater, Museen, Schwimmbäder, Sportanlagen, Verkehrsbetriebe, Wirtschaftsförderung, Jugendheime u. a.);
   - weisungsfreie Pflichtaufgaben (Gemeindestraßen, Bebauungspläne, Schulbauten u. a.);
   - Pflichtaufgaben nach Weisung, d. h. auch unter staatlicher Zweckmäßigkeitsaufsicht (Bauaufsicht, Grundschulen, Landschaftsschutz, Feuerschutz, Abfallbeseitigung).
2) Übertragener Wirkungskreis (Auftragsangelegenheiten mit staatlicher Rechts- und Zweckmäßigkeitsaufsicht): Ausführung von Bundes- und Landesgesetzen

wie Bundessozialhilfe-, Jugendhilfe-, Wohngeld-, Infektionsschutz- und Immissionsschutzgesetz, Naturschutz- und Lebensmittelrecht (Schmidt-Eichstaedt 1998, S. 326 f.).

Dementsprechend ist für Auftragsangelegenheiten innerhalb der Kommune auch nicht das Kommunalparlament zuständig, obwohl die Ausführung staatlicher Gesetze den Großteil der kommunalen Verwaltungstätigkeit ausmacht – werden doch 75–90 % der ausführungsbedürftigen Bundesgesetze von den Kommunen implementiert (Bogumil und Holtkamp 2013, S. 8). Man sieht, wie abgestuft und unterschiedlich staatliche Rechte in die kommunale Verwaltung hineinreichen.

Bei nichtjuristischem Zugriff kann man Selbstverwaltungsangelegenheiten als *„bürgernahe Versorgung und kleinräumige Steuerung der Stadtentwicklung"* definieren und untergliedern in: Einrichtungen der Bildung (Schulen, Volkshochschulen, Theater, Büchereien), der sozialen Hilfe (Kindergärten, Jugendfreizeitstätten, Krankenhäuser, Altenheime etc.), der technischen Versorgung (Wasserversorgung, Gas, Müllabfuhr, öffentliche Verkehrsmittel, Schlachthof etc.) und der Erholung (Grün- und Sportanlagen, Badeanstalten etc.) (Naßmacher und Naßmacher 2007, S. 67, 97, 111).

Manche dieser Aufgaben werden im Rahmen der Neuen Öffentlichen Steuerung (vgl. Abschn. 12.1 a) nicht mehr allein durch die traditionelle Kommunalverwaltung bearbeitet, sondern teilweise durch autonome Einheiten oder privatrechtliche Unternehmen. So sind Alteneinrichtungen und Kindertagesstätten ausgegliedert worden, selbst Friedhofsverwaltungen blieben vorm „Outsourcing" nicht gefeit (Naßmacher 2000, S. 94 f.). Nach einer Umfrage von 2006, die 1 963 Kommunen und Landkreise erfasste, betrieben

- etwa 22 (Bestellung) und 28 (Erstellung von Leistungen) % der Kommunen den öffentlichen Personennahverkehr durch private Unternehmen;
- die Abfallsammlung 36,5 %, die -verwertung 45,9 % und die -deponie 46,7 % privatisiert,
- die Wasserversorgung 11,8 % privatisiert,
- die Gasversorgung 24,3 % privatisiert,
- die Energieversorgung 46,3 % privatisiert (Bogumil und Holtkamp 2013, S. 94).

Von einer umfassenden Privatisierung ist man demnach weit entfernt. Im Gegenteil ist eine „Rekommunalisierungsbewegung" spürbar, die als „Privatisierungsbremse" wirkt und auch durch Bürgerentscheide Versorgungsbereiche wieder in kommunale Hand zu bringen sucht (Kuhlmann und Wollmann 2013, S. 194 f., 199).

Vor allem in den neuen Bundesländern hingen Kommunen bei der Implementierung des neuen Steuerungsmodells zurück (Albayrak et al. 2003, S. 26 f., 37). Auch im Westen wuchsen bei kommunalen Beschäftigten wie bei ehrenamtlichen Kommunalpolitiker/-innen die Vorbehalte gegen die Reformen (Kleinfeld 1996, S. 157 ff.; Kersting 2004, S. 115). Konkret beinhalten diese, dass die kommunalen Parlamente Eingriffsrechte verlieren und sich auf allgemeine Zielvorgaben und Kontrolle beschränken. Kritische Beobachter/-innen sehen mit ihnen auch eine fragwürdige „Kundenorientierung" anstelle von politischen, „gesamtgesellschaftlichen Zielen" (Naßmacher 1999, S. 336 f.) treten.

b. Gemeindegröße als Rahmenbedingung
Können Kommunen ihre Aufgaben überhaupt erfüllen? Diese Frage stellt sich im Hinblick auf die Größe vieler Gemeinden. Noch 1967 existierten in der Bundesrepublik 24 438 Gemeinden, von denen 44,6 % eine Einwohnerzahl von unter 500 Personen aufwiesen (Beer 1970, S. 11). Mangel an hauptberuflichen und spezialisierten Kräften, geringe Finanzkraft und fehlende Auslastung von Versorgungseinrichtungen führten dazu, dass kleine Gemeinden viele Aufgaben nicht erfüllen konnten.

Dies war stets ein Problem kommunaler Selbstverwaltung. Lange hat man sich mit der Verlagerung von Aufgaben auf Landkreise beholfen. Manche Bundesländer führten als verwaltungsstützende Ebene zwischen Gemeinde und Kreis „Ämter" ein, viele Gemeinden bildeten zur gemeinsamen Bewältigung von Aufgaben (wie Wasserversorgung, Abfallbeseitigung, öffentlichem Nahverkehr) freiwillige Zweckverbände; ähnlich Kreise, die als Landschaftsverbände in NRW oder Bezirksverbände in Bayern z. B. Träger von Heil- und Pflegeanstalten sind. Hierher gehören auch Regionalverbände, wie sie Hannover, Saarbrücken und Stuttgart mit Umlandgemeinden sowie die Rhein-Neckar-Region bilden; anderswo haben Metropolstädte ihre Umlandgemeinden nur zu losen Kooperationen bewegen können (Bogumil und Grohs 2010, S. 98).

Vor diesem Hintergrund erklärt sich auch eine *Welle kommunaler Gebietsreformen,* die ab Anfang der 1970er Jahre die kommunale Welt umgestaltet hat. Der Drang zu größeren Einheiten führte dabei dazu, dass bis 1985 die Zahl der Gemeinden in der Bundesrepublik stark zurückging. Zugleich halbierte sich fast die Zahl der Landkreise, reduzierte sich auch die der Stadtkreise (Statistisches Bundesamt 1986, S. 53, 60; Thieme und Prillnitz 1981). Eine analoge Flurbereinigung fand in der DDR nicht statt. Erst nach der Wende wurde die Zahl der Stadt- und Landkreise vermindert, während man das Problem der Kleinstgemeinden zunächst mehr durch Verwaltungsgemeinschaften in Form von Ämtern bearbeitete (Schmidt-Eichstaedt 1993). Eine der jüngsten

Gebietsreformen stellt 2010 der Übergang zu nur noch sechs großen Landkreisen in Mecklenburg-Vorpommern dar (während ein ähnliches Unterfangen in Thüringen ab 2018 wegen Kritik gestoppt wurde). Im Ergebnis umfasst das heutige Deutschland insgesamt 10 787 Gemeinden, 294 Landkreise und 106 kreisfreie Städte (Statistisches Bundesamt 2022).

Deutschland gehört damit zum nordeuropäischen Raum, in dem großflächige Gemeinden mit hohen Einwohnerzahlen vorherrschen. Nur östliche Bundesländer und Teile Süddeutschlands hängen mit kleineren Gemeinden zurück, ähnlich den Gemeinden mit weniger Einwohnern in Südeuropa (Kuhlmann und Wollmann 2013, S. 33 f.).

Suchte man bei den Gebietsreformen zwei Ziele zugleich zu verfolgen,

- das einer Leistungsmaximierung der Verwaltung durch höhere Wirtschaftlichkeit und Finanzkraft größerer Einheiten,
- und das einer Berücksichtigung von Zusammengehörigkeitsgefühl, Überschaubarkeit und Partizipationschancen,

so scheinen zwar *weithin Einheiten entstanden, die verwaltungstechnisch als optimal betrachtet werden (Wagener 1974, S. 482 f.), aber zugleich einen Kahlschlag an institutionalisierten Partizipationsmöglichkeiten beinhalten.* Wie Erfahrungen mit älteren Großgemeinden erwarten lassen, dürfte sich kommunalpolitisches Bewusstsein aber noch lange auf Teilorte beziehen. „Teilörtlicher Lokalismus" überlebt (Schneider 1991, S. 220).

c. Finanzielle Abhängigkeiten

Eine weitere Rahmenbedingung für kommunalpolitisches Handeln bildet die finanzielle Ausstattung der Kommunen. Im längerfristigen Trend 1985–2004 ist der Anteil der Städte und Gemeinden an den Ausgaben öffentlicher Gebietskörperschaften von 24,5 auf 21,9 % zurückgegangen[1]. Die Einnahmen setzen sich, wie Tab. 11.1 erkennen lässt, vor allem aus Steuern, Gebühren und staatlichen Zuweisungen zusammen. Spielraum besitzen die Kommunen bei der Höhe der von ihnen erhobenen Gebühren. Diese dürfen zwar nicht die Kosten übersteigen, sie aber sehr wohl unterschreiten. So betrug 2005 in den alten Bundesländern die Kostendeckung durch Gebühren bei Abfall 92,1 %, Abwasserentsorgung 87,7 %, Straßenreinigung 69,6 %, Friedhöfen 71,2 %, hingegen bei

---

[1] Angaben für alte Bundesländer (Vetter und Holtkamp 2008, S. 23 f.).

Tab. 11.1 Die kommunalen Finanzen 2020
In Mrd. EUR. Ohne Stadtstaaten, begründete Schätzung (Differenzen zu den Summen durch Rundungen)

Einnahmen		Ausgaben	
Insgesamt	277,6	Insgesamt (Mrd. EUR)	274,9
darunter:		darunter:	
Steuereinnahmen		Personalausgaben	68,6
a) Gewerbesteuern	37,7	Sachaufwand	55,6
b) Einkommensteueranteil	38,1	Soziale Leistungen	61,9
c) Umsatzsteueranteil	8,3	Bauinvestitionen	26,3
d) Grundsteuern	13,1	Erwerb von Sachvermögen	8,4
Gebühren	19,1	Schuldzinsen	2,0
Laufende Zuweisungen	112,9	Sonstige Ausgaben	52,1
Investitionszuweisungen	10,8		
Sonstiges (Veräußerungen etc.)	36,6		

Quelle: Bundesministerium der Finanzen (2021).

Volkshochschulen 34,7 %, Bädern 21,4 %, Theatern 11,6, Kindergärten 11,9, Museen 6,8 und Büchereien 6,8 % (Naßmacher und Naßmacher 2007, S. 142). Beim zweiten Block, den staatlichen Finanzzuweisungen, befinden sich die *Kommunen in Abhängigkeit vom Land*. Die laufenden Zuweisungen werden zwar nach allgemeinen, allerdings vom jeweiligen Bundesland gesetzten Regeln den Kommunen zugeteilt. Anders die zweckgebundenen Zuweisungen: Mit ihnen fördert das Land bestimmte Zwecke. Je nach Förderungsprogramm übernimmt auch der Bund einen Kostenanteil. Die problematische Seite dieser freundlichen Dotationspraxis besteht darin, dass mit goldenen Zügeln die Prioritätensetzung der Gemeinde verzerrt wird.

Drittens, bei den Steuereinnahmen, ist zu beachten, dass

- neben den kommunalen Realsteuern (Gewerbe- und Grundsteuern) und kleineren kommunalen Verbrauchssteuern (z. B. Hundesteuer), über deren Höhe im Rahmen gewisser vorgegebener Grenzen die einzelne Gemeinde selbst entscheiden kann (Hebesätze),
- der größere Block zu den Verbundsteuern gehört, an deren Aufkommen die Gemeinden beteiligt sind (15 % der Einkommen- und 2,2 % der Umsatzsteuer).

Interessant für die Gemeinden ist dabei vor allem die beachtliche Gewerbesteuer. Ihr Ertrag fließt zu 80,2 % der jeweiligen Gemeinde zu[2]. Ihre Bedeutung liegt in der relativen Unabhängigkeit von der Einwohnerzahl. Ihre Höhe, d. h. der örtliche Hebesatz, liegt in der Hand der Gemeinde, die auch das örtliche Gewerbe fördern kann. Ob eine Gemeinde als reich oder arm gilt, entscheidet sich daher vor allem an ihrem örtlich unterschiedlichen Aufkommen: ob man Gewerbesteuern je Einwohner in Höhe von 3 572 € wie Gräfelfing einnimmt oder nur 55 € wie Forst in der Lausitz (Deutscher Städtetag 2017)[3]. Der Gewerbesteuereffekt wird gedämpft durch den kommunalen Anteil von 15 % des Ertrags der Lohn- und Einkommenssteuer (Tab. 11.1).

Dies – ebenso wie Bemühungen um ein attraktives örtliches Arbeitsplatzangebot (Einkommenssteueranteil!) – treibt Gemeinden und Kreise in eine *Konkurrenz als Gewerbestandort*. Diese wird mithilfe niedriger Gewerbesteuersätze, ausgebauter Infrastruktur, von Angeboten an verbilligtem Gewerbegebiet und Nachsicht bei Umweltbelastungen ausgetragen. Politiker entwickeln bisweilen eine gewisse „Dienstleistungsbereitschaft" (Hähnig 2022) im Umgang mit Investoren. Auch wenn niedergelassene Unternehmen nicht ohne Verluste abwandern können, stellt damit Gewerbeförderung eine zentrale Aufgabe kommunaler Politik dar. Wirtschaftsansiedlung rangiert bei Bürgermeister/-innen an der Spitze ihrer Handlungsprioritäten[4]. Die örtlichen Hebesätze zur Gewerbesteuer zeigen sowohl steuerschwache wie -starke Städte in der Spitzengruppe mit hohen Sätzen, ebenso aber auch bei den Schlusslichtern mit niedrigen. Es scheint, dass die Strategien der Stadtpolitiker verschieden sind – wer wenig Gewerbe hat, mag sich entweder zugunsten einer Attraktivität für Neuansiedler/-innen oder für das Aussaugen dessen entscheiden, was er (noch) hat.

Alle Unterschiede werden aber im vereinten Deutschland von der finanziellen *Kluft zwischen den Kommunen im Westen und Osten* überschattet, wie sie bei deren Eigeneinnahmen besteht. Immerhin gelingt es, den starken Steuerrückstand in den neuen Bundesländern (2020: 840 € je Einwohner gegenüber 1 364 im Westen) durch höhere Zuweisungen von Land/Bund, Gebühren etc. zu verringern. Im Ergebnis stehen den Kommunen 3 893 € je Einwohner im Westen und 3 536

---

[2] Vgl. Abschn. 10.2 c.
[3] Bereits 1911 streute das Gemeindesteueraufkommen pro Kopf von 62 Mark im wohlhabenden Frankfurt a. M. über 40 Mark im Mittelfeld (wie in Königsberg oder Magdeburg) bis zu 25–27 Mark in Arbeiterstädten wie Herne oder Königshütte (Zielinski 1997, S. 119).
[4] Umfrage von 2003 zit. nach Egner (2007, S. 149).

im Osten zur Verfügung (Bertelsmann Stiftung 2021, S. 18 in Abschnitt C).[5] Die Gemeinden im Osten können ihre Infrastruktur verbessern, hängen aber „bei weiterhin schwacher Steuerkraft am Tropf" des Staates (Karrenberg und Münstermann 1994, S. 142). Der viel beklagte Mangel an kommunaler Finanzautonomie hat sich also mit der deutschen Einheit verschärft.

Im westlichen Deutschland drücken kontinuierlich steigende Sozialausgaben die Gemeinden, besonders wenn nur niedrige Gewerbesteuern und Einkommensteueranteile wie in einer Anzahl Ruhrgebietsstädten anfallen. Bei ihnen besonders kumulieren sich die kommunalen Schulden, die Ende 2020 in der Bundesrepublik eine Höhe von 1 721 € pro Kopf erreichten (insg. 132,4 Mrd.), in Rheinland-Pfalz sogar 3 189 und im Saarland 3 148 € pro Kopf Mrd. (Bertelsmann Stiftung 2021, S. 50 f. in Abschnitt C).

Alles in allem wird bei der Betrachtung der Finanzen *sichtbar, dass zwar auch die Kommunen von der gegenwärtigen öffentlichen Geldschwemme profitieren (Einnahmeüberschuss 2020, Tab. 11.1), aber wesentlich von staatlichen Finanzzuweisungen und Gewerbesteueraufkommen abhängen. Letzteres entscheidet, trotz Abmilderungen durch kommunale Einkommenssteueranteile, immer noch weitgehend, ob eine Gemeinde als wohlhabend gilt oder nicht.*

11.2 Direktgewählte Bürgermeister, aber zwei Demokratiemodelle

a. Die Gemeinden – wieweit ein parteipolitisches Feld?

Wie der Föderalismus, so trug auch die kommunale Selbstverwaltung lange keinen eigentlich demokratischen Zug: Sie bildete vielmehr nur einen begrenzten Handlungsraum des liberalen Bürgertums innerhalb des Obrigkeitsstaates, durch Wahlrechtsbeschränkungen abgeschottet gegen eine Dominanz der breiten Volksmassen (Heffter 1950; Frey 1976). Erst mit der Einführung des gleichen kommunalen Wahlrechts im Jahre 1918 wurde dies anders. Als die Weimarer Demokratie unterging, teilte deren Schicksal daher auch die demokratische kommunale Selbstverwaltung.

Nach 1945 suchten die angelsächsischen Besatzungsmächte durch Übertragung heimischer Modelle die kommunalen Verfassungen stärker zu demokratisieren: die Amerikaner durch Bürgerversammlungen und Elemente direkter

---

[5] Nur Flächenländer.

Demokratie, die Briten durch eine kommunale Verfassungsreform, die alle Entscheidungsbefugnisse bei den Kommunalparlamenten konzentrierte und die kommunalen Verwaltungsleiter/-innen in eine bloß ausführende Rolle verwies (Rudzio 1968).

Obwohl lokale Fragen stets ein beachtliches Interesse der Bevölkerung fanden, galt die kommunale Ebene in Deutschland lange Zeit als *eher unpolitisch*. Dieses Verständnis, das sich auf den *weithin einzelfallbezogenen Charakter kommunaler Entscheidungen sowie darauf stützt, dass es bei ihnen vielfach um raumbezogene und damit weniger mit den parteipolitischen Frontstellungen übereinstimmende Interessenlagen* geht, ist bis in die Gegenwart nicht gänzlich geschwunden. Auch Teile der kommunalwissenschaftlichen Literatur durchzog lange eine Abwehrhaltung gegenüber der Rolle der politischen Parteien im kommunalen Bereich, da doch „die kommunalen Probleme ganz überwiegend sachlicher" und nicht „parteipolitischer" Natur seien (Ziebill 1954, S. 26 ff.; Ziebill 1972, S. 62 ff.). Noch Anfang der siebziger Jahre meinten 74,4 % der Bürger, in der Gemeindepolitik sollten Parteien keine Rolle spielen (Oel 1972, S. 72).

Inzwischen jedoch hat eine politischere Sicht auf die Kommunen Fuß gefasst. Dies zeigt sich in terminologischen Verschiebungen – vom traditionellen Begriff „kommunale Selbstverwaltung" zu „Kommunalpolitik", von kommunaler „Vertretung" zu „Kommunalparlament" –, vor allem aber im Ruf nach Parlamentarisierungen von Kommunalverfassungen sowie 1975/76 in der erstmaligen Verabschiedung kommunalpolitischer Grundsatzprogramme durch die größeren Parteien.

Bedeutsamer noch scheint eine Ausdifferenzierung spezifisch kommunalpolitischer Handlungssysteme aus der lokalen Gesellschaft. Als Zeichen einer solchen Entwicklung können gelten:

Erstens das *Vordringen der Parteien im kommunalen Bereich:* Mit dem Rückgang freier Wählergruppen, deren Stimmenanteil 1977 selbst in Baden-Württemberg nur noch 14, in Bayern 5 und in Rheinland-Pfalz 4 % ausmachte (Klein 1979, S. 100 ff.; Haller 1979, S. 347 ff.), erreichten die politischen Parteien weithin ein Monopol der Kandidatenpräsentation auch im kommunalen Bereich – im Übrigen auch bei den Verwaltungspositionen, wodurch Berufsbeamte „degradiert" werden (Weidenfeld 2017, S. 138). Die Entwicklung setzte sich allerdings nicht gradlinig weiter fort. Vielmehr stabilisierten sich inzwischen Freie Wählergruppen in Süddeutschland wieder und erreichten bei Kommunalwahlen 1999–05 in Bayern einen Wähleranteil von 37,8 %, in Baden-Württemberg von 31,7, in Rheinland-Pfalz von 17,5, in Hessen 12,1, selbst in Niedersachsen und NRW je 8 % (Gehne 2008, S. 55 f.). Unabhängig davon, wieweit sich Parteimitgliedschaft als Nominierungsvoraussetzung durchgesetzt hat, spielen bei Nominierung und Wahl auch immer noch persönlicher Bekanntheitsgrad, gesellschaftliches Ansehen und Ortsteilzugehörigkeit eine große Rolle. Soweit das kommunale Wahlrecht alternativ Listen- und Personenwahl anbietet, nutzen die Wähler gern die letztere und bevorzugen dabei Kandidat/-innen aus dem eigenen Ortsteil (Czarnecki 1992, S. 100). In sieben baden-württembergischen Städten zeigt sich, dass kleinere Parteien, insbesondere nicht ideologisch extreme, so Freie Wähler, ÖDP und FDP, überdurchschnittlich von panaschierenden Wählern profitieren[6]. Gemeinderäte in Baden-Württemberg schreiben ihre Wahl in erster Linie ihrem Bekanntheitsgrad, ferner ihrem Vereinsengagement und erst in dritter Linie ihrer Parteiaktivität zu (Köser 1991, S. 146). Bei Bürgermeisterwahlen sind auch Parteilose erfolgreich, nicht zuletzt in den neuen Bundesländern. *Zusammenfassend kann man von einer Parteipolitisierung der Kommunalpolitik sprechen, jedoch auf Grenzen stoßend und im ländlichen Raum schwächer ausgeprägt.*

Zweitens das *Aufkommen der Bürgerinitiativen* seit Anfang der siebziger Jahre: Zuvor artikulierten örtliche „Bürgervereine" lokalbezogene Interessen der Bevölkerung, nur nebenher auch andere Vereine und Organisationen – bis hin zu Schützen- und Sportvereinen. Mit den Bürgerinitiativen traten erstmals spezifisch kommunalpolitisch engagierte Gruppen auf. Auch durch Formen ihrer unkonventionellen Partizipation wurden sie zu einem neuartigen Phänomen in der lokalen Politik. Inzwischen hat sich ihr aufsehenerregender Charakter abgeschwächt, eine gewisse kommunalpolitische Relevanz aber ist geblieben (Roth 1994).

Drittens ein gewachsenes Konfliktbewusstsein: *Herrschte im kommunalpolitischen Raum einst ein „Harmoniemodell" vor (Kevenhörster 1976, S. 244), so deuten nun sachliche Differenzen und politische Mehrheitsbildungen auf Wandlungen hin.* Konflikthaltiger wurde Kommunalpolitik, als die Jungsozialisten 1971 in der Kommunalpolitik einen Hebel zu gesellschaftlicher Veränderung entdeckten und durch Bürgerinitiativen bzw. Grüne die Spannung zwischen Umweltschutz und Gewerbeförderung thematisiert wurde. Gegenwärtig zeigt die Befragung von Ratsmitgliedern repräsentativer Gemeinden parteipolitische Unterschiede, welchen Aufgaben man den Vorrang gibt (Tab. 11.2):

- In wirtschaftlicher Hinsicht (Aufgaben 1–3) stimmen die Ratsmitglieder von FDP, CDU und CSU völlig überein, während beim Thema Wirtschaftsförderung die Grünen mit Rang 4 weit ab, bei hochqualifizierten Arbeitsplätzen

---

[6]Zeitraum 1980–2014 (Nyhuis 2016, S. 665, 669).

Tab. 11.2 Aufgabenpräferenzen von Ratsmitgliedern 2008

Rang nach Wichtigkeit (1–10)	FDP	CDU	CSU	SPD	Grüne	Linke	Sonstige
Ansiedlung von wirtschaftlichen Aktivitäten	1	1	1	1	4	1	1
Schaffung hoch qualifizierter Arbeitsplätze	2	2	2	2	3	4	2
Bessere Verkehrsinfrastruktur/ Dienstleistungen	3	3	3	5	7	7	4
Maßnahmen für Umweltschutz	8	6	5	4	1	8	3
Maßnahmen gegen Ausgrenzung/Armut	7	9	8	3	2	1	6
Erhaltung der Daseinsvorsorge	9	7	6	6	5	3	9

Sonstige = Freie Wähler und Sonstige
Quelle: Schriftliche Befragung von Ratsmitgliedern in 120 repräsentativen Gemeinden (> 10 000 Einw.), n = 894 (Rücklauf), in: Egner et al. (2013, S. 80).

Linke und Grüne, beim Verkehr schließlich auch die SPD von ihnen abweicht. Deutlich wird, dass in Wirtschaftsfragen am ehesten noch die SPD mit den rechteren Parteien kooperieren kann.
- Beim Umweltschutz fehlt es innerhalb beider Lager an übereinstimmender Bewertung, die hier extremen Grünen mit Rang 1 haben noch am wenigsten Distanz zu Sonstigen und SPD.
- In der sozialen Dimension kann man zu Ausgrenzung/Armut deutlich Links und Rechts unterscheiden, während die kommunale Daseinsfürsorge nur für die Linkspartei hohen Rang hat.

Es sind also bei den Ratsmitgliedern nach Parteien unterschiedliche Aufgaben- und damit auch Zielpräferenzen erkennbar, die von der Sache her eine parteipolitische Strukturierung des kommunalen Feldes rechtfertigen. Zudem ordnen sich die Ratsmitglieder auf einer elfstelligen Links-Rechts-Skala so ein, dass die Parteien in der üblichen Linke-Grüne-SPD-Freie Wähler-FDP-CDU-CSU Reihung erscheinen – bis auf die Linke mit breiten Spannweiten (Egner et al. 2013, S. 77). Letzteres deutet auf Überlappungen zwischen den Parteien hin.

Auch in den neuen Bundesländern heben sich – so 1997 eine Befragung von kommunalen Fraktionsvorsitzenden – CDU- und FDP-Ratsfraktionen von denen der drei linken Parteien deutlich ab: durch Förderung privaten Wohnungseigentums, weniger soziale Leistungen, Betonung der inneren Sicherheit (Polizei), Förderung des Individualverkehrs und Ablehnung ausländischer Zuwanderung (Pollach et al. 2000, S. 50, 100, 231).

b. Der innere Kompromiss der Kommunalverfassungen
Jede Kommunalverfassung hat die zentrale Frage zu beantworten: *Wie können kommunale Demokratie und zugleich Verwaltungseffizienz gewährleistet werden?* Außerdem muss sich jede kommunale Verfassungskonstruktion innerhalb eines zumutbaren Kostenrahmens bewegen. Sie kann es sich nicht leisten, nach dem Modell der parlamentarischen Demokratie durch Ratsbeschluss jederzeit eine kommunale Verwaltungsspitze ablösen zu können – um dann vor dem Dilemma zu stehen, entweder finanziell kaum tragbare Abfindungen zu zahlen oder auf qualifizierte Kandidat/-innen verzichten zu müssen.

Wo ein Trennmodell zwischen staatlicher und kommunaler Verwaltung herrscht, kann man – wie in Großbritannien – die Verfassung eher zugunsten lokaler Demokratie gestalten: als monistisches Modell, das alle Entscheidungsbefugnisse dem Rat anvertraut und auf ein „government by committee" hinausläuft. Verwaltungskräfte und ihre Spitze haben rechtlich keinerlei eigene Entscheidungsrechte. Dieses Konzept suchten die Briten nach dem Zweiten Weltkrieg in Deutschland einzupflanzen. Es verwundert angesichts der geringeren Effizienz dises Modells zumal in großen Städten (Allzuständigkeit von Ehrenamtlichen – Rudzio 1968, S. 200 ff.) nicht, dass das andere Grundkonzept, die dualistische Kommunalverfassung, unter der Rat und Verwaltungsspitze getrennte, eigene Befugnisse behalten, in anderen demokratischen Staaten fortbestand, so auch in Deutschland.

Jene Problematik sucht man in den Bundesländern unterschiedlich zu lösen. Gemeinsam ist, dass der Gemeinderat (bzw. Kreistag) – die gewählte lokale Bürgervertretung – als höchstes und beschließendes Organ fungiert (Prinzip der repräsentativen Demokratie). Dabei sucht das kommunale Wahlrecht zumeist, dem Wähler/der Wählerin durch Personenwahl Einfluss auch auf die personelle Zusammensetzung des Rates einzuräumen. Auch kleine kandidierende Gruppen haben Chancen, da die Fünf-Prozent-Sperrklausel nicht mehr gilt. Von der Möglichkeit gezielter Personalauswahl wird auch rege Gebrauch gemacht. Wie Untersuchungen der Kommunalwahlen 1999 bzw. 2001 in Baden-Württemberg, Rheinland-Pfalz und Hessen zeigten, haben jeweils deutlich über die Hälfte der Wähler/-innen Stimmen kumuliert oder panaschiert. Im Ergebnis behielt nur eine Minderheit der Kandidat/-innen ihren Listenplatz. Das Gewicht der Parteien erscheint zurückgedrängt, die Fraktionsdisziplin geschwächt (Behr 2004).

Die demokratische Führung der Gemeinden verwirklicht sich im Wesentlichen über die Kommunalparlamente (Räte). In allen Kommunalverfassungen wählen sie die Verwaltungsspitze („Wahlbeamte") für eine feste längere Zeitspanne. Sie sind zudem als beschließende Organe den Verwaltungen übergeordnet. Dies gilt allerdings nicht für den Bereich der Verwaltungszuständigkeiten, dessen Grenzen unterschiedlich gezogen sind.

Vorzeitige parlamentarische Abwahl ist ausgeschlossen. Infolgedessen besteht die unter parlamentarisch-demokratischen Gesichtspunkten problematische und durchaus auch eintretende *Möglichkeit, dass sich eine parteipolitisch veränderte Ratsmehrheit über Jahre hinweg einer Verwaltungsspitze anderer Couleur gegenübersieht.*

Die früheren Kommunalverfassungen lösten dieses Problem unterschiedlich. In der Süddeutschen Ratsverfassung wurde der Bürgermeister/die Bürgermeisterin als Verwaltungschef/-in und Ratsvorsitzende/-r von den Bürger/-innen gewählt, erhielt also originäre Legitimation. Auch die Rheinische Bürgermeisterverfassung wies dem Bürgermeister/der Bürgermeisterin, obwohl nur vom Rat gewählt, die dominierende Stellung zu. Demgegenüber ordnete die monistisch orientierte Norddeutsche Ratsverfassung (britische Herkunft; NRW, Niedersachsen) dem Rat auch verwaltungsleitende Kompetenzen zu, während der Verwaltungsleiter („Gemeindedirektor") als bloß ausführendes Instrument gedacht war. Die „unechte Magistratsverfassung" entschärfte das Problem durch eine kollegiale Verwaltungsleitung, der etwa je zur Hälfte hauptberuflich-langjährige und ehrenamtlich-kurzzeitige Mitglieder angehörten. Die von der DDR-Volkskammer 1990 eingeführte Kommunalverfassung sah eine für Rat und Verwaltungsleitung übereinstimmende vierjährige Wahlperiode vor; doch kein Land blieb bei dieser Lösung.

All das ist inzwischen Geschichte. In den neunziger Jahren hat ein *„Siegeszug der plebiszitären Bürgermeisterverfassung"* stattgefunden und alle anderen, v. a. repräsentativen Verfassungstypen fortgeschwemmt (Bovenschulte und Buß 1996, S. 36), ausgehend von Schleswig–Holstein 1991 (das erste Land nach Baden-Württemberg, das auf der Verfassung schon seit 1956 beruht). Überall setzte sich die direkte Wahl des Bürgermeisters/der Bürgermeisterin als hauptamtlichem/-r Verwaltungsleiter/-in durch, meist verbunden mit der Möglichkeit zu dessen/deren vorzeitiger Abwahl. Zumeist ist auch die Stellung des Bürgermeisters/der Bürgermeisterin verstärkt worden, sowohl gegenüber dem kommunalen Rat als auch innerhalb des Verwaltungsapparats. Zusammenfassend könnte man – im Rahmen der Typologie politischer Systeme – auch von einer *„präsidentiellen Kommunalverfassung"* (Holtkamp 2008, S. 21, 23) sprechen – in Analogie des Bürgermeisters/der Bürgermeisterin mit einem/-r direkt gewählten Präsidenten/-

11.2 Direktgewählte Bürgermeister, aber zwei Demokratiemodelle

in, der/die über exekutive Befugnisse verfügt und neben dem Parlament steht. Dennoch sind viele Regelungen verschieden geblieben, wirken regionale Traditionen nach – gerade mit Blick auf die Kompetenzverteilung zwischen Kommunalvertretung und Bürgermeister/-in und Landrat/-rätin, die Wahlzeit des Bürgermeisters/der Bürgermeisterin bzw. desLandrates/der Landrätin sowie die Rahmenbedingungen von Bürgerbegehren und Bürgerentscheiden (Bogumil und Holtkamp 2013, S. 32) (Tab. 11.3):

1) Die unveränderte *Süddeutsche Bürgermeisterverfassung:* In ihr fungiert der/die direkt gewählte Bürgermeister/-in als Verwaltungschef/-in und zugleich Ratsvorsitzende/-r, darüber hinaus verfügt er/sie über einige Widerspruchsrechte gegen Ratsbeschlüsse. Dieser Verfassungstypus setzt auf Integration von demokratisch legitimiertem Rat und Bürgermeister/-in unter Führung des/der letzteren.
2) Eine Variante dazu stellt der Verfassungstyp der *Dualistischen Bürgermeisterverfassung* dar. Bei ihr verbleibt die Leitung des Kommunalparlaments in Händen eines Ratsmitglieds. Das betont die Selbständigkeit des Rats. Offen bleibt vielfach, ob sich dieser Typ in der Praxis mehr als nur symbolisch vom süddeutschen Modell unterscheidet.
3) Als *Ratsverfassung mit volksgewähltem/-r Bürgermeister/-in* lassen sich die nordrhein-westfälische und die niedersächsische Kommunalverfassung charakterisieren. Sie postulieren prinzipiell eine Allzuständigkeit des Rates, auch in den Verwaltungsbereich hinein – die britische Reform lässt grüßen. Aber die Wahlperiode des/der Bürgermeisters/-in ist so lang wie anderswo.
4) Analog erinnert an die Vergangenheit die *unechte Magistratsverfassung mit volksgewähltem/-r Bürgermeister/-in* in Hessen. Sie gibt dem/der direkt gewählten Bürgermeister/-in zwar die Organisationsgewalt in der Verwaltung, mauert ihn/sie aber in einen kollegialen, verwaltungsführenden Magistrat ein und lässt ihm/ihr im Konfliktfall wenig eigenen Spielraum.

Ein Index der Bürgermeisterkompetenzen liefert Ergebnisse, welche die obigen Ausführungen stützen. Sie korrelieren negativ mit den Ratskompetenzen, sofern man das Saarland ausklammert, wo der/die Bürgermeister/in schwach ist (Bogumil und Holtkamp 2016, S. 30), ohne dass der Rat stark wäre – die Kleinheit des Landes könnte die Erklärung liefern. Modifikationen der Kommunalverfassung sehen die Gemeindeordnungen für kleine Gemeinden vor. Dabei geht es vor allem um den/die ehrenamtliche/-n Bürgermeister/-in. Er/Sie wird ermöglicht, indem Verwaltungsfunktionen auf Verwaltungsgemeinschaften übertragen sind; bei der Mehrheit kleiner Gemeinden ist dies der Fall (Bovenschulte und Buß 1996, S. 36).

Tab. 11.3 Unterschiede in den Kommunalverfassungen

Typus/ Bundesland	Beschließendes Organ: Gemeinderat/Kreistag				Bürgerentscheid	Verwaltungs-leitung:	Wahl durch (Abwahl-quorum)
	Wahl-periode	Vor-sitzender	Ratskompetenzen[a]	Kreistags-kompetenzen[a]	(Zustimmungs-quorum)	Organ (Amts-periode)	
Süddeutsche Bürgermeisterverfassung:							
Baden-Württemberg	5 J	Bürger-meister/ Landrat	0,10	0,50	Ja (25 %)	Bürgermeister/ Landrat (8 J.)	Bürger/KT (entfällt)
Bayern	6 J	Bürger-meister/ Landrat	0,33	0,60	Ja (10–20 %)	Bürgermeister/ Landrat (6 J.)	Bürger (entfällt)
Rheinland-Pfalz	5 J	Bürger-meister/ Landrat	0,29	0,45	Ja (20 %)	Bürgermeister/ Landrat (8 J.)	Bürger (30 %)
Saarland	5 J	Bürger-meister/ Landrat	0,36	0,50	Ja (30 %)	Bürgermeister/ Landrat (8 J.)	Bürger (30 %)
Sachsen	5 J	Bürger-meister/ Landrat	0,23	0,40	Ja (25 %)	Bürgermeister/ Landrat (7 J.)	Bürger (50 %)
Thüringen	5 J	Bürger-meister/ Landrat	0,35	0,30	Ja (10–20 %)	Bürgermeister/ Landrat (6 J.)	Bürger (30 %)

(Fortsetzung)

Tab. 11.3 (Fortsetzung)

Typus/Bundesland	Beschließendes Organ: Gemeinderat/Kreistag				Bürgerentscheid	Verwaltungsleitung:	
	Wahlperiode	Vorsitzender	Ratskompetenzen[a]	Kreistagskompetenzen[a]	(Zustimmungsquorum)	Organ (Amtsperiode)	Wahl durch (Abwahlquorum)
Dualistische Bürgermeisterverfassung:							
Brandenburg	5 J	Ratsmitglied/ehrenamtlicher Bürgermeister	0,47	0,50	Ja (25 %)	Bürgermeister/Landrat (8 J.)	Bürger/KT (25 %)
Mecklenburg-Vorpommern	5 J	Ratsmitglied	0,47	0,55	Ja (25 %)	Bürgermeister/Landrat (7–9 J.)	Bürger (25 %)
Sachsen-Anhalt	5 J	Ratsmitglied/ehrenamtlicher Bürgermeister	0,31	0,65	Ja (25 %)	Bürgermeister/Landrat (7 J.)	Bürger (30 %)
Schleswig-Holstein	5 J	Ratsmitglied	0,53	0,75	Ja (20 %)	Bürgermeister/Landrat (6–8 J.)	Bürger/KT (20 %)
Ratsverfassung mit volksgewähltem Bürgermeister:							
Niedersachsen	5 J	Ratsmitglied	0,42	0,30	Ja (25 %)	Bürgermeister/Landrat (8 J.)[e]	Bürger/KT (25 %)

(Fortsetzung)

Tab. 11.3 (Fortsetzung)

Typus/ Bundesland	Beschließendes Organ: Gemeinderat/Kreistag				Bürgerentscheid	Verwaltungs- leitung:	
	Wahl- periode	Vor- sitzender	Ratskompetenzen	Kreistags- kompetenzen[a]			
Nordrhein- Westfalen	5 J	Bürger- meister/ Landrat	0,60	0,55	Ja (10–20 %)	Bürgermeister/ Landrat (6 J.)[f]	Bürger (25 %)
Unechte Magistratsverfassung mit volksgewähltem Bürgermeister:							
Hessen (Bremerhaven)	5 J	Ratsmitglied	0,69	0,55	Ja (25 %)[c]	Magistrat/ Kreisausschuss[b]	Bürger (30 %)[d]

Abkürzungen: J. = Jahr(e); KT = Kreistag

a) Index 0 (= keinerlei Befugnisse) bis 1 (= alle Befugnisse) für Ratsmacht anhand von 12 codierten Ratskompetenzen gebildet (Egner/Krapp/Heinelt 2013) bzw. anhand 10 Kompetenzen für die Befugnisse der Kreistage (Egner und Heinelt 2016, s. Quellen)
b) Dabei Bürgermeister und Landrat von Bürgern auf 6 Jahre gewählt
c) In Bremerhaven 30 %, in Stadt Bremen 20 %, in Berliner Bezirken 15 %
d) In Bremerhaven Wahl durch Rat
e) In Niedersachsen dazu Verwaltungsausschuss aus Bürgermeister und Ratsvertretern
f) In Nordrhein-Westfalen Verwaltungsvorstand aus Bürgermeister+hauptamtlichen Beigeordneten.

Quellen: Bogumil und Holtkamp (2013, S. 30 ff.); Bovenschulte und Buß (1996); Buß (2002, S. 82 ff.); Egner und Heinelt (2016); Egner et al. (2013, S. 40 ff., 48, 54); Kost und Wehling (2010, S. 406–408).

c. Bürgermeister, Rat und Bürgerschaft im Entscheidungsprozess

Die Verfassungspraxis in den Kommunen ist durch das Problem geprägt, wieweit die Kommunalparlamente die ihnen zugedachten beschließenden, kontrollierenden und teilweise auch verwaltenden Funktionen tatsächlich auszufüllen vermögen. Die Schwierigkeit besteht in einer *Überlastung der ehrenamtlich tätigen Ratsmitglieder.* Öffentlich finanzierte Fraktionshilfsdienste und -geschäftsführer/-innen unterstützen zwar in größeren Städten die Ratsfraktionen (Naßmaßer 1989, S. 68; Kempf 1989, S. 127), ohne dass damit aber das Problem gelöst wäre.

Dieses spiegelt sich wieder im Zeitbudget der Ratsmitglieder. Eine Befragung von 2008, die repräsentativ 120 deutsche Gemeinden über 10 000 Einwohner erfasste, ergab, dass die Ratsmitglieder einen durchschnittlichen Zeitaufwand von 43 h monatlich für ihre politische Tätigkeit in und außerhalb des Rates benötigten; dabei wächst die Ratsarbeit mit der Einwohnerzahl der Kommune[7]. Bei Beschränkung auf die Ratsmitgliedsfunktion kommt man bei ihnen auf einen Zeitaufwand von 38 h, der deutlich hinter dem durchschnittlichen von 48,5 h im europäischen 16-Ländervergleich zurückbleibt (Verhelst et al. 2013, S. 43). Die Diäten erscheinen angesichts dieses Zeitaufwandes kaum attraktiv. So betrugen in NRW ab 2007 die monatlichen Ratsmitgliederpauschalen in Städten mit 20–50 000 Einwohner/-innen 252 €, bei 50–150 000 ganze 336, bei 150–450 000 Einwohner/-innen 418 und in größeren 501 € (Holtkamp 2011, S. 108).

Infolgedessen erweist sich der Faktor „Abkömmlichkeit" von zunehmender Bedeutung für die Zusammensetzung der Räte. Zwar machen Selbstständige und leitende Angestellte aus der Privatwirtschaft immer noch beachtliche 22 % aller Ratsmitglieder aus (darunter nur 2,3 % Landwirte/-wirtinnen), doch dem stehen mindestens 24,7 % Beamte/Beamtinnen und Lehrer/-innen gegenüber, wozu noch öffentliche Angestellte kommen – der öffentliche Dienst ist stark vertreten. Als dritte große Gruppe sind 19,4 % Rentner/-innen zu nennen, als vierte die übrigen Angestellten mit wohl über 10 %. Als unterrepräsentiert erweisen sich Arbeiter/-innen, Angestellte und Frauen insgesamt (ihr Ratsmitgliederanteil: 21,7 %). Insgesamt haben 54,9 % einen Universitäts- oder Fachhochschulabschluss, weitere 13 % das Abitur oder Gleichwertiges (Egner et al. 2013, S. 58, 63, 66). Damit scheinen beruflicher Hintergrund, Bildungsgrad, Eintrittsalter in den Rat und

---

[7]Von 4 036 angeschriebenen Ratsmitgliedern antworteten 894 (Egner et al. 2013, S. 12 ff., 98).

Frauenanteil der deutschen Ratsmitglieder nicht weit vom Durchschnitt der Ratsmitglieder aus 16 europäischen Ländern entfernt[8]. In vier deutschen Metropolen mit über 400 000 Einwohnern haben fast alle Ratsmitglieder Freistellungen oder Reduzierungen der Arbeitszeit sowie flexiblere Arbeitszeiten, jedoch nur bei 35 % erreichen die Freistellungen 80 und mehr Prozent der Arbeitszeit (Reiser 2006, S. 149, 158, 166). Solche Erleichterungen für Berufstätige sind, in verringertem Maße, auch in anderen Gemeinden anzunehmen, um das niedrig besoldete Mandat tragbar zu gestalten. Ob aber mit oder ohne solche Hilfen: Zumal in größeren und in wirtschaftsstarken Gemeinden verlangt die Ratstätigkeit nahezu eine „Halbtagstätigkeit", die Professionalisierungstendenzen auch auf dieser Ebene Vorschub leistet (Reiser 2017, S. 104).

Neuerdings gibt es auch zur personellen Zusammensetzung der Kreistage eine Untersuchung. Sie ist leider nicht repräsentativ ausgefallen; auch liefert sie keine Angaben zu Berufen. Dennoch, deutliche Ähnlichkeiten mit den Ratsmitgliedern sind erkennbar: das Durchschnittsalter von 53,8 Jahren (bei kommunalen Ratsmitgliedern 54,1), der Frauenanteil von 22,4 % gegenüber 21,7 % bei den Ratsmitgliedern, ein etwas höheres Bildungsniveau mit 63,2 % Universitäts- und Fachhochschulabsolventen (gegenüber 54,9 % bei Ratsmitgliedern), Konfessionsangaben nahe denen der Bevölkerung, überdurchschnittliche 28,2 % Gewerkschaftsmitglieder und 12,6 % Mitglieder von Unternehmer- und Arbeitgeberorganisationen[9]. Was politische Einstellungen betrifft, ordnen sich die Kreistagsmitglieder bei einer Links-Rechts-Selbstschätzung zwischen 1 und 10 so ein, dass eine übliche Parteienfolge herauskommt: Linke (1,68) – Grüne (3,28) – SPD (3,31) – FDP (5,52) – CDU (6,36) – CSU (6,44). Die größten Abstände trennen demnach Linke und Grüne sowie SPD und FDP voneinander. 13,5 Jahre liegen durchschnittlich zwischen Parteieintritt und der ersten Wahl in den Kreistag – dabei kürzere Zeit in den neuen Bundesländern. Und, wieder nahe den Ratsmitgliedern, geben sie als Zeitaufwand für ihr Mandat 10,6 h je Woche an (Egner und Heinelt 2016, S. 75, 86, 96). Alles in allem: *Die kommunalen Bürgervertreter/innen in Gemeinden und Kreisen, der unteren Exekutivebene deutscher Gesetze nahe, entscheidend über kommunale Dienste und Einrichtungen, bilden als ehrenamtliche Ebene der Politik ein Scharnier zwischen hauptberuflicher politischer Klasse und Wahlbürger/-innen – zwischen beiden stehend, beiden nahe.*

Zu der Frage, wie sich vor diesem Hintergrund die kommunalpolitische Entscheidungspraxis gestaltet, konkurrierten in der Politikwissenschaft drei Thesen.

---

[8] Befragung 2007, n = 11 962. Verhelst 2013, S. 35.
[9] Rücklauf n = 1 645 (Egner und Heinelt 2016, S. 11, 14, 65, 67 f., 70, 72, 109 f.).

11.2 Direktgewählte Bürgermeister, aber zwei Demokratiemodelle

Am Anfang stand die These von der kommunalen *„Politik unter exekutiver Führerschaft" (Kevenhörster* 1977*)*. Dem folgte die These vom informellen *Kreis einflussreicher „Vorentscheider"*, zusammengesetzt aus führenden Vertreter/-innen der politischen Mehrheit sowohl des politischen wie des administrativen Bereichs (Banner 1972; Winkler-Haupt 1988, S. 187). Die dritte These, entwickelt aus empirischen Vergleichen zwischen der Praxis der Ratsverfassung britischer Herkunft in Nordrhein-Westfalen und dem süddeutschen Modell in Baden-Württemberg, stellt zwei polare Modelle gegenüber, zwischen denen die kommunalpolitische Praxis in Deutschland angesiedelt sei. Dieser Ansatz wird im Folgenden dargestellt.

d. Praxis im Zeichen präsidentieller Bürgermeister-Führung

Wie lässt sich die Praxis unter den direktdemokratischen neuen Bürgermeisterverfassungen beschreiben? Geht man die rechtlichen Befugnisse der kommunalen Verwaltungsleitung (Bürgermeister/-in, Magistrat) durch, so stimmen die Ergebnisse darin überein, dass sie in Baden-Württemberg und Sachsen-Anhalt am weitesten reichen, hingegen im Falle von Magistratsverfassungen (Hessen) und der Ratsverfassung mit volksgewähltem Bürgermeister (NRW, Niedersachsen) die schwächsten sind. Alle übrigen Länder rangieren zwischen den beiden Polen (vgl. Ratskompetenzen in Tab. 11.3 – Buß 2002, S. 107; Egner 2007, S. 97). Entsprechend gegensätzlich sehen die Bürgermeister/-innen und Fraktionsvorsitzenden der beiden großen Parteien in den Städten bzw. Gemeinden mit über 20 000 Einwohnern die Praxis:

- Der Bürgermeister/Die Bürgermeisterin ist die bestimmende Figur in Politik und Verwaltung der Stadt: „Ja" lautet die Antwort von 48,5 % der Befragten in Baden-Württemberg, hingegen nur von 27,4 % in NRW.
- Der Meinung, die Beratungen im Rat seien nur „Formsache", da Vorentscheidungen bereits in den Fraktionen getroffen seien, stimmen in Baden-Württemberg 57,7 % und in NRW 88,5 % der Befragten zu.

Selbstverständlich bestehen innerhalb eines Bundeslandes unterschiedliche Machtkonstellationen vor Ort. Insbesondere enthält die nun voneinander unabhängige direktdemokratische Legitimation von Bürgermeister/-in und Rat (bzw. Landrat/Landrätin und Kreistag) die unheilvolle Möglichkeit eines „divided government" amerikanischen Musters – wenn nämlich Bürgermeister/-in und Ratsmehrheit divergieren, keiner von ihnen aber allein den Kurs bestimmen kann. Je nach lokaler Konstellation sind dann Kompromisse, widersprüchliche Entscheidungen, Blockaden und Überspielen einer Seite denkbar.

Zusammenfassend deutet dies auf *beachtliche Unterschiede je nach Kommunalverfassung* hin: *Rechtlich wie real treten entscheidende Mehrheitsfraktionen in Nordrhein-Westfalen häufiger auf, hingegen führende Bürgermeister/-innen in Baden-Württemberg.*

Analoge Unterschiede sind bei der Parteipolitisierung erkennbar. Signifikant häufiger kamen aus Nordrhein-Westfalen die Verwendung von Parteilogos im Kommunalwahlkampf und die Fraktionsdisziplin im Rat zur Sprache[10]. Bei einem Vergleich aller deutschen Flächenländer erweist sich – anhand von Indikatoren wie Anteil der Parteimitglieder im Rat, unter den Bürgermeister/-innen – tatsächlich Nordrhein-Westfalen (neben dem Saarland) als kommunalpolitisches „Mutterland der Parteipolitisierung", während Baden-Württemberg den Gegenpol bildet (Gehne 2008, S. 59, 101). Abgesehen davon sind Kommunalwahlen seit Jahren jene Ebene, bei denen Unabhängige Wählergemeinschaften ohne Verbindung zu einer Landes- oder Bundespartei reüssieren (Holtkamp et al. 2015) – vor allem wegen ihres Anti-Parteien-Charakters, von dem sie in politisch deprivierten Kommunen profitieren (Juen et al. 2021).

Unterschiede zeigen sich auch bei der Rekrutierung der Bürgermeister/-innen. Eine Verschiebung hin in Richtung des baden-württembergischen Modells ist zwar erkennbar. Aber: Nach wie vor verwendet der/die Bürgermeister/-in in NRW mehr Zeit für Fraktions- und Parteiarbeit auf als sein/-e Kollege/-in in Baden-Württemberg (Bogumil et al. 2003, S. 14, 64). Für ganz Deutschland erbrachte 2003 eine repräsentative Befragung der Bürgermeister/-innen von Gemeinden über 10 000 Einwohnern, dass

- etwa die Hälfte eine abgeschlossene Verwaltungsausbildung hat,
- 80 % Parteimitglieder sind, doch nur 46 % zuvor Parteifunktionen ausübten.

Beachtliche regionale Unterschiede werden daraus ersichtlich, dass in Baden-Württemberg nur 56 % der Bürgermeister/-innen Parteimitglieder waren und nur 22 % zuvor Parteifunktionen ausgeübt hatten.[11]

Fragt man nach dem Einfluss der lokalen Parteiorganisation auf die Ratsfraktion, schätzen ihn die nordrhein-westfälischen Ratsmitglieder im Durchschnitt zwar deutlich höher ein als die baden-württembergischen. Doch wird der

---

[10] Umfrage 2003, Rücklaufquote 69–75 % (Holtkamp 2003, S. 31 f.; Gehne und Holtkamp 2005).

[11] N = 629 (Egner 2007, S. 43, 45, 126 ff., 155).

lokale Parteieinfluss in Schleswig-Holstein, Saarland, Hessen und Mecklenburg-Vorpommern höher als in NRW, andererseits in Brandenburg und Sachsen-Anhalt niedriger als in Baden-Württemberg eingeschätzt[12]. In dieser Hinsicht erscheinen also die beiden gegenübergestellten Länder nicht als die extremen Pole.

Zusammengefasst: *Allgemein haben sich Parteibindungen von Bürgermeister/innen abgeschwächt. Statt „Parteisoldaten und Schützenkönigen" scheint die Zukunft eher dem Typ des „Verwaltungsprofis" zu gehören (Holtkamp et al. 2002).*

Schwer überschaubar ist, welche Rolle der gestärkte Souverän, das Gemeindevolk, im kommunalen Entscheidungsprozess spielt. Nach 1990 hat sich die Möglichkeit kommunaler Bürgerentscheide flächendeckend auf alle Bundesländer ausgedehnt. Deuten die älteren Erfahrungen auf eine eher marginale Rolle von Bürgerentscheiden, so ist inzwischen das plebiszitäre Engagement gewachsen. Bis 2022 kam es zu insgesamt 4 408 Bürgerentscheiden, von denen 2 305 erfolgreich („im Sinne des Begehrens" bzw. „im Stichentscheid angenommen") waren. Bezieht man Bürgerbegehren ein, ist sogar von 8 184 direktdemokratischen Verfahren zu sprechen (Lietzmann et al. 2022). Finanz- und Organisationsfragen dürfen dabei nicht zum Gegenstand gemacht werden – außer in Bayern, dem Mekka des kommunalen Plebiszits. Dennoch streuen die Verfahren nunmehr auch thematisch weit, betreffen (unter allen 10 183 bis 2022 gemeldeten Verfahren) öffentliche Sozial- und Bildungseinrichtungen (13,1 %), Verkehrsprojekte (16,2 %), Wirtschaftsprojekte wie Supermärkte (18,1 %), öffentliche Infrastruktur- und Versorgungseinrichtungen (13,1 %), Gebietsreformen (8,6 %) und Planungssatzungen (4,5 %).

Bei Bürgerentscheiden gibt es zwei kritische Punkte: Zunächst, dass Volksentscheide in der Schweiz und in den USA mehr zugunsten bürgerlich-konservativer Positionen ausfallen. Das muss nicht für kommunale Bürgerentscheide in Deutschland gelten, da auf unterer Ebene über andere Fragen zu entscheiden ist. Sicherlich kann aber das, was man in den USA „not in my backyard"-Interesse nennt, lokale Veränderungen hemmen (Holtkamp und Brockmann 2016, S. 24 f., 28, 47 ff.).

Der zweite kritische Punkt ist die Abstimmungsbeteiligung, die einer Entscheidung Legitimität verschaffen soll. Sie reicht in Deutschland von 10 bis 80 % und fällt umso niedriger aus, je größer die Gemeinde ist. Immerhin gilt aber ein Zustimmungsquorum von 20–30 % der Stimmberechtigten, die eine Mehrheit mindestens umfassen muss (u. U. niedriger nur in Bayern, NRW, Thüringen,

---

[12] Befragung 2008, in: Egner et al. (2013, S. 76).

vgl. Tab. 11.3) und mit der die Herrschaft kleiner Minderheiten ausgeschlossen wird. Spektakulär wirken Entscheidungen entgegen der Ratsmehrheit: etwa Ablehnungen von Privatisierungen – so 2006 in Freiburg gegen den Verkauf von 8 900 stadteigenen Wohnungen oder 2008 in Leipzig gegen den Verkauf städtischer Unternehmen und Beteiligungen im Bereich der Daseinsvorsorge. Auch manches Großprojekt scheitert an den Bürgern – so 2017 in Duisburg, wo ein großes Designer-Outlet-Center, vom Stadtrat beschlossen, im Bürgerentscheid durch eine knappe Mehrheit (doch bei 60 % Beteiligung) zu Fall gebracht wurde.

Gewiss treten direkte Wirkungen erfolgreicher Bürgerentscheide (angesichts der großen Zahl von Gemeinden) so selten auf, dass sie eher zu vernachlässigen scheinen – beachtlich jedoch ist das präventive Berücksichtigen möglicher Bürgerentscheide. Beobachter konstatieren daher einen gewissen Machtverlust für Rat und Bürgermeister, weil diese den Bürgeranliegen häufig entgegenkommen (Bogumil und Holtkamp 2013, S. 119). Das drohende „Damoklesschwert" des Bürgerentscheids (Jörg Bogumil) führt in Nordrhein-Westfalen dazu, dass etwa ein Viertel der Bürgerbegehren weitgehend von der Ratsmehrheit übernommen wird und Entscheidungsträger/-innen vielfach Abstand von Parkgebühren, Privatisierungen und Schwimmbadschließungen nehmen (Holtkamp 2008, S. 265, 267).

Relativ selten wird vom Recht auf vorzeitige Abwahl eines Bürgermeisters/einer Bürgermeisterin Gebrauch gemacht. Bis 2007 kam es zu 52 gescheiterten und 46 erfolgreichen Abwahlprozessen (von diesen 28 in Brandenburg und Sachsen-Anhalt), einige darunter initiiert vonseiten des Rates. Besonders spektakulär waren Abwahlen in Potsdam, Görlitz, Hanau und Cottbus. Als zentrales Problem gilt dabei eine hinreichende Abstimmungsbeteiligung (Fuchs 2007, S. 54, 62, 77).

Sucht man diese vielfältigen Phänomene zu verarbeiten, so wird idealtypisierend die *Unterscheidung zwischen „kommunaler Konkordanz- und Konkurrenzdemokratie" angeboten,* die erstere charakterisiert durch

- geringe Parteipolitisierung in Verwaltung und Rat (die letztere durch starke Parteipolitisierung),
- Kandidatennominierung nach sozialem Ansehen (vs. innerparteiliche Bewährung),
- niedrigen Organisationsgrad der Parteien (vs. hohen),
- einstimmige Ratsentscheidungen (vs. nicht einstimmige),
- konkordante Wertvorstellungen der Ratsmitglieder (vs. konkurrenzdemokratische),
- kaum feste Koalitionen (vs. feste Koalitionen) (Bogumil und Holtkamp 2005, S. 47).

Dabei kann man stärkere plebiszitäre Neigungen wohl dem Konkordanzmodell zuordnen[13]. *Ob die politische Praxis mehr dem einen oder dem anderen Modell entspricht, d. h. mehr oder weniger von Parteipolitisierung geprägt ist, hängt von Kommunalverfassung, Gemeindegröße und Organisationsgrad der Parteien ab.* Berücksichtigt man diese drei Faktoren, so scheinen die Chancen für konkordanzdemokratische Kommunalpolitik günstig in Baden-Württemberg und in den neuen Ländern (mit Ausnahme Brandenburgs), für konkurrenzdemokratische Praxis hingegen in NRW, Niedersachsen, dem Saarland und Hessen. Analog gilt der Einfluss des Bürgermeisters/der Bürgermeisterin nicht nur aufgrund der Kommunalverfassungen, sondern auch infolge der regionalen politischen Kultur (Parteipolitisierung etc.) als relativ hoch in Süddeutschland, als relativ niedrig in Niedersachsen, Nordrhein-Westfalen und Hessen (Holtkamp 2008, S. 121, 105).

Literatur

Albayrak, Dilek et al. (2003): Kommunalverwaltungen in den neuen Ländern, Berlin.
Banner, Gerhard (1972): Politische Willensbildung und Führung in Großstädten mit Oberstadtdirektor-Verfassung, in: Grauhan, Rolf-Richard (Hrsg.): Großstadt-Politik, Gütersloh, S. 166 ff.
Beer, Rüdiger Robert (1970): Die Gemeinde, München.
Behr, Alfred (2004): Unabhängig und schwer zu disziplinieren, in: Frankfurter Allgemeine Zeitung vom 9. Juni.
Bertelsmann Stiftung (2021): Kommunaler Finanzreport 2021, Gütersloh.
Bertrana, Xavier/Heinelt, Hubert (2011): Conclusion, in: dies. (Hrsg.): The Second Tier of Local Government in Europe, London, S. 308 ff.
Bogumil, Jörg (2010): Kommunale Aufgabenwahrnehmung im Wandel, Wiesbaden.
Bogumil, Jörg et al. (2003): Das Reformmodell der Bürgerkommune, Berlin.
Bogumil, Jörg/Grohs, Stephan (2010): Möglichkeiten und Grenzen von Regionalverwaltungen, in: Bogumil, Jörg/Kuhlmann, Sabine (Hrsg.): Kommunale Aufgabenwahrnehmung im Wandel, Wiesbaden, S. 89 ff.
Bogumil, Jörg/Holtkamp, Lars (2005): Die Machtposition der Bürgermeister im Vergleich zwischen Baden-Württemberg und NRW, in: Bogumil, Jörg/Heinelt, Hubert (Hrsg.): Bürgermeister in Deutschland, Wiesbaden, S. 33 ff.
Bogumil, Jörg/Holtkamp, Lars (2013): Kommunalpolitik und Kommunalverwaltung. Eine praxisorientierte Einführung, Bonn.

---

[13] Bei ihm kommt es zu mehr Bürgerbegehren und Kompromissen mit deren Initiatoren, auch sind die Abstimmungsbeteiligungen höher (Holtkamp 2016, S. 208).

Bogumil, Jörg/Holtkamp, Lars (2016): Ost- und westdeutsche Kommunen zwischen Konkordanz- und Konkurrenzdemokratie, in: dies. (Hrsg.): Kommunale Entscheidungsstrukturen in Ost- und Westdeutschland, Wiesbaden, S. 7 ff.

Bovenschulte, Andrea/Buß, Annette (1996): Plebiszitäre Bürgermeisterverfassungen, Baden-Baden.

Bundesministerium der Finanzen (2021): Eckdaten zur Entwicklung und Struktur der Kommunalfinanzen 2011–2020, unter: https://www.bundesfinanzministerium.de/Content/DE/Standardartikel/Themen/Oeffentliche_Finanzen/Foederale_Finanzbeziehungen/Kommunalfinanzen/Eckdaten_EntwicklungKommunalfinanzen.pdf?__blob=publicationFile&v=3 (zuletzt geprüft am 29. März 2022).

Buß, Annette (2002): Das Machtgefüge der heutigen Kommunalverfassungen, Baden-Baden.

Czarnecki, Thomas (1992): Kommunales Wahlverhalten, München.

Deutscher Städtetag (2017): Gleichwertige Lebensverhältnisse von Aachen bis Zwickau. Schlaglichter aus dem Gemeindefinanzbericht 2017 des Deutschen Städtetages, unter: https://www.staedtetag.de/files/dst/docs/Publikationen/Beitraege-zur-Stadtpolitik/Archiv/beitraege-zur-stadtpolitik-111-gleichwertige-lebensverhaeltnisse-schlaglichter-gemeindefinanzbericht-2017.pdf (zuletzt geprüft am 30. März 2022).

Egner, Björn (2007): Einstellungen deutscher Bürgermeister, Baden-Baden.

Egner, Björn et al. (2013): Das deutsche Gemeinderatsmitglied, Wiesbaden.

Egner, Björn/Heinelt, Hubert (2016): Kreistagsmitglieder und Landräte, Baden-Baden.

Frey, Rainer (1976): Kommunale Selbstverwaltung im Verfassungsstaat, in: ders. (Hg.): Kommunale Demokratie, Bonn, S. 9 ff.

Fuchs, Daniel (2007): Die Abwahl von Bürgermeistern – ein bundesweiter Vergleich, Potsdam.

Gehne, David H. (2008): Bürgermeisterwahlen in Nordrhein-Westfalen, Wiesbaden.

Gehne, David/Holtkamp, Lars (2005): Fraktionsvorsitzende und Bürgermeister in NRW und Baden-Württemberg, in: Bogumil, Jörg/Heinelt, Hubert (Hrsg.): Bürgermeister in Deutschland, Wiesbaden, S. 87 ff.

Hähnig, Anne (2022): Fürchtet Euch!, in: Die Zeit Nr. 13 vom 24. März.

Haller, Hans-Martin (1979): Die Freien Wähler in der Kommunalpolitik, in: Köser, Helmut (Hrsg.): Der Bürger in der Gemeinde, Bonn, S. 335 ff.

Heffter, Heinrich (1950): Die deutsche Selbstverwaltung im 19. Jahrhundert, Stuttgart.

Holtkamp, Lars (2003): Parteien in der Kommunalpolitik, Hagen.

Holtkamp, Lars (2008): Kommunale Konkordanz- und Konkurrenzdemokratie, Wiesbaden.

Holtkamp, Lars (2011): Professionalisierung der Kommunalpolitik?, in: Edinger, Michael/Patzelt, Werner J. (Hrsg.): Politik als Beruf, Wiesbaden, S. 103 ff.

Holtkamp, Lars (2016): Zum Zusammenspiel von Konkurrenz- und Direktdemokratie, in: ders. (Hrsg.): Direktdemokratische Hochburgen in Deutschland, Wiesbaden, S. 207 ff.

Holtkamp, Lars/Brockmann, Nils Arne (2016): Direkte Demokratie, in: Holtkamp, Lars (Hrsg.): Direktdemokratische Hochburgen in Deutschland, Wiesbaden, S. 11 ff.

Holtkamp, Lars et al. (2002): Bürgermeisterkandidaten zwischen Verwaltungsprofis, Parteisoldaten und Schützenkönigen, in: Andersen, Uwe/Bovermann, Rainer (Hrsg.): Im Westen was Neues, Opladen, S. 55 ff.

Holtkamp, Lars et al. (2015): Kommunale Parteien und Wählergemeinschaften in Ost- und Westdeutschland, in: Zeitschrift für Vergleichende Politikwissenschaft 9 (1/2), S. 1 ff.

Juen, Christina-Marie et al. (2021): Abstiegserfahrungen in der Kommune und der Aufstieg Unabhängiger Wählergemeinschaften. Neue Befunde aus einem Mehrebenen-Kommunalpanel, in: Zeitschrift für Parlamentsfragen 52 (1), S. 59 ff.

Karrenberg, Hanns/Münstermann, Engelbert (1994): Gemeindefinanzbericht 1994, in: der städtetag 3/1994, S. 134 ff.

Kempf, Thomas (1989): Organisation der Fraktionsarbeit, in: ders. et al. (Hrsg.): Die Arbeitssituation von Ratsmitgliedern, Berlin, S. 111 ff.

Kersting, Norbert (2004): Die Zukunft der lokalen Demokratie, Frankfurt a. M.

Kevenhörster, Paul (1976): Parallelen und Divergenzen zwischen gesamtsystemarem und kommunalem Wahlverhalten, in: ders. et al. (Hrsg.): Kommunales Wahlverhalten, Bonn, S. 241 ff.

Kevenhörster, Paul (Hrsg.) (1977): Lokale Politik unter exekutiver Führerschaft, Meisenheim.

Klein, Armin (1979): Parteien und Wahlen in der Kommunalpolitik, in: Gabriel, Oscar (Hrsg.): Kommunalpolitik im Wandel der Gesellschaft, Königstein, S. 94 ff.

Kleinfeld, Ralf (1996): Kommunalpolitik, Opladen.

Köser, Helmut (1991): Der Gemeinderat in Baden-Württemberg, in: Pfizer, Theodor/Wehling, Hans-Georg (Hrsg,): Kommunalpolitik in Baden-Württemberg, 2. Aufl., Stuttgart, S. 141 ff.

Kost, Andreas/Wehling, Hans-Georg (Hrsg.) (2010): Kommunalpolitik in den deutschen Ländern, 2. Aufl., Wiesbaden.

Kuhlmann, Sabine/Wollmann, Hellmut (2013): Verwaltung und Verwaltungsreformen in Europa, Wiesbaden.

Lietzmann, Hans J. et al. (2022): Datenbank Bürgerbegehren, unter: http://www.datenbank-buergerbegehren.info/ (zuletzt geprüft am 5. April 2022).

Naßmacher, Hiltrud (1989): Kommunale Entscheidungsstrukturen, in: Schimanke, Dieter (Hrsg.): Stadtdirektor oder Bürgermeister, Basel, S. 62 ff.

Naßmacher, Hiltrud (1999): Zur Entwicklung der kommunalen Aufgaben, in: Ellwein, Thomas/Holtmann, Everhard (Hrsg.): 50 Jahre Bundesrepublik Deutschland, Opladen, S. 329 ff.

Naßmacher, Hiltrud (2000): Zwischen Selbstverwaltung und Haushaltssicherungskonzept, in: Bellers, Jürgen et al. (Hrsg.): Einführung in die Kommunalpolitik, München, S. 93 ff.

Naßmacher, Hiltrud/Naßmacher, Karl-Heinz (2007): Kommunalpolitik in Deutschland, 2. Aufl., Wiesbaden.

Nyhuis, Dominic (2016): Partei oder Person? Parteispezifische Wahlmotive bei baden-württembergischen Kommunalwahlen, in: Zeitschrift für Parlamentsfragen 47 (3), S. 657 ff.

Oel, Peter (1972): Die Gemeinde im Blickfeld ihrer Bürger, Stuttgart.

Pollach, Günter et al. (2000): Ein nachhaltig anderes Parteiensystem, Opladen.

Reiser, Marion (2006): Zwischen Ehrenamt und Berufspolitik – Professionalisierung der Kommunalpolitik in deutschen Großstädten, Wiesbaden.

Reiser, Marion (2017): Zeitaufwand für das kommunalpolitische Ehrenamt, in: Tausendpfund, Markus/Vetter, Angelika (Hrsg.): Politische Einstellungen von Kommunalpolitikern im Vergleich, Wiesbaden, S. 81 ff.

Roth, Roland (1994): Lokale Demokratie „von unten", in: ders./Wollmann, Hellmut (Hrsg.): Kommunalpolitik, Opladen, S. 228 ff.

Rudzio, Wolfgang (1968): Die Neuordnung des Kommunalwesens in der Britischen Zone, Stuttgart.

Schmidt-Eichstaedt, Gerd (1993): Kommunale Gebietsreform in den neuen Bundesländern, in: Aus Politik und Zeigeschichte B 36, S. 3 ff.

Schmidt-Eichstaedt, Gerd (1998): Autonomie und Regelung von oben, in: Wollmann, Hellmut/Roth, Roland (Hrsg.): Kommunalpolitik, 2. Aufl., Bonn, S. 323 ff.

Schneider, Herbert (1991): Kommunalpolitik auf dem Lande, München.

Statistisches Bundesamt (1986): Statistisches Jahrbuch 1986 für die Bundesrepublik Deutschland, Stuttgart.

Statistisches Bundesamt (2022): Gemeindeverzeichnis, unter: https://www.statistikportal. de/de/gemeindeverzeichnis, zuletzt geprüft am 29. März 2022.

Thieme, Werner/Prillnitz, Günter (1981): Durchführung und Ergebnisse der kommunalen Gebietsreform, Baden-Baden.

Verhelst, Tom et al. (2013): Political recruitment and career development of local councillors in Europe, in: Egner, Björn et al. (Hrsg.): Local councillors in Europe, Wiesbaden, S. 27 ff.

Vetter, Angelika/Holtkamp, Lars (2008): Lokale Handlungsspielräume und Möglichkeiten der Haushaltskonsolidierung in Deutschland, in: Heinelt, Hubert/Vetter, Angelika (Hrsg.): Lokale Politikforschung heute, Wiesbaden, S. 19 ff.

Wagener, Frido (1974): Neubau der Verwaltung, 2. Aufl., Berlin.

Weidenfeld, Ursula (2017): Regierung ohne Volk, Berlin.

Winkler-Haupt, Uwe (1988): Gemeindeordnung und Politikfolgen, München.

Ziebill, Otto (1954): Bürgerschaftliche Verwaltung, Stuttgart.

Ziebill, Otto (1972): Politische Parteien und kommunale Selbstverwaltung, 2. Aufl., Stuttgart.

Zielinski, Heinz (1997): Kommunale Selbstverwaltung im modernen Staat, Opladen.

Öffentliche Verwaltung und Implementation 12

12.1 Von der Verwaltung zum Öffentlichen Management

a. **Verwaltungsmodell: Rationale Verwaltung oder Neues Öffentliches Management?**
Zu den Funktionen eines politischen Systems gehört, verbindliche Entscheidungen durchzusetzen und Mittel zur eigenen Selbsterhaltung zu beschaffen (Geld, Legitimation, bewaffnete Kräfte). Sobald die Reichweite eines Herrschaftsverbandes die Grenzen von Face-to-face-Kommunikation überschreitet, d. h. Herrschaftsbefugte nicht mehr ihren Willen unmittelbar durchsetzen können, entsteht ein Organisationsproblem: Ein Glied zwischen politischer Spitze und Herrschaftsadressat/-innen wird nötig, eine Administration, um

- politischen Willen, d. h. in modernen Gesellschaften auch komplexe Zielsetzungen, präzise durchzusetzen (Durchsetzung),
- die politische Führung zu beraten (Politikvorbereitung),
- wobei Kosten minimiert werden (Kostenminimierung)
- und keine Eigenmacht entstehen sollen (politische Kontrollierbarkeit).

Als relevant für die deutsche Entwicklung kann man vier Verwaltungsmodelle unterscheiden (vgl. Tab. 12.1). Es sind dies erstens patrimoniale Strukturen, wie sie im Lehnssystem des mittelalterlichen Deutschland bestanden: Statt Geld für Amtsausübung gab es das Lehen, persönliche Bindungen dominierten, nur einfache Ziele waren durchzusetzen. Die Schwachstelle des Systems bestand in zunehmender Eigenmacht der Zwischenglieder (Herzöge und Grafen).

Tab. 12.1 Verwaltungsmodelle im Vergleich

	Patrimoniale Strukturen	Politische Verwaltung	Rational-instrumentelle Verwaltung	Neues Öffentliches Management
Gesellschaftlicher Kontext	Traditionale Gesellschaft	modern; Übergangsgesellschaft	modern	modern, Marktökonomie
Primäre Funktion	Herrschaftssicherung	Arm der Partei/ des Präsidenten	Präzise Ausführung von Rechtsakten	Ökonom. Erreichen vorgegebener Ziele
Organisation	Personale Bindungen	Hierarch. Aufbau, Parteiverzahnung	Hierarchischer Ämteraufbau	Unternehmensähnliche Einheiten
Personalauslese-Kriterium	Herkunft	Politische Loyalität	Professionalität (bes. juristische)	Professionalität (bes. ökonomische)
Beispiele	Saudi-Arabien, mittelalterl. deutsches Reich	USA (bes. 1829–83), NS-Deutschland, China	Frankreich, Deutschland (bisher), Singapur	Großbritannien, Neuseeland, Kanada

bes. = besonders
Quelle: Ergänzt und verändert nach Heady (1996, S. 222).

Zum zweiten kann man von „politischer" Verwaltung sprechen, wenn die politische Führung bzw. herrschende Partei sich der Verwaltungsämter bemächtigt – in den USA des 19. Jahrhunderts gerade als demokratische Lösung verstanden („spoils system"), ebenso aber dazu geeignet, eine Parteidiktatur abzustützen. Bezahlt wird dies mit Verlusten an Professionalität.

Demgegenüber gelten beim dritten, dem rational-instrumentellen Modell, Politik und Verwaltung als voneinander getrennt. Dieses Modell, entstanden im antiken Ägypten bzw. alten China, konzentriert alle Entscheidungsbefugnisse bei der jeweiligen politischen Spitze (Fürst/-in, Regierung), während die als Instrument untergeordnete Verwaltung auf Professionalität und Kontrollierbarkeit ausgerichtet ist. Ein Wechsel der politischen Führung wird daher möglich, ohne die Verwaltungskontinuität zu gefährden. Auch die moderne preußisch-deutsche Verwaltungstradition bis hin zur Bundesrepublik ist von den Prinzipien einer solchen rationalen Organisation im Sinne Max Webers geprägt. Es sind dies (Mayntz 1978, S. 109 ff.):

12.1 Von der Verwaltung zum Öffentlichen Management

- eine detaillierte und permanente Verteilung der Zuständigkeiten,
- eine Bindung an Recht und verwaltungsinterne Regeln,
- eine Schriftlichkeit von Verwaltungsentscheidungen,
- eine Konzentration aller Verantwortung und Befugnisse bei der Spitze einer Behörde,
- eine Bindung an parlamentarisch verabschiedete jährliche Haushaltspläne.

Eine solche Organisation entspricht auch der kontinentaleuropäischen, vom römischen Recht herkommenden Rechtstaatskultur, die zwischen öffentlich und privat unterscheidet sowie eine umfassende Kodifizierung des Rechts vorsieht, Verwaltung als Rechtsvollzug begreift und sie auf Legalität, Gleichbehandlung und Interessenneutralität verpflichtet. Von ihm unterscheidet sich eine andere, vom Common Law beeinflusste angelsächsische Verwaltungstradition wie in Großbritannien, Irland oder Malta (Kuhlmann und Wollmann 2013, S. 20 f., 24, 26).

Ein *vorgegebener politischer Wille kann durch eine rationale Verwaltung zuverlässig, kontrollierbar und wirksam ausgeführt werden. Allerdings erzeugt der hierarchisch-bürokratische Aufbau auch Probleme. Zum einen entstehen Effizienzverluste,* da mit dieser Struktur ein durch Kompetenzabgrenzungen bedingtes Zerreißen sachlicher Zusammenhänge, lange Bearbeitungsvorgänge und inneradministrative Reglementierung verbunden sind. Kritiker/-innen sprechen von einer „alles erstickenden Regelungsflut" (Gutjahr-Löser 1998, S. 29 ff., 126). Auch die jahresbezogene und bis ins einzelne gehende Mittelzuweisung durch die Haushaltspläne führt häufig zu unwirtschaftlichem Verhalten. In der Verwaltungspraxis behilft man sich: Vorgesetzte ziehen keineswegs jede Entscheidung an sich, sondern delegieren Aufgaben. Koordinierungen erfolgen vielfach durch mehr oder minder informelle horizontale Kontakte zwischen untergeordneten Angehörigen verschiedener Abteilungen oder Behörden – im „kurzgeschlossenen Dienstweg" (Mayntz 1978, S. 112 f.); auch selbstständigeres Handeln untergeordneter Einheiten gilt als notwendig (Lane 2000, S. 3 f.).

Eine weitere Problematik ergibt sich daraus, dass die Aufgaben des öffentlichen Dienstes über Ordnungsfunktionen ausgreifen und in großem Maße auch Dienstleistungen und gestaltende Aufgaben umfassen. Die Verpflichtung zu strikter Regelanwendung genügt dann nicht mehr als Handlungsanweisung. Angemessen sind vielmehr „Zweckprogramme", d. h. Anweisungen, so zu handeln, dass bestimmte Ziele möglichst optimal erreicht werden. Anders scheint eine Steuerung der im öffentlichen Dienst tätigen, fachlich ausgebildeten Spezialist/-innen – der Lehrer/-innen, Sozialarbeiter/-innen, Soldat/-innen, Ingenieure/-innen, Ärzte/-innen, Wissenschaftler/-innen – kaum möglich. Die

Konsequenz: weniger rigide Führung und Kontrolle durch Verwaltungsspitzen (Mayntz 1973, S. 100 ff.), was sich jedoch an den Prinzipien der rationalen Organisation stößt. Für letztere steht das auf Regeleinhaltung trainierte Verwaltungspersonal im engeren Sinne, an seiner Spitze die Verwaltungsjurist/-innen[1]. Spannungen zwischen beiden Personalgruppen sind daher verbreitet. Dysfunktionale Paragraphenreiterei der einen oder unkontrollierte Verselbstständigung der anderen – diese Vorwürfe stehen sich gegenüber.

Diese Probleme und nicht zuletzt der angelsächsische Trend zu einem vierten Verwaltungsmodell, dem *„New Public Management"*, haben im Deutschland der neunziger Jahre zu einer Reformbewegung geführt. Man spricht vom „Neuen Steuerungsmodell", das zu einer „Verankerung betriebswirtschaftlicher Prinzipien, Instrumente und Techniken" in der öffentlichen Verwaltung führen soll (Czerwick 2008, S. 73). Steuerung soll weniger auf Einhaltung von immer weiter verfeinerten Regeln als vielmehr auf ergebnisbezogene Erfolgskriterien bauen. Dies heißt im Einzelnen:

Erstens: Die Leistung, das Angebot eines „Produkts", soll ökonomisch erfolgen, bei Kosten-Leistungsanalysen und laufendem Controlling. Hierzu gehören Behördenvergleiche und flächendeckende Leistungsbewertungen, Marktkonkurrenz zwischen verschiedenen Anbietern, Auslagerungen von Aufgaben auf private Leistungsanbieter („contracting out") – aktivierende Wettbewerbselemente, um die Strukturen „unter Strom zu setzen" (Bogumil 2001, S. 115). Das betrifft auch selbständige Anbieter wie die Sozialeinrichtungen der Wohlfahrtsverbände, die vom neuen Wind erfasst werden, der ihnen statt Kostendeckung den Wettbewerb beschert (Heinelt und Mayer 1997). *An Stelle des juristischen tritt der ökonomische Denkstil.*

Personell heißt dies, die Jurist/-innendominanz bei Führungsstellen des öffentlichen Dienstes abzubauen, vor allem zugunsten von betriebswirtschaftlich Ausgebildeten. Anstelle des kameralistischen Haushalts tritt die kaufmännische doppelte Buchführung („Doppik"). Deren Vorteil besteht darin, dass sie nicht nur Einnahmen und Ausgaben gegenüberstellt, sondern auch Sachvermögen und Abschreibungen einbezieht, sodass der Ressourcenverbrauch und damit Kosten erfasst werden. Zusätzlich stellt sich dabei die Aufgabe, auch die ausgegliederten bzw. privatisierten bisherigen Eigenbetriebe von Kommunen einzubeziehen. Eine umfassende „Konzernbilanz" in diesem Sinne hat Solingen als erste deutsche Großstadt vorgelegt. Auf der Ebene der Bundesländer führte Hamburg ab 2003

---

[1] Juristen nahmen in der Bundesrepublik etwa zwei Drittel der administrativen Spitzenpositionen ein (Schwanke und Ebinger 2006, S. 233).

12.1 Von der Verwaltung zum Öffentlichen Management

die Doppik ein, auch Bremen hat sich umgestellt (Pergande 2007; Pergande 2012). Gegenwärtig wird in 12 der 16 Bundesländer Doppik umgesetzt. Berlin hat eine erweiterte Kameralistik, Bayern, Thüringen und Schleswig-Holstein überlassen den Gemeinden die Wahl zwischen Doppik und Kameralistik-Formen.

Die grundsätzliche Schwierigkeit besteht aber darin, angemessene Erfolgskriterien für jede öffentliche Aufgabe zu definieren und Wettbewerbsstrukturen zu etablieren. Wie ist Erfolg bei innerer Sicherheit, wie Bildungserfolg, wie gute Verkehrsversorgung zu definieren? Quantifizierende Bewertungen würden vielfach dysfunktionale Folgen nach sich ziehen: Könnte der nach Strafzettel- und Fallerledigungszahlen bewertete Polizist angemessen handeln, der am meisten Absolventen produzierende Fachbereich einer Universität der beste sein?

Zweitens: Die politische Steuerung soll durch vorgegebene Ziele erfolgen, nicht die Schritte dorthin umfassen. Dies impliziert eine *Trennung zwischen der Politik, die nur Ziele setzt, Mittel an die Hand gibt und kontrolliert, einerseits und einem umsetzenden, unter ökonomischen Imperativen handelnden Management andererseits*. Gewählte Politiker/-innen, bisher „mit einer Fülle von Einzelfallentscheidungen belastet, die nur noch am Rande etwas mit politischer Führung zu tun haben" (Werner Jann zit. nach Lorig 2001, S. 292), werden entlastet. Sie geben politische Ziele nur noch durch „Zielvereinbarungen" (Kontrakte) den exekutiven Einheiten vor. Vereinbarung ist dabei insofern ein euphemistischer Begriff, als meist eher eine „Vorgabe" gemeint ist (Hill 2001, S. 33 f.).

Aber lassen sich Politik und Ausführung wirklich so scheiden? „Die Art der Umsetzung bestimmt das Politikergebnis wesentlich mit", meinen zweifelnde Kritiker/-innen (Bogumil 1997, S. 35). Auch bleibt die Frage, wieweit Parlamente über Controlling-Verfahren nicht doch in Umsetzungsfragen hineingezogen werden. Zumindest die frühen Erfahrungen ermöglichen keine sicheren Urteile, da nur bei 14,8 % von 804 befragten Kommunen bereits Kontrakte zwischen Politik und Verwaltung existierten, bei 24,3 % zwischen Verwaltungsspitze und Verwaltung, nur 10,9 % dezentrale Controllingstellen eingerichtet hatten (Bogumil und Holtkamp 2013, S. 81).

Die Bürgermeister/-innen scheinen sich Rückenstärkung vom Neuen Steuerungsmodell zu versprechen. Drei Viertel von ihnen treten für die Trennung zwischen Zieldefinition durch die Kommunalpolitik und Aufgabenerfüllung durch die Verwaltung ein (Egner 2007, S. 155), während zumindest großstädtische Ratsmitglieder sich auch mit Einzelfragen beschäftigen möchten, um bürgernah zu sein. Von ihnen beurteilt nur ein geringer Teil das Neue Steuerungsmodell positiv (Reiser 2006, S. 205, 207). Dabei neigen laut einer Umfrage von 2009 eher Ratsmitglieder der großen Parteien dazu, die Verantwortungstrennung zu bejahen, während ihr Ratsmitglieder der kleineren Parteien distanzierter gegenüber stehen

(Egner 2013, S. 141). Selbstständigere Verwaltung und Direktwahl des Bürgermeisters/der Bürgermeisterin – dazwischen droht den kommunalen Räten eine „Sandwich-Situation" (Holtmann 2012, S. 163).

Drittens: Mehr „delegierte Ergebnisverantwortung" an Stelle einer „inputorientierten Detailsteuerung" führt zu *globalen Mittelzuweisungen für Aufgabenfelder* (Globalhaushalte mit weit reichender zeitlicher und sachlicher Übertragbarkeit der Mittel) (Hill 2001, S. 43; Reichard 1994, S. 34 ff., 51). Bereits 1997 ist das allgemeine Haushaltsrecht in Deutschland für derartige Veränderungen geöffnet worden (Jessen 2001, S. 18, 25).

Globalbudgets, wie 2005 in einem Drittel befragter Kommunen praktiziert (Bogumil und Holtkamp 2013, S. 82), eröffnen Chancen zu einem flexibleren, effizienteren Mitteleinsatz, bedeuten aber auch: „Je größer die Gestaltungs- und Entscheidungsspielräume der Exekutive beim Haushaltsvollzug ausgestaltet werden, umso geringer wird die politische Steuerungs- und Kontrollfähigkeit des Parlaments, d. h. desto mehr verliert das parlamentarische Budgetrecht an Bedeutung." (Ockermann 1998, S. 98) Im Übrigen werden in der kommunalen Praxis auch bei Globalhaushalten Budgetgrenzen überschritten, beantwortet durch Haushaltssperren seitens der Kämmereien, was wiederum das altbekannte „Dezemberfieber" bei den Organisationseinheiten entfacht (d. h. ihre Kasse zum Jahresende zu leeren) (Holtkamp 2007, S. 47).

Viertens: Das neue Steuerungsmodell tendiert dazu, die *Umsetzung möglichst autonomen Organisationseinheiten anzuvertrauen*. In Bund und Ländern zielt man dahin, Ministerien zu Gesetzgebungsministerien schrumpfen und die Gesetzesausführung auf selbstständig arbeitende Bundes- bzw. Landesämter, korporatistische und private Organisationen übergehen zu lassen (Konzendorf und Bräunlein 1998; Derlien 1995a, S. 419 ff.).

Als Modell gilt die angelsächsische „agency", die im Rahmen gesetzlicher Vorgaben selbstständig agierende Behörde. Das bekannteste Beispiel hierfür ist die „Bundesagentur für Arbeit", die unter einem drittelparitätischen Verwaltungsrat (Arbeitgeber-, Gewerkschafts- und Regierungsvertreter/-innen) arbeitet. Bedenkt man, dass in Deutschland bereits Mitte der 1990er Jahre allein auf Bundesebene etwa 50 halbautonome Einrichtungen außerhalb der Ministerien operierten (Derlien 1995b, S. 65), so zeichnet sich mit deren Vermehrung und Verselbstständigung eine Abkehr vom Verwaltungsmodell Max Webers ab (Lorig 2001, S. 136, 143; Wollmann 2001, S. 44 ff.). Bereits bisher zeigten manche dieser Einheiten die Neigung, durch öffentliche Stellungnahmen in den politischen Prozess einzugreifen. Das steigert die Versuchung für Regierende, an die Spitze solcher Agenturen politische Vertrauensleute zu hieven – schon um auch bei der Ausführung ihrer Politik sicher zu gehen. Und wird eine etablierte Agentur nicht mit politischen Argumenten für ihr Budget kämpfen? Die entsprechenden US-Behörden gelten jedenfalls als „politische Akteure" (Döhler 2007, S. 123). Problematisch dürfte sich bei autonomeren Einheiten auch das Interesse am Wachsen des Budgets der eigenen Einheit auswirken. Mit ihm nämlich verbessern sich die Aufstiegschancen der dort Tätigen. Geradezu zwanghaft bemüht sich schon bisher jede Behörde, bewilligte Haushaltsmittel unbedingt zu verbrauchen und weiteren Bedarf zu finden. Budgetausweitungen werden besten Gewissens vertreten, indem man sich mit der Aufgabe des eigenen Dienstbereichs identifiziert und diese im Allgemeininteresse für vorrangig erachtet (Niskanen 1971, S. 38 ff.) – der Lehrer setzt sich für bessere Bildung, der Sozialarbeiter für sozial Schwache, die Finanzbeamtin für wirksamen Steuereinzug ein.

Die Ausgliederungen in kleinen und mittleren Kommunen sowie Landkreisen haben ganz überwiegend die Versorgung mit Strom, Gas, Wasser und Fernwärme erfasst, darüber hinaus Sparkassen, öffentlichen Nahverkehr, Krankenhäuser und Abfallverwertung. Dies ist in verschiedenen Rechtsformen geschehen: als Eigenbetrieb, Zweckverband oder GmbH. Bei den Städten mit über 50 000 Einwohner/-innen überwiegt mit 73,4 % eindeutig die kommunale Beteiligung in GmbHs gegenüber nur 9,2 % Eigenbetrieben und 4,9 % Aktiengesellschaften. In den 30 größten deutschen Städten befinden sich aber 51 % aller ausgegliederten Unternehmen mehrheitlich in kommunaler Hand (Killian et al. 2006, S. 29, 32, 37, 63 ff., 96). Bei Verkehrsbauten wie Brücken, Straßen etc. breiten sich „Public Private Partnerships" aus. Wie zu erwarten, treten Ratsmitglieder der FDP für Auslagerungen und Privatisierungen ein, die der Unionsparteien und Freien Wähler nehmen eine neutrale bis leicht positive Position ein, während die Vertreter/-innen der drei linken Parteien, insbesondere der Linkspartei, hier negativ votieren (Egner et al. 2013, S. 151).

Zusammenfassend kommen Bogumil und andere aufgrund ihrer Befragungen der Verwaltungen von 870 Kommunen zu dem Ergebnis, dass zwar zwei Drittel der Kommunen einzelne Elemente des Neuen Steuerungsmodells eingeführt haben, jedoch sich nur 16,1 % an dessen Gesamtkonzept orientieren (Bogumil und Holtkamp 2013, S. 78 ff.). Alles in allem: Die Reformbilanz sei „ernüchternd". Die „Kundenorientierung" sei zwar gewachsen, aber ein „Einflussverlust" des Rates und verbreitete „Frustration" bei kommunalen Mitarbeiter/-innen festzustellen (Bogumil et al. 2007, S. 98, 316; Möltgen und Pippke 2009, S. 218). *Die öffentliche Administration in Deutschland ist zwar immer noch dem rationalen Verwaltungsmodell verhaftet, weist aber zunehmend Züge von Neuem Öffentlichem Management auf.*

Daneben bestehen weiterhin Probleme des traditionellen Verwaltungsaufbaus. Sie haben zu neueren Entwicklungen geführt, bei denen zwei Bundesländer unterschiedliche Lösungen für die mittlere staatliche Ebene anbieten: Baden-Württemberg hat zwar die drei Ebenen Landesregierung – staatliche Mittelinstanz (Regierungspräsidien) – Auftragsverwaltung durch die Kreise beibehalten, doch außerhalb befindliche Sonderverwaltungen in diese Ebenen integriert („konzentrierte Dreigliedrigkeit"). Alternativ dazu ging Niedersachsen vor, das die Regierungspräsidien abschaffte und zu einer „Zweigliedrigkeit" Land-Kommunen übergegangen ist (Reiners 2008, S. 26, 29 f.). Infolge der geringen Größe der meisten Bundesländer bestehen Regierungsbezirke heute nur noch in vier Bundesländern. Die Vielfalt der Verwaltungsstrukturen hat zugenommen.

Eine andere, eher koalitionspolitischen Kompromissen entstammende Neuerung war mit den 353 Arbeitsgemeinschaften zwischen der Bundesagentur für Arbeit und interessierten Kommunen zur Vermittlung von Langzeitarbeitslosen entstanden. Dieses administrative Unikum (ein „Mitternachtsbierdeckelkompromiss", so der Chef der Arbeitsagentur) wurde 2007 vom Bundesverfassungsgericht für verfassungswidrig erklärt. Es stelle eine nach dem Grundgesetz „unzulässige Mischverwaltung" dar (Wollmann 2008, S. 169 f.). Künftigem Wildwuchs wurde damit vorgebaut.

b. Personeller Prototyp: Vom Beamten zum Dienstleister
Das heutige Deutschland hat einen vergleichsweise schlanken öffentlichen Dienst. Die Ausgliederungen von Bahn und Post aus dem staatlichen Bereich, aber auch zurückhaltende Personalpolitik haben hierzu beigetragen (vgl. Abb. 12.1). In etwa erfassen die Zahlen das Personal, das öffentlichen Regelungen unterliegt und dessen Arbeitsbereiche keiner freien Marktkonkurrenz ausgesetzt sind.

Wendet man sich dem für diesen Kreis geltenden öffentlichen Personalsystem zu, ist für die Bundesrepublik von einem Civil-service-System zu sprechen. Entwickelt im Mandarinensystem des alten China bzw. mit dem Beamtentum des monarchischen Frankreichs und Preußens, fand es im England des 19. Jahrhunderts seine Bezeichnung. Es ist durch drei Elemente charakterisiert:

- Auswahl und Beförderung des öffentlichen Personals erfolgen nach Verdienst und Fähigkeit – was Willkür, Herkunftskriterien und Patronage ausschließen soll.
- Die Einstellung erfolgt auf Dauer („tenure"), eine angemessene, lebenslange Versorgung erfolgt durch den Staat, was die Loyalität des Personals stützen soll und Streikverbote rechtfertigt.
- Das Personal ist gegenüber Regierung bzw. Vorgesetzten verantwortlich. Zumindest Inhaber/-innen höherer Positionen sollen sich politisch zurückhalten.

12.1 Von der Verwaltung zum Öffentlichen Management

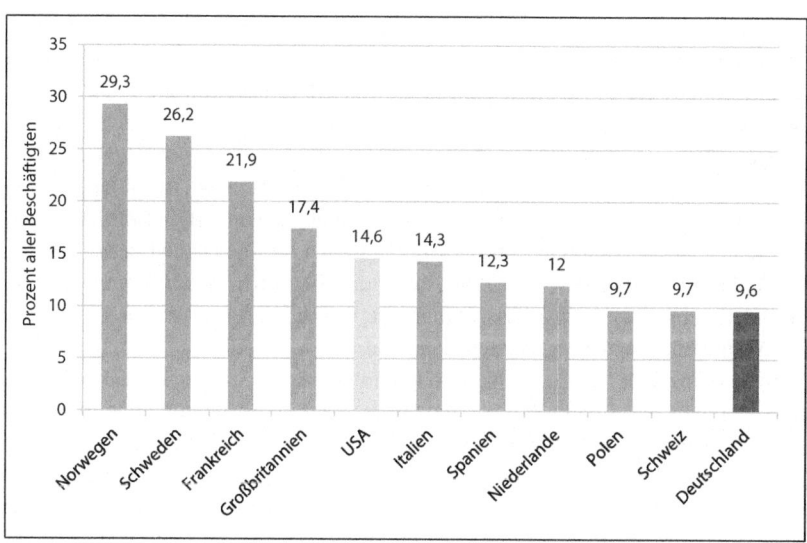

Abb. 12.1 Die öffentlich Beschäftigten in Europa und den USA 2008. (*Quelle:* Kuhlmann und Wollmann 2013, S. 102)

Dem rational-instrumentellen Verwaltungsmodell entsprechend zielt dieses System darauf, den Öffentlichen Dienst als *zuverlässiges Instrument* zur Durchsetzung politischer Entscheidungen zu organisieren. Diese Intention findet in den *„hergebrachten Grundsätzen des Berufsbeamtentums"* (Art. 33 GG) ihren Ausdruck: im öffentlich-rechtlichen Dienstverhältnis (das Tarifverträge und Streiks ausschließt), in der Treuepflicht des Beamten/der Beamtin gegenüber der freiheitlichen demokratischen Grundordnung, im vollen Einsatz seiner Arbeitskraft, im Prinzip des Lebenszeitbeamtentums und in der Fürsorgepflicht des Dienstherren ihm gegenüber. Die Gewährleistung demokratischer Zuverlässigkeit der Angehörigen des öffentlichen Dienstes, durch Tarifverträge auch für Angestellte und Arbeiter/-innen geltend, war allerdings seit Anfang der siebziger Jahre umstritten und wurde unterschiedlich abverlangt (Rudzio 1988, S. 87 ff.). Zuletzt stand dieses Kriterium noch beim Umgang mit ehemaligen SED-Funktionär/-innen und Angehörigen des DDR-Staatssicherheitsdienstes im Blickpunkt der Öffentlichkeit. Jüngst gewinnt sie im Zuge der Debatte um (Rechts-)Extremist/-innen im öffentlichen Dienst, zumal den Sicherheitsbehörden, an Bedeutung.

Darüber hinaus soll die Personalstruktur einer *Effizienz des öffentlichen Dienstes* dienen. Dementsprechend fordert das öffentliche Dienstrecht, Einstellungen und Beförderungen nach „Eignung, Befähigung und fachlicher

Leistung" vorzunehmen. Da Leistungsmessungen schwierig scheinen, entscheidet in aller Regel der allgemeine Bildungsgrad als Einstiegsvoraussetzung in die (ursprünglich überall geltenden vier) Laufbahngruppen, die jedoch mittlerweile föderalisiert sind: Einige Länder kennen nur mehr zwei Laufbahngruppen, zudem heißen die Laufbahngruppen mittlerweile regional unterschiedlich, was Vergleichbarkeit erschwert (vgl. Tab. 12.2). Die Besoldungs- und Entgeltgruppen können als grobe Orientierung dienen. Bei Beförderungen kommen – so die Meinung befragter Bediensteter – zwar Fachwissen, Leistung und Führungsfähigkeiten zum Zuge, aber daneben auch leistungsunabhängige Karrieredeterminanten wie Dienstalter, Stellenkegel der jeweiligen Behörde und Wohlwollen von Vorgesetzten, Personalräten, Gewerkschaften und Parteien (Pippke 1975, S. 57, 182, 213 ff.; Luhmann und Mayntz 1973, S. 213, 245, 259, 267). Ähnlich das Ergebnis einer jüngeren Studie zur Hamburger Verwaltung: Ausschlaggebend für Beförderungen sind demnach Kenntnisse (so 30,9 % der befragten Beschäftigten), Einsatz/Eifer (11,9 %), die Meinung der Vorgesetzten (50,4 %) und Einflüsse von außerhalb (4,8 %)[2]. Allgemein scheinen die positiven Leistungsanreize begrenzt, sogar gänzlich ausgereizt für die Pulks von Älteren, die sich in den höchsten für sie erreichbaren Ämtern aufstauen. Zugleich mangelt es auch an negativen Sanktionen.

Wie sich der traditionell hohe Juristenanteil unter leitenden Beamt/-innen in Deutschland (wie auch im kontinentalen Westeuropa und in Japan) auf die Leistungsfähigkeit des öffentlichen Dienstes ausgewirkt hat, ist im Vergleich mit mehr sozialwissenschaftlich Vorgebildeten in den USA oder mehr Geisteswissenschaftler/-innen und Techniker/-innen in Großbritannien kaum zu beantworten. Denken in Zusammenhängen, ein „generalist outlook", wie in diesen Positionen verlangt, dürfte auf der Basis verschiedener Ausbildungen zu erreichen sein.

Der ökonomischen Perspektive des Management-Modells folgend wird nach der Effizienz von Verwaltungen, etwa nach den Kosten der Steuererhebung in Prozent des Aufkommens, gefragt. Wenn dieser Prozentsatz auf 3,1 bei der Umsatzsteuer, 5,7 bei der Einkommenssteuer und gar 10,5 % bei der Körperschaftssteuer beziffert wird, zudem Deutschland im internationalen Vergleich generell bei der Steuererhebung relativ hohe Kosten hat (Stand 1995), stellen sich nicht nur Fragen nach den über 100 000 in deutschen Finanzverwaltungen Tätigen, sondern auch nach deren Organisation und schließlich vor allem, wieweit die Ursachen in einem umfangreichen, unübersichtlichen und zum Teil

---

[2] N = 564 (Auf dem Hövel 2003, S. 141).

12.1 Von der Verwaltung zum Öffentlichen Management

Tab. 12.2 Personalrechtliche Gliederung des öffentlichen Dienstes in Tausend (Stand 30. Juni 2020) einschließlich mittelbarem öffentlichem Dienst und Bundeseisenbahnvermögen Die Prozentuierungen sind getrennt auf die jeweilige Gesamtzahl in der obersten Zahlenreihe bezogen. Reste sind nicht zuordnungsfähig

Kategorien:	Insgesamt	Bund	Länder	Kommunen	Sozialversicherungen[a]
Gesamtzahl der Beschäftigten	4 968,0	509,9	2 493,3	1 596,8	368,0
Beamte, Richter, Zeitsoldaten	*34,6 %*	*70,9 %*	*52,6 %*	*11,8 %*	*7,4 %*
Darunter: Spitzenbeamte (B-Besoldung)	0,2	0,7	0,2	0,3	0,0
Richter (R-Besoldung)	0,6	0,1	1,2	X	X
Professoren (C- bzw. W-Besoldung)	0,8	0,1	1,5	X	0,0
darunter: A13 und höher	4,3	10,0	19,5	2,2	1,1
A9 und höher	15,8	24,4	21,6	6,4	5,8
A5 und höher	5,8	29,6	4,0	2,2	0,3
einfacher Dienst (A2 und höher)	0,3	3,1	0,1	0,0	0,0
in Ausbildung	2,8	2,9	4,5	0,7	0,0
Arbeitnehmer	*62,0 %*	*29,2 %*	*47,4 %*	*88,2 %*	*92,5 %*
darunter: E13 und höher	8,2	2,9	13,1	3,1	4,4
E9 und höher	18,5	7,9	12,7	24,9	44,1
E5 und höher	21,6	12,2	12,1	38,1	27,0
E1 und höher	5,9	3,3	2,4	12,9	2,7
in Ausbildung	2,5	1,3	2,0	3,3	3,6

[a] Einschließlich Bundesagentur für Arbeit
Quelle: Statistisches Bundesamt (2021a, S. 29).

unsystematischen Steuerrecht zu suchen seien, das eine „Vorschriftenflut" erzeuge, die Gesetzmäßigkeit der Besteuerung nicht mehr gewährleiste und ein Heer von knapp 90 000 Steuerberater/-innen ernähre (Bundessteuerberaterkammer 2021).

Dass es mit der Effizienz im öffentlichen Bauwesen nicht weit her ist, zeigen Fälle wie der Großflughafenbau Berlin, der Bau der Elbphilharmonie in Hamburg oder der des nordrhein-westfälischen Landesarchivs in Duisburg. Sie werden in Medien und von Rechnungshöfen kritisiert und werfen die Frage nach einer anderen Zuordnung zwischen Politik und exekutierender Verwaltung bzw. Management auf.

Effizienz und Zuverlässigkeit werden auch durch Korruption bedroht. Nach dem Corruption Perception Index von Transparency International 2021 liegt Deutschland an 10. Stelle durchaus in der Spitzengruppe korruptionsfreier Staaten, knapp hinter der Schweiz, den Niederlanden und Luxemburg (Transparency International Deutschland 2021). Dennoch, Vorteilsnahme und Bestechlichkeit, die Annahme von „Geschenken", scheinen bei Behörden, die lukrative Aufträge oder Lizenzen zu vergeben bzw. Überprüfungen vorzunehmen haben, nicht mehr ganz ausgeschlossen. Bei öffentlichen Bauaufträgen sieht Transparency International Schäden „im zweistelligen Milliardenbereich" (Scheffer 2005). Auch Politiker/-innen und Parteien sind es, die – wie in Köln und anderswo – die Hand aufhalten. In einigen Fällen wurden Netze von Firmen, öffentlichen Bediensteten und Politiker/-innen aufgedeckt, die seit Jahren in korrupter Weise zusammenarbeiteten (Scheuch 2003). Auch wenn Vorteilsnahme von Parlamentarier/-innen nicht strafbar ist (s. die „Maskenaffäre" in der Corona-Pandemie), definiert man sozialwissenschaftlich die politische Korruption eher weiter: als „behaviour which deviates from the formal duties of the public role because of private regarding (close family, personal, private clique) pecuniary or status gains" (Nye 1967, S. 419).

Schließlich zum Verhältnis Politik-öffentlicher Dienst: Die scharfe Trennung im Sinne des Civil-service-Systems wird in der Wirklichkeit nicht überall durchgehalten. Hierauf deutet schon der hohe Anteil aus dem Öffentlichen Dienst stammender Abgeordneter, wie er sich ähnlich auch in anderen vergleichbaren Ländern findet. Ein beachtlicher Anteil ehemaliger Spitzenbeamter/-beamtinnen, die Regierungsmitglieder werden – wie in Frankreich (Kempf 1997, S. 96) oder Japan –, findet sich in Deutschland aber nicht.

Außerdem ist eine gewisse *Parteipolitisierung* im öffentlichen Dienst zu erkennen. So spielen politische Orientierungen zuweilen bei Stellenbesetzungen eine Rolle. Die Parteien, interessiert, einerseits ihren politischen Einflussbereich zu erweitern (Herrschaftspatronage), andererseits Parteiaktive zu belohnen

12.1 Von der Verwaltung zum Öffentlichen Management

(Versorgungspatronage), praktizieren in Kommunalverwaltungen zuweilen eine gemeinsame „Proporzpatronage" (Röber 2001). Bei einer Umfrage unter Angehörigen der Hamburger Verwaltung meinen 71 % der Befragt/-innen, es gäbe eine Parteipolitisierung des Beamtentums. Für diese Sicht spricht, dass im jahrzehntelang sozialdemokratisch regierten Hamburg SPD-Mitglieder, die bereits vor Eintritt in den öffentlichen Dienst der SPD angehört haben, tatsächlich „signifikant schneller befördert" werden als andere (Auf dem Hövel 2003, S. 104 ff., 155, 182). Dies könnte auch für andere, längerfristig von einer Partei beherrschte Bundesländer zutreffen.

In den Bundesministerien, wo Gesetze und politische Entscheidungen vorzubereiten sind, ist Parteipolitisierung ebenfalls zu beobachten (vgl. Abschn. 8.2). Um dem hier legitimen Interesse an politischem Einfluss zu entsprechen, ohne das Civil-service-System aufzugeben, bieten sich zwei Wege an. Der eine ist das Ministerkabinett französischen Stils (cabinet ministeriel), das aus frei ausgesuchten Vertrauensleuten des Ministers/der Ministerin besteht, die ihn/sie unterstützen und als sein/ihr Arm, Auge, Ohr und Think Tank im Ministerium fungieren. Ein solches Ministerkabinett (wie in romanischen Staaten Westeuropas, in den Niederlanden und bei der EU-Kommission) wird mit dem Abgang des Ministers/der Ministerin wieder aufgelöst, seine/ihre Mitglieder aus dem öffentlichen Dienst kehren auf ihre alten Positionen zurück, die übrigen werden entlassen. Diese elegante, auch kostengünstige Verstärkung der politischen Spitze hat die Kehrseite, dass Einfluss und Karrierechancen der Kabinettsangehörigen typischerweise zu Spannungen zwischen ihnen und dem übrigen Leitungspersonal führen (Page 1995, S. 267 f.). Die andere Lösung besteht im „politischen Beamten", wie man ihn in Deutschland kennt, ebenfalls bewährt (mit Nebenwirkungen), um *politische Spitzen im Rahmen eines Civil-service-Systems zu stärken.*

Mit dem Neuen Öffentlichen Management soll sich auch das öffentliche Personalsystem verändern. Eine Abkehr vom Beamtentum und von Prinzipien des civil service ist angestrebt. Das bisherige „geschlossene" Personalsystem will man durch ein „offenes" ersetzen. Dies heißt:

- Einstellungen nicht mehr auf Dauer vorzunehmen,
- Neueinstellungen auch in Aufstiegsstellen hinein zu ermöglichen,
- als Voraussetzungen für die Stelle passende Kenntnisse (statt allgemeiner Bildungsabschlüsse) zu fordern,
- eine Bezahlung nach Leistung (nicht Dienstrang) im Rahmen von Kollektivverträgen (statt eines gesetzlichen Besoldungssystems) festzulegen und
- die Alterssicherung durch Beiträge in Pensionsfonds ansparen zu lassen (Auer et al. 1997, S. 158).

Wenn sich die Reformbestrebungen durchsetzen, wird damit in Zukunft der Prototyp des Dienstleisters den Geist des öffentlichen Dienstes bestimmen. Die Auflockerung des Laufbahnrechts in den Bundesländern kündet davon. Die sich dabei abzeichnenden Personalsysteme lassen *zwar auch manches Festhalten an Bisherigem erkennen, aber die neuen Akzente zielen deutlich auf eine geringere Gewichtung von allgemeinen Bildungsabschlüssen und Dienstalter, während Leistung und stellenbezogene Fähigkeiten größere Bedeutung erlangen sollen.* Anstelle der Beförderung tritt möglichst die Bewerbung um eine freie Stelle.

Insgesamt sind mehr Vielfalt und mehr Unübersichtlichkeit im öffentlichen Personalwesen zu erwarten. Absichten, die Alleinzuständigkeit von Regierungen bei Personalentscheidungen zu beseitigen (was in ein Civil-service-System passte), würden parteiliche Personalpolitik einschränken, scheinen aber in der Reformdiskussion kaum thematisiert.

12.2 Durchsetzung im Innern, Schutz nach außen

a. Die Begegnung zwischen Verwaltung und Bürger

Was geschieht, wenn ein Gesetz verkündet, eine politische Entscheidung getroffen ist? Lange Zeit hat die Politikwissenschaft an dieser Stelle – ähnlich Liebesfilmen nach dem Akt der feierlichen Trauung – die Klappe fallen lassen und dem Eindruck Vorschub geleistet, mit jener Verkündung sei auch bereits die Wirklichkeit beschrieben. Welche Probleme der Behördenorganisation, der Ressourcenmobilisierung und im föderativen Staat auch der Koordinierung zu überwinden sind, um Normen und Programme in die Realität umzusetzen, ist bereits dargestellt. Hier sei der Blick auf die letzte Station der Durchsetzung gerichtet, wenn sie auf die Adressat/-innen trifft.

Die alltägliche Begegnung zwischen Behörde und Publikum scheint früher von einem „Gefühl des Ausgeliefertseins" beim Bürger/bei der Bürgerin begleitet gewesen – gleichgültig ob es sich um leistende, nehmende oder ordnende Administration handelte (Joerger 1976, S. 75; Mayntz 1978, S. 235 ff.). Verunsichernd wirken offenbar

- die Komplexität der Rechtsetzung, die eine erhebliche Wissensasymmetrie nach sich zieht (Grunow 1978, S. 114 f., 209 ff.; Grunow und Hegner 1978, S. 196).
- dass die Verwaltungsgerichtsbarkeit wegen ihres langsamen und kostensteigernden Perfektionismus (Görlitz 1970, S. 103 ff.) für Bürger/-innen ein erhebliches zeitlich-finanzielles Risiko darstellt.

12.2 Durchsetzung im Innern, Schutz nach außen

Die Problematik im Umgang mit dem Staat wird inzwischen durch drei Faktoren gemildert.

Erstens: Auch 1995 meinten zwar relative Mehrheiten von Befragten, man könne sich *kaum gegen Behördenentscheidungen wehren*. Aber zugleich stimmen nur 33,4 % der Befragten der Auffassung zu, man sollte sich mit einer Behörde auch dann nicht anlegen, wenn man im Recht sei. Das Gefühl des Ausgeliefertseins scheint zurückgegangen.

Zum zweiten herrscht die Meinung vor, dass die Behörden im Großen und Ganzen zufriedenstellend arbeiten (1995: 46,8 %, gegenteiliger Meinung 30,5 % im Westen, 50,4 zu 30,6 im Osten). Das bedeutet allerdings eine Abnahme der Zufriedenheit in der alten Bundesrepublik seit 1980. Ernste Reibungen ließen sich nur bei den Arbeitsverwaltungen feststellen (Derlien und Löwenhaupt 1996, S. 9, 21, 24, 31). Anscheinend positiv wirkt sich integrierte Aufgabenerledigung durch „Bürgerbüros" und Call-Center (Grimmer 2004, S. 81) aus, die dem Bürger/der Bürgerin Behördengänge ersparen sollen.

Drittens verkehrt man, sobald es um wichtigere Fragen geht, tunlichst durch professionelle Vermittler mit dem Staat. Über Berufsverbände und Gewerkschaften, Automobilverbände, Bürgerinitiativen, Mieter- und Hausbesitzerverband erfährt man von konkreten einschlägigen Rechtsvorschriften, durch sie lässt man Musterprozesse führen. Private Bauherr/-innen führen den Behördenkrieg durch Architekt/-innen, Einkommenssteuerpflichtige bedienen sich der Hilfe von Steuerberater/-innen und Lohnsteuervereinen. So entzünden sich hier weniger Reibungsflächen zwischen Bürger/-in und Staat. Zugleich freilich kann sich daher umso ungestörter die Eigendynamik einer Regelungstechnik entfalten, die über Verständnis und Zugriffsmöglichkeiten des Durchschnittsbürgers/der Durchschnittsbürgerin hinausgeht.

Indes vermag das politische System seine Normen und Entscheidungen keineswegs ohne Abstriche durchzusetzen. Vollzugsprobleme finden sich schon bei Ordnungsregelungen – so wenn das Immissionsschutzrecht wegen unbestimmter Rechtsbegriffe („Stand der Technik", „erhebliche Belästigungen") und denkbarer Gefährdungen von Arbeitsplätzen vielfach nur zu partieller und informell-verhandlungsförmiger Durchsetzung von Umweltschutzregelungen führt (Bohne 1981, S: 50 ff., 74 ff.; Dose 1997, S. 406, 416). Auf weitere Problemfelder weisen zwei gängige Indikatoren: die Aufklärungsquote bei Straftaten, allzu niedrig bei Wohnungseinbruch, und der unsichtbare Teil des Bruttosozialprodukts. Bei der Schattenwirtschaft im Sinne von legaler Eigenarbeit, Freundschaftshilfe bis hin zu illegaler Schwarzarbeit dürfte Deutschland im internationalen Vergleich nur einen Mittelplatz belegen. Doch ergab 2007 ein Test der Bundesanstalt für Arbeit bei Arbeitslosen, dass fast die Hälfte von ihnen

„schwarz" arbeitete. Überprüfungen des Bundesrechnungshofes förderten zutage, dass bei der Hälfte der bewilligten Ein-Euro-Jobs die Förderungsvoraussetzungen fehlten (Öchsner 2010). Ähnlich hapert es beim Steuereinzug, wenn es u. a. um verhüllte Einkommen in der Gastronomie geht (Rudzio 2014). All dies lässt sich, wenn man vergleicht, noch zur Normalität demokratischer Rechtsstaaten rechnen.

Darüber hinaus reichen andere, auch öffentlich stärker beachtete Phänomene. Einen besonders großen Brocken stellen sogenannte Cum-Cum- und Cum-Ex-Geschäfte dar, mit deren Hilfe die Finanzbehörden über lange Jahre zu ungerechtfertigten Steuerrückzahlungen in geschätzter Gesamthöhe von bis zu 35,9 Mrd. EUR veranlasst wurden (Ackermann et al. 2021). Beteiligt waren Banken, Rechtsanwälte und -anwältinnen, Pensionsfonds und Berater/-innen des In- und Auslandes. 2021 beurteilte der Bundesgerichtshof die Geschäfte als Steuerhinterziehung, bis zum Frühjahr 2022 haben sich die Bundesländer 1,8 Mrd. EUR zurückgeholt, hunderte Anzeigen sind eingegangen (ter/dpa 2022) – aber nur vier Personen verurteilt: zwei britische Aktienhändler, ein deutscher Banker und ein prominenter Anwalt.

Ursachen für Vollzugsprobleme sind sicherlich mannigfaltig: Politische Prioritäten, Vorrang für Datenschutz, globale Offenheit, rechtliche Beschränkungen, Personalmangel, wuchernde Überkomplexität der Rechtsetzung und verminderte gesellschaftliche Akzeptanz von Recht und Ordnung. Kann man von „Staatsversagen" (Creutzburg und Jung 2018) sprechen? Noch wäre das übertrieben, aber gravierende Staatsschwächen und Politikversagen sind unübersehbar.

b. Justizielle Durchsetzung im Einzelfall
Das Justizsystem eines demokratischen Verfassungsstaates hat drei Funktionen zu erfüllen:

- staatlichem Recht in der Gesellschaft im Einzelfall Geltung zu verschaffen,
- staatlich-öffentliches Handeln an gesetztem Recht zu prüfen,
- staatliches Recht im Einzelfall zu interpretieren.

Diese Funktionen erfordern *Unabhängigkeit der Justiz von Regierungen* (Weisungsungebundenheit und Unabsetzbarkeit der Richter/-innen [3], normierte Zuständigkeit der Gerichte) und Sicherungen persönlicher Freiheit (Verbot rückwirkender Strafgesetze, richterliche Überprüfung polizeilicher Festnahmen nach maximal 48 h). Aber – so unabhängig, wie es manchem scheint, ist die Justiz auch in der liberalen Demokratie nicht.

---

[3] Außer bei bewusster beachtlicher Rechtsbeugung durch den Richter.

12.2 Durchsetzung im Innern, Schutz nach außen

Der neuralgische Punkt ist die Frage: Wie kommen Richter/-innen in ihr Amt, wie werden sie befördert? Tatsächlich sind parteipolitische Einflüsse auf die Auswahl der Richter/-innen möglich und erkennbar. Dies gilt schon für die Masse der Richter/-innen in den Bundesländern. Das Vorschlagsrecht für ihre Ernennung liegt allgemein beim jeweiligen Justizminister/bei der jeweiligen Justizministerin, in einigen Bundesländern entscheidet er/sie sogar allein. Zumeist aber haben Richterwahlausschüsse zu entscheiden, zusammengesetzt teils mehrheitlich, teils zur Hälfte aus Abgeordneten, im Übrigen aus Vertretern der Richterschaft. Im günstigen Fall ist es ein Gremium wie in Baden-Württemberg, wo sechs Landtagsabgeordnete, ein/-e Vertreter/-in der Anwaltschaft und acht gewählte Richter/-innen den Ausschuss bilden, der mit Zweidrittelmehrheit entscheidet. In diesem Fall kommt niemand gegen den Minister/die Ministerin oder gegen amtierende Richter/-innen oder gegen den Widerstand der Abgeordneten durch – mit der Folge, dass allzu politisch Engagierte und schwache Jurist/-innen schlechte Chancen haben. Über Richterberufungen an oberste Bundesgerichte entscheidet nach Art. 95 Abs. 2 GG der jeweils zuständige Bundesminister/die Bundesministerin [4] gemeinsam mit einem Richterwahlausschuss aus zuständigen Landesminister/-innen und Vertreter/-innen des Bundestages, wobei „Vorbesprechungen" der SPD- bzw. der CDU/CSU-Mitglieder dieses Gremiums üblich sind (Leonardy 2002, S. 187). Da sind es also allein Berufspolitiker/-innen, vor allem der regierenden Parteien, die auswählen, wer die Kommandohöhen der Justiz, die obersten Gerichte einschließlich des Bundesverfassungsgerichts besetzt. *An diesem neuralgischen Punkt wird sichtbar, auf welch unsicherem Boden die dritte Gewalt ruht. Sie kann in der Demokratie keine originär autonome Gewalt sein, muss vielmehr in einem delikaten Auswahlprozess immer neu erzeugt und gesichert werden. Deutlich ist, dass über durchdachte Regelungen hinaus alles von der politischen Kultur der Entscheider/-innen abhängt.* Parteipolitische Färbungen sind – zumindest mit Blick auf das Bundesverfassungsgericht – nachweisbar, werden aber auch weithin überschätzt (Engst et al. 2017).

Die deutsche Justiz ist in verschiedene Zweige gegliedert. Neben den allgemeinen (ordentlichen) Gerichten verschiedener Stufen, die Zivilstreitigkeiten und Strafsachen verhandeln, stehen Spezialzweige wie Familiengerichte, Arbeitsgerichte und ein Patentgericht. Verwaltungs-, Finanz- und Sozialgerichte haben vor allem Akte öffentlicher Verwaltungen bzw. gesetzlicher Sozialversicherungen auf ihre Rechtmäßigkeit zu überprüfen – ob die Gesetzesdurchsetzung korrekt

---

[4] D. h. aufgrund der Gerichtszweige die Minister der Justiz, des Innern, der Finanzen, für Arbeit und Soziales.

erfolgt ist. Generell ermöglicht die Aufgliederung in Gerichtszweigen eine arbeitserleichternde Spezialisierung der Richter/-innen. Dennoch *ringt die Justiz mit der Überfülle und Überkomplexität gesetzlicher Regelungen,* aber auch mit teilweise risikoloser – dank Rechtsschutzversicherungen und staatlicher Kostenübernahmen – *und verbreiteter Klagebereitschaft.* Ins Auge fallen:

- eine drohende Überlastung infolge steigender Verfahrenszahlen: 2020 erledigten die allgemeinen Amtsgerichte 856 035 Verfahren in erster Instanz, die Landgerichte 377 374, die Oberlandesgerichte 75 109, der Bundesgerichtshof 6 269 Verfahren (Statistisches Bundesamt 2021b, S. 12 f.; Bundesgerichtshof 2021, S. 5). Auch Spezialzweige wie Familiengerichte erledigten in erster Instanz 551 929 Verfahren, Verwaltungsgerichte 186 020 Verfahren, darunter 101 307 asylrechtliche (Statistisches Bundesamt 2021c, S. 13; Statistisches Bundesamt 2021d, S. 14).
- im westeuropäischen Vergleich relativ hohe Kosten und zugleich Langsamkeit deutscher Rechtsprechung, was teils immanente Gründe haben mag, aber vielfach auf eine Überkomplexität des deutschen Rechts zurückgeführt wird (Karpen 2006).

Angesichts von fast fünf Millionen neuen strafrechtlichen Ermittlungsverfahren in 2020 wirken die Staatsanwaltschaften als Filter, die vieles vor den Gerichten abfangen. Nur 19 % der Verfahren führen zu Anklage oder Strafbefehl, bei 29 % werden sie wegen mangelndem Tatverdacht oder Schuldunfähigkeit eingestellt, 9 % an Verwaltungsbehörden abgegeben oder auf Privatklage verwiesen. 28 % der Ermittlungen wurden aus Opportunitätsgründen eingestellt, etwa wegen geringfügiger Straftaten (Statistisches Bundesamt 2021e, S. 26). Es ist der Teil, der die Frage aufwirft, ob nicht auch die Justiz ihr Teil zur Verwilderung der Gesellschaft beiträgt – oder ist es eher die Politik?

An den Gerichten selbst wachsen Neigungen zu abkürzenden „Deals" und zum Verzicht auf manche Sachverhaltsaufklärung. Der betriebswirtschaftliche Gesichtspunkt fordert – begreiflicherweise – seinen Tribut. Daneben lasten auf der Justiz wie eh und je die ungleichen Chancen, die sich vor Gericht je nach Finanzkraft eines/einer Beteiligten ergeben: Das Prozessrisiko wirkt ungleich abschreckend, nicht jede/-r kann sich qualifizierte Anwält/-innen leisten.

Eine allgemeine *Ursache mangelhafter justizieller Durchsetzung staatlicher Entscheidungen aber liegt im liberalen Grundcharakter westlicher Demokratien, in denen geringe Internalisierung von Normen sowie hohe Bewertungen individueller Freiheit dem staatlichen Zugriff Grenzen setzen.*

c. Bundeswehr: Zwischen Verteidigungsarmee und Interventionstruppe

Eine besondere Rolle spielen in jedem Staat Militär und Nachrichtendienste. Sie sind es, die den Schutz eines Landes gewährleisten sollen. Die bewaffnete Macht ist es auch, die infolge ihres Waffenmonopols als einzige über physische Möglichkeiten zum Staatsstreich bzw. zur Abwehr eines solchen verfügt[5].

Die *Kontrolle militärischer Macht und die Sicherung ihrer Loyalität* schienen daher beim Aufbau der Bundeswehr besonders dringlich, erinnerte man sich doch an die Reichswehr der Weimarer Republik, die sich deren Schutz gegen einen Staatsstreich von rechts (Kapp-Putsch 1920) verweigert hatte. Dies bewog die führenden Parteien der Bundesrepublik, nachdrücklich für die demokratische Zuverlässigkeit und zivile Kontrolle der Bundeswehr zu sorgen:

- Betont ist der Primat der zivilen Führung. So liegt die Befehlsgewalt im Frieden beim Bundesminister/bei der Bundesministerin der Verteidigung, im Kriegsfalle beim Bundeskanzler/bei der Bundeskanzlerin.
- Durchgreifend ist die parlamentarische Kontrolle, indem der Verteidigungsausschuss des Bundestages bei Ausgabenentscheidungen mitwirken und sich als Untersuchungsausschuss konstituieren kann.
- Schließlich gilt der Soldat/die Soldatin als „Staatsbürger/-in in Uniform", dem – im Rahmen militärischer Notwendigkeiten – alle bürgerlichen Rechte zustehen. Als Adressat/-in für seine/ihre Beschwerden fungiert der/die Wehrbeauftragte des Bundestages.

Vor jenem historischen Hintergrund sah man es positiv, dass die neue Armee durch ihre Zusammensetzung aus Wehrpflichtigen, Zeitsoldat/-innen und nur einer Minderheit von Berufssoldat/-innen auf Lebenszeit gefeit schien vor einer Abkapselung von der Gesellschaft. Jahrzehntelang ließ der Druck des Sowjetblocks keinen Zweifel an der Aufgabe der Bundeswehr aufkommen: *das Land im Rahmen der NATO gegen einen Angriff kommunistischer Staaten zu verteidigen bzw. zur Abschreckung beizutragen,* damit ein solcher Fall erst gar nicht eintritt. Dabei war klar, dass sie diesen Auftrag nur als integrierter militärischer Beitrag zur NATO, konzipiert „als Armee im Bündnis", erfüllen konnte (Bundesminister der Verteidigung 1985, S. 73).

Der Kollaps des europäischen Kommunismus und das Ende des Kalten Krieges ersetzten diese eindeutige Situation durch eine multipolare Weltordnung.

---

[5] Demgemäß ermöglicht Art. 87a GG den Einsatz der Bundeswehr zum Schutz der freiheitlichen demokratischen Grundordnung auch im Innern.

Die Bundeswehr hat seither einen Wandel durchgemacht, der letztlich zu einer andersartigen Armee führte:

1) Das Militär wurde Objekt von Einsparungen. Seine Personalstärke, 1991 etwa 500 000 Männer und Frauen, beträgt nach dem Stand von 2021 nur noch 198 102 Soldat/-innen. Darunter befinden sich 214 Generäle (darunter eine Frau), 39 316 Offiziere und Offizierinnen, 95 435 Unteroffiziere und -offizierinnen und 46 137 Mannschaften, außerdem 12 500 freiwillig Wehrdienstleistende und 4 500 Reservedienstleistende (Bundeshaushaltsplan 2021, S. 82). Dass die Sparmaßnahmen nicht nur der Umgestaltung der Bundeswehr zur Interventionstruppe (Pkt. 2) geschuldet waren, sondern zulasten ihrer Handlungsfähigkeit gingen, verdeutlichte das teils blamable Agieren im Kontext des Ukrainekriegs ab 2022, das eine Ausstattung erkennen ließ, mit der die Bundeswehr „blank" da stand, so der Heeresinspekteur.

2) Mit der veränderten Weltlage seit Anfang der 1990er Jahre rückte eine andere Aufgabe in den Vordergrund: die *Mitwirkung an militärischen Interventionen* der UNO oder der NATO in Europa und Übersee. Friedensbewahrende Einsätze in Somalia und Bosnien sowie ein friedensschaffender Einsatz im Kosovo 1999 waren hier erste Beispiele. Andere wie der größte und längste in Afghanistan (2001–2021) sind gefolgt. Während zunehmend schwächere Streitkräfte noch auf den mitteleuropäischen Raum orientiert blieben, sind für die neue Aufgabe leichtere, beweglichere Truppenverbände aufgebaut worden. Neuausrüstungen dienten nun vorrangig überseeischer Interventionsfähigkeit, „Eingreifkräfte" bilden die Speerspitze der Armee (Bundesministerium der Verteidigung 2006, S. 93). Insgesamt bedeutete die Neuausrichtung der Bundeswehr „eine Art Kulturbruch" für ihre Angehörigen (Wiesendahl 2005, S. 18). Zugleich sprachen sich die Deutschen in Umfragen 2006–09 zu über der Hälfte, 2009 mit 69 %, für den Abzug der Bundeswehr aus Afghanistan aus (Bredow 2015, S. 274).

3) Je mehr sie sich zur Interventionstruppe wandelte, desto mehr drängte sich die Frage auf, ob an der allgemeinen Wehrpflicht festgehalten werden kann. Schon 1999 hielt nur noch eine knappe Hälfte der Befragten die Wehrpflicht für notwendig (Köcher 1999). Tatsächlich konnte man, da ohnehin nur noch weniger als zwei Drittel der Wehrpflichtigen eingezogen wurden, von einer „Pseudowehrpflichtarmee" lästern (Bredow 2008, S. 147 f.). Der letzte Schleier, die Wehrpflicht, fiel, wenn auch schamhaft nur ausgesetzt, im Jahre 2011 – mit ihr die Aufwuchsfähigkeit der Bundeswehr im Krisenfall und ein Stück Verbindung in die zivile Gesellschaft. Nur Einzelstimmen forderten angesichts der Ukraine-Krise ab 2014 ein „Zurück zur Wehrpflicht!" (Wolffsohn 2014). Daran änderte auch die völkerrechtswidrige russische Invasion 2022 wenig.

Die Politik sah das Land lange Zeit gesichert durch seine Einbettung ins westliche Lager. Fähigkeiten der Bundeswehr zur Verteidigung schienen dabei kaum Bedeutung zugemessen. Zwar deutete es 2010 auf eine Kehrtwende, als die Unterscheidung von Truppen zur Unterstützung, zur Stabilisierung und für Interventionsmissionen aufgegeben wurde. Tatsächlich aber verharrte der Verteidigungsetat 2012 bei mageren 1,3 % des BIP (Dyson 2015, S. 607, 612), Prioritäten zwischen überseeischen und kontinentaleuropäischen Perspektiven wurden nicht gesetzt (Bredow 2015, S. 241; Bundesministerium der Verteidigung 2016). Kritiker/-innen rechnen vor, die Bundeswehr sei auf eine konventionelle Verteidigung nicht vorbereitet (Sebaldt 2017), Presseberichte weisen auf technisch vielfältig mangelnde Einsatzfähigkeit der Bundeswehr. Selbst konventionelle Verteidigungsfähigkeit, um Zeit für ein mögliches Eingreifen von dritter Seite zu schaffen, scheint kaum mehr vorhanden. Indes: Hier hat der Ukrainekrieg zu einem – vorsichtigen – Umdenken („Zeitenwende") geführt: Der Wert einer verteidigungsbereiten Armee, die sich nicht allein auf die USA verlassen darf, wird heute höher geschätzt. Ob hierfür aber das 100-Milliarden-Euro-Investitionspaket genügt? Zumindest das Zwei-Prozent-Ziel soll künftig erreicht werden, so der Bundeskanzler.

4) Hinzu kommen interne Herausforderungen der Bundeswehr, die Zweifel an der demokratischen Gesinnung eines – kleinen – Teils ihrer Soldat/-innen und der Effizienz eines ausgeprägten Korpsgeistes wecken: die Entdeckung eines rechtsextremen Prepper-Netzwerks („Hannibal" – auch unter Beteiligung von Mitgliedern anderer Sicherheitsbehörden) 2018, die Festnahme eines Terrorverdächtigen (Franco A.) und der Fund hunderter Wehrmachtsdevotionalien in Kasernen 2017, ein erheblicher Munitionsschwund und ein vom Verfassungsschutz als Verdachtsfall geführter Verein von Aktiven und Ehemaligen 2020 („Uniter"), eine vom KSK-Kommandeur mündlich angekündigte Amnestie bei der Rückgabe von Munition sowie ein KSK-Gründungsmitglied bei den „Querdenkern" 2021. Auch wenn es sich um eine kleine Minderheit handeln mag: Die Bundeswehr steht vor großen Aufgaben.

(Zur militärpolitischen Diskussion sei hier auf Abschn. 1.2 c hingewiesen).

Auch Polizei und Nachrichtendienste unterlagen einer kritischen Beobachtung. Um Machtusurpationen zu verhindern, gelten hier die *Prinzipien der Dezentralisierung und Aufgabenbeschränkung*. Die Polizei ist in selbstständige Länderpolizeien aufgegliedert. Ebenso sind die Sicherheitsorgane des Bundes dezentralisiert und auf bestimmte Aufgaben begrenzt:

- die Bundespolizei für die Sicherung der Grenzen und des Flugverkehrs (Bundesinnenministerium),
- der Bundesnachrichtendienst auf Auslandsinformationen (Aufsicht: Bundeskanzleramt).
- der Verfassungsschutz (im Bund und in den Ländern selbstständige Ämter bildend und auf die Beobachtung verfassungsfeindlicher Bestrebungen einschließlich Terrorismus und Spionageabwehr beschränkt (Aufsicht: die Innenminister von Bund und Ländern),
- der Militärische Abschirmdienst für die Abschirmung der Bundeswehr vor Spionage und Sabotage (Aufsicht: Verteidigungsministerium).

Einer Machtkontrolle dient weiter, dass die Nachrichtendienste – anders als in vielen anderen Demokratien – keine exekutiven Befugnisse besitzen. Hier greift das „Trennungsgebot" als Lehre aus dem Nationalsozialismus. Zugleich heißt das nicht, dass Nachrichtendienste und Polizeien nicht kooperieren dürften – davon zeugen das auf islamistischen Terrorismus spezialisierte Gemeinsame Terrorismusabwehrzentrum (GTAZ; gegr. 2004), das Gemeinsame Internetzentrum (GIZ; gegr. 2007), das Nationale Cyber-Abwehrzentrum (NCAZ oder auch Cyber-AZ; gegr. 2011) und das auf die Abwehr von Rechtsextremismus, Linksextremismus, Ausländerextremismus sowie Spionage spezialisierte Gemeinsame Extremismus- und Terrorismusabwehrzentrum (GETZ; gegr. 2012), in denen mehrere Sicherheitsbehörden zusammenarbeiten. Zudem greifen hier zahlreiche Kontrollmechanismen: etwa das mittlerweile 13-köpfige Parlamentarische Kontrollgremium, die nachrichtendienstliche Eingriffe in das Brief-, Post- und Fernmeldegeheimnis kontrollierende G10-Kommission und das Vertrauensgremium, das die Haushaltskontrolle bei den Nachrichtendiensten hat.

Literatur

Ackermann, Lutz et al. (2021): 150 Milliarden Euro Schaden, unter: https://www.tagesschau.de/investigativ/panorama/cum-ex-cum-cum-101.html (zuletzt geprüft am 7. April 2022).
Auer, Astrid et al. (1997): Der öffentliche Dienst im Europa der Fünfzehn, Maastricht.
Auf dem Hövel, Jörg (2003): Politisierung der öffentlichen Verwaltung, Opladen.
Bogumil, Jörg (1997): Das Neue Steuerungsmodell und der Prozeß der politischen Problembearbeitung – Modell ohne Realitätsbezug?, in: ders./Kißler, Leo (Hrsg.): Verwaltungsmodernisierung und lokale Demokratie, Baden-Baden, S. 33 ff.
Bogumil, Jörg (2001): Modernisierung lokaler Politik, Baden-Baden.
Bogumil, Jörg et al. (2007): Zehn Jahre Neues Steuerungsmodell, Berlin.

Bogumil, Jörg/Holtkamp, Lars (2013): Kommunalpolitik und Kommunalverwaltung. Eine praxisorientierte Einführung, Bonn.
Bohne, Eberhard (1981): Der informale Rechtsstaat, Berlin.
von Bredow, Wilfried (2008): Militär und Demokratie in Deutschland, Wiesbaden.
von Bredow, Wilfried (2015): Sicherheit, Sicherheitspolitik und Militär, Wiesbaden.
Bundesgerichtshof (2021): Übersicht über den Geschäftsgang bei den Zivilsenaten des Bundesgerichtshofes im Jahre 2021, unter: https://www.bundesgerichtshof.de/SharedDocs/Downloads/DE/Service/StatistikZivil/jahresstatistikZivilsenate2021.pdf?__blob=publicationFile&v=4 (zuletzt geprüft am 8. April 2022).
Bundeshaushaltsplan für das Jahr 2021, unter: https://www.bundeshaushalt.de/fileadmin/user_upload/BHH%202021%20gesamt.pdf / (zuletzt am 8. April 2022).
Bundesminister der Verteidigung (Hrsg.) (1985): Weißbuch 1985, Bonn.
Bundesministerium der Verteidigung (Hrsg.) (2006): Weißbuch 2006 zur Sicherheitspolitik Deutschlands und zur Zukunft der Bundeswehr, Berlin.
Bundessteuerberaterkammer (2021): Berufsstatistik der Bundessteuerberaterkammer 2020, unter: https://www.bstbk.de/downloads/bstbk/ebooks/berufsstatistik-2020.pdf (zuletzt geprüft am 7. April 2022).
Creutzburg, Dietrich/Jung, Marcus (2018): Staatsversagen, in: Frankfurter Allgemeine Zeitung vom 6. Januar.
Czerwick, Edwin (2008): Reformen des öffentlichen Dienstrechts in Deutschland seit 1997, in: Lorig, Wolfgang H. (Hrsg.): Moderne Verwaltung in der Bürgergesellschaft, Baden-Baden, S. 66 ff.
Derlien, Hans-Ulrich (1995a): La Modernisation administrative en Allemagne, in: Revue francaise d'administration publique 75, S. 413 ff.
Derlien, Hans-Ulrich (1995b): Public administration in Germany, in: Pierre, Jon (Hrsg.): Bureaucracy in the Modern State, Aldershot, S. 64 ff.
Derlien, Hans-Ulrich/Löwenhaupt, Stefan (1996): Verwaltungskontakte und Institutionenvertrauen, Bamberg.
Döhler, Marian (2007): Die politische Steuerung der Verwaltung, Baden-Baden.
Dose, Nicolai (1997): Die verhandelnde Verwaltung, Baden-Baden.
Dyson, Tom (2015): Deutsche Verteidigungspolitik in der zweiten Legislaturperiode von Kanzlerin Merkel, in: Zohlnhöfer, Reimut/Saalfeld, Thomas (Hrsg.): Politik im Schatten der Krise, Wiesbaden, S. 605 ff.
Egner, Björn (2007): Einstellungen deutscher Bürgermeister, Baden-Baden.
Egner, Björn et al. (2013): Das deutsche Gemeinderatsmitglied, Wiesbaden.
Engst, Benjamin G. et al. (2017): Zum Einfluss der Parteinähe auf das Abstimmungsverhalten der Bundesverfassungsrichter – eine quantitative Untersuchung, in: JuristenZeitung 72 (17), S. 816 ff.
Görlitz, Axel (1970): Verwaltungsgerichtsbarkeit in Deutschland, Neuwied.
Grimmer, Klaus (2004): Öffentliche Verwaltung in Deutschland, Wiesbaden.
Grunow, Dieter (1978): Steuerzahler und Finanzamt, Frankfurt a. M.
Grunow, Dieter/Hegner, Friedhard (1978): Die Gewährung persönlicher und wirtschaftlicher Sozialhilfe, Bielefeld.
Gutjahr-Löser, Peter (1998): Staatsinfarkt, Hamburg.

Heady, Ferrel (1996): Configurations of Civil Service Systems, in: Bekke, Hans A. G. M. et al. (Hrsg.): Civil Service Systems in Comparative Perspective, Bloomington, S. 207 ff.

Heinelt, Hubert/Mayer, Margit (Hrsg.) (1997): Modernisierung der Kommunalpolitik, Opladen.

Hill, Hermann (Hrsg.) (2001): Parlamentarische Steuerungsordnung, Speyer.

Holtkamp, Lars (2007): Perspektiven der Haushaltskonsolidierung und das Neue Steuerungsmodell, in: Bogumil, Jörg et al. (Hrsg.): Perspektiven kommunaler Verwaltungsmodernisierung, Berlin, S. 45 ff.

Holtmann, Everhard (2012): Der Parteienstaat in Deutschland, Bonn.

Jessen, Kai-Olaf (2001): Neuere Ansätze parlamentarischer Steuerung und Kontrolle, Speyer.

Joerger, Gernot (1976): Grundzüge der Verwaltungslehre, 2. Aufl., Stuttgart.

Karpen, Ulrich (2006): Wachhund, in: Frankfurter Allgemeine Zeitung vom 11. Juli.

Kempf, Udo (1997): Von de Gaulle bis Chirac, 3. Aufl., Opladen.

Killian, Werner et al. (2006): Ausgliederung und Privatisierung in Kommunen, Berlin.

Köcher, Renate (1999): Der Kosovo spaltet in Deutschland Ost und West. Die NATO, die Bundeswehr, die Wehrpflicht und was noch gebraucht wird, in: Frankfurter Allgemeine Zeitung vom 16. Juni.

Konzendorf, Götz/Bräunlein, Tobias (1998): Verwaltungsmodernisierung in den Ländern, Speyer.

Kuhlmann, Sabine/Wollmann, Hellmut (2013): Verwaltung und Verwaltungsreformen in Europa, Wiesbaden.

Lane, Jan-Erik (2000): The Public Sector, 3. Aufl., London.

Leonardy, Uwe (2002): Parteien im Föderalismus der Bundesrepublik Deutschland. Scharniere zwischen Staat und Politik, in: Zeitschrift für Parlamentsfragen 33 (1), S. 180 ff.

Lorig, Wolfgang H. (2001): Modernisierung des öffentlichen Dienstes, Opladen.

Luhmann, Niklas/Mayntz, Renate (1973): Personal im öffentlichen Dienst, Baden-Baden.

Mayntz, Renate (1978): Soziologie der öffentlichen Verwaltung, Heidelberg.

Mayntz, Renate (1973): Probleme der inneren Kontrolle in der planenden Verwaltung, in: dies./Scharpf, Fritz W. (Hrsg.): Planungsorganisation, München, S. 98 ff.

Möltgen, Katrin/Pippke, Wolfgang (2009): New Public Management und die Demokratisierung der öffentlichen Verwaltung, in: Czerwick, Edwin et al. (Hrsg.): Die öffentliche Verwaltung in der Demokratie der Bundesrepublik Deutschland, Wiesbaden, S. 199 ff.

Niskanen, William A. (1971): Bureaucracy and Representative Government, Chicago.

Nye, Joseph (1967): Corruption and political development: a cost-benefit analysis, in: American Political Science Review 61 (2), S. 417 ff.

Öchsner, Thomas (2010): Rechnungshof giftet gegen Ein-Euro-Jobs, unter: https://www.sueddeutsche.de/wirtschaft/hartz-iv-maengel-bei-der-arbeitsvermittlung-rechnungshof-giftet-gegen-ein-euro-jobs-1.1023715 (zuletzt geprüft am 7. April 2022).

Ockermann, Jürgen (1998): Die Rolle des Parlaments bei der Modernisierung der öffentlichen Verwaltung, in: Hill, Hermann/Klages, Helmut (Hrsg.): Die Rolle des Parlaments in der neuen Steuerung, Düsseldorf, S. 91 ff.

Page, Edward C. (1995): Administering Europe, in: Hayward, Jack/ders. (Hrsg.): Governing the New Europe, Cambridge, S. 257 ff.

Pergande, Frank (2007): Kameralistik ist Absolutismus, in: Frankfurter Allgemeine Zeitung vom 5. Dezember.

Pergande, Frank (2012): Zauberwort Doppik, in: Frankfurter Allgemeine Zeitung vom 27. Dezember.

Pippke, Wolfgang (1975): Karrieredeterminanten in der öffentlichen Verwaltung, Baden-Baden.

Reichard, Christoph (1994): Umdenken im Rathaus, 2. Aufl., Berlin.

Reiners, Markus (2008): Verwaltungsstrukturreformen in den deutschen Bundesländern, Wiesbaden.

Reiser, Marion (2006): Zwischen Ehrenamt und Berufspolitik – Professionalisierung der Kommunalpolitik in deutschen Großstädten, Wiesbaden.

Röber, Manfred (2001): Das Parteibuch – Schattenwirtschaft der besonderen Art?, in: Aus Politik und Zeitgeschichte 32/33, S. 6 ff.

Rudzio, Kolja (2014): Zu Gast bei Betrügern, in: Die Zeit vom 20. April.

Rudzio, Wolfgang (1988): Die Erosion der Abgrenzung, Opladen.

Scheffer, Ulrike (2005): Korruption am Bau. Transparancy spricht von Milliardenschäden, unter: https://www.tagesspiegel.de/wirtschaft/korruption-am-bau/593544.html (zuletzt geprüft am 7. April 2022).

Scheuch, Erwin K. (2003): Die Mechanismen der Korruption in Politik und Verwaltung, in: von Arnim, Hans Herbert (Hrsg.): Korruption, München, S. 31 ff.

Schwanke, Katja/Ebinger, Falk (2006): Politisierung und Rollenverständnis der deutschen administrativen Elite 1970 bis 2005, in: Bogumil, Jörg et al. (Hrsg.): Politik und Verwaltung, Wiesbaden, S. 227 ff.

Sebaldt, Martin (2017): Nicht abwehrbereit, o. O.

Statistisches Bundesamt (2021a): Finanzen und Steuern. Personal des öffentlichen Dienstes (Fachserie 14 Reihe 6), unter: https://www.destatis.de/DE/Themen/Staat/Oeffentlicher-Dienst/Publikationen/Downloads-Oeffentlicher-Dienst/personal-oeffentlicher-dienst-2140600207004.pdf?__blob=publicationFile (zuletzt geprüft am 7. April 2022).

Statistisches Bundesamt (2021b): Rechtspflege. Zivilgerichte (Fachserie 10 Reihe 2.1), unter: https://www.destatis.de/DE/Themen/Staat/Justiz-Rechtspflege/Publikationen/Downloads-Gerichte/zivilgerichte-2100210197004.pdf?__blob=publicationFile (zuletzt geprüft am 7. April 2022).

Statistisches Bundesamt (2021c): Rechtspflege. Familiengerichte (Fachserie 10 Reihe 2.2), unter: https://www.destatis.de/DE/Themen/Staat/Justiz-Rechtspflege/Publikationen/Downloads-Gerichte/familiengerichte-2100220207004.pdf;jsessionid=860C78EF4230A174947 64F87A9D1329A.live722?__blob=publicationFile (zuletzt geprüft am 8. April 2022).

Statistisches Bundesamt (2021d): Rechtspflege. Familiengerichte (Fachserie 10 Reihe 2.4), unter: https://www.destatis.de/DE/Themen/Staat/Justiz-Rechtspflege/Publikationen/Downloads-Gerichte/verwaltungsgerichte-2100240207004.pdf?__blob=publicationFile (zuletzt geprüft am 8. April 2022).

Statistisches Bundesamt (2021e): Rechtspflege. Staatsanwaltschaften (Fachserie 10 Reihe 2.6), unter: https://www.destatis.de/DE/Themen/Staat/Justiz-Rechtspflege/Publikationen/Downloads-Gerichte/staatsanwaltschaften-2100260207004.pdf?__blob=publicationFile (zuletzt geprüft am 8. April 2022).

ter/dpa (2022): Fiskus holte mindestens 1,8 Milliarden aus Cum-Ex-Geschäften zurück, unter: https://www.focus.de/finanzen/news/steuerschlupfloch-seit-2012-geschlossen-fiskus-holte-mindestens-1-8-milliarden-aus-cum-ex-geschaeften-zurueck_id_77651799. html (zuletzt geprüft am 7. April 2022).

Transparency International Deutschland (2021): CPI 2021: Tabellarische Rangliste, unter: https://www.transparency.de/cpi/cpi-2021/cpi-2021-tabellarische-rangliste/ (zuletzt geprüft am 25. Oktober 2022).

Wiesendahl, Elmar (2005): Die Innere Führung auf dem Prüfstand, in: ders. (Hrsg.): Neue Bundeswehr – neue Innere Führung, Baden-Baden, S. 17 ff.

Wolffsohn, Michael (2014): Russlands Vorgehen zeigt – zurück zur Wehrpflicht!, unter: https://www.welt.de/debatte/kommentare/article125852641/Russlands-Vorgehen-zeigt-zurueck-zur-Wehrpflicht.html (zuletzt geprüft am 8. April 2022).

Wollmann, Hellmut (2001): Zwischen Management und Politiksystem, in: Edeling, Thomas et al. (Hrsg.): Reorganisationsstrategien in Wirtschaft und Verwaltung, Opladen, S. 15 ff.

Wollmann, Hellmut (2008): Reformen in Kommunalpolitik und -verwaltung, Wiesbaden.

Deutschland in der Europäischen Union 13

13.1 Deutsche Interessen in der europäischen Politik

a. Die EU – eine ausgreifende Krake?
Zwischen der optimalen Größe von Wirtschaftsräumen und der nationaler Staaten besteht eine große Inkongruenz. Auch entziehen sich zahlreiche grenzüberschreitende Probleme, etwa Umwelt- oder Sicherheitsfragen, einer nationalstaatlichen Lösung. Dies hat zur Folge, dass Regieren partiell internationalisiert worden ist. Neben weltweiten internationalen Regimen wie den Vereinten Nationen (UNO), der Weltbank, dem Internationalen Währungsfonds oder der Welthandelsorganisation bemühen sich Verbindungen wie der Verband Südostasiatischer Staaten (ASEAN) oder die Organisation Amerikanischer Staaten (OAS) um regionale internationale Kooperation auf verschiedenen Sachgebieten (Rittberger et al. 2013). Die Europäische Union stellt ein ungewöhnlich entwickeltes Beispiel eines solchen Regionalregimes dar, das fast staatsähnliche Züge trägt.

Deutschland ist Mitgliedsstaat der Europäischen Union, zählt dort zu den voranschreitenden „pioneer groups", ob seines (widerwilligen) Einflusses gar als „reluctant hegemon" (Bulmer und Paterson 2019, S. 56 f.). Wichtige Politikfelder sind der Union überantwortet, von ihr direkt bestimmt oder mittelbar beeinflusst. Mithin spielt sich der für die Deutschen relevante Politikprozess nicht mehr allein innerhalb der Bundesrepublik ab. Das politische System der Deutschen umfasst vielmehr eine nationalstaatliche und eine europäische Komponente. Die Mitwirkung innerhalb der Union, zunächst im Rahmen eines vorherrschenden Verhandlungssystems (Konsensprinzip), vollzieht sich seit Anfang der 1990er Jahre zunehmend durch Teilnahme an verbindlichen Mehrheitsentscheiden (mit

© Der/die Autor(en), exklusiv lizenziert an Springer Fachmedien Wiesbaden GmbH, ein Teil von Springer Nature 2022
T. Mannewitz und W. Rudzio, *Das politische System der Bundesrepublik Deutschland*, https://doi.org/10.1007/978-3-658-39078-5_13

Stimmengewichtungen). Nachdem im Eingangskapitel die EU vorgestellt wurde, soll sich nun der Blick auf Deutschland in der Union richten.

Die erste Leitfrage lautet: Wieweit wird in der Europäischen Union über deutsche Interessen entschieden? Weit ausgreifend sind die Kompetenzen der Europäischen Union aus vier Gründen:

1. Das Prinzip des europäischen Binnenmarktes, des „Herzstückes" der EU (Europäische Kommission 2018, S. 1), enthält mit dem freien und durch keine Benachteiligungen behinderten Verkehr von Gütern und Dienstleistungen, von Wirtschaftssubjekten und Kapital weit ausstrahlende Bedeutung. Insbesondere die im Maastricht-Vertrag enthaltene Ermächtigung zu Maßnahmen für die Etablierung eines solchen Marktes veranlasst die EU zu weitem Ausgreifen. „Unity via the back door" – das scheint die Rolle der Wirtschaft im Integrationsprozess (Haller 2008, S. 116).
2. Zum zweiten formulieren Verträge der EU-Mitgliedsstaaten weitere Zuständigkeiten – u. a. für Zuwanderungs- und Umweltfragen, Außenpolitik und innere Sicherheit einschließlich Terrorabwehr – in unterschiedlicher und teilweise unscharfer Form. Auf einer Skala von 1 = nationale Autonomie bis 10 = europäische Alleinentscheidung kann man Wettbewerbs-, Währungs- und Agrarpolitik auf der 9 einordnen, Umwelt- und Regionalpolitik auf der 8, Justiz- und Innenpolitik auf der 7, Verkehrspolitik auf der 3 (Sturm 2016, S. 73).
3. Drittens gilt der Grundsatz: Europäisches Recht bricht nationales Recht. Dies ist, um nicht in einem Wust von rechtlichen Widerständen stecken zu bleiben, ein verständliches Prinzip. Dementsprechend hat der Europäische Gerichtshof im Falle von Meinungsverschiedenheiten über Zuständigkeiten zu urteilen. Er interpretiert die EU-Verträge verbindlich und abschließend, zumeist mit der Tendenz, die EU zu stärken. Dabei zeichnet sich der Gerichtshof „durch richterlichen Aktivismus aus" (Katzenstein 2000, S. 65; Roth und Hilpold 2008).
4. Ein weiteres Ausgreifen der EU zeichnete sich im Gefolge der Euro-Finanzkrise ab: Ein Fiskalpakt samt Überwachung der nationalen Haushalte, eine Bankenunion und -kontrolle und de facto eine geldpolitische Wirtschaftspolitik der Europäischen Zentralbank.

Das Ergebnis: „Die EU regiert weit in die Mitgliedstaaten hinein; die meisten Politikfelder werden erfasst; einige sind gar ‚fest im Griff' der EU-Politik." (Manfred G. Schmidt zit. nach Kohler-Koch 2000, S. 13). Daher gibt es von deutscher Seite Kritik an der EU, die immer mehr an sich reiße. Hiergegen soll das Prinzip der „Subsidiarität" einen Damm bilden, das auch Eingang in EU-Verträge fand. Es besagt, dass eine Aufgabe bei der untersten sozialen Einheit verortet sein

13.1 Deutsche Interessen in der europäischen Politik 413

soll, die sie zu bearbeiten vermag. Da allerdings die Mitgliedsstaaten zwischen 0,4 (Malta) und 82 Mio. (Deutschland) Einwohner zählen, kann für Malta nicht dasselbe gut sein wie für Deutschland – der Median aber liegt bei gut 8 Mio. Einwohner/-innen (s. Tab. 13.3), d. h. bei einem Zehntel der deutschen Einwohnerzahl, und entsprechend angesetzte Subsidiarität würde Deutschland mehr als jedem anderen Land Aufgaben wegnehmen, die es selber gut erfüllen könnte.

Im Übrigen ist der völkerrechtliche Status der Europäischen Union schwer zu beschreiben. Sie stellt sicherlich mehr als einen Staatenbund, aber weniger als einen Bundesstaat dar. Zugunsten des erstgenannten spricht, dass die EU alle ihre Kompetenzen nur durch Verträge der Mitgliedsstaaten erhält und der Vertrag von Lissabon (2007) ausdrücklich auch einen Austritt aus der EU ermöglicht (wie von Großbritannien in Anspruch genommen), zugunsten des zweiten der große Umfang der EU-Zuständigkeiten und der verbindliche Mehrheitsentscheid in EU-Organen. Das Bundesverfassungsgericht spricht seit 1993 von einem „Staatenverbund", in dem die demokratische Legitimation wesentlich durch die nationalen Parlamente vermittelt werde und die Mitgliedsstaaten „Herren der Verträge" blieben (Ooyen 2006, S. 253).

b. Deutsche Interessen in der EU

Da der wirtschaftliche Kompetenzbereich der EU stärker und früher entwickelt ist als alle anderen Bereiche, sind vor allem in ihm spezifische Interessen einzelner Mitgliedsstaaten identifizierbar. Sie ergeben sich für *Deutschland als hochentwickeltem Industrie-, Hochlohn- und Exportland* im Zusammenhang mit dem Binnenmarkt der Union:

- Umstritten waren (und sind teilweise) die *Grenzen des Marktes,* d. h. welche Bereiche der Daseinsvorsorge und welche Berufe ausgeklammert bleiben. Während Post und Bahn privatisiert und schrittweise in den Markt eingegliedert werden, gilt dies für andere Bereiche nicht oder nur eingeschränkt. Die deutschen Kommunen verteidigen kommunale Krankenhäuser, öffentlichen Nahverkehr und Wasserversorgung gegen Neigungen der EU-Kommission, diese mit beliebigen Wirtschaftsgütern gleichzusetzen.
- Deutschland sieht sich als Hochlohnland betroffen durch die *Dienstleistungsfreiheit* in der EU, die auch Scheinselbständige aus Osteuropa ins Land lockt. Bei einer EU-Dienstleistungsrichtlinie geht es um freien Marktzugang für alle, zugleich aber auch um Mindestlohnregelungen, was Lohndumping und damit Arbeitsplatzverluste in Deutschland ausschließen sollte (Grunow et al. 2012, S. 9, 17, 55). Ein/-e Selbstständige/-r aber unterliegt keiner Mindestlohnregelung.

- Befürchtungen bestehen, dass deutsche *Berufsqualifikationen* durch die EU entwertet werden. Während für Handwerkerberufe in Deutschland lange Ausbildungen erforderlich sind, reichen anderswo mehrwöchige Lehrgänge. Die EU-Kommission sieht in der Meisterprüfung als Voraussetzung für selbstständige Handwerkertätigkeit eine ungerechtfertigte Marktschranke, Gleiches gilt für die Gebührenordnungen für Architekt/-innen, Ingenieure/-innen, Steuerberater/-innen und Wirtschaftsprüfer/-innen. Ende 2017 verklagte die EU-Kommission Deutschland vor dem Europäischen Gerichtshof, weil es die EU-Richtlinie zur Anerkennung von Berufsabschlüssen nicht in deutsches Recht umgesetzt habe.
- Als Industrie- und Exportland sieht sich Deutschland immer wieder durch EU-Vorstöße gefährdet, die seine *Wettbewerbsfähigkeit bedrohen*[1]. Beispielhaft war der Konflikt um eine von der EU-Kommission angestrebte Überprüfung aller 30.000 verwendeten Chemikalien, der erst nach Jahren mit einem Kompromiss endete. Derzeit ist der Klimaschutz aktuell. Seit Langem geht es bei der Autoindustrie um Schadstoffausstoß-Grenzen für größere Autos, wie sie gerade Deutschland produziert. Der deutsche Maschinenbau befürchtete von einer Öko-Richtlinie der EU, dass sie einheitliche Energieeffizienz-Angaben und -begrenzungen vorschreiben könnte.
- Zollpolitik ist Sache der Europäischen Union. Da *Handelskonflikte* mittels Zollerhöhungen ausgefochten werden, entscheidet sie, was da geschieht. Deutschland, das den größten Außenhandel mit der außereuropäischen Welt betreibt, ist der Hauptbetroffene. Die EU, die durchaus gezielt Einfuhrzölle erhebt, mehr als bisher die USA, dient damit dem Schutz bestimmter Industrien und Landwirtschaftsprodukte – klar, dass es da unterschiedliche Interessen der Mitgliedstaaten gibt. Exportnationen bejahen Freihandel eher als andere Länder, und sie sind es, die unter Gegenreaktionen anderer Staaten stärker leiden.
- Die in der EU eingeführte grenzüberschreitende Aktiengesellschaft ermöglicht es, durch Firmensitz im Ausland Steuern zu sparen und die „Flucht" vor der deutschen Mitbestimmung anzutreten. Analog eine geplante „Europa-GmbH", die sogar in einem anderen Staat registriert werden darf, als sie ihren Sitz hat – damit ließe sich die deutsche Mitbestimmung „einfach aushebeln", so der DGB.
- Die europäische Wettbewerbspolitik ist anders angelegt als die deutsche: Einzelentscheidungen stehen deutschen Strukturentscheidungen, Privatklagen deutscher staatlicher Kontrolle, Vernünftigkeit/Konsumentenwohlfahrt deutscher Marktstruktur als Maßstab gegenüber (Sturm 2016, S. 74) – viel an Systematik und Voraussehbarkeit geht verloren.

---

[1] Bereits Bundeskanzler Schröder monierte dies (Sturm 2003, S. 99).

13.1 Deutsche Interessen in der europäischen Politik

Zusammengefasst: Interessen eines entwickelten Hochlohn- und Exportlandes wie Deutschland werden bei der EU-Marktetablierung und -regulierung in vielfältiger Weise betroffen und erfordern angesichts unterschiedlicher Interessenlagen der EU-Staaten eine aktive Vertretung.

Ein zweiter deutscher Interessenkomplex ergibt sich daraus, dass der EU-Binnenmarkt weit über Wirtschaftspolitik ausstrahlt. Wettbewerbsfähigkeit hängt auch von Besteuerung, Umwelt- und Sozialpolitik ab. So wächst die Zahl der EU-Rechtsakte zum Steuerrecht, und bereits hunderte von Entscheidungen fällte der EU-Gerichtshof, bei denen es um die Vereinbarkeit nationaler Steuerregelungen mit EU-Recht ging. Nationale Steuerpolitik „unterliegt zunehmend europäischer Regulierung" (Genschel 2009, S. 207, 211 ff.). *Steuerkonkurrenz übt einen stillen, aber wirksamen Druck auf die Wettbewerbsverhältnisse aus und treibt die nationale Politik.* In Deutschland, wo relativ hohe Unternehmenssteuern bei relativ niedriger Mehrwertsteuer deutsche Angebote verteuerten, war dies ein starkes Argument, Unternehmenssteuern zu senken und die Mehrwertsteuer auf 19 % hochzuschrauben, wie es geschah. Dieser Steuersatz ist aber immer noch der viertniedrigste, der deutsche Körperschaftssteuersatz hingegen der fünfthöchste unter den (ehemals) 28 EU-Staaten (Schmidt und Schünemann 2013, S. 146, 153). In Steueroasen innerhalb der EU unterlagen Konzernsitze mit formell dort erzielten Gewinnen lange Zeit Steuersätzen von 1 % und weit weniger – so etwa Apple in Irland. Dem haben die G20-Länder 2021 einen Riegel vorgeschoben durch einen von der OECD koordinierten Mindeststeuersatz von 15 % (Gries 2021), den die EU umsetzen soll. Indes: Die Möglichkeit, bestimmte Waren bzw. Dienstleistungen mit ermäßigtem Mehrwertsatz zu belegen, fördert ebenfalls Steuersenkungswettläufe.

Analog ist der deutsche Sozialstaat betroffen. Zum einen schwächen arbeitsverteuernde Sozialbeiträge Unternehmen wie Arbeitnehmer/-innen im europäischen Wettbewerb, andererseits wirken höhere Sozialleistungen als „Zuwanderungsmagnet" (Caldwell 2009). Das ist kein Randproblem, da die deutschen Sozialleistungen je Einwohner/-in zu den höheren in der EU gehören, nur in Luxemburg und Dänemark sind sie höher (Europäische Kommission 2022a). Hinzu kommen EU-Bestrebungen, sozial- und arbeitspolitische Regelungen in Deutschland für alle EU-Bürger/-innen zugänglich zu machen, sie auszuweiten bzw. auszuhebeln. Sowohl das deutsche Steuer- als auch Sozialsystem, obwohl formell nicht unter europäischer Zuständigkeit, befinden sich damit unter enormem „Anpassungsdruck"[2]. Dieser Druck treibt fort von direkten hin zu indirekten Steuern, fort vom kontinentaleuropäischen Sozialstaatsmodell (mit Versicherungssystemen und höheren Leistungen) hin zum liberal-angelsächsischen Modell

---

[2] Bezogen auf Steuern Schmedes (2008, S. 213).

(mit steuerfinanzierten niedrigen Leistungen, daneben privater Vorsorge) (Hanesch 1999). Derzeit sieht man sich, auch bei der SPD, unter dem Druck gesenkter Steuerbelastung für Kapitalgesellschaften in den USA und ähnlicher Absichten in Großbritannien, Frankreich und Belgien – was die deutsche Konkurrenzfähigkeit wesentlich treffen könnte. Verfehlt wäre es aber, die EU hier zum alleinigen Sündenbock zu machen. Denn Druck auf das deutsche Sozialsystem geht auch von der deutschen Bevölkerungsschrumpfung wie von der weltweiten Globalisierung aus. Ähnlich bei den Steuern, wo man unter den Bedingungen des globalen Standortwettbewerbs zu Steuersenkungen für Unternehmen gezwungen sein kann.

Ein vierter Interessenkomplex betrifft die Umwelt- und Energiepolitik. Für 2030 streben die EU-Staaten einen Anteil von 40 % für erneuerbare Energien an (Rat der Europäischen Union 2022), die EU-Kommission (2021a) unter Ursula von der Leyen ebenfalls 40 und das EU-Parlament sogar 45 % (Simon und Taylor 2022). Der Weg, auf dem die Europäische Union ihre Klimapolitik betreibt, ist seit 2005 der Emissionshandel „EU Emission Trading System" (ETS), d. h. Stromerzeuger, energieintensive Industrie und Flugbetriebe innerhalb des Europäischen Wirtschaftsraums, die für etwa 40 Prozent der Emisssionen verantwortlich sind, müssen für jede Tonne CO_2-Ausstoß eines der begrenzten Zertifikate kaufen. Die Unternehmen entscheiden selbst, ob ihnen der Ausstoß so viel wert ist oder nicht – mit dem eleganten Ergebnis, dass CO_2 zu möglichst geringen Kosten eingespart wird. Einwenden lässt sich, dass nur ein Teil des CO_2-Ausstoßes erfasst wird. Ergänzt wird diese Linie darum innerhalb des „Europäischen Green Deals" durch eine „Effort Sharing Regulation" (ESR), die Emissionsreduktionsziele innerhalb der Mitgliedsstaaten für die Sektoren Verkehr, Gebäude und Landwirtschaft (verantwortlich für etwa 60 Prozent der Emissionen), Vorgaben für erneuerbare Energien und Energieeffizienz sowie ein Verbot von Verbrennungsmotoren in Autos ab 2035 (Rat der Europäischen Union 2022) enthält. Deutschland hingegen ist – zumindest anfangs – einen anderen Weg gegangen: Dieser kombinierte gesetzliche Grenzwerte für CO_2-Ausstoß in bestimmten Bereichen, den Ausstieg aus Kernenergie (bis 2022) und Kohlestrom (bis 2038) sowie die durch die Stromverbraucher/-innen – allerdings nur bis 2022 – zu zahlenden EEG[3]-Umlage. Durch das 2019 verabschiedete (und 2021 aufgrund des Karlsruher Urteils verschärfte) Klimaschutzgesetz kamen ein Monitoring durch einen Klimarat und ein nationaler Emissionshandel für Gebäude und Verkehr hinzu. Auf Weiteres sei hier verwiesen auf Abschn. 17.3d – Umweltpolitik.

---

[3] EEG = Erneuerbare-Energien-Gesetz.

13.1 Deutsche Interessen in der europäischen Politik

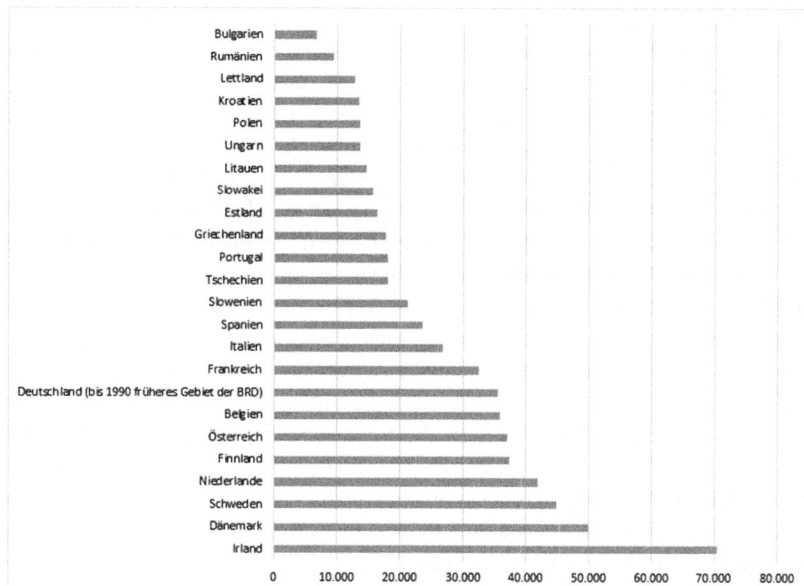

Abb. 13.1 Bruttoinlandsprodukt je Einwohner in EU-Staaten 2021. (Quelle: Eurostat (2022a))

Innerhalb der Europäischen Union befindet sich Deutschland seit deren Osterweiterung in einer Mittellage. Damit wird es verkehrspolitisch zum Durchgangsland, dessen Straßen, Schienen und Kanäle allen Verkehrsteilnehmer/-innen aus der EU ohne Diskriminierung offen stehen sollen. Versuche der Großen Koalition jedoch, die Autofahrer/-innen an den dadurch entstehenden Kosten durch eine Maut zu beteiligen, sind 2019 am Europäischen Gerichtshof gescheitert – weil infolge der KfZ-Steuer-Senkung zugunsten deutscher PKW ausländische Fahrzeughalter/-innen diskriminiert würden. Ergebnis: Schadenersatzforderungen von um die 560 Mio. Euro seitens der geplanten Betreiber der Mautsysteme (sol/dpa 2022) und ein Untersuchungsausschuss, der die Vorwürfe gegenüber Verkehrsminister Andreas Scheuer (CSU) prüfen soll, dieser habe (ohne das EuGH-Urteil abzuwarten) auf einen Vertragsabschluss gedrängt sowie laut Bundesrechnungshof „Vergaberecht verletzt" und „gegen Haushaltsrecht verstoßen" (Maier 2019).

Dagegen in einer Randlage befindet sich Deutschland wirtschaftlich: am Rande der relativen Armutszone, die seit 2004 zur EU gehört. Die wirtschaftlichen Unterschiede sind in Abb. 13.1 erkennbar. Obwohl bereits gemildert, erscheint immer noch abgründig der Abstand, der das westeuropäische Bruttoinlandsprodukt je Einwohner/-in (abgesehen von Portugal und Griechenland) von dem in den Ländern Osteuropas trennt[4]. Ein solcher besteht auch bei den Arbeitskosten je Stunde im verarbeitenden Gewerbe (siehe Abschn. 17.1b). Er wirkt sich besonders auf Deutschland und Österreich als unmittelbar benachbarte Länder aus. Er signalisiert *ökonomische Spannungen, die in grenzüberschreitenden Wanderungen von Kapital, Arbeitskräften und Käufer/-innen nach Ausgleich suchen.*

Fünftens sind deutsche Interessen im Bereich Landwirtschaft berührt, der heute noch zu den größten EU-Ausgabeblöcken gehört. Hier ging es seit 2003 darum, sich von der früheren Preisstützungspolitik zu verabschieden, die auf Versorgungssicherheit für die Bevölkerung und Einkommensstabilisierung für die Landwirte/-wirtinnen abzielte. Stattdessen stellte man die Weichen zu einer „Entkoppelung der Agrarsubventionen von der Produktion" (EU-Kommission), d. h. zugunsten pauschaler Zahlungen an die Landwirte/-wirtinnen. Wann und wieweit dies geschehen soll, überließ die EU jedoch nationaler Entscheidung. Bei pauschalen Flächen- und Betriebsprämien, wie in Deutschland seit 2013 geltend, sind „Gewinner/-innen" die Landwirte/-wirtinnen mit ertragsschwachen Böden, Verlierer/-innen die intensiven Viehhalter/-in (Bergschmidt et al. 2005, S. 217). Die Auseinandersetzung hat sich lange auf die Frage konzentriert, in welchem Maße landwirtschaftlichen Großbetrieben die Flächenprämien gekürzt werden sollten. Entgegen der EU-Kommission bremste hier vor allem Deutschland mit seinen vielen Großbetrieben – die 3 300 flächenreichsten Betriebe erhielten rund eine Milliarde Euro pro Jahr aus den Mitteln der Gemeinsamen EU-Agrarpolitik, auf die 200.000 kleinsten Betriebe entfielen zusammen nur 690 Mio. Euro (epd 2019). Mit der Reform von 2021 rückte jedoch der Umweltschutz in den Fokus: Ein Viertel der Direktzahlungen wird künftig an Umwelt- und Klimaleistungen geknüpft. Zudem sollen Bauern und Bäuerinnen für ihre ersten Hektare mehr Geld bekommen, was kleineren Betrieben nützt (Preker 2021). *Im Ganzen ist damit an die Stelle einer einheitlichen europäischen Agrarordnung eine Ordnung mit nationalen Varianten getreten, was die erweiterte EU von mancherlei Konflikten entlastet.*

Schließlich ergeben sich Interessen beim finanziellen EU-Transfersystem. Die Mechanismen seiner Umverteilungsmaschinerie sind kompliziert und umstritten. Die EU-Einnahmen setzen sich zu etwa 70 % aus Beiträgen der Mitgliedsstaaten,

---

[4] Verzerrungen, die sich durch Sitze internationaler Konzerne in Steueroasen ergeben, spielen hier bei Irland eine Rolle; die ebenfalls infrage kommenden EU-Zwergstaaten sind nicht in die Grafik aufgenommen.

13.1 Deutsche Interessen in der europäischen Politik

die sich nach deren Bruttonationaleinkommen bemessen, aus EU-Mehrwertsteueranteilen (rd. 10 %), Zöllen und Zuckerabgaben (rd. 10 %) zusammen; für Großbritannien galt eine Beitragsreduktion, der sogenannte „Thatcher-Rabatt" (Schmidt und Schünemann 2013, S. 182 ff.). Die restlichen rund 10 % entfallen auf Steuern und andere Abgaben auf Gehälter der EU-Bediensteten, Bankzinsen, Beiträge von Nicht-EU-Ländern zu bestimmten Programmen, Verzugszinsen und Geldbußen. Erstmals soll die EU auch Schulden aufnehmen dürfen – nämlich zur Finanzierung des Corona-Wiederaufbaufonds „NextGenerationEU" – das größte Konjunkturpaket in der Geschichte zugunsten der durch die Pandemie besonders in Mitleidenschaft gezogenen süd- und osteuropäischen Staaten. Geplant ist ab 2023 (v. a. zur Rückzahlung der so entstehenden Schulden) die schrittweise Einführung neuer Eigenmittel in Höhe von etwa 17 Mrd. Euro pro Jahr, die u. a. aus dem CO_2-Grenzausgleichssystem und dem EU-Emissionshandelssystem stammen sollen (Europäische Kommission 2021b). Von den Mitteln, 2021 insgesamt 164,3 Mrd. Euro, sind vorgesehen für:

- Natürliche Ressourcen und Umwelt 58,6 Mrd. Euro,
- Zusammenhalt, Resilienz und Werte 52,9 Mrd. Euro,
- Binnenmarkt, Innovation und Digitales 20,8 Mrd. Euro,
- Nachbarschaft und die Welt 16,1 Mrd. Euro,
- Europäische öffentliche Verwaltung 10,4 Mrd. Euro,
- Migration und Grenzmanagement 2,3 Mrd. Euro,
- Sicherheit und Verteidigung 1,7 Mrd. Euro (Rat der Europäischen Union 2021).

Deutschland als bevölkerungsstärkster der wohlhabenderen EU-Staaten war stets der größte Nettozahler der Europäischen Union. Wie andere wehrt es sich gegen Bestrebungen der Kommission, den EU-Haushalt auszuweiten. 2020 überwies Deutschland 15,5 Mrd. Euro, darauf folgten das Vereinigte Königreich (letztmalig) mit 10,2 Mrd. Euro und Frankreich mit 8,0 Mrd. Euro; auch gemessen am BIP lag Deutschland vorn, gefolgt von Dänemark, UK und Schweden; pro Kopf lag Deutschland mit 186 € nur hinter Dänemark (228 €). Die größten Empfänger waren Polen (13,2 Mrd. Euro), Griechenland (5,7 Mrd. Euro) und Rumänien (4,9 Mrd. Euro) sowie mit geringem Abstand Ungarn (4,8 Mrd. Euro) mit einer seit Jahren notorisch EU-kritischen Regierung (Bundeszentrale für politische Bildung 2022). Das Ausscheiden Großbritanniens bedeutet, dass der drittgrößte Nettozahler ausfällt und sein Beitrag wohl von den übrig bleibenden Nettozahlern zu schultern sein wird.

Es wäre allerdings kurzsichtig, allein auf solche Zahlungen zu starren. Gerade eine interessenpolitische Betrachtung darf nicht übersehen, dass ein industrie- und exportstarkes Land wie Deutschland überdurchschnittlich vom gemeinsamen Markt profitieren kann. Bisher jedenfalls war die deutsche Exportindustrie ein Gewinner, weil der EU-Raum für die Bundesrepublik „einen relativ risikofreien Exportmarkt" (May 1982, S. 34, 55, 293) bietet. Allgemein richtet sich das Interesse süd- und osteuropäischer Staaten mehr auf Umverteilung durch die EU, während dem in den nördlichen Staaten, darunter Deutschland, ein vorrangiges Interesse am gemeinsamen Markt gegenübersteht. Das war bereits vor der Osterweiterung „the main cleavage" (Vaubel 2009, S. 67 f.) im Rat der EU.

c. Eurokrise: Macht- und Risikoausweitungen Europas?

Ein weiteres deutsches Interessenfeld ist die *europäische Geldpolitik*. Mit der gemeinsamen Euro-Währung ab 1999/2001 befindet sich Deutschland mit der Mehrheit der EU-Mitgliedsländer in einer währungspolitischen Risikogemeinschaft (Euro-Zone).

Der gemeinsame Euro bescherte finanziell schwächelnden Staaten niedrige Zinssätze für Staatsanleihen (Streeck 2013a, S. 183).[5] So differierten die Zinsen für Staatsanleihen der Euro-Länder 2008 um weniger als ein Prozent (Riehle 2016, S. 161). Man leistete sich daher schöne Jahre hoher Staatsdefizite und populärer Ausgaben. Banken vergaben Kredite zu niedrigeren Zinsen als bisher. Ebenso stiegen Anfang der 2000er in zahlreichen Staaten der Euro-Zone die Lohnstückkosten kontinuierlich an, teilweise auch noch danach. Angesichts dessen drifteten die Leistungsbilanzen (Export minus Import von Gütern und Dienstleistungen) der Euro-Staaten auseinander – anders als nördlichere Staaten einschließlich Deutschlands schlitterten vier südeuropäische Euro-Staaten sowie Irland in ein tiefes Minus.

Das Ende der „Euro-Party" kam, ausgelöst durch faule Kredite in den USA, mit der Finanzkrise 2008. Sie wurde zur Bewährungsprobe für die Regeln des gemeinsamen Marktes. Verschuldete, exportschwache Staaten und viele Banken konnten nur noch zu höheren Zinsen Kredite erhalten. Und schlossen EU-Regeln nicht staatliche Beihilfen an Unternehmen und Banken aus, galten im Euro-Raum nicht Verschuldungsgrenzen für staatliche Haushalte? Tatsächlich wurden die EU-Beihilferegeln konstruktiv interpretiert.

---

[5] Zum weiteren ebd., passim.

Zugleich verstärkte sich das Drängen auf einen „weichen" Euro, der einen Schuldenabbau leichter und einschneidende Reformen weniger dringlich machen könnte. Vor allem neue Schuldenaufnahmen der Euro-Staaten, wie sie weiterhin auch nach 2008 erfolgen (Riehle 2016, S. 50), lassen sich dann bequem finanzieren. *Die Interessen finanzschwacher Krisenländer (Portugal, Italien, Irland, Griechenland, Spanien, Zypern) zielen darüber hinaus auf eine Schuldenvergemeinschaftung in der Euro-Zone.* Umfang und Art der finanziellen Hilfen und Rettungsschirme bilden faits accomplis zu ihren Gunsten, unter anderem:

1. Hilfsprogramme der Euro-Staaten:
   - der temporäre „Rettungsschirm" für malade Staaten (2013 vergebene Kredite: 188,3 Mrd. Euro für Griechenland, Portugal, Irland),
   - der auf Dauer eingerichtete „European Stability Mechanism" (Ausleihsumme bis 500 Mrd.).
2. Hilfsmaßnahmen durch EU-Institutionen:
   - Überziehungen im Target-Zahlungsverkehr der Notenbanken zu Lasten Deutschlands von mehr als 1 Bio. Euro – deutsche Exportgüter werden so „mit frischem Kreditgeld aus den ausländischen Druckerpressen bezahlt" (Sinn 2013),
   - nachdem die Europäische Zentralbank alle Kreditwünsche der Banken – mit sinkenden Sicherheitsanforderungen – erfüllt hatte, tut sie sich durch ein seit 2012 laufendes Programm zum Staatsanleihen-Ankauf zur Wirtschaftsankurbelung hervor. Bisher sind dafür 3 Bio. Euro verwandt worden, übergewichtet zugunsten hochverschuldeten Staaten (dpa 2022).
   - eine Bankenunion unter Kontrolle der EZB, die der Bankenaufsicht, der Abwicklung maroder Banken und der Einlagensicherung dienen soll.

Ist damit faktisch nicht der Absprung zur Schuldengemeinschaft erfolgt? Man kann vielleicht zwei politische Linien unterscheiden. Die erste ist in *den Krediten bzw. dem European Stability Mechanism (ESM) der Euro-Staaten erkennbar, bei denen es sich sicherlich um ungewöhnlich günstige, großenteils faule, aber mit Auflagen verbundene Kredite begrenzten Umfangs handelt.* Die Auflagen beinhalten neben ausgeglichenen Staatshaushalten finanzstärkende, unvermeidlich unpopuläre Reformmaßnahmen der Kredit nehmenden Staaten, kontrolliert von der Euro-Staatengruppe. Letzteres stellt sicherlich ein Problem dar. Zumindest im Falle Griechenlands wirkte die Umsetzung von Auflagen wie ein jahrelanges „griechisches Satyrspiel" (Riehle 2016, S. 93), begleitet von feindseligen Emotionen gegen die Geberländer. Nachgeschobene Kredite wurden nötig, Fälligkeiten verschoben sich. Aber dies gilt nicht für andere Länder.

Und in jedem Fall bleiben die Geber Herr ihres Hilfe-mit-Auflagen-Vorgehens. Engagierte Verfechter dieses Vorgehens sind Regierungen nördlicherer Staaten der Eurozone, an ihrer Spitze Deutschland und die Niederlande.

Umstritten dabei bleibt, ob bei den Haftungsübernahmen nicht ein „Bruch des Lissabon-Vertrages" vorliegt, in dessen Art. 125 es heißt: „Ein Mitgliedstaat haftet nicht für die Verbindlichkeiten der Zentralregierungen … eines anderen Mitgliedstaates und tritt nicht für derartige Verbindlichkeiten ein" (zit. nach Sturm und Pehle 2012, S. 225; Vaubel 2018, S. 75–91). Erst nachträglich hat der EU-Rat dem Vertrag einen Absatz hineingeschoben, um den ESM zu legalisieren. In der Eurozone ist die Insolvenz eines Mitgliedsstaates damit faktisch ausgeschlossen worden. Im Gegensatz zu föderalen Staaten wie den USA oder der Schweiz, die kein Bail-out zulassen (Riehle 2016, S. 125, 247), lastet auf dem einzelnen Euro-Staat kaum noch Eigenverantwortlichkeit. Zusammengefasst: Die Linie der deutschen Regierung war anfänglich verständlich, ist allerdings nicht nur mit hohen finanziellen Haftungsrisiken verbunden, sondern riss auch die vertragliche Barriere gegen verantwortungsloses Schuldenmachen ein. Mehr noch: Ihre „Austerity"-Politik droht das Verhältnis zwischen Nationen der Euro-Zone zu vergiften.

Das zeigt sich daran, wie die Politik der Auflagen als illegitimer Eingriff in die Demokratie der Schuldnerstaaten seitens der Bevölkerungen und Teilen der Wissenschaft wahrgenommen wurde. Allerdings gibt es durchaus auch Bereitschaft zur kritisierten „austerity" – und zwar in Abhängigkeit von der Pro-Kopf-Verschuldung (Gründler und Potrafke 2019, S. 12). Zudem: Die These, Deutschland sei der Hauptgewinner des Euro, lässt sich nicht belegen – fiel doch der deutsche Export in die Eurozone von 45,7 % in 2000 auf 36,4 % des deutschen Gesamtexports im Jahre 2015 (Hartwig und Maurer 2016, S. 244). Deutscher Exporterfolg war insgesamt schon lange vor dem Euro vorhanden.

Bei den Maßnahmen der EU wiederum geht es um Target-Überziehungen, die den Geschäftsverkehr der Notenbanken erleichtern sollen. Dieses System gilt auch zwischen den Notenbanken der USA, wo aber Saldo-Schulden im April jedes Jahres restlos ausgeglichen werden müssen. Im Targetsystem der Eurozone fehlt diese naheliegende Klausel. Somit können Euro-Länder zeitlich unbegrenzt Einkäufe „auf Pump" tätigen – Ergebnis: Die Bundesbank sitzt im Frühjahr 2022 auf 1,17 Bio. Euro Target2-Außenständen (Deutsche Bundesbank 2022), deren Einlösung auf den St. Nimmerleinstag fällt.

Die zweite Säule dieser Politikstrategie besteht im Aufkauf von Staatsanleihen aus dem Euro-Raum. Eigentlich darf die EZB nach europäischem Vertragsrecht der EU und ihren Mitgliedsstaaten keine Kredite gewähren. Darum kauft die EZB die Staatskredite nicht von den Staaten, sondern von Banken

13.1 Deutsche Interessen in der europäischen Politik

als Zwischenträgern. Diese haben saubere Hände, da Staatskredite nach EU-Recht stets als sicher gelten, sei der betreffende Staat noch so zahlungsunfähig. Das Ganze, so die EZB, sei keine Staatsfinanzierung. Prompt bestätigte ihr das auch der Europäische Gerichtshof, und EU-Größen wie der frühere Parlamentspräsident Martin Schulz begrüßten das Aufkaufprogramm (Riehle 2016, S. 200, 180, 192). Angeblich sollen Aufkauf-Programm und Nullzinspolitik der EZB die Wirtschaft ankurbeln. Indes: Ein solcher Effekt blieb über lange Jahre aus, auch gaben die Banken kaum vermehrt Kredite an die Wirtschaft.

So deutet alles auf ein primär anderes *Motiv: Der Aufkauf von Staatsanleihen entlastet Schuldner, erleichtert weitere Verschuldung und verringert unangenehmen Reformdruck. Auch Nullzins hilft Schuldnern, desgleichen das erklärte Ziel von mehr Inflation. Im Ergebnis führt das Aufkaufprogramm für Staatsanleihen, wie Bundesbankpräsident Jens Weidmann schon 2012 formulierte, zu einer „Gemeinschaftshaftung für die aufgekauften Staatsschulden" (Riehle 2016, S. 173).*

Ein Blick auf zwei EU-Institutionen erhellt, wie sich dort Schuldnerinteressen durchsetzen können. Der EZB-Rat, das entscheidende Gremium, setzt sich aus sechs Direktoriumsmitgliedern und den 19 Notenbankpräsident/-innen der Mitgliedstaaten zusammen. Sie alle werden von ihren Regierungen für acht Jahre entsandt. Bei den Notenbankpräsident/-innen gilt ein Rotationssystem, wonach die fünf bevölkerungsreichsten Staaten vier Stimmen haben (monatlich wechselnd ist einer draußen), die übrigen 14 nur elf Stimmen. Deutschland ist also durchschnittlich durch 1,8 Stimmen repräsentiert. Da die sechs höchstverschuldeten Staaten vier der sechs Direktoriumssitze innehaben, verfügen die höher als Deutschland Verschuldeten über zwölf der insgesamt 21 Stimmen im EZB-Rat. Dazu kommt: Fast alle Staaten, auch Deutschland, sind erheblich verschuldet und haben ein, wenn auch unterschiedlich starkes Interesse an Nullzins-Politik und Aufkauf ihrer Anleihen – was ihnen ja große Geldsummen für andere Zwecke freimacht. So erklärt sich, dass breite EZB-Mehrheiten zugunsten von Schuldnerinteressen stimmen, ebenso das öffentliche Stillschweigen seitens Regierender in Deutschland[6].

Der zweite Blick gilt dem Europäischen Gerichtshof. Er besteht aus 27 Richter/-innen, eine/-r je Mitgliedstaat. Der Ernennungsvorschlag durch die jeweilige Regierung ist faktisch entscheidend, eher nur formell die einvernehmliche Ernennung durch die Mitgliedstaaten. Ganz ungewöhnlich in Rechtsstaaten

---

[6] Angeblich hat Merkel die EZB-Staatsanleihenkäufe 2012 sogar per Unterschrift „gebilligt", Finanzminister Schäuble sie für zulässig erklärt (Vaubel 2018, S. 27 f.).

ist, dass die Richter/-innen nur auf sechs Jahre ernannt werden und eine Wiederwahl möglich ist. Wer dieser befristet Beschäftigten mit Verlängerungschance wird es wagen, seiner Regierung den finanziellen Spielraum durch eine Unzulässigkeit der EZB-Aufkäufe von Staatsanleihen einzuengen?

Zusammenfassend: *Die schuldnerorientierte Politik ist durch unbegrenzte Verschuldungsmöglichkeiten auch ohne Zustimmung der Gläubiger gekennzeichnet. Dies verbindet sich mit verstärkter europäischer Vergemeinschaftung und Beschwörungen europäischer Solidarität. Träger sind die Staaten nach dem Maß ihrer Verschuldung.*

Die Entwicklung lässt erkennen, dass die konjunkturelle Krise im Euro-Raum nach der Eurokrise überwunden war. Der Bauboom ebenso wie die Vermögensinflation sind sicherlich durch die Geldschwemme gefördert worden. Andererseits: Mit der Corona-Pandemie verlor die Konjunktur in der EU wieder an Schwung. Stand 2022 steht die EZB wiederum vor einem Dilemma: Sie muss die enorme Inflationsrate bekämpfen, ohne die Konjunktur abzuwürgen. Und: *Die Leistungsbilanzen und Staatsschulden in Tab. 13.1 zeigen, dass die Geld- und Kreditschwemme zwar Zusammenbrüche von Staaten und Banken verhindert, aber die Krisenursachen von 2008 nicht beseitigt hat, wenngleich hier die Maßnahmen zur Bekämpfung der wirtschaftlichen Folgekosten der Corona-Pandemie in Rechnung zu stellen sind.* Welchen Umfang und welche Sicherheiten Immobilienkredite an Private aufweisen, wird von der EZB nicht erhoben. Ein großer Schulden-Elefant bleibt damit im Dunkeln. Anscheinend ohne ihn (und ohne Staatsschulden) beziffert die EZB den Umfang fauler Kredite im Herbst 2021 im Euroraum auf 422 Mrd. Euro (Weise 2021). Die Geldflutung samt Nullzinspolitik verführt zu ökonomisch falschen Allokationsentscheidungen bei Kapitalanlagen, deren Folgen (etwa weniger Produktivität) erst später sichtbar werden; die wie eine „Droge" (Jens Weidmann zit. nach Reuters 2012) wirkende EZB-Staatsfinanzierung verleitet die Politik dazu, schwierigen Reformen auszuweichen und notwendige Entscheidungen zu verschleppen. Sind das alles „immer neue Tricks", um dem „gescheiterten Pumpkapitalismus einen zweiten Frühling zu spendieren?" (Streeck 2013b, S. 58) Wie auch immer: Einen Erfolg der schuldnerorientierten Strategie kann man die Ergebnisse nicht nennen, zumal Reformen eher der Hilfe-mit-Auflagen-Politik zuzurechnen wären.

Eine dritte politische Linie bestünde in der Auflösung der Währungsunion, mehr oder minder vertreten von rechtspopulistischen Parteien wie der AfD, dazu einer Reihe Ökonom/-innen. Man hält den Euro für eine Fehlgeburt, da er Staaten mit allzu ungleicher Wirtschaftskraft und divergierenden Interessen zusammenbinde, dabei Finanz- und Exportschwachen den Ausweg einer Währungsabwertung abschneide. Er spalte Europa zwangsläufig. Zweifellos wäre ein

13.1 Deutsche Interessen in der europäischen Politik

Tab. 13.1 Die Eurozone 2021 – stabilisiert nach der Krise?

Staat	Leistungsbilanz (% des BIP)	Arbeitslosenquote (%)	Staatl. Finanzierungssaldo (% des BIP)	Staatsverschuldung (% des BIP)
Eurozone[a]	–	7,7	−3,6 (4. Q.)	95,6
Belgien	-0,4	6,3	−0,2	108,2
Deutschland	7,4	3,6	7,4	69,3
Estland	−1,1	6,2	8,1	18,1
Finnland	0,7	7,7	0,8	65,8
Frankreich	−0,6	7,9	−0,1	112,9
Griechenland	−5,9	14,7	−3,7	193,3
Irland	13,9	6,2	13,7	56,0
Italien	2,5	9,5	2,4	150,8
Lettland	−2,9	7,6	−1,4	44,8
Litauen	1,4	7,1	2,9	44,3
Niederlande	9,5	4,2	9,5	52,1
Portugal	−1,1	6,6	0,7	127,4
Slowakei	-2,0	6,8	−0,6	63,1
Slowenien	3,3	4,8	3,4	74,7
Spanien	0,9	14,8	1,9	118,4
Österreich	−0,5	6,2	−0,5	82,8

[a] Zu dieser und zum BIP/Einwohner vgl. Abb. 13.1. Nicht aufgeführt sind die Kleinststaaten Zypern, Luxemburg und Malta. Alle Daten beziehen sich auf 2021. „Die Leistungsbilanz gibt Aufschluss über die Transaktionen eines Landes mit der übrigen Welt. Sie umfasst sämtliche Transaktionen (außer Transaktionen von Finanzwerten) von Waren, Dienstleistungen, Primär- und Sekundäreinkommen zwischen gebietsansässigen und gebietsfremden Einheiten." (Eurostat 2022b) „Der Finanzierungssaldo eines Landes entspricht der Summe der gesamten Leistungs- und Kapitalbilanz in der Zahlungsbilanz. Diese Gesamtgröße zeigt (wenn sie positiv ist) den Nettobetrag an Mitteln, den die gesamte Volkswirtschaft der übrigen Welt zur Verfügung stellt bzw. (wenn sie negativ ist) den Nettobetrag, den die übrige Welt der gesamten Volkswirtschaft zur Verfügung stellt." (Eurostat 2022b)
Quellen: Eurostat (2022b; 2022c; 2022d; 2022e).

Ausstieg schwierig, aber möglich, zumindest kurzfristig mit wirtschaftlichen Verlusten verbunden. In diese Richtung weisen Erfahrungen bei der Auflösung älterer Währungsunionen. Die EU und auch Frankreichs Präsident Macron drängen, ebenso wie die Ampelkoalition, auf mehr europäische Vergemeinschaftung. So heißt es im Koalitionsvertrag, man will „die Wirtschafts- und Währungsunion stärken und vertiefen", „die Bankenunion [...] vollenden" und sich für „eine europäische Rückversicherung für nationale Einlagensicherungssysteme" einsetzen, nicht aber ohne auf die „Weiterentwicklung der fiskalpolitischen Regeln" und darauf hinzuweisen, dass „die Haushaltspolitik in der EU und in den Mitgliedsstaaten ihrer Verantwortung nachkommt" (Mehr Fortschritt wagen – Koalitionsvertrag, S. 133, 168). Noch in seiner früheren Funktion sagte der amtierende Bundeskanzler Olaf Scholz, ein deutscher Finanzminister sei ein deutscher Finanzminister – einerseits deutschen Steuerzahlern verpflichtet und andererseits für eine solide Haushaltsführung stehend (Ramthun 2020).

Was droht, ist ein Ende der bisherigen Hilfe-mit-Auflagen-Politik. Dies bedeutet ein „Mehr Europa" als Antwort auf die Krise und eine weitere Machtverschiebung zugunsten der schuldnerorientierten Umverteilungspolitik zulasten der „Marktgewinner". In der Konsequenz heißt das weniger Demokratie (da die EU keine ist und sein kann) und mehr zentrale Regulierung (Kielmansegg 2015, S. 17, 23, 26, 71).

Die Lage Deutschlands in der Europäischen Union wird sich somit verschlechtern:

- *politisch, indem der Einfluss im Ministerrat durch den Brexit und die ab 2014 veränderten Abstimmungsregeln (einfaches Stimmgewicht für alle Mitglieder, dreifache Mehrheitsregel – Bundesregierung 2014)[7] geschwächt ist,*
- *wirtschaftlich, indem die deutschen Banken und Sparer/-innen in eine Risikogemeinschaft mit wankenden Geldinstituten des Südens geraten,*
- *demokratiebezogen, indem dem demokratisch gewählten Bundestag eine weitere Kompetenz verloren geht.*

Mit Dieter Grimm (2016, S. 28) formuliert: Es ist ein weiterer Meilenstein auf dem Weg schrittweiser Veränderungen hin zu einem Zustand, der zuvor „niemals zur Debatte stand."

---

[7] Diese qualifizierte Mehrheit ist erreicht, wenn mindestens 55 % der Mitgliedstaaten im Rat (bei 27 Mitgliedsstaaten 15 Länder) zustimmen und sie dabei zugleich mindestens 65 % der EU-Bevölkerung vertreten (doppelte Mehrheit). Zudem gibt es eine Sperrminorität, wenn wenigstens vier Mitgliedstaaten, die gemeinsam mehr als 35 % der EU-Bevölkerung vertreten, gegen einen Vorschlag stimmen. Das Verfahren kommt bei etwa 80 % der Legislativentscheidungen zum Tragen (Große Hüttmann 2020b).

13.2 Die Europäisierung des politischen Systems

a. Die Marginalisierung der nationalen Gesetzgeber
Welche Rückwirkungen hat die Europäische Union auf das politische System der Bundesrepublik selbst? Zunächst fällt der Machtverlust der nationalen Gesetzgeber, des Bundestages und Bundesrates bzw. der Landesparlamente, ins Auge. Alle Rechtsetzungskompetenzen der Europäischen Union gehen von ihren Kompetenzen ab. Zwar bedürfen neue europäische Verträge der Zustimmung durch die nationalen Gesetzgeber. Aber dies heißt, dass die Bundesregierung mit den Regierungen der anderen EU-Staaten die Verträge aushandelt, während dem Gesetzgeber nur die Ratifikationsalternative des Ja oder Nein bleibt.

An der Beschlussfassung über Verordnungen, Richtlinien und Entscheidungen der EU ist als einziges deutsches Verfassungsorgan allein die Bundesregierung als Mitglied im Rat der EU beteiligt. Nur durch Einflussnahmen auf die Bundesregierung kann sich da der Deutsche Bundestag einschalten.

Voraussetzungen dafür eröffnet Art. 23 Abs. 2–3 GG, wonach die Bundesregierung den Bundestag „umfassend und zum frühestmöglichen Zeitpunkt" über EU-Angelegenheiten zu unterrichten hat, um dem Parlament Gelegenheit zur Stellungnahme zu geben, die sie bei den Verhandlungen in der EU „berücksichtigt". Als Koordinator für Einflussnahmen bietet sich der Europaausschuss des Bundestages an (Fuchs 2004). Im Laufe der Zeit ist die Zahl der EU-Vorlagen beim Deutschen Bundestag stark angewachsen, schließlich auf 3861 in den Jahren 2013–17 (Deutscher Bundestag 2021).

Von der neuen Möglichkeit einer Subsidiaritätsrüge durch mindestens ein Viertel der Bundestagsabgeordneten ist bis 2017 erst drei Mal vom Bundestag und elf Mal vom Bundesrat Gebrauch gemacht worden – doch ohne Effekt (Deutscher Bundestag 2017, S. 16, 35). Für eine erfolgreiche Rüge benötigt man ein Drittel der nationalen Parlamente in der EU, aber sie verpflichtet die EU-Kommission zu gar nichts. Wird die Rüge von der Mehrheit der nationalen Parlamente getragen, hat die Kommission ihre Vorlage zu überprüfen und, falls sie an ihr festhält, dieses zu begründen. Noch nie war eine deutsche Rüge von einem Drittel, geschweige denn der Mehrheit der nationalen Parlamente unterstützt. Selbst beim unwahrscheinlichen Erfolgsfall wären die nationalen Parlamente nur Bittsteller gegenüber den europäischen Entscheider/-innen (Abels 2013, S. 90 f., 94; Reiding 2016).

Zweifelhaft erscheint, ob das Parlament die Regierung auf ein bestimmtes Stimmverhalten im EU-Ministerrat verpflichten könnte – und sollte. Würde dies in allen EU-Staaten möglich, wäre es für die Entscheidungsfähigkeit der

Europäischen Union „fatal" (Töller 2004, S. 49). *Reduziert auf unverbindliche Meinungsäußerungen, auf die er gewöhnlich verzichtet, droht der Bundestag, wie andere nationale Parlamente auch, in seinen legislativen Funktionen „marginalisiert" zu werden (Marschall 2002, S. 388).*

Nur Handlangerdienste bleiben dem Parlament bei der Ausführung von Brüsseler Entscheidungen. Theoretisch eröffnen hier die „Richtlinien", die der nationale Gesetzgeber in nationales Recht umzusetzen hat, zwar Möglichkeiten zu Ausführungsvarianten. In Wirklichkeit aber sind die Vorgaben so detailliert, dass kein relevanter Spielraum bleibt. Dabei liegt der Anteil der auf EU-Impuls erfolgten Gesetzgebung des Bundestages bei etwa einem Drittel (Töller 2014, S. 9), besonders hoch bei Umwelt und Landwirtschaft, relativ niedrig bei Sozialem.

Bezieht man auch unmittelbar geltende EU-Verordnungen sowie Entscheidungen von Europäischem Gerichtshof und Kommission ein, kam die Bundesregierung zu weit höheren Anteilen: Demnach gingen etwa 80 % des geltenden Rechts auf europäischen Ursprung zurück (König und Mäder 2008, S. 439, 459; Hölscheidt und Hoppe 2010). Wie schwierig die Abgrenzung ist, zeigt sich beispielhaft am Kartellrecht. Hier amtieren zwar die nationalen Kartellämter weiterhin, doch die großen Fische ab einem gewissen Umsatz fallen unter EU-Zuständigkeit. Da der Umsatz wächst, geraten immer mehr Fälle unter die Kompetenz der EU-Kommission. Im Ergebnis wird das deutsche Kartellamt durch die EU zunehmend „inhaltlich und machtpolitisch marginalisiert" (Sturm und Pehle 2012, S. 209 ff.).

Beim Bundesrat ist die Lage ähnlich wie beim Bundestag. Auch sie ist gekennzeichnet durch den Verlust an Gesetzgebungsrechten. Immerhin ist der Bundesrat aber nach Art. 23 GG „an der europapolitischen Willensbildung des Bundes zu beteiligen, soweit er an einer entsprechenden innerstaatlichen Maßnahme mitzuwirken hätte oder soweit die Länder innerstaatlich zuständig wären". Dementsprechend ist die Mitwirkung des Bundesrates in Analogie zu den innerstaatlichen Länderrechten abgestuft, reichend von unverbindlicher Berücksichtigung bis zu Bundesratsvertreter/-innen anstelle der Bundesregierung. Die Formulierung des Art. 23 GG sucht die binnendeutsche föderale Machtverteilung in die europäische Mitwirkung Deutschlands hinein fortzusetzen.

Der Bundesrat besitzt, um rasch Stellung nehmen zu können, eine sogenannte Europakammer, „deren Beschlüsse als Beschlüsse des Bundesrates gelten". Tatsächlich aber tagte diese Kammer selten. Stattdessen gewährleistet ein EU-Ausschuss eine gewisse europapolitische Handlungsfähigkeit des Bundesrates. Im Zeitraum von 1998 bis 2003 forderte in er 37 Fällen die maßgebliche Berücksichtigung seiner Stellungnahme; dies lehnte die Bundesregierung in 20 dieser

13.2 Die Europäisierung des politischen Systems

Fälle ab (Sturm und Pehle 2012, S. 89 f., 92 f.). Der Bundesrat gehörte 2010 zu den vier aktivsten Zweiten Kammern in der EU; 14 von insgesamt 34 Subsidiaritätsrügen gegen EU-Entscheidungen kamen von Zweiten Kammern (Buzogany und Stuchlik 2012).

Im Ergebnis wird deutlich, dass der Bundesrat mit immer geringeren Erfolgsaussichten ein permanentes „Abwehrgefecht" um seinen Einfluss führt (Sturm und Pehle 2012, S. 97). Allein bei originären Landeskompetenzen (wie Bildungswesen) haben sich die Länder durch Vertreter/-innen in EU-Gremien entschädigen können. Die im Vergleich zum Bundestag höhere Aktivität des Bundesrates dürfte sich daraus erklären, dass zwischen Bundestagsmehrheit und Bundesregierung eine politische Übereinstimmung besteht, die solche Aktivitäten als überflüssig erscheinen lässt – hingegen eine solche Übereinstimmung zwischen Bundesratsmehrheit und Bundesregierung zumeist nicht besteht.

b. Bundesregierung: Monopol auf Mitwirkung in der EU
Die Bundesregierung ist das einzige Verfassungsorgan, das in das EU-Institutionensystem eingefügt ist. Sie benennt den deutschen EU-Kommissar/die EU-Kommissarin und den deutschen Richter/die deutsche Richterin am Europäischen Gerichtshof. Faktisch bedeutet dies, sie ernennt ihn/sie, da die Regierungen der EU-Staaten bisher noch nie in die Auswahl einer Regierung hineingeredet haben. Man praktiziert eine „gegenseitige Nichtinterventionsregel". Die Kommissare/Kommissarinnen stammen ganz überwiegend aus der nationalen Politik, und ihre Amtsdauer von fünf Jahren macht sie abhängig von ihrer nationalen Wiedernominierung (bisher von der Hälfte erreicht) bzw. der Aussicht auf ein nationales Nachfolgeamt. Dazu kommt, dass nur eine Minderheit aller Kommissionsentscheidungen und Gesetzesvorlagen tatsächlich in Kommissionssitzungen verhandelt wird und der federführende Kommissar/die Kommissarin „erheblichen Einfluss" auf den Inhalt einer Vorlage hat (Wonka 2008, S: 49, 97, 105, 113, 117 f., 138, 197; Wonka 2008b). *Im Ergebnis kann also eine Regierung die Kommissionspolitik im Zuständigkeitsbereich ihres Kommissars/ihrer Kommissarin beeinflussen, und unverkennbar verfolgen diese auch die Interessen ihres Herkunftslandes (Wonka 2008b, S. 123 f.).*

Unmittelbar vertreten ist die Bundesregierung im Rat der EU. Der Bundeskanzler/Die Bundeskanzlerin gehört dem Rat der Regierungs- und Staatschefs/-chefinnen an, der faktisch als „Richtliniengeber" für die Fachministerräte der EU fungiert (Hartmann 2005, S. 656). Jedes Bundesministerium hat eine Fachabteilung für Europafragen. Interministerielle Konflikte sucht man auf Zusammenkünften der Europa-Abteilungsleiter/-innen der Ministerien zu lösen, die nächsthöhere Ebene bildet ein eigener Staatssekretärsausschuss (Beichelt 2016). Koordinierungen erfolgen (sofern sich nicht der Kanzler/die Kanzlerin selbst einschaltet) teils beim Wirtschafts- oder Finanzministerium, teils beim Auswärtigen Amt (Große Hüttmann 2007, S. 42 f.).

Die Entscheidungspraxis des Rats der EU ist dadurch geprägt, dass dessen Stellungnahmen[8] in Arbeitsgruppen erarbeitet und möglichst ausgehandelt werden. Nicht weniger als 70–90 % der im Rat anstehenden Entscheidungen werden so bis zur Beschlussreife vorgeklärt. Die Mitgliedstaaten sind dabei durch Beamte/Beamtinnen bzw. Regierungsmitglieder vertreten (Krax 2010, S. 103).

Den Arbeitsgruppen übergeordnet fungiert der Ausschuss der Ständigen Vertreter der Mitgliedsstaaten, der aus nationalen Beamt/-innen besteht und ein „Nadelöhr und Filter" darstellt, „durch die alle Vorgänge in den Ratsgremien laufen" (Grünhage 2007, S. 105). Dort werden die meisten Ministerratsentscheidungen getroffen, während die Minister/-innen selbst nur noch strittig gebliebene Punkte verhandeln. Der/Die Ständige Vertreter-in, der/die im Ausschuss überstimmt werden kann und sich an Kompromissverhandlungen beteiligt, benötigt für effektive Einflussnahme auch Verhandlungsspielraum.

Analog ist die Bundesregierung durch Beamte/Beamtinnen in Ausschüssen der EU-Kommission vertreten, wo man in die Vorbereitung von Kommissionsvorschlägen (quasi der Gesetzesinitiative) und in die Durchführung von EU-Rechtsakten einbezogen ist (Wessels 2003, S. 361). Die Mitglieder dieser sogenannten Komitologieausschüsse erhalten von ihren Regierungen meist klare Instruktionen (Huster 2008, S. 271).

Auf der einzigen Schiene, über die deutsche Institutionen europäische Entscheidungen beeinflussen können, der Bundesregierung, sind aushandelnd in erheblichem Maße Beamte und Beamtinnen tätig, Minister/-innen hingegen nur im Falle verbliebener Kontroversen unmittelbar agierend.

c. Länder, Kommunen und Verwaltung: Überdauern bei Gestaltungseinbußen

Auf der Ebene der Bundesländer lassen sich ähnliche Folgen der Europäisierung wie auf Bundesebene beobachten. Auch hier vollziehen sich Kompetenzabwanderungen in Richtung Europa, die den deutschen Föderalismus aushöhlen. So sind Bildung und Verwaltung, die beiden wichtigsten autonomen Zuständigkeiten der deutschen Landesgesetzgeber, zwar nicht an die Europäische Union

---

[8] Faktisch handelt es sich um zehn verschiedene Ministerräte mit ihren jeweiligen Ressortzuständigkeiten (Schmidt und Schünemann 2013, S. 90 f.).

13.2 Die Europäisierung des politischen Systems

abgetreten, werden aber vielfach von Brüssel durchlöchert und überlagert (Beissel 2012, S. 196). Derartige Effekte ergeben sich

- aus dem EU-Ziel der wechselseitigen Anerkennung von Zeugnissen und Qualifikationen, was Folgen für das Bildungswesen nach sich zieht.
- Auch hat die EU bildungspolitische Leitziele für Schulen und Berufsschüler aufgestellt (Hepp 2006, S. 260 ff.).
- Ebenso müssen die Bundesländer bei den Bemühungen um europaweite Polizeizusammenarbeit („Europol") Kompetenzverluste hinnehmen, ohne in Europol-Einrichtungen vertreten zu sein (Frevel und Groß 2016, S. 81).
- Bei den Ausgaben der Bundesländer für aktive Arbeitsmarktpolitik 2001–06 machten europäische Zuschüsse einen ähnlich hohen Anteil wie Landesmittel aus, übertrafen sie in sieben Ländern sogar (Bertelsmann Stiftung 2007, S. 293) – mit entsprechendem Gewicht europäischer Vorgaben.

Darüber hinaus droht ein zentrales Profilierungsfeld der Landespolitik, die regionale Struktur- und Förderungspolitik, stranguliert zu werden. Denn die EU-Subventionsbeschränkungen, zielend auf fairen Wettbewerb, lassen nur noch kleinkalibrige direkte Fördermaßnahmen zu. Mit Förderung geklotzt werden darf nur noch in EU-geförderten Regionen, weithin mit Geldern der EU und nach ihren Regeln. Diese goldenen EU-Zügel müssen nicht allein die neuen Bundesländer beachten, sondern auch ein Land wie Nordrhein-Westfalen, wenn es EU-Förderungen für Regionen mit rückläufiger industrieller Entwicklung (Ruhrgebiet) bzw. für ländliche Gebiete ergattern will (Jacoby 2005).

Wie im Bund, so hat die Europäisierung auch innerhalb der Bundesländer Gewichtsverschiebungen zulasten der Parlamente zur Folge. Denn die Beteiligung der Länder an der Europapolitik ist nach Artikel 23 GG allein Sache der Landesregierungen. Eine europapolitische Mitsprache der Landtage ist zwar vorgesehen, aber „das Letztentscheidungsrecht der Regierung bleibt unberührt". Die jeweiligen Mehrheitsfraktionen neigen auch kaum dazu, diese gouvernmentalen Vorrechte zu beschneiden.

Der ausgebaute deutsche Föderalismus, ein Exot im Kreise der EU-Mitgliedsstaaten, erweist sich als Belastung für die deutsche Vertretung in der Europäischen Union ebenso wie für die Implementation des EU-Rechts. So mangelt es Deutschland infolge der Mitwirkung der Länder gemäß Art. 23 GG an einheitlicher Stimme in einer Reihe EU-Gremien (Wessels und Rometsch 1996; Derlien 2001, S. 55 f., 63). Außerdem unterhalten die einzelnen Bundesländer in Brüssel eigene Vertretungen mit insgesamt über 250 Mitarbeiter/-innen. Argwöhnisch wittert man beim Bund eine „Nebenaußenpolitik" der

Länder (Zit. nach Sturm und Pehle 2012, S. 106, 108, 111). Einheitlich sind die Interessen der Länder dabei nicht: Wollen die wirtschaftlich starken Bundesländer die EU-Zuständigkeiten eher begrenzt sehen, steht für die schwachen „ein essentielles Interesse an der Beibehaltung von EU-Subventionen" im Vordergrund (Detterbeck 2007, S. 18, 23). Schwierigkeiten bereitet Deutschland als föderalem Staat schließlich die Implementation europäischen Rechts. Wenn auch nur eines der 16 Bundesländer eine EU-Richtlinie nicht korrekt in ein Landesgesetz überträgt, kann der Bund von der EU-Kommission verklagt und zu Strafzahlungen verurteilt werden. Ein solcher Fall ist bereits 1998 wegen Nichtumsetzung der Fauna-Flora-Habitat-Richtlinie (Naturschutz) eingetreten (Sturm und Zimmermann-Steinhart 2005, S. 136 f.). Die „Europafähigkeit" des deutschen Bundesstaates ist daher ein Thema (Benz 2005), manchen gilt er als „nicht europatauglich" (Baier 2006, S. 284).

Selbst auf die *kommunale Selbstverwaltung* wirkt sich die Europäische Union aus. Herausragende Bedeutung haben für die Kommunen folgende Themen:

- Die *Einschränkung der kommunalen Gewerbeförderung:* Zwar besitzen die Gemeinden bei der Wirtschaftsförderung noch einen gewissen Spielraum, da Beihilfen für kleine und mittlere Unternehmen (bis 200.000 € in drei Jahren) nicht gemeldet werden müssen. Im Falle großer Unternehmen jedoch stößt man auf EU-Verbotsregeln. Insbesondere sind die als Subvention beliebten Grundstücksverkäufe der Kommunen an Investoren bereits ab 100.000 € genehmigungspflichtig und dürfen den Marktwert nicht um mehr als 5 % unterschreiten (Sturm und Pehle 2012, S. 113).
- Die *offene kommunale Auftragsvergabe:* Sie soll nicht „heimische" Firmen bevorzugen, wie in Kommunen beliebt, vielmehr allen Wettbewerbern aus EU-Staaten die gleichen Chancen bieten. So sind 2022/23 öffentliche Aufträge ab einem Volumen von 215.000 € grenzüberschreitend auszuschreiben, bei Bauaufträgen beträgt die Schwelle 5,382 Mio. Euro (Rehm 2022).
- Der *Streit um die Grenzen des Marktes bei der Daseinsvorsorge:* In Deutschland stehen öffentliche Dienstleistungsbereiche zur Disposition, durch welche die Kommunen traditionell ihre Bürger mit Energie, Wasser, öffentlichen Nahverkehrsmitteln, Sparkassen, Krankenhäusern, Abfallbeseitigung, Museen u. a. versorgten (Henneke 2004, S. 122). Begründet wurde das mit natürlichen Monopolstellungen, Versorgungssicherheit und sozialen Standards. Müssen solche Bereiche nicht dem freiem Wettbewerb unterworfen werden? Diese Frage hat EU-Kommission und deutsche Kommunen über Jahre entzweit und für Unsicherheiten gesorgt (Sturm und Pehle 2012, S. 120 ff.).

13.2 Die Europäisierung des politischen Systems

- Auch das „Einheimischenmodell" vorwiegend süddeutscher Gemeinden, ortsansässigen Paaren mit Kindern Bauland zu Vorzugspreisen anzubieten, ist mit einer EU-Klage überzogen worden (Sturm und Pehle 2012, S. 129).

Angesichts dieser vielfältigen Betroffenheit kann nicht überraschen, dass auch die deutschen kommunalen Spitzenverbände „Europabüros" in Brüssel unterhalten. Eine Reihe deutscher Großstädte beteiligt sich außerdem als „Eurocities" an einem Verbund europäischer Städte, der über ein eigenes Büro in Brüssel verfügt. Bei kreisfreien Städten bestehen zudem „Europastellen" aller Art, um die Kommunikation mit der EU zu erleichtern (Sturm und Pehle 2012, S. 126 ff.; Münch 2006, S. 179, 182).

Die ausführende Verwaltung, ob bei Bund, Ländern oder Kommunen angesiedelt, behält grundsätzlich ihre bisherige Funktion. Denn bei der Durchführung bleibt die EU auf die Mitgliedsstaaten und deren Verwaltungen angewiesen, ihr selbst fehlt ein eigener Verwaltungsunterbau. Daran ändern auch nichts die – meist kleineren – europäischen Agenturen, die vorgegebene Aufgaben erfüllen (z. B. Flugsicherheit/Köln, Beobachtung von Rassismus/Wien); da sie räumlich verteilt sind, rangeln die Mitgliedsstaaten um ihren Standort (Fleischer 2007).

Implementation und ihre Kontrolle sind daher ein Schwachpunkt der EU. Selbst die Europäische Statistikbehörde kann meist nur auf Daten anderer aufbauen. In manchen Mitgliedsstaaten, wo es teilweise an Behörden zur Anwendung von EU-Recht fehlte, musste die Europäische Kommission auf deren Einrichtung drängen. Falls es bei der Umsetzung von EU-Recht hapert, bleibt der Kommission nur die Klage beim Europäischen Gerichtshof gegen den betreffenden Staat bzw. Bußgelder gegen Unternehmen. Besonders häufig geht es dabei um Umweltvorschriften, gefolgt von Steuer- und Zollfragen.

d. Bundesbank und Bundesverfassungsgericht: Im Schatten europäischer Institutionen

Abschließend sei noch ein Blick auf zwei deutsche Institutionen geworfen, denen entsprechende europäische Institutionen gegenüberstehen und die man eindeutig zu den Verlierern der Europäisierung zählen muss. Es handelt sich zunächst um die Deutsche Bundesbank. Sie fungierte bis 2001 als von der Bundesregierung unabhängige „Hüterin der Währung" und verfügte hierfür sowohl über die Banknotenausgabe als auch über Möglichkeiten zur Steuerung des Kreditvolumens.

Ihre Aufgabenstellung und ungewöhnlich starke Position erklärte sich

- zum einen aus der traumatischen Erfahrung des Währungsverfalls nach dem Ersten und dem Zweiten Weltkrieg; Geld erschien als zu ernste Sache, um sie kurzfristig-opportunen Erwägungen von Regierungen zu überantworten.
- zum anderen aus der Überzeugung, dass stabiles Geld einen verlässlichen Rahmen für wirtschaftliches Verhalten bedeute und damit den Wohlstand eines Landes fördere.

Letztlich ausschlaggebend war, dass sich vor diesem Hintergrund die Politik personeller Eingriffe enthielt und die Mitglieder des Bankrates, gleichgültig wie und woher sie in ihr Amt gekommen waren, in einem „Thomas-Becket-Effekt" mit ihrer Aufgabe identifizierten[9]. Nicht immer ohne Konflikte mit Bundesregierungen gelang es, die „Deutsche Mark" zu einer der stabilsten Währungen zu machen und zur wirtschaftlichen Entwicklung der Bundesrepublik beizutragen.

Die Mehrheit der EU-Staaten einigte sich, eine gemeinsame europäische Währung einzuführen und eine Europäische Zentralbank zu errichten. Deren Stellung, Aufgaben und Organisation (siehe Abschn. 1.3) sind dem Modell der Bundesbank nachgebildet. Auch Geldwertstabilität wurde ihre vorrangige Aufgabe. Was aber nicht mit übertragen werden konnte, waren Amtsethos sowie die deutschen Erfahrungen und Einstellungen zur Geldwertstabilität.

Die fortbestehende Bundesbank ist damit zu einer ausführenden Behörde ohne relevante Kompetenzen abgesunken. Vergeblich wendet sie sich gegen Tendenzen zur Aufweichung des Euro. Unabhängig davon muss Deutschland damit leben, dass die deutsche Konjunkturlage für die Entscheidungen der Europäischen Zentralbank nicht mehr richtungweisend ist. Das geldpolitische Kleid ist nicht mehr auf Deutschland zugeschnitten.

Ähnlich steht auch das *Bundesverfassungsgericht im Schatten eines europäischen Organs, des Europäischen Gerichtshofs*. In dieser Position hat das Bundesverfassungsgericht, wie Beobachter meinten, eine „Konfrontationshaltung" gegenüber dem nun höherrangigen Europäischen Gerichtshof eingenommen, indem es Fundamentalprinzipien des Grundgesetzes, insbesondere Grundrechte, zu schützen suchte (Büdenbender 2005, S. 286). Schließlich verzichtete es 1993 dauerhaft auf eine Überprüfung europäischen Rechts. Dies wirkt wie ein etappenweiser Rückzug. Zugleich hat sich das Bundesverfassungsgericht

---

[9] Thomas Becket, Kanzler und Freund König Heinrichs II. von England, von diesem zum Erzbischof von Canterbury erhoben, verteidigte dann in seinem neuen Amt hartnäckig die Rechte der Kirche gegen den königlichen Machtanspruch und wurde 1170 von Rittern des Königs ermordet.

13.2 Die Europäisierung des politischen Systems

„nicht immer eindeutig zum Jurisdiktionsanspruch des EuGH" bekannt – zu nennen sind „Solange I und II", das „Maastricht-Urteil", das „Lissabon-Urteil" (Höreth 2020) sowie unlängst (2020) ein Urteil aus Karlsruhe, das die EZB-Anleihkäufe für teilweise verfassungswidrig erklärte und Deutschland ein (allerdings rasch wieder eingestelltes) Vertragsverletzungsverfahren bescherte. Allerdings trifft das Karlsruher Urteil hier eine Institution, „die von der These des europäischen Demokratiedefizits gar nicht erfasst werden kann" (Decker 2021, S. 294).

Trotz derartiger Restvorbehalte und Widerstände bleibt die generelle Tendenz eindeutig: Der Europäische Gerichtshof besteht auf dem Vorrang des Unionsrechts vor jeglichem nationalen Recht und tendiert zu ausgreifender Rechtsprechung. 2005 und 2010 erklärte er altersbezogene Regelungen der Hartz-Gesetzgebung bzw. des Bürgerlichen Gesetzbuches für unwirksam, da gegen das europäische Verbot der Altersdiskriminierung verstoßend. Wie auch in anderen Fällen, vollzieht sich durch den EU-Gerichtshof „a silent revolution through law" (Haller 2008, S. 104). *Im Ergebnis schrumpft die Aufgabe des Bundesverfassungsgerichts auf die Wahrung des Grundgesetzes, soweit dem nicht das europäische Recht entgegensteht. Es befindet sich in einer subalternen Rolle,* vergleichbar mit der deutscher Landesverfassungsgerichte gegenüber dem Bundesverfassungsgericht. Ob Deutschland allerdings so weit geht, „den Vorrang des europäischen Rechts im Grundgesetz festzuschreiben, womit [es] dem Vorbild anderer Länder, etwa Irlands folgen würde" (Decker 2021, S. 294)?

Alles in allem: Mit dem Regime der Europäischen Union wandelt sich unauffällig, aber gravierend das politische System Deutschlands:

1. Die Gesetzgebungskompetenzen von Bundestag und Bundesrat, desgleichen der Landesparlamente, werden ausgehöhlt. Ihre Verluste an legislativen Rechten durch mittelbare Mitwirkung an der EU-Willensbildung zu kompensieren, gelingt ihnen auch nicht annäherungsweise. Dies gilt analog auch für die Landesparlamente *(Aushöhlung der nationalen und regionalen Legislativen).*
2. Lediglich die Bundesregierung behält mit ihrem Vertretungsmonopol Einfluss auf Brüsseler Entscheidungen, künftig geschwächt durch den Ausfall des ebenfalls marktorientierten Großbritannien *(Gouvernementales Beteiligungsmonopol in der EU).*
3. Kommunen und Verwaltungen verlieren im Zuge der Europäisierung ebenfalls Spielräume, vor allem bei der Wirtschaftsförderung, der Auftragsvergabe und der Daseinsvorsorge. Immerhin bleiben sie auch für die EU letztlich der allgemeine Verwaltungsunterbau *(Einschränkungen regionaler und lokaler Politik).*

4. Die Bundesbank ist zu einem Ausführungsorgan im Rahmen des Europäischen Zentralbanksystems abgesunken. Auf einem ähnlichen Wege befindet sich das Bundesverfassungsgericht. Seine Rechtsprechung und deutsches Verfassungsrecht sind dem europäischen Recht in der Interpretation des Europäischen Gerichtshofes unterworfen. Auch deutsche Grundrechte gelten nur soweit sie nicht europäischem Recht widersprechen. Die wirtschaftsordnungspolitische Offenheit des Grundgesetzes ist durch den europäischen Binnenmarkt obsolet geworden *(Zurücktreten von Grundgesetz und Bundesverfassungsgericht)*.

Es vollzieht sich eine stille Revolution. Das politische System Deutschlands wird transformiert, seine Institutionen übergeben mehr und mehr relevante Macht nach Europa. Bis zu welchem Punkt dieser Prozess fortschreiten wird, ist angesichts der ungewissen Finalität der europäischen Integration nicht vorauszusagen.

13.3 Die reduzierte Demokratie der Deutschen im Rahmen der EU

a. Schwache Integration in die europäische Politik
Schließlich die dritte Leitfrage: Wie steht es um die direkte Mitwirkung der Deutschen, ihren Einfluss auf die Europäische Union? Einen institutionalisierten Anlaufpunkt für Interessengruppen bildet der „Wirtschafts- und Sozialausschuss" der EU – doch beeinflussen dessen Stellungnahmen die Entscheidungsprozesse „meist nur marginal", und wer dort überhaupt einen der deutschen Sitze einnehmen darf, entscheidet faktisch die Bundesregierung. Die Europäische Kommission ihrerseits päppelt finanziell, teils einmalig, teils zeitweilig, bestimmte Interessengruppen – Verbraucher/-innen, Umweltschützer/-innen, Gewerkschaften u. a. – auf, um so die „demokratische Legitimität der EU" zu stärken (Eising 2012, S. 842 f., 855).

Unabhängig hiervon haben Interessenorganisationen aus den Mitgliedsstaaten ungefähr 900 internationale „Euroverbände" gebildet (Sebaldt und Straßner 2004, S. 272), in denen sich das nationale Spektrum wirtschaftlich interessierter Verbände widerspiegelt. Dabei handelt es sich um heterogene Föderationen von nationalen Verbänden. Hier und da sind auch einzelne Unternehmen Direktmitglieder eines europäischen Verbandes, so Chemieunternehmen und einige Automobilfirmen. Geht es um spezifische Unternehmensinteressen, so agieren auch 454 Vertretungen einzelner Firmen, darunter deutscher Großkonzerne, unmittelbar oder mithilfe professioneller Lobby-Firmen auf der europäischen Bühne

13.3 Die reduzierte Demokratie der Deutschen im Rahmen der EU

(Sturm und Pehle 2012, S. 166; Wessels und Schäfer 2007, S. 206). Insgesamt sind im europäischen Transparenzregister derzeit über 12.000 Organisationen registriert, darunter 1 638 aus Deutschland. Mit Sitz in Deutschland sind es 50 Beratungsfirmen und Anwaltskanzleien, 522 Interessenverbände, 376 Non Governmental Organizations, 85 Think Tanks und Forschungseinrichtungen, neun Kirchenvertretungen und 21 solche öffentlicher Institutionen (Europäische Kommission 2022b).

Primäre Adressatin ihrer Einflussbemühungen ist die EU-Kommission. Da sie das regierungsähnliche Organ der EU darstellt, das zudem das Initiativmonopol für europäische Rechtsakte besitzt, entspricht dies den innerdeutschen Verhältnissen. Die Kommission ist, um ihren Informationsstand zu verbessern, auch durchaus bereit, sowohl mit Euroverbänden als auch mit nationalen Verbänden und Einzelakteuren zu kommunizieren. So arbeiten Interessent/-innen in Ausschüssen der Kommission mit, halten Kontakt mit der EU-Verwaltung, und selbstverständlich spricht man mit den Ausschussberichterstatter/-innen des EU-Parlaments (Sebaldt und Straßner 2004, S. 261). Alles in allem: *Die wichtigen wirtschaftlichen Interessen finden Zugang zum europäischen Entscheidungsprozess, recht ähnlich wie dies auch innerstaatlich geschieht.* Schwerer haben es die deutschen Wohlfahrtsverbände, die in der EU um Verständnis für ihre Doppelrolle als Interessenverband und gemeinnütziger Träger sozialer Einrichtungen ringen müssen – nicht so ganz in den freien Markt für private Dienstleister passend (Winter 2016, S. 199).

Kaum berührt von der europäischen Integration erweist sich das deutsche Parteiensystem. Die europäischen Parteien, denen die deutschen Parteien angehören, haben Bedeutung nur für die Abgrenzung der übernationalen Fraktionen im Europäischen Parlament: so u. a. die Sozialdemokratische Partei Europas, die Europäische Volkspartei – Christliche Demokraten, die Europäische Liberale und Demokratische Reformpartei. Außerhalb des Parlaments aber sind solche Parteien nur Dachorganisationen nationaler Parteien, die getrennt ihre Europa-Wahlprogramme formulieren und ihre Wahlkämpfe zum Europäischen Parlament führen. Das „Spitzenkandidatenmodell", 2014 und 2019 erstmals in größerem Ausmaß praktiziert, sucht eine länderübergreifende Identifikation und Interesse für die EU in den Elektoraten zu wecken, gilt aber als „schleichender Verfassungswandel und inzwischen als eine Art Gewohnheitsrecht", dem man aber zumindest 2019 durch die Präsentation Ursula von der Leyens infolge fehlender Mehrheiten für den eigentlichen Wahlsieger Manfred Weber wieder ein Stück seiner Legitimität genommen hat (Große Hüttmann 2020a).

Was die Parteien so oder so „nicht leisten (können): Programmatische Kohärenz und Zielfindung" (Leinen 2013, S. 170). Dementsprechend dominiert innerhalb der europäischen Parlamentsfraktionen der Einfluss der nationalen Parteien auf ihre Delegationen, hängen doch Wiedernominierung und politische Karriere der Abgeordneten primär von ihrer nationalen Parteiführung ab. Insbesondere die führenden Parlamentarier/-innen fungieren als „Agenten der nationalen Parteiführung". An Geschlossenheit der europäischen Fraktionen mangelt es daher (Thiem 2009, S. 97, 121, 168 f.; Martin 2009, S. 116). *Von einem europäischen Parteiensystem kann real nicht die Rede sein, und der Kontakt der Europaparlamentarier/-innen zu deutschen Bürgerinnen und Bürgern etc. ist erheblich schwächer als der anderer Abgeordneter.*

Ebenso wenig kann man von einer „europäischen Öffentlichkeit" sprechen. Es fehlt an öffentlichen Foren, wo über die Sprachgrenzen hinweg Meinungen und Argumente zur EU-Politik ausgetauscht würden. Eine Auswertung von Frankreichs und Deutschlands Qualitätspresse kommt zu dem Ergebnis, dass bei ihr der „Grad der Europäisierung" niedrig sei (Dietzsch 2009, S. 61, 115, 159), zudem andere Forschungsprojekte weder eine Entwicklung zu einer „europäischen Öffentlichkeit" noch zu einer „Europäisierung der nationalen Öffentlichkeit" feststellen können (Dingwerth et al. 2011, S. 101, Nieland 2011).

Dieses Bild wird vervollständigt durch die Wahl der deutschen Abgeordneten zum Europäischen Parlament. Schon ihre Nominierung vollzieht sich, abseits der Parteimitglieder, durch Elektor/-innen, d. h. zu 90 % lokale und regionale Parteiführer/-innen, dazu 5 % nationale. Bestenfalls bei Entscheidungen auf Landesebene unterbreiten Parteivorstände ihre Vorschläge noch Delegierten. Wichtig für die Auswahl sind regionale Repräsentation, Geschlecht, nur begrenzt relevant innerparteiliche Richtung (Höhne 2013, S. 153, 248, 269). Allerdings scheint sich so langsam etwas zu ändern: Waren jedoch 2009 die Spitzenkandidat/-innen der großen Parteien nur zwei bzw. sechs Prozent der Bürger/-innen bekannt (Höhne 2013, S. 124 f.), kannten 2019 immerhin „nur" 45 % der Befragten keine/-n der neun Kandidat/-innen (Inhoffen 2019). Zudem nahm im Laufe der Zeit der Umfang der Wahlberichterstattung zu (Leidecker-Sandmann und Wilke 2020). Auch bei der Wahlbeteiligung könnte sich eine Trendumkehr abzeichnen: 2014 nahm sie erstmals nennenswert zu (wohl wegen des Antretens der AfD); 2019 lag sie sogar erstmals seit Jahrzehnten wieder über 60 % (wohl wegen der als Schicksalsentscheidung empfundenen Wahl im Brexit-Kontext). Dennoch: *Die demokratische Legitimation der Europaabgeordneten erscheint immer noch recht dürftig* (Tab. 13.2).

Man kann die Wählerabstinenz aus konkreten Ursachen erklären: Dem Europäischen Parlament mangelt es an den vollen Rechten eines Parlaments, obwohl diese inzwischen ganz erheblich verstärkt worden sind. Außerdem bestand zwischen den ständigen Bundestagsparteien Konsens in der Europapolitik, der auch durch Abweichungen bei der Linkspartei kaum und erst mit

Tab. 13.2 Europawahlen in Deutschland. In Prozent der Wahlberechtigten bzw. der gültigen Stimmen

Wahljahr	Wahlbeteiligung	DKP, PDS, Linke	GRÜNE	SPD	FDP	CDU/CSU	AfD	Sonstige
1979	65,7	0,4	3,2	40,8	6,0	49,2	–	0,4
1984	56,8	1,3	8,2	37,4	4,8	46,0	–	2,3
1989	62,4	0,2	8,4	37,3	5,6	37,8	–	10,5
1994	60,0	4,7	10,1	32,2	4,1	38,8	–	10,1
1999	45,2	5,8	6,4	30,7	3,0	48,7	–	5,4
2004	43,0	6,1	11,9	21,5	6,1	44,5	–	9,9
2009	43,3	7,5	12,1	20,8	11,0	37,9	–	10,8
2014	48,1	7,4	10,7	27,3	3,4	35,4	7,1	8,9
2019	61,4	5,5	20,5	15,8	5,4	28,9	11,0	12,9

Quelle: Zicht (2022).

der AfD gestört scheint. Das Stimmgewicht der deutschen Wähler/-innen, wenig bekannt, dürfte kaum Wahlenthaltung erklären. Wesentlicher scheinen zwei Gründe:

- Dies ist erstens die sprachliche, kulturelle und historische Verwurzelung der Deutschen (wie anderer europäischer Völker) in einer 1000-jährigen nationalen Gemeinschaft. Von der Europäischen Union ist man durch eine sprachliche Mauer getrennt.
- Hinzu kommt, dass die Kompetenzverluste an die EU nur teilweise wahrgenommen werden und zentrale Lebensinteressen – so am Wirtschaftsstandort und an sozialer Sicherung – tatsächlich mit dem Nationalstaat verbunden sind.

Die „Distanz" zwischen deutschen Bürger/-innen und EU-Parlament ist „sehr groß" (Weidenfeld 2013, S. 225). Doch wird die EU-Mitgliedschaft Deutschlands von einer Mehrheit der Deutschen befürwortet, drei von vier Deutschen meinen, dass ihr Land von der Mitgliedschaft profitiere (RND 2022).

b. Das europäische Demokratiedefizit zulasten der Deutschen
Die Gewichte der Staaten nach Bevölkerung, Stimmen im Rat, Parlaments-, Kommissions- und Gerichtssitzen in der EU sind aus Tab. 13.3 abzulesen. Selbst die Zuweisung von Parlamentssitzen ist „nicht am demokratischen

Tab. 13.3 Deutschland in der Europäischen Union 2021

Mitgliedsstaat	Einwohner (Mio., 2021)	Europäisches Parlament 2021 (Sitze)	EU-Kommission (Mitglieder)	Europäischer Gerichtshof (Mitglieder)
Deutschland	83,2	96	1	1
Frankreich	67,4	79	1	1
Italien	59,3	76	1	1
Spanien	47,4	59	1	1
Polen	37,8	52	1	1
Rumänien	19,2	33	1	1
Niederlande	17,5	29	1	1
Belgien	11,6	21	1	1
Griechenland	10,7	21	1	1
Tschechien	10,7	21	1	1
Schweden	10,4	21	1	1
Portugal	10,3	21	1	1
Ungarn	9,7	21	1	1
Österreich	8,9	19	1	1
Bulgarien	6,9	17	1	1
Dänemark	5,8	14	1	1
Finnland	5,5	14	1	1
Slowakei	5,5	14	1	1
Irland	5,0	13	1	1
Kroatien	4,0	12	1	1
Litauen	2,8	11	1	1
Lettland	1,9	8	1	1
Slowenien	2,1	8	1	1
Estland	1,3	7	1	1
Zypern	0,9	6	1	1
Luxemburg	0,6	6	1	1
Malta	0,5	6	1	1
Europäische Union	447,0	705	27+1	27

Quellen: Statistisches Bundesamt (2022); Europäisches Parlament (2020).

13.3 Die reduzierte Demokratie der Deutschen im Rahmen der EU

Gleichheitssatz ausgerichtet, sondern folgt dem Machtkalkül einer als ‚angemessen' erachteten Proportionalität." (Steffani 1995, S. 38) Das Parlament ist „keine Volksvertretung, sondern eine Staatenversammlung" (Isensee 2009, S. 259). Völlige Gleichheit der Mitgliedsstaaten hingegen gilt seit 1. November 2014 im Rat der Regierungen, aber auch in Kommission und Gerichtshof – je ein Sitz für Malta mit 0,5 wie für Deutschland mit 83,2 Mio. Einwohnern. Im Ergebnis sind die Großen in der EU von einer Vielzahl der Kleinen wie in Jonathan Swifts „Gullivers Reisen" durch deren Fäden gefesselt. Dies kann auch – angesichts fortbestehenden Nationalbewusstseins – kaum anders sein.

Zusammenfassend kann man von einer nur schwachen Integration der Deutschen in den europäischen Willensbildungs- und Entscheidungsprozess sprechen. Auch wenn die Europäische Bürgerinitiative, die Stärkung des Europaparlaments, neue Kontrollrechte der nationalen Parlamente bei EU-Vorhaben und auch die Einführung von „Spitzenkandidat/-innen" bei den Europawahlen der EU demokratische Legitimation verschaffen sollten – *Ansätze zu einer vollentwickelten europäischen Demokratie haben sich bisher nicht weiter entfaltet, sondern, im Gegenteil, gar zu einer „Policy-Krise der EU" (Abels 2020, S. 1) geführt. Die Verluste an innerdeutschen Einwirkungsrechten, die der Integrationsprozess mit sich brachte, sind im EU-System nicht kompensiert.*

Vor diesem Hintergrund führten Klagen gegen den Vertrag von Lissabon zu einem Urteil des Bundesverfassungsgerichts (BVerfG 2009), das den Vertrag nicht antastete, doch daran festhielt,

1. dass die EU eine Verbindung „souverän bleibender Staaten" sei, in der demokratische Legitimation von staatsangehörigen Bürger/-innen ausgehe (die EU müsse in demokratischer Hinsicht „nicht staatsanalog ausgestaltet" sein);
2. dass Kompetenzabtretungen an die EU zwar auch im „vereinfachten" Verfahren durch den Rat der EU möglich seien, innerdeutsch jedoch in Verantwortung der gesetzgebenden Körperschaften bleiben müssen;
3. dass die europäische Integration nicht so weit gehen dürfe, dass den Mitgliedsstaaten keine „Gestaltung der wirtschaftlichen, kulturellen und sozialen Lebensverhältnisse mehr bleibt";
4. dass das Gericht prüfen werde, ob sich EU-Rechtsakte in den Grenzen der „eingeräumten Hoheitsrechte halten" (Ultra-vires-Kontrolle) und ob bei Veränderungen der „Kerngehalt" des Grundgesetzes nach Art. 79 Abs. 3 GG gewahrt bleibt (Identitätskontrolle).

Der schwelende Konflikt mit dem Europäischen Gerichtshof setzt sich damit fort. Dem Urteil folgend beschloss zu Punkt 2 der Bundestag neue Regelungen.

Danach darf der/die deutsche Regierungsvertreter/-in beim „vereinfachten" Verfahren zu Änderungen von Zuständigkeiten und Abstimmungsmodalitäten der EU nur zustimmen oder sich enthalten, „nachdem" Bundestag und ggf. Bundesrat entsprechend beschlossen haben; sonst müsse er/sei ablehnen. Auf Antrag von einem Viertel seiner Mitglieder hat der Bundestag bzw. Bundesrat Klage wegen verletzter Subsidiarität vor dem Europäischen Gerichtshof zu erheben. Richter- und Generalanwälte-Vorschläge für den Europäischen Gerichtshof haben „im Einvernehmen mit dem Richterwahlausschuss" zu erfolgen (Deutscher Bundestag 2009).

Kompetenzverschiebungen im Schnellverfahren zugunsten der EU sind damit seit über einem Jahrzehnt nur noch mit ausdrücklicher Zustimmung von Bundestag und ggf. Bundesrat möglich. Aber der tagtägliche EU-Entscheidungsprozess kann nach wie vor an den gesetzgebenden Körperschaften Deutschlands vorbeilaufen. Viel scheint hier nicht zu erwarten, ein entsprechender Gesetzesvorstoß zur allgemeinen Bindung der Regierungsvertreter/-innen in Brüssel blieb aus (Auberger und Lamping 2009, S. 287 f.). Die Ursachen für das Schweigen sind wohl

- das Faktum, dass die Mehrheit des Bundestages ja die jeweilige Bundesregierung unterstützt, ihr vertraut und die parlamentarische Opposition eher draußen zu halten wünscht – ein Jagdhund, den man zum Jagen tragen müsste.
- Festlegungen machen außerdem unbeweglich, erschweren Kompromisse mit anderen Staaten vor Abstimmungen in der EU – man verliert dort Einfluss, schädigt die eigenen Interessen. Erfahrungen Österreichs und Dänemarks, die eine Bindung ihrer Regierungen an Parlamentsbeschlüsse kennen, scheinen in diese Richtung zu weisen (Huber 2009). Finnland und Schweden haben daher ihren Parlamenten nur richtungweisende Optionsvorgaben eingeräumt (Pehle und Sturm 2008, S. 167).

Das politische System der Europäischen Union ist unabgeschlossen, in seinen Stimmengewichtungen nur durch Verhandlungskompromisse legitimiert und von ständigen Veränderungen gekennzeichnet. Die Krisen des letzten Jahrzehnts – die Euro-Krise 2011, die Migrationskrise 2015, die Pandemie ab 2020 – stellten jedes Mal die Existenzfrage (Ladurner 2022). Das Projekt scheint von einer Nationbuilding-Vorstellung getragen, wonach gemeinsame Institutionen ein nationales Gemeinschaftsgefühl erzeugen (Zürn 1996, S. 45 ff.) – ungeachtet aller Probleme von Vielvölkerstaaten. Auch die Grenzen der Europäischen Union sind unabgeschlossen – nicht nur weitere Balkanländer, sondern auch die Türkei (und seit 2022 wohl auch die Ukraine, Georgien und Moldawien) stehen vor der Tür.

13.3 Die reduzierte Demokratie der Deutschen im Rahmen der EU

Wohin der europäische Integrationsprozess führen wird, bleibt offen. Auf der einen Seite spricht die Mentalität selbstbewusster Nationen wie der Französinnen und Franzosen dafür, dass die Nationalstaaten eigenes Gewicht behalten. Andererseits drängt die mit Binnenmarkt und Euro in Gang gesetzte Logik, unterstützt von der Attraktivität eines großen Wirtschaftsraumes, dazu, immer weitere Themenfelder europäischer Regelungen zu unterwerfen (Bulmer und Paterson 2019, S. 55) – zuletzt etwa den Spielraum großer Digitalkonzerne (Digital Markets Act/Digital Services Act). Eine gewisse Bereitschaft, das eigene Land in Europa aufgehen zu lassen, besteht anscheinend in Deutschland mit einer negativen Sicht seiner Geschichte seit 1871. Im Ergebnis divergieren die Europaperspektiven der Eliten: *Die deutsche Vorstellung wird als „maximum integration with some kind of federalism" umrissen, während die französische Integration „with control by governments kombiniere" (Schmedes 2002, S. 171).*

Das politische System Deutschlands in der Europäischen Union ist nicht mehr einfach die Demokratie des Grundgesetzes. Sucht man es zusammenzufassend zu beschreiben, gelangt man zu folgenden Ergebnissen:

1. *Der europäische Staatenverbund der EU ist nicht demokratisch verfasst, aber im Rahmen der europäischen Verträge den anderen politischen Ebenen übergeordnet.* Es ist das Fehlen eines europäischen Staatsvolkes, eines das politische System hinreichend stabilisierenden Gemeinschaftsbewusstseins, was eine Demokratie der gleichen Bürger/-innen auf europäischer Ebene ausschließt (Miliopoulos 2018, S. 107-109). Obwohl daher eigentlich nur ausgehandelte Entscheidungen möglich scheinen (Scharpf 1993), ist die EU im Wesentlichen zu Mehrheitsentscheidungen mit Stimmgewichtungen zugunsten kleinerer Länder übergegangen. Diese reichen bis zu gleicher Stimme für jeden Staat, Deutschland wie Malta (so in der machtvollen Kommission, dem Rat und dem Gerichtshof).
2. Mit den Kompetenzübertragungen auf die EU, vor allem zur Etablierung eines gemeinsamen, fairen Marktes und zu EU-Finanzfonds zur Förderung verschiedener Unionszwecke in den Mitgliedstaaten, hat eine *Verformung des politischen Systems der Bundesrepublik stattgefunden, indem Bundestag und Landtage legislative Kompetenzen einbüßen und das Grundgesetz gegenüber EU-Recht keinen Bestand hat.* Die Demokratie des Grundgesetzes besteht weiter, ist de facto jedoch weitgehend ausgehöhlt. Dies wird auch nicht durch demokratische Mitwirkungsrechte der Deutschen innerhalb der EU kompensiert, zumal das europäische Demokratiedefizit besonders zu ihren Lasten geht (Rudzio 2013).

3. Eine *Inhomogenität der Institutionen und Kompetenzordnung besteht zwischen den Ebenen*, da die europäische Ebene weder gleiches Wahlrecht noch Regeln parlamentarischer Demokratie aufweist, während Bundes- und Landesebene parlamentarisch-demokratisch verfasst und die Kommunen durch getrennte Wahlperioden von Parlament und direkt gewählter Verwaltungsleitung gekennzeichnet sind.
4. Man kann daher für Deutschland von einem *integrierten politischen Vier-Ebenen-System* (Europa – Bund – Länder – Kommunen) sprechen, in dem Zuständigkeitsverflechtungen zwischen den Ebenen vorherrschen und die europäische Ebene sich in Zuständigkeitsbereiche unterer Ebenen hineinfrisst; die Ausführung hingegen liegt bei den unteren Ebenen.

Es fällt schwer, das Gesamtsystem auf einen Begriff zu bringen: *ein integriertes verhandlungsdemokratisches Mehrebenensystem,* dessen Entscheidungsfähigkeit und Transparenz begrenzt sind. Legitimation hat es trotz Demokratie-Einbußen der Bürger, soweit die Vorteile eines gemeinsamen, großen Marktes bei fördernden Zahlungen für die schwächeren Mitgliedstaaten überwiegen. Indes warten am Horizont weitere Herausforderungen, die eine andere Art Demokratiedefizit in der EU erkennen lassen: Das Europäische Parlament hat 2017 gegen Polen und 2018 gegen Ungarn ein Verfahren nach Artikel 7 des EU-Vertrags eingeleitet – hier wegen Sorgen um die Unabhängigkeit der Justiz, um die Meinungsfreiheit im Land, Korruption, Minderheiten- und Migrantenrechte; dort wegen der Justizreform. Es drohen wegen des 2021 eingeführten sog. „Rechtsstaatsmechanismus" finanzielle Strafen.

Literatur

Abels, Gabriele (2013): Parlamentarische Kontrolle im Mehrebenensystem der EU – ein unmögliches Unterfangen?, in: Eberbach-Born, Birgit et al. (Hrsg.): Parlamentarische Kontrolle und Europäische Union, Baden-Baden, S. 79 ff.
Abels, Gabriele (2020): Legitimität, Legitimation und das Demokratiedefizit der Europäischen Union, in: Becker, Peter/Lippert, Barbara (Hrsg.): Handbuch Europäische Union, Wiesbaden (online first), unter: https://doi.org/10.1007/978-3-658-17436-1_39-2 (zuletzt geprüft am 3. Mai 2022).
Auberger, Tobias/Lamping, Wolfram (2009): Die richtige Aufführung auf der falschen Bühne?, in: der moderne staat 2, S. 271 ff.
Baier, Christina (2006): Bundesstaat und Europäische Integration, Berlin.
Beichelt, Timm (2016): Bundesregierung: Entscheidungsprozesse und europapolitische Koordinierung, in: Böttger, Katrin/Jopp, Mathias (Hrsg.): Handbuch zur deutschen Europapolitik, Baden-Baden, S. 93 ff.

Literatur

Beissel, Charlotte (2012): Deutscher Kulturföderalismus im Wandel der europäischen Integration, Baden-Baden.

Benz, Arthur (2005): „Europafähigkeit" des deutschen Bundesstaates, in: von Alemann, Ulrich/Münch, Claudia (Hrsg.): Landespolitik im europäischen Haus, Wiesbaden, S. 63 ff.

Berg, Heide et al. (2005): Reform der Agrarpolitik, in: von Alemann, Ulrich/Münch, Claudia (Hrsg.): Landespolitik im europäischen Haus, Wiesbaden, S. 209 ff.

Bertelsmann Stiftung (Hrsg.) (2007): Die Bundesländer im Fokus 2007, Gütersloh.

Büdenbender, Martin (2005): Das Verhältnis des Europäischen Gerichtshofs zum Bundesverfassungsgericht, Köln.

Bulmer, Simon/Paterson, William E. (2019): Germany and the European Union. Europe's Reluctant Hegemon?, London.

Bundesregierung (2014): Neue Abstimmungsregeln im EU-Ministerrat, unter: https://www.bundesregierung.de/breg-de/suche/neue-abstimmungsregeln-im-eu-ministerrat-423306 (zuletzt geprüft am 2. Mai 2022).

Bundeszentrale für politische Bildung (2022): Nettozahler und Nettoempfänger in der EU, unter: https://www.bpb.de/kurz-knapp/zahlen-und-fakten/europa/70580/nettozahler-und-nettoempfaenger-in-der-eu/ (zuletzt geprüft am 27. April 2022).

Buzogany, Aron/Stuchlik, Andrej (2012): Subsidiarität und Mitsprache, in: Zeitschrift für Parlamentsfragen 43 (2), S. 340 ff.

BVerfG (2009): Urteil des Zweiten Senats vom 30. Juni 2009, 2 BvE 2/08.

Caldwell, Christopher (2009): Einwanderung in die Sozialsysteme, unter: https://www.faz.net/aktuell/wirtschaft/wirtschaftswissen/migration-einwanderung-in-die-sozialsysteme-1900654.html (zuletzt geprüft am 19. April 2022).

Decker, Frank (2021): Baustellen der Demokratie. Von Stuttgart 21 bis zur Corona-Krise, Bonn.

Derlien, Hans-Ulrich (2001): Germany, in: Kassim, Hussein et al. (Hrsg.): The National Co-ordination of EU Policy – The European Level, Oxford, S. 54 ff.

Detterbeck, Klaus (2007): Was bleibt vom deutschen Föderalismus?, in: Renzsch, Wolfgang (Hrsg.): Perspektiven ostdeutscher Länder in der Europäischen Union, Baden-Baden, S. 18 ff.

Deutsche Bundesbank (2022): TARGET2-Saldo, unter: https://www.bundesbank.de/de/aufgaben/unbarer-zahlungsverkehr/target2/target2-saldo/target2-saldo-603478 (zuletzt geprüft am 27. April 2022).

Deutscher Bundestag (2009): Drucksachen 16/13923-25.

Deutscher Bundestag (2017): Unterrichtung durch den Präsidenten des Deutschen Bundestages Bericht über die Subsidiaritätsprüfung im Deutschen Bundestag und in anderen nationalen Parlamenten (Drucksache 18/12260), Berlin.

Deutscher Bundestag (2021): Datenhandbuch zur Geschichte des Deutschen Bundestages, Berlin, unter: https://www.bundestag.de/datenhandbuch (zuletzt geprüft am 28. April 2022).

Dietzsch, Ellen (2009): Europas Verfassung und die Medien, Marburg.

Dingwerth, Klaus et al. (2011): Postnationale Demokratie, Wiesbaden.

dpa (2022): EZB belässt Zinsen auf Rekordtief von null Prozent, unter: https://www.tagesspiegel.de/wirtschaft/ende-der-anleihenkaeufe-angestrebt-ezb-belaesst-zinsen-auf-rekordtief-von-null-prozent/28255078.html (zuletzt geprüft am 27. April 2022).

Eising, Rainer (2012): Interessenvermittlung in der Europäischen Union, in: Reutter, Werner (Hrsg.): Verbände und Interessengruppen in den Ländern der Europäischen Union, 2. Aufl., Wiesbaden, S. 837 ff.

epd (2019): Protest gegen ungleiche Verteilung von Agrarsubventionen, unter: https://chrismon.evangelisch.de/nachrichten/42523/protest-gegen-ungleiche-verteilung-von-agrarsubventionen (zuletzt geprüft am 27. April 2022).

Europäische Kommission (2018): Binnenmarkt: 25 Jahre EU-Binnenmarkt, unter: https://data.europa.eu/doi/https://doi.org/10.2873/592033 (zuletzt geprüft am 19. April 2022).

Europäische Kommission (2021a): Europäischer Grüner Deal: Kommission schlägt Neuausrichtung von Wirtschaft und Gesellschaft in der EU vor, um Klimaziele zu erreichen, unter: https://ec.europa.eu/commission/presscorner/detail/de/IP_21_3541 (zuletzt geprüft am 26. April 2022).

Europäische Kommission (2021b): Die nächste Generation von EU-Eigenmitteln: Fragen und Antworten, unter: https://ec.europa.eu/commission/presscorner/detail/de/qanda_21_7026 (zuletzt geprüft am 27. April 2022).

Europäische Kommission (2022a): Ausgaben für den Sozialschutz pro Einwohner, unter: https://ec.europa.eu/eurostat/databrowser/view/tps00100/default/table?lang=de (zuletzt geprüft am 19. April 2022a).

Europäische Kommission (2022b): Transparenz-Register, unter: https://ec.europa.eu/transparencyregister/public/consultation/search.do?reset=&locale=de#de (zuletzt geprüft am 2. Mai 2022b).

Europäisches Parlament (2020): Neuverteilung der Sitze im Europäischen Parlament nach dem Brexit, unter: https://www.europarl.europa.eu/news/de/press-room/20200130IPR71407/neuverteilung-der-sitze-im-europaischen-parlament-nach-dem-brexit (zuletzt geprüft am 2. Mai 2022).

Eurostat (2022a): Reales BIP pro Kopf, unter: https://ec.europa.eu/eurostat/databrowser/view/sdg_08_10/default/table (zuletzt geprüft am 27. April 2022).

Eurostat (2022b): Leistungsbilanz – jährliche Daten, unter: https://ec.europa.eu/eurostat/databrowser/view/TIPSBP20__custom_2597666/default/table?lang=de (zuletzt geprüft am 28. April 2022).

Eurostat (2022c): Arbeitslosenquote, insgesamt, unter: https://ec.europa.eu/eurostat/databrowser/view/tps00203/default/table?lang=de (zuletzt geprüft am 28. April 2022).

Eurostat (2022d): Finanzierungssaldo (Leistungs- und Kapitalbilanz) – jährliche Daten, unter: https://ec.europa.eu/eurostat/databrowser/view/tipsbp70/default/table?lang=de (zuletzt geprüft am 28. April 2022).

Eurostat (2022e): Öffentlicher Bruttoschuldenstand, unter: https://ec.europa.eu/eurostat/databrowser/view/sdg_17_40/default/table?lang=de (zuletzt geprüft am 28. April 2022).

Fleischer, Julia (2007): Die europäischen Agenturen als Diener vieler Herren?, in: Jann, Werner/Döhler, Marian (Hrsg.): Agencies in Westeuropa, Wiesbaden, S. 212 ff.

Frevel, Bernhard/Groß, Hermann (2016): „Polizei ist Ländersache" – Polizeipolitik unter den Bedingungen des deutschen Föderalismus, in: Hildebrandt, Achim/Wolf, Frieder (Hrsg.): Die Politik der Bundesländer. Zwischen Föderalismusreform und Schuldenbremse, Wiesbaden, S. 61 ff.

Fuchs, Michael (2004): Der Ausschuss für die Angelegenheiten der Europäischen Union des Deutschen Bundestages, in: Zeitschrift für Parlamentsfragen 35 (1), S. 3 ff.

Genschel, Philipp (2009): Die Europäisierung der Steuerpolitik, in: Decker, Frank/Höreth, Marcus (Hrsg.): Die Verfassung Europas, Wiesbaden, S. 201 ff.
Gries, Lothar (2021): Was die globale Mindeststeuer ändert, unter: https://www.tagesschau.de/wirtschaft/finanzen/globale-mindeststeuer-faq-101.html (zuletzt geprüft am 19. April 2022).
Grimm, Dieter (2016): Europa ja – aber welches? München.
Große Hüttmann, Martin (2007): Die Koordination der deutschen Europapolitik, in: Aus Politik und Zeitgeschichte 10, S. 39 ff.
Große Hüttmann, Martin (2020a): Spitzenkandidaten (bei Europawahlen), in: ders./Wehling, Hans-Georg (Hrsg.): Das Europalexikon, 3. Aufl., Berlin, unter: https://www.bpb.de/kurz-knapp/lexika/das-europalexikon/309449/spitzenkandidaten-bei-europawahlen/ (zuletzt geprüft am 2. Mai 2022).
Große Hüttmann, Martin (2020b): Qualifizierte Mehrheit, in: ders./Wehling, Hans-Georg (Hrsg.): Das Europalexikon, 3. Aufl., Berlin, unter: https://www.bpb.de/kurz-knapp/lexika/das-europalexikon/177216/qualifizierte-mehrheit/ (zuletzt geprüft am 2. Mai 2022).
Gründler, Klaus/Potrafke, Niklas (2019): Europäischer Austeritätsdiskurs: Was bedeutet „Austerität"? Wie wird der Begriff in öffentlichen und wissenschaftlichen Debatten verwendet? (Studie im Auftrag der Konrad-Adenauer-Stiftung e.V.), unter: https://www.ifo.de/DocDL/ifo_Studie_Austeritaet_OEF_2019.pdf (zuletzt geprüft am 27. April 2022).
Grünhage, Jochen (2007): Der Ausschuss der Ständigen Vertreter der Mitgliedstaaten, in: Dagger, Steffen/Kambeck, Michael (Hrsg.): Politikberatung und Lobbying in Brüssel, Wiesbaden, S. 103 ff.
Grunow, Dieter et al. (2012): Die Europäische Dienstleistungsrichtlinie in der Umsetzung, Berlin.
Haller, Max (2008): European Integration as an Elite Process, New York.
Hanesch, Walter (1999): Der Sozialstaat in der Globalisierung, in: Aus Politik und Zeitgeschichte 49, S. 3 ff.
Hartmann, Jürgen (2005): „Efficient parts of the Constitution" und „die normative Kraft des Faktischen": Bagehot, Jellinek und die Europäische Union, in: Zeitschrift für Parlamentsfragen 36 (3), S. 649 ff
Hartwig, Ines/Maurer, Andreas (2016): Redistributive EU-Politiken aus deutscher Sicht, in: Böttger, Katrin/Jopp, Mathias (Hrsg.): Handbuch zur deutschen Europapolitik, Baden-Baden, S. 231 ff.
Henneke, Hans-Günter (2004): Öffentliche Daseinsvorsorge in der europäischen Diskussion: Länderbericht Deutschland, in: Siedentopf, Heinrich (Hrsg.): Der Europäische Verwaltungsraum, Baden-Baden, S. 117 ff.
Hepp, Gerd F. (2006): Bildungspolitik als Länderpolitik, in: Schneider, Herbert/Wehling, Hans-Georg (Hrsg.): Landespolitik in Deutschland, Wiesbaden, S. 240 ff.
Höhne, Benjamin (2013): Rekrutierung von Abgeordneten des Europäischen Parlaments, Opladen.
Hölscheidt, Sven/Hoppe, Tilman (2010): Der Mythos vom „europäischen Impuls" in der deutschen Gesetzgebungsstatistik, in: Zeitschrift für Parlamentsfragen 41 (3), S. 543 ff.
Höreth, Marcus (2020): Bundesverfassungsgericht (BVerfG) und Europäischer Gerichtshof (EuGH), in: Große Hüttmann, Martin/Wehling, Hans-Georg (Hrsg.): Das Europalexikon, 3. Aufl., Berlin, unter: https://www.bpb.de/kurz-knapp/lexika/das-europalexikon/176735/

bundesverfassungsgericht-bverfg-und-europaeischer-gerichtshof-eugh/ (zuletzt geprüft am 2. Mai 2022).

Huber, Peter M. (2009): Wer das Sagen hat, in: Frankfurter Allgemeine Zeitung vom 10. September.

Huster, Sebastian (2008): Europapolitik aus dem Ausschuß, Wiesbaden.

Inhoffen, Lisa (2019): Europawahl: Jeder Zweite kennt keinen der deutschen Spitzenkandidaten, unter: https://yougov.de/news/2019/04/24/europawahl-ist-fur-wahler-deutlich-weniger-wichtig/ (zuletzt geprüft am 2. Mai 2022).

Isensee, Josef (2009): Europäische Nation?, in: Decker, Frank/Höreth, Marcus (Hrsg.): Die Verfassung Europas, Wiesbaden, S. 254 ff.

Jacoby, Herbert (2005): NRW und die europäische Strukturpolitik, in: von Alemann, Ulrich/Münch, Claudia (Hrsg.): Landespolitik im europäischen Haus, Wiesbaden, S. 189 ff.

Katzenstein, Peter J. (2000): Gezähmte Macht, in: Knodt, Michèle/Kohler-Koch, Beate (Hrsg.): Deutschland zwischen Europäisierung und Selbstbehauptung, Frankfurt a. M., S. 57 ff.

Graf Kielmansegg, Peter (2015): Wohin des Wegs, Europa? Baden-Baden.

König, Thomas/Mäder, Lars (2008): Das Regieren jenseits des Nationalstaates und der Mythos einer 80-Prozent-Europäisierung in Deutschland, in: Politische Vierteljahresschrift 49 (3), S. 438 ff.

Kohler-Koch, Beate (2000): Europäisierung, in: Knodt, Michèle/dies. (Hrsg.): Deutschland zwischen Europäisierung und Selbstbehauptung, Frankfurt a. M., S. 11 ff.

Krax, Michael (2010): Nationalstaatliche Koordination der europapolitischen Willensbildung, Opladen.

Ladurner, Ulrich (2022): Es wird wieder hell, in: Die Zeit Nr. 20 vom 12. Mai.

Leidecker-Sandmann, Melanie/Wilke, Jürgen (2020): Routine- oder „Schicksalswahl"? Die deutsche Presseberichterstattung über die Europawahl 2019 im Langzeitvergleich, in: Holtz-Bacha, Christina (Hrsg.): Europawahlkampf 2019. Zur Rolle der Medien, Wiesbaden, S. 181 ff.

Leinen, Jo (2013): Die institutionelle Weiterentwicklung der EU als Bedingung für die weitere Genese der „Europaparteien", in: Poguntke, Thomas et al. (Hrsg.): Auf dem Weg zu einer europäischen Parteiendemokratie, Baden-Baden, S. 167 ff.

Maier, Jutta (2019): Rechnungshof bekräftigt Kritik am Verkehrsminister, unter: https://www.tagesspiegel.de/politik/finaler-pruefbericht-zur-pkw-maut-rechnungshof-bekraeftigt-kritik-am-verkehrsminister/25241344.html (zuletzt geprüft am 27. April 2022).

Marschall, Stefan (2002): „Niedergang" und „Aufstieg" des Parlamentarismus im Zeitalter der Denationalisierung, in: Zeitschrift für Parlamentsfragen 33 (2), S. 377 ff.

Martin, Hans-Peter (2009): Die Europafalle, München.

May, Bernhard (1982): Kosten und Nutzen der deutschen EG-Mitgliedschaft, Bonn.

Mehr Fortschritt wagen. Bündnis für Freiheit, Gerechtigkeit und Nachhaltigkeit – Koalitionsvertrag 2021–2025 zwischen SPD, Bündnis 90/Die Grünen und FDP, unter: https://www.spd.de/fileadmin/Dokumente/Koalitionsvertrag/Koalitionsvertrag_2021-2025.pdf (zuletzt geprüft am 28. April 2022).

Miliopoulos, Lazaros (2018): Das „Ever-closer-Europe"-Prinzip der Europäischen Union. Eine grundsätzliche Kritik, in: Haarmann, Lutz et al. (Hrsg.): Von der Bonner zur Berliner Republik. Politik im Spiegel praktischer Politik, Baden-Baden, S. 103 ff.

Münch, Claudia (2006): Emanzipation der lokalen Ebene? Wiesbaden.

Nieland, Jörg-Uwe (2011): Nebenschauplätze des Wahlkampfs, in: Mittag, Jürgen (Hrsg.): 30 Jahre Direktwahlen zum Europäischen Parlament (1979–2009), Baden-Baden, S. 271 ff.

von Ooyen, Robert (2006): Politik und Verfassung, Wiesbaden.

Pehle, Heinrich/Sturm, Roland (2008): Die Europäisierung der Regierungssysteme, in: Gabriel, Oscar W./Kropp, Sabine (Hrsg.): Die EU-Staaten im Vergleich, Wiesbaden, S. 155 ff.

Preker, Alexander (2021): So will die EU den 387-Milliarden-Euro-Schatz verteilen, unter: https://www.spiegel.de/wirtschaft/unternehmen/gap-reform-mit-hohen-agrar-subventionen-so-gruen-will-die-eu-387-milliarden-euro-verteilen-a-4c6be69e-67a6-4021-931e-1dccf4936557 (zuletzt geprüft am 27. April 2022).

Ramthun, Christian (2020): Olaf Scholz ist doch kein deutscher Finanzminister, unter: https://www.wiwo.de/politik/deutschland/staatshaushalt-olaf-scholz-ist-doch-kein-deutscher-finanzminister/26128542.html (zuletzt geprüft am 2. Mai 2022).

Rat der Europäischen Union (2021): Infografik – EU-Haushalt 2021: Hauptbereiche, unter: https://www.consilium.europa.eu/de/infographics/2021-eu-budget-areas/ (zuletzt geprüft am 27. April 2022).

Rat der Europäischen Union (2022): „Fit für 55", unter: https://www.consilium.europa.eu/de/policies/green-deal/fit-for-55-the-eu-plan-for-a-green-transition/ (zuletzt geprüft am 26. April 2022).

Rehm, Stefan-Marc (2022): Wann muss eine öffentliche Ausschreibung erfolgen?, unter: https://www.haufe.de/compliance/management-praxis/anwalt-rehm-wann-muss-eine-oeffentliche-ausschreibung-erfolgen_230130_341890.html (zuletzt geprüft am 2. Mai 2022).

Reiding, Hilde et al. (2016): Die europäische Subsidiaritätsprüfung auf dem Prüfstand, in: Zeitschrift für Parlamentsfragen 48 (1), S. 85 ff.

Reuters (2012): Weidmann warnt vor EZB-Anleihekäufen: „Wie eine Droge", unter: https://www.reuters.com/article/schuldenkrise-deutschland-weidmann-idDEBEE87P00120120826 (zuletzt geprüft am 27. April 2022).

RND (2022): Umfrage: Mehrheit hält deutsche EU-Mitgliedschaft für nützlich – doch Zustimmung sinkt, unter: https://www.rnd.de/politik/eu-mehrheit-bewertet-deutsche-mitgliedschaft-positiv-doch-zustimmung-sinkt-I2OHWWQUYTRJJGTDMZKCROAE7M.html (zuletzt geprüft am 2. Mai 2022).

Riehle, Gerhard (2016): Eurokrise, Baden-Baden.

Rittberger, Volker et al. (2013): Internationale Organisationen, 4. Aufl., Wiesbaden.

Roth, Günter H./Hilpold, Peter (Hrsg.) (2008): Der EuGH und die Souveränität der Mitgliedstaaten, Wien.

Rudzio, Wolfgang (2013): Europa und die Zukunft der Demokratie, in: Gallus, Alexander et al. (Hrsg.): Deutsche Kontroversen, Baden-Baden, S. 487 ff.

Scharpf, Fritz W. (1993): Legitimationsprobleme der Globalisierung, in: Böhret, Carl/Wewer, Göttrik (Hrsg.): Regieren im 21. Jahrhundert – zwischen Globalisierung und Regionalisierung, Opladen, S. 165 ff.

Schmedes, Hans-Jörg (2008): Wirtschafts- und Verbraucherschutzverbände im Mehrebenensystem, Wiesbaden.
Schmedes, Vivian A. (2002): The Effects of European Integration on National Forms of Governance, in: Grote, Jürgen R./Gbikpi, Bernard (Hrsg.): Participatory Governance, Opladen, S. 141 ff.
Schmidt, Siegmar/Schünemann, Wolf J. (2013): Europäische Union, 2. Aufl., Baden-Baden.
Sebaldt, Martin/Straßner, Alexander (2004): Verbände in der Bundesrepublik Deutschland, Wiesbaden.
Simon, Frédéric/Taylor, Kira (2022): Breite Unterstützung im EU-Parlament für 45%-Ziel bei erneuerbaren Energien, unter: https://www.euractiv.de/section/energie/news/breite-unterstuetzung-im-eu-parlament-fuer-45-ziel-bei-erneuerbaren-energien/ (zuletzt geprüft am 26. April 2022).
Sinn, Hans-Werner (2013): Wen schützt der Rettungsschirm der EZB?, in: Frankfurter Allgemeine Zeitung vom 8. November.
sol/dpa (2022): Gescheiterte Pkw-Maut Betreiber haben Anspruch auf Schadensersatz, unter: https://www.spiegel.de/wirtschaft/maut-desaster-betreiber-haben-anspruch-auf-schadensersatz-a-7b756c1e-bc15-4606-ac5d-441b2e8d3336 (zuletzt geprüft am 27. April 2022).
Statistisches Bundesamt (2022): Wichtige Bevölkerungsindikatoren zu den EU-Staaten, unter: https://www.destatis.de/Europa/DE/Thema/Basistabelle/Bevoelkerung.html (zuletzt geprüft am 2. Mai 2022).
Steffani, Winfried (1995): Das Demokratie-Dilemma der Europäischen Union, in: ders./Thaysen, Uwe (Hrsg.): Demokratie in Europa: Zur Rolle der Parlamente, Opladen, S. 33 ff.
Streeck, Wolfgang (2013a): Gekaufte Zeit, Berlin.
Streeck, Wolfgang (2013b): Was nun, Europa? Kapitalismus ohne Demokratie oder Demokratie ohne Kapitalismus, in: Blätter für deutsche und internationale Politik 58 (4), S. 57 ff.
Sturm, Roland (2003): Wettbewerbs- und Industriepolitik, in: Gohr, Antonia/Seeleib-Kaiser, Martin (Hrsg.): Sozial- und Wirtschaftspolitik unter Rot-Grün, Wiesbaden, S. 87 ff.
Sturm, Roland (2016): Die Europäisierung des deutschen Regierungssystems, in: Böttger, Katrin/Jopp, Mathias (Hrsg.): Handbuch zur deutschen Europapolitik, Baden-Baden, S. 61 ff.
Sturm, Roland/Pehle, Heinrich (2012): Das neue deutsche Regierungssystem, 3. Aufl., Wiesbaden.
Sturm, Roland/Zimmermann-Steinhart, Petra (2005): Föderalismus, Baden-Baden.
Thiem, Janina (2009): Nationale Parteien im Europäischen Parlament, Wiesbaden.
Töller, Annette (2004): Dimensionen der Europäisierung, in: Zeitschrift für Parlamentsfragen 35 (1), S. 25 ff.
Töller, Annette (2014): Europäisierung der deutschen Gesetzgebung. Wissenschaftliches Kurzgutachten, unter: https://ub-deposit.fernuni-hagen.de/servlets/MCRFileNodeServlet/mir_derivate_00000959/T%C3%B6ller_Kurzgutachten_Europ%C3%A4isierung_Gesetzgebung_2014.pdf (zuletzt geprüft am 28. April 2022).
Vaubel, Roland (2009): The European Institutions as an Interest Group, London.
Vaubel, Roland (2018): Das Ende der Euromantik, Wiesbaden.
Weidenfeld, Werner (2013): Die Europäische Union, 3. Aufl., München.

Weise, Tamara (2021): Summe der faulen Kredite bei Banken im Euroraum im Frühjahr gesunken, unter: https://finanzbusiness.de/nachrichten/banken/article13345816.ece (zuletzt geprüft am 27. April 2022).

Wessels, Wolfgang (2003): Beamtengremien im EU-Mehrebenensystem – Fusion von Administrationen?, in: Jachtenfuchs, Markus/Kohler-Koch, Beate (Hrsg.): Europäische Integration, 2. Aufl., Opladen, S. 353 ff.

Wessels, Wolfgang/Rometsch, Dietrich (1996): Conclusion, in: dies. (Hrsg.): The European Union and member states, Manchester, S. 330 ff.

Wessels, Wolfgang/Schäfer, Verena (2007): Think Tanks in Brüssel, in: Dagger, Steffen/ Kambeck Michael (Hrsg.): Politikberatung und Lobbying in Brüssel, Wiesbaden, S. 197 ff.

von Winter, Thomas (2016): Die Europapolitik der deutschen Interessenverbände, in: Böttger, Katrin/Jopp, Mathias (Hrsg.): Handbuch zur deutschen Europapolitik, Baden-Baden, S. 187 ff.

Wonka, Arndt (2008a): Die Europäische Kommission, Baden-Baden.

Wonka, Arndt (2008b): Die Europäische Kommission in EU-Entscheidungsprozessen, in: Selck, Torsten/Veen, Tim (Hrsg.): Die politische Ökonomie des EU-Entscheidungsprozesses, Wiesbaden, S. 111 ff.

Zürn, Michael (1996): Über den Staat und die Demokratie im europäischen Mehrebenensystem, in: Politische Vierteljahresschrift 37 (1), S. 27 ff.

Teil IV
Soziologische Aspekte deutscher Politik

Die Medien als Mittler und Akteure 14

14.1 Demokratie und Massenkommunikation

a. Öffentliche Meinung und Massenmedien
Zum Verständnis eines politischen Systems gehören auch soziale Verhältnisse, Denk- und Verhaltensweisen, in die seine Institutionen, Organisationen und Regeln eingebettet sind und von denen ihre Funktionsweise beeinflusst wird. Von Interesse in diesem Zusammenhang sind politische Kommunikation, die politische Elite sowie politische Einstellungen und Verhaltensweisen der Bürger/-innen.

Zum Ersten: Die Qualität einer Demokratie hängt wesentlich ab „von der Art und Weise, in der ihre Gesellschaft kommuniziert" (Sell 1980). Durch die jeweils in der Öffentlichkeit vorherrschenden Meinungen, die „öffentlichen Meinung", wird das politische Verhalten von Bürger/-innn wie Politiker/-innen ganz entscheidend beeinflusst. Schon David Hume (1711–76) sah daher in ihr die eigentliche Quelle politischer Macht: „It is [...] on opinion only that government is founded." (zit. nach Noelle-Neumann 1990, S. 188) Eine Rolle der öffentlichen Meinung ist in der Theorie des repräsentativen Parlamentarismus auch durchaus gewollt, geht sie doch keineswegs von einer abgeschotteten Willensbildung des Parlaments aus. Welchen Anforderungen der Prozess der öffentlichen Meinungsbildung genügen sollte, wird in verschiedenen Varianten des Begriffs „öffentliche Meinung" sichtbar:

- Im Sinne der älteren liberalen Tradition hat man unter „öffentlicher Meinung" einerseits nicht das bloß dumpfe Meinen vieler, sondern das Ergebnis öffentlicher, von bestimmten Personen oder Organisationen verantworteter und sich Gegenargumenten stellender Meinungsäußerungen zu verstehen

(Hennis 1957, S. 27). Normativ ist damit der *rationale, auf Wahrheit gerichtete Charakter des Meinungsbildungsprozesses* gefordert[1].
- Andererseits definiert man empirisch „öffentliche Meinung" als die Ansichten, „die man öffentlich äußern kann, ohne sich zu isolieren" (Noelle-Neumann 2001, S. 91). Dann hängt alles davon ab, wieweit die *Freiheit der Meinungsäußerung gegenüber Konformitätsdruck* reicht.
- *Demokratische Mehrheitsorientierung* schließlich tritt bei einer Gleichsetzung von „öffentlicher Meinung" mit Mehrheitsmeinung im Sinne der Umfrageforschung hervor. Die Tatsache, dass Regierungen und Parteien immer wieder Repräsentativumfragen in Auftrag geben, deutet auf demokratische Rückkoppelung.

Zu zentralen Trägern der öffentlichen Meinungsbildung sind heute die Medien geworden. Mehr denn je werden Informationen und Meinungen über sie vermittelt. Dies geschieht überwiegend und unvermeidlich indirekt, öffentlich und einseitig. Lediglich Kommunikation über soziale Medien unterliegt diesen Bedingungen nicht a priori.

Während die unmittelbare politische Kommunikation eher leicht zurückgeht und die politisch-sozialen Milieus weiter zerfallen, hat sich die Reichweite der Massenmedien über viele Jahre wesentlich erweitert. Sie verändert sich seit einiger Zeit durch digitale Angebote strukturell und nimmt zudem seit etwa 15 Jahren sogar leicht ab, liegt 2020 bei durchschnittlich neuneinhalb Stunden täglich. Lineares Fernsehen kommt heute nur noch auf 165 min Konsum pro Tag (2010: 220 min); das Radio auf 136 min (2010: 187 min); die „klassische" Tageszeitung wird in der ARD/ZDF-Langzeitstudie – der wohl umfangreichsten Studie zum Mediennutzungsverhalten der Deutschen – gar nicht mehr erfasst (2010: 23 min), dafür aber aufgesplittet: gedruckte Zeitungen und Zeitschriften kommen auf 15 min, Online-Artikel auf 22 min (Breunig et al. 2020, S. 421) am Tag. Indes: Andere Formen visueller, auditiver und Text-Medien gewinnen an Boden – Mediatheken, Video-Streamingangebote und sonstige -plattformen, Podcasts. Der Fernsehkonsum liegt im europäischen Vergleich in der Mitte, übertroffen etwa von Portugal (ca. 350 min), Serbien und Rumänien (Weidenbach 2022). Seit Ende der neunziger Jahre hat sich Internet-Nutzung rasch ausgebreitet,

---

[1] Man kann hier von „Öffentlichkeit als Diskurs" sprechen (Ulrich Saxer), den auch Habermas als „aufgeklärten" und für jedermann zugänglichen Diskurs mit dem Ergebnis eines Konsenses propagiert (Kiefer 2010, S. 46 ff.).

sodass 2021 in Deutschland täglich 76 % online sind, 14–19-Jährige sogar zu 100 % (Beisch und Koch 2021, S. 488 f.). Insgesamt hat dadurch das „mediale Internet" massiv an Bedeutung gewonnen, also der Konsum von Videos, Audioformaten und Texten, die früher entweder ausschließlich über die klassischen Medien bespielt wurden (einzelne Zeitungsartikel oder Sendungen) oder gar nicht existierten (selbst erstellte Youtube-Videos oder Podcasts etwa).

Demgegenüber verlieren Zeitungen an Bedeutung: 2020 bekommen gedruckte Zeitungen und Zeitschriften genau die Hälfte an täglicher Zeit (15 min) wie zehn Jahre zuvor; Onlineartikel der großen Zeitungshäuser kommen auf gerade mal sechs Minuten (Breunig et al. 2020, S. 423), fangen das Minus also nicht auf. Entsprechend ging die verkaufte Tagesauflage von 29,0 Mio. in 1998 zurück auf 13,4 Mio. im ersten Quartal 2022; ähnliches gilt für die Wochenzeitungen. Zugleich nimmt die Relevanz von E-Papers und Paid-Content-Angeboten stetig zu: Bei Tageszeitungen etwa liegt das Auflagenplus im Vergleich zum Vorjahr bei 12,5 % (IVW, 2022a). Zudem kann Deutschland (Stand 2009), wie internationale Vergleiche der Zeitungsdichte (= Zeitungsexemplare je 1000 Einwohner über 14 Jahre) zeigen, immer noch als Zeitungsleser-Land gelten, das zwar hinter Spitzenreitern wie Japan, Norwegen, der Schweiz und Österreich, aber nahezu gleichauf mit Großbritannien und den Niederlanden sowie deutlich vor den USA, Kanada, Frankreich, Polen und Italien rangiert (Statista 2022a). Unberücksichtigt sind dabei allerdings diejenigen, die eine Zeitung nur online lesen.

Für die politische Meinungsbildung von großer Bedeutung sind neben den persönlichen Gesprächen immer noch TV, Radio und die lokalen Zeitungen (Schüler et al. 2021, S. 6). *Massenmedien bilden also auch im Zeitalter sozialer Medien (Youtube, Facebook, Twitter, Telegram usw.) nach wie vor die „Brücke zur Politik" (Brettschneider 1997a, S. 286) für die meisten Menschen.* Zugleich gibt es einen Alterseffekt: Je jünger die Leute, desto wichtiger sind die sozialen Medien für ihre politische Information (Engel und Rühle 2017); Youtube liegt bei den unter 29-Jährigen sogar in der Bedeutung gleichauf mit Zeitungen. Bei der täglichen Nutzung von Zeitungen und Fernsehnachrichten zur politischen Information rangiert Deutschland im EU-Vergleich in der oberen Hälfte, beim Zeitunglesen übertroffen nur von nordischen Ländern, den Niederlanden und Luxemburg[2].

---

[2] Eurobarometer 2006 nach: Tenscher (2008, S. 437).

Dabei genießt bei den Deutschen das – öffentlich-rechtliche – Fernsehen (70 %) das größte Vertrauen, gefolgt von Regionalzeitungen (63 %), überregionalen Tageszeitungen (56 %), privatem Fernsehen (23 %) und Boulevardzeitungen (7 %). Die Corona-Pandemie hat daran wenig geändert: „Es spricht einiges dafür, dass die Orientierungsleistung der Medien in unsicheren Krisenzeiten als Ganzes gewürdigt wird, einzelne Angebote oder Gattungen dabei aber nicht besonders hervortreten." Das Schlusslicht bilden Nachrichten in Gruppen von Messengerdiensten (z. B. Telegram) und in sozialen Netzwerken (z. B. Facebook) (je 5 %) (Jakobs et al. 2021, S. 157 ff.). Allerdings sollte man die Rolle der öffentlich-rechtlichen Medien nicht überschätzen – scheint es doch, dass die Politikangebote im öffentlichen Fernsehen von vielen Zuschauer/-innen „eher gemieden" und bei Nachrichten im Rahmen eines „bunten Themenpotpourris" nur mitgeschluckt werden (Maurer 2009a, S. 148).

b. Meinungsfreiheit und Medien im Verfassungsrecht

Die in Art. 5 GG verankerte Meinungs- und Informationsfreiheit ist als ein medien- wie individualbezogenes Grundrecht formuliert. Nach ihm hat jede/-r das

> „**Recht, seine Meinung in Wort, Schrift und Bild frei zu äußern und zu verbreiten und sich aus allgemein zugänglichen Quellen ungehindert zu unterrichten. Die Pressefreiheit und die Freiheit der Berichterstattung durch Rundfunk und Film werden gewährleistet. Eine Zensur findet nicht statt."**

Art. 5 GG und aus ihm abgeleitete Regelungen suchen eine freie öffentliche Meinungsbildung vor allem durch *Schutz vor staatlichen Eingriffen* zu gewährleisten, wie dies die Entstehungsgeschichte des liberalen Verfassungsstaates nahelegt. Im Einzelnen gilt dies für

- die Unzulässigkeit einer Strafe für Meinungsäußerungen;
- das Verbot einer Zensur oder von Einschränkungen der Informationsfreiheit (etwa durch Verbot des Hörens ausländischer Sender);
- das Recht zur Meinungsäußerung für jedermann, woraus auch der freie Zugang (ohne Prüfungen oder Zulassungen) zu publizistischen Berufen abgeleitet wird;
- die Auskunftspflicht der Behörden gegenüber publizistischen Organen, was ein Aushungern missliebiger Presseorgane ausschließen soll;
- das Zeugnisverweigerungsrecht der Journalist/-innen, die – außer zur Verfolgung schwerster Straftaten – ihre Informant/-innen vor Gericht nicht preisgeben müssen (seit 1975).

14.1 Demokratie und Massenkommunikation

Darüber hinaus bejaht das Bundesverfassungsgericht auch einen Schutz gegenüber gesellschaftlicher Macht, indem es wirtschaftliche Boykottmaßnahmen gegen Presseunternehmen – etwa durch wirtschaftlichen Druck auf Kiosk-Besitzer/-innen, um sie vom Verkauf einer bestimmten Publikation abzuhalten – für unzulässig erklärt hat. Politische Boykottaufrufe, soweit nicht von Pressionen begleitet, sind aber nicht ausgeschlossen (BVerfG 1969).

Freiheit und Pluralität von publizistischen Organen dienen zugleich der Rationalität und Wahrheitsorientierung des Meinungsbildungsprozesses. Die zugrunde liegende Philosophie setzt nicht auf die Zuverlässigkeit des einzelnen Organs, sondern auf den ständigen Prozess von Äußerung und Gegenäußerung, von wechselseitiger Korrektur und Kontrolle. Daher wird nicht der Versuch gemacht, das einzelne Organ rechtlich auf Wahrheit zu verpflichten. Demgemäß hat auch derjenige, über den berichtet wurde, ohne Klärung des Tatbestandes das Recht zu einer Gegendarstellung hinsichtlich der ihn betreffenden Tatsachenbehauptungen.

Eine solche konkurrierende Vielzahl war bei den Funkmedien lange Zeit aus technischen Gründen nicht möglich. Daher leitete das Bundesverfassungsgericht aus Art. 5 GG ab, in der einzelnen Anstalt müssten alle wichtigen Gruppen Einfluss haben; die Programme (nicht unbedingt die einzelne Sendung) müssten laut dem 1. und 2. Rundfunkurteil Vielfalt und inhaltliche „Ausgewogenheit" aufweisen (BVerfG 1961; 1971). Als sich der Engpass bei den Frequenzen lockerte, verpflichtete das Gericht 1981 im 3. Rundfunkurteil (BVerfG 1981) den Gesetzgeber, bei der Zulassung privater Programmbetreiber sicherzustellen, „dass das Gesamtangebot der inländischen Programme der bestehenden Meinungsvielfalt im wesentlichen entspricht". Weitergeführt wurde diese Linie im 4. (BVerfG 1986), im 5. (BVerfG 1987) und im 6. Rundfunkurteil (BVerfG 1991), nach denen

- der öffentlich-rechtliche Rundfunk eine „Grundversorgung" im Angebot zu gewährleisten habe; ihm komme daher eine „Bestands- und Entwicklungsgarantie" zu;
- die Pluralitätsanforderungen gegenüber privaten nicht im gleichen Maße wie gegenüber öffentlichen Anbietern gelten;
- das duale System mit öffentlichen und privaten Rundfunkbetreibern nicht die einzige nach dem Grundgesetz mögliche Ordnung der Funkmedien darstelle.

Diesen Rahmen hat ein Staatsvertrag zwischen den für die Medienpolitik zuständigen Ländern vor geraumer Zeit dahingehend ausgefüllt, dass man an der Dualität zwischen privaten und öffentlichen Funkmedien festhält; letzteren wird ausdrücklich Bestand und Weiterentwicklung garantiert.

Das Recht der freien Meinungsäußerung findet seine Grenzen lediglich in allgemeinen Straftatbeständen wie Beleidigung, übler Nachrede und Landesverrat. Davon eingeschlossen ist in Deutschland u. a. auch die Holocaustleugnung (§ 130 Abs. 3 und 4 StGB). Eine solche Einschränkung einer konkreten Meinung hält das Bundesverfassungsgericht aufgrund der „identitätsprägenden Bedeutung der deutschen Geschichte" für legitim (BVerfG 2018). Anders verhält es sich mit der im Herbst 2022 beschlossenen Novellierung des § 130 StGB, der zufolge die Billigung, Leugnung und Verharmlosung von Völkermord und Kriegsverbrechen nicht nur im Nationalsozialismus mit bis zu drei Jahren Haft geahndet wird. Damit setzt Deutschland EU-Vorgaben durch, die auf das Drängen osteuropäischer Staaten ins Leben gerufen wurden – mit der Absicht, der Leugnung stalinistischer Verbrechen einen Riegel vorzuschieben. Insgesamt neigt die Rechtsprechung dazu, die Grenzen weit zu ziehen. Nicht jede polemische Wahlkampfäußerung soll zum Gegenstand strafrechtlicher Verfolgung gemacht werden können. Das dürfte bei dem neuen Absatz im § 130 StGB nicht anders sein. Schwieriger hingegen gestalten sich Abwägungen gegenüber dem Recht auf persönliche Ehre und auf Privatsphäre. Hier urteilt das Bundesverfassungsgericht verstärkt zugunsten der freien Meinungsäußerung bzw. Kunst, die es erlaube, beispielsweise einen schwerverletzten Reserveoffizier als „geb. Mörder" zu bezeichnen (BVerfG 1992). Mit dem Primat von freier Meinungsäußerung und Pressefreiheit hat die Rechtsprechung den Medien eine machtvolle Stellung verschafft.

Durch den Siegeszug des Internet hat sich auch die – nicht nur politische – Kommunikation tiefgreifend verändert. Die damit verbundene Hoffnung auf eine Demokratisierung des Diskurses durch freien, ungefilterten Meinungsaustausch ist allerdings durch die Schattenseiten des Netzes rasch zerstoben, profitieren doch auch Extremisten (Ebner 2019) und marktbeherrschende Social-Media-Plattformen, kommen abgeschottete Teilöffentlichkeiten („Echokammern" und „Filterblasen") und der „digital divide" (Rudolph 2019) hinzu. Fragen der Zugangs- und Netzversorgung für die Bürger/-innen/, Marktzutrittsbarrieren, Urheber- und Privatsphärenschutz, die Einfügung der klassischen Medienakteure in die Online-Medienlandschaft und Transparenzfragen sind zu klären – und zwar bei einem genuin die Grenzen nationalstaatlicher Souveränität überschreitenden Phänomen.

Die Regulierung des Internet ist darum zu einem gleichermaßen wichtigen wie komplexen Handlungsfeld nationaler und internationaler politischer Anstrengungen geworden (Greef 2017) – nicht zuletzt aufgrund der gestiegenen „Macht der Plattformen" (Seemann 2022). Beck (2018, S. 296) spricht von „Institutionen der Co-Regulierung", bei denen Bund und Länder (allgemeine Regelung öffentlicher Onlinekommunikation), EU (u. a. Regelung des Wettbewerbs und Verbraucherschutz), Nutzer/-innen (technische und Verhaltensnormen), die Freiwillige

14.1 Demokratie und Massenkommunikation

Selbstkontrolle Multimedia und die großen Plattformen (u. a. AGB) mitwirken. Relevante Rechtsgrundlagen sind:

- das Telemediengesetz (2007; zuletzt geändert 2021) – es regelt insbesondere technische und wirtschaftliche Fragen (u. a. Impressumspflicht) als auch die Vereinheitlichung des Medien- und Internetrechts, die durch die Konvergenz von Telekommunikation und Publizistik notwendig geworden war;
- der Jugendmedienschutz-Staatsvertrag – er verbietet u. a. „extremistische Propagandamittel, Aufrufe zu Hass, Gewalt, Diskriminierung und Straftaten", aber auch die Verharmlosung/Verherrlichung von „Naziverbrechen, Gewalt, Krieg und Unmenschlichkeit"; Kinder und Jugendliche dürfen nicht „in unnatürlich geschlechtsbetonter Körperhaltung" dargestellt werden und die Inhalte dürfen nicht indiziert sein (Beck 2018, S. 316);
- der Medienstaatsvertrag von 2020, der den seit 1991 geltenden Rundfunkstaatsvertrag abgelöst hat – er schafft einen einheitlichen Rechtsrahmen für alle Nachrichtenmedien (Print-, Rundfunk- und Internetmedien) und regelt die Auflagen für „Medienintermediäre" wie Google, Facebook und Wikipedia (u. a. die algorithmenbasierte Auswahl von Informationen);
- das Netzwerkdurchsetzungsgesetz von 2017 (zuletzt geändert 2021) – es verpflichtet soziale Netzwerke, Hate Speech und Fake News zu entfernen, sobald sie davon Kenntnis erlangen, und einzelne strafrechtlich relevante Inhalte ans Bundeskriminalamt weiterzuleiten – es ist umstritten: Erstens stellt sich etwa im Zuge des vagen § 130 StGB („Volksverhetzung") die Frage, wie eine Äußerung formuliert sein muss, ohne als „geeignet" gelten zu können, dass sie jemanden gegen eine ethnische oder religiöse Gruppe „zum Hass aufstachelt". Zweitens: Die drakonischen Geldbußen des Gesetzes lassen die Netzwerke, Risiken vermeidend, im Zweifel für Löschungen entscheiden. Drittens schließlich: Ist das Grundrecht auf öffentliche Meinungsäußerung noch gewährleistet, wenn private Unternehmen anstelle des Staates Löschungen vornehmen sollen?
- das Urheberrechts-Diensteanbieter-Gesetz von 2021 – es setzt eine EU-Richtlinie von 2019 in nationales Recht um und macht große Internetplattformen wie Youtube für Urheberrechtsverletzungen haftbar (und damit Uploadfilter nahezu unumgänglich, die der Koalitionsvertrag der Ampelkoalition jedoch ablehnt (Mehr Fortschritt wagen – Koalitionsvertrag, S. 110).

Insgesamt ist der Bereich der Onlinemedien noch nicht in dem Maße reguliert wie der der klassischen Medien. Vorstöße der EU – etwa der Digital Services Act und der Digital Markets Act, die den digitalen Wettbewerb sichern und die Nutzerrechte stärken sollen – sind als Ausdruck anhaltenden Regulierungsbedarfs zu sehen.

14.2 Die duale Medienlandschaft

a. Das Pressewesen: Leitmedien und Regionalzeitungen
Ein Blick auf die Medienlandschaft lässt deren Aufspaltung in zwei unterschiedliche Bereiche erkennen: die Vielfalt privater Druckerzeugnisse (Tageszeitungen, Wochenschriften u. a.) einerseits und die begrenzte Zahl öffentlich-rechtlicher Rundfunk- und Fernsehanstalten sowie privater Funkmedien andererseits. Damit unterscheidet sich das deutsche Mediensystem sowohl von liberal-privatwirtschaftlichen Mediensystemen (USA, Großbritannien, Kanada, Irland) wie von polarisiert-pluralistischen Systemen mit staatlich kontrolliertem Rundfunkwesen und politisch engagierten Zeitungen (Frankreich, Südeuropa) (Helms 2007, S. 121 f.).

Deutschland gilt als „Ursprungsland der Zeitung" (Wilke 2009, S. 505), die erste bekannte Zeitung erschien ab 1605/09 in Straßburg. Sein heutiges Pressewesen ist jedoch wesentlich von den Besatzungsmächten nach dem Zweiten Weltkrieg geprägt worden. Während vor 1933 ein Blättertyp vorherrschte, der sich jeweils an eine bestimmte gesellschaftlich-weltanschauliche Teilöffentlichkeit wandte, ließ die amerikanische Besatzungsmacht nur Zeitungen mit politisch gemischten Herausgeberkreisen zu, die Briten zwar mehrheitlich „Parteirichtungszeitungen", vertrauten diese jedoch nicht Parteien, sondern Einzelpersonen an (Pürer und Raabe 2007, S. 47, 108). Den Startvorsprung dieser Zeitungen vermochten Neugründungen nach Ende des Lizenzzwanges 1949 nicht aufzuholen. Doch sank die sozialdemokratische Presse bis 1975 auf eine Gesamtauflage von einer Million ab (Pruys und Schulze 1975, Anhang), ein Trend, der sich in der Folgezeit fortsetzte.

Im Ganzen ist die Presse der Bundesrepublik also *dadurch charakterisiert, dass sich unabhängige, zumeist regionale Tageszeitungen jeweils an alle Bürger/innen wenden*. Teil-Öffentlichkeiten, abgeschottet gegenüber anderen Meinungen, sind geschwunden.

Bei den Tageszeitungen und Wochenblättern besteht eine Vielfalt des Niveaus und der politischen Richtung. Unterscheiden lassen sich folgende Typen:

- Überregionale Tageszeitungen mit akzentuierter politischer Linie und anspruchsvollem Niveau, die als wichtigste Träger der argumentativen öffentlichen Meinung auf nationaler Ebene gelten können. Zu ihnen gehören

14.2 Die duale Medienlandschaft

die rechtsorientierte „Die Welt", die liberal-konservative „Frankfurter Allgemeine Zeitung" und die linksliberale „Süddeutsche Zeitung".

- Regionale Tageszeitungen mit insgesamt hoher Auflage, die den Charakter informierender Blätter mit landespolitischem Gewicht haben. Sie tendieren mehrheitlich zur politischen Mitte bzw. zu wenig politischem Profil.
- Lokale Tageszeitungen, deren Verbreitung sich auf einen oder mehrere Stadt- und Landkreise beschränkt. Sie berichten auch über örtliche Vorgänge, wie dies auch Lokalausgaben oder -teile anderer Blätter tun. Politisch zeigen sie zumeist wenig Profil.
- Boulevardblätter mit dünnerem Informationsgehalt. Zu nennen sind hier die bundesweit verbreitete „BILD"-Zeitung, daneben großstädtische Blätter wie die „BZ" (Berlin), Express (Köln) oder Abendzeitung (München).
- Politische Wochenschriften mit akzentuierter politischer Tendenz. Am einflussreichsten sind das linksliberale Nachrichtenmagazin „Der Spiegel" und die linksliberale „Die Zeit", dazu der rechtsliberale „Focus".
- Illustrierte und sonstige unterhaltende, fachliche und verbandspolitische wöchentliche oder monatliche Periodika. Als politisch engagiert und relevant kann der „Stern" gelten.

Von großer Bedeutung ist, dass sich *viele Journalist/-innen anderer Medien an der „Elite" der Medien, an überregionalen Flaggschiffen orientieren (Köcher 1985, S. 57)*. So nutzten 2005 von politischen Journalist/-innen regelmäßig für ihre Arbeit: Süddeutsche Zeitung 35 %, den Spiegel 34 %, Frankfurter Allgemeine Zeitung 15 %, ARD-Tagesschau 19 % und Die Zeit 11 %.[3] Analog nennen Journalist/-innen hinsichtlich der von ihnen genutzten Web-Angebote zu 53 % die des Spiegel, gefolgt von der Süddeutschen Zeitung (9,8 %), der Tagesschau (9,5 %), Bild (9,2 %) und der Welt (5,5 %)[4]. Neueren Datums und etwas anders formuliert, aber von ähnlicher Bedeutung ist eine Umfrage unter Angehörigen der wirtschaftlichen, politischen und administrativen Eliten: Welche Zeitung/Zeitschrift halten Sie für eine besonders gute Informationsquelle zum politischen Geschehen? 66 % nennen die Frankfurter Allgemeine, 38 % die Süddeutsche, 31 % den Spiegel, 20 % Die Welt, 14 % Die Zeit, 12 % das Handelsblatt (Steltzner 2015) – naheliegend, dass Politik-Journalisten diese Blätter für ihre Arbeit heranziehen.

---

[3] Umfrage 2005 bei 1536 Journalisten, nach Weischenberg et al. (2006, S. 134 f.).
[4] Umfrage 2007, n = 601 tagesaktuell arbeitende Journalisten, nach Krüger (2013, S. 101).

Tageszeitungen können nur bei einer gewissen Mindestauflage rentabel arbeiten. Daher haben sich langfristig *Konzentrationsprozesse* vollzogen. Nachdem mit der Aufhebung des Lizensierungszwangs 1949 die Anzahl selbständiger Blätter von 187 auf 755 hochgeschnellt war, ging die Zahl der politischen Redaktionen von 225 im Jahre 1954 auf 121 im Jahre 1975 zurück (Diederichs 1973, S. 53, 55, 59; Scriver 1975). Dann kam die Konzentrationsbewegung zum Stillstand. Für 2017 werden im vereinten Deutschland 120 publizistische Einheiten im Sinne redaktioneller Selbständigkeit, also Vollredaktionen, gezählt. Die publizistische Pluralität ist also geringer, als man aufgrund der 1497 Zeitungstitel vermuten könnte (Beck 2018, S. 162). Hinzu kommt erstens die selektierende Wirkung von Nachrichtenagenturen, „die zentralen Quellen der überregionalen und internationalen Berichterstattung". Weil immer stärker an Zeitungsredaktionen gespart wird, steigt die Relevanz der Deutschen Presseagentur (dpa), des Deutschen Auslandsdepeschendiensts (dapd), von Associated Press (AP), Agence France Presse (afp), Reuters und anderen Agenturen (Beck 2018, S. 55), deren Meldungen oder vollständige Beiträge aus Ressourcengründen immer häufiger unverändert übernommen werden. Zweitens hat die dpa eine dominante Rolle inne, wodurch die publizistische Pluralität noch einmal sinkt.

Das Bild könnte also vielfältiger sein. Verglichen mit anderen westlichen Demokratien, auch angesichts der überregionalen Auswahlmöglichkeiten, sind das aber (noch) keine alarmierenden Zahlen. Zwar konnten die großen Verlage im Zuge der deutschen Vereinigung ihre Position verstärken, aber der größte, der Springer-Verlag, hat seinen Kulminationspunkt hinter sich und wird durch das Kartellrecht an weiterer Ausdehnung gehindert. Einen Überblick bietet Tab. 14.1.

Was sich aber ausbreitete, sind lokale Zeitungsmonopole, wo nur noch eine einzige Tageszeitung über lokale Angelegenheiten berichtet. Lebten 1954 lediglich 8,5 % der Bevölkerung in einem Stadt- oder Landkreis mit nur einer Lokalzeitung, so galt dies 2012 bereits für 44 % der Bevölkerung (Decker et al. 1976, S. 37; Pürer 2015, S. 84). Außerdem sinken die Auflagen kontinuierlich; in einzelnen Bundesländern gibt es zum Teil nur eine Zeitung mit größerer Auflage (siehe Tabelle 1). Ähnlich sieht es bei den Boulevard- und Sonntagsblättern mit einer insgesamt oligopolitischen Situation aus (Beck 2018, S. 167). Die Situation ist nur dadurch entschärft, dass zumindest lokale Monopolblätter zu politischer Zurückhaltung neigen (Noelle-Neumann 1976, S. 193; Zoll et al. 1974, S. 201 ff.). Auch eine jüngere Untersuchung kommt zum Ergebnis, dass in der Lokalberichterstattung neutrale „Hofberichterstattung bzw. Verlautbarungsjournalismus" vorherrschen – sei es aus Rücksicht auf örtliche Eliten oder Anzeigenkund/-innen, sei es aus mangelnder Kompetenz oder Zeit der Journalist/-innen (Neller 1999, S. 92, 94).

14.2 Die duale Medienlandschaft

Tab. 14.1 Die gedruckten Medien in der Bundesrepublik Deutschland 2022. Verkaufsauflagen in tausend Exemplaren, 1. Quartal 2022

I. Tageszeitungen (Verkaufsauflage von 13,41 Mio. Exemplaren)

1. Überregionale Zeitungen (hier auch niedrigere Auflagen berücksichtigt)

BILD (AS)	1 180	Süddeutsche Zeitung (SMWH)	309
Frankfurter Allgemeine Zeitung (F)	199	Tageszeitung (Genossenschaft)	49
Handelsblatt	127	Die Welt (AS)	86
Neues Deutschland (Die Linke 50 %)	17	Der Tagesspiegel	102

2. Regionalzeitungen (ab 70 000 Verkaufsauflage) Baden-Württemberg:

Allgäuer Zeitung (AA)	87	Schwäbische Zeitung	140
Badische Neueste Nachrichten	104	Schwarzwälder Bote (SMWH)	100
Badische Zeitung	124	Stuttgarter Zeitung (SWMH)	171
Rhein-Neckar-Zeitung	70	Südkurier (AA)	106
Heilbronner Stimme	72		
Bayern:			
Augsburger Allgemeine (mit Allgäuer) (AA)	280	Münchner Merkur (IP)	176
Donaukurier	72	Nürnberger Nachrichten	209
Main Post (AA)	106	Passauer Neue Presse	149
Mittelbayerische Zeitung	92	tz-München (IP)	90
Berlin:			
B. Z. (AS)	88	Der Tagesspiegel	100
Brandenburg:			
Märkische Allgemeine (Ma)	88		
Bremen:			
Weserkurier	119		
Hamburg:			
Hamburger Abendblatt (FM)	135		
Hessen:			
Hessische./Niedersächs. Allgemeine (IP)	168	Frankfurter Rundschau (IP)	./
Mecklenburg-Vorpommern:			
Ostsee-Zeitung (Ma)	110		
Niedersachsen:			
Braunschweiger Zeitung (FM)	87		

(Fortsetzung)

Tab. 14.1 (Fortsetzung)

I. Tageszeitungen (Verkaufsauflage von 13,41 Mio. Exemplaren)

Hannoversche Allgemeine Zeitung (Ma)	130	Niedersächsisches Tageblatt	80
Nordwest-Zeitung	94		
Nordrhein-Westfalen:			
Aachener Zeitung (RP)	83	Westdt. Allgemeine Ztg. + Neue Ruhr + Westfalenpost + Westfälische Rundschau	402
Kölner Stadt-Anzeiger +Kölnische Rundschau + Express (D)	242	Westfälischer Anzeiger	104
Rheinische Post (RP)	247	Westfalen-Blatt	93
Neue Westfälische (SPD)	125		
Rheinland-Pfalz:			
Die Rheinpfalz (SMWH)	233	Rhein-Zeitung	151
Saarland:			
Saarbrücker Zeitung (H)	102		
Sachsen:			
Freie Presse (SMWH)	203		
Leipziger Volkszeitung (Ma)	134	Sächsische Zeitung (SPD 40 %)	186
Sachsen-Anhalt:			
Mitteldeutsche Zeitung	136	Volksstimme	142
Schleswig-Holstein:			
Kieler Nachrichten (Ma)	72		
Thüringen:			
Thüringer Allgemeine (FM)	114		
II. Wochenzeitungen (Ausgewählte Beispiele)			
Bild am Sonntag (AS)	695	Das Parlament (Frankfurter Societät))	14
Focus (Hubert Burda)	247	Russkaja Germanija/Berlin	58
der Freitag (der Freitag Mediengesellschaft)	25	Der Spiegel (Spiegel-Verlag)[a]	723
Frankfurter Allgemeine Sonntagszeitung (FAZ GmbH)	212	Stern (Gruner + Jahr)	343
Junge Freiheit (JF Verlag)	28	Welt am Sonntag (AS)	332

(Fortsetzung)

Tab. 14.1 (Fortsetzung)

I. Tageszeitungen (Verkaufsauflage von 13,41 Mio. Exemplaren)			
Katholische Sonntagszeitung (Mediengruppe St. Ulrich)	26	Die Zeit (Holtzbrinck)	611
Kurier am Sonntag (Bremer Tageszeitungen AG)	118		

[a] Auf den Spiegel-Verlag entfallen auf Gruner & Jahr 25,25 % Anteile, auf die Mitarbeiter des Blattes 50 %, auf Angehörige der Familie Augstein 23,75 % und die Rudolf-Augstein-GmbH 1 %.
Mehrheitsanteile (50 % oder mehr) der 10 größten Verlage 2020: SWMH = Südwestdeutsche Medienholding (insgesamt Auflagenanteil 2020 an Tageszeitungsauflage: 11,5 %); AS = Axel Springer SE (10,7 %); FM = Funke-Mediengruppe (7,5 %); IP = Verlagsgruppe Ippen (5,8 %); Ma = Verlagsgruppe Madsack (5,4 %); AA = Verlagsgruppe Augsburger Allgemeine (3,9 %); RP = Rheinische Post Mediengruppe (3,6 %); SPD = Deutsche Druck- u. Verlagsgesellschaft (3,4 %), Verlagsgruppe Neue Osnabrücker Zeitung (3,2 %); D = Verlagsgruppe DuMont (2,2 %)
Quellen: IVW (2022b); Statista (2022b).

Bemerkenswert ist seit 1990 ein erneutes Vordringen von Parteieigentum im Pressesektor. Hier spielt weniger eine Rolle, dass die Linke mit dem „Neuen Deutschland" und die Grünen mit der „tageszeitung" faktisch über eine Zeitung verfügen. Vielmehr kam die SPD bei nach der Restituierung von 1933 verlorenem Presseeigentum in Mitteldeutschland wieder zu einem „Medienimperium", das beachtliche Beteiligungen an einer Reihe von Zeitungen umfasst. Zwar handelt es sich hauptsächlich um Minderheitsbeteiligungen wie der von 23,1 % am Hannoverschen Madsack-Zeitungskonzern und den jeweils 40 % an der Sächsischen Zeitung und der Morgenpost für Sachsen sowie um 30 % an kleineren Blättern; aber eben auch um 100 % bei der Neuen Westfälischen. Die für die SPD-Beteiligungsgesellschaft zuständige SPD-Schatzmeisterin meinte dazu einmal beruhigend: „Wir haben keinen bestimmenden Einfluss". Einschränkend: „Auch dort, wo wir nur 30 % oder 40 % der Anteile haben, kann in der Regel nichts ohne uns passieren. Doch wir behalten uns nur Einfluss auf den Wirtschaftsplan und die Besetzung der Geschäftsführung vor" (O. A. 2000). *Die vielbeschworene Trennung zwischen Medien und Parteien ist teilweise durchlöchert.*

b. Der Dualismus öffentlicher und privater Funkmedien
Bei Hörfunk und Fernsehen existieren öffentlich-rechtliche und private Programmanbieter nebeneinander. Der öffentliche Sektor besteht aus einem regional gegliederten System öffentlich-rechtlicher Anstalten, die sich durch

Gebühreneinnahmen von allen Haushalten und Rundfunk besitzenden Firmen ihres Gebiets finanzieren. Entsprechend den Grenzen der Bundesländer bzw. mehrere Länder zusammenfassend existieren Anstalten unterschiedlicher Größe: der Westdeutsche Rundfunk (Nordrhein-Westfalen), der Südwestdeutsche Rundfunk (Baden-Württemberg, Rheinland-Pfalz), der Norddeutsche Rundfunk (Hamburg, Mecklenburg-Vorpommern, Niedersachsen, Schleswig–Holstein), der Bayerische Rundfunk, der Mitteldeutsche Rundfunk (Sachsen, Sachsen-Anhalt und Thüringen), der Hessische Rundfunk, der Rundfunk Berlin Brandenburg (Brandenburg, Berlin), der Saarländische Rundfunk und Radio Bremen.

Diese Rundfunkanstalten bilden gemeinsam mit der Deutschen Welle die „Arbeitsgemeinschaft der Rundfunkanstalten Deutschlands" (ARD). Innerhalb der ARD wird ein Finanzausgleich zugunsten finanzschwacher, kleinerer Sender vorgenommen. Gemeinsam sind die ARD-Rundfunkanstalten Träger des ARD-Fernsehens (Erstes Programm), in dessen Rahmen die einzelnen Rundfunkanstalten bestimmte Sendeanteile übernehmen. Draußen stehen die bundeseigene Deutsche Welle und das Zweite Deutsche Fernsehen (ZDF).

Der verfassungsgerichtlichen Forderung entsprechend, dass Funk und Fernsehen weder einer Regierung noch einer gesellschaftlichen Gruppe allein überantwortet werden dürfen, setzen sich die *Aufsichtsgremien der Rundfunkanstalten und des ZDF aus politischen Repräsentant/-innen (Regierungs-, Fraktions- und Parteivertreter/-innen) und Vertreter/-innen gesellschaftlicher Gruppen zusammen.* Zu unterscheiden hat man hier jeweils zwischen dem Rundfunkrat, der die Programmgestaltung kontrollieren soll und den Intendanten/die Intendantin (=Leiter/-in) der Anstalt wählt, und dem Verwaltungsrat mit betriebswirtschaftlich-administrativen Aufgaben. Anteile der verschiedenen Gruppen in den Rundfunkräten variieren von Anstalt zu Anstalt. Durchweg besteht jedoch ein zahlenmäßiges Übergewicht der Vertreter/-innen gesellschaftlicher Gruppen.

Beispielsweise besteht der ZDF-Fernsehrat aus:

- 20 Vertretern/-innen der Politik: 16 der Landesregierungen, 2 der Bundesregierung und 2 der kommunalen Spitzenverbände.
- 23 Vertreter/-innen gesellschaftlicher Organisationen: 5 der Kirchen/Jüdischen Gemeinden, 4 der Wohlfahrtsverbände, 3 der Gewerkschaften (einschließlich Beamtenbund), je eine/-n der Arbeitgeberverbände, des Deutschen Industrie- und Handelstages, des Bauernverbandes, des Handwerks, der Zeitungsverleger, vom Deutschen Journalistenverband, Deutschen Olympischen Sportbund, Europa-Union, Bund Umwelt- und Naturschutz Deutschland, Naturschutzbund, Bund der Vertriebenen, Vereinigung der Opfer des Stalinismus.

14.2 Die duale Medienlandschaft

- 16 Tätigen aus „Bereichen" (zugleich je eine/-r aus jedem Bundesland): Verbraucherschutz, Digitales, Internet, Senioren//Familie/Frauen/Jugend, Wissenschaft/Forschung, Musik, Migranten, Bürgerschaftliches Engagement, Muslime, Medienwirtschaft/Film, Inklusive Gesellschaft, Kunst/Kultur, Ehrenamtlicher Zivil- und Katastrophenschutz, Heimat/Brauchtum, Regional- und Minderheitensprachen, LSBTTIQ (ZDF 2022).

Lange Zeit schlugen die Verbände (anders als die Religionsgemeinschaften) jeweils drei Kandidat/-innen für jeden Sitz vor, von denen die Ministerpräsident/-innen eine/-n ernannten; je 16 Vertreter/-innen von „Bereichen" wurden sogar allein von den Ministerpräsident/-innen ausgewählt. Dem hat das Bundesverfassungsgericht (BVerfG 2014) einen Riegel vorgeschoben. Seither darf nur noch ein Drittel des Fernsehrats staatsnah sein, Verbände und Organisationen haben an Einfluss gewonnen.

Lange waren die Aufsichtsgremien der öffentlich-rechtlichen Anstalten politisch umkämpft, was dann und wann zum zweifelhaften Ruf des „Rotfunk" oder „Schwarzfunk" führte. Allerdings – viel mehr als personellen Einfluss auf die Spitze der Anstalten erreicht man über die Aufsichtsgremien nicht. Denn vielbeschäftigte Verbandsrepräsentant/-innen und Politiker/-innen in den Rundfunkräten vermögen nicht die Programmgestaltung großer Sender zu steuern, jedenfalls nicht gegen eine vorherrschende Journalistenmeinung. Die Rundfunkratsmitglieder selbst meinten zu 76 %, aus Gründen anderweitiger beruflicher Verpflichtungen, zu 39 % aus mangelhafter Sachkenntnis eigentlich nicht konstruktiv einwirken zu können. Fast zwei Drittel von ihnen neigen zu der Auffassung, Großorganisationen wie die öffentlichen Fernsehanstalten seien nicht durch Amateurgremien kontrollierbar (Kepplinger 1989, S. 13, 20 f., 79). Dies ist ein starkes Indiz dafür, dass in öffentlichen Anstalten weithin eine Selbstherrschaft der Journalist/-innen existiert – mit bekannten Folgen (Schlesinger-Affäre 2022).

Zum Motor des Wandels bei den Funkmedien wurden ab 1984 die *privaten Veranstalter*. Aus kleinen Anfängen heraus haben sie Hörer- und Zuschaueranteile erobert. Seit Mitte der neunziger Jahre existieren landesweite private Hörfunksender; daneben werden lokale Hörfunkprogramme angeboten. Eine besondere Kategorie bilden sogenannte „offene" Hörfunk- und Fernsehkanäle, die lokal oder regional nichtprofessionelle Beiträge aus der Bevölkerung verbreiten; ihre Träger sind Landesmedienanstalten oder gemeinnützige Vereine. Trotz beachtlicher Anteile der Privaten werden aber deutlich mehr ARD-Radioprogramme gehört.

Überschaubarer ist die Gruppe der privaten Fernsehveranstalter. Diese steigerten ihren Zuschaueranteil rasch, weisen inzwischen aber einen Trend zur Zersplitterung auf. Bei den in Tab. 14.2 aufgeführten größeren Anbietern sinken

Tab. 14.2 Die Fernsehanbieter: Auf dem Weg zur Zersplitterung? Zuschaueranteile in Prozent, ab 14 J. (2005 ohne diese Angabe, 2021 ab 3 J.)

	Öffentliche:		Private:					
	ARD	ZDF	RTL	SAT.1	PRO7	RTL2	VOX	Kabel 1
1990	40,0	28,7		11,7	1,2	k. A.	–	k. A.
1994	25,9	18,4	17,3	14,8	8,3	2,9	1,8	3,0 (1995)
1997	26,3	13,4	16,1	12,8	9,4	4,0	3,0	3,8
2001	26,8	13,1	14,8	10,2	8,1	4,0	3,1	5,1
2005/1. Hj	27,2	13,7	13,2	10,8	6,8	4,4	4,2	3,9
2008	26,6	13,2	11,8	10,4	6,6	3,9	5,4	3,6
2012	24,9	12,6	12,3	9,4	5,9	4,0	5,8	3,9
2016	24,3	13,1	9,8	7,3	5,0	3,5	5,2	3,8
2021	25,8	14,7	7,2	5,2	3,7	2,5	4,9	3,2

Quellen: Media Perspektiven – Basisdaten (mehrere Jg.).

daher neuerdings fast durchweg die Zuschaueranteile. Von den wichtigsten privaten Fernsehanbietern gehören: Pro7, SAT1 und Kabel 1 einer Investorengruppe, WeltN24 dem Axel Springer Verlag, RTL, Vox und n-tv der Mediengruppe RTL, RTL 2 aufgesplittet dem Heinrich Bauer Verlag sowie mehreren Konsortien (MP – Basisdaten 2021, S. 27). Neben diesen, die sich über Werbung finanzieren, stehen private Bezahlfernsehanbieter wie Sky.

In Wirklichkeit ist jedoch die politische Bedeutung der privaten Anbieter geringer, als es nach ihrem Zuschaueranteil den Anschein hat. Schon quantitativ bleibt ihr Angebot zurück: Ihr Anteil an der gesamten Sendezeit für Information mit Wahlbezug blieb beispielsweise 2017 mit 23 % deutlich hinter dem öffentlich-rechtlichen mit 78 % zurück (Michael et al. 2018, S. 18). Zudem werden die öffentlich-rechtlichen Programme von den Zuschauern als glaubwürdiger eingeschätzt als die privaten (Schüler et al. 2021, S. 11).

14.3 Das Mediensystem – Funktionen und Probleme

a. Medial bedingte Wirklichkeitsverzerrung
Im Prozess der politischen Meinungsbildung werden den Medien häufig folgende Aufgaben zugeordnet:

14.3 Das Mediensystem – Funktionen und Probleme

- *Information* über Geschehnisse und Meinungen;
- *Artikulation* von Meinungen, wie sie in der Bevölkerung bestehen;
- *Kritik und Kontrolle* gegenüber Regierungen, Parteien etc. (Aufermann 1975).

Unbestritten sind dabei die beiden erstgenannten Funktionen, bei denen die Medien lediglich als Mittler operieren. Was hingegen ihre Rolle als kritisierende und kontrollierende Akteure angeht, steht dem die These gegenüber, Verleger/-innen, Intendant/-innen und Journalist/-innen fehle es an demokratischer Legitimation für eine derartige Akteursrolle; sie sollten nur als „Moderatoren" fungieren (so Glotz et al. nach Aufermann 1979). Selbst dann bliebe ihnen unvermeidlich die Themen- und Nachrichtenauswahl.

Wendet man sich der Frage zu, wie die Medien die ihnen zugeordneten Funktionen erfüllen, so fallen neben einer Reihe von Stärken auch Defizite und Probleme ins Auge:

1. In der medialen Vermittlung der Politik wird – besonders bei Fernsehen und Boulevardpresse – ein *Trend zur Vereinfachung, Personalisierung und Emotionalisierung* konstatiert: „Die dramaturgischen Notwendigkeiten – Spannung, Verkürzung, Simplifizierung – lassen Kontinuität und Rationalität auf der Strecke", fasst Oberreuter (1989, S. 37) bereits vor Jahrzehnten zur Fernsehvermittlung der Politik zusammen. Auf diese Weise werden einerseits oberflächliche Anteilnahme und unbegründetes Kompetenzbewusstsein beim Publikum, andererseits dementsprechendes Öffentlichkeitsverhalten bei Politiker/-innen erzeugt. Politiker/-innen entwickeln häufig eine „symbiotische Beziehung" zu Journalist/-innen, bei der „Informationen gegen Publizität" getauscht werden, allerdings zum Preis nur produzierten Medienereignisse und einer plakativ-symbolischen Sprache (Glaab 2018, S. 164; Patzelt 1991). Die Unsachlichkeit von Wahlkämpfen ginge demnach „also eher von Journalisten selbst aus, als von Politikern" (Brettschneider 2009, S. 531).
2. Ähnlich problematisch wirkt sich eine zweite strukturelle Bedingung medialer Vermittlung aus, die journalistische Auswahl nach „Nachrichtenfaktoren". Zu ihnen zählen: der (gehobene) Status eines Akteurs/einer Akteurin, die Konflikthaftigkeit und die Relevanz eines Themas für viele Menschen, die Identifikation (dank räumlicher Nähe und Emotionalisierung), Dramatik und Affinität des Geschehens (Schulz 2011, S. 91). Im Ergebnis wird dem Atypischen Vorrang vor dem Normalen, der Neuigkeit vor der Wiederholung (Neophilie), der affektiv ansprechenden Katastrophe bzw. dem Skandal vor ordentlichen Verhältnissen (Videomalaise) eingeräumt. *So notwendig dies ist, um Aufmerksamkeit zu erringen, hat es zur Folge, dass bei Konsument/-innen*

im Laufe der Zeit ein systematisch verzerrtes Bild der Welt entsteht (Bergsdorf 1987, S. 576; Rhomberg 2009, S. 120 f.).
3. Allgemein wird den Medien die Wirkung zugeschrieben, die Themen der Politik und Diskussion zu bestimmen *(agenda setting)*[5]. Dabei neigen sie dazu, bei Wahlen den Akzent relativ stark auf Politikkonstellationen und Personen (Horse-race-Aspekte) zu Lasten von Sachthemen zu legen (Hüning et al. 2002, S. 299 ff.; Kepplinger und Maurer 2005, S. 67). Bezeichnend das Ergebnis einer inhaltsanalytischen Untersuchung zur Wahl 2005: Konkrete Parteiziele seien am wenigsten in Fernsehnachrichten, nur begrenzt in Tageszeitungen, Talkshows und Politikerreden vermittelt worden – in ihrer Mehrheit „überhaupt nicht" (Maurer 2009b, S. 165, 168).

Generell werden in „medienzentrierten Demokratien" wie Deutschland bei der Wahlkampfberichterstattung Einzelakteure/-akteurinnen gegenüber Parteien, Horse-race-Aspekte gegenüber Sachthemen vorgezogen, ist sie von „negativem Tenor" und „inszenierten Ereignissen" durchzogen (Lengauer 2007, S. 11, 315 ff.). Dementsprechend hält Sarcinelli (2011, S. 314) die mediale Darstellung der Parteien für „organisationsblind und prominenzlastig", wertet Patzelt (2006, S. 159) die *„verzerrte Medienwirklichkeit"* als eine *„Schwachstelle"* des demokratischen *Verfassungsstaates.* Diese Sicht wissenschaftlicher Beobachter wird vielfach auch von Politiker/-innen geteilt. So förderte eine Umfrage unter Landtagsabgeordneten zutage, dass überwältigende Mehrheiten meinen, die Medien orientierten sich viel zu sehr an Personen, aber zu wenig an Inhalten, verdeutlichten nicht Konsequenzen politischer Entscheidungen und suchten auch selbst Politik zu machen[6]. Dazu kommt, dass die Medien Politik vermitteln als „Haufen untereinander und mit der Vergangenheit allenfalls schwach verbundener Events" (Meyer 2015, S. 106). Mehr Zusammenhänge zu liefern, ist vor allem die Rolle von Wochenblättern, sollten eigentlich auch die öffentlich-rechtlichen Medien leisten.

Sind hierfür Journalist/-innen und Medien wirklich verantwortlich? Geht man von rationalen Wähler/-innen aus, die Nutzen-Kosten-Abwägungen vornehmen, so muss es ihnen unrentabel erscheinen, sich wegen ihrer kaum entscheidungsrelevanten Wählerstimme in die Unkosten einer mühsamen Informationsaufnahme zu stürzen. Nur wenigen macht sie Vergnügen. Erreicht werden rationale

---

[5] Darin, welche Themen die Bevölkerung für „allgemein wichtig" hält, folgt sie weitgehend Fernsehnachrichten (Kepplinger 2009a).
[6] $N = 568$ (Marx 2009, S. 67 f., 121 ff.).

Wähler/-innen daher vor allem über unterhaltsame Aspekte, wie sie auch durch die journalistischen Auswahlkriterien präferiert werden. Wie bereits Downs (1968, S. 292) feststellte: Der rationale Wähler/Die rationale Wählering ist nicht der/ die informierte. Das Wählerverhalten zeugt deswegen nicht von Dummheit – die gleichen Menschen zeigen bei wichtigen Entscheidungen, beim Kauf ihres Autos oder dem Bau ihres Hauses, durchaus Umsicht und beschaffen sich Information.

Irrelevant sind die Medien deswegen nicht. *Dass sie Meinungsbildung und Wahlverhalten beeinflussen, hat insbesondere Noelle-Neumann (2001, passim) dargestellt, in deren Sicht das entscheidende Wirkungsmoment dabei der medienvermittelte Eindruck einer bestimmten Mehrheit ist, der zu entsprechenden Anpassungen führe.* Ein solcher Effekt, der mit der Tendenz zum Schweigen aufseiten der medial zurückgedrängten Meinung verbunden ist („Schweigespirale"), ließ sich bei Themen wie Kernenergie, Wehrdienstverweigerung, Gentechnologie, Verteidigungspolitik und Oder-Neiße-Linie nachweisen (Brettschneider 1997b, S. 589). Das ist demokratietheoretisch problematisch: einerseits wegen der desintegrierenden Wirkung, aus der populistische Parteien Kapital zu schlagen suchen (Lanius 2020); andererseits wegen der Beeinträchtigung politischer Chancengleichheit und demokratischer Lernfähigkeit (Mannewitz 2018).

Zwar wird die Stringenz solcher Argumentationen gelegentlich bezweifelt, doch kann es nur um den Wirkungsgrad der Medien gehen. Gewiss: Medien können das Publikum nicht beliebig lenken oder „manipulieren". Die Medienwirkung variiert nach Politikfeldern, verschiebt die Aufmerksamkeit (Koch-Baumgarten und Voltmer 2009, S. 313). Aber wichtig bleibt das Deutungsmuster bis hin zur Wortwahl (Framing), in denen die Medien eine Thematik vorstellen (Schulz 2011, S. 148 f.). Entgegengesetzte Einflüsse bleiben wirkungslos, da die Medien nicht unerheblich die kognitive Weltsicht der Individuen prägen (Donsbach 2009; Price et al. 1997; Schmitt-Beck 1994, S. 163, 176). Der Anteil, den Metaphern und bestimmte Deutungsrahmen auf unsere politischen Meinungen haben, wird an manchen Stellen auf bis zu 80 % beziffert (Lakoff und Wehling 2016). Überspitzend, aber zutreffend für Menschen ohne viel eigenes Wissen und Welterfahrung, formuliert Luhmann (1995, S. 5): „Was wir über unsere Gesellschaft, ja über die Welt, in der wir leben, wissen, wissen wir durch die Massenmedien".

b. Sozialpsychologische und wirtschaftliche Zwänge

Kritiker/-innen sehen die Ursachen für Versagen bei den Medien vor allem in ihrer Gewinn- und Marktorientierung. Historisch ausgreifend hat Habermas (1969, S. 185 ff.) einen medialen Trend skizziert, der, besonders ausgeprägt bei Fernsehen und Rundfunk, „auch in der Tagespresse" zu stark aufgelockertem

Umbruch, Bebilderung und Unterhaltungselementen geführt habe. „Zurückgedrängt" werde der Anteil der „politisch relevanten Nachrichten". Mit diesem „mixtum compositum", das „tendenziell Realitätsgerechtigkeit durch Konsumreife ersetzt", zahlten die Medien für die Maximierung ihres Absatzes.

Eine Untersuchung der Wahlberichterstattung zu fünf Bundestagswahlen anhand von drei Qualitätszeitungen, zwei Regionalzeitungen und einem Boulevardblatt ist diesem Trend nachgegangen. Der „unpolitische" Anteil (d. h. nicht zu Sachthemen) der Berichte fällt unterschiedlich aus für die Qualitätsblätter, 2013 allgemein besonders hoch (Frankfurter Allgemeine 23 %, Süddeutsche Zeitung 28, Die Zeit 27), bei den Regionalzeitungen (Passauer Neue Presse 22 %, Sächsische Zeitung 28) und dem Boulevardblatt (Bild 46 %). Deutlich wird der niedrigere Anteil bei den Abonnementzeitungen gegenüber dem Boulevardblatt und der bei den konservativen Zeitungen (FAZ, Passauer Neue Presse) herausgestellt – Verhältnisse, die auch bei den früheren Wahlen galten. Diskutierbar bleibt, ob man Umfrageergebnisse zum „horse-race journalism" bzw. Wahlkampforganisation pauschal zum unpolitischen Berichtsteil rechnen sollte. Während diese beiden Kategorien bei den anderen Blättern die große Masse ihrer „unpolitischen" Anteile ausmachen, sind es bei Bild „celebritystories" und „Rund um die Wahl"-Beiträge, die bei Bild 64 % des unpolitischen Teils bildeten. Insgesamt konstatiert die Untersuchung eine „Verflachung" der Berichterstattung seit 1953, neuerdings vorangetrieben durch Einführung des Privatfernsehens und „Konkurrenz durch Online-Medien" (Reinisch 2017, S. 29, 126, 145, 147, 274, 281, 339).

Zu beachten bleibt aber, dass Medien, die gelesen, gehört und gesehen werden wollen, nicht ohne Unterhaltungselemente auskommen können. Auch die Sendungen öffentlich-rechtlicher Medien und die Wahlwerbung der Parteien sind ja – weil sie ebenfalls um die Aufmerksamkeit der Bürger/-innen ringen – von Gefühlsapellen, Personalisierungen und sachlichen Verkürzungen durchzogen.

Gezielte Einflüsse könnten sich aus der *Abhängigkeit von Werbeeinnahmen* ergeben. Generell ringen die Medien um den Werbekuchen, von dem das Fernsehen insgesamt 20,6 % schluckt, die schrumpfenden Zeitungen noch 7,2 %, Rundfunk 3,3 und das Internet – Tendenz steigend – 41,9 % (Möbus und Heffler 2021, S. 361). Einst, 1980, zogen die Tageszeitungen 42,7 % des Netto-Werbeaufkommens auf sich (Pürer 2015, S. 182). Dabei macht der Anzeigenerlös auch heute einen großen Teil der Gesamteinnahmen bei den Abonnementzeitungen Westdeutschlands aus: 40,1 %[7], mehr bei den Boulevardblättern und Wochen-

---

[7] Stand 2011 (Pürer 2015, S. 177).

14.3 Das Mediensystem – Funktionen und Probleme

zeitungen[8]. Aber 1975–2000 hatte er für die Abonnementszeitungen durchschnittlich etwa 60 % betragen (Pürer 2015, S. 178) – der Abstieg ist deutlich. Beim Privatfernsehen stellen, abgesehen von Pay-TV, Werbeeinnahmen sogar die einzige Einnahmequelle dar. Ganz anders bei den Öffentlich-Rechtlichen: ARD und ZDF leben vom Rundfunkbeitrag, den alle Privathaushalte und zahllose Firmen zahlen müssen. Dieser bescherten ihnen 2020 Einnahmen von 8,1 Mrd. Euro (ARD ZDF Deutschlandradio Beitragsservice 2021, S. 8), wozu noch Werbeeinnahmen kommen. Damit gehören sie, wie Kritiker/-innen (zuletzt etwa das Land Sachsen-Anhalt) regelmäßig monieren, zu den kostspieligsten öffentlichen Funkmedien der Welt. Ihr Geld fließt auch privaten Produktionsfirmen für Sendungen zu, ihre Zahlungen für Übertragungsrechte entscheiden über die professionalisierte Existenz ganzer Sportarten (Altmeppen 2008, S. 81).

Wieweit Interessen an Absatz und Anzeigen, wieweit politische Vorgaben von Verleger/-innen und Chefredakteur/-innen gegenüber Journalist/-innen tatsächlich durchgesetzt werden und damit die politische Meinungsbildung mitformen, ist schwer zu klären. Konflikte innerhalb von Redaktionen, wie sie bei regionalen Abonnementzeitungen vorkamen, lieferten nur Indizien (Noelle-Neumann 1977, S. 74, 23, 63). Angesichts der Abwanderung von Inseraten ins Internet – es handelt sich um den einzigen medialen Bereich mit konstanten Werbezuwachsraten, v. a. aufgrund von Suchmaschinenwerbung und Werbebannern) – ist die Bedeutung der Inserent/-innen, wie eine Umfrage bei 260 Redakteur/-innen von Tageszeitungen zeigt, in neuerer Zeit gestiegen; vier Fünftel berichten von Rücksichtnahmen, über die Hälfte sogar von redaktionellen Beiträgen zur Unterstützung eines Inseraten/ einer Inserentin oder einer Branche (Gerhardt et al. 2005).

Angesichts des schrumpfenden Zeitungsmarktes wenden sich Zeitungsverleger/-innen gegen ausgreifende Internet-Angebote der Öffentlich-Rechtlichen. Sie kritisieren, dass diese einen Teil der Werbeeinnahmen auf sich ziehen und ihr „Grundangebot" über vorhandene 21 Fernseh- und 66 Radiosender hinaus durch Angebote im Internet noch weiter auszubauen suchen. Da konkurrierten öffentliche Medien, abgesichert durch eine Art Mediensteuer, mit privaten Zeitungen und Sendern, die ihr Geld auf dem Markt verdienen müssen. Selbst das (undeutliche) Verbot für „presseähnliche" Angebote der Öffentlichen im Internet erscheint ihnen bedroht (Koldehoff 2017). Für die Zeitungen spricht jedenfalls, dass ohne sie die Gefahr schrumpfender Pluralität der Medien dramatisch wächst.

---

[8] Stand 2009 (Beck 2018, S. 116).

Tab. 14.3 Parteipräferenzen von Journalist/-innen (2009: Politikjournalist/-innen)

	1993	2005	2009
CDU/CSU	12	9	9
SPD	25	26	16
FDP	9	6	7
B90/GRÜNE	19	36	27
PDS	4	1	4
Sonstige	1	3	1
Keine Parteineigung	30	20	36

Quellen: 1993 und 2005 Weischenberg et al. (2006); 2009 Lünenborg und Berghofer (2010, S. 13).

c. Journalisten als politische Akteure

Publizistikwissenschaftliche Umfragen haben – bei zwar teils kleinen, ab 1993 aber hinreichenden Stichproben – *stets ein Phänomen hervortreten lassen: dass sich Journalist/-innen parteipolitisch deutlich links von der Bevölkerung einordnen* (Tab. 14.3). Diese journalistische Orientierung birgt Brisanz. Denn deutsche Journalist/-innen schrieben sich in den siebziger Jahren mehrheitlich „eine avantgardistische Rolle" zu und verstanden sich als Vermittler/-innen neuer Ideen und als Kritiker/-innen, wenn auch zugleich als neutrale Berichterstatter/-innen (Donsbach 1979). Mehr als 50 % hielten es für richtig, vor gefährlich erachteten Tendenzen zu warnen. So sprach Renate Köcher (1985, S. 17, 92, 121, 209) von einem *„missionarischen Journalismus"*. Wenn die Selbsteinschätzung der Journalist/-innen anderer westlicher Demokratien sie ebenfalls in eine Position links der Mitte einordnete (Patterson und Donsbach 1996), so schien in Deutschland jenes politisch-aktive Berufsverständnis hinzuzukommen.

Auch 2005 scheinen Journalist/-innen teilweise anfällig für missionarischen Journalismus – so wollten 40 % auch positive Ideale vermitteln, 24 % die Politik kontrollieren sowie 19 % ihre eigenen Ansichten präsentieren[9]. Bei der jüngeren Journalistengeneration hatten seinerzeit jedoch professionelle Nachrichtenwertkriterien Vorrang, auch wenn 36 % davon einen Bericht über Ausländerkriminalität zurückhalten mochten, um Ressentiments keine Nahrung zu geben[10]. Wiewohl Journalist/-innen wohl linker und auch deutlich grüner sind als die Mehrheit der

---

[9] N = 1 536 (Weischenberg 2006, S. 279).
[10] n = 491 (Ehmig 2000, S. 149, 155, 161).

Bevölkerung (unlängst: Schumacher et al. 2021) – etwa aufgrund der „jungen, bildungsbürgerlichen, urbanen, akademisch gebildeten Menschen", dem machtkritischen Berufsethos und der geringeren Bedeutung materieller Berufswahlmotive (Hoffmann 2021) –, Effekte auf die Berichterstattung sind hierzulande nur in engen Grenzen festgestellt worden (Reinemann und Baugut 2014, S. 503 f.).

In diesem Zusammenhang wirkt sich aus, dass die – je nach Zählweise – 48.000 bis 70.000 hauptberuflichen Journalist/-innen (darunter 26.000 Freiberufler/-innen und etwa 3 000 Volontär/-innen)[11] eine eigene soziale Gruppe bilden (Kaiser o. J.), deren Mitglieder sich aneinander orientieren. Sie übernehmen Agenturberichte, Informationen von Kolleg/-innen, orientieren sich an Leitmedien, folgen den gleichen Nachrichtenwert-Kriterien. Wie in einem „Zirkel" bilden und erhalten sich Sichtweisen, auch divergierend von denen der Bürger/-innen und von der Wirklichkeit (Kepplinger 1998, S. 39, 77). Diesen professionellen Auswahlkriterien und Gruppenorientierungen entspricht es, das Massenkommunikationssystem in modernen Gesellschaften als *„ein selbstreferentiell-geschlossen operierendes, relativ autonomes Funktionssystem"* mit *der Aufgabe zu begreifen, Nicht-Öffentliches in Öffentliches zu transformieren.* Dieses gesellschaftliche Subsystem arbeitet mit dem Medium Öffentlichkeit, so wie die Politik mit dem Medium Macht und die Wirtschaft mit dem des Geldes (Marcinkowksi 1993, S. 107, 146 f.). Es folgt dabei eigenen Regeln (hier: Nachrichtenwerten) und muss ständig Wichtiges aus Unwichtigem auswählen. Es sei überdies eine Tatsache, so zusammenfassend der Publizistikwissenschaftler Schulz (2011, S. 67), dass *„die Massenmedien die Wirklichkeit nicht repräsentieren und schon gar nicht widerspiegeln. Die Berichte der Medien sind oft einseitig, ungenau und verzerrt, sie bieten manchmal eine ausgesprochen tendenziöse Weltsicht."* Die Ursachen hierfür seien medial *„strukturelles Unvermögen"* zur Wirklichkeitswiedergabe und politisch-ideologische Einseitigkeit.

Daher kommt es zuweilen zu einer „Empörungsverweigerung" der Bevölkerung angesichts von – nur journalistisch empfundenen – Skandalen, die im „selbstreferentiellen Raum der Medien stecken" bleiben (Korte und Bianchi 2014, S. 111).

d. Medien und Politiker: Ein schwieriges Verhältnis
Zuspitzend hat der Soziologe Ulrich Beck formuliert: „(D)ie politische Macht hat, wer über die Zulassung von Themen zur Öffentlichkeit entscheidet." (zit.

---

[11] Stand 2012.

nach Thiel 2013) In der Tat hängen Politiker/-innen und ihre Politik davon ab, inwieweit Gatekeeper – mithin Journalist/-innen und Medieneigner/-innen – ihnen Öffentlichkeit gewähren. Dieses „Veröffentlichungsmonopol" nutzend neigen Journalist/-innen teilweise dazu, sich als „Kopolitiker" aufzuspielen, statt als „distanzierte und faire Mittler" zu fungieren (Meyer 2015, S. 13, 19, 62). Einschränkend ist bei der Rolle der klassischen Medien hinzufügen, dass

- das Monopol nicht bei einem einzelnen liegt, sondern bei einem Mediensystem, das aus konkurrierenden Journalist/-innen und Medien besteht. Weniger Appelle an journalistisches Berufsethos, sondern Pluralität und Konkurrenz der Medien können hier illegitime politische Macht in Schranken halten;
- das Verhältnis zwischen Politik und Journalismus nicht ganz so einseitig ist, sondern vielfach durch „Tausch": Veröffentlichung gegen Informationen, gekennzeichnet; Äußerungen von Spitzenpolitike/-innen, auch plastisch formulierender Außenseiter/-innen sind für Journalist/-innen begehrte Ware.

Zugleich: Ist es vor dem Hintergrund der journalistischen Gatekeeperfunktion, der Chance auf neue Adressaten und zielgruppenorientiertere Ansprache überraschend, dass die Politik mehr und mehr an der Presse vorbei zu kommunizieren sucht (Schwanholz und Busch 2016; Stier et al. 2019)? Via Facebook, Twitter und auch Instagram stehen Politikerinnen und Politiker zunehmend in direktem Austausch mit der Bevölkerung.

Angewiesen auf Öffentlichkeit bleiben Politiker/-innen jedoch. Abgeordnetenbefragungen (Bundestag, Landtage, Europäisches Parlament) ergaben eine Spaltung in der Mitte: Die einen sehen die Politik mehr abhängig von den Medien, die anderen eine Interdependenz zwischen Medien und Politik[12] – mehr Medienabhängigkeit von der Politik gab kaum jemand zu Protokoll.

So neigen Politiker/-innen und andere Entscheidungsträger/-innen dazu, sich an den Medien zu orientieren. Sie laufen dabei Gefahr, Opfer einer „Täuschung" zu werden, die Medien stellten die Verteilung der Bevölkerungsmeinungen maßstabgerecht dar, und „dass die Mehrheit ähnlich hohe Mediendosen mit ähnlichem Interesse konsumiert wie sie selbst" (Kepplinger 1998, S. 152). Daraus ergeben sich Phänomene, die man unter dem Begriff „*Mediendemokratie*" (Müller 1999) subsumiert. In ihr beeinflussen Medien nicht allein das Wahlver-

---

[12] 2005 und 2011, n = 1330 (Pontzen 2013, S. 192).

14.3 Das Mediensystem – Funktionen und Probleme

halten, sondern verhalten sich Politiker/-innen medienangepasst und nehmen die veröffentlichte Meinung als die Volksstimmung wahr. Andere allerdings sehen keine derartige „Unterwerfung" der Politik unter die Medienlogik (Pfetsch und Marcinkowski 2009, S. 30).

Jedenfalls bemühen sich Politiker/-innen, das Kommunikationssystem in ihrem Interesse zu beeinflussen. Bezeichnend ist, dass die meisten Bundestagsabgeordneten Journalist/-innen „zu ihrem engeren Bekanntenkreis" zählen (Kepplinger 2009b, S. 80). In Berlin trifft sich die Journalistenelite häufig mit denen, über deren Arbeitsfeld in Politik und Wirtschaft sie schreibt (Krüger 2013, S. 149 f.). Selbst Landtagsabgeordnete geben an, durchschnittlich dreieinhalb Stunden je Woche Kontakte mit Journalist/-innen zu pflegen, wozu teilweise auch gemeinsame Essen und Hintergrundgespräche gehörten (Marx 2009, S. 8, 134, 139). Und wo das nicht genügt, sucht die Politik bisweilen auch stärker direktiv zu intervenieren, wie der CSU-Medienskandal 2012 und die darauf erfolgten Reaktionen prominenter Journalist/-innen enthüllten. Es sei „üblich gewesen, dass Politiker bei einfachen Redakteuren anriefen, um Druck auf die Berichterstattung auszuüben", so Nikolaus Brender (zit. nach Caspari 2012) über eine der Praxen zwischen Medien- und Politikbetrieb.

In der Medienpolitik ging es zunächst vor allem um die private Presse. Die – letztlich erfolglose – Stoßrichtung der politischen Linken zielte dahin, die Stellung der Verleger/-innen, Herausgeber/-innen und Chefredakteure/-redakteurinnen durch mehr innere Pressefreiheit (Mitbestimmungsrechte und Autonomie der Redakteure und Redakteurinnen) und Aufhebung des Tendenzschutzes (der Medien von der vollen Mitbestimmung ihrer Arbeitnehmer/-innen ausnimmt) zu schwächen (Meyn 1975). Dann rückten die öffentlich-rechtlichen Funkmedien in den Mittelpunkt medienpolitischer Auseinandersetzung. Dabei drängten die Unionsparteien auf Beachtung des verfassungsgerichtlichen *Ausgewogenheitsgebots*. Dem begegnete die SPD mit der These, *„kritische und provokative Beiträge" dürften nicht „einer bequemen Ausgewogenheit geopfert werden"* (SPD-Grundsatzprogramm 1990, S. 30 f.). Unverkennbar setzte sie auf „kritische", sprich SPD/Grün-nahe Journalist/-innen, denen ein möglichst großer Spielraum freigekämpft werden sollte. Der Kampf um die öffentlich-rechtlichen Medien verlor an Bedeutung, als technologische Weiterentwicklungen eine Vielzahl von Programmen ermöglichten und damit eine private Konkurrenz für die Öffentlich-Rechtlichen nicht mehr aufzuhalten war. Gänzlich verschoben haben sich die Auseinandersetzungen mit dem Bedeutungsgewinn von Internetmedien, die den Gesetzgeber nach wie vor mit gänzlich neuen Herausforderungen konfrontieren. Hier verläuft die politische Konfliktlinie nicht ganz so klar zwischen Union und SPD, sondern stärker zwischen Regulierungsbefürwortern und -gegnern.

14.4 Willkommenskultur: Krise pluraler Politikvermittlung?

Die massenhafte Zuwanderung 2015/16 in die Bundesrepublik beschäftigte die deutsche Öffentlichkeit intensiv. Das Bild, das eine publizistikwissenschaftliche Studie zur Berichterstattung über die „Flüchtlingskrise" innerhalb der großen Leitmedien (Die Welt, Frankfurter Allgemeine Zeitung und Süddeutsche Zeitung) und 85 Regional- und Lokalzeitungen von Februar 2015 bis März 2016 zeichnet, legt kritische Stellen in der Medienlandschaft offen. Demnach belegen Tausende von Beiträgen zum Thema, dass

1. die Zeitungen durchweg eine „Willkommenskultur" in „euphemistisch-persuasiver Diktion" vermittelten, mit dem Tenor, sie sei „gesellschaftlicher Basiskonsens" und „nicht zu hinterfragen". Das geschah in „Konsonanz" mit der Kanzlerin und in betonter „Nähe" zur politischen Elite.
2. Rund die Hälfte der Beiträge berichtete nicht sachlich und aus neutraler Sicht. Fast die Hälfte der Leitmedienberichte zu Ereignissen der Flüchtlingskrise erwähnte keine Konflikte oder Meinungsverschiedenheiten. Soweit als Akteure/-innen oder Sprecher/-innen Parteimitglieder erwähnt wurden, waren dies zu 83,3 % Vertreter/-innen der Regierungsparteien, von der Opposition kamen Grüne beachtlich mit 8,7 %, Linke mager mit 3,1 % zu Wort; der FDP blieben nur 1,3, für die NPD 0,9 und für die in mehrere Landtage eingezogene AfD 0,1 %.
3. Festzustellen war ein „Abbruch des gesellschaftlichen Diskurses", für den man randalierende Protestierende und Radikale verantwortlich machte, den aber – so die Studie – ebenso die Leitmedien förderten, „indem Menschen mit abweichenden Meinungen" einfach „ausgegrenzt" und als fremdenfeindlich deklariert wurden. Kaum ein Kommentar habe zwischen besorgten Bürgern und Rechtsradikalen unterschieden.
4. Bis zur Kölner Silvesternacht 2015/16 blieben die Leitmedien auf die politische Elite „fixiert", dann wurde der Ton „zurückhaltender" (Haller 2017, S. 16, 101, 137, 40, 134, 104, 135, 139).

Man darf annehmen, dass ein Blick auf die (nicht untersuchten) öffentlich-rechtlichen Medien das Bild eher noch schärfer hätte ausfallen lassen. So sahen es auch große Teile der Bevölkerung: Im Oktober 2015 nannten 47 % befragter Bürger/-innen die mediale Berichterstattung zur Flüchtlingslage einseitig (Köcher 2015). Auf die Frage des Instituts für Demoskopie im Oktober 2016, ob „die

14.4 Willkommenskultur: Krise pluraler Politikvermittlung?

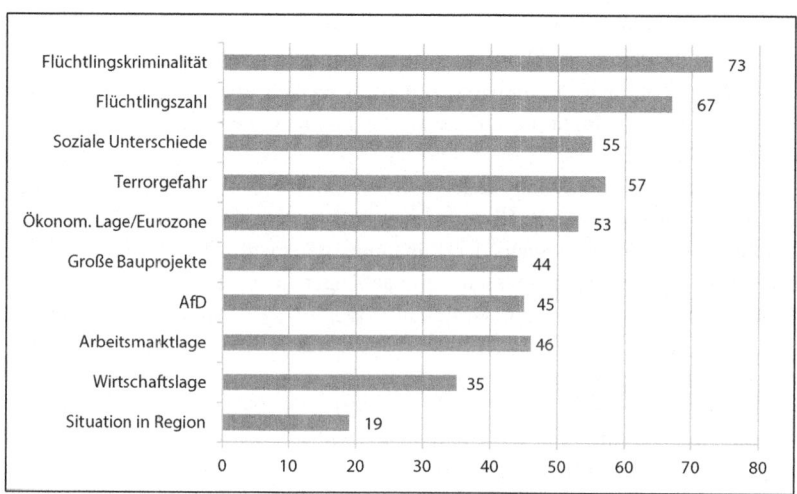

Abb. 14.1 Misstrauen an Berichterstattung 2017. In Prozent der Befragten. (Quelle: Köcher 2017)

Medien ein zutreffendes Bild der Flüchtlinge" zeichneten, antworteten 53 % mit Nein, 22 waren unentschieden, nur 25 % fanden es zutreffend. Fast jeder Zweite nannte die Berichterstattung einseitig (Haller 2017, S. 142 f.). Diese Aussagen beziehen sich aber nur auf die Flüchtlingsthematik. Allgemein ist das Bild durchaus heller. Auf die Frage, ob man mit der Berichterstattung der Medien über Politik und aktuelle Ereignisse zufrieden sei, bejahen dies 55 %, weniger zufrieden äußerten sich 31 %, nur 7 % überhaupt nicht zufrieden. Fragt man, über welche Themen die Medien glaubwürdig berichten, fallen aber die Antworten je nach Themenfeld höchst unterschiedlich aus. Viel Glaubwürdigkeit wird den Medien zur „Situation in der Region" und „wirtschaftlichen Lage", besonders wenig in Sachen Flüchtlingskriminalität und Flüchtlingszahlen attestiert (vgl. Abb. 14.1).

Was blieb: Das Vertrauen gegenüber den Medien bei ganz bestimmten Themen und in Teilen der Bevölkerung hat einen Kratzer abbekommen, auch wenn sich das generelle Medienvertrauen nach 2015 sukzessive wieder stabilisierte: von 28 % auf 56 % im Jahre 2020 (Jakobs et al. 2021, S. 153). „Die Lügenpresse-Hysterie ebbt[e mithin] ab" (Ziegele et al. 2018).

Zur Themenabhängigkeit: Relativ gering ist das Vertrauen heute, wenn es um den Islam (2020: 39 %) geht (Jakobs et al. 2021, S. 155), um die Kriminalität von Flüchtlingen (2019: 33 %) und die AfD (2019: 36 %) (Schultz et al. 2020,

S. 328). Bei Themen wie Wohnungsnot (2019: 55 %), Klimawandel (2020: 55 %) und Corona-Pandemie (2020: 63 %) schenkt hingegen jeweils eine Mehrheit Vertrauen. Wo ausgeprägte Meinungen, zumal im rechten Spektrum, herrschen und die Themen als identifikationsstiftend wahrgenommen werden, leidet mithin das Vertrauen.

Zur Spaltung: Die Haltung zu den Medien teilt die Gesellschaft – womöglich eine der problematischsten Hinterlassenschaften der Krise von 2015/16: So ist unter AfD-Anhänger/-innen der Lügenpresse-Vorwurf 2018 fast dreimal so stark verbreitet wie unter anderen Parteianhänger/-innen (34 %), das generelle Medienvertrauen um etwa ein Drittel niedriger (34 %), das in die Öffentlich-Rechtlichen rund ein Viertel niedriger (53 %), das in die sozialen Medien vier bis sechs Mal so hoch (25 %), das Gefühl der Entfremdung von den Medien etwa doppelt so hoch (60 %) (Ziegele et al. 2018, S. 153). Zugleich ist hier die Nutzung von Youtube sowie „alternativer" Medien wie Politically Incorrect, Compact, Deutsche Wirtschaftsnachrichten oder Russia Today weiter, die der Öffentlich-Rechtlichen und der Tageszeitungen geringer verbreitet (Schultz et al. 2021, S. 68, 73). Was den öffentlich-rechtlichen Rundfunk angeht, zeigen sich weitere, parteipolitisch unabhängige Muster – deren Vertrauen und Glaubwürdigkeit sind merklich geringer unter Ostdeutschen, unter Menschen, die sich als politisch rechts stehend identifizieren, unter Jüngeren (bis 49 Jahre), unter Menschen mit niedrigerer und mittlerer Bildung und unter Demokratieunzufriedenen (Infratest dimap 2019, S. 20 f.). *Im Ergebnis genießen die Medien – auch die öffentlich-rechtlichen – zwar erhebliches gesellschaftliches Vertrauen im Bereich öffentlicher Information und Meinungsbildung, aber eine mittlerweile relevante Minderheit der Bevölkerung – zumal eine mit rechtspopulistischen Einstellungen – sieht im öffentlich-rechtlichen Angebot nicht mehr als einen politisch beeinflussten Staatsfunk, den sie ablehnt und der alternative Angebote attraktiv erscheinen lässt (Baum und Haberl 2020).* Das Vertrauen zurückzugewinnen, zumindest aber die Ablehnung dieses Teils nicht rundheraus abzutun, ist Aufgabe der Medien. Kommen Versuche der Öffentlich-Rechtlichen ans Licht (wie 2019), die eigene Kommunikation zu verbessern, die als Manipulation der Öffentlichkeit gewertet werden könnten – etwa das Framing-Gutachten der ARD (Beckedahl und Dobusch 2019) –, ist das kontraproduktiv.

Das deutsche Mediensystem, darauf eingerichtet, die öffentliche Meinungsfreiheit vor Einschränkungen durch den Staat oder wirtschaftliche Macht abzuschirmen, leistet dieses im Ganzen. Die Aufspaltung zwischen öffentlich-rechtlichen und privaten Funkmedien, ebenso wie die relative Vielzahl von Zeitungen, die sich an alle Bürger/-innen wenden, haben sich grundsätz-

lich bewährt. Doch leidet politische Kommunikation in Deutschland an vier Problemen:

- Dies ist eine *sozio-kulturell linke Tendenz bei den Journalist/-innen*. Sie engt die politische Meinungsbildung ein und erschwert bei bestimmten Themen eine effektive Problembearbeitung. Dies traf 2015/16 eklatant beim Flüchtlingsthema zu, als journalistische Mehrheitstendenz, Bundesregierung und Parlament in die gleiche Richtung zielten. Ein starker Meinungsdruck ließ in traditionellen Medien kaum andere Stimmen zu. Nicht zuletzt nährt das Medienskepsis in einem Teil der Bevölkerung.
- Zweitens *verringern die Abwendung der Nachwachsenden vom Zeitungslesen und das Ausgreifen der Öffentlich-Rechtlichen weiterhin den Zeitungsabsatz. Dies bedeutet Schwächung eines für Pluralität und Qualität wichtigen Mediensektors.* Ungewiss ist, ob bestehende Online-Zeitungen bzw. -Zeitschriften zu tragfähigen Einnahmen kommen.
- Drittens droht durch die Popularisierung sozialer Medien die Aufbrechung des öffentlichen Raums in viele Teil- und Gegenöffentlichkeiten (Wallner 2018, S. 5, 32, 113), was die gesellschaftliche Kommunikation über politische und soziale Grenzen hinweg erschwert und häufig ohne journalistischen (oder anderen) Qualitätsfilter vonstattengeht – Falschmeldungen, Polarisierung und Verschwörungstheorien erhalten so einen Nährboden. Die Demokratie sieht sich einem „neuen Strukturwandel der Öffentlichkeit" (Habermas 2022) gegenüber, einer Gefährdung der Qualität der Deliberation und deren arenenhaftem Charakter, so Jürgen Habermas. Indes: War die deliberative Demokratie je mehr als ein Mythos?
- Schließlich steht die *Regulierung des Internets* noch vor immensen Aufgaben, wozu nicht nur die Beschränkung der Marktmacht großer Digitalkonzerne und Gesetze gegen Hate Speech, sondern auch für Anbieter/-innen und Nutzer/-innen ausreichend praktikable Gesetze (Stichwort: Cookie-Banner im Zuge der DSGVO) gehören.

Literatur

Altmeppen, Klaus-Dieter (2008): Diffuse Geschäftsgrundlagen, in: Pörksen, Bernhard et al. (Hrsg.): Paradoxien des Journalismus, Wiesbaden, S. 81 ff.

ARD ZDF Deutschlandradio Beitragsservice (2021): Jahresbericht 2020, unter: https://www.rundfunkbeitrag.de/e175/e7364/Jahresbericht_2020.pdf (zuletzt geprüft am 6. Mai 2022).

Aufermann, Jörg (1975): Politische Medienfunktionen in funktionalistischer Sicht, in: Narr, Wolf-Dieter (Hrsg.): Politik und Ökonomie, Opladen, S. 431 ff.

Aufermann, Jörg (1979): Politische Medienfunktionen, in: ders. et al. (Hrsg.): Fernsehen und Hörfunk für die Demokratie, Opladen, S. 43.

Baum, Anna-Luise/Haberl, Theresa (2020): Medienskepsis und Politikwahrnehmung im Wechselspiel: Populismus als Einflussfaktor auf Politik- und Medienvertrauen, in: Blöbaum, Bernd et al. (Hrsg.): Medienskepsis in Deutschland: Zur Einführung, Wiesbaden, S. 113 ff.

Beck, Klaus (2018): Das Mediensystem Deutschlands, 2. Aufl., Wiesbaden.

Beckedahl, Markus/Dobusch, Leonhard (2019): Wir veröffentlichen das Framing-Gutachten der ARD, unter: https://netzpolitik.org/2019/wir-veroeffentlichen-das-framing-gutachten-der-ard/ (zuletzt geprüft am 11. Mai 2022).

Beisch, Natalie/Koch, Wolfgang (2021): Aktuelle Aspekte der Internetnutzung in Deutschland. 25 Jahre ARD/ZDF-Onlinestudie: Unterwegsnutzung steigt wieder und Streaming/Mediatheken sind weiterhin Treiber des medialen Internets, in: Media Perspektiven 10/2021, S. 486 ff.

Bergsdorf, Wolfgang (1987): Politik und Fernsehen, in: Funke, Manfred (Hrsg.): Demokratie und Diktatur, Düsseldorf, S. 567 ff.

Brettschneider, Frank (1997a): Mediennutzung und interpersonale Kommunikation, in: Gabriel, Oscar W. (Hrsg.): Politische Orientierungen und Verhaltensweisen im vereinigten Deutschland, Opladen, S. 265 ff.

Brettschneider, Frank (1997b): Massenmedien und politische Kommunikation, in: Gabriel, Oscar W./Holtmann, Everhard (Hrsg.): Handbuch Politisches System der Bundesrepublik Deutschland, München, S. 557 ff.

Brettschneider, Frank (2009): Die „Amerikanisierung" der Medienberichterstattung über Bundestagswahlen, in: Gabriel, Oscar W. et al. (Hrsg.): Wahlen und Wähler, Wiesbaden, S. 510 ff.

Breunig, Christian et al. (2020): Ergebnisse der ARD/ZDF-Langzeitstudie. Massenkommunikation 1964–2020: Mediennutzung im Langzeitvergleich, in: Media Perspektiven 7–8/2020, S. 410 ff.

BVerfG (1961): Urteil des Zweiten Senats vom 28. Februar 1961 auf Grund der mündlichen Verhandlung vom 28., 29. und 30. November 1969, 2 BvG 1, 2/60.

BVerfG (1969): Beschluß des Ersten Senats vom 26. Februar 1969, 1 BvR 619/63.

BVerfG (1971): Urteil des Zweiten Senats vom 27. Juli 1971 auf die mündliche Verhandlung vom 18. Mai 1971, 2 BvF 1/68, 2 BvR 702/68.

BVerfG (1981): Urteil des Ersten Senats vom 16. Juni 1981 auf die mündliche Verhandlung vom 24. März 1981, 1 BvL 89/78.

BVerfG (1986): Urteil des Ersten Senats vom 4. November 1986 aufgrund der mündlichen Verhandlung vom 3. Juni 1986, 1 BvF 1/84.

BVerfG (1987): Urteil des Ersten Senats 24. März 1987, 1 BvR 147, 478/86.

BVerfG (1991): Urteil des Ersten Senats vom 5. Februar 1991 aufgrund der mündlichen Verhandlung vom 30. Oktober 1990, 1 BvF 1/85, 1/88.

BVerfG (1992): Beschluß des Ersten Senats vom 25. März 1992, 1 BvR 514/90.

BVerfG (2014): Urteil des Ersten Senats vom 25. März 2014, 1 BvF 1/11.

BVerfG (2018): Beschluss der 3. Kammer des Ersten Senats vom 22. Juni 2018, 1 BvR 673/18.

Literatur

Caspari, Lisa (2012): „Konservative Politiker gehen dreister vor als andere", unter: https://www.zeit.de/politik/deutschland/2012-10/csu-zdf-brender-beeinflussung (zuletzt geprüft am 8. Mai 2022).

Decker, Horst et al. (1976): Die Massenmedien in der postindustriellen Gesellschaft, Göttingen.

Diederichs, Helmut H. (1973): Konzentration in den Massenmedien, München.

Donsbach, Wolfgang (1979): Aus eigenem Recht, in: Kepplinger, Hans Mathias (Hrsg.): Angepasste Außenseiter, Freiburg, S. 29 ff.

Donsbach, Wolfgang (2009): Journalist, in: Noelle-Neumann, Elisabeth et al. (Hrsg.): Fischer Lexikon Publizistik Massenkommunikation, Frankfurt a. M., S. 81 ff.

Downs, Anthony (1968): Ökonomische Theorie der Demokratie, Tübingen.

Ebner, Julia (2019): Radikalisierungsmaschinen: Wie Extremisten die neuen Technologien nutzen und uns manipulieren, Berlin.

Ehmig, Simone Christine (2000): Generationswechsel im deutschen Journalismus, Freiburg.

Engel, Bernhard/Rühle, Angela (2017): Medien als Träger politischer Information, in: Media Perspektiven 7–8/2017, S. 388 ff.

Gerhardt, Rudolf et al. (2015): Klimawandel, in: Frankfurter Allgemeine Zeitung vom 31. März.

Glaab, Manuela (2018): Mediendemokratie revisited, in: Haarmann, Lutz et al. (Hrsg.): Von der Bonner zur Berliner Republik, Baden-Baden, S. 157 ff.

Greef, Samuel (2017): Netzpolitik – Entsteht ein Politikfeld für Digitalpolitik?, Kassel.

Habermas, Jürgen (1969): Strukturwandel der Öffentlichkeit, 4. Aufl., Neuwied/Berlin.

Habermas, Jürgen (2022): Ein neuer Strukturwandel der Öffentlichkeit und die deliberative Politik, Berlin.

Haller, Michael (2017): Die „Flüchtlingskrise" in den Medien, Frankfurt a. M.

Helms, Ludger (2007): Die Institutionalisierung der liberalen Demokratie, Frankfurt a. M.

Hennis, Wilhelm (1957): Meinungsforschung und repräsentative Demokratie, Tübingen.

Hoffmann, Christian (2021): Das Herz des Journalismus schlägt links – so what?, unter: https://de.ejo-online.eu/qualitaet-ethik/das-herz-des-journalismus-schlaegt-links-so-what (zuletzt geprüft am 6. Mai 2022).

Hüning, Wolfgang et al. (2002): Medienwirkungen von Parteistrategien, in: Sarcinelli, Ulrich/Schatz, Heribert (Hrsg.): Mediendemokratie im Medienland, Opladen, S. 289 ff.

Infratest dimap (2019): Glaubwürdigkeit der Medien 2019. Eine Studie im Auftrag des Westdeutschen Rundfunks, unter: https://presse.wdr.de/plounge/wdr/programm/2019/11/_pdf/20191120_WDR_Glaubwuerdigkeit_Medien.PDF (zuletzt geprüft am 10. Mai 2022).

IVW (2022a): Auflagenzahlen des 1. Quartals 2022, unter: https://www.ivw.de/print/quartalsauflagen/pressemitteilungen/auflagenzahlen-des-1-quartals-2022 (zuletzt geprüft am 4. Mai 2022).

IVW (2022b): Auflagenliste 1/2022, unter: https://www.ivw.de/sites/default/files/20221_ivw_auflagenliste.pdf (zuletzt geprüft am 5. Mai 2022).

Jakobs, Ilka et al. (2021): Mainzer Langzeitstudie Medienvertrauen 2020. Medienvertrauen in Krisenzeiten, in: Media Perspektiven 3/2021, S. 152 ff.

Kaiser, Ulrike (o. J.): Arbeitsmarkt und Berufschancen, unter: https://www.djv.de/startseite/info/themen-wissen/aus-und-weiterbildung/arbeitsmarkt-und-berufschancen (zuletzt geprüft am 8. Mai 2022).
Kepplinger, Hans Mathias (1989): Stachel oder Feigenblatt? Frankfurt a. M.
Kepplinger, Hans Mathias (1998): Die Demontage der Politik in der Informationsgesellschaft, Freiburg.
Kepplinger, Hans Mathias (2009a): Wirkung der Massenmedien, in: Noelle-Neumann, Elisabeth et al. (Hrsg.): Fischer Lexikon Publizistik Massenkommunikation, Frankfurt a. M., S. 651 ff.
Kepplinger, Hans Mathias (2009b): Politikvermittlung, Wiesbaden.
Kepplinger, Hans Mathias/Maurer, Marcus (2005): Abschied vom rationalen Wähler, Freiburg.
Kiefer, Marie Luise (2010): Journalismus und Medien als Institutionen, Konstanz.
Köcher, Renate (1985): Spürhund und Missionar, Diss. München.
Köcher, Renate (2015): Vertrauen und Skepsis – Bürger und Medien, in: Frankfurter Allgemeine Zeitung vom 16. Dezember.
Köcher, Renate (2017): Interessen schlagen Fakten, in: Frankfurter Allgemeine Zeitung vom 22. Februar.
Krüger, Uwe (2013): Meinungsmacht, Köln.
Koldehoff, Stefan (2017): „Keiner will den Öffentlich-Rechtlichen Textelemente verbieten". Mathias Döpfner im Gespräch mit Stefan Koldehoff, unter: https://www.deutschlandfunk.de/mathias-doepfner-keiner-will-den-oeffentlich-rechtlichen-100.html (zuletzt geprüft am 6. Mai 2022).
Korte, Karl-Rudolf/Bianchi, Matthias (2014): Haben die Medien die Wahl entschieden?, in: Jesse, Eckhard/Sturm, Roland (Hrsg.): Bilanz der Bundestagswahl 2013, Bonn, S. 89 ff.
Koch-Baumgarten, Sigrid/Voltmer, Katrin (2009): Policy matters – Medien im politischen Entscheidungsprozess in unterschiedlichen Politikfeldern, in: Marcinkowski, Frank/Pfetsch, Barbara (Hrsg.): Politik in der Mediendemokratie, Wiesbaden, S. 299 ff.
Lakoff, George/Wehling, Elisabeth (2016): Auf leisen Sohlen ins Gehirn. Politische Sprache und ihre heimliche Macht, 4., Aufl., Heidelberg.
Lanius, David (2020): Meinungsfreiheit und die kommunikative Strategie der Rechtspopulisten, in: Schultz, Tanjev (Hrsg.): Was darf man sagen? Meinungsfreiheit im Zeitalter des Populismus, Stuttgart, S. 75 ff.
Lengauer, Günther (2007): Postmoderne Nachrichtenlogik, Wiesbaden.
Luhmann, Niklas (1995): Die Realität der Massenmedien, in: ders. (Hrsg.): Die Realität der Massenmedien, Wiesbaden, S. 5 ff.
Lünenborg, Magreth/Berghofer, Simon (2010): Politikjournalistinnen und -journalisten. Aktuelle Befunde zu Merkmalen und Einstellungen vor dem Hintergrund ökonomischer und technologischer Wandlungsprozesse im deutschen Journalismus, unter: https://www.polsoz.fu-berlin.de/kommwiss/arbeitsstellen/kommunikationspolitik/mitarbeiterinnen/sberghofer1/DFJV_Studie_Politikjournalistinnen_und_Journalisten-1.pdf (zuletzt geprüft am 6. Mai 2022).
Mannewitz, Tom (2018): Warum Konformitätsdruck der Demokratie schadet. Die „Tyrannei der Mehrheit" auf dem Prüfstand, in: ders. (Hrsg.): Die Demokratie und ihre Defekte. Analysen und Reformvorschläge, Wiesbaden, S. 289 ff.
Marcinkowski, Frank (1993): Publizistik als autopoietisches System, Opladen.

Marx, Dorothea (2009): Landtagsabgeordnete im Fokus der Medien, Baden-Baden.
Maurer, Torsten (2009a): Fernsehen – als Quelle politischer Information überschätzt?, in: Marcinkowski, Frank/Pfetsch, Barbara (Hrsg.): Politik in der Mediendemokratie, Wiesbaden, S. 129 ff.
Maurer, Torsten (2009b): Wissensvermittlung in der Mediendemokratie, in: Marcinkowski, Frank/Pfetsch, Barbara (Hrsg.): Politik in der Mediendemokratie, Wiesbaden, S. 151 ff.
Mehr Fortschritt wagen (2021). Bündnis für Freiheit, Gerechtigkeit und Nachhaltigkeit – Koalitionsvertrag 2021–2025 zwischen SPD, Bündnis 90/Die Grünen und FDP, unter: https://www.spd.de/fileadmin/Dokumente/Koalitionsvertrag/Koalitionsvertrag_2021-2025.pdf (zuletzt geprüft am 28. April 2022).
Meyer, Thomas (2015): Die Unbelangbaren, 2. Aufl., Berlin.
Meyn, Hermann (1975): Publizistische Mitbestimmung durch Redaktionsvertretungen, in: Aus Politik und Zeitgeschichte 48, S. 33 ff.
Michael, Udo et al. (2018): Die Bundestagswahl im öffentlichen und privaten Fernsehen, in: Media Perspektiven 1/2018, S. 16 ff
Möbus, Pamela/Heffler, Michael (2021): Werbemarkt 2020 (Teil 2): Werbestatistik mit deutlichem Minus für 2020, in: Media Perspektiven 6/2021, S. 360 ff.
MP Basisdaten (2021): Basisdaten. Daten zur Mediensituation in Deutschland 2021, unter: https://www.ard-media.de/fileadmin/user_upload/media-perspektiven/Basisdaten/Basisdaten_2021_Internet_mit_Verknuefung.pdf (zuletzt geprüft am 26. Oktober 2022).
Müller, Albrecht (1999): Von der Parteiendemokratie zur Mediendemokratie: Beobachtungen zum Bundestagswahlkampf 1998 im Spiegel früherer Erfahrungen, Opladen.
Neller, Katja (1999): Lokale Kommunikation, Wiesbaden.
Noelle-Neumann, Elisabeth (1977): Umfragen zur inneren Pressefreiheit, Düsseldorf.
Noelle-Neumann, Elisabeth (1990): Politikwissenschaft und öffentliche Meinung, in: Mols, Manfred et al. (Hrsg.): Normative und institutionelle Ordnungsprobleme des modernen Staates, Paderborn, S. 185 ff.
Noelle-Neumann, Elisabeth (2001): Die Schweigespirale, 6. Aufl., München.
Noelle-Neumann, Elisabeth et al. (1976): Streitpunkt lokales Pressemonopol, Düsseldorf.
Oberreuter, Heinrich (1989): Mediatisierte Politik und politischer Wertewandel, in: Böckelmann, Frank E. (Hrsg.): Medienmacht und Politik, Berlin, S. 31 ff.
O.A. (2000): SPD bleibt Medienkonzern, unter: https://www.welt.de/print-welt/article507165/SPD-bleibt-Medienkonzern.html (zuletzt geprüft am 6. Mai 2022).
Patterson, Thomas E./Donsbach, Wolfgang (1996): News decisions: Journalists as partisan actors. Political Communication 13 (4), S. 455 ff.
Patzelt, Werner J. (1991): Abgeordnete und Journalisten, in: Publizistik 1991/3, S. 315 ff.
Patzelt, Werner J. (2006): Regierung und Parlament, in: Kamps, Klaus/Nieland, Jörg-Uwe (Hrsg.): Regieren und Kommunikation, Köln, S. 139 ff.
Pfetsch, Barbara/Marcinkowski, Frank (2009): Problemlagen der „Mediendemokratie", in: Marcinkowski, Frank/Pfetsch, Barbara (Hrsg.): Politik in der Mediendemokratie, Wiesbaden, S. 11 ff.
Pontzen, Daniel (2013): Politiker in der Medialisierungsspirale? Marburg 2013.
Price, Vincent et al. (1997): Switching Trains of Thought. The Impact of News Frames on Readers' Cognitive Response, in: Communication Research 24 (5), S. 481 ff.
Pruys, Karl H./Schulze, Volker (1975): Macht und Meinung, Köln.

Pürer, Heinz (2015): Medien in Deutschland, Konstanz.
Pürer, Heinz/Raabe, Johannes (2007): Presse in Deutschland, 3. Aufl., Konstanz.
Reinemann, Carsten/Baugut, Philip (2014). Alter Streit unter neuen Bedingungen. Einflüsse politischer Einstellungen von Journalisten auf ihre Arbeit, in: *Zeitschrift für Politik* 61 (4), S. 480 ff.
Reinisch, Kerstin (2017): Wahl ohne Wissen?, Baden-Baden.
Rhomberg, Markus (2009): Politische Kommunikation, Paderborn.
Rudolph, Steffen (2019): Digitale Medien, Partizipation und Ungleichheit: Eine Studie zum sozialen Gebrauch des Internets, Wiesbaden.
Sarcinelli, Ulrich (2011): Politische Kommunikation in Deutschland, 3. Aufl., Wiesbaden.
Schmitt-Beck, Rüdiger (1994): Politikvermittlung durch Massenkommunikation und interpersonale Kommunikation, in: Jäckel, Michael/Winterhoff-Spurk, Peter (Hrsg.): Politik und Medien, Berlin, S. 159 ff.
Schüler, Ruth M. et al. (2021): Politisches Informationsverhalten: Gespräche und traditionelle Medien liegen vorn (IW-Report No. 2/2021), unter: https://www.econstor.eu/bitstream/10419/228884/1/1745152180.pdf (zuletzt geprüft am 4. Mai 2022).
Schultz, Tanjev et al. (2020): Mainzer Langzeitstudie Medienvertrauen 2019. Medienzynismus weiterhin verbreitet, aber mehr Menschen widersprechen, in: Media Perspektiven 6/2020, S. 322 ff.
Schultz, Tanjev et al. (2021): Verschwörungsglaube, Medienzynismus und Militanz: Einstellungen und Informationsquellen von Menschen mit AfD-Wahlpräferenz – ein Beitrag zur Radikalisierungsforschung, in: Zeitschrift für Rechtsextremismusforschung 1 (1), S. 60 ff.
Schulz, Winfried (2011): Politische Kommunikation, 3. Aufl., Wiesbaden.
Schumacher, Nina et al. (2021): Towards New Standards? Interaction Patterns of German Political Journalists in the Twittersphere, in: The International Journal of Press/Politics (online first: doi: https://doi.org/10.1177/19401612211025502).
Schwanholz, Julia/Busch, Andreas (2016): „Like" Parlament? Die Nutzung von social media durch Unterhaus und Bundestag. Zeitschrift für Vergleichende Politikwissenschaft 10 (2), S. 15 ff.
Scriver, Ansgar (1975): Medienpolitik zwischen Theorie und Praxis, in: Aus Politik und Zeitgeschichte 1975/49, S. 3 ff.
Seemann, Michael (2022): Die Macht der Plattformen. Politik in Zeiten der Internetgiganten, Bonn.
von Sell, Friedrich-Wilhelm (1980): Der Bürger muß selbst zu einem eigenen Urteil kommen, in: Frankfurter Rundschau vom 22. Mai.
SPD (1990): Grundsatzprogramm, Berlin.
Statista (2022a): Tageszeitungsexemplare je 1.000 Einwohner in ausgewählten Ländern weltweit im Jahr 2009, unter: https://de.statista.com/statistik/daten/studie/37333/umfrage/zeitungsdichte-im-laendervergleich/ (zuletzt geprüft am 4. Mai 2022a).
Statista (2022b): Marktanteile der Verlagsgruppen an der Auflage im Tageszeitungsmarkt in Deutschland im 1. Quartal 2018 und 2020, unter: https://de.statista.com/statistik/daten/studie/175477/umfrage/anteile-der-groessten-verlage-am-tageszeitungsmarkt/ (zuletzt geprüft am 6. Mai 2022b).

Steltzner, Holger (2015): Deutschlands Führungskräfte lesen die F.A.Z., unter: https://www.faz.net/aktuell/wirtschaft/f-a-z-ist-medium-der-entscheidungstraeger-13716023/infografik-welchen-medien-13716177.html (zuletzt geprüft am 4. Mai 2022).

Stier, Sebastian et al. (2019): Die Nutzung sozialer Medien durch Kandidaten im Bundestagswahlkampf 2017, in: Weßels, Bernhard/Schoen, Harald (Hrsg.): Wahlen und Wähler. Analysen aus Anlass der Bundestagswahl 2017, Wiesbaden, S. 415 ff.

Thiel, Thomas (2013): Ulrich Beck und Ulrich Wilhelm: Europa braucht eine neue Solidarität gegen Mitsprache, unter: https://www.faz.net/aktuell/politik/europa-braucht-eine-neue-solidaritaet-gegen-mitsprache-12647914.html?printPagedArticle=true#pageIndex_2 (zuletzt geprüft am 8. Mai 2022).

Tenscher, Jens (2008): Massenmedien und politische Kommunikation in den Ländern der Europäischen Union, in: Gabriel, Oscar W. /Kropp, Sabine (Hrsg.): Die EU-Staaten im Vergleich, 3. Aufl., Wiesbaden, S. 412 ff.,

Wallner, Regina Maria (2018): Digitale Medien zwischen Transparenz und Manipulation, Wiesbaden.

Weidenbach, Bernhard (2022): Fernsehkonsum: Sehdauer in den Ländern in Europa 2020, unter: https://de.statista.com/statistik/daten/studie/196083/umfrage/fernsehkonsum-sehdauer-in-ausgewaehlten-laendern-in-europa/ (zuletzt geprüft am 3. Mai 2022).

Weischenberg, Siegfried et al. (2006): Die Souffleure der Mediengesellschaft, Konstanz.

Wilke, Jürgen (2009): Pressegeschichte, in: Noelle-Neumann, Elisabeth et al. (Hrsg.): Fischer Lexikon Publizistik Massenkommunikation, Frankfurt a. M., S. 501 ff.

ZDF (2022): Fernsehratsmitglieder nach entsendenden Organisationen, unter: https://www.zdf.de/zdfunternehmen/zdf-fernsehrat-mitglieder-entsendende-organisationen-102.html (zuletzt geprüft am 6. Mai 2022).

Ziegele, Marc et al. (2018): Lügenpresse-Hysterie ebbt ab, in: Media Perspektiven 4/2018, S. 150 ff.

Zoll, Ralf et al. (1974): Wertheim III, München.

Politische Elite in der Demokratie 15

15.1 Politische Führungsschicht – kein Spiegelbild der Gesellschaft

a. Fragestellungen der politischen Elitenforschung
Der Begriff der Elite, damit auch der politischen Elite, gilt in Deutschland als belastet. Ursächlich hierfür scheint, dass er im 19. Jahrhundert zur Rechtfertigung aristokratischer Herrschaft benutzt wurde. Mehr noch wirkt sein Boom um die Wende zum 20. Jahrhundert nach, als er für italienische Elitetheoretiker wie Gaetano Mosca zum zentralen Begriff avancierte, um Volksherrschaft als Illusion zu entlarven. Was Anstoß bis heute erregt, sind seine Thesen, dass

- es stets, auch in der Demokratie, eine herrschende und eine beherrschte Klasse gebe;
- es sich bei den Herrschenden, in welcher Staatsform auch immer, um die Macht einer „organisierten Minderheit" handele;
- ihre Herrschaft „auf Grundlage eines moralischen Prinzips" akzeptiert werde, dabei handele es sich in der Demokratie um die „Illusion des Volkes [...,] daß die Demokratie eine Wirklichkeit sei."

Somit stellten die Thesen eine Kritik an identitären Demokratievorstellungen dar, nicht weil diese schlecht, sondern weil sie utopisch seien. Analog erklärten Elitetheoretiker auch eine gerechte Gesellschaftsordnung (Sozialismus) als unmöglich (Mosca 1950, S. 43, 53 ff., 63, 67 ff., 238, 268)[1]. Hielt man die Thesen für

---

[1] „Klasse" und „Elite" sind hier nicht klar unterschieden.

zutreffend, blieben nur zwei Schlussfolgerungen: Entweder man akzeptierte eine repräsentative Demokratie mit konkurrierenden Führungsgruppen, oder man verwarf Demokratie gänzlich und fand den Weg von identitär-demokratischen Positionen zu Mussolinis Faschismus – so der Duce selbst, so in Deutschland Robert Michels, anfangs noch linker Soziologe und Autor eines pessimistischen Klassikers über innerparteiliche Demokratie (Michels 1989).

Was interessiert an der politischen Elite? Folgt man Forschung und öffentlicher Diskussion, sind es vor allem drei Fragen:

1. *Inwieweit ist die politische Elite repräsentativ für das Volk, das sie führt?* Im Einzelnen ist auch zu prüfen, ob die Führungsgruppen einzelner Parteien repräsentativ für ihre Wählerschaft sind. Die Frage erscheint demokratietheoretisch wichtig. Sie spaltet sich auf in zwei Teilfragen: ob die politische Elite in ihrer soziologischen Zusammensetzung und ob sie mit ihren politischen Vorstellungen die Bürger/-innen widerspiegelt.
2. *Hat die politische Elite Eigenschaften, die sie zur politischen Führung qualifizieren?* Auch wenn über die notwendigen Fähigkeiten kein Konsens besteht, zeichnet sich unter diesem Gesichtspunkt eine Spannung zur Forderung nach repräsentativer Spiegelbildlichkeit ab.
3. Es interessiert schließlich der Weg, der *Auswahlprozess,* über den man in den Kreis der politischen Elite gelangt: In welchem Maße ist er offen, über welche Kanäle und Stationen führt er? Der Herrschaftszugang ist für den demokratischen Charakter eines repräsentativen Systems entscheidend, ebenso wie für die Führungsqualitäten der Ausgewählten.

Empirisch allerdings stößt man auf Schwierigkeiten: *Die politische Elite, also der Kreis derjenigen, die politische Entscheidungen treffen oder in herausragender Weise beeinflussen,* lässt sich nicht leicht identifizieren. Eine repräsentative Anzahl von Entscheidungsprozessen daraufhin zu untersuchen, wer sich in ihnen durchsetzte (decision-making approach), stieße auf arbeitsökonomische Grenzen und Schwierigkeiten des empirischen Zugriffs. Ein zweiter Ansatz besteht darin, informierte Personen zu befragen, wen sie für politisch besonders einflussreich halten (reputativer Ansatz) – aber wen befragt man? Bei empirischen Untersuchungen werden daher meist die Inhaber/-innen bestimmter Spitzenpositionen als politische Elite betrachtet (positioneller Ansatz). Die Grenze, bis zu welcher Position man von politischer Elite spricht, muss man allerdings selbst setzen.

Die folgenden Ausführungen lehnen sich hinsichtlich der Abgrenzung der politischen Elite an die von Wildenmann geleiteten Elitenuntersuchungen von

15.1 Politische Führungsschicht – kein Spiegelbild der Gesellschaft

1968, 1972 und 1981 sowie die neueren Bürklins (1997) und Hartmanns (2013) an. Sie legen einen positionellen Ansatz zugrunde und unterscheiden eine politische Elite im engeren Sinne (etwa Kabinettsmitglieder, Parlamentarische Staatssekretäre und -sekretärinnen, Fraktionsvorsitzende, Vorsitzende von Parlamentsausschüssen und Parteivorsitzende auf Bundes- wie Landesebene) von einer administrativen Elite (Staatssekretäre und -sekretärinnen, Abteilungsleiter/-innen in Ministerien etc.), einer Gewerkschafts- (Vorsitzende der Gewerkschaften auf Bundes- und Landesebene), Medien-, Wirtschafts-, Kulturelite u. a. m.

Von den genannten drei Fragestellungen werden die weiteren Ausführungen bestimmt. Unter dem Gesichtspunkt der Demokratie interessierte aber angesichts der politischen Systembrüche in Deutschland zunächst vor allem die Frage: Wieweit gab es Elitenkontinuität oder -diskontinuität? Tatsächlich begann die frühe Bundesrepublik im politisch-administrativen Bereich mit einer *neuen demokratischen Führungsschicht*. Entstanden in einer Art „artificial revolution" der Besatzungsmächte (Entnazifizierung, Ernennungen), wurde ihre Zusammensetzung anschließend durch Wahlergebnisse weiter geformt. Anders als in Wirtschaft, Kirchen u. a., wo es Elitenkontinuität über das Scheidejahr 1945 hinweg gegeben hat, rückten die Inhaber/-innen politischer und administrativer Führungspositionen erst nach dem Zweiten Weltkrieg in ihre Ämter (Edinger 1960, S. 59, 66). Von den Abgeordneten des 1. Bundestages hatten 122 im Dritten Reich schwere Verfolgungen erlitten (längere Haft, Emigration), weitere 79 Nachteile wie Zwangspensionierungen, berufliche Schädigungen und kurze Haft. Nur bei etwa zehn ließ sich ein deutliches Engagement für das NS-Regime erkennen (Hess 1989, S. 729 ff.).

Ein Kontinuitätsbruch fand bemerkenswerterweise auch gegenüber der Weimarer Republik statt. Deren politische Führungsschicht kehrte nicht wieder. So brachten von den 402 Mitgliedern des 1. Deutschen Bundestages nur 61 parlamentarische Erfahrungen aus der Zeit vor 1933 mit, davon lediglich 26 als Reichstagsabgeordnete (Loewenberg 1969, S. 50 f.). Sozialstrukturell verstärkte sich der Akademiker- und der – zuvor unterdurchschnittliche – Katholikenanteil an der politischen Elite, während Unternehmertum, Adel und Großgrundbesitz an Bedeutung verloren (Zapf 1965, S. 170 ff.).

Weitere Wandlungen der politischen Führungsschicht erfolgten dann erst 1966/69 im Zusammenhang mit dem Vordringen der Sozialdemokratie ins Zentrum der Regierungsmacht. Ein dritter Veränderungsschub wurde 1990 durch die deutsche Vereinigung ausgelöst, indem sich nach langer kommunistischer Herrschaft in den neuen Bundesländern eine neue politische Führungsschicht herausbildete.

b. Vorraum und Vorselektion: Die politische Klasse
Im Allgemeinen kommt man aus nichtpolitischem Dasein nicht direkt in die politische Elite. Auf dem Wege dahin bilden in Deutschland die politischen Parteien den wichtigsten Aufstiegskanal. Dies bedeutet auch soziale Selektion. So steigen politisches Interesse und Partizipation, normalerweise Voraussetzung für Parteieneinritt, mit höherer Schichtzugehörigkeit deutlich an. Dies spiegelt sich bei der beruflichen Zusammensetzung der Parteimitgliedschaften im Vergleich mit der Bevölkerung wider. Auf dem Weg zum Bundestagsmandat, die häufigste Zwischenstation auf dem Weg ganz nach oben, vollzieht sich dann eine weitere soziale Aussiebung. Dies ist für SPD, CDU und FDP in Untersuchungen schon für die siebziger und achtziger Jahre nachgewiesen worden, galt aber wohl auch für andere Parteien (Becker et al. 1983, S. 59 ff., 133 f.; Barton 1984, S. 199; Vorländer 1990, S. 270).

Mustert man den Bundestag als eines der wichtigsten Rekrutierungsfelder für die bundespolitische Elite im Hinblick auf Berufsherkunft und Bildung der Abgeordneten, so zeigt Tab. 15.1 für die Gegenwart, dass

- der Bundestag im Vergleich zu früheren Wahlperioden ein relativ stabiles Durchschnittsalter von rund 50 Jahren aufweist (AfD und Linke etwas höher, die anderen Fraktionen niedriger) – er ist damit deutlich älter als die Bevölkerung (weshalb die „Nachwendegeneration" kaum vertreten ist), durch die Vergreisung der Bevölkerung fand jedoch eine Annäherung statt; die Grünen stellen seit jeher die jüngste Fraktion;
- der Frauenanteil zwar im Laufe der Jahrzehnte zugenommen hat auf etwa ein Drittel, das weibliche Geschlecht damit aber nach wie vor massiv unterrepräsentiert ist, allerdings hauptsächlich bei Union und Liberalen;
- „klassische" Familien mit Kindern unter konservativen Fraktionen verbreiteter sind als unter den progressiven;
- Parlamentarier/-innen zu einem beträchtlichen Anteil aus politischen und politiknahen Berufen rekrutiert werden (Schöne 2010), im linken Spektrum eher gewerkschaftsaffin, im rechten eher aus einem (Wahl-)Amt heraus, wobei hier auch das Unternehmertum stärker vertreten ist;
- die Akademikerrate weit über dem Bevölkerungsschnitt liegt;
- Ostdeutsche insgesamt einigermaßen proportional repräsentiert sind (15,4 % in der 19. Wahlperiode) – unter den Fraktionen allerdings unterschiedlich: bei CDU, SPD, FDP und Grünen unter-, bei Linken und AfD dagegen überrepräsentiert;

15.1 Politische Führungsschicht – kein Spiegelbild der Gesellschaft

Tab. 15.1 Die Zusammensetzung der Bundestagsfraktionen. In Prozent der Abgeordneten bzw. Fraktionsmitglieder

	CDU/CSU	SPD	FDP	B'90/Grüne	Linke	AfD
Die zehn häufigsten Vorberufe (,,letzte hauptamtliche Tätigkeit vor Eintritt in das Parlament" i. S. v. Berufsklassen)[a]:						
Lehrer/-innen (insg.)	2,8	8,2	2,5	4,5	5,7	3,2
Wiss. Mitarbeiter/-innen	2,8	7,1	2,5	7,5	2,9	2,1
Rechtsanwälte/-anwältinnen	14,2	7,1	22,5	6,0	2,9	9,6
Verwaltungsfachleute (insg.)	11,3	14,1	5,1	7,5	1,4	4,3
Partei-/Gewerkschafts-/Verbandsfunktionär/-innen	6,1	21,3	5,0	35,8	50,7	12,8
Politische/politiknahe Berufe [d]	15,4	8,4	7,6	3,0	1,4	3,2
Unternehmensberater/-innen	3,7	1,3	13,8	3,0	0	11,7
Unternehmer/-innen und Geschäftsführer/-innen	7,0	1,2	15,0	0	0	11,7
(leitende) Bank-/Bausparkassenleute	3,2	1,3	1,3	0	0	1,1
Landwirte/-wirtinnen	4,1	0	0	1,5	0	0
Höhere Bildungsabschlüsse[b]:						
Hochschulabschluss	84,9	83,4	./	96,8	89,1	./
Weitere Aspekte:						
Evangelisch[c]	34,0	33,0	34,8	21,2	7,7	9,8
Katholisch[c]	57,4	15,0	22,8	11,9	./	14,6
Muslimisch[c]	./	2,4	1,1	0,8	./	./
Durchschnittsalter (Jahre)[c]	49,2	46,2	47,7	42,5	50,3	51,3
Frauen[c]	23,4	41,7	23,9	59,3	53,8	13,3
Verheiratet und Kinder[c]	56,9	43,2	54,3	44,9	28,2	45,1
Gewerkschaftlicher Organisationsgrad[a]	1,6	68,0	0,0	16,4	62,3	0,0
Ostdeutsch[a]	13,4	7,9	11,3	11,9	36,2	20,9
Migrationshintergrund[c]	4,1	17,0	5,4	14,4	28,2	7,2

[a] 19. WP
[b] 18. WP
[c] 20. WP
[d] 19. WP. Abgeordnete, Präsident/-innen, Minister/-innen, Senator/-innen, Wahlbeamte/-beamtinnen

Quellen: Deutscher Bundestag (2021); Kintz und Cordes (2019); Mediendienst Integration (2021).

- Menschen mit Migrationshintergrund nur bei der Linken-Fraktion nicht unterrepräsentiert sind; am stärksten sind sie es aber nicht bei der AfD, sondern der Union;
- und dass die christliche Konfession unter Union, SPD und FDP deutlich weiter verbreitet ist als unter Grünen, Linken und AfD, wohingegen der muslimische Glaube überall unterrepräsentiert ist.

Hinzu kommt eine Überrepräsentation urbaner, universitär geprägter Zentren. Zwar sorgen die Direktwahlkreise und die proportionalen Landeslisten in der Theorie dafür, dass Deutschlands unterschiedliche Regionen gleichmäßig im Bundestag repräsentiert sind. Die erfolgreichen Listenkandidat/-innen – hier sind besonders die Parteien mit wenigen bzw. keinen Direktmandaten (Linke, Grüne, FDP, AfD, SPD in Bayern und Sachsen) relevant – kommen allerdings schwerpunktmäßig nicht vom Lande. Für die „ländlichere" Hälfte der Wahlkreise (und damit 46,4 % der Bevölkerung bzw. 48,5 der Wahlberechtigten[2]) sprechen im Ergebnis 45 % der Parlamentarier/-innen (Haffert 2022, S. 138). Zwar gilt deskriptive Repräsentation – anders als politische Leistungsfähigkeit und Responsivität – weder als notwendig noch als immer wünschenswert (Höhne und Kintz 2017, S. 263 f.), allerdings vertreten Abgeordnete (auch die über Listen gewählten) die Interessen des Wahlkreises, in dem sie angetreten sind, deutlich stärker als andere Anliegen (Manow 2013; Zittel et al. 2019), so wie überhaupt „Repräsentierende sich besonders für die Bedürfnisse derjenigen engagieren, mit denen sie bestimmte Merkmale teilen" (Fortin-Rittberger und Kröber 2021, S. 35). Städtische Wahlkreise haben darüber hinaus bessere Chancen, Themen zu setzen, die Meinungsbildung in den Fraktionen zu beeinflussen und eine/-n der ihren in Führungsrollen unterzubringen (Haffert 2022, S. 140 f.), was aufgrund variierender Einstellungen zwischen Stadt- und Landbewohner/-innen (Pokorny 2020) insgesamt zu einer leichten politischen Verzerrung des Bundestages beitragen dürfte.

In den längeren politischen Karrieren, spezifischen Aufstiegskanälen und Selektionskriterien kommt ein Trend zur Professionalisierung der Politik zum Ausdruck (Höhne und Kintz 2017, S. 273), der immer auch eine „soziale Schließung der Demokratie" (Borchert 2003, S. 37) ist: Rekrutiert wird hauptsächlich unter Akademiker/-innen, Beamt/-innen, Jurist/-innen und zunehmend aus dem Pool der Parteien und Jugendorganisationen (Kintz 2014; Kintz und

---

[2] Angaben nach Lukas Haffert in einer persönlichen Korrespondenz am 15. Mai 2022.

Cordes 2019; Reiher 2019, S. 295, 371). Man kann die hauptsächlich *von der Politik lebenden Personen als „politische Klasse"* bezeichnen, die von Arnim (1997a, S. 36 ff., 134) – allerdings vor mittlerweile zwei Jahrzehnten – auf etwa 17.000 Personen bezifferte; der Kreis dürfte heute größer sein (etwa wegen des aufgeblähten Bundestages und der gestiegenen Mitarbeiterzahl in den Fraktionen). Wie auch immer „politische Klasse" abgegrenzt wird – deren Mehrheit gehört sicherlich nicht zur einflussreichen politischen Elite. Sie arbeitet dieser jedoch zu, kommuniziert mit ihr und fungiert als Rekrutierungsreservoir für sie. Darum: Mutterboden und Handlungsraum der politischen Elite, so ließe sich ihre Rolle umreißen.

Das Überwechseln in die Politik war bis Ende der siebziger Jahre besonders für Angehörige des Öffentlichen Dienstes interessant: risikolos, weil man stets auf seinen alten Arbeitsplatz zurückkehren konnte, attraktiv, da man bei Mandatsübernahme in den einstweiligen Ruhestand unter Fortzahlung von zwei Dritteln der Dienstbezüge versetzt wurde und so zusammen mit Diäten hübsche Einkommen erzielen konnte. Dem hat 1975 ein Urteil des Bundesverfassungsgerichts ein Ende gemacht. Es stellte fest, die Abgeordnetentätigkeit im Bund (und weitgehend in den Ländern) habe den Charakter eines hauptberuflichen „öffentlichen Amtes", womit sich die Steuerfreiheit der Diäten und gleichzeitige Ruhestandsbezüge nicht vereinbaren ließen (BVerfG 1975).

Was diesem Urteil bis heute folgte: die schrittweise Erhöhung der *Bundestagsdiäten* auf derzeit monatlich 10.324 € plus 4584 € steuerfreie Kostenpauschale – ergänzt durch Gelder für Mitarbeiter/-innen (2022 bis zu 23.205 € monatlich) und ein eingerichtetes Büro, freie Nutzung von Verkehrsmitteln, freie Nutzung der Kommunikationsmittel im Büro, Übergangsgelder beim Ausscheiden und Altersversorgung (Deutscher Bundestag 2022) – unterstreicht die Professionalisierung der Abgeordnetentätigkeit und hat die Bundestagsabgeordneten (ähnlich die Europaabgeordneten) auch im internationalen Vergleich zu hochbezahlten Parlamentarier/-innen gemacht. Ihre Bruttobezüge lagen – Stand 2013 (kaufkraftbereinigt) – im europäisch-US-amerikanischen Vergleich von 18 Staaten an vierter Stelle hinter denen der Parlamentarier/-innen in den USA, Italien und Österreich, aber vor allen übrigen (Schüttemeyer und Haas 2014, S. 178).

Die Landtage ziehen nach. Bei ihnen bewegen sich die Diäten laut Angaben der Parlamente zwischen 3555 € in Hamburg und 9602 € monatlich in Nordrhein-Westfalen (Stand 2022). Der eklatante Unterschied kommt dadurch zustande, dass die „Feierabendparlamente" (Schorr 2015) in Hamburg (aber auch Bremen) weniger Aufwand für die Abgeordneten bedeuten; aber auch in den Flächenstaaten kommen beträchtliche Lücken zustande: So beträgt die Entschädigung in Thüringen mit 6036 € nicht einmal zwei Drittel der nordrhein-westfälischen Kolleg/-innen.

Dabei ist zu berücksichtigen, dass in NRW daneben weder steuerfreie Aufwandsentschädigungen noch Altersvorsorge gezahlt werden, in Schleswig–Holstein keine gesonderten Aufwandsentschädigungen – anders als in anderen Ländern und im Bund. Zusätzliche Gelder erhalten Parlamentspräsident/-innen, Fraktionsvorsitzende und Parlamentarische Geschäftsführer/-innen. Bei Regierungsmitgliedern kumulieren sich Amtsgehälter und Diäten, jedoch mit Abschlägen.

Berücksichtigt man, dass Regierungsämter, Ausschussvorsitze, politisch bedingte Aufsichtsratssitze (in öffentlich-rechtlichen Einrichtungen, bei öffentlichen Beteiligungen und in mitbestimmten Unternehmen) und kommunale Funktionen weitere ergänzende Einkünfte bringen können, rundet sich das Bild einer professionellen Politikerschicht ab, in die als Spitzengruppe die politische Elite eingebettet ist. Ähnliche Verhältnisse lassen sich bei den Mitgliedern der Landesparlamente ausmachen.

Anders ist die Lage der kommunalen Ratsmitglieder. In Großstädten ab 100.000 Einwohner/-innen erreichten im Jahr 2006 die monatlichen Entschädigungen im Durchschnitt 521 € (Pauschale inkl. Sitzungsgeld), bei Fraktionsvorsitzenden auch mehr (Reiser 2010). Die Schwankungen waren beträchtlich, lagen zwischen 187 € (Erfurt) und 2460 € (Stuttgart). Trotz zwischenzeitlicher Erhöhungen können wohl nur wenige vom Ratsmandat leben. Bei der kommunalen Positionselite (Wahlbeamten) deutet eine Untersuchung in zwei Bundesländern dahin, dass diese insbesondere in Großstädten in erheblichem Umfang aus politiknahen Vorberufen (Öffentliche Verwaltung, Parteien, Massenorganisationen) kommt (Geißel 2006, S. 90 f.).

Für die zentralen Rekrutierungsfelder der politischen Elite, Parteien und Parlamente, gilt also zusammenfassend, dass soziale Selektion dort zu einer Überrepräsentation von Akademiker/-innen, Beamt/-innen und früheren Partei-/ Fraktions-/Gewerkschaftsmitarbeiter/-innen führt, der eine Unterrepräsentation der Ostdeutschen, Migrant/-innen, Arbeiter/-innen, Hausfrauen/-männer sowie der Angestellten des privatwirtschaftlichen Bereichs gegenübersteht. Das politische Gewerbe ernährt seinen Mann bzw. seine Frau. Will man Politik nicht Honoratioren im Sinne Max Webers überlassen – die für die Politik leben können, ohne von ihr leben zu müssen –, liegt dies grundsätzlich auch in der Konsequenz der modernen Massendemokratie. Umstritten bleibt dabei, wie hoch und in welchen Formen hauptberufliche Politiker/-innen besoldet werden sollten. Ungeachtet dieser Auskömmlichkeit „läßt sich der Beruf des Politikers als ein prekäres Beschäftigungsverhältnis, nicht aber als Profession charakterisieren. Er ist ungesichert, episodisch, unscharf in der Bestimmung des Berufsfeldes, der qualifikatorischen Voraussetzungen und des Karriereverlaufs." (Best und Jahr 2006, S. 79)

15.1 Politische Führungsschicht – kein Spiegelbild der Gesellschaft

Man bleibt abhängig von Partei und Wahlausgang, und so übt eine beachtliche Minderheit der Abgeordneten nebenher einen anderen Beruf aus. Im 2017 gewählten Bundestag traf dies für 32 % seiner Mitglieder zu. (Andreoli 2021). Dabei ist der typische „Aufstocker" ein männlicher CDU-Rechtsanwalt in einem Unternehmensaufsichtsrat (Osterberg 2021). Partiell entstehen dabei Grauzonen, etwa wenn ein Rechtsanwalt aufgrund seiner politischen Stellung an lukrative Mandate kommt. Bei Tätigkeiten als Angestellte von Unternehmen oder Verbänden liegt der Verdacht nahe, dass da Abhängigkeiten bestehen – „Wann spricht der Abgeordnete? Und wann der Lobbyist?", fragen Medien (Fuchs und Zimmermann 2022). Bei allen stellt sich die Frage, wie diese Abgeordneten noch ihre Aufgaben in Parlament und Wahlkreis erfüllen können. Auch der Abgang aus der Politik kann problematisch sein: Legal, aber fragwürdig verhalten sich „die schnellen Umsteiger" aus politischen Führungspositionen auf einträgliche Stellen in einem Wirtschaftsbereich, den sie zuvor politisch bearbeiteten. Auf die Forderung nach „nach-amtlichen Karenzzeiten für Politiker" (von Arnim 1997b) reagierte die Bundesregierung 2015 mit einem entsprechenden Gesetz, das die Bildung eines eigenen Gremiums mit der Aufgabe betraute, mögliche Interessenskonflikte aufzuspüren und der Regierung ggf. eine Karenzzeit zu empfehlen[3]. Bildungsabschlüsse samt Berufserfahrungen, politische Praxis und Professionalisierung können als die drei Faktoren gelten, welche das *Qualifikationsprofil der Berufspolitiker/-innen* bestimmen. In mancher Hinsicht scheint die politische Personaldecke knapp – so hinsichtlich wirtschaftswissenschaftlicher Kenntnisse, Erfahrungen in der Leitung von Organisationen oder technisch-naturwissenschaftlichem oder pflegerischem Wissen. Im Übrigen braucht eine politische Elite Menschen, die Mehrheiten sammeln und beeinflussen können, was in Parteien, Kommunalpolitik und Parlamenten trainiert wird. Kritische Stimmen wie die des ehemaligen Bundespräsidenten von Weizsäcker (1992, S. 150 f.) beklagen, dass „wir auf wichtigen Fachgebieten in der Politik zum Beispiel viel zu wenig wirkliche Kenner haben." Zugleich räumen sie ein, Berufspolitiker/-innen müssten wohl „Generalisten" sein – seien es aber infolge der innerparteilichen Selektion primär mit dem „Spezialwissen, wie man politische Gegner bekämpft."

---

[3] 2022 ist es besetzt mit Krista Sager (Bündnis 90/Die Grünen), Andreas Voßkuhle (ehem. Bundesverfassungsrichter) und Norbert Lammert (CDU, ehemaliger Bundestagspräsident).

c. Die Zusammensetzung der politischen Elite
Steigt man auf das Oberdeck der eigentlichen politischen Elite, so wiesen Untersuchungen über Jahrzehnte hinweg nach, dass diese *überwiegend aus der Mittelschicht*[4] bzw. „kleinbürgerlichen Verhältnissen" stammte – anders als alle anderen Teileliten (außer der gewerkschaftlichen), deren Herkunft stärker von Oberschicht/oberer Mittelschicht bzw. Bürgertum geprägt war. Politische und wirtschaftliche Elite der Bundesrepublik wiesen somit „eine höchst unterschiedliche soziale Rekrutierung" auf. Deutschland unterschied sich somit von Großbritannien, Frankreich oder Spanien, wo die Teileliten einen gemeinsamen bürgerlichen Hintergrund haben (Hartmann 2006, S. 196 f.). Ihm fehlen auch die „ausgesprochenen Elitebildungseinrichtungen", wie sie in anderen führenden westlichen Industrieländern bestehen (z. B. die Grandes Écoles in Frankreich, Eliteuniversitäten in den USA und Großbritannien) und dort ein kohärentes Establishment mit gemeinsamem sozialen Hintergrund, Habitus und Einstellungen hervorbringen (Hartmann 2004, S. 109). Für die alte Bundesrepublik hingegen waren segregierte Teileliten charakteristisch (Grieswelle 2004, S. 228 f.).

Betrachtet man die Eliten anhand ihrer Väterberufe (Tab. 15.2), so erscheint jene Mittelschichtthese für die politische Elite nicht mehr überzeugend. Jedenfalls liefert das Bürgertum den relativ größten Anteil Spitzenpolitiker/-innen. Innerhalb der politischen Elite lässt sich zudem eine stärker bürgerliche Herkunft der Regierungsmitglieder im Vergleich zu den Angehörigen von Partei- und Parlamentsspitzen ausmachen. Ein analoger Wandel wird für die Regierungschefs und -chefinnen der deutschen Länder und die Parteispitzen von SPD und CDU/CSU behauptet. Aufgrund dessen konstatiert der Elitensoziologe Michael Hartmann (2007, S. 221 f., 242), es vollziehe sich in den letzten Jahrzehnten in Deutschland und Italien eine *„Verbürgerlichung der politischen Eliten"*. Diese erkläre sich aus der Mitgliederschrumpfung der Volksparteien und aus veränderten Karrierewegen fort von der innerparteilichen „Ochsentour" (Hartmann 2006, S. 198 f.). Trifft dies zu, so ist eine *tiefgreifende Veränderung, eine Annäherung an anglofranzösische Establishmentstrukturen* festzustellen. Allerdings: Man sollte nicht übersehen, dass die soziale Herkunft der politischen Elite im Vergleich zu den Wirtschaftseliten, zur Justiz- und Verwaltungselite weiterhin deutlich niedriger ausfällt. Zudem ist der soziale Wandel (Bildungsexpansion, Abnahme handarbeitender Berufe, Unterschichtung durch Zuwanderer) zu berücksichtigen, ebenso die engere Definition von politischer Elite als bei früheren Untersuchungen.

---

[4] Schichtzugehörigkeit definiert anhand von Beruf, Einkommen und Bildung.

15.1 Politische Führungsschicht – kein Spiegelbild der Gesellschaft

Tab. 15.2 Soziale Herkunft der Eliten 2012. Nach beruflicher Stellung des Vaters, in Prozent der jeweiligen Elite

	Großbürgertum[a)]	Bürgertum[a)]	Mittelschichten	Arbeiterschaft	N
Wirtschaft	38,5	37,4	18,3	5,9	405
Wirtschaftsverbände	33,3	50,0	16,7	0	14
Politik[b)]	5,5	37,3	35,5	21,8	134
dar.					
Exekutive/Bund	7,3	48,8	31,7	12,2	
Exekutive/Länder	2,8	38,9	33,3	25,0	
Legislative/Bund u. Parteiführungen	5,6	22,2	41,7	30,6	
Verwaltung	17,5	44,7	31,1	6,8	163
Justiz	25,5	40,5	23,4	10,6	77
Militär	8,3	33,3	50,0	8,3	20
Medien	6,3	59,4	21,9	12,5	46
Wissenschaft	8,2	51,0	30,6	10,2	54
Gewerkschaften	0	0	23,5	76,5	17
Kirchen	0	25,0	25,0	50,0	15
Sonstige	6,3	37,5	43,8	12,5	25
Insgesamt	22,6	39,6	25,6	12,2	958

[a)] Großbürgertum = Unternehmer mit > 100 Beschäftigten, Vorstandsmitglieder/Geschäftsführer von Unternehmen mit > 500 Beschäftigten, Beamte/Soldaten ab A 16, Chefärzte; Bürgertum = Unternehmer mit 10–99 Beschäftigten, leitende Angestellte, höhere Beamte u. Offiziere, akademisch ausgebildete Freiberufler; Mittelschichten = Beamte bis gehobene, Angestellte, kleine Selbständige, Bauern außer Großbauern; Arbeiter = ungelernte Arbeiter bis Meister
[b)] Politische Elite (insges. 137 Positionen) = Mitglieder der Bundesregierung, parlamentarische Staatssekretäre im Bund, Bundes- u. Bundestagspräsident, Fraktions- u. Ausschussvorsitzende des Bundestages, Ministerpräsidenten u. Finanzminister der Länder, Innen- u. Justizminister der 5 größten Länder, Bundesvorsitzende u. Bundesgeschäftsführer der im Bundestag vertretenen Parteien.
Quelle: Hartmann (2013, S. 48, 30 f., 65).

Tab. 15.3 Bildungsabschlüsse und Frauenanteil der Eliten, In Prozent der jeweiligen Elite bzw. der Studierten der jeweiligen Elite

Eliten:	Studium	dar. Jura	dar. Wirtschaftswiss.	dar. Ingenieur- u. Naturwiss.	dar. sonstige Fächer	Frauenanteil
Wirtschaft	90,4	16,8	44,1	31,7	7,4	1,5
Wirtschaftsverbände	92,9	7,7	53,8	30,8	7,7	0,0
Politik	89,6	38,3	12,5	8,3	40,8	28,3
Verwaltung	98,0	57,2	17,9	6,2	18,6	15,3
Justiz	100,0	98,7	0,0	1,3	0,0	18,2
Militär	50,0	0,0	10,0	10,0	80,0	0,0
Medien	87,0	21,6	16,2	0,0	62,2	15,2
Wissenschaft	98,1	13,5	7,7	55,8	23,1	13,0
Gewerkschaften	70,6	8,3	0,0	0,0	91,7	17,6
Sonstige	88,9	21,2	3,0	9,1	66,7	k. A.

Quelle: Hartmann (2013, S. 78, 230).

Die politische Elite weist mit fast 90 % Hochschulabsolventen einen ähnlich hohen Bildungsgrad wie die meisten anderen Teileliten auf. Es könnte allerdings sein, dass es an manchen Qualifikationen mangelt – etwa an wirtschaftswissenschaftlichen oder technisch-naturwissenschaftlichen, auch an Erfahrungen mit der Steuerung großer Organisationen. Andererseits kann und muss der/die Spitzenpolitiker/-in nicht jeweils passende/-r Fachspezialist/-in, wohl aber fähig sein, sich in verschiedenartige Probleme einzuarbeiten.

Traditionelle Schlagseiten der politischen Elite in Deutschland sind noch erkennbar, haben sich aber abgeschwächt. Das gilt vor allem für den früheren Ausschluss der Frauen. Für die politische Elite insgesamt liegt der Frauenanteil heute bei etwa 30 % – weit höher als bei jeder anderen Teilelite (Tab. 15.3). Innerhalb der Bundesregierung beträgt er inkl. Parlamentarischer Staatssekretäre/-sekretärinnen bzw. Staatsminister/-innen 50,0 %, bei den Fraktionsspitzen des Bundestages (Fraktionsvorsitzende und 1. Parlamentarische Geschäftsführer/-innen) 40 %. Das sind, bei einem Frauenanteil von 34,8 % im Bundestag (2021), durchaus beachtliche Zahlen.

15.1 Politische Führungsschicht – kein Spiegelbild der Gesellschaft 503

Nur leicht abgeschwächt hat sich die protestantisch-laizistische Prägung deutscher Führungsschichten in der alten Bundesrepublik. Dabei unterschieden sich 2006 Spitzenpolitiker/-innen in ihrer Konfessionszugehörigkeit eklatant nach Parteien: Während sie bei Grünen wie Linken zu 92 % konfessionslos waren, schien Konfessionsangehörigkeit „bei den bürgerlichen Parteien immer noch zum guten Ton zu gehören" (Gruber 2009, S. 95 f.). Die SPD-Elite, zu 46 % konfessionslos, 31 % katholisch und 23 % evangelisch, stand gewissermaßen in der Mitte.

Nicht geschwunden, aber erheblich abgeschwächt ist die herkömmliche Juristendominanz. So waren noch in den siebziger Jahren über 50 % aller Elitenangehörigen mit Hochschulausbildung Juristen (Neumann 1979, S. 201). In den Bundesregierungen von 1949 bis 1999 waren 40,1 % der Minister/-innen und 28,9 % der Parlamentarischen Staatssekretäre/-sekretärinnen Jurist/-innen, gefolgt von 18 bzw. 21,8 % Wirtschafts- und Sozialwissenschaftler/-innen (Derlien 2008, S. 302). Die politische Elite von 2013 weist unter ihren Hochschulabsolvent/-innen ein Jurastudium bei 38,3 % auf, ein wirtschaftswissenschaftliches bei 12,5 und ein naturwissenschaftlich-technisches bei 8,3 % (Tab. 15.3). *Dies bedeutet erstens, dass Jura immer noch als Ausbildung fürs Allgemeine gesehen wird, was zu Spitzenpositionen qualifiziert, zweitens Jurist/-innen bei der rechten Hälfte des politischen Spektrums eine überdurchschnittliche Rolle spielen* (vgl. Tab. 15.1), drittens, dass ein erheblicher Teil der politischen Elite ein Stück ihres Bildungsweges gemeinsam durch die juristischen Fakultäten gegangen und geprägt worden ist.

Ein eigenes – und an Aufmerksamkeit gewinnendes – Thema betrifft Menschen mit Migrationshintergrund und Ostdeutsche in den Eliten: Innerhalb ostdeutscher Führungspositionen dominierte einerseits, so das Resümee der Elitenstudie von 1995, lange Zeit nach 1990 „die naturwissenschaftlich-technische Intelligenz aus den subelitären Leitungs- und Expertenpositionen" der untergegangenen DDR. Mehr als drei Viertel der Angehörigen dieser Elite haben im Zuge der Vereinigung ihr Arbeitsfeld gewechselt (Bürklin et al. 1997, S. 2 f.; Wollmann 1996, S. 124 f.). Auch später fanden sich unter Mitgliedern der Landesregierungen und Abgeordneten im Osten auffallend viele Ingenieure/-innen, Naturwissenschaftler/-innen und Mediziner/-innen (Plöhn 2004, S. 148, 151).

Andererseits sind Migrant/-innen und Ostdeutsche in den bundes- wie ostdeutschen Eliten nach wie vor unterrepräsentiert: 2015/15 machten unter Ministerpräsident/-innen und Minister/-innen Ostdeutsche bloß 70 % aus, unter Staatssekretär/-innen waren es 46, in der judikativen Elite 6, in der Wirtschaftselite 39, in der Wissenschaftselite 19 und in der massenmedialen Elite 28 % – wohlgemerkt: jeweils innerhalb des Ostens (Bluhm und Jacobs 2016). Der durch die Wiedervereinigung notwendig gewordene Elitentransfer von West nach Ost ist zwar gebremst, aber nicht gestoppt (Kollmorgen 2020, S. 34). Mit Blick auf die bundesdeutschen Eliten sieht es noch düsterer aus: Raj Kollmorgen (2017, S. 57) beziffert den Anteil Ostdeutscher in der etwa 350-köpfigen „Topelite" von Politik, Verwaltung, Wirtschaft, Medien, Militär, Justiz, Wissenschaft und Gesellschaft auf lediglich 2,8 % – allerdings mit eklatanten Unterschieden: Einigermaßen repräsentativ seien noch die Regierungen, die Spitzen von Bundestag und Parteien, wohingegen die Führungsetagen von Wirtschaft, Verwaltung, Judikative und Massenmedien nahezu ausschließlich mit Westdeutschen besetzt seien. Einstellungsdifferenzen zwischen ostdeutscher Bevölkerung und (hauptsächlich aus Westdeutschland stammenden) Eliten in Ostdeutschland, etwa hinsichtlich der Ausgestaltung direktdemokratischer Elemente, der Rolle des Sozialstaates, Geschlechterfragen, EU, Globalisierung und Migration (Best und Vogel 2011; Vogel 2017), lassen befürchten, dass sich zwischen Ostdeutschen und ihrem Führungspersonal eine Distanz entwickelt, die sich auf die tragenden gesellschaftlichen Institutionen überträgt und so die gesellschaftliche Integration untergräbt (Kollmorgen 2020, S. 37). Verantwortlich gemacht werden für die Unterrepräsentation von Ostdeutschen unter anderem der pfadbegründende Elitentransfer von West nach Ost in den 1990er Jahren, Machtnetzwerke, in die Ostdeutsche schwerer vordringen, aber auch sozialstrukturelle Probleme (etwa die „Unterschichtung" des Ostens) sowie das „Verliererstigma", das dem Osten anhaftet und häufig mit mangelndem elitärem Habitus einhergeht (Kollmorgen 2020, S. 38 ff.). Vielversprechender als eine vermutlich an juristischen (Wer ist ostdeutsch?), politischen (fehlende Mehrheiten) und sozialen (Stigmatisierung als „Quoten-Ossi") Fragen scheiternde Quotierung scheinen darum eine „Transformation [der] Diskurse, eine Problematisierung des Problems Ostdeutschlands und der Ostdeutschen", die freilich nicht über Nacht Wirkung entfalten.

Noch eklatanter fällt die Lücke bei Menschen mit Migrationshintergrund auf. Lars Vogel und Sabrina Zajak (2020) kommen mit einem relativ weiten Elitenbegriff (ca. 3000 Positionen) auf Migrantenanteile zwischen 0,0 (Sicherheit), 1,3 (Justiz) und 2,0 (Militär) % einerseits sowie 25,6 (Religion) % andererseits, wobei letztgenannter Bereich eine Ausnahme darstellt – insgesamt machten Migrant/-innen lediglich 9,2 % der gesellschaftlichen Elite aus, in der Politik 7,7 %.[5] Auch hier gilt:

---

[5] Bundespräsident/-in, -kanzlerin, -minister/innen, Parteivorsitz, Parlamentarische Staatssekretär/-innen (Bundes- und andesebene), Ministerpräsident/-innen, Bundes- und Landtagspräsident/-innen, Ausschussvorsitz, Fraktionsvorsitz, Vorsitzende kommunaler Spitzenverbände (z. B. Deutscher Städtetag), Oberbürgermeister/-innen/Landrät/-innen in Städten/Landkreisen mit mehr als 500.000Einwohner/-innen, EU-Kommissar/-in, EU-Parlaments-Vizepräsident/-in (Vogel und Zajak 2020, S. 25).

15.1 Politische Führungsschicht – kein Spiegelbild der Gesellschaft

Tab. 15.4 Politische Eliten im internationalen Vergleich 2012. In Prozent der jeweiligen Elite

	Brasilien	Indien	USA	Deutschland
Juristenanteil	38	51,5	44,8	50
Anteil der Promovierten	33,3	10,8	10	40,6
Oberschicht-Herkunft	83,3	79,2	55	29,0

Kleine Samples, im Falle Deutschlands n = 32
Quelle: Schneickert (2015, S. 159, 210, 212, 215).

Dass der Bundestag kein Abbild gesellschaftlicher Realitäten ist, muss kein Indikator für eine Interessenvertretung mit Schlagseite sein, auch wenn etwa migrantische Parlamentarier/-innen mit höherer Wahrscheinlichkeit die Interessen von Menschen mit ähnlicher Sozialisation vertreten (Saalfeld 2011). Dass die Orte starker Unterrepräsentation zwischen Ostdeutschen und Menschen mit Migrationshintergrund auseinanderfallen, verweist auf „unterschiedliche Rekrutierungswege, Aufstiegschancen und Aufstiegshindernisse in den einzelnen Bereichen" (Vogel und Zajak 2020, S. 12).

Vergleicht man die politische Elite Deutschlands mit der außereuropäischer Demokratien (Tab. 15.4), so fällt zweierlei ins Auge: der hohe Juristenanteil bei den engeren Spitzen der Politik auch in anderen Ländern einerseits und der in Deutschland geringere Anteil der Oberschicht-Abkömmlinge andererseits. Manche Ausführungen zu Verbürgerlichung und zum Juristenanteil bei der deutschen politischen Elite relativieren sich daher.

Ein Blick auf zwei politiknahe Teileliten mag das Bild ergänzen. Die Verwaltungselite setzt sich zu 57,2 % aus Jurist/-innen sowie 17,9 % Wirtschaftswissenschaftler/-innen zusammen, während es alle anderen Fachrichtungen nur zu kleinen Anteilen bringen (Tab. 15.4). Ihre Angehörigen kommen, betrachtet man die unmittelbare Vorposition, in der großen Mehrheit aus der öffentlichen Verwaltung. Aus der Verwaltungselite führt auch kein Weg in die Politik – selbst die sieben beamteten Staatssekretär/-innen, die den Sprung zum/-r Bundesminister/-in schafften (jüngste Fälle: Brigitte Zypries und Frank-Walter Steinmeier), erweisen sich fast durchweg eher als politische Seiteneinsteiger/-innen in der Verwaltung. *In ihrer großen Mehrheit besteht also die Verwaltungselite aus einem Pulk von Jurist/-innen und Ökonom/-innen, die ihren Aufstieg in der Verwaltung machen und dort verbleiben. Trotz mancher Politisierungstendenzen ist die „Grenze zwischen den beiden Sektoren [Politik und Verwaltung] stabil und weitgehend undurchlässig" geblieben (Derlien und Lang* 2005, *S. 124, 129; Lang* 2005, *S. 173, 224 f.).*

Ein Wandel hingegen hat sich bei der Gewerkschaftselite vollzogen, die traditionell über die SPD auch Personal in die politische Elite entsandte. *Während* nämlich einst Hochschulabsolvent/-innen in Gewerkschaftsvorständen eine Rarität waren, hat sich deren Anteil bei den männlichen Vorstandsmitgliedern auf etwa ein Drittel, bei den weiblichen sogar auf vier Fünftel erhöht. Vorreiterrollen spielen hier die GEW und Verdi wegen höheren Akademikeranteilen unter den Mitgliedern, ferner die IG Metall infolge ihrer Öffnung zur Studentenbewegung (Hassel 2006, S. 215 ff.).

Angesichts der Diskrepanz sozialer und demographischer Zusammensetzung zwischen der politischen Elite bzw. Parlamentarier/-innen sowie den Bürger/-innen stellt sich die Frage, ob dies nicht einen Mangel der bundesdeutschen Demokratie darstellt. Kurzfristig haben deskriptive Repräsentationsdefizite allerdings nicht zwangsläufig zur Folge, dass auch die Interessen unterrepräsentierter Gruppen zu kurz kommen (substantielle Repräsentation). Und umgekehrt steigt mit zunehmender Repräsentativität der Parlamente auch nicht automatisch die Wahrscheinlichkeit, dass alle Interessen Berücksichtigung finden (Childs und Krook 2009; Dingler et al. 2019). Berufspolitiker/-innen fungieren nicht immer als Vertreter/-innen der eigenen sozialen Herkunftsgruppe. Die Zusammensetzung prägt aber den Stil der Politik und erschwert langfristig die emotionale Identifikation für unterrepräsentierte Bevölkerungsgruppen, aber auch die Akzeptanz demokratischer Verfahren. *Der ehemals geringen Relevanz sozialer und demographischer Repräsentationsdefizite im Einstellungshaushalt der Bevölkerung (Herzog et al. 1990, S. 56 f.) ist eine gewisse Sensibilität für Repräsentationsfragen gewichen (*Vogel und Zajak 2020, S. 17)[6]*:*

- 74,7 % (Unterrepräsentation Ost) bzw. 72,9 % (Unterrepräsentation Menschen mit Migrationshintergrund) fürchten um die substantielle Repräsentation der jeweiligen Gruppe,
- 64,9 % (Unterrepräsentation Ost) bzw. 58,1 % (Unterrepräsentation Menschen mit Migrationshintergrund) meinten, die Gesellschaft würde von den Erfahrungen der jeweiligen Gruppe profitieren,
- 63,4 % (Unterrepräsentation Ost) bzw. 61,8 % (Unterrepräsentation Menschen mit Migrationshintergrund) sehen in der Unterrepräsentation der jeweiligen Gruppe eine Ungerechtigkeit.
- 60,7 % (Unterrepräsentation Ost) bzw. 54,9 % (Unterrepräsentation Menschen mit Migrationshintergrund) sehen in der Unterrepräsentation der jeweiligen Gruppe ein Problem, weil sie dieser das Gefühl geben würde, Bürger/-innen 2. Klasse zu sein.

---

[6] N = 1766, mehrfach geschichtete und quotierte Zufallsstichprobe der deutschen Wohnbevölkerung.

15.2 Einstellungen: Karriereprägungen und Inkongruenz mit Wählern

a. Karriere: Innerparteiliche Ochsentour und schnellere Wege
Wie aber kommt man nach ganz oben? Folgt man der politikwissenschaftlichen Untersuchung Reihers von 2019, die auf die Parlamentarier der 18. Wahlperiode des Bundestags schaut, so vollzieht sich der Aufstieg der politischen Elite in die Spitzenpositionen üblicherweise über folgende Stationen:

1. Eine *vorpolitische Berufstätigkeit* späterer Spitzenpolitiker/-innen in Parteien, Parlamenten und Regierungen dauert durchschnittlich 15,3 Jahre. Ihr geht bei über 86 % ein Studium voraus, das von 18,2 % mit einer Promotion abgeschlossen wurde. Zum Zeitpunkt ihres Wechsels in die hauptberufliche Politik arbeiteten die späteren Aufsteiger/-innen vor allem als Beamt/-innen (29,0 %), in politischen/gesellschaftlichen Berufen (19,7 %, darunter: Arbeit in Partei und Fraktion), in der Wirtschaft (14,7 %) und in freien Berufen (13,8 %, darunter Notar/-innen und Rechtsanwält/-innen) (Reiher 2019, S. 256, 251, 261 ff.). Auf politiknahe Vorberufe blicken 83,7 %. Dies alles weist
   - auf Zugehörigkeit zur gebildeten Mittelschicht oder Oberschicht;
   - auf Nähe zum öffentlich-staatlichen Bereich, doch Ferne zur freien Wirtschaft.
2. Der Normalfall ist der Beitritt zu einer Partei bzw. ihrer Jugendorganisation – wobei der Parteibeitritt im Alter von durchschnittlich 25,1 Jahren erfolgt, etwas später bei CDU, SPD, Linken und Grünen, deutlich früher (22,8 Jahre) bei der CSU – und zwar hauptsächlich aus individuellen Karrieremotiven heraus (Reiher 2019, S. 285 f., 288). Die Parteijugendorganisationen spielen darum auch für 31,3 % der Parlamentarier/-innen die Rolle als „Durchlauferhitzer" in der politischen Laufbahn (Reiher 2019, S. 295, 297), der sie im Alter von 17,6 Jahren beitreten.
3. Vor der Politik als Haupterwerb steht für viele die *Politik im Nebenberuf:* Parteiämter gelten als „Aufstiegsvoraussetzung" (Reiher 2019, S. 302), aber auch als Orte der Sichtbarkeit für politische Kandidaturen und Absicherung während des Mandats: 91,0 % der Parlamentarier/-innen haben diese „Ochsentour" durchlaufen, die heute ähnlich lange dauert wie früher (Funktionsübernahme etwa acht Jahre nach Parteibeitritt, dann noch einmal etwa neun Jahre bis zum ersten Mandat). Kommunalpolitische Vorerfahrung hatten 67,0 %, ein paralleles Amt auf örtlicher Ebene neben dem Bundestagsmandat 25,8 %

(Reiher 2019, S. 318), das die meisten aber etwa in der 3. Wahlperiode beenden (Gruber 2009, S. 174).
4. Der *Wechsel in die Berufspolitik* erfolgte dann meist im Alter von Anfang 40, wobei für 33,7 % das Bundestagsmandat nicht das erste hauptberufliche Amt darstellt: Ganz oben rangieren Landtagsmandate (12,7 %), die Mitarbeit bei einer Fraktion/Partei (7,6 %) sowie kommunale Wahlämter (5,6 %).

Als *wichtigste Aufstiegskanäle, über die man in der Bundesrepublik zur politischen Führungsebene gelangt, fungieren also Parteiorganisationen, Kommunalpolitik und Parlamente.* Dietrich Herzog (Herzog et al. 1990) hat eine Unterscheidung zwischen drei verschiedenen Karrieretypen eingeführt, die sich im Großen und Ganzen bis heute bewährt, aber um zwei weitere Typen ergänzt wurde (Reiher 2019, S. 342 ff.):

- Typ 1 – der/die *Seiteneinsteiger/-in* : Für diese Cross-Over-Karriere stehen 9,1 % der Parlamentarier/-innen. Hier handelt es sich um Personen, die in einem nichtpolitischen Bereich eine gehobene Position und/oder Qualifikationen erreicht haben, um dann direkt (relativ rasch nach dem Parteieintritt, aber im Vergleich zu den anderen Karrieretypen relativ spät im Leben) in eine politische Spitzenposition berufen zu werden – häufig ohne Partei- oder kommunalpolitisches Amt. Parteimitgliedschaft genügt, zuweilen wird sogar auf sie verzichtet[7]. Es handelt sich folglich um den schnellsten, aber spätesten Aufstieg. Man kann unter ihnen Expert/-innen und Vordenker/-innen (Beispiele Dahrendorf, Biedenkopf), Interessenvertreter/-innen und Galionsfiguren (Schily, Riester) sowie Karrieren des Umbruchs (Carlo Schmid, Merkel) unterscheiden (Lorenz und Micus 2009, S. 5 f.). Relativ häufig ist der Seiteneinstieg bei Landesminister/-innen, von denen nicht weniger als 44,9 % zuvor kein parlamentarisches Mandat innehatten (Gruber 2009, S. 195; Vogel 2009, S. 47). Eine breitere Untersuchung von 3170 Politiker/-innen der Bundesrepublik 1949–2009 kommt auf 6 % Seiteneinsteiger/-innen (Küpper 2013, S. 345). Reiher (2019) zählt hierzu auch Parlamentarier/-innen, die durch die WASG, dann Die Linke ins Parlament kamen, sowie die ostdeutschen Sonderkarrieren, die durch den Umbruch 1989/90 den Weg in die Berufspolitik fanden.
- Typ 2 – der/die *Kommunalpolitiker/-in:* Nur 10,0 % der MdB stehen für Politiker/-innen, die zwar einer Partei angehören, dort aber keinerlei

---

[7] Den/Die Seiteneinsteiger/-in etwas weiter, als jemand ohne „parteipolitische Ochsentour", definieren Lorenz und Micus (2009, S. 487).

15.2 Einstellungen: Karriereprägungen und Inkongruenz mit Wählern

Funktionen übernommen haben, sich dafür als Bürgermeister/-innen, langjährige Gemeinderatsmitglieder, Landrät/-innen oder Dezernent/-innen ihre politischen Sporen – mithin über „den langwierigsten Aufstieg in die hauptamtliche Politik" (Reiher 2019, S. 362) – verdient haben.

- Typ 3 – der/die *Parteipolitiker/-in:* Ein dritter Typus (29,2 %) erwirbt sein politisches Kapital als reine/-r Parteifunktionär/-in, oft auch kombiniert mit Tätigkeiten in der eigenen Jugendorganisation oder einer Vereinigung. Der frühen Professionalisierung entspricht das junge Alter, in dem das erste politische Mandat errungen wird (38,9 Jahre).
- Typ 4 – der/die *Partei- und Kommunalpolitiker/-in:* Dieser Typus steht für die „*Standard-Karriere*" bei Herzog. Er, bei dem sich Partei- und Kommunalamt verbinden, macht 39,2 % der Parlamentarier/-innen aus, mithin die größte Gruppe. Zumeist kommt man aus dem parteipolitisch-parlamentarischen Bereich und hat dort einen schrittweisen Aufstieg bzw. eine „zeitlich lange und intensive Bewährungsphase" (Gruber 2009, S. 225), eben die „Ochsentour", hinter sich, wenn man im Alter von 45 Jahren erstmals eine politische Spitzenposition erreicht.
- Typ 5 – der/die *Mitarbeiter/-in:* Dieser Typus macht 12,5 % der Bundestagsmitglieder aus, mehr unter den kleineren Fraktionen. Er steht für karriereorientierte Politiker/-innen und entspricht bei Herzog der „reinen Polit-Karriere". Kombiniert wird die hauptamtliche Tätigkeit in der Partei häufig mit der hauptamtlichen Mitarbeit in der Jugendorganisation und anderen Vereinigungen der Partei oder in der ehrenamtlichen Kommunalpolitik.

Noch ist die Standard-Karriere der übliche Weg in den Bundestag. Aber bei der bundespolitischen Elite scheint die reine Politik-Karriere inzwischen vermehrt aufzutreten. Eine Untersuchung des 17. Bundestages förderte dort 9,8 % Seiteneinsteiger/-innen (ohne vorherige Parteikarriere oder politisches Engagement) zutage, außerdem 25 % Polit-Karrierist/-innen, die kaum Zeit in nichtpolitischem Berufsleben verbracht haben (Bailer et al. 2013, S. 57, 128). Erlaubt die Analyse der jungen, höchstens vierzig Jahre alten Abgeordneten einen Blick in die Zukunft? Unter ihnen dominiert die „reine Polit-Karriere" (44,3 %), bei welcher der Parteieintritt besonders früh erfolgt und zwischen erstem Parteiamt und Bundestagsmandat kaum acht Jahre vergehen (Reiher 2019, S. 366). Auf die Frage „Vom Hörsaal in den Plenarsaal?" heißt es hier wohl deutlich „Ja" (Langguth 2012).

Jeder Typus hat Vorzüge und Mängel. Während man bei der Standard-Karriere zwar mit politischer und beruflicher Erfahrung, aber vielleicht allzu routiniert-abgeschliffen im Spitzenamt ankommt, bringen Seiteneinsteiger/-innen eher außerpolitische Qualifikationen mit – doch ihnen fehlt Erfahrung in der Politik, auch parlamentarische Verankerung. Dass in den Ländern 25 % der erstmaligen Minister/-innen und Regierungschefs/-chefinnen von 1990 bis 2009 ohne vorherige Parteiposition oder Mandat waren, deutet auf ungewöhnlich viele Seiteneinsteiger/-innen hin (Vogel 2009, S. 47, 52 ff., 115). Dem/Der Politkarrieristen/-in, zwar geübt im politischen Geschäft, ist die nichtpolitische Berufswelt fremd und unbekanntes Rückzugsfeld. Gelangt er/sie zudem über die Zwischenstation eines Adlatus bei einem etablierten Politiker/einer Politikerin nach oben, so bedeutet dies von günstiger Position aus und mit Rückendeckung von oben zum eigenen Mandat zu kommen – zugespitzt: mehr von oben kooptiert als von unten gewählt zu sein.

Mit der Dominanz der parteipolitisch-parlamentarischen Rekrutierung beantwortet sich auch die Frage nach den *Selektionskriterien* für politische Aufsteiger/-innen. Diese sind identisch mit den in jenem Bereich geltenden Anforderungen: neben der richtigen Überzeugung auch Artikulationsfähigkeit und solche zur Selbstdarstellung im Gespräch, in Sitzungen und Versammlungen; allgemeine Kenntnisse bzw. Fähigkeiten zu deren Aneignung, um mit politischer Themenvielfalt umgehen zu können; Fähigkeiten zur Mehrheitsgewinnung und zu sozialer Integration.

b. Sozialisationsprägungen der politischen Elite
Welche Prägungen erfahren diejenigen, die das Land politisch führen werden? Bedeutsam für Eliteneinstellungen scheint der *Sozialisationsfaktor „Elternhaus"*. Dies gilt bereits für den Eintritt in die Politik, kamen doch nach der Elitenuntersuchung von 1972 nicht weniger als 71 % der Angehörigen der politischen Elite aus politisch engagierten Elternhäusern, die nur 23 % der Bevölkerung ausmachten. Ebenso sprechen auch Übereinstimmungen mit den politischen Orientierungen der Eltern für eine Tradierung politischer Grundeinstellungen (Kaltefleiter 1976, S. 246 ff.). In der Elitenstudie des WZB gaben 2013 71,5 % aller Eliteangehörigen (wohl mehr noch der politischen Elite) an, dass politische Diskussionen in ihrem Elternhaus eine große Rolle spielten (Hartmann 2013, S. 49). Auch so sprechen Einstellungsunterschiede innerhalb der Elite entlang der Grenzen sozialer Herkunft für eine Prägung durch das Elternhaus (Hartmann 2017, S. 292 f.).

Hinzu kommen dann prägende eigene Erfahrungen. Vor allem während der langen, im frühen Erwachsenenalter beginnenden und von politischer Kommunikation erfüllten Karrierewege, die vor dem Aufstieg zur politischen Spitze zu bewältigen sind, formen sich Einstellungen weiter. Der Meinungsaustausch im Sondermilieu einer politischen Partei dürfte im Sinne parteipolitischer

Integration wirken, die demokratische Selektion mag darüber hinaus auch „überaus anpassungsfähige und flexible Menschen" (Laufer 1977, S. 112) produzieren bzw. an die Spitze befördern. Freundlicher formuliert, Menschen, die gelernt haben, mit unterschiedlichen Interessen umzugehen und mehrheitsgetragene Entscheidungen zu suchen.

Schon ältere Studien ergaben, dass Neuparlamentarier/-innen eine *Sozialisation in eine parlamentarische „Subkultur"* durchmachen. In signifikanter Weise nämlich vollzogen sich binnen dreijähriger Bundestagserfahrung Einstellungsveränderungen: so u. a. zur Notwendigkeit öffentlicher Ausschusssitzungen, zum Einfluss der Ministerialbürokratie, zur Informiertheit der Presse, zu Reformblockierungen durch Interessengruppen, zur Wünschbarkeit von Volksentscheiden und zum Vorhandensein von Klassenunterschieden – Vorstellungen, die nach Ablauf einer Legislaturperiode allesamt sehr viel weniger häufig als bei Eintritt ins Parlament geteilt wurden (Badura und Reese 1976, S. 69, 44 ff.; Reese 1976).

Ähnliche Einstellungswandel kann man auch in neuerer Zeit erkennen. Bei den 2002 neu in den Bundestag Gekommenen ließ sich nach drei Jahren eine Verschiebung hin zu der Ansicht, dass Volksbegehren zu schlechten Gesetzen führen, ferner zur Annäherung an die Links-Rechts-Verortung der eigenen Partei feststellen (Wüst 2009, S. 335 f.). Unter den Abgeordneten der Grünen wie der PDS förderte ihre parlamentarische Tätigkeit „eine konstruktive Einstellung, eine Orientierung am praktisch Machbaren" (Spöhrer 1999, S. 230). Abgesehen davon verschieben sich die Wahrnehmungen auch in anderen Parlamenten regelmäßig mit dem erstmaligen Einzug, verursacht durch den erheblichen Präsenz- und Einarbeitungsaufwand, wodurch weniger Kapazitäten für Bürgerkontakte und kommunalpolitisches Engagement bleiben (Reiser 2018, S. 121 f.). Dass sich zudem die inhaltlichen Schwerpunkte hin zur persönlichen Profilierung (und weg von wahlkreisspezifischen Interessen) verschieben, die Fraktionsdisziplin an Bedeutung gewinnt und die Distanz zwischen Bürger/-innen und Politiker/-innen (auf beiden Seiten!) dem Empfinden nach wächst, erklärt die allerorten beklagte „Entfremdung und Entkopplung" (Reiser 2018, S. 122). Generell ist das *Ergebnis ein positiver Integrationseffekt, sei es zugunsten der Institution Parlament, sei es zugunsten der eigenen Partei, der die Einstellungen der Abgeordneten und damit auch der aus ihren Reihen kommenden Eliteangehörigen prägt.*

c. Politiker und Volk: Inkongruente Einstellungen

Politiker/-innen wie Journalist/-innen leben in eigenen Subsystemen, dem politischen und dem Kommunikationssystem, dort tätig und beruflich primär mit ihresgleichen kommunizierend. Wenn ein älterer Mediensoziologe meint, „dass die Politiker wie die Journalisten in einer Blase leben" (Weischenberg 2018,

S. 161), meint das just die von Marion Reiser (2018) näher untersuchte „Entfremdung und Entkopplung".

Dies führt zu der Frage: Wo steht die politische Führungsschicht im Vergleich zu den Bürger/-innen, den von ihr Repräsentierten? Hierzu gibt es zwei allgemeine Antworten. Zum einen kamen Untersuchungen von 1981 zu dem *Ergebnis, dass sich die politischen Führungsgruppen der ständig im Bundestag vertretenen Parteien jeweils „links" von der Wählerschaft ihrer Partei einordnen (Hoffmann-Lange 1992, S. 251).*

Ein anderes Bild liefert eine Umfrage von 2002/03: Bei der SPD bezeichneten sich 60 % der befragten Bundestagskandidat/-innen als „links", doch nur 30 % der SPD-Wählerschaft (Grüne: 75 zu 49 %; PDS: 100 zu 49 %), bei der Union hingegen sahen sich 41 % der Kandidat/-innen und nur 21 % der Wähler/-innen als „rechts". Nur die FDP tanzte aus der Reihe: erklärten sich nur 10 % der Kandidat/-innen, aber 29 % der Wähler/-innen als rechts. Die Wähler/-innen aller Parteien zeigten starke Neigungen zur „Mitte" (Schmitt und Wüst 2004, S. 308, 319). *Die Abgeordneten erscheinen demnach extremer als ihre jeweilige Wählerschaft (Extremitätsthese).*

Offenbar hängt alles davon ab, welche Fragen mit welcher Gewichtung man zur Definition von „links" bzw. „rechts" heranzieht. Dieses Problem wird vermieden, wenn man konkrete Fragen getrennt hält. Im Rahmen einer Befragung von 1988/89 bestätigte sich bei Wirtschafts- und Sozialthemen sowie Abtreibung die Extremitätsthese. Andererseits, bei Themen wie „Ruhe und Ordnung" sowie Einschränkung des Demonstrationsrechts bewegten sich die Abgeordneten aller Parteien eindeutig „links" von ihrer jeweiligen Wählerschaft, beim Umweltschutz die Abgeordneten aller Linksparteien links von ihren Wählern (Herzog 1990, S. 38 ff.). Ähnlich angelegt ist eine gegenwartsnahe Gegenüberstellung einer Parlamentarierbefragung von 2010 zu einer Befragung der wahlberechtigten Bevölkerung von 2009/10 – beide untergliedert nach Parteien.

In Tab. 15.5 sind ihre Ergebnisse zu den zwei Fragen mit der eklatanten Differenz zwischen Abgeordneten und Bürger/-innen sowie zu zwei Fragen mit mittlerer Differenz ausgewählt. Erfasst sind zwei Statements zu zwei zentralen politischen Themen: zur Sozialstaatlichkeit und zur Zuwanderung. Dabei wird erstens deutlich, dass bei CDU, FDP und CSU die Abgeordneten mehr als ihre Wähler/-innen für eine reduzierte Sozialstaatlichkeit eintreten, während bei den „linkeren" Parteien SPD, Linke und Grünen die Abgeordneten erheblich mehr Sozialstaatlichkeit anstreben als ihre Wählerschaften. Das entspricht der Extremitätsthese. Bei der Zuwanderung hingegen ergibt sich für alle Parteien das Gleiche: Die Parteianhänger/-innen stehen der Zuwanderung erheblich kritischer gegenüber als ihre Abgeordneten. Man kann hier, wenn Zuwanderungsbejahung

Tab. 15.5 Distanzen zwischen Abgeordneten und Wählern 2010, Stellungnahme (Durchschnitt): 4 voll, 3 eher zustimmend, 2 eher, 1 völlig ablehnend

	CDU/CSU	FDP	SPD	Die Linke	B90/Grüne	insgesamt
a) Soziale Sicherung stärker in Verantwortung des Einzelnen legen						
Abgeordnete	3,02	3,46	1,71	1,46	1,81	2,41
Parteianhänger	2,92	3,06	2,36	2,42	2,36	2,61
b) Eliten bestimmen in der Realität die gesellschaftliche Entwicklung						
Abgeordnete	2,76	2,58	2,66	2,64	2,49	2,67
Parteianhänger	3,01	3,17	3,11	3,16	2,67	3,01
c) Die Parteien üben zu viel Einfluss aus						
Abgeordnete	1,84	1,97	1,78	2,22	1,92	1,89
Parteianhänger	2,70	2,55	2,64	2,89	2,63	2,74
d) Zuwanderung aus Staaten außerhalb der EU begrenzen						
Abgeordnete	2,58	1,68	1,60	1,22	1,32	1,93
Parteianhänger	3,10	2,88	2,53	2,65	2,22	2,74

Parlamentarierbefragung: ca. 650 ausgewertete Interviews mit Gewichtungen zur Herstellung der Repräsentativität. Befragung der wahlberechtigten Bevölkerung, Zufallsstichprobe, n = 2190
Quelle: Vogel (2016, S. 145 f., 381, 384, 386, 389).

als „links" gilt, die These von einer Linksverschiebung der politischen Führungsschicht bestätigt sehen. Angesichts der zentralen Bedeutung des Themas ließe sich dies als Repräsentationsschwäche werten.

Die anderen Differenzen zwischen Wähler/-innen und Abgeordneten, zum Eliten- und Parteieneinfluss (Tab. 15.5b und c), lasst sich aus der Lage der Abgeordneten als erfolgreichen Insidern des Parteienbetriebs erklären. Politischer Sprengstoff könnte auch in diesen beiden Distanzen stecken, sollten Bewegungen oder direktdemokratische Aktivitäten (wie die in Abschn. 3.5) mit politischen Institutionen bzw. Parteien zusammenstoßen.

Im Ergebnis treten also themenspezifische Inkongruenzen zwischen Abgeordneten und Wähler/-innen auf, bei den Einzelfragen hingegen unterschiedliche Konstellationen, teils im Sinne der Extremitätsthese (Sozialstaatlichkeit), teils im Sinne der Linksverschiebungsthese (Zuwanderung).

Welche Sympathien genießen die einzelnen politischen Richtungen bei gesellschaftlichen Teileliten, wo können sie auf Unterstützung zählen? Bei Elite-Untersuchungen von 1972 und 1981 ist nach Parteineigungen gefragt worden, mit dem Ergebnis, dass die Unionsparteien deutlich bei Militär-, Wirtschafts- und Verbandseliten präferiert wurden; FDP-Neigungen fanden sich in allen Teileliten (Ausnahme: Gewerkschaften) überrepräsentiert, während SPD-Neigungen im Vergleich zum SPD-Wähleranteil in allen Teileliten (außer Gewerkschaften, SPD-beherrschten Landesverwaltungen und 1972 in den Medien) unterrepräsentiert waren (Hoffmann-Lange 1992, S. 166 ff.; Hoffmann 1976, S. 156). Dies deutete auf ein Eliten-Ungleichgewicht zuungunsten der SPD. Demgegenüber ergab 1995 eine analoge Umfrage, allerdings nun nach Parteimitgliedschaft, ein anderes Bild: Jenes Ungleichgewicht besteht danach nicht, sondern die SPD dominiert bei der Gewerkschaftselite, CDU/CSU bei den Wirtschaftsverbänden, die Verwaltungselite schien gespalten zwischen beiden, und bei allen übrigen Teileliten dominierten bei weitem Parteilose (Schnapp 1997, S. 116). Methodisch betrachtet, erwies sich möglicherweise die Frage nach der Parteizugehörigkeit als unfruchtbar, die nach „Neigungen" geeigneter.

Zurückkommend auf die eingangs formulierten Fragen lässt sich zusammenfassen:

1. Auch in der Demokratie Deutschlands bestätigt sich das Vorhandensein einer *politischen Elite, die – Ausdruck der Professionalisierung – weder in ihrer sozialen Zusammensetzung noch in ihren politischen Vorstellungen ein Spiegelbild des Volkes darstellt.*
2. Die Führungsqualifikationen dieser Elite werden, was *Fähigkeiten zur Mehrheitsbildung* und zum Beeinflussen von Menschen betrifft, *im Rahmen einer vorherrschenden Standardkarriere in Parteien, Kommunalpolitik und Parlamenten geprüft und trainiert. Sachkompetenz der Spitzenpolitiker/-innen wird heute fast durchweg durch Hochschulbildung, nur recht begrenzt durch Berufserfahrung erworben;* Spitzenpositionen im bürgerlichen Beruf oder Leitungserfahrungen sind selten.
3. Der *Auswahlprozess erscheint bei der normalen Standardkarriere demokratisch, im Falle der Seiteneinsteiger/-innen vom Ausweis besonderer Kompetenz gesteuert, bei rein politischer Karriere durch Kooptation charakterisiert.* Bemerkenswert bleibt, dass in Deutschland relativ segregierte Eliten existieren, mithin die politische Elite von anderen Führungsgruppen getrennt ist. Umstiege von der politischen Elite in die wirtschaftliche (vgl. Kap. 3) deuten aber auch auf Auflösungserscheinungen.

Literatur

Andreoli, Josephine (2021): Das verdienen Ihre Abgeordneten im Bundestag nebenher, unter: https://www.abgeordnetenwatch.de/recherchen/nebentaetigkeiten/das-verdienen-ihre-abgeordneten-im-bundestag-nebenher (zuletzt geprüft am 13. Mai 2022).

von Arnim, Hans Herbert (1997a): Fetter Bauch regiert nicht gern, München.

von Arnim, Hans Herbert (1997b): Nach-amtliche Karenzzeiten für Politiker?, in: Zeitschrift für Rechtspolitik vom 39 (2), S. 44 ff.

Barton, Terry (1984): Die CDU 1975– 1983, in: Zeitschrift für Parlamentsfragen 15 (2), S. 196 ff.

Badura, Bernhard/Reese, Jürgen (1976): Jungparlamentarier in Bonn, Stuttgart.

Bailer, Stefanie et al. (2013): Seiteneinsteiger im Deutschen Bundestag, Wiesbaden.

Becker, Horst et al. (1983): Die SPD von innen, Bonn.

Best, Heinrich/Jahr, Stefan (2006): Politik als prekäres Beschäftigungsverhältnis, in: Zeitschrift für Parlamentsfragen 37 (1), S. 63 ff.

Best, Heinrich/Vogel, Lars (2011): Politische Eliten im vereinten Deutschland. Strukturen, Einstellungen, Handlungsbedingungen, in: Lorenz, Astrid (Hrsg.): Ostdeutschland und die Sozialwissenschaften. Bilanz und Perspektiven nach der Wiedervereinigung, Opladen, S. 120 ff.

Bluhm, Michael/Jacobs, Olaf (2016): Wer beherrscht den Osten? Ostdeutsche Eliten ein Vierteljahrhundert nach der deutschen Wiedervereinigung, Leipzig.

Borchert, Jens (2003): Die Professionalisierung der Politik. Zur Notwendigkeit eines Ärgernisses, Frankfurt a. M./New York.

Bürklin, Wilhelm et al. (1997): Eliten in Deutschland, Opladen.

BVerfG (1975): Schlußurteil des Zweiten Senats vom 5. November 1975 auf die mündliche Verhandlung vom 18. Juni 1975, 2 BvR 193/74.

Childs, Sarah/Krook, Mona Lena (2009): Analysing Women's Substantive Representation: From Critical Mass to Critical Actors, in: Government and Opposition 44 (2), S. 125 ff.

Derlien, Hans-Ulrich (2008): Die politische und administrative Elite der Bundesrepublik, in: Jann, Werner/König, Klaus (Hrsg.): Regieren zu Beginn des 21. Jahrhunderts, Tübingen, S. 291 ff.

Derlien, Hans-Ulrich/Lang, Florian (2005): Verwaltungseliten in der Bundesrepublik Deutschland und in der V. Französischen Republik, in: Heyen, Erk Volkmar (Hrsg.): Verwaltungseliten in Westeuropa (19./20. Jh.), Baden-Baden, S. 109 ff.

Deutscher Bundestag (2021): Datenhandbuch zur Geschichte des Deutschen Bundestages, Berlin, unter: https://www.bundestag.de/datenhandbuch (zuletzt geprüft am 28. April 2022).

Deutscher Bundestag (2022): Entschädigung, unter: https://www.bundestag.de/abgeordnete/mdb_diaeten (zuletzt geprüft am 1. November 2022).

Dingler, Sarah C. et al. (2019): Do Parliaments Underrepresent Women's Policy Preferences? Exploring Gender Equality in Policy Congruence in 21 European Democracies, in: Journal of European Public Policy 26 (2), S. 302 ff.

Edinger, Lewis (1960): Post-Totalitarian Leadership, in: American Political Science Review 54, S. 58 ff.

Fuchs, Christian/Zimmermann, Fritz (2022): Nicht nur dem Volk verpflichtet, in: Die Zeit vom 7. Juli.

Fortin-Rittberger, Jessica/Kröber, Corinna (2021): Der Bundestag: Ein „repräsentatives" Parlament?, in: Aus Politik und Zeitgeschichte 47–49, S. 34 ff.
Geißel, Brigitte (2006): (Un-)Geliebte Profis?, in: Zeitschrift für Parlamentsfragen 38 (1), S. 80 ff.
Grieswelle, Detlef (2004): Eliten, in: Gabriel, Oscar W. et al. (Hrsg.): Konjunktur der Köpfe? Düsseldorf, S. 224 ff.
Gruber, Andreas (2009): Der Weg nach ganz oben. Karriereverläufe deutscher Spitzenpolitiker, Wiesbaden.
Haffert, Lukas (2022): Stadt, Land, Frust. Eine politische Vermessung, München.
Hartmann, Michael (2004): Elitesoziologie, Frankfurt a. M.
Hartmann, Michael (2006): Elite – Masse, in: Lessenich, Stephan/Nullmeier, Frank (Hrsg.): Deutschland, Bonn, S. 191 ff.
Hartmann, Michael (2007): Eliten und Macht in Europa, Frankfurt a. M.
Hartmann, Michael (2013): Soziale Ungleichheit – Kein Thema für die Eliten?, Frankfurt a. M.
Hartmann, Michael (2017): Politische Eliten und soziale Ungleichheit, in: Wiesendahl, Elmar (Hrsg.): Parteien und soziale Ungleichheit, Wiesbaden.
Hassell, Anke (2006): Zwischen Politik und Arbeitsmarkt, in: Münkler, Herfried et al. (Hrsg.): Deutschlands Eliten im Wandel, Frankfurt a. M., S. 199 ff.
Herzog, Dietrich et al. (1990): Abgeordnete und Bürger, Opladen.
Herzog, Dietrich (1990): Der moderne Berufspolitiker, in: Bürger im Staat 40 (1), S. 11 ff.
Hess, Adalbert (1989): Zusammensetzung und Sozialstruktur des Bundestages, in: Schneider, Hans-Peter/Zeh, Wolfgang (Hrsg.): Parlamentsrecht und Parlamentspraxis in der Bundesrepublik Deutschland, Berlin u. a., S. 727 ff.
Hoffmann, Ursula (1976): Politische Einstellungsmuster in der westdeutschen Führungsschicht, Diss. Mannheim.
Hoffmann-Lange, Ursula (1992): Eliten, Macht und Konflikt in der Bundesrepublik, Opladen.
Höhne, Benjamin/Kintz, Melanie (2017): Soziale Herkunftslinien von Abgeordneten im Wandel, in: Wiesendahl, Elmar (Hrsg.): Parteien und soziale Gerechtigkeit, Wiesbaden, S. 259 ff.
Kaltefleiter, Werner (1976): The Recruitment Market of the German Political Elite, in: Eulau, Heinz/Czudnowski, Moshe M. (Hrsg.): Elite recruitment in Democratic Politics, New York, S. 239 ff.
Kintz, Melanie (2014): Die Berufsstruktur des Deutschen Bundestages – 18. Wahlperiode, in: Zeitschrift für Parlamentsfragen 45 (3), S. 582 ff.
Kintz, Melanie/Cordes, Malte (2019): Daten zur Berufsstruktur des Deutschen Bundestages in der 19. Wahlperiode, in: Zeitschrift für Parlamentsfragen (50) 1, S. 42 ff.
Kollmorgen, Raj (2017): Ostdeutsche in den Eliten. Problemdimensionen und Zukunftsperspektiven, in: Deutsche Gesellschaft e. V. (Hrsg.): Ostdeutsche Eliten. Träume, Wirklichkeiten, Perspektiven, Berlin, S. 54 ff.
Kollmorgen, Raj (2020): Eliten in Ostdeutschland. Repräsentationsdefizit und Entfremdung der Ostdeutschen?, in: Becker, Sören/Naumann, Matthias (Hrsg.): Regionalentwicklung in Ostdeutschland. Dynamiken, Perspektiven und der Beitrag der Humangeographie, Wiesbaden, S. 31 ff.
Küpper, Moritz (2013): Politik kann man lernen, Halle.

Lang, Florian (2005): Die Verwaltungselite in Deutschland und Frankreich 1871–2000, Baden-Baden.
Langguth, Gerd (2012): Lebensferne Wichtigtuer?, in: Braun, Stefan/Geisler, Alexander (Hrsg.): Die verstimmte Demokratie, Wiesbaden, S. 169 ff.
Laufer, Heinz (1977): Der sozialisierte Mensch, Stuttgart.
Loewenberg, Gerhard (1969): Parlamentarismus im politischen System der Bundesrepublik Deutschland, Tübingen.
Lorenz, Robert/Micus, Matthias (2009): Die flüchtige Macht begabter Individualisten, in: dies. (Hrsg.): Seiteneinsteiger, Wiesbaden, S. 487 ff.
Manow, Philip (2013): Mixed Rules, Different Roles? An Analysis of the Typical Pathways into the Budnestag and of MP's Parliamentary Behaviour, in: Journal of Legislative Studies 19 (3), S. 287 ff.
Mediendienst Integration (2021): Mehr Abgeordnete mit Migrationshintergrund, unter: https://mediendienst-integration.de/artikel/mehr-abgeordnete-mit-migrationshintergrund-1.html (zuletzt geprüft am 16. Mai 2022).
Mosca, Gaetano (1950 [1895]): Die herrschende Klasse, München.
Michels, Robert (1989 [1911]): Zur Soziologie des Parteiwesens in der modernen Demokratie: Untersuchungen über die oligarchischen Tendenzen des Gruppenlebens, hrsg. und eingeleitet von Frank Pfetsch, Stuttgart.
Neumann, Helga (1979): Zur Machtstruktur in der Bundesrepublik Deutschland, Melle.
Osterberg, Sven (2021): Aufstocker im Bundestag IV. Bilanz der Nebenverdienste der Abgeordneten in der 19. Wahlperiode (OBS-Arbeitspapier 48), unter: https://www.otto-brenner-stiftung.de/fileadmin/user_data/stiftung/02_Wissenschaftsportal/03_Publikationen/AP48_Nebenverdienste_IV.pdf (zuletzt geprüft am 13. Mai 2022).
Plöhn, Jürgen (2004): Ostdeutsche Profile in der Politik, in: Gabriel, Oscar W. et al. (Hrsg.): Konjunktur der Köpfe? Düsseldorf, S. 142 ff.
Pokorny, Sabine (2020): Ticken Städter anders? Politische Einstellungen in urbanen und ländlichen Regionen, unter: https://www.kas.de/documents/252038/7995358/Politische+Einstellungen+in+urbanen+und+l%C3%A4ndlichen+Regionen.pdf/580b268c-35dc-ce2e-8dec-243961866f62?t=1602843820192 (zuletzt geprüft am 17. Mai 2022).
Reese, Jürgen (1976): Bürokratie im Parlament, in: Aus Politik und Zeitgeschichte 1976/38, S. 3 ff.
Reiher, Martin (2019): Parlamentarier als Beruf. Rekrutierungswege und politische Karrieren am Beispiel des Deutschen Bundestages, Baden-Baden.
Reiser, Marion (2010): Ressourcen- oder mitgliederbasiert? Zwei Formen politischer Professionalisierung auf der lokalen Ebene und ihre institutionellen Ursachen, in: Edinger, Michael/Patzelt, Werner J. (Hrsg.): Politik als Beruf: Zum politischen Führungspersonal in der modernen Demokratie, Wiesbaden, S. 121 ff.
Reiser, Marion (2018): Abgehoben und entkoppelt? Abgeordnete zwischen öffentlicher Kritik und Professionalisierungslogik, in: Brichzin, Jenni et al. (Hrsg.): Soziologie der Parlamente. Neue Wege der politischen Insitutionenforschung, Wiesbaden, S. 111 ff.
Saalfeld, Thomas (2011): Parliamentary Questions as Instruments of Substantive Representation: Visible Minorities in the UK House of Commons, 2005–10, in: Journal of Legislative Studies 17 (3), S. 271 ff.

Schmitt, Hermann/Wüst, Andreas M. (2004): Direktkandidaten bei der Bundestagswahl 2002, in: Brettschneider, Frank et al. (Hrsg.): Die Bundestagswahl 2002, Wiesbaden, S. 303 ff.

Schnapp, Kai-Uwe (1997): Soziodemographische Merkmale der bundesdeutschen Eliten, in: Bürklin, Wilhelm/Rebenstorf, Hilke (Hrsg.): Eliten in Deutschland. Rekrutierung und Integration, Opladen, S. 101 ff.

Schneickert, Christian (2015): Nationale Machtfelder und globalisierte Eliten, Konstanz.

Schöne, Helmar (2010): Ungewählte Repräsentanten? Aufgaben, Selbstverständnis und Karrieren von Fraktionsmitarbeitern im Deutschen Bundestag, in: Schrenk, Klemens H. (Hrsg.): Analyse demokratischer Regierungssysteme, Wiesbaden, S. 321 ff.

Schorr, Natalie (2015): 2.600 hier, 8.600 da: Was Abgeordnete in Deutschland verdienen, unter: https://detektor.fm/politik/politik-diaeten-von-landtagsabgeordneten (zuletzt geprüft am 13. Mai 2022).

Schüttemeyer, Suzanne S./Haas, Johannes (2014): Abgeordnetenbezüge im internationalen Vergleich, in: Schüttemeyer, Suzanne S./Schmidt-Jortzig, Edzard (Hrsg.): Der Wert der parlamentarischen Repräsentation, Baden-Baden, S. 173 ff.

Spöhrer, Jochen (1999): Zwischen Demokratie und Oligarchie, Baden-Baden.

Vogel, Lars (2009): Der Weg ins Kabinett, Frankfurt a. M.

Vogel, Lars (2016): Zwischen Übereinstimmung und Distanz: politische Repräsentation in Deutschland als asymmetrische Beziehung von Repräsentationseliten und Bevölkerung, Jena.

Vogel, Lars (2017): (Ostdeutsche) Politische Eliten zwischen Integration und Repräsentation, in: Deutsche Gesellschaft e. V. (Hrsg.): Ostdeutsche Eliten. Träume, Wirklichkeiten, Perspektiven, Berlin, S. 45 ff.

Vogel, Lars/Zajak, Sabrina (2020): Teilhabe ohne Teilnahme? Wie Ostdeutsche und Menschen mit Migrationshintergrund in der bundesdeutschen Elite vertreten sind (DeZIM Research Notes 4/20), unter: https://www.dezim-institut.de/fileadmin/user_upload/Projekte/Eliten/ResearchNotes_04_201030_ansicht.pdf (zuletzt geprüft am 16. Mai 2022).

Vorländer, Hans (1990): Die FDP zwischen Erfolg und Existenzgefährdung, in: Mintzel, Alf/Oberreuter, Heinrich (Hrsg.): Parteien in der Bundesrepublik Deutschland, Bonn, S. 237 ff.

Weischenberg, Siegfried (2018): Medienkrise und Medienkrieg, Wiesbaden.

von Weizsäcker Richard (1992): Richard von Weizsäcker im Gespräch mit Gunter Hofmann und Werner A. Perger, Frankfurt a. M.

Wollmann, Hellmut (1996): Institutionenbildung in Ostdeutschland, in: Kaase, Max et al. (Hrsg.): Politisches System, Opladen, S. 47 ff.

Wüst, Andreas M. (2009): Zur Sozialisation von Neuparlamentariern im 15. Deutschen Bundestag, in: Gabriel, Oscar W. et al. (Hrsg.): Wahlen und Wähler, Wiesbaden, S. 328 ff.

Zapf, Wolfgang (1965): Wandlungen der deutschen Elite, München.

Zittel, Thomas et al. (2019): Geographic Representation in Party-dominated Legislatures. A quantitative Text Analysis of Parliamentary Questions in the German Bundestag, in: Legislative Studies Quarterly 44 (4), S. 681 ff.

Politische Kultur der gelockerten Bindungen 16

16.1 Entwicklungsphasen der politischen Kultur

a. 1945–66: Nachwirkungen älterer Traditionen
Im Alltagsverständnis verbindet sich mit dem Begriff der politischen Kultur „ein gesittetes Miteinanderumgehen in der Politik, Fairness, das Einhalten von Spielregeln" (Sarcinelli 1990, S. 31). In der Politikwissenschaft hingegen umfasst *„politische Kultur"* wertneutral

- zunächst *kognitive, affektive und wertende Einstellungen gegenüber dem politischen System und politischen Rollen (*Almond und Verba 1965, *S. 12 ff.;* Almond und Powell 1966, *S. 23 f., 50 ff.)*;
- dazu auch typische *Verhaltensmuster in der Politik*, reichend von Partizipationsmustern bis zur Elitenrekrutierung und den „Modalitäten der politischen Regelung gesellschaftlicher Konflikte" (Lehmbruch 1967, S. 13), d. h. nicht normativ fixierte, gleichwohl ebenfalls ein politisches System charakterisierende Verhaltensweisen;
- noch weiter greift eine Definition aus, die auch Lebensstile, Weltbilder und Mentalitäten, orientierende Ideen und Symbole umfasst (Rohe 1993, S. 215 f.).

Deutschland wurde zunächst zum Typus der *kontinentaleuropäischen politischen Kultur* ebenso wie Frankreich und Italien gezählt. Diese werden als „fragmented political cultures" charakterisiert, in denen unterschiedliche politisch-gesellschaftliche Milieus mit eigenen ideologischen Wertorientierungen nebeneinander existieren (Almond 1956) – so im deutschen Kaiserreich und in der Weimarer Republik, als die Milieus der konservativen Agrarier/-innen, des

Tab. 16.1 Indikatoren für demokratische Einstellungen. In Prozent der bejahenden Befragten

Jahr	Parteienpluralität	Machtverteilung	Eigener Widerstand gegen neue NS-Machtübernahme
1950	53	–	25 (1953)
1955	74	55	25 (1956)
1960	79	62	27 (1959)
1967	81	61	34
1972	88	66	44

Quelle: Noelle und Neumann (1967, S. 293; 1974, S. 222, 224, 231).

liberalen Bürgertums, der sozialistischen Arbeiterschaft sowie der katholischen Minderheit mit verschiedenen Wertvorstellungen nebeneinander existierten. Infolge der Verwerfungen des Dritten Reiches, des Zweiten Weltkrieges und der Besatzungsherrschaft wurden jedoch die traditionellen Milieus in Deutschland stärker aufgebrochen als in anderen kontinentaleuropäischen Ländern. Seine heutige politische Kultur kann nicht mehr als „kontinentaleuropäisch" gelten.

Vor allem aber waren die Jahre 1945–66 geprägt durch die *Wiederherstellung und Festigung der Demokratie.*[1] Rasch spielte sich demokratische Praxis ein, welche die Deutschen ja durchaus vor 1933 gekannt hatten. Demokratische Einstellungen wuchsen an, wie die Daten der Tab. 16.1 zur Bejahung von Parteienpluralität und Machtstreuung belegen. Politisches Interesse bekundete freilich nur etwa ein Drittel der Befragten (Merritt und Merritt 1970, S. 44, 314; Noelle und Neumann 1974, S. 213), ein Anteil, der kaum zu wachsen schien. Obwohl hohe Wahlbeteiligungen erreicht wurden, blieb eine darüber hinausreichende, aktive Partizipation die Sache begrenzter Minderheiten. Verbreitet herrschte Distanz zu Politiker/-innen und politischer Betätigung; 70 % der Befragten hätten es 1955 nicht gern gesehen, wenn ihr Sohn Politiker würde, nur neun Prozent gern (Noelle und Neumann 1957, S. 49). Lange stand daher die Frage im Raum, wieweit die *wieder etablierte Demokratie in den Köpfen der Deutschen wirklich Wurzeln habe* und sich auch unter widrigen Verhältnissen werde behaupten

---

[1] Zur politischen Kultur in der DDR gab es aus naheliegenden Gründen keine öffentliche Meinungsforschung, im Zuge von sogenannten „Stellvertreterumfragen", die 2014 aus den Archiven ans Licht kamen, sind Rekonstruktionen aber zumindest skizzenhaft möglich (Holtmann und Köhler 2016).

können. Nostalgische Erinnerungen an das Kaiserreich, an „gute" Jahre und Seiten des Dritten Reichs, wie sie bei Umfragen zutage traten, nicht zuletzt zeitweilige Wahlerfolge von SRP und NPD verschafften jener Frage immer wieder aktuelles Interesse.

Politiksoziologische Publikationen beantworteten sie bis in die sechziger Jahre skeptisch. So kamen Almond und Verba 1959 zu dem Ergebnis, dass in der Bundesrepublik „*a passive subject orientation*" andauere, die Deutschen mehr an der Output-Seite von Politik interessiert seien. Ihre Diagnose: „*In Germany the lack of commitment to the political system that is relatively independent of system output suggests that the stability of the system may be in doubt if the level of output becomes less satisfactory.*" (Almond und Verba 1965, S. 362, 364) Auch wenn hierbei europäische Partizipationsformen unterbewertet und die sozialpsychologische Lage eines Volkes, das lange Jahre materieller Not gerade überwand, nicht hinreichend berücksichtigt gewesen sein mögen, schien doch der gravierende Einstellungsunterschied zum politischen System beunruhigend, der im Vergleich zu den angelsächsischen Demokratien hervortrat. Dies veranlasste auch andere Beobachter/-innen, der Demokratie in Deutschland eine „fragility of its cultural roots" (Edinger 1968, S. 117, 121) zu bescheinigen.

Aber: Während scharfe außen- und wirtschaftspolitische Gegensätze die Szenerie beherrschten, vermochte die Politik erfolgreich den Bedürfnissen nach äußerer Sicherheit und wirtschaftlichem Wiederaufstieg zu entsprechen – und so langfristig zur Legitimation der Demokratie beizutragen.

b. 1967–82: Gestärkte Partizipation und Legitimitätszweifel
Eine zweite Phase der politischen Kultur der Bundesrepublik wurde durch die Studentenbewegung von 1967/68 eingeleitet. Sie scheint, obwohl im äußeren Ablauf scheiternd, als „eine Art westlicher Kulturrevolution" (Sontheimer 1979, S. 27) tiefgreifende Veränderungen des politischen Denkens und Verhaltens gefördert zu haben.

Die Kritik der vom „Sozialistischen Deutschen Studentenbund" (SDS) geführten Bewegung entzündete sich an „autoritären" Verhältnissen in Politik und Gesellschaft. Gegenstand ihrer Attacken waren die nur repräsentative Demokratie, die „oligarchischen" Verhältnisse innerhalb der Parteien und die „Ordinarienuniversität". Dazu kam die These, Kapitalismus führe zum Faschismus. Die Aktionsformen reichten von „Umfunktionierungen" universitärer Lehrveranstaltungen über Demonstrationen, Besetzungen öffentlicher Gebäude und Verkehrsblockaden bis zu einzelnen Gewalttakten. Trug die Bewegung zunächst eher „antiautoritär"-linke Züge, begleitet von der Suche nach alternativen Lebensformen (Wohnkommunen, antiautoritäre Erziehung, Ablehnung der

"Leistungsgesellschaft"), so verstärkten sich dann immer mehr auch marxistische Orientierungen bis hin zu dogmatischen Positionen (Langguth 1983; Kraushaar 2008).

Die Wirkungen der Bewegung erscheinen zwiespältig. Auf der einen Seite entwickelten sich Legitimitätszweifel nicht allein an der gesellschaftlichen Ordnung, sondern auch an der Demokratie der Bundesrepublik. Vier Argumentationslinien spielten eine Rolle.

Grundlegend war die These von einer Bewusstseinsprägung durch Sozialisation und Medien. Diese vermittelten kapitalismuskonforme Einstellungen und verstellten den Menschen im äußerlichen Wohlstand des "Spätkapitalismus" den Blick auf die gesellschaftliche Realität. Übliche Parteipolitik könne diesen Zirkel nicht durchbrechen, könne nicht zur gesellschaftlichen Befreiung ("Emanzipation") führen *("Kritische Theorie")*. Naheliegend war daher

- die Folgerung, Wahlentscheidungen könnten eine politische Herrschaft nicht wahrhaft legitimieren. Manchem, etwa Herbert Marcuse (1968, S. 110, 117, 127), schien in der westlichen Demokratie ein Recht auf "Widerstand" gegeben und eine "demokratische erzieherische Diktatur" aufgeklärter Minderheiten denkbar.
- in strategischer Hinsicht die Konsequenz, relevante Veränderungen nicht über das politische System für möglich zu halten, sondern primär von der "Basis" her, durch Wandlungen von Sozialisation, Milieus und Wertvorstellungen.

Eine zweite Linie der Demokratiekritik war von *marxistischer "Staatstheorie"* getragen. Nach ihr bilden sozio-ökonomisches und politisches System – konkret: Kapitalismus und Demokratie – ein zusammengehöriges Gesamtsystem (Offe 1973; Duve 1973). Der Schluss lag nahe: Wer den Kapitalismus ablehne, müsse sich auch gegen die "bürgerliche" Demokratie wenden.

Eine dritte Kritikvariante ging auf die *radikaldemokratische Position Rousseaus* zurück und stieß sich am repräsentativen Charakter westlicher Demokratie. Delegitimierend wirkte dies in Verbindung mit utopischen Partizipationsvorstellungen, unter denen die Wirklichkeit als weit entfernt von wahrer Demokratie (etwa Räte-, Basis- oder plebiszitärer Demokratie) erschien.

Populär war schließlich das Argumentationsmuster, *Verfassung und Verfassungswirklichkeit* als einander widersprechend darzustellen. Dieser Ansatz wirkt delegitimierend, wenn er mit einer "normativen Übersteigerung von Verfassungsprinzipien" (Sontheimer 1990, S. 52) verbunden ist.

Derartige Legitimitätszweifel verfingen zwar kaum bei der Bevölkerung insgesamt, wohl aber bei Teilen der Jüngeren, insbesondere höher Gebildeten (Bürklin 1980, S. 228; Rudzio 1984). Linksextremistische Gruppen gewannen starke Positionen in Studentenparlamenten, ihre Vorstellungen reichten in die Jungsozialisten und die DGB-Jugend hinein (Vilmar und Rudzio 1981). Angesichts fehlender Wählermehrheiten, aber breiter „Friedensbewegung" schienen später Meinungen Anklang zu finden, „tiefgreifende Wertkonflikte" um Raketenrüstungen, Umwelt etc. dürften nicht durch Mehrheitsbeschlüsse entschieden werden. Andernfalls seien die „Grenzen der Mehrheitsdemokratie" erreicht (Guggenberger und Offe 1984, S. 12, 17 f.).

Alles in allem: *Aufkündigungen des demokratischen Regelkonsenses sowie die Erosion der Gemeinsamkeit der Demokraten gegenüber dem Linksextremismus signalisierten einen verunsichernden Wandel der politischen Kultur. Die Bundesrepublik wurde nun geprägt von einer Spaltung zwischen Mehrheits- und minoritärer Protestkultur*, von einer „absolute divorce between the Left-wing intellectual climate and the popular outlook." (Smith 1976, S. 404).

Auf der anderen Seite sind mit der 1968er-Bewegung auch Demokratisierungsschübe einhergegangen. Bis in die Familien hinein vollzog sich ein Abbau autoritätsbestimmter Beziehungen. Dies spiegelt sich im Wandel der Erziehungsziele wider: Plädierten noch 1964 nur 31 % der Befragten für eine Erziehung zu „Selbstständigkeit" (25 % für eine Einübung von Gehorsam und Unterordnung), so waren es 1972 bereits 45 (bzw. 14) und 1981 sogar 52 (bzw. 8) (Fürstenberg 197, S. 50 ff.; Klages 2001, S. 730). Darüber hinaus nhm das „Interesse an Politik", wie es Befragte bekundeten, von etwa 30 % im Jahre 1960 auf 50 % Anfang der siebziger Jahre zu, um dann bis Ende der achtziger zwischen 40 und über 50 % zu pendeln (Noelle-Neumann und Köcher 1997, S. 783). Zugleich wuchs auch die institutionalisierte Beteiligung an:

- Die Wahlbeteiligung stieg, gedeutet als „partizipatorische Revolution" (Kaase 1982), 1949–72 von 78,5 auf 91,1 Prozent bei Bundestagswahlen an, von 73,3 auf 83,9 % bei Landtagswahlen;
- die Zahl der Parteimitglieder, 1960 weniger als 1,1 Millionen, vergrößerte sich bis 1970 auf rund 1,3 und 1980 auf über 2 Millionen (Rausch 1980, S. 21);
- Verbände und andere Vereinigungen verzeichneten Mitgliederzuwächse, welche deren Mitgliederzahlen und die der innerverbandlich Aktiven ansteigen ließ (Conradt 1980, S. 255).

Insgesamt erreichte die Bundesrepublik in den frühen siebziger Jahren ein Partizipationsniveau, das dem westlicher Demokratien wie Großbritannien, den

USA oder den Niederlanden gleichkam (Greiffenhagen und Greiffenhagen 1979, S. 361 f.).

Ist aber die 68er-Bewegung wirklich die Ursache dieser Entwicklungen gewesen? Unzutreffend beispielsweise ist die These, dass erst mit ihr die Aufklärung über das NS-Regime und seine Verbrechen in Gang gekommen sei. Tatsächlich erschien in den 1950er Jahren eine historische und politikwissenschaftliche Literatur zu jener Thematik, wurde die Zentralstelle zur Aufklärung von NS-Verbrechen errichtet, 1963–65 fanden die Auschwitz-Prozesse statt (Aly 2008, S. 154 f.) – lange bevor die Studentenbewegung einsetzte. Auch die politische Beteiligung nahm bereits vor der Studentenbewegung zu, ebenso wie das Erziehungsziel der Selbstständigkeit schon in den fünfziger Jahren an Boden gewann. *Angesichts dessen sollte man die 68er-Bewegung eher als spektakulären Ausdruck oder Teil eines umfassenderen gesellschaftlichen Wandels interpretieren.*

Als Ursachen des politischen Kulturwandels nannte Conradt (1980, S. 221 ff., 258) stattdessen drei andere Faktoren: die *Nachkriegssozialisation und das Verblassen älterer Alternativen zur liberalen Demokratie; die effektive Leistung des politischen Systems,* das wirtschaftlichen Aufstieg, innere und äußere Sicherheit sowie sozialen Ausgleich lieferte, was im Laufe der Zeit auch erfolgsunabhängige Unterstützung der Demokratie förderte; schließlich *gesellschaftliche Modernisierung,* welche unselbstständige Mittelschichten und Anteile der höher Gebildeten anwachsen ließ – genau der Schichten, die allgemein mehr zu liberalen Einstellungen und Partizipation neigen. Nicht zufällig war der gesellschaftliche Aufbruch zudem Ausdruck eines Generationenkonfliktes. Gemäß der Theorie der „stillen Revolution" neigte die erste Nachkriegsgeneration aufgrund der in ihrer formativen Phase erfahrenen materiellen Sicherheit („Wirtschaftswunder") eher zu postmaterialistischen, partizipatorischen Haltungen als ihre Elterngeneration, die in den von physischer Not geprägten (Vor-)Kriegs- und Trümmerjahren aufgewachsen war und deshalb Ordnung und Sicherheit größeres Gewicht beimaß (Inglehart 1971).

Alles in allem ist die Bundesrepublik während jener Jahre so in die Normalität westlicher Demokratien hineingewachsen. Rückblickend kann man für die Jahre 1967–82 von einer *stärker partizipatorischen, allerdings auch verunsicherten Demokratie* sprechen.

c. Seit 1983: Politische Kultur eines abgeschwächten Engagements

Längerfristige Nachwirkungen der 68er-Bewegung dürften auf der Diffusion ihrer Ideen beruhen, zu der auch die Berufskarrieren ihrer Protagonist/-innen beitrugen. Von 120 untersuchten Aktivist/-innen „landeten 35 % in den Medien,

16.1 Entwicklungsphasen der politischen Kultur

25 % auf Professuren, 15 % in der Politik" (Wehler 2009, S. 317). Aber *die Faszination radikaler Alternativen hat nachgelassen.* Bezeichnend ist, dass sich die Anhänger der Grünen – wichtige Trägergruppe der von 1968 ausgehenden Kritik – zunehmend als „sehr" oder „eher zufrieden" mit der Demokratie in Deutschland erklärten. Ihr Zufriedenheitsniveau stieg von 38 (1984) auf 60 % in 1995 in der alten Bundesrepublik und lag damit nur noch um 8 Prozentpunkte unter dem Durchschnitt (Ipos 1995, S. 30).

Eine weitere zentrale Veränderung seit Anfang der achtziger Jahre ist in einem Abflauen politischer Partizipation zu sehen. Sie ist fassbar

- in einer nach 1976 gesunkenen, seit Anfang der neunziger Jahre auf niedrigerem Niveau stabilisierten Parteiidentifikation (Forschungsgruppe Wahlen zit. nach Niedermayer 2005, S. 81, 83),
- kontinuierlich zurückgehenden Mitgliederzahlen der Parteien,
- ähnlich anderen Demokratien in gesunkenen Wahlbeteiligungen (Wiesendahl 1997; Dalton 2014, S. 41),
- ebenso in austrocknenden „neuen sozialen Bewegungen" (Statistisches Bundesamt 1997, S. 603; Gabriel 1997, S. 463).

Mit der deutschen Vereinigung verstärkte sich dieser charakteristische Zug der heutigen politischen Kultur noch. In den neuen Bundesländern finden sich – wenn auch aus Gründen der realsozialistischen Vergangenheit – niedrige Wahlbeteiligung, dünne Parteimitgliederdichte und kritische Distanz zur Politik ausgeprägter noch als im Westen. Allgemein ist politisches Engagement gesellschaftlich nicht mehr „in" wie einst (Köcher 1992). Doch politisches Interesse hält an. Die schrumpfende politische Partizipation in Verbindung mit dem sinkenden Institutionenvertrauen, die sich im Übrigen auch in anderen westlichen Demokratien beobachten ließ (Pharr und Putnam 2000; Putnam 2000, S. 31–64), ist bisweilen als Symptom einer wachsenden Politikverdrossenheit (Maier 1994), gar einer Legitimitätskrise der Demokratie (Watanuki et al. 1975) gedeutet worden, spiegelte bei genauerem Hinsehen jedoch lediglich eine Effektivitätskrise der Demokratie, die als Ergebnis einer gereiften politischen Kultur mit erhöhten Maßstäben an die Politik (Putnam et al. 2000, S. 21) und einer sich wandelnden „Orientierung vieler Intellektueller an zum Teil utopischen Maßstäben" (Jesse 2008, S. 171) einherging.

Drittens ist seit Beginn der neunziger Jahre ein *neuer Wertwandel* eingetreten. Spürbar ist dieser nicht nur im öffentlichen Diskurs, wo die Hegemonie des soziologischen Denkens nun durch eine solche des ökonomischen abgelöst wurde, durch einen „Schwenk zu stärker marktorientiertem Denken" (Mayer

2002, S. 13). Auch traditionelle Erziehungsziele wie Sparsamkeit, Wertschätzung von technischem Verständnis haben ab 1990 in Umfragen wieder an Boden gewonnen (Noelle-Neumann und Petersen 2001, S. 19 ff.). Höflichkeit und gutes Benehmen als Erziehungsziel wurde 2011 von 77 % der Befragten geschätzt, Arbeit ordentlich und gewissenhaft auszuführen, von 89 % vertreten – d. h. von höheren Anteilen, als dies vor der Studentenbewegung der Fall war (76 bzw. 85 %) (Petersen 2011) – ein Hinweis darauf, dass Ingleharts Prognose einer fortschreitenden Postmaterialisierung der Gesellschaft nicht ganz zutraf (Klein und Pötschke 2000).

16.2 Dimensionen politischer Kultur der Gegenwart

a. Politische Gemeinschaft: Wenig Nationalstolz

Der quallenartige Begriff der politischen Kultur lässt sich eher handhaben, wenn man ihn in verschiedene Dimensionen zerlegt: Einstellungen zur politischen Gemeinschaft, zum politischen System, Umfang und Formen politischer Beteiligung, politische Entscheidungsmuster und Homogenitätsgrad. Dieser Aufgliederung[2] folgend, soll die politische Kultur des heutigen Deutschland dargestellt werden.

Das deutsche Volk als Sprach-, Kultur- und Geschichtsgemeinschaft im Sinne Herders lässt sich bis 786 n. Chr. („theodiscus" = volkssprachlich) als staatliche Gemeinschaft zumindest bis Anfang des 10. Jahrhunderts zurückverfolgen. Auch wenn es sich dabei noch nicht um eine Nation im modern-demokratischen Sinne handelte (Kronenberg 2006, S. 41 ff., 64), reicht damit die politische Gemeinschaft der Deutschen weit zurück.

Nach dem Zweiten Weltkrieg empfanden die Deutschen der frühen Bundesrepublik kaum Stolz auf ihr politisches System, nämlich gerade 7 %. Nur gering schätzten sie ihre Sozialgesetzgebung, sehr wohl aber ihre Wirtschaft (33 %), ihre Volkseigenschaften (36 %) und deutsche Wissenschaft/Kunst (26 %) – mehr als in den drei anderen Vergleichsländern (Almond und Verba 1965, S. 64). Ein gewisser Stolz war erkennbar, bezog sich aber nicht auf die Demokratie des Landes.

Spätere und gegenwärtige Befragungen lassen weitreichenden Wandel erkennen. Über Jahrzehnte stieg der Stolz auf das politische System Deutschlands

---

[2] Etwas andere Untergliederung in Westle (2009, S. 45).

an, während der Stolz auf sich als Nation eher abnahm. In letzterer Hinsicht rangierten die Deutschen Ende der neunziger Jahre an letzter Stelle in der Welt (World Values Survey zit. nach Klingemann 2000, S. 279). Auch heute hat sich da wenig getan: Aktuell gibt es ausweislich der jüngsten, 92 Länder umfassenden Welle des World Values Survey (2017–2020) noch weniger Nationalstolz nur im Zwergstaat Andorra, in Brasilien und der Sonderverwaltungszone Hongkong (EVS und WVS 2021). Ein Licht auf die geistige Situation warf 2003 die in 20 europäischen Demokratien gestellte Frage, worauf man im Hinblick auf das eigene Land stolz sei: Beim Stolz auf die eigene Demokratie lag der Westen der Republik im europäischen Durchschnitt, der Osten eher am unteren Ende; beim Stolz auf die wirtschaftlichen Leistungen waren Ost und West etwa im Mittelfeld; beim Stolz auf die soziale Sicherheit hierzulande ähnlich; die nationale Geschichte erwies sich als ganz und gar nicht identifikationsträchtig und auch das nationale Zugehörigkeitsgefühl positionierte Deutschland eher am unteren Ende der Tabelle – insgesamt sahen die Werte im Osten durchweg schlechter aus als im Westen (Tab. 16.2). Vereinfacht ausgedrückt: Der Westen ist eher auf Grundgesetz

Tab. 16.2 Nationaler Stolz in zwanzig europäischen Staaten 2003

	Sehr stolz/stolz auf			Sehr stolz auf	
	Demokratie des Landes	Wirtschaftliche Leistungen	Soziale Sicherheit	Nationale Geschichte	Nation an zugehören
Schweiz	84	71	71	22	36
Dänemark	82	68	77	31	34
Österreich	72	79	76	31	50
Großbritannien	69	69	53	50	46
Spanien	66	72	69	24	45
Frankreich	58	32	78	40	31
Deutschland/West	58	57	63	9	16
Deutschland/Ost	33	48	43	6	12
Tschechien	28	15	20	38	22
Polen	23	28	12	28	47
20-Länder-Durchschnitt	56	52	47	29	34

Quelle: Haller (2008, S. 219).

und Sozialstaat stolz, der Osten auf das kulturelle Erbe (Conradt 2015, S. 261; Molthof und Mohr 2019, S. 18).

Insgesamt besteht relativ wenig Stolz auf die nationale Identität in Deutschland, sodass der Staat in ihm weniger selbstverständlich Rückhalt finden kann als in anderen westlichen Demokratien.

Umfragen-Ausreißer gab es, so 1991, als sich die Deutschen mit 74 % ebenso häufig als „sehr patriotisch eingestellt" erklärten wie die Angehörigen anderer europäischer Nationen (Beyme 1994, S. 194 f.) – Ausdruck vorübergehender Vereinigungseuphorie oder Folge einer Formulierung ohne den im Deutschen schwierigen Begriff „Stolz"?

Daneben sind noch ältere Akzentuierungen sichtbar. Mehr Nationalstolz, und zwar hinsichtlich politischer wie wirtschaftlicher, kultureller, historischer und landschaftlicher Aspekte, bekunden nämlich weit häufiger Ältere als Jüngere, eher Menschen mit niedrigerem Bildungsgrad als höher Gebildete, häufiger politisch Rechts- als Linksorientierte (Herdegen 1987; Veen und Zelle 1995, S. 27; Noelle-Neumann und Köcher 1997, S. 484). Nicht überraschen konnte daher, dass 1990 Sympathien für die Einheit mit niedrigerem Alter und politischer Linksorientierung signifikant geringer ausfielen (IfD-Umfrage vom Februar 1990 zit. nach Scheuch 1990, S. 740). Bemerkenswert auch, dass 2016 die Frage, ob es einen deutschen Nationalcharakter gebe, nicht radikal, aber doch deutlich unterschiedlich von links nach rechts steigend von Parteianhänger/-innen bejaht wird (Petersen 2016). *Die einst fatale Konfrontation zwischen rechts/ national einerseits und links/nichtnational andererseits wird hier sichtbar – doch auch in anderen Demokratien zu beobachten.*

Es mag angesichts des schwachen Stolzes auf die eigene Nation naheliegen, emotionale Bindungen an den Staat der Bundesrepublik nicht durch historisch-kulturelle Gemeinschaft, sondern durch einen „Verfassungspatriotismus" (etwa nach dem Muster der Schweiz oder dem der USA) herzustellen. Doch dies blieb eine intellektuelle Idee, ohne Massenresonanz und ohne Antwort auf die Frage, wodurch man sich dann von Bürgern anderer Demokratien unterscheide. Sternberger, der den Begriff in Deutschland einführte, verstand Verfassungspatriotismus als zusätzliche Bindung an das Land, erst Habermas als alternativ zum nationalstaatlichen Patriotismus (Vorländer 2009, S. 21 f.). Was eigentlich gemeinschaftsbildend sei oder sein sollte, ist umstritten.

Ursächlich für den Mangel an Nationalstolz scheinen vor allem die historischen Belastungen durch die NS-Verbrechen und die Niederlage im Zweiten Weltkrieg (Westle 1994, S. 484, 488). Intensive Bemühungen um „Vergangenheitsbewältigung" und um Erinnern gerade an schmähliche Vorgänge stehen einer Tradierung ungebrochenen Nationalbewusstseins entgegen – das

Geschichtsbild sei geradezu eine Schwachstelle der politischen Kultur, so eine Lesart (Jesse 1987). Umgekehrt wird allerdings zunehmend betont, die Deutschen hätten, so Timothy Garton Ash (2002) halb ironisch, halb anerkennend, „DIN-Standards [...] im Bereich der Geschichtsaufarbeitung" gesetzt. Die NS-Vergangenheit dient mittlerweile nicht mehr nur als negativer Bezugspunkt, sondern, auf der reflexiven Ebene, auch als positiver Identifikationsfaktor: Immerhin 14 % der Deutschen sehen im historischen Bewusstsein der eigenen Nation einen Grund für Stolz auf das eigene Land (Molthof und Mohr 2019, S. 18). So oder so durchziehen aber Gegensätze die Mitte der deutschen Gesellschaft, unter anderem

- zur „Singularität" der NS-Verbrechen, die jeden Vergleich verbiete (demgegenüber Stimmen für eine „Historisierung" des Nationalsozialismus und – jüngst – für eine Herausarbeitung kolonialistischer Traditionslinien des Holocaust[3]);
- bei der Erklärung deutscher Geschichte primär aus einem verfehlten „Sonderweg" oder aus der schwierigen deutschen „Mittellage" in Europa (Kailitz 2001, S. 178, 186 f., 224 f., 293);
- bei der Deutung des Kriegsendes primär als „Befreiung" oder als Katastrophe (Kailitz 2001, S. 38; Noelle-Neumann und Köcher 1997, S. 527).

Der Neigung, zweitgenannte Positionen in die Nähe von Rechtsextremismus zu rücken, steht der Vorwurf „volkspädagogischer Denkmuster" (Jesse 1988, S. 35 f.) gegenüber. Dem heiklen – sich jedoch verbessernden (Mannewitz und Thieme 2021, S. 170 f.) – Verhältnis der Deutschen zum Nationalstolz zum Trotz: Die Verbundenheit mit dem eigenen Land fällt nicht anders aus als in den meisten europäischen Ländern (Mannewitz und Thieme 2021, S. 169). In fast allen 16 Bundesländern „sticht" Deutschland überdies andere mögliche Identifikationsorte aus (Mannewitz und Thieme 2021, S. 175). Gesamtgesellschaftlich steht die nationale Gemeinschaft (79 % Verbundenheit) knapp vor dem eigenen Wohnort (78 %), dem eigenen Bundesland (74 %), der eigenen Nachbarschaft (62 %) sowie Europa (57 %) als Verbundenheitsort.

b. Politisches System: Akzeptanz westlicher Demokratie
Die Akzeptanz des Prinzips bzw. der Idee der Demokratie gilt als eine ihrer zentralen Bestandsvoraussetzungen in einem Land. Dass die hiesige politische

---

[3] Für einen Überblick über die Debatte Bajohr und O'Sullivan (2022).

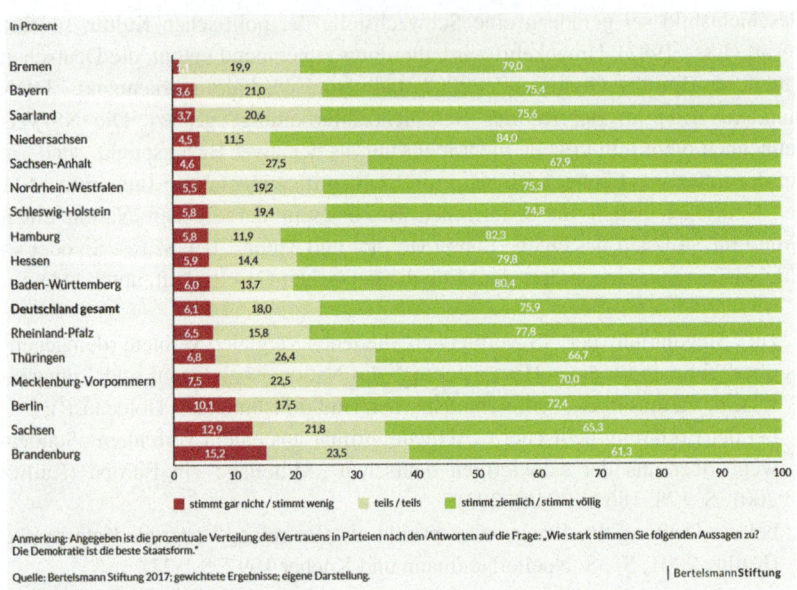

Abb. 16.1 Demokratie als beste Staatsform 2017. „Wie stark stimmen Sie folgenden Aussagen zu? Die Demokratie ist die beste Staatsform." (Quelle: Mannewitz und Vollmann 2019, S. 43)

Kultur von einer breiten Zustimmung getragen ist, belegen groß angelegte Umfrageuntersuchungen immer wieder – etwa eine der Bertelsmann-Stiftung (2017). Sie ergibt, dass bundesweit 76 % der Aussage „ziemlich" oder „völlig" zustimmen, die Demokratie sei die beste Staatsform; am meisten in Niedersachsen (84 %), am wenigsten in Brandenburg (61 %), wie Tab. 16.1 darlegt. Bei vereinzelt zweistelligen Ablehnungswerten (Berlin 10 %, Sachsen 13 %, Brandenburg 15 %) ergibt sich so ein „leichtes Ost-West-Gefälle" (Mannewitz und Vollmann 2019, S. 41), das die aus der ostdeutschen Autokratiephase und Transformationshürden gespeiste Zähigkeit einer Demokratiereserve unterstreicht (Abb. 16.1).

Die Einstellungen zur verfassungsmäßigen Ausgestaltung, d. h. zur „Demokratie, wie in der Verfassung festgelegt", fallen demgegenüber kritischer aus. Die Zustimmung beläuft sich 2020 auf 78 % der Befragten – im Osten auf 67, im Westen auf 80 % (Pickel et al. 2020, S. 98). Die Erklärung für diese Ergebnisse dürften in differierenden Vorstellungen von Demokratie zu suchen sein. So lassen Umfragen immer wieder erkennen, dass große Teile der Bevölkerung

Volksabstimmungen und geringere Einkommensunterschiede als unverzichtbare Bestandteile von Demokratie betrachten.

Geht man noch einen Schritt weiter und erkundigt sich nach den Einstellungen zur realen Praxis der Demokratie in Deutschland, so verdunkelt sich das Bild weiter. Nur 59 % aller Befragten sind mit ihr sehr/eher zufrieden (im Osten 41, im Westen 63 %). Ein solcher Ost-West-Unterschied – kein Artefakt, sondern bestätigt auch durch einen Regionalvergleich der Bundesländer (Mannewitz und Vollmann 2019, S. 43 ff.) – ist seit 1990 zu beobachten (Mannewitz und Thieme 2021, S. 195). Wie sehr dabei Bewertungen der aktuellen Lage eingehen, zeigt sich darin, dass das Urteil über die Praxis der Demokratie angesichts der günstigen Wirtschaftslage 2013 deutlich besser ausfiel: Seinerzeit waren mit ihr 67 % der Befragten sehr zufrieden, weitere 15 % einigermaßen zufrieden (Petersen et al. 2013, S. 16 f.). Und die sich stabilisierende Demokratiezufriedenheit im Osten 2015/16 – trotz „Flüchtlingskrise" – verweist auf den Effekt substantieller Repräsentation durch die AfD, deren Anhänger sich zuvor nicht ausreichend in und von der Politik vertreten gesehen hatten, nun aber über ein Sprachrohr verfügten (Mannewitz und Thieme 2021, S. 196; Reinl und Schäfer 2018). Leichte Bewertungsunterschiede zeigen sich üblicherweise auch zwischen Regierungs- und Oppositionsanhängern (Noelle-Neumann und Köcher 1997, S. 657; Fuchs et al. 1997, S. 4 f.). Im Ganzen kann man feststellen: *Das politische System findet im Westen breitere Unterstützung als in den neuen Bundesländern. In beiden Teilen Deutschlands wird es von Anhänger/-innen der jeweiligen Regierung am meisten unterstützt, gefolgt von denen der oppositionellen Parteien.*

Ein ausdifferenzierteres Bild erhält man, wenn man nach dem Vertrauen zu einzelnen politischen Institutionen fragt. Hier lassen sich durchgehend zwei allgemeine Feststellungen treffen:

- *Den Institutionen bzw. Organisationen, die in die politische Auseinandersetzung verwickelt sind, wird im Allgemeinen weniger Vertrauen entgegengebracht als anderen* (Abb. 16.2). Umfragen bestätigen diese Ergebnisse immer wieder, ähnliche gibt es für andere Demokratien (Zmerli 2012, 2016; Dalton 2014, S. 264).
- Im Trend haben seit Anfang der achtziger Jahre allenfalls die „parteienstaatlichen" Institutionen Vertrauensverluste erlitten (Reuband 2012, S. 12), insgesamt ist die These eines allgemeinen Rückgangs aber nicht haltbar (Gabriel et al. 2015, S. 103–110, 163–166).

Unverändert große Wertschätzung genießen Universitäten und Forschungseinrichtungen mit 83 % Nennungen, unter den politischen Institutionen rangieren

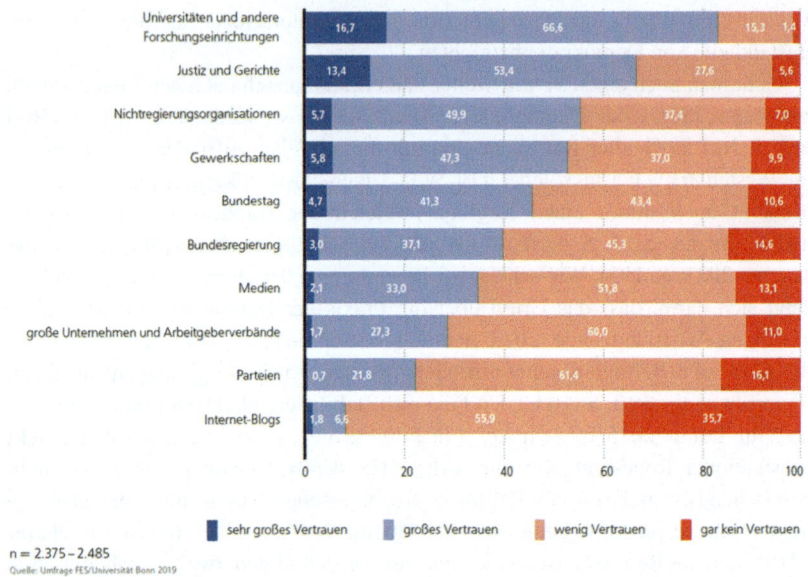

Abb. 16.2 Vertrauen zu Institutionen 2019. Studie der Friedrich-Ebert-Stiftung/Universität Bonn, vierstufige Skala, ca. 2400 Befragte. (Quelle: Decker et al. 2019, S. 39)

mit 67 % Vertrauen Justiz und Gerichte ganz vorn (Decker et al. 2019, S. 39). Abgeschlagen sind seit jeher die Parteien (23 %), aber auch Politiker/-innen: Es heißt, sie verspr ächen mehr, als sie halten können (89 % Zustimmung), sie dächten nur bis zur nächsten Wahl (84 %), sprächen eine unverständliche Sprache (46 %). Dass sie für unser Land nur das Beste im Sinn hätten, glauben bloß 43 %, dass sie sich um die Sorgen der „normalen Menschen" kümmern, 27 % (Decker et al. 2019, S. 44). Tatsächlich hat in Deutschland – wie in den USA oder Frankreich – diese Meinung seit Anfang der siebziger Jahre zugenommen. Eine zynische (oder realistische?) Sicht ist verbreitet (Dalton 2014, S. 261). In den Politiker/-innen verkörpern sich politische Konflikte zugespitzt. Kein Wunder also, dass dieser Beruf global ganz unten in der Vertrauensskala rangiert (GfK Verein 2018, S. 14). Sozial als wertvoll empfundene Professionen (Feuerwehr, Sanitäter/-innen, Krankenschwestern und Pfleger etc.) stehen hierzulande oben, öffentlich ausgeübte, Macht verleihende und solche mit Wissensasymmetrie (etwa Politiker/-innen, Versicherungsmakler/-innen und Werbeprofis) eher unten (GfK Verein 2018, S. 28 f.).

Allgemein wird also ein umso höherer Grad an Zufriedenheit bzw. Bejahung sichtbar, je abstrakter der Gegenstand ist: am höchsten beim Prinzip der Demokratie, schon weniger hinsichtlich ihrer verfassungsmäßigen Ausformung in Deutschland, am geringsten, wenn man sich den Niederungen der politischen Auseinandersetzung nähert. Die darin erkennbare Unzufriedenheit ist allerdings nicht dramatisch. Auch andere westliche Demokratien leben mit viel Unzufriedenheit über ihre Praxis, auch dort genießen Institutionen und politische Akteure/Akteurinnen wenig Vertrauen (Marien 2013; Boda und Medve-Bálint 2014; Weßels 2021, S. 399). Im Übrigen wird in Deutschland die institutionelle Gestalt der Demokratie, vor allem das parlamentarische Regierungssystem, weder allgemein verstanden noch durchgängig gewünscht (Patzelt 1998), ohne dass dies zu beachtlichen Demokratieaversionen führt.

Woran es der Demokratie in Deutschland aber offenbar mangelt, sind Symbole, Traditionen, ein historischer Mythos, an die sie emotional anknüpfen könnte. Berufungen auf demokratische Bestrebungen im 19. Jahrhundert bleiben blass, die tragische Weimarer Republik scheint als Vorbild nicht zu genügen, der Widerstand gegen Nationalsozialismus (20. Juli 1944) und Kommunismus (17. Juni 1953) scheiterte. Die Nationalhymne erweckt per Saldo nur wenig Empfindungen des Stolzes, ein bewegender Gedenktag fehlt (Herdegen 1987, S. 215). Es scheint, als sei die Geschichte der deutschen Demokratie zu sehr eine von Niederlagen gewesen, deren positive Seiten (frühe Massenparteien, frühes allgemeines Wahlrecht und hohe Wahlbeteiligungen, Rechtsstaats- und Föderalismustradition) als unbeachtlich gelten müssten.

c. Schlagseiten politischer Partizipation
Als politische Partizipation gelten alle Aktivitäten, die Bürger/-innen freiwillig unternehmen, um politische Entscheidungen zu beeinflussen. Ihr zielgerichteter Charakter ist gewöhnlich (nicht stets) mit politischem Interesse gepaart. 2018 bekunden insgesamt 51 % der West- und 52 % der Ostdeutschen Interesse an Politik (Gabriel 2020a, S. 157), wobei diese Einstellung über die Jahrzehnte (sie wird seit 1969 erfasst) zwar einerseits enorm schwankt, andererseits heute aber das Interesse so hoch ist wie nie, sogar höher als zur Wiedervereinigung 1990, beeinflusst u. a. durch den Generationenwandel, das steigende Bildungsniveau und den Wertewandel (Gabriel 2020b; Weßels 2021, S. 380 f.). Unterdurchschnittliches Interesse an Politik haben in aller Regel Frauen, Jüngere unter 30 (ein Trend, der in den neunziger Jahren einsetzte), Menschen mit niedrigerem Bildungsgrad, Erwerbslose, Menschen mit niedrigem Einkommen und solche mit Migrationshintergrund (Bundesministerium für Arbeit und Soziales 2021, S. 475; Weßels 2021, S. 380). Im europäischen 29-Länder-Vergleich stehen die

Tab. 16.3 Politische Partizipation in Deutschland 2002 und 2018. In Prozent der Befragten, jeweils bezogen auf die letzten 12 Monate

Ausgeübte Partizipationsform:	2002		2018	
	West	Ost	West	Ost
Politiker(in) kontaktiert	14	14	20	19
Beteiligung an Unterschriftensammlung	31	35	40	36
Demonstrationsteilnahme	10	13	9	9
Parteiarbeit/Bürgerinitiative	4	4	5	6
Arbeit in Verein/Organisation	18	20	32	32
Wahlbeteiligung letzte Bundestagswahl	81	77	73	73
Internetkontakt mit Politiker/pol. Institution			7	4
Blog oder Forum mit politischen Inhalten			8	9
Nutzung lokaler Onlineangebote			15	12
Teilen politischer Inhalte			16	13
Onlinepetition oder -abstimmung			24	20

Quellen: Weßels (2021, S. 391); Gabriel (2020a, S. 195).

Deutschen mit ihrem Anteil politisch Interessierter an dritter Stelle (hinter Dänemark und Schweden), während die Länder mit relativ geringen Anteilen politisch Interessierter fast durchweg in Südeuropa liegen (European Social Survey 2019).

Über den Umfang, mit dem verschiedene Formen politischer Partizipation im heutigen Deutschland tatsächlich ausgeübt werden, gibt Tab. 16.3 Auskunft. Sie zeigt, dass – mit Ausnahme der Wahlbeteiligung, die in Deutschland im internationalen Vergleich sogar recht hoch ausfällt (IDEA 2021) und von der zunehmend Kleinparteien profitieren (Gabriel 2020b) – alle Partizipationsformen Sache von Minderheiten sind, auch die online genutzten (wobei hier ein Vergleich über einen längeren Zeitraum nicht möglich ist). Seit den siebziger Jahren hat das politische Handlungsrepertoire an Vielfalt gewonnen, wobei sich traditionelle und neuere Formen der Beteiligung häufig überschneiden – von unkonventioneller Partizipation macht eher Gebrauch, wer etwa auch wählen geht (Gabriel 2020a, 188 f.), es ist kein Entweder-Oder. Sie gilt als Ausdruck des gestiegenen Wunsches nach eigener Themensetzung und individueller Verwirklichung in der Bevölkerung, worauf die Politik nicht nur in Deutschland mit der Einführung neuer, plebiszitärer wie konsultativer Beteiligungsformen reagierte (Qvortrup 2018; Bächtiger et al. 2018), auch auf digitaler Ebene (Schwanholz und Zinser 2020).

Im Vergleich mit anderen Demokratien kann die deutschen Partizipation als normal gelten, manche Unterschiede (etwa zu den USA) erklären sich aus anderem Wahlrecht und anderer Parteienrolle, weniger inoffizielle Streiks als in Frankreich oder Großbritannien aus dort schwächeren Gewerkschaftsorganisationen (Dalton 2014, S. 47, 54, 56). Die nahezu durchgängig leicht niedrigeren Beteiligungsraten in den neuen Bundesländern schließlich sind typisch für alle nachsozialistischen Gesellschaften, gleichen sich jedoch mehr und mehr dem Westen an. Unterscheidet man, wie in der politischen Soziologie verbreitet, zwischen *„konventioneller" Partizipation (institutionell vorgesehen und üblich) und „unkonventioneller" Partizipation (herkömmlich kaum üblich, nicht durchweg legal)*[4], so spielt auch letztere in ihren legalen Formen eine beachtliche Rolle.

Wer aber beteiligt sich? Bei der konventionellen Partizipation finden sich die gleichen Schlagseiten wie bei der Verteilung von politischem Interesse: *Konventionell beteiligen sich überdurchschnittlich Deutsche mit höherem Bildungsgrad, Männer, Angehörige der oberen Mittelschicht. Hinsichtlich Alter streut konventionelle Partizipation im Sinne eines umgedrehten U; die höchsten Beteiligungsquoten weisen die mittleren Altersgruppen zwischen 35 und 60 Jahren auf (Schäfer 2015, S. 94 ff.; Weßels 2021, S. 392; Gabriel 2020b).* Die gleichen Schlagseiten gibt es in anderen westlichen Demokratien (Gabriel 2013, S. 29 ff.).

Die Politische Soziologie erklärt sie aus ungleich verteilten Partizipationsressourcen (Artikulationsfähigkeit, Kenntnisse, Zeit, Geld u. a.), unterschiedlicher politischer Sozialisation und unterschiedlichem Glauben an eigene Wirkungschancen. Bezeichnenderweise meinen im heutigen Deutschland 45 % der Befragten aus der unteren sozialen Schicht, durch politisches Engagement könne man nichts erreichen, während dieser Anteil mit steigender Schichtzugehörigkeit bis auf 18 % fällt. Das hat Folgen für die Wahlbeteiligung, und zwar anscheinend wachsende. *Während 1983 der Beteiligungsunterschied zwischen oberstem und unterstem Einkommensfünftel nur fünf Prozentpunkte betrug, weitete sich diese Differenz fortlaufend bis zu 19 Prozentpunkten in 2009.* Zur Bundestagswahl 2013 zeigte sich etwa, dass der Nichtwähleranteil nach Einkommensfünfteln (mit dem obersten beginnend) 7 %, 12, 19, 23 und 39 % betrug. Berücksichtigt man zusätzlich die sozial nicht repräsentative Zusammensetzung der Parteimitgliedschaften (Schäfer 2015, S. 20 f., 52 f., 97 f., 121; Petersen et al. 2013, S. 11,

---

[4]Als unkonventionell gelten Teilnahmen an Petitionen, Demonstrationen, Boykotten, inoffiziellen Streiks, Besetzungen, Blockaden, Beschädigungen, Gewalt an Personen (Barnes und Kaase 1979, S. 590).

20 f., 52 f.) sowie die Tatsache, dass extremistische Parteien überdurchschnittlich von Angehörigen der Unterschicht gewählt werden, so deutet dieses auf einen wachsenden Anteil der Unterschicht, der abseits des demokratischen Prozesses steht und ihm gegenüber fremdelt. *Die deutsche Demokratie trägt inzwischen sozial exklusive Züge, die sie in der Vergangenheit – jedenfalls in diesem Maße – nicht aufwies* (vgl. Abschn. 6.1b).

Schlagseiten zeigen sich auch bei unkonventionellen Partizipationsformen. *Generell wird unkonventionelle Partizipation überdurchschnittlich von Jüngeren und höher Gebildeten* ausgeübt (Bürklin und Klein 1998, S. 166; Weßels 2021, S. 392). Höhere Bildung, niedrigeres Alter und Linksorientierungen prädestinieren in Deutschland wie in den USA, Großbritannien oder Frankreich zur Protestbeteiligung (Dalton 2014, S. 75). Auch die oberen zwei Einkommensfünftel sind in Deutschland an Initiativen, Unterschriften, Demonstrationen, öffentlichen Diskussionen, Online-Protesten und Kaufboykotts überdurchschnittlich beteiligt (Schäfer 2015, S. 175).

Relevant ist auch die Partizipationsschwäche einer zweiten Großgruppe: der Menschen mit Migrationshintergrund (Müssig und Worbs 2012; Müssig 2020). Schon das Interesse für Politik liegt hier fast 20 Prozentpunkte unter dem von Menschen ohne Migrationshintergrund (Forschungsbereich beim Sachverständigenrat deutscher Stiftungen für Integration und Migration 2020, S. 23). Bei der Bundestagswahl 2017 lag ihre Wahlbeteiligung ebenfalls rund 20 % unter der von Menschen ohne familiäre Einwanderungsgeschichte. Tendenziell ist sie am geringsten in der ersten Einwanderergeneration, unter Menschen mit europäischer Herkunft, Frauen, Jüngeren und Menschen ohne abgeschlossene Ausbildung; die Präferenzen lagen eher bei der SPD (v. a. bei Türkischstämmigen), gefolgt von Union (insb. bei Spätaussiedlern) und Grünen (Arsu et al. 2017). Wenig anders sieht es bei der nicht-elektoralen Beteiligung aus. Im Ergebnis sind Einwohner/innen mit Migrationshintergrund in den Räten deutscher Großstädte, in Landtagen wie auch im Bundestag unterrepräsentiert – ebenso auch in Ländern wie Großbritannien, Frankreich oder Schweden (Müssig und Worbs 2012, S. 17; Arsu et al. 2017, S. 15 f.).

Die Praxis unkonventioneller Partizipation in Westdeutschland lässt sich nicht verstehen, ohne auf die 68er-Bewegung und die von ihr herkommenden „neuen sozialen Bewegungen" (Roth und Rucht 2008) einzugehen, wie sie seit den sechziger Jahren intermittierend die deutsche Politik beeinflussen. Ihr Beitrag zur politischen Kultur besteht einerseits in einer Ausweitung des partizipativen Handlungsrepertoires, andererseits im Überschreiten der Grenzen argumentativer Auseinandersetzung.

Seit Neuerem hat staatsbürgerliche *Aktivität unter dem Stichwort "Bürger- bzw. Zivilgesellschaft"* Aufmerksamkeit erregt. Nach der Begriffsvariante von Michael Walzer (2002, S. 35) ist sie dadurch gekennzeichnet, dass die Bürger/-innen selbstverantwortlich ihr Leben gestalten, sich aber auch mit Gemeinsinn um das Ganze kümmern und soziale Aktivitäten entwickeln: „Civil society is (ideally) a realm of free choice, community, and participation". Dabei ist an Gruppen, die allgemeine Interessen vertreten („public interest groups") ebenso wie an ehrenamtlich-gesellschaftliches Bürgerengagement als Ausdruck von Bürgergesellschaft gedacht. Gemessen an der Vereinsmitgliedschaft gehört Deutschland (zusammen mit Großbritannien und Frankreich) mit 50–60 % zur mittleren Gruppe in Europa, während Süd- und Osteuropa geringere und nordeuropäische Länder höhere Organisationsgrade aufweisen (Ackermann und Freitag 2016, S. 276). Ehrenamtliche Aktivitäten in Deutschland sind am meisten bei Sport/Freizeit und Kirchen verbreitet, scheinen zu Bildungs- und sozialen Themen allerdings weniger häufig als in manchen vergleichbaren Ländern (Westle und Gabriel 2008, passim). Auch das freiwillige Engagement schwankt beträchtlich, liegt 2019 bei 39 %, niedriger bei Älteren, Menschen mit geringer formaler Bildung, Migranten und Ostdeutschen (Simonson et al. 2021, S. 15 ff.). Von „Bürger/-innen" zu sprechen, liegt auch nahe, weil das Engagement deutlich mit steigendem Einkommen und höherer Bildung korreliert; Arbeiter/-innen beteiligen sich am wenigsten (Blanke und Schridde 2001, S. 122; Westle und Gabriel 2008, S. 62; Schäfer 2015, S. 169, 173). Auch wenn derartige Selbsttätigkeit der Gesellschaft großenteils nicht darauf abzielt, politische Entscheidungen zu beeinflussen, wirkt sie reduzierend auf den Aufgabenbereich des Staates. Hinzu kommt die Wirkung auf etwas, das die Forschung als *Sozialkapital* bezeichnet: den Dreiklang aus sozialem Vertrauen, Normen der Reziprozität und sozialen Netzwerken (Putnam 2000, S. 18 f.). Wo das Vereinsleben schwächelt, gibt es weniger soziale Netzwerke und weniger Sozialkapital – dadurch litten soziale Gleichheit und Integration, würden Radikalisierung und Polarisierung steigen (Putnam 2000, S. 336 ff.)

Ein Grundproblem der Partizipation bleibt weltweit: Bei allen Formen politischer Beteiligung stößt man immer auf deren soziale Schieflage, je aufwendiger die Beteiligung, desto sozial ungleicher wird sie ausgeübt – stets unterdurchschnittlich von sozialen Unterschichten (van Deth 2016, S. 175). „Mehr Beteiligung bedeutet weniger Demokratie" – auf diese irritierende Formel hat Roland Roth (2016, S. 59, 71) dieses Dilemma gebracht. Trotz aller empirischen Erfahrung meint er, die „sozial ungleiche Mitwirkung" sei „kein unausweichliches Naturgesetz".

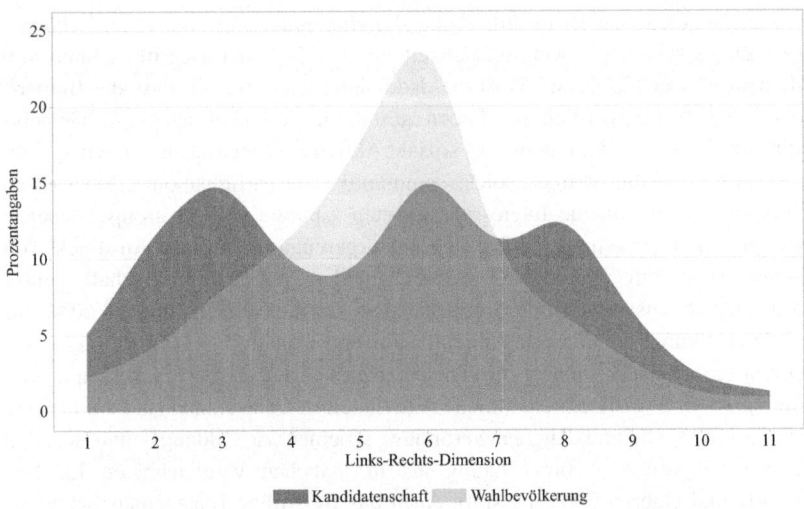

Abb. 16.3 Ideologische Selbsteinstufung 2017 (1 = ganz links, 11 = ganz rechts). (Quelle: Giebler und Melcher 2019, S. 51)

d. Entscheidungsmuster: Zwischen Mehrheitsentscheid und Verhandlung

Der politische Entscheidungsprozess in Deutschland oszilliert zwischen Mehrheits- und Verhandlungsentscheid. Obwohl aufgrund ihres parlamentarischen Regierungssystems eher als Konkurrenzdemokratie angelegt, weist die Bundesrepublik mit starken Vetospielern wie Bundesrat, Bundesverfassungsgericht und Europäischer Union auch deutliche Züge einer Verhandlungsdemokratie auf. Immerhin lässt die Mitte-Orientierung der Wählerschaft (Abb. 16.3) die großen Parteien um die Mitte gravitieren, auch wenn die einzelnen Bundestagskandidat/-innen hiervon abweichen mögen. Da die Mitte stark ist, gelangt man so häufig zu Kompromissen bzw. inkrementalen Veränderungen. Die Kehrseite ist, dass vielfach Konflikte wie Konturen verwischen und (extremistische) Randparteien an Zulauf gewinnen, weil sie als inhaltliche Alternative wahrgenommen werden. Durchschnittsbürger/-innen haben infolge von Politikverflechtungen und Kompromissen in einem Vier-Ebenen-System *Schwierigkeiten, die Verantwortlichkeit für konkrete Entscheidungen bestimmten Parteien zuzuordnen.* Zudem stellt sich, bei allen Vorteilen auch kompromisshaft-marginaler Kurskorrekturen, die Frage, ob Deutschland nicht in eine „Stagnation durch Übermaß an Konkordanz" geraten könne (Schulze-Fielitz 1984, S. 21 ff., 110 ff., 147).

Als zweites Charakteristikum des bundesdeutschen Entscheidungsprozesses ist die *Rolle der öffentlichen Meinung im Sinne herrschender Meinung zu werten* – jedenfalls bei sozio-kulturellen Fragen, wo vielfach ein öffentlicher Konsens besteht, der sich aus vorherrschendem Medientenor und Überzeugungen der politischen Elite ergibt, aber abweichenden Meinungen wenig Raum lässt. Selbst Regierungen scheinen zuweilen nur wie Korken auf den Wellen der öffentlichen Meinung zu schwimmen – so der Eindruck mancher Politikwissenschaftler/-innen (Dittberner 2006, S. 227 f., 230).

Drittens gilt als typisch für die deutsche Politik die *Verrechtlichung der Politik,* die Neigung, politische Streitfragen als juristische zu begreifen und vor Gericht, insbesondere dem Bundesverfassungsgericht, auszutragen. Dessen starke Stellung, ebenso zahllose völker- und menschenrechtliche Verpflichtungen der Bundesrepublik laden dazu ein. Derart materiell aufgeladene Verfassungsinterpretationen bzw. juristische Festlegungen bergen zunächst als problematische Konsequenz eine „Vergatterung des Gesetzgebers bzw. der legislativen Mehrheit zum Verfassungsvollzug", bei der legitimer Entscheidungsspielraum verloren geht (Vorländer 1981, S. 13 ff.). Daneben führt das Damoklesschwert des Gangs nach Karlsruhe, das in der Hand der Opposition liegt, zu einer weiteren Konsensorientierung der Politik, weil die Regierungsfraktionen ihre Vorhaben an erwartbare Reaktionen anpassen (müssen). Hinzu kommt schließlich die Überschneidung zum zweiten Problem: Eine Entscheidung im Sinne der Bundestagsopposition wird wahrscheinlicher, wenn sie auf gesellschaftliche Mehrheiten bauen kann (was freilich kein Beleg für eine etwaige Orientierung an der öffentlichen Meinung sein muss) (Sternberg et al. 2015) (Tab. 16.4).

e. Grenzen der Homogenität: Regionale Sonderkultur im Osten?

Aus historischen (Prägung durch zwei Diktaturen) und sozialisatorischen (dreifache – ökonomische, politische und soziale – Transformation, wirtschaftlicher Abschwung) Gründen hat sich in Ostdeutschland nach 1990 eine politische Kultur entwickelt, die in mehreren Punkten von der im Westen abwich und deren Spuren bis heute wirksam sind:

- Obwohl Demokratie prinzipiell bejaht wird, findet die konkrete Gestalt der *bundesdeutschen Demokratie weniger Zustimmung.* Skeptische, unsichere und ablehnende Einstellungen zu ihr sind verbreitet (vgl. Abschn. 16.2b). Die Demokratievorstellungen scheinen weniger als im Westen von individueller Verantwortlichkeit und freiheitlichen Vorstellungen getragen (Conradt 2015, S. 265 f.; Mannewitz 2015a). Auch der Nationalstolz bezieht sich im Osten signifikant weniger auf Grundgesetz (32 % zu 36 %) und Sozialstaat (22 zu 31 %),

Tab. 16.4 Die politische Kultur im Überblick

Dimensionen	Bestimmende Merkmale	Schwächen
Einstellungen zur staatlichen Gemeinschaft	Geringer Nationalstolz	Belastungen durch die Vergangenheit
Einstellungen zum politischen System	Prinzipielle Demokratiebejahung, weniger Zufriedenheit mit Demokratierealität	Divergierende Haltung zum Links- und Rechtsextremismus
Partizipation	Normale Partizipation	Regelkonsens nicht allgemein, Unterschicht wenig partizipierend
Entscheidungsmuster	Züge von Mehrheits- als auch Verhandlungsdemokratie	Intransparenz, verwischte Verantwortlichkeit
Homogenitätsgrad	Homogenität der politischen Kultur, überwiegend pragmatische Orientierungen	„doppelte Differenz": regionale Sonderkultur im Osten + Gegensatz zwischen Schock- und Gewinnerregionen

Quelle: Eigene Darstellung.

hingegen deutlich stärker als im Westen auf das kulturelle Erbe (46 zu 24 %) (Molthof und Mohr 2019, S. 18).

- *Wertpräferenzen weichen von denen im Westen ab:* Wirtschaftliches Wachstum, technischer Fortschritt und öffentliche Sicherheit haben einen höheren Stellenwert als im Westen, mehr staatliche Versorgung wird erwartet (Fuchs 1997, S. 7; Ipos 1995, S. 22, 25; Gabriel et al. 2015, S. 143). Bis in die Gegenwart wünschen Ältere im Osten häufiger staatliche Verantwortung auf verschiedenen Politikfeldern als im Westen. Dieser Unterschied baut sich offenbar mit dem Generationenwechsel ab, denn bei den unter 35-Jährigen besteht er nicht mehr (Konzelmann et al. 2014, S. 197; Gabriel et al. 2015, S. 157 ff.). Ähnlich sieht es beim postmaterialistischen Wertewandel aus, wo vor allem Ältere noch stark differieren (Scheuer 2016, S. 417 ff.) und den Osten zu einer stärker materialistisch geprägten Gegend machen. Zugleich: Beim Frauenmodell zeigt sich der Osten – wohl aufgrund der in der DDR gelebten Rollenverteilung – progressiver als der Westen (Gabriel et al. 2015, S. 94 ff.). Beim Konflikt zwischen Freiheit und sozialer Gleichheit gibt man in den neuen Ländern der letzteren den Vorrang, anders als im Westen (John Stuart Mill Institut für Freiheitsforschung 2011, S. 7 f.; Gabriel et al. 2015, S. 85). So oder so: Der Generationenwandel schleift die Einstellungs- und Werteunterschiede ab (Gaiser und de Rijke 2019).

16.2 Dimensionen politischer Kultur der Gegenwart

- Die *parteienbezogene politische Partizipation* (Parteimitgliedschaft, Parteiidentifikation und Wahlbeteiligung) ist *deutlich schwächer.* Leicht hängt auch das freiwillige Engagement in gesellschaftlichen Organisationen oder Gruppen zurück (Jaeck 2020; Gabriel 2020a; Simonson et al. 2021).
- Das *politische Wissen* zum politischen System und zu politischen Inhalten ist im Osten über die Jahre schwächer ausgeprägt als im Westen – aufgrund politisch-kultureller (Demokratiezufriedenheit, Gefühle politischer Selbstwirksamkeit, Parteiidentifikation, politisches Vertrauen) und sozialstruktureller Unterschiede (Geschlechterzusammensetzung, Schulbildung, subjektive Schichtzugehörigkeit, Einkommen, Medienkonsum, Alter – De Souza 2022).
- *Mit der Rolle der Linken und der AfD, aber auch der größeren Schwäche der Volksparteien, unterscheidet sich das Parteiensystem von dem im Westen,* auch wenn Angleichungstendenzen erkennbar sind. Der (bislang) starken Stellung der Linken, nunmehr der AfD, entspricht seit Ende der neunziger Jahre eine stärkere Polarisierung der ostdeutschen im Vergleich zur westdeutschen Bevölkerung, gemessen an der Links-Rechts-Selbsteinstufung (Roose 2021, S. 35 ff).
- *Die Mediennutzung unterscheidet sich von der im Westen:* Printmedien und die öffentlich-rechtlichen Nachrichtensendungen werden im Osten weniger intensiv genutzt, wohingegen die Nachrichten im Privatfernsehen größeren Zuspruch erhalten; subjektiv spielt das Internet eine wichtigere Rolle, Printmedien eine weniger wichtige als im Westen (Maier 2020, S. 296 ff.).

Obwohl diese Züge der politischen Kultur es noch immer erlauben, von einer regionalen Sonderkultur zu sprechen – vor allem bedingt durch die wirtschaftliche Lage im Osten, das Gefühl der relativen Deprivation im Vergleich zum Westen und eine durch Abwertungserfahrungen gespeiste Ostidentität (Pickel und Pickel 2020, S. 484 ff.) –, nimmt *deren Bedeutung ab, wachsen Regionalkulturen, die quer zur Ost-West-Grenze verlaufen.* Hinweise auf neue Bruchlinien, die den Ost-West-Gegensatz relativieren, liefern das Parteiensystem (Decker 2022), der gesellschaftliche Zusammenhalt (Arant et al. 2017; Unzicker 2022), Einstellungen zu demokratisch-konstitutionellen Grundzügen (Mannewitz 2015b) und gesellschaftspolitische Grundhaltungen (Libertarismus und Weltoffenheit versus Furcht vor Identitätsverlust; Hilmer 2020). Sie heben die Bedeutung regionaler Einflussfaktoren wie Wirtschaftskraft und -struktur, Durchschnittsalter, Konfession, Infrastruktur, Urbanisierung, politischer Tradition und Siedlungsstruktur in den Vordergrund und deuten darauf hin, „dass die Bruchkante der wirtschaftlichen Entwicklung nicht immer ausschließlich entlang der ehemaligen innerdeutschen Grenze verläuft" (IWH 2019, S. 5). Durch den sich schärfenden

Gegensatz von „Schock-" und „Gewinnerregionen" hier wie da wird die Spaltung zwischen alten und neuen Ländern ergänzt – im Ergebnis entsteht so das Bild einer „doppelten Differenz" (Holtmann 2020, S. 496 ff.).

16.3 Der schwierige Umgang mit politischem Extremismus

Unzweifelhaft dominiert eine Akzeptanz der Demokratie. Aber Unzufriedenheiten mit ihrer Praxis geben Anlass zu der Frage, welche Alternativen legitim oder möglicherweise akzeptierbar sein könnten. Im internationalen Vergleich liegt der Anteil derer, die der Demokratie zugeneigt sind, ähnlich hoch, wiederum der Anteil, die sich eine (Führer- bzw. Militär-)Diktatur vorstellen können, ähnlich niedrig wie etwa in der Schweiz, Norwegen und Finnland (Dalton und Shin 2014, S. 107). Doch womöglich sind diese auf den ersten Blick beruhigenden Daten nur durch die Fragen der Surveys verzerrt, ließen Menschen bei anders gearteten Alternativmodellen auch höheren Zuspruch erkennen. Die Forschung schenkt in diesem Zusammenhang der gesellschaftlichen Haltung zur Expertokratie bzw. „stealth democracy" (Hibbing und Theiss-Morse 2002) seit einiger Zeit vermehrt Aufmerksamkeit: „Die Regierung einer Stealth Democracy setzt sich aus neutralen, nicht-gewählten und uneigennützigen Experten statt aus parteiischen politischen Akteuren zusammen. Die politischen Entscheidungen werden objektiv, ohne Tumult, rasch und effektiv von gemeinwohlorientierten und gut informierten Personen getroffen. Dabei kann es sich um wissenschaftliche Expertinnen und Experten, unabhängige Kommissionen oder erfolgreiche Wirtschaftsleute handeln. […] Die Regierung ist demnach ein technokratischer, bürokratischer Apparat, der im Sinne einer übergeordneten Gemeinwohlorientierung sämtliche politische Entscheidungen für ein Land trifft. […] Dass die Regierungsmitglieder nicht gewählt sind, hat zur Folge, dass sie nicht von Sonderinteressen, finanziellen Anreizen oder Nebeneinkünften geleitet sind und deshalb stärker im Sinne der breiten Öffentlichkeit handeln können. Anstelle von unterschiedlichen Parteiinteressen und ideologischen Debatten dominieren somit Expertenmeinungen und effiziente politische Abläufe" (Ackermann 2018, S. 27).

Umfrageergebnisse deuten darauf, dass eine Mehrheit der Menschen hierzulande sich ein derartiges politisches System vorstellen kann (Gherghina und Geissel 2017; Landwehr et al. 2017; Mannewitz 2015b, S. 233 f.). Das spricht für eine gewisse „Outputorientierung", eine „postdemokratische" Neigung in der Bevölkerung (Mannewitz 2015b, S. 241). Gute Ergebnisse sind wichtiger als uneingeschränkt demokratische Mitwirkung, könnte man sagen. Bei entsprechender Situation könnten sich also durchaus Einfallstore für grundsätzliche Veränderungen öffnen.

Irritierender noch, da nicht nur hypothetisch erfragt, sind *akzeptierte Einschränkungen von Grundrechten,* wenn Mehrheiten von 63,9 % sie bei der Meinungsfreiheit, 87,7 % bei der Versammlungsfreiheit und 74,8 % der Vereinigungsfreiheit akzeptieren. Dahinter steht ein antiextremistischer Impuls, allerdings eher einseitiger, da nur 30,9 % dem Linksextremismus die Versammlungsfreiheit absprechen, aber 86,2 % dem Rechtsextremismus. „Antirechtsextremismus gehört zum Konsens, Antilinksextremismus nicht". Die Partizipationsrechte sind staatlich geschützt, aber vom Volk nur mit „Exklusivität" akzeptiert (Mannewitz 2015b, S. 236 f., 240, 245). Dazu passt, dass laut der aktuellen Leipziger Mitte-Studie (Pickel et al. 2020, S. 106 f.) 88 % Rechtsextremismus als Bedrohung empfinden (Ost 79, West 90 %), aber nur 73 % Linksextremismus (Ost 77, West 75 %).

Dies bestätigt sich, wenn man das Problem anders angeht. Wie steht es um die öffentliche Meinung, die nach Noelle-Neumann entscheidet, was man äußern kann, ohne sich zu isolieren oder Schwierigkeiten zu bekommen? Wieweit reicht die tatsächliche Toleranz, die im politischen Meinungsbildungsprozess herrscht? Nach einer IfD-Umfrage von 2019 meint eine absolute Mehrheit der Befragten, 63 % (und damit über 20 % mehr als noch 2013), es gebe eine Reihe von Themen, zu denen man aufpassen müsse, was man sagt – 23 % sehen das nicht so. Zu den heiklen Themen gehören Flüchtlinge, der Islam und Muslime, Juden, Hitler und das Dritte Reich (alle jeweils über 50 % Zustimmung) (Petersen 2013; Institut für Demoskopie Allensbach 2019). *Tabuisierungen im Zeichen politischer Correctness* wurden auch in der Vergangenheit konstatiert, etwa bei Themen wie Nation, Zuwanderung, Bevölkerungspolitik, Lage im Osten Deutschlands (Peter Glotz zit. nach Grieswelle 2004, S. 233). Eine zentrale Rolle hierbei spielen die sozialen Medien. Aus dem Umstand, dass 27 % meinen, man müsse bei einigen Themen im Netz aufpassen, 36 % bei vielen Themen, spricht die Angst vor sog. „Shitstorms", die öffentlichkeitswirksam immer wieder Politiker/-innen und andere Personen des allgemeinen Interesses überziehen. Weniger die persönliche Freiheit der privaten Meinungsäußerung erscheint beschädigt, wohl aber bei tabuisierten Themen die politische Problembearbeitung in der Öffentlichkeit. *Alles in allem: Die liberaldemokratische Decke wirkt hier und da dünn, zumindest wenn es gegen, aber auch um Extremismus von rechts geht oder zu gehen scheint: Gewachsen ist u. a. mit der AfD nicht nur die politische Bedeutung des rechten Randes, sondern auch die Unduldsamkeit ihm gegenüber.*

Betrachtet man die extremistische Bedrohung, ergibt sich heute folgendes Bild. Eine vielfältige Herausforderung von links stellte einst Grundsatzkritik dar, wie sie ab 1968 einsetzte, vielfach irrlichternd und begleitet von manchen Rechtsbrüchen, ohne mehrheitlich eine antidemokratische Grundhaltung zu vertreten. Sie hat seit Anfang der achtziger Jahre an Bedeutung verloren. Nach dem Stand von 2021 sieht der Verfassungsschutz ein linksextremistisches Potenzial von etwa 34.700 Personen. Von diesen gelten 10.300 als gewaltorientiert, hauptsächlich „Autonome", auf deren Konto die Masse der 987 linksextremistischen Gewalttaten des Jahres geht (Bundesministerium des Innern und für Heimat 2022, S. 34, 125). Sie treten als militante Speerspitze bei Demonstrationen gegen „Faschismus", „Repression", Kapitalismus uvm. hervor, attackieren dort, aber auch in Form klandestiner Gewalt, Polizei und – tatsächliche wie vermeintliche – Rechtsextremist/-innen (Mannewitz und Thieme 2020, S. 68 ff., 111 ff.; Pfahl-Traughber 2020, S. 182 ff., 189 ff.). In der Öffentlichkeit auf Ablehnung stoßend, ziehen sie meist nur vorübergehend Aufmerksamkeit auf sich.

Mit Blick auf die Stabilität der Demokratie stellen einschlägige Parteien und Einstellungspotenziale in der Bevölkerung generell ein größeres Risiko dar als extremistische Gewalt. Am linken Rand war anfangs lediglich die KPD von Belang; die Partei Die Linke lässt zwar einige Fragezeichen hinsichtlich ihrer Tradition und der konkreten Ausgestaltung des künftigen gesellschaftspolitischen Systems aufkommen (Kap. 4), sie taucht seit 2012 aber nicht mehr als ganze Partei im Verfassungsschutzbericht auf (nur noch einzelne Teilorganisationen). Auch wenn diese Teilorganisationen einflussreich bis in die Führungsspitze der Partei bleiben, parteipolitisch ist der Linksextremismus marginalisiert, ähnlich sieht es auf Einstellungsebene aus: Das Potenzial wird auf um die drei Prozent im Westen geschätzt und auf fünf bis zehn im Osten (Jungkunz 2019, S. 113).

Mit Blick auf innere Sicherheit und Demokratieschutz stellt der Rechtsextremismus aktuell das deutlich größere Problem dar: Das Personenpotenzial ist zwar leicht geringer (33.900), das gewaltorientierte Spektrum aber größer (13.500 Personen) als im linken Spektrum. Und wenn die Gesamtzahlen auf ein im Vergleich zum Linksextremismus leicht niedrigeres Gewaltniveau verweisen (945 im Jahr 2021), ist immer auch die Intensität in Rechnung zu stellen: Körperverletzungen und (versuchte) Tötungsdelikte machen 786 Taten aus; im Linksextremismus sind es „nur" 363. Kamen – je nach Zählweise – von 1990 bis 2021 zwischen 110 und 218 Menschen durch Rechtsextremist/-innenn ums Leben (Amadeu Antonio Stiftung 2022), waren es im Linksextremismus vier (Katapult Redaktion 2021). Hinzu kommt die unlängst gestiegene Bedrohung durch rechten Kleinzell- (NSU, Old School Society, Gruppe Freital, Revolution Chemnitz, Gruppe S.) und Einzeltäterterrorismus (Messerangriff auf Henriette Reker 2015, Anschlag im Münchener Olympia-Einkaufszentrum 2016, Ermordung Walter Lübckes sowie Anschlag in Halle 2019, Hanau 2020 – Pfahl-Traughber 2021). Der Rechtsterrorismus stellt heute ein relevantes Problem für die innere

16.3 Der schwierige Umgang mit politischem Extremismus

Sicherheit dar, kann zugleich auf eine lange Vorgeschichte in den 1970ern und 1980ern zurückblicken (z. B. Deutsche Aktionsgruppen, Hepp-Kexel-Gruppe, Wehrsportgruppen).

In der Geschichte der Bundesrepublik brachten es rechtsextremistische Parteien (von der Frühphase abgesehen) nie zu überregionaler politischer Bedeutung: Das stärkste bundesweite Wahlergebnis einer eindeutig rechtsextremistischen Partei fuhr die NPD 1969 mit ihrem (bis heute) unerreichten Bundestagswahlergebnis von 4,3 % der Zweitstimmen ein – sie scheiterte an der Fünf-Prozent-Hürde. Wählerzuläufe, die hin und wieder einer Rechtsaußen-Partei bei einer Landtags- oder Europawahl über die Fünf-Prozenthürde verhalfen und ihr eine parlamentarische Vertretung bescherten, deuteten nahezu durchgängig auf Protestwahl hin. Gerade wegen ihrer öffentlichen Tabuisierung bieten sich rechtsextreme Parteien als Ventil an, um einer Empörung effektvoll Ausdruck zu verleihen.

Seit dem Bundestagseinzug der AfD im Jahr 2017 und ihrer fortwährenden Radikalisierung (v. a. durch Austritte gemäßigter Mitglieder und dem Bedeutungsgewinn des „Flügel"-Spektrums), die den Verfassungsschutz „ausreichende tatsächliche Anhaltspunkte für verfassungsfeindliche Bestrebungen innerhalb der Partei" sehen lässt, stellt sich das Problem auf gänzlich neue Weise. Politisch isoliert, repräsentiert die AfD nicht nur einen frustrierten Protest-, sondern auch einen inhaltlich übereinstimmenden Wähleranteil (Pickel 2019, S. 157 ff.). Sie wird das Parteiensystem wohl so schnell nicht wieder verlassen, vor allem, weil sie die ersten Hürden der Etablierung schon genommen hat; aber auch wegen des festen Sockels an rechtsextremen Einstellungen in der Bevölkerung, der seit Jahren einigermaßen gleichmäßig zwischen fünf und zehn Prozent schwankt (höher im Osten, niedriger im Westen; Decker et al. 2019, S. 51; Küpper et al. 2021, S. 90 ff.; Berning und Ziller 2022), und der zu erwartenden globalen Süd-Nord-Migration in den nächsten Jahrzehnten infolge von Klimawandel, Bürgerkriegen und Armut.

Schwerer als mit hart links- und rechtsextremistischen Gruppen tut sich die deutsche Öffentlichkeit mit Phänomenen, die eine Strategie der Entgrenzung verfolgen – und zwar links wie rechts. Gemeint ist damit der Versuch, durch die Besetzung aktuell breit diskutierter Themen (z. B. Klimaschutz, Covid) sowie eine demokratische Gruppierungen einschließende Bündnisstrategie gesellschaftlich anschlussfähig zu werden und Menschen außerhalb der eigenen Reihen zu radikalisieren sowie in einem zweiten Schritt zu gewinnen. Am aktivsten in dieser Richtung ist im Linksextremismus aktuell wohl die postautonome Interventionistische Linke (u. a. „Ende Gelände", „Deutsche Wohnen enteignen", „Rheinmetall entwaffnen"; Currle 2020; Inden 2021), im Rechtsextremismus zeugen Versuche der Vereinnahmung der sog. „Flüchtlingskrise" 2015/16 durch einschlägige Rechtsextremisten (u. a. NPD, JN), aber auch Querdenken-Proteste unter Beteiligung von Neonationalsozialisten sowie einschlägige Organisationen (Freie Sachsen) von einer Entgrenzungsstrategie.

Die überaus heterogene Szene der Reichsbürger/-innen und Selbstverwalter/-innen (2021: 21.000 Personen, davon 1 150 rechtsextremistisch) kommt im Jahr 2021 auf 184 Gewalttaten (v. a. Erpressung und Widerstandsdelikte), der religiöse Extremismus (v. a. Islamismus) auf 49 Gewalttaten (mehrheitlich Körperverletzungen). Stellt erstgenannte vor allem aufgrund ihrer Waffenaffinität und von gewaltsamen Umsturzplänen eine Gefahr dar (Zwangsräumung in Reuden, Polizistenmord in Georgensmünd 2016 und Aushebung einer bundesweiten Terrorzelle im Winter 2022), resultiert sie bei letztgenanntem aus terroristischen Anschlägen (u. a. Angriff in einem Regionalzug nahe Würzburg, Sprengstoffanschlag in Ansbach und auf dem Berliner Weihnachtsmarkt 2016, Messerangriff in einem Lebensmittelgeschäft in Hamburg 2017 sowie auf zwei Männer in Dresden 2020). Die von beiden Szenen ausgehende Gefahr für die Demokratie ist, anders als bei der öffentlichen Sicherheit, vernachlässigbar. Die Ampelkoalition will auf dem Extremismusfeld u. a. auf die EU-weite Vereinheitlichung von Datenbanken und Definitionen dringen, politisch motivierte Kriminalität detaillierter als bisher erfassen und Rechtsextremist/-innen leichter als bisher aus dem öffentlichen Dienst entfernen (Mehr Fortschritt wagen – Koalitionsvertrag, S. 107, 150).

Generell ist Extremismus heute weniger eindeutig und fassbar geworden als einst. Statt klar umrissene und ideologisch leicht zu verortende Parteien treten zunehmend undogmatische Bewegungen oder Mischszenen wie die „ (Post-) Autonomen" von links oder lokale, aus Neonazis, Rockern und Hooligans bestehende „Bruderschaften" von rechts auf. Noch schwerer greifbar ist islamistischer Extremismus, der international vernetzt und nur selten organisiert ist. Das Extremismus-Feld wirkt unübersichtlicher, Grauzonen wachsen (Jesse und Mannewitz 2018): weil dogmatische, hoch ideologisierte Links- und Rechtsextremist/-innen auf dem Rückmarsch sind, dafür aber pragmatische, entgrenzende Ansätze an Boden gewinnen; nicht weniger gilt dies für legalistische Wege, Mimikry und Diskursverschiebungen, die rechts unter dem Label „Metapolitik", links unter „kultureller Hegemonie" firmieren (Pfahl-Traughber 2019, S. 7).

Im Ganzen erscheinen die Kräfte des Extremismus quantitativ (noch) nicht als bedrohlich. Aufseiten der Linken wirken die abgeebbte Dynamik linker Bewegungen und der Kollaps des europäischen Kommunismus nach, bei der Rechten die Erinnerung an die NS-Diktatur und öffentliche Isolation. Das Bundesverfassungsgericht hat ein Verbot der als verfassungsfeindlich erkannten NPD abgelehnt, weil diese zu unbedeutend sei, um eine Gefahr darzustellen (Kriterium der „Potenzialität"; Backes 2017) – oder folgte es damit nur der europäischen Rechtsprechung, in deren Linie ein solches Urteil liegt? So oder so sind Parteiverbote, die als das

16.3 Der schwierige Umgang mit politischem Extremismus

schärfste Schwert der wehrhaften deutschen Demokratie gelten, unwahrscheinlich geworden: Fehlt die Potenzialität, sind die Erfolgsaussichten eines Antrags gering; ist sie gegeben, erscheint ein Antrag politisch wenig opportun. Das erklärt die Ausweichbewegung zumal gewaltbereiter Neonationalsozialisten auf das Parteienmodell (Die Rechte, Der III. Weg, Neue Stärke Partei, Freie Sachsen).

Ohnehin wurde dieses Schwert nur selten gezückt: Verboten wurde 1952 die SRP, 1956 die KPD; nicht verboten wurde die NPD (2003, Verfahren zuvor angestrengt durch die Bundesregierung, und 2017, Verfahren zuvor angestrengt durch den Bundesrat). Ähnlich das Bild bei der Verwirkung von Grundrechten: Die bisher vor dem Bundesverfassungsgericht angestrengten vier Verfahren (gegen die Rechtsextremisten Otto Ernst Remer, Gerhard Frey, Thomas Dienel und Heinz Reisz) wurden allesamt zurückgewiesen. Anders verhält es sich mit dem Vereinsverbot, das die Innenminister/-innen aussprechen können, aber nicht müssen. Allein der Bund hat seit Inkrafttreten des Vereinsgesetzes 1964 (zuvor galt das Legalitätsprinzip: verboten wurde, was extremistisch war) im Bereich Rechtsextremismus 20, im Linksextremismus eines, im Islamismus 15, im Bereich Ausländerextremismus 93, im Bereich organisierte Kriminalität und Rockerbanden 33 sowie im Bereich Sonstiges zwei Verbote ausgesprochen (Bundesministerium des Innern 2022) – die Zahl auf Länderebene liegt um ein Vielfaches höher, lässt zudem Wellenbewegungen erkennen (Gerlach 2012; Philippsberg 2015).

Ähnlich wichtig zur Verteidigung der Demokratie ist wohl der Verfassungsschutzverbund, der neben der Gefahrenabwehr im Bereich der inneren Sicherheit regelmäßig die Aufklärung der Öffentlichkeit in Form von Berichten und themenbezogenen Publikationen über verschiedene Formen des Extremismus leistet. Das Trennungsmodell (Polizei und Nachrichtendienste haben getrennte Befugnisse), in der EU zur Norm avanciert, der föderale Aufbau des Verbundes wie auch das ausgedehnte Berichtswesen charakterisieren den Verfassungsschutz (Backes 2022), dessen Versagen beim NSU indes zu vielerlei Reformdiskussionen geführt hat (Lange und Lanfer 2015; Grumke und van Hüllen 2016). An der prinzipiellen Notwendigkeit seines Bestehens gibt es ungeachtet allen Reformbedarfs in der politischen Mitte aber keine fundamentalen Zweifel. Seine stärkste demokratieschützerische Kraft entfaltet er in Form des Berichtswesens, das bisweilen nicht nur warnende, sondern auch stigmatisierende Wirkung hat (Backes 2022).

Was bleibt, ist die Möglichkeit, dass sich in einer krisenhaften Zukunft antidemokratische Dynamik entfalten könnte – ähnlich 2015/16 während der sog. „Flüchtlingskrise", die der AfD-Politiker Alexander Gauland nicht umsonst als „Geschenk des Himmels" bezeichnete, und während der Corona-Pandemie, aus der allerlei Rechtsextremist/-innen Kapital zu schlagen suchten. Dem entgegen wirken jedoch (noch) die befriedenden Effekte wirtschaftlich-sozialer

Verhältnisse und die von seinen Kritiker/-innen gefürchtete „Klebrigkeit des parlamentarischen Regierungssystems" (Agnoli und Brückner 1967, S. 77) für jeden und jede, der bzw. die sich mit ihm einlässt.

Unverkennbar wird es zum Problem der wehrhaften Demokratie, wenn sie nur gegen eine Form des Extremismus vorgeht, es an Äquidistanz mangeln lässt (Jesse 2006). Das heißt nicht, über links zu reden, wenn rechts etwas passiert (oder umgekehrt), sondern gleiche Maßstäbe anzulegen. Die wiederum können für eine wehrhafte Demokratie nur der Schutz ihrer Grundfesten sein; Gewalt und Kriminalität im Allgemeinen hingegen sind Sache der Strafverfolgungsbehörden. Dass häufig von „Rechts" statt von „Rechtsextremismus" die Rede ist, deutet auf andere Motive als demokratische Sorge. Ein Trend zu „einem einseitig stigmatisierenden „Republikanismus" mit „antifaschistischer und linkslibertärer Stoßrichtung" scheint sich auszubreiten (Miliopoulos 2015, S. 210), ungeachtet dessen, dass die Hauptgefahr im Rechtsextremismus liegt. Bestrafungen mancher Propagandadelikte sowie Neigungen, extremen Rechten das Versammlungsrecht zu nehmen, tangieren Grundrechte wohl mehr als in einer wehrhaften Demokratie notwendig (Jesse 2007). Auch die Vereinsverbotspraxis scheint manchen Beobachter/-innen hinsichtlich Wirkungen und Nachhaltigkeit „fraglich" (Gerlach 2013, S. 547 f.). *Einiges an Attraktivität liberaler Demokratie, die auch auf Anhänger/-innen extremistischer Vorstellungen ausstrahlen sollte, droht dabei verloren zu gehen.*

Literatur

Ackermann, Maya (2018): Stealth Democracy in der Schweiz, Wiesbaden.
Ackermann, Kathrin/Freitag, Markus (2016): Social Capital in der Vergleichenden Politikwissenschaft, in: Lauth, Hans-Joachim et al. (Hrsg): Handbuch Vergleichende Politikwissenschaft, Wiesbaden, S. 271 ff.
Agnoli, Johannes/Brückner, Peter (1967): Die Transformation der Demokratie, Berlin.
Almond, Gabriel A. (1956): Comparative Political Systems, in: Journal of Politics 18 (3), S. 391 ff.
Almond, Gabriel A./Verba, Sidney (1965): The Civic Culture, 2. Aufl., Boston.
Almond, Gabriel A./Powell, Bingham G. (1966): Comparative Politics, Boston.
Aly, Götz (2008): Unser Kampf, Frankfurt a. M.
Amadeu Antonio Stiftung (2022): Todesopfer rechter Gewalt, unter: https://www.amadeu-antonio-stiftung.de/todesopfer-rechter-gewalt/ (zuletzt geprüft am 31. Mai 2022).
Arant, Regina (2017): Sozialer Zusammenhalt in Deutschland 2017 (Radar gesellschaftlicher Zusammenhalt der Bertelsmann Stiftung), unter: https://www.bertelsmann-stiftung.de/fileadmin/files/BSt/Publikationen/GrauePublikationen/ST-LW_Studie_Zusammenhalt_in_Deutschland_2017.pdf (zuletzt geprüft am 30. Mai 2022).

Arsu, Meltem et al. (2017): Politische Teilhabe von Menschen mit Migrationshintergrund. Wahlverhalten und Partizipation, unter: https://minor-kontor.de/wp-content/uploads/2018/04/Minor_VoteD_Politische-Teilhabe-von-Menschen-mit-Migrationshintergrund_2017.pdf (zuletzt geprüft am 25. Mai 2022).

Ash, Timothy Garton (2002): Das gute mittlere Erinnern, in: taz vom 22. Juni.

Bächtiger, André et al. (2018): The Oxford Handbook of Deliberative Democracy, Oxford.

Backes, Uwe (2017): Parteiverbote im demokratischen Verfassungsstaat – Das Urteil im zweiten NPD-Verbotsverfahren in vergleichender Perspektive, in: ders. et al. (Hrsg.): Jahrbuch Extremismus & Demokratie, Bd. 29, S. 13 ff.

Backes, Uwe (2022): Governmental reporting practice on extremism – Germany in comparison, in: Journal of Intelligence History (online first): https://doi.org/10.1080/16161262.2022.2080922.

Bajohr, Frank/O'Sullivan, Rachel (2022): Holocaust, Kolonialismus und NS-Imperialismus. Forschung im Schatten einer polemischen Debatte, in: Vierteljahreshefte für Zeitgeschichte 70 (1), S. 191 ff.

Barnes, Samuel H./Kaase, Max (1979): Political Action, London.

Berning, Carl C./Ziller, Conrad (2022): Verbreitung und Entwicklung rechtsextremer Einstellungen in Ost- und Westdeutschland, in Elff, Martin (Hrsg.): Wahlen und politische Einstellungen in Ost- und Westdeutschland. Persistenz, Konvergenz oder Divergenz?, Wiesbaden, S. 307 ff.

Bertelsmann Stiftung (2017): Sozialer Zusammenhalt in Deutschland 2017. Radar gesellschaftlicher Zusammenhalt, Gütersloh.

von Beyme, Klaus (1994): Die politische Kultur Osteuropas im Wandel, in: Niedermayer, Oskar/ders. (Hrsg.): Politische Kultur in Ost- und Westdeutschland, Berlin, S. 184 ff.

Blanke, Bernhard/Schridde, Henning (2001): Bürgerengagement und aktivierender Staat, in: Heinze, Rolf G./Olk, Thomas (Hrsg.): Bürgerengagement in Deutschland, Opladen, S. 93 ff.

Boda, Zsolt/Medve-Bálint, Gergö (2014): Does Institutional Trust in East Central Europe Differ from Western Europe?, in: European Quarterly of Political Attitudes and Mentalities 3 (2), S. 1 ff.

Bundesministerium des Innern, für Bau und Heimat (2021): Verfassungsschutzbericht 2020, unter: https://www.verfassungsschutz.de/SharedDocs/publikationen/DE/verfassungsschutzberichte/2021-06-verfassungsschutzbericht-2020.pdf?__blob=publicationFile&v=8 (zuletzt geprüft am 31. Mai 2022).

Bundesministerium des Innern, für Bau und Heimat (2022): Vereinsverbote, unter: https://www.bmi.bund.de/DE/themen/sicherheit/extremismus/vereinsverbote/vereinsverbote-artikel.html (zuletzt geprüft am 2. Juni 2022).

Bundesministerium für Arbeit und Soziales (Hrsg.) (2021): Lebenslagen in Deutschland. Der sechste Armuts- und Reichtumsbericht der Bundesregierung, unter: https://www.armuts-und-reichtumsbericht.de/SharedDocs/Downloads/Berichte/sechster-armuts-reichtumsbericht.pdf?__blob=publicationFile&v=6 (zuletzt geprüft am 23. Mai 2022).

Bürklin, Wilhelm (1980): Links und/oder Demokratisch?, in: Politische Vierteljahresschrift 21 (3), S. 220 ff.

Bürklin, Wilhelm/Klein, Markus (1998): Wahlen und Wählerverhalten, 2. Aufl., Opladen.

Conradt, David P. (1980): Changing German Political Culture, in: Almond, Gabriel A./Verba, Sidney (Hrsg.): The Civic Culture Revisited, Boston, S. 212 ff.

Conradt, David P. (2015): The Civic Culture and Unified Germany: An Overview, in: German Politics 24 (3), S. 249 ff.
Currle, Philipp (2020): Interventionistische Linke: Motor der Protest-Radikalisierung?, in: Backes, Uwe et al. (Hrsg.): Jahrbuch Extremismus & Demokratie, Bd. 32, Baden-Baden, S. 157 ff.
Dalton, Russell J. (2014): Citizen Politics, Los Angeles.
Dalton, Russell J./Shin, Doh Chull (2014): Reassessing the Civic Culture Model, in: Dalton, Russell J./Welzel, Christian (Hrsg.): The Civic Culture Transformed. From Allegiant to Assertive Citizens, New York, S. 91 ff.
Decker, Frank (2022): Die Parteienlandschaft in Deutschland (Dossier Lange Wege der Deutschen Einheit der Bundeszentrale für politische Bildung), unter: https://www.bpb. de/themen/deutsche-einheit/lange-wege-der-deutschen-einheit/505986/die-parteienlandschaft-in-deutschland/#node-content-title-2 (zuletzt geprüft am 30. Mai 2022).
Decker, Frank et al. (2019): Vertrauen in Demokratie. Wie zufrieden sind die Menschen in Deutschland mit Regierung, Staat und Politik?, unter: https://library.fes.de/pdf-files/ fes/15621-20190822.pdf (zuletzt geprüft am 22. Mai 2022).
Decker, Oliver et al. (2020): Die Leipziger Autoritarismus-Studie 2020: Methode, Ergebnisse und Langzeitverlauf, in: Decker, Oliver/Brehler, Elmar (Hrsg.): Autoritäre Dynamiken. Alte Ressentiments – neue Radikalität, Bielefeld, S. 27 ff.
van Deth, Jan (2016): Partizipation in der Vergleichenden Politikwissenschaft, in: Lauth, Hans-Joachim et al. (Hrsg): Handbuch Vergleichende Politikwissenschaft, Wiesbaden, S. 169 ff.
De Souza, Astrid (2022): Politisches Wissen in Ost und West – Verteilungen, Determinanten und politische Kultur, in: Elff, Martin et al. (Hrsg.): Wahlen und politische Einstellungen in Ost- und Westdeutschland. Persistenz, Konvergenz oder Divergenz?, Wiesbaden, S. 141 ff.
Dittberner, Jürgen (2006): Große Koalition – Kleine Schritte, Berlin.
Duve, Freimut (Hrsg.) (1973): Der Thesenstreit um „Stamokap", Reinbek.
Edinger, Lewis (1968): Politics in Germany, Boston.
European Social Survey (2019): ESS Round 9 (2018/2019) Technical Report, London.
EVS/WVS (2021): European Values Study and World Values Survey: Joint EVS/WVS 2017–2021 Dataset, Madrid u. a.
Forschungsbereich beim Sachverständigenrat deutscher Stiftungen für Integration und Migration (2020): Mitten im Spiel – oder nur an der Seitenlinie? Politische Partizipation und zivilgesellschaftliches Engagement von Menschen mit Migrationshintergrund in Deutschland, Berlin.
Fuchs, Dieter et al. (1997): Die Akzeptanz der Demokratie des vereinigten Deutschland, in: Aus Politik und Zeitgeschichte 51, S. 3 ff.
Fürstenberg, Friedrich (1978): Die Sozialstruktur der Bundesrepublik Deutschland, 6. Aufl., Opladen.
Gabriel, Oscar W. (1997): Bürger und Politik in Deutschland, in: ders./Holtmann, Everhard (Hrsg.): Handbuch Politisches System der Bundesrepublik Deutschland, München u. a., S. 379 ff.
Gabriel, Oscar W. (2013): Bürgerbeteiligung in Deutschland, in: Politische Bildung 2013/3, S. 22 ff..

Gabriel, Oscar W. et al. (2015): Deutschland 25. Gesellschaftliche Trends und politische Einstellungen, Bonn.
Gabriel, Oscar W. (2020a): Politische Partizipation im ausgehenden dritten Jahrzehnt des vereinigten Deutschland, in: Holtmann, Everhard (Hrsg.): Die Umdeutung der Demokratie. Politische Partizipation in Ost- und Westdeutschland, Bonn, S. 143 ff.
Gabriel, Oscar W. (2020b): Partizipation im Wandel (Dossier Lange Wege der Deutschen Einheit der Bundeszentrale für politische Bildung), unter: https://www.bpb.de/themen/deutsche-einheit/lange-wege-der-deutschen-einheit/308683/partizipation-im-wandel/#node-content-title-2 (zuletzt geprüft am 24. Mai 2022).
Gaiser, Wolfgang/de Rijke, Johann (2019): Politische und soziale Orientierungen in Ost und West Empirische Befunde in generationaler Perspektive, in: Aus Politik und Zeitgeschichte 46, S. 49 ff.
Gerlach, Julia (2012): Die Vereinsverbotspraxis der streitbaren Demokratie. Verbieten oder Nicht-Verbieten?, Baden-Baden.
Gerlach, Julia (2013): Der Umgang mit politischem Extremismus auf dem Prüfstand, in: Hirscher, Gerhard/Jesse, Eckhard (Hrsg.): Extremismus in Deutschland, Baden-Baden, S. 527 ff.
GfK Verein (2018): Trust in Professions 2018 – a GfK Verein study. From firefighters to politicians, unter: https://www.nim.org/sites/default/files/medien/135/dokumente/2018_-_trust_in_professions_-_englisch.pdf (zuletzt geprüft am 22. Mai 2022).
Gherghina, Sergiu/Geissel, Brigitte (2017): Linking Democratic Preferences and Political Participation: Evidence from Germany, in: Political Studies 65 (1S), S. 24 ff.
Giebler, Heik/Melcher, Reinhold (2019): Die Kandidaten und ihr Wahlkampf, in: Roßteutscher, Sigrid et al. (Hrsg.): Zwischen Polarisierung und Beharrung: Die Bundestagswahl 2017, Wiesbaden, S. 47 ff.
Greiffenhagen, Martin/Greiffenhagen, Sylvia (1979): Ein schwieriges Vaterland, München.
Grieswelle, Detlef (2004): Eliten, in: Gabriel, Oscar W. et al. (Hrsg.): Konjunktur der Köpfe? Düsseldorf, S. 224 ff.
Grumke, Thomas/van Hüllen, Rudolf (2016): Der Verfassungsschutz. Grundlagen, Gegenwart, Perspektiven, Opladen.
Guggenberger, Bernd/Offe, Claus (1984): Politik aus der Basis – Herausforderung der Mehrheitsdemokratie, in: dies. (Hrsg.): An den Grenzen der Mehrheitsdemokratie, Opladen, S. 8 ff.
Haller, Max (2008): European Integration as an Elite Process, New York.
Herdegen, Gerhard (1987): Einstellungen der Deutschen (West) zur nationalen Identität, in: Berg-Schlosser, Dirk/Schissler, Jakob (Hrsg.): Politische Kultur in Deutschland, Opladen, S. 205 ff.
Hibbing, John R./Theiss-Morse, Elizabeth (2002): Stealth Democracy: Americans' Beliefs About How Government Should Work, Cambridge.
Hilmer, Richard (2020): Politische Einheit, gespaltene Meinungsmuster (Dossier Lange Wege der Deutschen Einheit der Bundeszentrale für politische Bildung), unter: https://www.bpb.de/themen/deutsche-einheit/lange-wege-der-deutschen-einheit/316336/politische-einheit-gespaltene-meinungsmuster/#footnote-target-8 (zuletzt geprüft am 30. Mai 2022).

Holtmann, Everhard (2020): Deutschland 2020: unheilbar gespalten? Anmerkungen zur Ost-West-Differenz im 30. Jahr der Wiedervereinigung, in: Zeitschrift für Politikwissenschaft (30) 3, S. 493 ff.

Holtmann, Everhard/Köhler, Anne (2016): Wiedervereinigung vor dem Mauerfall. Einstellungen der Bevölkerung der DDR im Spiegel geheimer westlicher Meinungsumfragen, Bonn.

IDEA (2021): International Voter Turnout Database, unter: https://www.idea.int/data-tools/data/voter-turnout (zuletzt geprüft am 24. Mai 2022).

Inden, Holger (2021): Die Proteste im Hambacher Forst. Eine Analyse der demokratischen und extremistischen Protagonisten, in: Hansen, Hendrik/Pfahl-Traughber, Armin (Hrsg.): Jahrbuch für Extremismus- und Terrorismusforschung 2019/20 (I), Brühl, S. 355 ff.

Inglehart, Ronald (1971): The Silent Revolution in Europe: Intergenerational Change in Post-Industrial Societies, in: The American Political Science Review 65 (4), S. 991 ff.

Institut für Demoskopie Allensbach (2019): Grenzen der Freiheit. Eine Dokumentation des Beitrags von Prof. Dr. Renate Köcher in der Frankfurter Allgemeinen Zeitung Nr. 119 vom 23. Mai 2019, unter: https://www.ifd-allensbach.de/fileadmin/user_upload/FAZ_Mai2019_Meinungsfreiheit.pdf (zuletzt geprüft am 30. Mai 2022).

Ipos (1995): Einstellungen zu aktuellen Fragen der Innenpolitik 1995 in Deutschland, Mannheim.

IWH (2019): Vereintes Land – drei Jahrzehnte nach dem Mauerfall, unter: https://www.iwh-halle.de/fileadmin/user_upload/publications/sonstint/2019_iwh_vereintes-land_de.pdf (zuletzt geprüft am 30. Mai 2022).

Jaeck, Tobias (2020): Die „langen Wellen" im Entwicklungsverlauf von politischer Partizipation in Ostdeutschland von 1990 bis zur Gegenwart, in: Holtmann, Everhard (Hrsg.): Die Umdeutung der Demokratie. Politische Partizipation in Ost- und Westdeutschland, Bonn, S. 35 ff.

Jesse, Eckhard (1987): „Vergangenheitsbewältigung" in der Bundesrepublik Deutschland, in: Der Staat 26 (4), S. 539 ff.

Jesse, Eckhard (1988): Der sogenannte „Historikerstreit", in: Gauly, Thomas M. (Hrsg.): Die Last der Geschichte, Köln, S. 9 ff.

Jesse, Eckhard (2006): Grenzen des Demokratieschutzes in der offenen Gesellschaft – Das Gebot der Äquidistanz gegenüber politischen Extremismen, in: Backes, Uwe/ders. (Hrsg.): Gefährdungen der Freiheit. Extremistische Ideologien im Vergleich, Göttingen, S. 493 ff.

Jesse, Eckhard (2007): Die Auseinandersetzung mit der NPD, in: Backes, Uwe/Steglich, Henrik (Hrsg): Die NPD, Baden-Baden, S. 283 ff.

Jesse, Eckhard (2008): Zwei verschiedene politische Kulturen in Deutschland?, in: ders. (Hrsg.): Demokratie in Deutschland. Diagnosen und Analysen, Köln, S. 166 ff.

Jesse, Eckhard/Mannewitz, Tom (Hrsg.) (2018): Extremismusforschung. Handbuch für Wissenschaft und Praxis, Baden-Baden.

John Stuart Mill Institut für Freiheitsforschung (2011): Wie halten es die Deutschen mit der Freiheit?, unter: https://www.ifd-allensbach.de/fileadmin/studien/7691_Freiheitsindex.pdf (zuletzt geprüft am 25. Mai 2022).

Jungkunz, Sebastian (2019): Towards a Measurement of Extreme Left-Wing Attitudes, in: German Politics (28) 1, S. 101 ff.

Kaase, Max (1982): Partizipatorische Revolution – Ende der Parteien?, in: Raschke, Joachim (Hrsg.): Bürger und Parteien. Ansichten und Analysen einer schwierigen Beziehung. Opladen, S. 173 ff.

Kailitz, Steffen (2001): Die politische Deutungskultur im Spiegel des „Historikerstreits", Wiesbaden.

Katapult Redaktion (2021): Gegenüberstellung politisch motivierter Gewalt, unter: https://katapult-magazin.de/de/artikel/gegenueberstellung-politisch-motivierter-gewalt (zuletzt geprüft am 31. Mai 2022).

Klages, Helmut (2001): Werte und Wertewandel, in: Schäfers, Bernhard et al. (Hrsg.): Handwörterbuch zur Gesellschaft Deutschlands, 2. Aufl., Opladen, S. 726 ff.

Klein, Markus/Pötschke, Manuela (2000): Gibt es einen Wertewandel hin zum „reinen" Postmaterialismus? Eine Zeitreihenanalyse der Wertorientierungen der westdeutschen Bevölkerung zwischen 1970 und 1997, in: Zeitschrift für Soziologie 29 (3), S. 202 ff.

Klingemann, Hans-Dieter (2000): Unterstützung für die Demokratie, in: Lauth, Hans-Joachim (Hrsg.): Demokratiemessung, Wiesbaden, S. 266 ff.

Köcher, Renate (1992): Wieviel Politikverachtung verträgt ein Staat?, in: Frankfurter Allgemeine Zeitung vom 11. Juni.

Konzelmann, Laura et al. (2014): Demographic Change in Germany – its Political Consequences, Baden-Baden.

Kraushaar, Wolfgang (2008): Achtundsechzig, Berlin.

Kronenberg, Volker (2006): Patriotismus in Deutschland, 2. Aufl., Wiesbaden.

Küpper, Beate et al. (2021): Rechtsextreme Einstellungen in der Mitte 2020/21, in: Zick, Andreas/dies. (Hrsg.): Die geforderte Mitte. Rechtsextreme und demokratiegefährdende Einstellungen in Deutschland 2020/21, Bonn, S. 75 ff.

Lange, Hans-Jürgen/Lanfer, Jens (Hrsg.) (2015): Verfassungsschutz. Reformperspektiven zwischen administrativer Effektivität und demokratischer Transparenz, Wiesbaden.

Langguth, Gerd (1983): Protestbewegung, Köln.

Landwehr, Claudia et al. (2017): Bröckelt der Verfahrenskonsens? Einstellungen zu politischen Entscheidungen und demokratischen Entscheidungsverfahren in Zeiten des Populismus, in: Leviathan 45 (1), S. 35 ff.

Lehmbruch, Gerhard (1967): Proporzdemokratie, Tübingen.

Maier, Charles S. (1994): Democracy and Its Discontents, in: Foreign Affairs 73 (4), S. 48 ff.

Maier, Jürgen (2020): Mediennutzung und politische Partizipation in Ostdeutschland, in: Holtmann, Everhard (Hrsg.): Die Umdeutung der Demokratie. Politische Partizipation in Ost- und Westdeutschland, Bonn, S. 291 ff.

Mannewitz, Tom (2015a): 25 Jahre nach der Wiedervereinigung: Welche Demokratie wollen die Deutschen?, in: Deutschland Archiv vom 22. Januar, unter: http://www.bpb.de/199207 (zuletzt geprüft am 25. Mai 2022).

Mannewitz, Tom (2015b): Politische Kultur und demokratischer Verfassungsstaat, Baden-Baden.

Mannewitz, Tom/Thieme, Tom (2020): Gegen das System. Linker Extremismus in Deutschland, Bonn.

Mannewitz, Tom/Thieme, Tom (2021): Integration und Identität. Deutschland 30 Jahre nach der Wiedervereinigung, in: Endres, Judith C. et al. (Hrsg.): Deutschland ist eins:

vieles. Bilanz und Perspektiven von Vereinigung und Transformation, Frankfurt a. M., S. 159 ff.

Mannewitz, Tom/Vollmann, Erik (2019): Muster regionaler Demokratieunterstützung in Deutschland 2017, in: Bertelsmann Stiftung (Hrsg.): Schwindendes Vertrauen in Politik und Parteien. Eine Gefahr für den gesellschaftlichen Zusammenhalt?, Gütersloh, S. 22 ff.

Marcuse, Herbert (1968): Repressive Toleranz, in: Wolff, Robert P. et al. (Hrsg.): Kritik der reinen Toleranz, 4. Aufl., Frankfurt a. M.

Marien, Sofie (2013): Measuring Political Trust Across Time and Space, in: Zmerli, Sonja/ Hooghe, Marc (Hrsg.): Political Trust. Why Context Matters, Lanham, S. 13 ff.

Mayer, Tilman (2002): Die kulturelle Hegemonie in der Berliner Republik, in: ders./Maier-Walser, Reinhard C. (Hrsg.): Der Kampf um die politische Mitte, München, S. 11 ff.

Mehr Fortschritt wagen. Bündnis für Freiheit, Gerechtigkeit und Nachhaltigkeit – Koalitionsvertrag 2021–2025 zwischen SPD, Bündnis 90/Die Grünen und FDP, unter: https://www.spd.de/fileadmin/Dokumente/Koalitionsvertrag/Koalitionsvertrag_2021-2025.pdf (zuletzt geprüft am 28. April 2022).

Merritt, Anna J./Merritt, Richard L. (Hrsg.) (1970): Public Opinion in Occupied Germany, Urbana.

Miliopoulos, Lazaros (2015): Moralische Probleme beim Umgang mit Extremismus in Deutschland, in: Jesse, Eckhard (Hrsg.): Wie gefährlich ist Extremismus?, Gefahren durch Extremismus, Gefahren im Umgang mit Extremismus (Zeitschrift für Politikwissenschaft Sonderband 2015 I), Baden-Baden, S. 197 ff.

Molthof, Luuk/Mohr, Magali (2019): The Fading Taboo of Germany's National Pride. Implications for Open Society Attitudes (Voices on Values Report February 2019), unter: https://dpart.org/wp-content/uploads/2020/08/VoV_German-report.pdf (zuletzt geprüft am 19. Mai 2022).

Müssig, Stephanie (2020): Politische Partizipation von Menschen mit Migrationshintergrund in Deutschland. Eine quantitativ-empirische Analyse, Wiesbaden.

Müssig, Stephanie/Worbs, Susanne (2012): Politische Einstellungen und politische Partizipation von Migranten in Deutschland (hrsg. v. Bundesamt für Migration und Flüchtlinge, unter: https://www.bamf.de/SharedDocs/Anlagen/DE/Forschung/WorkingPapers/wp46-politische-einstellungen-und-partizipation-migranten.pdf?__blob=publicationFile&v=11 (zuletzt geprüft am 25. Mai 2022).

Niedermayer, Oskar (2005): Bürger und Politik, 2. Aufl., Wiesbaden.

Noelle, Elisabeth/Neumann, Erich Peter (1957): Jahrbuch der öffentlichen Meinung 1957, Allensbach.

Noelle, Elisabeth/Neumann, Erich Peter (1967): Jahrbuch der öffentlichen Meinung 1965–67, Allensbach.

Noelle, Elisabeth/Neumann, Erich Peter (1974): Jahrbuch der öffentlichen Meinung 1968–1973, Allensbach.

Noelle-Neumann, Elisabeth/Köcher, Renate (1997): Allensbacher Jahrbuch der Demoskopie 1993–97, München.

Noelle-Neumann, Elisabeth/Petersen, Thomas (2001): Zeitenwende, in: Aus Politik und Zeitgeschichte 29, S. 15 ff.

Offe, Claus (1973): Strukturprobleme des kapitalistischen Staates, 2. Aufl., Frankfurt a. M.

Patzelt, Werner J. (1998): Ein latenter Verfassungskonflikt?, in: Politische Vierteljahresschrift 39 (4), S. 725 ff.
Petersen, Thomas (2011): Die Bewältigung der Diktatur – in den Familien, in: Frankfurter Allgemeine Zeitung vom 16. März.
Petersen, Thomas (2013): Tatsächliche und gefühlte Intoleranz, in: Frankfurter Allgemeine Zeitung vom 20. März.
Petersen, Thomas (2016): Was ist deutsch?, in: Frankfurter Allgemeine Zeitung vom 22. September.
Petersen, Thomas et al. (2013): Gespaltene Demokratie, Gütersloh.
Pfahl-Traughber, Armin (2019): Der Extremismus der Neuen Rechten. Eine Analyse zu Diskursthemen und Positionen, Wiesbaden.
Pfahl-Traughber, Armin (2020): Linksextremismus in Deutschland. Eine kritische Bestandsaufnahme, 2. Aufl., Wiesbaden.
Pfahl-Traughber, Armin (2021): Die Entwicklung des deutschen Rechtsterrorismus vor und nach dem NSU. Ein vergleichender Blick auf eine besondere Form rechtsextremistischer Gewalt, in: Zeitschrift für Politik 68 (1), S. 87 ff.
Pharr, Susan J./Putnam, Robert D. (Hrsg.) (2000): Disaffected Democracies. What's Troubling the Trilateral Countries?, Princeton.
Philippsberg, Robert (2015): Demokratieschutz im Praxistext. Deutschlands Umgang mit extremen Vereinigungen, Baden-Baden.
Pickel, Gert et al. (2020): Zersetzungspotentiale einer demokratischen politischen Kultur: Verschwörungstheorien und erodierender gesellschaftlicher Zusammenhalt?, in: Decker, Oliver/Brehler, Elmar (Hrsg.): Autoritäre Dynamiken. Alte Ressentiments – neue Radikalität, Bielefeld, S. 89 ff.
Pickel, Susanne (2019): Die Wahl der AfD. Frustration, Deprivation, Angst oder Wertekonflikt?, in: Korte, Karl-Rudolf/Schoofs, Jan (Hrsg.): Die Bundestagswahl 2017. Analysen der Wahl-, Parteien-, Kommunikations- und Regierungsforschung, Wiesbaden, S. 145 ff.
Pickel, Susanne/Pickel, Gert (2020): Ost- und Westdeutschland 30 Jahre nach dem Mauerfall – eine gemeinsame demokratische politische Kultur oder immer noch eine Mauer in den Köpfen?, in: Zeitschrift für Politikwissenschaft (30) 3, S. 483 ff.
Putnam, Robert D. (2000): Bowling Alone. The Collapse and Revival of American Community, New York.
Putnam, Robert D. et al. (2000): Introduction: What's Troubling the Trilateral Democracies?, in: Pharr, Susan J./Putnam, Robert D. (Hrsg.): Disaffected Democracies. What's Troubling the Trilateral Countries?, Princeton, S. 3 ff.
Qvortrup, Matt (2018): Referendums around the World. The Continued Growth of Direct Democracy, London.
Rausch, Heinz (1980): Politische Kultur in der Bundesrepublik Deutschland, Berlin.
Reinl, Ann-Kathrin/Schäfer, Constantin (2018): Hilft populistisches Wählen gegen Demokratiemüdigkeit? Einfluss der Bundestagswahl auf die Demokratiezufriedenheit von AfD-Wählern, unter: https://www.pw-portal.de/meta-ticker-bundestagswahl-2017/40846-hilft-populistisches-waehlen-gegen-demokratiemuedigkeit (zuletzt geprüft am 22. Mai 2022).

Reuband, Karl-Heinz (2012): Vertrauen in die Polizei und staatliche Institutionen: Konstanz und Wandel in den Einstellungen der Bevölkerung 1984–2011, in: Soziale Probleme 23 (1), S. 5 ff.

Rohe, Karl (1993): The State Tradition in Germany, in: Berg-Schlosser, Dirk/Rytlewski, Ralf (Hrsg.): Political Culture in Germany, London, S. 215 ff.

Roose, Jochen (2021): Politische Polarisierung in Deutschland. Repräsentative Studie zu Zusammenhalt in der Gesellschaft (hrsg. von der Konrad-Adenauer-Stiftung), unter: https://www.kas.de/documents/252038/11055681/Studie+Politische+Polarisierung.pdf/a36c964d-1d6a-66d1-288b-b22629110fd7 (zuletzt geprüft am 30. Mai 2022).

Roth, Roland (2016): Mehr Beteiligung bedeutet weniger Demokratie, in: Glaab, Manuela (Hrsg.): Politik mit Bürgern – Politik für Bürger, Wiesbaden, S. 59 ff.

Roth, Roland/Rucht, Dieter (Hrsg.) (2008): Die sozialen Bewegungen in Deutschland seit 1945. Ein Handbuch, Frankfurt a. M.

Rudzio, Wolfgang (1984): Systemaversionen bei linksorientierten Jugendlichen, in: Aus Politik und Zeitgeschichte 50, S. 27 ff.

Sarcinelli, Ulrich (1990): Auf dem Weg in eine kommunikative Demokratie?, in: ders. (Hrsg.): Demokratische Streitkultur, Bonn, S. 29 ff.

Schäfer, Armin (2015): Der Verlust politischer Gleichheit, Frankfurt a. M.

Scheuch, Erwin K. (1990): Die Suche nach der Besonderheit der heutigen Deutschen, in: Kölner Zeitschrift für Soziologie und Sozialpsychologie 42 (4), S. 734 ff.

Scheuer, Angelika (2016): Werte und Einstellungen. Auszug aus dem Datenreport 2016, unter: https://www.wzb.eu/system/files/docs/sv/iuk/14_dr2016_160421.pdf (zuletzt geprüft am 30. Mai 2022).

Schulze-Fielitz, Helmuth (1984): Der informale Verfassungsstaat, Berlin.

Schwanholz, Julia/Zinser, Lavinia (2020): Exploring German Liquid Democracy – Online-Partizipation auf der lokalen Ebene, in: Zeitschrift für Politik (30) 2, S. 299 ff.

Simonson, Julia et al. (2021): Freiwilliges Engagement in Deutschland. Zentrale Ergebnisse des Fünften Deutschen Freiwilligensurveys (FWS 2019) (hrsg. v. Bundesministerium für Familie, Senioren, Frauen und Jugend), unter: https://www.bmfsfj.de/resource/blob/176836/7dffa0b4816c6c652fec8b9eff5450b6/freiwilliges-engagement-in-deutschland-fuenfter-freiwilligensurvey-data.pdf (zuletzt geprüft am 25. Mai 2022).

Smith, Gordon (1976): West Germany and the Politics of Centrality, in: Government & Opposition 11 (4), S. 387 ff.

Sontheimer, Kurt (1979): Die verunsicherte Republik, München.

Sontheimer, Kurt (1990): Deutschlands politische Kultur, München.

Statistisches Bundesamt (1997): Datenreport 1997, 2. Aufl., Bonn.

Sternberg, Sebastian et al. (2015): Zum Einfluss der öffentlichen Meinung auf Entscheidungen des Bundesverfassungsgerichts: Eine Analyse von abstrakten Normenkontrollen sowie Bund-Länder-Streitigkeiten 1974–2010, in: Politische Vierteljahresschrift 56 (4), S. 570 ff.

Unzicker, Kai (2022): Gesellschaftlicher Zusammenhalt und soziales Vertrauen im vereinten Deutschland (Dossier Lange Wege der Deutschen Einheit der Bundeszentrale für politische Bildung), unter: https://www.bpb.de/themen/deutsche-einheit/lange-wege-der-deutschen-einheit/504566/gesellschaftlicher-zusammenhalt-und-soziales-vertrauen-im-vereinten-deutschland/#footnote-target-18 (zuletzt geprüft am 30. Mai 2022).

Veen, Hans-Joachim/Zelle, Carsten (1995): Zusammenwachsen oder Auseinanderbrechen?, Sankt Augustin.

Vilmar, Fritz/Rudzio, Wolfgang (1981): Politische Apathie und Kaderpolitik, in: Aus Politik und Zeitgeschichte 46, S. 13 ff.

Vorländer, Hans (1981): Verfassung und Konsens, Berlin.

Vorländer, Hans (2009): 60 Jahre Grundgesetz – 30 Jahre Verfassungspatriotismus?, in: Liedhegener, Antonius/Oppeland, Torsten (Hrsg.): Parteiendemokratie in der Bewährung, Baden-Baden, S. 19 ff.

Walzer, Michael (2002): Equality and Civil Society, in: Chambers, Simone/Kymlicka, Will (Hrsg.): Alternative Conceptions of Civil Society, Princeton, S. 34 ff.

Watanuki, Joji et al. (1975): The Crisis of Democracy: Report on Governability of Democracy to the Trilateral Commission, New York.

Wehler, Hans-Ulrich (2009): Deutsche Gesellschaftsgeschichte 1949–1990, Bonn.

Weßels, Bernhard (2021): Politische und gesellschaftliche Partizipation. Auszug aus dem Datenreport 2021, unter: https://www.destatis.de/DE/Service/Statistik-Campus/Datenreport/Downloads/datenreport-2021-kap-11.pdf?__blob=publicationFile (zuletzt geprüft am 22. Mai 2022).

Westle, Bettina (1994): Nationale Identität der Deutschen nach der Vereinigung, in: Rattinger, Hans et al. (Hrsg.): Wahlen und politische Einstellungen im vereinigten Deutschland, Frankfurt a. M., S. 453 ff.

Westle, Bettina (2009): Weiterentwicklungen des Konzepts der Politischen Kultur in der empirischen Sozialforschung, in: dies./Gabriel, Oscar W. (Hrsg.): Politische Kultur, Baden-Baden, S. 40 ff.

Westle, Bettina/Gabriel, Oscar W. (Hrsg.) (2008): Sozialkapital, Baden-Baden.

Wiesendahl, Elmar (1997): Noch Zukunft für die Mitgliederparteien?, in: Klein, Ansgar/ Schmalz-Bruns, Rainer (Hrsg.): Politische Beteiligung und Bürgerengagement in Deutschland, Bonn, S. 349 ff.

Zmerli, Sonja (2012): „Soziales und politisches Vertrauen", in: Keil, Silke I./van Deth, Jan W. (Hrsg.): Deutschlands Metamorphosen. Ergebnisse des European Social Survey 2002 bis 2008, Baden-Baden, S. 139 ff.

Zmerli, Sonja (2016): „Vertrauen in Institutionen. Die Bedeutung politischer Unterstützung angesichts krisenhafter Entwicklungen", in: Bertelsmann Stiftung (Hrsg.): Der Kitt der Gesellschaft. Perspektiven auf den sozialen Zusammenhalt in Deutschland, Gütersloh. S. 175 ff.

Gesellschaftliche Probleme und Handlungsfelder der Politik

17.1 Demographie und Wirtschaft: Zurückfallendes Land?

a. Das Menetekel des Geburtendefizits

Eine zentrale Aufgabe politischer Systeme besteht darin, gesellschaftliche Probleme zu meistern. Diese bilden den Stoff, der dem politischen System Entscheidungen und Durchsetzungsfähigkeit abverlangt. Versagt es hierbei eklatant und anhaltend, so leiden kurzfristig seine Effektivität und langfristig seine Legitimität – seine Ablösung kommt auf die Tagesordnung. Einer Skizze gesellschaftlicher Verhältnisse und Probleme soll daher ein Blick auf Themenfelder der Politik folgen.

„Nichts ist", so Meinhard Miegel (2002, S. 13), „für ein Land auf Dauer so folgenreich wie die Entwicklung seiner Bevölkerung". Diese Entwicklung ist in Deutschland problemgeladen. Ausgangspunkt ist die deutsche Geschichte der ersten Hälfte des 20. Jahrhunderts, die in die totale Niederlage von 1945 ausmündete. Die Verluste an Menschen bzw. der Geburtenausfall infolge von Weltkriegen, Inflation, Weltwirtschaftskrise und Nachkriegselend ließen sich lange am Wechsel zwischen relativ starken und schwachen Jahrgängen ablesen – vergleichbar Jahresringen in Baumstämmen (Abb. 17.1).

Einen zweiten folgenreichen Faktor bilden Flucht- und Wanderungsbewegungen, die im Zusammenhang von Zweitem Weltkrieg und Teilung Deutschlands erfolgten:

- Am Anfang standen *Flucht und Vertreibung der Deutschen aus Ostdeutschland und Osteuropa (1944–47)*. Nach dem Stand von 1974 zählten Flüchtlinge und Vertriebene allein in der damaligen Bundesrepublik 9,4 Millionen Menschen (Henke 1985, S. 33; Statistisches Bundesamt 1990, S. 74).

- Einen sich lang hinziehenden Zufluss bildeten die *(Spät-)Aussiedler/-innen*. Hierunter versteht man in den Vertreibungsgebieten und Osteuropa (v. a. Sowjetunion, Polen und Rumänien) verbliebene Deutsche, die später nach Deutschland gelangten (4,5 Millionen; Bundesverwaltungsamt 2022, S. 6).
- Eine dritte Gruppe bildeten Deutsche, die zwischen 1949 und 1990 aus der DDR in die Bundesrepublik gelangten, mehrheitlich noch vor dem Bau der Berliner Mauer 1961 (etwa 3,7 Millionen; Statistisches Bundesamt 1990, S. 20).

Im Ergebnis führten diese Bewegungen und ein in den fünfziger Jahren einsetzender Geburtenüberschuss dazu, dass die Bevölkerung im Gebiet der alten Bundesrepublik von 43 Mio. Einwohnern im Jahre 1939 auf 62,1 Mio. im Jahre 1974 anwuchs[1]. Große Schwierigkeiten bestanden zunächst, die derart vermehrte Bevölkerung trotz der Kriegszerstörungen mit Lebensmitteln, Arbeitsplätzen und Wohnraum zu versorgen. *Der frühen Bundesrepublik, die sich langfristig als eine dynamische Wachstumsgesellschaft bewährte, gelang dies.* Sie wurde zugleich auch einer der am dichtesten besiedelten Staaten Europas – nach den Niederlanden, Belgien und Großbritannien (Kleinstaaten ausgenommen; Bundeszentrale für politische Bildung 2018a).

Spätestens seit 1974 aber ist der Faktor unübersehbar, der die Zukunft des Landes bestimmt: *das hohe andauernde Geburtendefizit, das die ansässige Bevölkerung der Bundesrepublik schrumpfen lässt.* Zunächst erfolgte ein rapider und kontinuierlicher Geburtenrückgang ab 1963, von damals fast 1,1 Mio. Geburten auf weniger als 600.000 im Jahre 1978 (Statistisches Bundesamt 1980, S. 61). Die Geburtenziffern pendelten im Anschluss mit 1,3 bis 1,4 Kindern je Frau auf äußerst niedrigem Niveau, seit etwa 2015 zwischen 1,5 und 1,6 (Statistisches Bundesamt 2021a). Das bedeutet, von Generation zu Generation verringert sich die Bevölkerung um etwa ein Drittel. So steht dem Land im 21. Jahrhundert ein ständiger, erheblicher Rückgang seiner ansässigen Bevölkerung bevor, ein hoher Gestorbenenüberschuss. „Die demographische Entwicklung der Bundesrepublik Deutschland", diagnostizierte der französische Deutschlandkenner Alfred Grosser (1989, S. 665) bereits in den achtziger Jahren, „stellt das dramatischste Problem dar, mit dem sie in den nächsten Jahrzehnten zu leben hat".

---

[1] Einschließlich Gastarbeitern (Statistisches Bundesamt 1980, S. 50).

Die Folgen reichen weit. Erstens bedeutet die mit fehlendem Nachwuchs verbundene relative Alterung der Gesellschaft, dass die sozialen Systeme der Alterssicherung, Krankenversorgung und Pflegeversicherung in bisheriger Form unfinanzierbar werden. Zum zweiten wird das Arbeitskräftepotenzial schrumpfen, längerfristig auch der deutsche Absatzmarkt – schon jetzt erkennbar am Fachkräftemangel. Der Vergleich mit anderen entwickelten Gesellschaften, die ebenfalls Geburtendefizite aufweisen, deutet zwar auf allgemeine gesellschaftliche Ursachen hin. Aber Beispiele wie Frankreich (1,86 Kinder je Frau), Rumänien (1,77), Irland und Schweden (beide 1,71) mit deutlich höheren Geburtenraten zeigen, dass es sich zumindest in dieser Dramatik nicht um ein unvermeidbares Schicksal moderner Gesellschaften handelt (Statistisches Bundesamt 2022a). Alle angelsächsischen und alle nordeuropäischen Länder erreichen deutlich höhere Geburtenraten als Deutschland, in Westeuropa auch Frankreich, Belgien und die Niederlande, während vor allem Südeuropa unter dem westeuropäisch-kontinentalen Durchschnitt liegt. Höhere Geburtenraten gehen einher mit höherer Religiosität (Sandmann und Preisner 2017), aber auch mit der durch gesellschaftliche Akzeptanz, außerfamiliäre Familienbetreuung sowie öffentliche Familiendienstleistungen erreichte Vereinbarkeit von Familie und Beruf (Bujard 2011, S. 24, 87, 399, 433 f.; Hering 2018). Diese Korrelationen deuten auf Zusammenhänge, die für eine geburtenfördernde Politik relevant sein könnten.

Aber in Deutschland blieb über vier Jahrzehnte hinweg Geburtenförderung „weitgehend ein Tabuthema" (Bundesinstitut für Bevölkerungsforschung 2004, S. 17), dessen Relevanz man nicht wahrhaben wollte: „Wir Politiker haben – von wenigen Ausnahmen abgesehen – die Tragweite der demographischen Veränderungen lange Zeit verdrängt", bekannte ein führender Politiker (Steinbrück 2005, S. 28). Ob die Ursache hierfür kurzsichtiges, auf die nächste Wahl gerichtetes Denken, falsches Lernen aus der NS-Vergangenheit oder schlicht Fatalismus gewesen ist, bleibe dahingestellt. Erst das Bundesverfassungsgericht hat mit einem Urteil von 1998 durchgesetzt, das Existenzminimum von Kindern nicht mehr zu versteuern (damit auch das Kindergeld zu erhöhen), und insofern hat hier wenigstens ein Organ des politischen Systems reagiert. Aber während die Beschäftigungsquote von Müttern über dem EU-Durchschnitt liegt (davor nur Schweden, Dänemark, Slowenien und Litauen (Statistisches Bundesamt 2022b), liegt Deutschland noch bei familienpolitischen Leistungen, insbesondere der Infrastruktur wie Kitas, weit hinter vielen anderen europäischen Staaten. Für Kinder unter drei Jahren betrug 2016 die Betreuungsquote 32,6 % – und damit rund die Hälfte von Dänemark (70,0 %) – insgesamt elf Länder lagen seinerzeit vor der Bundesrepublik (Europäische Kommission 2018, S. 12).

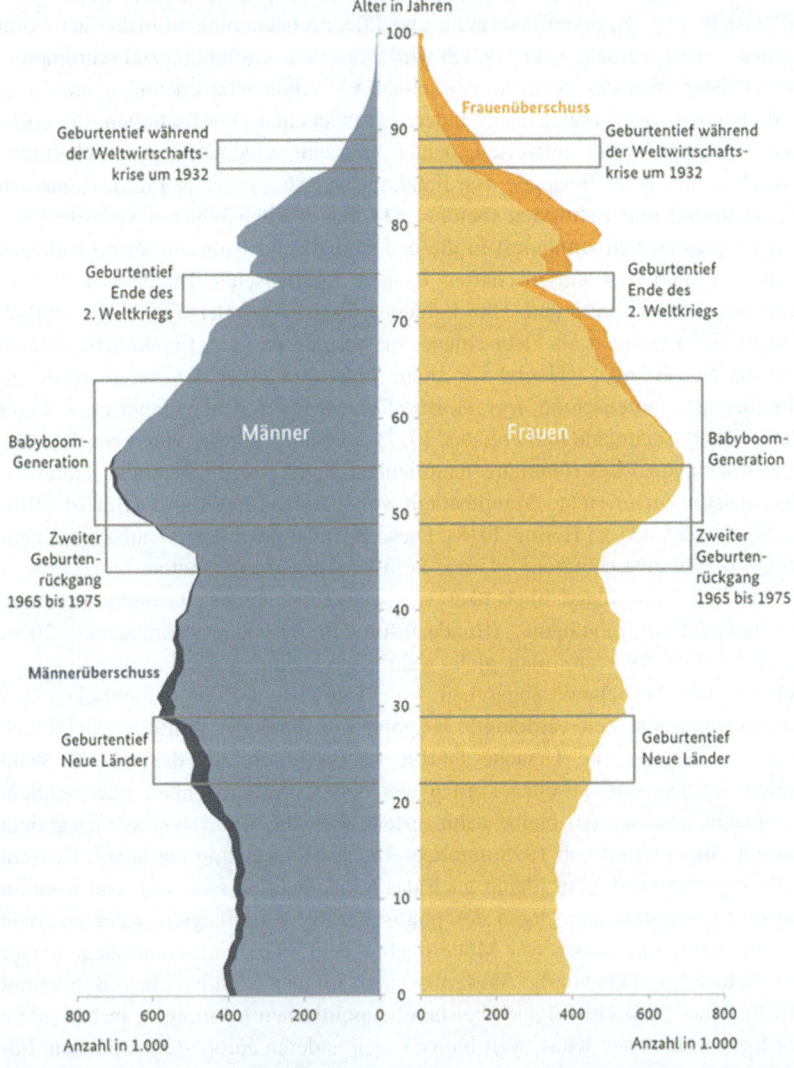

Abb. 17.1 Altersstruktur der Bevölkerung in Deutschland und demografische Ereignisse, 2019. (Quelle: Bundesinstitut für Bevölkerungsforschung 2022a)

In dieser Hinsicht zeichnet sich ein Wandel durch den seit 2013 geltenden Rechtsanspruch auf öffentliche Kinderbetreuung ab, wenn auch eher vom Arbeitskräftemangel motiviert und von Betreuermangel begleitet. Hinzu kommen verstärkte finanzielle Unterstützungen für Familien mit Kindern (Kindergeld, Freibetrag, Elterngeld), speziell auch für Alleinerziehende (etwa durch den Entlastungsbetrag bei der Steuer), Menschen in Ausbildung (Erhöhung des Freibetrags beim BAföG sowie Kinderzuschuss) sowie Geringverdiener (Kindergeldzuschlag sowie Nachhilfe, kostenlose Mittagessen, kostenfreie Schülerbeförderung, Zuschüsse für Schulbedarf und für Freizeitaktivitäten nach dem „Starke-Familien-Gesetz"). In jüngerer Zeit zieht weibliche Erwerbstätigkeit an, und das vorschulische Betreuungsangebot für Kinder ist zum öffentlichen Thema geworden. Baut sich jahrzehntelange „strukturelle Rücksichtslosigkeit" (Franz-Xaver Kaufmann zit. nach. Kreyenfeld 2015, S. 31, 26) der gesellschaftlichen Verhältnisse gegenüber Eltern ab? Seit 1994, als die deutsche Geburtenrate auf dem niedrigsten Wert (1,24 Kinder je Frau) lag, ist diese auf 1,60 Kinder in 2016 angestiegen (Tendenz seither: leicht fallend) – ein Silberstreifen am Horizont? Nüchtern bleibt festzuhalten: Die höheren Geburtenraten der Ausländerinnen in Deutschland (2019: 2,06 Kinder) sind mitgezählt. Die der nach Staatsangehörigkeit deutschen Frauen liegt nur bei 1,43 Kindern (Bundesinstitut für Bevölkerungsforschung 2022b). Auch dieses Ergebnis würde fortdauernd noch immer massive Schrumpfung je Generation bedeuten. Zwar fehlt das Ziel einer höheren Geburtenrate im Koalitionsvertrag von 2021, die Ampelregierung will sich aber für eine 1:1-Betreuung durch Hebammen bei Geburten sowie eine zweiwöchige, bezahlte Freistellung von Partnern nach der Geburt einsetzen (Mehr Fortschritt wagen – Koalitionsvertrag, S. 85, 101).

b. Zuwanderung: Mehr Bereicherung oder mehr Last?

Seit 1960, nach Erreichen der Vollbeschäftigung in der Bundesrepublik, hat es – mit erheblichen Schwankungen je nach Wirtschaftslage und Grenzöffnungen – eine ausländische Netto-Zuwanderung in die Bundesrepublik gegeben (Bundeszentrale für politische Bildung 2020a):

- Den Anfang machten angeworbene *ausländische Arbeitnehmer/-innen* aus Südeuropa und der Türkei, die als „Gastarbeiter/-innen" Arbeit in der Bundesrepublik suchten. Sie bildeten eine mobile Masse von Arbeitskräften für gering geachtete oder körperlich belastende Tätigkeiten. Mitsamt ihrem Familiennachzug sind sie eine millionenstarke Gruppe, die in Deutschland unterschiedlich integriert ist. Der Höchststand wurde deshalb 1974 mit 4,1 Mio. ausländischen Staatsangehörigen in der Bundesrepublik erreicht – und durch den „Anwerbestopp" von 1973 auch nicht nennenswert reduziert (Oltmer 2016).

- Eine weitere Gruppe sind *Schutzsuchende.* Die Zahl an Asylbewerber/-innen schwoll bis zu 438.191 allein im Jahre 1992 im Zuge der Auflösung des Ostblocks und der Jugoslawienkriege an. Nach einer Grundgesetzänderung 1993, die jeden vom Asylrecht ausschließt, der aus einem sicheren Drittstaat einreist, ging ihre Zahl schrittweise zurück – bis 2015 (476.649) bzw. 2016 (745.545) die Zahlen besonders aufgrund des Syrienkonflikts nach oben schnellten (Bundesamt für Migration und Flüchtlinge 2017, S. 11). Zum Stichtag 31. Dezember 2021 lebten in Deutschland 43.684 Asylberechtigte (drohende politische Verfolgung durch den Heimatstaat), 760.918 Flüchtlinge nach der Genfer Flüchtlingskonvention (drohende Verfolgung durch staatliche oder nicht-staatliche Akteure), 255.671 subsidiär Schutzberechtigte (drohender ernsthafter Schaden etwa durch zu erwartende Todesstrafe, Folter oder willkürliche Gewalt), 136.156 Personen mit Abschiebeverbot (etwa wegen drohender Verletzung der Europäischen Menschenrechtskonvention) sowie 239.000 Menschen, die aus anderen Gründen Schutz erhielten (z. B. wegen beruflicher Tätigkeit in Deutschland). Hinzu kamen 215.841 offene Asylverfahren sowie 186.640 Ausreisepflichtige mit abgelehntem Asylantrag (Deutscher Bundestag 2022, S. 33 ff., 57), wobei die letzte Zahl aufgrund der bedingten Verfolgbarkeit nur mit großer Vorsicht zu genießen ist (Ghelli 2018). Die Rede vom „Vollzugsdefizit" ist häufig übertrieben, handelt es sich doch häufig um Geduldete (Meier-Braun 2018, S. 109). Infolge der sog. „Flüchtlingskrise" entfielen – Stand 2017 – die weitaus meisten Flüchtlinge in der EU auf Deutschland – nämlich 1,4 Mio. (Bundeszentrale für politische Bildung 2018b). Allerdings dürfte der Ukraine-Krieg zu einer beträchtlichen Verschiebung führen – mit Blick auf das Hauptzielland (Polen) und natürlich die Hauptherkunftsländer (Mediendienst Integration 2022a).
- Seit der 2004 auch für Deutschland geltenden Freizügigkeit für Arbeitnehmer aus anderen EU-Staaten wandern Arbeit suchende Bürger anderer EU-Staaten in die Bundesrepublik ein, vor allem aus Ost- und Südeuropa, mit Polen und Rumänien an der Spitze (Statistisches Bundesamt 2022c).

Die Zuwanderung von außen, lange als vorübergehender Aufenthalt („Gastarbeiter") gesehen, ist tatsächlich dauerhaft geworden und hat die Zusammensetzung der Bevölkerung verändert. Aus der rechtsextremen Gewaltwelle Anfang der neunziger Jahre und dem Asylkompromiss von 1993 spricht noch das Selbstverständnis Deutschlands, kein „Einwanderungsland" zu sein (Lindhoff 2019). Das änderte indes wenig an der fortwährenden Zuwanderung. Die linken Parteien, dies eher begrüßend, traten für eine „multikulturelle Gesellschaft" ein und meinten: „Kulturelle Vielfalt bereichert uns" (Tietze 2008, S. 182, 79). Die

17.1 Demographie und Wirtschaft: Zurückfallendes Land?

CDU, lange eher bremsend, räumte Schritt um Schritt ihre Positionen, um bis 2015 weitgehend die Linie der linken Konkurrenz zu übernehmen.

Einwanderung berührt nicht nur Fragen der nationalen Identität (Kap. 4 und 6) und der demokratischen Stabilität (Dahl 2020, S. 151 ff.; Mounk 2022), sondern auch solche der Nutzenorientierung: Seit Langem wird darüber debattiert, ob und welche Form von Immigration Deutschland braucht, um wirtschaftlich weiterhin zu reüssieren – hauptsächlich, um den „hausgemachten" Fachkräftemangel zu kompensieren und Last auf die Sozialsysteme zu mindern. Während jedoch die Chancen für eine kurz- und mittelfristige Entlastung der Sozialversicherung düster aussehen (Werding und Läpple 2019, S. 14 ff.), steht es um die wirtschaftlichen Folgen langfristig besser: Deutschland benötigt demnach bis 2060 insgesamt 260.000 zuwandernde Arbeitskräfte, von denen laut Prognose 146.000 durch Zuwanderung aus Drittstaaten außerhalb der EU gedeckt werden müssten (Fuchs et al. 2019, S. 70 ff.). Dabei steht man vor der Schwierigkeit, tatsächlich wirtschaftlich leistungsfähige sowie sprachlich und sozial integrierbare Einwanderer/-innen zu gewinnen.

Wie ist die Lage? Ein Teil der Zuwanderer/-innen hat sich inzwischen einbürgern lassen (allein im Jahr 2021 109.900 Personen), nicht wenige[2] unter Beibehaltung ihrer alten Staatsangehörigkeit. Ihr „Doppelpass", zumindest als Massenphänomen, ist politisch umstritten – bedeutet er doch doppelte Loyalität und grenzüberschreitende Wohnsitzwahl. Die ausländische Bevölkerung in Deutschland umfasst – Stand Dezember 2021 – insgesamt 11,8 Mio. Menschen (Statistisches Bundesamt 2022c): Von ihnen stammen 41,4 % aus anderen EU-Ländern (so 7,4 % aus Polen, 7,1 % aus Rumänien, 5,5 % aus Italien), 12,3 % aus der Türkei, 9,0 % aus dem sonstigen Europa (Russland, Kosovo, Bosnien und Herzegowina, Ukraine, UK), 5,5 % aus Afrika, 2,6 % aus Amerika und 22,2 % aus Asien (7,3 % aus Syrien, 2,6 % aus Afghanistan). Sehr viel weiter reicht der Kreis derer, die einen Migrationshintergrund (= selbst oder mindestens ein Elternteil nicht mit deutscher Staatsangehörigkeit geboren) besitzen, weil er die Ausländerinnen und Ausländer einschließt: 22,3 Mio., also 27,3 % der Einwohner/-innen (Statistisches Bundesamt 2022d). Sie sind ethnisch wie kulturell unterschiedlich und bleiben zugleich im Vergleich mit Menschen ohne Migrationshintergrund deutlich häufiger ohne berufsqualifizierenden Abschluss (27,9 versus 11,2 %). Im Trend hat Deutschland wie andere entwickelte Länder

---

[2] Genaue Zahlen gibt es nicht. Der Zensus 2011 schätzt die Anzahl von Doppelstaatlern auf 4,3 Mio., der Mikrozensus 2021 auf 2,6 Mio. (Mediendienst Integration 2022b).

Tab. 17.1 Bevölkerung und Zuwanderer im Vergleich 2020/21

In % der beiden Gruppen

1) Schulabschluss	Ohne Schulabschluss	Hauptschule	Realschule	(Fach-) Hochschulreife
Gesamtbevölkerung	3,8	21,8	20,8	30,6
Mit Migrationshintergrund	10,2	17,1	17,2	30,3
2) Berufliche Bildungsabschlüsse	Ohne Abschluss[a]	Lehre	Meister	Diplom/Bachelor/Master
Gesamtbevölkerung	15,8	38,1	7,9	14,8
Mit Migrationshintergrund	27,9	22,3	5,3	13,4
3) Überwiegend Lebensunterhalt durch	Arbeitslosengeld	Berufstätigkeit	Angehörige	Rente/Pension
Gesamtbevölkerung	4,0	47,0	22,0	22,8
mit Migrationshintergrund	8,2	44,5	30,3	10,5

Die Zahlen addieren sich nicht stets zu Hundert, da kleinere Kategorien nicht mit aufgenommen sind
[a] In Ausbildung befinden sich wiederum 21,1 (Gesamtbevölkerung) Migrationshintergrund) Prozent
Quelle: Statistisches Bundesamt (2022d, 2022e, 2022f).

Europas steigenden Zuwanderungsdruck zu erwarten – vor allem wegen der Bevölkerungszunahme in Afrika und in der arabischen Welt, des globalen Nord-Süd-Gefälles beim Wohlstand, des Klimawandels und Bürgerkriegen. Dort, wo heute 1,3 Mrd. Menschen leben, werden es 2050 voraussichtlich 2,4 Mrd. sein, im Jahr 2100 4,2 Mrd. (Bundesinstitut für Bevölkerungsforschung 2022c). Die dortige Bevölkerung wächst schneller als die Zahl der Jobs, was Hilfen nicht umkehren können.

Inwieweit sind die Zuwanderer/-innen in Deutschland integriert, inwieweit haben sie Arbeit gefunden? Entgegen zunächst frohen Erwartungen in Politik, Wirtschaftskreisen und Medien zeigt Tab. 17.1 ein eher graues Bild[3]. Dabei stellt sie Menschen mit Migrationshintergrund der Gesamtbevölkerung gegenüber, d. h. Unterschiede zwischen Bevölkerung ohne und der mit Migrationshintergrund

---

[3] Ältere Vergleichsdaten in: Geißler (2014, S. 271, 289, 300).

17.1 Demographie und Wirtschaft: Zurückfallendes Land?

wären größer. Entscheidend ist die linke Datenkolumne. Sie zeigt: Menschen mit Migrationshintergrund sind mehr doppelt so häufig wie die Gesamtheit ohne Schulabschluss, fast doppelt so häufig ohne Berufsausbildung und doppelt so häufig von Arbeitslosengeld lebend. Daneben stehen leichte Überrepräsentationen bei höheren Bildungsgraden – inwieweit erklärbar durch ausländische Studierende in Deutschland, qualifizierte Zuwanderer/-innen und nicht vergleichbare Bildungszertifikate in Herkunftsländern, muss offen bleiben.

Der Blick auf ausgewählte Integrationsindikatoren des Statistischen Bundesamts (2022g) lässt indes keinen eindeutigen Trend erkennen – es gibt Licht- und Schattenseiten, aber auch Stagnation. Zu den negativen Entwicklungen:

- Der Anteil an Menschen mit Migrationshintergrund ohne Schulabschluss ist zwischen 2005 und 2019 von 10,6 auf 13,5 % gestiegen.
- Der Migrantenanteil im öffentlichen Dienst ist von 10,8 auf 9,0 % gefallen.

Positiv hingegen:

- Der Anteil von Menschen ohne berufsqualifizierenden Abschluss (2005–2019) ist von 11,5 auf 9,4 % gefallen.
- Der Anteil an Migrant/-innen mit (Fach-)Hochschulreife ist im selben Zeitraum von 14,0 auf 29,4 % gestiegen.
- Der Anteil an Menschen, die in einem Haushalt mit einem/einer Erwerbslosen leben, ist von 16,9 auf 11,6 % gefallen.
- Der Erwerbslosenanteil ist von 17,9 auf 5,7 % gefallen.
- Die durchschnittliche Wohnungsgröße ist zwischen 2006 und 2018 von 34,6 auf 36,4 Quadratmeter gestiegen.
- Die Eigentümerquote unter Migrant/-innen ist von 23,3 auf 25,6 % gestiegen.

Einigermaßen konstant geblieben sind demgegenüber:

- die Beschäftigungslücke zu Menschen ohne Migrationshintergrund (rund 11 Prozentpunkte) und
- die Armutsgefährdungsquote (ca. 28 %)[4],

---

[4] Zugleich: Die Zunahme der Armutsgefährdungsquote sagt wenig über den materiellen Lebensstandard der darunter lebenden Menschen aus (weil dieser insgesamt steigt), wohl aber über den Anteil am gesellschaftlichen Wohlstand.

Der Bevölkerungsanteil mit Migrationshintergrund wächst, erreicht bei der Gruppe der Unter-Fünf-Jährigen bereits 40 %, was eine vorsichtige Extrapolation der bereits jetzt vorliegenden Trends erlaubt; hinzu kommt das Problem sprachlicher Integration, das sich in geringen Sprachfertigkeiten unter Kindern mit Migrationshintergrund (Haug 2008, S. 5, 16 ff.) sowie unter Erwachsenen vorrangig bei türkischen Migrant/-innen manifestiert (Haug 2008, S. 28). Die Integration von Menschen mit Migrationshintergrund bleibt eine zentrale Herausforderung für die Demokratie, die Gesellschaft und die Ökonomie. Sie ist bei alldem äußerst frustrationsanfällig: Zwar erwecken Kriminalitätsstatistiken aus verschiedenen Gründen einen verzerrten Eindruck von der Kriminalitätsbelastung von Migrant/-innen (etwa weil statt Migrant/-innen Ausländer/-innen erfasst werden, weil es Delikte gibt, die man als Inländer/-in nicht begehen kann, weil die Gruppe der Ausländer/-innen zu einem deutlich höheren Anteil an – in allen Gesellschaften besonders devianten – jungen Männern besteht, weil die Anzeigewahrscheinlichkeit bei einem als fremd wahrgenommenen Täter/einer Täterin steigt oder die polizeiliche Kontroll- und damit die zufällige Entdeckungswahrscheinlichkeit eines Vergehens bei Migranten/-innen höher ist), aber die Häufung von Diebstahlsdelikten bei einzelnen migrantischen Gruppen deutet auf ein „massives Wohlstandsgefälle zwischen Südost- und Westeuropa, instabile gesellschaftliche Verhältnisse und erheblich marginalisierte Bevölkerungsgruppen in den Herkunftsländern, prekäre Lebensverhältnisse und ungünstige Perspektiven mancher Zuwanderer in Westeuropa sowie zum Teil grenzüberschreitend tätige Bandenstrukturen" (Walburg 2020); Gewaltdelikte zumal unter jugendlichen Migrant/-innen lassen „belastende Lebensumstände sowie Bildungsunterschiede in den Blick zu nehmen. Darüber hinaus wird darauf verwiesen, dass die Herkunft aus stärker patriarchalisch geprägten Gesellschaften mit geringer entwickeltem staatlichem Gewaltmonopol gewaltsames Verhalten […] begünstigen kann." (Walburg 2020) Jugendkriminalität schließlich gedeihe maßgeblich unter „Bedingungen sozialer Randständigkeit. Marginalisierungswahrnehmungen können aus geringeren ökonomischen Ressourcen und ungünstigeren Bildungs- und Berufsperspektiven resultieren. […] Darüber hinaus können bei Jugendlichen ausländischer Herkunft individuelle und innerfamiliäre Schwierigkeiten der Eingewöhnung in eine neue kulturelle Umgebung sowie Ausgrenzungserfahrungen das Gefühl des Nichtdazugehörens verstärken und so dazu beitragen, abweichende Normorientierungen, Selbstbilder und Lebenswege zu fördern."

All diese Herausforderungen gelingender Integration im Blick behaltend, argumentieren Ökonom/-innen wie Hans-Werner Sinn (2014) und Demografie-Soziolog/-innen wie Gunnar Heinsohn (2010) für eine stärkere Steuerung der Zuwanderung – sie artikulieren damit nach Karl-Rudolf Korte (2017, S. 9) die

17.1 Demographie und Wirtschaft: Zurückfallendes Land?

Forderung der politischen Mitte nach „Rückgewinnung nationaler Souveränität, Entschlackung des europäischen Apparates und kontrollierte Zuwanderung". Nicht Zuwanderer/-innen sollten primär entscheiden, wer nach Deutschland kommt, sondern primär das aufnehmende Land – und das sind aus ökonomischer Sicht v. a. (hoch) qualifizierte Arbeitskräfte. Gilt Deutschland bei Zuwanderungsmöglichkeiten für Hochqualifizierte als überaus liberales Land, bestehen Lücken bei den Zuwanderungsmöglichkeiten beruflich qualifizierter Fachkräfte (Sachverständigenrat deutscher Stiftungen für Migration und Integration 2018, S. 29 ff., 41 ff., 51 ff.). Zugleich. Dass die für zielgerichtete Maßnahmen erforderliche Trennung von derartiger (freiwilliger Erwerbs-)Migration einerseits sowie Flucht vor Krieg, Repression und Vertreibung andererseits noch nicht überall in der gesellschaftlichen Debatte vollzogen ist, verweist auf den noch langen Weg zum Einwanderungsland hin, den Deutschland noch vor sich hat.

c. Wirtschaft: Der labile Wohlstand einer Exportnation

Für die Demokratie der Bundesrepublik ist es ein wichtiger stabilisierender Umstand gewesen, dass sie eine anhaltende wirtschaftliche Erfolgsgeschichte vorweisen konnte. Über sie generierte die Demokratie zunächst Zufriedenheit, später langanhaltende Legitimität.

Wenn die heutige Bundesrepublik mit ihrem Bruttoinlandsprodukt, mit wichtigen industriellen und technologischen Kennziffern auch nicht mehr an die Position des alten Deutschland heranreicht, nimmt sie doch einen *beachtlichen vierten Platz (hinter den USA, China und Japan) in der Welt ein*. Ihr Leistungsbilanzsaldo mit der Außenwelt, 1991–2000 negativ, ist seit 2001 positiv (Deutsche Bundesbank 2022, S. 8), derzeit (2020) in einem Umfang, der Deutschland auf Platz 2 nach China setzt (Urmersbach 2022). Man kann sich fragen, ob dies ein gesunder und dauerhafter Zustand sein kann, aber dass derartige Überschüsse auch auf Länder mit hohem Lohnniveau wie Deutschland (ähnlich Japan, die Niederlande oder die Schweiz) fallen, spricht für deren Qualitäten. Die wichtigsten deutschen Exportindustrien sind die Automobilindustrie, der Maschinenbau, die Chemie- und die Elektronikindustrie (Bundesministerium für Wirtschaft und Energie 2021, S. 2). Generell spielt der Anteil des verarbeitenden Gewerbes an der gesamten Wirtschaftsleistung in Deutschland eine herausragende Rolle. Nach dem Stand von 2021 beträgt er in Deutschland etwa 20 % – mehr als in den anderen großen Volkswirtschaften der EU (Statistisches Bundesamt 2021b).

Für Qualität spricht, dass Deutschland mit 884 *Patentanmeldungen je Million Einwohner/-innen an vierter Stelle – deutlich hinter der Schweiz, Japan und Südkorea, knapp hinter China, aber noch vor den USA – steht (Statistisches*

Bundesamt 2021c). Möglich ist sein Erfolg dank hoher Kapitalausstattung je Arbeitsplatz, hohen Ausbildungsgrades und hoher Aufwendungen für Forschung und Entwicklung[5]. Gut ausgebildete Fachkräfte verdankt das Land seiner dualen Berufsausbildung, seinen Naturwissenschaftler/-innen und Ingenieur/-innen. Für Nachwuchs sorgen die 19 % seiner Absolvent/-innen, die ein MINT-Fach (Mathematik, Ingenieurwesen, Naturwissenschaften, Technik) studiert haben (OECD 2021, S. 246) – einen vergleichbar hohen Anteil gab es nur in Griechenland (gleichfalls 19 %) sowie Estland, Portugal und Großbritannien (je 18 %). Wie viel diese Fächer der deutschen Wirtschaft bedeuten, verdeutlichen die unzähligen Programme und Initiativen zur Steigerung der (weiblichen) Studierendenanteile: MINT-Nachwuchsbarometer (acatech/Joachim Herz Stiftung), MINT-Qualitätsoffensive (Körber-Stiftung), MINT-Aktionsplan 2.0 (Bundesministerium für Bildung und Forschung), „Komm, mach MINT" (Kompetenzzentrum Technik-Diversity-Chancengleichheit) und unzählige regionale Initiativen unterstreichen dies.

Auf dieser Grundlage kann sich das Land hohe, wenn auch nicht exorbitante Löhne und Sozialbeiträge leisten. Die Arbeitskosten je Stunde im verarbeitenden Gewerbe betragen 2021 in Deutschland 41,90 € – weniger als in Dänemark, Schweden sowie Belgien, aber um 45 % höher als im EU-Durchschnitt (Statistisches Bundesamt 2022h). Schwer zu Buche für die Sozialversicherungssysteme schlägt trotz hoher Löhne aufgrund der deutschen Alterspyramide die Rentenversicherung. Als aber die Anreize zur Frühverrentung abgebaut waren, hat sich die Erwerbstätigkeit der 60- bis 64-Jährigen in Deutschland deutlich erhöht und erreicht 2018 58 %. In der Europäischen Union, in der eine ganze Reihe von Ländern ebenfalls an einem Geburtendefizit leiden, liegt Deutschland damit an zweiter Stelle hinter Schweden (Anteil EU-weit: 43 %). Bei den 65-bis-69-Jährigen liegt der Wert noch bei 16 % (Rang 10; Anteil EU-weit: 13 % – Statistisches Bundesamt 2018, S. 66 ff.). Erfreulicherweise (aus Sicht der Sozialsysteme) hat die Einführung der abschlagsfreien Rente ab 63 Jahren im Jahr 2014 (bei 45 Beitragsjahren) nicht zu einer Absenkung des durchschnittlichen Renteneintrittsalters geführt. Es liegt 2020 unter Männern bei 64,1 Jahren, unter Frauen bei 64,2 Jahren (Demografieportal des Bundes und der Länder 2022).

---

[5] Mit den FuE-Ausgaben steht Deutschland mit 3,1 % des BIP nur hinter der Schweiz, Schweden, Israel, Japan und Südkorea. Das ist ein Abstieg im Ranking der letzten Jahre, obwohl prozentual mehr für diesen Sektor ausgegeben wird als zuvor (Statistisches Bundesamt 2021d).

17.1 Demographie und Wirtschaft: Zurückfallendes Land?

Alles in allem darf nicht übersehen werden, *dass die wirtschaftliche Position Deutschlands aufgrund seiner Abhängigkeit von Exporten und arbeitsteiligem Austausch mit anderen Ländern höchst verletzlich ist.* Der Einbruch der Außenhandelsquote im Zuge der weltweiten Wirtschafts- und Finanzkrise 2008 und während der Corona-Pandemie 2020 belegen dies. Der unter größeren Industrienationen einsame Rekordanteil des Exports am Bruttoinlandsprodukt impliziert gravierende Abhängigkeiten vom Weltmarkt, von internationalen Beziehungen sowie vom Fortbestehen der Europäischen Union. Probleme des wirtschaftlichen Wachstums, der internationalen Konkurrenzfähigkeit und der Finanzen müssen daher immer wieder im Vordergrund der deutschen Politik stehen. *Ohnehin wirkt längerfristig die demografische Entwicklung als schwere wirtschaftliche Belastung, die eher für ein langsames Zurückbleiben des Landes spricht.*

Im Zusammenhang mit der technologisch-wirtschaftlichen Entwicklung haben sich auch Arbeitswelt und soziale Strukturen verändert. Dies gilt, wie Tab. 17.2 zeigt, für die Verteilung der Erwerbstätigen auf die verschiedenen Wirtschaftssektoren. Nachdem um 1970 die Entwicklung zu einer Industriegesellschaft ihren Kulminationspunkt überschritten hat, bildeten sich zunehmend *Züge einer Dienstleistungs- und Wissensgesellschaft* aus. Dabei verbergen sich hinter den globalen Daten teilweise dramatische Wandlungen einzelner Branchen – so die Schrumpfung des Steinkohlebergbaues von 587.000 Beschäftigten im Jahre 1955 auf 0 im Jahre 2018 (Tagesschau 2008). Die neuen Bundesländer hatten derartige Strukturwandlungen im Zeitraffertempo nachzuvollziehen, zwar unterstützt, aber mit sozialen Erschütterungen.

Ein zweiter globaler Trend, der jenen Strukturwandel begleitet, besteht im prozentualen Rückgang der Selbstständigen/Mithelfenden und Arbeiter/-innen, während insbesondere der Angestelltenanteil zugenommen hat. Im Ergebnis verlor *eine Bürgertum und Arbeiterschaft gegenüberstellende Politik ihre Basis.* Die unselbstständige Mittelschicht war schon vor Jahrzehnten vorherrschend, Deutschland zur „nivellierten Mittelstandsgesellschaft" (Schelsky 1954) geworden, deren Kern eine kleinbürgerlich-mittelständische Schicht mit ähnlichen soziokulturellen Vorstellungen war. Daneben kam es seit den 1980er Jahren häufiger zu Lebenspartnerschaften, längeren Bildungsgängen, unterbrochenen Arbeitsbiographien, langfristig beschäftigten Frauen, größerer Varianz beim Renteneintrittsalter sowie alleinerziehenden Müttern (Mayer und Hillmert 2004, S. 85) – mit der Folge, dass anstelle von Berufsgruppenzugehörigkeiten vielfach derartige Umstände bestimmend für die soziale Lage der Individuen wurden.

Wirtschaft und Gesellschaft der DDR sind einen anderen Weg durchlaufen. Die DDR-Wirtschaft litt an der „Last des Systemwechsels" (Verdrängung des

Tab. 17.2 Die sozio-ökonomische Entwicklung der Bundesrepublik

Jahr	1950	1989	DDR 1990[a]	2010	2020
Demographische Daten:					
Einwohner (Mio.)	50,0	61,9	16,2	79,4	81,9
Darunter mit Migrationshintergrund i.e.S. (Mio.)	–	–	–	14,7	20,0
Daten zur Arbeitswelt:					
Erwerbspersonen (% der Einwohner)	45,9	48,1	54,8	54,6	55,9
Arbeitslose (% der zivilen Erwerbspersonen)	7,2	6,8	7,1	7,7	5,9
Frauenanteil an Erwerbstätigen (%)	35,7	38,9	48,9	66,0[b]	71,8[b]
Auszubildende (Mio.)	1,0	1,6	0,3	1,5	1,3
Studierende (Mio.)	0,1	1,5	0,1	2,2	2,9
Sektoren in % der Erwerbstätigen:					
Land- und Forstwirtschaft	24,6	3,8	10,8	1,6	1,3
Produzierendes Gewerbe	42,6	38,7	47,0	24,4	24,0
Handel/Verkehr (ab 2010 bei Dienstleist.)	14,3	19,2	17,7	–	–
Dienstleistungen, Staat	18,4	38,3	24,5	74,0	74,7
Berufsgruppen in % der Erwerbstätigen:					
Selbstständige (mit Mithelfenden)	31,5	10,9	4,6	11,5	8,6
Beamte	4,2	9,0	–	5,4	5,4
Angestellte, Arbeiter, Azubis	64,2	80,1	95,3	83,2	85,6
Wirtschaft, Energie und Wohlstand:					
Bruttoinlandsprodukt (Mrd. Euro)	49,7	1200,7	207,9	2564,4	3367,6
Exportquote (Ausfuhr in % des BIP)	8,5	28,4	k. A.	42,2	43,4
Primärenergieverbrauch (in Petajoule)	3970	11.219	3777 (1986)	14.217	11.899

(Fortsetzung)

Tab. 17.2 (Fortsetzung)

Jahr	1950	1989	DDR 1990[a]	2010	2020
dar. Mineralöl (in Petajoule)	150	4489	404 (1986)	4684	4087
Wohlstand:					
Human Development Index	0,733[c]	0,808 (1990)	k. A.	0,927	0,947 (2019)

[a] Beitrittsgebiet (ehemals DDR), z. T. 2. Halbjahr 1990 aufs Jahr umgerechnet. Wirtschaftssektoren, Ausbildungsgruppen und BIP von 1989
[b] Hier Erwerbstätigenquote der Frauen (in %)
[c] Wegen geänderter HDI−Berechnungsmethode nur bedingt vergleichbar
Quellen: Bundesministerium für innerdeutsche Beziehungen (1988); Bundesministerium für Wirtschaft (1990); AG Energiebilanzen (2021, S. 10); Statistisches Bundesamt (2022g; i; j; k; l; m; n; o); Bundesagentur für Arbeit (2022); Bundeszentrale für politische Bildung (2020b); Heske (2009, S. 248); Kahlert (1989, S. 104); Sachverständigenrat Wirtschaft (2015); UNDP (2020, S. 3); Wagner (2003, S. 188).

Unternehmertums), autarkiebedingten Hemmnissen und der Braunkohle als einziger Energiebasis (Abelshauser 2005, S. 363 f., 381, 389). Abgeschottet vom Weltmarkt hat sozialistisches Wirtschaften dazu geführt, dass die Arbeitsproduktivität im Laufe der Jahrzehnte weit hinter der westdeutschen zurückblieb (Horstmann et al. 1991, S. 306). Bemerkenswert war schließlich ein hoher Konzentrationsgrad in Industrie und Landwirtschaft, der das betriebswirtschaftliche Optimum häufig überschritt. Dazu kam Verschleiß von Maschinenpark und Infrastruktur – die DDR lebte auf Kosten der Zukunft. Nach der deutschen Vereinigung stellte sich die Aufgabe einer wirtschaftlich-gesellschaftlichen Modernisierungsrevolution. Sie bedeutete Umstrukturierungen, auch Abbau von Arbeitsplätzen. Begleitet war sie von einem wirtschaftlichen Fiasko, verursacht durch unangemessene Währungsumstellung, übereilte Einkommensannäherung an den Westen und Ausfall des Handelspartners Sowjetunion (Patzelt 2008, S. 48; Ritter 2006, S. 106, 121, 201 ff.).

Wodurch ist die heutige Gesellschaft in soziokultureller Hinsicht geprägt? Der Wandel zur postindustriellen Wissensgesellschaft (ablesbar am Bedeutungsgewinn des Dienstleistungssektors), die Digitalisierung der Arbeits- und Lebenswelt wie auch die Expansion emanzipativer Werte, die Individualität und Authentizität ins Zentrum gesellschaftlichen Miteinanders führten, haben das hervorgebracht, was der Soziologe Andreas Reckwitz (2017) als „Gesellschaft der Singularitäten" bezeichnet. Sie ist gekennzeichnet durch Individualisierung,

Selbstentfaltung und Selbstdarstellung. Entstanden ist so eine Kultur der Einzigartigkeit, welche die eigene Identität priorisiert. Träger dieses Lebensstils ist die neue urbane, akademische Mittelklasse, die sich in der Drei-Drittel-Gesellschaft von den anderen beiden Klassen (die alte nicht-akademische Mittelklasse und die Unterklasse) folglich nicht nur sozioökonomisch, sondern auch -kulturell unterscheidet. Typisch für die neue Mittelklasse sei ein ausgeprägtes Distinktionsbestreben bei ganz alltäglichen Praktiken wie Essen, Wohnen, Sport, Erziehung, Bildung und Bewegung, aber auch ein besonderes Verhältnis zum Körper und zur Arbeit, die nie – wie bei der Unterklasse – bloß dem eigenen Lebensunterhalt dient, sondern immer auch zur Entfaltung und Selbstdarstellung genutzt wird. Die Dominanz der neuen, sich selbst kulturalisierenden Mittelklasse und die Entwertung des Lebensstils der Unterklasse rufen eine Polarisierung der Gesellschaft hervor, erkennbar auch an handfesten politischen Gegensätzen zwischen Gruppen, die man mit Wolfgang Merkel (2017) als Kosmopolit/-innen und Kommunitarist/-innen bezeichnen könnte.

17.2 Verteilungsstrukturen einer Mittelschichtgesellschaft

Betrachtet man die Einkommensverteilung, so fallen zunächst in mehrfacher Hinsicht Unterschiede ins Auge:

- Dies gilt zunächst für solche *nach Berufsgruppen:* An der Spitze der jährlichen Arbeitseinkommen rangieren Pilot/-innen, Manager/-innen, Ärzt/-innen, Fluglots/-innen, Wirtschaftsprüfer/-innen, ganz am Ende hingegen Menschen aus Reinigungsberufen, Gastronomie, Tierpflege, Floristik und Nahrungszubereitung (Statistisches Bundesamt 2020a, S. 495 ff.).
- Daneben bestehen *regionale Disparitäten,* die mit der Höhe der Arbeitslosigkeit korrelieren. Als „strukturschwache" Gebiete gelten die neuen Bundesländer, Südwestpfalz und Teile Oberfrankens (Zeit Online 2018).
- Darüber hinaus gibt es *branchenbezogene Unterschiede* (Statistisches Bundesamt 2020a, S. 354).

Einen Überblick über die Einkommensverhältnisse nach Berufsgruppen liefert Tab. 17.3. Dabei handelt es sich jeweils um Durchschnitte, dazu Medianwerte (= geben den Punkt an, über und unter dem jeweils die Hälfte der Haushalte liegen):

17.2 Verteilungsstrukturen einer Mittelschichtgesellschaft

Tab. 17.3 Bruttoeinkommen und Nettovermögen der privaten Haushalte 2017 In Euro/Jahr

	Einkommen		Vermögen	
	Mittelwert	Median	Mittelwert	Median
Region: Bundesgebiet	53.000	40.100	232.800	70.800
Ost	42.000	32.200	93.200	23.400
Süd (BY, BW, HE)	49.300	38.900	205.600	60.300
Soziale Stellung: Selbstständige	81.600	55.300	712.600	211.000
Beamte	78.900	67.300	294.200	170.500
Angestellte	67.300	53.100	216.100	76.900
Arbeiter	45.400	42.000	114.900	26.900
Arbeitslose	25.100	19.500	35.000	600
Rentner	35.500	27.800	223.800	87.700
Pensionäre	54.000	47.900	403.800	353.200
Berufliche Bildung: kein Abschluss	28.000	21.900	71.300	3800
Duale Berufsausbildung	48.200	37.600	196.100	59.800
Fachschulabschluss	60.100	49.500	397.900	195.000
FH-Abschluss	66.900	50.200	280.300	78.500
Hochschulabschluss	81.700	68.300	377.400	175.400
Staatsangehörigkeit: Deutsch	54.500	41.400	253.300	87.100
Andere	45.100	34.400	108.500	11.000

N = 4 942 Haushalte
Quelle: Deutsche Bundesbank (2019, S. 33, 42).

- Je relativ größer der Unterschied zwischen Durchschnitt und Median ist, desto größer sind die Unterschiede innerhalb der Gruppe. Zum Beispiel fällt die große Differenz bei den Selbstständigen sowohl hinsichtlich Bruttoeinkommen als auch Nettovermögen auf. Sie deutet auf Abgründe zwischen großen und kleinen Selbstständigen.
- Wie man weiß, steigt das Einkommen bis zum Alter von etwa 55 Jahren, um dann langsam abzusinken; ganz ähnlich das Vermögen, nur dass hier die Wende erst mit 65 Jahren einsetzt. Dies erklärt die günstige Vermögenslage von Rentner/-innen, mehr noch von Pensionär/-innen.

- Einkommen und Vermögen sind im Laufe der Zeit nicht bei allen sozialen Gruppen angestiegen: Einen durchschnittlichen Einkommensverlust gab es im Vergleich zu 2014 in Süddeutschland, Vermögenseinbußen im Osten, unter Selbstständigen, Arbeitslosen und Menschen mit FH-Abschluss.
- Der Aussagewert der Tabelle ist begrenzt, da die Zahl der Haushaltspersonen nicht berücksichtigt ist. Daher ergänzend: Das Einkommen der Paare mit Kindern liegt über dem kinderloser Paare, Alleinlebender oder Alleinerziehender – was nicht heißt, dass Eltern mit Kindern einen höheren Lebensstandard erreichen. Was Vermögen betrifft, liegen sie deutlich hinter kinderlosen Paaren (Deutsche Bundesbank 2019, S. 33, 42).
- Auch der Anteil der öffentlichen Transferleistungen ebenso wie der Steuern und Sozialabgaben ist nicht enthalten.

Sehr wohl aber werden *Unterschiede zwischen den Berufsgruppen der Hauptverdiener/-innen sichtbar, desgleichen zwischen den Regionen, auch die Relevanz von Berufsausbildung und Nationalität. Bei Einkommen bleiben Rentner/-innen und Arbeitslose zurück, generell beruflich nicht Ausgebildete. Bei Renten gibt es hauptsächlich zwischen Ost und West Unterschiede:* 2020 bezogen ostdeutsche Männer im Durchschnitt Renten in Höhe von 1249 €, westdeutsche Männer in Höhe von 1179; ostdeutsche Frauen erhielten 1065 €, westdeutsche 741 (Statista Research Department 2022). Erklärbar ist dieses auf den ersten Blick überraschende Ungleichgewicht mit der Rentenversicherungspflicht auch für die meist besserverdienenden Berufe (Selbstständige, Unternehmer/-innen und Freiberufler/-innen) in der DDR, mit der Einbeziehung der DDR-Zusatzrenten in die heutigen Ost-Ansprüche und mit der im Westen deutlich höheren Zahl an Beamt/-innen, Selbstständigen und Freiberufler/-innen, die vielfach nur kurz in die Rentenkasse einzahlten, später aber aus ihr verschwanden (und entweder selbst vorsorgen oder in die Pensionskasse einzahlen, aber eben noch auf ihre minimalen Rentenansprüche zurückgreifen können). Erkennbar wird das an zwei Zahlen: Im Osten speisen sich die Alterseinkünfte zu 94 % aus der gesetzlichen Rente, im Westen nur zu 68 % (Frenzel 2021).

Fragt man nach der Verteilung individueller Kaufkraft, führt ein anderes Vorgehen weiter. Bei ihm dividiert man das Haushaltsnettoeinkommen durch die Summe der „Bedarfsgewichte" der Haushaltsmitglieder (1 für Haupternährer/-in, etwa 0,7 für weitere Erwachsene und altersbezogene Gewichte für Kinder) und erhält das sogenannte *Nettoäquivalenzeinkommen* der Haushaltsmitglieder. Auf seiner Basis gibt der *Gini-Index,* der von Null (= völlige Gleichheit) bis Eins (= absolute Ungleichheit) reicht, den Grad der in der Gesellschaft vorherrschenden Ungleichheit an.

17.2 Verteilungsstrukturen einer Mittelschichtgesellschaft

Im 6. Armuts- und Reichtumsbericht der Bundesregierung heißt es dazu: „Nachdem die Ungleichheit bis etwa 2005 angestiegen ist, blieb sie seitdem relativ stabil. Der Gini-Koeffizient der Einkommensverteilung lag in Deutschland in den Jahren bis 2017 bei etwa 0,29. Die obere Hälfte der Verteilung verfügte über 70 % aller Einkommen, die untere Hälfte über 30 %." (Bundesministerium für Arbeit und Soziales 2021a, S. 44). Dabei kommt das einkommensstärkste Zehntel der Bevölkerung auf rund 23 % des Gesamteinkommens der Haushalte, das einkommensschwächste nur rund 4 %. Dass der Gini-Index Anfang der 2000er Jahre um etwa 0,05 Punkte anstieg, deutet auf einen Anstieg der Einkommensungleichheit. Im internationalen Vergleich liegt Deutschland etwa gleichauf mit Ungarn, Polen, Schweden, Frankreich, Irland und den Niederlanden, aber noch hinter einigen Staaten Osteuropas (Slowakei, Slowenien, Tschechien) und Skandinaviens (Norwegen, Finnland, Dänemark – OECD 2022). Die USA und Großbritannien liegen in dieser Hinsicht weit hinter Deutschland, das in etwa eine Mittellage einnimmt.

Wie aber steht es mit den Vermögen, genauer den Nettovermögen? „Vermögen ist deutlich ungleicher verteilt als das Einkommen: Hier betrug der Gini-Koeffizient im letzten verfügbaren Jahr etwa 0,71 (Nettovermögen der Haushalte) bzw. 0,78 (individuelle Nettovermögen). Haushalte in der oberen Hälfte der Verteilung besaßen etwa 97,5 %, Personen in der oberen Hälfte der Verteilung etwa 99,5 % des Gesamtvermögens. Die 10 % der Bevölkerung mit den geringsten Vermögen hatten ein negatives Vermögen, also mehr Schulden als Vermögensbestände, weitere Teile der Bevölkerung hatten kein Vermögen, aber auch keine Schulden. Erst im dritten bzw. vierten Dezil fingen positive Vermögensbestände an. Ausgehend von den Werten in den frühen 2000er Jahren hat zunächst ein Anstieg der Vermögensungleichheit stattgefunden, der sich in der Dekade nach 2010 nicht fortgesetzt hat." (Bundesministerium für Arbeit und Soziales 2021a, S. 44). *Die Vermögensverteilung in Deutschland ist also ungleicher als die der Einkommen.*

Im Vergleich mit den Ländern der Eurozone befinden sich die Deutschen mit ihrem Netto-Haushaltsvermögen von 232 800 € im Mittelfeld – deutlich übertroffen von den Luxemburger/-innen, Malteser/-innen, Belgier/-innen, Zypriot/-innen, Ir/-innen, Italiener/-innen, Spanier/-innen, Franzosen und Französinnen, Finn/-innen, Slowen/-innen, Österreicher/-innen und Portugies/-innen (Grabka und Halbmeier 2021, S. 254). Dieses erstaunliche Faktum erklärt sich vor allem aus dem mit 44 % der Haushalte geringsten Anteil an Haus- oder Wohnungseigentum in der EU (Spätfolgen von Kriegszerstörungen und Vertreibungen), mit der notorischen deutschen Aktienscheu, mit den – verglichen mit Südeuropa – geringeren Haushaltsgrößen in Deutschland und den häufig ausländischen DAX-Unternehmensbesitzer/-innen. Alle Vergleiche sind mit Vorsicht zu genießen

– man bewegt sich hier in einer nur teilweise beleuchteten Welt, da die Betriebsvermögen unberücksichtigt bleiben.

Wie spiegeln sich diese Verhältnisse im Bewusstsein der Menschen? Das heutige Deutschland zeigt – bei einer Skala von vier Schichten – das Bild einer reinen Mittelschichtgesellschaft. Dabei konzentrieren sich 61 % der West- und 66 % der Ostdeutschen in der Mittelschicht. Dabei gab es in den Neuen Ländern in den knapp drei Dekaden nach der Wiedervereinigung erhebliche Verschiebungen: Die Mittelschicht hat hier die 30 Prozentpunkte hinzugewonnen, die der Arbeiterschicht verlorengingen (Bünning 2021, S. 276; Abb. 17.2).

Ein differenzierteres Gesellschaftsbild lassen die Sozialmilieus in Deutschland entstehen, die für die Clusterung der Gesellschaft die sozialen Lagen und die Grundorientierungen der Menschen heranziehen. 2021 kommen so nicht weniger als zehn Milieus zustande, alle zwischen acht und 12 % der Bevölkerung repräsentierend – vom prekären Milieu (Unterschicht mit traditioneller Wertschätzung von Pflichterfüllung und Ordnung) über die adaptiv-pragmatische Mitte (mittlere Mittelschicht mit Präferenzen für Individualität, Selbstverwirklichung und Genuss) bis hin zum expeditiven Milieu (Oberschicht mit den Werten Multi-Optionalität und neuen Synthesen – Sinus Institut 2021). Die größte sozio-kulturelle Dynamik gehe aktuell von der Mitte der Gesellschaft aus: „Die Lebens- und Wertewelten driften auseinander. Der statusoptimistische Teil modernisiert sich und blickt nach oben. Der harmonieorientierte, größere Teil sieht seinen Lebensstil und seine Prinzipien gesellschaftlich entwertet,

	Unterschicht	Arbeiterschicht	Mittelschicht	obere Mittel-/ Oberschicht
Westdeutschland				
1980	1	30	59	10
1991	1	24	62	13
2000	1	30	59	10
2010	3	23	62	13
2018	2	23	61	14
Ostdeutschland				
1991	3	57	37	2
2000	2	49	45	3
2010	4	38	51	6
2018	3	36	56	5

Datenbasis: ALLBUS 1980–2012 kumuliert; ALLBUS 2018

Abb. 17.2 Schicht-Selbsteinstufung 2018. (Quelle: Bünning 2021, S. 276)

zieht sich verbittert zurück und grenzt sich verstärkt nach unten und nach oben ab." Ein Treiber dieses Trends sei die Allgegenwart des Nachhaltigkeits- und des Diversitätstopos, die beide zumal in den kosmopolitischen Leitmilieus auf uneingeschränkte Zustimmung, in der unteren Hälfte der Gesellschaft aber auf Ablehnung, „Sorge um Teilhabe" und die Angst vor hohen Kosten stoßen. Während das frühere hedonistische Milieu erodiert, hat ein anderes Fuß gefasst: das der „Neo-Ökologischen". Nur wenig überzeichnet: Deutschland wandelt sich von der Spaß- zur Postwachstumsgesellschaft.

17.3 Politikfelder: Verschiedenartige Arenen

a. Indikatoren für politische Bearbeitung

Welche gesellschaftlichen Probleme und Themenfelder werden von der Politik bearbeitet, wie geschieht dieses und mit welcher Wirkung? Das Bild des liberalen Nachtwächterstaates, der sich darauf beschränkt, nur Ordnung und Sicherheit zu gewährleisten, überspitzte zwar die Realität. Tatsächlich lässt sich aber ein Bedeutungszuwachs des politischen Systems feststellen, dessen Entscheidungen seine gesellschaftliche Umwelt nun stärker prägen. Als Ursache hierfür gilt eine *gestiegene Interdependenz in modernen ausdifferenzierten Gesellschaften, die für den Einzelnen und die Einzelne einen „Verlust des [individuell] beherrschten Lebensraumes" (Forsthoff 1968, S. 147) und einen erhöhten Bedarf an kollektiven Ordnungen und Leistungen zur Folge hat.*

Aussagekräftig scheinen die Indikatoren *„Ausgaben"* und Personal der öffentlichen Hand zu sein. Bei Ausgaben führt der Bereich Soziale Sicherung bei weitem, gefolgt von Bildung/Wissenschaft. Bei höheren Zinsen würde auch der Schuldendienst einen erheblichen Ausgabenanteil ausmachen (vgl. Kap. 8, Tab. 17.1). Zum 31. Dezember 2020 betrugen die öffentlichen Schulden 2,172 Bio. Euro, darunter 1,403 Bio. Bundesschulden, 0,636 Bio. der Länder und 0,133 Bio. der Kommunen; außerdem 44 Mio. Euro der Sozialversicherungen (Statistisches Bundesamt 2021f). Dabei wurde die seit 2011 geltende Schuldenbremse aufgrund der finanziellen Kosten der Corona-Pandemie ausgesetzt, steigen die Schulden seit 2020 erstmals wieder seit einigen Jahren an.

Unter dem Kriterium *Personaleinsatz* schließlich führt der Bereich Bildung/ Wissenschaft/Kultur (Schulen und Hochschulen!), gefolgt von Zentrale Verwaltung/Politische Führung, Gesundheit/Sport/Erholung und Verteidigung (Tab. 17.4). *Orientiert man sich an Ausgaben und Personaleinsatz, so ist also die Bundesrepublik Deutschland primär als Sozial- und Bildungsstaat zu charakterisieren* (einbezogen: Sozialversicherungen).

Tab. 17.4 Personal im öffentlichen Dienst nach ausgewählten Aufgabenbereichen. Tsd. Vollbeschäftigte, nur Gebietskörperschaften

Bereich/Jahr	1993 altes Bundesgebiet			2020 Deutschland		
Gebietskörperschaften	Bund	Länder	Gemeinden	Bund	Länder	Gemeinden
Insgesamt[b)]	504,4	1535,2	1010,5	509,9	2493,3	1596,8
Politische Führung, zentrale Verwaltung einschließlich Finanzverwaltung	72,4	214,7	195,2	89,1	292,1	345,3
Verteidigung	350,9	–	–	242,2	X	X
Polizei/öffentliche Sicherheit und Ordnung	30,6	220,2	71,6	116,1	590,8	141,4
Rechtsschutz	4,4	143,3	–	5,5	178,5	X
Bildung, Wissenschaft, Kultur	10,8	687,6	119,3	16,9	1503,5	186,1
Soziale Sicherung	3,7	47,6	95,7	9,1	23,6	193,7
Kindertagesbetreuung				0,0	10,0	249,4
Gesundheit, Sport, Erholung[a)]	1,2	67,8	282,9	9,1	47,3	208,4
Wohnungen, Städtebau, Raumordnung	–	28,2	138,8	0,0	17,4	109,1

[a)] 2020 auch: Umwelt
[b)] Reste zur jeweiligen Spaltensumme: Sonstige
Insgesamt hatte 2020 der öffentliche Bereich 4.968.000 Beschäftigte, darunter bei Sozialversicherungen einschließlich Bundesagentur für Arbeit 368.000. Hinzu kommen auslaufend noch Anteile von öffentlichem Bediensteten bei Deutscher Bahn und Post
Quellen: Statistisches Bundesamt (1995, S. 519 ff.; 2021e).

Die Politikwissenschaft hat sich seit längerem auch der Untersuchung konkreter Politikfelder zugewandt. Was unter dem Stichwort „Policy-Forschung" erarbeitet worden ist, liefert ein zunehmend flächendeckendes Bild. Im Folgenden sollen exemplarisch einige Politikfelder vorgestellt werden.

b. Wirtschaftspolitik: Konzepte und praktische Politik

Ziele, Formen und Intensität staatlicher Einwirkung auf den wirtschaftlichen Prozess haben sich im Laufe der Geschichte der Bundesrepublik erheblich gewandelt. Am Anfang stand die *administrative Bewirtschaftungspraxis* der ersten Nachkriegsjahre, als man dem Nahrungs-, Kohlen- und Wohnungsmangel durch staatliche Lenkung wirtschaftlicher Ressourcen, staatlich festgelegte

17.3 Politikfelder: Verschiedenartige Arenen

Preise und Löhne sowie Rationierung der meisten Güter zu begegnen suchte (Abelshauser 1975, S. 66 ff.). Die Währungsreform 1948 markierte dann den Übergang zur *„sozialen Marktwirtschaft" ordoliberaler Prägung*, wie sie vom damaligen Wirtschaftsdirektor der Bizone Ludwig Erhard vertreten wurde und ab 1949 Eingang in die Programmatik von CDU und CSU fand. Zwar gab es bei der Umsetzung dieses Konzepts Abstriche, indem Verkehr, Land-, Energie- und Wohnungswirtschaft nur schrittweise an marktwirtschaftliche Verhältnisse herangeführt wurden. Im Ganzen konnte man aber von einer marktwirtschaftlichen Ordnung sprechen, die durch das Gesetz gegen Wettbewerbsbeschränkungen (GWB) von 1957 einerseits sowie Sozialgesetze andererseits abgestützt wurde. Diese unterlagen mehrfachen Änderungen – das GWB beispielsweise liegt in der zehnten Novelle vor -, ohne dass dadurch die grundlegende Idee verwässert worden wäre. Der 1973 eingefügten „Ministererlaubnis", die es dem zuständigen Ministerium gestattet, Unternehmensfusionen entgegen dem Votum des Bundeskartellamts doch noch zu gestatten, wurde so bisher in lediglich 10 von 23 beantragten Fällen stattgegeben.

Ergänzt wurde diese Politik, als man 1967 angesichts der ersten Nachkriegsrezession und bei sozialdemokratischer Regierungsbeteiligung zu einer *sozialen Marktwirtschaft mit „Globalsteuerung"* überging. Die Wende war getragen von einem keynesianischen Interventionismus. Als gleichrangige Ziele galten: Preisstabilität, Vollbeschäftigung, außenwirtschaftliches Gleichgewicht und stetiges Wachstum („magisches Viereck"). Ab Ende der sechziger Jahre wurde diese Politik durch regionale und sektorale Strukturpolitik ergänzt (Grosser 1981). Aber bei der Bekämpfung der Rezession von 1974 (Erdölpreisschock) blieb alle keynesianische Globalsteuerung erfolglos.

So setzte die christlich-liberale Regierung ab 1982 auf *Angebotspolitik*, d. h. suchte primär die Konkurrenzfähigkeit von Unternehmen zu verbessern, insbesondere durch Deregulierungen und Abgabenentlastungen (von Bandemer et al. 1998). Auch drängte die Globalisierung zu einer angebotsorientierten Linie. Kanzler Schröder hingegen bekannte sich zu einem *wirtschaftspolitischen Mix*, der in der Praxis allerdings wenig systematisch blieb – die rot-grüne Wirtschaftspolitik wirkte „konzeptionslos und sprunghaft" (Zohlnhöfer 2006, S. 307). Erst mit massiven Steuersenkungen für Unternehmen und einer Arbeitsmarktreform („Hartz IV"), welche die Arbeitslosen zu hoher „Konzessionsbereitschaft" bei der Annahme von Stellen drängte (Hassel und Schiller 2010, S. 38), stellte Schröder in seiner Endphase noch Weichen für einen Abbau der Arbeitslosigkeit.

Parteien und Regierungen spielten in der deutschen Wirtschaftspolitik insofern eine Rolle, als die Kursänderungen in Verbindung mit den Regierungswechseln erfolgten. Dabei gab es auch fließende Übergänge – so in den Spätphasen der

Regierungen Schmidt und Schröder. Akteure waren daneben die Industrie- und Arbeitgeberverbände sowie die Gewerkschaften. Als Gedankengeber/-innen wirkten wirtschaftswissenschaftliche Köpfe, darunter aus dem prominenten Sachverständigenrat zur Begutachtung der gesamtwirtschaftlichen Entwicklung, deren Mitglieder nach Ausscheiden häufig exponierte Positionen übernehmen (so Lars Feld als Persönlicher Beauftragter des Bundesministers der Finanzen für die gesamtwirtschaftliche Entwicklung oder Isabel Schnabel im EZB-Direktorium). *Obwohl sich das Schicksal von Regierungen vielfach in diesem Politikfeld entscheidet, haben also Bundesregierungen die Hebel nur teilweise in der Hand.*

Dies akzeptierend, hat die 2021 gebildete Ampelkoalition auf eine *angebots- wie nachfrageorientierte Wirtschaftspolitik* gesetzt, um Deutschland zu einer sozial-ökologischen Marktwirtschaft zu machen. Die Punkte 1) bis 3) adressieren dabei (wohl) eher die Unternehmen, 4) bis 6) die Konsument/-innen:

1. Durch den Ausbau von Solar- und Windenergie sollen bis 2030 80 % des Energiebedarfs aus Ökostrom kommen, etwa durch die Ausweisung von 2 % der Landfläche für Windenergie, verpflichtende Solardächer auf gewerblichen Bauten, die Beschleunigung von Planungs- und Genehmigungsverfahren, aber auch eine Investitionsprämie („Superabschreibung") für den Klimaschutz (Mehr Fortschritt wagen – Koalitionsvertrag, S. 56, 164).
2. Regionale Transformationscluster sollen zukunftsträchtige Schlüsselindustrien, u.a. die für Halbleiter, stärken (Mehr Fortschritt wagen – Koalitionsvertrag, S. 25 f.).
3. Die Elektromobilität (15 Mio. E-Autos bis 2030) soll durch „Rahmenbedingungen und Fördermaßnahmen" gestärkt werden (Mehr Fortschritt wagen – Koalitionsvertrag, S. 51).
4. Die EEG-Umlage wird 2023 endgültig abgeschafft (ausgesetzt bereits ab Juli 2022) und ein Klimageld eingeführt, um Stromkunden zu entlasten (Mehr Fortschritt wagen – Koalitionsvertrag, S. 62 f.).
5. Jährlich sollen 400.000 Wohnungen gebaut werden, davon 100.000 öffentlich gefördert – verantwortlich dafür: ein eigenes Bauministerium (Mehr Fortschritt wagen – Koalitionsvertrag, S. 88).
6. Der Mindestlohn wird auf 12 € erhöht, Mini- und Midijobs sollen von 450 auf 520 bzw. 1300 auf 1 600 € erweitert werden, eine Kindergrundsicherung soll Alleinerziehende und Geringverdiener-Familien, das neue Bürgergeld Erwerbslose entlasten. (Mehr Fortschritt wagen – Koalitionsvertrag, S. 6, 70, 75, 100).

Die Entlastung der Bürgerinnen und Bürger im Zuge der Inflation des Jahres 2022, ausgelöst durch die Corona-Pandemie (Produktions- und Lieferengpässe durch Lockdowns in China), den Ukrainekrieg Russlands (Verknappung von Lebensmitteln wie Getreide und Öl, Sanktionen gegen Russland) und die Staatsanleihenpolitik der EZB (Erhöhung der im Umlauf befindlichen Geldmenge) unterstreicht die nachfrageorientierte Seite der Wirtschaftspolitik: Absenkung der Energiesteuer auf Kraftstoffe („Tankrabatt") und 9-Euro-Ticket im Sommer 2022, Erhöhung der Entfernungspauschale für Pendler/-innen, Erhöhung des Arbeitnehmer-Pausch- und des Grundfreibetrags, Heizkostenzuschuss, Energiepreispauschale und Einmalzahlungen für Transferleistungsempfänger sind u. a. in den Entlastungspaketen der Bundesregierung enthalten, zudem ein Strom- und Gaspreisdeckel. „Scholzonomics", das bedeute „die Verkündigung großer Summen zur allgemeinen Beruhigung der Bevölkerung, ohne deren effiziente Verteilung ausreichend vorbereitet zu haben", kritisierte Die Zeit im Winter 2022 (Pletter 2022, S. 25) – die einst klare Trennung zwischen angebots- und nachfrageorientierter Wirtschaftspolitik hat indes nicht nur in Deutschland an Bedeutung verloren.

c. Soziales: Politik zwischen Sozialstaatsmodellen?
Deutschland gehört mit der Bismarck'schen Sozialgesetzgebung 1883–89 zu den frühen „Pionierländern" sozialstaatlicher Sicherung (Schmid 2010, S. 129).

Tab. 17.5 Grundtypen des Sozialstaates

	Konservativ-kontinental-europ. Modell (Bismarck)	Liberal-angelsächsisches Modell (Beveridge)	Sozialdemokratisch-skandinavisches Modell
Gesicherte Personen	Versicherte Arbeitnehmer	Gesamte Bevölkerung	Alle Bürger
Finanzierung	Beiträge nach Einkommen	Steuermittel des Staates	Steuermittel/Volksversicherung
Leistungen	Unterschiedlich nach bisherigem Einkommen	Einheitlich-pauschal	Gleich
Leistungsniveau/-umfang	Mittel	Niedrig	Hoch
Verwaltung	Gruppen, dezentral	Öffentlich	Öffentlich
Beispiele	Deutschland, Österreich, Frankreich, Italien	USA, Kanada, Australien	Schweden, Norwegen, Dänemark

Quellen: Schmid (2010, S. 101, 108, 489); Pilz (2009, S. 49 ff.).

Es entwickelte ein Sozialsystem, in dem Renten-, Kranken- und Unfallversicherungen mit Beiträgen von Arbeitgeber/-innen und Arbeitnehmer/-innen Rechtsansprüche zunächst für Industriearbeiter/-innen, dann auch für Angestellte begründeten. Über alle politischen Brüche hinweg hat sich dieses Sozialsystem erhalten und weiter entwickelt (Schmidt 2005, S. 24 ff.). Einen egalisierenden Umverteilungseffekt übt daneben die Progression der Einkommenssteuer aus. Andere Staaten folgten auf dem Weg zum Sozialstaat, gaben ihm aber vielfach andere Strukturen. Man unterscheidet nach Gösta Esping-Andersen drei Grundtypen (s. Tab. 17.5), ohne zu übersehen, dass in der Realität gemischte[6] und in vielen Ländern (Dritte Welt) keine sozialen Sicherungssysteme existieren. Während die südeuropäischen Staaten heute einen Anteil der Sozialausgaben wie die kontinentaleuropäischen (etwas unter 30 % des BIP) erreicht haben, liegt er in angelsächsischen Ländern bei 20 % (Häusermann 2015, S. 592).

In Deutschland lassen sich die sozialen Sicherungssysteme in drei Kategorien gliedern. Eine erste bilden soziale Leistungen nach dem *Versicherungsprinzip,* d. h. solche, die den Empfänger/-innen aufgrund zuvor gezahlter Beiträge gewährt werden. Allerdings beruhen sie nur in der relativen Höhe der Renten zueinander auf dem Versicherungsprinzip. Zu dieser Kategorie gehören Altersrenten (außer der neuen Mindestrente), Unfallrenten, die gesetzliche Krankenversicherung, Pflegeleistungen sowie das Arbeitslosengeld I. Ergänzend für viele Alterseinkommen kommen Betriebsrenten hinzu, die in Deutschland etwa die Hälfte der Beschäftigten zu erwarten haben – ähnlich wie in Großbritannien, Japan oder den USA (Ebbinghaus und Schulze 2008, S. 291). Im Unterschied zu den anderen Sozialversicherungen sind aber die Leistungen bei Kranken- und Pflegeversicherung für alle gleich, unabhängig von der Beitragshöhe; sie gelten auch für Kinder und andere Familienangehörige ohne Einkommen; Entsprechendes gilt für hinterbliebene Familienangehörige verstorbener Rentner/-innen. Insofern gibt es hier Solidar- und Familieneffekte.

Eine zweite Gruppe sozialer Leistungen folgt dem *Fürsorgeprinzip,* d. h. wird aufgrund von Bedürftigkeit der Empfänger/-innen gewährt. Hierzu zählen die Sozialhilfe, die das minimale soziale Netz für jede/-n Bedürftige/-n darstellt, das Arbeitslosengeld II („Hartz IV" bzw. das neue Bürgergeld), das Asylgeld, das Wohngeld, Ausbildungshilfen und der soziale Wohnungsbau. Eine Sonderstellung nehmen das Erziehungs- und das Kindergeld ein, die unabhängig von Bedürftigkeit (doch nach Einkommen gestaffelt) gezahlt werden.

---

[6] Hierzu zählt Manfred G. Schmidt (2012, S. 37) auch das deutsche.

17.3 Politikfelder: Verschiedenartige Arenen

Tab. 17.6 Die Bundesrepublik als Sozialstaat

Leistungsart/Jahr	1970	1989	2007	2021
Soziale Leistungen insgesamt:				
in Mrd. DM/Euro	174,7	678,5	742,1	1161,9
in % des BIP	25,7	30,0	29,8	33,1
Arbeitnehmer-Sozialbeiträge (% Brutto-Entgelts)	13,3	18,0	k. A.	21,65[d]
Leistungen in Bereichen (Mrd. DM, ab 2007 €)				
Gesetzliche Altersrenten	54,5	217,6	242,0	352,4
Gesetzliche Krankenversicherung	23,8	134,4[b]	152,6	276,2
Unfallversicherung	4,9	12,9	11,6	15,0
Arbeitslosenunterstützung/-hilfe (ab 2011: Arbeitslosengeld/Grundsicherung)	2,1	25,8	34,1	53,5/49,2
Kinder-/Elterngeld (bis 2006 Betreuungsgeld)	2,9	11,2	40,8	47,6/8,3
Sozial- und Eingliederungshilfe/dar. Asylbewerbergeld	3,3	28,8	22,9	43,9/3,7
Wohngeld	0,6	3,4	1,0	1,6
Pflegeleistungen	–	–	18,3	51,9
Soziale Entschädigung f. Gewaltopfer (bis 2007 nur Kriegsopferversorgung) 6,6	10,6	2,8	0,7	
Leistungsempfänger/-innen (Millionen) von:				
Altersrenten[a]	10,2	14,8	24,7	21,1
Unfallrenten	1,0	0,9	1,0	0,8
Arbeitslosenunterstützung/-hilfe (ab 2011: Arbeitslosengeld/Grundsicherung)	0,1	1,4	7,2[c]	1,1/5,7
Kinder-/Elterngeld (bis 2006 Betreuungsgeld)	6,9	9,2	9,8	10,0/1,9
Sozial- und Eingliederungshilfe/dar. Asylbewerbergeld	1,5	3,3[b]	k. A.	2,7/0,4
Wohngeldhaushalte	0,9	1,9[b]	0,6	0,7 (2020)
Pflegeleistungsempfänger/-innen	–	–	–	4,3 (2020)

(Fortsetzung)

Tab. 17.6 (Fortsetzung)

Leistungsart/Jahr	1970	1989	2007	2021
Soziale Entschädigung f. Gewaltopfer (bis 2007 nur Kriegsopferversorgung)	2,6	1,4	0,5	0,07

[a] Infolge Rentenkumulationen übersteigt die Zahl der Renten die der Rentner/-innen
[b] Stand 1988
[c] Statistisches Bundesamt, nach: FAZ, 15. 11. 2013
[d] Renten- und Pflegeversicherungssatz

Zum Sozialbudget zählt man ferner u. a.: Wiedergutmachung für NS-Verfolgte, Pensionen, Ausbildungsförderung, Vermögensbildung, Zusatzversorgung für Angestellte/Arbeiter im Öffentlichen Dienst, Alterssicherung für Landwirte, Jugendhilfe, Leistungen für Asylbewerber.

Quellen: Der Bundesminister für Arbeit und Sozialordnung (2002); Bundesministerium für Arbeit und Soziales (2021b, S. 83, 264, 266, 288, 290, 293, 295, 298, 299, 303, 337); Statistisches Bundesamt (1990, S. 421 ff.; 2009, S. 201 ff., 152; 2022p; 2022q).; Techniker Krankenkasse (2022).

Die dritte Kategorie sozialer Leistungen beruht auf dem *Versorgungsprinzip.* Hierzu gehören Beamtenpensionen und Kriegsopferrenten.

Insgesamt wird durch die sozialen Leistungssysteme, wie Tab. 17.6 zeigt, fast 30 % des Bruttoinlandsprodukts umverteilt. Mit diesem Sozialaufwand gehört die Bundesrepublik zur „Spitzengruppe der Wohlfahrtsstaaten" (Schmidt 1990, S. 126), ihr sozialer Friede wurde stets bewahrt. Generell tendiert die SPD zur Einbeziehung aller Bürger/-innen in ein Sozialrentensystem, zu dessen primärer Finanzierung aus dem öffentlichen Haushalt und somit zum skandinavischen Sozialstaatsmodell.

Die Entwicklung der Sozialpolitik in der Bundesrepublik lässt sich in folgende Phasen gliedern:

1949–66: Eine Phase christdemokratisch geprägter Grundlegung und Kriegsfolgenbewältigung.
1966–75: Eine zweite, sozialdemokratisch dominierte Phase diente der Konsolidierung und dem Ausbau.
1975–84: Dem folgte eine „Sozialpolitik der ‚mageren Jahre'".

Seither stellt sich zunehmend die Frage, wieweit sich Deutschland das bisherige Sozialleistungssystem leisten kann. *Wirtschaftliche Globalisierung und Geburtendefizit erzeugen Reformdruck,* der die Politik treibt: Wie kann Arbeit verbilligt werden (Begrenzen der Sozialabgaben), wie lässt sich die Rente in Zukunft finanzieren, wie übermäßiger Inanspruchnahme sozialer Leistungen entgegenwirken?

So kann man für die Jahre 1985–98 von einer Phase weiterer Konsolidierung und christlich-demokratischer Akzentsetzungen sprechen: Mütterförderung (Kindererziehungszeiten im Rentenrecht, Erziehungsgeld, Senkung der Mindestversicherungszeit für Altersrenten) und Pflegeversicherung ab 1995 (Schmidt 1990; Hockerts 2011, S. 304 f.). Frank Nullmeier (2019, S. 22) spricht bei den späten Kohl-Jahren von einem „Einstieg in den Ausstieg" aus dem Sozialstaat infolge der Konjunkturkrise 1993/94. Insbesondere aber die Regierung Schröder (1998–2005) stand bei drückender Arbeitslosigkeit unter Sanierungsdruck. Wenn die Altersversorgung durch Übergang „von der niveauorientierten zur einnahmeorientierten Alterssicherungspolitik"[7] (ergänzt durch kapitalgedeckte private Altersvorsorge) stabilisiert werden sollte, flankiert durch Mindestrentenniveau und maximale Beitragshöhe, so konnte man hierin eine „Conversion" (Stoy 2013, S. 40) zu einer niedrigen Grundsicherungsrente sehen – Schritte hin zum steuerfinanzierten Beveridge-Fürsorgemodell? Dies, „Hartz IV" und massive Senkungen der Kapitalertragssteuern erschienen wie ein Bruch mit „traditionell sozialdemokratischen und gewerkschaftlichen Positionen" (Gohr 2003, S. 45). Linke Kritik moniert hier einen „Trend zur Reprivatisierung sozialer Risiken", dabei eine „drastische Reduktion des Rentenniveaus" und erhöhte „soziale Fallhöhe" durch „Hartz IV" beklagend (Butterwegge 2005, S. 21, 211, 195).

Daraufhin war bereits die Große Koalition von 2005 bis 2009 durch ein Stück „Rückwärtsreform" insofern gekennzeichnet, als älteren Arbeitnehmer/-innen längerer Arbeitslosengeld-I-Bezug zugestanden wurde (Trampusch 2009, S. 195). Mit der neuen Großen Koalition 2013 kamen seitens der SPD ein gesetzlicher Mindestlohn, die Mietpreisbremse und ein Renteneintritt mit 63 Jahren ohne Abschläge, seitens CDU/CSU für Mütter mit vor 1992 geborenen Kindern 25 € mehr Rente je Kind (was sie auf zwei Drittel der Rente für spätere Mütter anhob). Außerdem verbesserte und erweiterte man die Pflegeversicherung, unvermeidlich bei erhöhten Beiträgen. Zumindest die beiden ersten Veränderungen bedeuten Abkehr von den Reformen.

Angesichts guter Kassenlage einigte sich die Große Koalition von 2018 rasch auf Entlastungen und zusätzliche Sozialausgaben: Für die meisten Steuerzahler/-innen ist der Soli mittlerweile Geschichte, die „Grundrente" von 10 % über dem Grundsicherungsbedarf wurde beschlossen, die Beitragsparität bei der gesetzlichen Krankenversicherung (2005 abgeschafft) kam zurück, Kindergeld und -freibetrag erhielten einen Aufschlag. Nur einen Härtefallfonds für die

---

[7] Die absolute Höhe der Renten war bis 2003 „niveauorientiert" am Einkommen der jeweils arbeitenden Generation („Generationenvertrag"), seither an den Einnahmen orientiert (Pilz und Ortwein 2008, S. 248).

DDR-Renten (hauptsächlich zugunsten von in der DDR geschiedenen Frauen) gab es am Ende der Legislatur nicht.

Welche Sozialpolitik verfolgt die Ampelkoalition, das selbsternannte „Bündnis für [..] Gerechtigkeit", wie es im Untertitel des Koalitionsvertrags heißt? Neben kleineren Reformen, wie der Erhöhung des Mindestlohns auf 12 € ab 2022, der Erhöhung der Grenzen für Mini- und Midijobs, der Sicherung des Rentenniveaus auf 48 % bei einem Beitragssatz von maximal 20 %, ohne zusätzliche Erhöhung des Renteneintrittsalters und mit partieller Kapitaldeckung (Mehr Fortschritt wagen – Koalitionsvertrag, S. 69 ff.) hat die Koalition eine Kindergrundsicherung, die bisherige familienpolitische Leistungen zusammenfasst, sowie eine Revision von „Hartz IV", zu ersetzen durch ein „Bürgergeld", avisiert. Letztgenanntes stellt wohl nicht nur verbal und mit Blick auf die Hervorhebung von Respekt („Beratung auf Augenhöhe", „Vertrauensbeziehung") als eigene Ressource der Sozialpolitik eine Zäsur dar: „Wir gewähren in den ersten beiden Jahren des Bürgergeldbezuges die Leistung ohne Anrechnung des Vermögens und anerkennen die Angemessenheit der Wohnung. Wir werden das Schonvermögen erhöhen und dessen Überprüfung entbürokratisieren, digitalisieren und pragmatisch vereinfachen." Zudem soll eine Teilhabevereinbarung die bisherige Eingliederungsvereinbarung (inklusive sechsmonatiger Vertrauenszeit) ersetzen, der Vermittlungsvorrang zugunsten von Weiterbildung und Qualifizierung abgeschafft und sollen Zuverdienstmöglichkeiten verbessert werden (Mehr Fortschritt wagen – Koalitionsvertrag, S. 73 f., 75 ff.) – in der Summe ein weiterer Schritt in Richtung Rückbau der Hartz-Reformen, auch wenn der Bundesrat schließlich Konzessionen verlangte: Das Schonvermögen wurde auf 40.000 statt 60.000 € festgesetzt, von der sechsmonatigen Vertrauenszeit blieb nichts übrig.

„In der Summe ist die *Entwicklung der Sozialleistungssysteme von der jeweiligen wirtschaftlich-finanziellen Lage und von der parteipolitischen Couleur der Regierung geprägt. Erstgenannte entscheidet, ob das Sozialleistungssystem als Ganzes expandiert oder schrumpft („Konsolidierung"), letztgenannte, welche konkreten Leistungen verstärkt oder reduziert werden.* Mit SPD und CDU/CSU bestimmen „zwei große Sozialstaatsparteien" die Entwicklung (Schmidt 2006, S. 138, 149). Während CDU/CSU und FDP im Interesse einer leistungsbezogenen Verteilung nivellierenden Tendenzen entgegenzutreten suchen, plädieren SPD und Grüne eher für den Erhalt von Sozialleistungen und für vereinheitlichende Regelungen. Daneben beeinflussen Gewerkschaften, Arbeitgeberverbände, Sozialverbände und der „Verband Deutscher Rentenversicherungsträger" die Diskussion. Die hohe Relevanz der Sozialpolitik ergibt sich daraus, dass rund 40 % der Wahlberechtigten ihren Lebensunterhalt aus Sozialleistungen beziehen. Das ist eine gewaltige „Sozialstaatsklientel" (Schmidt 2012, S. 32). Unter Berücksichtigung nur jener, die soziale Mindestsicherung erhalten, schrumpft der Anteil jedoch auf 8,3 % zusammen (Stand 2020 – Statistisches Bundesamt 2020b). *Jenseits aller politischen Leitvorstellungen ist es zunehmend der demographische Problemdruck, der die sozialpolitische Tagesordnung diktiert und den Trend „vom Sozialversicherungs- zum Grundsicherungsstaat" (Nullmeier* 2019, *S. 33) setzt.*

d. Bildungswesen: Chancengleichheit oder Bildungsqualität?
Bildungspolitik hat in der Bundesrepublik eine Geschichte, die man anhand der Konflikte gliedern kann. Diese wurden teils von den Parteien ausgetragen, in den siebziger Jahren geradezu als „wahre Glaubenskriege um Curricula, Friedenserziehung und Berufsverbote". Aber auch im Bildungsbereich engagierte Verbände sind profiliert, so der „Deutsche Lehrerverband", Elterngruppen und „Hochschulverband" der Professor/-innen eher konservativ, die „Gewerkschaft Erziehung und Wissenschaft" links (Thränhardt 1990). Blickt man auf die zentralen Themen, lassen sich die Positionen wie folgt gegenüberstellen: gegliedertes Schulwesen contra Gesamtschulen, klassisch-humanistische Bildung contra lebensweltliche Kompetenzen, Leistungsprinzip contra soziales Lernen, Fachkenntnisse contra Interdisziplinarität und Projekt, Frontalunterricht contra selbstgesteuertes Lernen. Gegenwärtig tendiert man zu einem „Zweisäulenmodell", bei dem die Realschule mit der Hauptschule verschmolzen werden soll. Im Ergebnis herrscht, da jedes Bundesland autonom ist, im Schulwesen „wachsende Zersplitterung und Unübersichtlichkeit": Am weitesten zu Zweigliedrigkeit sind Bremen, Hamburg und Sachsen vorgedrungen, ein rein dreigliedriges System (Mittel- und Realschule, Gymnasium) hat Bayern – in allen anderen Ländern gibt es integrative Gesamt- bzw. Gemeinschaftsschulen, kombiniert mit einem oder mehreren der „klassischen" Schultypen. Dass 2010 in Hamburg ein Volksentscheid den Übergang zur 6-jährigen Grundschule auf Kosten von Gymnasien und Realschulen verhinderte, spricht dafür, die Meinungen der Bürger/-innen (Hepp 2011, S. 71, 171, 220–225) ernst zu nehmen.

Seit der Jahrtausendwende ist die Qualität der Bildung stärker in den Vordergrund gerückt. Den Anstoß dazu gaben die international vergleichenden Pisa-Studien der OECD, die den Schüler/-innen in Deutschland nur mäßige Leistungen in Mathematik und unterdurchschnittliche Sprachkompetenz attestierten. Es folgten weitere Tests: IGLU, TIMMS, IQB-Bildungstrend. Zusätzlich wirkte innenpolitisch brisant, dass langdauernd unionsregierte Bundesländer besser als sozialdemokratisch geprägte abschnitten – und zwar bei den PISA-Studien wie beim Bildungsmonitor des Instituts der Deutschen Wirtschaft und der Initiative Neue Soziale Marktwirtschaft (Knauß 2017).

Inzwischen haben die deutschen Schülerinnen und Schüler im internationalen Vergleich ihren vor etwa fünf bis zehn Jahren erarbeiteten Aufstieg wieder ein

Tab. 17.7 Deutschlands 15-jährige Schüler im internationalen Vergleich 2018. In Punkten

	Naturwissenschaften	Lesekompetenz	Mathematik
OECD-Durchschnitt	489	487	489
Deutschland	503	498	500
OECD Top 5	530 (Estland)	523 (Estland)	527 (Japan)
	529 (Japan)	520 (Kanada)	526 (Korea)
	522 (Finnland)	520 (Finnland)	523 (Estland)
	519 (Korea)	518 (Irland)	519 (Niederlande)
	528 (Kanada)	514 (Korea)	516 (Polen)

N = ca. 600.000 15-jährige Schüler (5451 aus Deutschland)
Quelle: PISA-Studie 2018, nach: Bundesministerium für Bildung und Forschung (2019).

wenig verspielt (Bundesministerium für Bildung und Forschung 2019): Die Lesekompetenzen der Fünfzehnjährigen sind keineswegs mehr so schlecht wie noch 2000, eher wie im Jahr 2009, während die Leistungen in Mathematik signifikant zurückgingen und in den Naturwissenschaften relativ stabil blieben (Tab. 17.7). Insgesamt liegt Deutschland, ähnlich wie Australien, Belgien, Frankreich, Norwegen, Slowenien, Schweden, Großbritannien und den USA, leicht über dem OECD-Durchschnitt. Als kritisch wird nach wie vor der starke Zusammenhang zwischen sozioökonomischen Familienstatus und dem Bildungserfolg der Schülerinnen und Schüler gesehen – das gilt auch und vor allem für solche mit Migrationshintergrund, auch wenn sich deren Leistungen im Längsschnitt verbessert haben. Ihr Anteil ist von 18 (2009) auf 22 (2018) Prozent gestiegen.

Eine Untersuchung von Viertklässlern in Deutschland (Abschluss der Grundschule) aus dem Jahr 2017 ließ aufschrecken, da schwächere Leistungen als 2011 zeigend: Nur zwei Drittel erfüllen die Regelstandards für Lesen und Zuhören, nur noch 62 % in Mathematik und die Hälfte in Rechtschreibung. Ähnlich wie bisher hinken dabei besonders die Schüler in den Stadtstaaten, Niedersachsen und NRW nach, während die Bayern und Sachsen am besten abschnitten – einer der Gründe: die zunehmende Heterogenität der Schülerschaft u. a. durch Migration (Stanat et al. 2017). Noch alarmierender fiel der Bericht von 2022 aus, die Konsequenzen von Schulschließungen während der Corona-Pandemie aufzeigend: Zwischen 2016 und 2021 ist der Anteil derer, die die jeweiligen Mindeststandards der untersuchten Kompetenzen unterschreiten, zwischen 6 und 8 % gestiegen - das entspricht einem Lernrückgang von einem Viertel bis Halben Schuljahr (Stanat 2022).

17.3 Politikfelder: Verschiedenartige Arenen

Flankiert wurde die intensivere Beschäftigung mit der Bildungsqualität von einer generellen gesellschaftlichen Debatte um die Kinder- bzw. Familienfreundlichkeit („Vereinbarkeit von Beruf und Familie") Deutschlands, dabei die Kitas zunehmend als Bildungsinstitution begreifend (Nullmeier 2019, S. 33). Ihren Ausfluss fand sie in einem von Bund, Ländern und Kommunen 2007 vereinbarten Ausbau der Betreuungsplätze (zunächst für unter 3-Jährige). Es folgten nicht weniger als fünf Investitionsprogramme des Bundes, die 750.000 Betreuungsplätze aus dem Boden stampften, das Kinderförderungsgesetz (2008), die rechtliche Verankerung eines Betreuungsplatzes für Kinder ab einem Jahr (2013) und das Gute-KiTa-Gesetz (2019) – der Bund ist in die Bresche gesprungen, wo Kommunen und Ländern die Ressourcen fehlten (Bundesministerium für Familie, Senioren, Frauen und Jugend 2021). Im Ergebnis bleiben dennoch große Disparitäten: Im Osten besuchen 53 % der Kinder unter drei Jahren eine Kita, im Westen bloß 31; im Westen droht künftig zudem ein akuter Fachkräftemangel (im Osten nur bedingt) – allerdings ist im Westen auch die Qualität der Betreuung höher (gemessen am Betreuungsschlüssel – Bertelsmann Stiftung 2021).

Im Ganzen versucht derzeit die Bildungspolitik angelsächsischen und westeuropäischen Vorbildern nachzueifern. Hierzu gehört das politische Ziel von 50 % Abiturient/-innen, dem de facto eine – vom Lehrerverband beklagte – Noteninflation zugutekommt. Ebenso sollte die Verkürzung der Gymnasien auf acht Jahre einer Angleichung dienen, teilweise unterstützt durch Abbau von Pflichtfächern. Eine weitere Neuerung bildet die „Inklusion", die Einbeziehung von Kindern mit Behinderung in den regulären Schulunterricht anstelle der bisherigen Sonderschulen. Eltern sehen nach Umfragen manches anders. 69 % finden die Schulklassen zu groß (mehr in Rheinland-Pfalz), 64 % fordern eine Kompensation von Stundenausfällen (mehr in Rheinland-Pfalz), 54 % wollen eine begabungsbasierte Förderung; für schlechte Schulleistungen halten 71 % die Lehrerschaft für verantwortlich, 39 % finden „G 8" zu kurz, bloß 24 % halten es für eine gute Sache (dabei deutlich positiver im Osten, wo derartige Modelle schon zuvor praktiziert wurden). Eine Zentralisierung der Schulpolitik wollen ganze 61 %. In der Summe erhalten die Schulpolitiken der Länder im „besten Fall eine ‚Drei Minus'" (Vodafone Stiftung Deutschland 2010). Nicht umsonst besuchen inzwischen knapp zehn Prozent der Schülerinnen und Schüler in Deutschland eine Privatschule (Schuljahr 2018/19 – Statistisches Bundesamt 2020c, S. 4 f.). Beim 8-jährigen Gymnasium hat es inzwischen verbreitet Rückzüge der Bildungspolitik gegeben, die Probleme der Schülerheterogenität scheinen verdrängt. Ein Bruch zeichnete sich überdies mit dem Mediziner-Urteil des Bundesverfassungsgerichts ab, das die Abiturnote wegen ungleicher Notengebung nicht mehr als alleiniges Kriterium akzeptiert. Und ein Stachel für die Bildungspolitik bleiben die Pisa-Tests. Gequält, so scheint es zumindest teilweise, haben sich die Kultusminister/-innen durchgerungen, 2012 einheitliche Bildungsstandards (kein bundeseinheitliches Zentralabitur) zu entwickeln, der „Nationale Bildungsrat" trat wegen Rückzug einzelner Länder seine Arbeit gar nicht erst an. *Im Ganzen konkurrieren als primäre Ziele mehr Chancengleichheit und gute Bildungsergebnisse miteinander.*

Beim Hochschulwesen hat die deutsche Politik seit 1998 im Konsens Abschied von der Gruppenuniversität der 1970er Jahre genommen, um sie nach angelsächsischem Vorbild umzuorganisieren (Bologna-Reform). Von außen ernannte Hochschulrät/-innen, starke Präsident/-innen, Globalhaushalte und Autonomie sind weitgehend anstelle akademischer Selbstverwaltung getreten (Hepp 2011, S. 234 f., 241). Neben strikt durchgeplantem, verschultem Bachelorstudium sollen Graduiertenschulen und „Exzellenzcluster" Spitzenleistungen fördern (Wolf 2006). Hat die Reform wirklich eine Erfolgsgeschichte, setzt sich der Bachelor durch? Das Modell ist zum Regelfall geworden, drei Viertel der Studierenden befinden sich im Bachelor oder Master, die Studiendauer hat sich um 2,6 Semester reduziert (Bachelor und Master gemeinsam vs. Diplomabschlüsse 1998), die Abbruchquote beträgt 28 % im Bachelor (11 % beim Uni-Master, 7 % an der FH), 53 % der FH-Bachelors und 77 % der Uni-Bachelors schließen (anders als intendiert) ein Masterstudium an, die Arbeitslosenquote von Bachelor-Absolvent/-innen liegt bei drei (FH) bzw. 2 (Uni) Prozent (Bundesministerium für Bildung und Forschung o. J.). Kritiker/-innen unter den Hochschullehrer/-innen – derer gibt es nicht wenige – monieren hingegen das Mehr an Bürokratie, unflexible Lehre und den Rückgang selbstständigen Denkens unter Studentinnen und Studenten (Petersen 2017). Ohnehin wollten die Technischen Hochschulen ihren „Diplom-Ingenieur" nicht auf dem „Altar einer vermeintlichen Internationalität" (Hepp 2011, S. 256 ff., 260) opfern, die Jurist/-innen und Mediziner/-innen wehren sich gegen ein Bachelor-Master-Studium. Begleitet wird die Entwicklung von einem „Notendumping" an den Hochschulen, angestachelt durch die verbreitet eingeführte Beurteilung der Professorenschaft nach der Zahl ihrer Absolvent/-innen.

Die Arbeitsbedingungen an Hochschulen entwickeln sich auseinander: In Hessen verdient der/die W3-Professor/-in (Stand: April 2022) anfangs 1.234,51 € weniger als in Baden-Württemberg. Wegen variierender Erfahrungsstufen und Grundleistungsbezüge in den Ländern und im Bund spreizt sich diese Lücke gegen Ende der Dienstzeit sogar noch (dann aber zwischen Sachsen und Niedersachsen – Deutscher Hochschulverband 2022a). Unterschiedlich ist auch die Lehrqualität, gemessen am Betreuungsschlüssel: In Mecklenburg-Vorpommern und Thüringen kommen auf eine/-n Universitätsprofessor/-in 52 Student/-innen, in NRW 89 (eine leichte Verbesserung im Vergleich zu vor zehn Jahren – Deutscher Hochschulverband 2022b).

Dennoch führen die Mechanismen des kooperativen Föderalismus dazu, dass das deutsche Bildungswesen noch einigermaßen einheitlich geblieben ist.

Die zentrale Vermittlungsinstanz bildet die Kultusministerkonferenz (KMK) mit 220 Beschäftigten (Kultusministerkonferenz 2022), in der zahllose Vereinbarungen ausgehandelt werden. Es scheint, dass sich die CDU weitgehend aus der Bildungspolitik verabschiedet hat und kaum noch Konturen aufweist, sodass die dominierende Konfliktlinie eher zwischen Regierungen und störrischen Teilen der Lehrerschaft und Eltern verläuft.

e. Politikfelder: Gesundheit, Recht, Familie, Klimaschutz
Gesundheitswesen: Einen komplexen Politikbereich mit teils privatem (selbständige Ärzt/-innen, Pharmaindustrie, Privatkliniken und -versicherungen), teils öffentlichem Sektor (überwiegend Krankenhäuser, gesetzliche Krankenversicherungen) stellt das Gesundheitswesen dar. Seine Relevanz ergibt sich aus seiner Größe: Im ersten „Coronajahr" 2020 betrugen die Ausgaben 441 Mrd. Euro (neuer Höchststand), wobei die gesetzlichen Krankenversicherungen den Löwenanteil daran schulterten (Statistisches Bundesamt 2022r). Hinzu kommen 5,65 Mio. Beschäftigte, darunter 2,3 Mio. in Arztpraxen, Apotheken und ambulanter Pflege sowie 2 Mio. in (teil-)stationären Einrichtungen (Statistisches Bundesamt 2020d).

Die Entwicklung ist durch Ausweitungen des gesetzlichen Versichertenkreises in den siebziger Jahren, seither aber durch Konflikte um überdurchschnittlich steigende Kosten, Finanzverteilungen und Einsparungen gekennzeichnet. *Kostentreiber sind die Entwicklung der Medizin und die Alterung der schrumpfenden Bevölkerung.* Zunehmend steht die Gesundheitspolitik unter einem „Primat der stabilen Beitragssätze" (Perschke-Hartmann 1994, S. 47).

Unter dem Kostendruck bemühen sich Politik und Krankenversicherungen durch Budgetierungen (fixierte Globalsummen für bestimmte Leistungsarten) den finanziellen Handlungsspielraum der Ärzt/-innen und durch Kostenbeteiligungen die Leistungsnachfrage der Versicherten einzuschränken (Blanke 1998; Bandelow 1998). Auch einen Risikostrukturausgleich zwischen den Krankenkassen wegen ihrer unterschiedlichen Mitgliedschaft führte bereits die Regierung Kohl ein. Ein Stück Kehrtwende bedeutete es, als die rot-grüne Koalition Selbstbeteiligungen reduzierte. Wie hoch der Handlungsdruck ist, wird u. a. erkennbar am Rückbau der Krankenhausbetten um etwa 180.000 seit 1991 und die Halbierung der Verweildauer von Patient/-innen in Krankenhäusern auf etwa sieben Tage (Statistisches Bundesamt 2022s).

Kompromisscharakter trug dann die Reform, welche die Große Koalition 2007 einführte. In ihrem Rahmen wurde ein Gesundheitsfonds eingerichtet, an den die Krankenversicherungsbeiträge gehen, um dann nach Mitgliederzahl und Risikostruktur auf die einzelnen gesetzlichen Kassen verteilt zu werden. Private Krankenversicherungen müssen ihren freiwillig Versicherten Basistarife mit gesetzlichem Leistungsstandard anbieten, ehemals bei ihnen Versicherte zu diesem Tarif wieder aufnehmen (Illing 2022, S. 228 ff.). Man kann in diesem System Schritte hin zu einer einheitlichen Bürgerversicherung für alle sehen, wie es die SPD anstrebt, zugleich aber auch zugunsten eines fairen Krankenkassenmarktes unter Einschluss der privaten Kassen. Mit dem Einfrieren des Arbeitgeberanteils wurden die Arbeitgeber von künftigen Beitragserhöhungen ausgenommen, auch können Fachärzt/-innen aus dem Kollektivvertragssystem mit den Gesetzlichen Kassen austreten (Stoy 2013, S. 33).

Die nächste größere Reform von 2011 umfasste eine Erhöhung des Krankenkassenbeitrags, die Einführung der Möglichkeit von Zusatzbeiträgen, die Verpflichtung von Pharmaunternehmen, den Nutzen ihrer Produkte unter Beweis zu stellen, die Bindung von Hausarzthonoraren an sonstige Arzthonorare. *Es sind hier also kleine Drehungen an verschiedenen Stellschrauben, die den Gesundheitssektor durchziehen.* Der große Wurf, etwa eine „Bürgerversicherung" für alle (Wahlziel der linken Parteien) oder anderes, konnte von einer Großen Koalition kaum erwartet werden. Auch die Finanzierungslücke bei den Krankenhäusern ist unbeantwortet geblieben. Diese suchen Investitionen aus laufenden Einnahmen zu finanzieren, aber sie müssen „mit einem schleichenden Substanzverzehr rechnen" (RWI 2017, S. 123).

Ungeachtet dessen knirscht es an vielen Stellen. Einzelne Kassen brauchen Zusatzbeiträge von ihren Versicherten, umstritten sind Einzelregelungen des Risikostrukturausgleichs, geklagt wird über ärztliche Bevorzugungen von Privatpatienten (die mehr Honorar einbringen), Ärztemangel in ländlichen Regionen, umstritten sind Preisregulierungen für Arzneimittel. Die großen Lücken im Gesundheitssystem hat vor allem die COVID-19-Pandemie vor Augen geführt: die Behäbigkeit eines föderal strukturierten Gesundheitssektors in epidemischen Krisen und die fehlende Attraktivität des unter problematischen Arbeitsbedingungen und Personalmangel leidenden Pflegeberufs vor allem. Darauf hat die Große Koalition mit rasch eingebrachten – und bisweilen hart kritisierten – Gesetzen reagiert; andere Reformen (etwa zur Digitalisierung des Gesundheitssystems, zu Terminservicestellen für raschere Terminvergaben) dürften dagegen kaum im Gedächtnis bleiben (Illing 2022, S. 341 ff.).

Die Ampelkoalition will hier anschließen, formuliert „ein vorsorgendes, krisenfestes und modernes Gesundheitssystem, welches die Chancen biotechnologischer und medizinischer Verfahren nutzt, und das altersabhängige Erkrankungen sowie seltene oder armutsbedingte Krankheiten bekämpft", als eines der sechs zentralen Zukunftsfelder (Mehr Fortschritt wagen – Koalitionsvertrag, S. 19). Darunter zählt sie u. a. die Verbesserung der pflegerischen Arbeitsbedingungen, eine Stärkung des Öffentlichen Gesundheitsdienstes und die Digitalisierung des Gesundheitswesens (Mehr Fortschritt wagen – Koalitionsvertrag, S. 81 ff.).

17.3 Politikfelder: Verschiedenartige Arenen

Im Ganzen wird eine leistungsfähige, moderne und effiziente Gesundheitsversorgung erreicht. Die Besonderheit dieses Politikfeldes liegt darin, dass die Leistungsanbieter teils private, teils öffentliche Einrichtungen sind. Die Folge ist, dass nicht allein Parteien, Parlamente und politische Mehrheiten entscheiden. *In erheblichem Umfang findet vielmehr ein Aushandeln und Ringen zwischen Kassen, gesetzlich geschaffenen Kassenärztlichen Vereinigungen, Pharmaindustrie, Verbänden und Bundesregierung statt – auch über die Bande von Anwält/-innen, Agenturen und Stiftungen* (Klenk 2019, S. 45). Da ein Konflikt schwer auszukämpfen wäre, suchte man bisher meist durch Absprachen zu Lösungen zu gelangen (Illing 2022, S. 13 ff.).

Rechtspolitik: Ein Beispiel für ein Politikfeld, in dem der staatliche Zugriff sich auf regelnde Funktionen beschränkt, stellt schließlich die Rechtspolitik dar. Versteht man unter Rechtspolitik Folgerungen aus Verfassungsgrundsätzen und anderen Normen, so lässt sich zunächst eine Phase der CDU-dominierten Regierungen bis 1966 erkennen, in der Kriegsfolgen im Vordergrund standen. Ihr folgte die sozialliberale Phase bis 1982, während der Reformen des Kinder-, des Scheidungs- und Sexualrechts sowie des Demonstrationsrechts stattfanden. Auch der Extremistenbeschluss von 1972 fällt in diese Zeit (Mannewitz et al. 2018, S. 206 f.; Rigoll 2013; Jesse 2016). Die christlich-liberale Koalition 1982–98 hat demgegenüber nur leichte Modifikationen am Scheidungs- und Demonstrationsrecht vorgenommen (Landfried 1990), auch der „Große Lauschangriff", dessentwegen die Justizministerin Sabine Leutheusser-Schnarrenberger (FDP) 1996 das Handtuch warf, wäre zu nennen. Deutlich wird damit die Rolle der jeweils führenden Regierungspartei, eingeschränkt durch Koalitionspartner und Rechtsprechung. Die Kurswechsel blieben moderat. Jedoch prägen prinzipieller Argumentationsstil, juristische Diskussionen und Einfluss sowohl linksliberaler Intellektueller wie der Kirchen dieses Politikfeld mit. Trotz weiter reichender Vorstellungen ist die rot-grüne Regierungspolitik auf diesem Feld nur durch einzelne Neuerungen hervorgetreten, so ein Lebenspartnerschaftsgesetz (2001) für homosexuelle Paare. Allerdings gehören auch die Anti-Terror-Gesetze (2002 und 2007) und die Debatte um das Luftsicherheitsgesetz (2005) in diese Ära (Mannewitz et al. 2018, S. 207 f.), der eine Phase folgte, in der sich die Politik auf „den Kernbereich staatlicher Gefahrenabwehr" (Glaeßner 2010, S. 173) konzentrierte, was jedoch „nicht zu einem substantiellen Politikwechsel führte" (Busch 2010, S. 404), wohl vor allem deshalb, weil die Konfliktlinien auf diesem Gebiet weniger zwischen links und rechts, sondern zwischen Freiheit *durch* versus Freiheit *vor* dem Staat verläuft. So oder so: Zwischen objektiv recht hoher Sicherheit und subjektivem Unsicherheitsempfinden klafft in Deutschland eine Kluft (Hummelsheim-Doss 2017; Thieme 2018). Der Trend zur juristischen

Klärung von Konflikten führt indes schon seit Längerem zur Überlastung der unter chronischem Personalmangel leidenden und vor einer Pensionierungswelle stehenden Gerichte (Fiebig 2021). Der zwischen Bund und Ländern 2019 verabschiedete „Pakt für den Rechtsstaat" war eine Antwort hierauf: 2700 neue Stellen wurden geschaffen, Gerichtsverfahren durch Vereinfachung der Strafprozess-, der Zivilprozess- und der Verwaltungsgerichtsordnung beschleunigt.

Die Ampelkoalition plant hieran anzuknüpfen: durch eine Verlängerung und Ergänzung des Pakts um das Thema Digitalisierung, durch einen Digital- und einen Praxischeck für neue Gesetze, ein „Zentrum für Legistik" und ein digitales Gesetzgebungsportal, über das einsehbar ist, in welcher Phase sich Vorhaben befinden. Gerichtsverfahren sollen schneller und effizienter werden, der kollektive Rechtsschutz eine Stärkung erfahren, die Organisierte Kriminalität prioritär bekämpft werden (Mehr Fortschritt wagen – Koalitionsvertrag, S. 9 f., 105 ff.).

Familien- und Gleichstellungspolitik: In der Vergangenheit verteidigten die Unionsparteien die traditionelle, partnerschaftlich verstandene Familie, suchten auch die Rolle der erziehenden Mutter zu stützen, während sozialliberale Politik Ehescheidungen ohne Schuldfeststellung und Gleichstellung nichtehelicher Kinder erreichte. Ein Auslauf der Entwicklung scheinen die „Ehe für alle" (2017) und die rechtliche Annäherung an oder Gleichstellung verschiedener Lebensformen mit traditioneller Familie zu sein. Dass die Große Koalition formulierte, „kein bestimmtes Familienmodell" zugrunde zu legen, „Gleichstellung" der Frauen im Beruf und „Kinderrechte" im Grundgesetz zu erreichen, Gewalt gegen Frauen und Kinder sowie „Sexismus" zu bekämpfen, unterstreicht dies (Koalitionsvertrag 2018, S. 11, 19, 22 f.). Mit der breit angelegten Antidiskriminierungspolitik der SPD, der geschlechtlichen Quotierung von Führungspositionen, der „Ehe für alle" und dem einen oder anderen Urteil aus Karlsruhe (etwa 2017 zum dritten Geschlecht) ging die „Verstetigung des Modernisierungskurses in der Familien- und Gleichstellungspolitik" (Henninger und von Wahl 2019, S. 469) voran, wie sie 2005–09 begonnen wurde.

Lange blieben die Kosten von Kindern unzureichend berücksichtigt. Erst in den neunziger Jahren führte ein Urteil des Bundesverfassungsgerichts dazu, das Existenzminimum von Kindern nicht mehr zu versteuern; angestoßen wurden damit auch Erhöhungen des Kindergelds. Hinzu kam ein Elterngeld als Lohnersatzleistung. *Seither ist die zeitliche Vereinbarkeit von Beruf und Elternrolle zum zentralen familienpolitischen Thema avanciert.* Obwohl es dabei einen Korridor der Gemeinsamkeiten zwischen den meisten Parteien gibt (Kita-Ausbau, finanzielle Stärkung der Familien mit Kindern), kann man doch zwei unterschiedliche Tendenzen erkennen: eine mehr kollektive, wonach Kinder schon vor dem dritten Lebensjahr in Kinderkrippen, dann in Tagesstätten bzw. Ganztagsschulen sein und sich Mütter der Berufstätigkeit widmen sollten, andererseits eine traditionellere, die Mütter und Kinder zumindest bis zum Kindergartenalter zusammenhalten möchte bzw. die Wahlmöglichkeit hierzu offen halten will. Für die erste stehen die linkeren Parteien, für die zweite die CSU und die AfD. Wohin die Entwicklung geht, wird auch von der Finanzierbarkeit eines Betreuungssystems und den Frauen abhängen.

Entsprechend der politischen Provenienz der drei Ampelkoalitionäre wollen diese u. a. inklusive Bildung fördern, Kinderrechte im Grundgesetz verankern, den Kita-Ausbau vorantreiben, einen Rechtsanspruch auf Ganztagsangebote vereinbaren, Brennpunkt-Schulen fördern, die schulische Digitalisierung vorantreiben, eine Kindergrundsicherung einführen, eine zweiwöchige, bezahlte Freistellung nach Geburt für den Partner vorsehen, die Partnermonate beim Elterngeld verlängern, die Adoption und Elternschaftsanerkennung auch für nicht-traditionelle Familien vereinfachen und das „kleine Sorgerecht" für soziale Eltern ausbauen (Mehr Fortschritt wagen – Koalitionsvertrag, S. 93 ff.).

Umweltpolitik: Umweltpolitik hat es bereits lange vor den Grünen gegeben. Mit dem SPD-Slogan vom „blauen Himmel über der Ruhr" wurde sie 1961 in einen Bundestagswahlkampf eingeführt. Ihre Entwicklungsphasen standen mehr in Zusammenhang mit der wirtschaftlichen Lage als mit der parteipolitischen Färbung der Regierungsmehrheiten (Weidner und Jänicke 1998):

- Eine „Etablierungsphase" bis 1974 mit der Verabschiedung des Bundesimmissionsschutzgesetzes und der Errichtung des Bundesumweltamtes;
- eine „Phase defensiver Umweltpolitik" nach der Rezession von 1974;
- eine „Erholungs- und Konsolidierungsphase" seit den frühen achtziger Jahren, als die Regierung Kohl Schadstoffbegrenzungen und Katalysatoren einführte;
- nach 1990 drängten deutsche Einheit, Arbeitsplatz- und Finanzprobleme die Umweltpolitik in den Hintergrund.
- Erst am Ende der 2010er Jahre drängte das Thema in den Vordergrund, beflügelt vor allem durch Klimaschutzabkommen und -gesetze sowie gewachsene gesellschaftliche Aufmerksamkeit dem Thema gegenüber, spürbar an weltweiten Protesten.

Die rot-grüne Regierung 1998–2005 brachte Energiesteuern („Ökosteuer"), einen schrittweisen Ausstieg aus der Kernenergie, Ablehnung von Gentechnologie und eine Abgabe aller Stromverbraucher zugunsten erneuerbarer Energien (EEG-Umlage). Obwohl die Grünen anschließend lange nicht mehr der Bundesregierung angehören, blieb ihr Erbe unangetastet. Darüber hinaus trieben die Regierungen unter Angela Merkel die Dinge weiter: durch vorzeitiges Abschalten von Atomkraftwerken (beschlossen 2011) unter dem Eindruck von Fukushima, das 2020 beschlossene Ende der Kohleverstromung im Jahr 2038, eine 2021 in Kraft getretene, vom CO_2-Ausstoß abhängige KfZ-Steuer und Förderung der Elektromobilität. Der Klimaschutz ist aufgrund internationaler Kongresse zum zentralen umweltpolitischen Ziel in Deutschland avanciert.

Aber die Probleme wachsen. Zwar gilt „allenthalben" das Gesetz zur *Förderung der erneuerbaren Energien (EEG) als „Erfolgsgeschichte"* (Böcher und Töller 2012, *S. 61), doch steigt die Abgabe für die Stromverbraucher/-innen mit der Menge des Öko-Stroms an.* Dabei erzielt dieser Strom, gesetzlich mit Vorrang ins Netz eingespeist, eher Niedrigpreise; wenn Wind und Sonne ausfallen, müssen traditionelle Kraftwerke einspringen, die als bloße Lückenfüller aber nicht mehr rentabel bleiben. Zunehmend bleibt auch der deutsche Stromtrassen- und Netzausbau hinter dem subventionierten Ökostromzuwachs zurück, sodass dieser teilweise ohne Netzanschluss ist. Die Profiteure sind die Windrad- und Solardachbesitzer/-innen, denen das Gesetz über viele Jahre hinweg hohe risikolose Gewinne garantiert. Im Ergebnis sind die Strompreise für Privathaushalte in Deutschland höchsten in Europa (Eurostat 2022). Darauf reagierte die Ampelkoalition mit der Abschaffung der EEG-Umlage. Die Kosten zur Förderung erneuerbarer Energien trägt nun der „Energie- und Klimafonds" der Bundesregierung.

Mit dem Klimaschutzgesetz von 2019 suchte die Große Koalition das Pariser Klimaabkommen („2-Grad-Ziel") von 2015 in nationales Recht umzusetzen. Die Eckpunkte lauteten: Reduktion der Treibhausgase bis 2030 um 55 % im Vergleich zu 1990, Treibhausgasneutralität bis 2050, jährliche Emissionsziele für alle Bereiche (z. B. Verkehr, Landwirtschaft, Industrie) mit fortlaufender Erfolgskontrolle und eventueller unmittelbarer Nachjustierung, klimaneutrale Bundesverwaltung bis 2030 (Die Bundesregierung 2019). Bestandteil war auch eine Mehrwertsteuersenkung auf Bahntickets. Das wichtigste Element war die Einführung eines eigenen, nationalen Emisssionshandels ab 2021 für die Bereiche Gebäude und Verkehr. Nach Kritik durch das Bundesverfassungsgericht (BVerfG 2021), die Freiheit künftiger Generationen würde durch die Hinauszögerung der CO_2-Reduktion enorm beschränkt, besserte die Regierung nach: Die Einsparungen sollen bis 2030 nun 65 %, bis 2040 88 % betragen, Treibhausgasneutralität soll 2045 erreicht werden, die jährlichen Emissionsziele wurden weiter reduziert und bis 2040 fortgeschrieben (Bundesministerium für Umwelt, Naturschutz, nukleare Sicherheit und Verbraucherschutz 2021). Flankiert wurde das Gesetz durch ein Sofortprogramm in Höhe von 8 Mrd. Euro, u. a. für die Gebäudesanierung, klimagerechten sozialen Wohnungsbau und klimafreundliche Energie.

17.3 Politikfelder: Verschiedenartige Arenen

Die Ampelkoalition hat noch einmal nachgelegt – nicht bei den Zielen (65 % CO_2-Reduktion bis 2030/Klimaneutralität 2045), aber der Umsetzung: Erhöhung des Erneuerbaren-Anteils von geplanten 65 auf 80 % bis 2030, Ausbau von Gaskraftwerken als Übergangslösung, „idealerweise" Vorzug des Kohleausstiegs auf 2030, Untergrenze für den CO_2-Preis, Erhöhung des E-Auto-Anteils bis 2030 auf 15 Mio. Fahrzeuge (Mehr Fortschritt wagen – Koalitionsvertrag, S. 51, 56, 58 f., 164).

Die Erreichung des internationalen Klimaziels auf 2 bzw. 1,5 °C steht indes vor einer Reihe von Herausforderungen: Inzwischen treten, erstens, vielerlei Interessengruppen in Erscheinung. Private und industrielle Stromverbraucher/-innen, Unternehmen mit eigener Stromerzeugung, Produzent/-innen erneuerbarer Energien, neue Investor/-innen, Bundesländer mit mehr erneuerbarer Energie einerseits und andere Bundesländer (Wurster und Köhler 2016), Produzent/-innen traditioneller Energien, Europäische Kommission, nicht zuletzt Umweltschutzverbände und Parteien zählen hierzu. Sie alle spielen eine engagierte Rolle und können ihre Interessen im Wesentlichen nicht über den Markt, sondern nur als einflussnehmende Lobby in einem komplexen politischen Entscheidungsprozess verfolgen.

Zweitens, natürliche Bedingungen stehen nach wie vor im Wege: Die Tatsache, dass sich wirtschaftlich Strom weder in großem Umfang speichern noch über weite Strecken transportieren lässt, schraubt die Anforderungen an den Strom-Mix der Zukunft und den Trassenbau nach oben, weil Deutschlands energiereichem Norden ein energieintensiver Süden gegenübersteht.

Drittens, die Politik kann zwar immer ambitioniertere Ziele formulieren und den klimagerechten Umbau von Wirtschaft und Gesellschaft finanziell oder durch die Änderung rechtlicher Rahmenbedingungen fördern. Auf viele relevante Faktoren hat sie aber kaum Einfluss: den Ukrainekrieg, der einen Fokus auf Erdgas gelenkt hat (um sich so unabhängiger von russischen Importen zu machen), den Mangel an Fachkräften und Rohstoffen, die es beide etwa für Windräder, Photovoltaikanlagen oder klimagerechten Wohnungsbau brauchte, schließlich die „Nimby"-Haltung („not in my backyard") von Anwohner/-innen, die kein Windrad, keine Stromtrasse, keine Bahngleise vor ihrem Haus wollen. Die massiv schwankenden Rohstoffpreise sind eine weitere Variable.

Da wären, viertens, die enormen ökonomischen und sozialen Kosten der „Großen Transformation", erkennbar am Dauerkonflikt über die Finanzierung des Klimaschutzes vor dem Hintergrund der Schuldenbremse, aber auch an den Sorgen der Bevölkerung vor hohen Kosten und abgehängten Regionen davor, bei der Energiewende leer auszugehen (Fröhlich et al. 2021). Vor diesem Hintergrund wäre ein effizienterer Mitteleinsatz im Sinne einer umfassenderen

CO_2-Bepreisung wünschenswert: „Der Emissionshandel ist das effizienteste Instrument zur Erreichung der Klimaziele. Jede andere Politik, wie zum Beispiel Verbote von Verbrennerautos oder von Gas- und Ölheizungen, macht die Klimapolitik unter dem Strich teurer." (Wambach 2022, S. 113)

Schließlich, fünftens, gelingt die Klimawende nicht durch die Anstrengungen eines einzigen Landes, zumal wenn es nur einen so geringen Anteil an globalen Treibhausgasen ausstößt wie Deutschland (1,9 %). Große Energieverbraucher wie die USA oder China denken aber nicht daran, ihre Emissionen nach deutschem Vorbild zu regeln. Hinter der Haltung vieler Länder stehen nicht nur wirtschaftliche Erwägungen oder der Druck wachsender Bevölkerungen, sondern auch die Priorisierung kurzfristigen wirtschaftlichen Erfolgs und das Trittbrettfahrerproblem. Allerdings ist, so das moralische Gegenargument, der CO_2-pro-Kopf-Ausstoß in Deutschland auch doppelt so hoch (9,7 t) wie der weltweite Durchschnitt; außerdem hat Deutschland seit der Industrialisierung zu fast fünf Prozent der Erderwärmung beigetragen. Schließlich: „Wenn alle Länder, die weniger CO_2 ausstoßen als Deutschland, auch mit dem Argument kommen würden, dass ihr Anteil am CO_2-Ausstoß doch so gering sei, wäre das für den Klimaschutz fatal. Die Hälfte der weltweiten CO_2-Emissionen bliebe dann unverändert." (Franck 2021). Da aber moralische Gewinne die ökonomischen Kosten eines Umbaus nicht wettmachen dürften, wird seit einiger Zeit ein „Klimaclub" ambitionierter Staaten diskutiert, der nach den Ideen von William Nordhaus (2015) Klimazölle sowie ein CO_2-Grenzausgleichssystem etabliert und so zu einem klimafreundlichen Industrie- und Wirtschaftsumbau auch außerhalb des Clubs beiträgt (Schieritz 2021).

17.4 Perspektiven der Bundesrepublik

Die Geschichte der Bundesrepublik gilt – insbesondere im Vergleich mit der Weimarer Republik – als Erfolgsgeschichte. Uneingeschränkt trifft dies jedenfalls für ihre erste Phase 1949–69 zu, als sich von der desolaten Ausgangslage ein *beeindruckender Wiederaufstieg* zu einem wirtschaftlich starken, freiheitlich-demokratischen und militärisch geschützten Land vollzog (wenngleich nur im Westen des alten Deutschland). Gewiss trugen unzerstörtes Produktionspotenzial, Ausbildungsqualifikationen und der militärische Schutzschirm insbesondere der USA trugen hierzu bei, aber die deutsche Politik leistete das ihre, vor allem mit Westorientierung, Marktwirtschaft und sozialer Sicherung. Die Demokratie erreichte eine Akzeptanz, die nicht zuletzt jenem Wiederaufstieg zu verdanken war.

17.4 Perspektiven der Bundesrepublik

Das zweite Drittel der bisherigen Geschichte, 1969–90, lässt sich als *Ära des ruhigeren Ausbaus und der Bewährung* charakterisieren. Obwohl die Steinkohle, das einstige deutsche Ass, an Bedeutung verlor und infolge höherer Löhne manche Produktionen im Lande unrentabel wurden, gelang es, die industrielle Basis zu bewahren. Arbeitslosigkeit konnte sozial abgefedert werden, an den Nerven zerrende Krisen des Kalten Krieges wurden mit Maß und Festigkeit durchgestanden. Mit zwei Wendepunkten zu jener Zeit setzte aber eine unmerkliche Eintrübung ein. Es waren dies der Geburtenrückgang 1963–73 auf ein extrem niedriges und seither dort verharrendes Niveau, zum anderen eine gewisse Abkehr von Naturwissenschaften und Technik in der Ausbildung.

Seit 1990, im jüngsten Drittel ihrer Geschichte, ist die Bundesrepublik vom sowjetischen Druck befreit, das deutsche Volk in Frieden und Freiheit wiedervereint, allerdings unter der Herausforderung gestiegener soziokultureller und -ökonomischer Heterogenität in der Gesellschaft und erheblichen Transformationsschmerzen im Osten. Der deutschen Vereinigung folgte eine Vertiefung der Europäischen Union, die Deutschland in eine semisouveräne Lage versetzt.

Vor diesem Hintergrund eines stabilen und wohlhabenden Landes, veränderten äußeren Rahmenbedingungen und entstandenen Vorbelastungen muss sich die deutsche Politik mit den heutigen Problemen auseinandersetzen:

1. Sie muss ihre außenpolitische Rolle im veränderten internationalen Umfeld finden *(außenpolitische Positionsbestimmung)*. Im Anschluss an ihre bisherige Entwicklung sucht die Bundesrepublik mit ihren Handelsinteressen und ihrer militärischen Anlehnungsbedürftigkeit ihre Zukunft an der Seite der westlichen Demokratien. Die russische Invasion in der Ukraine 2022 hat die Frage der Bündnisorientierung, genauer: nach dem eigenen Beitrag zu NATO und EU, neu aufgeworfen (von Krause 2019).
2. Die Bundesrepublik lebt im europäischen Binnenmarkt und mit der gemeinsamen europäischen Währung *(Europäische Integration)*. Neben deren positiven Wirkungen treten immer mehr Interessenunterschiede innerhalb eines wirtschaftlich recht heterogenen Verbundes hervor, die in eine Umverteilungs- und Schuldengemeinschaft ausmünden könnten. Zugleich wächst mit jeder Kompetenzabwanderung nach Europa das Problem einer ausgehöhlten Demokratie für die Bürger/-innen der Bundesrepublik, ohne dass dadurch die Kooperationsfähigkeit der Akteure zunähme. Das haben Finanz-, Euro-, Flüchtlings-, Corona- (Genschel und Jachtenfuchs 2018), jüngst auch die Ukraine-Krise gezeigt, bei denen die EU selten mit einer Stimme sprach.
3. Immer deutlicher treten die Folgen des jahrzehntelangen Geburtendefizits hervor: ein sinkender Anteil Jüngerer und eine *Bevölkerungsschrumpfung*

mit der Konsequenz eines zurückgehenden Arbeitskräftepotenzials und unfinanzierbarer Sozialversicherungssysteme bisherigen Niveaus. Eine künftige demographische Stabilisierung zeichnet sich bisher nicht ab.

4. Zudem muss der labile Wohlstand der Exportnation Deutschland auf einem sich globalisierenden Markt immer wieder neu erarbeitet werden *(Wirtschaftsstandort Deutschland)*. Interesse an Naturwissenschaften/Technik scheint wieder gewachsen. Jedoch: Schrumpfendes Arbeitskräftepotenzial, sich verteuernde Energieversorgung, Kosten von Sozialstaat und Zuwanderung, dazu Störungen auf den Handelsmärkten – das dürften Probleme sein, mit denen sich deutsche Politik auseinandersetzen muss.

5. Die Zunahme ökonomischer Disparitäten, die sich auch (aber nicht nur) regional in abgehängten und blühenden Regionen (nicht mehr nur: Ost und West) zeigen, stellt die Forderung nach der „Herstellung gleichwertiger Lebensverhältnisse" nach wie vor auf die Probe, künftig wohl auch, weil die Große Transformation nicht bloß Gewinnerregionen produzieren wird. Die sich abzeichnende und ins Parteiensystem übertragende Polarisierung zwischen urbanen, akademisch geprägten und kosmopolitischen sowie ländlich geprägten, eher kommunitaristischen Regionen dürfte sich verfestigen, einschließlich „Verteilungs- und Anerkennungskonflikten" (Grotz und Schroeder 2021, S. 411)

6. Hinzu kommen schließlich jene Herausforderungen, die sich aus Deutschlands gewachsenem Charakter als Zuwanderungsland und der wohl langfristig weiter andauernden Süd-Nord-Migration ergeben. Die für den gesellschaftlichen Zusammenhalt, die Wirtschaftskraft, die Sozialsysteme und die freiheitliche Demokratie erforderlichen gesellschaftlichen Integrationsanstrengungen gehören zu den größten Aufgaben im 21. Jahrhundert.

In welchem Zustand befindet sich angesichts dieser Herausforderungen das politische System des Landes, kann es die Probleme schultern, ohne Legitimation und Stabilität zu verlieren? Es bietet sich an, die Praxis des politischen Systems zu prüfen im Hinblick auf

- Input-Legitimation durch Partizipation, Zustimmung;
- Throughout-Legitimation durch Transparenz, insbesondere Zurechenbarkeit;
- Output-Legitimation durch Effektivität, Problemlösungsfähigkeit (Heinelt 2008, S. 33 f.).

Zunächst zur partizipativen Legitimation: Mit den Veränderungen der politischen Kultur, dem geschwächten Vertrauen zu Politiker/-innen, den verringerten Parteibindungen und Wahlbeteiligungen verbinden sich keine aktuell-alarmierenden Krisenerscheinungen, einem Mehr an Protesten unterschiedlicher Couleur in der letzten Dekade zum Trotz. Mit ihnen geht keine umfassende Unzufriedenheit mit der Demokratie einher. Bereitschaft zum Wechsel von Parteipräferenzen und zur Wahlenthaltung erhöhen allerdings die Labilität von Mehrheiten, ja des bestehenden Parteiensystems insgesamt. Diese Veränderungen sind ähnlich auch in anderen Demokratien zu beobachten. *Entwertet erscheint demokratische Partizipation infolge der Zunahme von Teilöffentlichkeiten, der dramatisch verringerten Möglichkeit homogener Regierungskoalitionen und des europäischen Demokratiedefizits.* Man kann seine Präferenzen bei der Wahl zwar ausdrücken, aber die Politikergebnisse weniger beeinflussen. Parteien und Vereine verlieren überdies an Integrationskraft. Ob die Hinzunahme direktdemokratischer Elemente hier Abhilfe verschaffen kann?

Zum zweiten wandern Entscheidungskompetenzen auf die europäische Ebene ab, und der Charakter eines autonomen nationalen Systems verliert sich zunehmend. Bezieht man den ohnehin hohen Komplexitätsgrad des deutschen politischen Systems mit seinen bisher schon drei politischen Ebenen sowie Checks and Balances in die Betrachtung ein, so ergibt sich mit der zusätzlichen europäischen Ebene in der Sicht des Durchschnittsbürgers/der Durchschnittsbürgerin eine unübersichtliche *Komplexität des deutsch-europäischen Mehrebensystems, intransparent, zunehmend weniger gezielt beeinflussbar und (siehe Bekämpfung der Corona-Pandemie) wenig effizient.* Wer wofür verantwortlich zu machen ist, wo effektiv Einfluss zu nehmen ist – dies scheint immer schwieriger zu beantworten. Die Möglichkeit eines demokratischen Legitimitätsverfalls ist nicht auszuschließen, zumal vor dem Hintergrund alternativer Medien, in deren Angesicht der Informationspflicht der Öffentlich-Rechtlichen ganz besondere Bedeutung zukommt. Dass sich der Bundestag in eigener Sache häufig wenig reformfreudig zeigt (Stichwort: Wahlrecht, Transparenzregeln), macht die Angelegenheit nicht einfacher. Auch die gestiegene gesellschaftliche Sensibilität für Repräsentationsfragen fordert das politische System als Ganzes heraus.

Schließlich zur Problemlösungsfähigkeit: Die verhandlungsdemokratischen Züge des politischen Systems lassen kaum große, durchschlagende Lösungen, sondern *nur inkrementalistische Veränderungen* zu. Das hat zwar den Vorteil der schrittweisen, korrigierbaren Reformen im Sinne Karl Poppers (1971, S. 47 ff.), die der begrenzten menschlichen Kalkulationskapazität entsprechen und den großen Irrweg vermeiden. Aber das politische System enthält – bei Divergieren von Bundestag und Bundesrat, der abnehmenden Zugkraft von Parteien wie Verbänden und bei inhomogenen Regierungen – *die Gefahr der zu kleinen Lösungen und der unzureichenden Entscheidungsfähigkeit.* In erhöhtem Maße trifft dies für die Europäische Union zu. Die Frage stellt sich, ob dieses politische Gesamtsystem eine angemessene und demokratisch legitimierte Entscheidungsfähigkeit gewährleistet.

Schwere und anhaltende Leistungsschwächen könnten, wie jedem politischen System, so auch dem der Bundesrepublik Deutschland gefährlich werden. Eine Verschärfung des internationalen ökonomischen Wettbewerbs, kulturelle Konflikte innerhalb der Gesellschaft oder die Unbilden einer sozialökologischen Transformation – derartige politische Stressoren für die hiesige Demokratie sind unschwer vorstellbar. Die Vulnerabilität eines außergewöhnlich exportabhängigen Landes schlägt überdies zu Buche. Wählerenttäuschungen durch politischen Frust und Transparenzmängel könnten sich dann als fatal erweisen. *Aber noch unterscheidet die Bundesrepublik viel von der Weimarer Republik: das Fehlen wirtschaftlicher Krisen, grundsätzlicher Demokratiekritik und endogener politischer Gewalt. Anders als diese hat jene sich unter mehreren Krisen als ebenso resilient wie zustimmungsfähig erwiesen.*

Literatur

Abelshauser, Werner (1975): Wirtschaft in Westdeutschland 1945–48, Stuttgart.
Abelshauser, Werner (2005): Deutsche Wirtschaftsgeschichte seit 1945, Bonn.
AG Energiebilanzen (2021): Auswertungstabellen zur Energiebilanz Deutschland. Daten für die Jahre von 1990 bis 2020, unter: https://ag-energiebilanzen.de/wp-content/uploads/2022/04/awt_2020_d.pdf (zuletzt geprüft am 9. Juni 2022).
Bandelow, Nils C. (1998): Gesundheitspolitik, Opladen.
von Bandemer Stephan et al. (1998): Wirtschaftspolitik im Zeichen des Primats der Politik oder der Ökonomie?, in: Wewer, Göttrik (Hrsg.): Bilanz der Ära Kohl, Opladen, S. 129 ff.
Bertelsmann Stiftung (2021): Mehr Plätze im Westen, mehr Qualität im Osten: Bessere Kita-Bedingungen sind möglich, unter: https://www.bertelsmann-stiftung.de/de/themen/aktuelle-meldungen/2021/august/mehr-plaetze-im-westen-mehr-qualitaet-im-osten-bessere-kita-bedingungen-sind-moeglich (zuletzt geprüft am 16. Juni 2022).
Blanke, Bernhard (Hrsg.) (1998): Krankheit und Gemeinwohl, Opladen.
Böcher, Michael/Töller, Annette (2012): Umweltpolitik in Deutschland, Wiesbaden.
Bujard, Martin (2011): Geburtenrückgang und Familienpolitik, Baden-Baden.
Bundesagentur für Arbeit (2022): Arbeitslosigkeit im Zeitverlauf, Nürnberg.
Bundesamt für Migration und Flüchtlinge (2017): Das Bundesamt in Zahlen 2016. Asyl, Migration und Integration, unter: https://www.bamf.de/SharedDocs/Anlagen/DE/Statistik/BundesamtinZahlen/bundesamt-in-zahlen-2016.pdf?__blob=publicationFile&v=16 (zuletzt geprüft am 6. Juni 2022).
Bundesinstitut für Bevölkerungsforschung (2004): Bevölkerung, Wiesbaden.

Bundesinstitut für Bevölkerungsforschung (2022a): Altersaufbau der Bevölkerung in Deutschland nach demografischen Ereignissen (2019), unter: https://www.bib.bund.de/Permalink.html?id=1217744, zuletzt geprüft am 6. Juni 2022a.

Bundesinstitut für Bevölkerungsforschung (2022b): Zusammengefasste Geburtenziffer deutscher und ausländischer Frauen (1991–2019), unter: https://www.bib.bund.de/Permalink.html?id=1217872, zuletzt geprüft am 6. Juni 2022b.

Bundesinstitut für Bevölkerungsforschung (2022c): Bevölkerungszahl und ihr Wachstum, Afrika (1950–2020), unter: https://www.bib.bund.de/DE/Fakten/Fakt/W24-Bevoelkerungszahl-Wachstum-Afrika-ab-1950.html, zuletzt geprüft am 7. Juni 2022c.

Bundesministerium für Arbeit und Soziales (2021a): Lebenslagen in Deutschland. Der Sechste Armuts- und Reichtumsbericht der Bundesregierung, unter: https://www.armuts-und-reichtumsbericht.de/SharedDocs/Downloads/Berichte/sechster-armuts-reichtumsbericht.pdf?__blob=publicationFile&v=6 (zuletzt geprüft am 13. Juni 2022).

Bundesministerium für Arbeit und Soziales (2021b): Sozialbericht 2021, unter: https://www.bmas.de/SharedDocs/Downloads/DE/Publikationen/a101-21-sozialbericht-2021.pdf;jsessionid=D9532B1DFC5F85C88153D43929C25B43.delivery2-replication?__blob=publicationFile&v=3 (zuletzt geprüft am 14. Juni 2022).

Bundesministerium für Bildung und Forschung (2019): PISA 2018: Deutschland stabil über OECD-Durchschnitt, unter: https://www.bmbf.de/bmbf/shareddocs/pressemitteilungen/de/pisa-2018-deutschland-stabil-ueber-oecd-durchschnitt.html (zuletzt geprüft am 15. Juni 2022).

Bundesministerium für Bildung und Forschung (o. J.): Zahlen und Fakten zur Europäischen Studienreform in Deutschland, unter: https://www.bmbf.de/bmbf/de/bildung/studium/bologna-prozess/zahlen-und-fakten/zahlen-und-fakten-zur-europaei-n-studienreform-in-deutschland.html (zuletzt geprüft am 15. Juni 2022).

Bundesministerium für Familie, Senioren, Frauen und Jugend (2021): Kita-Ausbau: Gesetze und Investitionsprogramme, unter: https://www.bmfsfj.de/bmfsfj/themen/familie/kinderbetreuung/kita-ausbau (zuletzt geprüft am 16. Juni 2022).

Bundesministerium für innerdeutsche Beziehungen (1988): Zahlenspiegel Bundesrepublik Deutschland/Deutsche Demokratische Republik, 2. Aufl., o. O.

Bundesministerium für Umwelt, Naturschutz, nukleare Sicherheit und Verbraucherschutz (2021): Bundes-Klimaschutzgesetz, unter: https://www.bmuv.de/WS6671 (zuletzt geprüft am 17. Juni 2022).

Bundesministerium für Wirtschaft (Hrsg.) (1990): Leistung in Zahlen '89, Bonn.

Bundesministerium für Wirtschaft und Energie (2021): Fakten zum deutschen Außenhandel, unter: https://www.bmwk.de/Redaktion/DE/Publikationen/Aussenwirtschaft/fakten-zum-deuschen-aussenhandel.pdf?__blob=publicationFile&v=20 (zuletzt geprüft am 9. Juni 2022).

Bundesverwaltungsamt (2022): Spätaussiedler und ihre Angehörigen. Registrierungen/Verteilungen nach Herkunftsstaaten, Zeitreihe 1950 – 2021, unter: https://www.bva.bund.de/SharedDocs/Downloads/DE/Buerger/Migration-Integration/Spaetaussiedler/Statistik/Zeitreihe_1950_2021.pdf?__blob=publicationFile&v=2 (zuletzt geprüft am 6. Juni 2022).

Bundeszentrale für politische Bildung (2018a): kurz&knapp. Flächen und Bevölkerungsdichte, unter: https://www.bpb.de/kurz-knapp/zahlen-und-fakten/europa/70500/flaechen-und-bevoelkerungsdichte/ (zuletzt geprüft am 6. Juni 2022).

Bundeszentrale für politische Bildung (2018b): kurz&knapp. Flüchtlinge und Asylbewerber – Aufnahmestaaten, unter: https://www.bpb.de/kurz-knapp/zahlen-und-fakten/europa/135828/fluechtlinge-und-asylbewerber-aufnahmestaaten/ (zuletzt geprüft am 6. Juni 2022).

Bundeszentrale für politische Bildung (2020a): kurz&knapp. Bevölkerungsentwicklung und Wanderung, unter: https://www.bpb.de/kurz-knapp/zahlen-und-fakten/soziale-situation-in-deutschland/61544/bevoelkerungsentwicklung-und-wanderung/ (zuletzt geprüft am 6. Juni 2022).

Bundeszentrale für politische Bildung (2020b): kurz&knapp. Erwerbstätige nach Stellung im Beruf, unter: https://www.bpb.de/kurz-knapp/zahlen-und-fakten/soziale-situation-in-deutschland/61694/erwerbstaetige-nach-stellung-im-beruf/ (zuletzt geprüft am 9. Juni 2022).

Bünning, Mareike (2021): Sozialstruktur und soziale Lagen. Auszug aus dem Datenreport 2021, unter: https://www.destatis.de/DE/Service/Statistik-Campus/Datenreport/Downloads/datenreport-2021-kap-8.pdf?__blob=publicationFile (zuletzt geprüft am 13. Juni 2022).

Busch, Andreas (2010): Kontinuität statt Wandel: Die Innen- und Rechtspolitik der Großen Koalition, in: Egle, Christoph/Zohlnhöfer, Reimut (Hrsg.): Die zweite Große Koalition. Eine Bilanz der Regierung Merkel 2005–2009, Wiesbaden, S. 403 ff.

Butterwegge, Christoph (2005): Krise und Zukunft des Sozialstaates, 2. Aufl., Wiesbaden.

BVerfG (2021): Beschluss des Ersten Senats vom 24. März 2021, 1 BvR 2656/18.

Dahl, Robert A. (2020): On Democracy, New Haven/London.

Demografieportal des Bundes und der Länder (2022): Renteneintrittsalter, unter: https://www.demografie-portal.de/DE/Fakten/renteneintrittsalter.html (zuletzt geprüft am 9. Juni 2022).

Der Bundesminister für Arbeit und Sozialordnung (Hrsg.) (2002): Statistisches Taschenbuch 2002, Bonn.

Deutsche Bundesbank (2019): Vermögen und Finanzen privater Haushalte in Deutschland: Ergebnisse der Vermögensbefragung 2017, in: dies. (Hrsg.): Monatsbericht April 2019, S. 13 ff.

Deutsche Bundesbank (2022): Zahlungsbilanzstatistik, unter: https://www.bundesbank.de/resource/blob/805256/2e7e19719b407230d9d46a764d5312c4/mL/ii-leistungsbilanz-data.pdf (zuletzt geprüft am 8. Juni 2022).

Deutscher Bundestag (2022): Antwort der Bundesregierung auf die Kleine Anfrage der Abgeordneten Clara Bünger, Nicole Gohlke, Anke Domscheit-Berg, weiterer Abgeordneter und der Fraktion DIE LINKE (Drucksache 20/584), unter: https://dserver.bundestag.de/btd/20/010/2001048.pdf (zuletzt geprüft am 6. Juni 2022).

Deutscher Hochschulverband (2022a): Grundgehälter und Besoldungsanpassungen, unter: https://www.hochschulverband.de/fileadmin/redaktion/download/pdf/besoldungstabellen/grundgehaelter_w.pdf (zuletzt geprüft am 16. Juni 2022).

Deutscher Hochschulverband (2022b): Professoren betreuen im Schnitt 65 Studierende, unter: https://www.forschung-und-lehre.de/lehre/professoren-betreuen-im-schnitt-65-studierende-4315 (zuletzt geprüft am 16. Juni 2022).

Die Bundesregierung (2019): CO_2-Ausstoß verbindlich senken, unter: https://www.bundesregierung.de/breg-de/themen/klimaschutz/klimaschutzgesetz-beschlossen-1679886 (zuletzt geprüft am 17. Juni 2022).

Ebbinghaus, Bernhard/Schulze, Isabella (2008): Krise und Reform der Alterssicherung in Europa, in: Boll, Friedhelm/Kruke, Anja (Hrsg.): Der Sozialstaat in der Krise, Bonn, S. 269 ff.

Europäische Kommission (2018): Barcelona-Ziele. Ausbau der Betreuungseinrichtungen für Kleinkinder in Europa mit Blick auf die Verbesserung der Beteiligung von Frauen am Erwerbsleben, die Vereinbarkeit von Beruf und Privatleben und ein nachhaltiges und integratives Wachstum (die „Barcelona-Ziele"), unter: https://ec.europa.eu/info/sites/default/files/bcn_objectives-report2018_web_de.pdf (zuletzt geprüft am 6. Juni 2022).

Eurostat (2022): Strompreise nach Art des Benutzers, unter: https://ec.europa.eu/eurostat/databrowser/view/ten00117/default/table?lang=de (zuletzt geprüft am 17. Juni 2022).

Fiebig, Peggy (2021): Zu wenige Richter und zu lange Justiz-Verfahren, unter: https://www.deutschlandfunk.de/juristen-mangel-in-deutschland-zu-wenige-richter-und-lange-100.html (zuletzt geprüft am 16. Juni 2022).

Forsthoff, Ernst (1968): Verfassungsprobleme des Sozialstaates, in: ders. (Hrsg.): Rechtsstaatlichkeit und Sozialstaatlichkeit, Darmstadt, S. 145 ff.

Franck, Annika (2021): Was bringt es, wenn Deutschland CO_2 reduziert?, unter: https://www.quarks.de/umwelt/klimawandel/was-bringt-es-wenn-deutschland-co2-reduziert/ (zuletzt geprüft am 17. Juni 2022).

Frenzel, Frank (2021): Das Märchen vom reichen Ost-Rentner, unter: https://www.mdr.de/nachrichten/deutschland/politik/rente-rentenversicherung-ost-west-vergleich-100.html#sprung4 (zuletzt geprüft am 13. Juni 2022).

Fröhlich, Paulina et al. (2021): Die Übergangenen – strukturschwach und erfahrungsstark. Zur Bedeutung regionaler Perspektiven für die Große Transformation, unter: https://library.fes.de/pdf-files/a-p-b/18522.pdf (zuletzt geprüft am 17. Juni 2022).

Fuchs, Johann et al. (2019): Zuwanderung und Digitalisierung. Wie viel Migration aus Drittstaaten benötigt der deutsche Arbeitsmarkt künftig? (hrsg. von der Bertelsmann Stiftung), unter: https://www.bertelsmann-stiftung.de/fileadmin/files/Projekte/Migration_fair_gestalten/IB_Studie_Zuwanderung_und_Digitalisierung_2019.pdf (zuletzt geprüft am 7. Juni 2022).

Geißler, Rainer (2014): Die Sozialstruktur Deutschlands, 7. Aufl., Wiesbaden.

Genschel, Philipp/Jachtenfuchs, Markus (2018): From market integration to core state powers: The Eurozone crisis, the refugee crisis and integration theory, in: Journal of Common Market Studies 56 (1), S. 178 ff.

Ghelli, Fabio (2018): Niemand weiß, wie viele „Ausreisepflichtige" es genau gibt, unter: https://mediendienst-integration.de/artikel/niemand-weiss-wie-viele-ausreisepflichtige-es-genau-gibt.html (zuletzt geprüft am 6. Juni 2022).

Glaeßner, Gert-Joachim (2010): Die Innen- und Rechtspolitik der Großen Koalition, in: Bukow, Sebastian/Seemann, Wenke (Hrsg.): Die Große Koalition. Regierung – Politik – Parteien, Wiesbaden, S. 173 ff.

Gohr, Antonia (2003): Auf dem „dritten Weg" in den „aktivierenden Sozialstaat"?, in: dies./Seeleib-Kaiser, Martin (Hrsg.): Sozial- und Wirtschaftspolitik unter Rot-Grün, Wiesbaden, S. 37 ff.

Grabka, Markus M./Halbmeier, Christoph (2021): Private Vermögen. Höhe, Entwicklung und Verteilung, unter: https://www.destatis.de/DE/Service/Statistik-Campus/Datenreport/Downloads/datenreport-2021-kap-6.pdf?__blob=publicationFile (zuletzt geprüft am 13. Juni 2022).

Grosser, Alfred (1989): Vier Jahrzehnte Bundesrepublik Deutschland – Rückblick und Bilanz, in: Weidenfeld, Werner/Zimmermann, Hartmut (Hrsg.): Deutschland-Handbuch, Bonn, S. 655 ff.
Grosser, Dieter (1981): Wachsende Rolle des Staates durch Strukturpolitik?, in: Bürger im Staat 1981, S. 264 ff.
Grotz, Florian/Schroeder, Wolfgang (2021): Das politische System der Bundesrepublik Deutschland. Eine Einführung, Wiesbaden.
Hassel, Anke/Schiller, Christof (2010): Der Fall Hartz IV, Frankfurt a. M.
Haug, Sonja (2008): Sprachliche Integration von Migranten in Deutschland (hrsg. vom Bundesamt für Migration und Flüchtlinge), unter: https://www.bamf.de/SharedDocs/Anlagen/DE/Forschung/WorkingPapers/wp14-sprachliche-integration.pdf?__blob=publicationFile&v=11 (zuletzt geprüft am 8. Juni 2022).
Häusermann, Silja (2015): Sozialpolitik, in: Wenzelburger, Georg/Zohlnhöfer, Reimut (Hrsg.): Handbuch Policy-Forschung, Wiesbaden, S. 591 ff.
Heinelt, Hubert (2008): Demokratie jenseits des Staates, Baden-Baden.
Heinsohn, Gunnar (2010): Hartz IV und die politische Ökonomie, in: Frankfurter Allgemeine Zeitung vom 15. März.
Henke, Josef (1985): Flucht und Vertreibung der Deutschen aus ihrer Heimat im Osten und Südosten 1944–1947, in: Aus Politik und Zeitgeschichte 23, S. 15 ff.
Henninger, Annette/von Wahl, Angelika (2019): Verstetigung des Modernisierungskurses bei Gegenwind von rechts, in: Zohlnhöfer, Reimut/Saalfeld, Thomas (Hrsg.): Zwischen Stillstand, Politikwandel und Krisenmanagement: Eine Bilanz der Regierung Merkel 2013–2017, Wiesbaden, S. 469 ff.
Hepp, Gerd F. (2011): Bildungspolitik in Deutschland, Wiesbaden.
Hering, Annina T. (2018): Kinder – oder nicht? Geburten in Deutschland im Spannungsfeld unsicherer Partnerschaften und prekärer Beschäftigung (Schriften aus dem Max-Planck-Institut für Gesellschaftsforschung Köln, Band 90), Frankfurt a. M.
Heske, Gerhard (2009): Volkswirtschaftliche Gesamtrechnung DDR 1950–1989: Daten, Methoden, Vergleiche, in: Historical Social Research, Supplement No. 21, unter: https://d-nb.info/1186850698/34 (zuletzt geprüft am 9. Juni 2022).
Hockerts, Hans Günter (2011): Der deutsche Sozialstaat, Göttingen.
Horstmann, Heinz et al. (1991): Sozialprodukt im Gebiet der ehemaligen DDR im 2. Halbjahr 1990, in: WuS 1991/5, S. 305 ff.
Hummelsheim-Doss, Dina (2017): Objektive und subjektive Sicherheit in Deutschland. Eine wissenschaftliche Annäherung an das Sicherheitsgefühl, in: Aus Politik und Zeitgeschichte 32–33, S. 34 ff.
Illing, Falk (2022): Gesundheitspolitik in Deutschland. Eine Chronologie der Gesundheitsreformen der Bundesrepublik Deutschland, 2. Aufl., Wiesbaden.
Jesse, Eckhard (2016): Der „Extremistenbeschluss" von 1972. Das Thema „Duckmäusertum" in der Diskussion, in: Backes, Uwe et al. (Hrsg.): Jahrbuch Extremismus & Demokratie, Bd. 28, Baden-Baden, S. 13 ff.
Kahlert, Joachim (1989): Die energiewirtschaftliche Lage der DDR – ein Beispiel für die Systemschwächen einer Planwirtschaft, in: Sozialwissenschaftliche Informationen 18 (2), S. 103 ff.
Klenk, Tanja (2019): Interessenorganisationen und Wohlfahrtsstaat aus politik- und verwaltungswissenschaftlicher Perspektive, in: Schroeder, Wolfgang/Schulze Michaela

(Hrsg.): Wohlfahrtsstaat und Interessenorganisationen im Wandel, Baden-Baden, S. 41 ff.

Knauß, Ferdinand (2017): Schulz und das Scheitern der SPD-Bildungspolitik, unter: https://www.wiwo.de/politik/deutschland/gemeinschaftsschule-und-co-schulz-und-das-scheitern-der-spd-bildungspolitik/20258110.html (zuletzt geprüft am 15. Juni 2022).

Koalitionsvertrag 2018. Ein neuer Aufbruch für Europa. Eine neue Dynamik für Deutschland. Ein neuer Zusammenhalt für unser Land, unter: https://www.bundesregierung.de/resource/blob/974430/847984/5b8bc23590d4cb2892b31c987ad672b7/2018-03-14-koalitionsvertrag-data.pdf?download=1 (zuletzt geprüft am 16. Juni 2022).

Korte, Karl-Rudolf (2017): Identitätsfragen als neue demokratische Herausforderung des Politikmanagements, in: Bieber, Christoph et al. (Hrsg.): Regieren in der Einwanderungsgesellschaft, Wiesbaden, S. 9 ff.

von Krause, Ulf (2019): Das Zwei-Prozent-Ziel der NATO und die Bundeswehr, Wiesbaden.

Kreyenfeld, Michaela (2015): Die Geburten- und Familienentwicklung in Deutschland, in: Kaufmann, Franz-Xaver/Krämer, Walter (Hrsg.): Die demographische Zeitbombe, Paderborn, S. 9 ff.

Kultusministerkonferenz (2022): Organe der Kultusministerkonferenz, unter: https://www.kmk.org/kmk/organe.html (zuletzt geprüft am 16. Juni 2022).

Landfried, Christine (1990): Rechtspolitik, in: von Beyme, Klaus/Schmidt, Manfred G. (Hrsg.): Politik in der Bundesrepublik Deutschland, Opladen, S. 76 ff.

Lindhoff, Alicia (2019): Einwanderungsland? Wir doch nicht, unter: https://www.zeit.de/politik/deutschland/2019-09/migrationsdebatte-einwanderungsland-fluechtlingspolitik-bundeswoerter (zuletzt geprüft am 9. Juni 2022).

Mannewitz, Tom et al. (2018): Was ist politischer Extremismus? Grundlagen, Erscheinungsformen, Interventionsansätze, Frankfurt a. M.

Mayer, Karl Ulrich/Hillmert, Steffen (2004): New Ways of Life or Old Rigidities, in: Kitschelt, Herbert/Streeck, Wolfgang (Hrsg.): Germany, London, S. 79 ff.

Mediendienst Integration (2022a): Flüchtlinge aus der Ukraine, unter: https://mediendienst-integration.de/migration/flucht-asyl/ukrainische-fluechtlinge.html (zuletzt geprüft am 6. Juni 2022).

Mediendienst Integration (2022b): Staatsangehörigkeit und Einbürgerung, unter: https://mediendienst-integration.de/migration/staatsbuergerschaft.html (zuletzt geprüft am 7. Juni 2022).

Mehr Fortschritt wagen. Bündnis für Freiheit, Gerechtigkeit und Nachhaltigkeit – Koalitionsvertrag 2021–2025 zwischen SPD, Bündnis 90/Die Grünen und FDP, unter: https://www.spd.de/fileadmin/Dokumente/Koalitionsvertrag/Koalitionsvertrag_2021-2025.pdf (zuletzt geprüft am 28. April 2022).

Meier-Braun, Karl-Heinz (2018): Schwarzbuch Migration, München.

Merkel, Wolfgang (2017): Kosmopolitismus versus Kommunitarismus: Ein neuer Konflikt in der Demokratie, in: Harfst, Philipp et al. (Hrsg.): Parties, Governments and Elites. The Comparative Study of Democracy, Wiesbaden, S. 9 ff.

Miegel, Meinhard (2002): Die deformierte Gesellschaft, Berlin.

Mounk, Yascha (2022): Das große Experiment. Wie Diversität die Demokratie bedroht und bereichert, München.

Nordhaus, William (2015): Climate Clubs: Overcoming Free-riding in International Climate Policy, in: American Economic Review 105 (4), S. 1339 ff.

Nullmeier, Frank (2019): Die Sozialstaatsentwicklung im vereinten Deutschland, in: Schroeder, Wolfgang/Schulze Michaela (Hrsg.): Wohlfahrtsstaat und Interessenorganisationen im Wandel, Baden-Baden, S. 19 ff.

OECD (2021): Bildung auf einen Blick 2021. OECD-Indikatoren, unter: https://www.oecdilibrary.org/docserver/6001821ow.pdf?expires=1654765130&id=id&accname=oid01 8224&checksum=8F1346DDA3BE68940B9A56A05BAB9206 (zuletzt geprüft am 8. Juni 2022).

OECD (2022): Income inequality, unter: https://data.oecd.org/inequality/income-inequality. htm (zuletzt geprüft am 13. Juni 2022).

Oltmer, Jochen (2016): Zuwanderung nach Deutschland und Ausländer nach Staatsangehörigkeit, unter: https://www.bpb.de/kurz-knapp/zahlen-und-fakten/ deutschland-in-daten/220010/zuwanderung-nach-deutschland-und-auslaender-nach-staatsangehoerigkeit/ (zuletzt geprüft am 6. Juni 2022).

Patzelt, Werner J. (2008): Politische Kultur und innere Einheit, in: Jesse, Eckhard/Sandschneider, Eberhard (Hrsg.): Neues Deutschland, Baden-Baden, S. 27 ff.

Perschke-Hartmann, Christiane (1994): Die doppelte Reform, Opladen.

Petersen, Thomas (2017): Bürokratie an den Universitäten schadet der Lehre, in: Forschung und Lehre 1/2017.

Pilz, Frank (2009): Der Sozialstaat, Bonn.

Pilz, Frank/Ortwein, Heike (2008): Das politische System Deutschlands, 4. Aufl., München.

Pletter, Roman (2022): Der Mann, der alles wusste, in: Die Zeit vom 1. Dezember 2022, S. 25.

Popper, Karl (1971): Das Elend des Historizismus, 3. Aufl., Tübingen.

Reckwitz, Andreas (2017): Die Gesellschaft der Singularitäten. Zum Strukturwandel der Moderne, Frankfurt a. M.

Rigoll, Dominik (2013): Staatsschutz in Westdeutschland. Von der Entnazifizierung zur Extremistenabwehr, Göttingen.

Ritter, Gerhard A. (2006): Der Preis der deutschen Einheit, München.

RWI – Leibniz-Institut für Wirtschaftsforschung (Hrsg.) (2017): Stand und Weiterentwicklung der Investitionsförderung im Krankenhausbereich, Endbericht, Gutachten im Auftrag des Bundesministeriums für Gesundheit, unter: https://www.bundesgesundheitsministerium.de/fileadmin/Dateien/5_Publikationen/Ministerium/Berichte/Gutachten_Investitionsfoerderung_Krankenhausbereich.pdf (zuletzt geprüft am 16. Juni 2022).

Sachverständigenrat deutscher Stiftungen für Migration und Integration (2018): Steuern, was zu steuern ist: Was können Einwanderungs- und Integrationsgesetze leisten? Jahresgutachten 2018, unter: https://www.svr-migration.de/wp-content/ uploads/2018/08/SVR_Jahresgutachten_2018.pdf (zuletzt geprüft am 8. Juni 2022).

Sachverständigenrat Wirtschaft (2015): Primärenergieverbrauch nach Energieträgern in Deutschland, unter: www.sachverstaendigenrat-wirtschaft.de (zuletzt geprüft am 9. Juni 2022).

Sandmann, Tim/Preisner, Klaus (2017): Religiosität und Fertilität: Eine empirische Untersuchung des Einflusses von Religiosität auf Elternschaft und Kinderzahl, in: Journal of Family Research 29 (3), S. 298 ff.

Schelsky, Helmut (1954): Wandlungen der deutschen Familie in der Gegenwart. Darstellung und Deutung einer empirisch-soziologischen Tatbestandsaufnahme, 2. Aufl., Stuttgart.

Schieritz, Mark (2021): Sanfter Zwang, unter: https://www.zeit.de/2021/35/klimapolitik-bundesregierung-klimaschutz-co2-emission (zuletzt geprüft am 17. Juni 2022).

Schmid, Josef (2010): Wohlfahrtsstaaten im Vergleich, 3. Aufl., Wiesbaden.

Schmidt, Manfred G. (1990): Sozialpolitik, in: von Beyme, Klaus/ders. (Hrsg.): Politik in der Bundesrepublik Deutschland, Opladen, S. 126 ff.

Schmidt, Manfred G. (2005): Sozialpolitik in Deutschland, 3. Aufl., Wiesbaden.

Schmidt, Manfred G. (2006): Wenn zwei Sozialstaatsparteien konkurrieren, in: ders./Zohlnhöfer, Reimut (Hrsg.): Regieren in der Bundesrepublik Deutschland, Wiesbaden, S. 137 ff.

Schmidt, Manfred G. (2012): Der deutsche Sozialstaat. Geschichte und Gegenwart, München.

Sinn, Hans-Werner (2014): Ökonomische Effekte der Migration, in: Frankfurter Allgemeine Zeitung vom 29. Dezember.

Sinus Institut (2021): Deutschland im Umbruch. SINUS-Institut stellt aktuelles Gesellschaftsmodell vor: Die neuen Sinus-Milieus, unter: https://www.sinus-institut.de/mediacenter/presse/sinus-milieus-2021 (zuletzt geprüft am 13. Juni 2022).

Stanat, Petra et al. (2017): IQB-Bildungstrend 2016. Kompetenzen in den Fächern Deutsch und Mathematik am Ende der 4. Jahrgangsstufe im zweiten Ländervergleich, unter: https://www.iqb.hu-berlin.de/bt/BT2016/Bericht/ (zuletzt geprüft am 15. Juni 2022).

Stanat, Petra et al. (2022): IQB-Bildungstrend 2021. Kompetenzen in den Fächern Deutsch und Mathematik am Ende der 4. Jahrgangsstufe im dritten Ländervergleich, unter: https://box.hu-berlin.de/seafhttp/files/f00c8713-430b-447b-b2d0-940f28e3960e/IQB_Bildungstrend2021_Berichtsband.pdf (zuletzt geprüft am 3. November 2022).

Statista Research Department (2022): Durchschnittlicher Rentenzahlbetrag der Versichertenrenten in Ost und West im Jahr 2020 nach Geschlecht (in Euro), unter: https://de.statista.com/statistik/daten/studie/70955/umfrage/durchschnittlicher-rentenzahlbetrag/ (zuletzt geprüft am 13. Juni 2022).

Statistisches Bundesamt (1980): Statistisches Jahrbuch 1980 für die Bundesrepublik Deutschland, Stuttgart.

Statistisches Bundesamt (1990): Statistisches Jahrbuch 1990 für die Bundesrepublik Deutschland, Stuttgart.

Statistisches Bundesamt (1995): Statistisches Jahrbuch 1995 für die Bundesrepublik Deutschland, Stuttgart 1995.

Statistisches Bundesamt (2009): Statistisches Jahrbuch 2009 für die Bundesrepublik Deutschland, Wiesbaden.

Statistisches Bundesamt (2018): Arbeitsmarkt auf einen Blick. Deutschland und Europa, unter: https://www.destatis.de/Europa/DE/Publikationen/Bevoelkerung-Arbeit-Soziales/Arbeitsmarkt/broeschuere-arbeitsmark-blick-0010022189004.pdf?__blob=publicationFile (zuletzt geprüft am 6. Juni 2022).

Statistisches Bundesamt (2020a): Verdienststrukturerhebung. Niveau, Verteilung und Zusammensetzung der Verdienste und der Arbeitszeiten abhängiger Beschäftigungsverhältnisse - Ergebnisse für Deutschland (Fachserie 16 Heft 1), unter: https://www.destatis.de/DE/Themen/Arbeit/Verdienste/Verdienste-Verdienstunterschiede/Publikationen/Downloads-Verdienste-und-Verdienstunterschiede/verdienststrukturerhebung-heft-1-2162001189004.pdf;jsessionid=8C97FE34CCDC3D0DE80A1EA7A9039F7E.live721?__blob=publicationFile (zuletzt geprüft am 13. Juni 20229.

Statistisches Bundesamt (2020b): Rund 6,9 Millionen Menschen in Deutschland erhielten Leistungen der sozialen Mindestsicherung, unter: https://www.destatis.de/DE/Themen/Gesellschaft-Umwelt/Soziales/Mindestsicherung/aktuell-mindestsicherung.html (zuletzt geprüft am 13. Juni 2022).

Statistisches Bundesamt (2020c): Privatschulen in Deutschland – Fakten und Hintergründe, unter: https://www.destatis.de/DE/Themen/Gesellschaft-Umwelt/Bildung-Forschung-Kultur/Schulen/Publikationen/Downloads-Schulen/privatschulen-deutschland-dossier-2020c.pdf?__blob=publicationFile (zuletzt geprüft am 15. Juni 2022).

Statistisches Bundesamt (2020d): 3,63 Millionen Beschäftigte im Gesundheitswesen haben direkten Patientenkontakt (Pressemitteilung Nr. N085 vom 23. Dezember 2020d), unter: https://www.destatis.de/DE/Presse/Pressemitteilungen/2020d/12/PD20_N085_224.html (zuletzt geprüft am 16. Juni 2022).

Statistisches Bundesamt (2021a): Zusammengefasste Geburtenziffer nach Kalenderjahren, unter: https://www.destatis.de/DE/Themen/Gesellschaft-Umwelt/Bevoelkerung/Geburten/Tabellen/geburtenziffer.html;jsessionid=12242972EA1050E82DA5B0AF396850C9.live722 (zuletzt geprüft am 6. Juni 2022).

Statistisches Bundesamt (2021b): Industriesektor in Deutschland weiterhin stark. Bruttowertschöpfung verarbeitendes Gewerbe, unter: https://www.destatis.de/Europa/DE/Thema/Industrie-Handel-Dienstleistungen/Industrie.html;jsessionid=1942655099F551E81F04C95701B2AA32.live721 (zuletzt geprüft am 9. Juni 2022).

Statistisches Bundesamt (2021c): Basistabelle inländische Patentanmeldungen, unter: https://www.destatis.de/DE/Themen/Laender-Regionen/Internationales/Thema/Tabellen/Basistabelle_Patente.html (zuletzt geprüft am 9. Juni 2022).

Statistisches Bundesamt (2021d): Basistabelle Ausgaben für Forschung und Entwicklung, unter: https://www.destatis.de/DE/Themen/Laender-Regionen/Internationales/Thema/Tabellen/Basistabelle_FundEAusg.html (zuletzt geprüft am 9. Juni 2022).

Statistisches Bundesamt (2021e): Beschäftigte des öffentlichen Dienstes nach Aufgabenbereichen, unter: https://www.destatis.de/DE/Themen/Staat/Oeffentlicher-Dienst/Tabellen/beschaeftigte-aufgaben.html (zuletzt geprüft am 14. Juni 2022).

Statistisches Bundesamt (2021f): Schulden des Öffentlichen Gesamthaushalts beim nicht-öffentlichen Bereich, unter: https://www.destatis.de/DE/Themen/Staat/Oeffentliche-Finanzen/Schulden-Finanzvermoegen/Tabellen/31-12-2020-jaehrliche-schulden-oeffentichen-gesamthaushalt.html (zuletzt geprüft am 14. Juni 2022).

Statistisches Bundesamt (2022a): Zusammengefasste Geburtenziffer im EU-Vergleich, unter: https://www.destatis.de/DE/Themen/Gesellschaft-Umwelt/Bevoelkerung/_Grafik/_Interaktiv/geburten-geburtenziffer-eu-vergleich.html (zuletzt geprüft am 6. Juni 2022).

Statistisches Bundesamt (2022b): Erwerbstätigkeit von Müttern: Deutschland über EU-Durchschnitt, unter: https://www.destatis.de/Europa/DE/Thema/Bevoelkerung-Arbeit-Soziales/Arbeitsmarkt/Erwerbstaetige_Muetter.html (zuletzt geprüft am 6. Juni 2022).

Literatur

Statistisches Bundesamt (2022c): Ausländische Bevölkerung nach Altersgruppen und ausgewählten Staatsangehörigkeiten, unter: https://www.destatis.de/DE/Themen/Gesellschaft-Umwelt/Bevoelkerung/Migration-Integration/Tabellen/auslaendische-bevoelkerung-altersgruppen.html (zuletzt geprüft am 6. Juni 2022).

Statistisches Bundesamt (2022d): Bevölkerung in Privathaushalten nach Migrationshintergrund und höchstem beruflichem Bildungsabschluss, unter: https://www.destatis.de/DE/Themen/Gesellschaft-Umwelt/Bevoelkerung/Migration-Integration/Tabellen/migrationshintergrund-beruflicherabschluss.html (zuletzt geprüft am 7. Juni 2022).

Statistisches Bundesamt (2022e): Bevölkerung in Privathaushalten nach Migrationshintergrund und höchstem allgemeinem Schulabschluss, unter: https://www.destatis.de/DE/Themen/Gesellschaft-Umwelt/Bevoelkerung/Migration-Integration/Tabellen/migrationshintergrund-schulabschluss.html (zuletzt geprüft am 7. Juni 2022).

Statistisches Bundesamt (2022f): Bevölkerung in Privathaushalten nach Migrationshintergrund und überwiegendem Lebensunterhalt, unter: https://www.destatis.de/DE/Themen/Gesellschaft-Umwelt/Bevoelkerung/Migration-Integration/Tabellen/migrationshintergrund-lebensunterhalt.html (zuletzt geprüft am 7. Juni 2022).

Statistisches Bundesamt (2022g): Migration und Integration, unter: https://www.destatis.de/DE/Themen/Gesellschaft-Umwelt/Bevoelkerung/Migration-Integration/_inhalt.html;jsessionid=83AED3BF9747C2A8D228A5FB7C4521F9.live721#sprg233648 (zuletzt geprüft am 8. Juni 2022).

Statistisches Bundesamt (2022h): EU-Vergleich der Arbeitskosten, unter: https://www.destatis.de/Europa/DE/Thema/Bevoelkerung-Arbeit-Soziales/Arbeitsmarkt/EU_HoheArbeitskosten.html (zuletzt geprüft am 8. Juni 2022).

Statistisches Bundesamt (2022i): Erwerbstätigenquoten 1991 bis 2021, unter: https://www.destatis.de/DE/Themen/Arbeit/Arbeitsmarkt/Erwerbstaetigkeit/Tabellen/erwerbstaetigenquoten-gebietsstand-geschlecht-altergruppe-mikrozensus.html (zuletzt geprüft am 8. Juni 2022).

Statistisches Bundesamt (2022j): Auszubildende nach Ausbildungsberufen, unter: https://www.destatis.de/DE/Themen/Gesellschaft-Umwelt/Bildung-Forschung-Kultur/Berufliche-Bildung/Tabellen/liste-azubi-rangliste.html (zuletzt geprüft am 8. Juni 2022).

Statistisches Bundesamt (2022k): Studierende insgesamt und Studierende Deutsche nach Geschlecht, unter: https://www.destatis.de/DE/Themen/Gesellschaft-Umwelt/Bildung-Forschung-Kultur/Hochschulen/Tabellen/lrbil01.html (zuletzt geprüft am 8. Juni 2022).

Statistisches Bundesamt (2022l): Erwerbstätige im Inland nach Wirtschaftssektoren, unter: https://www.destatis.de/DE/Themen/Wirtschaft/Konjunkturindikatoren/Lange-Reihen/Arbeitsmarkt/lrerw13a.html (zuletzt geprüft am 8. Juni 2022).

Statistisches Bundesamt (2022m): Erwerbsbeteiligung der Bevölkerung. Ergebnisse des Mikrozensus zum Arbeitsmarkt (Fachserie 1, Reihe 4.1), unter: https://www.destatis.de/DE/Themen/Arbeit/Arbeitsmarkt/Erwerbstaetigkeit/Publikationen/Downloads-Erwerbstaetigkeit/erwerbsbeteiligung-bevoelkung-endergebnisse-2010410207004.pdf?__blob=publicationFile (zuletzt geprüft am 8. Juni 2022).

Statistisches Bundesamt (2022n): Volkswirtschaftliche Gesamtrechnungen. Bruttoinlandsprodukt, Bruttonationaleinkommen, Volkseinkommen, unter: https://www.destatis.de/DE/Themen/Wirtschaft/Volkswirtschaftliche-Gesamtrechnungen-Inlandsprodukt/Tabellen/inlandsprodukt-volkseinkommen1925-pdf.pdf?__blob=publicationFile (zuletzt geprüft am 8. Juni 2022).

Statistisches Bundesamt (2022o): Globalisierungsindikatoren. Außenwirtschaft, unter: https://www.destatis.de/DE/Themen/Wirtschaft/Globalisierungsindikatoren/aussenwirtschaft.html (zuletzt geprüft am 8. Juni 2022).

Statistisches Bundesamt (2022p): Empfängerinnen und Empfänger von Kindergeld und Ausgaben, unter: https://www.destatis.de/DE/Themen/Gesellschaft-Umwelt/Soziales/Elterngeld/Tabellen/empfaenger-ausgaben.html (zuletzt geprüft am 14. Juni 2022).

Statistisches Bundesamt (2022q): Elterngeldbezüge nach Bundesländern, Jahresergebnisse, unter: https://www.destatis.de/DE/Themen/Gesellschaft-Umwelt/Soziales/Elterngeld/Tabellen/liste-leistungsbezuege-elterngeld-jahre.html (zuletzt geprüft am 14. Juni 2022).

Statistisches Bundesamt (2022r): Gesundheitsausgaben im Jahr 2020 auf über 440 Milliarden Euro gestiegen (Pressemitteilung Nr. 153 vom 7. April 2022r), unter: https://www.destatis.de/DE/Presse/Pressemitteilungen/2022r/04/PD22_153_236.html (zuletzt geprüft am 16. Juni 2022).

Statistisches Bundesamt (2022s): Einrichtungen, Patienten und Bettenbewegung, unter: https://www.destatis.de/DE/Themen/Gesellschaft-Umwelt/Gesundheit/Krankenhaeuser/Tabellen/gd-krankenhaeuser-jahre.html (zuletzt geprüft am 16. Juni 2022).

Steinbrück, Peer (2005): NRW 2030, in: Küpper, Tassilo (Hrsg.): Demographischer Wandel als Innovationsquelle für Wirtschaft und Gesellschaft, Köln, S. 19 ff.

Stoy, Volquart (2013): Schritt für Schritt zu neuen Zielen, in: Trüdinger, Eva-Maria/ Gabriel, Oscar W. (Hrsg.): Reformen des Sozialstaates in Deutschland, Baden-Baden, S. 21 ff.

Tagesschau (2008): 2018 ist Schicht im Schacht, unter: https://www.tagesschau.de/wirtschaft/steinkohle4.html (zuletzt geprüft am 9. Juni 2022).

Techniker Krankenkasse (2022): Beiträge 2021, unter: https://www.tk.de/resource/blob/2 097764/505d58e0799e3a19f1eb9339bf255275/beitragstabelle-2021-data.pdf (zuletzt geprüft am 14. Juni 2022).

Thieme, Tom (2018): Sicherheitsempfinden in unsicheren Zeiten. Spiegel- oder Zerrbild der Realität?, in: Liebold, Sebastian et al. (Hrsg.): Demokratie in unruhigen Zeiten, S. 141 ff.

Thränhardt, Dietrich (1990): Bildungspolitik, in: von Beyme, Klaus/Schmidt, Manfred G. (Hrsg.): Politik in der Bundesrepublik Deutschland, Opladen, S. 177 ff.

Tietze, Klaudia (2008): Einwanderung und die deutschen Parteien, Berlin.

Trampusch, Christine (2009): Der erschöpfte Sozialstaat, Frankfurt a. M.

UNDP (2020): Human Development Report 2020. The next frontier – human development and the Anthropocene (Germany), unter: https://hdr.undp.org/sites/default/files/Country-Profiles/DEU.pdf (zuletzt geprüft am 10. Juni 2022).

Urmersbach, Bruno (2022): Ranking der 20 Länder mit dem größten Leistungsbilanzüberschuss im Jahr 2020, unter: https://de.statista.com/statistik/daten/studie/981932/umfrage/ranking-der-20-laender-mit-dem-groessten-leistungsbilanzueberschuss/#professional (zuletzt geprüft am 9. Juni 2022).

Vodafone Stiftung Deutschland (2010): Aktuelle Fragen der Schulpolitik und das Bild der Lehrer in Deutschland. Eine Studie des Instituts für Demoskopie Allensbach, unter: https://www.ifd-allensbach.de/fileadmin/studien/7499_Schulpolitik_01.pdf (zuletzt geprüft am 15. Juni 2022).

Wagner, Andrea (2003): Ein Human Development Index für Deutschland: Die Entwicklung des Lebensstandards von 1920 bis 1960, in: Jahrbuch für Wirtschaftsgeschichte 44 (2), S. 171 ff.

Walburg, Christian (2020): Migration und Kriminalität – Erfahrungen und neuere Entwicklungen, unter: https://www.bpb.de/themen/innere-sicherheit/dossier-innere-sicherheit/301624/migration-und-kriminalitaet-erfahrungen-und-neuere-entwicklungen/ (zuletzt geprüft am 8. Juni 2022).

Weidner, Helmut/Jänicke, Martin (1998): Vom Aufstieg und Niedergang eines Vorreiters, in: Wewer, Göttrik (Hrsg.): Bilanz der Ära Kohl, Opladen, S. 201 ff.

Wambach, Achim (2022): Klima muss sich lohnen. Ökonomische Vernunft für ein gutes Gewissen, Freiburg i. Brsg.

Werding, Martin/Läpple, Benjamin (2019): Wie variabel ist der demografische Alterungsprozess? Effekte von Geburten und Zuwanderung – Folgen für die soziale Sicherung (hrsg. von der Bertelsmann Stiftung), unter: https://www.bertelsmann-stiftung.de/fileadmin/files/BSt/Publikationen/GrauePublikationen/Kurzstudie_Wie_variabel_ist_der_demografische_Alterungsprozess_2019.pdf (zuletzt geprüft am 6. Juni 2022).

Wolf, Frieder (2006): Bildungspolitik, in: Schmidt, Manfred G./Zohlnhöfer, Reimut (Hrsg.): Regieren in der Bundesrepublik Deutschland, Wiesbaden, S. 221 ff.

Wurster, Stefan/Köhler, Christina (2016): Die Energiepolitik der Bundesländer, in: Hildebrandt, Achim/Wolf, Frieder (Hrsg.): Die Politik der Bundesländer, 2. Aufl., Wiesbaden, S. 283 ff.

Zeit Online (2018): Löhne hängen stark vom Wohnort ab, unter: https://www.zeit.de/gesellschaft/zeitgeschehen/2018-08/gehalt-lohn-verdienst-einkommen-regionale-unterschiede (zuletzt geprüft am 13. Juni 2022).

Zohlnhöfer, Reimut (2006): Vom Wirtschaftswunder zum kranken Mann Europas?, in: Schmidt, Manfred G./ders. (Hrsg.): Regieren in der Bundesrepublik Deutschland, Wiesbaden, S. 285 ff.

The manufacturer's authorised representative in the EU is Springer Nature Customer Service Centre GmbH, Europaplatz 3, 69115 Heidelberg, Germany. If you have any concerns regarding our products, please contact ProductSafety@springernature.com

Printed and bound by CPI Group (UK) Ltd, Croydon, CR0 4YY

25/03/2026

02078173-0008